I0126166

ENCYCLOPÉDIE

GÉNÉRALE

La société doit favoriser de tout son pouvoir les progrès de la raison publique, et mettre l'instruction à la portée de tous les citoyens.

(Déclaration des droits de l'homme.)

Présentées à notre esprit sous leur véritable aspect, les découvertes et les généralisations de la science moderne constituent le plus sublime des poèmes qui se soit jamais offert à l'intelligence et à l'imagination de l'homme.

(TYNDALL.)

COMITÉ DE PUBLICATION

MICHEL ALCAN — LOUIS ASSELINE — GEORGES AVENEL — LOUIS BELIN

Dr BERTILLON — M.-L. BOUTTEVILLE — PAUL BROCA — CASTAGNARY

JULES CLARETIE — LOUIS COMBES

CHARLES DELESCLUZE — HENRI FOUQUIER — AMÉDÉE GUILLEMIN — P. JOIGNEAUX

PAUL LACOMBE — ANDRÉ LEFÈVRE — Dr LETOURNEAU

MARC DUFRAISSE — Dr MAREY — JULES MOTTU — TH. MOUTARD — ALFRED NAQUET

CH. QUENTIN — A. RANC

F. SARCEY — E. SPULLER — H. VALLIER — CARL VOGT

TOME TROISIÈME

PARIS

BUREAU DE L'ENCYCLOPÉDIE GÉNÉRALE

67, RUE MESLAY

GARROUSSE, LIBRAIRE

BOULEVARD BONNE-NOUVELLE, 15

1871

©

ENCYCLOPÉDIE GÉNÉRALE

RSENAL. — On donne ce nom aux lieux et bâtiments qui servent à fabriquer et à conserver les machines et appareils dont on fait usage à la guerre, les armes portatives, les munitions, le matériel de l'artillerie, etc.

Un arsenal comprend : 1º les bâtiments destinés à l'administration; 2º des magasins; 3º des ateliers.

Les magasins sont généralement soumis à des conditions spéciales d'après leur destination. Nous signalerons les *magasins à poudre* et les *salles d'armes* qui renferment les armes portatives, comme nécessitant plus particulièrement des soins et des précautions.

Les canons de fonte ou de bronze sont conservés en plein air, posés sur des chantiers. Les projectiles, empilés par calibres et espèces de même sorte, et protégés par une couche de peinture ou de coalthar, sont en plein air ou mieux sous des hangars.

Les ateliers comprennent plusieurs fabrications distinctes, qui s'exécutent souvent dans des établissements séparés :

1º Fabrication de la poudre; *poudreries.*

2º Fabrication des *munitions* et *artifices de guerre, capsules, étoupilles,* etc.

3º *Fonderie de canons,* pour la fabrication des bouches à feu en fonte de fer et en bronze.

4º *Affûts, voitures,* attirails de l'artillerie.

5º Armes portatives, *manufacture d'armes.*

Nous renverrons à des articles particuliers les renseignements sur les diverses fabrications. Mais il nous semble nécessaire de soulever dès ce moment et de traiter succinctement la question même de l'existence de grands ateliers militaires permanents. Nous pensons que ces établissements ont eu leur raison d'être, mais qu'il y aurait lieu aujourd'hui de les fermer presque tous et de faire fabriquer l'armement national dans les ateliers des particuliers. C'est une idée très opposée à celles qui ont cours; dans ces dernières années, toutes les grandes puissances ont augmenté l'outillage et l'étendue de leurs arsenaux. Le lecteur jugera si, pour la plus grande partie, ces dépenses étaient utiles et si elles augmenteront la sécurité des nations.

En se reportant seulement au commencement du siècle, nous trouvons, même en Europe, les grands ateliers industriels très-peu nombreux et incomplétement organisés. Il a pu être encore nécessaire alors d'assurer la production du matériel de guerre, ainsi qu'on l'avait fait dans le passé, au moyen d'ateliers spéciaux qui avaient généralement un outillage plus puissant que celui de l'industrie privée. Comme les communications étaient difficiles, les transports d'un bout de la France à l'autre fort coûteux, on créa un assez grand nombre d'établissements militaires afin de fournir directement le matériel à chacune de nos frontières.

Aujourd'hui, la construction des chemins de fer, les immenses progrès et l'extension de l'industrie privée imposent des mesures très-différentes.

On a été conduit déjà à réduire le nombre des établissements militaires. Nous avions en France quatre fonderies de canons : à Strasbourg, Douai, Toulouse et Bourges, pour l'armée de terre; on en a supprimé trois. Celle de Bourges, qui est seule conservée, a été puissamment outillée pour suffire à tous nos besoins. Un grand établissement de cette espèce, bien organisé, peut fabriquer mieux et réaliser des économies qui compensent largement les frais de transport pour fournir les bouches à feu aux différentes provinces. Ajoutons que les chemins de fer assurent le transport du matériel en temps utile dans toutes les circonstances et que la défense nationale ne peut jamais être compromise par cette concentration des ateliers; au contraire, en les plaçant au centre du pays, on les met le plus possible à l'abri des entreprises de l'ennemi, en cas d'invasion.

Mais, en se concentrant pour former des établissements industriels considérables, les ateliers militaires perdent leur raison d'être, en même temps qu'ils exigent l'immobilisation d'un énorme capital et de grands frais annuels. — C'est ce que nous allons essayer de démontrer.

Les fabrications militaires s'étaient imposé jusqu'ici la condition d'employer des procédés élémentaires susceptibles d'être pratiqués en campagne, avec un outillage restreint. On comprenait que les travaux ordinaires formaient ainsi des ouvriers spéciaux, habitués à faire avec peu de ressources, et par suite très-capables d'effectuer à la guerre les réparations du matériel dans toutes les circonstances. A ce point de vue, pour la France, le système a donné des résultats d'autant meilleurs que beaucoup d'officiers d'artillerie possèdent des connaissances pratiques relativement aux fabrications. Pourtant, il n'a pas toujours permis de suffire aux besoins de l'armement national, et la France vient d'en avoir des exemples frappants.

Dans toutes les expéditions, le nombre d'ouvriers et d'armuriers militaires est insuffisant ; ce n'est qu'à force de dévouement que les troupes chargées des réparations peuvent accomplir leur tâche, et rarement aussi vite qu'il serait utile de le faire. Cela tient à ce que, au moment d'une guerre, il faut continuer et généralement activer les travaux des arsenaux, et qu'on ne fait partir avec les armées qu'un très-petit nombre d'ouvriers.

Aujourd'hui que les arsenaux fabriquent au moyen de machines-outils, quels services pourront rendre en campagne des ouvriers qui ne sauront plus travailler qu'avec un outillage compliqué ? A-t-on, au moins, par l'organisation de puissantes manufactures, assuré l'armement national dans tous les cas ? Pas davantage. Des dépenses énormes ont été faites pour créer des établissements que l'État n'a pas les moyens d'occuper en temps ordinaire et qui deviennent insuffisants dans le cas d'une grande guerre ou de modifications importantes apportées aux modèles d'armes.

Ainsi, nous perdons ou, du moins, nous risquons de perdre pour le service en campagne, les avantages que donnaient des ouvriers spécialement formés dans ce but. En même temps nous avons dépensé beaucoup et nous dépenserons encore énormément pour des établissements qui sont alternativement en partie inutiles ou insuffisants dans une crise, quoi qu'on fasse. Ajoutons que chaque changement de modèle (et aucune prévision ne peut nous garantir qu'ils ne seront pas fréquents) imposera de grandes charges à l'État, par suite des modifications qu'il faudra faire subir à l'outillage.

Au point de vue de l'économie des deniers publics, il n'y a que deux partis à prendre :

1º L'État pourrait continuer à développer ses arsenaux et accepter des commandes des gouvernements étrangers lorsqu'il n'aurait pas assez de fonds ou assez de besoins pour les occuper lui-même. Au moment d'un danger national, le travail accepté pour l'extérieur serait arrêté, et notre administration disposerait de toutes ses ressources uniquement pour l'armement du pays.

2º L'État vendrait ses arsenaux, ses poudreries, ses manufactures d'armes, etc. Il ne conserverait qu'un établissement de chaque espèce, constitué dans des proportions modestes, dépensant peu et destiné à la confection des modèles, aux essais, ainsi qu'à la détermination des prix de revient. En même temps, les compagnies d'ouvriers militaires seraient seules chargées des réparations ; elles devraient les effectuer par des procédés simples et avec l'outillage qui pourrait les suivre en campagne. Au moment d'une guerre, toutes les compagnies d'ouvriers et d'armuriers seraient disponibles pour accompagner nos armées.

On peut dire que la tendance de notre administration est plutôt d'adopter le premier parti, de conserver de grands établissements et un nombreux personnel ; la fabrication des armes et du matériel de guerre, longtemps prohibée, est entourée de mesures restrictives qui la mettent à la discrétion du ministère de la guerre. Il semble qu'on ait tout fait pour l'empêcher de se développer, afin de n'avoir pas à faire à une industrie florissante une concurrence qui soulèverait des protestations auxquelles il faudrait se rendre. — Qu'en est-il résulté ? C'est que le commerce des armes, de l'artillerie, de la poudre, etc., qui est immense, est fait presque entièrement par l'Angleterre et la Belgique. La situation géographique de la France, la réputation de ses armées, faisaient pourtant rechercher notre matériel et les restrictions administratives ont écarté violemment des transactions commerciales qui nous arrivaient par la force des choses. Nous soumettons au lecteur ces appréciations, et nous sommes convaincu que de nos jours l'État ne doit pas se faire fabricant pour les autres pays, et qu'il ne doit l'être pour lui-même qu'autant que cela est indispensable. *

L'industrie particulière n'a pas à se préoccuper autant que l'Etat des changements de modèles et des modifications de l'outillage. Elle utilise tout, soit pour une destination, soit pour une autre. Elle est toujours en avance sur les ateliers de l'État pour les moyens qui permettent de produire vite et à bon marché.

On a dit qu'il est impossible d'avoir confiance dans l'industrie privée et d'attendre d'elle qu'elle fournisse le matériel dans de bonnes conditions. — Il est vrai que les commandes, faites à des particuliers au moment du besoin, sont souvent mal exécutées. Les matériaux de choix ne sont pas toujours à la disposition des constructeurs ; ces derniers doivent faire hâtivement un travail auquel ils ne sont pas habitués. Enfin, l'expérience a prouvé que certains fabricants, voulant faire des bénéfices exagérés sur une commande qui ne doit pas se renouveler, trompent le plus possible les commissions de réception qui n'ont pas toujours le temps et les moyens de reconnaître les fraudes.

Les conditions ne seraient plus les mêmes si tout le matériel était demandé régulièrement aux ateliers privés. Il suffirait de commandes suivies pour que les particuliers s'outillent convenablement et exécutent régulièrement leurs marchés. Dans le cas d'une crise, il serait très-facile d'augmenter rapidement ces fabrications et de faire concourir ainsi toute la population ouvrière à la défense nationale. Il n'est pas nécessaire d'insister : tout le monde comprendra que l'industrie qui fait nos navires, nos locomotives, etc., ferait tout aussi bien nos affûts, nos voitures, nos canons et nos fusils.

Les grands établissements militaires dureront peut-être moins que l'organisation actuelle des grandes armées permanentes. MICHEL ROUS.

ARSENIC. — L'arsenic est un corps simple qui appartient à la section des métalloïdes et à la famille des métalloïdes pentatomiques. Il se range à côté de l'azote, du phosphore et de l'antimoine, dont on ne peut plus logiquement le séparer dans une classification vraiment scientifique.

L'arsenic ne se rencontre pas dans la nature à l'état natif. C'est à l'état d'arséniosulfure de fer, de nickel ou de cobalt qu'on le trouve. On le prépare généralement en chauffant l'arséniosulfure de fer (mispickel) avec des débris de fonte ou de tôle ; le soufre se porte sur les débris de fer avec lesquels il forme un sulfure de fer, et l'arsenic se volatilise et vient se condenser sur les parties froides de l'appareil.

Souvent aussi, on retire l'arsenic de l'anhydride arsénieux, que l'on obtient comme produit accessoire dans plusieurs opérations métallurgiques. Il suffit, pour désoxyder cet anhydride, de le réduire en vapeurs et de diriger ces vapeurs sur du charbon chauffé au rouge. Le charbon s'empare de l'oxygène pour former de l'anhydride carbonique qui se dégage à l'état gazeux, et l'arsenic devenu libre vient se condenser sur les parties froides de l'appareil.

L'arsenic est solide à la température ordinaire. Quand on le chauffe il passe à l'état de vapeurs, sans prendre au préalable l'état liquide, à moins qu'on ne le soumette à une pression supérieure à la pression atmosphérique dans le but d'en retarder le point d'ébullition. Sa densité égale 5,75 lorsqu'il est solide. A l'état de vapeurs, il possède une densité de 10,39.

L'arsenic est insoluble dans l'eau. Lorsqu'on le sublime, il cristallise en rhomboèdres. Il est très-brillant. A l'air, il se ternit, mais il reprend tout son éclat lorsqu'on le plonge dans l'eau de javelle, parce que l'hypochlorite de potassium que cette eau renferme dissout la mince couche d'oxyde qui en recouvrait la surface et en altérait par suite le brillant.

L'arsenic est fragile et peut être pulvérisé dans un mortier. Il n'a ni odeur ni saveur. Projeté sur des charbons ardents, il répand une odeur alliacée. Cette odeur ne paraît appartenir ni aux vapeurs d'arsenic, ni aux vapeurs d'anhydride arsénieux qui se forment par oxydation. Elle paraît être simplement passagère et se manifester au moment même où l'oxydation se produit.

A une température peu élevée, l'arsenic se combine avec l'oxygène. Il brûle alors avec une flamme bleu pâle en produisant de l'anhydride arsénieux (arsenic blanc du commerce). Dans une atmosphère de chlore, il s'enflamme spontanément en donnant naissance à du chlorure d'arsenic.

On dit généralement que l'arsenic n'est pas vénéneux par lui-même et ne le devient que sous les influences qui peuvent en déterminer l'oxydation. Les oxydes et, en général, ceux de ses composés qui sont solubles, sont fortement toxiques.

Nous dirons un mot des combinaisons de l'arsenic avec les métalloïdes monoatomiques et avec les métalloïdes polyatomiques.

COMBINAISONS DE L'ARSENIC AVEC LES MÉTALLOÏDES MONOATOMIQUES

L'arsenic est pentatomique. Mais le chiffre 5 représente la puissance de combinaison la plus élevée et non la plus stable. Il peut dans certains cas s'unir à cinq atomes monoatomiques et il est par conséquent pentatomique. Mais ses composés les plus stables et par suite les mieux connus sont ceux qui renferment trois atomes d'un élément monoatomique combiné à un seul atome d'arsenic. C'est ainsi que l'arsenic forme avec le chlore, le brome et l'iode un trichlorure liquide, un tribromure et un triiodure solides. En outre il existe un pentachlorure très-instable dont on a ignoré pendant longtemps l'existence et auquel M. Nicklès est parvenu à donner de la stabilité en le combinant avec l'éther.

Ces composés chlorés, bromés ou iodés, se décomposent au contact de l'eau avec production d'acide chlorhydrique et d'acide arsénieux. Dans cette réaction, qui est commune à presque tous les chlorures de métalloïdes, le chlore s'empare de l'un des deux atomes d'hydrogène de l'eau. Le second atome d'hydrogène de l'eau et l'atome d'oxygène constituent un oxhydryle (OH) qui s'unit au métalloïde préalablement combiné au chlore et le transforme en un acide [1].

Les composés hydrogénés de l'arsenic sont plus intéressants que les composés chlorés, bromés ou iodés. Il en existe deux : l'hydrogène arsénié gazeux AsH[3] et l'arséniure d'hydrogène solide As[2]H[4]. Le premier de ces corps, formé, comme l'indique sa formule, de trois atomes d'hydrogène et d'un atome d'arsenic, correspond par sa composition à l'hydrogène phosphoré et à l'ammoniaque ; le second contient quatre atomes d'hydrogène pour deux d'arsenic : sa composition est la même que celle du phosphure d'hydrogène solide.

L'hydrogène arsénié gazeux se produit toutes les fois qu'on fait agir l'hydrogène naissant sur les composés solubles de l'arsenic, mais il reste alors toujours mélangé avec un excès d'hydrogène. On l'obtient à l'état de pureté en soumettant l'arséniure d'étain à l'action de l'acide chlorhydrique [2].

C'est un gaz incolore d'une odeur nauséabonde et d'une densité de 2,695 ; il se liquéfie à − 30° sous la pression ordinaire de l'atmosphère. La chaleur le décompose en hydrogène et arsenic, l'électricité lui fait éprouver une décomposition semblable. Ces propriétés, dont nous verrons plus loin l'usage, rapprochent l'hydrogène arsénié de l'hydrogène phosphoré et de l'ammoniaque qui, eux aussi, se décomposent sous l'influence de la chaleur et de l'électricité. Elles le rapprochent aussi de l'hydrogène antimonié (voir *Antimoine*).

L'hydrogène arsénié brûle à l'air en donnant naissance à de l'eau et à de l'anhydride arsénieux. Mais si l'oxygène est en quantité insuffisante, comme c'est toujours le cas dans le milieu de la flamme, il se produit de l'eau et de l'arsenic ; il en résulte que, lorsqu'on coupe la flamme de ce gaz avec un corps froid, on obtient une tache miroitante d'arsenic libre.

Au contact d'une dissolution d'azotate d'argent l'hydrogène arsénié donne lieu à une précipitation d'argent métallique. Il se forme en même temps de l'acide arsénique et de l'acide azotique [3].

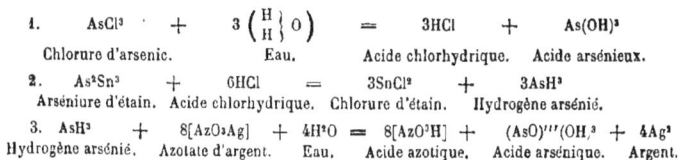

1.   AsCl[3]   + $3 \left(\begin{matrix} H \\ H \end{matrix} \right\} O$ =   3HCl   +   As(OH)[3]
   Chlorure d'arsenic.   Eau.   Acide chlorhydrique.   Acide arsénieux.

2.   As[2]Sn[3]   +   6HCl   =   3SnCl[2]   +   3AsH[3]
   Arséniure d'étain.   Acide chlorhydrique.   Chlorure d'étain.   Hydrogène arsénié.

3.   AsH[3]   +   8[AzO₃Ag]   +   4H[2]O   =   8[AzO[3]H]   +   (AsO)'''(OH)[3]   +   4Ag[2]
   Hydrogène arsénié.   Azotate d'argent.   Eau.   Acide azotique.   Acide arsénique.   Argent.

L'arséniure d'hydrogène solide se produit dans diverses circonstances. M. Blondot a récemment découvert qu'il se forme toutes les fois qu'on fait agir l'hydrogène naissant sur les acides de l'arsenic en présence de l'acide azotique. Les quantités les plus faibles de cet acide suffisent pour empêcher la production de l'hydrogène arsénié gazeux et pour déterminer celle de l'arséniure solide. Toutefois, si l'on ajoute des matières organiques au mélange, la production de l'hydrogène arsénié a lieu comme en l'absence de l'acide azotique ; ce corps se forme même aux dépens de l'arséniure solide déjà produit.

COMBINAISON DE L'ARSENIC AVEC LES MÉTALLOÏDES DIATOMIQUES

L'arsenic forme plusieurs combinaisons avec le soufre. Ces combinaisons répondent aux formules $As^{12}S$, As^2S^2, As^2S^3, As^2S^5 et As^2S^{18}. Deux d'entre elles, le bisulfure AsS^2, connu sous le nom de *réalgar*, et le trisulfure As^2S^3, connu sous le nom d'*orpiment*, sont employés dans la peinture, le premier comme matière colorante rouge et le second comme matière colorante jaune.

Le trisulfure et le pentasulfure représentent de l'anhydride arsénieux et de l'anhydride arsénique dont l'oxygène est remplacé par le soufre.

Tous ces sulfures sans exception sont de véritables sulfacides qui, avec les sulfobases, forment des sulfosels (voyez *Acides et Sels*).

Les composés oxygénés présentent une importance beaucoup plus considérable ; on en connaît deux : l'anhydride arsénieux As^2O^3 et l'anhydride arsénique As^4O^5. L'anhydride arsénieux correspond à l'anhydride azoteux, à l'anhydride phosphoreux et à l'oxyde d'antimoine ; l'anhydride arsénique correspond à l'anhydride phosphorique et à l'anhydride antimonique.

L'anhydride arsénieux prend naissance lorsqu'on brûle l'arsenic à l'air, mais d'ordinaire on l'obtient secondairement dans le grillage de certains arséniures métalliques.

L'anhydride arsénieux est dimorphe ; tantôt il cristallise en octaèdres réguliers, tantôt en prismes à base rhombe. Au moment où l'on vient de le sublimer, il a l'apparence d'une masse vitreuse, mais peu à peu il devient opaque. Cette transformation va de la périphérie au centre. Lorsqu'on le casse après un certain temps, on trouve un noyau vitreux au centre entouré d'une couche complétement opaque.

Sous ces deux formes l'anhydride arsénieux possède des propriétés physiques différentes ; à l'état opaque il a une densité de 3,699, et une densité de 3,738 à l'état vitreux. En outre, l'acide vitreux est trois fois plus soluble dans l'eau que l'acide opaque. A une basse température l'eau ramène l'acide vitreux à l'état opaque, et la trituration agit de même.

Au contraire, par une ébullition prolongée, l'acide opaque redevient vitreux.

L'eau chargée d'acide chlorhydrique dissout beaucoup mieux l'anhydride arsénieux que ne le fait l'eau pure. Si l'on sature à chaud cet acide d'anhydride arsénieux vitreux et qu'on laisse ensuite refroidir la dissolution dans l'obscurité, il se dépose des cristaux d'anhydride arsénieux opaque et la formation de chaque cristal s'accompagne d'un dégagement de lumière.

L'anhydride arsénieux ne produit pas d'acide correspondant en réagissant sur l'eau, il réagit au contraire très-facilement sur les bases et forme des sels connus sous le nom d'*Arsénites*.

L'anhydride arsénieux est un poison violent. On l'emploie néanmoins en médecine. C'est un fébrifuge énergique. Il coupe les fièvres paludéennes qui ont résisté au sulfate de quinine, et il produit de très-bons effets contre l'asthme, et, en général, contre presque toutes les affections chroniques des·voies respiratoires. Il réussit également très-bien dans un grand nombre de maladies de peau.

La densité de vapeur de l'anhydride arsénieux conduit à admettre pour le corps une formule double de la formule As^2O^3, c'est-à-dire la formule As^4O^6. (Voir *Atomique (théorie)*. Mais nous avons conservé la première de ces formules afin de faire mieux ressortir les analogies de l'arsenic avec le phosphore et l'azote.

ANHYDRIDE ARSÉNIQUE As^2O^5. — On obtient ce corps en oxydant une solution aqueuse d'anhydride arsénieux par un courant de chlore, évaporant ensuite la solution à siccité et chauffant le résidu au rouge obscur. A l'action du chlore on peut substituer celle de l'eau régale ou de l'acide azotique bouillant.

Lorsqu'on chauffe l'anhydride arsénique au rouge vif, il se dédouble en oxygène et anhydride arsénieux. Une partie cependant se volatilise toujours intacte.

Lorsque, au lieu d'évaporer la solution d'acide arsénique à siccité, on se borne à la concentrer jusqu'à consistance sirupeuse et qu'on l'abandonne ensuite à elle-même au-dessous de 15°, on obtient des cristaux d'acide arsénique normal $AsO^4H^3 + H^2O$ qui correspondent par leur composition à l'acide phosphorique normal. Ces cristaux perdent leur eau de cristallisation à 100°.

A 180° l'acide arsénique normal se double en perdant une molécule d'eau et forme un nouvel acide, l'acide pyroarsénique, $As^2H^4O^7$ correspondant à l'acide pyrophosphorique.

Enfin, quand on maintient entre 205 et 206 degrés une solution saturée d'acide arsénique, elle abandonne des cristaux d'acide métaarsénique AsO^3H, qui correspondent à l'acide azotique, à l'acide métaphosphorique et à l'acide métaantimonique (antimonique des auteurs).

L'anhydride arsénique, en se combinant aux éléments de l'eau, forme donc une série d'hydratation tout aussi complète que celle de l'acide phosphorique.

Les arséniates donnent un précipité bleu avec les sels neutres de cuivre, un précipité rouge brique avec l'azotate d'argent; avec l'acide sulfhydrique, ils se transforment en sulfarséniates, d'où les acides précipitent du sulfure d'arsenic jaune, soluble dans les sulfures alcalins et dans l'ammoniaque et insoluble dans les acides. L'acide arsénique libre donne directement ce précipité par l'acide sulfhydrique, mais seulement après un laps de temps assez long.

Ces réactions distinguent l'acide arsénique de l'acide arsénieux et des arsénites. Ceux-ci précipitent en vert les sels neutres de cuivre et en jaune pâle l'azotate d'argent. Avec l'acide sulfhydrique ils se comportent comme les arséniates. Mais l'acide arsénieux libre dissous dans l'acide chlorhydrique se comporte autrement. Au lieu de ne donner le précipité jaune de sulfure d'arsenic qu'après un temps considérable, il le donne immédiatement. Le précipité ainsi formé est un trisulfure au lieu d'être un pentasulfure comme dans le cas de l'acide arsénique; mais, malgré cette différence de composition, il jouit de propriétés tout à fait semblables.

TOXICOLOGIE DE L'ARSENIC.

Sous ce titre nous décrirons seulement les moyens que les experts chimistes mettent ordinairement en œuvre pour découvrir la présence de l'arsenic dans les matières alimentaires ou dans les organes des personnes que l'on suppose avoir été empoisonnées. Comme les limites de cet ouvrage ne nous permettent d'entrer ici dans aucun détail, nous éviterons de décrire tous les procédés usités, et nous nous bornerons à indiquer la méthode dont l'usage est le plus répandu, la méthode de Marsh.

Lorsqu'un chimiste a à examiner les organes d'un cadavre pour y rechercher l'arsenic, il porte d'abord son attention sur les matières alimentaires que l'estomac renferme ou qui ont pû être vomies avant la mort. Il arrive qu'il y trouve de petits grumeaux blancs d'anhydride arsénieux qu'il suffit alors de recueillir avec une pince, de laver avec un peu d'alcool. On identifie ensuite ce corps soit en le dissolvant dans l'eau et en constatant qu'il donne les diverses réactions que nous avons signalées plus haut, soit en le réduisant par le charbon chauffé au rouge et en s'assurant qu'il se produit de l'*arsenic libre*. Le plus ordinairement, c'est dans les matières liquides ou solides contenues dans l'estomac et dans le sein même des organes que l'on doit faire la recherche. Il s'agit pour cela d'extraire à l'état libre l'arsenic que ces substances renferment et d'identifier ce corps une fois isolé.

Pour extraire l'arsenic, on a recours à la propriété que possèdent les composés arsenicaux de se transformer en hydrogène arsénié sous l'influence de l'hydrogène naissant, et à la propriété dont jouit l'hydrogène arsénié de se décomposer en arsenic et en hydrogène sous l'influence de la chaleur. Seulement, comme on ne peut pas introduire de matières organiques dans les appareils qui dégagent de l'hydrogène, sans donner lieu à une production de mousse qui fait manquer l'opération, il est important de détruire d'abord la substance organique par des procédés appropriés. Ces procédés sont nombreux, mais nous ne décrirons que celui qui nous paraît le plus avantageux.

On sépare les matières contenues dans l'estomac et les intestins des organes mêmes; on les filtre à travers un linge, et l'on évapore la partie liquide à siccité. On réunit le résidu à la partie solide des aliments et aux organes coupés à petits morceaux. Les organes sur lesquels porte la recherche doivent être surtout l'estomac, les intestins, le foie, la rate, les poumons et le cœur.

On place toutes ces substances dans une vaste capsule pleine d'acide chlorhydrique que l'on porte à l'ébullition, et l'on verse dans la liqueur du chlorate potassique par petites portions successives, en attendant, pour introduire une nouvelle portion de ce sel, que le mélange ne répande plus aucune odeur de chlore.

Lorsque toute la matière organique se trouve convertie en une substance blanche insoluble dans l'eau et dans les acides, au lieu d'introduire du chlorate de potasse, on fait bouillir pendant quelque temps pour chasser l'excès de chlore, et l'on filtre sur de l'amiante. C'est sur le liquide filtré que l'on recherche l'arsenic par le procédé de Marsh.

L'appareil de Marsh consiste en un simple flacon à deux tubulures, dans lequel on produit de l'hydrogène par l'action du zinc sur l'acide sulfurique étendu. A l'une de ces tubulures est adapté un tube de dégagement qui plonge jusqu'au fond du flacon, et qui porte un entonnoir à sa partie supérieure pour que l'on puisse introduire de nouvelles quantités d'acide sulfurique dans l'appareil, lorsque le dégagement gazeux devient trop faible. C'est aussi par ce tube que l'on introduit le liquide suspect, obtenu comme nous venons de le dire.

La seconde tubulure porte un tube abducteur recourbé à angle droit. Ce tube vient s'ajuster par un bouchon à une des extrémités d'un tube plus large rempli d'amiante ou de coton cardé. L'amiante ou le coton sont destinés à arrêter le liquide qui peut être entraîné mécaniquement et qui risquerait, sans cette précaution, de faire commettre des erreurs.

A la seconde extrémité du tube qui renferme le coton ou l'amiante, s'adapte un tube étroit et long, qui est effilé par son extrémité libre. Ce second tube est recouvert d'un morceau de clinquant, pour qu'on puisse le chauffer au rouge naissant, dans la moitié de sa longueur, par la flamme du gaz ou de l'alcool.

Lorsqu'on a préparé la liqueur suspecte qu'il s'agit d'examiner, on monte l'appareil, comme nous venons de le dire, avec du zinc pur et de l'acide sulfurique pur; on attend quelques instants pour que l'air soit expulsé, puis on enflamme le gaz qui se dégage à l'extrémité du petit tube effilé. On place en même temps la lampe à alcool ou à gaz sous la partie de ce tube qui est recouverte de clinquant, et l'on introduit la liqueur suspecte dans le flacon au moyen du tube à entonnoir.

Si la liqueur renferme de l'arsenic, celui-ci s'y trouve à l'état d'acide arsénique, lequel, par l'action de l'hydrogène naissant, fournit de l'hydrogène arsénié gazeux. Ce gaz se dégage avec l'excès d'hydrogène. Une portion se décompose, en traversant la partie chauffée du tube de dégagement, en hydrogène et arsenic libre, lequel vient former un anneau miroitant sur la partie froide du même tube.

L'autre portion échappe à la décomposition et vient brûler à l'extrémité du tube. On coupe cette flamme dans la partie médiane avec des soucoupes de porcelaine froides, où se déposent aussi des taches miroitantes d'arsenic.

Lorsqu'on a recueilli un assez grand nombre de ces taches on arrête l'opération. Mais on ne peut pas conclure que la liqueur suspecte renfermait de l'arsenic. L'antimoine pourrait donner des taches semblables et il est important de déterminer par des réactions appropriées auquel de ces deux poisons on a affaire.

On commence d'abord par opérer sur l'anneau miroitant qui s'est formé dans le tube. Si cet anneau est formé d'arsenic, ce corps étant assez volatil, l'anneau est assez loin de la partie chauffée; il touche au contraire cette partie, s'il est dû à de l'antimoine.

S'il est dû à de l'arsenic on parvient à le volatiliser en le chauffant dans un courant d'hydrogène, tandis qu'on n'y parvient pas lorsqu'il est dû à l'antimoine.

Après avoir achevé les premières expériences, on oxyde l'arsenic de l'antimoine en chauffant l'anneau dans un courant d'air et on dissout le produit dans une goutte d'acide chlorhydrique.

La dissolution, dans le cas de l'arsenic, donne un précipité vert avec le sulfate de cuivre ammoniacal, et, avec l'acide sulfhydrique, un précipité jaune insoluble dans les acides et soluble dans l'ammoniaque. Avec l'antimoine, le sulfate de cuivre ne produit aucun précipité, et l'acide sulfhydrique donne un précipité orangé insoluble dans l'ammoniaque.

On prend ensuite une des taches obtenues sur les soucoupes de porcelaine et on y verse une goutte d'eau de javelle (hypochlorite de potasse), les taches d'arsenic disparaissent alors immédiatement, tandis que les taches d'antimoine persistent.

Enfin une dernière tache est soumise à l'expérience suivante : on la traite par une goutte d'acide azotique qui la fait disparaître dans tous les cas. Si la tache est arsenicale, il se forme de l'acide arsénique soluble et, si elle est antimoniale, de l'oxyde d'antimoine insoluble.

Dès que la tache a disparu, on évapore la goutte d'acide azotique et l'on verse une goutte d'azotate d'argent ammoniacal sur le résidu. Il ne se manifeste aucun phénomène si la tache était antimoniale, mais, si elle était arsenicale, l'acide arsénique formé donne un précipité brun rouge d'arséniate d'argent.

Qnand toutes ces expériences sont affirmatives et que l'on a opéré avec des réactifs bien purs, on peut être certain de la présence de l'arsenic dans la matière à analyser.

Pour s'assurer que les réactifs sont purs on fait fonctionner l'appareil à blanc, c'est-à-dire que l'on recherche l'arsenic comme nous venons de l'exposer, avant d'avoir introduit la substance suspecte et l'on n'introduit celle-ci que quand on s'est assuré qu'il ne se forme dans ce cas ni anneau ni tache.

Nous n'avons pu donner ici qu'un aperçu rapide des méthodes qui servent à la recherche toxicologique de l'arsenic sans entrer dans aucuns détails. On pourra, pour étudier plus à fond cette question, consulter avec fruit la Médecine légale de Briand et Chaudé, et le Traité des poisons, de MM. Tardieu et Roussin.

Dʳ A. NAQUET.

ART. — Pris dans une acception générale, ce mot s'oppose à celui de sciences pures, et entraîne avec lui l'idée d'une main-d'œuvre habile mise au service d'une conception de l'esprit. Mais comme toutes les conceptions de l'esprit ont besoin, pour devenir des réalités appréciables, d'être manifestées par des moyens matériels plus ou moins parfaits, on comprend qu'il est extrêmement difficile de tracer la limite rigoureuse à laquelle on doit commencer ou cesser de se servir du mot « art » pour désigner une branche quelconque de l'activité humaine. C'est ainsi qu'on a longtemps discuté, de la façon la plus inutile et la plus byzantine, pour savoir si la chirurgie était une science ou un art. Elle tient évidemment des deux.

Le mot art a des acceptions innombrables, et par lui-même est tellement vague qu'il marche presque toujours accompagné de quelque épithète, ou de quelque qualificatif précisant l'emploi qu'on en veut faire. C'est ainsi que l'on dit, en parlant de choses fort différentes, l'art du chant, l'art dramatique, l'art oratoire, l'art de la danse, l'art de l'escrime, l'art militaire, les arts du dessin, les arts somptuaires, les beaux-arts, etc. (Voir ces mots.) Autrefois même on appliquait indistinctement le mot art, considéré comme radical du mot artisan, à toutes les industries : on sait, par exemple, que les corporations diverses se désignaient entre elles sous le nom d'art de la laine, art de la soie, etc. (Voyez *Corporations*.)

Parmi les qualificatifs qui accompagnent fréquemment le mot art, on rencontre souvent des mots désignant des nationalités. On dit ainsi l'art français, l'art indou, l'art italien, etc. La critique historique moderne a mis ces désignations à la mode et attribué une grande part dans ses travaux à l'histoire de l'art chez les divers peuples. C'est maintenant à ses œuvres d'art, monuments, tableaux, statues, opéras, objets usuels même, qu'on s'adresse volontiers pour juger d'une civilisation autant et souvent plus qu'à ses lois écrites et à ses annales politiques et parlementaires. Pour faire pendant et contrepoids aux faits considérés jusqu'à présent comme seuls dignes d'être relatés par l'histoire, les historiens modernes, et à leur tête M. Michelet, opposent souvent une œuvre d'art, un seul détail même dans une œuvre d'art. L'illustre écrivain que nous venons de citer a plus d'une fois poussé jusqu'à l'extrême cette méthode féconde en résultats saisissants. Son étude sur les fresques de Michel-Ange à Rome et sur les statues du Puget en France donnent une idée excellente de ce système qui consiste à faire critiquer et résumer à la fois l'idée-maîtresse d'une époque dans l'œuvre d'un artiste de génie. Il faut seulement se garder de tomber dans des conceptions trop ingénieuses, trop subtiles, et ne pas perdre de vue que la plupart du temps les idées que les artistes ont exprimées plus ou moins nettement dans des œuvres d'art n'ont pas été nettement formulées dans leur pensée et sont le résultat d'un instinct spontané. Si bien que ces idées, tout en existant incontestablement dans l'œuvre d'art, peuvent avoir été ignorées à la fois de l'artiste qui les a émises et de ses contemporains.

Cette partie de la critique historique qui s'appelle l'histoire de l'art, bien qu'encore incomplète, a fait depuis quelques années des progrès très-considérables. Jusqu'à la Révolution française, on considérait volontiers qu'il y avait eu dans l'humanité trois ou quatre grandes époques, en dehors desquelles l'art n'était qu'ignorance et que barbarie. On négligeait l'extrême Orient, moins bien connu qu'aujourd'hui; on s'occupait peu de l'Égypte et de la Perse; on mentionnait l'Inde, et les travaux des critiques portaient presque exclusivement sur l'art grec au temps de Périclès et l'art italien de la Renaissance. Ce qu'on a appelé « l'indigénat » c'est-à-dire cette qualité qu'a l'art de porter la marque caractéristique du terroir et du milieu restreint sur lequel il est né et dans lequel il s'est développé, était sacrifié à de prétendues notions du beau absolu. Une salutaire réaction s'est faite contre cette façon étroite et dogmatique d'envisager l'histoire de l'art. Et, quels qu'aient été les excès de cette réaction, par exemple l'engouement dont on s'est épris pour l'architecture du moyen âge, on peut dire que c'est des travaux contemporains que date l'histoire de l'art, complète et sans parti pris d'exclusivisme pour aucune époque ni pour aucun peuple.

Le plus souvent, quand on emploie le mot « art » sans aucun qualificatif, on entend parler des beaux-arts. Lorsqu'on dit, par exemple, les règles « de l'art, » cela signifie qu'on veut parler des règles du beau, telles que certains philosophes ont prétendu les enseigner. L'étude des règles, ou pour mieux dire des conditions du beau et de ses applications aux beaux-arts, architecture, musique, art du dessin et de la couleur, s'appelle l'esthétique (voir ce mot), et offre encore aujourd'hui un vaste champ à la discussion. On est fort embarrassé de savoir, par exemple, si le beau doit être une notion fixe et toujours la même chez l'homme, et pourquoi le beau selon les Grecs n'est pas le beau selon les Chinois. Beaucoup de philosophes et de critiques ont fait des efforts considérables pour expliquer les variations du sens du beau par des accidents du milieu et de la race, et pour démêler partout au moins la trace du beau absolu. Leurs systèmes seront exposés au mot *Esthétique*. Nous ne voulons dire ici un mot que de la dernière définition qui ait été donnée du mot « art, » par Proudhon, parce que cette définition a été conçue en dehors des préoccupations des écoles, et que l'auteur a laissé percer son désir de donner à l'art une importance sociale et politique. « L'art, dit Proudhon, est une représentation idéaliste de la nature et de nous-mêmes, en vue du perfectionnement physique et moral de notre espèce. » Cette définition de l'art restera : elle est importante, et certainement une des seules qui méritent d'être discutées. Elle a l'avantage de tracer tout d'abord une limite entre les beaux-arts, qui vivent de choix et de fictions, et les imitations stériles et mécaniques de la nature.

Mais si la première partie de la définition est irréprochable, la seconde pèche, selon nous, et n'est pas justifiée par les faits. Penser que l'artiste doit avoir pour but « l'amélioration physique et morale du plus grand nombre » est plutôt le desideratum d'un honnête homme que la pensée d'un critique bien renseigné sur l'histoire. Il y a, dans les œuvres d'art que l'on connaît, des œuvres tout à fait dépourvues de caractère moralisateur, et cependant tout à fait belles.

Pour les faire rentrer dans la définition de Proudhon, il faut, ou bien leur dénier la beauté, comme il l'a fait avec la plus grande injustice en parlant de la plupart des œuvres contemporaines, ou admettre que toute sensation vive est un élément de progrès pour l'humanité, soit qu'elle agisse directement, soit qu'elle agisse avec un effet répulsif. Cette définition de l'art, en tout cas, si elle le représente tel qu'un philosophe peut désirer qu'il soit, n'est pas sans danger pour les artistes. Combien nous en avons vu qui, pour vouloir faire servir l'art à l'enseignement d'idées éminemment bonnes, ont oublié et sacrifié la beauté plastique, premier élément de l'art! Les artistes feront donc bien de s'en tenir à la première moitié de la définition de Proudhon et de poursuivre la représentation idéalisée de la nature. Que s'ils peuvent en même temps exprimer des idées morales, ils n'en seront que plus grands. Mais ceux qui y ont réussi sont excessivement rares, et il y aurait injustice à refuser le nom de grands artistes à ceux qui, sans aucune vue civilisatrice, se sont contentés de choisir et d'exprimer brillamment les beautés éternelles de la nature.   HENRY FOUQUIER.

ARTICLE. — PHILOLOGIE. — L'article, ce déterminatif délicat qui, en grec, en allemand, en français, par exemple, note avec tant de netteté et de finesse les nuances de la pensée, l'article n'est pas une forme primitive du langage. Partout où il existe, il descend, soit de pronoms, soit de noms de nombre, combinés avec des particules.

Les Chinois n'ont pas l'article *le;* mais ils emploient parfois, avec une valeur approchante, et même devant les noms propres, les pronoms démonstratifs *tche,* ce (ci), et *na,* ce (là). Ils font un fréquent usage de l'article un, *i,* suivi quelquefois d'une particule numérale : *ko* est la plus usitée. *I-ko jin,* un homme. L'article défini manque en annamite et en thibétain, mais non l'indéfini : *một* dans le premier de ces idiomes et *tchig* dans le second; *tchig* est enclitique.

En turc, en mongol, et généralement dans la branche touranienne, il n'y a pas d'article proprement dit.

Il en est autrement dans le groupe sémitique. Gésénius reconnaît en phénicien les trois formes déterminatives *al, a* et *ha.* L'arabe, qui possède et combine ensemble des particules comme *ha, l, ka, dha* (par exemple : *dha-li-ka'l-insan,* cet homme), a adopté pour l'article défini la syllabe *al* : *kitab,* livre, *al-kitab,* le livre. *Al* se répète devant un qualificatif : *al-kitab al-kébir,* le grand livre; il se supprime, quand le nom a un complément : *kitab Allah,* le livre de Dieu. Dans la prononciation moderne, *l'a* ne se fait plus guère entendre : *'l-aghouat.* Le *l* s'assimile souvent à la lettre suivante : *ar-rachid, an-nabi.* L'article hébreu *ha* s'emploie de la même manière que l'article arabe. Comme il double la consonne qui le suit (*ha-m-melek,* le roi), quelques grammairiens ont reconstruit une prétendue forme primitive *hal,* dont la dernière lettre s'assimilerait d'une façon constante à la consonne qui la suit. M. Derenbourg n'accepte pas cette hypothèse et croit que *ha* et *al* sont deux mots d'origine différente.

Dans la famille aryenne, quelques membres très-importants, tels que le sanscrit, le zend, le latin, ont ignoré l'usage de l'article; mais nous trouvons chez eux les démonstratifs qui ont fourni l'article à des langues sœurs ou dérivées. On connaît encore trop peu les rapports qui unissent le celte aux autres idiomes de même origine pour que nous insistions sur l'article celtique *ar, ann and.* Nous nous bornerons au grec, aux langues germaniques et romanes.

ὁ, ἡ, τὸ représentent le pronom sanscrit *sa, sâ, tad* (zend *ha, hâ, tad,* gothique *sa, sô, thata,* anglo-saxon *se, seó, thaet*), qui, sans être devenu précisément article, a vu s'affaiblir singulièrement sa valeur démonstrative. Le sens de ὁ, ἡ, τὸ a dû s'atténuer plus vite encore que celui de *sa,* puisque les Latins, qui ont vécu avec les Grecs, quelque temps après la séparation des idiomes, n'ont gardé que des débris de cette forme pronominale. Cependant il est douteux qu'avant le IVe siècle, les Grecs y aient attaché précisément le sens que nous donnons à notre article *le.* Le mot qui, en grec, répond à *article* est ἄρθρον, jointure. Nous trouvons ce terme, pour la première fois, dans Aristote, chez qui il ne pouvait exprimer que les mots qui servent, pour ainsi dire, de jointure aux membres d'une phrase. Avant Zénodote, le premier bibliothécaire d'Alexandrie (250 ans avant Jésus-Christ), tous les pronoms étaient simplement classés comme articulations ou articles du discours. Ce fut Zénodote qui, le premier, imagina une distinction entre les pronoms personnels et les simples articles, auxquels on affecta dorénavant le nom de *arthra* (Max Müller,

Science du langage, tome I). Quoi qu'il en soit, dans le grec classique, depuis la constitution du texte d'Homère (v⁰ siècle), ὁ, ἡ, τό joua le rôle de notre article, plus librement peut-être, mais avec plus de profusion et non sans quelque abus, puisque, le plus souvent sans motif appréciable, il s'employait même devant les noms propres.

La même racine qui a fourni l'article grec se retrouve dans l'article germanique, mais défigurée par la loi de Grimm et peut-être aussi par des altérations plus antiques. Le haut allemand *der, die, daz* et *das* répondrait à une forme *ta-(s), tâ, tad*, qui se retrouve dans la déclinaison sanscrite et grecque (tam, tâm, τόν, τήν) et qui paraît antérieure à *sa, sâ*. La forme *der* semble avoir réagi sur l'anglais *the*, qui ne peut guère être une mauvaise prononciation du saxon *se, seo*, et qui appelle un primitif *ta*. (Voir, pour les lois de transformation des consonnes dans les langues germaniques, l'article *Angleterre* (*philologie*). L'anglais ayant abandonné le neutre, *that* (cf. *tad, τό, thata, thaet, daz*) est resté un démonstratif et un relatif.

Le latin, on le sait, ne s'est pas servi d'article; il s'en est rapporté à l'intelligence de l'auditeur. Qu'on ne dise pas que sa déclinaison le dispensait de cet expédient : le grec, les langues germaniques avaient une déclinaison et des articles. Si les particules chargent un peu le langage, elles l'éclaircissent, et le latin, pour avoir négligé l'article, n'évitera pas toujours le reproche d'obscurité. Le fait est qu'il n'en sentit pas le besoin, car il ne manquait pas de déterminatifs, *is, iste, ipse, ille*, dont l'usage avait atténué la force presque à l'égal du sanscrit *sa*. Dans la langue parlée, provinciale, l'un de ces pronoms, *ille*, devint rapidement un simple article, et, sous diverses formes, il reparaît dans toutes les branches de la famille romane : espagnol : *el, lo, los, las*; portugais : *o, os, a, as* (le *l* est tombé); italien : *il, lo* (devant les consonnes doubles), *l'* (devant les voyelles), *la, i, gli* pour *li, le*. En roumain, l'article est enclitique : *vecinuL*, le voisin, *vecinuLUI*, au voisin. Le provençal emploie *lo* et *lou* comme sujet, *le* comme régime, *la* au féminin, au pluriel *los, las, les*; quelquefois *li* au pluriel masculin. Le vieux français a *li* sujet singulier et pluriel, *le* et *lo* régime singulier (accusatif et génitif, comme dans *quarantaine* LE *roi*, du roi), *les*, régime pluriel, féminin *la*.

Dès 880, nous avons le génitif *del*, au xi⁰ siècle *des*, au xii⁰ *al, as*, plus tard *aus* et *aux*. Dans la cantilène d'Eulalie, on trouve *li deo inimi, li judei*; dans *Roland* : *li reis Marsiles* (le roi Marsile), *les diz mulez fait Charles establer*; dans *Roncevaux* : *li mille chevalier* (les mille chevaliers); au xiv⁰ siècle, *li* est encore sujet féminin : *li une lui aporte à manger* (Berta). Dès le xvi⁰ siècle enfin, notre article défini existe tel qu'il est aujourd'hui; il n'y a plus trace de distinction entre le sujet et le régime; nous avons depuis perdu la forme *es* pour *en les*.

En faisant l'histoire de l'article défini, nous avons négligé l'autre, l'indéfini qui, lui aussi, a son importance. Presque tous les peuples emploient au besoin le nom de nombre *un*; ils ont, en outre, des qualificatifs comme *certain, quelconque, many, some, any*, en latin *quivis, quilibet*, etc., mais ce ne sont pas là des articles indéfinis proprement dits; on donnerait plutôt ce nom au grec τίς, τοί; mais il y a là trop de précision encore. L'anglais a bien son *an, a*, doublet de *one*, qui rend exactement notre *un* (quelconque); mais le pluriel lui manque. Le français est plus complet sous ce rapport, il dit : *un* homme, *des* hommes; il possède même une expression toute particulière et qu'il serait difficile de rendre dans une autre langue, c'est *du* ou *de l'* dans des propositions comme : *je veux* DU *sucre*; *c'est* DE *l'amour*. On voit très-bien l'origine étymologique de ces locutions; elles sont formées de l'article défini *le, ille*, et de la particule *de*, mais elles ont pris un sens très-commode et très-précis en même temps.

Nous nous sommes servi des termes défini et indéfini; nous avouons qu'ils défi-
nissent peu de chose. Sans doute l'article *le* particularise le nom qu'il précède,
mais il le généralise aussi : *l'homme que je cherche* n'est pas la même chose que
l'homme (l'espèce humaine). D'autre part, *le* sert à former des locutions parfaitement indéfinies, *des*, *du*. Quant à *un*, dans l'exclamation : *un homme comme vous!* il est
on ne peut plus défini. En somme, on peut dire qu'ordinairement l'article *le, la, les*
détermine nettement l'objet, particulier ou général, dont on veut parler, et que
l'article *un, des*, laisse planer quelque vague sur la pensée de celui qui parle aussi
bien que de celui qui écoute.

Il est permis d'ajouter que nous abusons aujourd'hui de l'article, comme faisaient les Grecs autrefois. Un emploi moins continuel le rendrait plus précieux.
Cependant, à l'exemple du xvi⁰ siècle, nous pouvons encore nous en passer dans
des propositions tout à fait générales, proverbiales ou familières : Pauvreté n'est
pas vice.

> Patience et longueur de temps
> Font plus que force ni que rage.

Mais il n'y a plus peut-être que deux cas où l'article cesse régulièrement de
s'employer; c'est devant un nom complément direct d'un verbe, ou régime d'une
particule : Elle est femme. Ce qu'on nomme charité.

> Il n'est pas de butin qui ne passe fardeau.

Matière à procès, en vérité; sous presse; sur requête; avec force; par amour; être
appelé comme témoin, etc., etc.

C'est au goût personnel de restreindre ou d'étendre, sur ce point, l'usage qui a
constamment varié.   ANDRÉ LEFÈVRE.

ARTICULATION. — ANATOMIE GÉNÉRALE. — Le corps du plus grand
nombre des animaux qui vivent dans l'air et d'un nombre considérable de ceux
qui vivent dans l'eau, est soutenu par une charpente solide et résistante qui
porte le nom de squelette. Tous ces êtres appartiennent aux groupes les plus
élevés en organisation : ils ont pour la plupart une vie active, qui suppose le
déplacement dans le milieu où s'agite l'animal. La condition de ce mouvement
nécessaire est la mobilité des pièces composant la charpente solide. Les points
par lesquels ces pièces sont ainsi mobiles les unes sur les autres méritent seuls,
dans un langage scientifique rigoureux, le nom d'*articulations*. On a toutefois, et
depuis l'antiquité, étendu cette dénomination à tous les modes d'union des os du
corps humain, même quand ces os sont joints de telle sorte que la moindre mobilité
est absolument empêchée. Ainsi en est-il pour les os du crâne : loin d'être articulés, ils sont en réalité *soudés* les uns aux autres par un tissu fibreux spécial ; ils
sont en continuité les uns avec les autres et non simplement contigus. Cette
continuité, qu'on retrouve dans d'autres endroits du corps, permet parfois quelques
mouvements de flexion, mais il n'y a pas là d'articulation proprement dite. En
anatomie comme en mécanique, ce nom suppose déplacement d'une surface sur une
autre surface harmonique à la première.

Quand on examine la répartition des articulations chez les animaux, on est
tout d'abord frappé d'un grand fait qui a presque les proportions d'une loi, quoiqu'elle n'ait encore été, que nous sachions, formulée nulle part, « Il n'y a d'articu-
» lations proprement dites que chez les animaux offrant un système musculaire dont l'élément

» *anatomique est le faisceau strié.* » Les muscles, qui accomplissent les mouvements volontaires chez les animaux, sont de deux espèces : tantôt leurs éléments sont lisses et tantôt striés en travers, comme on peut le voir en examinant au microscope des fibres de chair de bœuf ou de poisson cuite. Tous les vertébrés et tous les articulés (voyez ce mot) ont des muscles offrant ce caractère constant, mais il manque d'une manière non moins constante chez tous les vers, tous les mollusques, tous les polypes. Quelle relation y a-t-il entre l'existence de ce système musculaire à fibres striées et la présence d'articulations véritables ? Nous l'ignorons. Ou du moins ce n'est pas ainsi que la question doit être posée. La présence d'articulations dépend essentiellement de la solidité du squelette ; l'articulation proprement dite ne peut être qu'à la condition d'une résistance suffisante dans les matériaux dont elle est construite. Mais quelle relation nécessaire existe-t-il entre le squelette solide et les fibres musculaires striées ? C'est ce que nous ignorons absolument. Nous ne pourrions, dans l'état actuel de la science, que faire à ce sujet des hypothèses ; ce n'est point ici le lieu de les discuter. Il nous suffit d'établir que chez les vertébrés et les articulés seuls, ou presque seuls, on rencontre des articulations proprement dites. Les exceptions que l'on peut citer sont encore plutôt apparentes que réelles. Beaucoup d'échinodermes, d'oursins, d'étoiles de mer ont aussi un squelette et parfois des plus compliqués, dont les pièces jouent les unes sur les autres ; mais le plus ordinairement les surfaces de ces pièces, au lieu d'être en simple contact et contiguës, sont continues et soudées l'une à l'autre par une substance intermédiaire qui ne laisse que peu de latitude au mouvement dont chacune de ces articulations est le siége. Le test solide des mollusques à coquille bivalve présente au contraire de véritables surfaces contiguës qui se conjuguent et se rapprochent d'une articulation véritable. On remarquera toutefois que, dans la grande majorité des cas, il y a plutôt engrenage mutuel des dentelures des deux valves que glissement d'une surface sur une autre surface harmonique. Les mouvements des valves dégagent ces dentelures des cavités correspondantes où elles sont reçues : les surfaces articulaires — si on tient à leur conserver ce nom — s'abandonnent réciproquement au lieu de rouler l'une sur l'autre. Dans la plupart des cas, sinon dans tous, l'axe de rotation est situé en arrière des surfaces conjuguées : il passe par le ligament plus extérieur qui soude l'une à l'autre les deux valves.

Les anthropotomistes ont essayé, Galien le premier, de classer les articulations par genres et par espèces. Ils ont pu y arriver pour le nombre singulièrement restreint de celles que l'on observe sur le corps de l'homme ; ils eussent échoué devant la tâche d'étendre ce classement méthodique aux animaux. Les anatomistes les plus versés, comme Cuvier, dans la connaissance du squelette, n'y ont point songé. Le fait est que le mode d'union des pièces squelettiques varie à l'infini tant chez les vertébrés que chez les articulés. Pour les vertébrés seulement, nous pouvons déjà noter toutes les variétés imaginables, depuis l'articulation la plus simple formée de deux surfaces planes et lisses, se déplaçant à peine l'une sur l'autre (entre les arcs vertébraux, les os du carpe, du tarse), jusqu'à l'articulation « condylienne » constituée par une surface sphérique, tête ou noix, se mouvant en tous sens dans une cavité faite pour la recevoir. Cette tête étant à l'extrémité d'un os, on comprend que celui-ci puisse occuper successivement toutes les directions représentées par les rayons d'une demi-sphère dont l'articulation est le centre ; cet os peut de plus, dans chaque direction, tourner sur lui-même. Dans le premier cas, le centre de rotation est le centre même de la tête osseuse ; dans le second cas, l'axe de rotation se confond avec celui de l'os. Les articulations de ce genre sont donc par elles-mêmes et par elles seules susceptibles de se prêter aux mouvements de circumduction : il e , est ainsi pour l'épaule. Un autre genre beaucoup plus répandu est l'articulation en charnière ou « ginglyme », dans laquelle les mouvements ne sont possibles que suivant deux directions opposées. Le genou, les phalanges des doigts appartiennent à cette catégorie. Ces articulations sont essentiellement constituées par deux surfaces cylindriques, l'une convexe, l'autre concave, harmoniques, roulant plus ou moins complétement l'une sur l'autre. L'axe de rotation est, par conséquent, toujours parallèle aux surfaces de contact, qui peuvent s'envelopper entièrement comme une véritable charnière, ou glisser partiellement l'une sur l'autre comme la roue sur son frein. — Il importe de noter que la plupart des surfaces articulaires, qu'elles appartiennent à l'un ou à l'autre genre, qu'elles soient planes, sphériques ou cylindriques, ne se correspondent pas nécessairement dans toutes les positions par un nombre de points égal, comme cela est la règle dans une charnière ou dans une noix véritable. En mécanique animale c'est peut-être l'exception, et l'étendue du contact des surfaces varie souvent selon la position, jusque dans les ginglymes les plus parfaits.

Nous n'indiquons ces trois modes d'articulations propres aux vertébrés que comme de grands genres spécialement bien étudiés chez l'homme et chez quelques oiseaux échassiers. Chacun de ces genres comprend nécessairement un nombre infini d'espèces dont le catalogue approximatif n'a encore été relevé pour aucun animal. On peut dire en général que le nombre des articulations et l'étendue de leurs surfaces chez un animal donné, a son expression visible dans l'agilité et dans la souplesse dont il est doué. Le nombre, l'étendue des surfaces articulaires diminuent à mesure que l'animal devient plus attaché au sol, plus lourd, plus pesant. Les ruminants ont déjà des surfaces articulaires beaucoup moins étendues que les quadrumanes et les carnassiers. Ce semble être une loi que plus l'animal atteint un volume considérable, moins les surfaces articulaires de son corps sont développées proportionnellement à sa taille. Elles arrivent au minimum chez les cétacés où toutes les surfaces articulaires du membre antérieur (le seul qui existe) ne sont plus représentées que par l'articulation de l'épaule. Les autres os du bras et de la main sont tous soudés, non articulés.

Chez les vertébrés chaque pièce du squelette est un corps solide dont la surface est continue. Les parties molles qui recouvrent les os, en passant de l'un à l'autre, enveloppent et ferment les espaces articulaires qui se trouvent libres entre leurs extrémités en contact. Ces espaces sont donc parfaitement isolés du monde extérieur, ils sont remplis par un liquide spécial qui facilite le glissement, la *synovie*. Il est remarquable que les surfaces articulaires des os ne sont jamais constituées par le tissu de l'os lui-même : celui-ci est *toujours* revêtu, dans les parties exposées au frottement, d'une couche plus ou moins épaisse de cartilage. C'est une règle qui ne souffre point d'exception. Ce cartilage peut d'ailleurs rouler indifféremment sur un autre cartilage ou sur du tissu fibreux, jamais sur la substance osseuse elle-même.

Chez les articulés le squelette, au lieu d'être enveloppé par les chairs, est extérieur. Chaque pièce solide forme un anneau ou un tube à travers lequel les parties molles de tout le corps sont en continuité. Par conséquent les pièces squelettiques, au lieu d'être en contact par des surfaces terminales élargies, comme les têtes des os, ne se touchent que par des bords amincis. Si nous devons trouver là, comme chez les vertébrés, des surfaces modifiées de manière à rouler l'une sur l'autre, il est évident que ces modifications existeront sur le bord même des anneaux solides; pour la même raison nous ne rencontrerons là aucune articulation condylienne proprement dite, formée par une tête solide engagée dans une cavité; nous ne trouverons même que fort rarement des mouvements analogues à celui que fait le bras étendu quand il pivote sur lui-même sans changer de place, l'axe de rotation se confondant alors avec l'axe du membre. Les articulés n'ont en réalité que deux sortes d'articulations : le ginglyme modifié en raison des circonstances où il se présente et « l'articulation libre à tête perforée », ainsi nommée par Straus-Durckheim, dans son *Anatomie du hanneton*. Cette dernière articulation est celle qui unit les pièces des antennes chez beaucoup d'insectes, probablement les pièces de leurs tarses et enfin les anneaux de leur abdomen, se recouvrant l'un l'autre à la manière des rallonges d'une lunette. Straus-Durckheim regarde chaque anneau engagé dans le précédent comme un condyle sphérique largement perforé à son sommet et, par suite, réduit à une zone étroite en rapport avec une cavité sphérique réduite elle-même à une surface annulaire de dimension correspondante. Les anneaux du corps de la guêpe, par exemple, montrent très-bien cette disposition. En même temps que les deux anneaux s'emboîtent l'un dans l'autre, ils sont unis par une « membrane articulaire », qui se continue de part et d'autre avec eux, mais qui se distingue d'eux par sa souplesse plus grande, et ordinairement l'absence de coloration. Dans des parties ainsi disposées, il est clair que tous les mouvements, même ceux de circumduction, sont possibles, quoique tous très-limités.

Dans les membres des articulés et même à l'abdomen de certaines espèces, comme le homard, l'écrevisse, l'articulation libre à tête perforée subit une modification qui en change aussitôt le caractère. Les anneaux sont encore mobiles les uns sur les autres, mais, de chaque côté, en deux points opposés, existent sur un des anneaux des saillies, et sur l'autre, des enfoncements qui se correspondent exactement, se conjuguent et ne permettent plus que des mouvements en harmonie avec la direction des surfaces de contact. Or celles-ci constituent un véritable ginglyme, seulement il est double, il est formé de deux articulations dont les axes se confondent, mais éloignées l'une de l'autre, séparées par les parties molles qui emplissent l'anneau. Celui-ci, qui pouvait, dans le cas « d'articulation à tête perforée », se mouvoir dans tous les sens, est réduit désormais à des mouvements alternatifs de va-et-vient comme ceux de la mâchoire dont l'articulation avec les os de la tête offre quelque chose d'assez comparable, par le mode de fonctionnement, avec le ginglyme double des segments de l'abdomen des crustacés.

Dans l'exemple que nous avons choisi, les axes des ginglymes successifs qui unissent les anneaux de l'abdomen de l'écrevisse ou du homard sont tous parallèles. L'abdomen entier ne peut se mouvoir en conséquence que dans un plan, à la manière du doigt, où les axes de rotation des phalanges sont aussi parallèles. Il n'en est pas de même aux membres des articulés. Les mouvements de circumduction existent, ils sont dus à l'incidence des axes de rotation des différents ginglymes du membre les uns sur les autres comme on peut le voir très-bien sur la patte-pince d'une écrevisse. Pour que ces mouvements soient possibles, il suffirait à la rigueur de deux charnières rapprochées dont les axes de rotation auraient des directions perpendiculaires. C'est, dans l'industrie, la solution usuelle du problème. Dans la nature, comme toujours, elle est plus compliquée parce qu'elle n'est point le résultat d'un plan prémédité mais d'un concours aveugle de circonstances : les membres des articulés, au lieu de deux ginglymes à angle droit, en ont trois ou quatre formant entre eux des angles inférieurs à 90°, mais produisant en définitive le même effet. Les articulations des ailes n'ont pas encore été bien étudiées, mais l'observation des mouvements qu'elles exécutent a montré que ces mouvements étaient essentiellement et uniquement alternatifs, comme tous ceux des ginglymes.

Les articulations du squelette des articulés sont, en raison même de leur siége et de leur nature, toujours ouvertes à l'extérieur. L'air, l'eau peuvent pénétrer entre les surfaces de contact, ou du moins n'en sont empêchés que par des organes de protection tels que des poils, et par le contact intime des parties glissant l'une contre l'autre. On sait que c'est à la surface de la membrane articulaire, entre les anneaux de l'abdomen de l'abeille, que se produit la cire avec laquelle elle construit ses alvéoles.

BIBLIOGRAPHIE. — Bichat, *Anatomie générale.* — G. et E. Weber, *Mécanique de la locomotion*, dans l'*Encyclopédie anatomique.* — Langer, *Beiträge zur vergleichenden Anatomie und Mechanik der Gelenke* (dans les *Mémoires de l'Académie de Vienne*, 1857-1860). GEORGES POUCHET.

ARTICULÉS. — ANATOMIE GÉNÉRALE. — Les articulés sont des animaux dont le corps et les membres sont ordinairement divisés en segments ou articles mobiles les uns sur les autres. Cuvier employa ce nom d'*articulés* en 1812, pour désigner un des quatre grands embranchements entre lesquels il partageait tout le règne animal : I Vertébrés, II Mollusques, III Articulés, IV Zoophytes. Le caractère des articulés, d'après Cuvier, était d'avoir un appareil nerveux central formant une chaîne de renflements ou ganglions reliés par des cordons nerveux et s'étendant le long de la face ventrale du corps sur la ligne médiane. Cuvier, méconnaissant les grands principes de l'anatomie générale établis par son contemporain Bichat, avait pris pour base de son système de classification les caractères morphologiques de l'appareil nerveux. Il ne s'aperçut point qu'il retombait dans le défaut reproché à Linné, de n'envisager l'organisme que par un de ses aspects. Cuvier procède comme Linné, à cette différence près qu'il observe les formes intérieures (plus constantes, il faut le reconnaître), au lieu de s'arrêter à quelque organe important du dehors. Cuvier proclame que le système nerveux domine à ce point l'organisation de l'être entier, que celle-ci n'en est pour ainsi dire que le reflet. On peut soutenir, avec tout autant de raison et plus de vraisemblance, que le système nerveux reflète les formes et les fonctions des organes périphériques, directement influencées par le milieu. Cette manière de voir est la seule plausible dans l'hypothèse de la mutabilité des espèces. Ajoutons qu'un grand nombre d'animaux, presque tous les zoophytes, n'ont pas de système nerveux indépendant, et que beaucoup de mollusques, d'autre part, ont un système nerveux très-semblable à celui des articulés, formé d'une chaîne ganglionnaire disposée suivant une symétrie parfaite. Il semble que Cuvier lui-même ait eu le sentiment du vice de son procédé : nous le voyons classer les cirrhipèdes (balanes, anatifes) parmi les mollusques, quoiqu'ils aient, comme il le reconnaît lui-même (*Mémoire sur l'anatomie des Anatifes et des Balanes*, dans les *Mémoires du Museum*, t. II, 1815), un système nerveux qui dût les faire ranger parmi les articulés. Le plus curieux, c'est qu'ils doivent en effet prendre place dans ce groupe. Mais le test calcaire de ces animaux, qui a toute l'apparence d'une coquille, s'imposait à l'esprit de Cuvier, et s'il a eu le tort de déroger aux principes de classification posés par lui-même, il faut reconnaître que son erreur, dans ce cas, atteste mieux que toute chose sa profonde sagacité : il sentait qu'au-dessus des formes toujours variables d'un appareil anatomique quelconque, il y a des caractères d'un ordre supérieur qui dominent celles-là. Ces caractères primordiaux se trouvent dans ce que Bichat avait appelé les *systèmes*. C'est pour cette raison que des quatre embranchements imaginés par Cuvier, un seul est resté debout dans son intégrité, celui des Vertébrés : là, les caractères tirés de la forme et des rapports du système nerveux ont pu donner à Cuvier une base de classification solide, parce qu'ils sont eux-mêmes commandés par *l'existence d'un système osseux et cartilagineux*, seul point essentiel qui distingue les Vertébrés des autres animaux, et auquel Cuvier, entraîné par la direction de ses travaux, n'a pas fait attention.

Tandis que Cuvier éloignait les cirrhipèdes des articulés, il y rejetait avec moins de raison les *annélides* ou vers. En cela, il a été suivi par Blainville (*De l'organisme des Animaux*, 1822), par M. R. Owen (*Lectures on Comparative Anatomy*, 1855), et par M. Milne Edwards (*Cours élémentaire d'histoire naturelle*, 1855), qui toutefois fait des annélides un sous-embranchement ; tandis que MM. Siebold et Stannius (*Lehrbuch d. Vergl. Anatomie*, 1845), van Beneden (*Recherches sur l'anatomie des Bryozoaires*, 1845), et Leuckart (*Ueber die Morphologie d. virbellosen Thiere*, 1848), conduits par des considérations diverses, rejettent nettement les annélides loin des articulés. Ceux-ci se trouvent de la sorte ramenés à la Ve classe de Linné, les *Insecta*, ainsi définis dans les dernières éditions du *Systema naturæ* (1758) : cor uniloculare, inauritum, sanie frigida; spiracula, pori laterales corporis; maxillæ laterales; penes intrantes; sensus, lingua, oculi, antennæ in capite absque cerebro (non aures, nares) ; tegmenta cataphracta cute ossea sustentante ; fulcra pedes, quibusdam alæ....

Les articulés ainsi constitués ont été divisés par les zoologistes en un certain nombre de groupes secondaires ou classes, sur lesquels ils sont assez près de s'entendre. Ces classes sont au nombre de quatre seulement :

1º Les insectes;
2º Les myriapodes;
3º Les arachnides;
4º Les crustacés.

Chez les insectes il y a trois paires de pattes. Chez les myriapodes, les pattes sont en nombre considérable, et ont valu à quelques-uns de ces animaux le nom de *mille-pieds*. Les arachnides en ont quatre paires. Quant aux crustacés — qui sont pour la plupart marins, tandis que les autres articulés sont presque exclusivement terrestres — ils offrent plus de variété : leurs pattes sont en général au nombre de cinq paires et souvent de sept; mais il y a aussi parmi les crustacés un grand nombre d'espèces dégradées chez lesquels les appendices locomoteurs se modifient beaucoup et arrivent même à disparaître complétement. C'est en partant de cet ordre de considérations, tirées du nombre et de la forme des membres, que Blainville avait fait avec les articulés six classes : 1º Hexapodes (insectes); 2º Octopodes (araignées, sarcoptes, scorpions); 3º Décapodes (crabes, langoustes, écrevisses, etc.); 4º Hétéropodes (squilles, trilobites, anatifes, balanes, lernées) ; 5º Tétradécapodes (crevettes, cloportes) ; 6º Myriapodes (scolopendres).

Quant à la dignité relative des quatre grands groupes que nous reconnaissons chez les articulés, elle ne saurait prêter à aucune incertitude. Les insectes, animaux aériens, doués de facultés instinctives extrêmement développées, représentent, de toute évidence, une expression organique beaucoup plus élevée que les crustacés. —Les arachnides, par les mêmes causes, doivent être placés à côté des insectes, sans qu'on ait de raison bien valable de les mettre avant ou après eux. La vie volatile, la présence d'ailes, ne constituent point une supériorité, comme nous le voyons par les oiseaux comparés aux mammifères. — Les myriapodes ont une respiration aérienne, et doivent, malgré la dégradation évidente d'un organisme qui rappelle l'état larvaire d'un grand nombre d'insectes, prendre place à la suite de ceux-ci et des arachnides, au-dessus des crustacés où se trouvent évidemment les représentants les plus infimes du groupe des articulés.

Au point de vue anatomique, les articulés forment dans le règne animal un ensemble parfaitement homogène et distinct, un véritable *embranchement* avec des caractères bien tranchés et bien nets. Dans un autre embranchement doivent prendre place les vers, les mollusques, les zoophytes; sans doute de grandes coupes sont à faire parmi ces animaux, mais les transitions sont tellement ménagées entre eux que le moyen de délimiter ces coupes nous manque encore. Les articulés n'ont rien de commun avec les vertébrés d'une part, et de l'autre avec ce III᷄ embranchement comprenant les vers, les mollusques et les zoophytes, desquels par les infusoires, les navicules, les grégarines, les monades, les protococcus, par une série de gradations infinies, on peut sans secousse passer aux algues et à tous les végétaux. Les articulés ont de commun avec les vertébrés d'une part, et de l'autre avec les vers ou les mollusques, les conditions générales d'une vie animale active, indépendante; mais en dehors de ces conditions nécessaires — telles que l'existence d'un système nerveux et d'un système moteur — ils apparaissent à l'anatomiste comme un ensemble si particulier, si impossible à confondre avec le reste des êtres vivants, qu'on ne saurait saisir, même en adoptant dans ce qu'elles ont de plus large les idées de Lamarck et de Darwin, quelle parenté, quel point de départ commun a pu réunir à l'origine les articulés, d'une part aux vertébrés, et de l'autre aux vers ou aux mollusques. On pourrait répéter ici ce qu'on a dit des familles de langues : si les autres planètes sont habitées, les animaux qui les hantent, ne peuvent pas différer davantage des vertébrés, que les articulés n'en diffèrent ou ne diffèrent des vers, des mollusques et des zoophytes. On arrive à imaginer sans trop de difficulté une progression organique croissante allant de la lamproie à l'homme, du vertébré le plus simple au plus complexe : on ne trouve pas, on n'imagine pas la transition possible entre un articulé et un vertébré quelconque.

Dès l'instant que se voit dans l'œuf détaché de la femelle le symptôme primordial de l'apparition du nouvel être, une différence absolue existe entre les vertébrés et les articulés. L'embryon articulé, au lieu d'être appliqué par la face ventrale contre le vitellus, est en contact avec lui par la face dorsale. Le vitellus rentre dans le corps de l'animal par le dos, à l'inverse de ce qui se passe chez le poulet et les autres vertébrés. Ce mécanisme absolument différent — que nous ne pouvons pas plus expliquer dans un cas que dans l'autre, parce que nous en ignorons les conditions antécédentes nécessaires — a donné lieu à tout un ordre de considérations les plus étranges de la part de certains anatomistes. « L'articulé, ont-ils dit, est un vertébré renversé, un vertébré qui marche sur le dos. » On poussa même plus loin la comparaison; et de fait, dans une semblable voie, il n'y a plus aucun motif pour s'arrêter. Cuvier s'élevait contre ces sortes de spéculations dont il avait raison de blâmer l'excès. On raconte qu'il réfutait un jour dans ses leçons un article où l'ingénieux Ampère, pétrissant à son aise la pâte animale, avait de la sorte défait un vertébré pour en refaire un articulé (*Ann. des Sc. nat.*, t. II). Ampère, qui assistait à la leçon, ne put s'empêcher de rire en revoyant, à travers la science plus profonde de Cuvier, ce qui n'était qu'un jeu de l'esprit. Nous n'entendons pas dire que l'anatomie spéculative soit toujours déplacée; mais il convient, avant tout, d'appliquer les recherches qu'elle autorise, à des êtres qui soient comparables. Or, au point de vue morphologique ou des formes extérieures, les vertébrés et les articulés ne le sont pas. De là aussi la vanité de cette conception connue dans l'école sous le nom d'échelle des êtres, de chaîne des êtres, appliquée à l'ensemble du règne animal. Nous n'avons pas conséquemment à rechercher si les articulés doivent prendre place au-dessous des mollusques, comme le veulent Cuvier et Leuckart; entre les vers et les mollusques, comme l'entendait Lamarck; ou au-dessus de ces animaux, ainsi que cela est aujourd'hui le sentiment général. Le meilleur argument qu'on puisse faire valoir pour les placer au-dessus des mollusques et des vers, est l'impossibilité où nous sommes de tracer une démarcation quelconque entre ces derniers animaux et les zoophytes, qui sont bien réellement les plus imparfaits que nous connaissions.

Les organes extérieurs des articulés offrent une infinie variété, les parties inté·rieures ne diffèrent pas moins. Ce n'est donc pas à l'anatomie comparative, qui n'étudie que la figure, la proportion et les rapports des organes, que nous devons demander la caractéristique précise, absolue de l'embranchement: c'est à l'anatomie générale, à la constitution intime de l'organisme, celle qu'on retrouve immuable sous la mutabilité infinie des formes. C'est le seul procédé rigoureux. En anatomie générale, les articulés peuvent être définis : « *Des êtres vivants limités par une enveloppe chitineuse, et se mouvant au moyen de muscles formés de faisceaux striés.* »

La *chitine* qui enveloppe le corps de tous les articulés, est un principe immédiat dont la formule serait, d'après Stædeler, $C^9H^{15}AzO^6$. On l'a vainement cherché jusqu'ici chez les vertébrés, mais il paraît se retrouver chez les zoophytes. C'est une substance inattaquable par la plupart des réactifs, par l'eau, par les acides organiques, par les alcalis, par les acides minéraux quand ils ne sont pas concentrés, et enfin par le suc gastrique. Cette résistance de la chitine à la plupart des réactifs amène comme résultat pour les animaux qui en sont recouverts, la possibilité de vivre dans des milieux alcalins ou acides, dans les substances en putréfaction, dans le canal intestinal des vertébrés, en un mot dans des milieux où des êtres qui ne seraient pas aussi bien cuirassés contre les influences chimiques extérieures, ne tarderaient pas à succomber. L'enveloppe de chitine ne recouvre pas seulement le corps de l'animal, elle fournit des sortes d'apophyses où s'attachent les muscles, elle tapisse parfois une portion notable du canal digestif, elle sert de soutien à plusieurs appareils, enfin elle revêt les organes respiratoires intérieurs ou extérieurs des articulés. Elle peut donc se prêter à l'osmose des gaz et permet, dans certains cas, que l'articulé respire directement par la surface de son corps. Parfois cette enveloppe est lisse, cela se voit dans certaines larves d'insectes; le plus ordinairement elle présente des appendices constitués comme elle-même et qui prennent les formes les plus variées, soies, poils, plumules, écailles chez les papillons, etc... Elle peut aussi offrir toutes les variétés de coloris et les plus éclatants reflets métalliques. Ordinairement elle est dure, elle forme les anneaux du corps et des membres, au dedans desquels sont contenus les viscères et tous les muscles qui font mouvoir ces anneaux les uns sur les autres. Par places, au niveau des jointures, le tégument s'amincit, devient membraneux pour permettre le mouvement des anneaux les uns sur les autres. Chez certains articulés, dans des cas assez rares, tout le tégument est mou, l'animal perd alors cette âpreté de formes, ces contours anguleux qui sont un caractère tout à fait propre à l'embranchement. Parfois au contraire l'enveloppe chitineuse s'encroûte de sels calcaires qui viennent encore augmenter sa dureté, c'est le cas chez la plupart des crustacés. Chez les cirrhipèdes, la coquille dont nous avons parlé, est revêtue de chitine, en sorte que les balanes et les anatifes, malgré leur test semblable à celui des mollusques, ne font point exception à la définition que nous donnons des articulés. L'enveloppe chitineuse des articulés est homogène et non formée d'éléments anatomiques agglomérés comme l'épiderme des vertébrés. Cependant, quand on l'examine sur une coupe normale à sa surface, elle présente de minces couches concentriques superposées. On ignore quel degré de vitalité elle possède exactement; mais elle paraît ne se prêter à aucune croissance. De là les mues. Les parties molles de l'articulé ne grandissent qu'à la condition de se dépouiller de temps à autre de cette enveloppe inextensible aussitôt remplacée par une autre plus large. Les mues accompagnent forcément les métamorphoses que présentent beaucoup d'articulés : alors la nouvelle enveloppe n'a plus aucune ressemblance avec celle qui la précédait et au dedans de laquelle elle vient de se former.

Le second caractère des articulés est de se mouvoir au moyen de muscles formés de *faisceaux striés*. C'est le même élément contractile qui produit les mouvements volontaires des vertébrés. On ne le retrouve, au contraire, chez aucun ver, aucun mollusque, aucun zoophyte. Les caractères physiques et les propriétés vitales des faisceaux striés des articulés diffèrent assez peu de ce qu'ils sont chez les vertébrés, surtout chez les batraciens : les stries transversales paraissent plus espacées, les muscles des articulés ne sont jamais rouges, mais ordinairement incolores. Chez certains insectes (coléoptères) on trouve dans le thorax des muscles particuliers, dont on ignore l'usage, et qu'on ne voit point d'ailleurs se contracter : ils sont jaunes. Les muscles des articulés jouissent aussi de la propriété de fournir en un temps très-court un nombre considérable de contractions et de relâchements complets. L'aile de certains insectes bat plusieurs centaines de fois par seconde. Les muscles des vertébrés ne présentent rien de semblable. D'autres articulés ont les mouvements très-lents. Chez presque tous, l'énergie des muscles jointe à la solidité de la charpente qui les revêt, permettent à l'animal de déployer une force qui paraît souvent disproportionnée à son volume. — Il y a chez les articulés, un second système musculaire, analogue au système musculaire viscéral des vertébrés, mais des études suffisantes n'ont pas encore été faites de ce côté.

Nous devons signaler un caractère anatomique des articulés très-intéressant, quoiqu'il soit négatif. C'est l'absence absolue de cils vibratiles, chez tous ces animaux. Ils existent en abondance chez les vertébrés, la plupart des vers, tous les mollusques et tous les zoophytes. Les articulés presque seuls font exception, avec certains vers (anguillules, nématoïdes). C'est donc évidemment à tort que M. van Béneden a rangé les rotifères parmi les crustacés. L'enveloppe chitineuse du rotifère (qu'on retrouve chez les nématoïdes), ses articulations (qu'on retrouve chez certains mollusques tels que les oscabrions) ne sauraient suffire, en dehors de bien d'autres raisons, à faire ranger parmi les articulés un animal qui offre, comme le rotifère, des cils vibratiles jouant un rôle aussi considérable dans son organisation. Les articulés n'ont de cils vibratiles à aucune époque de leur développement, dans aucun organe, sans que nous puissions soupçonner la raison immédiate de cette dérogation à une condition anatomique si universelle qu'on pouvait presque la croire nécessaire.

Certains articulés nous offrent des organes, des tissus qui jouissent de la propriété d'émettre de la lumière, parfois même une lumière assez intense (vers luisants, fulgores); ces articulés sont tous des insectes. La même propriété est partagée par des animaux appartenant au IIIᵉ embranchement (noctiluques, etc.). Aucun articulé au contraire ne paraît avoir d'organe qui engendre de l'électricité ainsi qu'on en voit chez plusieurs vertébrés. Un grand nombre d'articulés, comme quelques rares vertébrés (salanganes) et beaucoup d'animaux du IIIᵉ embranchement (vers, mollusques), tirent d'eux-mêmes des substances inorganisées dont ils se servent pour certaines constructions. Tel est le fil des araignées, la soie de tous les insectes qui se font des cocons, les matières diverses dont les abeilles et les guêpes construisent leurs alvéoles, etc.

Les articulés, et plus particulièrement les crustacés, jouissent comme les vertébrés inférieurs de la propriété de reproduire les membres qu'ils ont perdus par accident. Cette reproduction ne peut bien évidemment se faire qu'à la faveur d'une mue. Il paraît nécessaire également que le membre soit sectionné à son origine, mais ce soin dépend de l'animal. Quand on mutile l'extrémité d'une des pattes d'un crabe, on le voit aussitôt s'amputer spontanément, par une contraction musculaire, du membre blessé, et, avec ses autres pattes, le rejeter au loin. Enfin on a reconnu chez des articulés inférieurs (tardigrades), la propriété d'abandonner, dans certaines conditions de milieu, une partie de leur eau de constitution. L'animal diminue alors de volume, devient immobile, semble un corps inerte et peut garder cet état un certain temps; il le perd aussitôt qu'il se trouve dans une humidité favorable, et revient dès lors à la vie active. C'est ce phénomène, observé chez un assez petit nombre d'animaux, qui a reçu le nom de *réviviscence*.

Si, après avoir indiqué les principaux traits des systèmes anatomiques des articulés, nous passons en revue les appareils des grandes fonctions de la vie, telles que la digestion, la respiration, la circulation, la génération, nous nous trouvons en face de différences qui, dans la plupart des cas, n'ont plus rien de spécifique; elles peuvent être presque aussi considérables d'un articulé à l'autre que d'un articulé à un animal d'un autre embranchement. La respiration s'accomplit soit au moyen de branchies, soit dans des cavités dites pulmonaires assez semblables à celles de certains mollusques gastéropodes, soit simplement à travers la peau comme dans beaucoup d'animaux inférieurs, soit enfin par des trachées. Celles-ci ne se retrouvent nulle part ailleurs dans le règne animal et n'ont qu'une ressemblance *fort éloignée* avec les trachées des végétaux. Elles sont ramifiées, tapissées à l'intérieur d'une fine membrane de chitine; elles s'ouvrent ordinairement à la partie supérieure et latérale des articles, se divisent et se terminent par des branches extrêmement fines au milieu de tous les organes. C'est une canalisation d'air dans laquelle, toutefois, le diamètre capillaire des conduits ne permet pas une véritable circulation. Les trachées ne se vident pas et ne se remplissent pas alternativement comme les poumons. Il y a seulement échange de proche en proche entre l'air ambiant et les gaz contenus à leur intérieur. Même, chez certains insectes (friganes, corethra) on ne voit point les trachées s'ouvrir au dehors : les gaz dont elles se remplissent, n'y arrivent que par une action osmotique à travers les tissus de l'animal. Chez l'embryon (mouche) on voit les trachées se remplir d'air des branches vers les troncs, et non des orifices vers les ramuscules.

Aucun articulé n'offre d'appareil circulatoire complet. Chez quelques-uns (tardigrades), l'organe d'impulsion lui-même, le cœur, fait défaut : le sang répandu entre les organes n'est déplacé que par les mouvements des viscères et des muscles. Le cœur, quand il existe, est toujours situé le long du dos de l'animal, immédiatement sous le tégument. Il est parfois globuleux, mais plus ordinairement se présente sous la forme d'un long conduit contractile qu'on appelle *vaisseau dorsal*. Il offre des contractions parfois très-rapides (daphnies). Il pousse toujours le sang d'arrière en avant vers la tête. Dans plusieurs groupes d'articulés (décapodes, myriapodes), on trouve quelques vaisseaux artériels; chez les scorpions, le système artériel est très-complet et paraît même se continuer par un système veineux presque aussi bien formé. Dans le plus grand nombre des cas, le vaisseau dorsal ne donne aucune ramification; le sang tombe en avant au milieu des organes; il circule dans la cavité même du corps, entre les muscles, les nerfs, les trachées, les viscères, et par cette voie revient au cœur qui lui donne une nouvelle impulsion. Le sang des articulés est généralement incolore;

quelquefois, dans les crustacés, très-légèrement teinté de rouge ou de violet (écrevisse, apus, gammarus.)

L'appareil digestif n'offre rien qui soit spécial aux articulés. Nous ignorons par quelles transformations ultimes passent les matières digérées chez ces animaux. L'absence d'un foie et de reins proprement dits semble indiquer un travail nutritif tout différent de celui dont le corps des vertébrés est le siége. On a bien cru trouver les analogues du foie ou des reins dans certains organes; mais ceux qui ont fait ces rapprochements, toujours basés uniquement sur des considérations de rapport et de situation, admettaient *a priori* une identité dont nous n'avons point la preuve, entre le travail nutritif des vertébrés et des articulés. Si du sucre prend naissance dans le corps de ceux-ci, nous ignorons quel est l'organe glycogénique. Et, quoique certains appendices du tube digestif, connus sous le nom de canaux de Malpighi, aient été assimilés aux reins, nous ignorons à peu près sous quelle forme et par quelle voie sont expulsés les produits ordinaires de la combustion organique, urée, acide urique, etc.... La seule chose dont on ne puisse douter, c'est l'intensité prodigieuse de la nutrition chez la plupart des articulés; et si elle n'est point accompagnée d'un développement de chaleur considérable, c'est sans doute qu'elle trouve son équivalent dans une activité motrice et génératrice prodigieuse.

Les articulés, ceux qui sont munis de trachées seulement, présentent parfois, comme les vertébrés, des organes de venin, avec un appareil plus ou moins compliqué destiné à l'introduire dans le corps des autres animaux. Tantôt cet appareil avoisine la bouche (araignées, myriapodes), tantôt il est relégué à l'extrémité du corps (abeilles, scorpions). Les fluides buccaux, chez un grand nombre d'insectes, offrent les mêmes propriétés vénéneuses, quand ils sont introduits dans les tissus vivants où l'animal va puiser sa nourriture. Les moustiques, les punaises, les puces, sont dans ce cas. A mesurer la quantité de liquide versé dans la plaie faite par ces insectes, on se persuade facilement que leurs venins sont sans aucun doute plus actifs que ceux des serpents. — Les tissus des articulés ne paraissent aptes à engendrer aucun virus contagieux; mais ces animaux peuvent devenir redoutables en transportant avec eux des virus recueillis au loin, et qui sont d'ailleurs sans action sur leur organisme, comme, par exemple, le virus charbonneux. Certaines espèces recèlent dans leurs organes des principes excitants et toxiques qui ont sur l'économie une action des plus énergiques (cantharides).

La fonction et les appareils de la génération n'offrent chez les articulés rien de spécial. La génération est ordinairement sexuelle et directe; il y a accouplement. La parthénogénèse existe aussi chez certaines espèces (pucerons), c'est-à-dire que plusieurs générations peuvent se succéder sans l'intervention du mâle : c'est une sorte de génération alternante dont les vertébrés ne paraissent pas fournir d'exemples. Les sexes sont presque toujours séparés. Toutefois, il y a des exceptions : les cirrhipèdes, les tardigrades sont hermaphrodites. Chez plusieurs espèces on trouve des neutres, ou individus asexués (abeilles, fourmis); il peut même y avoir plusieurs sortes de neutres (termites). La forme, le nombre et la dimension des œufs offrent de grandes variétés, comme chez les vertébrés. — Les articulés subissent pour la plupart des métamorphoses, quelques uns des migrations (œstres).

Certains articulés possèdent des appareils dont la destination spéciale paraît être d'émettre des sons (cigale). Linné, dans sa caractéristique des *Insecta*, avait dit : *non aures, nares*. De fait, quoique les articulés possèdent assurément l'audition et l'olfaction, comme l'indiquent les appareils sonores des uns et la rapidité avec laquelle les autres sont attirés par les odeurs, nous ne sommes pas beaucoup plus avancés qu'au temps de Linné. L'organe de l'ouïe ne nous est connu que chez les crustacés décapodes (crabes), tout au plus le soupçonne-t-on chez certains insectes. Les organes de la vision sont de plusieurs sortes. Les yeux sont simples (stemmates), ou agrégés (yeux à facettes), en nombre variable, parfois considérable. Ils sont construits sur un plan absolument différent de l'œil des vertébrés et des mollusques céphalopodes. Nous n'avons aucune idée exacte ou même probable de la nature des sensations qu'ils peuvent donner. Les yeux à facettes sont un caractère propre aux articulés, quoique tous n'en aient point : les arachnides n'ont que des yeux simples. Un grand nombre d'articulés appartenant à toutes les classes paraissent absolument dépourvus d'yeux.

La physiologie s'est fort peu occupée jusqu'à ce jour de l'étude des facultés intellectuelles des articulés. Cette expression de « facultés intellectuelles » ne peut plus choquer personne. L'utopie de Descartes a fait son temps. Mais on doit regretter que nos connaissances sur un point si intéressant soient aussi peu avancées. Les articulés, ou du moins ceux qui tiennent parmi eux le rang le plus élevé, les insectes, ont souvent un système nerveux central volumineux par rapport au corps de l'animal. Il est le siége de facultés qui semblent dans certains cas très-développées. Les exemples les plus frappants de cette élévation intellectuelle nous sont offerts par des insectes appartenant à l'ordre des hyménoptères, où nous trouvons réunies les fourmis et les abeilles. Nous savons fort peu de chose des actes de perception et de volonté chez les crustacés. La plupart vivent dans l'eau et échappent à nos observations. Mais les insectes nous offrent une large compensation. On découvre bien vite en eux, quand on les étudie, l'expression manifeste d'une volonté réfléchie et d'une activité raisonnée, qu'on ne peut comparer qu'à celles des oiseaux et des mammifères. Nous ignorons à peu près ce qui se passe dans les sociétés de mammifères et d'oiseaux (castor, moineau républicain, etc.); nous connaissons beaucoup mieux l'intérieur des fourmilières et des ruches, par les travaux des deux Huber et de quelques observateurs plus récents. Nous y trouvons des faits dont l'étude, dépassant le domaine habituel de la biologie pure, semble appartenir à la sociologie. Une ruche, une fourmilière surtout, n'est pas simplement une agglomération d'individualités dont les énergies s'ajoutent : elles se combinent. C'est une société véritable avec des organes divers accomplissant des fonctions diverses. Les individus réunis dans une fourmilière n'appartiennent pas toujours à la même espèce, et cependant tous s'accordent : chaque espèce a son rôle social et son action définie dans la communauté. La constitution de ces sociétés n'a rien d'absolu : elle dépend de mille causes, du voisinage des espèces en présence, des conditions topographiques. Elle varie d'un pays à l'autre. Telles fourmis, en Angleterre, n'ont pas les mêmes mœurs, et recherchent d'autres alliances qu'en Suisse (Darwin). Quelque part que l'on fasse à l'instinct dans tout ce qui se passe au sein d'une fourmilière, il est impossible de n'y point trouver à chaque instant, chez les animaux qui l'habitent, la preuve d'une volonté librement active. La perception est instantanée, la délibération rapide, de même l'exécution. L'effort est mesuré à la tâche, le secours au besoin. Il y a entente manifeste entre toutes ces volontés. Par quel moyen? Dans quel langage? Nous l'ignorons. Le scarabée sacré (*ateuchus sacer*) qui pousse le globe de fange où est son œuf, le voit rouler au fond d'un trou. Ses forces ne suffisent pas à l'en tirer. L'insecte s'envole et bientôt revient accompagné de trois ou quatre autres scarabées qui l'aident à remonter la précieuse boule le long de la pente, et s'en vont après avoir tiré leur semblable du mauvais pas où il était (Blanchard, *Métamorphoses des insectes*).

Les phénomènes instinctifs des articulés nous sont beaucoup mieux connus que leurs facultés intellectuelles. Nous n'avons pas à examiner comment les uns se relient aux autres. Nous nous bornerons à remarquer que les hyménoptères sont encore les articulés chez lesquels les instincts paraissent offrir le plus haut degré de perfection. Ils dépassent de beaucoup ceux que nous montrent les oiseaux pour la construction de leurs nids. Nous voulons parler de cette tendance aveugle en raison de laquelle l'abeille sans avoir jamais vu d'alvéole, en construit une toute semblable à celles que bâtissent les animaux de son espèce, sur le même plan, de la même dimension, avec les mêmes angles, d'après les données d'une géométrie savante. L'instinct s'élève certainement ici à une hauteur qu'il ne semble atteindre chez aucun animal même vertébré. Le centre perceptif, volitif et par conséquent intellectuel des articulés est, comme chez les vertébrés, un renflement spécial placé à la partie antérieure de l'axe nerveux, dans la tête, au-dessus de la cavité buccale, au voisinage des organes des sens dont il reçoit directement les nerfs. Des expériences mal interprétées par Dugès l'avaient conduit à penser qu'une sorte de perception et de volonté raisonnées siégeait dans tous les renflements de l'axe nerveux placé à la face ventrale du corps des articulés. Ces renflements sont en effet le siége d'actes réflexes coordonnés qui peuvent revêtir le caractère instinctif, mais qui ne doivent pas être confondus avec l'instinct proprement dit.

Envisagés au point de vue morphologique, c'est-à-dire sous le rapport des formes extérieures, les articulés présentent des caractères très-spéciaux. Et si ces caractères n'ont pas la même importance que ceux que fournit l'anatomie générale, ils sont cependant remarquables par leur constance. Ils donnent à l'embranchement une physionomie propre qui accentue encore mieux son isolement au milieu des autres animaux. Tandis que le corps des vertébrés, avec ses membres au nombre de quatre au plus, à peine saillants comme chez les poissons, ou nuls comme chez les ophidiens, présente une sorte de concentration, celui des articulés, au contraire, se distingue par la richesse de ses expansions. C'est un déploiement (*outward display*, disent les zoologistes anglais) de pattes, d'ailes, d'antennes, de tentacules, de pinces, de crochets, de suçoirs. Il n'est pas jusqu'aux yeux qui ne soient portés, chez certaines espèces (podophthalmes), sur des pédicules allongés. Ce luxe de membres de toutes sortes est, aussi bien que la segmentation du corps, particulier aux articulés.

Les articulés sont, comme la plupart des vertébrés, presque tous les annélides et beaucoup de mollusques, symétriques de chaque côté d'un plan vertical. Il n'y a que fort peu d'exceptions à cette règle. Le crustacé connu sous le nom de Bernard-l'Hermite (*pagurus*) a l'abdomen contourné comme la cavité spiroïde des coquilles où on le trouve toujours logé. Les articulés qui vivent fixés soit sur des corps étrangers (balanes), soit en parasites sur d'autres animaux, sont souvent asymétriques. Le crustacé le plus remarquable sous ce rapport est la *sacculine* : elle s'attache sur le test des crabes et perd, en grandissant, tout caractère morphologique ; on ne distingue ni tête, ni membres, ni la plupart des organes internes ; l'animal est réduit à l'état d'une poche pleine d'œufs pendue aux téguments du crabe où il s'est fixé.

Les membres des articulés, presque toujours grêles, formés eux-mêmes de segments articulés entre eux, s'adaptent à toutes les locomotions, saut, marche, natation, sur tous les corps et dans tous les milieux, même la terre (taupe-grillon). Par une curieuse loi de nature, tandis que le vol, quand il existe chez les vertébrés, est toujours accompli au moyen des membres ambulatoires transformés pour cet usage, il n'en est jamais ainsi chez les articulés ; les pattes peuvent devenir des nageoires, mais jamais des ailes. Le vol chez les insectes, les seuls articulés qui le possèdent, est toujours effectué au moyen d'appendices insérés à la région dorsale des segments qui portent, en dessous, les pattes. Cette coexistence des ailes et des pattes sur le même anneau indique bien que les ailes ne dérivent point des membres, et qu'il faut plutôt en rechercher les analogies dans l'appareil respiratoire dont les orifices se trouvent sur les autres anneaux à la même place. En isolant par la pensée chacun de ces segments, on arrive à la conception théorique du corps de l'articulé, formé d'anneaux solides, autour de chacun desquels rayonnent les appendices, membres, ailes, branchies. On peut, de la sorte, refaire pour les articulés le travail auquel Geoffroy Saint-Hilaire, Oken et M. Owen (*Principes d'Ostéologie comparée*, 1855) se sont livrés pour les vertébrés. On descend, par la pensée, à un prototype offrant l'expression simplifiée de l'organisation du squelette des articulés; puis, remontant de cet articulé idéal aux êtres réels, on suit sans effort les modifications successives des appendices s'adaptant à différents genres de vie, à différentes fonctions, se multipliant ou disparaissant dans certaines espèces ou dans la même à différents âges. Il peut arriver que tous les segments, depuis la tête jusqu'à l'extrémité du corps, portent une paire d'appendices. Leur forme n'est pas soumise à des variations moins étendues que leur nombre : tantôt ce sont des pattes ambulatoires, tantôt des organes préhensiles, comme les pinces des écrevisses et des scorpions, tantôt des rames. Les membres des trois premiers segments qui suivent la tête, pattes chez les insectes, se reportent chez les décapodes vers la bouche et deviennent des *pieds-mâchoires* qui se meuvent transversalement. C'est, au reste, un caractère universel de la bouche des articulés, que les organes masticateurs, quand ils existent, se déploient toujours latéralement au lieu de s'élever et de s'abaisser dans un plan vertical, comme cela a lieu pour les vertébrés, pour beaucoup d'annélides et de mollusques. Les appendices de la partie postérieure du corps, ordinairement absents chez les insectes adultes et chez les arachnides, se changent, chez les crustacés, en *fausses pattes*, et fonctionnent parfois comme organes d'incubation.

Comparés aux vertébrés, les articulés sont tous des animaux de petite dimension. Ils sont même loin d'atteindre le volume des plus gros mollusques. Une araignée de mer (*maia*) pêchée par Siebold dans les mers du Japon, qui est le plus gros articulé connu, pouvait peser autant qu'un chien de moyenne taille. Il y a loin de là aux baleines, aux éléphants, ou même aux grands céphalopodes fossiles ou vivants dont on conserve les débris dans les collections. La taille de certaines espèces paraît avoir encore diminué depuis qu'on les pêche abondamment. Quelques individus trouvés de temps à autre, et dépassant de beaucoup les dimensions moyennes de leurs semblables, donnent à penser que pour les crustacés, comme pour les crocodiliens et d'autres reptiles, la sénilité n'atteint point les tissus, et que la croissance est indéfinie, avec cette considération toutefois qu'elle deviendrait de moins en moins considérable pour un temps déterminé : la croissance est en tous cas très-lente, même dès le début de la vie, chez la plupart des crustacés. — Les insectes et les arachnides ont des dimensions beaucoup plus exiguës que les articulés marins. Les plus petits animaux aériens que l'on connaisse, appartiennent à ces deux groupes, dont les plus gros représentants ne pèsent guère plus qu'un mulot. La croissance est en général rapide chez les insectes, et l'existence parfois limitée à un très-court laps de temps.

Les articulés présentent un nombre considérable de variétés rangées par les zoologistes sous le nom d'espèces; elles sont beaucoup plus nombreuses que pour les vertébrés, infiniment moins que pour le IIIe embranchement. Les insectes tiennent le premier rang par le nombre, puis viennent les crustacés, puis les arachnides et enfin les myriapodes. Malgré leur petite dimension, il est probable que sur la terre des continents, les articulés représentent en poids une masse de matière vivante plus considérable que les vertébrés. Quelques espèces, à elles seules, mangent en quelques jours des champs, des forêts, qui suffiraient pendant plus d'une année à l'entretien d'immenses troupeaux de grands herbivores. Nous ne pouvons rien dire de la mer : il est possible que les vertébrés, représentés surtout par les poissons, l'emportent en masse sur les articulés : il est probable que la masse des articulés est infiniment dépassée par celle des mollusques et des zoophytes. Une particularité fort curieuse, c'est que la plupart des articulés qui vivent dans la mer ne sont point cependant des animaux nageurs. Les uns vivent fixés, comme les cirrhipèdes et les crustacés parasites; beaucoup d'autres, tous les décapodes, crabes, homards, langoustes, etc., se meuvent sur les fonds submergés, mais ne nagent point, du moins quand ils ont atteint l'âge adulte. Ceci explique la netteté des caractères spécifiques des crustacés : on la retrouve toujours chez les animaux qui vivent attachés au sol, submergé ou non. Au contraire, les êtres qui vaguent dans des milieux sans limite, sans obstacle qui les puisse cantonner, comme sont la mer et l'atmosphère, ces animaux-là offrent toujours aux zoologistes une répartition plus difficile : ils se relient tous les uns aux autres par des transitions presque insensibles. C'est le cas pour les insectes où les zoologistes se sont crus obligés de multiplier presque jusqu'à l'infini les coupes spécifiques. Les articulés comptent un grand nombre d'espèces parasites vivant aux dépens des vertébrés, des autres articulés, des mollusques, des zoophytes et des plantes; tantôt ils sont errants (poux) et tantôt fixes (tiques, cochenille) : on en rencontre jusque dans le canal digestif (œstres), dans les fosses nasales et dans les chairs des animaux supérieurs (acariens). Les articulés à leur tour sont souvent envahis par des végétaux parasites qui atteignent quelquefois des dimensions considérables (*Cordyceps Robertsii*), avant que l'animal qui les porte en paraisse incommodé. Ces végétaux et d'autres corps organisés qui s'en rapprochent probablement (psorospermies) se rencontrent surtout chez les insectes.

Nous n'avons que peu de chose à dire des articulés envisagés au point de vue de leur distribution sur la planète. Elle est soumise aux mêmes lois générales que celle des vertébrés. Certaines espèces occupent des aires très-restreintes, d'autres sont répandues presque partout. Nous pouvons ajouter que les plus gros insectes et les plus brillants en couleur, paraissent concentrés vers l'équateur. C'est encore là qu'on trouve ceux qui émettent de la lumière avec le plus d'intensité, et qui ont les venins les plus actifs. Les articulés étant des animaux à sang froid, sont très-sensibles aux influences de température. Il n'y a pas d'articulés, pas plus qu'il n'y a de reptiles, offrant une organisation particulièrement appropriée à la vie dans les zones polaires. Le froid les engourdit et les tue; les crustacés toutefois semblent le supporter mieux que les insectes. Un certain nombre d'articulés sont nocturnes : ce sont pour la plupart des insectes. Beaucoup fuient en tout temps la lumière sans que nous sachions s'ils pourraient vivre dans l'obscurité absolue.

Les articulés envisagés en fonction du temps se prêtent à des aperçus plus nets, que quand on les considère dans l'espace, comme nous venons de le faire. Les notions que nous fournit jusqu'à ce jour la paléontologie sont précises et significatives. Constatons d'abord que la taille moyenne des articulés n'a pas varié. Les plus anciens que l'on connaisse dans les terrains palæozoïques, n'atteignent pas pour la plupart le volume des crustacés de nos mers.

Deux faits importants dominent toute l'histoire géologique des articulés : 1° l'extinction des trilobites; 2° la succession des brachyoures aux macroures. Dès qu'apparaît la vie dans les couches du sol, on trouve en abondance les trilobites, ainsi appelées de leur corps divisé longitudinalement en trois lobes. Elles peuplent les terrains les plus anciens, puis, tout à coup, on n'en retrouve plus trace, à l'époque secondaire ; elles ont disparu pour toujours. Les trilobites représentaient certainement parmi les articulés une forme très-inférieure, mais, à côté d'elles, on trouve déjà des insectes, c'est-à-dire les formes les plus élevées du même embranchement. Qu'en faut-il conclure ? Ceci : que nous devons reporter à des périodes géologiques inconnues, antérieures au dépôt des terrains palæo-zoïques, la série d'évolutions cent fois, mille fois séculaire qui a pu amener à des points si divergents des animaux descendus d'un prototype unique et d'une seule souche. Dès l'instant que les plus anciens fossiles nous apparaissent, les articulés se divisent déjà en crustacés, en insectes. Après tout le laps de temps écoulé depuis l'époque dite carbonifère, nous nous retrouvons en face d'animaux très-semblables et peut-être identiques à une partie de ceux qui existaient alors. Pour les temps secondaires cette identité ne fait pas doute, comme on le peut voir par les travaux de Heer sur les insectes fossiles de Radoboj et d'Œningen. Alors, nous découvrons aussi les plus anciennes traces connues des arachnides et des myriapodes, mais il n'est pas douteux que ces animaux ne soient au moins aussi anciens que les insectes. On en peut dire autant des cirrhipèdes et de plusieurs isopodes qui font aussi leur apparition (à nos yeux) dans les terrains secondaires. — Le second fait important de l'histoire paléontologique des articulés, est celui que nous offrent les crustacés proprement dits ou décapodes : pendant la période secondaire, on ne voit guère que des espèces appartenant à la division des macroures, qui s'éteignent peu à peu pour faire place à d'autres formes du même groupe, homard, langouste, etc. Mais, tandis que s'accomplit cette substitution, tout à coup, à l'époque tertiaire, dans la craie, apparaissent en grand nombre les brachyoures, c'est-à-dire les araignées de mer, les crabes, etc., dont on ne trouvait plus bas presque aucun représentant, et qui appartiennent bien évidemment à une forme organique plus parfaite, en raison de la concentration plus grande de leur système nerveux.

Il nous reste, pour terminer cette rapide esquisse de l'embranchement des articulés, à le montrer dans ses rapports avec l'humanité. Comme comestible, les articulés sont de peu de secours à l'homme. Leur petite taille, la dureté de leurs téguments, inattaquables de plus par les sucs gastriques, les rendent impropres à la nourriture des peuplades sauvages : elles l'ont demandée de préférence aux vertébrés, ou même aux mollusques, comme les habitants de la Terre de Feu, et comme ont fait les races septentrionales qui nous ont laissé les kjöckenmeddings. Les crustacés ne fournissent aujourd'hui, aux peuples de l'Occident, qu'un mets recherché et toujours coûteux; les orientaux s'en abstiennent. Aux insectes, l'homme civilisé emprunte des substances qui ne sont pas non plus d'une utilité immédiate, le miel, la soie, la teinture de cochenille et quelques remèdes, le kermès, la cantharide. Les articulés sont les ennemis de l'homme plutôt que ses auxiliaires : leur voisinage a parfois des influences décisives et néfastes que n'a jamais eues la présence des lions, des éléphants ou des serpents venimeux. L'insecte, par la nourriture qu'il engloutit, est un destructeur infatigable, il mange les villes, exemple : les termites et les fourmis blanches; il détruit en quelques jours les récoltes d'une nation, il fait la famine; il provoque des épidémies meurtrières. C'est ainsi que les articulés ont une influence directe sur les conditions sociales de l'homme, influence surtout mauvaise, car les désastres et les maux qu'ils occasionnent, sont loin d'être rachetés par les avantages que l'homme en retire.

BIBLIOGRAPHIE. — Audouin et Milne Edwards, *Résumé d'entomologie ou histoire naturelle des animaux articulés*, 2 vol. Paris 1828. — Burnett, *On the Embryology of Articulata* (Proceed. Boston, Soc. Nat. Hist. III, 1850). — Geoffroy Saint-Hilaire, *Considérations sur le système solide et le système nerveux des animaux articulés* (Férussac, Bullet. sc. nat., VI, 1825). *Considérations philosophiques sur la détermination du squelette solide et du système nerveux des animaux articulés* (Ann. des sc. nat., II, III, 1824). — Haan, *Considérations sur les organes de la manducation et du mouvement des animaux articulés* (Férussac, Bull. sc. nat., XIII, 1828). — Heineken, *Experiments and Observations on the Casting off and Reproduction of the Legs in Crabs and Spiders* (Zool. Journ. IV, 1829). — Hollard, *Sur les dépendances de la peau chez les animaux articulés* (Compt. rendus, 1848; Rev. et Mag. de zool. 1851). — Latreille, *Des rapports généraux de l'organisation extérieure des animaux invertébrés articulés* (Mém. du Museum, VI, 1820, VIII, 1822). — Leach, *A Tabular View of the External Characters of four Classes of Animals wich Linnee arranged under Insecta* (Tran. Linn. soc. II, 1815). — Menzel, *Die Chitingebilde im Thierkreise der Arthropoden*, Zurich, 1855. — Newport, *On the Reproduction of lost Parts in Myriapoda and Insects* (Phil. Trans., 1844. Ann. of nat. hist. 1847). — Perris, *Mémoire sur le siège de l'odorat dans les articulés* (Ann. des sc. nat., XIV, 1850). — Straus-Durckheim, *Considérations générales sur l'anatomie comparée des animaux articulés* (Férussac, Bull. des sc. nat., XIV, 1828). — Blanchard, *Métamorphoses, mœurs et instincts des insectes*, Paris, 1828. — F. Huber, *Nouvelles observations sur les abeilles*, Genève, 1798. — P. Huber, *Recherches sur les mœurs des fourmis indigènes*, Paris et Genève, 1810. — Heer, *Die Insektenfauna der Tertiärgebilde von Œningen und von Radoboj in Croatien*. Lepzig, 1847-53. — Van Beneden, *Recherches sur quelques crustacés inférieurs* (Ann. des sc. nat., 1851). — Dana, *On the Geographical Distribution of Crustacea* (Silliman Journ. XX, 1855). GEORGES POUCHET.

ARTILLERIE. — Une des branches les plus complexes des connaissances humaines, s'appuyant à la fois sur presque toutes les sciences mathématiques et physiques, et exigeant le concours des industries les plus diverses et des connaissances militaires étendues et profondes, est l'artillerie, c'est-à-dire l'art de construire, conserver et employer les machines de guerre.

Son matériel, réunion des mille objets différents utiles à la guerre, ne peut se créer que dans des usines considérables, où les conditions de solidité, d'uniformité et de légèreté relatives sont autant de problèmes industriels à résoudre. Dans les poudreries naît le plus puissant moteur employé à la fois par l'industrie et à la guerre; dans les fonderies, on atteint une remarquable précision de forme et de composition; les manufactures d'armes ont l'outillage perfectionné des ateliers modernes. Tout cela nécessite un personnel considérable et instruit. Devra-t-on le supprimer en laissant la fabrication à l'industrie privée, qui peut seule produire vite et à bon marché? C'est peu probable. L'expérience a montré que, d'une part, les meilleurs esprits n'ont rien inventé de durable en artillerie qu'après avoir refait dans ce but leur instruction d'ingénieurs, et que, d'autre part, on ne peut créer du jour au lendemain un personnel nombreux et vaillant capable d'utiliser complétement un matériel coûteux.

C'est qu'en effet le matériel ne peut être employé qu'avec des connaissances industrielles et militaires. Une place forte ne résiste pas à une attaque à la seule condition de renfermer un matériel considérable, il faut savoir le réparer pour en tirer tout le parti possible avec des ressources nécessairement limitées. On n'assiége une place qu'en transportant d'abord des quantités considérables d'artillerie, et fondant ensuite une sorte de ville industrielle chargée de créer, organiser et réparer tout ce qui est nécessaire à l'attaque. Dans une bataille, c'est l'artillerie qui commence l'action, souvent la décide et permet de profiter de la victoire.

On peut dire que si l'artillerie possède une influence industrielle et militaire considérable, grâce à elle la civilisation conservera toujours son empire sur la barbarie. C'est à la fois l'arme des ambitieux avides de conquêtes, et des peuples désireux de conserver leur liberté; son organisation et sa force sont encore maintenant indispensables à la sécurité des États.

Pour étudier un pareil ensemble, il faut s'occuper simultanément du matériel (armes portatives et machines de guerre) et de son emploi.

ARMES PORTATIVES. — Les premiers combats furent des luttes corps à corps; pour diminuer l'avantage de la force brutale, les faibles imaginèrent les armes, qui, d'après leur but, furent appelées armes défensives, de main et de jet.

Armes défensives. — Ce sont les diverses parties de l'armure ou du harnais, dont on n'a conservé que le casque et la cuirasse; cette dernière est maintenant en acier fondu. Les anciennes armures furent en bois, en peaux, en tissus plusieurs fois repliés, et enfin en lames de métal.

Armes de main. — Elles peuvent être de choc, de taille, d'estoc, ou de taille et d'estoc.

Les *armes de choc* agissent par leur poids et leur dureté, telles les massues, les masses d'armes.

Les *armes de taille* agissent par le tranchant, et par suite doivent être à la fois élastiques et légères, ce qu'on obtient en les construisant en étoffe de fer et d'acier, ou en acier ordinaire ou fondu. Leur poids est convenablement réparti à l'aide de *pans-creux* et *gouttières* (évidements longitudinaux); on leur donne un tranchant aussi aigu que possible et une forme recourbée favorable à leur action : tel est le sabre de cavalerie légère.

Les *armes d'estoc* doivent être droites et raides pour mieux agir par la pointe; on les fait en acier, en s'écartant un peu de la section circulaire, qui plus résistante nuirait à l'enfoncement. On a conservé l'épée, le poignard et la lance, qui montée sur une hampe est devenue *arme d'hast.*

Enfin, les *armes de taille* et *d'estoc* devant participer à la fois des propriétés des deux précédentes; on les fait droites, rigides et à deux tranchants.

Armes de jet. — Destinées à atteindre l'ennemi à distance, elles comprennent les pierres, les traits lancés à la main, et ensuite la fronde, l'arc, l'arbalète et les armes à feu.

La *fronde* était formée de cordes portant dans leur milieu un culot qui recevait une pierre, qu'on lançait avec force après avoir fait décrire plusieurs tours à l'appareil. On l'employait encore au siège de Sancerre, en 1572.

L'*arc* se compose de deux branches légèrement recourbées, en bois ou en acier, dont une corde réunit les deux bouts. Cette arme lançait des traits armés en avant d'une pointe métallique, et en arrière de pennons destinés à conserver à la flèche sa direction primitive. On les employait encore en 1602 au siège d'Ostende, en 1627 à l'île de Ré; en 1814, ils armaient les Baskirs.

Dans l'*arbalète*, un arc en acier monté sur un fût en bois était bandé à l'aide d'un levier, d'un tourniquet, etc. Une noix ou roulette portait deux crans inégaux : l'un profond retenait le cordage de l'arc bandé; l'autre arrêtait une détente, et au moyen d'un ressort on laissait échapper la noix. Cette arme lançait avec plus de force les traits de l'arc; on l'employait aussi à tirer des balles de plomb, et on l'appelait alors *arquebuse*, nom qui s'est appliqué par la suite aux premières armes à feu.

Armes à feu. — Ces armes, dans lesquelles on utilise la force de projection de la poudre, comprennent quatre parties :

Le *canon*, destiné à recevoir la charge et le projectile auquel il doit donner une direction; il est généralement en fer ou en acier, quelquefois en cuivre. La *platine*, mécanisme destiné à mettre le feu à la charge; ses principales parties sont en acier ou en fer aciéreux. La *monture*, reliant les différentes parties de l'arme, et en facilitant le maniement et le tir. Les *garnitures*, servant les unes au chargement et à l'entretien de l'arme, et les autres soit à relier solidement le canon et la platine à la monture, soit à garantir l'arme contre les chocs.

Le *tonnerre* est la partie postérieure du canon, qui renferme la charge et reçoit le premier effet de l'explosion; la *bouche*, ou partie antérieure, reste ouverte, et sert, dans les fusils ordinaires, à introduire la poudre et la balle qu'on chasse avec une baguette. Le tonnerre est d'ailleurs fermé par une pièce généralement vissée qu'on appelle *culasse*.

Dans les premières armes à feu, on mesurait la poudre au moment du chargement; on plaçait la charge d'abord, puis une bourre ou un tampon de bois, puis la balle; plus tard, on obtint plus de régularité, de célérité et de sécurité en portant les charges mesurées d'avance dans des étuis ou boîtes suspendues au baudrier du soldat; puis on renferma la poudre et la balle dans un papier appelé *cartouche*, et enfin, en 1620, Gustave-Adolphe en rendit le transport commode en donnant la giberne à toutes ses troupes d'infanterie. Jusqu'en 1540, une partie des hommes à pied fut armée de piques; c'est alors seulement qu'on transforma le fusil en arme d'hast, en plaçant dans le canon d'abord, puis en 1699, à sa partie antérieure, une lame mobile qu'on appela *baïonnette*.

A l'invention des armes à feu, on les formait de deux parties : un cylindre creux généralement en fer, et une boîte assujétie en arrière destinée à recevoir la poudre. On les plaça d'abord sur des chevalets, puis sur des fûts, avec poignée rendant l'arme portative; mais ces arquebuses, trop lourdes pour un seul homme, tiraient des balles pesant jusqu'à 62 grammes.

Après avoir mis le feu à la main, à l'aide d'une mèche, on imagina successivement : la *platine à serpentin*, dans laquelle la mèche prise dans les mâchoires d'une pince, maintenue levée par un ressort, s'abaissait par l'intermédiaire d'une détente; la *platine à rouet*, consistant en une roue cannelée, qui, mise en mouvement par l'intermédiaire d'un ressort, venait produire des étincelles en frottant contre une pyrite sulfureuse ou contre un silex; la *platine à miquelet*, dans laquelle un silex venait frapper une table en acier; la *platine à silex ou à fusil*, perfectionnement de la précédente, dont l'usage s'est conservé en France pour les armes de guerre jusqu'en 1842; la *platine à percussion*, dans laquelle on produit le feu à l'aide d'une capsule contenant une poudre fulminante s'enflammant par le choc. Pour toutes ces armes, les dimensions des balles varièrent peu à partir du xvᵉ siècle.

Une arme à feu destinée à l'infanterie doit avoir un poids proportionné à la force du soldat, être d'un maniement toujours facile, avoir une longueur se prêtant à l'emploi de la baïonnette et au tir sur deux rangs, être d'une construction simple, solide et peu coûteuse, et en même temps d'un entretien facile, tout en n'étant exposée qu'à des réparations rares et commodes; enfin, être susceptible d'un changement prompt, facile même dans les rangs et quel que soit l'état de l'atmosphère.

Armes rayées ou carabinées. — Les armes à percussion réunissaient bien une grande partie de ces conditions; mais le mouvement de la balle dans un canal plus large donnait lieu à des irrégularités dans le tir. On chercha à les supprimer, en prenant une balle de même dimension que le canon, c'est-à-dire *forcée*, et on en rendit l'introduction plus facile en creusant d'abord parallèlement à l'axe du canon, puis en hélice des rigoles ou *rayures*. L'encrassement résultant du tir fit prendre ensuite une balle plus petite qu'on enveloppa d'un chiffon gras ou *calepin*, qui tout en supprimant le *vent* nettoyait les rayures.

Le chargement fut rendu plus rapide, en opérant le forcement par l'intermédiaire d'une chambre ou d'une tige contre lesquelles les balles s'épanouissaient à l'aide de quelques coups d'une baguette à tête pesante armée d'une fraise conique. La déformation qui en résultait pour les projectiles sphériques, leur fit substituer successivement les balles ogivales et cylindro-coniques.

Enfin on chercha à rendre les balles expansives sous l'action des gaz de la poudre, en les évidant en arrière et y plaçant quelquefois un culot en métal mince. Et connaissant la nécessité de la rotation, on essaya de l'obtenir soit par la forme de la balle, soit à l'aide d'un sabot en carton embouti (fusil prussien).

Armes se chargeant par la culasse. — Depuis longtemps on avait senti l'avantage du chargement par la culasse, pour la rapidité du tir, et par suite, pour la production d'un effet décisif à un moment donné. Une arme basée sur ce mode de chargement devait, outre les qualités d'une arme portative, avoir une fermeture complète, une manœuvre simple et un chargement rapide; ne pas être sujette aux encrassements et offrir des garanties de solidité et de sécurité. Leur adoption générale fut une conséquence surtout de la campagne de 1866 où ces armes jouèrent un rôle important.

On peut rapporter les différents systèmes en usage à trois groupes principaux : 1o Celui où l'obturation est une conséquence de l'exacte juxta-position des pièces du mécanisme. 2o Celui où certaines parties élastiques du mécanisme même ferment toute issue aux gaz. 3e Celui où l'obturation se produit par la cartouche.

Les premières armes sont toujours mauvaises, leur précision ne pouvant être que momentanée ; dans les deuxièmes, l'obturation n'est complète que par un remplacement fréquent de la pièce élastique; les troisièmes, qui sont les plus répandues, donnent d'aussi bons résultats que les deuxièmes.

Armes à répétition ou à magasin. — Ces armes sont celles dans lesquelles les cartouches disposées dans la monture ou dans un deuxième canon viennent se succéder automatiquement. Les conditions spéciales sont les suivantes : Il faut toujours pouvoir charger et tirer de la manière ordinaire pour réserver en temps utile les munitions du magasin. Il faut pouvoir retirer la cartouche sans la prendre à la main. Il faut que le mécanisme fonctionne sans interruption, quel que soit le nombre de cartouches en magasin. Enfin, les cartouches doivent pouvoir s'introduire facilement et sans accessoires.

Voici, à ce sujet, l'opinion résumée de la commission de tir de Vincennes : Cette arme a des chances d'être bonne pour l'armement de certains corps, faisant feu rarement, tirant de très-près, à bout portant, ou dans des conditions peu favorables au chargement et à la mise en joue. On peut réduire la cartouche pour en augmenter le nombre; mais l'arme étant un accessoire il faut la rendre courte et légère aux dépens de la grandeur du magasin.

Pistolets. — Pour la cavalerie, sauf quelques cas spéciaux, il y avait avantage à posséder une arme pouvant se tirer d'une seule main : c'est ce qui amena l'invention du *pistolet*, dans lequel le canon est considérablement réduit. Cette arme, dont l'invention remonte à 1544 environ, n'est dangereuse que de très-près.

Revolvers. — Un homme à cheval peut difficilement recharger son arme dans le combat : on imagina donc les pistolets à deux ou à quatre coups et enfin les revolvers, dans lesquels un canon unique est mis successivement en communication avec des tonnerres percés dans un bloc cylindrique. L'idée est très-ancienne, la solution moderne l'a perfectionnée, surtout en rendant automatique le mouvement du tambour.

C'est jusqu'à ce jour une arme qu'on n'emploie guère qu'en Amérique où elle a pris naissance, malgré les avantages qu'elle peut offrir dans une lutte à peu de distance.

Tir des armes à feu. — Le tir des anciennes armes de jet n'était soumis à aucune règle déterminée, il n'en est pas de même dans les armes à feu.

On doit considérer dans le tir, trois lignes principales : 1º *La ligne de mire*, c'est le rayon visuel passant par les points les plus élevés du tonnerre et du devant du canon ; on la dirige vers le but ; 2º *la ligne de tir*, c'est l'axe du canon prolongé ou la direction que la balle tend à suivre sous l'action de la poudre ; 3º *la trajectoire* ou la courbe suivie par la balle. La balle sortant du canon coupe la ligne de mire près de la bouche, passe au-dessus, s'en rapproche, la coupe une seconde fois et s'en éloigne indéfiniment. Le second point d'intersection est appelé le but en blanc et on nomme portée de but en blanc, la distance de ce point à la bouche du canon dans le tir à peu près horizontal, comme est le tir de guerre.

Le poids des balles et des charges ne variant pas, le but en blanc ne change pas pour une même arme. Si on a un but en avant du but en blanc, il faut viser en dessous ; s'il est exactement à cette distance, il faut viser directement ; s'il est au delà, il faut viser au-dessus.

Dans les armes modernes, on a ménagé sur la culasse une petite élévation appelée *hausse*, sur laquelle est placé un *cran de mire* et sur le canon vers la bouche une deuxième élévation appelée *guidon*. Le sommet du guidon et le fond du cran de mire déterminent la ligne de mire naturelle et doivent rester l'un par rapport à l'autre dans une position invariable, et de plus, dans le tir, être dans le plan vertical passant par l'axe du canon qu'on appelle *plan de tir*.

En rendant le cran de mire mobile, on peut viser à plusieurs distances, comme il a été été expliqué plus haut. Ce résultat a été obtenu en créant des hausses à lamettes, à trous, à curseur et circulaires. Le mouvement de rotation produit par les rayures donnant lieu à une dérivation régulière du projectile en dehors du plan de tir, on avait songé un instant à la corriger par l'emploi d'une hausse particulière, mais on s'est contenté de diriger les rayures de manière à avoir une dérivation en sens inverse de l'écart qui se produit dans le mouvement de l'épaule du tireur sous l'influence du recul.

MACHINES DE GUERRE. — *Anciennes machines de guerre.* — Les machines de guerre sont de deux sortes, les machines de choc et les machines de jet. Parmi les premières on comptait *la cavalerie, les chars et les éléphants*, pour la guerre de campagne, *le bélier* pour la guerre de siège. La cavalerie seule a survécu à l'invention des machines de jet, quoique ne pouvant être employée qu'exceptionnellement partout où on aura de l'artillerie ; quant au bélier qui servait à renverser les murailles, il a cessé d'être utile du jour où on a pu remplir le même objet à distance.

Pour renverser les obstacles, fouiller derrière eux et atteindre l'ennemi à distance, on utilisa tout d'abord l'élasticité de torsion dans les *balistes* et les *catapultes* dont l'origine semble remonter aux Hébreux. Ces engins, tout d'abord lourds, sans portée, furent utilisés dans la guerre de siège, puis comme artillerie de position ; les Romains, les premiers, surent en tirer parti dans la guerre de campagne et en augmentèrent le nombre à tel point, que Végèce, voulant revenir aux justes proportions, laissait *onze machines par mille hommes.*

Après la chute de l'empire, les machines de guerre furent reléguées dans les villes et ne reparurent qu'à l'époque des Croisades; mais, d'après les historiens les plus compétents, on avait même perdu l'habitude d'employer les anciennes machines, et on leur substitua surtout des engins à contre-poids : *trébuchets, mangonneaux, engins volants,* etc... et des arbalètes de grandes dimensions : *arbalète à tour,* etc... Quoi qu'il en soit, c'est dans les nouveaux engins, fort estimés des guerriers de cette époque, que les communes trouvèrent un solide appui pour résister à la tyrannie des nobles, et on peut dire que l'artillerie fut alors pour la première fois un instrument de liberté.

Engins de l'artillerie après l'invention de la poudre. — Projectiles. — Les projectiles, c'est-à-dire les masses pesantes lancées par les machines, doivent avoir une grande densité favorable aux effets destructeurs, une grande dureté et une forme rendant la pénétration plus facile. Dans les premières bouches à feu on tira les projectiles des anciennes machines, et surtout les boulets en pierre jusqu'au moment où on sut les fabriquer en fonte. Avant l'adoption des armes rayées, on leur donnait presque toujours la forme sphérique, mais on en distinguait de plusieurs sortes : *boulets, obus, obus à balles* ou *obus shrapnel, boîtes à balles* ou *mitraille* et *bombes.*

Le boulet est une sphère massive. L'obus et la bombe sont creux et percés d'un orifice circulaire appelé *œil.* La cavité intérieure renferme une charge de poudre qui s'enflamme par l'intermédiaire d'une *fusée* et fait éclater l'obus. La fusée est un tampon forcé ou vissé dans l'œil et présentant un ou plusieurs canaux remplis d'une composition fusante qui, s'enflammant dans le tir, communique le feu à la charge intérieure. La bombe est un obus de grandes dimensions, qu'on tire sous de grands angles et qui porte des anneaux ou anses en fer pour le maniement. La *grenade* ou obus de petites dimensions se lance à la main ou avec une fronde.

Les projectiles creux ne datent que du xvie siècle, et, comme on mettait le feu successivement au projectile et à la bouche à feu, on avait souvent des éclatements prématurés; ce n'est qu'au xviiie siècle qu'on sut tirer les bombes à un seul feu.

Le boulet agit surtout par sa masse, l'obus par ses éclats, et la bombe par sa masse pour produire un écrasement et ensuite par ses éclats; pour tirer à la fois un grand nombre de petits projectiles, on avait imaginé la *mitraille* composée de corps irréguliers dont l'ensemble constituait le projectile : on l'a remplacée maintenant par des *boîtes à balles,* généralement en tôle et renfermant des balles en fonte ou en fer forgé. Leur tir trop irrégulier aux grandes portées a fait adopter ensuite les obus à balles ou shrapnels dans lesquels les balles, contenues par l'obus, ne se dispersent qu'après l'éclatement qu'on règle en conséquence.

Ces projectiles ne sont pas les seuls qu'on ait songé à employer. On a eu des boulets ramés ou anges, et autres projectiles devant s'étendre au sortir de l'âme et par suite renverser un plus grand nombre d'ennemis ou d'obstacles. On y a renoncé à cause du peu de chances que présentent de semblables appareils pour atteindre un but. On emploie encore les projectiles incendiaires, les boulets rouges, et enfin on a essayé en Angleterre un obus rempli de fonte en fusion qui se brise facilement en projetant de la fonte liquide ou des fragments à une haute température.

Bouches à feu. — Une bouche à feu comprend un vide intérieur généralement cylindrique fermé à une extrémité, destiné à recevoir la charge et le projectile, et à diriger ce dernier; c'est l'*âme* de la pièce. La partie ouverte est la *bouche,* quelquefois l'emplacement de la charge est de forme ou de dimensions différentes de l'âme, on le nomme *chambre.*

Si on considère l'extérieur d'une bouche à feu, on y distingue : 1° le *corps*, tronc conique se renflant souvent vers la bouche et recevant un ou plusieurs *renforts*; 2° la *culasse*, partie postérieure du canon ayant un *bouton* et un *cul-de-lampe*; 3° les *tourillons*, cylindres perpendiculaires à la direction de l'axe faisant saillie des deux côtés et servant à supporter la pièce et à changer son inclinaison. Les pièces en bronze ont généralement des *anses* permettant de les manœuvrer plus facilement, les pièces de fonte n'en ont jamais, parce qu'elles seraient trop peu résistantes.

Les bouches à feu se nomment *canons* lorsqu'elles lancent des boulets, *mortiers* pour les bombes; les autres dénominations d'*obusiers*, *canons obusiers* et *pierriers* s'expliquent deux-mêmes. Maintenant que les projectiles pleins ne s'emploient que par exception, on nomme également canons les bouches à feu lançant des obus.

Le diamètre de l'âme qui détermine la grosseur des projectiles se nomme le *calibre*, on appelle *vent* la différence entre ce calibre et le diamètre du projectile; on désigne d'ailleurs les canons tantôt par leur calibre et tantôt par le poids de leurs projectiles.

Les premières charges ont été mises à la main, ensuite avec la *cuiller à charger* ou l'*entonnoir* suivant qu'on mettait la poudre par la bouche ou par la lumière, puis on a employé la *lanterne*, sorte de cuiller portant la poudre jusqu'au fond de l'âme; on les renferme maintenant dans des sachets qu'on enfonce à l'aide d'un *refouloir*. La pièce étant chargée, s'il y a un sachet on le perce en introduisant dans la *lumière* (canal aboutissant de l'extérieur dans la chambre) une tige de fer appelée *dégorgeoir*. On met le feu au moyen d'une *étoupille à friction* engagée dans la lumière qu'on enflamme en tirant sur un cordon appelé *tire-feu*. L'étoupille destinée à communiquer le feu était autrefois allumée par une mèche à canon enroulée autour d'un *boute-feu*; avant de l'inventer on employait une broche de fer rougie au feu. Enfin la marine se sert souvent de la percussion.

Affûts. — Les assemblages de pièces de bois qui reçoivent une bouche à feu lorsqu'on veut la manœuvrer ou la tirer, ont pris le nom d'affûts. Les premiers empêchaient le *recul* (mouvement de la pièce sous l'influence de l'explosion) et souvent ne permettaient pas de changer la direction de la pièce. On eut ensuite des affûts à rouages pour les très-petits calibres; puis des affûts permettant au moins un déplacement latéral de la pièce. Enfin, on arriva aux affûts modernes permettant tous les mouvements à la pièce; cependant, dans certains cas, à bord des vaisseaux, par exemple, on limite le recul par des dispositifs particuliers. — Presque tous les affûts ont des *avant-trains*.

Les plus modernes permettent, en faisant pivoter la pièce autour d'un axe fictif passant près de la bouche, de tirer sous divers angles avec une faible ouverture ou embrasure percée dans la muraille qui protége les artilleurs.

Tous ces affûts se désignent d'après leur destination, de campagne, de montagne, de siége, etc. Ce ne sont pas les seules voitures de l'artillerie qui en emploie un grand nombre pour le transport des munitions, des outils, etc... et aussi du matériel servant à la construction des ponts, qui lui est ordinairement abandonnée.

Historique des bouches à feu. — *Canons lisses.* — Les premières armes à feu, dans lesquelles on employait une poudre très-lente, ne pouvaient lancer que des projectiles de petites dimensions, et avec une portée inférieure à celle des autres armes de jet de l'époque. Aussi leur apparition fit-elle peu de bruit, et, deux siècles après leur invention, Montaigne disait : « Les armes à feu sont de si peu d'effet, sauf l'étonnement des oreilles à quoi chacun est désormais apprivoisé, que j'espère qu'on en perdra l'usage. »

Les premiers engins se composaient d'un cylindre creux ou *canon* servant à diriger le projectile et d'une *boîte* contenant la poudre, qu'on assemblait au canon par un système de brides ou d'étriers, et qu'on serrait avec des coins en fer. On avait ordinairement deux boîtes par canon ; l'une se chargeait pendant qu'on tirait l'autre. Les proportions du tube, qu'on faisait en fer, amenèrent pour ces armes les noms de *baston, canne, canon*, et ceux des armes existantes , *spingalles* et *espringalles*. Ce n'étaient d'ailleurs ni des bouches à feu, ni des armes portatives proprement dites. Elles pesaient de 30 à 50 kilogrammes; on les manœuvrait à deux hommes, les appuyant sur des fourchettes montées sur des trépieds, ou les encastrant dans des tréteaux. Leurs projectiles étaient de petites dimensions.

C'est en 1342 qu'apparurent les bouches à feu de grandes dimensions lançant de gros projectiles ; on les appela *bombardes* à cause du bruit produit par leur tir. On leur avait d'abord donné une âme conique afin de tirer des projectiles de calibres différents; mais une partie de la force de la poudre se trouvait seule utilisée, et, en outre, le projectile pouvait prendre dans l'âme des directions assez divergentes rendant le tir trop incertain. On se rapprocha donc de plus en plus de la forme cylindrique à laquelle on s'est arrêté, et on interposa entre la charge et le projectile un tampon ayant pour objet d'utiliser toute la force de projection.

Ces bouches à feu étaient en fer fabriquées par des forgeurs, ou encore coulées en plusieurs morceaux par les potiers à l'aide d'un alliage de cuivre et d'étain ; on en vit même quelques-unes en bois et en fer. Elles étaient presque toutes en plusieurs morceaux, vissés l'un dans l'autre pour le tir et séparés pour les transports.

En voici quelques exemples : l'une d'elles pesant 10,000 livres lançait un boulet de 400 livres; une autre de 36,000 livres lançait un boulet de 900 livres; au siége de Constantinople on lançait des boulets de 1,800 livres; une bombarde de Louis XI portait un boulet de 500 livres de la Bastille à Charenton, etc.... La suppression de ces bouches à feu, d'un emploi tout exceptionnel, n'eut lieu que dans la deuxième moitié du xvie siècle.

On eut ensuite des bouches à feu moins grandes : les unes en fer forgé, nommées *veuglaires* ou *crapaudeaux*, suivant leurs dimensions, avaient des chambres mobiles; les autres à canons de bronze d'une seule pièce, *couleuvres* ou *couleuvrines*, ne lançaient que de très-petits projectiles en plomb. Deux ou trois veuglaires, crapaudeaux ou couleuvrines montés sur des voitures à deux roues, où on les disposait convenablement pour le tir, formaient les *ribaudequins* ou *orgues*.

L'état des connaissances métallurgiques rendait les progrès fort lents ; cependant les couleuvrines, qui d'abord faisaient corps avec un fût en bois, reçurent des tourillons ayant d'abord pour but de les empêcher de tourner autour de leur axe; puis, ces tourillons, augmentés de volume de manière à résister au recul, permirent de changer l'inclinaison de la pièce.

Ce fut l'invention des boulets en fonte qui permit de diminuer les dimensions intérieures des bouches à feu, sans diminuer l'effet des projectiles ; mais il fallut pour cela augmenter l'épaisseur des canons, de manière à donner sans danger une plus grande vitesse aux projectiles avec une poudre moins lente.

Au commencement du xvie siècle, toute l'Europe eut des canons en bronze et des boulets en fonte ; mais, la construction étant laissée à l'arbitraire de chacun, on eut un nombre considérable de calibres. C'est à cette époque que remontent les *mortiers*, sortes de bombardes courtes destinées au tir vertical, qui étaient mis simultanément à l'étude par les Allemands et les Turcs.

A partir du xviie siècle, les bouches à feu furent à peu près ce qu'elles sont restées jusqu'à nos jours. On coula des *canons en fonte de fer*; les Provinces-Unies eurent des canons de bronze portant des anses, des tourillons et un bouton de culasse. On essaya des *canons en bronze cerclés en fer*. Gustave-Adolphe imagina, ou plutôt renouvela de Victor Pisani qui les avait inventés en 1385, des *canons en cuir*, c'est-à-dire des canons en tôle de fer, en cuivre ou en bronze, cerclés de cordes et enveloppés de cuir, d'une grande légèreté favorable à la guerre de campagne. A la fin du XVIIᵉ siècle, on vit paraître, pour la première fois, des *obusiers* sur le champ de bataille.

A partir de cette époque, on n'inventa plus rien ; on chercha surtout à transformer l'artillerie en une véritable science dans laquelle tout était classé, organisé, indiqué. C'est là le véritable titre de gloire de Gribeauval, qui fonda en France un système qui depuis n'a reçu que des perfectionnements de détail.

Le premier qui employa l'artillerie à feu en grandes masses est Charles VIII ; mais, jusqu'à Gustave-Adolphe, ces lourdes machines ne servaient guère que comme artillerie de position, et c'est à partir de lui seulement qu'on sut que les réserves gagnent les batailles, et que l'artillerie disséminée pour les marches doit se concentrer pour l'action. Napoléon devait montrer tout ce que peut l'artillerie sur un champ de bataille ; en connaissant à fond les ressources, il sut faire contribuer puissamment à la victoire ses batteries de réserve, agissant aux principaux points d'attaque. Il suffit de citer Friedland, Wagram, la Moskova, Lutzen, pour voir tout le parti qu'on peut tirer de l'artillerie.

Canons rayés. — La justesse, la portée et les effets des armes carabinées, firent essayer de donner une partie de leurs avantages aux bouches à feu, soit par une forme particulière du projectile et du canon sans chercher à produire un mouvement de rotation, soit en imprimant au projectile un mouvement de rotation. Ce sont les derniers essais qui ont amené l'invention des canons rayés.

On avait cherché à produire la rotation : 1° en donnant au projectile une forme particulière ; 2° en construisant un canon à rayures creuses recevant des saillies du projectile ; 3° en ayant un canon à rayures en relief s'engageant dans les rayures creuses du projectile.

Le premier et le troisième procédé n'ont jamais rien donné de satisfaisant. Quant au deuxième, sa solution se présentait de deux manières différentes : 1° en déterminant un forcement complet, en faisant pénétrer dans les rayures une portion du métal du projectile de manière à supprimer le vent ; 2° en conservant le vent et communiquant la rotation à l'aide de saillies du projectile, c'est-à-dire en *centrant* le projectile.

Il y avait deux procédés en présence : l'un, le dernier, permettant le chargement par la bouche ; l'autre nécessitant le chargement par la culasse. Voici, en écartant ceux qui ne sont pas viables, les principaux systèmes adoptés jusqu'à présent :

1° Le système à rayure centrante. Des ailettes en métal mou, en vertu de l'inertie, montent sur les flancs directeurs des rayures, et assurent le centrage malgré le vent du projectile et des ailettes.

Il a l'avantage de ne produire que des pressions insignifiantes dans l'âme, se prête au chargement par la culasse, quelquefois utile. Il est simple et sûr ; la forme du projectile, et peut-être l'imperfection du forcement, lui donnent une certaine infériorité sur les autres systèmes, au point de vue des effets obtenus.

Adopté en France, en 1858, ce système a pour origine le canon proposé par le major Cavalli, en Suède, dès 1845 ; il n'a reçu aucune modification en Espagne et en Italie, et n'a subi que des changements peu importants en Autriche, en Hollande et en Suède. Le canon anglais, dit canon de Woolwich, rentre tout à fait dans ce système.

La rayure Shunt ou à changement de voie de sir W. Armstrong, composé de deux systèmes de rayures se raccordant, et dont l'un sert pour le chargement et l'autre pour le tir, est une rayure centrante.

Le canon Whitwoorth est construit dans un esprit analogue, il n'en diffère que par la forme de l'âme qui est hexagonale, par le pas raccourci de la rayure et par la forme du projectile qui est très-allongé. On doit lui reconnaître des effets remarquables.

2º Le système à chargement exclusif par la culasse. Il a pour point de départ les expériences de Warendorff faites en Suède en 1843.

Le projectile est entouré d'une chemise en plomb, la chambre a un plus grand diamètre que l'âme, le forcement est complet, mais le mécanisme de culasse, si simple qu'il soit, complique toujours le matériel; il est une cause probable de mise hors de service et offre toujours des chances d'éclatement. Les pressions énormes développées à l'emplacement de la charge peuvent amener la rupture des obturateurs, des culasses, ou de la pièce. Ces chances d'accidents ont fait abandonner le système en Angleterre pour les canons de grandes dimensions. Ce procédé nécessite d'ailleurs une grande précision dans la construction des projectiles et, sous des charges considérables, des morceaux de plomb se détachent et peuvent blesser les troupes amies. En outre, on est obligé d'employer des fusées à percussion, ou des fusées à temps munies d'un système percutant, qui sont toujours très-compliquées, les fusées ordinaires ne pouvant pas s'enflammer sous l'influence de la charge. De plus le tir des boîtes à mitraille est toujours défectueux. Aussi, même dans les pays où ce mode de chargement est adopté, reconnaît-on qu'il serait bon d'en restreindre l'emploi à quelques cas particuliers.

3º Système de projectiles à culots expansifs. Ce système offre plus de sécurité que le précédent, puisqu'il permet le chargement par la bouche, tout en supprimant le vent. Mais ces projectiles sont de construction difficile; dans les fortes charges les culots se rasant, la rotation se trouve supprimée; en outre, il ne permet pas l'emploi des fusées à temps.

4º Système Lancaster. C'est un des premiers, expérimenté en 1855 en Crimée; il consiste dans l'emploi de deux rayures qui se raccordent avec l'âme de la pièce et lui donnent une section elliptique. Les projectiles ellipsoïdaux offrent de nombreuses chances d'accidents par suite d'arc-boutements. Le chargement par la bouche est difficile dès que le canon est un peu long et les projectiles sont souvent brisés et presque toujours fendus.

Ce qui précède montre que, dans l'état actuel, le système à rayure centrante est celui qui offre le plus de garanties de solidité et de simplicité.

Projectiles de l'artillerie rayée. — On leur a donné une forme allongée sachant, par les armes portatives, qu'un projectile allongé de forme convenable conserve mieux sa vitesse qu'un projectile sphérique du même poids, qu'il peut être tiré dans un canon de plus petit calibre, et que la conservation de vitesse permet de tirer à charge réduite. Ces projectiles sont en fonte, et quelquefois en acier, et peuvent être des projectiles pleins, des obus ordinaires, des obus à balles et des boîtes à mitraille, mais ce n'est qu'exceptionnellement qu'on emploie les premiers. On a essayé en Angleterre des projectiles spéciaux destinés à servir comme projectiles pleins et comme obus à balles, ce sont les *obus à segments*, recevant une charge d'éclatement et des segments de fonte reliés par du plomb; les résultats en sont peu remarquables.

Ces projectiles portent des fusées analogues à celles des anciens obus, et aussi des fusées à percussion dans lesquelles l'éclatement est produit au moment du choc du projectile, généralement par l'intermédiaire d'une composition fulminante ; on a enfin des fusées mixtes.

Tir des bouches à feu. — Une bouche à feu peut tirer de diverses manières, on a : 1° *Le tir de plein fouet,* contre les objets visibles ; 2° *le tir à ricochet,* dans lequel le projectile fait plusieurs bonds dans la direction de l'ennemi ; 3° *le tir plongeant,* qui s'effectue sous de grands angles de manière à frapper des objets dissimulés par des plis de terrain, ou des fortifications ; 4° *le tir des bombes,* ou les feux verticaux, sous des angles voisins de 45°.

Pour les bouches à feu le but en blanc se définit comme pour les armes portatives : pour tirer en deçà du but en blanc, il faut viser plus bas ; pour tirer au delà, il faut viser plus haut.

Une *hausse* divisée en distances, placée à la plate-bande de culasse, permet de tirer jusqu'à la limite de portée, avec une charge constante. La culasse se relève ou s'abaisse à l'aide de coins ou d'une vis appelée *vis de pointage,* dont l'invention ne remonte qu'au xviiie siècle. Dans les bouches à feu rayées, le projectile ayant une déviation régulière hors du plan de tir, on la corrige à l'aide de hausses particulières, inclinées du côté de la dérivation et placées souvent sur le côté de la pièce.

Le tir à ricochet se fait en pointant en avant du dernier but à battre pour utiliser les bonds du projectile. Le tir plongeant, particulier aux canons rayés, s'exécute en donnant à la pièce une inclinaison et une charge convenables, suivant les effets à obtenir. L'inclinaison se mesure à l'aide d'un quart de cercle à niveau ; on corrige la dérivation donnée par des tables de tir, par des procédés particuliers, ou avec les hausses pour des charges déterminées. On tire les bombes en donnant la direction avec un fil à plomb et l'inclinaison au quart de cercle.

Fabrication des bouches à feu. — Tous les métaux ne sont pas propres à la fabrication des bouches à feu ; ils doivent : être assez tenaces pour résister, sous des dimensions restreintes, aux pressions développées par la combustion de la poudre ; avoir une dureté assez grande pour que la pièce ne soit pas promptement détériorée par l'action des gaz ou le choc des projectiles ; avoir un mode d'éclater sans danger pour les soldats ; être d'un faible prix, et enfin permettre un approvisionnement croissant avec les besoins. Jusqu'à présent *le fer, le bronze, la fonte* et, dans ces dernières années, *l'acier,* sont les seuls métaux susceptibles d'être employés dans la construction des canons.

Les premiers canons furent forgés à l'aide de barres de fer ; puis fondus en bronze, par parties, et enfin d'une seule pièce. Dans ce cas, on peut les couler pleins ou à noyau ; dans le premier système, on est obligé de forer l'âme tout entière ; dans le deuxième, on n'a plus qu'à l'aléser, mais on est presque toujours forcé pour maintenir le noyau de faire usage de parties en fer qui restent engagées dans la culasse et peuvent nuire à la résistance de l'âme. La lumière pratiquée dans le bronze se dégradant trop vite, on prit d'abord des masses de lumière en cuivre pur noyées dans le métal, puis des grains filetés qui, se posant à froid, peuvent être remplacés lorsqu'ils sont hors de service. Les canons en fonte ont la lumière percée dans la masse du métal. Les bouches à feu en bronze et en fonte sont les seules qui soient restées ; il est cependant bon de rappeler les différents matériaux qui ont été successivement employés. On a eu des canons en bois et en fer, en fer forgé d'une seule pièce, en cuir, les canons à âme de fer forgé, d'acier, les canons en bronze d'aluminium, et, à titre de curiosité, les canons de glace fabriqués en 1740 en Russie.

Actuellement, on tend à remplacer le bronze par quelque chose de plus dur et à utiliser les bouches à feu existantes en augmentant leur résistance. Les canons réellement nouveaux sont les canons Armstrong, Withwoorth et Krupp.

Les canons Armstrong sont composés d'un tube en acier fondu, renforcé par des manchons à rubans qu'on place à chaud, en refroidissant le tube intérieur par un courant d'eau. Lorsqu'ils se chargent par la culasse, ils sont fermés tantôt par une pièce mobile maintenue par une vis de culasse et dans laquelle est percée la lumière (vent pièce), tantôt par un système de coins en acier.

Les canons Withwoorth sont en acier doux, composés de tubes superposés mis en place avec la presse hydraulique. La culasse est formée d'acier doux et vissée dans la pièce fermée préalablement par un culot de cuivre qui reste devant la tête de la vis.

Les canons Krupp sont en acier puddlé fondu et fermés par un système de coins différent de celui de sir Armstrong.

Pour utiliser les anciennes pièces, on a essayé des canons de bronze à âme en acier placée à chaud, des canons en fonte cerclés en fer, et qui, par mesure d'économie, sont conservés dans la marine française, quoique condamnés en principe. En Angleterre, le major Palliser a donné aux canons de fonte une âme en fer, en introduisant un cylindre en fer dans une bouche à feu en fonte préalablement chauffée ; l'essai de couler la fonte autour d'un tube en fer n'a pas réussi. Les Hollandais ont coulé du bronze dans la pièce chauffée au rouge, et l'ont ensuite forée à un calibre inférieur. En Amérique, M. Rodman a coulé de la fonte autour d'arbres creux, ouverts par un seul bout et dans lesquels coulait un courant d'eau froide.

Fabrication des projectiles. — Les projectiles sont en fonte, un noyau permet de les obtenir creux, on a dû renoncer à cause de l'usure des pièces aux saillies venues de fonte ; des appareils simples permettent de poser des ailettes en métal mou, bronze ou zinc, ou des enveloppes en plomb.

Des mitrailleuses. — Les mitrailleuses ou batteries de petits canons sont d'une invention récente, car on ne peut guère y rapporter les orgues et ribaudequins du moyen âge. Dans ces machines, des cartouches à enveloppes métalliques sont fournies par boîtes à l'appareil. En tournant une manivelle, chaque canon reçoit sa charge, tire et ainsi de suite ; le nombre de coups par minute ne dépend plus que du nombre de canons et de la rapidité de la rotation.

Une mitrailleuse doit remplir la condition essentielle de ne pas être soumise au recul, qui forcerait à un pointage continuel. En donnant à ses canons une puissance balistique supérieure à celle des armes portatives, on en fait une sorte d'artillerie très-mobile ; en conservant les cartouches de l'infanterie, on rend l'approvisionnement plus simple. En tout cas, ces armes semblent destinées à prêter un solide appui aux troupes d'infanterie.

La seule mitrailleuse ayant subi l'épreuve de la guerre, est celle de M. Gatling, que les Américains ont appréciée favorablement. Un mécanisme particulier prend la cartouche au bas d'un plan incliné, l'introduit dans l'âme et ferme la culasse, arme, met le feu et retire la douille. Ce système monté sur un affût ordinaire se pointe comme les canons.

Des fusées de guerre. — L'emploi des fusées de guerre remonte à une haute antiquité ; les Chinois avaient, dès 969, une *flèche à feu* portant une fusée près de la pointe. Elles ont donné des exemples remarquables de portées et de pénétrations ; pouvant être tirées sans affût ou sur affût léger, elles donnent une grande mobilité aux troupes qui en sont armées, et permettent de tirer de points culminants inaccessibles à toute autre artillerie, mais on peut leur reprocher :

6

ARTISAN

1° L'incertitude de tir, le danger de leur emploi et leur infériorité comme effets sur les bouches à feu rayées ;

2° Leur prix énorme et leur facile détérioration;

3°. Leur tir exceptionnel, puisqu'on ne peut les lancer que sous un assez grand angle à cause de leur faible vitesse au départ.

La fusée est mise en mouvement par la réaction que produisent les gaz d'une charge de composition tassée, n'ayant d'écoulement que dans une direction. La force impulsive se trouve généralement appliquée au culot du *cartouche* (cylindre renfermant la composition); on lui conserve sa direction primitive, à l'aide d'une longue tige en bois agissant comme un gouvernail. C'est une complication d'approvisionnements, remplissant assez mal sa destination, aussi a-t-on cherché sans succès jusqu'à ce jour à obtenir un tir régulier sans baguette. Ces appareils, dont on peut quelquefois utiliser les grandes portées, lancent en avant des projectiles (obus ou obus incendiaire).

Pétards et mines.— Ces dernières machines de guerre, dont on se sert surtout pour les siéges, seront décrites dans un article spécial.

Conclusion. — Dans une période relativement courte, les inventions se sont multipliées et les nouveaux engins ont complétement modifié les conditions de défense des États. Faut-il s'effrayer, outre mesure, de la puissance des nouveaux armements, des dépenses énormes qu'ils entraînent, des ravages épouvantables des guerres futures ?

Certes, l'armement et les munitions d'infanterie et d'artillerie sont plus coûteux qu'autrefois, et les engins de destruction ont plus de puissance, de portée et de justesse. Mais leur fabrication difficile exige un grand développement industriel et ce sera toujours la nation la plus éclairée, partant la plus riche et la mieux outillée, qui sera d'autant plus à même de conserver son indépendance.

Les guerres consommeront beaucoup d'hommes, mais, par suite, elles seront probablement plus rares et certainement plus courtes. Et ce sera dans la paix, par le libre développement de son commerce et de son industrie, qu'un peuple deviendra fort et respecté.

BIBLIOGRAPHIE. — Les principaux ouvrages à consulter sur l'artillerie, sont : Saint-Remy, *Mémoires d'artillerie*, 1697. — Belidor, *Le Bombardier français*, 1734. — Cotty, *Dictionnaire d'artillerie*, 1832. — Monge, *L'Art de fabriquer les canons.* — Didion, *Traité de balistique.* — Piobert, *Traité d'artillerie.* — Brunet, *Histoire générale de l'artillerie.* — J. Cavalli, *Aperçu sur les canons rayés.* — J. Schmœlzl, *Les canons rayés.*

A cela il faut ajouter des tables de construction, dont les premières remontent à Gribeauval, de nombreux mémoires de Lagrange, Poisson, Legendre, Borda, Piobert, Magnus, Rutzky, etc..., et des articles insérés dans le *Mémorial d'artillerie* ou dans une foule de journaux militaires français et étrangers. Les renseignements de détail se trouvent d'ailleurs, dans chaque pays, rassemblés sous le titre d'*Aide-mémoire à l'usage des officiers d'artillerie.*   P. NIBEL.

ARTISAN. — Autre chose est l'ouvrier, autre chose est l'artisan. Le premier est plus connu, le second tend à disparaître et appartient déjà plus à l'histoire qu'à l'organisation industrielle de notre temps. Pour bien faire comprendre ce qu'est l'artisan, indiquons sommairement ce qu'est le travail.

Le travail est un exercice manuel qui a pour but la création d'utilités; c'est la réalisation pratique, industrielle, d'une conception utilitaire. Le travail se compose donc de trois éléments : la conception, comprenant toutes les opérations d'esprit qui président à la production; l'effort physique, la manipulation en quelque sorte automatique, le labeur purement, absolument musculaire ou manuel, et enfin l'art où se mêlent tout à la fois le goût, l'habileté, l'adresse, toutes les qualités de l'intelligence et de la main. Prenons pour exemple un soulier : il ne suffit pas de battre le cuir, de l'étirer, de le préparer et de l'assembler solidement. Il faut avant toute chose, avant de toucher au cuir, concevoir le soulier d'une façon idéale, absolument comme un poëme, combiner les mesures qui permettront au pied d'entrer dans la chaussure, d'y être maintenu, serré sans gêne, emprisonné sans fatigue; il faut imaginer la coupe des diverses pièces qui la composeront et dont l'assemblage produira une forme élégante et surtout adaptée au pied. Ceci est la partie d'invention, de conception, purement intellectuelle. Après avoir conçu, il faut exécuter. Certaines des opérations qui concourent à l'exécution exigent une habileté spéciale, une adresse particulière, une expérience et des connaissances techniques; mais certaines autres ne demandent que de la patience, un mouvement constamment et régulièrement répété, ou un effort musculaire ; battre le cuir, coudre les semelles, les talons, clouer les uns et les autres, sont de ces opérations-là. On peut en les exécutant penser à autre chose, la main peut agir automatiquement et l'esprit errer à sa fantaisie pourvu qu'il soit toujours prêt à venir au secours de la main, s'il se rencontre une difficulté inattendue. Enfin, après chaque opération, qui n'a demandé qu'un effort musculaire ou un mouvement automatique comme en peut produire une machine, quand la première semelle est cousue, puis la seconde, puis le talon, l'ouvrier fait œuvre d'intelligence et d'adresse tout à la fois en réparant soit les erreurs de la main, soit les inégalités du cuir, en tapotant par place, en astiquant, en polissant, unissant, raffermissant, égalisant son ouvrage, à l'aide de la panne ou de la tête du marteau, de l'astique, de ses doigts et de tous les objets dont il se fait des outils ; enfin, il donne à son travail le dernier coup de pouce de l'artiste, le fini, ce on ne sait quoi, tout personnel, qui constitue l'élégance, satisfait le goût, crée la bonne façon, ce que l'ouvrier appelle la *touche*, ce que le fashionable nomme le *chic*, ce qui pour moi est l'art.

On comprend que je pourrais prendre tous les produits de l'industrie les uns après les autres, et que tous donneraient lieu aux mêmes observations. Un seul suffit comme exemple; il n'y a plus, pour appliquer la règle, qu'à généraliser.

Maintenant qu'on a vu de quels éléments, de quelles fonctions différentes se compose le travail, on saura ce que c'est que l'artisan défini ainsi : l'artisan est le travailleur qui est capable d'accomplir et qui accomplit toutes les fonctions que comporte sa profession, qui est tout à la fois inventeur, manœuvre, ou automate et artiste. L'ouvrier, lui, n'accomplit que les fonctions du second ordre, celles où l'effort musculaire, les mouvements automatiques, la pure habileté de mains, tiennent la plus grande place. L'ouvrier n'invente pas, ne combine pas, ne conçoit pas, il travaille; on lui dit de faire, il fait ; on lui trace sa besogne, il l'exécute. Il répète constamment les mêmes opérations ; la main à les répéter sans cesse s'assouplit, devient plus sûre, plus active; elle semble acquérir une sorte d'intelligence particulière et locale, qui, ajoutée à ses dispositions, à sa construction, créent l'habileté ; elle en arrive à paraître douée d'une initiative propre, et va parfois plus vite que la pensée.

Demandez à l'ouvrier pourquoi il a tel tour de main? Il n'en sait rien; il l'a par habitude et par instinct, sans s'en rendre compte, sans en avoir en quelque sorte conscience. C'est là certainement le résultat d'une opération d'esprit, mais tellement rapide et instinctive qu'il n'y a point fait attention. D'ailleurs, combien d'artistes sont ouvriers en ce point, ne sachant pas pourquoi ils font ce qu'ils font, et se bornant à le faire parce qu'ils l'ont déjà fait et que cela leur a réussi. Leur main est plus intelligente que leur tête.

Avant que le travail fût divisé comme il l'est aujourd'hui, il y avait non pas des ouvriers, mais des artisans. C'étaient des artisans que les menuisiers, les ferronniers, les potiers, les orfévres, les verriers, les écriniers, les passementiers, les tisserands d'autrefois. Possédant les connaissances techniques les plus complètes, ils étaient gens à fabriquer ou confectionner tout ce qui relevait de leur profession, soit par l'usage des objets, soit par les matériaux employés; ils savaient préparer la matière prise à l'état brut, pour la transformer jusqu'à en faire un de ces produits qui appartiennent à l'industrie par le travail et à l'art par la beauté. Plans ou dessins étaient imaginés, inventés par eux-mêmes, en tenant compte tout à la fois des conditions et des propriétés de la matière employée, de l'usage et de l'utilité des objets, de la place qu'ils devaient occuper, etc. De telle sorte qu'on n'avait pas, comme aujourd'hui, des dessins propres à la fonte du fer, exécutés en bois, les proportions architecturales faussées par la réduction, par le *rapetissement*, transportées du monument au meuble. En même temps qu'ils étaient inventeurs, ils étaient exécutants, exécutants jusqu'à l'art pour lequel ils témoignaient d'un merveilleux instinct. A part la menuiserie où les *imaigiers* remplirent l'office de spécialistes, sculptant d'abord une figure ou un animal à une place désignée, puis empiétant peu à peu jusqu'à charger les meubles de sculptures et à en faire disparaître les formes sous la profusion des ornements, à part ce cas particulier qui ne fut même pas propre à toute l'industrie du bois, les ouvriers de toutes professions savaient faire, de la matière qu'ils étaient accoutumés à travailler, tout ce qu'on pouvait attendre ou exiger d'eux; c'est ainsi que le plombier, tout en sachant établir une gouttière ou recouvrir un chéneau, savait aussi découper et repousser le plomb pour en faire tantôt un épi, tantôt les feuilles et les fleurs capricieuses d'un chapiteau, d'un faîtage, d'un clocheton ou d'un campanile. C'est ainsi que le tisserand picard ou flamand savait se servir de la laine pour fabriquer les étoffes de robes, les draps fins ou chauds, de même que les tapisseries de haute lice, qui sont de véritables tableaux tissés au lieu d'être peints.

La variété des travaux accomplis par l'artisan, tout en développant ses aptitudes industrielles, développe nécessairement ses facultés intellectuelles et, par contre-coup, ses instincts de liberté, de dignité, de propriété. Pour produire, pour assouplir la matière, la transformer, la faire servir à ses divers besoins, l'homme est contraint d'observer, de raisonner, d'analyser et de synthétiser, même lorsqu'il ne sait ce que c'est qu'une analyse et qu'une synthèse ; obéissant à son instinct, il généralise, établit des analogies, compare et juge, c'est-à-dire qu'il examine. Tout artisan est fatalement libre penseur dans l'acception la plus large de ce mot. Il sent qu'il est un être intelligent; il sait qu'il est un producteur, que son intelligence et son travail sont utiles, et, pour ces raisons, il veut être respecté dans sa personne, dans son intelligence, dans son travail et dans sa production. C'est à ce sentiment très-net et très-juste qu'on dut la création de la bourgeoisie, dont les membres étaient les citoyens de l'industrie.

Dans les premiers siècles qui suivirent l'effondrement de l'empire et l'établissement des Francs, il n'y avait que trois métiers ou fonctions correspondant à trois conditions : guerrier, clerc et serf. Dans ces trois états, un seul travaillait pour les deux autres, cultivant la terre tant bien que mal, élevant quelques bestiaux et remplissant les fonctions les plus élémentaires et les plus indispensables de l'industrie. Pour le serf comme pour l'ouvrier de nos jours, le travail était une nécessité répugnante, une peine, une expiation, — et il en sera toujours ainsi là où le labeur ne sera pas inséparable du droit de propriété. Aussi, grâce à l'ignorance, au dégoût et au désespoir de la plèbe en même temps qu'au pillage et aux dévastations des bandes, la famine était-elle un de ces accidents chroniques qui revenaient avec une régularité déplorable dépeupler les campagnes et mettre les châteaux dans l'embarras.

Comme on ne peut toujours guerroyer et prier, que l'oisiveté et la puissance exigent le luxe, que ce ne serait vraiment pas la peine d'être grand seigneur et riche abbé, représentant sur terre du Dieu des armées, de l'autorité divine et royale, si l'on n'était mieux vêtu et mieux logé que les manants; comme enfin les plus vaillants coups d'épée et les plus longues oraisons ne suffisent pas pour tisser un manteau ou construire une châsse, il fallut bien, pour avoir palais, châteaux et cloîtres, étoffes, mobilier et vaisselle, songer à ceux qui ne maniaient ni l'épée ni le goupillon, mais qui travaillaient. Pour encourager ceux-ci à produire tout ce qui pouvait embellir les demeures seigneuriales ou monacales; tout ce qui pouvait en rendre aux habitants le séjour plus confortable, plus attrayant, on accorda des franchises aux gens de métier, qui devinrent privilégiés, formant une classe intermédiaire entre le serf, attaché à la glèbe, esclave de la terre et du maître, forçat agricole, et le soldat, mercenaire ou domestique, vivant comme le seigneur lui-même du travail du serf, bandit partageant avec les chefs le butin conquis. Les maçons acquirent ainsi privilèges, franchises et indulgences. On pouvait se passer des indulgences, mais les franchises étaient chose sérieuse. Tandis que le paysan demeurait dans son servage, appartenant au seigneur au même titre que le bétail et que la récolte, l'homme du bourg et de la ville, quoique devant payer redevance, s'affranchissait et, tout en restant vassal, devenait homme libre. Tous ceux qui pouvaient vivre du travail de leurs mains sans le secours de la terre, vivre de l'industrie ou du commerce, se réunirent au bourg ou à la ville, contractèrent ensemble, rédigèrent des statuts ou constitutions locales, s'organisèrent en municipalités et corporations, et quand la protection, ou plutôt la liberté eut produit son effet, qu'elle eut amené la richesse en développant l'instruction et le travail, les seigneurs songèrent à prendre leur part du gâteau de miel si laborieusement entassé dans la ruche; ils imaginèrent pour cela toutes sortes de redevances, contributions et fiscalités. Mais la liberté est une audacieuse et fière conseillère, elle donne aux âmes les qualités viriles, la persévérance indomptable et la robuste énergie, et il arriva que ces humbles artisans, dans lesquels on ne voyait que des manants bénins et ridicules, dignes à peine du bâton, se levèrent, armés, inventeurs d'une stratégie nouvelle, aussi vaillants et aussi hardis que les soudards dont la guerre était le métier, et qu'ils firent trembler, vainquirent et chassèrent les bandes qui avaient pris d'assaut et dévasté les châteaux forts, les chevaliers dont les ballades vantaient les exploits. Les vieilles et héroïques Flandres et la « colérique Picardie » se distinguèrent dans ces luttes de l'indépendance, où l'amour de la liberté et du droit avait plus de place que le patriotisme. Les artisans, tisserands pour la plupart, qui en étaient les fils et les habitants, furent les soldats et les précurseurs de la Révolution qui ne devait triompher qu'après plusieurs siècles. Faire l'histoire des artisans, ce serait faire l'histoire du travail, de la bourgeoisie et de la Révolution elle-même, la plus grande par le sujet et les péripéties qu'il soit donné à un historien d'aborder. Les limites dans lesquelles il est nécessaire de nous renfermer ne nous permettent pas de plus longs développements, mais c'eût été de l'injustice et de l'ingratitude que de ne pas accorder un souvenir à ceux qui nous ont laissé de si grands et de si dignes exemples.

L'artisan existait encore en 1789 et formait le Tiers-État. Depuis la Révolution, grâce à la division excessive des fonctions, à la centralisation des capitaux, à l'application de la mécanique à l'industrie, il tend à disparaître; on pourrait même dire qu'il a disparu, si on ne retrouvait, en province surtout, quelques industriels qui rappellent ce type, commun il y a cinquante ans encore, et qui devient de plus en plus rare. Le régime nouveau, né en quelque sorte avec la monarchie bourgeoise et constitutionnelle de 1830, aggravé encore par l'Empire, a eu pour conséquence le paupérisme, le salariat et les grèves, c'est-à-dire la misère et l'anarchie économique élevées à la hauteur d'une institution. Comme l'a très-bien dit Proudhon, « en mécanisant l'ouvrier, on l'a rendu manchot et méchant; » à l'ignorance littéraire on a ajouté l'ignorance technique, et aux misères physiques les misères morales. Il devient nécessaire de sortir de cette situation. Il n'y a pas à briser les machines, à abandonner les nouveaux procédés industriels pour revenir aux anciens; mais il y a à refaire une nation d'artisans au lieu d'une nation d'ouvriers et d'employés, comme est la France aujourd'hui; il y a à créer, — et surtout à laisser créer — l'enseignement professionnel, à réorganiser l'atelier, — ce qui ne peut se faire qu'avec la liberté d'association la plus complète; — à ramener la diffusion des capitaux centralisés aujourd'hui entre les mains d'une féodalité financière et industrielle dotée de priviléges, de monopoles et de faveurs par le second Empire, à réorganiser le crédit exploité par le monopole de la Banque, enfin à laisser les producteurs se grouper suivant leurs affinités et leurs intérêts, et s'administrer comme ils l'entendent. Avec ce régime nouveau, le salariat disparaîtrait bien vite, et l'on verrait réapparaître l'artisan, c'est-à-dire l'ouvrier propriétaire de son outillage, possédant des connaissances techniques variées et étendues, réunissant en sa personne et dans son travail, ce qui fait l'inventeur, le calculateur, le travailleur et l'artiste, capable d'effectuer une production complète, de faire ce que faisait l'artisan du moyen âge, — un chef-d'œuvre.   P. DENIS.

ARTISTE. — Ce mot, comme le mot art duquel il dérive (ars, artifex, art, artiste), est pris dans une foule d'acceptions et employé dans nombre de cas fort divers. On peut dire qu'on l'applique en général à tout homme qui apporte dans l'accomplissement d'un travail matériel un degré exceptionnel de perfection. Il semble, en conséquence, que cette dénomination soit de nature à relever, dans l'esprit de celui qui l'exerce, une profession ou un métier. C'est ainsi que les coiffeurs habiles, pour choisir un exemple extrême, en sont venus à se désigner eux-mêmes assez volontiers et non sans fierté sous le nom « d'artistes capillaires. » Mais cette définition du mot artiste n'est pas rigoureuse. Car on se sert encore de ce mot pour désigner les artistes dramatiques, qui ne font pas œuvre de leurs mains de la même façon que les artisans, et il n'est pas rare d'entendre dire en parlant d'un écrivain : c'est un grand artiste. On veut alors le plus souvent, soit qu'il s'agisse d'un acteur, soit qu'il soit question d'un écrivain, affirmer que les qualités de l'un ou de l'autre sont surtout extérieures ou pittoresques. L'art de se draper chez l'acteur, l'usage des métaphores et le choix des épithètes brillantes chez l'écrivain justifieront cette façon de dire. Mais ces nuances de langage sont rarement observées strictement.

Nous ne nous arrêterons ici qu'au sens restreint le plus ordinairement attribué au mot artiste : on s'en sert d'habitude pour désigner les architectes, peintres, sculpteurs, musiciens, en un mot tous les inventeurs dans le domaine des beaux-arts, et nous essaierons de dire rapidement ce qu'ils ont été et ce qu'ils sont aujourd'hui.

Nous savons peu de chose sur la vie et la condition sociale des artistes dans l'Orient antique. En Inde, en Égypte, ceux qui méritèrent ce nom appartenaient sans doute en général à la caste des prêtres, plus rarement à celle des ouvriers. Les œuvres d'art laissées par les civilisations de ces contrées ont le caractère d'œuvres anonymes et collectives. Un collége de prêtres édifiait un sanctuaire, un roi édifiait un palais, et presque toujours le nom ou les noms des artistes employés à ces travaux disparaissaient derrière celui de la divinité ou du roi auquel ils étaient consacrés. La Bible des chrétiens fait cependant mention de quelques-uns des artistes hébreux qui imitèrent, au profit du culte de Jehovah, les constructions savantes déjà des populations plus civilisées qui entouraient les tribus des Hébreux. Mais, c'est seulement quand la Grèce eut constitué sa merveilleuse civilisation, que nous pouvons trouver, avec le nom des principaux artistes, leur trace dans l'histoire et nous faire une idée des conditions de leur existence.

Au temps où les arts fleurissaient dans l'Hellade, la société grecque libre vivait sous un régime presque complet d'égalité. Cette égalité des hommes entre eux se développe très-aisément là où il existe une classe d'esclaves. Le travail esclave crée une catégorie très-nombreuse de privilégiés, qui maintiennent entre eux l'égalité avec un soin jaloux. En Grèce, le titre de citoyen et d'homme libre signifiait quelque chose, tous les habitants du territoire ne le portant pas. Il en résultait des devoirs communs, des intérêts d'affaires publiques souvent en jeu qui empêchaient de se créer l'aristocratie du métier. Cléon était cordonnier et Aristophane s'en moquait; mais il était aussi orateur et le peuple l'écoutait. De plus, l'art n'était pas encore tombé dans la spécialité. Aussi les artistes, mêlés incessamment à la vie publique, ne formaient-ils pas dans la société grecque une classe à part. Ils étaient à tour de rôle hommes politiques, négociants, fabricants, entrepreneurs, sophistes, comme le sculpteur Socrate, gardes nationaux sur terre et sur mer, comme le poëte Eschyle. Cependant, ils avaient des écoles qui ressemblaient aux ateliers modernes, autant que la libre éducation que chacun donnait à tous à Athènes ou à Corinthe peut ressembler à l'enseignement des ficelles d'un métier, enseignement auquel se borne en général l'éducation des artistes modernes.

Quand la décadence vint, les artistes émigrèrent à Rome, et plus tard à Byzance. A Rome, ils furent, en qualité d'étrangers habiles et pouvant seuls donner à la ville éternelle le luxe dont elle était affamée, mésestimés à la fois et recherchés, comme l'ont été longtemps, comme le sont encore parfois en France les comédiens. A Byzance, réduits à copier des figures hiératiques, ils descendirent rapidement à la condition d'ouvriers, tandis que les civilisations arabes leur donnaient un rang tout exceptionnel et faisaient d'eux les amis et les confidents des rois.

Mais c'est surtout en Italie, à l'époque de la Renaissance, que les artistes jouèrent dans la société un rôle tout spécial, dont ils se ressentent encore de nos jours. A cette époque, l'aristocratie italienne et les cours, très-nombreuses, s'éprirent, ainsi que la plupart des papes, d'un enthousiasme pour les arts qui, s'il ne fut pas toujours très-éclairé, eut du moins pour lui cette qualité rare d'être excessivement sincère. Cette noble contagion gagna les cours voisines, de France d'abord, puis d'Espagne. Tandis que les artistes, en Flandre et dans l'Allemagne, restaient encore très-près des ouvriers, travaillaient dans des boutiques, et avaient adopté des règlements tout pareils à ceux des maîtrises de la laine ou des boulangers, les artistes italiens travaillaient dans des palais, presque toujours sur commande et étaient attachés par des traitements souvent magnifiques à la personne des princes souverains. Cette façon de vie a eu bien ses avantages, il serait puéril de le méconnaître; toutes les villes n'avaient pas la générosité et l'intelligence de la commune de Florence, donnant carte blanche au grand architecte Brunelleschi pour

bâtir le dôme, et la protection des petits princes italiens et des papes a permis à
certains artistes de réaliser des projets qui seraient restés dans leurs cartons si on
les eût abandonnés à leurs seules ressources. Mais, il présentait aussi des inconvénients, et le caractère des artistes en reçut plus d'une blessure dont la trace se
voit encore. Vivant dans les cours, les artistes du xvie siècle y devinrent vite
courtisans, intrigants, et reçurent à la fois des satisfactions exagérées d'amour-
propre et des humiliations sans mesure. Si Charles-Quint ramassait le pinceau de
Titien, si les papes célébraient l'achèvement d'un tableau de Raphaël ou de Michel-
Ange comme une fête publique, il arriva souvent aussi que les plus amers déboires
furent prodigués aux artistes. Michel-Ange, lui-même, en connut plus d'un, malgré
le culte que lui vouait l'Italie entière. Léonard de Vinci, attaché successivement à
la personne du duc Sforza de Milan et de César Borgia, éprouva plus d'une décep-
tion et eut à essuyer les caprices de ses protecteurs, environnés d'intrigues suscitées
par des femmes ou des rivaux. Mais il est vrai de dire que ce grand homme sut
au moins avoir cette supériorité de ne garder aucune reconnaissance pour ses
protecteurs. Il faut également avouer que les artistes italiens abusèrent de la protection que leur accordaient les grands. Sans parler des intrigues jalouses qui
s'agitèrent entre eux et les conduisirent souvent à des bassesses et à des crimes,
la vie de tel d'entre eux n'est qu'une suite de fautes contre la morale la plus élémentaire; celle de Benvenuto Cellini, par exemple, est une longue succession de brigan-
dages que la naïveté charmante avec laquelle il les raconte dans ses Mémoires
a eu le tort de trop faire excuser.

Les traditions de la vie des artistes en Italie se continuèrent en Espagne, où
Vélasquez vécut en grand seigneur, et de là dans les Flandres espagnoles, où Rubens
et Van Dyck menèrent une existence de courtisan, doublée chez le premier d'un rôle
politique qui ne fut pas sans importance. En France, le public et la cour se montrèrent en général moins bien disposés envers les artistes qu'en Italie ou dans les
pays espagnols. A l'origine, on les voit former, comme à Bruges ou à Nuremberg,
des compagnies, des associations analogues à celles des autres métiers. Leur rôle
grandit sous François Ier, qui contrefit grossièrement la vie d'un prince italien.
Après lui, les artistes passèrent rapidement sous les fourches caudines de l'administration, cette chose si française et si ancienne en France. Poussin, Puget,
d'autres encore, sans parler de ceux qu'elle ignora, comme le grand peintre
Watteau, eurent avec elle plus d'un démêlé. Cependant l'institution de l'Académie
de France à Rome rendit des services réels à l'art et contribua à donner aux artistes
des mœurs spéciales. Ils retrouvèrent là les traditions de la vie italienne, et, malgré
la discipline assez sévère à laquelle ils étaient soumis, y contractèrent le goût
d'une existence un peu en dehors des usages communs. Cette tendance à une
liberté d'allures excentriques se développa pendant la fin du xviiie siècle. Déjà, au
temps de Diderot, le « rapin » était né. La Révolution française, avec ses hautes
et graves préoccupations, enraya ce mouvement qui poussait les artistes vers une
vie désordonnée. Louis David, dont l'atelier donna le ton à tous les peintres ses
contemporains, servit d'abord la liberté, et Topino-Lebrun fut son martyr. La
tradition des ateliers joyeux de la fin du xviiie siècle fut reprise vers 1820, par
Géricault, Horace Vernet, plus tard Delaroche. Leurs ateliers étaient des cercles,
des lieux de rendez-vous où l'on s'exerçait aux paradoxes de l'esprit et de la conduite. Il n'y a point à se montrer trop sévère contre ces exubérances de jeunesse
et de gaieté, quand elles se contentaient d'amener les artistes à se vêtir d'une façon
un peu originale, à porter la barbe tout entière, et à mettre moins d'hypocrisie que le
reste du public dans leurs faciles amours. Mais ils ne s'arrêtèrent pas là. Il y eut

des plaisanteries commises d'une indécence excessive, touchant parfois à la cruauté. Le romantisme vint brocher sur le tout, proclamant cette niaiserie que le génie s'allie avec le désordre. La camaraderie tua l'amitié, et l'excentricité voulue et bruyante des artistes détruisit l'originalité naïve et discrète qui fait le charme des cœurs sensibles et des âmes délicates. En un mot, on vit apparaître dans la vie parisienne, la race odieuse des bohèmes.

La réaction, commencée par le public, s'est faite aujourd'hui, et les artistes eux-mêmes l'ont poussée à l'excès, tombant trop souvent dans un industrialisme correct qui exclut toute inspiration. Pressés d'arriver à la fortune, les artistes ne font que passer par les ateliers, où l'enseignement est tombé au plus bas. Chacun cherche à se créer une spécialité dont il fait fortune, soit à Paris, soit par l'exportation, et les négociants les plus âpres et les plus habiles ne sont pas toujours à la hauteur de nos marchands de peinture. La nécessité de demander sans cesse des travaux à l'État a également contribué à ôter aux artistes tout désir de vie excentrique. Ils sont mariés, rangés et décorés à qui mieux mieux. Un jour viendra, nous l'espérons, où, sans retomber dans les niaises fantaisies de la vie de bohème, mise à la mode par une littérature vaine et creuse, redevenus citoyens, préoccupés d'idées générales et de hautes pensées, libres absolument de toute protection directe de l'État par un système de concours publics, dégagés des jalousies, des intrigues et des bassesses que traîne après elle l'intervention administrative, les artistes, en vivant comme tout le monde, laisseront pourtant voir dans leur allure le reflet extérieur des enthousiasmes sincères et des préoccupations nobles qui leur font presque toujours défaut aujourd'hui. Déjà nous savons tels ou tels grands maîtres, paysagistes ou peintres d'histoire, paysagistes surtout, dont la vie de famille, dont l'existence laborieuse en face de la nature est un modèle à suivre pour les cœurs droits. HENRY FOUQUIER.

ARTOIS. — Cette province, au sol plat et uni, qui va s'abaissant du côté de la grande province du Nord, appartient à la France depuis le règne de Louis XIII, à qui l'Autriche fut obligée de l'abandonner, après le siège et la prise d'Arras. Elle forma, sous l'ancienne monarchie, un grand gouvernement ; elle forme aujourd'hui la presque totalité du département du Pas-de-Calais et une partie de celui de la Somme. Sa superficie était de 478,285 hectares.

L'Artois a beaucoup d'analogie avec le territoire qui lui est contigu, et qui a reçu le nom caractéristique de Pays-Bas. L'Artois commence le système de dépression des côtes, qui existe depuis le détroit du Pas-de-Calais jusqu'à la mer du Nord.

Divisée en partie haute et partie basse, cette province n'avait point de forêts considérables. A l'heure où nous écrivons, on ne rencontre encore, dans les pays de l'ancien Artois, que de simples bouquets de bois, poussant çà et là, au milieu d'immenses plaines où croissent le lin et le houblon. Des rivières, que plusieurs canaux ou écluses rendent navigables, circulent avec une telle lenteur à travers les campagnes artésiennes, qu'elles y établissent des plages d'eau, pendant l'automne et l'hiver.

Au printemps, heureusement, ces plages d'eau disparaissent, et la nature fait bien son travail de végétation. Si partout il existe une humidité constante, en revanche les cours d'eau contribuent à augmenter l'humus dont le terrain est recouvert. Les beaux pâturages y abondent, comme aussi les graines de toute espèce, les plantes grasses, les légumes et les fruits.

La terre artésienne est franche, grise ou jaune; en certains endroits, argileuse.

Les bancs de sable et de silex apparaissent fréquemment dans le Bas-Artois; dans le Haut-Artois, où des mamelons et des collines se succèdent, on trouve un sol calcaire, de la pierre crétacée, clytreuse, blanche ou grise, de la glaise et de l'argile. En sa qualité de pays ouvert, essentiellement plat, l'Artois a été un théâtre de guerres continuelles, depuis l'époque où César y vainquit les Atrébates et les Morins, un demi-siècle avant l'ère chrétienne, jusqu'à la conclusion des traités des Pyrénées, en 1659, de Nimègue, en 1679, et d'Utrecht, en 1713. Aussi, fut-il successivement hérissé de villes fortifiées : Arras, dont Vauban a construit la citadelle encore debout; Lens, jadis place forte; Lillers; Aire, souvent prise et reprise; Thérouanne, démolie par Charles-Quint; Saint-Venant; Saint-Omer, aujourd'hui place forte de première classe; Saint-Pol et Béthune; Hesdin-le-Vieux, enfin, dont les fortifications anciennes furent détruites par Philibert-Emmanuel, et dont la reconstruction moderne, à quelque distance des vieux murs, est l'œuvre de Charles-Quint (1554).

Ces villes opposèrent aux diverses armées conquérantes des barrières artificielles. Mais l'art de la guerre et le temps devaient en triompher. Les vrais territoires de résistance sont ceux que protègent les montagnes, ces barrières naturelles, où il semble que les habitants respirent l'air de la liberté.

Quoi qu'elle fît pour se défendre, la province d'Artois changea souvent de maîtres, malgré ses nombreuses forteresses.

Les Romains avaient gardé l'Artois jusqu'au vᵉ siècle. Lors des invasions barbares, le pays fut conquis, saccagé, ruiné tour à tour par les Vandales et par les Franks. Clovis l'incorpora à la monarchie. L'Artois fit partie, au vıᵉ siècle, de ce royaume de Soissons qui, démembré de l'empire mérovingien de Clovis, devint le partage de Clotaire dans la succession paternelle, et englobà les trois autres royaumes franks.

Possesseurs de l'Artois, les descendants de Regnacaire étaient de simples officiers du roi, n'ayant qu'une autorité très limitée pendant la période carlovingienne. Judith, fille de Charles le Chauve, épousa (863) Bauduin Bras-de-Fer, comte de Flandre, à qui elle apporta en dot l'Artois, et dont les héritiers conservèrent cette province jusqu'au mariage d'Isabelle de Hainaut avec Philippe-Auguste (1180).

L'érection officielle, si l'on peut dire ainsi, de l'Artois en comté ne date que de juin 1237, époque où saint Louis en investit Robert, son frère puîné. C'était la « Terre d'Atrébatie, » qui passa de mains en mains, par mariage, dot, cession ou apanage. Tantôt il appartint à la Bourgogne, pour revenir à la maison de France; tantôt il appartint à la Flandre, pour revenir à la Bourgogne; tantôt, enfin, il fut transmis à la maison d'Autriche, pour former un apanage de l'infante Isabelle-Claire-Eugénie.

Philippe IV, d'Espagne, avait l'Artois en sa possession, quand Louis XIV lui enleva (1645) cette province, dès lors définitivement acquise à la couronne de France. L'Artois demeura pays d'États, conservant tous ses priviléges. Point de douanes, d'aides, ni de gabelles. La levée des deniers royaux subissait le contrôle nominal des États.

Le règne de Louis XV ne modifia pas la situation de l'Artois, comté que le second frère du roi obtint d'ordinaire en apanage, depuis 1757. Charles X, second frère de Louis XVI, porta le titre de comte d'Artois, et fut le dernier prince du sang qui, avant la révolution de 1789, reçut cette province en apanage nominatif.

BIBLIOGRAPHIE. — Auteuil Combault, *Discours abrégé de l'Artois*, membre ancien de la couronne de France, etc. — Hennebert (l'abbé), *Histoire générale de la province d'Artois.* — Agneaux de Vienne, *Histoire de l'Artois.* — L. B. Deslyons, *Mémoires pour servir à l'histoire de la province d'Artois jusqu'à l'établissement de la monarchie française dans les Gaules.* — *Almanach départemental du Pas-de-Calais, pour l'an XI de la République,* etc. AUGUSTIN CHALLAMEL.

ARYAS (HISTOIRE PHILOLOGIQUE DES). — Les peuples anciens, pour la plupart, se considéraient comme autochthones : erreur toute relative et qui, d'ailleurs, renferme une vérité profonde. Que l'homme, ainsi que le veut Lucrèce, soit directement sorti du sein de la terre, ou que, dernière expression de l'animalité, il se soit dégagé lentement de formes vivantes antérieures, il ne s'en est pas moins manifesté dans et par un milieu terrestre. Qu'il foule ou non le champ même où apparurent ses ancêtres, fils du sol qui le nourrit, l'homme est autochthone. Mais l'histoire n'a pu remonter à sa naissance, et rarement elle rencontre en un pays une nation qui n'y semble pas venue du dehors. Elle est partout conduite à conjecturer pour certains types qui se ressemblent un berceau commun d'où ils auraient essaimé, comme d'une ruche trop pleine. De bonne heure elle a cherché sur les plateaux de l'Asie centrale le point de départ d'où les races blanches se sont élancées vers l'Occident. La Bible a été, jusqu'à ce siècle, sa principale autorité, et, par grand hasard, ne l'a pas égarée trop loin. Il va sans dire qu'aucun esprit sérieux n'a pu prendre à la lettre cette distribution vague des enfants de Sem et de Japhet ; mais des faits, relativement récents et bien connus, confirmaient, dans sa généralité, la légende sémitique. N'avait-on pas vu se former à l'Orient, puis lentement grossir, puis s'écrouler sur l'Occident le flot des invasions germaniques, slaves et mongoles ? Dès le temps de Marius, de César, les hordes barbares se présentaient au bord du Rhin, et, poussées par le flux d'émigrations qui remplissaient l'Allemagne, pesaient sur la frontière gauloise. Derrière les Francs et les Chérusques se pressaient les Suèves, les Vandales, les Lombards, les Goths, menacés eux-mêmes par les hordes slaves, qui fuyaient devant les Huns. C'était l'Asie qui vomissait ce déluge d'hommes. Comment ne pas appliquer aux nations antiques la loi qui présidait à la marche des races nouvelles ? L'analogie et la tradition confirmaient ici l'hypothèse. Partout, dans l'histoire occidentale, subsistait la trace de migrations primitives. Les Phéniciens, et après eux les Grecs, avaient colonisé les côtes de la Méditerranée. Les fils du fabuleux Hellen s'étaient répandus dans l'Hellade ; le Péloponnèse avait subi la descente des Héraclides ; la Grèce, à peine constituée, avait failli périr sous l'expansion de la race persique. L'Italie se rappelait les légendes d'Énée et d'Anténor et l'invasion latine succédant à l'immigration tyrrhénienne ; enfin, de même que les Ioniens semblaient l'arrière-garde hellénique restée sur la terre d'Asie, les tribus celtes de la Cisalpine étaient visiblement les retardataires d'une immigration gauloise perdue dans la nuit des temps.

Entraînées par les mêmes nécessités, par le même instinct sans doute, la plupart de ces tribus voyageuses parlaient la même langue avec des gosiers différents. Mais, oublieuses de leur fraternité primitive, tout entières au développement malaisé de leur vie propre, sans cesse en lutte pour l'existence, elles ne se connaissaient que par de sanglantes collisions et se traitaient mutuellement d'ennemies et de barbares. L'altération phonique, le renouvellement dialectal, les accents divers contractés sous l'influence des climats et des peuples traversés, avaient introduit, dans la langue commune, des variétés qui la rendaient méconnaissable. Les Perses, les Germains, les Slaves, les Grecs, les Celtes, ne pouvaient plus se comprendre. Le génie le plus aventureux n'aurait pas osé chercher un rapprochement, même linguistique, entre des races si profondément séparées par l'état moral et social. Où nous ne voyons plus que les degrés divers d'une échelle que les nations aujourd'hui civilisées ont parcourue chacune à son heure et avec son tempérament propre, les anciens ne devaient voir que des abîmes. Ils ne semblent pas avoir songé un seul instant à la comparaison des idiomes. Pour les écrivains grecs, les Cariens, les Illyriens, les Thraces, les Macédoniens, les Pélasges même étaient des barbares; à plus forte raison, les Perses, les Germains ou les Celtes. Platon, ayant remarqué l'identité, en grec et en phrygien, des noms du feu, de l'eau, du chien, se borne à supposer que les Grecs avaient reçu peut-être certains mots des barbares, premiers occupants du sol. La pointe poussée jusque dans l'Inde par Alexandre n'apprit rien et ne servit de rien au monde occidental; les dialectes sanscrits, que parlaient les Porus et les Taxile, demeurèrent lettre morte pour le dédaigneux envahisseur. Aux yeux des Latins comme à ceux des Grecs, tout langage qui n'était pas le leur et qu'ils n'entendaient pas était un simple jargon.

Nous ne demanderons pas au moyen âge plus de pénétration qu'à l'antiquité. Il mit des siècles à rapprendre à grand'peine et mal ce qu'avait acquis avant lui l'humanité intelligente. Le christianisme, gardant par devers lui quelques bribes de latin, toute la science du temps, prêchait aux populations nouvelles la résignation, la pauvreté d'esprit, l'obéissance et l'ignorance. Il fallut la chute de Constantinople, l'exil des lettrés et des manuscrits byzantins, la découverte de l'imprimerie, pour secouer la torpeur intellectuelle soigneusement entretenue par l'Église. La Renaissance eut lieu; le voile, du moins pour quelques-uns, éclata; il commença de faire à peu près jour en Europe. L'homme se reprit aux choses de la terre, et, s'intéressant à toutes les manifestations de l'activité humaine, délaissant la foi pour la raison, reconnut dans le langage l'instrument nécessaire de la pensée et en analysa l'organisme. Néanmoins, malgré les efforts et la sagacité de Bibliander, Henri Estienne, Roccha, Scaliger, qui tentèrent quelques rapprochements entre le grec, le latin et le français, de Guichard, qui, dans son *Harmonie étymologique* (1606), distingua les dialectes romans des dialectes teutoniques, et constitua en familles séparées l'hébreu, le chaldéen et le syriaque, une erreur capitale égara longtemps et faussa la philologie. La logique orthodoxe ne pouvait chercher ailleurs que dans l'hébreu l'origine de toutes les langues. Il faut admirer les tours de force des commentateurs et des étymologistes pour dériver de racines hébraïques les mots grecs, latins, français et les noms des dieux païens. Pour rapprocher le grec de l'hébreu, Guichard le lisait à rebours, de droite à gauche.

Leibniz fut le premier à réagir contre un préjugé absurde. « Il y a, dit-il, autant de raison pour regarder l'hébreu comme la langue primitive que pour adopter l'opinion de Goropius qui publia un ouvrage à Anvers, en 1580, pour prouver que le hollandais fut la langue parlée dans le paradis. » Le premier (*Dissertation sur l'origine des nations*), il demanda l'application à la philologie des méthodes scientifiques. Devinant qu'à défaut de l'histoire l'étude des langues peut suppléer les documents anciens, il proposa à Pierre le Grand (1713) le plan d'une collection de vocabulaires; il rédigea lui-même une liste de termes usuels et encouragea les travaux de l'allemand Eccard. Ses hypothèses, approximatives, ne se sont pas justifiées; il ne pouvait pas tout savoir; mais il indiqua du moins la seule voie rationnelle : toute science commence par un recueil de faits. Son initiative, d'ailleurs, ne demeura pas stérile; et si l'intuition joua le principal rôle dans les mémoires si pénétrants de Fréret *sur l'origine et le mélange des anciennes nations*, si la philosophie du langage, livrée aux divagations étranges d'un Court de Gébelin, ne put jeter aucune lumière sur les affinités des idiomes européens, c'est qu'entre eux manquait un terme commun de comparaison qui expliquât leurs divergences. Ce

trait d'union inconnu, inattendu, et dont notre siècle seul a deviné toute l'importance, c'est l'Inde qui le recélait dans ses livres sacrés.

Le sanscrit, la langue des Aryas de l'Inde, connu, longtemps avant notre ère,
des bouddhistes chinois, était étudié depuis le VIIIᵉ siècle par les traducteurs persans, arabes et mongols. Quelques reflets de sa riche littérature étaient même
venus jusqu'à nous à travers l'Orient et sont restés dans nos contes et nos apolo-
gues; mais il est douteux que son nom ait pénétré en Europe avant le milieu du
XVIIIᵉ siècle. Vasco de Gama, cependant, avait débarqué à Calicut en 1498; les missionnaires portugais, pour prêcher les Indiens, avaient dû apprendre la langue du
pays; en 1559, les missions de Goa avaient invité les brahmanes à des disputes
publiques; dès 1606, Roberto de Nobili lisait dans le texte les Lois de Manou, les
Purânas, les *Apastamba-sutras*, et faisait peut-être composer par quelque brahmane
converti cet Ézour-Védam qui tient une certaine place dans l'érudition de Voltaire.
Le P. Pons, en 1740, adressait au père Duhalde une description exacte des quatre
Védas, des traités grammaticaux, des six systèmes de philosophie et d'astronomie;
enfin, en 1767, un autre Français, le P. Cœurdoux, envoyait à l'abbé Barthélemy,
qui lui avait demandé, en 1763, des renseignements historiques, deux mémoires
sur les analogies et la parenté originaires de la langue *samscroutane* avec le grec, le
latin, l'allemand et l'esclavon. Si ces précieux envois eussent été rendus publics,
la France avait l'honneur de fonder la philologie comparée des langues aryennes.
Malheureusement, ils demeurèrent enfouis dans les papiers de l'Académie, et ne
parurent qu'en 1808, à la suite d'un mémoire d'Anquetil Duperron. Dans l'intervalle, la science avait marché; l'Angleterre et l'Allemagne s'étaient emparées d'une
découverte qui aurait pu nous appartenir.

Les affinités des idiomes indo-européens, soupçonnées par Hahled (1778), William
Jones (1786), Paulin de Saint-Barthélemy (Joh.-Philip. Wesdin, 1790), furent
admises par le fantaisiste Lord Monboddo (1792-95). Le psychologue Dugald-
Stewart, on ne sait trop pourquoi, s'obstinait à nier l'existence du sanscrit; mais
que pouvait son incrédulité contre les grammaires publiées, de 1790 à 1863, par P.
de Saint-Barthélemy, Colebrooke, Carey, Wilkins, Forster, Yates, Wilson, Bopp,
Benfey, contre les textes édités, dès 1784, par la première Société asiatique, fondée
à Calcutta? Par une exagération contraire, bien que moins dangereuse, les Indianistes étaient portés à faire du sanscrit la langue mère. William Jones ne tomba
pas dans cette erreur; il entrevit, pour le sanscrit, le grec et le latin, une source
commune, qui peut-être, disait-il, n'existe plus. La science moderne a confirmé son
opinion et, tout en reconnaissant la priorité générale des formes sanscrites, a
constaté dans les autres idiomes de la famille des particularités irréductibles entre
elles, collatérales, pour ainsi dire, et qui attestent une commune origine. Tandis
que l'Inde révélait ses mystères aux savants anglais, deux vastes répertoires, le
Catalogue d'Hervas et le *Mithridate* d'Adelung, venaient fournir à la philologie comparée ce trésor de faits qui seul transforme l'hypothèse en certitude. Hervas,
jésuite espagnol, missionnaire en Amérique, réunit les vocabulaires de trois cents
langues, les grammaires de quarante idiomes, découvrit le groupe malais, l'indépendance du basque, les rapports du hongrois, du lapon, du finnois, et soupçonna
ceux du grec et du sanscrit. Son ouvrage, six volumes, parut en 1800. Fondé en
partie sur le *Catalogue*, en partie sur des vocabulaires rassemblés par ordre de
Catherine II, le *Mithridate* parut de 1806 à 1817. Adelung était mort en 1800; mais
son fils et Vater achevèrent la publication. La classification des langues pouvait
désormais marcher d'un pas plus rapide, moins hésitant, dans des directions déterminées. Le groupe le plus brillant, le plus riche, le plus fort et le plus intéressant,

celui qui le premier s'affirma, réclamant pour lui toute la place jusqu'alors livrée aux Sémites, ce fut le groupe auquel appartiennent nos langues européennes. En 1808, le poète Friederich Schlegel, qui avait étudié le sanscrit sous Halmiton, en Angleterre (1801-2), constitua nettement, dans son livre sur *la langue et la sagesse des Indiens*, la famille *indo-germanique*, indo-européenne. En vain l'ouvrage a vieilli, en vain beaucoup des conjectures aventureuses de l'auteur sont tombées devant les découvertes ultérieures, en vain le nom même qu'il attribuait avec trop de partialité à la race aryenne a-t-il été rejeté par la science; F. Schlegel est à Adelung ce que Copernic est à Ptolémée; il a conçu un monde nouveau; il a créé l'un des plus riches domaines de l'esprit humain; ou plutôt il en a ouvert la porte. Son livre, qu'on ne lit plus, qu'on n'a plus à lire, demeure à jamais scellé sur le seuil de la science dont il a été l'initiateur.

Avant d'aller plus loin et de pénétrer dans l'organisation des langues aryennes, dans les mœurs et les idées des peuples aryens, avant même d'expliquer leur nom, nous allons dresser l'arbre généalogique de leurs idiomes, tel que l'ont fait les travaux contemporains; nous indiquerons brièvement les titres d'antiquité de chaque langue mère, et nous la suivrons jusque dans ses ramifications modernes. On dirait un de ces végétaux puissants dont les branches souples reprennent racine en touchant le sol; le tronc central peut mourir, disparaître sans laisser de vestige; l'arbre vit dans ses rameaux qui tracent toujours. Ainsi la langue aryenne primitive est morte il y a des milliers d'ans sur un sol occupé aujourd'hui par des tribus tartares dont l'invasion peut-être détermina le départ des races indo-européennes, mais son génie et sa substance restent encore transformés, et renouvelés, dans les idiomes ses fils, et jusque chez ses derniers neveux.

Les premiers Aryas qui parvinrent en Europe semblent avoir été les Celtes; nul doute qu'ils n'y aient précédé les Germains et les Italiotes. Aussi loin que nous remontions dans l'histoire, nous les trouvons établis dans la Gaule cisalpine et transalpine, et dans les îles Britanniques. Il est probable qu'ils avaient rencontré et exterminé ou absorbé des populations d'origine finnoise, qui portaient en Espagne le nom d'Ibères, et dont les Basques sont le dernier débris. Une expansion formidable de la race celtique, une sorte de retour offensif (587-390-279), menaça l'Italie et la Grèce et, suivant le Danube, pénétra jusqu'en Asie Mineure. Rome, comme on sait, fut prise et saccagée; mais ce désastre, la délivrant de la domination étrusque anéantie par les hordes de Brennus, devint l'origine de sa puissance. Le chauvinisme celtophile a considérablement excédé les bornes de l'induction permise par les documents que nous possédons sur les mœurs, les idées et les dialectes de la Gaule antique. Sans doute les Celtes sont nos aïeux, mais ce n'est pas une raison pour en faire des spiritualistes et des bénisseurs; on peut admirer leur vaillance, leur fougue sans doute un peu brutale, on peut supposer à leurs bardes quelque génie, à leurs druidesses quelque beauté, sans emprunter à d'Urfé le druidisme pastoral de son Astrée. Sauf deux ou trois inscriptions gallo-romaines, encore mal expliquées, les textes les plus anciens qui nous restent des dialectes celtiques datent d'une époque où la nationalité entière, reculant devant les Latins et les Germains, n'avait pu se maintenir qu'en Bretagne, dans le pays de Galles et en Irlande. On a parlé de chants bretons du VIe siècle; on en a recueilli, on en a fait; mais ils sont aussi authentiques que le fameux chant basque d'Altabiçar. Des gloses irlandaises du VIIIe siècle, des documents bretons et corniques des XIe et XIIIe siècles, voilà tout ce que peut accepter l'érudition sérieuse. Les idiomes néo-celtiques, débris très-corrompus du gadhélique (irlandais, erse, dialecte de Man), et du kymrique (bas-breton, welsch ou gallois, cornique), ont été rapprochés par MM. Pictet (*De l'affinité des langues celtiques avec le sanscrit*, 1837), Bopp (*Des langues celtiques au point de vue de la grammaire comparative*, 1838), et Zeuss (*Grammatica celtica*, 1853), des autres langues aryennes. Il était temps. Ces langues dégénèrent rapidement en patois. Déjà le cornique est éteint. Au reste, si la comparaison des idiomes indo-européens est utile au celte, le celte est à peu près inutile aux autres idiomes. Le gaulois proprement dit, mort vers le ve siècle, n'a légué au français, outre un assez grand nombre de noms de lieu, qu'environ deux cent quarante mots authentiques.

Il y a doute sur la question suivante : du rameau germano-scandinave et du rameau gréco-latin, lequel se constitua d'abord et quitta le premier les plateaux de la haute Asie ? Mais, si l'on considère leur marche divergente, on peut admettre la simultanéité de leur apparition et de leur départ.

Au reste, il ne faut pas perdre de vue que les émigrations aryennes ont été l'effet non de décisions subites et volontaires, mais de pressions extérieures ou d'accroissements lents et continus. Les Gréco-Latins se sont plus rapidement développés dans la patrie de leur choix que leurs frères Teutoniques. Leur voyage a été plus facile et plus court. Leur groupe s'est formé sans doute au-dessus des sources de l'Euphrate et du Tigre ; et ce ne serait qu'en Asie Mineure qu'aurait eu lieu la scission entre les Latins au nord et les Grecs au midi. Ceux-ci, sous le nom d'Éoliens, d'Ioniens, d'Hellènes et de Doriens, occupèrent l'Ionie, la Thessalie, l'Hellade, le Péloponnèse et le sud de l'Italie ; ceux-là, traversant la Phrygie, la Troade, la Thrace, ont pu arriver par l'Épire et l'Illyrie, dans l'Italie centrale, où ils végétèrent longtemps sous le joug des Étrusques et des Celtes.

On a souvent, pour utiliser un nom que les Grecs attribuent aux peuples autochthones de l'Hellade, désigné la famille gréco-latine par le titre commun de pélasgique ; d'autres voient, dans les Pélasges, un rameau distinct établi en Occident avant les Grecs et les Latins qui, refoulé et atrophié par les invasions subséquentes, n'est plus représenté que par l'albanais moderne, reste défiguré de l'antique illyrien. Cette opinion a pour elle, entre autres, l'autorité du docteur Hahn (1853), de Bopp (*De l'albanais et de ses affinités*, 1854) et de Pott, qui range, dans le groupe Illyrien, les Daces, les Gètes, les Pannoniens, peut-être les Macédoniens et les Vénètes ; Pott va plus loin : pour lui, les Valaques, les Moldaves, les Transylvains, comme les Albanais, constituèrent, sinon par la langue, du moins par le sang, un vieux fonds national, distinct des éléments latins, slaves et helléniques, que la conquête y a introduits. Ce n'est pas assez de quelques mots illyriens, cités par Dioscorides, pour restituer même une partie minime d'une langue disparue. Mais l'assimilation des anciens Illyriens aux Pélasges n'en demeure pas moins probable.

La même incertitude, heureusement, ne plane pas sur l'origine et les affinités du grec. Aucune langue, au contraire, n'ouvre un champ plus vaste aux études comparatives ; dans aucune autre, au même degré, le génie national n'a développé les ressources de la grammaire et de l'idiome aryens. C'est la plus riche, la plus nuancée, la plus subtile, et aussi la plus précise des langues anciennes. Synthétique dans une juste mesure, par la faculté de réunir plusieurs sens dans un composé, analytique par l'emploi de l'article et des particules, le grec tient le milieu entre l'ampleur exagérée du sanscrit et la brièveté latine. La pauvreté relative de sa déclinaison est rachetée par l'incomparable richesse de ses formes verbales. Il a perdu les dix classes, nettement arrêtées, où le sanscrit peut faire entrer ses racines ; mais combien n'en a-t-il pas acquis d'autres par la variété de ses suffixes ? Plusieurs lettres ont disparu de sa prononciation, le *j*, le *v*, souvent le *s* initial ; mais la rigueur du vocalisme sanscrit ne peut être comparée à la variété ingénieuse du sien (Voyez

Curtius, *Principes de l'étymologie grecque*, 1858-62; Adolphe Regnier, *Formation des mots dans la langue grecque*). Divers dialectes coexistants, l'éolien, trait d'union entre le grec et le latin, devenu, pour les successeurs de Sapho et d'Alcée, la langue littéraire de la poésie lyrique, l'ionien d'Homère et d'Hésiode, sonore instrument de l'épopée, l'attique de Xénophon et de Platon, le dorien de Pindare, des chœurs tragiques et de Théocrite, le crétois, le laconien, le macédonien, etc., conservés, soit par une littérature impérissable, soit par de précieuses inscriptions, nous permettent de pénétrer profondément dans la structure et dans l'histoire du grec. Une langue sans dialectes, dit Max Müller, est un tronc sans branches; elle ne peut nous initier pleinement au travail secret de son organisme. Ici, nous savons, par une comparaison immédiate, quelles formes sont anciennes et primitives, quelles de création postérieure. Un dialecte supplée l'autre. Bien que les monuments ioniens soient, par la composition sinon par la rédaction, antérieurs à tous les autres (xe siècle), l'éolien, sans doute parce qu'il s'est moins développé, semble avoir plus gardé de la physionomie originaire. Vers les temps d'Alexandre, les dialectes, sans disparaître, se fondent littérairement dans une langue uniforme, celle de Polybe, de Lucien, de Plutarque, caractérisée par la prédominance de l'attique. Vers le ve siècle, le grec, sans rien perdre de ses formes grammaticales, se corrompt, surtout dans sa prononciation; c'est la période byzantine, qui nous conduit par gradation au grec moderne ou romaïque, parlé en Grèce, dans l'Archipel et sur les côtes de l'Asie Mineure. C'est à ce mince courant que s'est réduit le large fleuve du grec ancien, si abondant en formes dialectiques; mais, si nous n'y trouvons pas les éclaircissements mutuels fournis aux romanistes par le développement collatéral des idiomes latins, nous y chercherions en vain des altérations aussi considérables que celles du type italique. Sauf l'abandon du datif, du duel, de l'optatif et l'addition de quelques temps composés, le romaïque n'est qu'un décalque assez transparent du beau grec de Démosthènes et d'Aristote.

Les dialectes anciens n'ont pas plus manqué à la branche italique qu'au rameau hellénique; mais le latin littéraire et vulgaire les a absorbés et étouffés avant qu'ils aient pu se fixer par une littérature durable. L'osque, langue des Samnites, à certains égards plus ancien que le dialecte du Latium, a été restitué par Mommsen (1845-50) et étudié récemment chez nous par M. Rabasté; avant que les Romains sussent même écrire, il avait acquis un certain degré de culture. Les tables d'Iguvio, déchiffrées par Aufrecht et Kirchhoff (1849-51), révèlent l'existence, en Ombrie, d'une littérature sacerdotale, à une époque reculée. Ce développement fut arrêté par la domination romaine. Ce fut l'idiome du Latium qui prévalut, dialecte presqu'aussi rude d'abord que ses voisins, mais que de nombreuses contractions et la chute de terminaisons archaïques avaient, dès l'âge d'Ennius, assoupli et plié à une harmonie pleine encore de force et de gravité. Son histoire est retracée avec beaucoup de sagacité dans les travaux de Corssen (1858-63). (Voir aussi la *Langue latine* de M. Caix de Saint-Aymour). Au-dessous de ce latin des lettrés et des orateurs, le latin vulgaire réduisait en patois les dialectes locaux, parlés encore au temps des empereurs, et pénétrait avec les armées romaines en Gaule, en Espagne et jusqu'en Dacie, s'emparait, sous ses nouvelles formes, d'une moitié du vocabulaire anglais, et se répandait dans les deux Amériques.

Les langues romanes, le provençal, le français, l'italien, l'espagnol, le portugais et le valaque ou roumain, sont donc le latin vulgaire transformé selon le génie et la prononciation des peuples conquis par Rome; les influences celtiques, germaniques, ibériques, slaves ont été pour quelque chose assurément dans l'altération des formes latines; mais il faut en chercher les traces plus encore dans la prononciation que dans le vocabulaire ; quant à la grammaire et à l'accentuation, elles n'y ont pas touché. Nous n'entrerons pas ici dans l'étude de ces langues, que parle aujourd'hui une partie notable du monde connu ; leur histoire simultanée et leur organisme seront l'objet d'un travail ultérieur. Mais nous ne saurions trop répéter qu'elles sont toutes, au même titre, filles du latin provincial, et que le latin revit en elles, comme l'aryaque supposé revit dans le grec, le sanscrit, ou le gothique. Par elles, le philologue assiste à la transformation graduelle d'une langue mère en dialectes nouveaux. Le passage du latin aux idiomes romans est le seul exemple incontestable qui nous mette sous les yeux le travail de régénération dont une langue est susceptible. Transportant cette analogie à la déformation primitive du type aryen, nous nous trouvons, dans les temps antéhistoriques, éclairés par l'histoire elle-même.

Le développement si considérable du rameau germanique ne nous fournit pas des concordances aussi évidentes. Aucune des langues qui le composent n'est, à proprement parler, la fille d'une autre. L'histoire nous les montre à peu près distinctes dès l'origine, bien que leurs affinités les rangent en groupes divers. Elles procèdent directement de la souche aryenne inconnue. Le puissant rameau teutonique a trois branches principales divisées elles-mêmes en nombreuses ramifications inégalement fécondes : le bas-allemand, qui comprend le gothique, le vieux saxon, l'anglo-saxon et l'anglais, le frison, le hollandais, le flamand et le plattdeutsch; le haut-allemand, ancien, moyen et nouveau ; le scandinave, représenté par le vieux norse, l'islandais, le danois et le suédois.

De toutes ces langues, la plus anciennement fixée est le gothique, idiome littéraire dès le ive siècle, éteint au ixe. A peu d'exceptions près, sa grammaire est la plus primitive du groupe entier. Tous les dialectes bas-allemands, le scandinave, l'allemand moderne lui-même, sous l'influence du saxon littéraire de Luther, convergent vers lui, mais sans s'y fondre. C'est le frère aîné, l'oncle, jamais le père. Par la pureté de ses voyelles, par sa fidélité aux formes organiques, il est, philologiquement, bien supérieur à l'allemand, si sourd, si long, si embarrassé des débris informes de ses flexions, lambeaux qu'il n'a pas su rejeter à temps. Nous connaissons le gothique par les fragments (*Codex argenteus*, Upsal, manuscrit du ve siècle) de la bible d'Ulphilas, Cappadocien élevé chez les Goths occidentaux, dont il devint l'évêque et le chef (311-381).

L'ancien haut-allemand, dont les premiers textes ont été, malheureusement, détruits par l'intolérance dévastatrice du christianisme, nous offre encore des témoignages assez nombreux d'une culture véritable. Il comprenait des idiomes alamans, bavarois, souabes, franciques ; le frank de Charlemagne devait être le dialecte dominant. Au xiie siècle, ce fut la langue de la Souabe, des Hoenstaufen, qui prit le pas sur les autres et constitua le moyen haut-allemand, chanté par les Minnesinger, assoupli par des traducteurs, illustré par les créateurs de l'épopée nationale des Nibelungen où les héros mythologiques revivent christianisés, défigurés, pareils à ces rois et à ces chefs du *Shahnameh* dans lesquels on reconnaît les dieux et les démons de la Perse antique. Le haut-allemand moderne naît avec la traduction de la bible de Luther.

C'est principalement dans les ouvrages de Jacob Grimm qu'il faut étudier les variations de la grammaire teutonique.

Le plus anciennement cultivé des idiomes scandinaves, celui dans lequel chantaient les Scaldes, depuis Gardariki jusqu'en Islande, le vieux norse ou norrois, établi en Islande au ixe siècle, nous a conservé les plus précieuses traditions sur la mythologie du Nord. Les *Hliods* et les *Quidas* qui se récitaient aux viie et vIII⁰ siècles avant l'émigration norvégienne en Islande, ont été réunis au xII⁰ dans l'*Edda poétique* de Saemuhd Sigfussen. L'*Edda en prose* ou de Snorri n'a pas la même valeur; elle est du xIII⁰ siècle.

Nul langage n'a envoyé de par le monde autant de colonies que le teutonique. On rencontre des Allemands à Alger, en Guinée, au Cap, en Australie, dans l'intérieur de la Russie, de la Crimée et du Caucase, dans les îles de la Sonde, à la Nouvelle-Zélande et dans les deux Amériques. Mais la branche de beaucoup la plus puissante du tronc germanique a été l'anglo-saxon qui, de la Grande-Bretagne, s'élançant par-dessus l'Atlantique, a conquis le Nouveau-Monde, et est devenu dans l'Inde, en Australie, la langue de la civilisation; c'est l'idiome conquérant, celui auquel est promis l'avenir. Singulière destinée et fort au-dessus du mérite de l'anglais. La langue est belle sans doute, mais la prononciation s'en va bientôt déformer tous les 'gosiers' de l'univers et affliger l'humanité d'un gloussement guttural et d'un zézaiement incurables.

Derrière les Germains ou latéralement, dans les steppes de la Russie méridionale, s'étendait l'émigration wendique ou slave, qui, vers 489, entrait en Mésie et en Thrace. Cette grande branche aryenne, arrêtée en Europe par la résistance des Germains, a dû se rejeter sur l'Asie dont elle occupe, administrativement du moins, la zone septentrionale. Ses dialectes sont parlés ou écrits depuis la Lusace et la Bohême jusque dans l'Amérique russe, depuis Riga jusqu'à la mer Noire. Nous les énumérons rapidement. La classe lettique ou septentrionale comprend : le vieux prussien, parlé jusqu'à la fin du xII⁰ siècle à l'est de la Vistule et dont il reste la traduction d'un catéchisme; le lette, fort altéré, sans littérature, encore vivant dans la Courlande et la Livonie; le lithuanien, qui, malgré le peu d'antiquité de ses monuments écrits (catéchisme de 1547, chants populaires), n'en a pas moins conservé quelques-uns des traits les plus primitifs de la grammaire aryenne. C'est l'un des langages les plus intéressants pour la philologie comparative.

La branche slave proprement dite est divisée par certaines particularités phonétiques en deux grands dialectes, représentés chacun par un certain nombre d'idiomes nationaux. Au rameau sud-oriental appartiennent le russe, le serbe, le croate, le slovène et le bulgare, dont la forme la plus ancienne est à tout le groupe ce que le gothique est aux dialectes germains. Ce vieux bulgare ou slave ecclésiastique, que le législateur de la grammaire windique, Miklosich, est tenté de proclamer le père de tous les idiomes slaves, *lingua Palaeo-Slovenica*, a été fixé au ix⁰ siècle par Cyrille et Méthodius dans leur traduction de la bible. A côté de lui, le slovène a laissé des fragments qui remontent au x⁰ siècle. Dans une famille occidentale on range le polabe, éteint, jadis parlé sur l'Elbe, le wende, vivant en Lusace, le tchèque ou bohémien, dont un dialecte, le slovaque, existe encore en Hongrie, et le polonais, qui ne semble pas avoir été écrit avant le xIV⁰ siècle (*Psautier de Marguerite*). Des fragments de poëmes tchèques et une ancienne traduction de l'évangéliste Jean, attribués aux ix⁰ et x⁰ siècles, doivent être considérés comme apocryphes. De ce rapide aperçu l'on peut conclure que le rameau slave a été le moins anciennement cultivé de toute la famille aryenne, mais non que ses principaux dialectes, le bulgare, le lithuanien, le tchèque ne remontent pas aux plus antiques périodes du langage indo-européen. Les écrivains panslavistes assurent que les différents idiomes slaves ne sont pas plus éloignés les uns des autres que les dialectes grecs. Un Bohémien, dit Safarick, entend le slovaque, un Slovaque le polonais, un Polonais le wende de Lusace. Un Russe d'aujourd'hui peut encore, avec quelque attention, suivre l'office en bulgare du ix⁰ siècle. Bien plus, le russe et le polonais, quoique de deux classes distinctes, ne diffèrent guère entre eux plus que l'italien et l'espagnol.

Passant d'Europe en Asie, nous rencontrons, dès le Caucase, un autre groupe aryen dont le domaine s'étend au nord et à l'est jusqu'à l'Oxus et au Sind, au sud et à l'ouest, jusqu'au golfe Persique, à l'Euphrate et à l'Araxe. Nous laissons de côté les dialectes les plus altérés ou les plus excentriques, l'ossète du Caucase, l'arménien (riche littérature), le kurde, l'afghan ou poushtou, pour nous arrêter au persique ancien qui, d'altérations en altérations, a donné naissance au persan moderne.

La découverte du zend ou perse, l'une des empreintes les plus pures du type aryen primitif, a été l'une des plus glorieuses étapes de la philologie comparée. C'est un Français, l'aventureux, l'héroïque Anquetil-Duperron qui, au prix de fatigues sans nombre, inimaginables, après avoir appris à Pondichéry et à Surate le persan, le tamoul et le pehlevi, acquit des Destours ou prêtres guèbres cent quatre-vingts manuscrits, entre autres le Zend Avesta, accompagné de traductions pehlevies, persanes et sanscrites et, les arrachant aux mains des Anglais qui l'avaient fait prisonnier, les déposa enfin à la grande bibliothèque de Paris (1754-1762). La traduction qu'il publia des livres sacrés de Zoroastre (1771), d'après la version persane, est des plus infidèles, soit de parti pris, soit par ignorance; mais elle donna du moins l'éveil aux philosophes et aux philologues. Après lui, le Danois Rask essaya le premier le déchiffrement du texte; mais une mort prématurée l'enleva à ses études : et l'honneur de fonder la science iranienne fut dévolu à notre Eugène Burnouf. En décalquant le zend sur le mauvais sanscrit de la traduction, Burnouf retrouva tout entière, dans sa grammaire et son vocabulaire, la langue des Cyrus et des Xerxès, qu'il put lire ensuite sur les inscriptions cunéiformes. Ses travaux (Commentaire sur le Yaçna, 1833; Mémoires sur les cunéiformes de Hamadan, 1836; Études sur les textes zend (1840-1850) ont été repris et complétés par Brokhaus (1850), Westergaard (1852), Haug, Kossovicz, Justi et surtout Spiegel (1851, 56, 63).

Les plus anciens monuments perses ayant date certaine sont les inscriptions des Achéménides. Les textes zend, tels que nous les avons, sont probablement postérieurs à la naissance du pehlevi des Sassanides, du pazend ou parsi; on peut fixer leur date au iiie siècle de notre ère (226). Et cependant, la langue dans laquelle ils sont écrits présente des formes de la plus haute antiquité, presque toujours jumelles des formes sanscrites. C'est que ces Gathas et ces versets liturgiques, débris d'une littérature morte depuis cinq cents ans au moins, réunis à l'époque de la restauration du magisme, nous ont conservé un idiome qui se parlait peut-être 1500 ans avant notre ère, lors de la séparation des Indiens et des Perses. Supposez qu'il ne nous restât du latin que l'Imitation du Christ; en serait-il moins le père incontestable des langues romanes?

La race persique a été, selon toute apparence, l'avant-dernière à quitter le berceau commun; des affinités étroites et particulières, la présence simultanée dans le zend et le sanscrit de sons et de flexions qu'on cherche en vain chez les autres Aryas, attestent la longue cohabitation des Perses et des Indiens. Peut-être, partis ensemble pour le sud, se sont-ils insensiblement trouvés séparés par l'Indus : car un examen scrupuleux a écarté l'hypothèse de dissidences religieuses et morales.

Mais voici les Aryas de l'Inde, les futurs conquérants du Bengale, livrés à eux-mêmes. Lentement, de vallée en vallée, ils descendent, chantant les hymnes védiques; les inspirés, les bardes, les prêtres, pères de famille et chefs de maison, guident les clans à la fois pasteurs et laboureurs. Il n'y a pas trace encore de castes et de théocratie. Seulement les ennemis, les autochthones refoulés et subjugués, semblent désignés sous le nom de Dasyous qu'ils échangeront plus tard contre celui de Çoudras. Nous sommes dans le Pendjab, sur les hauts affluents de l'Indus et du Gange, l'Hyphase, la Sarasvati (Sarsouti), la Yamouna, entre le xv⁵ et le xvi⁵ siècles avant notre ère. Peu à peu, la triade abstraite, Brahma, Vishnou, Çiva, relègue dans le ciel inférieur les anciennes et vagues figures du naturalisme védique. Le sanscrit, plus complexe et plus subtil, succède à la langue simple et forte des hymnes. Les Védas, recueillis (viiiᵉ siècle), sont commentés et torturés dans l'intérêt des Brahmanes en lutte avec les Kchattriyas ou guerriers. Les castes s'établissent. L'Inde est occupée tout entière; déjà au xᵉ siècle, des mots sanscrits désignent les richesses rapportées d'Orient par les navires de Salomon. C'est l'âge des grandes épopées, le Mahabhârata, le Ramayana, sans cesse accrues et remaniées jusqu'à leur rédaction définitive, qu'il faut faire descendre au moins jusqu'à notre ère. Les grammairiens les plus sagaces (Panini, ivᵉ siècle) analysent le langage; les philosophes sapent la religion; le bouddhisme éclate comme une protestation des castes sacrifiées contre l'intolérance brahmanique (viᵉ siècle); il est triomphant à l'époque d'Alexandre; et sa charité respire dans les inscriptions du roi Açoka. Vers le vᵉ siècle avant notre ère, le sanscrit n'est déjà plus qu'une langue savante et littéraire; il est remplacé dans le langage usuel par le prakrit, le magadhi (dialecte bouddhique), le pâli, devenu l'idiome sacré de Ceylan; cependant, illustré, peut-être au iiiᵉ siècle de notre ère, par une renaissance poétique dont Kalidâsa est le plus grand nom, il continue d'être cultivé dans les Purânas, et reste jusqu'à nos jours la langue sacrée des brahmanes, qui l'écrivent et le parlent encore. Autour de lui fleurissent les idiomes modernes, ses fils et ses petits-fils, l'hindoui, l'industani, le bengali, le mahratte, le guzerati, le cinghalais, le sia-posh, le gipsy des Tziganes; et jusque dans le malais, il fait sentir sa puissante influence, par l'intermédiaire du kawi, langue sacrée de Java.

Depuis la fin du dernier siècle, la littérature sanscrite n'a cessé de fournir matière à d'innombrables travaux que recommandent les noms de Wilson, Burnouf, Lassen, Bopp, Humboldt, Pott, Westergaard, Kuhn, Benfey, A. Weber, et tant d'autres que nous retrouverons ailleurs. Aujourd'hui, depuis Rosen jusqu'à Max Müller, les indianistes consacrent plus volontiers leur sagacité à l'explication des Védas, qui sont les livres sacrés de notre race. C'est là qu'ils cherchent avec raison l'état le plus ancien de nos mœurs et de nos idées religieuses; là aussi que Bopp, le créateur de la grammaire comparative (1833-1849-1857), Schleicher, le savant auteur du *Compendium* (1861), ont trouvé leurs points d'appui et de comparaison.

Aussitôt que la puissante famille dont nous venons d'esquisser à grands traits la généalogie eut été constituée par F. Schlegel, le nom d'indo-germanique fut rejeté comme trop étroit. Celui d'indo-européenne, adopté ensuite faute de mieux, n'est qu'une expression géographique. Enfin des indices concordants nous ont montré dans le mot *ârya* le titre qu'affectionnaient nos premiers ancêtres, et les philologues l'ont restitué à notre race comme son vrai nom de famille. Dans les Védas, *ârya* désigne certainement la nation, par opposition aux Dasyous, à l'étranger. Il est attribué par les commentateurs aux trois premières castes, tandis que *ârya* (le primitif dont *ârya* est dérivé) s'applique à la troisième, aux Vaiçyas, qui forment la masse du peuple. Dans le sanscrit classique, *ârya* signifie noble, de bonne famille, *ingenuus*; mais la patrie, la terre de l'Inde est appelée encore Âryâvarta,

Āryabhumi, Āryadéça. Les Perses emportent ce nom avec eux ; ils se rappellent la semence aryenne *Airyanem-Vaēdjo* ; ils distinguent les contrées aryennes et les pays non aryens. Hérodote, Étienne de Byzance, Eudème, un disciple d'Aristote, appellent les Perses Ariens, et leur patrie Arie et Ariane. Une foule de noms propres, Ariârâmna, Ariomardos, Ariobarzanēs, Ariomanēs, les titres mêmes que se donne Darius, *Airya*, *Airya-Chitra*, ārya, de descendance aryenne, témoignent du prix que les Perses attachaient à cette appellation antique, dont le nom moderne de la Perse, Iran ou Eran, n'est qu'une altération transparente. On l'a retrouvé dans *Iron* (c'est ainsi que les Ossètes se nomment eux-mêmes), dans Arménie, Arminius, Irminsul, Arioviste, peut-être dans le grec Artémis (ancien superlatif de la racine *ar* ?). Sa disparition chez les peuples qui ont quitté les premiers le vieil Āryāvarta, et chez qui s'est développée une originalité supérieure, n'infirme pas le témoignage des Indiens et des Iraniens. Au reste, la racine *ar* a fourni aux Latins et aux Grecs un grand nombre de termes, qui ont leurs similaires chez les Celtes et les Germains : *arare*, *aratrum*, grec *arotron*, tchèque *oradlo*, lithuanien *arklas*, cornique *aradar*, gallois *arad*, nordique *ardhr*. Le gothique *air-tha*, la terre, semble venir de la même source. Ces mots renferment-ils le sens primitif de la racine, ouvrir, labourer ? Quelques-uns le pensent et y voient une qualification ethnique; d'autres poussant jusqu'à une forme plus primitive (*r*), qui veut dire aller, donneraient au nom d'*ārya* le sens de voyageur.

L'unité originaire de la race aryenne est, selon une expression célèbre, évidente comme le soleil. Il a suffi à Schlegel de confronter quelques centaines de mots pour faire d'une intuition une certitude. Mais ce n'est point par des mots seulement, c'est par l'organisme, par la grammaire, par une ordonnance générale indestructible, que les langues aryennes sont sœurs. La démonstration de cette parenté, plus concluante que les simples affinités verbales, demandait plus de science et plus de patience. Ne fallait-il pas comparer les lettres aux lettres, les flexions aux flexions, des divergences apparentes dégager les conformités réelles, et faire concorder les particularités spéciales à chaque idiome avec le caractère général et commun du groupe entier? Ce travail est aujourd'hui accompli, grâce à la sagacité persévérante de l'illustre François Bopp. Si aride qu'il paraisse au premier abord, surtout dans l'appareil confus de l'érudition allemande, il ouvre à la philosophie du langage, c'est-à-dire de la pensée humaine, un terrain sûr et libre des lieux communs mystiques. Bopp n'a pas seulement la gloire d'avoir fondé l'étymologie, d'avoir formulé les lois des variations phonétiques sous l'empire desquelles des idiomes frères sont devenus méconnaissables les uns aux autres. En décomposant les mots en racines, flexions et suffixes, en démontrant que le langage a procédé par monosyllabes plus ou moins étroitement agglutinés, il a permis à Max Müller d'édifier sa théorie générale des familles d'idiomes. En reconnaissant, à la barbe des hégéliens et des phraseurs, dans les désinences et les suffixes des racines pronominales, démonstratives, accolées aux racines verbales, il a chassé le mysticisme de la philologie. Les Schlegel voyaient dans les désinences casuelles et personnelles des efflorescences du radical, des signes affectés par la raison et la volonté à telle ou telle nuance de la pensée; Bopp y retrouve des racines qui avaient et qui ont souvent encore un sens à l'état isolé, sens qu'elles gardent à l'état construit.

L'évolution du langage a quatre degrés : le monosyllabisme, l'agglutination, la fusion du radical avec la désinence, la substitution des particules aux désinences usées. Le Chinois, par exemple, en est resté au premier degré; aussi n'a-t-il pas de syntaxe; la position détermine le sens général. Le groupe touranien, que Max Müller a trop étendu, s'est arrêté au second. Les Sémites et surtout les Aryas sont parvenus au troisième, qui communique au langage une variété infinie de formes et fait de chaque mot un tout, une sorte de personne vivante. Mais l'Arya n'est pas du premier coup parvenu à cette perfection; il l'a seulement atteinte avant les autres races humaines, et il gardera son avance parce que la plupart des idiomes sont aujourd'hui fixés. Nous en sommes au quatrième degré. La grammaire comparée n'est pas impuissante à relever les traces de ce travail progressif; quand elle a dégagé du mot qu'elle décompose les racines verbales et pronominales, n'a-t-elle pas reconstitué l'état monosyllabique du langage aryen? Quand elle a analysé les vocables composés où plusieurs racines nues sont accompagnées d'une désinence commune, n'a-t-elle pas mis sous nos yeux ce procédé polysynthétique qui est l'âme de la période agglutinative? Enfin, quand elle précipite, par une véritable chimie, les racines et les flexions à l'état pur, n'a-t-elle pas expliqué la fusion caractéristique des langues supérieures? Dans ce dernier effort, elle en vient à rétablir, selon toute vraisemblance, les formes organiques, primitives, de cet idiome aryen perdu, au moment même où, déjà arrivé à sa perfection, il allait subir, selon les climats, les races et les mélanges, ces altérations phonétiques et ces renouvellements dialectaux qui l'ont scindé en sept langues mères, le sanscrit, l'iranien, le celte, le grec, le latin, le teutonique et le slave. Supposez le latin disparu : la comparaison attentive des six idiomes qui en sont nés suffirait pour le reconstituer. Il en est de même pour l'aryaque; et déjà des esprits aventureux, comme M. Chavée (*Lexicologie indo-européenne*), des philologues prudents comme Schleicher, en ont analysé le mécanisme. On écrit l'aryaque en Allemagne.

Voici comment l'on procède : de toutes les formes connues d'un même mot, on dégage celle qui contient et explique toutes les autres; celle-là est la forme organique, le mot aryaque. Ainsi, nous trouvons les formes concordantes : sanscrit, *bharanti*, ils portent; zend *barainti;* grec φέρουσι; latin *ferunt;* gothique *bairand*. Le zend et le gothique, selon leurs lois phoniques particulières, ont intercalé un i et amolli l'aspirée; le grec l'a durcie; le latin l'a changée en spirante. La finale, qui a disparu en gothique et en latin, peut être, dans cette dernière langue, restituée par analogie avec la forme *tremonti*, que cite Festus. Enfin, le grec classique ωσι correspond au dialectique οντι. La forme *bhar-a-nti*, est évidemment celle qui rend compte de toutes les autres. Maintenant, on est fondé à reconnaître dans la terminaison les deux démonstratifs *na* et *ta*, l'un atrophié, l'autre affaibli en *ti*. L'aryaque, au degré agglutinant, donnerait donc *bhar-a-na-ta* et, en supprimant la formative *a, bharnata*. De même pour les formes *vahanti, vehunt, vazenti,* ἔχουσι : elles aboutissent à un prototype *vagh-a-na-ta*, ou *vaghanta ; mâtṛ, mâter, mâtar,* μήτηρ, *muder, mother*, etc., supposent un primitif *mâtar* qui, joint à la désinence nominative *sâ*, pour *tâ*, a pu revêtir à une période reculée la forme *mâtar-sâ* ou *mâtartâ*. Ces exemples suffisent à prouver combien sont raisonnées et légitimes les inductions sur lesquelles se fonde la restitution théorique de l'aryaque.

L'unité aryenne n'a pas été seulement grammaticale, elle a été aussi morale et intellectuelle. C'est ce que montre tout d'abord la communauté des racines entre les diverses branches de la famille. La comparaison des idiomes est encore ici l'instrument indispensable à qui veut reconstituer la vie sociale et individuelle de nos pères avant leur séparation. Si la majorité des langues sœurs désigne par le même mot une chose, un être, un rapport, c'est que l'Arya primitif les connaissait et les avait déjà conçus une fois pour toutes; c'est que, de toutes les racines qui pouvaient les caractériser, il avait déjà choisi les plus expressives. Notez cependant que, les racines n'exprimant que des qualités générales, plusieurs ont pu convenir à un seul objet. De là quelques divergences secondaires, désaccords plus apparents que réels, où la forme est plus intéressée que le fond. Quelques exemples, pris parmi les plus frappants, jetteront sur les relations de famille, l'économie domestique, l'industrie de ces âges reculés plus de lumière que ne pourraient le faire les raisonnements les plus rigoureux et les plus hypothétiques.

L'homme a reçu un grand nombre de noms qui se retrouvent sous diverses formes dans les langues aryennes : *nar* sanscr. *nr*, gr. ἀνήρ, latin *nero, neriene* (déesse virile) ; *vir*, sanscrit *vîra*, latin *vir*, langues germaniques *baro*, avec le sens de fort, vigoureux, mâle ; *homo*, adopté par les aryo-latins, le fils de la terre (*humus*, sanscrit *bhumî*), *marta*, mortel, sanscrit *mrta*, zend *marda*, arménien *mardo*, grec μšροτὸς, etc. ; enfin *man*, sanscrit *manu*, et dans toutes les langues germaniques : c'est le plus noble des noms de l'homme, celui qui mesure, qui pense.

Parmi les noms de la femme, nous citerons *femina*, d'une racine qui signifie allaiter ; *ganî*, celle qui enfante, d'où γυνή, *queen*, etc.

Comme père et mère, l'homme et la femme ont reçu les noms de *genitor* et *genitrix* (en sanscrit *ĝanitr*, grec γενετήρ, celtique *genteoir*, etc.), mais, par excellence, ils se nomment *pater* et *mater*, celui qui commande, nourrit, protège, celle qui crée, qui mesure. Ici les concordances sont générales : sanscrit *pitr, matr*, grec πατήρ, μήτηρ (dorien μᾱτᾱρ) ; lithuanien *moter*, slave *mater* ; gothique *fadar, muder* ; v. h.a. *fatar* ; celtique *athair, mathair*.

Les noms du fils ont varié. La plupart des groupes ont adopté la racine *su, hu*, engendrer : sanscrit, gothique, lithuanien, slave *sunus* (d'où le moderne *son* et *sen*) ; grec ὑιός. Les Latins ont préféré *fi-l-ius*, l'allaité.

La fille, c'est *duhitr*, celle qui trait les vaches, ou mieux celle qui tette ; grec θυγάτηρ, zend *dughdhar*, gothique *dauhtar*, v. h. a. *tohtar*, lithuanien *dukter*, slave *dushter*, arménien *duster*, irlandais *dear*.

Le frère est celui qui soutient, qui porte le fardeau de la défense commune : sanscrit *bhratr*, gothique *brathar*, v. h. a. *bruodar*, celtique *brathair*, latin *frater*, grec φράτωρ.

La sœur est une forme redoublée ou réfléchie de la racine *su*, engendrer ; son nom est le pendant de celui du fils, *su-tra* ; d'où se déduisent tous les noms qui suivent : sanscrit *svasr*, zend *svasar*, gothique *svistar*, v. h. a. *suestar*, slave *sestra*, lithuanien *seser*, latin *soror* (*so-sor*), celtique *piuthair* ((*s*)-*piuthair, s-v-iuthair*).

Le petit-fils, *napat* ou *naptar*, latin *nepos*, l'oncle et la tante, le gendre et la bru, le beau-père et la belle-mère, *çvaçura*, ἑκυρὸς, *socer, çvaçru*, ἑκυρά, gothique *svaihro*, étaient également nommés avant la séparation des idiomes.

Le mari et la femme, *pati*, πόσις, *patni*, πότνια, maître et maîtresse de la maison, (*dama, domus, viça*, οἶκος), étaient sensiblement égaux, à l'égard des enfants et de la famille.

Au nombre des animaux domestiques figuraient : le cheval *açva* (le rapide), zend *aspa*, grec ἵππος (pour ἴσπος, cf. *arim-aspes*), latin *equus* ; le bœuf et la vache, sanscrit *gaus*, zend *gaô*, v. h. a. *chuo*, lette *gôws*, celtique *bu*, latin *bos*, grec βοῦς ; la brebis, sanscrit *avi*, latin *ovis*, lithuanien *awi*, grec ὄϊς, etc. ; le chien (le bruyant), sanscrit *çvan*, zend *çpan, çpaka*, irlandais *cu*, grec κύων, latin *canis*, langues germaniques *hun-d*. C'était là, surtout les bœufs, la grande richesse, *paçu, pecus*, le troupeau, d'où le latin *pecunia*. Les Aryas connaissaient aussi le porc, l'oie, (*g*)-*hansa, ganz*.

En fait de métaux, on employait l'or, l'argent (*rajata, argentum*), le bronze (*ayas, œs*), qui servait à fabriquer des ornements, des armes, des instruments de labourage. Il est probable que le fer n'a été découvert et travaillé qu'à des époques ultérieures. L'industrie métallurgique ne va guère sans le secours du feu *agni, ignis* ; nos ancêtres savaient l'allumer à l'aide de morceaux de bois frottés l'un sur l'autre, et nous verrons que cette invention inappréciable a été pour eux l'origine du culte. Juste reconnaissance! Que serait l'homme, en effet, dépourvu de flamme et de foyer?

Ajoutons que les pronoms personnels et les nombres, jusqu'à cent, sont communs au groupe entier. Pour mille, il n'y a concordance qu'entre le sanscrit et le zend : sanscrit *sahasram*, zend *hazanhrem*. C'est l'un des nombreux faits qui établissent la longue cohabitation des Indous et des Iraniens.

Tous les noms que nous venons de citer, et une foule d'autres, sont fondés sur des racines d'un sens général, mais toujours physique; ils expriment des qualités, c'est-à-dire une partie seulement des objets désignés; nulle part nous ne rencontrons de mots tout faits, sans racines physiques, se rapportant à l'esprit, à ses opérations et à ce que les spiritualismes appellent des vérités fondamentales ou immatérielles. Ce n'est pas qu'avant la séparation des idiomes les Aryas n'eussent appris à raisonner et à analyser le travail de l'intelligence; ils avaient leurs droits et leurs devoirs, leur conception du bien et du mal, de la justice et de la vertu; mais ils n'employaient que des mots clairement dérivés et détournés d'une acception toute sensible. Les trois sources les plus fécondes des expressions relatives à des actes de l'esprit, les racines *smar*, se souvenir, *ǵnā* connaître, *ma*, *man* et *mnā*, penser, découlent évidemment d'observations originairement vagues et simples et toujours sensorielles. *Smar* est proche parent de *mar*, faner, tuer, mourir; *ǵnā* est la forme secondaire de *gan*, produire, engendrer; *ma*, c'est mesurer, embrasser du regard; l'histoire de cette syllabe est peut-être la plus curieuse preuve des longs tâtonnements du langage et aussi de sa souplesse. L'addition de diverses racines, dont la première lettre seule a résisté au frottement de la composition, l'a cent fois métamorphosée; on a eu : *man*, d'où *manas* (μένος, *mens*, *mind*, etc.), la pensée, et *manu*, l'homme, *mnā*, d'où μιμνίσκω, je me souviens, etc.; *mad* d'où *medicus*, et *math*, d'où ἔμαθον; ajoutez les innombrables altérations de la voyelle médiane, et les variétés que chaque race a introduites pour son compte dans le sens originel.

Ces commencements *physiques* des termes *intellectuels* (nous y reviendrons en traitant du Langage, de la Grammaire et de la Mythologie comparées) ne plaisent guère aux spiritualistes et aux déistes. Il n'est pas probable en effet que des hommes pour qui l'être, la vie et ce qu'on a nommé âme, résidaient soit dans le souffle, *âsu* (*as-mi*, je suis, etc.), soit dans l'action de mesurer les choses et leurs distances (*manas*), aient conçu du premier coup des essences immatérielles, encore moins un dieu unique. Mais d'autre part, le sens général, compréhensif, des racines indo-européennes, déroute également les esprits systématiques, qui voudraient bien que tous les hommes eussent nommé les choses, isolément, une à une, sans en distinguer les qualités communes. Telle a pu être la marche de l'esprit chinois, polynésien ou africain; mais rien ne nous autorise à l'attribuer aux Aryas. Aussi serait-il difficile de réduire leurs idées religieuses à ce fétichisme primordial qu'une école célèbre veut voir au fond de toutes les mythologies antiques. Le fait est que, chez les Aryas, le fétichisme paraît avoir été postérieur même au symbolisme qui lui-même n'a rien à voir avec la religion naturaliste, tout au plus métaphorique, de nos premiers pères.

La religion, chez les Aryas, a débuté, comme la science, par la description pure et simple des phénomènes naturels, c'est-à-dire par l'absence de religion. Puis, descendant la pente inévitable de l'anthropomorphisme, leur poésie, peu à peu dupe d'elle-même, s'est laissé aller à prêter des intentions et des apparences humaines au ciel, à la lumière, à la nuit, au soleil, au nuage, au vent. C'est la comparaison hâtive qui a créé les dieux, non pas Dieu : car l'idée de Dieu, proprement dite, n'apparaît que dans quelques hymnes védiques relativement modernes. Libre à M. Max Müller de contredire les conclusions les plus solides d'une science qu'il a contribué à fonder ; libre à lui de supposer que la divinité s'est révélée, dès le principe, à un sixième sens, la conscience, l'âme, aussi impérieusement que les formes, les fruits, les couleurs et les saveurs à la vue, à l'ouïe et au goût. Je le renvoie à la physiologie, bien mieux à ses propres paroles : « Là, dit-il, dans le Véda, le sphinx de la mythologie laisse encore échapper quelques mots qui trahissent son secret, et il nous montre que c'est *l'homme*, que c'est *la pensée humaine et le langage humain combinés*, qui ont produit naturellement et inévitablement cet amalgame des fables antiques, etc. » Les chantres védiques se sont chargés de lui répondre : « Les ancêtres ont façonné les formes divines comme l'ouvrier façonne le fer. » — « J'enfante le Père, je porte les dieux ! » — « Chantons les naissances des dieux, qui, célébrés par nos hymnes, verront le jour dans l'âge à venir ! Les dieux existants naissent de ceux qui n'existent plus et qu'a vus l'âge précédent. » — « La parole crée les dieux. » Il n'en est pas moins triste de voir un tel savant s'incliner de si bonne grâce devant les préjugés superstitieux de ses auditeurs anglais.

Les premiers dieux des Aryas furent le ciel et la terre, « premiers parents du monde, » et le soleil, figuré comme un guerrier éclatant qui pourfend les nuages, comme un cheval ou un oiseau parcourant le ciel, comme un ruisseau fécond qui arrose la terre. Toutes nos races ont emporté dans leurs voyages le nom du ciel divinisé : *Djaus*. C'est le Ζεύς d'Homère (béotien Δεύς) et le θεός vulgaire (cf. ἄνθρωπος pour ἄνδρωπος) ; c'est le *Jovis* (Ennius), le *Jupiter* des Latins, et, sous d'autres formes masculines et féminines, *Juno, Janus* et *Diana, Dius-Fidius,* enfin *Deus. Diewas* en lithuanien, le *Tiw*, le *Zio* et le *Tyr* germaniques et scandinaves, ne sont toujours que le *Djaus* védique, et quelque valeur qu'ils aient conquise par l'ignorance humaine, il n'y a en eux rien autre que le nom originel de lumière et de ciel. Au fond de Dieu, il n'y a qu'un mot fait homme. Et moins ce mot est sorti de l'usage vulgaire, moins il est entré dans la divinité. Plus il s'est écarté de ses congénères, plus il a fait oublier sa naissance, et plus il a obtenu d'encens, d'autels et de victimes. Mais partout où il est resté nom commun, il a eu quelque peine à passer nom propre. Ainsi, chez les Aryas de l'Inde et de la Perse, il n'a pas occupé dans le culte le rang de Varouna, d'Indra, de Mitra, des Asuras ou des Adityas. Et cependant ces dieux ne sont encore que des états du ciel, de l'atmosphère ou du soleil. Mais c'est que Djaus était trop visiblement parent de verbes et de substantifs qui s'employaient journellement dans le sens de briller, éclairer, jour. Les Grecs, au contraire, tout en gardant des expressions comme Ζεύς ὕει, il pleut, ont conservé à Zeus le rang suprême, tandis qu'Ouranos, devenu le nom ordinaire du ciel, perdait les honneurs conservés dans l'Inde par son homonyme Varuna. En Italie, bien que le latin abonde en dérivés de la famille *div*, plusieurs de ses membres se sont assez bien déguisés en Jovis, en Jupiter, en Janus, en Juno, etc., pour partager entre eux les honneurs qui n'appartenaient qu'au seul Djaus.

Les phénomènes qui ont pour théâtre Djaus, autrement dit le ciel lumineux, fournirent les éléments des principaux mythes indo-européens, qui presque tous peuvent se rattacher au soleil et aux nuages. Il est à croire que l'aurore, les deux crépuscules, l'orage, la lutte de l'astre contre les brumes, du jour contre l'obscurité, avaient déjà une histoire légendaire lors du départ des Aryas. La langue, en se compliquant, avait lentement transformé en métaphores les peintures de ces événements familiers, et en personnages les noms très-divers appliqués par les poëtes primitifs aux acteurs inconscients du drame céleste. Cependant, même à l'époque védique, chez les Aryas de l'Inde, ces fables naissantes avaient gardé une certaine transparence. Sous les plis flottants du voile, la vérité se laissait deviner encore aux auteurs des hymnes; ils distinguaient très-bien dans les Adityas divers aspects du soleil, dans leurs luttes avec les Asuras et les dragons de l'air, les péripéties de l'orage. Mais des analogies naturelles, la notion rudimentaire du plaisir et de la douleur, qui est l'origine de la distinction entre le bien et le mal, les avaient conduits déjà à douer d'une influence volontaire sur la félicité ou le malheur des hommes la lumière, la chaleur et la pluie, la sécheresse, la nuit et l'ouragan. Nous décrirons ailleurs le grand combat pour les vaches célestes, pour le lait de la nue, cette bataille sans cesse renaissante entre Indra (Djaus, Varuna, Agni, etc.), et Ahi, Ahura-Mazda et Angromainju (Ormuzd et Ahrimane), entre Zeus et les Titans, Hercule et Cacus, Sigurd et Fafnir, et dont l'enjeu est soit des troupeaux, soit une belle femme ou des pommes d'or, ou simplement la puissance suprême. Nous montrerons avec quelle richesse les imaginations aryennes ont brodé, selon le génie des diverses races, mais toujours sur ce fond commun, les plus invraisemblables aventures, et comment la réflexion, perdue dans ce dédale, arrivait non sans peine à s'en tirer par un symbolisme aussi ingénieux que faux.

A mesure que s'oblitérait le sens des mythes, l'anthropomorphisme tendait à dégager de tous ces mots divinisés l'essence même de la divinité, la pensée, l'intention créatrice, c'est-à-dire le principal attribut de l'homme, projeté au ciel et étendu à l'infini. La conception d'Aditi, la mère universelle, du Manas, le souffle de vie répandu dans le monde, enfin de la triade brahmanique, résumée en un point volontaire et abstrait, Brahm, lequel enfermait en lui tout le développement des choses, furent les étapes de l'esprit aryen dans l'Inde vers une sorte de monothéisme panthéiste. La marche fut la même chez les groupes les plus avancés de la grande famille. Si la Perse s'arrête à la lutte stérile du bon et du mauvais principe dans le Temps sans borne, le monde gréco-romain, parcourant le cercle entier de l'évolution religieuse, atteint, sous la pression de la philosophie, à l'unité divine concentrée en Zeus, en Jupiter. Bien plus, par une intuition sublime, l'école de Démocrite, d'Épicure et de Lucrèce, s'appuyant sur la science imparfaite de leur temps, entrevoyait au delà de l'idée de Dieu, ombre portée des Olympes et des Panthéons disparus, l'ordre réel de l'univers, et revenait à l'observation, au point de départ de l'esprit arya, lorsque la déplorable intrusion de la théurgie orientale, du sentimentalisme greffé sur les débris incohérents de la mythologie perse et des traditions sémitiques, vint, aidée par la décadence romaine et l'ignorance barbare, arrêter pour quinze siècles au moins le mouvement normal de l'intelligence, et jeter comme un brouillard, entre les religions mortes et la conception scientifique des choses, la religiosité, le mysticisme.

Sitôt que les dieux, ces illusions de la métaphore, furent devenus des personnes vivantes et actives, il devint indispensable de leur rendre un culte pour apaiser leur colère ou mériter leurs faveurs. L'Arya primitif dut partager avec eux ce qu'il avait de plus précieux, la nourriture conquise par la force ou par le travail; il dut aussi, dans les circonstances graves, tuer en leur honneur les hommes qu'il supposait leurs ennemis. Telle fut l'origine des sacrifices; mais cette duperie naïve, qu'on nomme le culte et qui consiste à toujours demander sans jamais obtenir, n'aurait guère droit à l'attention du philosophe si, chez les Aryas, il ne semblait lié à la commémoration d'un fait capital dans l'histoire de l'humanité, la découverte du feu. Le feu! le feu allumé par l'orage ou créé par la patience de l'homme, le feu identique à la lumière du soleil, essence du monde, source du mouvement et de la vie qui circule dans les veines des choses, le feu, c'est le lien entre l'astre et la terre fécondée; c'est le gage donné par les cieux aux mortels. Le feu, c'est le foyer domestique, l'âme de la famille, le principe qui animait les ancêtres et qui réunit les vivants et les morts; c'est le fécondateur, l'époux des vierges, l'intercesseur, le porteur de l'offrande. Les autres dieux siégent dans les hauteurs; mais le feu visite l'homme. Gloire donc au roi du sacrifice, au miséricordieux Agni (l'*ignis* latin, l'*ohni* slave) ! Ainsi chantent les bardes, le matin, à midi, le soir, unissant dans leurs hymnes sans nombre le soleil et le feu. Deux morceaux de bois, l'un troué, l'autre aiguisé, vont créer la réelle image de la flamme éthérée. Le prêtre fait tourner violemment la pointe dans la cavité, matrice et mère du dieu; l'étincelle naissante est arrosée de beurre clarifié et de sôma, semence idéale (racine *sou*, engendrer) ! Et Agni s'élance radieux, montant de la terre au ciel qui va le renvoyer en chaleur créatrice. Tous les peuples aryens ont emporté avec eux le tison sacré de Prométhée, tous l'ont placé sur leurs autels. Et quelque rudimentaire qu'ait été leur intelligence, quelque barbares et pauvres qu'aient été leurs croyances et leur culte, leur mythologie bizarre est à jamais transfigurée par cette conception sublime, transmise d'âge en âge par le foyer symbolique de Vesta. Lumière, feu, mouvement, vie, voilà leurs quatre noms ineffables. Quelle intuition plus grande, plus vraie, plus voisine des conclusions que la science ne peut faire encore accepter des tardigrades et des fossiles modernes?

Grandiose tableau, et dont l'humanité peut s'enorgueillir, que celui des destinées aryennes. Comme il renouvelle l'histoire et la philosophie ! Que sont les fantaisies providentielles d'un Bossuet devant cette révélation des faits, devant ces leçons de la certitude?

Trente siècles environ avant notre ère, il existait, au nord de l'Himalaya, dans la Bactriane, une race d'hommes blancs, demi-pasteurs, demi-laboureurs, monogames, vivant par familles et par clans, sans castes, réunissant sur la tête du chef de maison les qualités de roi, de poëte et de prêtre, créateurs d'une religion poétique, encore consciente, qui renfermait en germe le panthéisme, le dualisme, le monothéisme abstrait et l'athéisme scientifique. Ces hommes se nommaient eux-mêmes Aryas, les voyageurs et les laboureurs, les nobles et les excellents. Leur langue, déjà très-riche, comprenait non-seulement la plupart des racines que l'analyse découvre sous les mots employés par plus de trois cents millions d'hommes, mais encore un nombre considérables de vocables tout faits, transformés par les émigrations successives de peuples frères, mais groupés à jamais d'après un organisme grammatical qui n'a point cessé de régir les idiomes aryens, et qui s'est plié aux génies des Vyasa, des Firdousi, des Homère, des Shakespeare, des Molière, des Cervantes, des Voltaire et des Goethe.

Cette race aryenne, pressée au nord et à l'est par des populations mongoles ou tartares, s'étendait au fur et à mesure de son accroissement vers l'ouest et vers le midi, poussant devant elle et couvrant, ici les tribus diverses qu'on a nommées chamitiques et sémitiques, là des peuples d'origine mal déterminée, où l'on a cru reconnaître, non sans probabilité, une première couche finnoise. Par la force des choses, plusieurs groupes ne tardèrent pas à se dessiner et à se détacher de la masse : les Gaulois d'abord, prédestinés au rôle, qu'ils ont abandonné depuis vingt ans, d'avant-garde de la civilisation ; puis sur leurs pas les Germains, rêveurs et subtils sous une apparence de brutalité; les Slaves, étouffés entre le monde germanique et le choc violent des Mongols; sur la droite, descendent les Grecs et les Latins, longtemps unis par la fraternité, fondus par la conquête ; enfin, les derniers et tenaces habitants de la patrie primitive se décident au départ ; séparés par l'Indus, mais plus rapprochés l'un de l'autre par la langue que d'aucun autre peuple de même origine, ils occupent de proche en proche l'Iran et l'Aryâvarta.

Les traditions les plus précieuses de la famille, oubliées par les premiers partis, étouffées chez les Perses par des calamités sans nombre, survivent et viennent jusqu'à nous dans ces hymnes que chantaient pour charmer leur voyage les Aryas conquérants du Gange, et qui constituent la bible de notre race.

Et maintenant, pourquoi les Celtes ont-ils avancé ou reculé jusqu'aux bords de l'Atlantique? Parce qu'ils étaient suivis pied à pied par les Germains, parce que l'expansion du groupe latin les excluait du Midi et de l'Orient. Pourquoi l'esprit français est-il, plus qu'aucun autre, le résumé de l'esprit universel? Parce que la Gaule a été comme l'extrême rendez-vous de toutes les émigrations, le lieu où se sont croisées et fondues les races et les aptitudes aryennes. Pourquoi le courant pélasgique est-il descendu vers la Grèce, l'Italie? Parce que le flot iranien s'accroissait derrière lui, débordant l'Indus; parce que les montagnes de la Parthie, le Caucase, le séparaient du torrent germanique, bornaient son lit au nord et déterminaient sa direction. Pourquoi les Germains, après avoir empli l'Allemagne et s'être déversés sur la Scandinavie, se sont-ils jetés sur l'empire romain et les Gaules? Parce que les Slaves les poussaient l'épée aux reins, fuyant eux-mêmes devant les hordes hunniques. Et pourquoi ces Slaves se sont-ils si imparfaitement développés? Pourquoi n'ont-ils point fondé d'état durable et ont-ils été condamnés à diverses servitudes? Parce que, pris entre la résistance des Germains, que la Gaule, déjà pleine, ne pouvait plus absorber, et le tourbillon tartare, ondoyant dans un territoire mal limité, ils n'ont trouvé nulle part ni répit ni frontière. Les conflits, les chocs en retour, les reflux mutuels des peuples oublieux de leur fraternité, luttant pour l'espace et la vie, ont été les causes, fatales dans leur ensemble, accidentelles par rapport aux nations, de toutes les vicissitudes qui nous ont conduits où nous sommes. Où y a-t-il dans ce tissu de faits, en eux-mêmes indifférents, trace d'une volonté rectrice, d'une vue providentielle? Cela s'est passé ainsi, et rien de plus. Il y a dans la succession des choses un enchaînement, mais non une logique initiale.

La constitution du groupe aryen est, à n'en pas douter, la plus féconde découverte de ce siècle, dans l'ordre intellectuel et moral. Et c'est l'œuvre d'une science aride, rigoureuse, pédante aux yeux des ignorants, des routiniers ou des rêveurs à nacelle, la Grammaire comparée. Cette soupeseuse de mots a refait l'histoire des événements et des idées.

Et, comme pour confirmer ses conclusions, voici que l'expansion des Aryas continue vers l'extrême Occident, et reflue vers sa source. L'Amérique et l'Australie sont conquises, l'Afrique et l'Asie entamées. L'univers est aux Aryas. Que sont, devant ces grandes destinées, les petits égoïsmes nationaux, les jalousies étroites du panslavisme et du pangermanisme? Tout cela va s'effacer, se fondre en deux grandes républiques sœurs, coalisées pour régénérer la terre, les États-Unis d'Europe, les États-Unis d'Amérique!

En attendant, reprenons la marche si longtemps entravée par la stagnation chrétienne. Fidèles aux traditions des ancêtres, au génie de nos races, achevons le cycle de l'évolution mentale. Rejetons les lambeaux de cette friperie mythologique et religieuse, dont l'intuition des Épicure et des Lucrèce avait fait justice; reprenons, munis de l'expérience et de la science, l'observation des choses, qui a été le point de départ des aberrations d'une curiosité hâtive; et marchons, libres enfin d'esprit, libres de corps, sans fictions célestes ou terrestres, métaphysiques ou sociales, sans tyrans et sans spectres, sur ce sol nourricier, dont la vie aryenne a été la plus riche efflorescence.   ANDRÉ LEFÈVRE.

ASCÉTISME. — Dans les sociétés primitives où les religions régnaient en maîtresses, dictaient les institutions et gouvernaient les mœurs, l'homme citoyen ne pouvait exister. Le progrès politique, la destination sociale, idées toutes modernes, devaient rester inconnues à ces philosophies orientales qui ne voyaient dans la vie qu'une douloureuse préface de la mort et se refusaient à concevoir d'autre loi morale que celle de la perfectibilité individuelle. L'ascétisme est né de ces erreurs. N'ayant pas deviné les principes égalitaires, la vie publique, ses luttes, ses dévouements, sa puissance, l'Asie se réfugia dans l'isolement et la méditation. Énervées par le climat, inconscientes du droit naturel, sans énergie pour les revendications populaires, ces races abdiquèrent en faveur de l'idée divine. Berceau des familles humaines, l'Orient pouvait en devenir la tombe.

Qu'on parcoure les Védas, le Sankhya, les épopées brahmaniques, ou que l'on se reporte à l'histoire de la gnose chrétienne, qu'on interroge les idéalistes hindous ou les mystiques de l'Hébron et du Carmel, partout se retrouvent les mêmes doctrines, le même nihilisme. Lieu d'exil, abîme de corruptions, la terre ne doit être pour le sage que le marchepied du ciel. L'humanité est une vengeance divine, l'existence une expiation.

« En se détournant de l'épouse, avait dit Crichna, l'homme pourra s'affranchir au sein de l'être suprème. » Je suis venu détruire l'œuvre de la Femme, ajoute l'évangéliste chrétien. La virginité qui dépeuple, l'abstinence qui excite, l'extase qui abolit, sont les vertus d'anéantissement par lesquelles l'homme s'absorbera dans la perfection céleste. « Quel besoin l'homme a-t-il de ce corps mortel, dit l'aryaque Bâli, quel besoin a-t-il de ces épouses et de cette famille, cause unique de son retour en ce monde ? »

« Pourquoi multiplier le nombre des infortunés qui doivent recevoir la vie ? N'est-ce pas vaincre la mort que de lui ôter son aliment en empêchant la transmission de l'existence ? s'écrient tour à tour : Tatien, Théodote, Marcion, Eustathe de Sébaste et Tertullien.

De pareilles philosophies seraient inexplicables si les malheurs des temps ne venaient leur prêter une douloureuse origine, si l'inertie asiatique n'était là pour excuser cette désespérance sociale, absoudre cette négation ridicule du progrès humain. L'histoire de l'Égypte en fournit une preuve curieuse. Sous les Ptolémées Lagides, alors que ce malheureux pays était livré à toutes les horreurs de la guerre civile, de nombreux groupes de penseurs s'exilèrent volontairement dans les déserts du Haut Nil. Ce n'était point, comme les brahmanes et les ascètes chrétiens, des sectaires affamés d'extase et d'hallucinations. Sages que la lutte épouvantait, rhéteurs timides devant le glaive, c'était des hommes d'étude qui venaient chercher dans le silence de ces retraites le calme et la liberté. Il y a loin sans doute de cette abstention politique aux démences morales de l'ascétisme, mais, quoique suivant un cours différent, n'est-ce pas deux fleuves nés d'une même source ?

L'histoire de l'ascétisme offre selon les temps et les lieux des caractères et des phases bien divers. Conception purement philosophique en Asie-Mineure, sur les bords du Gange le législateur en fait pour ainsi dire le couronnement de son édifice social. En Judée et en Syrie l'ascétisme est une rêverie religieuse sans portée, dans l'Inde il a toute la valeur d'une institution politique : aussi chez les premiers le fait devait-il mourir avec le dogme, chez les seconds le dogme est mort et le fait subsiste. Dans le Manavâ Dharmâ Çastra ou code de Manou, l'ascète, le Dwidja est une création analogue au sage, à l'ancien des tribus américaines. Père de famille dont le rôle est accompli, c'est à la fois une victime qui s'apprête à la mort et un savant qui recueille l'expérience des temps. Retiré dans une forêt, couchant sur la dure, se nourrissant de racines et de fruits, épuisant l'énergie de son âme dans d'éternelles méditations, la force de son corps par les châtiments et le jeûne, il cherche dans la lecture des Védas la science suprême du sacrifice et de l'immobilité. Absent de toute préoccupation matérielle, vide de tout désir et craintif de toute jouissance, poussant la négligence corporelle jusqu'à la plus hideuse malpropreté, le brahmane ascète est un être fermé au monde. On dirait une créature intermédiaire entre l'homme et le dieu. Son isolement, son mépris des faiblesses humaines, le grandissent de tous les besoins qui lui manquent, de toutes les insensibilités qu'ils lui procurent. Aussi ce vieillard sale et repoussant, cet hermite en délire, cet extatique aux hallucinations sanglantes, est-il le conseiller des rois, la providence des peuples, le gardien des doctrines védiques. Trait bizarre qui distingue essentiellement l'ascétisme hindou de l'ascétisme chrétien.

Il y a là comme une classe politique, issue sans doute du mythe religieux, mais ne lui empruntant qu'une valeur morale et animée d'une destination inconnue au gnosticisme hébraïque. Malheureusement le moindre défaut de ces organisations religieuses est d'être en contradiction permanente avec les lois naturelles et le caractère humain. Le prophète n'avait voulu que l'isolement et l'extase, il consacra les folies les plus étranges et les démences les plus honteuses. Dégradés de toute sensibilité par l'éréthisme intellectuel auquel ils étaient soumis, les sectaires n'hésitèrent pas à séduire la crédulité publique par les pratiques les plus cruelles. Se flageller, se couper les membres, s'introduire des clous dans les chairs devinrent un plaisir pour ces monomanes ambitieux. Manou, en prêchant la mendicité, avait ordonné le désintéressement. Sa doctrine servit bientôt d'instrument au charlatanisme le plus cupide, à l'exploitation la plus odieuse. Enfiévrées par le fanatisme et l'ignorance, abruties par un despotisme brutal sans exemple dans l'histoire, les populations hindoues subirent quinze siècles durant le pénible joug de la loi védique. Complice des castes guerrières, l'ascétisme favorisa leur domination pour partager avec elles les dépouilles des vaincus. Mettant son prestige moral au service des différents pouvoirs qui se succédèrent, il sut toujours garder une suprématie dont ses auxiliaires n'étaient point jaloux et défier pendant trois cents ans les prédications égalitaires de la révolution bouddhique. L'invasion musulmane, la conquête anglaise ont passé tour à tour sur ce vieux monde, et malgré tous ces cataclysmes politiques, tous ces bouleversements sociaux, philosophes et philosophie, brahmanes et brahmanisme, tout a survécu.

L'histoire chrétienne nous apporte des faits tout autres. Issue d'une réaction contre la décadence morale qui ruinait l'empire romain, mais impuissante ou sans désir de renouveler cette civilisation vieillie, la doctrine évangélique devait pour tous les esprits mystiques aboutir à l'ascétisme, à la vie isolée, à la conception étroite du salut individuel. La croyance à la fin prochaine du monde et à l'avénement du règne de Dieu prêtait encore un nouvel appât à ces doctrines antihumaines. Fatigués du despotisme proconsulaire, mais sans énergie pour le combattre, livrés depuis longtemps aux rêveries métaphysiques du platonicisme, les Grecs d'Asie saluèrent avec enthousiasme la jeune foi qui flattait leur idéalisme, et les absolvait de leur servitude politique et de leur corruption sociale. Des sectes nombreuses se formèrent, gnostiques eucratites, marcionites, tatiens, montanistes, moines du Thabor et du Carmel. La Palestine, la Syrie, la Basse-Égypte, se couvrirent de communautés religieuses. Ce fut comme une fièvre de mort et de solitude.

D'abord on attendit l'heure de la grande résurrection. Une génération entière ne devait point passer sans la voir, car, avait dit le Seigneur : « Il en est parmi vous qui verront venir mon Père. » On jeûnait, on priait, on se frappait. L'hallucination, fille du jeûne et de l'extase, amenait les visions et les miracles. La chasteté, l'abstinence, la malpropreté, la flagellation, toutes les pratiques de l'immobilisme, toutes les vertus antisociales étaient mises en œuvre pour fléchir le courroux céleste et mériter l'absolution éternelle. Mais les années s'écoulaient et Dieu ne venait pas. On résolut d'aller à lui. L'humanité fut décrétée hors la loi. Plus de mariage, plus d'enfants, que partout la vie s'éteigne, et avec elle la misère et la douleur! ainsi parlent Tatien, Marcion, Eustathe de Sébaste. Notre chair est l'œuvre du diable, il faut s'en défaire au plus vite, s'écrièrent les paterniens et les pucanistes. Et tous se réfugiaient dans le silence et l'extase : les uns se tenant le doigt sur le nez en priant, comme les montanistes; d'autres, comme les moines du mont Thabor, s'hypnotisant dans la contemplation de leur nombril. Cependant le mal gagnait. L'Asie-Mineure tout entière était menacée. En Pisidie, en Phrygie, en Cilicie, à Antioche, à Éphèse, dans la Palestine et la Perse, partout s'établissaient des communautés, peu nombreuses sans doute, mais redoutables à l'école paulinienne qui réclamait avant toute chose la diffusion du christianisme, et voyait avec crainte ces prédications antisociales peu faites pour séduire les populations païennes.

Vers la fin du IIe siècle, une réaction sérieuse s'organisa dans le sein même de l'Église. On voulut bien laisser les gnostiques tirer toutes les conséquences morales de la vie du Christ; mais la religion nouvelle ne se sentait pas la force d'entraîner la civilisation dans cette voie, et comprenait la nécessité de substituer le conseil à l'obligation, de s'adapter aux passions humaines et aux besoins sociaux. Saint Clément d'Alexandrie, saint Augustin, saint Basile, saint Ambroise, reprochèrent aux ascètes d'éloigner les gentils de la conversion par l'austérité exagérée de leurs mœurs. Ils leur montrèrent le ridicule dont ils se couvraient, et les railleries qu'attirait aux chrétiens cette morale opposée à toutes les lois et à toutes les coutumes du paganisme. Déjà les néoplatoniciens d'Alexandrie usaient largement de toutes ces fautes. Porphyre, parlant du désintéressement des ascètes et de leur mépris pour les richesses, les comparait aux renards qui disent : ils sont trop verts. Les basilidiens, les carpocratiens, toutes les sectes corrompues que la gnose chrétienne avait engendrées en sens contraire faisaient cause commune avec les philosophes. Il fallait plier ou rompre. Le rigorisme évangélique exécuta une prudente retraite. Le concile de Gangres, en Paphlagonie, condamna Eustathe de Sébaste, chef des ascètes orientaux. Saint Épiphane les combattit vivement à son tour. Il s'attaqua surtout au grand Origène, dont l'allégorisme mystique menaçait de rallier l'Occident à ces théories dangereuses. Saint Grégoire le pape intervint aussi dans ce sens. Bref, les Pères d'Afrique et d'Italie manœuvrèrent assez habilement. On sacrifia les hommes en épargnant les doctrines. Les communautés ardentes furent excommuniées et forcées de se transformer en sociétés secrètes. Prises entre les railleries du paganisme et les calomnies des évêques, leur propagande décrut, et leurs derniers débris allèrent mourir en Espagne vers le milieu du Ve siècle. Un de leurs énergiques défenseurs, Priscillien, évêque d'Avila, avait été exécuté à Trèves (384), par ordre de l'empereur Maxime.

Ainsi succomba la philosophie gnosticienne, victime des nécessités politiques. Né de l'enthousiasme et du fanatisme des premiers temps, favorisé dans son développement par les persécutions impériales, l'ascétisme devait périr avec la contradiction païenne. Finie la lutte, morte la foi. Les Pères du IVe siècle n'étaient déjà plus chrétiens. Le catholicisme romain allait s'asseoir sur les ruines du polythéisme grec et du messianisme hébraïque.

Depuis ont apparu de siècle en siècle quelques esprits mystiques jaloux de recueillir l'héritage de l'ascétisme évangélique, saint François d'Assise, saint Bonaventure, sainte Thérèse, Bœhm, Mme Guyon, Marie Alacoque; mais, déplacées dans des époques de lutte ou de progrès, ces individualités étranges durent rester isolées et sans action sérieuse sur la civilisation qui les entourait. Ce sont là d'ailleurs des faits bizarres et incohérents, sans lien historique réel, et dont l'étude appartient bien plus à la science biographique qu'à la philosophie générale.

A. DE LA BERGE.

ASIE. — GÉOGRAPHIE. — L'Asie est la plus grande, la plus variée et la plus superbe des parties du monde. Au point de vue physique, elle est géante dans tous les traits de sa configuration : ses montagnes sont les plus hautes qui existent; ses fleuves roulent de prodigieuses masses d'eau sur d'indéfinis parcours; ses lacs sont grands comme des mers, et ses îles ont droit au titre de continents. Elle réunit tous les climats, depuis les plus glacials jusqu'aux plus torrides. Au point de vue historique, c'est chez elle que commence l'histoire positive de l'humanité : de ses plateaux sont descendues les races qui jouent un rôle à la surface du globe. Notre petite Europe, qui n'a l'air que d'une péninsule poussée par elle vers l'occident, lui doit ses habitants, ses langues et sa civilisation. C'est d'elle aussi, hélas! que viennent toutes les grandes religions, — islamisme, christianisme, judaïsme, boudhisme, — dont les dogmes pèsent encore si durement sur l'état intellectuel et social de l'homme de nos jours. Par quelque côté donc qu'on prenne cette énorme et féconde portion de notre planète, elle constitue le plus vaste et le plus intéressant sujet d'études. Chacune des régions naturelles ou politiques de l'Asie, — et il n'est pas de continent où les divisions politiques concordent aussi exactement avec les divisions naturelles, — sera l'objet dans l'*Encyclopédie* d'articles approfondis. Nous ne voulons, dans ce tableau d'ensemble, que présenter rapidement le relief général de cette partie du monde et exposer les rapports politiques des États qui se la partagent. Depuis quelques années la géographie de l'Asie a fait d'immenses progrès. Si beaucoup de ses régions n'ont pu encore être l'objet de déterminations scientifiques, de travaux de précision, toutes du moins ont été visitées par d'intrépides voyageurs, savants, touristes ou missionnaires. Le domaine de l'inconnu, encore si considérable il y a vingt ans, a été réduit à de minimes proportions relatives, et les admirables ouvrages de Ritter et de Humbold ont été de toutes parts complétés. Mettant à profit cette innombrable quantité de documents récents, voyons quelle vue générale de l'Asie on peut tirer de leur coordination.

L'Asie a une surface de 43,440,000 kilomètres carrés (l'Europe n'en a que 9,900,000, l'Afrique que 29,125,000, et les deux Amériques réunies que 38,600,000) ; ses côtes présentent un développement de 57,753 kilom. Au centre est un immense plateau, qui est le massif le plus élevé du globe, puisqu'il a des altitudes de 3,000, 4,000 et 5,000 mètres. Ce plateau, entouré par un cercle de montagnes qui offrent les plus hauts sommets connus, s'appuie à l'est à l'océan Pacifique, vers lequel il s'abaisse par les plaines de la Mandchourie et de la Chine proprement dite; au nord, la longue déclivité de ses pentes forme les plaines immenses de la Sibérie qui vont mourir, moitié terre et moitié glace, dans l'océan Arctique; à l'ouest, d'un côté ses bords s'allongent et forment la dépression, dont le fond est occupé par la mer Caspienne et par la mer d'Aral, et, de l'autre, ils se nouent au plateau secondaire de l'Iran, relié lui-même à l'isthme caucasien, entre la Caspienne et la mer Noire, et à la péninsule de l'Asie-Mineure, entre la mer Noire et la Méditerranée; au sud, ses escarpements dominent à pic les plaines de l'Indus, du Gange, de l'Irawâdi et du Mé-Kong. Des montagnes, qui servent de remparts à cette colossale forteresse aussi étendue que l'Europe, s'épanchent et rayonnent aux quatre coins de l'horizon les grands fleuves de l'Asie. Avant de pénétrer dans l'intérieur du plateau, voyons d'abord quels sont les monts qui l'entourent et les fleuves qui en descendent.

Au point où le plateau inférieur de l'Iran vient se souder au grand plateau central existe une immense arête transversale, dont l'axe est dans le sens du sud au nord, et qu'on appelle le *Bolor-Dagb* (montagne de glace), l'Imaüs des anciens. De là partent en divergeant, comme d'un nœud central, toutes les autres chaînes de montagnes. C'est sur le versant occidental du Bolor que se trouve le petit plateau de *Pámir*, appelé par les Kirghises le toit du monde et visité par Marco-Polo. Comme le dit si bien M. Élisée Reclus, là se trouve, pour l'histoire de l'humanité, le point le plus remarquable de la terre entière : ces défilés furent la principale porte des nations aryennes dans leurs migrations vers l'Europe, et de plus, par eux, les plaines de l'Hindoustan communiquent avec celles de la Tartarie et de la Caspienne. Important dans le passé, ce point ne le sera pas moins dans l'avenir; car c'est là que les deux grandes nations, qui ont entamé l'Asie par le sud et par le nord, les Anglais et les Russes, se trouveront bientôt en présence. Plaçons-nous donc à ce nœud central de l'ossature de l'Asie, et, pour bien comprendre l'orographie du continent, regardons en tous sens autour de nous.

Si nous nous tournons vers l'est, nous verrons partir du point commun où nous nous sommes placés trois grandes chaînes, trois bourrelets de l'écorce terrestre qui courent parallèlement vers l'océan Pacifique. La chaîne la plus méridionale est l'*Himalaya,* qui s'élève brusquement en étages escarpés au-dessus des riches plaines de l'Hindoustan. Ces plaines se changent à la base de la prodigieuse muraille en marécages empestés d'une largeur variable de trois à vingt lieues, et dont l'ensemble s'appelle le *Téraï.* L'Himalaya est coupé dans tous les sens par d'étroites vallées à pentes abruptes, et présente tantôt une succession de sommets désolés d'une infinie variété de formes, tantôt une formidable armée de pics neigeux que domine la plus haute montagne du monde entier, le *Gaurisankar* (Chingo-Pamari des Thibétains, et mont Everest des Anglais). Il a 8,840 mètres d'altitude, c'est-à-dire qu'il est le double du Mont-Blanc qui n'a que 4,030 mètres. Les deux géants des Andes américaines, l'*Aconcagua* (7,020 mètres) et le *Chimborazo* (6,530 mètres), sont inférieurs, et le ballon de Gay-Lussac, dans la fameuse ascension de 1804, n'a pas pénétré dans l'atmosphère à la hauteur où le Gaurisankar porte sa tête sublime. L'Himalaya compte encore trois autres sommets de 8,592 mètres, 8,473 mètres et 8,200 mètres. Les vaillants mesureurs du Gaurisankar, les frères Schlaginweit, se sont élevés jusqu'à 6,786 mètres sur l'*Ibi-Gamin* (Thibet) : jamais créature humaine n'a gravi aussi haut, et les touristes, qui s'agitent si fiers au sommet du Mont-Blanc, sont encore à 2,756 mètres au-dessous. Dans cet étrange pays, on trouve un couvent, celui de *Hanlé,* habité par vingt prêtres boudhistes, et qui est à 4,607 mètres. Ces moines vivent là, comme a dit un poëte, « perdus dans la pâleur des airs, pardessus les plaines confuses. » Chose curieuse, la limite des neiges perpétuelles est plus basse, dans l'Himalaya, sur la pente sud que sur la pente nord (4,802 mètres au sud, 5,254 au nord). On trouve de gigantesques glaciers, de vrais fleuves solides, dans cette chaîne où on les a découverts en 1842, en dépit des savants qui avaient prouvé qu'elle ne devait pas en renfermer.

Après avoir franchi l'Himalaya, on trouve son premier parallèle, le *Karakoroum,* aussi long que lui, ayant un moindre nombre de pics élevés, bien qu'il renferme le *Dapsang* (8,625 mètres), mais d'une plus grande hauteur moyenne. Cette seconde chaîne est le point de partage des eaux entre le Thibet et le Turkestan chinois. Elle renferme les plus grands glaciers de la haute Asie.

Enfin au nord du Karakoroum s'étend la chaîne des monts *Kouen-Loun*, dont les escarpements plongent presque perpendiculairement sur les plaines du Turkestan chinois et du plateau central. On n'y a pas vu de sommets dépassant 6,750 mètres. On connaît encore très-peu le Karakoroum et le Kouen-Loun. Réunis à leur point de départ en un inextricable enchevêtrement, l'Himalaya, le Karakoroum et le Kouen-Loun divergent de façon à occuper un espace en largeur estimé à cinq cents lieues. Tous trois se prolongent profondément dans la Chine, mais les données certaines manquent sur ces prolongements. On soupçonne seulement que celui du Kouen-Loun forme la montagne sacrée des Chinois, l'Olympe de leur mythologie. Le Thibet, comme on l'a cru longtemps, n'est pas un plateau enserré par les montagnes : c'est une vallée de 7 à 800 lieues de long qui court parallèlement à l'Himalaya du nord-ouest à l'est : une ligne de faîte de 4,694 mètres, près le lac *Mansarâvar*, la partage en deux bassins, l'un oriental, baigné par le *Dzang-Bo* ou *Brahma-Poutra*, renfermant la ville de Lhassa et peu connu des Européens, malgré les voyages du P. Huc et ceux plus récents de deux docteurs indiens à la solde de l'Angleterre; l'autre occidental, arrosé par le *Sindh* et comprenant le haut, le moyen et le petit Thibet. La capitale du haut Thibet, *Gartok*, est à 4,589 mètres. Malgré les altitudes effrayantes qui font de cet ensemble de montagnes le relief culminant du globe, les nécessités du commerce les ont sillonnées de routes marchandes : au milieu des périls les plus formidables, vents glacés, abîmes de neige, famines, attaques de brigands, des caravanes franchissent ces cols, dont beaucoup sont à 5,000 mètres, et vont porter au Thibet les céréales de l'Himalaya, et à l'Himalaya le sel du Thibet, le borax, les chevaux et les brebis. De l'Himalaya descend jusqu'au cap Comorin la double chaîne des *Ghattes* occidentales et des *Ghattes* orientales, auxquelles s'appuie le plateau du *Dékhan;* puis dans l'Indo-Chine, les montagnes de *Siam*, de *Malaka*, des *Moï* et des *Lao*.

Si, de ce plateau de *Pâmir*, de ce toit du monde où nous nous sommes placés, nous regardons ensuite vers le nord et vers le nord-est, nous voyons se détacher de l'arête du Bolor les monts *Thian-Chan* ou monts Célestes, qui séparent le Turkestan chinois ou petite Boukharie, ou en chinois *Thien-Chan-nan-lou*, de la Dzoungarie et des possessions russes. Cette chaîne a été l'objet, à la séance du 7 mai dernier de la Société de géographie de Russie, d'une communication intéressante de M. Severtzow. Contrairement à l'opinion de Ritter et de Humbold, c'est plutôt une large contrée montagneuse hérissée de pics, coupée de vallées, qu'une chaîne longue et étroite. On y trouve des champs cultivés à 7,500 pieds : le fond des ravins est d'une température douce et d'une fertilité rare, et il y a là un champ magnifique pour la colonisation européenne. Le système des Thian-Chan forme trois groupes : la chaîne des *Kentchi-Alataou* et celle des *Karataou* qui enveloppent le grand lac *Issik-Koul*, et la chaîne des *Khasikourt* qui remplit de ses rameaux la récente conquête des Russes, le Khanat de Khokan. Plus loin vient l'*Altaï*, dont le versant nord domine à pic la dépression des steppes qui découpent sa masse en baies et en golfes, et dont la pente sud est frappée de stérilité par le souffle du désert. L'Altaï présente un enchevêtrement de chaînons croisés sous divers angles, et formant à leur croisement principal le pic du *Biélouka* (3,400 mètres) : plus à l'est, sont les monts *Sayans* dont la crête orientale, le *Mounko-Sardyk*, s'élève comme une borne sur la frontière russo-chinoise, se noue à la chaîne chinoise de *Tangou-Ola* et renferme les sources encore mal connues de l'Iénisséi, les monts *Kenteï* et les monts *Khingan*. Dans l'intérieur de la Sibérie s'allongent les monts *Jablonoï* et *Stanovoï* qui vont jusqu'au détroit de Behring, en poussant dans la péninsule du Kamtchatka la chaîne volcanique, dont le plus haut sommet en activité, le *Klioutchewskoï*, a près de 5,000 mètres.

Nous avons fait le tour du grand plateau central : Himalaya, Bolor, Thian-Chan, Altaï et les autres monts que nous avons énumérés forment la formidable ceinture de la forteresse qui s'étend au centre et à l'orient du continent asiatique. Sans abandonner le nœud central où nous nous sommes placés, et d'où les chaînes rayonnent comme les bras d'un poulpe géant, tournons-nous maintenant vers l'occident, vers le plateau de l'Iran. Ce plateau est séparé des plaines de Turkestan par la chaîne de l'*Hindou-Kouch* qui forme la frontière septentrionale de l'Afghanistan et de la Perse, et dont certains sommets atteignent 6,500 mètres. De l'Hindou-Khouch se détachent les monts *Soleïman-Koh* parallèles à l'Indus et qui se dirigent vers Kandahar et vers le pays encore peu connu du Béloutchistan. Sur le versant méridional de l'*Hindou-Khouch* se trouve le *Kafiristan* (pays des infidèles, ainsi nommé par les musulmans du Kaboul et du Pundjab), contrée montagneuse et peu connue, occupée par une race incertaine qui offre à l'ethnographie un de ses plus importants problèmes, et dans laquelle M. Lejean a tout récemment essayé en vain de pénétrer. La ligne de l'Indou-Kouch se prolonge, non sans quelques solutions de continuité, dans la direction occidentale par les montagnes du Khoraçan et les monts Elbrouz (bordure sud de la Caspienne) qui ont des cimes de 5,640 et de 5,040 mètres. Elle nous conduit à l'isthme caucasien entre la Caspienne et la mer Noire et aux chaînes de l'Asie-Mineure et de la Syrie : *Taurus* et *anti-Taurus, Liban* et *anti-Liban. Caucase,* etc. Une partie de ces chaînes sépare le versant de l'océan Indien de celui des mers intérieures. Les montagnes persanes du fond du golfe Persique ont déjà près du rivage 1,200 mètres et s'élèvent par étages jusqu'à 4,500 mètres. Les passes entre *Schiráz et Kazeroun* ont 2,500 mètres. C'est dans ces diverses chaînes, qui seront décrites avec les contrées qu'elles parcourent, que se trouve le mont *Ararat* (5,155 mètres), point culminant de l'Arménie persane, le *Thabor*, le *Gelboé*, le *Carmel*, l'*Ida*, etc., et autres monts d'une historique célébrité. Mentionnons encore la chaîne des monts Ourals entre l'Europe et l'Asie. Son altitude moyenne ne dépasse pas 1,500 mètres. Elle est célèbre par ses richesses minérales (or, platine, cuivre, fer et diamants). Du reste les Russes nient la distinction géographique entre l'Europe et l'Asie et plusieurs de leurs gouvernements, enjambant l'Oural, se trouvent par moitié dans les deux parties du monde.

Au pied de ces immenses systèmes de montagnes s'étendent des plaines dont l'axe général est dans le sens du sud-ouest au nord-est. Les unes sont fertiles et cultivées, les autres arides et désertes. Parmi ces dernières, on peut établir deux groupes. Le premier, à vrai dire, commence dans l'Allemagne du Nord, traverse la Russie et forme, à l'est de l'Oural, les steppes de la Sibérie. Ces steppes de sable blanc et d'argile rougeâtre sont, l'été, brûlées du soleil. Depuis la mer d'Aral jusqu'au confluent de l'*Or* et du *Yaik*, pendant 500 kilomètres, on ne trouve qu'un arbre et les Kirghizes l'adorent comme une divinité. Dans la Sibérie septentrionale, ces plaines sont d'un aspect marécageux et, sur les côtes, le sol ne dégèle jamais qu'à un pied de profondeur. Dans la Sibérie méridionale, des collines arrondies, des forêts de conifères rompent l'uniformité, et le printemps a comme une explosion de chaleur, de vie et de fleurs. Plus loin, au nord-est, c'est la désolation même : *Toundras* ou plaines de neige flagellées par d'horribles tourmentes : le sol est gelé constamment jusqu'à 120 pieds de profondeur. Les bassins de l'*Indiguirka* et de la *Kolima* comprennent 250 verstes de marécages glacés (la verste est de 1,060 mètres). Le Turkestan, remarquablement fertile sur les bords de l'*Amou-Daria* et du

Syr-Daria (Oxus et Iarxartes), est en résumé une plaine de déserts sablonneux dont l'un porte le nom peu rassurant de destructeur de la vie (*Djan Batirdurgan*).

Le deuxième groupe peut être regardé comme la continuation, sur la surface terrestre, de ce cercle de déserts qui commence par le Sahara et se poursuit par les néfouds de l'Arabie (Voyez *Arabie*). Il se prolonge, en partie salin, en partie formé de sables mouvants, sur le plateau de la Perse ou Iran, puis dans l'Afghanistan, dans le Béloutchistan et, à droite et à gauche du *Sindh* ou Indus, dans la province indienne du Pundjab. Enfin, franchissant le Bolor et ses ramifications, il constitue une partie de ce fameux plateau central dont nous parlions plus haut, sur une longueur de 3,000 kilomètres; aride et bosselé dans la partie orientale, il s'appelle, selon les langues, *Cobi* ou *Chamo* (Cobi veut dire désert de pierres) : sa surface, mélangée de sable blanc, de grès noir, de tuf jaune, le fait ressembler à la peau tachetée d'un tigre. Fertile plus loin, il forme des prairies infinies, une mer de verdoyantes graminées : c'est la terre des herbes parcourue par les descendants de Gengis-Khan. Dans le Cobi règnent un froid excessif et une sécheresse extrême dus à l'altitude de 1,500 mètres. Tous les phénomènes du désert, mirage, dunes, tourbillons, y prennent une grande intensité. Il faut lire dans les si intéressantes relations de Russel-Killough et de madame de Bourboulon les récits des formidables traversées dans ces contrées qui ont été évidemment jadis recouvertes par les eaux.

Au point de vue hydrographique, l'Asie, comme nous l'avons dit plus haut, peut être comparée à un quadrilatère central envoyant ses eaux aux quatre coins de l'horizon. Au nord, sur la grande plaine de la Sibérie doucement inclinée vers l'océan Glacial coulent des fleuves d'un parcours immense : à l'est, s'épanchent les grands fleuves de la Mandchourie et de la Chine : au sud, descendent vers la mer des Indes, les énormes cours d'eaux qui arrosent l'Indo-Chine, l'Inde et la Mésopotamie; à l'occident, le plateau central envoie des fleuves qui se perdent dans les mers intérieures (Caspienne, mer Noire, mer d'Aral). L'intérieur même du plateau, derrière les remparts des montagnes, forme un bassin fermé. Un trait particulier de l'hydrographie asiatique, au moins pour le sud et l'est, c'est que les fleuves se réunissent deux par deux pour gagner la mer. Le *Tigre* et l'*Euphrate* forment le *Chât-el-Arab* qui se jette au fond du golfe Persique; le *Gange* et le *Brahma Poutra* ont un Delta commun, ce funeste Delta qui forme la région de Sunderbund, foyer miasmatique d'où le choléra s'élance sur le reste du monde; en Chine, le *Yang-tsé-Kiang* (fleuve bleu) et le *Hoang-ho* (fleuve jaune) sont réunis près de leur embouchure dans le Pacifique par des canaux ; enfin, quoique se rejoignant à une assez grande distance du golfe d'Oman, le *Sindh* (ou Indus) et le *Sutledj* peuvent être mis au rang de ces fleuves géminés. Notons que les quatre grands fleuves de l'Inde (Gange, Brahma Poutra dont l'identité avec le *Dzang bô* ou grand fleuve du Thibet est maintenant hors de doute, Sindh et Sutledj) prennent leur source pour ainsi dire à un point commun et se séparent deux par deux pour aller former leur Delta, les premiers à l'orient, les seconds à l'occident de la péninsule indienne. Notons encore parmi les fleuves du versant du sud l'*Irawâdi* qui arrose le Barmah et le grand cours d'eau de la Cochinchine, le *Mékong* qu'une expédition française, célèbre déjà, vient de remonter jusqu'à sa source. (Voyage de MM. de Lagrée et Garnier.)

Les bassins fermés du centre du plateau et des régions à l'occident de ce plateau sont très-curieux. Les cours d'eau vont se perdre dans des lagunes occupant le centre de vastes dépressions. Ainsi, sur le plateau, le *Tarim*, qui parcourt le Turkestan chinois de l'ouest à l'est, va se perdre dans les grandes lagunes que Marco-Polo appelle *Lob*. Ainsi encore, en Perse, l'*Helmend*, qui vient du haut Afghanistan, va se jeter dans le *Hamoun*, vaste lagune du Seïstan. La mer d'Aral elle-même peut être considérée comme un de ces marécages tenant lieu d'embouchure aux rivières : elle reçoit l'*Amou-Taria* (Iaxartes) et le *Syr-Daria* (Oxus) qui descendent des monts Thian-chan et Bolor. Jadis le Syr-Daria se jetait dans la Caspienne : le sillon de son ancien lit est encore très-visible (les indigènes l'appellent *Deuden*) et pourrait être rétabli, si bien que par la Volga, la Caspienne et l'Oxus, les flottilles russes pourraient pénétrer jusqu'au centre de l'Asie.

Les fleuves qui arrosent cette immense Sibérie, vingt fois grande comme la France (le seul district de *Bérésov* est égal à la France), sont en allant de l'ouest à l'est : l'*Obi* qui, au-dessus de Tobolsk, reçoit un fleuve plus grand que lui, l'*Irtyche*, et qui forme à son embouchure le golfe d'Obi, fameux par ses pêcheries ; l'immense *Yéniséi* qui prend sa source chez les Kalmouks, sujets de la Chine, traverse les monts Sayans et aboutit à l'océan Glacial après un cours de 3600 kilomètres ; il reçoit l'*Angara* ou Tongouska supérieure, sortie du lac *Baïkal* au milieu des plus superbes paysages, et qui, de ses sources au confluent, a 2,700 kilomètres ; la *Léna*, qui promène lentement ses eaux glacées sur une longueur de 4,970 kilomètres, forme un bassin plus étendu que ceux du Danube et du Volga réunis, et à l'embouchure de laquelle on a trouvé ces rhinocéros et ces mammouths des temps primitifs, conservés dans des blocs de glace. Quant au grand fleuve *Amour* (du mongol, *Mouran*, le fleuve) ou *Saghalien*, si patiemment conquis par les Russes, il est formé de l'*Onon*, grossi des tributaires venus des monts Stavanoïs et de l'*Argoun*, la rivière sacrée des Mongols Khalkhas aux sources de laquelle est né Tchenghis-Khan ; il se jette dans la manche de Tartarie, en face de l'île maintenant russe de Saghalien, après avoir reçu le *Soungari*, qui donne accès jusque dans le centre de la Mantchourie. Cette admirable voie fluviale sera décrite autre part.

Un des traits les plus curieux de l'hydrographie de l'Asie, c'est le nombre et l'importance des lacs qui sont répandus dans toutes ses régions, lacs salés et lacs d'eau douce, les uns servant de réceptacles intérieurs aux fleuves qui coulent sur les plateaux, les autres, au contraire, étant eux-mêmes sources de rivières.

La Caspienne, la mer d'Aral et les autres lacs de l'Asie occidentale sont évidemment les restes de la mer intérieure qui s'étendait du Pont-Euxin à l'océan Glacial, vers le golfe d'Obi. Le niveau de la Caspienne est à 25 mètres au-dessous de celui de la mer Noire. Humboldt évalue à 18,000 lieues marines carrées la surface de la dépression occupée par la mer Caspienne et le pays qui l'entoure (900 lieues carrées de plus que la surface de la France). On peut partager la Caspienne en trois bassins : celui du nord qui n'est guère qu'un grand marécage de 15 à 16 mètres de profondeur ; celui du centre, qui va jusqu'à la péninsule de l'Apchéron, formée par le Caucase ; celui du midi, où la sonde a indiqué des profondeurs variant de 440 à 900 mètres. Elle forme à l'est le singulier golfe de Karaboghaz (gouffre noir), qui communique avec elle par un détroit de 140 à 150 mètres de largeur, et qui se sale tellement par l'évaporation, que les phoques n'y peuvent plus vivre. La Caspienne reçoit, parmi les fleuves d'Asie, l'*Oural* au nord, et le *Kour*, ce fleuve de l'Arménie, que grossit l'*Aras*, à l'ouest. La mer d'Aral reçoit le Syr-Daria et l'Amou-Daria. Citons encore comme exemple de lacs situés au-dessous du niveau de l'Océan : la mer Morte qui, d'après les mesures les plus récentes et les plus précises, est à 392 mètres au-dessous de ce niveau (1,200 kilomètres carrés et 300 mètres de profondeur), et le lac de Tibériade à 187 mètres au-dessous du niveau de la Méditerranée. Les lacs les plus salés sont le lac de *Van*, dans l'Asie Mineure, aux flots chargés de sulfate de soude, le lac d'*Ourmiah*, en Perse, et le lac *Elton*, au nord-ouest de la Caspienne, d'où l'on extrait 1 million de quintaux métriques de sel par an. Les autres lacs de l'Asie seront décrits avec les régions dont ils font partie,

tels que le lac *Baïkal*, vraie mer intérieure de 600 kilomètres de long sur une largeur variable de 30 à 80 kilomètres, le lac *Issik-Koul*, au point où se touchent la
Mongolie chinoise, la Sibérie russe et le khanat de Khokand, et dont le bassin
est une Suisse de la plus pittoresque beauté, et le grand lac *Balkhach*, dans les
steppes kirghises.

Renvoyant aux articles : *Géographie animale*, *Géographie végétale* et *Géographie
minérale*, les vues d'ensemble sur les productions naturelles du continent asiatique,
examinons rapidement quels sont les rapports des États en présence sur le vaste
théâtre que nous venons d'essayer de décrire.

Deux grandes nations de l'Europe se disputent territorialement et commercialement l'immense marché de l'Asie : la Russie et l'Angleterre. Les États indigènes
sont en pleine décadence : la Turquie d'Asie stérilisée par l'incurie de l'administration ottomane, l'Arabie isolée dans sa péninsule, la Perse affaiblie et ruinée, l'Afghanistan désolé par les guerres civiles depuis 1863, les royaumes de l'Indo-Chine
(Birmanie, Siam, Annam), menacés de toutes parts, la Chine en pleine décomposition politique, ne sont plus que des champs ouverts aux conflits de l'activité occidentale. Le Japon seul a de l'avenir. La Russie par terre, l'Angleterre par mer,
tendent à dominer tout le commerce d'importation et d'exportation de l'Asie ; le
continent entier est soumis à l'action de ces deux gigantesques pompes, aspirantes
pour lui enlever ses produits, et foulantes pour l'inonder des leurs.

L'Angleterre a l'Inde jusqu'aux monts Himalaya et une grande partie de l'Indo-
Chine : Birmanie anglaise (*Assam*, *Arakan* et *Pégu*), et colonie des détroits (*Penang*,
Malacca et *Singapore*). Elle a senti de bonne heure l'importance de cette langue de
terre qui sépare la mer des Indes du Pacifique, et elle a fondé à l'extrémité de la
presqu'île cet emporium de Singapore qui est si rapidement parvenu à une merveilleuse prospérité. Cela ne lui suffit pas encore : pour abréger la route vers le
marché chinois et japonais, et éviter la navigation difficile de l'archipel de la Sonde,
elle avait pensé à couper l'Isthme de Malacca, à 250 lieues au nord de Singapore,
par un chemin de fer, par 10 degrés de latitude nord. Mais elle essaie maintenant
d'un moyen plus pratique : une route directe de la Birmanie à la province de Yun-
Nan en Chine, vers les sources du Yank-tse-Kiang ou fleuve bleu. Le grand fleuve
Irawady amènerait ainsi dans la mer des Indes les produits de l'empire du Milieu
et Singapore deviendrait inutile. Cette route est attaquée par les deux extrémités :
plusieurs expéditions anglaises ont remonté très-haut le cours de Yank-tse-Kiang[1],
et les steamers anglais remontent régulièrement jusqu'à Hang-Kow sur ce beau
fleuve qui a 4,500 kilomètres de long, forme un bassin de 1,200,000 kilomètres
carrés et arrose les plus florissantes contrées de la Chine. D'immenses houillères
ont été découvertes dans le Yun-Nan. De plus, préoccupée du percement de l'isthme
de Suez, l'Angleterre a acquis au débouché de la mer Rouge *Aden* et *Perim* et elle
surveille la route de terre qui, par la Perse, le Beloutchistan et l'Afghanistan (route
jadis suivie par Alexandre), va d'Europe dans l'Inde.

Ce que l'Angleterre a fait par le sud et la mer, la Russie l'a fait patiemment par
le nord et par terre. Elle a suivi un double chemin : l'un vers l'Asie centrale et
par conséquent vers l'Inde par ses conquêtes successives dans le Turkestan, dans
les bassins du Syr-Daria et de l'Amou-Daria; l'autre vers l'océan Pacifique et les
mers du Japon, par la conquête du magnifique bassin de l'Amour et des côtes de la
Mandchourie. Là ont été créés, en vertu des traités de 1858 et de 1860 avec la Chine,
ces ports qui permettent à la Russie de créer une seconde marine destinée à jouer

1. Voir *Journal officiel français* du 9 novembre 1869.

un rôle immense dans ce vaste bassin, qui sépare la Chine de la Californie et l'Australie du Pérou.

Dans le Turkestan, les Russes ont conquis tout le cours du Syr-Daria (Iaxartes), depuis ses sources jusqu'à son embouchure dans la mer d'Aral. Ils ont là les villes importantes de *Tachkend*, de *Tchemkend* (aux environs de laquelle des houillères), de *Khodjend* et de *Turkestan*. Ils ont fait la paix, en 1868, avec le khan de Bokkhara, et le khanat de Khokan est sous leur protection. Ils touchent donc à l'Amou-Daria ou Oxus, qui n'est qu'à sept ou huit jours de marche de l'Inde. S'arrêteront-ils là? C'est supposable, au moins provisoirement. Les khanats du Turkestan leur offrent un admirable marché : de plus, ces khanats sont très-fertiles et propres à un magnifique développement de la culture du coton. Les marchandises russes y peuvent défier la concurrence des produits anglais. Les populations belliqueuses du Turkestan, et surtout celles qui ont pour capitale Bokkhara, la vraie Rome de l'islamisme, la cité sainte où sont les plus savants docteurs de la foi, semblent accepter ce protectorat russe. Le journal officiel français, du 8 novembre dernier, racontait la réception du fils du khan de Boukkharie par le czar Alexandre. Aussi l'opinion publique s'est-elle calmée à peu près en Angleterre sur les progrès des Russes dans l'Asie centrale.

Quant à la France, elle joue un rôle bien effacé sur cet immense marché asiatique, qui offre de si splendides débouchés à l'industrie et au commerce de l'Occident. Sa colonie de la Cochinchine est encore insignifiante; son commerce avec la Chine est presque nul; on ne voit pas ses vaisseaux remonter sur le fleuve Bleu jusqu'à Hang-Kow, ce comptoir situé à 1,000 kilomètres de Shang-Haï, et qui fait déjà avec l'Angleterre et l'Amérique 200 millions d'affaires. Le commerce total de l'Angleterre avec la Chine occupe 3,300 navires jaugeant près de 3 millions de tonneaux; celui de la France se réduit à 320 navires jaugeant 50,000 tonneaux. Il est vrai que nous sommes la seule puissance qui combatte pour une idée, et qu'en fait d'expéditions lointaines, nous avons su aller au Mexique et en revenir, on sait comment.

BIBLIOGRAPHIE. — Ritter, *l'Asie*. — Humboldt, *l'Asie centrale*. — Élisée Reclus, *la Terre*. — Vivien de Saint-Martin, les sept volumes de l'*Année géographique*, 1861-1868. — De Lanoye, *la Sibérie*. — R. Cortambert, *Géographie commerciale des cinq parties du monde*. — *Le Tour du monde*, passim. — De Khanikof, *Mémoires sur la partie méridionale de l'Asie centrale*. — Schlagintweit (les frères de), *Voyage dans la Haute-Asie et Atlas*. — Alexandre de Castrén, *Œuvres*. — Mouhot, *Voyage à Siam et dans les parties centrales de l'Indo-Chine*. — De Gobineau, *Trois ans en Asie*. — Russel Killough, *Seize mille lieues à travers l'Asie et l'Océanie*. — Arminius Vambery, *Voyage dans l'Asie centrale*. — Poussielgue, *Voyage de Madame de Bourboulon, de Sang-Haï à Moscou*. — *Annales de voyage*. — *Bulletins de la Société de géographie*. — *Les Mithelungen*, de Petermann.

LOUIS ASSELINE.

ASIE. — ANTHROPOLOGIE. — I. — L'anthropologie moderne a ruiné radicalement l'ancienne tradition si longtemps en vigueur, et suivant laquelle tous les hommes blancs ou noirs, jaunes ou rouges, Papous ou Germains, Australiens et Arabes, Celtes et Indiens Peaux-Rouges, etc., étaient sortis de l'Asie, comme des essaims d'une ruche, suivant laquelle aussi, tous les peuples étaient issus d'un couple unique instantanément et miraculeusement créé. Selon toute apparence, chaque grand continent a eu sa faune humaine propre, et à coup sûr l'homme s'est formé en Europe, avant toute immigration asiatique, puisque l'on trouve ses débris ou ses traces dans les terrains d'alluvion, dans les terrains quaternaires, même dans les terrains tertiaires, et que, selon toute probabilité, lors de ces époques géologiques, de vastes mers séparaient encore le continent européen du continent asiatique. Mais il est certain que, plus tardivement et dès avant toute histoire, Européens et Asiatiques se sont croisés et mélangés. Pas un Européen peut-être qui n'ait dans les veines des gouttes plus ou moins nombreuses de sang asiatique. Ajoutons enfin que l'Asie paraît avoir donné à sa sœur jumelle, l'Europe, ses langues et sa mythologie. Que n'a-t-elle gardé le second présent! L'anthropologie de l'Asie est donc d'un intérêt tout spécial; car, pour une part, elle est nôtre. Nous allons en résumer les traits généraux.

II. — Si l'Asie n'a pas été la matrice commune du genre humain, il n'en est pas moins constant que toutes les principales races d'hommes y ont aujourd'hui des représentants, d'ailleurs inégalement nombreux. Nous les classerons en 1o races primitives, 2o grandes races indigènes, 3o races immigrées.

Races primitives de l'Asie. — Nous comprenons sous cette dénomination toutes les peuplades barbares encore et de type inférieur, actuellement fort peu nombreuses et confinées dans les régions montagneuses, sur le versant méridional de l'Himalaya, dans les montagnes de la péninsule hindostanique, dans celles de l'Indo-Chine, et de la presqu'île de Malacca, enfin dans l'île de Ceylan. On suppose que ces races peu ou point civilisables descendent des Asiatiques primitifs. Les races supérieures, javanaise, mongolique, caucasique, les auraient en partie détruites, en partie refoulées dans les régions les moins accessibles et les plus sauvages. Ce n'est qu'une hypothèse, mais une hypothèse assez vraisemblable, car, en Asie comme ailleurs, l'humanité a dû débuter par ses types les plus inférieurs. En outre, les poëmes sacrés de l'Inde (Védas, Ramayana) constatent que les Aryas eurent longtemps à lutter, dans l'Hindostan, avec des races inférieures, à la peau noire, au nez épaté; c'étaient des hommes sans nez (Anasikas), de mauvais génies (Raks-hasas), même des singes. C'étaient là vraisemblablement les ancêtres des groupes à demi sauvages que nous allons énumérer.

Dans les montagnes centrales de l'Inde, au sud du Gange supérieur, qui contourne l'extrémité orientale de la chaîne, habite une race de montagnards (Puharreis) que des traits physiques et moraux particuliers distinguent des populations indoues. Selon l'évêque Heber [1], ces montagnards sont bien faits, petits, élégants de forme, plus ou moins noirs de peau; ils se distinguent des Bengalais, par de longs yeux étroits, une figure large, un nez plat et retroussé, en somme par un bon nombre de caractères mongoloïdes. Nus ou presque nus, ils ont pour armes principales l'arc et la flèche. Ils n'ont ni l'institution des castes, ni la religion des Hindous. Leur occupation principale était, lors du voyage d'Heber, de piller les habitants des plaines, à la mode des anciens Highlanders écossais. Leur organisation sociale est fort simple. Chaque village est indépendant sous un chef patriarcal. Ils adorent des dieux multiples, dominés eux-mêmes par une divinité principale. Point d'idoles. Une simple pierre noire leur sert d'autel. Heber retrouva, dit-il, la même race, mais plus barbare encore (Paharias), et tout à fait étrangère à l'agriculture, dans le voisinage des sources du Gange, sur les premiers contreforts de l'Himalaya. Il y rattache en outre les sauvages montagnards du Radjepoutana, dans la chaîne du Vind'hya, près de Baroda. Ceux-ci, connus sous le nom de Bheils, ont l'aspect et les mœurs des Puharreis. Leur peau est foncée, mais leur barbe et leurs cheveux ne sont nullement laineux. La flèche est aussi leur arme de jet habituelle. Pour maisons ils ont des huttes formées de bâtons fichés dans le sol et reliés par de longues herbes. Chez eux règne la coutume de mettre à mort la plupart des nouveau-nés

1. *Voyage dans les provinces supérieures de l'Inde*, 1824-1826.

du sexe féminin. Ce sacrifice est, disent-ils, agréable aux *mauvaises puissances*, qu'il est prudent de se concilier ; car ce sont des gens très-pieux, qui subiraient la torture plutôt que de frapper une vache. La même race paraît occuper la chaîne transversale de l'Hindostan, de Baroda au Gange, car, vers le milieu de cette arête montagneuse, se trouve le district des Khonds, le Khondistan, vers les sources sacrées du fleuve Mahanudy. Plus civilisés que les Bheils, puisqu'ils sont agriculteurs, mais groupés aussi en clans gouvernés par des chefs particuliers, les Khonds ont de même l'habitude de mettre à mort les enfants de sexe féminin, et de plus, jusque dans ces dernières années, ils offraient des sacrifices humains, soit aux dieux de la terre pour en obtenir de bonnes moissons, soit à Manuck-Soro, le dieu des combats, soi à Zaro-Penou, le dieu du soleil, etc. De même que les Bheils, et les Puharreis, les Khonds sont noirs, mais n'ont pas les traits du nègre d'Afrique. Leur barbe et leurs cheveux sont noirs et lisses.

Selon M. Schlagintweit, qui a visité la plupart des aborigènes indiens, qui de plus les a mesurés et photographiés, il faudrait ajouter aux groupes que nous avons cités les races des Garros, des Nogas, des Khassias dans les régions montagneuses séparant la vallée du Bhramapoutra des dépendances du royaume de Birma. Selon M. Schlagintweit encore, ces races sont très-diverses ; elles seraient surtout remarquables par le défaut de symétrie des contours de la face. Ces aborigènes se rapprocheraient beaucoup, aujourd'hui encore, au point de vue de la civilisation, des races préhistoriques de l'Europe[1].

Prichard[2] relie à ces aborigènes la race tamoule occupant le sud du Dekhan, la côte du Coromandel et la moitié septentrionale de Ceylan. La moitié méridionale de cette dernière île serait habitée par une autre race indigène, la race cingalaise, et le centre par les Vaidas, les plus sauvages des hommes, d'après Davy.

Les Vaidas errent dans les forêts et les montagnes. Ils sont complétement nus, sans art, sans industrie, sans religion, se nourrissent de racines, de fruits sauvages, de gibier qu'ils mangent cru. Leur stupidité serait telle, qu'ils ne pourraient compter jusqu'à cinq.

Nous avons énuméré les principaux groupes des noirs aborigènes avec lesquels les Aryas ont dû être primitivement en lutte, avec lesquels ils se sont plus ou moins mélangés. D'autres aborigènes asiatiques se rapprochent soit des Mongols, soit des Javanais. Citons, parmi les aborigènes mongoloïdes, les Bhouteahs, montagnards himalayens, observés par Heber, au nord des sources du Gange. Ce sont, dit-il, des hommes courts de taille, trapus, Tartares par la physionomie et le costume. D'autres aborigènes mongoloïdes ont trouvé un refuge dans les montagnes de l'Indo-Chine.

Enfin, les aborigènes de la Malaisie se rencontrent encore dans le centre montagneux de la péninsule de Malacca ; ce sont les Orangs-Benua que l'on retrouverait aussi dans les îles de la Sonde et dans plusieurs districts de Sumatra.

Doit-on considérer toutes ces races sauvages de l'Himalaya, du Vind'hya, de Ceylan, de l'Indo-Chine et de la Malaisie, comme des débris échappés à l'invasion des grandes races asiatiques, ou plutôt comme des types primitifs, des échantillons, nous représentant, dans leurs traits et dans leurs mœurs, les ancêtres de ces grandes races, qui auraient résisté à l'action du temps et aux puissants efforts de la sélection naturelle ? Les documents précis sont encore trop rares pour qu'il soit permis

1. *Results of a scientific mission to India and high-Asia*, t. VII, et Congrès international d'anthropologie préhistorique. (*Compte-rendu*. Paris, 1867.)
2. *Histoire naturelle de l'homme.*

de faire à ce sujet autre chose que des conjectures. Quoi qu'il en soit, ces races barbares n'offrent plus guère aujourd'hui qu'un intérêt scientifique. Des populations
plus actives, plus civilisées, les submergent ou les entourent. A quels types et à
combien de types appartiennent ces populations qui ont joué un si grand rôle dans
l'histoire de l'humanité? Quels sont leurs caractères principaux, tant au point de
vue physique qu'au point de vue moral? Telles sont les importantes questions
dont nous avons à nous occuper.

    III. — Très-vraisemblablement, l'homme est sorti de l'animalité par un lent
travail de perfectionnement graduel ; très-vraisemblablement aussi les centres de
formation des divers types humains ont été multiples comme ceux du reste de la
faune. Enfin, les grands massifs montagneux du globe furent, selon toute apparence, le siège de cette élaboration organique, puisque nous savons d'une part que
ces saillies du sol, véritables vertèbres des continents, émergèrent avant les plaines
du fond des mers ; et, d'autre part, que les aînés du genre humain ont préexisté aux
dernières périodes géologiques. Plus tard, après le retrait des eaux, notamment de
celles qui longtemps avaient séparé l'Europe de l'Asie, et dont la mer Caspienne et
celle d'Aral sont les restes considérablement amoindris, certains des groupes
humains, les plus intelligents, les plus civilisés, les mieux armés, s'irradièrent lentement dans tous les sens, plus spécialement en suivant les vallées des grands
fleuves, pour se trouver, en fin de compte, en contact mutuel, après un laps de
siècles plus ou moins grand. Que ce contact ait été brutal et sanglant, qu'il se
soit en maint endroit terminé par le massacre, l'asservissement des vaincus,
auxquels le vainqueur imposait sa langue, ses mœurs, sa religion, quand il
en avait ; le bon sens nous autorise à le conjecturer, tandis que la tradition et
l'histoire confirment la conjecture. Les inductions que nous venons de formuler
au sujet de l'origine des races humaines, de leurs migrations primitives, ont pour
base les données générales de la géologie ainsi que de l'archéologie préhistorique
et, spécialement pour l'Asie et l'Europe, elles sont fortifiées par la mythologie et la
linguistique.

    En Asie, les antiques populations dont nous avons précédemment énuméré les
débris, ces races inférieures dont certaines n'ont pas dépassé l'âge de pierre, ont
été subjuguées par deux grandes races supérieures, dominant encore l'humanité
actuelle. En négligeant les variétés secondaires dont l'étude sera abordée dans des
articles spéciaux, ces races ou ces espèces humaines se peuvent ramener à deux
types principaux ; le type dit caucasique et le type mongol. A ce dernier se peut
rattacher une race parente, la race malaise, dont nous dirons aussi quelques mots.

    IV. — *Des Asiatiques caucasiques.* — C'est au nord du Pendjab que l'on doit placer
le principal foyer d'origine de l'homme blanc d'Asie, dans une région qu'il serait
téméraire de vouloir limiter avec précision, très-probablement dans les vallées
cachemiriennes, dans celles de l'Afghanistan et plus particulièrement sur le versant
septentrional de l'Hindou-Kô ou Hindo-Kousch, le Caucase indien. De là ce type
noble, aryaque, a rayonné autour delui, occupant progressivement d'abord la vallée
de l'Indus, puis celle du Gange d'une part ; d'autre part la Perse et, si l'on en croit
la linguistique, poussant des colonies celtiques et autres dans la Grèce, l'Italie et le
reste de l'Europe. Le témoignage des Védas prouve incontestablement que les ancêtres de la race ont séjourné longtemps en Bactriane, dans le pays de Caboul, dans
celui de Peschawer, tandis que les traditions des Mèdes et des Perses indiquent
aussi comme primitif séjour de leur race l'Iran, l'Iran délicieux, qui paraît avoir
été le pays de Balkh, et d'où Ahriman a chassé leurs ancêtres en créant le serpent
de l'hiver. Nous devons nous borner à signaler seulement ces traditions impor-

tantes, étudiées ailleurs avec plus de soin (Voir *Aryas*). Ce qui nous incombe ici, c'est de constater l'état présent des descendants des vieux Aryas.

Actuellement, en dehors des rameaux persan et arabe dont nous parlerons tout à l'heure, les vrais représentants de la race blanche ou caucasique sont relativement assez peu nombreux en Asie. A vrai dire, on ne les rencontre qu'au nord-est de la péninsule hindostanique, soit sur le versant méridional de l'Himalaya, soit au pied de cette grande chaîne, dans le voisinage des sources du Gange et de la Djemmah. A l'est, vers le Boutan, le type mongol apparaît. A l'ouest, vers l'Hindou-Kô, dans les régions que nous avons signalées comme particulièrement Aryaques, l'homme plus ou moins blanc, au type caucasique, domine et se relie avec les blancs de la Perse. Cette vue générale se déduit tout naturellement des observations de nombreux explorateurs. Fraser a vu, au nord de Delhi, des montagnards dont le teint varie du noir jaunâtre au blanc. Très-souvent, les femmes étaient blondes. La race est belle et pourvue d'une longue chevelure, noire ordinairement. Ces peuplades, au dire de Fraser, sont fort peu civilisées. Leurs armes principales sont des flèches formées d'un roseau empenné, muni d'une pointe en os. Leurs morts sont brûlés et l'on place ensuite sur le lieu de l'incinération une pierre debout. Sur chaque sommet, ces montagnards élèvent aussi une colonne ou un cairn. C'est là un fait à rapprocher de celui des Khasias qui, aujourd'hui encore, à 500 milles de Calcutta, érigent des menhirs, des dolmens, des cromlechs, et tout cela est bien fait pour réjouir les celtologues. Nos montagnards ont une religion à eux ; c'est un mélange de brahmanisme et de polythéisme naturel. Chez eux, les femmes se vendent et s'achètent ; elles se vendent plus qu'elles ne s'achètent, car, suivant une coutume en vigueur dans beaucoup de districts himalayens, la polyandrie est là en vigueur, et une femme suffit à quatre ou cinq frères qui l'épousent en commun. La population est groupée par clans, patriarcalement gouvernés par des chefs de village [1]. Le lieutenant Mac-Murdo a vu aussi, au nord de l'Inde, dans le Kattiwar, des populations aux cheveux blonds et aux yeux bleus [2]. De même, les Cachemiriens qui habitent un pays montagneux, tempéré, où prospèrent les arbres fruitiers de l'Europe, ont le teint et l'aspect des Européens méridionaux. Selon le major Elphinstone, les Afghans de l'est ont en général le teint foncé et d'autant plus noir qu'on approche davantage de l'Indus ; mais, vers l'ouest, la couleur de la peau s'éclaircit, et, dans les montagnes, on rencontre des hommes aux yeux gris, à la barbe rouge, au port militaire, à l'air insolent. (Le major ne paraît pas se douter de la connexité intime de ces deux derniers caractères.) [3].

Au nord-est de Caboul, tout à fait dans la région de l'Hindou-Kô, habite une population plus caractéristique encore, celle des Siah-Pôsh, appelés par les mahométans Kaffirs ou infidèles. Les Kaffirs sont fort beaux, ils ont les sourcils arqués, le teint blanc et animé, des cheveux à nuance claire comme en ont les Danois et les Suédois. C'est encore Elphinstone qui relate ce fait curieux, et son témoignage est corroboré par celui de Burnes [4] qui a vu à Caboul un enfant kaffir ayant les yeux bleus et tout l'aspect d'un enfant européen. Plus récemment, le Révérend W. Handcock, de Peschawer (1864), et le capitaine Reverty (1859), ont publié sur les Kaffirs des renseignements qui concordent avec ceux de Burnes et d'Elphinstone. Ils disent aussi que les Siah-Pôsh, ou hommes vêtus de noir, ainsi appelés parce

1. Fraser, *Voyage aux monts himalayens*.
2. *Account of Kattiwar*. Bombay, *Transactions*, t. I.
3. *History of Kabul*.
4. *Voyage à Bokhara*.

que leurs vêtements sont en peau de chèvre, ont le teint blanc, les cheveux blonds, les yeux bleus. Polythéistes, ils sacrifient des vaches à leurs divinités, qui ont des noms aryaques (Schuruyah, Lamani et Pandu). De plus, le feu, qu'ils vénèrent fort, joue un grand rôle dans leurs cérémonies. Les plus pauvres d'entre eux habitent dans des cavernes, dans des creux de rochers. On ne peut nier qu'il n'y ait là un ensemble de traits rappelant assez bien les Aryas védiques [1].

Si, partant de l'Afghanistan, on marche vers l'ouest, on voit se continuer la lignée des populations franchement caucasiques, depuis la Perse jusqu'au Caucase et au détroit de Bab-el-Mandeb. Si l'on en croyait Chardin, il faudrait considérer les Persans comme les descendants des Usbecks, et les Usbecks seraient de race mongolique. Le vrai est que les races pures sont rares aujourd'hui dans le monde et qu'il ne les faut pas aller chercher en Perse. Sans doute le sang mongol s'est infiltré largement dans le nord de la Perse, mais la grande masse de la population descend très-vraisemblablement d'anciens Aryaques, Iraniens, Afghans pour une part. Ce sont sans doute les hommes de cette race qui ont servi de modèles aux sculpteurs d'Istakar, de Persépolis, etc. A cette antique population se sont mélangés depuis nombre de siècles des Mingréliens, des Géorgiens, les plus beaux des hommes, et surtout des Arabes qui ont infusé aux Persans leur religion, leurs mœurs, aussi leurs tendances. Aujourd'hui le Persan de belle race est mince et élancé; il a un visage ovale, des traits réguliers, de grands sourcils noirs bien arqués, de magnifiques yeux noirs, des yeux de gazelle; il a le caractère gai, l'allure noble, des manières extrèmement polies. Son intelligence est vive, fort subtile. Si l'on en croit nombre de voyageurs, il faut, pour achever le portrait moral du Persan, ajouter qu'il est servile ou despote selon l'occasion, vénal dans tous les rangs de la société, aussi fripon que débauché, d'ailleurs extrèmement pieux. Du temps de Chardin, les Persans mélaient la louange de Dieu à tout, même aux injures. Jamais ils ne déchiraient un morceau de papier; « le nom de Dieu, disaient-ils, pourrait être inscrit dessus [2]. » Fraser rapporte qu'en 1821 on n'enseignait dans les collèges persans rien autre chose que le Koran et la scolastique. L'amour divin passionné, extatique, était alors si commun en Perse, qu'il avait produit une sorte de secte, la secte des Soufis. Fraser ajoute que souvent cet amour déviait vers une femme ou même un beau jeune homme, mais sans cesser d'être platonique [3].

Ce que nous venons de dire des Persans pourrait, avec quelques variantes, se répéter presque textuellement pour les Syro-Arabes, Chaldéens, Assyriens, Hébreux. Selon Morton [4], les Arabes ressemblent en moins beau à leurs voisins les Circassiens. Ils ont la face ovale, le menton délicatement pointu, le front haut, les yeux grands, noirs, très-vifs, le nez mince et gracieusement aquilin; le corps est mince et maigre; le tempérament nerveux, ce qui est l'œuvre d'un climat sec et chaud, d'une sobriété extrème et de l'usage excessif du café. Selon Fraser, il faudrait ajouter à cette description que le front est muni au sommet d'une protubérance arrondie, que le profil est circulaire, que les membres sont minces et les mains d'une délicatesse féminine [5]. Signalons, en faisant toutes sortes de réserves, l'opinion enthousiaste de Larrey, qui nous dépeint le type arabe comme la perfection même. Le crâne arabe, distendu par des centres nerveux développés et munis de circonvo-

---

1. *Journal des missions évangéliques*, février 1866.
2. Chardin, *Voyage en Perse*, XVIIe siècle.
3. *Voyage au Khorassan*.
4. *Crania americana*.
5. *Voyage au Khorassan*.

lutions très-sinueuses, serait mince jusqu'à la transparence. La substance nerveuse cérébrale aurait une densité particulière [1]. A coup sûr, cette perfection physique ne s'accompagne pas d'une perfection morale correspondante. Au dire de Burckhardt, (1814-1817), les Arabes de la Mecque excellent en trois choses moins inconciliables que ne le pensent bien des gens : ce sont la politesse, l'immoralité et la dévotion. L'honnêteté, dit-il, est fort rare d'ailleurs chez les Arabes et chez les Sémites en général. A la Mecque, on a toujours à la main un rosaire, sur les lèvres le nom de Dieu. En revanche, la sodomie y est fort répandue et se pratique jusque dans le temple. C'est, presque trait pour trait, ce que raconte Palgrave des pieux Wahabites du Nedjed [2] (Voir *Arabie*). Notons, pour en finir avec la race arabe, qu'en Arabie elle s'est fortement mélangée de sang nègre, car, les femmes abyssiniennes y sont nombreuses et assez recherchées, d'où nombre de mulâtres à la peau jaune et aux cheveux crépus.

Nous avons parcouru rapidement, à vol d'oiseau, les contrées, assez peu étendues relativement au vaste continent asiatique, où la race vraiment caucasique domine en maîtresse ; si, maintenant, revenant à notre point de départ, nous descendons de l'Hindou-Kô vers le midi, en embrassant d'un coup d'œil toute la péninsule Hindostanique, depuis les vallées de l'Indus et du Gange jusqu'au cap Comorin, nous ne trouverons dans cette région, à qui la linguistique moderne a donné une célébrité certainement imméritée pour une bonne part, que des races très-mélangées et se rattachant assez mal au grand rameau caucasique. Dans le cours des siècles, les principales races de l'Asie se sont ruées dans ce paradis de l'Hindostan. Aryaques, Mongols, Arabes, s'y sont tour à tour infiltrés ou précipités en masse, se mélangeant nécessairement dans une forte mesure avec les noirs indigènes, premiers occupants du pays. Qui pourrait démêler la part de chacun de ces éléments dans la population actuelle de l'Inde ? D'une façon générale, on peut dire qu'aujourd'hui, le vrai type caucasique, réunissant à la fois la couleur de la peau et l'ossature de l'homme blanc, est dans l'Inde en infime minorité. A vrai dire, la race caucasique ne s'y trouve guère, et encore fort mélangée ou fort modifiée par le climat, que dans l'antique Arya-Varta, c'est-à-dire dans l'Inde septentrionale, entre les monts Vind'hya et la chaîne himalayenne. Là vivent des hommes grands, vigoureux, bien faits, au nez aquilin, aux sourcils arqués, mais dont la peau est déjà de la couleur du bronze antique. Les Sicks et les Radjpoutes sont les principaux représentants de cette race, la plus aryaque de l'Inde. Plus on descend vers le midi, plus la race brunit et s'amoindrit. C'est surtout à l'Indou du midi que convient le portrait suivant tracé par Morton. La face est ovale, le nez droit ou légèrement aquilin, la bouche petite, le menton souvent à fossette. La tête est petite et allongée, étroite surtout dans la région du front [3]. La plupart des voyageurs rapportent en outre que la peau est d'un noir souvent assez clair, mais parfois aussi foncé que le noir des Cafres africains [4]. Les brahmanes auraient souvent la peau jaune cuivre ou café au lait [5]. Le système musculaire est généralement peu développé ; les extrémités sont très-fines, féminines. Le caractère est efféminé comme la constitution. L'Indou serait ordinairement mou, lâche, amoureux des

1. Comptes-rendus hebdomadaires de l'Académie des sciences, t. VI, p. 771.
2. *Une année de voyage dans l'Arabie centrale.*
3. Nott et Gliddon, *Indigenous races of the earth.*
4. Abbé Dubois, *Mœurs, institutions et cérémonies des peuples de l'Inde.* Paris, 1825 ; et Sonnerat, *Voyage aux Indes orientales.*
5. Prichard, *Histoire naturelle de l'homme,* t. I.

plaisirs sensuels. Son impressionnabilité est vive, son imagination désordonnée, aussi l'exactitude et la précision lui sont inconnues. L'évêque Heber affirme que les Indous ne peuvent raconter un fait sans le dénaturer, une histoire sans la falsifier complétement. Tous ces caractères moraux se reflètent d'ailleurs fortement dans la littérature et la religion des Indous (voir *Brahmanisme, Inde.*) Nous croyons devoir passer rapidement sur ce point, que nous ne pourrions traiter plus longuement sans sortir de notre sujet. Les caractères crâniens des races plus ou moins caucasiques, que nous venons de passer en revue, seront indiqués dans des articles spéciaux autant que le permet l'état actuel de la science anthropologique (voir *Indous, Sémites*). Notons seulement en passant que, chez les Indous et les Sémites de l'Asie, le crâne a la forme d'un ovale allongé. Tous sont plus ou moins *dolichocéphales*, c'est-à-dire que, chez eux, le diamètre transversal de la tête ne représente pas les huit dixièmes du diamètre longitudinal. Le rapport de ces deux diamètres ou l'*indice céphalique* serait chez les Juifs, d'après Welcker, 77, 9 [1]. Le même indice, selon M. Khanikoff, tomberait à 0,76 chez les Afghans et à 0, 69 chez les Indous [2]. Le crâne indou serait en outre très-harmonieux lans la forme, mais remarquablement petit, puisque la capacité crânienne moyenne chez les Indous et les indigènes de Bombay serait seulement de 1000 à 1100 c. cubes, d'après Huschke [3], or la même capacité moyenne chez les Européens est de 1400 à 1450 c. cubes.

Ces quelques indications nous étaient nécessaires pour comparer l'homme de race caucasique en Asie au véritable maître de ce continent, à l'homme jaune, mongolique ou touranien. Nous allons tracer rapidement le portrait de ce futur antagoniste des races européennes.

V. — *Des races mongoles de l'Asie.* — Le type mongol est à coup sûr de tous les types humains le plus répandu, le plus largement représenté à la surface du globe. Les trois quarts de l'Asie lui appartiennent. L'aire immense qu'il occupe a pour frontières l'océan Glacial, les monts Ourals, la grande arête formée par les montagnes du Khoraçan, de l'Himalaya, du Bhoutan. Plus au sud il a occupé, en se mélangeant plus ou moins avec d'autres races, la Birmanie et l'Indo-Chine. A l'est, la mer seule limite son vaste domaine. Il a formé l'empire chinois, celui du Japon ; enfin, il s'infiltre tous les jours davantage dans l'archipel malais, et y domine déjà sur bien des points.

Comme toutes les grandes races, la race mongole se peut subdiviser en un bon nombre de sous-races ou variétés; mais toutes ces sous-races se ressemblent, dú pôle à l'équateur, par un ensemble de caractères que nous allons brièvement énumérer. La taille est plutôt petite que grande, la force musculaire médiocre. La peau d'un jaune caractéristique, s'éclaircissant toutefois plus ou moins dans les régions montagneuses. Les extrémités sont souvent menues, féminines. Le crâne est oblong-oval, à frontal étroit et à grosse extrémité postérieure. Le vertex est proéminent, l'occiput aplati. Le front, souvent dépourvu de bosses frontales, est parfois assez fuyant, presque toujours étroit au sommet. La forme générale du crâne est pyramidale ou globuleuse. L'indice céphalique varie, selon Welcker [4], depuis 78,5 chez les Chinois, jusqu'à 84,3 chez les Baskirs. Selon MM. Broca, Welcker, Bertillon, les Lapons qu'il faut bien rattacher à la race mongolique auraient

1. *Uber Wachsthum und Bau des menschlichen Schädels.*
2. *Bulletins de la Société d'anthropologie,* 1865.
3. *Schädel, Hirn und Seele nach Alter, Geschlecht und Race.* Iéna, 1865.
4. *Loco citato.*

rarement moins de 0,84 à 0,85 pour indice céphalique. Au contraire, le rameau mongolique esquimau est caractérisé surtout par l'étroitesse de la tête dont la forme est franchement pyramidale, et dont l'indice descendrait, selon Welcker, à 72,3.

Les caractères tirés de la face ne sont pas moins typiques. Les yeux sont peu ouverts, obliques en haut et en dehors. Les pommettes et les arcades zygomatiques, extrêmement saillantes, donnent à la face un contour triangulaire. Le nez est peu saillant, enfoncé à la racine, la bouche est grande et les lèvres épaisses, le prognathisme fréquent. La barbe, rare et noire, pousse tardivement. Les cheveux, noirs aussi, sont droits et lisses. Les yeux sont invariablement de couleur foncée.

Au point de vue moral, rien de plus divers que la race mongole prise dans son vaste ensemble. Elle réfute on ne peut plus victorieusement les pessimistes suivant lesquels chaque race, chaque peuple presque serait fatalement voué à un état social invariable, à une religion immuable. La vérité est que l'homme, être éducable et lentement perfectible, peut, les siècles aidant, se plier aux genres de vie et aux modes de penser les plus divers.

D'après leurs historiens, les Chinois furent d'abord une petite horde barbare, errant au pied des montagnes du Thibet. Leurs humbles ancêtres, disent-ils, étaient au dernier degré de la sauvagerie; ils ignoraient l'usage du feu, se nourrissaient de racines, d'insectes. En un mot, ils étaient à l'âge de pierre que nous retrouvons encore chez les plus septentrionaux des Mongols actuels, au Kamtschatka, sur les rivages de la mer Glaciale.

En effet, les Kamtschadales et les Samoièdes vivent comme ils peuvent, de poissons, de racines, de baleines échouées qu'ils dépècent, d'amphibies qu'ils chassent. Leurs haches sont des os de renne, de baleine, des morceaux de jaspe taillés en coin. Les couteaux des Kamtschadales sont des morceaux de cristal de roche taillés en lancettes et fixés dans un manche de bois. Leurs aiguilles sont en os de zibeline. Le Kamtschadale habite dans des huttes rondes l'hiver, sous des tentes en écorce de bouleau l'été. Sa morale est tout à fait rudimentaire. Chez lui, l'union des sexes est absolument libre, même entre fille et père. Au Kamtschatka, dit Beniouski, qui nous fournit ces détails [1], on n'a nulle idée de la spiritualité de l'âme. Nous n'avons pas de peine à le croire.

En descendant des bords de la mer Glaciale vers le sud, nous trouvons de nombreuses populations de race mongolique, groupées en hordes, qui obéissent à un chef souvent électif et mènent une existence nomade, pastorale, errant dans les steppes immenses du nord de l'Asie, depuis les frontières de la Chine jusqu'aux monts Ourals. Signalons les principaux groupes en allant de l'est à l'ouest. Ce sont les Tongouses et les Bouriates, rôdant de préférence aux environs du lac Baïkal, puis les Kirghiz, les Baskirs vers le cours moyen de la Léna, de l'Obi, de l'Iéniséi ; au nord-ouest, les Ostiaks sur l'Irtych. Chez ces derniers, de nombreux croisements avec les Russes ont fortement altéré le type mongol. Les cheveux roux et blonds n'y sont pas rares, et on y faisait déjà des essais agricoles du temps de Gmelin [2].

Même diversité chez ces Mongols du nord au point de vue religieux. Les ichthyophages hyperboréens adorent tantôt le soleil ou la lune, tantôt l'ours, qu'ils tuent et qui le leur rend bien. Les Mongols Sibériens, qui, en partie, et depuis un certain nombre d'années, ont été militairement convertis par les Russes au christianisme grec, ont en général pour religion un ensemble de superstitions bizarres

1. Beniouski, *Voyage au Kamtschatka*.
2. *Voyage en Sibérie*, xviii⁰ siècle.

appelées en bloc chamanisme. C'est un mélange de polythéisme et de fétichisme où la peur de mauvais génies joue un grand rôle. On apaise les êtres malfaisants par des offrandes, ou bien l'on salarie, pour les chasser ou pour les consulter, un prêtre sorcier, kam ou chaman, qui a le pouvoir de les évoquer en frappant sur un tambour sacré. Chaque horde, d'ailleurs, a ses dieux pénates.

Au sud-ouest, sur les frontières chinoises, les Tartares Mandchoux ont une organisation religieuse et sociale plus compliquée. Là, les hordes nomades sont subdivisées en bannières, régiments, escadrons commandés par des officiers hiérarchiquement subordonnés et obéissant à des princes mongols, dont beaucoup sont alliés à la famille du fils du ciel. Spirituellement, les Mongols Mandchoux sont chamanistes ou bouddhistes, souvent les deux à la fois. La plupart se reconnaissent comme fils spirituels du pape thibétain ou Dalaï-lama [1]. La curieuse théocratie du Thibet et du Boutan sera décrite ailleurs (V. *Lamaïsme*). On serait tenté de croire qu'elle a servi de modèle à la papauté catholique, si l'on ne savait que l'esprit humain peut concevoir et exécuter en maint endroit du globe, à divers moments de la durée, les mêmes folies, sans pour cela avoir besoin de modèles. Il ne se copie pas, il se répète. Cependant des deux papautés thibétaine et romaine, la première est de beaucoup la plus complète. Sous le rapport de l'infaillibilité, les deux Saintetés n'ont rien à s'envier; mais celle de Lhassa a sur celle de Rome l'immense avantage de commander à la mort même, et de pouvoir s'incarner à volonté d'un corps décrépit dans un corps tout neuf, sans jamais perdre le souvenir de la série de ses existences. Nous prenons la liberté d'appeler là-dessus les méditations des conciles catholiques présents ou futurs. Il serait si désirable d'enrichir encore l'écrin de nos dogmes.

Nous avons vu, en descendant vers le sud-est, à partir des bords de la mer Glaciale, le Mongol passer de la sauvagerie primitive à la vie nomade et pastorale; puis, les hordes d'abord indépendantes se grouper, se hiérarchiser sous un chef chez les Tartares Mandchoux. Passons la frontière chinoise. Voici le Mongol civilisé, agriculteur habile, cultivant le sol jusque sur le sommet des montagnes, formant une des populations les plus denses du monde, et ayant créé depuis environ le VIIe siècle de notre ère une organisation sociale, qui, à coup sûr, est loin de mériter les railleries et les dédains dont l'Europe l'a accablée. Dès le VIIe siècle, c'est-à-dire au temps où notre sommeil hibernal du moyen âge était le plus profond, la Chine proclamait que la science et l'intelligence méritent par-dessus tout la considération et l'influence. Loin de se claquemurer comme l'Inde dans la prison cellulaire des castes, elle plaçait au haut de sa hiérarchie sociale la classe des lettrés, classe accessible à tous par le concours, et où l'Empereur est obligé de choisir les fonctionnaires et les agents du gouvernement, en proportionnant l'importance de la fonction à l'élévation du grade scientifique obtenu. Il y a là de quoi donner à réfléchir aux indigènes de certaines contrées de l'Europe, où, de temps immémorial, l'admiration publique s'adjuge invariablement aux meilleurs traîneurs de sabre, où la fortune et la renommée récompensent toujours les mimes, acteurs ou chanteurs, presque jamais le savant et le philosophe.

Ajoutons encore à l'actif des Chinois qu'ils n'ont point de religion d'État, que leur religion principale, celle de Confucius, est plutôt une sorte de panthéisme philosophique qu'une religion, que le culte en est purement civil, et que les pratiques de ce culte, dont se rient les lettrés eux-mêmes, sont conservées seulement à cause de ce respect exagéré pour la tradition, qui a été, en Chine et ailleurs, un

1. Timkowski, *Voyage à Pékin par la Mongolie*, 1820-1821.

vrai fléau social [1]. Point de bonzes officiels, et des mandarins lettrés ! O fortunés Chinois ! Chinois dignes d'envie ! !

Signalons, pour achever la nomenclature des diverses nations mongoliques, les Japonais et les Indo-Chinois. Les premiers sont les plus braves, les plus intelligents, les plus artistes des Mongols, et probablement ceux qui feront avant tous les autres de larges emprunts à la civilisation d'Europe. Leur état social actuel est comparable par certains côtés à la féodalité européenne, au temps de Grégoire VII. Leur religion dominante est le culte de Sinto, divinisation et personnification des phénomènes naturels. S'il y a des trombes au Japon, c'est que d'énormes dragons volants agitent l'air; si le sol tremble, c'est que de puissantes baleines rampent sous la terre et en soulèvent l'écorce de leur large dos [2].

Le Birman, la Cochinchine et Siam se rattachent encore assez directement à la race mongolique; mais, en Birmanie, l'Hindou et le Mongol se sont rencontrés et mélangés. Les caractères physiques du Mongol dominent chez le Birman ; mais sa langue sacrée est le pali, et son code est dérivé de celui de Manou.

En Cochinchine et à Siam, c'est avec la race malaise que le Mongol s'est plus ou moins fondu. Actuellement l'Indo-Chinois a tous les caractères de la race mongole; mais il se rapproche du Malais par une taille plus petite et une force musculaire amoindrie. Sa religion dominante est celle de Bouddha ; sa caractéristique morale est la servilité la plus abjecte [3].

VI. — *Race malaise.* — Les Malais ressemblent tellement aux Mongols, que beaucoup de voyageurs et quelques anthropologistes ne les en distinguent pas. Ce sont des hommes de petite taille, aux extrémités fines. Leur peau est ordinairement couleur marron. Ils ont la bouche grande, la mâchoire prognathe, les pommettes saillantes, les yeux obliques, les cheveux noirs et abondants. Selon Bory de Saint-Vincent et Freycinet, la muqueuse buccale des Javanais aurait une couleur violette. Leur crâne est court ; son indice céphalique est, d'après Welcker, de 81,4 à 82,1. Des mesures prises par MM. Scherzer et Schwarz sur neuf Javanais et huit Javanaises il résulterait que les Javanais ont la tête fort petite, plus petite que celle de toutes les autres races de leur archipel [4].

Les Javanais occupent le midi de la péninsule de Malacca, une grande partie de Sumatra et un grand nombre de points dans l'archipel Indien. Un petit nombre s'adonnent à la culture du riz et d'autres céréales. Beaucoup vivent surtout de pêche ou de piraterie, n'ayant pas d'autres demeures que leurs barques. Ce sont les Orangs-Lauts (gens vivant sur la mer). Courageux et indolents, sensuels, passionnés, imaginatifs, les Javanais se laissent supplanter peu à peu par le Chinois, tenace, patient, laborieux et calculateur. Autrefois sectateurs de Brahma, les Javanais ont pour la plupart adopté le mahométisme introduit dans l'île de Java vers le commencement du XVᵉ siècle. Le brahmanisme lui-même avait succédé à d'anciennes croyances religieuses : fétichisme, culte des génies. Naturellement toutes ces croyances ont laissé à Java des traces plus ou moins profondes. Chez les peuples peu civilisés, les religions se succèdent et se superposent comme les couches alluviales en géologie ; elles ne se détruisent point [5].

1. Les religions de la Chine : religion de Confucius, bouddhisme ou culte de Fo, religion du Tao, seront étudiées dans des articles spéciaux (Voir Abel Rémusat, *Nouveaux mélanges asiatiques*).
2. Voir Siebold, Kœmpfer.
3. Finlayson, *Voyage du Bengale à Siam et à la Cochinchine.* H. Mouhot, *Voyage dans les royaumes de Siam, de Cambodge et de Lao.*
4. *Reise der Osterreichischen Fregatte Novara, etc.* Wien, 1867.
5. Finlayson, *Voyage du Bengale à Siam et à la Cochinchine.* — Prichard, *Histoire naturelle de l'homme.* — Pfyffer de Neüeck, *Esquisses de l'île de Java.* — Bory-Saint-Vincent, *L'homme.*

Les Malais sont-ils originaires du continent asiatique ? Il est plus vraisemblable de considérer les grandes îles de l'archipel Malais comme la patrie originelle de la race, qui de là aurait immigré dans la péninsule de Malacca et constituerait ainsi, avec certains ichthyophages du nord-ouest de l'Asie et de la portion septentrionale du Kamtschatka, les seuls peuples immigrants que le vaste continent asiatique paraisse avoir reçus.

L'appoint étranger reçu dans le nord est constitué par les Namollos, les Koriaques, les Aléoutes, rattachés par leurs dialectes aux indigènes américains. Ce fait est important à noter, car il contredit l'hypothèse orthodoxe et monogéniste d'après laquelle des colons asiatiques, passant par les îles Kouriles, seraient les ancêtres de l'homme américain.

VII. — Nous pouvons maintenant nous faire une idée juste et générale de la distribution de l'espèce humaine en Asie. En effet, si nous négligeons les aborigènes sauvages destinés à être assimilés ou détruits, si nous négligeons même le petit groupe malais, peu important dans une vue d'ensemble, nous voyons sur le continent asiatique deux grandes races d'hommes. L'une, à type caucasique, occupe seulement les contrées qui s'étendent au sud et à l'est de l'Himalaya. L'autre, la race jaune, mongolique ou touranienne, possède les trois quarts de l'Asie, des régions polaires aux régions équatoriales, de l'Oural et de la mer Caspienne au grand Océan. Ces deux races, probablement originaires de deux versants opposés de l'énorme massif montagneux de l'Asie centrale, se sont peu mélangées au centre du continent, séparées qu'elles étaient par la quadruple chaîne de ce massif, comme par un mur. Mais le mélange plus ou moins intime s'est opéré au sud-est dans la Birmanie, à l'est dans le Khoraçan, le Turkestan, etc., à ce point que des hordes turques, de race mongolique, sont venues se fondre avec la race blanche dans l'Asie-Mineure et la Turquie d'Europe.

Ces deux types humains, si distincts par les caractères physiques, ne le sont pas moins par les idiomes, et aussi par les tendances morales. En effet, tous les peuples de race mongolique parlent ou des langues purement monosyllabiques ou des langues simplement agglutinatives, dans lesquelles, suivant une heureuse comparaison de Max Muller, tous les radicaux sont aussi distincts que les éléments d'une mosaïque mal faite. Au contraire, tous les peuples de la race caucasique, qu'ils soient aryaques, iraniens ou sémites, parlent des langues à flexion, c'est-à-dire des langues dont tous les radicaux fondus ensemble ont perdu leur indépendance.

Les différences organiques se traduisent donc, comme il est naturel, par des différences intellectuelles correspondantes, qui s'accusent non-seulement dans les langues, mais encore dans les autres manifestations ou créations de la pensée. C'est du cerveau de l'Asiatique blanc que sont sorties toutes les grandes religions à métaphysique subtile ou complexe, le brahmanisme, la religion de Zoroastre, le judaïsme, le christianisme, le mahométisme. Le bouddhisme, né aussi dans la race aryaque, mais dont le fond paraît être l'athéisme, a surtout été adopté par l'homme mongolique, qui n'a créé d'autre grande religion que la religion quasi philosophique de Confucius.

Il y a donc là deux types fort distincts. L'un certainement capable de se fusionner avec les races européennes, auxquelles le relient tant d'affinités naturelles, l'autre, qui entrera de plus en plus dans l'avenir en conflit avec l'homme d'Europe. Or, de cet inévitable conflit résultera nécessairement un temps d'arrêt dans le progrès intellectuel de l'humanité.

Car il ne s'agit pas ici d'une de ces races désarmées, occupant dans la hiérarchie du genre humain les plus bas échelons, d'une de ces races condamnées à être exterminées dans la lutte pour l'existence. Intellectuellement l'homme mongolique est le second dans l'humanité. De plus, il est vigoureux, laborieux, patient, tenace et sobre. Sous tous les climats, aux latitudes les plus extrêmes, on le voit travailler, vivre et durer. Enfin, il forme une des plus grosses portions, la plus grosse portion peut-être de l'humanité actuelle. Les Mongols d'Asie constituent approximativement une masse de 500 à 550 millions d'hommes. De son côté, l'Europe compte au plus 300 millions d'habitants. En ajoutant à ces 300 millions tous les hommes plus ou moins caucasiques de l'Asie, on arrive à peine à un total de 500 millions d'hommes, et ce total est formé de sous-races, de groupes, qui, politiquement, moralement et religieusement, ont bien moins d'homogénéité que le redoutable faisceau mongolique [1]. L'unification des peuples blancs et des Mongols ne se peut donc obtenir que par le mélange et l'éducation lente. Or, l'histoire nous apprend que, dans ces contacts, la race la plus inférieure, pour s'élever et s'enrichir intellectuellement, abaisse et appauvrit nécessairement la race la plus riche. Mais heureusement, la race blanche a de puissantes réserves; ce sont ses grandes colonies de l'Amérique et de l'Océanie, destinées dans un ou deux siècles à former des groupes puissants, qui pèseront d'un poids énorme dans la balance. Il est donc permis d'espérer pour l'humanité, dans un laps de siècles plus ou moins grand, après l'absorption, l'éducation ou la disparition des races attardées, une égalisation, une unification complètes qui donneront, sans plus de contestation possible, la victoire au type le plus élevé.   CH. LETOURNEAU.

ASIE-MINEURE (*Anatolie, Anatoli, Natolie*). L'*Asie-Mineure*, appelée quelquefois *Asie antérieure*, était ainsi nommée par opposition à la *Haute-Asie* ou *Asie supérieure*. « La géographie de cette contrée, dit Letronne [2], présente encore beaucoup d'obscurité, malgré les efforts qu'ont faits pour l'éclaircir, les voyageurs et les géographes... La plupart des ouvrages historiques et géographiques qui en traitaient ont été détruits par le temps, et il ne nous reste que des indications vagues, incomplètes, fournies par Strabon, Pline, Ptolémée, la Table de Peutinger, etc., qui laissent subsister une grande quantité de lacunes. » Cette péninsule de l'Asie occidentale, désignée aujourd'hui par la dénomination générique d'*Orient* ou du *Levant* et par les Turcs sous le nom exactement correspondant d'*Anatolie*, avait pour bornes, au nord, le Pont-Euxin, le Bosphore de Thrace, la Propontide et l'Hellespont; à l'ouest, la mer Égée; au sud, la mer Intérieure, les monts Amanus et Taurus, à l'est, le cours de l'Euphrate.

L'aspect général du pays présente un plateau central assez élevé, traversé dans sa partie centrale par le cours de l'Halys, flanqué au nord, à l'ouest et au sud, par des chaînes de montagnes parmi lesquelles on distingue le Taurus. Des chaînes de ce plateau central descendent de nombreux cours d'eau qui traversent de belles plaines et de riches vallées; ces montagnes sont couvertes de si belles forêts que les Turcs ont cru devoir donner à certaines localités du rivage septentrional le nom de *Agatch-Degnis*, c'est-à-dire *Mer des arbres*. Le sol est d'une telle fertilité qu'aujourd'hui même, négligé et presque sans culture, il rend encore *trente pour un* et produit naturellement une prodigieuse abondance de ces fruits délicieux que l'Asie-Mineure a donnés à l'Europe. Ajoutons que la richesse minérale du pays n'est pas inférieure à tous ces avantages.

---

1. Nous avons pris pour base de notre calcul les chiffres indiqués par l'annuaire géographique d'E. Behm. (*Geographisches Iarbuch*, chez Justus Perthes, à Gotha).
2. *Journal des Savants*, 1845.

Une si belle possession a dû être très-désirée et par conséquent vivement dispu-
tée : parmi les conquérants, nous trouvons les noms qu'on rencontre d'abord partout en Asie, ceux de l'assyrienne Sémiramis et de l'égyptien Ramsès ou Sésostris;
puis vinrent les Mèdes sous Cyaxare. Une des batailles de cette campagne est
célèbre par sa coïncidence avec une éclipse de soleil qui effraya les deux armées et
arrêta les combattants. Lorsque les Mèdes tombèrent sous la domination du grand
vainqueur de l'Orient, le perse Cyrus, l'Asie-Mineure subit le même sort : le
lydien Crésus est défait à Thymbrée et à Sardes par Cyrus en personne, et le reste
de la presqu'île est soumis par Harpage, le lieutenant du vainqueur. De la révolte
de l'Ionie (510), soutenue par les Athéniens, date le commencement de la lutte des
Grecs contre les Perses, pour obtenir l'affranchissement de l'Asie-Mineure, qui,
seule, peut assurer la sécurité de la Grèce : cette lutte est marquée par des alternatives de succès et de revers, que rappellent surtout deux traités si contraires
dans leurs résultats, ceux de Cimon (449), et d'Antalcidas (387); elle dure ainsi
jusqu'à la victoire d'Alexandre sur les bords du Granique, victoire qui livre au
Macédonien toute l'Asie-Mineure. Les Séleucides, lieutenants d'Alexandre, qui ont
l'Asie-Mineure dans leur part des dépouilles du grand empire gréco-macédonien, la
gardent jusqu'à ce que les Romains la leur ravissent à la suite de la victoire de
Magnésie (190), gagnée par le génie des Scipions. Puis les vainqueurs eurent à la
disputer, d'abord contre Mithridate le Grand et plus tard contre les Parthes. Cette
dernière conquête assure aux Romains (25 ans avant Jésus-Christ) le sceptre du
monde alors connu, et ne laisse place dans l'univers antique qu'à la servitude et à
la barbarie.

Lors du partage définitif de l'empire romain (395 ans après Jésus-Christ),
l'Asie-Mineure échut à l'empire d'Orient et resta encore, pendant tout le moyen
âge, un champ de bataille : les Grecs et les Arabes s'en disputent la possession, et
les derniers en sont à peu près les seuls maîtres vers le viie siècle; puis, paraissent les Seldjoucides au xie, et, un instant, les Mongols de Timour au xiiie; mais
Arabes, Seldjoucides et Mongols ont à lutter à diverses reprises contre les expéditions chrétiennes des Croisés. Enfin, les Osmanlis ou Turcs s'y établissent définitivement après la conquête de Brousse, faite en 1326 par le fameux Othman ou
Osman. Ses successeurs font de cette ville leur place d'armes pour s'élancer sur les
contrées orientales de l'Europe. Sous l'influence d'un dégradant despotisme militaire et d'un étroit fanatisme religieux — les deux plus grands fléaux auxquels
soit exposée l'espèce humaine — ce magnifique monument de la civilisation antique, qui avait résisté tant de fois à l'action destructive du fer et du feu, n'offrit
bientôt plus qu'un spectacle de dévastations et de ruines, chères encore par les
souvenirs héroïques qu'elles réveillent.

Ce coup d'œil rapide, jeté sur les annales de l'Asie-Mineure, ne peut donner
qu'une idée imparfaite de l'histoire de cette péninsule, divisée en plusieurs États
riches et puissants, qui ont leur histoire propre, peuplée de villes magnifiques et
renommées; une simple énumération de ces petits royaumes permettra de compléter notre résumé historique.

Le *Pont*, royaume célèbre de Mithridate le Grand, renfermait comme capitale
Sinope, célèbre par ses deux ports placés aux deux côtés de l'isthme, et que les
Russes bombardèrent en 1853 pour détruire la flotte turque, acte barbare qui contribua à décider la guerre de Crimée; *Trapézonte*, ainsi nommée de la forme de son
enceinte (carré, trapèze) et plus connue sous le nom de *Trébizonde*. Cette ville devint,
en 1206, la capitale d'un petit État grec indépendant, fameux dans les romans du
xive et du xve siècle. Aujourd'hui encore son importance consiste tout entière

dans sa position, et, quand les gouvernements de la Turquie et de la Russie le voudront, Trébizonde pourra devenir un des entrepôts de commerce les plus avantageux.

La *Bithynie*, avec ses villes de *Nicomédie*, qui joue le rôle de capitale dans l'empire d'Orient et où mourut Constantin, de *Chalcédoine* et de *Nicée*, fameuses par les conciles œcuméniques qu'elles virent se réunir dans leur sein. Nicée fut aussi, en 1206, le siége d'un petit Empire grec indépendant. C'est en Bithynie que se trouvent *Sughud* ou *Sugueud*, regardée comme le berceau de la monarchie ottomane, parce qu'elle renferme le tombeau du fameux Osman, et *Brousse*, capitale des Turcs de 1328 à 1453.

La *Galatie*, habitée principalement par des tribus gauloises, et qu'on appelait à cause de cette circonstance *Gallo-Grèce*. On y remarquait *Ancyre* ou *Angora*, renommée pour ses fruits et ses chèvres, dont on tire une laine aussi fine que la soie; c'est dans ses plaines que se livra la grande bataille entre les Mongols et les Turcs.

La *Mysie* et la *Phrygie* : le trait caractéristique de la Mysie est la division physique bien tranchée du sol en coteaux et vallées ; les Phrygiens durent une certaine célébrité au culte de Cybèle, particulièrement honorée dans leur pays, et à leur goût pour les arts et surtout pour la musique : c'est à eux que les Grecs empruntèrent le mode musical qu'ils appelaient *mode phrygien*.

Tout près se trouvait la *Troade* avec Abydos, sur le détroit qui unit la Propontide et l'Hellespont proprement dit, et où Xercès jeta son pont pour passer d'Asie en Europe, et la célèbre et infortunée *Troie* ou *Ilion*.

Pergame et la *Lydie* : le premier royaume fut longtemps florissant sous les Attales ; la Lydie doit sa grande réputation au *Pactole*, qui, dit-on, roulait des paillettes d'or ou plutôt, probablement, des fragments de mica, fort abondants dans cette contrée, aux amours d'Hercule et de la reine Omphale, aux tragiques aventures de Candaule et de Gygès, enfin aux richesses et aux infortunes de Crésus.

L'*Ionie*, avec sa confédération de douze villes, dont les principales étaient Milet, Éphèse, Phocée, Samos, Chios et Smyrne. L'Ionie brilla par l'éclat des lettres, des sciences et des arts, et devança de plusieurs siècles les Grecs d'Europe dans la civilisation : Homère, Callinicus, Anacréon étaient des Ioniens; la philosophie ionienne nomme avec orgueil Thalès et Anaxagore ; la peinture peut revendiquer les noms de Parrhasius et d'Apelles ; l'antiquité comptait le temple de Diane à Éphèse parmi les sept merveilles, et celui de Junon à Samos ne lui cédait que peu. Ce développement précoce, dû au génie de la race hellénique, avait été aidé par la douceur du climat dont Hippocrate a pu dire : « On ne connaît guère ici de différence de chaleur et de froid ; les deux températures se fondent l'une dans l'autre. »

La *Carie*, qui avait une réputation proverbiale de mollesse et de mauvaise foi, donna naissance au père de l'histoire, Hérodote d'Halicarnasse; les habitants de la *Lycie*, au contraire, jouissaient d'une renommée glorieuse entre toutes : un profond sentiment de modération et de justice dû probablement à leur constitution républicaine et fédérative, dont Strabon nous a conservé (XIVe livre) les traits principaux.

La *Cilicie*, où Darius fut défait par Alexandre à Issus, comptait une ville célèbre par ses écoles, qui furent presque les rivales de celles d'Athènes et d'Alexandrie, et où étudia le grand apôtre des gentils, Paul. Les habitants de ce pays furent de tout temps adonnés à la piraterie.

La *Cappadoce*, la *Lycaonie*, la *Paphlagonie* et la *Pamphylie* n'offrent rien de remarquable jusqu'à leur grande extermination par Pompée.

A tous ces noms, il faudrait pouvoir joindre ceux de petits cours d'eau et de montagnes, qui eurent plus de célébrité par les souvenirs poétiques ou historiques

qu'ils évoquent que d'importance réelle : le *Halys* (aujourd'hui le Kisil-Ermak), le plus
grand fleuve de toute la péninsule, son cours est d'environ 400 milles; le *Granique*,
qui vit la première victoire d'Alexandre; le *Xante* ou *Scamandre*, le *Simoïs*, le *Mélès*,
illustrés par les chants ou par la naissance d'Homère; le *Méandre*, fameux par ses
sinuosités; le *Cydnus*, fatal à deux grands guerriers, Alexandre et Frédéric Barbe-
rousse. Comme montagnes, nommons l'*Ida*, où Pâris donna à Vénus le prix de la
beauté sur Junon et Minerve; le *Latmos*, témoin des amours de Diane et d'Endymion,
et le promontoire de Sigée, avec ses glorieux tombeaux d'Achille et de Patrocle.

Parmi les îles qui dépendaient de l'Asie-Mineure, on remarque *Patmos* où Jean
l'évangéliste écrivit son indéchiffrable Apocalypse; *Rhodes*, surnommée l'épouse du
Soleil, parce qu'il ne se passait pas, dit-on, un seul jour sans que cet astre s'y mon-
trât, et illustrée par les utiles exploits des chevaliers hospitaliers de Saint-Jean-de-
Jérusalem contre les Turcs; *Chypre*, la belle île dont les poëtes ont fait le séjour de
Vénus.

L'Asie-Mineure est maintenant divisée en huit *eyalets* ou *pachalicks*, subdivisés
chacun en *livas* ou *sandjacks*; le gouverneur général porte le titre de *Beglesbeg*.
Malgré leur triste situation actuelle, ces lieux seraient encore délicieux s'ils n'étaient
pas désolés par la présence trop fréquente des bandes de Turcomans qui dévalisent
les caravanes, et par les nombreuses bêtes féroces, telles que chacals, hyènes et
ours qu'une déplorable administration a laissés se propager.

BIBLIOGRAPHIE. — *Journal des Savants* (juillet 1845), étude par Letronne; *Nouvelles
Annales des Voyages*, t. LXXIV, LXXVII *passim*; Charles Texier, *Voyages en Asie-
Mineure*, 1838; *Voyages en Orient entrepris par ordre du gouvernement français* (1820-
1833), par V. Fontanier, 3 volumes in-8°; *Voyage en Asie-Mineure* de Ph. Le Bas;
Fellow, *A Journal written during an excursion in Asia-Minor*, 1839, et *Second excursion*,
1841; *Voyages* de Beaufort, du capitaine Copeland. — *Géographie de l'Asie occidentale*,
par le major Rennell, et *Karte von Klein-Asien*, en 6 feuilles, 1848, Berlin, chez Simon
Schropp.   ALPH. FEILLET.

ASINE (ESPÈCE). — L'étymologie du mot âne (*equus asinus*) est encore trop
incertaine pour y insister; vient-il du grec ἀσινής, *innocent*, ou du celte *asen*? nous ne
nous hasarderons pas à le décider. Tout ce que nous pouvons dire, c'est que l'âne
a nom en arabe *hmar*, et *lü* en chinois. Il fait partie de l'ordre des *jumentés*, qui est
un démembrement moderne des Pachydermes de Cuvier, et de la famille des *équidés*,
jadis *solipèdes*, car les classifications changent assez souvent pour rendre la synonymie difficile. Il est probablement originaire de l'Orient, et la prose naïve qu'on
chantait dans les églises du moyen âge : « Ex orientis partibus, nobis venit asinus, »
disait vrai sans le savoir. L'Asie centrale renferme encore des troupes d'ânes sauvages, ainsi que certaines régions du Nil. En Asie, ces ânes sauvages s'appellent
koulan. Arminius Vambéry raconte que, dans le trajet de la Caspienne à Khiva,
pendant une halte au désert, le campement fut très-effrayé de l'approche d'une
innombrable troupe d'ânes sauvages, qu'on avait pris d'abord pour une charge de
cavalerie, et qu'on fut frappé de leur haute taille et de leur vigueur. L'âne mâle
s'appelle *baudet*, mot qu'on fait venir de l'hébreu *badel*, *stupide* : le lot du pauvre
animal a toujours été fait d'injures, ce qui ne lui importe guère, et de coups, ce qui
le laisse moins indifférent. Anatomiquement, il ressemble au cheval; extérieure-
ment, il a une tête plus forte que ce dernier, des oreilles plus longues dont les
dimensions exagérées ont été pour beaucoup dans la réputation grotesque de leur
porteur, des formes plus étroites et un dos qui a fourni une métaphore, pour exprimer une arête tranchante à angle aigu. Du reste, il ne faudrait pas juger l'espèce

par les individus abâtardis, inintelligemment croisés et déformés par la fatigue et par la misère, qu'on voit dans l'Europe et dans l'Amérique, où ils ont été importés. Il faut examiner les ânes d'Orient, aux formes robustes et élégantes, aux vives allures, à l'air fringant et fier : ils ont inspiré aux poëtes arabes des chansons que répètent encore les bourriquiers du Caire. Surmené, mal nourri, jamais pansé, l'âne d'Europe n'en rend pas moins des services énormes dans la petite culture et dans le transport des denrées; quiconque l'a observé à la campagne avec cette patience et cette sympathie dont aucun animal domestique n'est indigne, attestera qu'il est plein d'intelligence et de courage, et que son entêtement n'est souvent autre chose que cette passivité invincible, dernier refuge de la brute contre les fatigues excessives imposées par l'homme.

En France, on compte en moyenne 5,000 individus de l'espèce asine par département. D'après M. Lefour, ce chiffre s'élève jusqu'à 15 et 17,000 têtes dans chacun des départements de la Dordogne, des Bouches-du-Rhône, du Var et de l'Aude. On peut distinguer la race du Poitou et la race de Gascogne. La première est souvent dépourvue de cette raie cruciale, si nettement tracée sur le pelage gris cendré ou brun rougeâtre.

Dans le Poitou, c'est surtout en vue de la production mulassière qu'on élève les ânes; les plus parfaits des baudets étalons représentent une valeur considérable, jusqu'à 6, 8 et 10,000 francs. Le produit de l'âne et de la jument a nom *mulet* ou *mule*, celui de cheval et de l'ânesse, beaucoup plus rare, est appelé *bardot* ou *bardeau*. Les ânesses portent trois cent cinquante jours et peuvent produire jusqu'à douze et quinze ans. L'ânesse est encore utilisée comme laitière, son lait étant tenu pour un aliment léger et digestif, convenant aux personnes de faible complexion; une bonne ânesse en donne de deux à trois litres par jour pendant huit mois.

A. DE CHIERZAC.

ASPHYXIE. — L'ensemble des phénomènes que l'on décrit sous ce nom ne rappelle en rien la syncope comme tendrait à le faire supposer la composition du mot, qui signifie absence de pouls; la plupart des définitions et des divisions adoptées sont aussi défectueuses que l'étymologie. Puisque le terme est passé dans le langage usuel, mieux vaut le conserver que d'en composer un nouveau, mais nous pouvons au moins lui donner une signification précise.

Les obstacles qui s'opposent à la pénétration de l'air dans les aréoles pulmonaires déterminent un groupe de symptômes bien connu; mais certains troubles dans la circulation et l'absorption de quelques gaz provoquent des accidents semblables; en annonçant que l'asphyxie est l'abolition des fonctions de la respiration, on donne donc une définition incomplète. Pour être logique, il faut dire que l'asphyxie est due à la suspension des phénomènes d'hématose ou d'oxygénation du sang.

L'oxygène, contractant avec les globules du sang une sorte d'union, ou mieux de combinaison, porte dans toutes les parties du corps son influence indispensable à la vie. Le sang, arrivé noir au poumon, en ressort rutilant dès qu'il a subi l'oxygénation, puis il est transporté par les artères, perd, en traversant les capillaires, une partie de son oxygène, se charge d'acide carbonique et devient noir. Lorsque ce sang noir ou veineux ne peut recevoir de nouveau le contact de l'oxygène, il passe dans les artères sans se modifier, et bientôt le sang des artères ne diffère point du sang des veines, la nutrition des tissus cesse d'être régulière, on a les symptômes de l'asphyxie.

Les globules du sang seront privés d'oxygène et l'asphyxie se montrera dans les cas suivants : 1º Si l'air atmosphérique cesse de pénétrer dans les aréoles pulmonaires. 2º Si le sang veineux ne peut être transporté à ces aréoles. 3º S'il y a pénétration dans le sang d'un gaz capable de chasser l'oxygène de sa combinaison avec les globules ou d'empêcher l'exosmose de l'acide carbonique. 4º S'il y a pénétration d'un gaz capable de se combiner avec l'oxygène des globules. 5º Si la circulation placentaire cesse d'avoir lieu chez le fœtus.

Généralement, on ne fait pas rentrer parmi les causes d'asphyxie l'action de certains gaz qui chassent l'oxygène du sang ou se combinent avec lui, on dit alors que ces gaz sont toxiques. Cette distinction est purement artificielle; en physiologie elle est irrationnelle, et en pathologie elle introduit de la confusion dans les descriptions des différentes espèces d'asphyxie. Que l'oxygène ne puisse arriver aux globules sanguins, que les globules sanguins ne puissent arriver au contact de l'oxygène, que ce gaz soit chassé des globules ou qu'il disparaisse dans une combinaison quelconque au milieu même du sang, le résultat final sera toujours le même, il y aura désoxygénation des globules.

Nous examinerons en détail les causes de l'asphyxie en suivant la division que nous avons indiquée sommairement.

1º *Asphyxie par défaut de pénétration de l'air atmosphérique dans les voies respiratoires.*

Dans cette première classe, on peut établir trois divisions principales : *a* les modifications du milieu où l'animal respire; *b* les traumatismes; *c* les affections des voies respiratoires.

a. Dans l'air raréfié et à plus forte raison dans le vide les globules, ne trouvant plus d'oxygène ou n'en trouvant pas assez, deviennent noirs; c'est la meilleure preuve que les symptômes de l'asphyxie ne sont point dus pour la plupart à la présence de l'acide carbonique dans le sang, car, s'il se formait dans ce cas de l'acide carbonique, il serait rapidement entraîné hors de l'organisme. On sait du reste que la couleur noire des globules n'indique pas la présence de l'acide carbonique et que du sang rutilant placé dans le vide devient noir par exosmose de l'oxygène.

Dans l'asphyxie par submersion, la privation des gaz respirables n'est pas toujours absolue. Le plus souvent, les mouvements convulsifs ramènent plusieurs fois le corps à la surface de l'eau, et quelques respirations prolongent la lutte. Dans ce cas, il y a respiration insuffisante plutôt que privation absolue d'oxygène.

L'air que nous respirons est composé de 21 parties d'oxygène et de 79 parties d'azote; ce mélange gazeux, en se modifiant ou en se chargeant de substances malfaisantes, peut devenir impropre à la respiration. L'azote pur, sans être toxique, n'entretient point la vie; l'oxygène, qui est l'élément indispensable, ne pourrait être respiré impunément pendant longtemps. Un animal, plongé dans l'oxygène pur, semble doué d'abord d'une plus grande activité vitale, de même qu'un fragment de charbon en ignition brûle plus rapidement dans ces conditions. C'est précisément l'excès dans les phénomènes d'oxydation qui devient nuisible à l'animal; on a cependant fait respirer l'oxygène pur à l'homme dans un but thérapeutique, mais l'action de ce gaz ne saurait être prolongée.

Ce mélange d'oxygène et d'azote qui entoure la terre et qui, sans cesse détruit par certains êtres et reconstitué par d'autres, ne change pas notablement de composition, peut accidentellement se trouver mêlé à des vapeurs ou à des gaz nuisibles; souvent la viciation de l'air provient de l'accumulation d'un grand nombre de personnes dans un espace restreint, comme une chambre parfaitement close, une salle de spectacle, un dortoir, etc. Chaque personne respirant environ 500 litres d'air par heure, et absorbant de 24 à 30 litres d'oxygène, ce dernier gaz diminue rapidement et se trouve remplacé par de l'acide carbonique; de là cette fatigue et ce malaise que l'on éprouve dans la plupart des lieux de réunion où le dommage réel causé à la santé n'est pas toujours compensé par les plaisirs de l'esprit.

b. Quelquefois l'asphyxie traumatique est déterminée par un accident imprévu, un éboulement, la pression dans une foule, un corps étranger qui pénètre dans la trachée, etc.

Le plus souvent, le traumatisme est prémédité; dans ce cas, c'est ordinairement la compression de la trachée qui produit l'asphyxie.

Il n'est pas tout à fait exact de dire que, dans la pendaison et la strangulation, la mort survienne uniquement par la privation d'air; dans la strangulation il y a en même temps gêne plus ou moins grande de la circulation cérébrale; c'est ce qui existe également dans la pendaison, qui peut en outre être accompagnée d'un phénomène qui entraîne brusquement la mort lorsque le pendu tombe d'une certaine hauteur, c'est là fracture ou la luxation des vertèbres cervicales.

c. Sans mentionner toutes les maladies qui empêchent l'air d'arriver aux vésicules pulmonaires, ce qui nous forcerait à passer en revue la plupart des affections des poumons, de la trachée et du larynx, nous rappellerons que l'asphyxie peut être brusque dans le spasme de la glotte et le pneumo-thorax, ou lente dans les pneumonies, les pleurésies, les tubercules pulmonaires, les bronchites avec accumulation de mucosités, la phthisie laryngée, le croup, etc. Dans cette dernière affection, l'asphyxie se produit d'habitude lentement, mais elle peut survenir brusquement lorsqu'une fausse membrane, en se détachant, ferme la glotte. Un simple coryza, inoffensif pour l'adulte, devient une cause d'asphyxie ou de dépérissement pour l'enfant à la mamelle qui ne peut téter qu'à la condition de respirer par le nez.

·2º *Le sang veineux ne peut être transporté aux aréoles pulmonaires.*

Quoique l'inspiration et l'expiration s'effectuent régulièrement, l'hématose peut dans certains cas être impossible; c'est ce qui arrive lorsque la circulation est gênée ou arrêtée dans l'artère pulmonaire qui doit transporter le sang veineux aux poumons; une compression de l'artère pulmonaire par une tumeur, un rétrécissement congénital, une embolie, sont des causes déterminantes.

Il existe chez le fœtus une communication entre le cœur droit et le cœur gauche; cette communication persiste assez souvent chez l'adulte sans entraîner les symptômes de l'asphyxie; des pertes de substance peuvent même faire communiquer accidentellement les deux ventricules sans amener la cyanose; celle-ci ne survient que dans le cas où il y a en même temps rétrécissement du calibre de l'artère pulmonaire. Ces faits nous montrent encore que le sang veineux n'a rien de toxique, puisque le mélange du sang artériel et veineux ne menace pas la vie. Du reste, ce mélange des deux sangs est l'état normal dans quelques classes animales.

3º *Pénétration dans les bronches d'un gaz capable de chasser l'oxygène de sa combinaison avec les globules, ou d'empêcher l'exosmose de l'acide carbonique.*

L'oxyde de carbone possède la propriété d'éliminer complétement l'oxygène du sang; le sulfure de carbone semble avoir une action analogue. Le phénomène est si net avec l'oxyde de carbone, que M. Cl. Bernard a pu employer ce gaz pour extraire et doser l'oxygène du sang.

Les effets de l'acide carbonique sont bien différents; l'inspiration de ce gaz empêche la sortie de l'acide carbonique du sang. Sans doute, il se passe alors quelque chose d'analogue à ce que l'on observe pour l'air chargé de vapeur d'eau; si l'on respire dans un lieu sec, on perd par le poumon une grande quantité d'eau; se trouve-t-on dans un air humide, on rend fort peu d'eau; le poumon peut même absorber plus d'eau qu'il n'en cède à l'atmosphère. De même, le sang chargé d'acide carbonique se trouvant en contact avec un air saturé du même gaz, les échanges n'ont point lieu et l'acide carbonique s'accumule dans le sang.

En dehors de l'expérimentation, on observe quelquefois des empoisonnements par l'acide carbonique pur, dans des puits ou des grottes où il y a dégagement de ce gaz (grotte du chien), dans les pressoirs ou les caves, quand le vin, la bière ou le cidre fermentent; mais il est bien plus ordinaire de voir les asphyxies par l'acide carbonique et l'oxyde de carbone mélangés; c'est ce que l'on appelle vulgairement asphyxie par les vapeurs de charbon.

4° *Pénétration d'un gaz ou d'une substance capable de se combiner avec l'oxygène des globules.*

L'acide azoteux, l'hydrogène sulfuré, phosphoré, arsénié, antimonié, se combinent avec l'oxygène du sang, de sorte que les premiers symptômes sont véritablement des symptômes d'asphyxie; plus tard, les globules peuvent subir une altération plus profonde, ce qui a fait dire que ces gaz étaient toxiques. L'action presque foudroyante de l'hydrogène sulfuré doit être attribuée à une destruction rapide de l'oxygène du sang; les terribles effets de l'acide cyanhydrique sont peut-être également dus à la désoxygénation immédiate des globules sanguins; les accidents que détermine l'introduction du phosphore dans l'économie ont été attribués à des phénomènes du même ordre; mais il est bien évident que l'asphyxie ne joue pas ici le principal rôle. Il n'en est pas de même, si l'on introduit directement dans le sang d'un animal des substances avides d'oxygène, comme le permanganate de potasse; on détermine ainsi une asphyxie rapide.

5° *Arrêt de la circulation placentaire chez le fœtus.*

Le fœtus ne peut recevoir de l'oxygène que par la mère. C'est le placenta qui sert d'intermédiaire; c'est dans ce riche réseau vasculaire que se font les échanges de gaz; il se produit là une véritable respiration placentaire. On conçoit dès lors qu'il y aura asphyxie du fœtus, quand le cours du sang sera gêné dans le cordon ombilical ou dans le placenta; la compression du cordon fœtal équivaut à la compression de la trachée chez l'adulte.

Symptômes. Quelle que soit la cause de l'asphyxie, il se développe un certain nombre de symptômes communs à tous les cas; au début, c'est de l'anxiété, de l'agitation, du vertige, de la dyspnée; si les mouvements peuvent s'exécuter, les efforts respiratoires se succèdent rapidement. Cette dyspnée est importante à noter; elle est instinctive : le patient cherche à faire pénétrer dans ses poumons le peu d'oxygène qu'il rencontre, et en même temps à expulser l'acide carbonique qui s'accumule dans le sang. Cependant, s'il se trouve exposé à des gaz nauséabonds ou irritants, s'il est plongé dans l'eau, la respiration est suspendue pendant quelque temps, puis survient un besoin impérieux de respirer; il fait une inspiration qui introduit les gaz ou les liquides dans les bronches; alors il y a expiration rapide et un nouvel arrêt des mouvements inspiratoires; la lutte est plus ou moins longue; vers la fin, les inspirations deviennent plus fréquentes, puis tout mouvement cesse. Fréquemment, on observe, peu de temps après les premiers symptômes, des crampes et même des convulsions. Ces phénomènes doivent-ils être attribués à l'accumulation de l'acide carbonique dans le sang? Les expériences de M. Brown-Séquard tendraient à le faire supposer; on sait que ce physiologiste, injectant de l'acide carbonique dans les artères, déterminait la contraction, ou mieux la contracture des organes correspondants. La respiration s'arrête avant les mouvements du cœur, excepté dans les cas rares où il y a syncope intercurrente; le plus souvent les battements du cœur sont irréguliers. Il faut que personne n'ignore que la cessation de la respiration n'est pas un signe de mort; dans beaucoup de circonstances on peut rappeler l'asphyxié à la vie, alors même que tout mouvement a cessé. Lorsqu'on retire un corps de l'eau, lorsqu'on découvre un pendu, une personne asphyxiée par les vapeurs de charbon, etc., il faut, si le corps conserve un reste de chaleur, se hâter de porter secours ou de chercher l'aide de gens compétents. Malheureusement, il est d'usage de prévenir d'abord le commissaire de police: cet usage inhumain montre combien nous redoutons en France les taquineries administratives, puisque la crainte d'une infraction à un prétendu règlement fait taire l'instinct qui pousse l'être le moins intelligent à secourir son semblable.

Lorsqu'on parvient à ramener le mourant à la vie, on voit réapparaître les convulsions qui avaient précédé l'état de mort apparente ; la respiration, pénible d'abord, devient précipitée, puis normale. C'est alors qu'on observe quelquefois ce phénomène si curieux connu sous le nom d'apnée, c'est-à-dire un arrêt momentané de la respiration. Quand l'apnée est très-marquée, elle pourrait faire croire à un retour des symptômes d'asphyxie, quoiqu'elle n'ait avec ceux-ci aucune solidarité et qu'elle soit sans danger.

Quelle que soit la cause de l'asphyxie, le système nerveux est rapidement atteint ; les facultés intellectuelles s'obscurcissent dès le début ; le cerveau ne reçoit plus que du sang noir, et ses fonctions sont troublées ; la sensibilité est émoussée, les mouvements volontaires sont de plus en plus rares ; les veines deviennent plus saillantes, les muqueuses sont violacées ; vers la fin, il y a souvent défécation et émission d'urine.

Peut-on fixer exactement le temps nécessaire pour amener la mort réelle? Le plus ordinairement la privation d'oxygène n'est pas absolue, et la marche des symptômes est alors ralentie. On peut dire que généralement la privation totale d'oxygène entraîne la mort apparente au bout de deux minutes, et la mort réelle après cinq minutes. L'âge, l'état de la santé, au moment de l'accident, modifient la durée de l'asphyxie. On sait que les nouveau-nés résistent plus longtemps, et parmi ceux-ci, on trouve des différences suivant l'état de développement. W. Edwards a montré qu'au moment de la naissance, les animaux qui viennent au monde avec les yeux fermés, et dont les formes sont encore embryonnaires, résistent mieux que ceux dont les yeux sont ouverts et le développement plus complet.

Quand l'asphyxie est lente, les symptômes sont légèrement modifiés. Il n'y a pas de convulsions ; l'affaissement est progressif, le corps se refroidit peu à peu, et la teinte bleuâtre de la face et surtout des lèvres est très-marquée ; les facultés intellectuelles s'obscurcissent tardivement ; la respiration s'accélère, et la mort arrive dans le coma.

En dehors de l'asphyxie rapide et de l'asphyxie lente, il faut tenir compte d'une asphyxie incomplète, c'est-à-dire d'une insuffisance de l'hématose extrêmement commune, et qui, n'amenant pas directement la mort, produit un dépérissement marqué, une anémie profonde et prédispose à de nombreuses maladies. Parlerai-je des dortoirs, des salles d'étude, des appartements que l'on rétrécit de jour en jour, des ateliers où l'on entasse les ouvriers, des cuisiniers qui respirent presque constamment de l'acide carbonique et de l'oxyde de carbone? Ce sont là des questions d'hygiène ; mais je tenais à constater que cette insuffisance d'oxygène, qui doit être considérée comme la cause principale de la faiblesse des populations des villes, s'observe à chaque instant ; c'est de l'asphyxie à faible dose qui ne cause pas une mort immédiate, mais qui, tout aussi sûre dans ses résultats, fait plus de victimes que l'asphyxie vraie.

Le suicide par asphyxie est très-fréquent ; la pendaison, la noyade, les vapeurs de charbon sont les moyens ordinairement employés, par la raison qu'ils sont constamment à la portée de chacun. Aussi n'est-ce pas en réglementant sévèrement la vente des produits chimiques, ou, ce qui est plus naïf, en plaçant des grillages au sommet des monuments publics, que l'on fera baisser le chiffre des suicides, c'est en diminuant le nombre des désespérés.

Chez les animaux, la rapidité des accidents causés par la privation d'oxygène est en raison directe de l'activité des phénomènes vitaux. Très-prompte chez les oiseaux, l'asphyxie marche lentement chez les animaux à sang froid. Ces derniers, dans des conditions spéciales, peuvent être privés presque complétement d'oxygène sans périr; les grenouilles, pendant l'hiver, restent engourdies et cachées dans la vase, et l'histoire des crapauds, ensevelis vivants dans l'épaisseur des pierres, n'est pas une fable. Chez certains animaux, il semble prodigieux que l'absorption de l'oxygène puisse s'exécuter; citons les vers intestinaux et surtout les vers enkystés dans les tissus; ces derniers absorbent vraisemblablement par la peau l'oxygène en dissolution dans des liquides de l'économie.

Les poissons, au moyen de leurs branchies, prennent l'oxygène de l'eau; ils meurent si celle-ci est désoxygénée; ils s'asphyxient dans une eau qui n'est pas renouvelée ou aérée. Quant aux animaux aquatiques dépourvus de branchies, ils ne séjournent longtemps dans l'eau qu'à la condition d'emmener avec eux, dans des organes spéciaux, une provision d'air qu'ils viennent recueillir à la surface.

Parmi les nombreuses espèces d'asphyxies, on doit noter quelques symptômes accessoires. Si une gêne dans la circulation veineuse de la tête s'ajoute à la privation d'air, comme dans la strangulation, la pendaison, la face sera tuméfiée, violacée et gorgée de sang; les yeux seront saillants, la langue gonflée sortira de la bouche. Les ecchymoses du cou constituent un signe précieux en médecine légale. S'il y a compression du bulbe, on constatera des mouvements tétaniques, l'érection du pénis et l'éjaculation. On a peine à croire que quelques personnes, poussées par la curiosité et même, dit on, par l'attrait d'une jouissance exceptionnelle, se sont pendues pendant quelques instants. Ces personnes, détachées avant d'avoir complétement perdu connaissance, affirmaient qu'elles avaient éprouvé des sensations délicieuses; voilà un divertissement assez lugubre.

Dans la submersion, la face est pâle, rarement violacée, le refroidissement du corps est rapide. Au début, mouvements convulsifs et tendance à s'accrocher aux objets environnants; plus tard, le noyé fait quelques inspirations qui introduisent de l'eau dans les bronches. Au moment où la vie cesse, les muscles de la mâchoire inférieure sont tantôt en contracture, tantôt en relâchement. D'après M. le docteur Labordette, la contracture indique que le noyé peut être rappelé à la vie, tandis que le relâchement serait d'un plus fâcheux pronostic.

La raréfaction de l'air détermine une grande faiblesse, un pouls très-fréquent, des hémorrhagies par les muqueuses. Lorsque la mort survient par insuffisance d'air, comme dans une chambre étroite où plusieurs personnes sont enfermées, dans la cale d'un navire où l'on a entassé des prisonniers, etc., on a noté qu'après une période de suffocation, il y avait un véritable état fébrile avec délire, puis coma et mort. Le premier phénomène que produisent les vapeurs de charbon est la céphalalgie : bientôt le pouls s'accélère, et, après un léger délire, les mouvements deviennent difficiles et plus tard impossibles. Il n'est pas rare d'observer peu de temps avant la mort une évacuation de l'urine et des matières fécales. Dans cette forme d'asphyxie, on voit, contrairement à ce qui a lieu pour les noyés, la chaleur du corps se conserver longtemps et la rigidité cadavérique se montrer tardivement;

les muqueuses sont quelquefois rouges, ce qui doit être attribué à l'action de l'oxyde de carbone sur le sang.

La lésion capitale dans l'asphyxie étant la désoxygénation des globules sanguins, on trouvera à l'ouverture des cadavres les vaisseaux gorgés d'un sang noir incomplétement coagulé ; exceptons toutefois les accidents causés par l'oxyde de carbone, qui augmente plutôt la rutilance du sang. La science possède des signes plus sûrs que la couleur, c'est l'extraction des gaz du sang lorsque cette opération est possible, et mieux encore, l'analyse spectrale qui montre que l'hémoglobine est privée d'oxygène ; ces derniers procédés d'investigation méritent d'être plus connus en médecine légale. Le cœur droit et les vaisseaux pulmonaires sont distendus par le sang ; les poumons sont lourds et livides ; la plupart des organes présentent à la coupe un pointillé rouge. Toutes les autres lésions sont accessoires, et varient avec la cause qui a déterminé la mort.

L'asphyxie par simple privation d'oxygène est plus accessible aux moyens thérapeutiques que l'asphyxie compliquée de l'introduction dans l'économie d'un gaz nuisible par lui-même. Si le sang est simplement désoxygéné, si la respiration est arrêtée depuis moins de trois minutes pour un adulte, l'exposition à l'air et la respiration artificielle suffiront dans la plupart des cas, tandis que l'introduction dans le sang de l'oxyde de carbone, de l'acide sulfhydrique, etc., fera souvent échouer tous les moyens, même lorsqu'il est possible de secourir le malade avant la cessation complète de la respiration.

On doit d'abord placer le malade dans un milieu oxygéné, en plein air s'il est possible, sinon dans une chambre dont on ouvrira portes et fenêtres. Dès lors, une indication domine toutes les autres ; il faut rétablir la respiration. La plupart des manœuvres conseillées tendent indirectement à ce but, mais la respiration artificielle doit être préférée. Par des pressions intermittentes à la base du thorax, on imitera le jeu naturel des côtes, ou bien on fera l'insufflation bouche à bouche, qui se pratique en appliquant les lèvres sur celles de l'asphyxié dont on ferme les narines, et en soufflant modérément et à plusieurs reprises ; l'air que l'on chasse ainsi dans la trachée n'est pas pur, ce qui n'a point en réalité une grande importance ; ce n'est pas tant l'hématose que l'on cherche à déterminer immédiatement, qu'une stimulation des bronches capable de ramener le jeu régulier de la respiration.

On peut également placer le tuyau d'un soufflet dans une narine, et pousser de l'air en fermant la bouche et l'autre narine. L'introduction dans le larynx d'un tube spécial qui permet l'insufflation, ne peut être exécutée que par un homme habitué à cette manœuvre ; c'est surtout chez les nouveau-nés qu'on a employé cet instrument.

L'électrisation par les courants d'induction peut agir de deux façons, par la douleur si l'asphyxié conserve de la sensibilité, et par la contraction musculaire qu'elle détermine dans la région thoracique. M. Duchesne (de Boulogne) a proposé l'électrisation du nerf phrénique au cou ; ce moyen nous semble dangereux, car le courant peut atteindre le nerf pneumogastrique ; il est préférable d'appliquer ces courants à la base du thorax et de ne pas prolonger les attouchements.

Les courants électriques continus rendraient de grands services dans les cas où les autres moyens seraient impuissants, on s'en servirait comme dans les accidents causés par le chloroforme. (Voyez *Anesthésie*.)

La saignée est utile dans tous les cas où la tête est congestionnée ; on devra s'en abstenir si la figure est pâle comme chez certains noyés.

La plupart des autres moyens, lavements irritants, frictions, titillations des narines et autres excitations, n'ont d'autre but que de s'adresser à la sensibilité et de réveiller le système nerveux; mais le plus souvent la sensibilité est obtuse. D'après le docteur Faure, l'anesthésie se produirait des extrémités vers le tronc, et c'est vers le haut de la poitrine que cet observateur conseille d'agir au moyen du fer rouge et mieux du marteau de Mayor.

Le malade n'est pas toujours sauvé lorsqu'on l'a fait respirer; dans les cas surtout où il y a eu absorption de gaz toxique, des soins consécutifs sont nécessaires.

Pour les noyés notons quelques précautions spéciales, et d'abord qu'on s'oppose à cette pratique si fréquente qui consiste à pendre le patient la tête en bas; on nettoiera les narines et la bouche; on ramènera la langue en avant. Pour cela, le spéculum laryngien du docteur Labordette rendra des services, puis on tentera de suite la respiration artificielle, et on cherchera à prévenir le refroidissement rapide.

Sans poursuivre les indications spéciales à tel ou tel genre d'asphyxie, nous avons insisté sur le traitement général, par cette raison que le plus souvent les personnes appelées à secourir tout d'abord dans les accidents de ce genre sont étrangères à l'art de guérir, et que, dans ces circonstances, la vie tient à la promptitude des soins. C'est presque une banalité de dire que quelques notions élémentaires de médecine et de chirurgie devraient être connues de tous, et seraient facilement enseignées aux jeunes gens. Dans l'éducation de l'enfance et de la jeunesse, on écarte trop tout ce qui tient à la technique de la vie. Il est bon de savoir traduire Homère, et les vers latins sont un agréable passe-temps; mais il ne serait pas mauvais de connaître quelques lois d'hygiène, les moyens d'arrêter une hémorrhagie ou les soins à donner aux asphyxiés.   Dr Ch. LEGROS.

ASSEMBLÉE CONSTITUANTE DE 1789. — La critique, surtout celle qui est consacrée à l'étude austère de l'histoire, doit être sans entrailles; elle ne connaît ni les vains ménagements, ni les compromis, ni les appréciations de sentiment, ni l'esprit de système ou de parti. Cependant, au moment de porter à notre tour un jugement sur cette assemblée, le premier de nos conciles révolutionnaires, nous éprouvons quelque hésitation, ne pouvant oublier ce qu'elle a fait pour l'affranchissement des hommes. Si nous n'avons pas le droit de dissimuler ses fautes et ses défaillances, il ne nous est pas possible non plus de méconnaître sa vraie grandeur. Produit de l'ancien régime, hétérogène dans sa composition, à chaque moment troublée, entravée par les députés des ordres privilégiés qu'elle avait reçus dans son sein, travaillée par les mille intrigues des factions de la cour, elle ne se montra que trop souvent inconséquente, irrésolue, asservie encore au fétichisme monarchique de la vieille France, quelquefois même infidèle à son principe et franchement rétrograde. Mais d'ailleurs toutes les assemblées politiques ont connu ces fluctuations. C'est dans l'ensemble de leur œuvre qu'il convient de les juger définitivement, ou plutôt c'est dans celles de leurs œuvres majeures qui ont influé sur la marche des événements et qui sont conformes à notre conception de la justice et du droit.

Les faits de cette grande histoire sont si généralement connus, que nous devons nous borner à les esquisser à larges traits, outre que les moindres développements déborderaient le cadre dans lequel nous devons nous renfermer.

La convocation des États-Généraux de 89 ne fut pour l'ancienne monarchie qu'un expédient; elle était bien loin de prévoir que c'était pour elle une abdication, un véritable suicide. Chose curieuse, cette institution d'apparat, tombée en désuétude depuis près de deux siècles, devint, dans l'effondrement de la vieille société,

l'espérance, l'engouement de la nation entière, peuple, roi, parlements, classes privilégiées, qui, tous, comptaient y trouver un appui les uns contre les autres. On a
rarement vu semblable mystification infligée par les événements aux « pasteurs »
des peuples, à ceux qui vivent de l'asservissement et de l'exploitation des hommes.

Une panique avait saisi la société tout entière; les révélations de Necker, en
vulgarisant le mystère des finances, le saint des saints de l'ancien régime, en évo-
quant aux yeux de tous le spectre du *Déficit,* avaient popularisé une espèce de terreur qui, sans être nouvelle, causait une impression plus profonde et plus générale
que la débâcle du fameux système de Law. Il semblait que la société fût au bord
d'un abîme inconnu, quelque chose comme le gouffre rêvé autrefois pour l'an mil,
la fin du monde et le grand naufrage du genre humain. Effarement naïf! et qui fait
sourire les financiers d'aujourd'hui, les grands aventuriers d'argent, lesquels savent
bien que la banqueroute était (et bien avant l'abbé Terray, l'écumeur modèle et
le grand praticien du vol) une des lois économiques de l'ancien régime, et qu'elle
n'a pas cessé d'être, sous une forme ou sous une autre, la base de toutes les grandes
opérations d'État, la vache à lait des gouvernements monarchiques.

Au reste, il y avait bien d'autres déficits qui s'ajoutaient à la misère publique
et qui poussaient à la Révolution : déficit de justice, de garanties sociales et individuelles, de liberté, de dignité humaine, de progrès, etc.

Le mot d'*États-Généraux* avait été prononcé dans l'assemblée des notables de
1787, répété par les parlements dans leurs querelles contre la monarchie, répercuté
par les mille voix de l'opinion; il était devenu enfin le cri de ralliement de ceux qui
voulaient des réformes aussi bien que de ceux qui voulaient les éluder ou les exploiter à leur profit.

On connaît les agitations misérables des derniers temps de la monarchie, les
embarras financiers, les troubles, les disettes, les luttes des privilégiés entre eux, le
renvoi des parlements, puis leur rappel, les coups de force et les actes de faiblesse,
les tergiversations, les fausses mesures, etc., signes frappants d'une société en
pleine dissolution.

Enfin, à bout d'expédients, le gouvernement, en même temps qu'il rappelait
Necker au pouvoir, se décida à rendre un arrêt qui convoquait les États-Généraux
pour le 1ᵉʳ mai 1789, sans avoir la moindre idée qu'il signait la mort de l'ancien
régime, l'acte de naissance d'une société nouvelle.

Les princes du sang, cependant, en eurent comme l'intuition. Appuyés par la
noblesse de cour et la coterie de la reine, ils rédigèrent une protestation qui trouva
quelque écho dans une nouvelle assemblée des notables, convoquée en octobre 1788,
mais qui d'ailleurs n'eut pas d'autre effet.

Saint-Simon, avec sa tranquille impertinence de grand seigneur, avait autrefois
donné sa théorie des États-Généraux. Il les regardait comme un très-bon expédient
pour tirer de l'argent de la nation, ou légaliser une banqueroute; au fond, tout à
fait insignifiants et nullement dangereux pour l'autorité.

Peut-être y avait-il quelque chose de cette appréciation dans la quiétude de
Louis XVI et de ses ministres. La servilité séculaire de la nation leur était sans
doute une garantie pour les circonstances présentes. Les prétentions des classes
privilégiées les préoccupaient plus particulièrement. Quant au Tiers-État, qui s'était
toujours montré si humble dans son respect idolâtrique pour la royauté, on ne le
craignait guère; il était protégé contre la méfiance par le dédain qu'on avait de
lui. On n'imaginait pas que ce troupeau pût devenir un peuple. Quelle apparence
que ces petites gens, nés pour obéir et payer l'impôt, voulussent jamais s'élever à
l'état de puissance politique, se placer follement au niveau des vraies supériorités

sociales! Aussi, après de longs débats et malgré de puissantes oppositions, se décida-t-on à donner satisfaction à l'opinion, en accordant au Tiers un nombre de députés égal à celui des représentants de la noblesse et du clergé réunis. On comptait bien d'ailleurs maintenir l'ancienne coutume du vote par ordre, qui assurait deux voix contre une aux classes privilégiées.

C'est ainsi que la vieille monarchie se berçait de chimères et préparait elle-même sa ruine en groupant en un faisceau, croyant y trouver un appui, les forces éparses qui allaient l'affaiblir, et finalement la dévorer. Il eût été d'ailleurs difficile de résister au torrent. L'opinion entière était soulevée; des milliers d'écrits théoriques, de brochures et de pamphlets, échos affaiblis des passions publiques, avaient éclaté dès la nouvelle, longtemps attendue, de la convocation des États-Généraux. La liberté de la presse s'établissait de fait, par droit de conquête, sur la censure, à peu près réduite à l'impuissance. Les royalistes ont amèrement reproché à Louis XVI sa faiblesse, ses concessions, etc. D'autres lui ont fait honneur des réformes qui se sont accomplies de son temps. Ces deux opinions sont également fausses; la vérité est que, la machine monarchique étant absolument détraquée, il fit, à son corps défendant, appel à la nation pour la remettre en état, comptant bien exploiter cette opération au bénéfice de la royauté. C'était le résultat ordinaire de la comédie des États-Généraux. Mais il se trouva que la nation, cette fois, prit son rôle au sérieux et travailla pour elle-même et contre le régime qu'on l'appelait à restaurer.

Quant à arrêter cet irrésistible mouvement, cela était plus facile à conseiller qu'à accomplir. La cour l'a tenté cent fois et de toutes les manières, par l'intimidation, par la corruption, etc. Il n'y a peut-être pas de régime, si ce n'est le second empire, où il ait été rêvé, ébauché autant de coups de force et de coups d'État; jusqu'au 10 août, il y eut tous les jours un nouveau projet en discussion parmi les factions du château. Tout cela a misérablement échoué; l'autorité n'avait pas assez de bras pour accabler tant d'adversaires, la veille encore absolument inconnus.

Mais revenons à l'exposition des faits.

D'après l'édit de convocation, tous les imposés âgés de plus de vingt-cinq ans, moins les domestiques, étaient appelés à concourir à la nomination des électeurs, lesquels devaient rédiger les *cahiers* et nommer les députés. Nous ne pouvons entrer ici dans l'examen du système électoral qui fut employé et qui était assez compliqué. Ainsi, les assemblées électorales ne furent pas convoquées toutes le même jour dans toute la France, ni dans les mêmes formes; les anciennes divisions, ainsi que les usages administratifs propres à chaque province présentaient une telle irrégularité, qu'il n'était pas possible d'appliquer une mesure générale et uniforme. Le chaos du système féodal ne permettait pas non plus de donner les mêmes formes au vote des diverses classes; pour les unes il était direct, pour les autres à deux et à trois degrés, etc. Quoi qu'il en soit, l'impôt atteignant à peu près tout le monde, au moins par la capitation, des masses considérables, des millions d'hommes furent ainsi appelés brusquement à la vie politique. En accordant le droit de suffrage aux classes rurales et à un si grand nombre de plébéiens, le gouvernement de la vieille monarchie ne songeait nullement à les tirer de leur nullité politique et sociale, et il était bien loin d'imaginer quelles conséquences allaient se dégager naturellement de cette mesure. Ses préoccupations étaient surtout fiscales; il n'avait d'autres vues que de tirer le plus d'argent que possible de la nation, de se servir du Tiers-État pour exercer une pression sur les classes privilégiées, afin de les amener à des sacrifices pécuniaires. Cette politique de contre-poids était traditionnelle dans l'histoire de la royauté.

En outre, les campagnes étaient si complètement asservies à leur ignorance même, au clergé, aux nobles, aux grands propriétaires, à tout un monde de fonctionnaires et d'agents, qu'on y voyait une garantie bien plus qu'un danger. De plus, enfin, le vote, dans les assemblées primaires, devait avoir lieu à haute voix, sous l'œil des intendants, des notables, etc.

Chose touchante et caractéristique! décimé par un fléau qui revenait périodiquement dans l'ancien régime, la disette, ainsi que par le terrible hiver de 1788-89, le peuple supportait ses maux avec une patience héroïque, attendant son salut de ce grand inconnu, l'assemblée de la nation.

Les élections, retardées plusieurs fois, le furent plus encore à Paris, où elles furent en outre assujéties à des conditions de cens plus sévères. Par un calcul assez misérable, on ne convoqua légalement les électeurs qu'à la veille de la réunion des États-Généraux, et dans l'intention évidente que les députés de la capitale ne pussent assister aux premières séances, aux délibérations décisives du début. De plus, la liberté des délibérations fut assurée, respectée à la manière monarchique, c'est-à-dire que les assemblées primaires étaient enveloppées de troupes qui veillaient les armes chargées.

Les soixante districts répondirent à ces insolentes démonstrations, en cassant les présidents que le roi leur avait imposés, et en nommant eux-mêmes leur bureau.

Il en fut de même dans l'assemblée des électeurs nommée par les districts. Cette espèce de chambre électorale, qui se saisit un peu plus tard du pouvoir municipal avec tant de décision et d'énergie, n'était composée cependant que des éléments bourgeois les plus paisibles, notables, avocats, académiciens, banquiers, négociants, fonctionnaires publics, etc.

La rédaction des *cahiers* se fit dans toute la France avec une rapidité et une verve incroyables. Dans le Tiers-État, il y eut un accord pour ainsi dire unanime et fort imposant : mêmes plaintes, mêmes vœux, mêmes réformes indiquées. Sous les formes de langage de l'ancien régime, le plan de la Révolution était là tout tracé.

Pendant que Paris procédait à ses opérations électorales, les États-Généraux s'ouvrirent à Versailles, non dans le château même, mais à l'avenue de Paris, dans la salle des Menus (5 mai 89).

La veille avait eu lieu l'*inauguration*, par une messe solennelle où se rendirent processionnellement la famille royale, la cour et les députés, ceux du Tiers simplement vêtus de noir, acclamés au passage, la noblesse et le clergé accueillis par un silence glacé, malgré la pompe théâtrale de leurs broderies d'or, de leurs dentelles et de leurs plumes.

Cette apparition de la France nouvelle et de la vieille France, confondues dans le même cortége, montrait assez, par l'attitude des adversaires et par celle du public, quelles luttes allaient s'ouvrir et quelle cause allait triompher.

La première séance de la première de nos assemblées nationales, quoique toute d'apparat, abonda en incidents caractéristiques. Et d'abord cette cour, cette noblesse, si près de la ruine, n'étaient follement préoccupées que de faire sentir à ces gens du Tiers leur infériorité. Qui croirait aujourd'hui que les fortes têtes de la faction avaient eu un moment la prétention d'imposer le cérémonial de 1614, et notamment de faire haranguer le Tiers à genoux? Pour ne pas l'en dispenser formellement, il avait été du moins décidé que le président de cet ordre n'adresserait point de harangue au roi. On sentait bien que tous eussent préféré la mort plutôt que de se soumettre à un tel avilissement. Pour comble d'imbécillité, on s'attacha à humilier les députés des communes par des distinctions gothiques et des détails de cérémonial et d'étiquette qu'on avait soigneusement exhumés des vieux codes de la servilité. Le jour même de l'ouverture, on affecta de les retenir plusieurs heures sous un misérable hangar, et on les introduisit dans la salle des séances par une porte de derrière, tandis que la noblesse et le clergé entraient par la porte d'honneur.

L'assemblée eut à essuyer trois mortels discours : celui du roi, celui du garde des sceaux Barentin, et celui de Necker, tous trois consacrés surtout aux questions d'argent : de droit, de constitution, de réformes, rien ou presque rien.

Après le discours du roi, les députés des ordres supérieurs se couvrirent, suivant leurs priviléges : beaucoup de ceux du Tiers-État, consacrant soudain l'égalité, se couvrirent également. Cela fit scandale parmi la tourbe des privilégiés. Pour mettre fin à cette situation, Louis XVI se découvrit, afin que tout le monde fût obligé de l'imiter.

La question capitale, et qui contenait toutes les autres, était celle-ci : Les trois ordres délibéreront-ils séparément, suivant la forme des anciens États-Généraux, ou se réuniront-ils pour former une assemblée unique, comme le voulait énergiquement l'opinion ; enfin, votera-t-on par ordre et séparément, ou par tête et en commun ?

Le lendemain, 6 mai, la noblesse et le clergé, réunis dans des chambres séparées, se prononcèrent à la majorité pour la vieille forme du vote par ordre, commençant une résistance qui devait durer plus de six semaines. Les députés du Tiers s'établirent dans la grande salle qui avait servi à la séance d'ouverture, et qui devenait ainsi comme le centre de la représentation nationale. Quelques-uns des plus ardents proposèrent de se constituer dès lors en *assemblée nationale*. Mais on jugea plus prudent de ne rien précipiter, de mettre en demeure les deux ordres, et d'attendre avec patience et dignité; d'autant plus qu'on savait qu'une quarantaine de nobles étaient favorables à la réunion, et que beaucoup de curés n'étaient retenus que par la subordination ecclésiastique.

Cette situation pénible et difficile se prolongea, comme nous venons de le dire, mais sans lasser la constance du Tiers, qui siégeait en quelque sorte inactif, mais sans rien céder et sans perdre un instant la dignité de son attitude, malgré les intrigues de la cour et des ordres privilégiés.

Enfin, après de longs pourparlers et d'inutiles négociations, quand la mauvaise volonté et l'opiniâtreté des ordres supérieurs furent bien constatées aux yeux de la nation, le 10 juin, les députés des communes firent un pas décisif. En entrant dans la salle des séances, un théoricien influent, Sieyès, l'auteur de la fameuse brochure sur le *Tiers-État*, avait prononcé le mot désormais historique : *Coupons le câble, il est temps!*

Au milieu de l'émotion générale, il proposa de *sommer* une dernière fois le clergé et la noblesse, les prévenant qu'on allait faire l'appel et qu'*il serait donné défaut contre les non-comparants.*

Puis, on commença la vérification des pouvoirs. Pendant ces opérations, un petit nombre de curés vinrent se réunir au tiers. Enfin, après avoir habilement préparé les esprits, impatients déjà et surexcités par tant de longueurs, après avoir laissé s'épuiser une série de propositions successivement rejetées, Sieyès fit décréter que la réunion des députés du Tiers, qui représentaient d'ailleurs la presque totalité de la nation, se constituerait définitivement sous le titre d'*assemblée nationale*, indiqué déjà dans sa brochure, proposé précédemment par le député Legrand, et dès longtemps popularisé (17 juin).

Cette détermination hardie était une vraie prise de possession du pouvoir, un acte *royal*. Le *câble* était réellement coupé ; le vaisseau de la Révolution gagnait la haute mer.

Pendant ce temps, les ordres privilégiés s'exhalaient en folles menaces, la cour faisait des préparatifs militaires, enveloppait Versailles de troupes et préparait ouvertement une réaction.

Mais l'assemblée, sentant la nation derrière elle et Paris frémissant, entraînée d'ailleurs par les plus nobles passions, méprisa les périls, les menaces de dissolution et de répression violente, et se constitua fièrement en face des privilégiés, affirmant, dès la première heure, son existence en se saisissant du droit d'impôt, en garantissant la dette nationale, en s'occupant du problème poignant des subsistances publiques.

Ces actes de vigueur eurent leur retentissement dans la chambre du clergé, où les curés, après une lutte que leur position rendait difficile, emportèrent sur les prélats la majorité pour la réunion au Tiers.

Afin d'empêcher cette réunion, le roi annonça une séance royale pour le 22, et fit fermer la salle des Menus sous le prétexte de préparatifs intérieurs.

Ce coup d'autorité ne fit que donner une impulsion nouvelle à la Révolution.

Le 20 juin au matin, les députés, ayant trouvé leurs portes fermées et gardées, erraient par groupes sous la pluie, plus irrités encore qu'humiliés. Quelques-uns parlaient d'aller tenir séance à Paris; mais c'était s'exposer trop tôt aux hasards de la guerre civile. Enfin, sur l'avis de Guillotin, cette assemblée nomade se rendit au vieux Versailles et s'installa dans la salle du *Jeu de Paume*, rue Saint-François, pour y tenir séance. Cette infraction aux ordres du roi, de la part d'hommes si complétement royalistes, était à elle seule un fait capital et annonçait des temps nouveaux.

Autre épisode non moins significatif, ce fut un des députés les plus modérés, Mounier (qui bientôt devait émigrer), qui proposa la formule de ce mémorable *serment* qui créait un peuple et une société. Cette France bourgeoise, si paisible, si timide et si dédaignée jusqu'alors, s'éleva dans cette circonstance à la vraie grandeur, simplement et sans emphase, dans l'élan d'un enthousiasme réfléchi qui procédait de la raison plus encore que de la passion. C'était l'académicien Bailly qui présidait; debout sur une méchante table, il lut d'une voix haute et ferme la formule par laquelle les députés juraient de se rassembler partout où les circonstances les forceraient de s'établir, et de ne jamais se séparer avant d'avoir donné une constitution à la France. Puis, il réclama l'honneur de jurer le premier.

Tous jurèrent, tous signèrent, à l'exception d'un seul, Martin, d'Auch.

Puis, toute l'assemblée, au milieu de ses transports, poussa naïvement le cri de *vive le roi*... au moment même où elle le dépouillait du pouvoir constituant et législatif. Ce n'est pas que les représentants fussent précisément des révolutionnaires sans le savoir; tous voulaient fermement l'extinction des priviléges et la réforme du pouvoir absolu; mais c'était à leurs yeux la régénération de la monarchie, non sa diminution.

Acclamée avec passion par le peuple entier, l'assemblée persévéra dans son attitude.

Le 21, elle siégea à l'église Saint-Louis, augmentée de cent trente-quatre curés et de quelques prélats.

La cour flottait entre la fureur et la consternation; le roi se débattait entre les conseils violents de la faction et les plans de Necker, qui voulait escamoter le mouvement avec plus de modération. Avec son ineptie habituelle, le monarque amalgama le tout et en forma le texte de la *Déclaration* qu'il vint présenter, le 23, à la séance royale, devant les trois ordres réunis. Dans cette pièce insensée, il parlait en maître, cassait les arrêtés des communes, maintenait la séparation des ordres, se déclarait juge des réformes à opérer, indiquait quelques changements peu importants, qu'il qualifiait insolemment de *bienfaits*, etc., et finalement se déclarait disposé à faire seul le bonheur de son peuple si les députés hésitaient à le seconder.

Il termina en ordonnant sèchement aux représentants de la nation de se séparer pour reprendre le lendemain séance dans leurs chambres respectives.

Les députés de la noblesse et une partie de ceux du clergé s'écoulèrent en silence. Les communes restèrent immobiles à leur place. Un instant après, le maître des cérémonies vint réitérer les ordres du roi : « Je crois que la nation assemblée ne peut pas recevoir d'ordre, » dit simplement et fortement Bailly, qui présidait.

Ce fut alors que Mirabeau, se faisant spontanément l'organe de l'assemblée, prévenant toute délibération par un élan de génie, fit éclater la magnifique apostrophe si connue sous sa forme populaire : *Allez dire à votre maître...* et que lui-même a rapportée de la manière suivante dans son journal (*Lettres à ses commettants*) :

« Oui, monsieur, nous avons entendu les intentions qu'on a suggérées au roi ; et vous qui ne sauriez être son organe auprès des États-Généraux, vous qui n'avez ici ni place, ni voix, ni droit de parler, vous n'êtes pas fait pour nous rappeler son discours. Cependant, pour éviter toute équivoque et tout délai, je vous déclare que si l'on vous a chargé de nous faire sortir d'ici, vous devez demander des ordres pour employer la force, car nous ne quitterons nos places que par la puissance de la baïonnette ! »

Les baïonnettes n'étaient pas loin, car l'assemblée était enveloppée de troupes, ouvertement et brutalement menacée d'une exécution. Néanmoins, elle ne faiblit pas, et elle n'aurait pas faibli davantage quand même Mirabeau n'eût point parlé ; on a trop répété qu'il l'avait *entraînée*, qu'elle était terrifiée, éperdue, que le grand orateur l'avait sauvée de l'affaissement et de la défection, etc. La manie de créer des types et des messies a fait méconnaître la réalité des choses. Mirabeau a été certainement dans cette circonstance la voix de l'assemblée, la voix même de la patrie; mais l'étude attentive des faits donne la certitude que, lui absent, les choses se fussent passées de la même manière, ou à peu près. Dans les mouvements de cette puissance, il n'y a pas d'homme indispensable, en ce sens que, où manquent les grands, les rôles sont joués par les médiocres. Mirabeau, déjà flottant entre la cour et la Révolution et qui s'était offert à l'ennemi dès la première heure, n'avait été pour rien dans la grande séance du jeu de Paume, et il avait même essayé d'empêcher ou au moins d'atténuer la résolution décisive par laquelle le Tiers se déclarait assemblée de la nation.

Après le départ du marquis de Brézé, Camus fit déclarer que l'assemblée persistait dans ses arrêtés. Barnave, Pétion, Buzot, Garat, Grégoire, etc., parlèrent aussi fortement. Sieyès dit avec fermeté : « Messieurs, vous êtes aujourd'hui ce que vous étiez hier ! » Toute l'assemblée enfin était unanime pour la résistance. Sur la proposition de Mirabeau, et pendant que les gardes du corps se rangeaient en bataille devant ses portes, elle décréta l'inviolabilité de ses membres et déclara traître à la la patrie et coupable de crime capital quiconque attenterait à la liberté d'un député.

En somme, la « séance royale, » dont on avait voulu faire une sorte de lit de justice, s'était tournée en épisode révolutionnaire.

Versailles et Paris bouillonnaient. La cour jugea prudent de céder, et même retint Necker, prêt à partir, et qui avait protesté en se dispensant d'assister à la séance.

Le lendemain, la majorité du clergé, et, le surlendemain, la minorité de la noblesse vinrent se réunir aux communes. Enfin, le 27, en présence de la fermentation publique, le roi, se déjugeant à quelques jours de distance, ordonna la réunion. Beaucoup de nobles n'obéirent qu'en frémissant; d'autres arguaient des prescriptions contraires de leurs mandats; le roi autorisa ces derniers à consulter de nouveau leurs électeurs.

Malgré ces concessions, les projets de dissolution et de violence n'étaient pas abandonnés, mais différés.

L'Assemblée nationale se trouvait néanmoins légalement constituée.

Suivant l'édit de convocation, les États-Généraux devaient se composer de trois cents députés de la noblesse, trois cents du clergé et six cents du tiers.

Par la réunion des ordres, emportée de haute lutte, l'Assemblée avait absorbé dans son sein ses ennemis et ceux de la Révolution; sa victoire même l'affaiblissait. Aussi, poursuivit-elle ses travaux au milieu des luttes les plus vives. Cette circonstance contribua encore aux défaillances et aux mesures de réaction qu'on peut et qu'on doit lui reprocher.

Quoique ces faits soient bien connus, nous n'avons pas jugé inutile de résumer, un peu longuement peut-être, mais cependant bien incomplétement, les principales péripéties de cette période pour ainsi dire préparatoire, parce qu'il s'agissait d'un événement d'une haute importance historique, la fondation de la première de nos assemblées politiques. On sent bien, néanmoins, qu'il ne nous serait pas possible de suivre jour par jour l'assemblée de 89 dans l'élaboration de ses travaux. Son histoire se lie d'une manière si intime à celle de la Révolution, que ces détails feraient double emploi avec d'autres articles de cette Encyclopédie, outre que la place qui nous est accordée ne nous permettrait pas de les donner. D'un autre côté, une sèche énumération, de fastidieuses éphémérides, ne conviendraient pas à un ouvrage de cette nature, qui s'adresse à des gens éclairés connaissant cette grande histoire. Nous devons nous borner maintenant à une esquisse très-rapide et très-générale, en renvoyant le lecteur aux articles spéciaux.

L'Assemblée était donc constituée, c'est-à-dire qu'en réalité les ennemis étaient en présence; mais la majorité était acquise au principe nouveau. Cette majorité se composait surtout d'avocats et autres gens de robe, de curés, de médecins, de petits nobles, de gens de lettres, et d'un nombre restreint d'industriels et de propriétaires. Les hommes de loi formaient la masse.

Formalistes, timides, mal débarbouillés des préjugés de l'ancien régime, trop asservis aux formes procédurières, ces pères de la France nouvelle eussent échoué probablement, s'ils n'avaient été formidablement soutenus du dehors, et de plus, pressés, poussés, surexcités continuellement par l'opinion publique. Paris surtout joua un rôle admirable : il n'attendit pas les libertés, il les prit, et toutes successivement, avant que l'Assemblée les eût mises sur le papier. Comment les reprendre à ce peuple en ébullition? Par ses agitations, ses effervescences, ses réunions populaires, ses brochures et ses journaux étonnamment hardis, il remua la France, il contint la faction du passé, il protégea l'Assemblée. Par la victoire du 14 juillet, il assura son existence, la sauva des coups de force et des complots de la cour, en même temps qu'il portait le coup de mort à l'ancien régime et à la monarchie. Néanmoins, confinée à Versailles, délibérant à l'ombre mortelle du château, elle restait à la merci des factieux royaux et de leurs bandes de troupes étrangères. Aux 5 et 6 octobre, Paris supprima Versailles, ramena son Assemblée pour la protéger et la stimuler, ramena le roi pour l'isoler des conspirateurs, pour le surveiller et le tenir en laisse. Tout cela inconscient encore, mêlé, obscurci du vieil esprit royaliste, mais d'un effet décisif.

Fils du xviiie siècle, les constituants eurent cette gloire de traduire en formules, en lois positives, les idées de cette impérissable époque, de donner un corps aux conceptions de la philosophie. Leur œuvre ne peut pas être séparée des travaux de nos grands penseurs. Déclaration des droits, constitution, liberté politique, religieuse, individuelle, commerciale et industrielle, égalité devant la loi et devant l'impôt, destruction des restes de la féodalité, des priviléges nobiliaires et cléricaux, des corvées, de la mainmorte et de toutes les servitudes personnelles, décentralisation, abolition des douanes intérieures, unification de la France, reprise des biens du clergé, réorganisation judiciaire, financière, administrative, institution du jury, réformes de toute nature, enfin, tout ou presque tout était contenu dans les écrits, dans les théories, dans les systèmes du xviiie siècle, qui avait formé de sa substance et nourri de son esprit ce peuple admirable de réformateurs, de révolutionnaires, de législateurs, d'organisateurs et de savants, qui emplira également la Convention et dont l'empire recueillera les débris; génération unique dont la semblable ne se reverra peut-être jamais.

La Constituante, d'ailleurs, ne fit pas une œuvre pure de scribe : elle développa, elle étendit, elle dépassa quelquefois la pensée philosophique de ses maîtres. Ses illustres légistes, enfin, ne furent pas de pâles et mornes compilateurs, comme les byzantins, mais des continuateurs vivants et féconds, en réalité des créateurs.

Qu'elle n'ait su organiser ni la monarchie, ni la République, suivant le reproche banal qui lui en a été fait, cela est un détail assez insignifiant au fond. Sans doute, l'inconséquence de sa conception politique fut de conserver un roi en supprimant de fait la royauté, je veux dire en la dépouillant de tous ses organes, en lui enlevant ses castes privilégiées et presque toutes ses prérogatives. Mais, d'abord, son œuvre fut plus sociale encore que politique. Ensuite, elle n'avait aucune idée de République, aucune aversion contre la royauté. Le peuple était né à peine, encore à demi barbare, elle ne pouvait songer à lui donner le gouvernement de la société ; tout en l'émancipant, elle jugeait qu'une tutelle lui était encore nécessaire, celle des classes éclairées, substituée à celle des hautes classes. En un mot, elle n'avait et ne pouvait avoir, dans ce premier âge révolutionnaire, que l'idée du gouvernement de ce qu'on a nommé plus tard les classes moyennes. Elle était, en définitive, le Tiers-État; elle donnait au peuple entier la liberté sociale, l'égalité civile, et, jusqu'à un certain point, l'égalité politique, mais elle gardait la direction des affaires pour les hommes de sa classe. Ne concevant pas d'ailleurs la possibilité d'une démocratie pure, détestant le despotisme et les priviléges d'ancien régime, il était dans la logique de sa position et de ses idées de conserver un roi, comme une sorte d'égide, comme une institution d'ordre et d'apparat, tout en lui enlevant les pouvoirs monstrueux qui en faisaient la clé de voûte du régime aristocratique, tout en le ramenant à la mesure humaine, au niveau d'un vrai chef du Tiers-État, simple fonctionnaire public et premier officier de la nation.

Quel spectacle plus curieux et plus intéressant que celui de ces royalistes sincères et naïfs uniquement occupés à prendre des garanties contre la monarchie, à l'émasculer, à l'humilier, à l'amoindrir, à restituer au peuple et aux libertés locales tout ce qu'ils arrachaient à la centralisation et au despotisme ? Quelques-uns s'aperçurent un peu tard qu'ils réduisaient la vieille idole, la royauté, à l'état de fantôme; ils voulurent réagir, s'effrayant de leur propre ouvrage; mais il n'était plus temps.

En résumé, la Constituante, quelles que fussent, au fond, ses opinions et ses vues, a détruit les formidables puissances cléricale et aristocratique, et livré aux coups de ses successeurs la monarchie absolument désarmée et nue.

Ce n'est pas aux républicains à lui en faire un reproche. Seulement, ils n'eurent pas non plus à l'en glorifier outre mesure, car elle ne songeait guère à leur frayer la voie.

Quant à ses contradictions, à ses inconséquences, à ses faiblesses, nul ne peut songer à les nier. Hétérogène dans sa composition, répétons-le, composant à chaque minute et sans bien le sentir avec les passions et les préjugés de cette nuée de prêtres et de nobles qu'elle contenait, travaillée d'ailleurs par mille intrigues, elle dévia souvent de la ligne que lui avaient tracée les cahiers, elle fut souvent impopulaire et trop exclusivement bourgeoise, enfin, elle fut même plus d'une fois infidèle aux théories constitutionnelles qui étaient les siennes. Il faut ajouter qu'en maintes circonstances, elle se montra misérablement en retard sur l'opinion.

C'est ainsi qu'après avoir reconnu, dans la Déclaration des droits, l'égalité des citoyens, elle se montra, dans la question électorale, moins libérale que Necker et Louis XVI, en établissant, par le cens, la fameuse distinction des citoyens *actifs* et *passifs* et en n'accordant l'éligibilité qu'à ceux qui payaient la contribution du marc d'argent (environ 54 livres); c'est ainsi qu'elle arma la monarchie du droit exorbitant de *veto*; c'est ainsi qu'elle promulgua la *loi martiale* contre les attroupements; qu'elle approuva par décret le massacre de Nancy; qu'elle s'éloigna de plus en plus du peuple par ses mesures restrictives (suppression des assemblées primaires, désarmement des non-contribuables, etc.); c'est ainsi qu'après les trahisons et la fuite du roi, elle résista aux vœux unanimes de toute la France, qui réclamait la déchéance, et que, pour faciliter la restauration royale, elle restreignit le droit de réunion, prescrivit une foule de mesures inquisitoriales, et enfin détermina par son attitude et ses décrets le massacre du Champ de Mars.

Dans toutes ces circonstances, on voit assez clairement la lutte contre Paris, contre l'esprit révolutionnaire. 89 était débordé, et les hommes de ce mouvement en étaient déjà à réprimer, à tenter d'écraser leurs successeurs.

Les événements, les orages, les luttes au milieu desquels l'Assemblée Constituante accomplit ses travaux, appartiennent à l'histoire de la Révolution, et c'est à l'article consacré à l'exposition de ce grand drame, ainsi que dans les autres articles spéciaux de cette Encyclopédie, qu'on devra rechercher les faits généraux, la liaison, l'ensemble, ainsi que l'appréciation du rôle des assemblées de la période révolutionnaire.

Nous ajouterons simplement à ce qui a été dit plus haut, que la Constituante élabora plus de trois mille lois, actes et décrets, consacrés à la liquidation de la société ancienne, à la réorganisation du royaume. Beaucoup de ses créations politiques ont disparu ou ont été modifiées; mais ses réformes matérielles ont été définitives. Aucune réaction n'a pu reconstruire l'ancienne société. Napoléon a pu restaurer l'administration et le gouvernement de l'ancien régime, mais non son organisation sociale, absolument détruite et pour jamais.

Après le vote de la Constitution et son acceptation par le roi, l'Assemblée Constituante se sépara pour faire place à l'Assemblée Législative (30 sept. 91). Le 16 mai précédent, sur la proposition de Robespierre, elle avait décidé qu'aucun de ses membres ne pourrait faire partie de la prochaine législature.

Peut-être avait-elle raison d'appeler des hommes nouveaux, car, avec la marche accélérée des événements et des idées, elle-même était déjà devenue une antiquité.

Louis COMBES.

ASSEMBLÉE LÉGISLATIVE DE 1791. — C'est déjà comme une ébauche de la Convention. L'émigration intrigue et s'agite, les factions de l'intérieur conspirent, Louis XVI trahit, les prêtres fomentent la guerre civile, les rois se préparent, la déclaration de Pilnitz apporte une menace à la France nouvelle, le tocsin des grandes luttes va bientôt sonner.

Un journaliste fort populaire alors, mais très-décrié aujourd'hui, Hébert, crie vaillamment le mot de la situation, dans sa langue pittoresque : « Nous voilà au moment décisif; il faut voir maintenant *qui mangera le lard!* »

Sous une forme vulgaire, c'est la voix même de la France. Il faut voir qui triomphera ! ou de la Révolution ou de la barbarie, ou de la justice ou du passé, ou de l'ancien régime ou de la liberté, ou de la monarchie ou de la civilisation !

Les formidables ennemis sont face à face ; la guerre des géants va commencer.

On sait que la Constituante avait décidé qu'aucun de ses membres ne pourrait faire partie de la Législative suivante.

Les nouveaux députés se réunirent le 1er octobre 1791. Aux termes de la constitution, l'Assemblée devait en compter 745. La plupart étaient jeunes, comme la Révolution et comme l'espérance. Beaucoup d'avocats et d'hommes de loi, comme toujours ; le clergé constitutionnel était aussi largement représenté. La Gironde apparaît; bientôt elle va régner, car les constitutionnels purs sont dépassés, ils sont tombés à droite, parmi leurs ennemis d'hier, les spectres de l'ancien régime.

On eût pu craindre avec quelque raison que la première assemblée de la Révolution n'eût épuisé tous les talents, et ce n'est pas sans une certaine appréhension qu'on vit s'asseoir sur les siéges des grands constituants ce bataillon de jeunes inconnus. Crainte chimérique, car on vit reparaître dans la nouvelle Assemblée une génération non moins brillante, une élite riche de séve, de talent et d'énergie. C'est d'ailleurs avec une insigne mauvaise foi qu'on a répété que cette nouvelle conscription révolutionnaire était composée d'hommes entièrement nouveaux, inexpérimentés, sans idées et sans précédents politiques. La plupart s'étaient déjà formés à la vie publique dans les administrations élues, dans le journalisme, dans les assemblées populaires, etc.

Après sa constitution, l'Assemblée prêta, d'élan et au milieu des effervescences de l'enthousiasme, ce noble serment de : *Vivre libre ou mourir!* — que nous avons oublié.

Presque aussitôt elle entra en lutte avec la royauté qu'on savait bien en révolte sourde contre la constitution et le régime nouveau. Les premières escarmouches se livrèrent sur des questions d'étiquette. Une députation, ayant été annoncer au roi la constitution de l'Assemblée, essuya quelques humiliations ; le misérable petit esprit d'insolence qui inspirait la cour depuis le début de la Révolution n'avait pas été affaibli par les événements : on en était encore à traiter les représentants de la nation comme les hommes du Tiers-État l'étaient dans l'ancien régime.

L'Assemblée répondit en décrétant que les titres de *sire* et de *majesté* seraient supprimés, et que, lorsque le *roi des Français* se présenterait dans l'Assemblée, il aurait, non pas un trône, mais un fauteuil semblable à celui du président, enfin, que tous les députés devraient s'asseoir et se couvrir en même temps qu'il le ferait lui-même.

Les royalistes furent indignés ; les constitutionnels se montrèrent non moins scandalisés ; comme pères de la constitution, ils imposèrent leur tutelle aux nouveaux députés, les travaillèrent homme par homme, et finalement, au nom de la conciliation, les décidèrent par leurs obsessions à casser leur décret le lendemain. (On sait que les ex-constituants eurent pendant quelque temps une tribune spéciale, formant ainsi comme une assemblée dans l'Assemblée, une espèce de haut comité).

Pendant qu'au dehors une coalition formidable se nouait contre nous, avec la connivence de la famille royale et la complicité des émigrés, les prêtres insermentés agitaient l'intérieur, préparaient les mouvements de l'Ouest et suscitaient les événements tragiques d'Avignon. D'ailleurs, de quelque côté qu'on jetât les yeux, la contre-révolution poursuivait son œuvre malfaisante, assurée de la tolérance, et souvent de l'appui de l'administration.

L'Assemblée opposa aux entreprises des factieux les lois contre les émigrés et contre les prêtres réfractaires, que Louis XVI refusa de sanctionner (première application du *veto*). De plus, elle créa dans son sein un comité de surveillance, pour la recherche des conspirateurs.

Aux préparatifs, aux menaces de l'étranger, aux rassemblements armés d'émigrés sur la frontière, elle répondit en proposant de demander nettement à l'empereur s'il était pour ou contre nous, en renversant le ministère, visiblement complice de la cour et complaisant de l'ennemi, en mettant en accusation le ministre Delessart, en imposant le *ministère patriote* (Gironde), et enfin en décrétant la guerre contre l'Autriche (20 avril 1792), détermination que le roi fut obligé de subir.

Cette mesure a été diversement appréciée; mais nous n'avons pas à la discuter à cette place. Ce qu'il y a de certain, c'est que les préparatifs de l'ennemi et ses insolentes menaces l'avaient rendue inévitable et l'avaient même engagée. Elle était le complément des mesures précédentes ; enveloppée d'un cercle de fer qui se resserrait de jour en jour, la Révolution faisait vaillamment tête à tous ses ennemis à la fois : les prêtres, les émigrés et les rois.

Le décret, d'ailleurs, déclarait que la France ne s'armait que pour défendre sa liberté et qu'elle répudiait la brutalité des conquêtes. *Votons la guerre aux rois et la paix aux nations!* avait dit Merlin (de Thionville); et cette noble parole devint la devise de la France révolutionnaire.

On sait que les premières opérations ne furent pas heureuses et donnèrent lieu à de mutuelles accusations. Les trahisons de la cour n'étaient pas douteuses. Les officiers supérieurs étaient suspects, et fort justement. Atteinte par les premiers échecs d'une guerre qu'elle avait conseillée, la Gironde se releva en poussant à l'enrôlement des volontaires, à l'armement du peuple, à la fabrication des piques (les fusils manquant), enfin, en dénonçant bruyamment le *comité autrichien*, machine de contre-révolution dont les historiens complaisants ont voulu faire une légende, mais dont la réalité n'est pas contestable.

Insultée chaque jour et menacée d'exécution, l'Assemblée frappa un coup vigoureux en cassant la garde du roi, armée de bretteurs et d'aventuriers, qui ne devait, constitutionnellement, se composer que de douze cents hommes, et que la faction avait portée à plus de six mille, en recrutant des nuées de fanatiques et de coupe-jarrets dans toutes les parties de la France. En outre, elle décréta la formation d'un camp de vingt mille volontaires sous les murs de Paris, et la déportation (en réalité c'était simplement l'expulsion de France) des prêtres réfractaires qui poussaient à la guerre civile, et qui déjà avaient fait couler le sang par leurs excitations. Ce qui augmentait la gravité de la situation, c'est que les constitutionnels (feuillants, fayettistes, etc.), dévoyés par l'irritation, comme toutes les coteries qui se sentent dépassées, étaient tombés dans la réaction pure, et, quoique dédaignés de la cour, ne contribuaient pas peu à encourager sa folle résistance et ses complots.

Bientôt la faction se crut assez forte pour renvoyer le ministère girondin

(Roland, Clavières, etc.). Dumouriez lui-même, qui avait servi d'instrument pour renverser ses collègues, joué, mystifié par la fourberie de Louis XVI, se vit obligé de quitter le ministère, malgré son absence complète de scrupules et de probité politique.

Il devint évident pour tous qu'on se préparait à frapper un coup, quelque chose comme l'exécution du Champ de Mars, étendue, généralisée. Les constitutionnels, ces bâtards de la liberté, eussent appuyé avec fureur ce coup d'État contre la liberté ; mais les imbéciles qui menaient la faction du royalisme pur se crurent d'autant plus forts pour agir seuls, que l'ennemi attendait aux frontières le moment favorable pour entrer. Cette absence de concert sauva la Révolution. Les feuillants cependant s'agitaient fort, s'offrant servilement pour écraser le « jacobinisme, » tenant exactement le même langage que les souverains coalisés. De son camp de Maubeuge, le chef de cette coterie, Lafayette, toujours un peu grotesque, quoiqu'il fût à la tête d'une armée, imagina de reprendre le rôle de Bouillé, le rôle ingrat de sauveur de la monarchie. Il écrivit à l'Assemblée une lettre en ce sens et qui souleva un violent orage. Les épithètes de *Cromwell*, de *Monk* éclatèrent sur les bancs de la gauche. Néanmoins, quoiqu'il n'y eût guère que cent cinquante feuillants bien déclarés, ceux-ci entraînèrent un certain nombre d'indécis, et l'Assemblée, au lieu de châtier l'insolence du général, ordonna d'abord l'impression de sa lettre, puis, après une discussion passionnée, son renvoi à une commission.

La Gironde vit dès lors combien était précaire son influence sur l'Assemblée, et elle songea à la rétablir et à la consolider par un mouvement populaire. C'est, en effet, une opinion assez générale qu'elle ne fut pas étrangère à l'organisation de la journée du 20 juin; elle songea du moins à l'exploiter pour écarter les feuillants, briser le *veto* du roi, et obtenir la sanction des décrets sur le camp sous Paris, contre les prêtres et les émigrés, etc., enfin pour imposer le rappel des *bons ministres*, c'est-à-dire des ministres girondins.

Un de ses hommes, Pétion, maire de Paris, obligé de sauver les apparences, favorisa néanmoins plus qu'il n'entrava le mouvement. Enfin, ce fut le chef du parti et son grand orateur, Vergniaud, qui décida l'Assemblée à permettre au peuple de défiler dans la salle des séances. (On sait que la foule se porta ensuite aux Tuileries.)

Dans la réaction qui suivit cette journée, l'Assemblée ne joua qu'un rôle effacé. Elle accueillit à sa barre Lafayette, qui avait quitté son camp pour venir offrir son épée à la monarchie, en d'autres termes pour se mettre à la tête d'un petit complot feuillantin qui échoua assez misérablement. A ce moment, la situation était aussi menaçante à l'intérieur qu'à l'extérieur. De tous côtés des périls, des intrigues, des trahisons et des attaques. La guerre civile s'ébauchait partout pour ouvrir les voies à la guerre étrangère, pour faciliter l'asservissement de la France. Chacun sentait bien, voyait bien que le centre des complots était aux Tuileries, que le pays était trahi et livré par l'exécutif et ses agents, et qu'il devenait impérieusement nécessaire que l'Assemblée saisît le pouvoir. Mais elle flottait irrésolue au gré des circonstances et des événements. Cependant, soulevée par l'opinion, journellement surexcitée par les ardentes sections de Paris, elle finit par adopter la mesure décisive d'un appel révolutionnaire à la nation, en proclamant *la Patrie en danger* (11 juillet). Promulguée le 22, la grande déclaration, qui était comme le *Caveant consules...* de la Révolution, mais adressée à tous, mit la nation entière debout. Il n'y a pas dans l'histoire de mouvement plus grandiose et plus puissant. Le peuple devint, pour ainsi dire, l'exécutif, le seul pouvoir vivant et agissant, et l'Assemblée n'eut plus qu'à enregistrer et légaliser ses actes. Le problème était simple et net pour tous, excepté pour les politiques officiels, noyés dans un formalisme mortel : se lever en armes, organiser la défense, briser toutes les résistances, légales ou autres, enfin frapper les traîtres, et particulièrement ceux des Tuileries, cette idole desséchée de la monarchie, qui pactisait avec l'ennemi, qui soulevait le monde entier contre nous.

Les événements se précipitèrent avec une irrésistible impulsion. L'Assemblée, perdant pied, se sentant entraînée, débordée, voulut essayer de résister au torrent ; elle refusa la mise en accusation de Lafayette, la déchéance du roi, etc. Mais tous les efforts de ses meneurs étaient désormais impuissants ; tout ce qu'elle put faire, ce fut de garder une espèce de neutralité sans dignité comme sans grandeur.

Au 10 août, elle reçut dans son sein le roi fugitif, mais ne consentit d'abord qu'à décréter sa *suspension*. Sous la pression de ces grands événements, sous la dictée du peuple vainqueur, elle convoqua une Convention nationale pour inaugurer un régime nouveau, abolit l'odieuse distinction des citoyens *actifs* et *passifs*, institua, pour juger les conspirateurs royalistes, le *tribunal du 17 août*, pierre d'attente du tribunal révolutionnaire, mais fut néanmoins impuissante à empêcher les actes de justice sommaire, les exécutions de septembre.

Un certain nombre de ses membres passèrent dans la nouvelle assemblée, à laquelle la Législative transmit le pouvoir le 21 septembre.

C'était la République qui apparaissait sur la scène du monde. Louis COMBES.

ASSEMBLÉE CONSTITUANTE DE 1848. — Une histoire complète de l'Assemblée Constituante de 1848 ne serait pas autre chose que l'histoire même de la Révolution de Février. Ce n'est pas ce que nous voulons faire ici et notre cadre est moindre. On ne trouvera dans cet article qu'une appréciation, non pas peut-être impartiale au gré de tous — l'impartialité telle qu'on est habitué à l'entendre n'est pas vertu d'historien — mais absolument sincère de l'esprit qui régla la conduite de l'Assemblée Constituante de 1848 et de la part qu'elle eut dans les événements de la Révolution. Pour tout ce que nous ne pourrons pas dire, nous renvoyons aux mots : *Gouvernement provisoire, 15 mai, 24 juin, Ateliers nationaux, Expédition de Rome*, etc., etc.

Les élections générales eurent lieu les 23 et 24 avril, avec un calme admirable. Sur deux points seulement du territoire, à Rouen et à Limoges, l'ordre fut troublé. Dans ces deux villes, les excitations réactionnaires, préludant aux déplorables journées de juin, amenèrent un conflit entre la bourgeoisie royaliste d'une part et de l'autre les révolutionnaires et les ouvriers. A Limoges, les ouvriers se rendirent maîtres de la ville et constituèrent une autorité provisoire ; aucun excès ne fut commis ; le sang ne coula pas. A Rouen, l'armée et la garde nationale maîtresses de la situation firent de nombreuses victimes, et frappèrent des adversaires désarmés !

La nouvelle des massacres de Rouen excita à Paris une douloureuse indignation. L'Assemblée Constituante n'en fut pas moins accueillie par d'universelles espérances. Le sort de la République était entre les mains de ces neuf cents représentants élus du suffrage universel. Ils avaient mandat de la France et de la Révolution. Ils étaient souverains.

I

La séance d'ouverture du 4 mai a laissé à tous ceux qui y assistèrent d'impérissables souvenirs. L'Assemblée était présidée par le doyen d'âge, Audry de Puyraveau, un républicain de la veille, un vétéran des luttes de la liberté. Dupont de l'Eure, au nom du Gouvernement provisoire, donna la bienvenue aux représentants du peuple et déposa entre leurs mains l'autorité dictatoriale. Il termina son allocution par le cri de : Vive la République, auquel s'associa à plusieurs reprises l'Assemblée tout entière. Au nom des représentants de Paris, le citoyen Berger, le même qui fut depuis préfet de la Seine et fonctionnaire impérial, donna lecture d'une déclaration ainsi conçue : « La République est et restera la forme du gouvernement de la France. » De tous les points de la salle, on réclama pour l'universalité des représentants l'honneur de cette initiative. — « Il ne s'agit pas, dit le député Vignerte, de proclamer la République, mais de l'acclamer ! » — « Vive la République, une et indivisible, démocratique et sociale ! » s'écria Barbès. — Sept fois de suite, l'Assemblée Constituante, debout comme un seul homme, acclama la République ! Puis, sur la proposition du citoyen De Courtais, général de la garde nationale, les membres du Gouvernement provisoire et les représentants quittèrent la salle des séances et parurent sur le péristyle du palais législatif. La foule les accueillit par une immense acclamation. De toutes les bouches sortit un seul cri. Au nom de l'Assemblée Constituante et du peuple français, le président Audry de Puyraveau proclama solennellement la République. Qui ne l'eût crue, ce jour-là, à jamais fondée en France ? Après une dernière acclamation, l'Assemblée et le peuple se séparèrent. Le peuple était confiant; les représentants républicains pleins d'espoir, les députés royalistes prêts à nouer leurs intrigues et à trahir cette République généreuse à laquelle ils venaient de prêter un serment solennel qu'on ne leur demandait pas.

Le premier président élu fut M. Buchez. Le choix était mauvais. Esprit d'une certaine puissance, M. Buchez était le chef de l'école néo-catholique. Nul plus que lui n'avait contribué à propager cette détestable erreur que les principes du christianisme et ceux de la Révolution sont identiques. C'est dire qu'inconsciemment, M. Buchez était un contre-révolutionnaire. En outre, on le vit ensuite, il manquait des qualités indispensables à quiconque veut présider une grande assemblée. Il n'avait ni sang-froid ni présence d'esprit, et il ne sut pas prendre d'autorité.

Le 8 mai, l'Assemblée déclara que le Gouvernement provisoire avait bien mérité de la patrie. Ce vote ne fut pas émis sans une protestation de Barbès. « Nous devons, dit-il, avant d'adresser au Gouvernement provisoire des remerciments, lui demander compte des massacres de Rouen. » Déjà, quelques jours auparavant, la Société centrale républicaine, présidée par Blanqui, avait publié à ce sujet une adresse au Gouvernement provisoire, dont voici la conclusion :

Nous demandons :
1° La dissolution et le désarmement de la garde bourgeoise de Rouen ;
2° L'arrestation et la mise en jugement des généraux et des officiers de la garde bourgeoise et de la troupe de ligne qui ont ordonné et dirigé le massacre;
3° L'arrestation et la mise en jugement des soi-disant membres de la Cour d'appel, séides nommés par Louis-Philippe, qui, agissant au nom et pour le compte de la faction royaliste victorieuse, ont emprisonné les magistrats légitimes de la cité et rempli les cachots de républicains;
4° L'éloignement immédiat de Paris des troupes de ligne qu'en ce moment même les réacteurs dressent, dans des banquets fratricides, à une Saint-Barthélemy des ouvriers parisiens.

Comme le Gouvernement provisoire avait dédaigné la protestation de la Société centrale républicaine, l'Assemblée Constituante passa outre aux observations de Barbès qui ne fut soutenu que par quelques voix. Cette indifférence et ce déni de justice furent pour beaucoup dans la fatale journée du 15 mai. Par là, l'Assemblée Constituante montra qu'elle était possédée jusqu'à la rage de la passion de l'ordre, et qu'à cette passion elle sacrifierait tout, même la justice, même la Révolution.

Le 9 mai, l'Assemblée Constituante confia le pouvoir exécutif à une commission de cinq membres, François Arago, Garnier-Pagès, Marie, Lamartine et Ledru-Rollin. Les trois premiers réunirent plus de sept cents voix; Lamartine n'en eut que six cent quarante-trois, et Ledru-Rollin que quatre cent cinquante-huit. Louis Blanc était écarté, et, dans cette combinaison, l'élément révolutionnaire n'était représenté que par Ledru-Rollin. C'était encore un pas que faisait l'Assemblee dans la voie de la réaction. Ledru-Rollin eut tort d'accepter. Il le fit par esprit de conciliation, et dans l'espoir de balancer dans le gouvernement l'influence mauvaise de Marie et de Garnier-Pagès. C'était manquer de coup d'œil politique. Il était clair, au contraire, que Ledru-Rollin serait annulé, et qui pis est compromis. Cela était d'autant plus certain qu'ayant eu dans le scrutin moins de voix que ses collègues, il ne pouvait suppléer à la faiblesse où le laissait son isolement par l'influence morale. L'entrée à la commission exécutive de Ledru-Rollin fut un grand malheur. Par là, le parti révolutionnaire fut divisé, et la situation se prêta aux malentendus. Si MM. Garnier-Pagès, Marie et les hommes de leur nuance avaient été seuls au pouvoir, les choses auraient tourné autrement, et certes, si nous avions eu des journées analogues à celles du 15 mai et du 24 juin, on n'aurait pas vu les républicains se fusiller les uns les autres, et ces journées se seraient terminées par le triomphe de la Révolution.

Le 10 mai, M. Wolowski demanda à interpeller le gouvernement sur les événements de Pologne. La discussion fut renvoyée, d'un commun accord, au lundi 15 mai. Le même jour, Louis Blanc, qui était déjà dans l'Assemblée l'objet d'une hostilité peu déguisée, prononça un discours pour demander la création d'un ministère du travail et du progrès. Cette proposition, qui avait évidemment pour point de départ une conception politique vicieuse, fut développée par Louis Blanc avec une sorte d'aigreur personnelle qui ne lui ramena pas les esprits. Mais, si le remède proposé par Louis Blanc était illusoire, le tableau qu'il présentait de la situation de Paris n'était que trop vrai. Il termina par ces belles paroles : « Citoyens, on disait avant la Révolution de février : Prenez garde à la Révolution du mépris! Eh bien, c'est à nous de rendre impossible la Révolution de la faim ! » Il n'est pires sourds que ceux qui ne veulent ni écouter ni comprendre. Louis Blanc ne fut pas entendu.

Le 15 mai, M. Wolowski était à la tribune lorsqu'un grand tumulte se fit au dehors. C'était la manifestation qui arrivait ; c'était la foule qui envahissait le Palais-Bourbon. L'*Encyclopédie* donnera un récit complet de cette journée funeste. Nous n'avons donc point à exposer ici ni les causes et les préparatifs de la manifestation, ni ce qui se passa dans l'Assemblée depuis l'envahissement jusqu'au moment où Huber prononça la dissolution, ni l'arrestation de Barbès et d'Albert à l'Hôtel de Ville. Nous relèverons seulement un point dans le récit du *Moniteur.* Il y est dit qu'au moment où Barbès, à la tribune, proposait un impôt sur les riches, plusieurs membres des clubs s'écrièrent : « Non, Barbès ! c'est pas ça ! tu te trompes! deux heures de pillage ! » Il a été surabondamment démontré, au procès du 15 mai, que jamais ces paroles n'avaient été prononcées, que la sténographie n'en portait nulle trace, que leur insertion était l'œuvre d'un faussaire. Cette interpolation infâme a été attribuée à l'un des secrétaires de M. Buchez, qui n'a pas protesté. Il est mort depuis plusieurs années; nous ne le nommerons pas.

Un représentant républicain, d'opinions modérées, mais fermes, M. Babaud-Laribière, dans son histoire de l'Assemblée Constituante, s'est exprimé ainsi : « La journée du 15 mai ouvrit de nouvelles routes à la politique de l'Assemblée; elle servit de prétexte et de point de départ à tous ceux dont la foi républicaine était restreinte ou facile à ébranler, et, soit frayeur véritable des excès de la démagogie, dont ils venaient de voir un triste et déplorable échantillon, soit que ce fût une occasion favorable pour dérouler leur véritable drapeau, toujours est-il que plusieurs représentants commencèrent à se détacher ouvertement de cette unanimité républicaine, constatée dans les premiers jours, pour former ce parti de la réaction qui devait se recruter à chaque journée néfaste pour la République, et devenir puissant au point d'envahir un jour et dérober, pour ainsi dire, la représentation nationale tout entière. »

Oui, le 15 mai, les royalistes comprirent que le terrain leur appartenait et qu'ils pouvaient commencer à décimer le parti révolutionnaire. Cela leur fut d'autant plus facile que c'est au nom de la République et avec l'aide des républicains qu'ils frappèrent. En rentrant dans la salle de ses séances, l'Assemblée vota la permanence, puis elle déclara solennellement que la garde nationale, la garde mobile et la troupe de ligne avaient bien mérité de la patrie. Ensuite, sur la demande de M. Léon Faucher, qui choisit cette occasion pour faire ses débuts, l'autorisation de poursuivre les représentants Barbès, Courtais et Albert fut accordée au procureur général Portalis. Louis Blanc essaya de prononcer quelques paroles en faveur d'Albert; sa voix fut couverte par les murmures. Les représentants, dits honnêtes et modérés, et les gardes nationaux étaient fous de peur et de rage. Sans M. Arago, assisté de quelques hommes de cœur, Louis Blanc était assommé. Le général Courtais fut à grand'peine arraché aux mains des gardes nationaux furibonds, par le ministre Flocon et le représentant Vieillard.

Les premiers jours, la réaction n'osa pas aller plus loin; mais, le 31 mai, les citoyens Portalis, procureur général, et Landrin, procureur de la République, requirent l'autorisation de poursuites contre Louis Blanc. Une commission fut nommée, qui conclut à l'autorisation et dont M. Jules Favre fut élu rapporteur. On conçoit difficilement que M. Jules Favre ait accepté cette mission. Sa situation de sous-secrétaire d'État au ministère des Affaires étrangères lui commandait de s'abstenir. Il lut, le 2 juin, son rapport qui était habile, trop habile. On y remarquait cette phrase dont on peut dire qu'elle indiquait chez M. Jules Favre un manque absolu de sens politique, sinon pis : « Rien n'a pu faire soupçonner à la Commission qu'une pensée de réaction politique ait inspiré la mesure qu'elle a dû apprécier. » La discussion s'ouvrit, le 3 juin. Mathieu de la Drôme et Théodore Bac attaquèrent les conclusions du rapport qui furent défendues avec une singulière persistance par M. Jules Favre. Les royalistes auraient voulu enlever le vote par assis et levé, mais le scrutin de division fut demandé, et l'Assemblée refusa l'autorisation de poursuites par trois cent soixante-neuf voix contre trois cent trente-sept. Ce n'était que partie remise.

Les événements se précipitaient et on marchait à grands pas vers la terrible bataille de juin. Avant d'apprécier ce que fut la conduite de l'Assemblée pendant ces fatales journées, il nous faut signaler la discussion de la loi sur les attroupements. On a dit que cette loi était, dans la pensée du gouvernement, dirigée contre les rassemblements bonapartistes; ce qui est certain, c'est qu'elle fut combattue par tous les républicains avancés. Le rédacteur de la loi est M. Marie, ce ministre de la République, qui suait la réaction par tous les pores. Il en combina les articles avec une habileté de procureur général blanchi sous la robe rouge; il défendit son œuvre avec un acharnement, avec une âpreté indicibles. Il monta dix fois à la tribune, il flatta les passions royalistes, il évoqua la peur, il en fit tant enfin, qu'un de ces hommes qui sont l'honneur de leur parti, Guinard, écœuré, indigné, se leva et lui lança cette parole qui restera comme son châtiment : « Vous déshonorez, monsieur, la République! »

L'Assemblée Constituante, quoique prise déjà du vertige de la peur, avait encore quelque respect du droit et de la justice, aussi admit-elle de notables adoucissements au système si ingénieusement inventé et mis en œuvre par M. Marie. Au vote sur l'ensemble de la loi, quatre-vingt-deux voix républicaines protestèrent.

« La Commission exécutive, a dit encore M. Babaud-Laribière, avait commis une grande faute en faisant voter la loi très-impopulaire sur les attroupements. C'était compliquer la question des ateliers nationaux d'une difficulté de principe et fournir un prétexte politique à la résistance des ouvriers. » Ce terrible problème des ateliers nationaux pesait sur la situation. Si l'on n'arrivait pas à une solution amiable, c'était la guerre civile. La réaction, dirigée alors par M. de Falloux, le savait ; elle le savait et elle l'espérait! Louis Blanc avait parlé de la révolution de la faim ; les royalistes désiraient l'insurrection de la faim, pour la réprimer, l'écraser, et noyer dans le sang la République. Le mot d'ordre de la réaction était : « Il faut en finir! »

Malgré les efforts de M. Trélat, ministre des travaux publics, la sous-commission du comité des finances demandait la dissolution immédiate des ateliers. M. de Falloux était le rapporteur et on savait qu'il avait terminé son travail. L'agitation, l'irritation étaient grandes dans Paris. Le 23 juin déjà, des barricades s'élevaient, mais le mouvement ne s'était pas généralisé ; il était temps encore d'éviter une bataille. Malgré le ministre, malgré les membres eux-mêmes de la sous-commission, M. de Falloux demande la parole pour lire son rapport! Un représentant, le citoyen Raynal, s'écrie : « Mais il n'y a pas opportunité dans le moment actuel! » Cette parole si sage n'est pas écoutée. Le rapport est lu, et c'est l'Assemblée qui offre ainsi la bataille aux ouvriers, qui les contraint à descendre dans la rue.

L'Assemblée s'était déclarée en permanence. M. Senard présidait. Cet avocat, qui avait donné deux mois auparavant, à Rouen, la mesure de ses instincts de réacteur, était bien l'homme qui convenait pour rendre toute conciliation impossible. Un combat acharné, sans merci, durait depuis le matin. Les républicains sincères de l'Assemblée étaient désespérés ; les royalistes partagés entre la joie et la peur. La nuit arrivait, la lutte était suspendue ; il fallait à tout prix l'empêcher de reprendre. Victor Considérant proposa une proclamation au peuple ; on lui répondit par la question préalable. Alors Caussidière, l'ex-préfet de police du gouvernement provisoire, eut une inspiration admirable. « Citoyens, s'écrie-t-il, je propose une proclamation aux flambeaux ; je me mettrai à la tête si vous voulez, je recevrai les premiers coups de fusil... N'attendez pas les nouvelles, elles peuvent changer d'un instant à l'autre, et, comme je vous l'ai dit, les clubs du désespoir sont en permanence aujourd'hui, et vous verrez demain la guerre civile... » On l'interrompt par de violents murmures, il reprend : « Voulez-vous encore une fois, au nom de la majorité nationale, vous rendre simplement, sans apparat, auprès du peuple ; que six d'entre vous me suivent... Si nous mourons, tant pis! Si nous sommes détruits, eh mon Dieu! nous aurons fait notre devoir ! et cela doit nous suffire ! »

Les murmures redoublent, et alors Caussidière, à bout de forces, lance cette apostrophe qui ne lui fut pas pardonnée : « Vous tenez donc bien à vivre!... »

Il descend de la tribune. C'est en vain que quelques hommes de cœur lui crient : « Courage, citoyen Caussidière, nous irons avec vous ! » C'est en vain que Baune et Lagrange soutiennent la proposition qui aurait épargné bien du sang. Baune s'étant écrié : « Faisons cesser ce fatal malentendu, » le président Senard l'interrompt de sa voix de Laubardemont par ces paroles cruelles : « La guerre civile n'est pas un malentendu ; » on ne répond aux supplications de Lagrange qu'en suspendant la séance. La réaction voulait en finir !... Le reste de la nuit fut donné aux intrigues.

Le lendemain matin, 24, M. Senard monta au fauteuil à huit heures et quart. A neuf heures, M. Pascal Duprat entra dans la salle et demanda la parole. Celui-ci allait au cœur de la majorité. Il fut écouté. Il demanda la mise en état de siège de Paris et la délégation de tous les pouvoirs entre les mains du général Cavaignac. A l'instant même, un représentant, le citoyen Nachet, proteste contre l'état de siège. Mais Bastide (un républicain de la veille, pourtant !) s'écrie : « Dépêchez-vous ! dans une heure peut-être, l'Hôtel de Ville sera pris ! » Jules Favre appuie la proposition de Pascal Duprat et donne lecture d'un article additionnel ainsi conçu : « La Commission exécutive cesse à l'instant ses fonctions. » Cet acte de rancune personnelle soulève des répugnances même parmi les royalistes. Germain Sarrut et les représentants de l'extrême gauche repoussent l'état de siège « au nom des souvenirs de 1832 ! » Enfin, le décret suivant est voté :

Art. 1er. — L'Assemblée Nationale se déclare en permanence.

Art. 2. — Paris est mis en état de siège.

Art. 3. — Tous les pouvoirs exécutifs sont délégués au général Cavaignac.

Soixante membres environ votèrent contre.

C'en est fait. Le droit et la justice sont violés. La trahison est consommée.

II

L'insurrection vaincue, même après le vote de l'état de siège, rien n'était perdu encore. Il suffisait pour cela que le général Cavaignac et l'Assemblée, répudiant tout projet de réaction, s'inspirant, au contraire, d'une pensée de conciliation, proclamant bientôt une amnistie générale, appelassent tous les républicains à se réunir contre l'ennemi commun, le royalisme. Le peuple eût oublié ses misères et ses cruelles blessures, il eût pardonné les lâches fusillades et les massacres qui avaient suivi sa défaite ; la République était sauvée, était fondée !

Au lieu de cela, le général Cavaignac, chargé du pouvoir exécutif, avec le titre de président du conseil des ministres, en vertu d'un décret du 28 juin de l'Assemblée, chercha son point d'appui dans la rue de Poitiers et livra la République, pieds et poings liés, à la réaction. Un groupe nombreux de républicains, presque tous ceux qu'on appelait les hommes du *National*, le suivit, soutint sa politique, et cette évolution désastreuse déplaça la majorité dans l'Assemblée. J'ai nommé la rue de Poitiers. Dès les premiers jours, quelques représentants de la nuance dite honnête et modérée avaient fondé une réunion qui se tint rue de Poitiers. C'est là que toutes les intrigues contre-révolutionnaires furent ourdies ; c'est là que, sous la présidence du général Baraguey-d'Hilliers et la direction de MM. Thiers et de Falloux, les légitimistes, les orléanistes, les bonapartistes, unirent leurs efforts malfaisants. Jamais les républicains n'auront assez de mépris et de ressentiment pour ces hommes, pour les Falloux, les Thiers, les Montalembert, les Léon Faucher..... nous ne nommons que les principaux. Pour balancer l'influence de la rue de Poitiers, les représentants républicains avaient fondé la réunion du Palais-National. Cette réunion, avec l'appui des représentants qui se groupaient sous la direction de Ledru-Rollin, disposait de la majorité. Elle le prouva bien en maintenant, jusqu'à la fin, à la présidence son candidat, Armand Marrast. Mais jamais, dans les circonstances graves, lorsqu'une question de vie et de mort se posait pour la République, la réunion du Palais-National ne sut comprendre ni dominer la situation. Elle se divisait alors et quelques-uns de ses membres passaient à l'ennemi.

Le général Cavaignac prit pour ministre de l'intérieur M. Senard, à qui il devait bien cela, car l'ex-président de l'Assemblée avait été l'une des chevilles ouvrières de l'intrigue qui avait renversé la Commission exécutive. Dès le 26 juin, M. Senard déposa une proposition ainsi conçue :

Art. 1er. — Tout individu pris les armes à la main sera immédiatement déporté outre-mer.

Art. 2. — Le pouvoir exécutif est chargé de prendre les mesures nécessaires pour l'exécution du présent décret.

Le même jour, l'Assemblée décréta sans discussion la nomination d'une commission de 15 membres, à l'effet de rechercher par voie d'enquête les causes de l'insurrection de juin, et de constater les faits qui se rattachent soit à sa préparation soit à son exécution. Le lendemain, M. Senard modifia son projet de transportation. Le nouvel article 1er statuait que les insurgés de juin seraient transportés dans une possession d'outre-mer, autre que l'Algérie. L'Algérie était trop près! Il était dit, dans l'article 2, que l'instruction commencée devant les conseils de guerre suivrait son cours en ce qui concernait les chefs fauteurs ou instigateurs de l'insurrection. M. Senard demanda l'urgence qui lui fut accordée. Les représentants Sarrans, Pierre Leroux et quelques autres voulurent protester; la majorité ne les écouta même pas. Le décret fut voté au pas de course. Ainsi, l'état de siège produisait ses fruits naturels. Parmi les prisonniers de juin, les uns allaient être transportés sans jugement, les autres soustraits à leurs juges naturels et renvoyés devant les conseils de guerre. Cependant, quelques jours auparavant, le général Cavaignac, dans une proclamation qui appartient à l'histoire, avait écrit : « Dans Paris, je vois des vainqueurs et des vaincus; que mon nom reste maudit si je consentais à y voir des victimes! »

Ceci fait, la réaction résolut d'essayer ses forces et d'en faire sentir le poids au général Cavaignac lui-même. Les royalistes n'avaient pas vu sans un vif mécontentement le maintien au ministère de l'instruction publique de M. Carnot et, avec lui, de M. Jean Reynaud et de tout un groupe d'hommes bien décidés à affranchir l'instruction primaire de l'influence cléricale. Les instituteurs primaires commençaient déjà à enseigner la République aux paysans. Il fallait les frapper, et pour cela frapper d'abord M. Carnot. A l'occasion d'un projet de décret relatif à l'amélioration provisoire du sort des instituteurs, le représentant Bonjean, aujourd'hui sénateur, attaqua violemment le ministère de l'instruction publique. On prit pour prétexte la publication qui avait été faite, sous les auspices du ministère, d'un *Manuel républicain de l'homme et du citoyen*, par M. Renouvier. M. Carnot se défendit assez mal. M. Cavaignac garda et fit garder par M. Senard une réserve significative : on comprit qu'il sacrifierait avec plaisir M. Carnot, et un amendement au projet de décret, que présenta M. Bonjean, fut voté par trois cent quatorze voix contre trois cent trois. M. Carnot donna sa démission, et fut remplacé par M. de Vaulabelle.

Le gouvernement du général Cavaignac ne voulut pas être en reste avec la majorité. Le 11 juillet, M. Senard annonça la présentation de trois projets de décret, l'un rétablissant le cautionnement des journaux, l'autre réglementant, c'est-à-dire détruisant les clubs, le troisième remettant en vigueur la législation antérieure sur la presse. C'était enlever coup sur coup à la Révolution ses conquêtes les plus utiles, les plus nécessaires. Le décret sur les clubs fut adopté par six cent vingt-trois voix contre cent. Le principe du cautionnement fut approuvé par quatre cent sept voix contre trois cent quarante-deux. Le décret sur les crimes et délits commis par la presse reproduisait à peu près les dispositions des lois antérieures. L'Assemblée, issue de la Révolution de février, adopta quelques aggravations introduites dans la législation par les rédacteurs du projet de décret. La plus inique de ces aggravations fut due à M. Jules Favre, qui proposa un amendement ainsi conçu : « L'attaque contre la *liberté des cultes, le principe de la propriété et les choses de la famille*, sera puni d'un emprisonnement de un mois à quatre ans, et de 150 à 5,000 francs. » C'était d'un trait de plume interdire à la presse toute discussion philosophique et sociale.

Tout cela n'était rien encore. La réaction réservait un dernier coup. Le 3 août, M. Quentin Bauchart, au nom de la commission d'enquête présidée par M. Odilon Barrot, donna lecture du rapport sur les causes de l'insurrection de juin. Ce rapport, dirigé principalement contre Ledru-Rollin, Louis Blanc et Caussidière, n'était qu'un tissu d'allégations perfides, mensongères, calomnieuses. C'était un rapport de basse police, une œuvre de haine et de vengeance. Séance tenante, dans une improvisation admirable, Ledru-Rollin réduisit à néant cet odieux réquisitoire. Puis, la discussion fut ajournée. Elle s'ouvrit le 23 août. Au cours de la séance, le président Armand Marrast donna lecture d'une lettre de M. le procureur général Corne, requérant qu'il plût à l'Assemblée autoriser des poursuites contre les représentants du peuple Louis Blanc et Caussidière. En vain, la gauche fit observer que c'était étrangement confondre le débat politique et le débat judiciaire. Le gouvernement et la majorité réclamèrent l'urgence qui, malgré un discours de M. Grévy, fut votée par quatre cent quatre-vingt-treize voix contre deux cent quatre-vingt-douze. L'Assemblée jugea donc sans désemparer, dans une séance de nuit. Ou plutôt, elle ne jugea pas. Elle condamna, de parti pris, des adversaires politiques. Ledru-Rollin avait parlé le premier. Lorsqu'il descendit de la tribune, M. le général Cavaignac crut devoir aller lui serrer la main, et Ledru-Rollin surpris se prêta à cette indigne comédie. Ensuite, Louis Blanc et Caussidière se défendirent. La majorité trouva que leurs explications étaient trop longues, et n'eut pas la pudeur de leur prêter une oreille attentive. Bac fit une dernière tentative en faveur de Louis Blanc. Flocon lutta en désespéré pour Caussidière ; mais la majorité avait résolu d'en finir. Elle n'écoutait plus, elle égorgea nuitamment deux représentants du peuple, deux collègues.

On passa aux voix. Les poursuites furent autorisées contre Louis Blanc par cinq cent quatre voix contre deux cent cinquante-deux; contre Caussidière, en ce qui concernait les événements du 15 mai, par quatre cent soixante-dix-sept voix contre deux cent soixante-huit. Il restait à voter sur les réquisitions de M. le procureur général contre Caussidière, relativement aux faits de l'insurrection de juin. L'autorisation, si elle était accordée, conduirait Caussidière devant les conseils de guerre. M. le général Cavaignac et les chefs de la rue de Poitiers n'avaient, on le voit, reculé devant aucune des conséquences de leur monstrueuse alliance. Mais l'Assemblée ne les suivit pas jusque-là. Quatre cent cinquante-huit voix contre deux cent quatre-vingt-une refusèrent l'autorisation. Après ce vote, les réacteurs se séparèrent. Il était six heures du matin.

Nous avons le regret de trouver au *Moniteur*, parmi les représentants qui votèrent soit contre Caussidière, soit contre Louis Blanc, les noms de MM. Barthélemy Saint-Hilaire, Bastide, Beslay, Bixio, Armand Marrast, Senard, Recurt, Trélat, Vaulabelle.

Les chefs de la rue de Poitiers avaient atteint leur but. Ils avaient accompli leur œuvre de vengeance, et ils avaient amené le général Cavaignac à leur servir d'instrument. Par là, ils l'avaient irrémédiablement compromis et avaient creusé entre le parti républicain et le chef du pouvoir exécutif un abîme qui ne pouvait pas être comblé. Quant au général Cavaignac, en livrant à la réaction les deux hommes dont elle voulait la perte, il avait donné la mesure de son asservissement à la rue de Poitiers, en même temps que de la médiocrité de son esprit.

III

Les travaux préparatoires de la commission de Constitution touchaient à leur fin. M. Armand Marrast avait déposé le rapport. La discussion allait s'ouvrir. Plusieurs membres de la gauche pensèrent que c'était là une occasion excellente de demander la levée de l'état de siége. M. Ledru-Rollin soutint cette opinion. M. le général Cavaignac la combattit avec toute l'énergie dont il était capable. L'Assemblée, qui avait déjà, à plusieurs reprises, passé outre lorsqu'on avait interpellé M. Cavaignac au sujet des journaux qu'il suspendait au gré de son bon plaisir, se prononça pour le statu quo. Cinq cent vingt-neuf voix contre cent quarante décidèrent que la Constitution républicaine de la France serait discutée sous le régime de l'état de siége.

N'oublions pas de dire, avant d'étudier rapidement les points principaux de cette discussion, que, le 1er septembre, l'Assemblée, continuant à démolir l'œuvre du Gouvernement provisoire dans le peu qu'elle avait de bon, vota le rétablissement de la contrainte par corps.

Les membres de la commission de Constitution, nommée par l'Assemblée, étaient MM. Cormenin, Armand Marrast, Lamennais, Vivien, Tocqueville, Dufaure, Martin de Strasbourg, Woirhaye, Coquerel, Corbon, Tourret, Gustave de Beaumont, Dupin, Vaulabelle, Odilon Barrot, Pagès de l'Ariége, Dornès et Considérant.

Il suffit d'un coup d'œil jeté sur cette liste pour reconnaître que les républicains y étaient à peine en majorité. On ne pouvait guère, en effet, rattacher à l'opinion républicaine que Cormenin, Marrast, Lamennais, Martin de Strasbourg, Woirhaye, Corbon, Tourret, Vaulabelle, Pagès de l'Ariége, Dornès et Considérant. Tous ceux-là, à l'exception de Lamennais qui donna sa démission et de Considérant, étaient des républicains formalistes de la nuance la plus modérée. M. Woirhaye devait bientôt passer à l'ennemi. Quant à Cormenin, on sait qu'il est mort conseiller d'État de l'Empire. D'une pareille commission, il ne pouvait sortir qu'une œuvre hybride et transitoire. Tout ce qu'on pouvait désirer, c'est qu'elle ne contînt pas en germe la mort de la République. Le rapport, présenté par M. Marrast au nom de la commission, était un morceau d'une rédaction facile et spirituelle. Tous les problèmes sociaux, toutes les questions vitales de la Révolution y étaient habilement escamotés. Sur les deux points capitaux de l'organisation purement politique, la commission avait conclu, d'une part, à une Assemblée unique, ce qui était conforme aux principes de la Révolution, mais de l'autre, hélas ! à la nomination d'un président de la République !

Le projet de constitution débutait par un préambule qui était une sorte de déclaration vague et contradictoire des droits et des devoirs des citoyens. Si insuffisante que fût cette entrée en matière, elle parut trop républicaine aux représentants royalistes qui en demandèrent la suppression avec une grande vivacité. M. de Lamartine prit la parole, et son éloquence imagée enleva le vote; le préambule fut maintenu. Mais, détail singulier, et par où l'on peut voir quels progrès les idées ont faits depuis vingt ans, la discussion ne porta pas un seul instant sur les premiers mots du préambule : « En présence de Dieu. » Cette affirmation déiste, attentatoire à la liberté de conscience, ne fut pas combattue même par les représentants de la Montagne, et l'on vit des hommes politiques, se transformant en théologiens, faire précéder la Constitution républicaine d'un crédo religieux. Personne, nous le répétons, ne releva cette détestable inconséquence.

La grande majorité de l'Assemblée était passionnément hostile aux revendications sociales. On l'avait bien vu en juillet, lors de la discussion de la célèbre proposition de Proudhon. L'illustre socialiste demandait une retenue du tiers des fermages, des loyers, des intérêts de capitaux, au profit de l'État et des prolétaires. Le plan de Proudhon, insuffisamment étudié et inapplicable, ne pouvait être accepté par l'Assemblée. Proudhon, de plus, eut le tort de se servir dans la discussion de son arme favorite, l'ironie, qui plus d'une fois a abusé, sur ses intentions et sur ses idées, même ses adversaires de bonne foi. Mais l'Assemblée eut le tort beaucoup plus grand, non-seulement de feindre une indignation qu'elle ne ressentait pas, mais d'outrepasser son droit en jugeant, en condamnant les intentions de Proudhon. Pendant qu'il parlait, les injures les plus grossières lui furent adressées. Une voix ayant crié : « Il fallait aller aux barricades, » M. Senard, ministre de l'intérieur, osa dire : « Il est trop lâche, il n'ira pas! Ces gens-là appellent derrière les barricades, mais ils n'y vont pas! » Le président Armand Marrast ne rappela pas le ministre à l'ordre. Puis MM. Senard, Landrin, Bérard et Peupin (cet ouvrier horloger devenu secrétaire des dons et secours de la maison de l'Empereur), présentèrent un ordre du jour ainsi conçu : « L'Assemblée nationale, considérant que la proposition du citoyen Proudhon est une atteinte odieuse aux principes de la morale publique; qu'elle viole la propriété, qu'elle encourage la délation, qu'elle fait appel aux plus mauvaises passions; considérant, en outre, que l'orateur a calomnié la Révolution de février 1848 en prétendant la rendre complice des théories qu'il a développées, passe à l'ordre du jour. »

S'il y avait quelque chose d'odieux, c'était cet ordre du jour. Tout le monde sait que le citoyen Greppo seul eut le courage de protester par son vote. Bac, Gambon, Joly, Félix Pyat et quelques-uns de leurs amis de la Montagne s'abstinrent. Nous voudrions pouvoir en dire autant des citoyens Louis Blanc, Ledru-Rollin, Carnot, Considérant, Jules Favre, Flocon, Victor Hugo, Lamennais, Quinet, Jules Simon, etc., qui ne comprirent pas qu'ils tombaient une fois de plus dans un piège, et qu'ils s'associaient à un acte à la fois inique et impolitique.

Il était clair qu'une Assemblée ainsi disposée consentirait difficilement à reconnaître le droit au travail. La majorité de la commission, qui n'était pourtant pas composée de révolutionnaires, l'avait inscrit dans son premier projet. Grâce à l'influence de M. Thiers, qui depuis son élection s'était tapi dans le comité des finances d'où les intrigues royalistes rayonnaient sur toute l'Assemblée, les bureaux en majorité se prononcèrent dans un sens opposé, et demandèrent que le droit au travail fût remplacé par le droit à l'assistance. Le droit au travail, qu'était-ce pourtant autre chose que le droit de vivre en travaillant? Mais c'était le droit réclamé par les ouvriers; mais les Lyonnais insurgés l'avaient inscrit sur leurs drapeaux, en y ajoutant ce commentaire sublime : « Ou mourir en combattant! » mais Louis Blanc l'avait proclamé au Luxembourg; mais il était inscrit dans le programme révolutionnaire; c'en était assez pour que l'Assemblée le repoussât; car l'Assemblée ne voulait rien de ce qui était socialiste et révolutionnaire, ou même qui en avait l'apparence.

La discussion fut extrêmement vive. Un premier amendement présenté par M. Mathieu de la Drôme fut jugé trop radical. Alors les représentants de l'extrême gauche se rallièrent à un amendement de M. Glais-Bizoin qui était ainsi conçu : « La République reconnaît le droit de tous les citoyens à l'instruction, le droit à l'assistance par le travail, et à l'assistance dans les formes et aux conditions réglées par les lois. » Cette rédaction si modérée, si prudente, qui paraissait propre à tout concilier, fut encore repoussée par cinq cent quatre-vingt dix-huit voix contre cent quatre-vingt-sept ! La majorité ne voulut même pas du droit à l'assistance par le travail. Elle ne voulut pas non plus de l'égalité devant l'impôt du sang. Elle maintint dans la Constitution le remplacement militaire, malgré la gauche appuyée cette fois par le général de Lamoricière. L'abolition du remplacement eût marqué un grand pas vers la transformation radicale du système militaire. Cela était juste et cela était politique. C'est encore M. Thiers à qui revient l'honneur d'avoir rallié au maintien du *statu quo* tous les réacteurs et tous les trembleurs de l'Assemblée.

Dans la discussion des bureaux, les efforts des royalistes s'étaient portés sur trois points principaux. Ils avaient voulu remplacer le scrutin de liste inauguré en février par la division du département en circonscriptions. On a vu, depuis, les résultats que donne ce système. Même en admettant que la circonscription soit fixe et calquée sur l'arrondissement, c'est une organisation électorale antidémocratique. Les royalistes avaient ensuite insisté pour le vote à la commune. Ils savaient bien que, par le seul fait de se rendre au canton pour voter, le paysan s'émancipe et se soustrait à l'influence du curé comme à celle du propriétaire, du seigneur. Enfin, ils combattirent avec acharnement l'unité du pouvoir législatif. Ils voulaient deux chambres. Sur ces trois points, ils furent battus; sur ces trois points, l'Assemblée vota conformément au principe républicain.

Mais, hélas! les républicains modérés qui étaient en majorité dans l'Assemblée ne comprirent pas que ce qu'ils venaient de faire n'était rien s'ils ne suivaient pas les mêmes principes dans l'organisation du pouvoir exécutif. Deux systèmes étaient en présence. D'une part, la commission proposait un président responsable nommé par le suffrage universel. De l'autre, les représentants de l'extrême gauche se ralliaient à un amendement présenté par M. Grévy et qui était ainsi conçu : « L'Assemblée Nationale délègue le pouvoir exécutif à un citoyen qui reçoit le titre de président du conseil des ministres. Le président du conseil des ministres est élu par l'Assemblée au scrutin secret et à la majorité absolue des suffrages. Nommé pour un temps illimité, il est toujours révocable. »

La discussion se prolongea plusieurs jours. M. Félix Pyat et M. Grévy soutinrent la doctrine républicaine; le premier, avec une vivacité et une éloquence, le second avec une logique et un bon sens qui ne souffraient pas de réplique « La puissance qui appartenait au roi, puis au roi et aux Chambres, dit M. Pyat, est revenue tout entière au peuple, au peuple seul, représenté par une Assemblée unique, élue par le suffrage universel. Le pouvoir législatif doit donc dominer complétement le pouvoir exécutif, sous peine d'avoir ainsi deux têtes en république, c'est-à-dire toutes les luttes, tous les conflits, tous les combats des royautés constitutionnelles, avec encore plus de risques et de périls pour la liberté... »

Il n'y avait rien à répondre à cela. Aussi n'y fut-il répondu que par des arguments de sentiment. Un poëte, M. de Lamartine, entraîna l'Assemblée. « Oui, s'écria-t-il en terminant, quand même le peuple choisirait celui que ma pensée, mal éclairée peut-être, redouterait de lui voir choisir, n'importe ! *Alea jacta est!* Que Dieu et le peuple prononcent! Il faut laisser quelque chose à la Providence! Elle est la lumière de ceux qui, comme nous, ne peuvent pas lire dans les ténèbres de l'avenir ! » Et il ajoutait : « Si le peuple s'abandonne lui-même, disons-lui le mot des vaincus de Pharsale, et que cette protestation contre l'erreur ou la faiblesse du peuple soit son accusation devant lui-même et notre absolution à nous devant la postérité ! »

Les événements ont malheureusement trop donné raison aux adversaires de l'institution présidentielle pour qu'il soit utile d'insister ici. Admirons seulement que des hommes politiques se soient décidés sur des arguments tels que ceux de M. de Lamartine; admirons que des républicains aient livré le sort de la République à un coup de dé! L'amendement Grévy fut rejeté par six cent quarante-trois voix contre cent cinquante-huit. Restaient d'autres amendements, présentés par MM. Flocon et Leblond, et qui réservaient la nomination du président de la République à l'Assemblée Nationale. Ce système eût assuré la présidence au général Cavaignac. Il fut également repoussé. Enfin quelques représentants pensaient que si le président devait être nommé par le suffrage universel, il fallait au moins attendre que la République fût définitivement constituée et les lois organiques votées. La réunion du Palais-National et la Montagne s'étaient prononcées dans ce sens, et l'Assemblée aurait probablement adopté ce parti si le général Cavaignac n'était pas monté à la tribune pour demander l'élection immédiate. Le général, abusé par les rapports de ses préfets, se croyait sûr du succès!

Ainsi, jour par jour, heure par heure, et comme si elle n'eût eu d'autre pensée, l'Assemblée préparait les voies à Louis-Napoléon Bonaparte. Une dernière tentative cependant fut faite pour l'exclure de la présidence. M. Antony Thouret, dans la séance du 9 octobre, présenta un amendement ainsi conçu : « Aucun membre des familles qui ont régné sur la France ne pourra être élu président, ni vice-président de la République. » Après que l'auteur de l'amendement l'eut brièvement développé, M. Louis-Napoléon Bonaparte monta à la tribune et balbutia les paroles suivantes :

« Citoyens représentants, je ne viens pas ici pour parler contre l'amendement. J'ai été assez récompensé en retrouvant tout à coup mes droits de citoyen, pour n'avoir maintenant aucune autre ambition. Je ne viens pas non plus réclamer pour ma conscience contre les calomnies et le nom de prétendant qu'on me donne. Mais c'est au nom de trois cent mille électeurs qui m'ont nommé par trois fois que je viens réclamer et que je désavoue ce nom de prétendant qu'on me jette toujours à la tête. »

Ce speech fut débité d'un ton si grotesque, le citoyen Louis-Napoléon Bonaparte avait en parlant une si piètre attitude, que l'Assemblée éclata de rire, et qu'au milieu de la gaieté universelle, M. Thouret déclara qu'il retirait son amendement, le considérant comme étant désormais sans objet. L'Assemblée avait ri; elle croyait que la patrie et la République étaient sauvées. L'Assemblée avait un bandeau sur les yeux. Déjà, avant les journées de juin, lorsque la Commission exécutive eut déclaré qu'elle ferait exécuter, en ce qui concernait Louis-Napoléon Bonaparte, la loi de 1834, jusqu'au jour où l'Assemblée en aurait autrement décidé, elle ne trouva pas, dans la majorité, malgré les efforts de Lamartine et de Ledru-Rollin, et grâce à Louis Blanc et à Jules Favre, l'appui que cette politique énergique aurait mérité.

IV

C'est fini, l'Assemblée nationale a constitué de ses propres mains en face d'elle un pouvoir exécutif dont elle n'aura même pas le courage de réfréner les usurpations, elle roulera désormais de faiblesse en faiblesse jusqu'au jour où, adoptant la proposition Ratéau, elle se suicidera.

Avant l'élection du 10 décembre, elle a encore le temps de commettre deux lourdes fautes. La première fut de déclarer une seconde fois que le général Cavaignac avait bien mérité de la patrie. Ce vote fut émis à la suite d'une discussion solennelle sur la conduite du général pendant les affaires de juin. MM. Garnier Pagès, Barthélemy Saint-Hilaire, Duclerc lui reprochaient d'avoir laissé l'insurrection s'étendre pendant la journée et la nuit du 23 jusqu'à une heure de l'après-midi du samedi 24, d'avoir trop tardé à faire venir de l'artillerie de Vincennes; d'avoir laissé, par cette inaction, la garde nationale soupçonner la Commission exécutive de trahir ses devoirs, et cela dans le but de la remplacer appuyé qu'il était par les représentants de la réunion du Palais-National, dont le chef était M. Senard, président de l'Assemblée. Le général Cavaignac se défendit avec une extrême habileté. Il convainquit l'Assemblée; mais, après une lecture attentive des débats, on peut dire que le point historique, soulevé par MM. Garnier Pagès et Barthélemy Saint-Hilaire, reste en litige.

La seconde faute de l'Assemblée Constituante fut de laisser le général Cavaignac s'engager dans une politique extérieure antirépublicaine, antirévolutionnaire. L'Assemblée jusqu'alors s'était gouvernée suivant les principes inaugurés par le fameux manifeste de M. de Lamartine, c'est-à-dire qu'elle avait pratiqué l'abstention en même temps qu'elle émettait des déclarations vagues et pompeuses en faveur de l'indépendance des peuples. L'abstention de toute ingérence dans les affaires extérieures était une politique qui se pouvait soutenir, mais à la condition d'avoir pour corollaire à l'intérieur une politique révolutionnaire et le licenciement de l'armée, à la condition encore d'être franche, nette, absolue, et qu'après avoir laissé écraser les peuples, on ne s'en allât pas défendre le pape. C'est cependant ce que fit le général Cavaignac. Dès qu'il eut appris que la Révolution était triomphante à Rome, il envoya par le télégraphe, à Marseille et à Toulon, l'ordre de diriger 3,500 hommes sur Civita-Vecchia. En même temps, un envoyé extraordinaire, M. de Corcelles, partait pour Rome avec la mission d'assurer la sûreté personnelle du saint-père et au besoin sa retraite momentanée sur le territoire de la République. M. Cavaignac agissait dans un intérêt électoral, et il eût été enchanté, pour se rallier les catholiques, que le pape devînt son hôte. L'Assemblée laissa faire, malgré M. Ledru-Rollin et l'extrême gauche. Le pape préféra se retirer à Gaëte. Mais un précédent déplorable était créé : l'expédition de Rome devenait possible.

Le 20 décembre 1848, Charles-Louis-Napoléon Bonaparte fut proclamé par l'Assemblée président de la République. Il prêta serment, et alla donner une poignée de main au général Cavaignac. Le soir même il constituait un ministère, dont les trois hommes importants étaient M. Odilon Barrot, c'est-à-dire l'ancien parlementarisme, M. Léon Faucher, c'est-à-dire la bourgeoisie réactionnaire dans toute son âpreté, M. de Falloux, c'est-à-dire le parti-prêtre. C'était du premier jour déclarer la guerre à la République. L'Assemblée nationale le comprit; elle était souveraine; elle pouvait encore briser dans l'œuf l'oiseau impérial; mais elle n'eut pas l'énergie d'engager une lutte sérieuse et de la conduire jusqu'au bout. Les derniers mois de l'Assemblée ne furent plus qu'une longue abdication. C'est une histoire qui se confond avec celle de la Présidence de la République. Nous n'en relaterons donc que ce qui sera nécessaire pour caractériser les défaillances de l'Assemblée.

Quatre fois le Président attira les Constituants sur un terrain où il pouvait être vaincu, où il leur était facile de dominer la situation : il viola les prérogatives de l'Assemblée le 29 janvier; il l'attaqua dans son existence même par la proposition Rateau; il viola la Constitution en présentant la loi sur les clubs; il la viola une seconde fois en attaquant la République romaine.

Le 29 janvier, sous prétexte de troubles que pouvait amener le licenciement de la garde mobile, dès le matin, Paris fut occupé militairement. A sept heures, le palais de l'Assemblée lui-même était investi par une masse considérable de troupes sans que le président en eût été averti. M. Marrast écrivit sur-le-champ au général Changarnier, commandant supérieur des forces de Paris, pour l'inviter à venir immédiatement fournir des explications. M. Changarnier ne vint pas, et il envoya seulement un aide de camp porteur d'une lettre assez impertinente. Le bureau de l'Assemblée était réuni. Il décida que le général Lebreton serait investi du commandement et de la défense du Corps législatif et que les faits seraient déférés à l'Assemblée par le président. Quelques instants après, la séance commença. M. Odilon Barrot, président du Conseil, qui venait de causer quelques minutes avec M. Marrast (que se passa-t-il dans cette entrevue? on l'ignore), M. Barrot prit la parole pour annoncer qu'une conspiration formidable avait dû éclater dans la nuit, que les troupes avaient été réunies pour la déjouer et que si le président de l'Assemblée n'avait pas été averti, c'était par suite d'un malentendu. Personne n'ajouta foi à cette explication. Quels avaient été dans cette journée les projets de Louis-Napoléon Bonaparte? Cela n'a jamais été bien tiré au clair. Probablement de vagues idées de coup d'État avec le concours de la droite avaient germé dans sa tête. Quoi qu'il en soit, l'Assemblée avait été outragée en la personne de son président, et ses prérogatives les plus sacrées avaient été violées. M. Armand Marrast, pour des motifs qui n'ont jamais été bien démêlés, n'eut aucun souci de sa dignité, et l'Assemblée ne sut pas se faire respecter. Une proposition d'enquête formulée par la gauche fut repoussée. Le Président avait tâté le pouls de ses adversaires; il savait désormais qu'ils reculeraient.

L'Assemblée Constituante avait décidé qu'avant de se séparer, elle voterait les lois organiques, c'est-à-dire : la loi sur la responsabilité des dépositaires de l'autorité publique; la loi sur le conseil d'État; la loi électorale; la loi d'organisation départementale et la loi d'organisation judiciaire; la loi sur l'enseignement; la loi sur l'organisation de la force publique; la loi sur la presse; la loi sur l'état de siége; la loi sur l'assistance publique. Cela ne faisait le compte ni du Président, ni de la droite qui, après tout, ne disposait pas à son gré de la majorité. On fit présenter par un Constituant obscur, nommé Rateau, une proposition de dissolution. L'Assemblée ne sut pas se défendre contre ces attaques dissolvantes. L'intrigue et la peur firent leur œuvre et une majorité de onze voix décida qu'on passerait à une seconde délibération. Finalement la proposition, déguisée sous un amendement de M. Lanjuinais, fut adoptée. L'Assemblée avait eu la bonne grâce de voter elle-même sa mort.

Le gouvernement avait présenté un projet de loi qui interdisait les clubs. Dans la séance du 21 mars, M. Crémieux, rapporteur de la Commission, monta à la tribune et déclara que, le vote de l'article 1er constituant une violation de la Constitution, la majorité se retirait. Après ces paroles, un grand nombre de représentants abandonnèrent la salle des délibérations.

Le lendemain, les journaux républicains publiaient cette déclaration : « L'article 1er du projet de loi contre les clubs viole l'article 8 de la Constitution. C'est » une atteinte directe au droit de réunion et d'association, c'est un attentat contre » la République.

» Les représentants qui se sont abstenus ont fait leur devoir; qu'ils persévèrent! » La presse démocratique et le peuple sont avec eux contre les ennemis de la Cons- » titution, qui sont aussi ceux de la prospérité publique.

» Le peuple restera calme, il attend. »

Le peuple attendit en vain. La gauche, prétextant une concession apparente du pouvoir, revint prendre part à la discussion. La loi passa à une majorité de trente voix. L'Assemblée avait laissé une première fois violer la Constitution.

De l'expédition de Rome, nous ne dirons qu'un mot. L'Assemblée, sur un rapport de M. Jules Favre, dont on rencontre trop souvent le nom et l'influence chaque fois qu'une mesure contre-révolutionnaire est votée, avait accordé un crédit de 1,400,000 fr. pour le corps expéditionnaire d'Italie, en prenant acte de cette déclaration que la pensée du gouvernement n'était pas de faire concourir la France au renversement de la République romaine. Peu de temps après, on apprenait que le général Oudinot avait attaqué Rome. Dans un premier mouvement d'indignation, l'Assemblée adopta, à la majorité de trois cent vingt-huit voix contre deux cent quarante-une, une résolution qui invitait le gouvernement à ne pas détourner plus longtemps l'expédition d'Italie du but qui lui était assigné. Hélas ! ce fut une protestation inutile. Le Président de la République passa outre. L'Assemblée ne voulut pas se faire obéir, et lorsque M. Ledru-Rollin et soixante autres représentants déposèrent une demande d'accusation contre Louis-Napoléon Bonaparte et ses ministres, cette proposition ne réunit que cent trente-huit voix contre trois cent quatre-vingt-huit. M. Bonaparte était désormais maître de la situation.

Il restait une faute, j'allais dire un crime, à commettre, il restait à l'Assemblée à se séparer avant d'avoir voté l'amnistie, de même que le général Cavaignac avait quitté le pouvoir sans prendre l'initiative de ce grand acte d'apaisement. La question revint trois fois devant la Constituante. Le 1er février 1849, une proposition d'amnistie générale, soutenue par Schoelcher et Lagrange, est repoussée par cinq cent trente voix contre cent soixante-sept. Le 2 mai 1849, la commission du projet de loi pour la célébration du premier anniversaire de la proclamation de la République française, avait rédigé ainsi l'article 11 du projet : « Amnistie pleine et entière est accordée à tous les individus qui ont été transportés en vertu du décret du 27 juin 1846. » Cette fois il y eut deux cent quatre-vingt-huit voix pour et trois cent trente-neuf contre. Enfin, le 26 mai 1849, dans la dernière séance de la Constituante, deux cent quatre-vingt-huit voix contre deux cent quatre-vingt-quatre rejetèrent une troisième fois l'amnistie! C'est-à-dire à quatre voix de majorité ! C'est là une tache qui pèsera à jamais sur la mémoire des Constituants, et l'Assemblée méritera cette qualification que redoutait un représentant de la gauche, le citoyen Laussedat, lorsqu'il s'écriait : « Prenez garde qu'on ne nous donne le nom d'assemblée implacable ! »

Notre conclusion sera brève. Il y avait à la Constituante, en 1848, cent cinquante à deux cents Représentants, non pas tous révolutionnaires, encore moins socialistes, mais fermement attachés à la doctrine républicaine. Le reste était détestable, et, comme on ne peut juger une assemblée que par sa majorité et par ses actes, on dira de celle-ci qu'elle ne montra ni intelligence politique, ni fermeté, ni courage, ni habileté, qu'elle n'eut pas conscience de la Révolution, qu'elle compromit irrémédiablement la République.   A. RANC.

ASSEMBLÉE LÉGISLATIVE DE 1849. — L'Assemblée Constituante venait de se dissoudre dans l'indifférence publique. Cette Assemblée, qui avait commis tant de fautes inexcusables, avait au moins le mérite de compter des républicains en majorité parmi ses membres. La plupart de ceux qui en avaient fait partie ne retrouvèrent en rentrant dans leurs foyers que le découragement dans le présent et l'incertitude dans l'avenir. Placés entre deux sortes d'adversaires également implacables, les hommes des partis monarchiques et les républicains avancés qui ne pardonnaient point les erreurs coupables dont souffrait la République, les anciens Constituants ne surent point regagner la confiance de leurs électeurs, et ne purent rentrer, dans la nouvelle Assemblée, pour y défendre la Constitution qu'ils venaient de donner à la France. La République, en perdant leur concours, perdit la moitié de ses forces.

L'exemple de la conciliation et de l'union avait été donné cependant au parti républicain par ses ennemis acharnés. Les partis hostiles avaient formé entre eux l'*Union libérale*, coalition immorale et monstrueuse, organisée par le comité de la rue de Poitiers, où l'on trouvait mêlées et confondues les personnalités les plus diverses. A la vérité, les républicains plus avancés avaient cherché, depuis quelque temps, à mettre fin à leurs discordes intestines. Un cri nouveau, qui résumait assez bien l'ensemble des aspirations démocratiques, avait été adopté, surtout par la population des grandes villes, c'était le cri de Vive la République démocratique et sociale! A Paris, le comité central, qui avait pris la direction des élections, s'intitulait Comité démocratique socialiste; et, dans la liste qu'il dressa des candidatures à présenter aux électeurs, ce comité s'était appliqué à donner satisfaction aux diverses fractions de l'opinion républicaine avancée. Les républicains modérés seuls avaient été tenus à l'écart de cette liste : erreur funeste, qui ne devait pas être commise dans des circonstances aussi graves. A l'union électorale de la rue de Poitiers, il fallait opposer l'union républicaine. Cette tactique nouvelle fut employée plus tard avec le plus grand succès, sous la pression des événements, mais trop tard.

Les habiles du comité de la rue de Poitiers, qui renfermait tous les débris des vieux partis monarchiques, rompus à toutes les intrigues parlementaires, ne se lassaient pas de répéter que parmi eux il ne se trouvait aucun homme sensé et honnête qui voulût changer la forme du gouvernement et renverser la République. Ce qu'ils voulaient, disaient-ils, c'était simplement sauver la société. La coalition des divers partis était affirmée dans leur programme, où le maintien de la République ne figurait que par tromperie, et où l'on cherchait les moyens de paralyser les institutions démocratiques avant de les détruire.

Le comité démocratique socialiste avait, de son côté, posé pour programme électoral les six propositions suivantes : 1° La République est au-dessus du droit des majorités; 2° si la Constitution est violée, les représentants du peuple doivent donner au peuple l'exemple de la résistance; 3° les peuples sont solidaires entre eux comme les hommes; l'emploi des forces de la France contre la liberté des peuples est un crime, une violation de la Constitution; la France doit ses secours aux nationalités qui combattent la tyrannie, elle peut aujourd'hui les accorder immédiatement; 4° le droit au travail est le premier de tous les droits, il est le droit de vivre; la plus dure de toutes les tyrannies est celle du capital; la représentation nationale peut et doit poursuivre l'abolition de cette tyrannie; 5° dans une nation libre, l'éducation doit être pour tous gratuite, commune, égalitaire et obligatoire; 6° le rappel du milliard des émigrés est une mesure juste, utile, possible. Ce programme était, comme on en peut juger, tout de circonstance; la guerre sourde faite à la République l'avait dicté. Si précis qu'il ait paru alors et si complet qu'on l'ait jugé, il atteste cependant de la manière la plus claire que le parti républicain, tout entier à l'œuvre de combat qu'il poursuivait, n'était ni dans le droit chemin, ni dans le vrai sens des événements. On n'a pas le droit d'être surpris qu'après la fatale élection du 10 décembre, le parti républicain ait évité de parler du suffrage universel et de le prendre pour principe de sa politique. L'établissement du suffrage universel avait consommé en France la plus profonde et la plus radicale des révolutions, et le parti républicain ne semble pas s'en être douté alors. Quoi d'étonnant donc que les élections à l'Assemblée Législative aient tourné à son détriment?

Pendant que le parti républicain, se concentrant sur lui-même, ramassait toutes ses forces pour tenter une lutte suprême, les modérés, partant d'un principe contraire, comprenaient l'avantage et la nécessité de s'adresser à l'opinion publique et au suffrage universel qui en est l'expression.

Le comité de la rue de Poitiers, le plus grand centre d'action qui ait existé en France depuis les anciennes sociétés populaires de notre première Révolution, n'était pas une machine de guerre accidentelle ; son œuvre électorale n'était que le point de départ d'une action permanente. Dans cette réunion, composée de cinquante-deux membres, on voyait M. Molé siéger à côté de M. de Persigny ; M. d'Haussonville à côté de M. de Morny ; M. le duc de Broglie à côté du prince Lucien Murat ; M. Duvergier de Hauranne à côté de M. le marquis de Barthélemy ; MM. Berryer et de Montalembert y étaient les orateurs les plus écoutés, et l'influence prédominante était celle de M. Thiers, qui apportait à cette œuvre toutes les ressources d'un esprit inépuisable, excité et soutenu par des passions et des rancunes indignes d'une telle intelligence. Résolus à s'adresser au suffrage universel, les hommes des vieux partis monarchiques ne pouvaient songer à le corrompre ; ils s'arrêtèrent à l'idée perverse de l'effrayer et de le démoraliser par la peur. Sous prétexte de combattre au nom de l'ordre les doctrines insensées qu'ils prêtaient gratuitement à leurs adversaires, ils résolurent d'inonder la France de petits livres et de publications à bon marché, libelles, pamphlets, placards où les plus odieuses calomnies étaient proférées contre les républicains. De toutes les œuvres de la réaction de 1849, celle-ci est à coup sûr la plus coupable, et celle qui engage le plus, devant l'histoire, l'honneur politique des hommes de la rue de Poitiers. Si, depuis, nous avons vu notre pays, livré à la peur, se courber sous le joug de la dictature, on peut dire que cet abaissement de la conscience et de la dignité nationales remonte au jour où le parti de l'ordre a cherché, par des pratiques honteuses, à troubler la conscience populaire pour la mieux dominer.

C'est sous l'influence des publications détestables de la rue de Poitiers que se firent les élections des départements. Le parti de l'ordre déploya d'ailleurs une activité prodigieuse. Les principales personnalités du temps de la Restauration et de Louis-Philippe reparurent sur la scène politique. Seuls, MM. Guizot et Duchâtel ne virent pas se rouvrir devant eux la carrière. M. Guizot cependant avait cru devoir faire acte d'adhésion complète à la politique bonapartiste, dans sa circulaire aux électeurs du Calvados.

Le parti républicain obéit dans cette circonstance à ses traditions de discipline électorale. M. Ledru-Rollin, dont le talent oratoire avait sans cesse grandi dans les derniers mois de l'Assemblée Constituante, et qui était alors considéré comme le chef de la démocratie socialiste, sortit le second sur la liste des vingt-sept représentants nommés à Paris ; quatre autres départements le choisirent en même temps pour leur élu. Les autres représentants élus par les républicains appartenaient pour la plupart à cette nuance d'opinion qui avait adopté le nom et les traditions de l'ancienne Montagne ; la fraction plus modérée du parti avait été sacrifiée, et les socialistes avaient fait quelques recrues importantes. Un certain nombre de jeunes gens encore inconnus prenaient place pour la première fois sur les bancs de nos assemblées, promettant d'y apporter tout ensemble de la résolution, de la vigueur, avec l'expression des sentiments des générations nouvelles.

En résumé, les deux tiers de l'Assemblée Législative appartenaient aux anciens partis monarchiques ; le troisième tiers voulait la République. La conscience d'une telle supériorité numérique enhardit, dès le premier jour, les hommes du parti de l'ordre.

Le 28 mai, à midi, eut lieu l'ouverture de l'Assemblée Législative, sous la présidence de M. de Kératry, doyen d'âge et ancien pair de France de par la monarchie de Juillet. Elle succédait sans interruption à l'Assemblée Constituante dissoute de l'avant-veille; elle était composée de sept cent cinquante représentants. L'animosité entre les divers partis se déclara dès les premières séances. Le maréchal Bugeaud, un des hommes les plus écoutés de la droite, avait dit cependant ce mot remarquable : « Les majorités sont tenues à d'autant plus de modération qu'elles sont plus nombreuses. » Ce sage conseil ne fut jamais suivi.

La patience, la résistance passive à toutes les provocations, la propagande incessante par la tribune, la presse et le bon exemple : telle était, à ce qu'il semble aujourd'hui, la loi qui s'imposait aux représentants de l'opinion républicaine. Ce qu'il fallait assurer avant tout, c'était le salut de la République, que la réaction allait prendre dans ses mains hypocrites. L'ordre parfait qui avait présidé aux élections avait rassuré l'opinion publique; la bourgeoisie ne croyait plus que le repos fût impossible sous le régime nouveau, et le peuple sentait croître sa confiance dans les institutions démocratiques; il paraît donc qu'il n'y avait qu'à attendre.

La plus brûlante de toutes les questions qui passionnaient alors l'opinion démocratique était la question romaine. Une armée française, au mépris de la Constitution, faisait le siège de Rome, et, le 10 juin, la nouvelle se répandit que des luttes à main armée s'étaient engagées entre nos soldats et la population romaine. L'Assemblée était en proie à une agitation extrême, pâle reflet de l'agitation du peuple de Paris. La Constitution était ouvertement violée, et le comité démocratique socialiste jugea le moment venu de rappeler aux représentants élus le 13 mai l'engagement qu'ils avaient solennellement pris. La Montagne, obéissant à la tradition révolutionnaire, se mit également en communication directe avec le peuple et répondit qu'elle saurait faire son devoir.

Le 11 juin, M. Ledru-Rollin monte à la tribune, non point pour interpeller le gouvernement, ainsi que le porte l'ordre du jour, mais pour déposer un acte d'accusation contre le Président et contre ses ministres. Son premier discours est calme et grave, son argumentation précise et saisissante. Il touche d'une main sûre et exercée les vraies difficultés de la situation, il adjure l'Assemblée de ne pas chercher à venger l'échec que nos armes ont pu subir sous les murs de la villa Pamphili, à Rome. « Il ne faut pas égarer l'opinion publique, dit-il; il ne faut pas faire croire que nous voulons aller contre l'honneur de notre drapeau; nous sommes plus que personne intéressés à la sauvegarde de notre honneur, mais, lors même que nous aurions subi un échec, ce serait aggraver notre position que de chercher à le réparer dans le sang. Il ne faut pas que nous espérions le réparer en rentrant à Rome de vive force, car ce ne serait pas une victoire, ce serait une honte; il ne peut y avoir de victoire contre le droit. Il y a quelque chose de supérieur à la question d'honneur, c'est la question de droit, c'est la question de justice et d'honneur! »

A ce magnifique langage toute l'Assemblée tressaille, et M. Odilon Barrot, président du conseil des ministres, essaie de balbutier une réponse. Son discours gourmé, boursouflé, inattendu dans la bouche d'un homme si sévère autrefois envers la politique de la royauté de Juillet, indigne la gauche républicaine; M. Ledru-Rollin, dont l'émotion ne se contient plus, réplique au ministre; à mesure qu'il parle, sa parole devient plus ferme et plus accablante. Il termine ainsi : « Vous avez manqué à votre devoir, vous avez manqué à votre mission, la Constitution a été violée, nous la défendrons par tous les moyens, même par les armes. » A ces mots, la droite se soulève frémissante de colère, et demande à grands cris le rappel à l'ordre de l'orateur. Le président Dupin prononce ce rappel à l'ordre. M. Ledru-Rollin, qui a gardé sur l'un des degrés de la Montagne une attitude superbe de dignité et de calme, reprend alors d'une voix tonnante. « La Constitution est confiée au patriotisme de tous les Français ; j'ai dit et je le répète : la Constitution violée sera défendue par nous, même les armes à la main. » Le tumulte redouble. La droite proteste et la gauche couvre d'applaudissements son orateur. Au milieu du trouble, on entend la voix claire et grêle de M. Thiers qui s'écrie que l'on ne peut délibérer avec quelque dignité dans une assemblée quand le cri : Aux armes ! y a été poussé. Sur la proposition de mise en accusation du Président de la République et de ses ministres, M. de Ségur d'Aguesseau propose l'ordre du jour pur et simple, qui est adopté à la majorité de trois cent soixante et une voix contre deux cent deux.

Le 13 juin (voyez *Journées révolutionnaires, 13 juin*), l'ordre du jour de l'Assemblée n'annonçait qu'une réunion dans les bureaux. Les représentants convoqués à domicile accoururent à leur poste. Une grande partie des représentants de la Montagne manquaient, ils étaient à la manifestation. M. Dupin préside ; M. Odilon Barrot rend compte de l'état de Paris ; on apporte une dépêche du ministre de l'intérieur ; lecture en est donnée ; le président du conseil propose à l'Assemblée de se déclarer en permanence, et de nommer une commission qui présentera d'urgence un rapport sur la mise en état de siége de Paris ; à cinq heures, le rapporteur de cette commission, M. Gustave de Beaumont, a terminé son travail, et, pour la seconde fois, depuis le 24 février 1848, Paris est livré à la dictature militaire, malgré les protestations les plus vives de MM. Pierre Leroux et Bancel.

La défaite du parti républicain consommée, l'Assemblée parut plus calme. Le parti royaliste s'empressa de profiter de sa victoire. Les demandes en autorisation de poursuites contre les représentants se succédèrent : trente-trois des membres de l'Assemblée furent sacrifiés à la haine de la droite. Le ministre de l'intérieur, M. Dufaure, se faisant l'exécuteur des vengeances d'une réaction qui devait bientôt le dépasser, présentait et faisait adopter une loi qui suspendait le droit de réunion pour une année ; il préparait de plus un projet de loi sur la presse. La majorité se montrait ferme et résolue, c'est-à-dire implacable ; elle allait, fait inouï et sans précédents, jusqu'à insérer dans le règlement une peine disciplinaire nouvelle, l'exclusion temporaire des séances. L'accord était parfait entre les deux pouvoirs législatif et exécutif. Tout le monde continuait à parler de son dévouement à la République. La conspiration contre la République, ourdie depuis si longtemps, allait pouvoir se poursuivre, sans grands obstacles, maintenant que, par son imprudence, le parti républicain s'était décapité lui-même et privé de son organe le plus autorisé. Le moment d'ailleurs paraissait favorable pour les intrigues monarchiques.

La présentation du projet de loi sur la presse (juillet 1849) amena les deux grandes opinions qui se partageaient l'Assemblée à se mesurer en face. Cette loi nouvelle élevait le chiffre du cautionnement des journaux, instituait les commissions de colportage sous l'autorité des préfets et livrait à l'arbitraire administratif l'autorisation de vendre les journaux sur la voie publique, c'est-à-dire qu'elle chargeait la presse d'entraves si dures et liées d'une manière si savante qu'à part l'autorisation préalable et le système des avertissements que nous avons vus depuis, la dictature la plus absolue n'a jamais su rien imaginer de mieux pour contenir la presse. De plus, la nouvelle loi, empruntant quelques-unes de leurs dispositions aux lois de septembre, notamment celle qui punit les *offenses* envers la personne du roi, les rendait applicables au Président de la République. Toutefois, ce n'était ici qu'un détail. Ce que l'on voulait, avant tout, c'était atteindre la presse dans sa liberté. Les réactionnaires pensaient et disaient tout haut qu'avec le suffrage universel, cette institution maudite, l'exercice de la liberté de la presse est plus difficile. Quand les droits politiques appartiennent à tout le monde, disaient-ils encore, quand le souverain est susceptible d'ignorance et d'égarement, il faut que la presse soit très-scrupuleuse, et, comme il n'est pas de la nature de la presse d'avoir beaucoup de scrupules, il faut que la loi les lui impose.

Parmi les orateurs qui prirent la parole dans cette discussion, on remarqua M. le comte de Montalembert qui y déploya cette acrimonie, cette disposition à l'invective qui étaient comme la marque de son talent. Son langage violent et tout à fait digne de l'âme furieuse et passionnée à qui devait échapper plus tard cette parole cruelle : la France est affamée de silence! effraya jusqu'aux ministres de la réaction eux-mêmes. M. Odilon Barrot crut devoir se dégager d'une alliance aussi compromettante. Combien plus habile et plus perfide se montra M. Thiers! M. Thiers mérita que son discours fût appelé l'oraison funèbre de la République. Avec un art consommé, il montra que la République elle-même avait eu ses lois de septembre; et, par un dernier trait qui devait mettre le comble à la confusion de ses adversaires, il fit voir que la loi nouvelle n'était que la suite et le corollaire des lois édictées par les républicains. Et M. Dufaure, ministre de l'intérieur, entrant dans cette argumentation captieuse, affectait à son tour de prendre la défense de la République contre les passions. « Si nous vous remettions un instant le soin de la République, vous la perdriez comme vous l'avez déjà perdue, comme vous perdez toutes les causes que vous touchez! Pour que la République vécût, il a fallu qu'elle passât de vos mains dans les nôtres. C'est avec nous et par nous seulement qu'elle est possible. » Malgré les efforts de MM. Grévy, Jules Favre, Bac, Crémieux, la loi passa à la majorité de quatre cents voix contre cent quarante-six. Cette loi contenait en germe tous les instruments de répression dont on a depuis tant abusé; tout s'y trouve, depuis le délit insaisissable de fausses nouvelles jusqu'à l'interdiction des souscriptions publiques pour payer les amendes des journaux.

Pour compléter cette loi répressive, le ministère présenta quelques jours après une loi sur l'état de siége. Fidèle au système qu'il avait adopté, le ministère déclara que cette loi organique était faite conformément aux principes qui en avaient été posés dans la Constitution. Elle attribuait aux tribunaux militaires le droit de connaître des crimes et des délits contre la sûreté de la République, la Constitution, l'ordre et la paix publique, quelle que fût la qualité des auteurs principaux et des complices. M. Grévy, que l'on trouvait toujours prêt chaque fois qu'il fallait barrer le chemin à la réaction, s'écria : « C'est la dictature militaire...» A quoi M. Dufaure répondit, foulant aux pieds toutes les doctrines qu'il se vantait de professer et de défendre : « C'est la dictature parlementaire, l'application de l'antique maxime : *Salùs populi suprema lex esto!*»

Après ces hauts faits, l'Assemblée songea à prendre des vacances. Elle décréta sa propre prorogation du 13 août au 15 octobre. M. le ministre de l'intérieur Dufaure, dans la discussion qui eut lieu sur la prorogation, voulut bien répondre de la tranquillité publique pendant l'absence de l'Assemblée. D'ailleurs, le Président de la République, dans une de ces excursions à travers la France auxquelles il commençait à se livrer, venait de prononcer un acte de contrition solennelle, dans la ville de Ham, et de protester une fois de plus de son intention de respecter les institutions du pays. Cependant la conspiration contre la République n'en travaillait pas moins dans l'ombre. La session des conseils généraux s'ouvrit. Ces assemblées, refuge de toutes les réactions depuis leur établissement sous le consulat, affectèrent de prendre en mains à leur tour la cause de l'ordre menacé.

Toutefois le second ministère de la Présidence, le ministère du 2 juin, bien plus encore que celui du 20 décembre, se montrait flottant et divisé. Bien que formé d'hommes d'un talent distingué, il ne faisait qu'obéir aux passions et aux intérêts des partis dont il était lui-même issu. Le Président de la République résolut de s'en séparer par un coup d'État et de tenter à son tour un essai de politique personnelle. Louis Bonaparte y préluda, en adressant à son aide de camp, le colonel Edgar Ney en mission à Rome, une lettre touchant le caractère de notre occupation du territoire romain. Cette lettre, qui parut pendant la prorogation de l'Assemblée, eut un grand retentissement. Visiblement le Président commençait à sortir de son rôle constitutionnel, et le temps était venu de veiller. Mais telle était la mauvaise foi de la réaction qu'à ceux des républicains qui signalaient les velléités ambitieuses du Président, la majorité ne répondait qu'en attaquant de plus belle la Constitution de 1848. Ce n'est pas nous qui avons voulu la République ni par conséquent le Président, criaient les fanatiques de la droite. *Patere legem quam ipse fecisti!* Est-ce notre faute si la constitution républicaine a détruit les conditions du véritable gouvernement représentatif? Ce n'est pas sous la monarchie constitutionnelle que le pouvoir exécutif se permettrait de tels écarts.

Le président de l'Assemblée nationale reçut, le 31 octobre, un Message où le Président accusait formellement les anciens partis d'avoir relevé leur drapeau. M. Louis Bonaparte déclarait en outre que la pensée qui avait éclaté le 10 décembre ne s'était pas fait sentir jusqu'alors assez directement dans les affaires, que tout un système avait triomphé ce jour-là, car le nom de Napoléon était à lui seul tout un système, et que cependant ce système n'avait point reçu son application. Le Président désirait donc rentrer dans la ligne de conduite que lui ouvrait l'élection du 10 décembre. Il voulait que le ministère se composât d'hommes capables d'un grand dévouement, comprenant la nécessité d'une marche ferme et sûre, d'hommes qui ne compromissent pas le gouvernement par leurs hésitations, et qui ne perdissent jamais de vue leur responsabilité ni celle du Président. Tel fut le sens du Message du 31 octobre. Le ministère dont le Président fit choix se déclara prêt à le mettre en pratique. Les nouveaux ministres, pris dans le parti conservateur, n'étaient liés bien directement ni à l'une ni à l'autre des deux nuances d'opinions, légitimiste et orléaniste, qui divisaient les amis de l'ordre. On remarquait parmi eux divers personnages connus pour leurs relations personnelles avec le Président, M. Ferdinand Barrot, M. Achille Fould et le général d'Hautpoul, et un homme nouveau, M. Rouher, élevé à la dignité de garde des sceaux, et dont personne alors n'eût osé prédire l'étonnante fortune.

Cependant le temps n'était pas encore venu où l'accord entre la majorité et le Président devait se rompre. Le général d'Hautpoul le déclara expressément à la tribune. « Le nouveau cabinet, dit-il, n'est pas formé contre la majorité de l'Assemblée ; au contraire, il se propose de développer avec énergie ses principes avoués. » La Constitution du ministère du 31 octobre n'en était pas moins un premier acte de la politique personnelle. On le disait à la Montagne ; on commençait à le dire dans le parti de l'ordre. Mais telle était la violence des rancunes de la majorité contre la Constitution républicaine qu'on préférait l'accuser de favoriser cette politique, plutôt que de reconnaître ce qu'il y avait de grave et de dangereux dans la tentative du Président. Au reste, il faut bien reconnaître que l'on ne pouvait guère s'accorder sur le genre de résistance à opposer au gouvernement personnel. Le parti modéré accusait la Montagne de n'entendre cette résistance que sous la forme d'une mise en accusation ou d'une insurrection. Ce système violent effrayait la majorité qui répétait sans cesse, avec plus ou moins de bonne foi, que le lendemain de la déchéance du Président, la France appartiendrait à la

démagogie la plus effrénée. Dans son trouble, cette majorité insensée aimait à se
payer des plus détestables sophismes : parler contre la tyrannie, disait-elle, ce
serait favoriser la révolution, le socialisme, le pillage et l'assassinat. Le parti de
l'ordre ne se lassait pas d'ailleurs de répandre la peur dans le pays. Plus d'affaires,
plus de transactions, écrivaient tous les matins les journaux de la réaction : le
suffrage universel, tel que la Constitution l'a organisé, c'est le chômage universel.

Toutefois, nulle question ne tenait plus à cœur au parti de l'ordre que la question
de l'enseignement public. La Constitution avait promis la liberté de l'enseignement
à tous les degrés. C'est pour remplir cette promesse que la loi sur l'enseignement
fut présentée. Cette loi avait été préparée par M. le comte de Falloux, ministre
de l'instruction publique, appelé aux affaires par le Président au lendemain
du 10 décembre, en témoignage de la reconnaissance que le clergé s'était méritée pour la part qu'il avait prise à cette élection. M. de Falloux avait conçu son
plan de réforme de l'enseignement public sous la double influence de ses antécédents
monarchiques et religieux. Légitimiste et catholique, politique aux desseins suivis,
capable des résolutions les plus décisives dans les moments de crise, orateur remarquable et homme d'action en même temps, M. le comte de Falloux était l'un des
membres les plus influents de l'Assemblée. Dès que son projet parut, il n'y eut
qu'un cri dans le parti républicain pour en accuser l'audace et la partialité.
M. de Falloux essaya d'abord de profiter de la stupeur qui suivit le 13 juin pour
enlever par surprise le vote de l'Assemblée; mais il fut obligé de renvoyer son
projet de loi au conseil d'État, et la discussion n'en était pas encore venue devant
l'Assemblée Législative, quand le ministère dont faisait partie M. de Falloux fut
emporté par le message présidentiel du 31 octobre. Le soin de défendre ce projet de
loi fameux, qui a gardé le nom de M. de Falloux, échut au ministre de l'instruction
publique du nouveau cabinet, M. Esquirou de Parieu, qui, du reste, réussit merveilleusement à s'approprier l'esprit qui avait inspiré le projet de loi de son prédécesseur. Avant de le soutenir devant l'Assemblée, il demanda pour le gouvernement
l'autorisation de révoquer ceux des instituteurs dont la conduite aurait été jugée
dangereuse, et réclama l'urgence. L'Assemblée parut prise de scrupules devant une
pareille mesure : la loi fut votée, mais après deux scrutins, avec une voix de majorité et pour six mois seulement, et amendée dans quelques-unes de ses dispositions
principales. Ainsi corrigée, cette loi draconienne donnait aux préfets le droit de
révoquer l'instituteur de ses fonctions, et l'instituteur révoqué ne pouvait ouvrir
une école privée dans la commune ni dans les communes limitrophes de celle où il
exerçait les fonctions qui lui avaient été retirées. « Vous avez le vertige! » avait
crié M. Noël Parfait, représentant républicain, après le vote, dans la séance du
11 janvier; c'était le seul mot dont on pût se servir pour caractériser justement la
fureur réactionnaire des modérés. La discussion sur le projet de M. de Falloux
s'ouvrit le 15 janvier. La commission était composée des notabilités de la droite;
M. Beugnot, catholique ardent, avait été élu rapporteur. Son rapport restera
comme le monument des passions de cette époque; c'est là qu'on peut juger des
vues comme des arrière-pensées des hommes qui gouvernaient alors la France.
C'est une vraie déclaration de guerre à la République, aux idées nouvelles, à la
science et à ses droits imprescriptibles, en même temps qu'une plate et benoîte
apologie de l'ignorance et de la crédulité humaines.

Ce n'était pas une loi d'enseignement que la commission cherchait à faire,
c'était simplement une arme nouvelle contre la République qu'elle se proposait
de forger et de remettre entre les mains de ses ennemis. Qui croirait que le rapport

d'une loi sur l'enseignement pouvait contenir des déclarations comme celles-ci, dans un pays où le suffrage universel était la base des institutions politiques? « Ce n'est pas de la lenteur des progrès de l'instruction primaire que l'on se plaint aujourd'hui…. On se demande avec une anxiété croissante s'il n'eût pas mieux valu n'ouvrir pas d'écoles qu'avec la certitude de n'avoir pas à les fermer plus tard. » Le but évident des auteurs de la loi était de ruiner l'enseignement laïque, pour donner aux congrégations religieuses l'éducation et l'instruction des générations nouvelles. Le rapport favorisait les membres de ces congrégations par tous les moyens possibles, et enlevait à la profession d'instituteur laïque tous les avantages que lui avaient conférés les législations antérieures. En revanche, la loi nouvelle élevait de dix à quinze ans le temps de service scolaire imposé aux instituteurs pour se racheter du service militaire ; elle les soumettait à l'autorité des préfets ; elle faisait tout, en un mot, pour détourner les jeunes gens de cette carrière. Mais où s'étale avec le plus d'impudeur la pensée secrète du projet de loi, l'espérance criminelle de nuire à l'instruction du peuple et d'en tarir les sources, c'est dans les passages du rapport qui regardent les écoles normales primaires fondées dans presque tous les départements, en exécution de la loi de 1833, qui demeure encore le plus beau titre de M. Guizot. Le nom même de M. Guizot ne défendit pas son œuvre contre les passions cléricales des législateurs de 1850. C'est là qu'on voit de quelle haine profonde les auteurs de la loi poursuivent la science et l'émancipation de l'esprit humain.

Dans la discussion, le projet de loi fut attaqué avec une véhémence extrême par M. Victor Hugo. Son discours, qui causa le plus violent tumulte, fut un réquisitoire de la plus grandiose éloquence contre le parti clérical. MM. Crémieux, Barthélemy Saint-Hilaire combattirent la loi au nom des droits de l'État sur l'enseignement et de l'Université. Mais il y avait pacte d'alliance entre les hommes de la rue de Poitiers pour faire triompher le projet. M. de Montalembert qui défendit la loi, au lieu et place de M. de Falloux, retenu loin de l'Assemblée par des raisons de santé, dénonça cette alliance en termes d'une éloquence admirable et en appelant M. Thiers à la tribune. M. Thiers, membre de la commission, représentait l'esprit de transaction et d'union entre les diverses nuances de la majorité. De même que M. de Montalembert était attaqué par ses amis ultra-catholiques de l'Univers, M. Thiers, qui, en 1844, avait si vigoureusement lutté contre les jésuites, était traité d'apostat par les philosophes. Dans toute cette affaire de la loi de l'enseignement, M. Thiers ne voyait qu'une pure question politique. L'union de la majorité conservatrice vaut bien une messe, pensait ce sceptique. Dans un de ces discours à effet, qui produisent tant d'impression sur les assemblées françaises, il déclara qu'en présence des périls immenses qui menaçaient la société moderne, il regardait comme nécessaire de faire cesser l'ancienne guerre entre la religion et la philosophie. La loi était une transaction. M. Thiers déploya pour faire réussir ce compromis toute la vivacité, toute la hardiesse de son esprit, recherchant les occasions de mêler la politique à sa discussion, attaquant la République en soutenant qu'elle ne vivait que parce qu'elle n'était pas républicaine, et qu'elle mourrait le jour où elle le deviendrait. C'est de ce jour que date l'étroite alliance de l'ancien ministre du gouvernement de Juillet avec les hommes de l'Église et de la légitimité, alliance qui a survécu à tous les désastres subis en commun, qui s'est confirmée dans l'enceinte des Académies, et qui a valu au pouvoir temporel des papes le plus habile comme le plus écouté de ses défenseurs. Au scrutin, sur la première délibération du projet de loi relatif à l'enseignement, le nombre des votants fut de six cent quarante-deux voix, et la majorité de quatre cent cinquante-cinq voix en faveur de la seconde lecture. L'ensemble de la loi fut voté le 15 mars.

La loi-Falloux, modifiée depuis avec plus de fracas que d'utilité réelle, n'a pas encore cessé de peser sur notre pays. On a vu des ministres se vanter de réagir contre les tristes excès de ce système d'abêtissement général; les a-t-on vus revenir à la loi de 1833? Les écoles normales primaires, qui avaient élevé d'une manière si notable le niveau de l'instruction en France sous la royauté de Juillet, ont-elles été restaurées? Sous ce rapport, la funeste législation de 1850 porte encore ses fruits. Le suffrage universel a atteint sa majorité, et il est ignorant comme les jeunes gens qui tirent de l'urne de la conscription un numéro que trop souvent ils ne peuvent même pas lire. Qui pourrait s'étonner des ressentiments que gardent au fond du cœur les amis de l'instruction populaire pour les odieuses machinations tramées contre elle par l'Assemblée Législative?

Le cabinet dans lequel M. Dufaure était ministre de l'intérieur, obéissant à de nombreuses et légitimes réclamations de l'opinion publique, avait présenté, le 2 octobre 1849, un projet de loi relatif à la transportation des insurgés de juin en Algérie. C'était la dernière espérance d'amnistie que l'on enlevait aux malheureuses victimes de l'arbitraire des vainqueurs de juin, amnistie tant de fois et toujours vainement implorée des pouvoirs publics. La majorité avait déployé un acharnement incroyable dans la discussion du projet de loi. M. Jules Favre, qui avait à se reprocher d'avoir figuré dans la commission qui ordonna les transportations sans jugement, eut du moins l'honneur de combattre la loi nouvelle, qui frappait sans aucune preuve juridique des citoyens dont un très-grand nombre avaient été saisis et arrêtés en pleine paix et après les événements. M. Favre osa, malgré les clameurs de la droite, examiner de près l'insurrection de juin et en rechercher les vraies causes comme les vrais auteurs; allant plus loin, il s'accusa d'avoir commis une erreur coupable, au mois de juin 1848, et supplia l'Assemblée d'accorder les moyens de la réparer. M. Léon Faucher, toujours impitoyable, lui cria, au nom de la majorité: « Il est trop tard! c'est vous, ce sont vos amis qui ont décrété la transportation. Ce que vous dites aujourd'hui, il fallait le dire, le 27 juin. » Paroles abominables, qui montrent jusqu'où peut aller la fureur des passions réactionnaires; paroles malheureusement trop justifiées, qui retombaient comme un arrêt sinistre sur les républicains coupables, dans un moment de terreur, d'avoir foulé aux pieds les préceptes les plus élémentaires de la justice et du droit. Le projet de loi fut voté. Vainement la gauche demanda que du moins on accordât des juges aux prisonniers de Belle-Isle. « Ce serait impossible, » dit M. Baroche, ministre de l'intérieur, « contre beaucoup d'entre eux il n'existe pas de preuves matérielles. » C'était tout dire, en un mot. Les sauvages! s'écria un membre de la gauche. Jamais qualification ne fut mieux méritée.

Toutefois, le ministère du 31 octobre devait renchérir encore sur le cabinet Dufaure. La Révolution de février avait aboli la peine de mort en matière politique. M. Rouher, garde des sceaux, présenta un projet de loi, où il proposait de substituer à la peine de mort, dans les cas où elle est appliquée par la loi à des crimes politiques, la peine de la déportation, « mais en ajoutant à cette peine une aggravation que justifie la gravité de ces crimes. » Cette aggravation consistait dans la détention du condamné dans l'enceinte d'une citadelle située au lieu de la déportation. La commission nommée par l'Assemblée adopta la pensée du projet de loi : l'emprisonnement dans l'exil. Elle l'aggrava même en ce sens qu'elle autorisait l'application rétroactive de la loi aux citoyens condamnés antérieurement à sa promulgation. La gauche républicaine s'éleva éloquemment contre cette épouvantable législation qui inaugurait la *guillotine sèche*, ainsi que le dit un des transportés. M. Victor Hugo, dans la séance du 5 avril, prononça contre la loi le plus magnifique de ses discours. M. Rouher défendit son œuvre avec une audace inouïe; il ne marchanda point sur l'horreur des châtiments qu'elle prodiguait aux condamnés; il voulait, disait-il, dans ce style risqué qui n'a fait que croître et embellir comme sa renommée politique, établir *une peine intimidatrice*. Le projet de loi fut voté, mais, contrairement aux vœux de la commission, la loi fut déclarée non applicable aux citoyens condamnés avant sa promulgation.

Toutes ces violences, commises à froid, produisaient au dehors la plus triste impression. Cependant la démocratie ne se décourageait pas; elle avait résolu d'attendre les événements et de demander ses succès au suffrage universel. Les diverses fractions de la majorité n'étaient unies entre elles que lorsqu'il s'agissait de frapper leurs adversaires; dès que les fluctuations politiques amenaient quelque incident de nature à la diviser, l'accord se rompait aussitôt. Le comité de la rue de Poitiers s'était désorganisé. Les hommes qui le composaient jugeaient-ils le moment venu d'aller chacun à leur but? C'est possible, car, dans l'Assemblée, les partis se dessinaient. Le grand orateur de la légitimité, M. Berryer, avait fait une magnifique profession de foi monarchique et salué de loin le comte de Chambord comme son roi et celui de la France. Les partisans du prince-Président, moins nombreux, moins audacieux, se tenaient à l'écart. Seuls, les partisans de la monarchie constitutionnelle, fondée sur le cens, comprenaient la nécessité de conserver à tout prix l'union des fractions de la majorité. M. Thiers et M. Molé s'employaient avec ardeur à cette tâche ingrate. M. Molé, ancien ministre sous Louis-Philippe, s'était signalé par ses services à la cause de l'ordre. Il mettait tous ses efforts à tenir groupées, sous sa conciliante et puissante influence, toutes les forces du parti conservateur; le grand but à atteindre, à ses yeux, c'était une réforme électorale qui délivrât la France du suffrage universel; et rien n'avait encore été fait dans ce sens. Homme de compromis et d'accommodements, il avait le sens et le goût du possible; à tout prix, il ne voulait pas que la majorité se rompît avant d'avoir rendu aux classes bourgeoises la direction de la société française.

Mais ce qui opéra le rapprochement des diverses fractions de la majorité, bien plus que toutes les démarches individuelles et que toutes les intrigues de couloirs, ce furent les foudroyants succès remportés par le parti républicain aux élections qui eurent lieu pour le remplacement des représentants compromis dans l'affaire du 13 juin, et condamnés par la haute cour de Versailles. A Paris, il y avait trois représentants à nommer. Le comité démocratique-socialiste se reforma, sous le nom de conclave, et, obéissant à la plus heureuse comme à la plus politique des inspirations, arrêta ses choix sur trois hommes, appartenant à trois nuances du parti démocratique, et ayant tous les trois, outre un caractère politique très-net, une signification de circonstance vraiment éclatante. C'étaient M. Hippolyte Carnot, ministre de l'instruction publique sous le Gouvernement provisoire, républicain de la nuance modérée, dont le nom signifiait protestation contre la loi Falloux; M. Vidal, ancien secrétaire de la commission du Luxembourg, candidat des aspirations socialistes, et M. Paul de Flotte, officier de marine, transporté de juin, dont la présence seule, dans l'Assemblée, devait être comme une accusation constante contre les proscripteurs anciens et nouveaux de la réaction. La population démocratique de Paris acclama cette liste; les élections eurent lieu le 10 mars. M. Carnot obtint 132,797 suffrages, M. Vidal 128,439 et M. de Flotte 126,982. Le plus favorisé des candidats du parti de l'ordre, M. Fernand Foy, n'en obtint que 125,643. On voit que la lutte avait été très-vive, et que les adversaires se suivaient de près. Les républicains étaient dans la joie, et les réactionnaires consternés. Les élections du 10 mars étaient un échec pour le gouvernement et pour le parti modéré. M. Ferdinand Barrot, ministre de l'intérieur, se retira, et fut remplacé par M. Baroche. La majorité, effrayée, se laissa aller au paroxysme de la répression. C'était surtout au suffrage universel que la réaction désirait depuis longtemps s'attaquer. Les journaux du parti de l'ordre déployèrent dans cette campagne une ardeur extrême. « Nous avons toujours dit, s'écriaient-ils, que c'était par le suffrage universel que nous péririons, qu'il nous avait sauvés la première fois, le 10 décembre 1848, par des causes qui n'étaient pas toutes bonnes, quoiqu'elles aient toutes contribué au bien; que la seconde fois, c'est-à-dire aux élections de 1849, il ne nous avait pas tués, et que c'était là tout le service qu'il nous avait rendu, mais qu'à la troisième fois, il nous tuerait infailliblement, et que toutes les élections partielles, que nous aurions jusqu'aux élections générales de 1852, seraient des signes certains du danger qui nous menace. » La majorité de l'Assemblée partageait ces appréhensions, inspirées surtout par les élections du 10 mars, à Paris et dans les départements, qui avaient renforcé la Montagne, et qui venaient d'être confirmées par l'élection de Paris du 28 avril, d'où M. Eugène Süe, candidat du parti démocratique-socialiste, était sorti vainqueur avec 8,000 voix de majorité. Le 3 mai 1850, le *Moniteur* enregistrait cette réponse au scrutin des électeurs de Paris : « Le ministre de l'intérieur, M. Baroche, vient de nommer une commission chargée de préparer un projet de loi sur les réformes qu'il serait nécessaire d'apporter à la loi électorale. Cette commission est composée de MM. Benoist d'Azy, Berryer, Beugnot, de Broglie, Buffet, de Chasseloup-Laubat, Daru, Léon Faucher, Jules de Lasteyrie, Molé, de Montalembert, de Montebello, Piscatory, de Sèze, le général de Saint-Priest, Thiers, de Vatimesnil, représentants du peuple. La commission doit se réunir demain au ministère de l'intérieur, pour commencer immédiatement ses travaux. » L'accord était parfait entre le gouvernement du Président de la République et les chefs de la majorité, car si l'initiative partit de l'Assemblée, le Président et ses ministres ne firent jamais d'opposition aux projets de mutilation du suffrage universel. Dans les heures de crise qui suivirent la foudroyante élection de MM. Carnot, Vidal et de Flotte, les chefs de la majorité, MM. Berryer, de Montalembert, Thiers, Molé, de Broglie, avaient eu plusieurs entrevues à l'Élysée avec le Président de la République; c'est de ces entretiens qu'est sortie la loi du 31 mai. La commission législative, élue par l'Assemblée, ne différa pas sensiblement de celle qui avait été choisie par le ministre de l'intérieur. M. le duc de Broglie fut élu président de la commission, et M. Léon Faucher, rapporteur. Ce choix était significatif. M. Faucher était tombé du ministère pour avoir trompé le suffrage universel; c'était lui qu'on chargeait maintenant de le détruire. L'irritation de la population était au comble. Suivant le rapport de M. Léon Faucher, l'économie tout entière du projet de loi résidait dans deux dispositions principales, celle qui déterminait les conditions du domicile électoral, et celle qui étendait le domaine des incapacités électorales déjà prévues par la loi. Il entrait dans les intentions des auteurs du projet de loi de favoriser dans les élections les provinces et les populations rurales contre Paris et les agglomérations urbaines. Ce principe déjà fort blâmable en lui-même, puisqu'il portait atteinte au principe de l'égalité des citoyens devant la loi électorale, ne fut pas même respecté dans l'application pratique. Si l'on n'eût voulu qu'exclure les « vagabonds » et la population flottante des grandes villes, il suffisait d'imposer des conditions de domicile de plusieurs années, mais on alla plus loin, on adopta, comme moyen de constater le domicile, l'inscription au rôle de la contribution personnelle ou à celui de la prestation en nature. Ainsi se trouvaient frappés d'exclusion toute une classe de gens honnêtes et laborieux, tels que les habitants pauvres des grandes villes où l'octroi tient lieu de taxe personnelle, et ceux mêmes qui ne payent pas le loyer déjà très-élevé, relativement du moins, qui seul détermine l'inscription au rôle de la taxe personnelle. La discussion de la loi roula beaucoup moins sur les principes organiques du droit électoral que sur les raisons politiques et du moment qui militaient contre le projet de loi. M. V. Hugo ouvrit le feu ; jamais les séances de l'Assemblée ne furent si orageuses que pendant cette discussion. Cependant, un homme, dont le nom seul était comme un épouvantail, un « insurgé de juin, » un transporté, l'élu du 10 mars, M. Paul de Flotte, avait, dans la discussion qui eut lieu sur l'urgence, fait tous ses efforts pour calmer les passions, en imposant silence à ses justes ressentiments, et en parlant le langage de la raison et de la sagesse politiques.

M. de Montalembert, qui parla deux jours après M. Victor Hugo attaqué déjà, pendant son absence, par M. Jules de Lasteyrie, renouvela le duel oratoire qu'il avait eu sur la loi de l'enseignement avec l'illustre poëte. Il se laissa aller à toute sa verve injurieuse, et se répandit en déclamations passionnées contre le suffrage universel, le socialisme et la République ; il adjura ses amis de la majorité de tenir tête à l'ennemi. Le plus intelligent des journaux socialistes et révolutionnaires, la *Voix du Peuple*, dirigée par P. J. Proudhon, comprenant toute la portée du suffrage universel, avait dit : « De la réforme électorale est sortie la République ; de même du suffrage universel doit tôt ou tard naître la réforme sociale. » M. de Montalembert s'écria : « Vous le voyez, voilà l'affirmation de nos adversaires, le suffrage universel doit aboutir au socialisme ! Eh bien, s'il en est ainsi, je n'hésite pas à dire que le suffrage universel doit être modifié.... » Et il ajoutait, mettant à nu le fond de sa pensée : « De même qu'on a entrepris l'expédition de Rome contre une république qu'on cherchait à rendre solidaire de la République française, il faut entreprendre une guerre sérieuse contre le socialisme qu'on cherche à rendre solidaire de la République et de ses institutions, il faut entreprendre contre le socialisme qui nous dévore une campagne comme l'expédition de Rome, il faut faire la guerre de Rome à l'intérieur.... Autrement nous périrons ; le socialisme vainqueur, ce sera la mort, non pas la mort sans phrases, comme sous la première Terreur, mais la mort avec phrases, la mort avec ce hideux concert, ce hideux accompagnement de déclamations, de sophismes et d'antithèses que vous avez entendus.... Mais si vous ne voulez ni vous rendre ni mourir, eh bien, alors, permettez-moi de vous le dire, à vous majorité, il faut changer la tactique, il ne faut plus rester sur la défensive, il faut prendre énergiquement l'offensive ! » On le voit, c'était une vraie déclaration de guerre signifiée du haut de la tribune. Suivant l'énergique et juste expression de M. Jules Favre, qui répondit à M. de Montalembert, la loi nouvelle était présentée comme à la pointe d'une épée : il était indigne d'une assemblée française de l'accepter. La réplique de M. Victor Hugo, attaqué personnellement, amena la plus violente tempête. Ce qu'il y eut peut-être de plus remarquable dans cette scène terrible, ce fut l'incroyable partialité du président Dupin. M. Dupin, depuis l'ouverture de l'Assemblée Législative, avait été constamment porté au fauteuil de la présidence par la majorité, dont il servait les haines et les colères avec une brutalité dans l'injustice qui révoltait toutes les consciences honnêtes. Il réservait toutes ses complaisances pour la droite et toutes ses sévérités pour la gauche, sans y apporter la moindre vergogne. Sous des apparences de rudesse, il savait d'ailleurs à merveille conduire les discussions dans l'unique intérêt de ses amis. Il cherchait à désarmer ses adversaires par des quolibets et des bons mots qui étaient autant d'outrages, et qu'une assemblée ayant le respect d'elle-même n'aurait jamais dû tolérer. C'est, sans aucun doute, de la séance où M. Victor Hugo fut mis en cause que date cette haine que le poëte exhala plus tard en vers immortels, et qui demeurent devant l'histoire comme l'arrêt de condamnation de la présidence de M. Dupin.

Toutefois, c'est à M. Thiers que devait revenir le triste avantage de prononcer la parole la plus douloureuse qui ait affligé la France dans ces temps troublés. Pour M. Thiers, la loi dont il était un des principaux inspirateurs n'était pas seulement une mesure de salut public; c'était un défi à jeter aux passions démagogiques. Dans son ardeur, il ne craignit pas de marquer ce caractère devant l'Assemblée. De là, ce mot de *vile multitude*, par lequel il eut l'imprudence de chercher à flétrir tous ceux qui se trouvaient frappés par la loi : mot terrible, qui a retenti plus d'une fois aux oreilles de l'homme d'État qui l'a prononcé! Ce mot a depuis longtemps cessé d'être une menace : il demeurera comme un châtiment. L'esprit reste confondu de tant de passions aveugles chez des hommes qui prétendaient résister aux passions du dehors. Le discours de M. de Montalembert avait paru le chef-d'œuvre de l'insulte oratoire; mais, tout blâmable qu'il fût, ce discours ne s'adressait qu'à un homme : l'invective historique de M. Thiers s'adressait à trois millions de citoyens français, qu'elle défiait en les outrageant, et qu'elle provoquait quand il aurait fallu les apaiser. « Violez par l'insurrection la loi que nous faisons, ajoutait M. Thiers, et vous verrez alors ce que nous ferons. » Que voulaient-ils donc ces politiques en délire? Faire descendre le peuple dans la rue et en finir avec la République, suivant leur mot tant de fois répété. Ainsi, les pouvoirs publics donnaient l'exemple du désordre et du trouble : dans toute l'histoire de la France, il n'y a certainement pas de plus triste page.

En vain les orateurs de la gauche, M. de Lamartine, M. Cavaignac, M. Emmanuel Arago prirent-ils la parole; en vain M. Grévy, dont la raison sévère semblait acquérir plus d'autorité à mesure que des dangers plus imminents menaçaient la République, fit-il appel à la modération et à l'équité des partis. Rien n'y fit. Les passions de la majorité, excitées par ses chefs, par M. Léon Faucher, par M. Berryer qui, dans cette circonstance, ne craignit pas de se séparer de ses amis légitimistes, firent passer la loi. Elle fut votée le 31 mai 1850, à la majorité de quatre cent trente-trois voix contre deux cent quarante et une. Des observateurs perspicaces auraient pu remarquer la réserve excessive sur laquelle s'était tenu pendant la discussion M. Baroche, ministre du Président de la République. Le Président venait de remporter une grande victoire. L'Assemblée Législative, en votant cette loi plus impolitique que toutes les lois de répression imaginables, s'était aliéné à jamais la confiance du peuple de Paris; le Président pouvait donc envisager sans trop de craintes les éventualités d'une crise où il appellerait le peuple à se prononcer efître l'Assemblée et celui qui promettrait de restaurer le suffrage universel.

La loi du 31 mai marque une époque décisive dans l'histoire de l'Assemblée Législative. A partir de sa promulgation, les républicains, qui d'ailleurs sur toutes les grandes questions ne se séparaient point, s'unirent plus étroitement encore; la majorité, au contraire, se divisa. La haine de la République était le seul lien qui rattachât ensemble les diverses fractions du parti de l'ordre : les monarchiens, ayant mutilé le suffrage universel, se crurent délivrés de la République; il n'en restait plus que l'ombre; au premier jour, on se promettait bien de dissiper ce vain fantôme. Le ministère fit voter la prorogation pour une année de la loi sur les clubs de 1849, en l'étendant « aux réunions électorales qui seraient de nature à compromettre la sécurité publique. » C'était le digne complément de la loi du 31 mai; la liberté électorale était atteinte dans celle de ses manifestations qui avait toujours paru jusqu'alors la plus légitime et la plus inviolable.

La presse n'était pas en faveur auprès des membres du parti conservateur. On l'avait bien vu après juin 1848, après juin 1849; on le vit encore dans la période qui suivit le 31 mai. M. Rouher présenta un projet de loi pour rétablir l'impôt du timbre sur les journaux : on voulait atteindre par là les journaux socialistes qui ne se lassaient pas de répandre les « plus détestables doctrines, » et ajouter au budget des recettes un revenu qui ne pouvait être évalué à moins de 6 millions; de plus, on se proposait de moraliser la presse comme on venait de moraliser le suffrage universel. Le gouvernement du Président joua dans la discussion de cette loi un rôle analogue à celui qu'il avait joué dans celle de la loi du 31 mai. Il chercha par tous les moyens à enflammer les passions de l'Assemblée, à l'exciter contre la presse, à la pousser dans les voies extrêmes afin de la perdre tout à fait dans l'opinion; puis, il accepta sans observations toutes les modifications qu'il plut à cette majorité affolée d'apporter à un projet déjà trop rigoureux. Ainsi s'explique l'étrange scène que M. Rouher provoqua au sein de l'Assemblée, en appliquant le mot de *catastrophe* à la Révolution de février. Cet outrage gratuit à la République, dans la bouche d'une médiocrité politique qui devait tout à la Révolution de février, causa dans l'Assemblée le plus violent désordre. Le président Dupin se refusa cyniquement à rappeler à l'ordre le provocant orateur; la Montagne quitta la salle pour aller rédiger une protestation inutile, et le discrédit retomba sur l'Assemblée.

L'Assemblée en masse n'était pas sympathique aux journaux : la gauche elle-même montra qu'elle n'entendait rien ni à leurs droits ni à leurs besoins; et quand MM. de Tinguy et Laboulie proposèrent leur amendement qui imposait aux rédacteurs des journaux l'obligation de signer leurs articles, elle ne sut pas voir que c'était le plus adroit des pièges tendus jusqu'alors à la presse, à qui une pareille obligation allait enlever toute force et toute initiative, en supprimant la personnalité collective des journaux. Cet amendement de MM. de Tinguy et de Laboulie, motivé, disaient ses auteurs, par le désir de moraliser la presse, en faisant appel aux sentiments de délicatesse et d'honneur des écrivains, fut si peu compris que droite et gauche le votèrent à l'envi. Au dehors même, dans la presse, il n'y eut que deux journaux qui osèrent le combattre, le *Journal des Débats* et le *National*, c'est-à-dire les deux seules feuilles qui eussent les vraies traditions du journalisme, et qui tinssent à honneur de les garder. Voilà vingt et un ans que la presse française subit le joug de la loi des signatures qui n'existe dans aucun autre pays; on peut dire, après cette expérience de vingt et un ans, si la presse française se trouve aujourd'hui plus morale, plus honorée qu'elle ne l'était avant. En aucun temps, les journaux à scandales, à personnalités, n'ont été plus fréquents que dans cette période; la dignité des écrivains n'est pas plus à l'abri sous la loi des signatures que le respect dû au public, et les tristes sophismes de MM. de Tinguy et de Laboulie ont égaré si profondément les intelligences que leur amendement trouve encore des approbateurs. La loi qui devait porter de si rudes coups à « la mauvaise presse, » et qui n'a réussi qu'à tuer le journalisme sérieux et utile, fut votée le 16 juillet à la majorité de trois cent quatre-vingt-six voix contre deux cent cinquante-six.

L'Assemblée cependant songeait à se donner des vacances. Elle occupa les derniers jours de l'année parlementaire à discuter, avec beaucoup de soin, trois lois d'administration d'une certaine importance : loi sur les caisses de retraite, loi sur les sociétés de patronage, loi sur l'avancement des fonctionnaires publics. Vers le même temps, elle votait, sur la proposition du général de Grammont, une loi pénale, destinée à protéger les animaux domestiques contre les traitements barbares dont ils sont trop souvent l'objet. Une remarque générale à faire sur les lois de pure administration, élaborées et votées par l'Assemblée Législative, c'est qu'au milieu de tous les orages parlementaires et de toutes les passions déchaînées, cette Assemblée ne perdit jamais de vue les intérêts d'ensemble du pays. La Législative de 1849 contenait, après tout, les hommes les plus considérables du pays, d'une grande compétence en toutes matières. On y savait faire les lois; on y savait également discuter les budgets annuels de l'État, et gouverner avec prudence et écono- mie les ressources du Trésor. Les séances étaient fort agitées, mais les commis- sions laborieuses et appliquées ne laissaient pas de travailler avec ardeur. Ces justes éloges mérités par les assemblées de la République, ne peuvent pas être adres- sés à d'autres corps politiques qui ont délibéré depuis lors au sein d'une tranquillité plus parfaite, et qui, tout composés qu'ils fussent d'hommes que l'on choisissait comme plus rompus aux affaires, n'ont souvent fait preuve que d'une irrémédiable incapacité. Dans le rapport que M. de Montalembert présenta, au nom de la commission, il put constater que le commerce et l'industrie avaient repris, que la confiance était revenue, et il s'appuya précisément sur la bonne situation de la France, pour légitimer le congé qu'il proposait à l'Assemblée de s'accorder à elle- même. L'Assemblée s'ajourna du 11 août au 11 novembre.

Pendant les vacances, les légitimistes recommencèrent leurs pèlerinages à Wies- baden, où se retrouva le comte de Chambord; les orléanistes se rendirent en visite de condoléances à Claremont, où venait de mourir le roi Louis Philippe (26 août 1850); le Président de la République reprit le cours de ses pérégrinations à travers la France, réchauffant par sa présence le culte de la légende napoléonienne, parlant à mots couverts de ses embarras pour accomplir tout le bien que l'on attendait de son gouvernement, déclarant enfin à Strasbourg que la Constitution avait été faite contre lui. Ces voyages du Président, auxquels la majorité monarchique semblait ne pas prendre garde, n'étaient ni plus ni moins que des actes de gouvernement. Ce n'était pas à l'étranger, comme les autres prétendants, que le prince Louis-Napoléon Bonaparte se livrait à ces manifestations inconstitutionnelles au premier chef; c'était en France, à Paris même, où sa rentrée fut l'occasion de violences commises par ses partisans et qui restèrent impunies; à Satory, près de Versailles, où il passait des revues de l'armée, qui étaient suivies de libations et de largesses aux soldats. Toutes ces démonstrations, les unes ridicules et burlesques, les autres répréhensibles, avaient pour objet d'habituer la France à l'idée de la prorogation des pouvoirs du Président. Cette question avait été discutée dans les conseils géné- raux, sous le couvert des vœux pour la révision de la Constitution. Comme les par- tis monarchiques ne demandaient pas mieux, de leur côté, que de procéder à cette révision dont ils attendaient la chute de la République, ils fermaient les yeux sur toute cette agitation, ne se plaignant que des incidents qui pouvaient porter atteinte au prestige de l'Assemblée. Le Président d'ailleurs se montrait plein de condescendance; plus les dissentiments s'aggravaient, plus il s'appliquait à les dissimuler; et l'on put croire, à la lecture du Message que, le 11 novembre, il adressa au président de l'Assemblée, à la reprise de ses travaux, que l'accord était parfait entre les pouvoirs publics.

Mais les esprits étaient de part et d'autre irrités; le souvenir des coups qu'ils s'étaient portés survivait au raccommodement, et, au premier incident, la querelle devait renaître. L'Assemblée était tout inquiète et mal disposée. Après avoir dis- cuté et adopté trois lois économiques, elle saisit la première occasion d'adresser à la Présidence un leçon indirecte dans le débat d'un projet de loi portant demande d'un crédit de 10 millions pour la levée de 40,000 hommes, motivée sur les compli- cations des affaires d'Allemagne. Le Président avait dit dans son Message que lui seul disposait de l'armée; par l'organe de M. de Rémusat, la commission tint à déclarer que la voix de l'Assemblée nationale avait seule le pouvoir d'engager le sang et les trésors de la France. C'était un avertissement au pouvoir exécutif qui songeait à gagner la confiance de l'armée, et à « faire des généraux » pour remplacer à la tête de l'armée ceux qui, membres de l'Assemblée Législative, ne pourraient se prêter aux projets du Président.

Depuis longtemps la haute situation du général Changarnier, investi du double commandement de l'armée de Paris et des gardes nationales de la Seine, gênait le Président de la République. Une feuille bonapartiste, la *Patrie*, dans l'intention évidente de rendre le général Changarnier suspect à la majorité elle-même, publia une prétendue instruction aux officiers de la garnison de Paris, d'où il semblait résulter que le commandant supérieur de l'armée de Paris ne reconnaissait pas au pouvoir législatif le droit de requérir les troupes nécessaires à sa défense. Le cousin du Président de la République, M. Napoléon Bonaparte, prit texte de cette publication pour interpeller le gouvernement ; le général Schramm, ministre de la guerre, se déroba aux explications; le général Changarnier se disculpa immédiatement de cette publication fausse, et se fit donner par l'Assemblée un ordre du jour de confiance. Une crise ministérielle se déclara (9 janvier 1851), à la suite de laquelle le général Schramm ayant donné sa démission avec MM. La Hitte, Romain-Desfossés et Bineau, ils furent remplacés par M. Regnault de Saint-Jean-d'Angély à la guerre, M. Ducos à la marine, et M. Magne aux travaux publics; MM. Baroche, Fould, Rouher et de Parieu, conservèrent leurs portefeuilles. Le premier acte du ministère ainsi reconstitué fut la destitution du général Changarnier, et son remplacement par le général Baraguay-d'Hilliers à la tête de l'armée de Paris, et par le général Perrot à la tête des gardes nationales de la Seine. La majorité se montra profondément émue. M. de Rémusat se précipite à la tribune, interpelle le gouvernement avec une extrême vivacité, et demande que, séance tenante, une commission soit nommée pour aviser aux mesures que la situation commande. Quelles étaient ces mesures ? Il y avait, au point de vue de la majorité de l'Assemblée qui était le premier pouvoir de l'État, à réintégrer le général Changarnier dans son double commandement, et à faire retomber sur le Président de la République la responsabilité de l'acte essentiellement provocateur de sa destitution. Le Président était constitutionnellement responsable : il fallait le mettre en accusation; mais les partis monarchiques de l'Assemblée furent dans cette circonstance le jouet de leurs fictions monarchiques; ils n'osèrent pas décréter d'accusation le Président, qu'involontairement, dans leur for intérieur, ils considéraient comme un roi constitutionnel, et perdirent leur temps à interpeller les ministres, dociles instruments d'une volonté étrangère dont personne alors ne soupçonnait la persistante fermeté. Un débat solennel s'ouvrit sur le rapport de M. Lanjuinais, organe de la commission nommée sur la proposition de M. de Rémusat. M. Dufaure attaque vivement M. Baroche, révèle les prétentions monarchiques du Président, parle de ses tournées en province, des revues de Satory. Un moment décontenancé, M. Baroche riposte et prend l'offensive; il accuse à son tour la majorité de conspirer contre la République, et demande compte des pèlerinages politiques accomplis à Wiesbaden et à Claremont. M. Berryer, bien loin de repousser ces accusations et de nier les espérances du parti légitimiste, en fait officiellement l'aveu. Puis, revenant à la politique suivie par le Président, il lui reproche de tendre à dissoudre la majorité, à sacrifier le Parlement au pouvoir exécutif, et il adjure, en termes d'une éloquence prophétique, la majorité de ne point se diviser : « Si la majorité se brisait, s'écrie-t-il, je déplore l'avenir qui serait réservé à mon pays; je ne sais pas quels seraient vos successeurs; je ne sais pas si vous aurez des successeurs; ces murs resteront debout peut-être, mais ils ne seront hantés que par des législateurs muets. » M. Thiers alla plus loin encore que M. Berryer, et poussa plus avant que lui la clairvoyance et la pénétration. Dans un de ces résumés dont il a le secret, il refit l'historique des relations de la Présidence avec la majorité et ses chefs; il rappela dans quelles circonstances la candidature de Louis-Napoléon avait été soutenue par les personnalités les plus marquantes de la droite contre celle du général Cavaignac; il parla de ses relations personnelles avec le Président, et dit comment il s'était chargé de révéler la France à un chef de gouvernement qui ne la connaissait point. Pendant ce temps-là, que faisait le Président? Il passait des revues où il se faisait acclamer par les troupes comme autrefois les Césars par les légions romaines; il destituait le général Changarnier; il divisait les deux pouvoirs; il empiétait sur les droits de l'Assemblée. Il n'y a plus que deux pouvoirs dans l'État, s'écrie M. Thiers. Si l'Assemblée cède aujourd'hui, il n'y en aura plus qu'un, et quand il n'y en aura plus qu'un, la forme du gouvernement sera changée. Le mot, la forme viendront... Quand ils viendront, cela m'importe peu; le mot viendra quand on voudra : *l'Empire est fait.*

Cette parole était un trait de lumière; l'impression causée par ce discours fut profonde et générale; il semblait qu'à partir de ce moment, tout le monde dût avoir les yeux ouverts sur les périls d'une situation qui venait d'être décrite avec tant de pénétration. Malheureusement, à quoi devait servir la clairvoyance tardive de M. Thiers? à rien. La majorité ne sut pas ou ne voulut pas se tenir prête à tous les événements. Pour M. Thiers seul son mot fut un avertissement. De ce jour, il rompit en visière à un pouvoir qui menaçait la liberté à laquelle il a toujours été inviolablement attaché, la liberté des assemblées du pays; il sembla qu'il eût le sentiment des dangers qu'allaient prochainement courir les institutions parlementaires, et il s'en fit le gardien jaloux. Par son mot : *l'Empire est fait!* M. Thiers a mérité du moins l'honneur d'être arrêté nuitamment, dans sa maison, comme les défenseurs de la République, et de partager avec eux la prison et l'exil : cette parole hardie est la première qui rachète les erreurs et les fautes commises par M. Thiers depuis le 24 février, et que, malgré tant d'utiles et glorieux services rendus par lui depuis lors à la cause des libertés publiques, cet éminent esprit n'a pas encore fait oublier. Les républicains dans l'Assemblée s'associaient bien aux craintes exprimées par les principaux orateurs de la droite; mais ils ne pouvaient s'associer aux regrets que le parti de l'ordre eût désiré exprimer en faveur du général Changarnier. Un ordre du jour, proposé par le représentant Sainte-Beuve, de la gauche modérée, où le nom du général n'était pas prononcé, fut adopté à la majorité de quatre cent quinze voix contre deux cent quatre-vingt-six. Le ministère du 9 janvier était battu. Le Président forma un cabinet intérimaire, où entrèrent MM. Vaïsse, de Royer, Randon, Brenier, Vaillant (contre-amiral), Schneider, Giraud et de Germiny, en remplacement de MM. Baroche, Rouher, Ducos, Regnault de Saint-Jean d'Angély, Drouyn de Lhuys, de Parieu et Fould. M. Magne seul conserva son portefeuille. Mais le Président, en constituant un cabinet en dehors de toutes les règles parlementaires, voulut en rejeter la responsabilité sur l'Assemblée : elle ne tarda pas à saisir l'occasion de se venger de ce procédé. En 1850, un crédit de 1,800,000 francs avait été accordé comme supplément au traitement du premier magistrat de la République. M. Piscatory, au nom de la commission de cette année, proposa le rejet du crédit en termes d'une rudesse peu déguisée : son rapport fut appelé le message de la coalition. M. de Montalembert, organe de la fraction de la droite qui était fidèle à la politique du Président, dans la séance du 10 février, crut devoir prendre la défense de Louis-Napoléon. Je ne suis, dit-il, ni l'ami, ni le conseiller, ni l'avocat du Président de la République; je suis son témoin. Puis il retraça le tableau des services rendus par M. Bonaparte à la cause de l'ordre et de la religion, et il accusa le projet de loi d'être une des ingratitudes les plus aveugles et les moins justifiées. S'élevant avec véhémence contre les coalitions, — que la nécessité des temps devait plus tard le porter à rechercher avec tant d'ardeur, — et se séparant des légitimistes dont on le croyait l'allié, il dit qu'à ses yeux, le Président, quelles que pussent être ses fautes, représentait la seule autorité possible, et, par conséquent, la seule légitime, car il n'y a de légitime que ce qui est possible. Enfin, dépassant toute mesure, il attaqua les institutions parlementaires elles-mêmes et la tribune qui, « par son intervention taquine, bavarde, quotidienne, omnipotente et insupportable, inquiète, alarme et mécontente le pays. » Hélas! le malheureux orateur, il a déjà trop payé, par vingt ans de remords qui ne finiront pas, l'imprudence de telles paroles! Il les a retrouvées depuis, ces paroles, et sur quelles lèvres! C'est assez pour sa punition. La demande du gouvernement fut repoussée par trois cent quatre-vingt-seize voix contre deux cent quatre-vingt-quatorze (séance du 10 février). Le Président de la République accepta le vote parlementaire. La situation se prolongeait sans se détendre; les ministres provisoires gardaient leurs portefeuilles; l'Assemblée allait en s'émiettant; les chefs de parti s'effaçaient les uns les autres en devenant plus nombreux; les réactionnaires commençaient à être jaloux de l'union qui régnait entre les républicains, votant sur toutes les questions comme un seul homme; la majorité ne se reconstituait point. C'est dans ces circonstances que Paris célébra pour la dernière fois l'anniversaire du 24 février. L'unanimité, l'élan, la cordialité, qui présidèrent à cette fête et aux diverses manifestations publiques, auxquelles elle donna lieu, trompèrent, hélas! les républicains eux-mêmes. Ce jour-là, on put croire que la République était à jamais fondée en France; personne ne pouvait penser qu'un pouvoir quelconque serait assez insensé pour attaquer des institutions si généralement acclamées; cette confiance n'était qu'une illusion.

L'Assemblée avait détruit le droit de réunion, bâillonné la presse, mutilé le suffrage universel; elle songea à porter la main sur la garde nationale, pour en finir avec ce qu'on appelait le droit au fusil. Le Président, la voyant si bien disposée, lui fit quelques concessions. Il appela dans ses conseils quelques-uns des membres de la majorité, M. Léon Faucher, M. Buffet, M. Dombidau de Crouseilhes, M. Chasseloup-Laubat; en même temps, il y faisait rentrer ceux de ses serviteurs personnels qui avaient été frappés par les votes antérieurs de l'Assemblée, MM. Rouher, Baroche, Fould et Magne. Ce cabinet porta le nom de cabinet du 10 avril et parut comme un ministère de conciliation. M. Léon Faucher, ministre de l'intérieur, en présentant ses collègues à l'Assemblée, n'eut garde d'oublier de se placer avec eux sous la protection de la majorité, pour le plus grand intérêt de l'ordre et de la paix publique; mais le nouveau cabinet fut accueilli sans enthousiasme. Les préoccupations dans l'Assemblée, comme au dehors, commençaient à être ailleurs.

M. Léon Faucher avait promis à la majorité de maintenir la loi du 31 mai, son œuvre de prédilection, c'était déjà un gage d'union; mais le rapprochement des diverses fractions du parti conservateur demeurait stérile, s'il n'amenait pas la révision de la loi fondamentale, de la Constitution de 1848. Un comité général s'était formé à Paris, et avait pris le nom de *Réunion des Pyramides*, du nom de la rue où il se réunissait; il était placé sous la direction de personnages notables des divers arrondissements, auxquels s'étaient joints les principaux membres de la droite ; il avait pour but d'organiser et de diriger un vaste pétitionnement dans toutes les communes pour demander la révision ; en outre, il s'était prononcé pour le maintien de la loi du 31 mai. Le ministère ne s'opposa point au pétitionnement organisé par le comité de la rue des Pyramides ; les administrations publiques avaient ordre d'y laisser vaquer leurs employés ; et, tous les jours, les pétitions affluaient sur le bureau de l'Assemblée. Mais, sur la question du maintien de la loi du 31 mai, le gouvernement du Président était infiniment moins explicite. Le Président voulait que, sur ce sujet, on usât d'une grande réserve et d'une extrême discrétion ; il avait personnellement, dans tous ses discours publics, évité soigneusement d'émettre un avis quelconque sur les mérites et les démérites du droit de suffrage, et il se tenait, en quelque sorte, un pied dans le camp de la loi du 31 mai et un autre dans celui du suffrage universel tel qu'il était organisé par la Constitution de 1848. Il est remarquable que cette attitude équivoque et ambiguë n'ait pas frappé les esprits.

Personne n'y prit garde. Les républicains étaient tout à leur principe qui leur semblait indestructible ; les orléanistes se persuadaient, suivant leur vieille formule, que la France était centre gauche, et, quant aux légitimistes, ils ne se tenaient pas de joie de se sentir plus nombreux, plus agissants et plus vainqueurs qu'ils ne l'avaient été depuis leur défaite de 1830. Cette division des partis éclatait surtout sur la question de la révision de la Constitution. Les républicains de toutes nuances ne voulaient pas en entendre parler, avant que la loi du 31 mai eût été rapportée : restaurer le suffrage universel, tel était l'unique but de leur politique. Ils attendaient le scrutin général de 1852, consacrant tous leurs efforts à éclairer les électeurs, et se livrant à une propagande active et couronnée de succès parmi les populations rurales. « Le socialisme gagne les paysans, » disait-on déjà dans les journaux de la réaction. Peut-être commit-on la faute à cette époque, dans le parti républicain, de trop parler de cette date de 1852 qui devait amener la double élection d'une nouvelle Assemblée et d'un nouveau Président. Le pays n'était pas encore assez remis des dissensions antérieures pour ne pas redouter les éventualités inséparables d'une telle agitation électorale. Il n'était donc pas très-sage d'exciter la France déjà trop énervée, et mieux eût valu sans aucun doute la rassurer sur les conséquences possibles d'une intermittence fatale dans la transmission des pouvoirs publics. Mais, à cette époque tumultueuse où les passions étaient si vives, il était difficile à un parti si cruellement éprouvé de se tenir dans la juste mesure ; tout semblait marcher à souhait pour lui ; il escomptait sa victoire à l'avance, comme si, en politique, les chances de revers n'étaient pas constamment égales aux chances de succès. De leur côté, les légitimistes ne se montraient pas trop partisans de la révision constitutionnelle ; ils craignaient, non sans raison, que cette révision ne fût ni générale ni profonde ; ils redoutaient de la voir simplement aboutir à une prorogation des pouvoirs du Président qui, par là, se trouverait encouragé dans ses prétentions monarchiques ; les orléanistes, un peu trop engoués de leurs théories politiques, acceptaient la révision plus volontiers, espérant la faire porter sur divers points où ils n'avaient pas obtenu satisfaction, tel, par exemple, que la constitution de deux chambres à l'aide desquelles leur influence serait devenue prépondérante dans l'Etat. Seul, le Président de la République pouvait envisager avec une satisfaction sans mélange le mouvement révisionniste ; les pétitionnaires les plus nombreux demandaient la prorogation pure et simple de ses pouvoirs. Le 23 mai 1851, M. le duc de Broglie, président de la réunion des Pyramides, déposa sur le bureau de l'Assemblée une proposition ainsi conçue : « Les représentants soussignés, dans le but de remettre à la nation l'entier exercice de sa souveraineté, ont l'honneur de proposer à l'Assemblée Nationale d'émettre le vœu que la constitution soit révisée. » Deux cent trente-cinq membres signèrent cette proposition. Le 7 juin, une commission spéciale, dite commission de révision, fut chargée d'examiner les diverses propositions et pétitions relatives à ce grand objet.

Pendant que l'Assemblée était occupée à ces préparatifs, le Président de la République, accompagné de plusieurs personnages, parmi lesquels se trouvaient M. Dupin, président de l'Assemblée, et M. Léon Faucher, ministre de l'intérieur, s'était rendu à Dijon pour inaugurer une des sections du chemin de fer de Paris à Lyon. Il avait trouvé dans la capitale de la Bourgogne un accueil fort empressé de la part des populations rurales accourues pour le voir et l'acclamer. Louis-Napoléon prit texte de ces démonstrations enthousiastes, pour lever un coin du voile qui enveloppait ses projets, et pour accuser publiquement ses dissentiments avec l'Assemblée nationale. M. Léon Faucher, présent au banquet où le Président prononça son discours, jugea qu'il ne pouvait paraître au *Moniteur* tel qu'il avait été prononcé, et prit sur lui d'en faire disparaître les phrases les plus menaçantes. Mais elles furent connues de l'Assemblée et du public. La Bourse baissa et tout le monde crut à un coup d'État prochain. Le 3 juin, dans l'Assemblée, le général Changarnier saisit l'occasion d'une discussion sur la Légion d'honneur, pour rassurer les représentants effrayés, et pour répondre des sentiments de l'armée. « L'armée, dit-il dans un langage emphatique que les événements devaient sitôt démentir, l'armée, profondément pénétrée du sentiment de ses devoirs, du sentiment de sa propre dignité, ne désire pas plus que vous de voir les hontes et les misères des gouvernements des Césars, alternativement proclamés ou changés par des prétoriens en débauche. Personne n'obligera les soldats à marcher contre le droit. On n'entraînerait contre l'Assemblée ni un bataillon, ni une compagnie, ni une escouade, et l'on trouverait devant soi les chefs que nos soldats sont accoutumés à suivre sur le chemin du devoir et de l'honneur. Mandataires de la France, délibérez en paix. » M. Léon Faucher, plus habile quoique moins pompeux, désavoua le discours de Dijon, en disant que le gouvernement ne reconnaissait de texte officiel de ce discours que celui qui avait été inséré au *Moniteur*, et l'Assemblée passa à l'ordre du jour, à l'unanimité. C'était un échec éclatant pour la politique personnelle.

Le rapport de M. de Tocqueville sur la révision de la Constitution, long, diffus, dans lequel cet éminent écrivain avait comme à plaisir retracé le tableau des diverses objections que soulevait le régime républicain, roulait tout entier sur cette proposition à double face : la révision est à la fois dangereuse et nécessaire. Son rapport concluait à la non-révision de la Constitution, mais il n'acceptait la République que comme une transaction entre les divers partis qui se partageaient la France. Si l'un de ces partis lui eût paru assez fort pour changer le principe du gouvernement, peut-être eût-il conseillé à l'Assemblée de lui faciliter cette tâche. Pour lui, la République était un pis-aller auquel il fallait se tenir, en vue des éventualités menaçantes de 1852.

La lutte s'engagea le 14 juillet. Ces grands débats avaient un caractère solennel. Le président Dupin les ouvrit par une allocution recommandant le calme et la modération aux orateurs qui allaient prendre la parole. La discussion fut vivement engagée par M. de Falloux, longtemps éloigné de l'Assemblée, qui revenait de l'étranger, et semblait en rapporter le mot d'ordre du parti légitimiste. M. de Falloux ne marchanda point avec les mots non plus qu'avec les idées, il demanda la substitution du principe de la monarchie au principe de la République, et il la demanda, en montrant l'invasion étrangère à nos portes, la domination imminente du despotisme russe, et la civilisation arrêtée dans son cours par les barbares du dedans et du dehors. C'était là un genre de spectre nouveau. Le spectre rouge ne suffisant plus, il y fallait joindre le spectre cosaque. Les murmures de la gauche accueillirent la fin de ce discours trop alarmé qui produisit peu d'effet sur l'Assemblée. Le général Cavaignac parut ensuite à la tribune, dans une tenue oratoire sévère qui fit une grande impression. Il exposa le principe républicain, et, affirmant que la République ne pouvait pas laisser discuter son principe, il développa cette thèse de gouvernement en homme politique qui avait manié le pouvoir dans des circonstances difficiles ; sur la question même de la révision, il dit que les républicains de toutes nuances, quelles que fussent leurs divergences de vues, ne pourraient, sans trahir la cause de la souveraineté du peuple, consentir à ce que la Constitution de 1848, élaborée par une Constituante issue du suffrage universel, fût revisée par une assemblée issue d'une élection faite sous l'empire de la loi du 31 mai.

La lutte se poursuivit entre deux athlètes dignes de se mesurer ensemble, M. Michel (de Bourges), avocat d'une éloquence colorée et puissante, qui abordait rarement la tribune, mais dont les discours avaient le privilége de consoler le parti républicain de ses défaites, et M. Berryer, véritable tribun enrôlé au service de la légitimité, qui illustrait plus sa cause qu'il ne lui était utile. M. Michel ne plaça point, comme avait fait M. Cavaignac, la République en dehors et au-dessus des controverses ; il la fit si grande, si inattaquable, qu'elle défiait toutes discussions. M. Berryer opposa le principe monarchique au principe révolutionnaire, et soutint que la République était impossible en France, parce qu'elle contrariait ses traditions et ses besoins et la faisait déchoir du rang qui lui appartient en Europe. Les deux séances où l'on entendit ces deux grands orateurs marquent entre toutes celles qui ont fait la gloire de la tribune française. La République a depuis disparu, mais la légitimité n'a pas triomphé, et l'on peut dire que le discours de M. Berryer, qui était son apologie, fut en même temps son oraison funèbre ; jamais, suivant toute apparence, on n'aura plus l'occasion de plaider, comme on le fit alors, le procès de la République et de la royauté, dans un champ clos oratoire d'où les adversaires devaient sortir sans s'être convaincus ni les uns ni les autres. Après cette grande joute, on entendit encore M. Dufaure, l'un des auteurs de la Constitution, qui développa froidement, et comme sans conviction, la thèse du rapport de M. de Tocqueville, et M. Victor Hugo qui fit entendre à la tribune quelques-unes des éloquentes invectives que, six mois plus tard, il allait proférer sur la terre d'exil pour le plus grand soulagement de la France abattue et de la conscience humaine outragée. Après cinq jours de discussion, le 21 juillet 1851, quatre cent quarante-six voix se prononcèrent pour la révision, et deux cent soixante-dix-huit contre ; c'était quatre-vingt-dix voix de plus que le quart suffisant pour le rejet de la proposition.

A partir de ce moment, on voit les événements se précipiter. Les partis étaient plus divisés que jamais. Les orléanistes, adversaires de la révision, songeaient à faire du prince de Joinville un candidat à la présidence de la République, en remplacement du prince Louis-Napoléon Bonaparte ; les légitimistes, à qui le respect de leur principe et de leur roi empêchait de rêver une combinaison pareille, étaient assez disposés à se rallier à la candidature du général Changarnier ; les républicains enfin, persistant à se vanter outre mesure des succès que leur promettait l'année 1852, parlaient de porter à la présidence soit un homme de nuance accommodante comme M. Carnot, soit un ouvrier ; dans ce dernier cas, on devait choisir M. Nadaud, maçon et déjà représentant de la Creuse sur les bancs de l'Assemblée Législative. Le gouvernement du Président semblait seul se tenir à l'écart de toutes ces compétitions. Mais les partisans de Louis-Napoléon s'agitaient avec une ardeur extraordinaire. Dans les conseils généraux et d'arrondissement, la majorité s'était prononcée pour la révision de la Constitution dans le sens de la prorogation du pouvoir présidentiel. Dans la presse, les journaux qui recevaient les inspirations de Louis-Napoléon, découvrant enfin sa pensée secrète, entreprenaient une vive campagne pour obtenir le rappel de la loi du 31 mai. Le ministère était alors composé d'hommes qui avaient pris la part la plus active à l'élaboration de cette loi reconnue souverainement impopulaire, MM. Baroche, Léon Faucher et Buffet. Il y avait complet dissentiment entre le Président et ses ministres; le cabinet tout entier se retira pendant les vacances (14 octobre) et céda la place à des ministres nouveaux d'un caractère tel qu'il n'y eut bientôt plus de doute dans le public sur la prochaine exécution des projets dont la pensée était attribuée au Président. M. de Saint-Arnaud était nommé ministre de la guerre. C'était un homme que l'on savait capable de tout; on sut bientôt de quoi il s'agissait, quand on le vit débuter dans la carrière ministérielle par une circulaire aux commandants et chefs de corps où il recommandait aux soldats l'obéissance passive dans la plus rigoureuse acception du terme. Au moment où l'Assemblée reprit ses travaux (4 novembre), il n'était bruit que de coups d'État.

Dans le Message constitutionnel que le Président de la République adressa au président de l'Assemblée nationale, Louis-Napoléon annonçait l'intention de restituer dans toute sa plénitude le principe du suffrage universel, afin d'enlever, à la guerre civile son drapeau, à l'opposition son dernier argument. L'Assemblée accueillit le Message du 4 novembre avec une défaveur marquée. Le jour était arrivé où le Président se créait aux dépens de la majorité une popularité véritable dans le pays; le piège se découvrait, et l'Assemblée n'était pas préparée à l'éviter. Le ministère ayant demandé l'urgence pour le projet de loi qui rétablissait le suffrage universel, la majorité se donna le plaisir de la refuser et d'humilier ainsi les nouveaux ministres. La gauche républicaine, plus confiante que la prudence ne le conseillait, avait applaudi au Message, et croyait à la sincérité des intentions du Président : cette foi naïve et imprudente ne contribua pas médiocrement à perpétuer les malentendus qui régnaient dans l'Assemblée et qui empêchèrent une résistance sérieuse et effective aux complots tramés contre la représentation nationale. La droite, en effet, avait les yeux ouverts du côté du Président; elle recevait des confidences sur les projets qui se préparaient dans l'ombre.

Le 6 novembre, les questeurs de l'Assemblée, d'accord avec les chefs du parti conservateur, avaient présenté une proposition qui, fondée sur l'art. 32 de la Constitution, eût rétabli en faveur de l'Assemblée le privilége, contesté par le nouveau ministre de la guerre, de fixer l'importance des forces nécessaires à sa sûreté, d'en disposer, et de désigner le chef qui les eût commandées. L'urgence pour leur proposition avait été demandée et obtenue par les questeurs. Le 15 novembre, M. Vitet, rapporteur de la commission, proposa à l'Assemblée d'adopter la proposition modifiée sur deux points : la commission n'avait pas admis la disposition qui conférait au président de l'Assemblée le droit de désigner le commandement des troupes appelées à défendre l'Assemblée, ni celle qui l'autorisait à déléguer son droit de réquisition aux questeurs ; le droit de réquisition directe était réservé à l'Assemblée entière. Ces deux modifications avaient pour objet évident de calmer les appréhensions de la gauche républicaine qui ne redoutait pas moins les coups d'État de la majorité que ceux du Président. Mais trop de causes de dissentiments et de divisions existaient dans l'Assemblée pour que ces concessions tardives, faites *in extremis*, à la veille d'un péril que plusieurs représentants républicains, avec une candeur qui honore plus leur caractère que leur intelligence, persistaient à nier, dissipassent des craintes et des méfiances invétérées.

La proposition des questeurs, même modifiée par la commission, ne parut qu'un moyen d'*armer la loi du 31 mai*, comme le dit si maladroitement M. Michel (de Bourges), tandis qu'au fond, c'était bien de la protection et de l'existence même des institutions parlementaires, et de la prééminence de l'Assemblée nationale sur le pouvoir exécutif qu'il s'agissait. Un trop petit nombre de représentants de la Montagne le comprirent, et ce fut le malheur de la République. Cependant, les meilleurs esprits de la gauche, MM. Grévy, Marc Dufraisse recommandaient la prise en considération de la proposition ; le lieutenant-colonel Charras s'en faisait le défenseur. Mais, dans ces conjonctures redoutables, l'éloquence de M. Michel (de Bourges) perdit tout. Il nia que la République fût en péril. « Le péril, s'écria-t-il, avec une assurance qui ferait sourire aujourd'hui si tant de désastres n'étaient survenus à la suite, le péril, c'est que la monarchie est menacée, c'est que la République commence à être inaugurée, voilà le péril. Vous avez peur de Napoléon-Bonaparte, et vous voulez vous sauver par l'armée. L'armée est à nous. Non, il n'y a point de danger. Et je me permets d'ajouter que, s'il y avait un danger, il y a aussi une sentinelle invisible qui nous garde ; cette sentinelle, c'est le peuple. » Cette métaphore nous a valu l'Empire. Pauvre vieux Michel ! il est mort en exil ; paix à sa mémoire ! Sur ces mots, M. Vitet, rapporteur, ne se contient plus ; il accuse M. Michel (de Bourges) et ses amis d'alliance intime avec le Président ; la Montagne devient plus furieuse ; en vain M. Thiers essaye-t-il de réparer la faute de M. Vitet ; il n'y peut parvenir. En vain M. de Rémusat se tient-il debout à la tribune, cherchant à faire entendre la voix de la sagesse au milieu des cris et des trépignements ; il regagne son banc, avec le sentiment non pas d'une bataille perdue, mais avec la conviction que c'est un ordre politique tout entier qui s'écroule ; une partie de la Montagne vote avec le pouvoir exécutif ; la prise en considération de la proposition des questeurs est repoussée par quatre cent huit voix contre trois cents (17 novembre). Le coup d'État était fait ! Depuis ce jour, les chefs de la majorité l'attendirent, ne se lassant pas de répéter que la complicité de la Montagne avec le Président l'avait seule rendu possible. Ces accusations n'étaient pas faites pour ramener le calme dans les esprits ; cependant la conscience de la faute commise avait déjà gagné quelques représentants. A la séance du 27 novembre, un des jeunes membres de la Montagne, M. Bancel, dans une improvisation éloquente, chercha à dégager son parti de cette prétendue complicité, en protestant avec énergie contre toute tentative du Président. Ce furent là les derniers accents dont retentit la tribune républicaine.

Le 2 décembre au matin, l'Assemblée était dissoute. Plusieurs chefs de la majorité avaient été arrêtés, en même temps que les généraux qui auraient pu faire appel à des troupes qui leur étaient connues et dont ils étaient respectés et aimés. Le palais de l'Assemblée n'était pas investi : cette mesure avait été jugée inutile. Une trentaine de représentants pénétra dans la salle des séances, et envoya quérir M. Dupin, président, à qui l'on n'avait pas fait l'honneur de l'arrêter, tandis que les questeurs avaient été arrachés nuitamment de leurs lits, malgré la plus courageuse résistance. Un officier entra dans la salle, dispersa tout le monde présent, et chacun se retira après avoir mis son nom au bas d'une protestation à laquelle M. Dupin joignit sa signature, tout en répétant que cette formalité ne servirait à rien. Plusieurs réunions de représentants de toutes nuances eurent lieu dans divers domiciles privés ; pour retrouver l'Assemblée Législative il faut aller à la mairie du Xe arrondissement, où se réunirent deux cent vingt membres sous la présidence de M. Benoist-d'Azy, vice-président, assisté de MM. Chapot, Moulin et Grimault, trois des secrétaires. Là, on se mit à délibérer à la hâte pour rédiger un acte de déchéance contre le Président, requérir la force publique, ordonner énergiquement l'élargissement des représentants arrêtés, convoquer la haute cour de justice, organiser la force armée qui tiendrait la main à l'exécution de tous ces décrets. Toutes ces mesures rapides furent prises sous l'inspiration de M. Berryer qui, dans cette heure suprême, sut penser et pourvoir à tout. Malheureusement, même à la mairie du X⁰ arrondissement, dans ce quartier le plus aristocratique de Paris, l'Assemblée se trouvait au milieu d'une foule hostile. L'entrée de chacun des représentants dans la salle des délibérations était saluée par des sifflets, des cris et des huées, fort impolitiques assurément dans des circonstances pareilles, mais qui ne laissaient pas de doute sur les sentiments qu'avait inspirés l'Assemblée Législative. Deux commissaires de police arrivèrent bientôt et sommèrent la réunion de se dissoudre; on voulut parlementer avec eux; mais, un instant après, des soldats accoururent sous la conduite d'un officier porteur d'un ordre du général Magnan qui prescrivait l'occupation de la mairie et l'arrestation des représentants qui tenteraient de résister. L'Assemblée déclara qu'elle n'obéirait qu'à la force : les soldats pénétrèrent dans la salle et la firent évacuer. Les représentants, entre deux files de soldats, furent conduits à la caserne du quai d'Orsay, pour être dirigés de là sur les forts de Vincennes, du Mont-Valérien et la prison de Mazas. Les derniers cris que ces élus du peuple entendirent à leurs oreilles furent les cris de : Vive la République! à bas les traîtres!

Ainsi finit l'Assemblée Législative de 1849, celle de toutes les assemblées de notre histoire, qui mérite d'être jugée le plus sévèrement.

Sa carrière peut se résumer en deux mots. Elle avait pour mission de consolider la République et de préparer à la France les destinées pacifiques que ce régime comporte; elle conspira contre la République avec une extrême passion et finit par la laisser détruire avec une incroyable lâcheté. Encore, si elle n'avait fait qu'écouter ses rancunes, en travaillant à renverser un gouvernement qu'elle détestait, peut-être serait-il possible de plaider en sa faveur les circonstances atténuantes. Mais elle a fait plus : elle a démoralisé la France; après l'avoir détournée du culte des nobles idées et l'avoir énervée par la peur, elle l'a livrée au despotisme militaire. C'est assez pour que sa mémoire soit maudite par les générations futures comme elle l'est aujourd'hui par ceux qui souffrent de ses erreurs, de ses fautes, et de ses attentats contre la souveraineté nationale   E. SPULLER.

ASSISTANCE PUBLIQUE. — L'assistance publique n'est pas précisément la même chose que la charité et la bienfaisance, de même que le paupérisme n'est pas synonyme de la pauvreté. En effet, le mot *publique*, malgré les restrictions dont l'entoure la prudence malthusienne, semble impliquer d'une part une dette, un devoir de la collectivité, et d'autre part un droit pour le malheureux. Ainsi, la terminaison *isme*, dans paupér*isme*, est l'indice d'un fait organique, endémique, tandis que la pauvreté n'est qu'un accident. Quoi qu'il en soit, la bienfaisance, autrefois comme maintenant, est de précepte, non de commandement. Les déclarations des droits et des chartes n'y font rien. Les établissements charitables peuvent se multiplier, se policer, s'aménager, gagner enfin en étendue et au point de vue de leur organisation intime; leur action sur la misère et son intensité est radicalement nulle; ils ne font pas mieux aujourd'hui qu'au temps d'Abraham. Le zèle des philanthropes est admirable en tant qu'il se réfère aux intentions; pour les résultats, nous sommes forcés de conclure, avec leurs publicistes, que l'assistance, comme institution, n'est pas progressive de sa nature.

L'antiquité et le moyen âge nous offrent des exemples de castes vouées par prédestination à la misère. Aussi, devons-nous retrouver, dans les constitutions de toutes les époques, l'embryon, le germe de ce que nos lois modernes ont la prétention d'avoir codifié et formulé d'une façon plus précise sous le nom d'assistance publique.

« Quand un de tes frères sera pauvre parmi toi, dans quelque lieu de ta demeure dans le pays que l'Éternel ton Dieu te donne, tu n'endurciras point ton cœur, et tu ne resserreras point ta main à ton frère qui sera dans la pauvreté. Car il y aura toujours des pauvres dans le pays ; c'est pourquoi je te fais ce commandement : Ne manque point d'ouvrir ta main à ton frère affligé et pauvre dans ton pays. » (*Deutéronome*, ch. xv.) « Quand tu feras ta moisson, dans ton champ, et que tu y auras oublié quelques épis, tu ne retourneras point pour les prendre ; mais cela sera pour l'étranger, pour l'orphelin et pour la veuve, afin que l'Éternel te bénisse dans toutes les œuvres de tes mains. Quand tu secoueras tes oliviers, tu n'y retourneras point pour chercher branche après branche ; mais ce qui restera sera pour l'étranger, pour l'orphelin et pour la veuve. Quand tu vendangeras ta vigne, tu ne grappilleras point les raisins qui sont restés après toi ; mais cela sera pour l'étranger, pour l'orphelin et pour la veuve.» (*Deutéronome*, ch. xxiv.) Notre cour de cassation n'a-t-elle pas jugé, il y a une dizaine d'années, que la glane et le grappillage appartenaient aux pauvres; que le propriétaire n'avait pas le droit d'en disposer, soit à titre gratuit, soit à titre onéreux, en faveur de ses préférés?

La pauvreté, selon la loi des Hébreux, est essentiellement le résultat d'un cas de force majeure; la constitution civile veille à ce qu'elle ne devienne pas organique. L'esclave indigène n'est acheté que pour six ans ; au septième, il sort libre sans rien payer. Il est ordonné de prêter de l'argent au pauvre, mais sans lui demander d'intérêt. « De sept en sept ans, tu célébreras l'année de relâche. Et c'est ici la manière de la célébrer : que tout créancier relâche ce qu'il aura prêté à son prochain, et qu'il ne l'exige point de son prochain ni de son frère, quand on aura proclamé l'année de relâche à l'honneur de l'Éternel, afin qu'il n'y ait parmi toi aucun pauvre. Quand tu renverras ton esclave, libre d'avec toi, tu ne le renverras point vide ; mais tu ne manqueras point de le charger de quelque chose de ton troupeau, de ton aire et de ta cuve; tu lui donneras des biens dont l'Éternel ton Dieu t'aura béni. » (*Deutéronome*, ch. xv.) « Si l'homme est pauvre, tu ne te coucheras point, ayant encore son gage ; mais tu ne manqueras pas de lui rendre son gage aussitôt que le soleil sera couché, afin qu'il couche dans son habit et qu'il te bénisse. Tu ne prendras point pour gage l'habit d'une veuve. » (*Deutéronome*, ch. xxiv.) L'année du jubilé cinquantenaire, le pauvre, qui a vendu son champ et n'a pu le racheter d'ici là, rentre dans la possession de son patrimoine. « La chose qu'il aura vendue sera entre les mains de celui qui l'a achetée jusqu'à l'année du jubilé, dit le Lévitique; alors l'acheteur en sortira au jubilé, et le vendeur retournera dans sa possession. » Toute vente est faite à réméré ; en cas d'indigence prolongée du vendeur, son plus proche parent a le droit de racheter à sa place. Une telle constitution ne comportait d'autres pauvres que les vieillards, les orphelins et les veuves.

Quand on parle des institutions de la Grèce et de Rome, ou de celles de l'Inde et des autres pays de l'extrême Orient, il ne faut pas oublier que la société civile et politique a pour bases l'esclavage ou le régime des castes; qu'il n'y a de droit d'aucune espèce pour l'esclave et le paria; que toute cette partie de l'humanité, enfin, est traitée à peu près comme le bétail domestique. Il n'y a pas à chercher ce qu'a été pour ce monde le principe et la pratique de l'assistance. Quant au prolétaire libre, l'histoire et la législation ne nous laissent que peu ou point de documents relatifs au sujet qui nous occupe.

Sparte fait la chasse aux gueux, et procède par des exterminations homériques, dont on ne retrouvera d'analogue, dans la suite des temps, qu'à l'époque de la Jacquerie et de la guerre des Paysans. Les économistes de la Grèce ont déjà inventé le palliatif favori de nos philanthropes modernes, la déportation, aux colonies, de la plèbe qui ne trouve pas à vivre dans la métropole. L'antiquité admet d'ailleurs parfaitement l'infanticide et l'abandon des enfants, moyens atroces qui révoltent notre sensibilité, et que Malthus lui-même a condamnés définitivement, en démontrant que la nature est suffisante à mettre dehors le misérable « auquel elle commande de s'en aller. »

Le mode d'assistance le plus commun, chez les païens, c'est le patronat. Le riche patricien s'attache un certain nombre de plébéiens pauvres, auxquels il distribue des secours, qu'il couvre de sa protection, et qui doivent, en retour, lui prêter leur concours dans les luttes du Forum ou de l'Agora et aux comices électoraux. Cependant, c'est là une ressource insuffisante. La république romaine est sans cesse tourmentée par les séditions des plébéiens réclamant l'abolition des dettes ou le partage des terres ; la misère prend les proportions d'un danger public. Le patriciat est obligé de transiger, et, comme on l'a défini plus tard, d'accéder à payer à l'indigence une prime contributive d'assurance, afin de se garantir à lui-même la jouissance de son superflu. L'institution de l'Annone n'est pas moins qu'une organisation de l'assistance ; nos sociétés modernes n'ont rien fait de plus radical en principe et en fait, même après la déclaration des Droits de l'homme.

L'Annone n'était, à l'origine, qu'une administration chargée de veiller à ce que le blé ne manquât pas à Rome, et qu'il fût d'un prix assez bas pour que les plus pauvres citoyens en pussent acheter. Ses principaux centres d'approvisionnement étaient la Sicile, la Sardaigne, l'Égypte. Après les distributions à prix réduit vinrent les distributions gratuites. Sur la proposition de C. Gracchus, il fut accordé, par mois, aux frais du trésor, un *modius* de blé à chaque plébéien indigent. C'était l'enrégimentation du paupérisme ; elle produisit identiquement le même effet que la taxe des pauvres, dix-huit siècles plus tard, en Angleterre. Le nombre des citoyens assistés s'éleva de un sur huit à un sur trois habitants. Sous la dictature de Jules César, vers l'an 48 avant Jésus-Christ, 320,000 citoyens sur 450,000 prenaient part aux distributions gratuites. Il fallut débarrasser la place par des déportations. Les successeurs d'Auguste, dans un intérêt de popularité, ajoutèrent au blé des rations d'huile et de chair de porc. Aurélien substitua la distribution du pain à celle du blé en nature. L'an 419 de notre ère, Honorius fut obligé de réduire à quatre mille livres de pain par jour pendant cinq mois les rations de l'Annone. Cette administration, qui était établie non-seulement à Rome, mais dans chaque municipe, subsista jusqu'à la chute de l'empire romain.

Athènes eut aussi, pendant quelque temps, des distributions de secours aux frais du trésor public ; mais nulle part il n'y eut d'institution aussi complète que l'Annone romaine.

Le christianisme, qui a élevé la pauvreté à la hauteur d'une religion (vous aurez toujours des pauvres parmi vous), a fait de l'aumône et de l'assistance le point culminant de sa morale sociale. « Tous ceux qui croyaient, disent les Actes des Apôtres, étaient ensemble dans un même lieu et avaient toutes choses communes ; ils vendaient leurs possessions et leurs biens et les distribuaient à tous, selon le besoin que chacun en avait... Il n'y avait personne dans l'indigence, parce que tous ceux qui possédaient des fonds de terre ou des maisons les vendaient et apportaient le prix de ce qu'ils avaient vendu. Ils le mettaient au pied des apôtres, et on le distribuait à chacun, selon qu'il en avait besoin. » On connaît le châtiment d'Ananias et de Saphira, frappés de mort subite pour avoir dissimulé une partie du prix de la vente de leurs biens.

Mais, en tout ceci, il n'est point question de travail ; les communautés chrétiennes primitives, vivant sur l'épargne réalisée par les donateurs dans le milieu profane, avant leur initiation, n'ont pas plus de valeur organique que les couvents actuels, insuffisants à couvrir leurs frais par le travail, à l'exception toutefois de ceux qui se livrent à la fabrication et au commerce des liqueurs. C'est dans le milieu commun, dans la société politique et travailleuse qu'il faut suivre l'action et l'influence du christianisme sur ce problème de l'assistance et de la pauvreté. Certes, les homélies sont touchantes, les lettres pastorales attendrissantes, les dévouements sublimes. Si le problème de la misère avait été susceptible de solution par l'aumône et la charité, le christianisme l'aurait dénoué. Mais c'est l'éternel cercle vicieux ; l'Église accapare la terre ; les donations, les captations lui livrent le tiers des domaines partout où elle s'établit, en France, en Angleterre, en Allemagne, en Espagne, en Italie. Les couvents rétablissent à leur profit les *latifundia* de la décadence impériale. La terre n'est plus cultivée que par les salariés ; les constructions de luxe absorbent tout ; les chefs-d'œuvre de l'art roman et ogival ont pour corrélatif les huttes et les tanières où grouille cette population abrutie dont Labruyère a laissé un si effrayant tableau ; les jardins, les parcs, les cultures d'agrément et les friches remplacent partout les productions alimentaires. Qu'importe, après cela, que les abbayes et les églises distribuent à quelques malandrins, mendiants de profession, la dîme de leur superflu ? Là où vingt moines vivent dans une honnête suffisance, cent familles de paysans tireraient la subsistance de toute une commune. L'accaparement ecclésiastique crée le paupérisme pour dix et le soulage pour un ; voilà la vraie situation, depuis l'invasion des Barbares jusqu'à la Réforme pour les pays protestants, jusqu'à 1789 pour la France.

Le pouvoir civil s'unit à l'esprit religieux pour l'organisation de l'assistance. En 658, le concile de Nantes prescrit aux ecclésiastiques d'accorder aux pauvres un quart des dîmes et offrandes qu'ils reçoivent des fidèles. En 789, Charlemagne ouvre les églises aux pauvres sans asile, malgré les protestations des prêtres. En 793, il déclare établissements royaux les institutions hospitalières. En 802, il accorde aux pauvres l'exemption du service militaire. En 816, Louis le Pieux oblige les évêques à établir des hôpitaux pour recevoir les pauvres ; les chanoines y laisseront la dîme de leurs revenus. On a fort exalté la charité de saint Louis ; chaque jour, il nourrissait 120 pauvres dans son palais ; souvent il les servait lui-même, les soignait ou leur lavait les pieds. De telles vertus n'honorent en rien un roi et un administrateur. Ce qui est plus sérieux, ce sont ses fondations. Son testament, daté de 1269, laisse des dotations à 800 léproseries, à 200 hôtels-Dieu, à une foule d'institutions charitables spéciales, aux abbayes, aux orphelins, aux veuves, aux indigents. Ses legs, s'élevant à 17,000 livres tournois, représentent environ 2 millions de notre monnaie. Philippe le Bel, en 1308, établit, au profit des pauvres, un droit sur la vente des denrées aux marchés de Paris. Philippe VI, en 1344, exempte d'impositions les acquisitions hospitalières. En 1370 apparaît une innovation : Charles V, en constituant la corporation des chirurgiens, leur enjoint de panser gratuitement les pauvres *à domicile*. En 1524, un arrêt du parlement ordonne que les remparts de Paris seront relevés par les indigents valides, afin de leur faire attendre les résultats de la moisson.

Avec François Ier, l'assistance tend à se séculariser définitivement et à devenir fonction d'État, se séparant de plus en plus de la charité ecclésiastique. Une ordonnance de 1544 crée à Paris un bureau général des pauvres, administré par quatre conseillers au parlement et par treize bourgeois. Ce bureau avait droit de lever « sur les princes, seigneurs, ecclésiastiques, communautés, bourgeois et propriétaires » une taxe d'aumône ; il avait juridiction pour contraindre les imposés. C'est la première application en France de la taxe des pauvres ; elle est toutefois limitée à la commune de Paris. L'année suivante, François Ier enjoint au prévôt des marchands et aux échevins de la ville d'ouvrir des ateliers de travail pour les mendiants valides des deux sexes. L'indigence continuant de grandir en raison, semble-t-il, des moyens employés pour la combattre, Henri II, en 1547, lève sur chaque habitant de Paris une taille et collecte particulières pour subvenir aux besoins des pauvres. En 1551, il institue des commissaires, élus par le parlement, chargés de rechercher ce que chaque habitant voudra spontanément et libéralement donner par semaine afin de subvenir aux besoins des pauvres. C'est, après la taxe, le système des quêtes à domicile, en grand honneur aujourd'hui. Les corporations et confréries d'arts et métiers décident que chacune devra soigner ses malades et secourir ses pauvres.

Nous n'avons rien d'intéressant à signaler jusqu'à l'édit de Louis XIV, en 1656. « Par la suite des désordres et le malheur des guerres, dit le préambule, le nombre des pauvres s'est accru au delà de la créance commune, et le mal est devenu plus grand que le remède. » Paris comptait à lui seul quarante mille mendiants. Appliquant à l'assistance son principe politique de centralisation, Louis XIV commence par réunir, sous le nom d'Hôpital général, les cinq institutions de la Pitié, du Refuge, de Scipion, de Chaillot et de Bicêtre. L'administration se compose : 1º d'une commission supérieure dont font partie : le premier président du parlement, le procureur général, le surintendant des finances, l'archevêque de Paris, le premier président de la cour des aides, le lieutenant de police et le prévôt des marchands ; 2º de directeurs et d'administrateurs particuliers investis de pouvoirs exorbitants ; ils avaient le droit de recevoir tous dons, legs et gratifications, d'acquérir, changer, vendre ou aliéner sans être astreints à aucune formalité ; de disposer de tous les biens, meubles et immeubles de l'hôpital, sans être tenus d'en rendre compte à quelque personne que ce soit. Il fallait que le péril fût exceptionnel pour légitimer de pareilles dispositions. C'est dans ce même édit de 1656 que se trouve la disposition tant critiquée aujourd'hui : Les hôpitaux auront le droit de lever un sixième en sus du prix des billets d'entrée dans les spectacles. Il y est dit encore que les biens et effets des pauvres qui décèdent dans les hospices, jusque-là rendus aux familles, seront dévolus à l'hôpital général. Les dispositions de cet édit furent étendues, en 1662, à la France entière.

Parallèlement à ces institutions, pleines d'amour et de charité, s'en développent d'autres empreintes d'un esprit différent, quoique portant sur le même sujet. Toutes les idées et panacées contemporaines à propos de la misère et de l'assistance se retrouvent à l'origine même des sociétés.

En première ligne, il faut citer la préoccupation de parquer les pauvres dans la circonscription de leur domicile. « Que chaque cité nourrisse ses pauvres, pour qu'ils ne se rendent pas dans d'autres localités, » dit un concile de Tours, en 567. Charlemagne ordonne, en 806, que les mendiants soient secourus par leurs paroisses ; il défend de leur faire l'aumône partout ailleurs. En 1536, François Ier enjoint aux paroisses de nourrir et entretenir leurs pauvres invalides au moyen de secours *à domicile*. C'est le germe des bureaux de bienfaisance. Henri II, en 1547, confine les pauvres dans la paroisse où ils se trouvent au moment de la promulgation de l'ordonnance, et les met à la charge des habitants de la localité. Partout où l'on ouvre des ateliers pour les pauvres valides, la condition d'admission est que

l'indigent soit de la paroisse. Des édits défendent non-seulement de demander,
mais de faire l'aumône sur la voie publique. L'ordonnance de Moulins (1566),
rédigée par l'Hospital, enjoint aux villes, bourgs et villages de secourir leurs pauvres,
et défend à ces derniers de demander l'aumône hors du lieu de leur domicile ; « et
à ces fins, seront, les habitants, tenus de contribuer à la nourriture des pauvres,
selon leurs facultés, à la diligence des maires, échevins, consuls et marguilliers des
paroisses. »

Comme conséquence des édits tendant à confiner les pauvres dans leurs résidences respectives, viennent les ordonnances répressives contre la mendicité et le
vagabondage. En 1270, saint Louis ordonne que les mendiants et vagabonds soient
arrêtés et bannis des villes. Après le massacre des *Jacques* (7 000 périrent dans un
seul combat); Jean II, en 1350, rend un édit qui donne trois jours aux mendiants
pour évacuer Paris ; les récalcitrants seront condamnés, pour la première fois, à
quatre jours de prison, au pain et à l'eau ; en cas de récidive, ils seront mis au
pilori ; à la troisième fois, ils seront marqués au front d'un fer chaud. Il est défendu
de faire l'aumône manuellement aux gens valides. François Ier (1543-1545), en
ouvrant des ateliers aux pauvres valides, punit du fouet et du bannissement ceux
qui refuseront de se rendre au travail. En 1612, Marie de Médicis enjoint que les
pauvres renfermés dans les hôpitaux soient traités et nourris le plus austèrement
possible ; qu'ils soient employés aux ouvrages les plus pénibles, et, en cas d'infraction, qu'ils soient châtiés à la discrétion des chefs. L'ordonnance précitée de
Louis XIV (1656) défend de mendier ni en secret ni en public, sous peine du fouet
pour la première fois et des galères pour la seconde; elle défend également de faire
manuellement l'aumône. Dans les années 1699, 1700, 1709, la détresse publique est
au comble : pendant que la bienfaisance double les impôts charitables et va jusqu'à
aliéner les dotations de l'Hôtel-Dieu pour soulager les misères immédiates, la loi
pénale et la justice redoublent de sévérité : les mendiants sont envoyés en masse
aux galères ; un grand nombre sont pendus aux arbres des grands chemins.

Après les vagabonds et les mendiants, c'est contre les administrateurs du bien
des pauvres que se prononce surtout la défiance de l'assistance publique. Les dotations de l'indigence ont été de tout temps, paraît-il, une proie tentante pour leurs
manipulateurs et un trésor d'une garde difficile.

Le concile d'Orléans, tenu en 549, prescrit que les revenus de l'hospice fondé à
Lyon « ne soient jamais diminués pour quelque cause que ce soit, et que celui qui
lui enlèverait une partie de ses biens soit frappé d'anathème comme meurtrier des
pauvres. » Au VIe siècle, le concile de Vienne, confirmé plus tard par le concile de
Trente, transfère aux laïques l'administration des hôpitaux et hospices, « attendu
que les ecclésiastiques convertissaient en bénéfices à leur profit les donations faites
aux établissements charitables. » En 630, Dagobert défend qu'on réduise en
esclavage tout homme libre, quoique pauvre. Des édits aussi nombreux que les
ordonnances contre les mendiants défendent d'opprimer les pauvres. Charlemagne
(805-811) enjoint aux juges d'écouter les pauvres, les orphelins et les veuves dans
leurs plaintes : preuve que la justice à cette époque se permettait parfois de
regarder par-dessous son bandeau. En 1364, Charles V renouvelle aux gens de lois de
donner gratuitement leurs soins aux pauvres, « de les ouïr diligentement et délivrer
brièvement. » 806-814, Charlemagne défend aux hospices de vendre, aliéner et
hypothéquer leurs biens. 829, le concile de Nantes recommande au roi de veiller à
ce que les préposés aux établissements charitables ne laissent pas opprimer les
pauvres. 1543, un édit est rendu pour réprimer les abus introduits par le clergé
dans l'administration des hôpitaux.

Le plus important document sur cette matière, c'est l'édit de Charles IX (1561), rédigé par le chancelier de l'Hospital : « Après avoir été dûment informé, en notre conseil, que les hospitaux et autres lieux pitoyables de notre royaume ont été ci-devant si mal administrés, que plusieurs, à qui cette charge a été commise, approprient à eux et appliquent à leur profit la meilleure partie des revenus d'iceux, et ont quasi aboli le nom d'hospital et d'hospitalité, défraudant les pauvres de leur nourriture; pour y remédier, comme vrai conservateur du bien des pauvres, nous statuons et ordonnons que tous les hospitaux, maladreries, léproseries et autres lieux pitoyables, soit qu'ils soient tenus à titre de bénéfice ou autrement, seront désormais régis, gouvernés, et de revenus d'iceux administrés, par gens de bien solvables et *résidents* deux au moins dans chaque lieu ; lesquels seront élus et commis de trois en trois ans par les personnes, ecclésiastiques ou laïques, à qui, par les fondations, le droit de présentation, nomination ou provision appartiendra. Ces administrateurs rendront compte chaque année de leur gestion et ne pourront être continués après lesdits trois ans. » L'édit invite encore les directeurs à recevoir gracieusement et faire traiter humainement les malades, non-seulement des villes lieux circonvoisins, mais encore les passants. Un récent procès nous a prouvé que le bien des pauvres n'était guère plus en sûreté aujourd'hui qu'avant la réforme du chancelier de l'Hospital. Qui dénoncerait les abus? les assistés? les fournisseurs? autant de victimes expiatoires vouées à la loi de diffamation, aux retraits de cours ou de clientèle.

Il nous reste, pour compléter notre résumé historique de l'assistance depuis la monarchie française jusqu'en 1789, à parler de quelques institutions charitables spéciales. L'invasion de la lèpre en Occident, après les croisades, fit créer sur tous les points de l'Europe des maladreries et des léproseries, sortes d'hospices-prisons où on parquait les lépreux, soumis à une condition de quarantaine ou de séquestration perpétuelle, afin qu'ils ne fussent pas une cause de contagion et de pestilence. Ces établissements, de même que nos quarantaines maritimes actuelles, sont plutôt du ressort de la salubrité que de celui de la bienfaisance. Il n'y avait pas moins de 800 léproseries en France au temps de Saint-Louis. C'est ce prince qui fonda l'hospice des Quinze-Vingts, en faveur des pauvres aveugles. Louis XIII, par un édit de 1612, institua des asiles-prisons pour les mendiants, véritables dépôts de mendicité, dont le nom ne fut créé que plus tard. En 1606, Henri IV créa une maison destinée à servir de refuge à ses vieux compagnons d'armes; l'institution fut établie au faubourg Saint-Marcel, dans l'asile royal de la Charité chrétienne. Louis XIV compléta la pensée de son ancêtre par la fondation de l'hospice des Invalides. L'hospice des Incurables fut créé en 1637, et celui des Convalescents en 1656; ce dernier, supprimé en 1793, fut rétabli en 1855.

Le plus ancien hospice pour les enfants, appelé hôpital du Saint-Esprit, date de 1362, sous le règne de Jean II ; on n'y recevait que les enfants nés en légitime mariage. Charles VII, en 1445, établit une institution de même nature avec mêmes conditions d'admission. François Ier, en 1536, fonda l'hôpital des Enfants-Rouges, pour les orphelins fils d'étrangers dont les parents étaient morts à l'Hôtel-Dieu. Louis XIV, après la mort de Vincent de Paul, voulut que l'hôpital des Enfants-trouvés fût maintenu et doté par l'État; on y admit tous les enfants abandonnés, sans distinction de légitimes ou de bâtards. Il était accordé aux nourrices 8 livres pour le premier mois, 7 livres du deuxième mois à un an, 6 livres par mois d'un à deux ans, 5 livres de deux à sept ans, et 40 livres par an de sept à quinze ans pour les garçons, à seize ans pour les filles. Les enfants devaient rester jusqu'à vingt-cinq ans d'abord, jusqu'à vingt ans plus tard dans leur famille nourricière. A leur sortie, ils devaient recevoir un trousseau complet et une somme de 310 livres, réduite ensuite à 200. Sous Louis XV, le duc de Choiseul introduisit une clause destinée à faciliter le placement des enfants trouvés du sexe masculin; un édit permettait à ces enfants de tirer au sort à la milice, au lieu et place de pareil nombre d'enfants, frères ou neveux des chefs de famille qui les auraient élevés gratuitement depuis leur enfance.

Avant d'aborder la législation de 1789 et du xixe siècle sur l'assistance, il importe de jeter un coup d'œil sur l'état des institutions charitables chez les autres peuples de l'Occident. Les faits de notre histoire se reproduisent à peu près partout. En Livonie, il existe une taxe des pauvres, dont le montant se paye en blé; dans quelques parties de la Suisse et de l'Allemagne, on oblige les citoyens à loger, défrayer un ou plusieurs pauvres, comme on ferait des garnisaires. Le Danemark, le Wurtemberg, le Weimar, la Bavière, la Suisse essayent, comme la France, de la taxe des pauvres; mais l'institution ne s'implante définitivement qu'en Angleterre. Avant l'édit organique de la reine Élisabeth (1601), il n'y a de remarquable, sur cette matière, que les édits de Richard II et d'Henri VII prescrivant les secours à domicile et proscrivant la mendicité, et les ordonnances d'Henri VIII et d'Édouard VI reconnaissant le droit de l'indigent à l'assistance paroissiale.

L'édit du 19 décembre 1601 est sans contredit l'acte le plus important de la législation charitable de tous les pays. L'organisation qui s'en est suivie, et qui dure encore, a été prise comme critérium par les adversaires et les partisans de l'assistance; c'est sur son témoignage que la question semble appelée à se vider.

L'édit s'occupe d'abord des pauvres valides. « Il sera nommé, chaque année, dans chaque paroisse, par les juges de paix, plusieurs inspecteurs des pauvres, choisis parmi les notables de l'endroit, à l'effet de pourvoir à ce que le travail soit fourni aux individus qui n'ont pas le moyen de s'entretenir, ou qui n'exercent aucun état quotidien capable de les faire vivre. A l'effet de quoi sera levée chaque semaine, au moyen d'une taxe imposée à chaque habitant, curé, vicaire et autres, ainsi qu'à tout possesseur de terres, maisons, dîmes, mines de charbon ou bois taillis propres à être vendus dans ladite paroisse, en telles quantités et pour telles sommes qui seront jugées nécessaires, une provision de lin, chanvre, laine, fer et autres matières propres à être ouvragées par les pauvres. Les juges condamneront à la prison les indigents valides qui se refuseraient au travail. »

Pour ce qui concerne les indigents invalides, « une taxe en argent sera pareillement imposée aux mêmes personnes, dans chaque paroisse, pour être employée à fournir les secours nécessaires aux estropiés, vieillards, impotents, aveugles et autres indigents incapables de travailler. » — Le produit de la taxe paroissiale sera pareillement consacré à payer les frais d'apprentissage des enfants pauvres et à leur fournir du travail.

« Dans le cas où la paroisse serait trop pauvre pour que le montant de la taxe imposée aux habitants puisse subvenir aux besoins ci-dessus mentionnés, les juges de paix sont autorisés à faire peser cette taxe sur les autres paroisses du canton, et même, en cas d'insuffisance de celles-ci, sur toutes les paroisses du comté. » La contrainte par corps et la saisie étaient de droit, non-seulement contre les imposés récalcitrants, mais encore contre les inspecteurs qui se refuseraient à remplir leur mandat ou s'en acquitteraient mal. Ces dispositions, corroborées en 1662, 1723, 1775, 1782 et 1810, ont duré sans graves modifications jusqu'en 1834.

Pendant l'exercice 1832-33, la taxe s'éleva à 169,769,975 francs, soit une proportion de plus de 12 francs par habitant; les fermiers étaient obligés de renoncer à

ssieurs baux, les terres restaient sans culture: des chefs d'exploitation, forcés
d'employer de préférence des assistés, se plaignaient très-haut. Les abus les plus
graves criaient vengeance; nombre d'inspecteurs, marchands et fabricants en même
temps, s'adjugeaient les fournitures de l'assistance à eux-mêmes, à des conditions
usuraires inqualifiables. Enfin la clause de domicile pour l'assisté créait entre les
paroisses des procès interminables, ruineux, dans un pays où la gratuité de la
justice n'est pas même admise en principe. La réforme de 1834 substitua aux
paroisses les *unions*, sortes de confédérations volontaires entre les centres de population pour l'exécution de la loi des pauvres. Dès 1835, on comptait 111 unions,
englobant 2311 paroisses et 1,385,124 habitants. Les unions relèvent d'une administration centrale résidant à Londres, composée de trois commissaires richement
dotés et appointés, autorisés à nommer des sous-commissaires et des surveillants,
également salariés. La loi supprima la condition de domicile, restreignit tant qu'elle
put les secours et ramena l'assistance, pour les valides et les invalides, au
workhouse, atelier-prison hors duquel la bienfaisance officielle ne doit plus à peu
près rien. Cette dernière clause nous semble onéreuse au premier chef; mieux
vaudrait, sans contredit, assister à domicile l'indigent insuffisamment occupé ou
salarié. Après la réforme de 1834, la taxe descendit de 169 millions à 158, à 138, à
118 millions; elle était remontée en 1849 à 149 millions. La taxe des pauvres fut
appliquée à quelques districts d'Écosse en 1824, et rendue obligatoire en Irlande par
la loi du 31 juillet 1838. La législation anglaise est, sans contredit, avec l'Annone
romaine, le plus héroïque effort tenté par une nation en faveur de ses indigents.
Les résultats des deux institutions sont désolants pour la cause de l'assistance.

Notre révolution de 1789 prétendit faire mieux qu'aucun gouvernement du
monde; jamais on ne vit tant de mesures philanthropiques que depuis cette époque.
Sous le titre de *Législation charitable*, M. de Watteville a pu composer un énorme
volume in-8º de 600 pages, petit texte, à deux colonnes, rien qu'avec les lois, les
décrets, ordonnances, instructions, circulaires touchant l'assistance, de 1790 à 1843.
Faut-il le dire? dans cette énorme compilation, on ne trouve pas un principe, pas
une idée, pas une tentative, pas une application, pas une utopie qui n'ait ses similaires dans les édits, mandements et règlements du moyen âge et des temps
modernes. Les déclarations sont brûlantes d'amour pour l'humanité; elles renché-
rissent sur l'Évangile et les Pères de l'Église. Le style de l'époque, d'ailleurs, est
livré à l'emphase.

« Tout homme a droit à sa subsistance, » dit le rapport de Larochefoucauld-
Liancourt, en 1789. « Là où il existe une classe d'hommes sans subsistances, là
existe une violation des droits de l'humanité; là, l'équilibre social est rompu. »
« Les secours publics sont une dette sacrée, » dit la Déclaration des droits du
8 mai 1793; « c'est à la loi d'en déterminer l'étendue et l'application. » Robespierre:
« Les vieillards et les infirmes, logés dans le bâtiment de l'école, partageront une
nourriture frugale; les enfants les plus âgés et les plus forts seront successivement appelés à l'honneur de les servir. » Saint-Just : « Les enfants mâles sont élevés
de cinq à seize ans par la patrie; ils sont vêtus de toile pendant toutes les saisons;
ils couchent sur des nattes et dorment huit heures; ils sont nourris en commun
et ne vivent que de racines. » Les enfants trouvés sont appelés les enfants de la
patrie; des secours sont accordés aux mères, femmes ou filles, qui veulent allaiter
elles-mêmes leurs nourrissons. Barrère propose la formation du livre de la bienfaisance nationale (22 floréal, an II; 11 mai 1794). Ce livre sera lu chaque décadi
au chef-lieu du district, et la cérémonie accompagnée de chants patriotiques en
l'honneur du travail; le paiement du semestre aura lieu solennellement le jour

du Malheur. « Dans une démocratie qui s'organise, dit Barrère, tout doit tendre à élever le citoyen au-dessus du premier besoin : par le travail s'il est valide; par l'éducation s'il est enfant; par le secours s'il est invalide ou dans la vieillesse. N'oublions jamais que le citoyen d'une république ne peut faire un pas sur son territoire sans marcher sur sa propriété. »

Les gouvernements despotiques sont peu prodigues de déclarations de droits. Aussi l'assistance ne figure-t-elle ni dans les constitutions du consulat et de l'empire, ni dans les chartes de 1814 et de 1830. La constitution bénigne de 1848 croit devoir revenir aux traditions : « La république, dit l'art. 8 du préambule, doit, par une assistance fraternelle, assurer l'existence des citoyens nécessiteux, soit en leur procurant du travail dans les limites de ses ressources, soit en donnant, à défaut de la famille, des secours à ceux qui sont hors d'état de travailler. »

Mais que valent les déclarations devant un problème insoluble? Après comme avant 1789, les préoccupations du législateur se ramènent toujours uniformément à ces quatre points : 1º créer des ressources; 2º parquer les pauvres au lieu de leur domicile ; 3º refouler les mendiants ; 4º protéger les dotations charitables contre la rapacité de leurs administrateurs. Larochefoucauld-Liancourt classe les indigents en trois catégories : 1º les enfants et les vieillards; 2º les infirmes et les malades; 3º les vagabonds. Il propose de vendre, en très-petits lots, les biens domaniaux et ecclésiastiques (moyen économique); de créer des travaux publics, d'instituer des sages-femmes et des médecins gratuits; d'emprisonner les mendiants (moyens d'assistance). — 30 mai 1790, création d'ateliers nationaux à Paris et aux environs, en faveur des Français seulement. — 10 septembre suivant, décret qui met à la charge des municipalités et des départements les dépenses des enfants trouvés. — 16 décembre, crédit de quinze millions pour l'établissement d'ateliers de charité dans les départements.— 19 juillet 1791, le quart du produit des amendes et confiscations sera employé au soulagement des pauvres; les mendiants seront condamnés à la prison. — 28 septembre 1791, création d'un hospice pour les aveugles-nés. — 8 février 1792, décret pour l'organisation d'un bureau de la comptabilité. — 19 mars 1793, nouvelle organisation des secours publics comprenant : 1º les travaux nationaux; 2º les secours à domicile; 3º les hôpitaux pour les malades; 4º les hospices pour les enfants et les vieillards; 5º les secours pour accidents imprévus; emprisonnement des mendiants. — 1er novembre 1793, déportation des vagabonds à Madagascar. — Décret d'aliénation des biens des hospices, suspendu, quant à l'exécution, jusqu'à l'organisation complète de l'assistance. — 28 pluviôse an III, nouveau décret sur l'organisation de la comptabilité. Sourds-muets, aveugles travailleurs. Tiraillements sur la question de savoir si l'on aliénera ou si l'on conservera les biens des établissements charitables.

Droit des pauvres d'un décime par franc sur le produit des entrées aux spectacles. (7 frimaire, 22 floréal, 8 thermidor an V, 29 fructidor an VI, 26 novembre 1809, 25 mars 1817.)

4 frimaire an VII, exemption de l'impôt des portes et fenêtres en faveur des hospices. — 6 vendémiaire an VIII, prélèvement de 7 1/2 % sur le principal des contributions directes pour le service des hospices civils et des enfants de la patrie. — 13 floréal an X, imputation aux départements des dépenses des enfants trouvés. — 19 vendémiaire an XII, arrêté relatif aux poursuites à exercer par les receveurs des hospices pour le recouvrement des revenus de ces établissements.— 16 germinal an XII, les receveurs des hospices devront déposer un cautionnement en garantie de leur gestion.— 5 juillet 1808, répression des mendiants et réorganisation des dépôts

de mendicité. — 2-19 juillet 1816, création de douze bureaux de bienfaisance à Paris; nouvelle classification de l'indigence : seront secourus *temporairement*, les blessés, les malades, les femmes en couches, les nourrices, les enfants abandonnés, les orphelins, les victimes de cas imprévus ; seront secourus *annuellement*, les aveugles, les paralytiques, les cancéreux, les infirmes, les vieillards de 65 à 80 ans, les chefs de famille chargés d'enfants. A défaut de proclamations et de déclarations de droit, le gouvernement se rabat sur les catégories et la méthode.

8 février 1823, 30 mai 1827, 22 janvier 1831, instructions, circulaires et ordonnances sur la comptabilité : L'ensemble des principes qui régissent la comptabilité des communes sera appliqué à la comptabilité des établissements de bienfaisance. Les comptes des receveurs desdits établissements seront soumis à la même juridiction que ceux des receveurs des communes. — 29 novembre 1831, ordonnance sur la gestion des économes dans les hospices civils. — Arrêt du conseil d'État déclarant que le gouvernement n'est pas responsable, vis-à-vis des établissements de bienfaisance, des détournements de fonds commis par les percepteurs communaux chargés de leur recouvrement.

30 juin 1838, loi sur les aliénés, obligation pour les départements d'avoir un asile (public ou privé) dans lequel seront reçus les aliénés indigents ; les départements et les communes devront concourir à cette dépense.

La république de 1848 a fait les trop célèbres ateliers nationaux, et la loi du 10 janvier 1849 sur l'assistance. Rien ne distingue cette dernière de ses aînées, sauf un tout petit détail : l'application des secours d'hospice et d'hôpital aux vieillards et aux malades à domicile. Nous devons, au second empire, les bains et les lavoirs, à prix réduits, tombés en désuétude, les hospices de convalescents de Vincennes et du Vésinet, l'Orphelinat du prince impérial, les soupes économiques, les fourneaux de l'impératrice, et quelques autres institutions, telles que les cités ouvrières, la caisse des invalides, les prêts de l'enfance au travail, qui, malgré leur prétention, n'ont rien de philanthropique ni de social.

Du moment que la législation charitable, de 1789 à 1843, forme un gros volume in-8º, nous ne pouvions songer à relater ici toutes les lois concernant l'assistance; il suffit que nous ayons rappelé les dispositions essentielles; il importe surtout que nous ayons éclairé toutes les faces du problème. Nous allons dire maintenant où en est l'organisation de la bienfaisance publique.

Selon M. de Watteville, l'assistance comprend : 1º les bureaux de bienfaisance ; 2º les hôpitaux et hospices; 3º les institutions de sourds-muets et d'aveugles; 4º les enfants assistés; 5º les aliénés indigents ; 6º les monts-de-piété. Nous retirerons les monts-de-piété du cadre : c'est une dérision de classer parmi les institutions philanthropiques une banque de prêt sur gage qui opère à 8 et 12 du cent, non compris certains droits de prisée et autres dont les produits font des rentes certaines aux commanditaires.

I. — Les bureaux de bienfaisance, ébauchés sous François Ier, constitués par la loi du 7 frimaire an V (29 novembre 1796), appelés bureaux de charité de 1814 à 1831, dénommés, comme ils sont aujourd'hui, par la loi de 1831, sont d'institution et d'organisation communales. A Paris, l'administration se compose : 1º du maire de l'arrondissement; 2º des adjoints; 3º de douze administrateurs nommés par le ministre de l'intérieur;4º de commissaires et dames patronnesses, collecteurs et répartiteurs, sans limitation de nombre. Dans les départements, le préfet nomme cinq administrateurs. Les fonctions de receveur sont seules susceptibles de rétribution. Les ressources consistent soit en dotations, soit en produits des quêtes, soit en produits d'amendes par décision spéciale du tribunal, soit en droits sur les spectacles. Quelques-uns ont toutes ces ressources à la fois, d'autres sont réduits au produit des quêtes.

En 1844, il existait 7,599 bureaux, jouissant d'un revenu annuel total de 13,557,836 fr., et répartis dans 6,265 communes; mais un nombre considérable n'ont que 8, 12, 18 ou 20 fr. de revenus. Ressource dérisoire, dit M. de Watteville; « le secours, pour être utile, doit être assez considérable pour relever du malheur un père de famille, et le mettre à même de subvenir aux besoins de sa femme et de ses enfants. Ce n'est pas 3, 4 ou 5 fr. qu'il s'agit de lui donner, mais des outils, des matières premières qui lui permettent de reprendre le travail. »

En 1852, 11,691 bureaux, supputés à raison d'un seulement par commune (les 12 bureaux de Paris, par exemple, ne comptant que pour un), avaient secouru 979,736 indigents, et dépensé 15,122,154 fr., dont 3,819,917 fr. en frais d'administration et 11,702,237 fr., en distributions de secours. La proportion des frais de gestion va presque au tiers des sommes distribuées, et la moyenne des secours est d'environ 12 fr. par tête.

En 1865, nous trouvons que 11,674 bureaux ont distribué 15,729,000 fr. à 1,159,529 assistés, soit une moyenne de 13 fr. environ.

II. — L'hôpital est affecté aux malades; l'hospice est l'asile des vieillards et incurables. L'hôpital-hospice a deux quartiers, l'un pour les malades, l'autre pour les invalides.

En 1846, la France comptait 1,164 administrations hospitalières, dirigeant 1338 hôpitaux et hospices, dotés de 53,682,992 fr. de revenus. Les administrations les plus riches sont :

Paris.	14.524.298 fr.	Lille.	777.102 fr.
Lyon.	3.147.454	Nantes.	713.817
Bordeaux.	995.877	Strasbourg.	609.801
Marseille.	985.278	Angers.	505.987

« Les plus pauvres administrations tombent à 382 et 213 fr. de revenus annuels. Quel secours espérer d'un hospice qui a d'aussi faibles ressources ? La plus grosse partie de son revenu est absorbée par les frais généraux; les pauvres profitent peu de ce qui reste. — Sur les 1,164 administrations hospitalières, 80 possèdent 38 millions de revenus, tandis que 669 n'ont pas 3 millions, soit pour chacune d'elles 4,500 fr. — La difficulté est grande pour les pauvres des campagnes de recevoir le secours de l'hôpital en cas de maladie ou d'accidents, soit à cause des distances, soit à cause des règlements. » (De Watteville.)

En 1853, on comptait 385 hôpitaux, 289 hospices, 650 mixtes (hospices-hôpitaux); ensemble 1324 établissements, ayant fait 85,699,327 fr. de recettes, 69,593,172 fr. de dépenses et laissant un reliquat de 16,106,155 fr.

Dans les 1035 hôpitaux à malades, il y avait 58,428 lits gratuits, 69,017 payants, ensemble 127,445 lits. — 447,373 malades y ont été traités; 35,823 sont morts, soit environ 1 sur 12; moyenne de séjour, 49 jours.

Dans les 939 hospices et hôpitaux mixtes, il existait 55,848 lits gratuits, et 6,151 payants. Le mouvement a été de 94,950 infirmes et vieillards, dont 9,216 sont morts, soit environ 1 sur 10.

III. — En 1846, il existait 39 institutions de sourds-muets; part de l'assistance, 255,503 fr., et 2 institutions d'aveugles, part de l'assistance, 488,191 fr.

IV. — Le nombre des enfants trouvés âgés de plus de douze ans est complétement inconnu ; les départements, n'ayant plus de pension à payer passé cet âge, cessent de s'occuper d'eux; on ne sait ce qu'ils deviennent. — Les enfants assistés se divisent en quatre classes : 1° Les enfants trouvés (père et mère inconnus); 2° les enfants abandonnés (aprés constatation d'état civil) ; 3° les orphelins ; 4° les enfants secourus temporairement dans leurs familles.

En 1844, le nombre des enfants trouvés, âgés de moins de douze ans, était de 123,394, ayant occasionné une dépense de 6,707,829 fr., non compris les layettes et vêtements fournis par les 144 hospices. Nous donnons en tableau l'état des départements les plus et les moins chargés.

PLUS CHARGÉS

		Proportion.
Rhône	11.989 enfants, 1 sur	42 habitants.
Seine	17.871 — 1	67 —
Bouches-du-Rhône	3.451 — 1	109 —
Gironde	3.527 — 1	161 —
Aveyron	2.272 — 1	165 —

MOINS CHARGÉS

		Proportion.
Haute-Saône	40 enfants, 1 sur	8.695 habitants.
Vosges	151 — 1	2.781 —
Haut-Rhin	223 — 1	2.082 —
Moselle	357 — 1	1.180 —
Bas-Rhin	575 — 1	989 —

En 1853, le nombre des enfants assistés (des quatre catégories) s'élevait à 129,176, soit 1 pour 277 habitants. Ils se répartissaient comme suit :

Morts....... 10.543 ou 8.16 pour 100.   Hors d'âge.. 11.836 ou 9.16 pour 100.
Réclamés... 4.390 ou 3.40 —   Restants.... 102.407 ou 79.28 —

Les dépenses ont été de 9 millions et demi, dont un tiers fourni par les hospices et les communes, et deux tiers payés par les départements.

V.—La loi de 1838 fait aux départements une obligation de loger et d'entretenir leurs aliénés. A cet effet, ils peuvent construire, soit chacun à part, soit plusieurs ensemble, réunis en forme de syndicat, des asiles départementaux; ils peuvent encore traiter, soit avec des établissements particuliers, soit avec des hôpitaux-hospices qui ont des quartiers spéciaux affectés aux fous. L'asile de Saint-Maurice (Charenton) appartient à l'État. En 1853, le nombre des asiles départementaux était de 37, répartis dans 34 départements. Le nombre des aliénés assistés était de 411 aux frais de l'État, et de 23,686 aux frais des départements, ensemble 24,097, ayant occasionné une dépense de 7,351,200 fr., dont 95,037 fr. de salaires payés aux fous travailleurs. Dans les recettes, le travail des aliénés est évalué à 414,000 fr.

Les départements qui fournissent le plus d'aliénés sont : la Seine (2,500), la Seine-Inférieure (400), les Bouches-du-Rhône (350), le Rhône (320), le Nord (270), le Calvados (230). Ceux qui en fournissent le moins sont : l'Indre (80), les Pyrénées-Orientales (35), les Hautes-Alpes (35), la Corse (30).

Aux cinq classes précitées de l'assistance publique, la statistique officielle ajoute, avec plus ou moins de raison :

VI. — Les salles d'asile; état en 1853 : communales, 1,345 avec 176,350 enfants; privées, 859 avec 40,805 enfants. Dépenses : 1,736,004 fr., dont 209,686 fr. provenant des rétributions de familles.

VII. — Les ouvroirs-apprentissage pour les jeunes filles : 27,272 apprenties, réparties dans 62 institutions, ont coûté, en 1853, une dépense de 366,000 fr., dont 52,231 à titre de rétribution.

VIII. — Les crèches : en 1853, 84 crèches, contenant 2,071 berceaux, ont reçu 6,279 enfants, et dépensé 142,642 fr., dont 43,679 de rétribution par les parents.

IX. — Les dépôts de mendicité : en 1853, 21 dépôts, dont 10 communaux et 11 départementaux, ont reçu 4,773 mendiants, et dépensé (travail déduit) 722,515 fr., dont 85,435 fr. pour frais d'administration,

Le tableau suivant, encore inédit, nous donne la répartition, par départements, des principaux éléments de l'assistance publique en 1865. C'est le document statistique le plus moderne.

STATISTIQUE DE L'ASSISTANCE PUBLIQUE EN FRANCE

moyenne annuelle prise sur 1865.

DÉPARTEMENTS	BUREAUX DE BIENFAISANCE			HOPITAUX ET HOSPICES				ENFANTS ASSISTÉS		
	Nombre.	Sommes dépensées.	Individus secourus.	Nombre.	Malades.	Vieillards.	Total des assistés.	Abandonnés.	Secourus.	Total.
Ain...........	140	57.090	6.464	21	5.596	114	5.710	766	168	934
Aisne.........	304	235.472	21.634	24	7.167	836	8.003	540	382	922
Allier........	43	31.217	2.867	15	5.058	271	5.329	558	527	1.085
Alpes (Basses-)..	115	30.923	2.280	13	693	265	960	71	159	230
Alpes (Hautes-).	39	18.128	3.653	3	442	67	479	41	41	82
Alpes-Maritimes.	69	37.349	2.131	16	2.858	61	2.919	1.163	7	1.170
Ardèche.......	151	65.079	8.315	11	1.524	132	1.656	206	218	424
Ardennes.......	115	127.511	2.977	8	1.026	563	1.589	272	203	475
Ariége........	140	50.064	4.494	10	1.248	91	1.339	122	188	310
Aube..........	71	93.344	6.244	9	2.217	108	2.325	241	114	355
Aude..........	221	83.410	6.366	9	2.175	341	2.516	685	115	800
Aveyron.......	130	70.585	12.545	7	1.418	357	1.775	135	658	793
Bouch.-du-Rhône	59	315.593	30.537	28	12.093	1.127	13.220	2.459	212	2.671
Calvados......	545	209.550	16.341	15	4.578	1.307	5.885	1.238	116	1.354
Cantal........	132	14.065	3.216	13	581	320	901	210	433	643
Charente......	59	52.890	2.125	10	3.347	123	3.470	901	34	935
Charente-Infér.	47	84.868	3.929	7	2.072	524	2.596	694	42	736
Cher..........	17	63.635	5.048	13	2.107	345	2.452	590	832	1.422
Corrèze.......	143	20.872	3.500	12	1.437	218	1.655	216	536	752
Corse.........	5	22.278	2.100	3	1.724	36	1.760	296	59	355
Côte-d'Or......	102	81.927	16.800	18	6.431	397	6.828	781	163	944
Côtes-du-Nord..	24	121.356	13.679	11	2.497	790	3.287	1.148	171	1.319
Creuse........	24	22.637	1.648	8	601	67	668	303	41	344
Dordogne......	41	35.241	3.915	21	2.176	212	2.388	1.493	457	1.950
Doubs.........	152	82.591	9.710	7	4.599	160	4.759	183	211	394
Drôme.........	176	62.755	9.116	11	2.981	307	3.288	562	315	877
Eure..........	145	140.639	5.045	18	3.981	582	4.563	363	235	598
Eure-et-Loir..	94	125.721	6.405	17	3.312	389	3.701	223	163	386
Finistère.....	20	140.598	10.896	18	3.314	769	4.083	1.554	185	1.739
Gard..........	196	113.187	2.293	19	4.170	733	4.903	701	237	938
Garonne (Haute-)	293	205.074	24.260	12	3.032	1.297	4.329	620	713	1.333
Gers..........	215	87.645	4.120	8	1.297	116	1.413	259	59	318
Gironde.......	88	265.586	15.329	16	10.868	525	11.393	1.917	1.076	2.993
Hérault.......	127	161.909	15.593	26	7.832	905	8.737	652	642	1.294
Ille-et-Vilaine.	161	150.232	35.423	18	7.471	1.320	8.791	48	241	289
Indre.........	37	59.034	2.736	9	2.093	160	2.253	136	602	738
Indre-et-Loire..	92	96.238	3.444	12	3.037	266	3.303	632	242	874
Isère.........	240	102.451	13.348	18	5.814	1.020	6.834	349	650	999
Jura..........	153	79.249	3.339	11	3.198	65	3.263	126	211	337
Landes........	81	27.327	3.399	10	844	30	874	716	205	921
Loir-et-Cher	148	109.807	4.346	11	2.666	399	3.065	502	451	953
Loire.........	52	99.510	9.495	20	8.062	1.086	9.148	1.067	201	1.268
Loire (Haute-)...	36	46.887	3.290	17	1.406	689	2.095	183	74	257
Loire-Inférieure.	88	150.693	14.997	12	6.384	3.048	9.432	664	89	753
Loiret........	92	129.312	14.399	20	5.112	644	5.756	511	402	913
A reporter....	5.389	4.351.293	390.784	612	162.511	23.182	185.693	27.097	13.080	40.177

DÉPARTEMENTS	BUREAUX DE BIENFAISANCE			HOPITAUX ET HOSPICES				ENFANTS ASSISTÉS		
	Nombre.	Sommes dépensées.	Individus secourus.	Nombre.	Malades.	Vieillards.	Total des assistés.	Abandonnés.	Secourus.	Total.
Report	5.389	4.331.293	390.784	612	162.511	23.182	185.693	27.097	13.080	40.177
Lot.	80	33.047	4.248	3	605	222	1.127	117	123	240
Lot-et-Garonne..	155	119.632	4.173	19	2.453	147	2.600	53	184	237
Lozère..........	174	43.002	3.437	6	592	157	749	306	215	521
Maine-et-Loire..	134	173.763	17.906	24	7.894	1.494	9.388	1.147	579	1.726
Manche..........	80	150.365	21.867	18	1.485	918	2.403	1.251	259	1.510
Marne..........	155	219.472	10.286	12	8.052	896	8.948	474	80	554
Marne (Haute-)..	99	42.696	4.000	10	1.934	92	2.026	265	95	360
Mayenne........	84	122.150	18.779	14	3.743	865	4.608	859	235	1.094
Meurthe........	172	121.183	15.994	20	4.181	509	4.690	260	226	486
Meuse..........	93	55.950	5.788	13	2.099	454	2.553	312	217	529
Morbihan........	20	37.874	3.835	14	5.564	496	6.060	335	523	858
Moselle........	70	133.198	6.864	10	1.681	954	2.635	172	174	346
Nièvre	16	49.677	2.346	13	2.267	94	2.361	237	282	519
Nord..........	648	1.188.129	215.818	50	10.376	5.227	15.603	358	555	913
Oise..........	296	232.621	9.543	14	2.448	1.011	3.459	421	158	579
Orne..........	102	85.733	4.187	10	1.985	521	2.506	618	168	786
Pas-de-Calais....	552	696.573	42.018	15	4.935	1.169	6.104	372	454	826
Puy-de-Dôme...	119	109.613	10.308	16	5.720	606	6.326	679	210	889
Pyrénées (Basses)	362	186.584	15.088	8	2.029	201	2.230	167	361	528
Pyrénées (Hautes)	95	35.315	3.507	4	821	90	911	331	219	550
Pyrénées-Orient.	11	10.978	3.163	10	1.225	»	1.225	456	119	575
Rhin (Bas-)....	25	178.244	10.919	15	5.639	1.391	7.040	625	446	1.071
Rhin (Haut-)....	42	61.630	3.058	28	4.040	1.047	5.087	228	507	735
Rhône..........	145	570.126	50.000	12	24.821	2.489	27.310	4.998	989	5.987
Saône-et-Loire..	128	137.724	8.016	25	6.629	448	7.077	975	185	1.160
Saône (Haute)..	87	43.185	2.211	7	1.513	76	1.589	51	139	190
Sarthe..........	18	193.356	15.226	20	3.300	302	3.602	943	53	996
Savoie..........	146	39.714	2.507	10	2.387	549	2.936	823	91	914
Savoie (Haute-).	124	93.830	7.599	10	1.060	40	1.100	705	13	718
Seine..........	89	3.889.540	121.826	27	94.149	11.583	105.732	13.075	897	13.972
Seine-et-Marne..	208	182.709	5.520	24	4.816	596	5.412	339	313	652
Seine-et-Oise....	389	404.031	13.902	26	6.531	623	7.154	417	167	584
Seine-Inférieure.	229	597.094	15.357	22	12.733	2.371	15.104	1.144	296	1.440
Sèvres (Deux -)..	31	65.201	3.982	12	1.864	255	1.919	1.016	10	1.026
Somme..........	285	384.023	24.163	24	5.184	1.486	6.670	505	377	882
Tarn..........	107	130.686	7.200	7	1.364	401	1.765	103	171	274
Tarn-et-Garonne.	96	67.906	6.836	10	1.505	428	1.933	116	201	317
Var..........	94	98.432	4.503	37	5.988	422	6.410	562	115	677
Vaucluse	63	60.214	14.409	53	3.564	918	4.482	563	79	642
Vendée........	11	41.927	3.556	7	1.545	187	1.732	624	142	766
Vienne..........	18	25.587	706	8	1.874	787	2.661	1.091	269	1.360
Vienne (Haute-).	22	63.691	14.748	9	2.341	308	2.649	801	594	1.395
Vosges..........	189	94.455	5.760	12	2.097	242	2.339	410	305	415
Yonne..........	154	105.443	3.587	10	3.068	122	3.190	297	262	559
Totaux......	11.574	13.720.626	1.159.529	1336	432.932	66.376	499.098	66.398	25.135	91.533

L'indigence à toutes les époques apparaît comme le cauchemar, le remords des sociétés et de leurs gouvernements. Il n'est point de matière sur laquelle on ait plus légiféré, déclamé, réglementé, ordonnancé. Il n'est point de sujet sur lequel les auteurs, réputés sérieux, aient plus écrit : l'abbé de Saint-Pierre, Rousseau, Sismondi, de Morogues, Villeneuve-Bargemont, Naville, Cherbuliez, de Gérando, Dufau, Thiers, Duchâtel, de Watteville, Legoyt, Villermé, Buret, Léon Faucher, Parent-Desbarres, Théodore Fix, Montaignac, Fodéré, Durieu et Roche, Mᵐᵉ de Gasparin, comte d'Esterno, Joseph Garnier, Louis-Napoléon Bonaparte. Nous nous garderons d'engager la moindre discussion de principes sur l'assistance ; on a bien trop dogmatisé pour et contre. Nous nous contenterons de donner comme conclusion l'opinion d'un praticien, qui fut en même temps un homme de grand cœur et de grand savoir. Les ressources de l'assistance, rentes, revenus de propriétés, donations usagères, quêtes, subventions budgétaires, départementales, communales, usufruit d'immeubles, atteignent au moins aujourd'hui 150 millions par an. Voici ce que dit de tout ceci M. de Watteville, à qui nous avons déjà fait quelques emprunts.

« Les frais généraux des bureaux de bienfaisance absorbent du sixième au tiers de leurs revenus. La moyenne des recettes, si elles étaient également réparties, serait de 1,861 francs 67 centimes par bureau. Mais 1,062 ne possèdent rien, 2,165 n'ont pas 100 francs de revenu. En 1847, il n'a été fait aucune dépense dans 77 bureaux, bien qu'ils eussent 2293 indigents à soulager. Le bureau de Saint-Vit n'a dépensé que 35 centimes. 708 bureaux n'ont pas distribué 1 franc par indigent. Ailleurs des secours se sont élevés à 839 francs 51 centimes. » C'est dans ces détails, mieux que dans les moyennes, qu'on doit suivre la vraie marche des institutions. « Quant à la moyenne générale de 10 francs 42 centimes, elle est tout à fait insuffisante, et l'on peut dire que si elle n'était pas distribuée aux pauvres, ces derniers n'en seraient pas plus malheureux..... Depuis soixante ans que l'assistance publique exerce son initiative, on n'a jamais vu un seul indigent retiré de la misère et pouvant subvenir à ses besoins par les efforts et l'aide de ce mode de charité. Au contraire, elle constitue souvent le paupérisme à l'état héréditaire. Ainsi, nous voyons aujourd'hui inscrits sur les contrôles de cette administration les petits-fils des indigents admis aux secours publics en 1802, alors que le fils avait été, en 1830, porté également sur ces tables fatales. »

Aujourd'hui, nos bureaux de bienfaisance, livrés aux jésuitières, ne sont plus qu'une agence d'embauchage, aux frais de tous, au profit particulier du catholicisme.

Toutes les inventions de l'assistance tournent contre elle. Les ateliers de charité vident les ateliers libres; les ouvroirs de jeunes filles abaissent au-dessous de dix sous par jour la main-d'œuvre des femmes; les détaxes se compensent par des surtaxes supérieures sur les autres denrées, puisqu'il faut payer les commis qui détaxent et qui surtaxent dans l'intérêt de l'humanité. Les locataires au-dessous de 400 francs, à Paris, ne paient pas au fisc leurs 3 pour 100 d'impôt personnel et mobilier; mais ils paient 200 p. 100 sur la valeur du vin qu'ils consomment. Enfin l'excès de la taxe des pauvres, en Angleterre, a forcé le travailleur à quitter l'outil pour la besace. Il serait superflu de continuer l'énumération. L'indigence est un problème *social*, non *charitable*, et l'assistance une pétition de principe. Quand une réorganisation aura supprimé le chômage, quand l'assurance aura garanti les infirmes et les vieillards, quand la pauvreté ne sera plus qu'accidentelle, le problème ne sera pas difficile à résoudre. Il est déjà résolu. N'avons-nous pas vu, après la République de février, tous les paysans d'une commune, aller, le dimanche, bêcher la vigne, serrer les foins, rentrer les moissons de leurs compatriotes empêchés par la maladie ou par un accident? Une seule subvention de ce genre aurait ruiné tous les bureaux de bienfaisance du canton; elle ne coûtait rien à ceux qui l'offraient, et elle pouvait se reproduire au moins une fois par semaine. Pourquoi ce système ne s'appliquerait-il pas dès maintenant? Ah! c'est que toutes les questions sont solidaires; c'est que les grandes initiatives et les grandes réformes ne peuvent éclore que dans un milieu favorable; c'est que la charité (ou fraternité) est avant tout spontanée, indisciplinable, incoërcible. Il faut qu'au préalable, le travail soit guéri du chômage; le reste arrivera par surcroît.

GEORGES DUCHÊNE.

ASSOCIATION. — *Principes et définition.* — L'association est le principe essentiel de toute civilisation, la condition première de tout progrès. Otez à l'humanité l'association, et vous lui enlevez du coup tout ce qui fait sa grandeur, vous la réduisez à l'impuissance, vous la condamnez à une situation inférieure à celle de la brute.

Un grand nombre d'animaux ont en effet une force individuelle contre laquelle il serait bien difficile à l'homme de lutter isolément, et, quand on y songe, on comprend sans peine la terreur qu'inspiraient les tigres et les lions aux peuples pasteurs des anciens temps, terreurs dont il reste des traces si vives dans les légendes antiques, et même dans les livres sacrés de l'Inde et de la Judée. Aussi voyons-nous que la nécessité de se défendre contre eux a été souvent considérée comme une des raisons qui ont contribué, dans le principe, à rapprocher les hommes.

L'association est du reste un fait tellement naturel, qu'elle se retrouve fréquemment chez les animaux. Il y a un nombre très-considérable de quadrupèdes, d'oiseaux et d'insectes, qui vivent en troupe, ce qui est la forme simple et élémentaire de l'association; mais il serait facile de citer plus d'une espèce qui présentent le modèle à peu près parfait de l'association, avec ses deux conditions essentielles : groupement des individus, division des fonctions.

Réduite à ses termes purement logiques, l'association est un groupement de forces en vue d'un résultat à obtenir. Supposons un de nos premiers ancêtres qui vient de couper un tronc d'arbre avec sa hache de silex, afin d'en faire un pilier pour soutenir le toit de sa cabane. Si ce tronc est trop lourd pour qu'il puisse seul le transporter et le dresser, il appellera à son aide un voisin, et à eux deux, en unissant leurs forces, en prenant la pièce de bois chacun par un bout, ils feront facilement ce qu'un seul n'eût pu faire.

C'est, dans ce cas, une association temporaire, en vue d'un seul effort. Cette union des forces corporelles est la forme élémentaire de l'association.

Mais, par cela même que la force principale de l'homme réside dans son intelligence, à l'association purement physique des corps considérés comme machines, comme moyens dynamiques, a dû bientôt s'ajouter l'association intellectuelle, c'est-à-dire la division du travail, de manière à diversifier le plus possible les fonctions suivant les aptitudes.

Premiers développements de l'association. — De là sont résultées les professions diverses, en petit nombre d'abord, plus nombreuses ensuite. Chaque homme, appliquant plus particulièrement son intelligence à tel ou tel ensemble de travaux, acquit naturellement une somme plus considérable d'expérience relativement au genre d'ouvrage dont il avait fait sa spécialité. On comprend sans peine combien le progrès à cet égard dut être lent, tant, par exemple, que chacun fut réduit à construire lui-même sa maison. Dans ces conditions, il fallait bien forcément que chacun se bornât à faire comme les autres, et par cette expérience unique, que l'on n'avait guère l'occasion de renouveler, personne ne pouvait arriver à une habileté spéciale de nature à donner une impulsion sérieuse à l'art de bâtir.

Il est fort probable que ce qui constitua les premiers groupes et les premières associations organisées, ce fut la nécessité de se défendre d'abord contre les animaux, puis contre les groupes hostiles.

L'association familiale. — L'association familiale sur laquelle on a souvent fait reposer toute la société et d'où on l'a fait sortir comme de son germe, aurait sans doute été longtemps insuffisante pour constituer les groupes humains, sans l'accession des nécessités de la lutte. On peut le croire du moins quand on voit à quoi se réduit la famille dans un nombre très-considérable de peuplades sauvages. Là, nous voyons le père rester complétement étranger à l'enfant. Quant à la mère, après l'avoir nourri, elle ne tarde pas à l'oublier dès qu'il n'a plus besoin d'elle. L'instinct maternel n'agit, comme chez les animaux, que pendant le premier âge. Une fois que l'enfant peut se suffire, il cesse d'appartenir à la famille pour entrer dans la tribu, le lien naturel se rompt, et il ne subsiste plus que l'association de défense réciproque.

C'est donc une erreur de s'appuyer, comme le font un certain nombre de publicistes, sur le caractère *naturel* des sentiments de famille pour faire de ce groupe le point de départ et la cause essentielle de l'association politique.

Sans doute il n'y a rien de plus naturel que l'instinct qui attache la mère à l'enfant, pendant les premières années, et nous croyons volontiers que cet instinct a toujours été à peu près le même; mais ce qui a changé, ce sont, non les instincts, mais les sentiments. Nous croyons également qu'il est naturel que l'instinct maternel se soit transformé en amour maternel, parce que nous pensons qu'il est dans la nature humaine de se développer, de progresser, d'ajouter les sentiments aux sentiments et les idées aux idées; parce que nous croyons que l'essence même du progrès et de la moralité est dans ce développement progressif de toutes les énergies et facultés humaines. C'est par la même raison que nous ne voyons rien d'extraordinaire à ce que le développement moral de l'humanité ait fait naître dans le cœur de l'homme un sentiment nouveau et qui n'a rien d'instinctif dans le sens étroit du mot, l'attachement du père pour son enfant; mais nous sommes également convaincus que ce rapport, avant d'entrer dans la période de transformation sentimentale, a commencé par revêtir la forme par laquelle ont passé d'abord tous les sentiments humains, la forme égoïste et personnelle.

L'enfant, à peu près inutile au père, en tant que fils, dans la vie sauvage, et par conséquent à peu près indifférent, lui devient utile dans la vie pastorale. Le père commence par s'attacher à l'enfant par les services qu'il en reçoit, par la somme d'utilité qu'il représente. A un autre point de vue, nous voyons dans les vieilles religions, tantôt que le fils est chargé d'entretenir la tombe paternelle, de *nourrir* par des sacrifices et des libations l'âme du père quand celle-ci a quitté son corps, tantôt que l'idée de l'immortalité est conçue comme la perpétuité de la même existence se transmettant de père en fils. Alors le père s'attache au fils par la pensée de revivre en lui, et par lui d'échapper à la mort.

On peut ajouter que si, dans le principe, au moment où se rompent les relations de la mère et de l'enfant, celui-ci n'avait pas trouvé pour le recevoir le groupe constitué en vue de la sécurité commune, l'association familiale, sans cesse brisée, n'aurait jamais suffi pour constituer la société telle que nous la voyons aujourd'hui.

L'association de défense et d'attaque. — Cette association de défense, qui est devenue tout aussi bien une association d'attaque, et qui est véritablement la première forme des grandes sociétés humaines, est aussi celle qui est arrivée la première à une perfection relative d'organisation. Chez les peuplades les moins avancées au point de vue de l'association familiale et politique, on trouve déjà des vestiges d'organisation militaire. Chez les nations arrivées à un développement plus complet de l'association humaine, souvent c'est dans l'association militaire que l'on trouve le plus de précision et de netteté, c'est là que les moyens sont le mieux appropriés au but, et parfois il a suffi de cette supériorité pour assurer à certains peuples une prépondérance désastreuse sur des nations infiniment plus capables de pousser en avant le progrès de l'humanité. Il suffit pour le prouver de rappeler la Grèce vaincue par la phalange macédonienne, le monde ancien écrasé par la légion romaine.

Il est facile de comprendre pourquoi l'association de guerre s'est développée plus vite que les autres. Il y a eu d'abord d'un côté la nécessité de la défense, le besoin de sécurité, le stimulant le plus puissant de l'activité humaine; de l'autre, la cupidité, la faim, la tentation de s'approprier par la force les fruits du travail des autres. On a commencé par enlever la nuit, dans des embuscades, des bestiaux pour les dévorer, des hommes pour les réduire en esclavage; puis les luttes se sont établies en quelque sorte régulièrement entre les tribus de travailleurs et les hordes pillardes, et à mesure que, grâce aux enseignements de l'expérience, les intelligences ont pris plus de ressort et de puissance et fourni à l'activité humaine des instruments et des moyens d'action plus considérables, les groupes d'attaque et de défense se sont développés, et l'on a vu alors la terre entière parcourue par des armées de brigands, parfaitement organisées, qui font encore aujourd'hui l'admiration des imbéciles.

Aux mobiles primitifs qui expliquent la formation des premiers groupes armés, le besoin de sécurité et la soif du pillage, s'en est ajouté d'assez bonne heure un troisième, qui a peut-être fait à l'humanité autant de mal que les deux autres réunis : l'amour de la gloire. Car l'homme ignorant est tellement porté par nature à admirer la force, que c'est devenu une gloire de briser les os à quelques milliers de pauvres diables, pour les forcer ensuite à payer les frais de la guerre, ou pour s'emparer simplement de leur pays, et pour contraindre, de par le droit de la force, toute une population à renoncer à son nom et à verser ses contributions dans la caisse de ses ennemis.

Ce fétichisme de la force, dont les héros abusent pour écraser les hommes qui ont la sottise d'admirer leurs oppresseurs, commence heureusement à perdre du terrain, et l'on peut prévoir le moment où les sentiments belliqueux disparaîtront, emportés par le progrès d'une civilisation moins brutale.

L'association politique. — Mais l'association de guerre, la forme militaire, a laissé presque partout des traces profondes que les raisonnements des philosophes et les observations des historiens auront bien de la peine à effacer. C'est même un fait très-remarquable que depuis la Révolution française, dont le but évidemment était de substituer dans l'humanité une forme d'association plus raisonnable à celle qui avait dominé jusqu'alors, la forme militaire, appliquée à la société politique, le despotisme, pour l'appeler par son nom, ait fait des progrès sensibles. Ce fait, qui serait effrayant, s'il n'était passager, s'explique facilement par le progrès même que fait l'idée de l'association politique normale. L'Europe occidentale est arrivée à un moment de crise. L'idée moderne de la véritable association politique, quoique n'étant encore ni assez bien comprise ni assez largement répandue pour briser les anciens cadres et frapper d'impuissance l'idée militaire, fait cependant contre elle des progrès assez menaçants pour la forcer à se concentrer et à s'exagérer pour la résistance. D'où résulte que les progrès apparents du despotisme sont en réalité des signes manifestes de sa décadence.

Le caractère essentiel du despotisme, c'est d'imposer à l'association politique les caractères de l'association militaire : le despote est un chef, dont la volonté fait loi, et qui est servi par une série descendante d'intermédiaires par lesquels sa volonté est transmise à la foule obéissante.

L'idée contraire, dont on trouve des vestiges parfois très-remarquables dans les petites républiques grecques et italiennes, n'a jamais complétement disparu des souvenirs; mais on a pu croire qu'elle serait à jamais inapplicable aux associations plus vastes et plus complexes qui se dégagèrent des invasions barbares. C'était une erreur, et l'on commença à l'entrevoir dès le commencement du xviiie siècle; mais ce n'est que vers la fin de ce même siècle que la lutte entre les deux idées s'engagea d'une manière sérieuse dans le domaine des faits.

La Révolution anglaise avait depuis longtemps rejeté la forme militaire et avait laissé au chef nominal de l'association politique un pouvoir plus apparent que réel, mais elle n'avait guère fait que déplacer le despotisme en transportant la tyrannie de la royauté à une aristocratie. La Révolution française, plus hardie, plus radicale et plus logique, renversa résolûment les termes de l'association despotique, fit de la foule opprimée la nation souveraine; mais elle eut le tort de garder, pour la mettre à son service, toute la hiérarchie qui naguère servait d'instrument au despotisme.

Voilà le principe de l'association politique future. Malgré sa justice évidente et sa supériorité morale incontestable sur la forme précédente, l'habitude est si forte dans l'esprit des hommes, et le nombre de ceux qui ne réfléchissent pas est si grand, que les survivants du despotisme ont toujours, jusqu'à présent, trouvé assez d'auxiliaires tout prêts pour arrêter la société dans les progrès qu'elle a tentés. Mais tout fait prévoir que ces triomphes funestes de la force et de l'habitude sur la raison et la justice touchent à leur fin.

Nous avons cru devoir donner en quelques mots cet aperçu général du rôle de l'association dans l'humanité, pour en bien faire concevoir l'importance. Nous n'y insisterons pas plus longtemps. Les développements de cette idée se retrouveront nécessairement aux articles qui traiteront des matières politiques et sociales, depuis la famille jusqu'aux diverses formes gouvernementales.

Ce que nous avons dit suffit pour notre dessein, qui est de préparer la voie à cette idée que l'association est bien réellement, comme nous l'avons dit précédemment, l'idée fondamentale de toute civilisation, et que, comme toutes les idées essentielles et inépuisables, il faut s'attendre à la voir sans cesse reparaître et prendre une place de plus en plus considérable dans tous les développements sérieux de l'humanité. Au moment où le principe de l'association est devenu comme le drapeau du progrès social dans l'Europe occidentale, il importait de démontrer qu'il n'y a là rien d'anormal, de révolutionnaire, d'utopique; et que cette nouvelle évolution de la civilisation se produit tout simplement par le procédé habituel, nécessaire et logique du progrès dans l'humanité.

Il nous a paru que cette exposition rapide était le meilleur moyen et de rassurer ceux qui, à la vue de ce mouvement, s'étonnent et s'inquiètent, comme s'il s'agissait d'une invasion de sauvages, tout disposés à démolir la société, et de rendre courage à ceux au contraire qui, en voyant les progrès en apparence si lents de cette grande idée d'association, se demandent s'ils ne se sont pas trompés, s'ils n'ont pas été séduits et déçus par quelque chimère sans réalité pratique.

Nous allons désormais nous borner à l'examen de cette idée d'association, considérée spécialement dans son application aux faits économiques de la vie sociale.

L'association ouvrière dans le passé. — L'association étant le résultat d'un des instincts les plus naturels à l'homme doit par là même se retrouver partout dans l'histoire de l'humanité. Elle s'y retrouve en effet, mais avec des formes plus ou moins bien appropriées, suivant la proportion du développement intellectuel des races ou des groupes quelconques qui y ont eu recours.

Corporations, métiers. — La première forme de l'association ouvrière a été la corporation ou collège, et, s'il faut en croire Pline et Plutarque, on la retrouve dès les premiers temps de Rome. Ces associations avaient leurs chefs, leurs assemblées, leurs règlements. Des contributions volontaires subvenaient aux dépenses communes. Elles se plaçaient chacune sous la protection d'une divinité particulière, comme plus tard chaque corps de métier eut son saint. A des époques déterminées, tous les membres des colléges se réunissaient dans des banquets et accomplissaient ensemble les cérémonies exigées par le culte de leur dieu protecteur.

Pendant très-longtemps ces colléges furent peu nombreux à Rome. Le travail manuel y était profondément méprisé, comme il arrive nécessairement partout où règne l'esclavage, et, d'un autre côté, les patriciens, qui furent si longtemps les maîtres de cette république aristocratique, ne se souciaient nullement de laisser se grouper des forces qui pouvaient devenir dangereuses.

Aussi furent-ils supprimés à plusieurs reprises, mais ils profitaient pour renaître de la première occasion favorable. Le despotisme persistant des empereurs put seul en venir à bout.

Cependant ils ne furent jamais complétement détruits. Quand la décadence de l'empire commença à se manifester par des caractères trop sensibles, tels que l'enchérissement de toutes les choses nécessaires à la vie, résultant du dépérissement général de l'industrie, les empereurs, inquiets d'une situation que les souffrances croissantes du peuple rendaient de plus en plus dangereuses, crurent, comme tous les despotes, remédier au mal par la réglementation.

Alors, au lieu de supprimer les corporations, ils s'appliquérent à les multiplier. Ils y attirèrent un grand nombre d'ouvriers en leur accordant des priviléges de toutes sortes, dont le principal fut de faire des colléges des personnes morales, aptes à recevoir toute espèce de legs et donations. Mais, une fois qu'ils y furent entrés, on leur interdit d'en sortir. Ils se trouvèrent ainsi placés, la chaîne au cou, sous la main des empereurs, et ne tardèrent pas à comprendre que les bienfaits du despotisme ne sont jamais désintéressés. Aussi la forme corporative, devenue une forme nouvelle de l'esclavage, ne tarda-t-elle pas à disparaître presque complétement, avec la puissance même des empereurs.

Elle ne reparut qu'au XIe siècle, sous le nom de corps de métier, métier ou même ghilde, lorsque le grand chaos des invasions barbares commença à s'organiser. Elle eut son administration intérieure, ses lois, ses priviléges, ses magistrats, ses revenus.

Elle se forma pour résister aux exactions des seigneurs, à la concurrence des ouvriers étrangers, aux empiétements réciproques des professions analogues. Des règlements furent rédigés; les intéressés jurèrent de les observer, et, quand ils furent assez nombreux et assez forts, ils obtinrent par argent ou par force des chartes seigneuriales qui donnèrent à leurs associations un caractère légal.

Dès le commencement, les corps de métier nommèrent des gardes du métier ou prud'hommes, qui avaient pour fonction de faire respecter les règlements et de défendre les intérêts de la communauté.

Le métier comprenait trois catégories de personnes : les apprentis, les ouvriers, les maîtres. Les apprentis n'étaient que des aspirants sans aucun droit. Les règlements en restreignaient le nombre le plus possible, pour éviter la concurrence; les fils des maîtres, seuls, avaient toujours le droit de suivre la profession de leur père, et ils entraient dans la corporation sans rien payer, tandis que l'apprenti étranger devait acquitter un droit d'admission.

Les ouvriers ou compagnons avaient quelques droits et faisaient partie de l'association. Chaque maître pouvait en employer autant qu'il voulait. Mais l'ouvrier ne pouvait devenir maître qu'en payant au seigneur, au métier, aux confrères, et après mille formalités toujours longues et coûteuses.

La corporation avait donc des caractères contradictoires qui tiennent à l'époque où elle se forme.

Elle représente pour l'artisan la liberté, car elle le protége contre de nombreux

ennemis, et il s'y attache à cause de cette protection même. Bientôt même elle
devient un des éléments constitutifs de la grande association politique qui se forme
à la fin du XIᵉ siècle, sous le nom de commune, par la confédération de tous les
métiers. Elle arrache l'homme à l'isolement qui le livrait à toutes les tyrannies ;
elle lui donne, avec la sécurité, le sentiment de certains droits ; elle le relève à ses
propres yeux. Par là elle commence à fonder la société moderne. A tous ces points
de vue, on peut donc dire que le corps de métier a constitué au moyen âge un progrès des plus réels.

Mais, à côté de ces avantages, il a eu de graves inconvénients.

L'idée du droit n'existait pas au XIᵉ siècle. La corporation ne peut qu'élever
priviléges contre priviléges. Chacun alors considère comme droits tous les avantages qu'il peut s'assurer par force ou par ruse. C'est le vice de tout le moyen âge,
et il a fallu la Révolution de 1789 pour changer cette situation. Les corporations
font naturellement comme tout le monde, et l'on ne peut leur faire un crime de
n'avoir pas eu des idées que personne n'avait alors.

Cet égoïsme facile à comprendre prétendit faire de chaque profession un monopole acquis à un certain nombre de familles. On fixa le nombre des apprentis et
celui des maîtres. Le travail se trouva ainsi confisqué par des corporations fermées, et un nombre très-considérable de malheureux furent condamnés à errer,
pour ainsi dire, en dehors des cadres de la société, sans trouver une porte qui voulût
s'ouvrir devant eux.

Compagnonnage. — C'est cette situation terrible qui engendra le compagnonnage,
forme nouvelle et plus large de la corporation, protestation des déshérités contre
les monopoleurs.

Nous n'avons pas à entrer dans le détail des initiations plus ou moins singulières
imposées aux aspirants. Ces formules bizarres et cet appareil de mystère étaient à
la fois dans l'esprit du temps et dans les nécessités de la situation. Il importait
que la protection de l'association ne pût être dérobée et qu'elle fût réservée à ceux
qui y avaient droit.

Car cette protection était sérieuse, « et tous les compagnons d'un même devoir,
c'est-à-dire d'une même association, dit M. Levasseur, devaient s'entr'aider de leurs
conseils, de leurs bras, de leur bourse, et partager fraternellement entre eux le travail. Le compagnon arrivait-il dans une ville, il allait chez la mère, à l'auberge de
la société ; il se faisait reconnaître à certains signes mystérieux, et, bien qu'on ne
l'eût jamais vu, il était accueilli comme un vieil ami. Il avait droit au feu, au gite
et à la table. Peu importait qu'il eût ou qu'il n'eût pas d'argent. On l'hébergeait
jusqu'à ce qu'il eût du travail, on lui prêtait même de l'argent s'il en avait besoin ;
s'il tombait malade, on le soignait. »

Malheureusement, le compagnonnage ne tarda pas à dégénérer, comme l'institution des corps de métier ; réunions trop fréquentes, bienvenues coûteuses, pertes
de temps, occasions de débauches, il eut tous les vices de la confrérie, avec plus de
violence encore et de brutalité. Il finit par avoir la prétention d'absorber tous les
ouvriers, et ceux qui voulurent rester en dehors de lui furent souvent maltraités.
En même temps, par une contradiction trop ordinaire, il imposa aux nouveaux
venus des initiations et des obligations tellement pénibles et humiliantes, que de
graves scissions se déclarèrent. De là, naquirent des associations ou devoirs rivaux
et ennemis, et trop souvent ces rivalités et ces haines ensanglantèrent les villes par
d'horribles batailles.

La Révolution détruisit presque complétement toutes ces associations. Dans la
crainte de voir se reformer les corporations oppressives qu'elle venait d'abolir, elle

interdit tout ce qui pouvait avoir avec elles une analogie quelconque. Les coalitions, même temporaires, furent punies sévèrement.

Malgré quelques tentatives pour reformer les associations de compagnonnage, vers la fin du premier empire, on peut fixer à 1789 la fin de ces formes de l'association, qui ont pour caractères principaux le privilége, le mystère et la complexité.

L'association ouvrière dans les temps modernes. — L'association suit le progrès des temps et prend, après la Révolution, des caractères nouveaux, conformes aux principes de liberté et d'égalité qu'elle a répandus dans le monde. Les mystères, les distinctions humiliantes et tyranniques de nouveaux et d'anciens, les violences exercées contre les étrangers, tout cela disparaît progressivement. L'association, ouverte à tous, ne se referme sur personne. Tout y est affaire de convention parfaitement libre. Les abus, quand il s'en produit, sont des faits d'exception, au lieu d'être, comme autrefois, des conséquences normales des principes qui régissaient les associés.

Un autre caractère qui est très-remarquable, c'est que la vague complexité de la corporation et du compagnonnage fait place à des distinctions nettes et précises. L'association du moyen âge prend toute la vie de l'homme ; elle absorbe l'associé ; elle est à la fois association religieuse et association de secours mutuels. L'association moderne se subdivise, se précise, se particularise. L'associé, au lieu d'être absorbé par elle, la domine, et le même homme peut appartenir à plusieurs associations absolument distinctes, fondées en vue de besoins différents.

Enfin, on peut dire que l'association du moyen âge est presque exclusivement défensive, restrictive. Elle protége l'associé contre les exactions, contre les violences, contre la concurrence. Elle marque l'inquiétude constante qui assiége l'homme dans une société où la loi commune est trop faible pour le protéger efficacement, et cette préoccupation continuelle donne à ses conceptions un caractère presque général d'étroitesse et d'égoïsme. Dans les temps modernes, à côté de l'association défensive et conservatrice, il y a l'association de progrès, et ces deux caractères se retrouvent même souvent à la fois. L'ouvrier comprend qu'il ne s'agit plus seulement de maintenir, il faut acquérir et conquérir. Au milieu d'une société où tout marche en avant, il éprouve lui aussi le besoin de marcher, d'ajouter sans cesse aux progrès déjà faits des progrès nouveaux et des moyens d'action à ceux qu'il possède déjà. C'est là une loi que l'on pouvait méconnaître au moyen âge. La lenteur des progrès permettait de croire à l'immobilité. Maintenant tout a changé et change sans cesse. Les conditions du travail varient en dix années plus qu'elles ne faisaient autrefois en cent ans.

L'esprit surtout des ouvriers s'est transformé. Au lieu de cette tranquille apathie qui leur permettait de se résigner à tout, pourvu qu'ils eussent à peu près de quoi manger, l'ouvrier a acquis un vif sentiment de sa dignité, de ses droits, et il y en a beaucoup qui ne veulent pas se considérer comme condamnés à une situation sans issue. Au moyen âge, des obstacles de toutes natures rendaient bien difficile le passage du compagnon dans la classe des maîtres, et une ligne de démarcation bien tranchée séparait l'un de l'autre. Maintenant il n'y a plus de classe ; les barrières légales ou conventionnelles ont été brisées par la Révolution. Le patron est le plus souvent par lui-même, ou par son père, un ouvrier, mais un ouvrier actif, intelligent, qui doit à son travail, ou à la confiance qu'il a inspirée, le capital qui lui a permis de s'établir. Tout cela pousse en avant les espérances, stimule l'ardeur de ceux qui se sentent quelque énergie, et l'association devient, entre leurs mains, un puissant instrument d'indépendance et de progrès.

L'idée de l'association moderne date du commencement de ce siècle. Fourier fait de l'association la base et le couronnement de tous les progrès, mais, malgré la justesse de son point de vue général et d'un grand nombre de détails, il n'eut pas une grande influence sur la propagation de l'association. Son système embrassait trop de choses, il était trop compliqué, trop difficile même à expérimenter pour être accessible aux ouvriers. Ceux-ci, évidemment, ne peuvent commencer que par de petites associations, composées d'un petit nombre de personnes. Pour fonder un phalanstère, il faut avoir tout d'abord des millions, et trouver du premier coup douze à quinze cents personnes au moins, disposées à tenter l'expérience. La discussion des théories sociétaires de Fourier a donc bien pu susciter dans un assez grand nombre d'esprits l'idée de l'association, mais l'association phalanstérienne elle-même n'a jamais été mise en pratique d'une manière complète.

Les Trades-Unions d'Angleterre, qui sont des sociétés de secours mutuels contre la maladie, contre le chômage et parfois contre la vieillesse, sont antérieures aux livres de Fourier; elles datent du siècle dernier, mais c'est dans ce siècle-ci qu'elles ont pris ce merveilleux développement qui en a fait de véritables puissances.

En France, également, le mouvement commença par les sociétés de secours mutuels. C'était logique. L'association défensive devait naturellement se produire la première parmi des hommes condamnés à disputer leur vie de chaque jour aux fluctuations de l'industrie et aux hasards de la santé.

En Angleterre, où la liberté était plus complète et l'industrie plus développée, les ouvriers se préoccupèrent surtout de s'associer contre le chômage. En France, les Trades-Unions eussent été traitées comme des conspirations. Il fallait se contenter des sociétés de secours mutuels, palliatifs sans grande portée pratique, et incapables de modifier en rien la situation générale de la population ouvrière, mais dont la pratique, en se développant, eut un excellent résultat, celui d'habituer les ouvriers à s'entendre, à s'unir, et par là, prépara le chemin à des associations plus efficaces.

Nous arrivons au moment où le principe de l'association va s'étendre à tous les besoins et, en quelque sorte, à la vie tout entière des ouvriers. Pour éviter la confusion, il est peut-être utile de tenter une classification des innombrables sociétés qui se sont fondées et se fondent tous les jours. C'est ce que nous allons essayer dans le tableau suivant :

1° *Sociétés de résistance ou de lutte.*	Coalitions. Sociétés particulières, ou internationales. — de secours mutuels contre la maladie, la vieillesse, le chômage.
2° *Sociétés d'épargne ou d'économie.*	Consommation et approvisionnements. Achats en gros de matières premières. Constructions de maisons ouvrières. Crédit.
3° *Sociétés de transformation.*	Production. Développement intellectuel.

On pourrait compter parmi les sociétés de transformation les associations de crédit, qui font de l'ouvrier un capitaliste, et celles qui se fondent, en Angleterre surtout, en vue de la construction des maisons, puisqu'elles transforment l'ouvrier en propriétaire. Cela revient à dire, en général, que l'épargne est le plus puissant moyen d'améliorer la situation de ceux qui vivent de leur travail.

Sociétés de patronage ou de bienfaisance. — Nous n'avons pas parlé des sociétés de patronage qui allient au principe de l'association les caractères de l'aumône ou de la charité religieuse, parce que, en déshabituant les malheureux et les faibles de l'effort personnel, en les livrant à la pitié, elles ne font, en somme, qu'aggraver leur misère, et qu'elles abaissent les hommes en enlevant à leur faiblesse le secours de la force morale. Nous ne parlerons pas davantage de ces sociétés gouvernementales, approuvées et estampillées par le ministre de l'intérieur et le préfet de police, qui ne sont, à proprement parler, que des abus et des exploitations de l'esprit d'association au profit du gouvernement. Il n'y a là rien qui mérite les éloges et les encouragements de la démocratie.

Une autre forme élémentaire de l'association qui paraît se développer assez rapidement, et qui est plus acceptable en principe, c'est cette sorte de société en participation, par laquelle un certain nombre d'industriels commencent à faire entrer leurs employés dans le partage des bénéfices. C'est une forme un peu bâtarde de l'association, mais qu'il serait injuste de rejeter absolument. Cependant elle présente un grand nombre d'inconvénients. Il est facile d'en abuser, et bien souvent ces sortes d'associations ont été pour la montre plus que pour l'effet réel; de plus, elles ont l'inconvénient de ne pouvoir jamais être conclues à titre égal entre le patron et l'ouvrier. Le maître, dans ces conditions, ne manque jamais de se réserver, *in petto*, le droit de se considérer comme le bienfaiteur des hommes qu'il associe à ses bénéfices, non à ses pertes; cette inégalité est absolument contraire au principe de l'égalité démocratique. Nous ne voyons, dans cette forme d'association, qu'un fait de philanthropie, plus ou moins honorable pour les patrons, quand ce n'est pas un habile calcul. Il peut avoir d'heureuses conséquences, en ce qu'il peut donner plus d'aisance à l'ouvrier, sans porter à sa dignité d'homme la même atteinte que les aumônes à peine déguisées des sociétés de patronage. Mais ce n'est pas encore là ce qui tranchera le problème des rapports du capital et du travail, et qui remettra l'ouvrier en possession de lui-même.

Il n'y a d'associations vraiment démocratiques que celles où les hommes s'associent, à titres égaux, avec les mêmes droits et les mêmes devoirs, au nom de la solidarité humaine, et sans aucune immixtion du principe aristocratique de la bienfaisance.

Nous n'avons pas ici à faire l'histoire des associations; ce serait infini. Nous nous bornerons à quelques mots d'explication sur le fondement et les effets généraux des principales catégories de sociétés.

Sociétés de résistance. — Les sociétés de résistance, qui peuvent devenir des sociétés d'attaque, sont temporaires ou permanentes, locales ou internationales. Dans le premier cas, on les appelle coalitions; dans le second, unions. La coalition n'est qu'une association élémentaire, temporaire et locale, sans organisation, en vue de protéger ou d'étendre les droits du travail contre les attaques ou les résistances du capital. La société de résistance, à l'état d'organisation complète et permanente, se trouve surtout, en Angleterre, où elle porte le nom de *Trade-Union.* C'est la société de secours mutuels contre la maladie et la vieillesse, telle que nous la trouvons partout, avec cette différence qu'aux deux fléaux précédents l'ouvrier anglais ajoute le chômage. C'est ce détail qui est devenu le point capital et qui donne à cette association son caractère. En France, quelques professions commencent à s'organiser en *Trades-Unions.* Ce mouvement se développera sans doute assez vite par l'institution des *Sociétés internationales,* qui finiront par solidariser les intérêts des ouvriers européens.

Les *Trades-Unions* couvrent toute l'Angleterre. Chaque industrie a les siennes, et il y en a, comme celles des mineurs, qui comptent 35,000 membres. Les plus puissantes sont, avec celles des mineurs, celles des mécaniciens unis, des charpentiers et des menuisiers unis, des maçons, des ouvriers en fer, des mouleurs en fonte, des filateurs du Lancashire, etc., etc.

Il faut, pour y entrer, payer un droit parfois assez élevé. Une fois admis, chaque membre verse une souscription qui varie de 1 penny par semaine à 1 ou même 2 schillings, ce qui fait une cotisation de 4 fr. 45 c. à 65 ou 130 fr. par an. La souscription est, en général, égale pour chaque membre d'une même société.

L'administration est remise à un conseil de surveillance ou conseil exécutif, élu chaque année au scrutin secret par tous les membres. C'est ce conseil qui gouverne la société, qui entre en relations avec les patrons, qui décide les questions de grèves, qui alloue les indemnités, qui admet ou exclut les candidats. L'assemblée générale se réserve les grandes affaires financières, et décide des cas où il faut frapper des contributions extraordinaires.

Les grandes *Unions* se subdivisent en un nombre plus ou moins considérable de branches.

Chaque branche ou loge se compose des ouvriers habitant un même district; elle élit son comité et a sa caisse spéciale dont elle doit rendre compte chaque année au conseil central. Celui-ci se compose de délégués élus pour six mois par les diverses branches, proportionnellement au nombre de leurs membres, d'un secrétaire et d'un trésorier nommé directement par le suffrage de tous les membres.

Nulle grève n'est soutenue par l'association, si celle-ci n'a pas été d'abord mise en mesure de décider sur l'opportunité de cette manifestation. On comprend qu'il n'en puisse être autrement. Il ne serait pas juste que les épargnes de la société fussent au service du premier caprice venu.

Il résulte de cette organisation : 1º que les grèves ne se produisent, en général, que pour des motifs sérieux; 2º qu'elles se soutiennent parfois très-longtemps. Aussi les *Trades-Unions* sont-elles aussi détestées des patrons qu'elles sont chères aux ouvriers. Il ne faut pas croire qu'elles soient sans inconvénients. Il est clair qu'elles ont, dans certains cas, fait perdre aux ouvriers anglais des sommes énormes; mais, quoi qu'on en ait dit, elles n'ont pas été sans influence sur l'élévation progressive des salaires, et elles ont développé, dans la population ouvrière, des sentiments d'indépendance, de responsabilité et de dignité personnelle, dont il serait injuste de ne pas leur tenir compte. Comme toute arme de combat, elles peuvent blesser ceux qui s'en servent, aussi bien que ceux contre qui elles sont dirigées, mais le mal qu'elles ont pu faire n'est rien auprès des misères morales et matérielles qu'auraient à craindre des ouvriers livrés à la merci de la concurrence et de l'égoïsme industriels.

Tout le monde connaît le fonctionnement des sociétés de secours mutuels contre la maladie et la vieillesse. Nous n'avons donc pas à nous y arrêter.

Sociétés d'épargne. — Parmi les sociétés d'épargne ou d'économie (dont quelques-unes pourraient être reportées à la catégorie suivante, car il n'y a rien d'absolu dans ces divisions), aucune n'a pris, en France, un développement vraiment considérable. Les sociétés de consommation et de crédit, les seules à peu près que nous trouvions chez nous, appartiennent plus particulièrement, les premières à l'Angleterre, les secondes à l'Allemagne.

Voici les principes sur lesquels elles reposent.

Le commerçant, intermédiaire entre le producteur et le consommateur, doit être payé de son service par un bénéfice proportionnel à la peine qu'il se donne. Les consommateurs ne pourraient-ils pas, en s'associant, éviter de payer cette prime au commerce? Ne pourraient-ils pas, en se faisant eux-mêmes commerçants, la garder pour eux ? — Malheureusement, on peut dire que jusqu'à présent la question n'est pas complétement résolue, car, si les sociétés de consommation ont parfaitement réussi sur certains points, comme à Rochdale, en particulier, elles ont complétement échoué sur d'autres. Ce n'est pas une raison pour y renoncer, mais cela prouve au moins qu'il ne faut pas se faire sur leur compte trop d'illusions et qu'il est bon de s'engager dans cette voie avec beaucoup de ménagements. Il faut, pour y réussir, des aptitudes et une expérience que les ouvriers ne peuvent guère avoir que par exception.

Les sociétés de crédit ne sont pas exposées aux mêmes dangers. Elles ont admirablement réussi en Allemagne. Il s'en est fondé également en France un grand nombre depuis quelques années, mais nos sociétés françaises sont loin d'avoir l'importance de celles de l'Allemagne.

Les sociétés de construction, ayant pour but de bâtir ou d'aménager des logements moins affreusement insalubres que ceux où vivait presque partout, il y a une trentaine d'années, la population ouvrière, sont très-nombreuses en Angleterre, à Londres particulièrement. On connaît les merveilles qu'a accomplies, en ce genre, l'association mulhousienne des cités ouvrières. Cet exemple a trouvé d'assez nombreux imitateurs dans l'est de la France et l'ouest de l'Allemagne.

Mais ce genre de société garde presque partout un caractère trop accentué de patronage.

Les sociétés d'achats en gros de matières premières sont encore peu nombreuses, excepté en Allemagne.

Nous n'avons pas besoin d'expliquer le lien qui unit toutes ces catégories d'associations. Les premières permettent à l'ouvrier de lutter, soit pour maintenir son salaire, soit pour l'augmenter, soit pour éviter, pendant la maladie, l'endettement qui écrase et stérilise tous les efforts.

Les sociétés d'épargne, dans lesquelles on pourait faire rentrer les précédentes, mettent peu à peu l'ouvrier persévérant en état d'améliorer, même de transformer sa situation matérielle et morale, par une nouvelle application du même principe.

Ce sont ces dernières formes de l'association que nous allons maintenant passer en revue. Elles se classent sous deux titres : Production, — Développement intellectuel.

Sociétés de transformation. — L'association de production peut être considérée comme le but et le couronnement de la coopération. Ce n'est que par elle que la coopération pourra avoir un effet décisif sur la condition de la population ouvrière. Toutes les autres formes d'association peuvent bien avoir pour résultat d'écarter de la vie quotidienne certaines souffrances et certaines misères, et de la délivrer en partie des inquiétudes de l'avenir, mais l'association de production peut seule faire sortir l'ouvrier du salariat, le soustraire à la dépendance et le placer définitivement en face de sa propre responsabilité. Une fois que, à force de persévérance et après mille petites privations, dont la continuité exige un héroïsme infiniment plus difficile et plus rare que d'affronter la mort sur un champ de bataille, cinq ou six travailleurs ont pu, en trois ou quatre ans, réunir la somme nécessaire pour louer l'atelier commun et acheter les matières premières et les outils dont ils ont besoin, on peut dire que ce sont d'autres hommes que ceux qui dépendaient la veille des caprices d'un patron, et que leur situation obligeait à s'abandonner, les yeux fermés, aux hasards de la vie dépendante.

Maintenant ils sont en grande partie les maîtres de leur destinée et l'exercice constant de leur initiative, sollicitée par le sentiment de la responsabilité et par celui de l'intérêt commun, heureusement et intimement confondu avec celui de l'intérêt individuel, excite et développe en eux toutes les énergies qui font réellement des hommes, pourvu qu'ils n'arrivent pas à confondre les justes fiertés de l'indépendance avec les susceptibilités de l'esprit d'indiscipline et qu'ils ne substituent pas à la juste égalité du droit l'égalité inintelligente du fait.

Mutualité, solidarité. — Les difficultés qui, sur un grand nombre de points, ont jusqu'à présent entravé la marche des associations de consommation sont, pour une bonne part, des difficultés matérielles. Celles qui, la plupart du temps, ont fait échec aux progrès de l'association de production, sont des difficultés morales, qui tiennent à l'ignorance où sont la plupart des ouvriers des droits et des devoirs que leur impose la condition d'associés.

Les maximes courantes de la morale religieuse ou philosophique que les ouvriers peuvent recueillir dans le milieu où ils vivent, et dont ils se pénètrent par l'effet de cette éducation indirecte, qui est certainement la plus puissante sur l'esprit de l'enfant, n'ont rien qui puisse convenir à l'association. Leur moindre inconvénient est de se heurter et de se contredire, tantôt en prêchant l'esprit d'humiliation, de sacrifice et de résignation qui mène à l'immobilité et à l'affaissement, tantôt en exaltant un esprit d'indépendance individuelle et de fierté stoïque, qu'il est bien facile de faire dévier de sa voie et de jeter dans celle de l'indiscipline et de l'égoïsme.

Les sociétés humaines ne prospèrent que quand elles se sont fait une morale appropriée à leur forme sociale, quand elles mettent la pratique et la théorie d'accord pour pousser toutes les forces agissantes et directrices dans un même sens.

Avec les premières applications de la coopération ont commencé à se répandre les premières notions d'une théorie morale nouvelle, fondée non plus sur l'immolation de l'individu à la communauté, ni sur l'exaltation exagérée de l'individu, mais sur le principe éminemment social de la mutualité et de la solidarité.

A mesure que se formulera et se répandra la doctrine nouvelle, l'association coopérative prendra des formes et des développements nouveaux. Les économistes et les politiques, maintenant encore, ne voient dans l'association ouvrière qu'un fait accidentel, un détail dans la vie des peuples civilisés, parce qu'ils ne saisissent pas de lien essentiel entre ces applications et les théories et formules de morale surannée qui, même à leur insu, leur servent de points de départ et de règles pour juger toutes choses. Quand les faits et les applications, en se multipliant, auront progressivement modifié les théories, ils s'étonneront alors de n'avoir pas mieux prévu la portée des premières tentatives, comme les adversaires des premiers chemins de fer s'étonnent de n'avoir pas mieux compris les conditions pratiques du problème.

Cette transformation des esprits sortira naturellement de la transformation progressive des conditions du travail et elle s'accélérera avec une rapidité merveilleuse à mesure que se développeront les associations d'enseignement. L'Angleterre donne sur ce point, au monde prétendu civilisé, un exemple qu'il met bien peu d'empressement à suivre. Cependant il n'y a pas à désespérer. De tous côtés se produisent des germes qui n'attendent, pour porter leurs fruits, que des circonstances plus favorables. L'initiative humaine, détournée par mille préoccupations affligeantes, opprimée presque partout par des despotismes plus ou moins violents, écrasée sous un militarisme sans trêve ni merci, n'attend qu'un souffle de liberté pour s'épanouir et se répandre partout, sur la surface de l'Europe, en un flot montant d'institutions civilisatrices.

Résultats futurs de l'association. — On voit assez que je ne mets nullement en doute la grandeur future du mouvement qui commence à peine.

Jusqu'à présent, l'association est tenue en échec par les préjugés, les erreurs, par toutes les habitudes d'esprit que propage et soutient une éducation qui repose sur des principes absolument étrangers ou contraires à l'association. Le communisme et l'individualisme sont également funestes à l'esprit d'association.

Mais, sans revenir sur les transformations de théories morales qui sont absolument nécessaires au succès de la coopération, il est bon de passer en revue quelques-unes des questions de détail qui ont eu le plus de part dans l'insuccès des associations.

La complication des lois relatives à la formation des sociétés, les défiances incurables du pouvoir à l'égard de tout ce qui pourrait avoir une existence et une initiative propres, l'impossibilité d'obtenir de lui la liberté des conventions, de manière à les pouvoir approprier au caractère et au but de chaque société, au lieu de les forcer toutes à se courber sous une réglementation identique ou de se perdre en combinaisons plus ou moins ingénieuses pour éluder les ingérences administratives et les exigences légales, voilà une des raisons qui ont, jusqu'ici, entravé le développement normal de la coopération.

Mais la cause principale de ces lenteurs, c'est le manque d'hommes préparés au régime coopératif. En 1851, après trois années d'expériences et d'efforts, le nombre des associations était déjà considérable. Il y en avait environ 300 à Paris, et peut-être autant dans les départements. Le mouvement allait s'accélérant et, si le coup d'État n'était pas venu l'arrêter violemment en brisant les associations existantes et en décourageant tout espoir d'en fonder de nouvelles, on peut affirmer qu'une grande partie des ouvriers serait maintenant engagée sous le régime coopératif.

Le 2 décembre, en les replongeant dans l'isolement, leur a enlevé le moyen de faire les expériences nécessaires, et, par la ruine des associations existant alors, il a créé, contre la coopération, un préjugé qui a été largement exploité.

Mais on peut prévoir la fin de cette situation. Depuis les élections de 1863 qui ont été le premier symptôme du réveil de la nation, l'esprit coopératif a repris faveur auprès des ouvriers, et le nombre d'associations s'est accru, autant que cela est possible sous un régime aussi peu favorable à l'industrie et au commerce que le gouvernement personnel. Quand il suffit du caprice d'un seul homme pour déchaîner la guerre, et que cet homme se trouve jeté, par sa lutte incessante contre la liberté, dans des conditions telles qu'on doit lui supposer le désir de lancer la nation dans les aventures, pour la détourner de songer à ses propres affaires, il est bien difficile que l'inquiétude ne paralyse pas tout esprit d'entreprise. Aussi le mouvement coopératif paraît-il suspendu en ce moment (1869) par d'autres préoccupations. On comprend enfin que la nécessité première de tous les progrès, c'est la liberté politique, qui permettra à la nation de régler ensuite comme elle l'entendra ses conditions d'existence. Ouvriers et bourgeois, unis dans cette revendication commune, ont ajourné toute autre pensée. Après la victoire, il sera temps de songer à l'organisation du travail et de ses rapports avec le capital.

Une autre des causes qui ont le plus contribué à entraver le succès d'un certain nombre d'associations, c'est le manque de discipline. Les ouvriers semblent la considérer comme une atteinte au principe d'égalité, et ils ne peuvent s'habituer, malgré l'élection, à considérer comme leur chef l'homme qu'ils ont eux-mêmes choisi pour les diriger. Ils ne comprennent pas assez que toute association est comme une machine dont les rouages, moralement égaux, ont chacun leur fonction essentielle, et qu'on ne pourrait déplacer sans arrêter tout le mouvement.

Ce défaut de discipline tient encore en grande partie à l'ignorance où ils sont des faits économiques et de la supériorité du travail intellectuel sur le travail manuel.

L'habitude du travail isolé fait que pour eux l'idéal est d'exécuter rapidement et habilement leur besogne, mais ils ne peuvent se mettre dans l'esprit qu'un gérant, qui établit les relations commerciales de l'association, qui lui ouvre les débouchés, qui règle la production, qui surveille le travail, qui vend et qui achète sans rien produire par lui-même, soit plus essentiel au succès de l'entreprise que le plus habile ouvrier.

Un autre préjugé, non moins dangereux, c'est de croire que chaque association doit être ouverte à tous les ouvriers de même profession. La centralisation n'est bonne que pour la guerre. Partout ailleurs elle gêne et entrave les mouvements. Elle ramènerait le travail à la tyrannie des anciennes corporations.

Je ne parle pas ici des qualités particulières que devrait avoir chacun des membres de l'association. Il est clair que ces qualités doivent faire défaut dans une population qui a toujours été soumise à des conditions d'existence bien éloignées de la coopération; mais elles s'y développeront avec les progrès de la coopération elle-même, et, comme j'ai eu occasion de le dire précédemment, il me paraît facile de prévoir que, par une action et une réaction nécessaires, l'esprit de mutualité et de solidarité, qui est le principe de la coopération, est appelé à développer toutes ses vertus dans la mesure où se développera la coopération elle-même. En y ajoutant une instruction primaire moins ridiculement incomplète que celle que l'État se glorifie de distribuer dans ses écoles, il serait facile de préparer l'ouvrier à la coopération, en détruisant un grand nombre des préjugés et des habitudes d'esprit qui les entravent dans la suite de leur carrière.

Du développement de la coopération dépend en partie la solution des difficultés qui séparent les ouvriers et les patrons sur les questions de l'intervention de l'État, et des rapports du capital et du travail.

Ces questions, très-graves par elles-mêmes, sont encore obscurcies par des préjugés dont la pratique de l'association démontre rapidement l'inanité.

En 1848, les deux traits saillants du socialisme étaient : la haine du capital et l'appel à l'autorité. Les ouvriers se figuraient que les questions sociales devaient être résolues par l'État, que l'État avait le droit de prendre en main la doctrine de tel ou tel réformateur, et de l'imposer à la bourgeoisie. C'est cette erreur qui a peut-être le plus contribué à perdre la République, par la peur que ces prétentions des ouvriers ont inspirée à une grande partie de la nation et que les habiles ont exploitée jusqu'à la guerre civile.

Mais cette erreur n'a pas été de longue durée. Toutes les associations, qui se sont fondées depuis l'empire, ont hautement rejeté l'intervention et le patronage de l'État. La coopération s'est définitivement rangée sous le drapeau de la liberté. Désormais elle ne saurait faire peur à personne. C'est ce qui assure son développement futur. En se faisant d'autoritaire libéral, ce socialisme rentre dans le grand courant qui porte la nation tout entière vers la revendication de la liberté.

Quant à la question du capital et du travail, les associations coopératives ont bien été forcées de comprendre l'importance du capital, quand elles ont vu, et la difficulté de se le procurer et l'impossibilité de s'en passer.

Les ouvriers sont victimes d'une erreur de mot vraiment déplorable. Qu'est-ce que le capital? Un instrument acquis par un travail antérieur. Ne serait-il pas singulier d'entendre un jardinier maudire la bêche, un charpentier détester la hache? Le capital n'est pourtant qu'une expression plus générale qui contient l'ensemble des choses nécessaires à la production, outils et matières premières, sous une forme ou sous une autre. Le capital est donc absolument nécessaire, et c'est de l'enfantillage que de déclamer contre lui.

Ce qu'il y a de vrai, c'est qu'il donne à celui qui le possède une force remarquable et une prépondérance dont on a abusé contre le travail, ou plutôt contre les travailleurs. Mais le capital n'est pas responsable des fautes des capitalistes. La question qui s'agite entre les ouvriers et les patrons est bien plus une question de morale que d'économie sociale. Le droit de la force était autrefois le premier des droits, et personne, si ce n'est les victimes, ne songeait à trouver mauvais qu'un haut et puissant seigneur s'emparât des biens de son voisin par la valeur de ses hommes d'armes. Aujourd'hui, le vol à main armée, même quand il s'agit d'une province, commence à passer pour vol tout comme celui d'une pièce de cent sous, et les hauts et puissants seigneurs qui nous gouvernent n'osent plus se livrer à cet exercice avant d'avoir trouvé quelque prétexte plausible. C'est l'opinion, la morale publique qui leur impose cette modération.

La même morale s'imposera au capital à mesure que le progrès intellectuel moralisera la société. Il ne faut pas se dissimuler que notre civilisation repose toujours sur l'esprit monarchique et militaire, c'est-à-dire sur le principe plus ou moins dissimulé de la suprématie de la force. Il n'y a donc pas à s'étonner que ce principe se retrouve dominant dans les rapports du capital et du travail, comme dans toutes les autres relations sociales. Il est vrai que c'est là peut-être qu'il est le plus fécond en conséquences cruelles et désastreuses; aussi est-ce par ce côté qu'il est le plus vulnérable et le plus attaqué. La coopération, en s'étendant, peut contribuer, pour une très-grande part, à cette transformation morale, par le fait seul que l'essence de la coopération est de supprimer l'antagonisme du capital et du travail, en faisant des travailleurs autant de capitalistes. La transformation des institutions générales de la société, transformation prochaine et inévitable, fera le reste, et achèvera de résoudre la question, sans qu'il soit besoin de recourir à ces formules soi-disant réformatrices de quelques néo-socialistes autoritaires, dont la réaction a fait en ces derniers temps beaucoup de bruit, pour effrayer les badauds.

Cette question des rapports du capital et du travail se résout en dernière analyse dans celle du salariat, et celle-ci touche encore de trop près à la coopération pour que, malgré la longueur de cet article, nous puissions nous dispenser d'en dire un mot.

Le salariat est certainement une institution bien supérieure à celle du servage. Il repose sur le contrat par lequel le patron s'engage à payer tant pour une somme plus ou moins déterminée de travail. Les partisans du salariat ne manquent pas d'appuyer sur ces deux points : 1o L'ouvrier est libre d'accepter ou de refuser. — 2o S'il ne participe pas aux bénéfices, il ne supporte pas davantage les pertes.

Ce n'est pas exact. Dans les trois quarts des cas, les ouvriers, libres en apparence, sont en réalité forcés par le besoin de subir les conditions du capital, et, s'ils ne participent presque jamais aux bénéfices, ils subissent parfaitement le contre-coup des pertes.

Dans la plupart des industries, il faut des circonstances bien exceptionnelles pour que les salaires augmentent sensiblement au delà de ce qui est strictement nécessaire à l'ouvrier pour vivre. Mais si la consommation se restreint, aussitôt les salaires tombent au-dessous de cette limite. Et ce n'est pas tout. Les patrons qui renoncent à l'espoir de faire des bénéfices, ferment leurs établissements et cessent de gagner. Les ouvriers, eux, commencent à mourir de faim. Voilà quelques-uns des inconvénients du salariat, et ces inconvénients proviennent d'un manque d'égalité dans les rapports du capital et du travail.

La coopération, en devenant l'état normal et régulier de l'industrie, les fera disparaître. Il est vrai que cette généralisation de la coopération paraît à beaucoup de gens une pure utopie. Je ne le crois pas. Si l'on avait parlé à un Grec ou à un Romain de la substitution future du travail libre à l'esclavage, il ne l'aurait pas crue possible. Les planteurs de l'Amérique n'y croyaient pas encore, il y a dix ans. Or, les raisons qu'on invoque des deux parts sont les mêmes : avantages pour le travailleur de n'avoir pas à se préoccuper du placement des produits, de n'avoir pas à s'inquiéter des pertes ou des bénéfices, inertie des esclaves qui leur fera toujours préférer l'esclavage, avec sa pitance assurée, aux ennuis et aux incertitudes du travail libre, etc., etc. Tout cela n'a pas empêché la liberté du travail de devenir partout a règle. Nous verrons le même résultat se produire pour la coopération. Déjà, en Angleterre, la coopération commence à s'emparer des usines et des manufactures, contrairement aux prédictions des prétendus esprits pratiques, qui avaient déclaré que la coopération était condamnée aux petites entreprises.

En somme, je l'avoue, malgré les déclarations contraires des économistes, malgré les défaillances inévitables de la démocratie, j'ai confiance dans la coopération; je la considère comme la véritable forme démocratique du travail, et j'en augure pour l'avenir d'excellents résultats. Je le disais en 1865 et je le répète en 1869 : il serait imprudent de s'aventurer dans des prophéties qui pourraient paraître fantastiques à beaucoup de gens, mais je crois que, sans s'exposer au reproche d'utopie, on peut prédire que la misère diminuera à mesure que diminueront les causes qui la font naître et la perpétuent; que les préjugés anti-sociaux et anti-économiques reculeront à mesure que s'étendra la connaissance des conditions nécessaires de l'état social et du travail; que les crimes et les vices deviendront moins fréquents à mesure qu'un plus grand nombre d'hommes seront soustraits aux tentations de la misère et aux suggestions du désespoir et de l'ignorance; que les haines déclassés s'effaceront à mesure que disparaîtra l'opposition des intérêts, et que le danger des bouleversements s'affaiblira à mesure que seront supprimées les causes de mécontentement c'est-à-dire, ce qui est la même chose en d'autres termes, que la moralité se développera avec le besoin de l'ordre et le sentiment du droit, les affections de famille avec la facilité de nourrir une femme et des enfants, la sécurité publique avec la satisfaction d'un plus grand nombre de besoins, l'activité avec l'intérêt à agir, la production avec l'accroissement des forces productrices, la perfection des produits avec le perfectionnement des intelligences.

BIBLIOGRAPHIE. — L'Association, bulletin international des sociétés coopératives, 1864. — La Coopération. — Batbie, le Crédit populaire, 1863. — Revue britannique, journal des économistes. — L'Économiste français. — André Cochut, les Associations ouvrières, 1861. Anatole Lemercier, Études sur les associations ouvrières, 1857. — E. Levasseur, Histoire des classes ouvrières en France, depuis Jules César jusqu'en 1865, 4 vol. in-8°, 1867. — Casimir Périer, les Sociétés de coopération, 1864. — R. de Fontenay, l'Association dans les classes ouvrières (Revue internationale). — Henri Cernuschi, les Illusions des sociétés coopératives. — Eugène Seinguerlet, les Banques du peuple en Allemagne, 1865. — Henri Ameline, des Institutions ouvrières au XIXᵉ siècle. — A. Audiganne, les Ouvriers d'à présent. — E. Laurent, le Paupérisme et les Associations de prévoyance, 2 vol. in-8°. — Jules Simon, le Travail, 1867. — V. Modeste, le Paupérisme. — Horn, Préface du Crédit populaire, de M. Batbie, nombreux articles de journaux et de revues. — Le comte de Paris, les Associations ouvrières en Angleterre (Trades-Unions), 1869. — E. Véron, les Associations ouvrières de consommation, de crédit et de production, en Angleterre, en Allemagne et en France, 1865. — Léon Walras, les Associations populaires de consommation, de production et de crédit. — A Vavasseur, Liberté des sociétés par actions, 1861. — Ch. d'Assailly, *le Paupérisme et les associations ouvrières en Europe*. — Courcelles-Seneuil, *la Liberté et le socialisme*. — Eug. Villedieu, *les Sociétés coopératives de production*. — E. Flottard, *les Sociétés coopératives dans le midi de la France*.   EUGÈNE VÉRON.

ASSOCIATIONS AGRICOLES. — Les avantages de la solidarité ne s'affirment nulle part aussi énergiquement que dans les campagnes, parce que nulle part non plus les inconvénients de l'individualisme ne sont aussi fréquents et aussi graves que là. Nous vivons dans un isolement continuel, tantôt à l'état de familles éparpillées dans les fermes, tantôt dans les villages, où, si les maisons se touchent, les hommes ne se touchent pas souvent. Néanmoins, si riche que l'on soit et si indépendant que l'on se suppose, il n'est personne qui puisse se vanter qu'il n'aura pas quelque jour besoin de son voisin et n'ira pas frapper à sa porte. Ne crache pas dans l'eau du puits, dit le proverbe, il peut t'arriver d'en boire; et le proverbe a raison. Les plus orgueilleux et les plus délicats en boivent quand même par moments.

Mais à côté des riches qui ont la sotte prétention de pouvoir toujours se suffire en toutes choses et dans toutes les circonstances de la vie, nous avons les humbles, — et c'est le grand nombre, — qui ont besoin les uns des autres et ne s'en cachent pas.

Aussi depuis que le monde existe, la réciprocité des bons services et la nécessité de s'entr'aider se sont imposées dans nos campagnes. On n'a jamais refusé un cheval pour dégager d'une fondrière la voiture d'un voisin ou d'un étranger; on n'a jamais refusé le coup d'épaule au charretier dans l'embarras, jamais le secours au malade, jamais un attelage de charrue au laboureur en retard. Et notez que les plus empressés à rendre service ne sont pas ceux à qui ce service pèse le moins.

Voilà le premier pas vers l'association, la première application de la solidarité. Et ce qu'un élan du cœur a commencé, le gros bon sens et l'intérêt bien entendu vont le poursuivre. Ce sont d'abord deux cultivateurs qui, n'ayant pas de quoi entretenir chacun deux chevaux et deux charrues, mettent leurs ressources en commun pour mener à bien leur petite culture. Nous sortons donc déjà des limites étroites de l'association spontanée et temporaire pour nous engager dans l'association permanente. Le second pas est fait, mais librement, sur parole et sans contrat écrit.

Patience, les avantages de la solidarité vont s'étendre, toujours sans contrat, à un plus grand nombre d'individus, à toute une population. C'est ainsi, par exemple, que, de temps immémorial, les pauvres gens de Saint-Hubert (Belgique) se donnent le mot et se mettent de corvée pour exécuter le dimanche matin la besogne de ceux que la maladie condamne à l'impuissance, ou pour bâtir une petite maison sur le terrain communal à ceux des leurs qui n'en ont point. Celui-ci tire la pierre, celui-là la terre vierge pour le mortier; quelques-uns font les transports, d'autres bâtissent. Quant au bois de charpente et de sciage, soyez tranquille, il ne coûtera guère. Au jour de la vente des coupes communales, le pauvre travailleur jettera son dévolu sur les arbres dont il aura besoin et les mettra à prix, presque à rien s'entend. Il se fera un échange de regards dans le public des acheteurs; on saura que le metteur à prix est pauvre et qu'il a besoin d'un chêne, d'un hêtre et de quelques perches, personne ne les lui disputera. Adjugé par la commune, soyez assuré que l'administration forestière fermera les yeux. C'est de l'association *taisible*, comme on disait au temps féodal, mais enfin c'est de l'association marquée au bon coin.

Chez nous, dans la Basse-Bretagne, et de temps immémorial aussi, on pratique, comme à Saint-Hubert, comme autre part encore sans doute, les avantages de cette solidarité intermittente qui emprunte sa force à la misère et qui va s'affaiblissant à mesure que le bien-être arrive et que la nécessité ne commande plus impérieusement. Les *devez bras* des Bas-Bretons de l'ancienne Cornouailles sont de véritables associations sans règlement, ni président, ni bureau, des associations qui n'ont point d'existence légale, qui ne relèvent ni du préfet ni du maire, et qui n'en accomplissent que mieux leur œuvre en temps utile.

Un cultivateur veut bâtir; il en informe son voisinage, et, au jour convenu, les charrettes arrivent, on se partage la besogne, et souvent, en moins d'une journée, les matériaux sont rendus à pied d'œuvre. Quand la besogne est finie, le cultivateur régale nécessairement les charretiers du mieux qu'il peut, avec des tripes fricassées, des crêpes, des galettes et du cidre. Puis viennent les femmes et les filles des travailleurs, et la journée se termine gaîment par les danses au son du *biniou*, la musette de l'endroit.

Vous voulez défricher une terre inculte, c'est-à-dire l'écobuer, vous en donnez avis aux travailleurs qui prennent rendez-vous, se partagent la lande, lèvent et retournent le gazon à faire plaisir. Ceux qui arrivent les premiers au bout de leur tâche reçoivent une récompense, qui consiste d'ordinaire en un mouchoir ou un chapeau, ou même un gobelet d'argent. Et, vers le soir, une fois le *devez bras* fini, les femmes arrivent et les danses commencent.

Une fermière a-t-elle besoin d'aide pour filer son chanvre? Elle annonce une *filerie*, et tout de suite les fileuses accourent. La première qui a achevé sa tâche, et *en beau fil*, reçoit un prix de mince valeur vénale, mais qui n'en est pas moins une preuve éclatante d'habileté.

Il est probable qu'en cherchant bien, on trouverait des solidaires de cette sorte dans la plupart de nos anciennes provinces; mais nous ne gagnerions rien à multiplier les exemples d'assistance mutuelle, puisque nous n'entendons pas les offrir pour modèles. Ce mode d'assistance, né de l'extrême misère des populations, et excellent encore dans des circonstances exceptionnelles, n'a plus sa raison d'être au même degré qu'autrefois.

Ce que nous venons de dire s'applique naturellement aux sociétés de secours mutuels réglementées, patronnées et placées plus ou moins sous la tutelle de l'administration et des curés. Ces sociétés ne diffèrent des précédentes que par la forme, pas autrement. Elles ont un contrat, un président, un bureau et une caisse pour recevoir les cotisations et les amendes chaque fois que les sociétaires enfreignent le règlement. Elles sont disciplinées et soumises; elles ont leur bannière à l'église et leur patron dans le calendrier. Beaucoup parmi elles portent le nom de confréries qu'elles ont reçu des catholiques, et les confrères font les frais d'une grand'messe une fois l'an, et portent un cierge dans toutes les processions. Nous avons, pour les cultivateurs, les confréries de Saint-Éloi; pour les jardiniers, les confréries de Saint-Fiacre ou de Sainte-Dorothée, selon les pays; pour les vignerons, les confréries de Saint-Vincent.

A partir de 1830, et surtout pendant la République de 1848, l'opinion a réagi, et des sociétés de secours mutuels plus éclairées, plus indépendantes et animées d'un meilleur esprit que les confréries, se sont établies à côté de celles-ci, avec autant et plus de succès, mais le coup d'État de décembre 1851 y a mis ordre. Les unes ont été désorganisées, et les autres ont été placées sous le joug de MM. les préfets et les maires.

Nous n'avons vu jusqu'ici que des associations agricoles tout à fait élémentaires, des sociétés de mutuellistes, des hommes se groupant et se liant par la parole ou par l'écrit, pour s'entr'aider dans les cas de maladies ou d'accidents, et aussi dans l'exécution de leurs travaux. Mais nous n'avons rien dit encore des sociétés de production et de consommation, qui ont une portée bien autrement considérable.

Des sociétés de production existent en France et en Suisse depuis des siècles, sous les noms de chalets et de fruitières. Pourquoi ce nom de fruitières appliqué dans le Jura et dans les Vosges à des établissements qui s'occupent uniquement de la manipulation du laitage ?

Nous l'ignorons. A quelle date remontent ces établissements ? Personne ne le sait ; on n'en soupçonne pas l'origine, la tradition reste muette à cet endroit, et nous le regrettons. Est-ce la Suisse qui a commencé ? Est-ce la France qui a imité ? Mais en admettant cette hypothèse, on est amené à se demander pourquoi la tache d'huile ne s'est pas élargie, pourquoi le Jura n'a pas été copié à son tour par ses voisins. On n'imite pas aussi facilement qu'on le pense ; il faut pour cela que les populations aient l'intelligence de leurs intérêts, qu'elles réfléchissent et raisonnent juste. Or, c'est beaucoup trop demander. L'initiative des fruitières a dû être prise par quelques hommes riches, hardis et influents, par de grands propriétaires de troupeaux. Et ce qui nous le donne à penser, c'est que les essais faits dans ce sens, au temps où nous sommes, ont rencontré de sérieux obstacles de la part des cultivateurs ou mieux des ménagères. On en trouverait la preuve dans l'ancienne Savoie, où, à côté de quelques succès, il y a eu de nombreux mécomptes, et autre part encore.

La fruitière est véritablement un modèle parfait de société de production. D'ailleurs, elle est dans le domaine de la pratique ; ses avantages ne sont ni contestables ni contestés, et son mode de fonctionnement peut convenir à diverses industries rurales. En conséquence, il nous sera bien permis de consacrer quelques lignes à son organisation.

La fruitière comprend tous les habitants du village où elle est établie. Les sociétaires ont nécessairement un règlement qui a passé par la discussion avant de recevoir les signatures, et qui n'est jamais définitif ; dès qu'on lui trouve un défaut, on le rediscute, on le retouche, on en ôte ou bien on en ajoute, et quand la majorité a pris une décision, tout est dit, la minorité s'y soumet. Une fois le règlement voté, les sociétaires nomment au scrutin une commission de plusieurs membres chargés de son exécution. On la compose ordinairement des plus riches de l'endroit, non par vénération pour les gros sous, mais parce que, à tort ou à raison, on croit que ceux qui ont le plus d'intérêts dans l'affaire doivent lui donner les meilleurs soins. Ce serait un point à débattre ; à notre avis, l'homme qui n'a que trois ou quatre vaches laitières se sent tout aussi bien intéressé au succès de l'entreprise que celui qui en a une douzaine et plus.

Le premier acte de la commission, c'est le choix d'un local qui convienne à la fabrication des fromages et à leur entretien. Ce local, on le nomme chalet ou fruitière. Le second acte de la commission, c'est le choix de l'individu chargé de fabriquer pour le compte de tous, et qu'on appelle *fruitier*. On le veut actif, habile et d'une grande probité, et quand, à ces qualités, il peut joindre des formes douces et avenantes, ce qui ne se voit guère, on a mis la main sur un homme parfait.

Vous comprenez aisément qu'un fruitier, à cause des qualités qu'on exige de lui, n'est pas et ne peut pas être le premier venu. La confiance qu'on lui accorde, les fonctions délicates qu'on lui confie, le traitement relativement considérable qu'on lui alloue, les bonnes relations que chaque sociétaire se croit tenu d'avoir et de conserver avec lui, font de ce fromager une sorte de personnage. Il jouit d'une considération et d'une influence que n'a pas le curé de l'endroit. On le salue des deux mains; on le choie, on le gâte ; les meilleures paroles sont pour lui et les meilleurs morceaux aussi, et on dit de la plupart des fruitiers qu'ils sont gourmands comme des moines. Les femmes ont des égards, des gentillesses, des minauderies pour le fruitier; elles évitent avec soin tout ce qui pourrait le froisser, l'indisposer, attendu qu'elles seraient journellement exposées à des représailles. Et, en effet, un fruitier méchant ne serait point en peine de jouer de mauvais tours à ses ennemis. Rien ne l'empêcherait de rebuter le lait sous prétexte de malpropreté et de trop cuire un fromage.

Arrivons au fonctionnement de l'institution. Tous les matins, les femmes de ménage apportent à la fruitière le lait qu'elles viennent de traire; le fruitier le mesure, indique le nombre de litres sur deux tailles en bois, dont une reste à l'établissement, tandis que l'autre est remise à la laitière. Puis le liquide mesuré est placé dans la laiterie commune. Dès que la taille d'un sociétaire marque le chiffre de litres nécessaire pour la fabrication d'un fromage, c'est-à-dire de 250 à 300 litres, son tour de cuisson est venu. Le fruitier le lui annonce la veille, et le sociétaire sait qu'il aura à fournir le bois de chauffage pour le lendemain et à nourrir le fruitier qui travaillera pour lui. Lorsque le fromage est fabriqué et pesé, on le marque au nom de son propriétaire et on le porte à la cave commune.

C'est le fruitier qui soigne les fromages de tous les sociétaires. C'est la commission qui les vend deux fois par an aux marchands en gros et au comptant. Aussitôt l'argent reçu, une affiche ou un coup de tambour annonce que la répartition se fera le dimanche dans la matinée, en raison de l'apport de chacun des sociétaires.

Six mois d'intervalle d'un payement à l'autre, c'est trop long pour d'aucuns, et, dans les pays de fruitières, les gens en conviennent. Un disciple de Fourier, M. Wladimir Gagneur, eut, sous la République de 1848, l'excellente idée de créer des bons, une sorte de papier-monnaie, parfaitement garanti et reçu chez tous les commerçants des villes du Jura. Cette création complétait l'œuvre des fruitières et rendait de signalés services. Elle ne devait pas survivre à la République ; le coup d'État ne sut pas s'élever au-dessus de ses haines et la respecter.

Le règlement des fruitières est remarquable à divers titres. En substance, il porte ceci : — Les associés sont engagés pour six années, et quiconque a versé une fois seulement son lait à la fruitière est considéré comme adhérent.

Soir et matin, à l'heure prescrite par le fruitier, tout sociétaire doit apporter le lait de ses vaches et le présenter en bon état dans des vases d'une propreté rigoureuse. S'il laisse à désirer, on le refuse. On ne reçoit le lait des vaches venant de vêler que douze jours après la parturition; on ne reçoit le lait d'une vache amenée ou ramenée de la foire qu'après un repos de deux jours.

Tout sociétaire a la faculté de se réserver le lait nécessaire à sa consommation ; le surplus doit aller à la fruitière. Il s'interdit le droit d'en vendre et d'en distraire une partie pour faire du beurre ou du fromage quelconque. Il s'interdit également le droit d'emprunter du lait à ses co-sociétaires dans le but d'avancer son tour de cuisson. Les contraventions sont punies d'une amende de 6 fr. au moins et de 20 fr. au plus. En cas de récidive, l'amende peut être doublée.

Les soustractions de crème et additions de lait entraînent des condamnations sévères. Dès qu'une fraude est soupçonnée et que l'intérêt général est menacé par conséquent, les membres de la commission se présentent dans les étables des sociétaires suspects, font traire les vaches en leur présence, comparent le lait avec celui dont on se défie, et s'il y a constatation de fraude, l'exclusion de la société est prononcée en même temps que la confiscation des produits en magasin.

Tout sociétaire qui dispose à la fruitière de cinq fromages au moins, peut s'en réserver un moyennant deux centimes par livre au comptant. Les autres doivent être vendus en gros par la commission.

Chaque sociétaire doit laisser à la cave commune des produits en quantité suffisante pour répondre de son engagement envers la société.

En cas de mort ou de démission de plus de la moitié des membres de la commission, ceux qui restent les remplacent par des sociétaires réputés les plus intéressés au succès de la fruitière. Au bout de six ans, on procède à la réélection. Il n'y a que le président et le secrétaire qui soient soumis à la réélection tous les trois ans.

C'est la commission qui prononce les peines, qui surveille le fruitier, qui fait les ventes et les achats, qui loue les pâturages.

Tout sociétaire qui voudrait se dégager de l'association, perd, par là même, tous ses droits aux ustensiles et à l'argent qu'il peut avoir en caisse.

Le bétail de tous les sociétaires doit être uni et gardé en troupeau commun. Ils renoncent expressément au bénéfice de l'article 12 de la loi du 28 septembre 1791 qui les autorise à faire garder leurs troupeaux séparément. Toute infraction est suivie de l'expulsion du contrevenant.

On n'a pas d'exemple que les tribunaux du pays aient infirmé les décisions des commissions des fruitières. Les condamnés s'y soumettent donc; mais il est rare qu'il y ait condamnation. La probité est de rigueur; elle est forcée. Un homme qui s'en écarte offense les intérêts de tous, et trouve dans chacun des associés un juge inexorable. Un sociétaire éconduit est un homme sacrifié; son existence est intolérable; il n'a plus qu'à déserter le pays.

Faisons remarquer, en terminant, que la fruitière est plus qu'une fabrique de fromages; c'est un lieu de réunion pour les jours de pluie et les veillées de l'hiver; c'est là qu'on s'entretient de ses affaires, de celles du gouvernement, qu'on raconte des histoires, qu'on lit les journaux, qu'on se retrempe dans la collectivité, qu'on apprend à se mieux connaître, à s'estimer et à s'aimer. — « Sans la fruitière, avons-nous dit quelque part, et répétons-nous ici, chacun resterait chez soi; avec la fruitière, on vit tous ensemble comme compères et compagnons. Sans la fruitière, nos femmes mettraient de l'eau ou de la fécule dans leur lait; elles allongeraient leur crème avant de la vendre aux gens de la ville; avec la fruitière, cela n'est pas possible; il faut être honnête quand même on ne le voudrait pas. Nos fromages fabriqués par association sont tout aussi bons aujourd'hui qu'autrefois, tandis que les fromages fabriqués par les particuliers et envoyés au loin, ne sont plus ce qu'ils étaient il y a quarante ou cinquante ans. »

Au résumé donc, la fruitière est positivement un modèle d'association agricole de production, et nous pensons qu'on pourrait en étendre les avantages à un grand nombre de localités, soit pour la fabrication d'autres fromages que le gruyère, soit pour la fabrication du beurre, la conservation et la vente des fruits, etc. Mais la fruitière n'est pas le dernier mot de l'association dans les campagnes; on ne saurait s'en tenir et on ne s'en tiendra pas là.

Pour ce qui est de se concerter entre cultivateurs, comme on se concerte entre industriels pour produire plus et à moins de frais, ce n'est pas chose aussi aisée qu'on paraît le croire dans les villes. Il est plus commode de mettre en commun des capitaux, de constituer un atelier à couvert, de nommer un gérant, que de mettre en commun des terres, des attelages et les efforts de nos travailleurs. Nous comprenons que des capitalistes, étrangers au sol, forment une société, mettent de l'argent dans une même bourse, achètent avec cet argent de vastes domaines, et les fassent exploiter comme on exploite une industrie quelconque; mais vous n'arriveriez pas à constituer une société de cette nature avec de petits propriétaires, travaillant par eux-mêmes. Chacun d'eux est attaché à son champ par une force qui tient de la passion, et qu'on ne soupçonne pas à moins d'avoir été cultivateur. Tel qui souscrirait une action payable en espèces ou en papier, ne souscrira point une action payable en terre. Il ne lâchera point son champ contre un coupon, ce coupon valût-il davantage; il ne le perdra pas de vue, il sent qu'il ne cultiverait pas celui du voisin avec le même amour que le sien; la propriété foncière ne se mêle point à la propriété foncière comme des billets de banque à d'autres billets, comme des écus à d'autres écus. Nous voulons bien que ce soit regrettable, mais enfin cela est et nous n'y pouvons rien.

Nous ne savons ce que l'avenir nous réserve; nous ne savons ce que l'éducation et l'instruction amèneront quelque jour ; peut-être lèveront-elles des difficultés qui nous semblent insurmontables aujourd'hui ; mais nous affirmons que, dans l'état actuel des choses, l'association des cultivateurs, telle qu'on la désire et que nous la désirons, est impossible.

L'ensemble des efforts implique la poursuite d'un même but, l'adoption d'un même assolement, la culture des mêmes plantes, la transformation des produits par les mêmes moyens, la recherche des mêmes débouchés. Or, lorsque nous y songeons, et que nous nous arrêtons aux difficultés qui s'accumulent dans la pratique immédiate de ce sens dessus dessous des usages reçus, nous restons confondus et humiliés de notre impuissance.

Aussi longtemps qu'on n'aura pas remué les idées dans nos villages, qu'on n'y aura pas lancé le progrès à toutes guides, qu'on n'en aura pas chassé les étrangleurs de l'intelligence humaine, qu'on n'y aura point parlé la langue des hommes fiers et libres, n'attendez guère de l'association. Éclairons d'abord et formons des convictions solides; ce qui sera juste et praticable sortira sûrement de la discussion, et nous irons dans cette voie de la justice et des applications possibles aussi loin qu'on le voudra. En attendant, et sans que l'on s'en doute dans les villes, la propriété rurale passe des mains gantées aux mains calleuses, et pas n'est besoin de contrainte, de violence pour que la transmission se fasse. Le propriétaire qui ne travaille point marche tous les jours à sa ruine, tandis que le travailleur prospère et s'enrichit. On nous entretient de liquidation sociale, et l'on fait autour de cela un bruit inusité. Vraiment, c'est se donner bien de la peine en pure perte; cette liquidation est aux trois quarts faite avec la moyenne propriété. On n'a pas eu besoin de théories et de grands discours pour opérer la division et le déplacement; la force des choses a suffi. Le morcellement et l'éparpillement ne laissent plus guère à désirer, et c'est de là que sortira tôt ou tard la nécessité impérieuse de l'association. Comment s'organisera-t-elle? Nous n'en savons rien. Il y a tant de choses qui nous semblaient des utopies il y a trente ou quarante ans, et qui ont été réalisées sans secousses et presque à notre insu, que nous n'osons plus ni douter ni nier.

Pour ce qui est du présent, nous ne croyons qu'à certaines associations partielles. Ainsi, nous voudrions d'abord que des sociétés de secours mutuels, tout à fait indépendantes du gouvernement et de l'Église, s'établissent dans chaque commune; nous voudrions que ces sociétés s'occupassent aussi de matières agricoles, qu'on y fît des conférences, qu'on y étudiât toutes les questions à l'ordre du jour; qu'on y concentrât les efforts et les ressources individuels, afin de produire plus et mieux et à moins de frais. Pourquoi ne pas s'entendre pour acheter ou louer des machines puissantes, des instruments perfectionnés? Pourquoi ne pas s'entendre pour acheter des engrais à la source et à de faciles conditions? Pourquoi, en un mot, ne pas s'entendre pour réaliser par la solidarité, et sans rien abdiquer de sa liberté, des améliorations que l'homme isolé ne saurait entreprendre ou mener à bien ?

Nous savons que cette entente s'est produite çà et là, de loin en loin, mais les rares et petits groupes qui en bénéficient, ne sont composés que de cultivateurs hors ligne. La masse des travailleurs du sol n'est point avec eux, ne songe pas à les imiter et n'y songera pas, à moins que, d'une façon ou de l'autre, on ne lui imprime le mouvement.

Nos lecteurs comprendront que nous fassions le silence sur diverses associations agricoles qu'il y aurait danger, folie ou absurdité à vouloir généraliser. Les moines défricheurs sont une anomalie dans la société ; l'établissement des Jault, qui a existé dans la Nièvre jusqu'à la première Révolution, étonnera plus qu'il ne séduit. C'était une grande et vieille famille, confite dans son égoïsme, ne vivant que pour elle, n'ayant pas de relations suivies avec le monde extérieur, se perpétuant dans son cloître, et repoussant de son sein celui de ses membres qui prenait femme ou mari en dehors de la communauté.

Il nous reste à parler des sociétés agricoles de consommation. Ne nous demandez pas où il en existe, car vous nous mettriez dans l'embarras ; tout ce que nous savons, c'est qu'il en a existé un certain nombre sous la République de 1848 et qu'elles sont tombées avec elle sous les violences des ennemis de la liberté. Depuis, les sociétés de consommation se sont relevées tant bien que mal, dans quelques villes, sous le nom de *Sociétés coopératives*. Les unes ont réussi, les autres ont échoué, ce qui ne prouve rien contre le principe. L'essentiel est de savoir qu'avec une bonne administration, on est en droit de compter sur le succès.

Vers 1850, il se forma sur divers points de la France, dans les villes d'abord, dans les villages ensuite, ce qu'on appelait alors des *associations pour la vie à bon marché*. Le département de l'Aisne se distingua sous ce rapport. Grâce à l'exemple que donna la commune de Fresnoy-le-Grand, il y eut dix communes du voisinage qui, au moyen d'actions abordables au plus grand nombre, ouvrirent des établissements, où sociétaires et non sociétaires pouvaient acheter, à 20 pour 100 au-dessous des prix ordinaires du commerce, toutes les marchandises nécessaires au ménage. Un gérant était placé à la tête de la maison et chargé de la vente au comptant. Un conseil de surveillance avait mission de faire les achats, de recevoir les marchandises, d'en fixer les prix, et, pour éviter toute contestation, ces prix étaient portés sur un tableau et affichés dans l'établissement, à la vue des acheteurs.

La plupart de ces associations, pour n'oser pas dire toutes, prospéraient et se développaient quand le coup d'État de 1851 vint les bouleverser, parce qu'elles étaient d'origine républicaine et composées de républicains. Mais le souvenir n'en est pas perdu, et nous espérons bien qu'elles se reconstitueront sur de solides bases.

Nous avons publié les statuts de l'association de Fresnoy-le-Grand dans la *Feuille du village* du 13 février 1851.   P. JOIGNEAUX.

ASSOCIATION DES IDÉES. — Nous avons deux sortes d'idées : les idées concrètes et les idées abstraites.

La question qui se pose dans l'étude de l'association des idées est celle-ci : étant donné d'un côté, le cerveau, machine intellectuelle ; de l'autre, les idées, dont nous n'avons pas, en ce moment, à rechercher l'origine, comment, en mettant les matériaux sous la machine et en la laissant fonctionner, va-t-il en sortir des opinions, des théories, des doctrines, des hypothèses, enfin des idées associées de manière à former des constructions morales, esthétiques ou scientifiques ?

On comprend qu'une pareille question, traitée avec toute l'étendue qu'elle comporte, comprendrait presque toute la théorie de l'intelligence; mais l'Induction, la Déduction, la Logique, etc..., devant être traitées dans des articles distincts, je me bornerai en ce moment à quelques généralités.

Deux méthodes sont en présence pour étudier la question de l'association des idées. Les psychologues, auxquels M.Littré a fini par revenir, prétendent que le cerveau doit s'observer lui-même, pendant qu'il transforme ses matériaux, et réfléchir ses réflexions... C'est la méthode dite de l'*observation intérieure*. Je n'ai pas à la discuter ici; je constate seulement qu'elle n'a pas donné ce qu'on attendait d'elle. Quant à la fameuse *psychologie positive* dont M. Littré nous parle souvent, qu'il la fasse, nous la lirons. Il ne s'agit pas de coller constamment des étiquettes sur des casiers vides.

La méthode positive prétend, au contraire, qu'on ne peut observer les résultats de la méditation qu'après qu'ils ont été produits, et en étudiant ces productions comme on ferait d'un spectacle extérieur. On constate alors que le travail intra-cérébral consiste à associer les idées par des relations de *succession* ou de *similitude*.

Personne ne conteste les relations de similitude; mais, à propos des relations de succession, une question grosse d'orages a été soulevée au siècle dernier par Hume, et n'est pas encore résolue, du moins pour tout le monde, car pour nous elle l'est entièrement. On avait constaté que certains phénomènes se succédaient dans un ordre immuable; mais, jusqu'à Hume, on donnait à l'*antécédent* le nom de cause et au *conséquent* celui d'effet, et l'on entendait par là qu'il y avait entre eux un lien mystérieux dit de *causalité*, de sorte que le premier non-seulement précédait mais produisait le second. Hume fit remarquer qu'il n'y avait pas un seul cas assignable où la connaissance du rapport qui est entre la cause et l'effet pût être obtenue *à priori*; que cette connaissance est uniquement due à l'expérience, qui nous montre certains phénomènes dans une liaison invariable; qu'étant donnés un phénomène ou un objet entièrement nouveaux, on ne peut jamais en déterminer les effets ni les causes et que c'est seulement l'*habitude* de voir les deux phénomènes se succéder dans un ordre invariable qui nous fait conclure de l'existence de l'un à l'existence de l'autre. L'argument de Hume fut compris de Kant; mais on peut affirmer qu'il a été généralement méconnu par toutes les sectes philosophiques, jusqu'au jour où Auguste Comte l'a repris et mis en avant avec sa vigueur habituelle qui ne permet pas qu'on se dérobe. Le théorème de Hume est inébranlable; toute philosophie future doit partir de là.

Il restait au Positivisme à rechercher la source de cette notion de cause et à en faire ressortir l'origine théologique, en remontant jusqu'à cette grande révolution mentale où l'abstraction créa les dieux. C'est ce qui a été fait par Pierre Laffitte.

En quoi consiste l'idée de cause ? *En une notion hypothétique, un artifice subjectif ayant pour but d'assimiler toute activité à l'activité communiquée*, car cette dernière est à la fois la plus simple à concevoir et la seule que nous produisions par nous-même. Le fétichisme consistant à supposer aux corps des affections et des volontés semblables à celles de l'homme, le *pourquoi* de ce que fait le corps est en lui-même. Le fleuve coule parce que cela lui plaît ainsi. La théologie proprement dite suppose au contraire que les corps sont inertes et dirigés par des hommes puissants appelés dieux. C'est là que commence réellement la notion moderne de cause. Au début, les dieux sont de véritables êtres vivants, en chair et en os comme nous, et dont l'action, quoique fictive, est très-compréhensible. Ils impriment chacun, aux corps, un mode spécial d'activité, selon la fonction divine qui leur est échue. Mais, sous l'influence constante de l'abstraction, ils ont peu à peu abandonné leurs attributs, leur forme, leur couleur, leur poids, si bien qu'ils ont fini par descendre à l'état de purs esprits, possédant encore les fonctions cérébrales, mais n'ayant pas droit à un cerveau. Enfin aujourd'hui ils sont tellement privés de tout moyen d'existence qu'ils sont réduits à la condition de *causes*, c'est-à-dire, qu'ils ne possèdent plus, de leur ancienne splendeur, que leur propriété fondamentale de communiquer l'activité.

On voit bien distinctement alors ce que c'est qu'une cause ; c'est encore un bon dieu qui se dissimule et qui se donne des allures de nécessité logique pour se faire prendre au sérieux, comme, sous le nom de fluide, il se donne des allures de nécessité scientifique. Mais toutes les fois que nous en rencontrerons un, sous quelque déguisement que ce soit, nous planterons le signal d'alarme, car il suffirait d'un souffle de réaction pour lui redonner une forme et le faire repasser de l'état de cause aveugle à celui de cause divine, et nous savons par expérience que les infiniment bons ne sont pas faciles à vivre.

Chercher des ressemblances dans les choses et voir comment elles se succèdent, voilà donc en quoi consiste le travail de méditation intra-cérébrale qui associe nos idées. Dans le premier cas, on compare ; dans l'autre, on coordonne. Le premier mode conduit à généraliser ; le second à systématiser ; d'où l'on voit que les deux formes d'association des idées par succession et par similitude correspondent aux deux grandes fonctions intellectuelles, l'*induction* et la *déduction*.

Toute classification nous présente, d'une manière distincte, les deux modes d'association. Pour faire les groupes, on compare les êtres entre eux et on les réunit selon leurs ressemblances ; pour les classer hiérarchiquement, on les coordonne d'après les modifications successives d'un attribut prépondérant.

Quand on a trouvé une relation constante de succession ou de similitude entre deux phénomènes, on appelle cette relation une *loi*.

Une loi de succession est celle-ci. Quand un corps tombe, il y a un rapport entre l'espace qu'il parcourt en tombant et le temps de sa chute. C'est la loi de la chute des corps.

Une loi de similitude est celle-ci. Newton, découvrant la gravitation, démontre que la pesanteur terrestre n'est qu'un cas particulier de la gravitation universelle, et associe ainsi deux notions qui, jusqu'à lui, étaient restées entièrement distinctes.

Que le cerveau fonctionne dans un but scientifique, esthétique ou moral, la nature du fonctionnement ne change pas. Pour construire un poëme ou toute œuvre d'imagination, nous associons les images comme dans la méditation scientifique. Le but seul est changé et un peu aussi la nature des idées qui sont plutôt concrètes chez le poëte et abstraites chez le savant.

L'association des idées peut être normale ou pathologique. Dans le premier cas il y a *cohérence*, dans le second, *incohérence*.

L'incohérence est de plusieurs degrés et de plusieurs sortes. Quelquefois elle est telle qu'on ne peut saisir, dans l'écriture ou le langage du malade, qu'une série de mots jetés au hasard, sans qu'il soit possible de trouver entre eux un rapport, quelconque. D'autres fois la relation, pour être maladive, n'en est pas moins saisissable, comme dans le cas suivant que j'emprunte à Leuret : « Ne me parlez pas de M. Murat ; les murailles de Vincennes, je les ai en horreur ; d'ailleurs M. le prince de Condé... » Murat et murailles donnent une association par similitude de consonnance ; Vincennes et prince de Condé en donnent une par filiation d'idée. Il y a des malades qui écrivent des lettres entières dans ce style.

Un autre malade cité par Trousseau, en sortant d'un état d'amnésie absolue couvrait le papier de mots dont l'ensemble ne donnait aucune signification, mais dans la série desquels on distingue facilement le réveil des facultés d'association. En voici quelques-uns :

Chat — chapeau — peau — manchon — main — manche — robe — jupon — pompon — rose — bouquet — bouquetière — cimetière — bière — mousse — cordage — corde à puits — fossé, etc...

On voit là le phénomène de l'association dans sa simplicité naïve et dépouillé de toute influence étrangère; le travail cérébral qui nous fait trouver dans les mots peau, chapeau, etc., une similitude de consonnance, est le même, sauf le degré de puissance intellectuelle, que celui qui nous fait trouver entre un arbre, un poisson et un homme une ressemblance abstraite que nous appelons la *vie* et qui est caractérisée par le double mouvement de composition et de décomposition des tissus.

Mais ordinairement le phénomène est plus complexe, parce que l'influence de la passion vient toujours s'y mêler plus ou moins.

Une dame prétend que son mari a des relations avec une créole. Ces relations ayant pris naissance dans une maison tenue par des religieuses, elle prend en haine tout ce qui est religieux, le pape, la religion elle-même et achète tous les ouvrages anti-cléricaux. Cette créole avait du sang noir dans les veines; extension de la haine à la couleur noire et à tout ce qui la porte; elle achète une cravache pour frapper tous les chiens noirs qu'elle rencontre. Sa rivale était d'origine espagnole; haine à tout ce qui est espagnol et notamment à l'impératrice. On pense bien que l'empereur lui-même va bientôt être englobé dans cette association; c'est ce qui arrive. Elle se répand en invectives contre lui et déchire, dans les rues, tous les placards qui portent son nom. C'est la logique de la haine. Quand nous sommes emportés par une violente passion, nous raisonnons tous un peu de cette manière. Une dame, qui avait des scrupules religieux et qui croyait avoir mal communié, n'osait plus toucher à rien de ce qui était blanc, parce que l'hostie était blanche; une autre, qui se trouvait dans le même cas, avait associé dans un même sentiment de répulsion tout ce qui était rond.

Les passions bienveillantes sont aussi aptes que les autres à provoquer des associations d'idées. Qu'une image quelconque vienne à éveiller dans le cerveau d'un voyageur le souvenir de sa maison, celui de la famille s'ensuivra et, à la suite, celui de son pays, de ses jeunes années, de certains faits particuliers tous réveillés par une commune émotion. Supposez un poëte et cette association par succession deviendra le point de départ d'une construction esthétique.

On remarquera combien cette impulsion purement subjective de la passion pousse à associer des idées qui, sans elle, resteraient entièrement distinctes. Elle n'ajoute rien à la nature de l'association qui reste toujours inductive ou déductive; mais elle augmente la fécondité et la richesse des associations. C'est la vraie logique de l'invention. Vauvenargues émettait donc une proposition de bonne physiologie cérébrale quand il disait que les grandes pensées viennent du cœur.

Puisque l'analyse physiologique nous a conduits à déterminer, dans l'association des idées, deux fonctions distinctes et irréductibles l'une à l'autre, il faut espérer que l'observation anatomique, aidée de l'expérimentation pathologique, découvrira un jour les deux organes correspondants; car, que nous puissions avoir des fonctions sans en avoir les organes, c'est une idée qu'on ne fera jamais germer dans le cerveau d'un positiviste. Les anatomistes, qui ont une prétention un peu trop exclusive à la prééminence, sont en retard cette fois, et par leur faute, car la pathologie leur fournit fréquemment des cas comme ceux que je viens de citer plus haut. On a déjà déterminé le siége de l'organe du langage, ce qui permet d'espérer que la découverte des autres s'ensuivra, leur connexité étant évidente.

Nous sommes plus avancés sur la connaissance des moyens de communication qui font que telle impulsion instinctive peut retentir à la région intellectuelle et susciter des associations d'idées. L'étude minutieuse des circonvolutions cérébrales a démontré qu'elles étaient reliées entre elles par des filets nerveux constituant des sortes de nerfs sans névrilemme. Si l'on parvient un jour à débrouiller ce réseau de fibres nerveuses, comme on a fait pour les fibres musculaires du cœur, beaucoup de phénomènes moraux qui paraissent extraordinaires s'expliqueront par des continuités ou par des contiguïtés d'organes.

BIBLIOGRAPHIE. — Hume, *Essais philosophiques.* — Kant, *Critique de la raison pure.* — Dugald-Stewart, *Philosophie de l'esprit humain.* — Stuart-Mill, *Traité de logique inductive et déductive.* — Aug. Comte, *Œuvres.* — Pierre Laffite, *Philosophie première,* etc.

EUGÈNE SÉMÉRIE

ASSOLEMENT. — Assoler les terres labourables d'une exploitation rurale, c'est les diviser en un certain nombre de parties ou *soles,* qui permettent de combiner convenablement les cultures et de fixer les délais de retour pour chacune d'elles. Supposons, par exemple, que nous ayons à cultiver des pommes de terre, du blé et des vesces, nous diviserons nos champs en trois soles pour y loger séparément nos trois plantes. La seconde année, nous mettrons le blé à la place que les pommes de terre occupaient l'année précédente, les vesces à la place du blé, et enfin les pommes de terre à la place des vesces. La troisième année, nous mettrons les vesces à la place du blé, les pommes de terre à la place des vesces, et le blé à la place des pommes de terre. Voilà ce qu'on nomme un assolement triennal ou une rotation de trois ans. Ceci revient à dire, dans le cas particulier, que les plantes cultivées ne reviennent à la même place que tous les trois ans.

Nous nous en tiendrons à ce seul exemple destiné à bien faire comprendre notre définition. Les assolements de trois, quatre, cinq ans et plus varient à l'infini dans leur composition, et sont du domaine exclusif des livres d'agronomie. Nous n'avons à nous occuper ici que des principes sur lesquels reposent la théorie et l'art de ces combinaisons culturales, considérées à juste titre comme la pierre angulaire d'une exploitation.

L'expérience a été jusqu'à présent notre seul guide en matière d'assolement. On a dû remarquer bien vite que les mêmes récoltes, ramenées coup sur coup au même endroit, fatiguaient promptement le sol malgré les fumures, et que le rendement baissait chaque année; on a dû remarquer aussi que les plantes rapprochées, comme les céréales, favorisaient la végétation et la multiplication des herbes spontanées. Or, la conclusion facile à tirer de ces remarques, c'est que le cultivateur avait intérêt à ne pas précipiter le retour de ses récoltes sur elles-mêmes. La terre, aussi bien que l'homme, disait-il au temps passé et dit-il encore, la terre a besoin de se reposer après avoir travaillé, et l'on ne gagnerait rien à vouloir la forcer ou la tromper. L'explication laisse beaucoup à désirer, mais le fait est exact, et cela nous suffit pour le moment. Le cultivateur primitif a donc eu le bon esprit d'accorder du repos à la terre, de la laisser en état de *jachère* aussi longtemps qu'il l'a pu. C'est toujours facile et sensé, quand la terre abonde et n'a presque pas de valeur. Et voilà pourquoi, naguère encore, les serfs russes de certaines contrées abandonnaient pendant sept, dix ou quinze ans le champ qui venait de leur donner une récolte de blé; voilà pourquoi dans les pays de landes ou de bruyères, plus près de nous, on écobuait la friche pour en tirer trois ou quatre récoltes de seigle, et la laisser ensuite sans culture pendant douze ou quinze ans. Cet assolement des époques reculées devait avoir une fin ; elle est venue. A mesure que la population augmentait et que le prix de la terre s'élevait, il a fallu développer la production et supprimer d'abord les longues jachères, puis les jachères courtes. On ne reconnaît plus à la terre le droit au repos, ou on le reconnaît si peu que ce n'est pas la peine d'en parler.

Cette suppression du repos est le triomphe de l'art des assolements. Par l'observation et le tâtonnement, nos cultivateurs sont arrivés à jalonner leur route presque aussi sûrement que pourrait le faire une bonne méthode scientifique. Ils se sont dit :

Les plantes de même nature perdent à revenir fréquemment à la même place ; éloignons-en le retour.

Certaines récoltes, trop serrées pour que les sarclages y soient possibles, permettent aux mauvaises herbes de pousser parmi les bonnes ; faisons précéder ou suivre ces récoltes par des plantes qui demandent à être sarclées.

Telle plante mange beaucoup d'engrais ; semons après elle une plante moins gourmande, d'une sobriété relative.

Telle plante va chercher sa nourriture à une grande profondeur dans le sol ; faisons-lui succéder une récolte à racines traçantes, qui trouvera sa vie presque à la surface du sol. Ou bien encore telle plante a vécu dans la couche superficielle, semons à sa place une espèce à racines pivotantes, qui ira chercher sa nourriture dans les couches profondes.

Après avoir fait ce premier raisonnement qui ne manque pas de justesse, nos cultivateurs ont dû nécessairement consulter la nature de leur sol, les besoins de leurs exploitations et avoir l'œil ouvert sur leurs débouchés. Les terrains pauvres ou médiocres ne sauraient s'accommoder des assolements des terrains riches ; les plantes qui peuvent convenir aux uns peuvent très-bien déplaire aux autres. Un fermier qui s'adonnera tout particulièrement à l'élève du bétail devra réserver plus de place aux fourrages dans son assolement que s'il n'élevait des animaux qu'en petit nombre. Un cultivateur qui n'aura pas de débouchés pour des produits qu'il fabriquerait avec plaisir cependant, se gardera bien de les caser dans sa rotation ; il aimera mieux se livrer à des cultures moins agréables pour lui, mais d'une vente plus assurée et plus lucrative.

Il convient de s'arrêter à cette série de considérations avant d'adopter un assolement, et de ne prendre un parti définitif qu'après avoir mûrement réfléchi.

Ce n'est pas tout : Il peut arriver en divers cas que la question économique soit en désaccord avec la question scientifique, et qu'un fermier voie son intérêt momentané justement où le propriétaire intelligent verra sa ruine. Nous connaissons un fermier de cette sorte, industriel plutôt que cultivateur dans la bonne acception du mot, qui tirait de ses champs neuf et dix récoltes successives de betteraves pour les convertir en alcool, et cela parce qu'il y trouvait son profit. Le propriétaire du fonds pâtira certainement à cause de l'abus du retour fréquent de la betterave au même endroit. D'où il suit que l'assolement qui enrichira le fermier pourra léser ou ruiner le propriétaire ; d'où il suit encore qu'il n'y a de recommandables que les assolements qui assurent le mieux et le plus longtemps la fertilité du sol. L'assolement qui enrichit un homme ou une génération aux dépens d'un autre homme ou d'une autre génération, est une fausse manœuvre de la part du cultivateur inconscient, et un vol à la charge du cultivateur qui sait ce qu'il fait.

Les assolements les plus avantageux sont loin de nous donner une complète satisfaction ; aucun d'eux n'atteint parfaitement le but qu'il se propose, et qui consiste d'abord à laisser aux agents atmosphériques le soin de réparer les pertes d'engrais naturel occasionnées par les récoltes, ou, en d'autres termes, le soin de restituer au sol ce qui lui a été enlevé par les plantes. Ces agents atmosphériques n'en ont pas le temps ; la restitution n'a lieu qu'en partie, et si l'on ne s'en aperçoit pas tout de suite, on finit par s'en apercevoir au bout de vingt, trente ou quarante ans ; néanmoins, tels qu'ils sont, les assolements adoptés le plus ordinairement valent mieux qu'une culture désordonnée. Ils marquent une époque de transition entre le règne de l'empirisme et celui de la science exacte.

Nous admettons que les assolements soient une nécessité de ce temps-ci ; mais il faut bien reconnaître aussi qu'ils sont une servitude permanente, et que les hommes de progrès ne peuvent s'en affranchir à cause de l'extrême division de la propriété. Bon ou mauvais, le mode d'assolement d'un pays commande en maître à tous les cultivateurs de l'endroit.

Un jour viendra, espérons-le, où cette servitude disparaîtra, et où nous ne prendrons plus d'autre guide que la science. Mais, pour que la science ait de l'autorité, il importe qu'elle nous dise rigoureusement la composition de nos terres, la quantité des diverses substances minérales enlevées par nos diverses cultures, et comment nous devons nous y prendre pour opérer la restitution d'une manière irréprochable. Dès qu'elle nous aura fourni ces données, plus rien ne nous empêchera de cultiver indéfiniment les mêmes plantes à la même place. Et, en effet, du moment où nous pourrons rembourser après chaque récolte ce que celle-ci aura emprunté au sol, nos sols ne varieront point dans leur composition, et vaudront nécessairement l'année d'après ce qu'ils valaient l'année d'avant.

Quand nous en serons là, personne ne prendra souci de l'assolement des terres. On le rangera parmi les vieilleries de notre histoire agricole et horticole ; puis, on rira bien de notre ignorance.

Mais, quand en serons-nous là ? Il y a belle heure que le problème a été posé pour la première fois, et jusqu'à présent, les grands chercheurs, les Boussingault, les Liébig, les Malaguti, et d'autres après eux, n'ont pas trouvé de solution pratique qui nous satisfasse pleinement.

En attendant qu'on trouve cette solution, — on y mettra du temps, mais on la trouvera, — contentons-nous, faute de mieux, du modeste système des assolements, et étudions-le avec Yvart, dans le *Nouveau cours complet d'agriculture* (art. *Succession de cultures*) ; avec Mathieu de Dombasle, dans le *Calendrier du Bon Cultivateur,* et avec M. Delbetz, dans le *Livre de la ferme et des maisons de campagne.*   P. JOIGNEAUX.

ASSURANCES. — Les contrats d'assurances ont pour but : soit de garantir l'assuré contre les suites d'un désastre (assurances contre l'incendie, contre la grêle, contre les accidents, assurances maritimes, etc., etc.) ; soit de constituer un acte de prévoyance dans l'intérêt, ou de l'assuré lui-même, ou d'un tiers désigné par lui, ou de ses héritiers (assurances sur la vie).

Les conditions de ce contrat sont fondées sur le calcul des probabilités. L'assureur doit payer une somme déterminée, si tel événement arrive. Pour avoir droit au bénéfice de l'assurance, l'assuré doit payer ou une somme une fois donnée, ou une annuité, appelée *prime.*

Le montant de la prime est fixé d'après la probabilité plus ou moins grande que l'événement visé dans le contrat se réalisera ou ne se réalisera pas dans un espace de temps donné.

Le contrat d'assurance est d'origine relativement récente. Il naquit, au moyen âge, de la nécessité où se trouvèrent les négociants, qui trafiquaient à de grandes distances, de se garantir contre certains risques. Le premier monument législatif concernant les assurances maritimes est daté de Barcelone, le 3 juin 1435 [1].

Dans une ordonnance du dúc de Bourgogne, du 5 février 1458 [2], l'assurance est mentionnée.

Toujours au point de vue des risques de mer seulement, les différents États adoptent peu à peu l'assurance, et la règlementent : Florence, en 1523; Venise, en 1585; Gênes, en 1588; l'Angleterre, en 1601; Hambourg, la Suède, en 1677; le Danemark, en 1683. Le 5 juin 1668, un édit avait autorisé à Paris les *chambres des assurances et grosses aventures.*

Pendant la première moitié du xviiie siècle, les transactions maritimes se développèrent dans des conditions de sécurité de plus en plus grandes. Ainsi, la prime, qui, de Londres à Venise, était de 10 pour 100, en 1720, tombait à 1 et 1/2 pour 100, en 1753; de Londres aux Indes, on payait 15 pour 100, en 1720, et seulement 8 pour 100, en 1753.

Nous indiquerons rapidement, dans le cours de cet article, les applications nombreuses que reçoit le contrat d'assurances; mais la forme qui exige le plus de développements est l'assurance sur la vie.

C'est par elle que nous commençons.

I. — *Assurance sur la vie.* — L'assurance sur la vie a eu longtemps contre elle des préjugés obstinés. Dans le *Guidon de la mer*, on trouve une ordonnance de 1681, dont l'article 10 porte : « Défendons de faire aucune assurance sur la vie des per-» sonnes. »

Toutefois, par une contradiction singulière, l'article 9 de la même ordonnance : « permettait à tous navigateurs, passagers et autres, de faire assurer la liberté de » leurs personnes et de stipuler la somme qui serait payée, en cas de prise, tant » pour la rançon que pour les frais de retour. »

« Pourront (dit l'article 11) ceux qui rachèteront les captifs faire assurer sur les » personnes qu'ils tireront d'esclavage le *prix du rachat*, que les assureurs seront » tenus de payer si le racheté, faisant son retour, est repris, tué, noyé, ou périt par » autre voie que par la mort naturelle. »

Assurer le prix du rachat du captif, c'est bien en réalité assurer sa vie.

En 1783, Émérigon écrivait : « L'homme n'est pas un objet de commerce, et il » est odieux que sa mort devienne la matière d'une spéculation mercantile. *Nefas* » *est ejusmodi casus expectare*. Et, comme l'observe Grivel, ces espèces de gageures » sont de triste augure et peuvent occasionner des crimes. »

Enfin, deux arrêts du conseil, en 1787 et 1788, autorisèrent l'assurance sur la vie.

Mais c'est en Angleterre que cette nature de contrat s'est fondée d'abord, puis admirablement développée.

Sans remonter à l'origine, époque de tâtonnements et d'essais, où l'on hésitait entre le système de la mutualité et le système des assurances à prime fixe avec la garantie d'un capital social, arrivons à l'année 1806, où la société *The Rock* établit une sorte de compromis, système mixte qui devait rallier l'immense majorité des compagnies.

Dans ce système, il y a des actionnaires et un capital social; il n'est attribué au capital qu'une part des bénéfices; le surplus est réparti entre les assurés. Cette combinaison, ingénieuse et équitable à la fois, sert de base à la plupart des com-

1. *Memorias historicas sobre la Marina de Barcelona*, par Capmany, t. II, p. 383.
2. *Dictionnaire des assurances terrestres*, par Louis Pouget, édition Durand, 1855, t. I, p. 20.

pagnies qui se sont formées depuis, non-seulement en Angleterre, mais en France, en Allemagne, en Belgique et ailleurs. Elle offre ce grand avantage d'une sécurité absolue pour les deux parties. L'assureur ne court aucun risque, puisque la prime annuelle qu'il reçoit est calculée sur des tables de mortalité dressées d'après une longue série d'observations; quant à l'assuré, non-seulement il peut compter sur le paiement du capital de l'assurance dans les conditions et les termes convenus, mais encore il obtient, par sa participation aux bénéfices, participation dont le chiffre augmente d'année en année, une réduction équivalente dans le paiement de la prime. En d'autres termes, la charge qu'il avait assumée pour avoir droit au montant de l'assurance, diminue d'année en année.

On s'est demandé pourquoi l'assurance, si populaire, si universellement pratiquée en Angleterre, a tant de peine à s'acclimater en France.

L'une des causes de cette anomalie doit tenir à la différence de la constitution de la propriété territoriale dans les deux pays.

Quand un père de famille ne possède que des terres substituées qu'il doit transmettre intactes à son fils aîné, l'avenir de ses autres enfants le préoccupe. L'assurance sur la vie lui offre une solution. En s'imposant, vers l'âge de trente ans, un sacrifice annuel de 1,000 livres sterling, il constitue un capital d'un million au moins, réalisable le jour de son décès, et affranchi de toute substitution. Avec cette ressource, en attribuant à chacun une part dans les bénéfices du contrat d'assurance, il peut doter ses fils cadets et ses filles, sans toucher au patrimoine héréditaire.

Mais il est bien évident que l'aristocratie anglaise ne représente que la moindre part de la clientèle des compagnies d'assurances. L'immense majorité se compose de fonctionnaires, de négociants, d'industriels, de notaires, d'avocats, de tous ceux enfin qui exercent une profession ou un métier lucratifs, et qui consacrent, chaque année, une partie de leurs revenus à la création d'un capital plus ou moins important.

Les mêmes classes existent en France; l'assurance y produirait les mêmes bons résultats, mais elle n'est pas encore assez profondément entrée dans les habitudes générales.

Il y a donc d'autres causes.

Ainsi, les pays protestants, en général, se montrent plus disposés que les pays catholiques à garantir le sort de leurs familles par une assurance; l'Angleterre, la Hollande, l'Amérique, l'Allemagne en sont la preuve.

Il faut aussi faire entrer en ligne de compte le caractère national.

Les Anglais sont d'une race essentiellement tenace et persévérante. Ils se font sans peine à l'idée de s'enchaîner pour la vie par un contrat dont ils ont mûrement pesé les avantages. Les Français, assez disposés à hasarder, tout d'un coup, une somme relativement considérable en vue d'un résultat prochain, se soumettent difficilement à une obligation durable, longue, stricte. Ainsi, on a vu, à différentes reprises, les tontines réunir, en peu de temps, des adhésions nombreuses. C'est que la tontine consiste dans le versement d'une somme, une fois fait. Puis, quand vient le terme fixé pour la liquidation, on partage le capital social entre les survivants, qui retirent leur mise première, augmentée des intérêts produits depuis le versement et d'une part fournie par la mise des décédés qui ne viennent pas au partage.

La tontine (dont il ne faut pas dire trop de mal, parce qu'elle contenait le germe rudimentaire de l'assurance mutuelle), la tontine était une espèce de jeu qui n'offrait, en définitive, que de maigres chances de gain, et qui ne répondait à aucune idée de prévoyance.

Ajoutons que les tontines, par leur nature même, n'offraient point de garanties de sécurité, et l'événement ne l'a que trop prouvé. En effet, quel emploi donner au capital, plus ou moins important, versé par les tontiniers? S'il est converti en rentes sur l'État, le placement peut être considéré comme sûr, mais l'intérêt est si peu élevé que son accumulation, même après vingt ou trente ans, ne représente qu'un chiffre médiocre à ajouter à la mise première, qui sera doublée, triplée à peine, car les frais d'administration n'auront pas cessé, chaque année, d'absorber une partie des intérêts.

Pour obtenir un intérêt plus élevé, il faut hasarder le capital social dans une spéculation industrielle, ou jouer sur les fonds publics, et courir ainsi des risques de perte.

Les compagnies d'assurances, soit mutuelles, soit à primes fixes, ne sont pas, à beaucoup près, dans le même embarras pour l'emploi de leurs capitaux. Si elles reçoivent sans cesse, par contre elles paient sans cesse; par la nature même de leur service, le capital immobilisé est toujours restreint, car il s'établit un équilibre forcé entre les recettes et les dépenses, sauf l'excédant de recettes qui représente dans chaque inventaire le côté bénéfices.

En France, pour déterminer le montant des primes, on se sert des tables de Deparcieux et de Duvillard. Celle-ci a pour objet de déterminer la loi de la mortalité dans l'ensemble de la population; celle de Deparcieux repose sur les observations faites parmi les membres des anciennes tontines et de quelques communautés religieuses; elle a un caractère plus spécial. La mortalité est bien plus rapide dans la table de Duvillard; c'est elle qui a servi à calculer le montant des primes pour les assurances sur la vie proprement dites; on a fait usage de celle de Deparcieux pour déterminer le taux des rentes viagères.

Inutile d'entrer ici dans le détail des formalités exigées pour contracter une assurance. Les prospectus des différentes compagnies, contenant ces indications, sont dans toutes les mains. Disons seulement que, par sa nature même, ce contrat implique la visite de l'assuré par un médecin de la compagnie. Les primes étant calculées sur les conditions moyennes de la mortalité, il faut que l'assuré, au moment où il contracte, soit dans les conditions moyennes de la santé, selon son âge.

Il y a les assurances *en cas de décès*, et les assurances *en cas de vie*.

Les assurances *en cas de décès* se divisent en :

1º Assurances pour la vie entière;

2º Assurances temporaires;

3º Assurances de survie;

4º Contre-assurances.

Dans l'assurance *pour la vie entière*, la compagnie s'engage à payer, au décès de l'assuré, une somme déterminée à ses ayants-droit. Par contre, l'assuré paie, soit une prime unique, soit une prime annuelle, exigible d'avance, qui peut être stipulée payable pendant toute la durée de sa vie, ou pendant un nombre d'années déterminé. Il va sans dire que la prime temporaire est, pour l'assurance du même capital et dans les mêmes conditions d'âge, beaucoup plus élevée que la prime viagère.

L'assurance *temporaire* est un contrat qui oblige la compagnie, moyennant une prime unique ou annuelle, à payer une somme déterminée, si l'assuré meurt dans un espace de temps pareillement déterminé.

Cette sorte d'assurance n'est guère pratiquée que comme garantie d'un emprunt. Le prêteur fait assurer son débiteur pour tout le temps qui doit s'écouler jusqu'au remboursement.

L'assurance *de survie* est un contrat par lequel la compagnie s'engage à payer une somme ou à servir une rente après le décès d'une personne désignée, mais seulement dans le cas où une autre personne, également désignée d'avance, survivra à la première. Elle repose sur deux têtes; si c'est la tête assurée qui s'éteint la première, la compagnie doit payer la somme ou servir la rente convenue. Si c'est, au contraire, le bénéficiaire qui prédécède, les primes payées sont acquises à la compagnie.

La *contre-assurance* a pour objet de procurer le remboursement des primes versées en exécution d'un contrat d'assurance.

Il y a encore les assurances *mixtes*. Moyennant une prime unique ou une prime annuelle, la compagnie garantit à l'assuré un capital déterminé, s'il vit encore à une époque pareillement déterminée; s'il meurt auparavant, c'est-à-dire pendant le cours de l'assurance, les ayants-droit touchent le capital assuré.

Ce mode d'assurance laisse trop peu de chances aux compagnies pour ne pas donner lieu à une prime très-élevée. Ainsi, un homme de 40 ans qui voudra assurer 50,000 francs payables dans 20 ans à lui-même, ou, s'il vient à mourir avant les 20 ans, payables à ses héritiers, devra verser une prime annuelle de 2,590 francs. De telle sorte que, s'il vit les 20 ans, il aura payé 51,800 francs pour en toucher 50,000. De plus, il aura perdu l'intérêt des primes versées, ce qui constitue une opération détestable. Disons cependant que ce résultat est atténué par la participation de l'assuré aux bénéfices.

Les assurances *en cas de vie* comprennent :

1º Les rentes viagères immédiates;

2º Les rentes viagères à court terme;

3º Les rentes viagères à long terme;

4º Les assurances de capitaux différés.

La constitution d'une *rente viagère immédiate* est un contrat par lequel l'assuré aliène un certain capital entre les mains de l'assureur, en échange d'un revenu annuel dont la quotité est fixée d'après l'âge de l'assuré et eu égard aux chances de durée probable de sa vie.

La rente viagère peut être constituée sur deux têtes, avec réversibilité, soit de la totalité, soit de partie, au profit du survivant.

Les *rentes viagères différées* sont celles pour lesquelles l'entrée en jouissance de l'assuré est retardée d'un laps de temps déterminé. On les distingue en rentes *à court terme* et *à long terme*.

La rente est différée *à court terme*, lorsque l'assuré qui, d'après son âge, n'aurait droit, par exemple, qu'à 7.81 pour 100 de son capital, désire avoir 8 pour 100. L'entrée en jouissance de la rente est prorogée jusqu'au moment où l'âge de l'assuré lui donne droit au taux de 8 pour 100.

A long terme, la rente est constituée au moyen d'un versement unique, ou au moyen de primes annuelles qui sont payées jusqu'à l'époque déterminée pour l'entrée en jouissance de l'assuré, S'il meurt avant cette époque, la prime unique aussi bien que les primes annuelles, sont acquises à la compagnie qui les a reçues.

L'assurance de *capitaux différés* consiste dans l'engagement pris par la compagnie de payer, moyennant une prime unique ou moyennant des primes annuelles, un capital déterminé, si l'assuré est encore vivant à une époque fixée.

Il résulte de cet exposé que les compagnies d'assurances sur la vie, si nous prenons les opérations dans leur ensemble, font un double service.

Elles paient les capitaux assurés quand la condition prévue au contrat se réalise; elles servent des rentes viagères jusqu'au décès des bénéficiaires.

Voilà pour les dépenses.

Les recettes consistent dans les primes payées par les assurés.

Comme le taux des primes a été calculé sur des tables de mortalité dont les résultats se rapprochent beaucoup de la vérité dès qu'on les applique à plusieurs milliers d'assurés, le bénéfice prévu au profit de la compagnie est d'une probabilité voisine de la certitude.

Vainement on objecterait que les prévisions peuvent être modifiées par les épidémies, par l'invasion du choléra ou de la peste, par toutes les causes enfin qui augmentent la moyenne des décès. Même dans ces hypothèses, le budget des sociétés d'assurances reste à peu près en équilibre, par cette raison toute simple que, si un plus grand nombre de capitaux, exigibles en cas de décès, viennent augmenter le chiffre des dépenses, un plus grand nombre aussi d'extinctions de rentes viagères amène une compensation forcée.

Les assurances sur la vie, en ne prenant pour exemple que les sociétés qui fonctionnent en France, sous nos yeux, sont des entreprises absolument sûres. Elles n'ont rien à demander à la spéculation pour l'emploi de leurs recettes qui trouvent leur placement naturel dans le service fait aux assurés. Il faudrait une administration complétement incapable ou un personnel d'employés habituellement et impunément infidèles pour que des pertes fussent possibles ; double hypothèse peu à craindre, alors que tant d'intéressés peuvent signaler le mal et exiger le remède.

Cette sécurité, si grande, a suggéré l'idée, souvent reprise avec différentes modifications, de faire, des bénéfices procurés par l'assurance sur la vie, une des ressources du budget, par la substitution de l'État aux sociétés particulières.

Les arguments en faveur de ce système, qui s'appliquerait aussi aux compagnies contre l'incendie, et que certains théoriciens étendent jusqu'à l'assurance générale contre les risques et accidents de toute sorte, consisteraient (pour nous en tenir aux assurances sur la vie) :

1o Dans un dégrèvement d'impôts, l'État appliquant aux services publics les bénéfices actuellement faits par les compagnies;

2o Dans une augmentation de ces mêmes bénéfices, résultant d'une économie notable dans les frais d'administration, celle-ci étant confiée aux fonctionnaires du département des finances, presque sans accroissement de personnel;

3o Dans une impulsion nouvelle donnée à cette nature de contrat par l'influence de l'administration et par la sécurité plus grande qu'inspirerait la garantie de l'État.

Les arguments contraires nous semblent de beaucoup les plus décisifs :

1o Le dégrèvement d'impôts est une illusion. Si le gouvernement s'emparait des assurances, il en ferait un chapitre de recettes qui viendrait se confondre avec les autres, et qui n'empêcherait pas les exercices de se solder en déficit. Seulement, le déficit serait atténué d'autant.

On dira peut-être que le déficit habituel est le fait de tel ou tel gouvernement, et non la loi nécessaire de tous les gouvernements, et qu'un jour ou l'autre la démocratie inaugurera l'ère des budgets en équilibre.

Certes, je l'espère bien, mais, en attendant, il faut voir les choses et les prendre comme elles sont. Quand nous serons en possession d'un gouvernement démocratique, on avisera.

2o L'économie obtenue dans les frais de perception, en la supposant réelle, ne serait pas compensée par le grave inconvénient de voir un service, aussi important que celui des assurances, confié à des fonctionnaires. S'il y a une réforme urgente à opérer, c'est la réduction des fonctionnaires de tout ordre. Il serait donc absolument impolitique d'augmenter soit leur nombre, soit leurs attributions; n'étendons pas l'action de l'État déjà trop grande, et ne multiplions pas, pour le public, les occasions d'ouvrir des comptes avec l'administration, car on sait avec quelle lenteur elle opère, et combien, en cas de contestation, il est difficile d'obtenir justice contre elle.

3° Il est peu probable que l'État, en devenant assureur, fît augmenter le nombre des contrats. L'opposé se produirait bien plutôt. Les différentes compagnies, aiguillonnées par la concurrence, ont des courtiers qui sollicitent incessamment le public; les fonctionnaires de l'État, n'ayant aucun intérêt direct à la chose, feraient le travail des assurances comme ils font tout, machinalement, c'est-à-dire mal.

Gardons-nous encore de penser que la confusion du service des assurances avec les autres services administratifs augmenterait la confiance du public et déterminerait à s'assurer ceux qui hésitent encore à le faire.

Si les sociétés particulières sont fortes, c'est parce que tous les contrats de la même compagnie se servent réciproquement de gage. On sait que la rentrée périodique des primes fait régulièrement face au paiement des capitaux ou des rentes exigibles; que les recettes ont ainsi un emploi déterminé, dont elles ne peuvent être détournées, et que, suivant des calculs invariables, elles excèdent constamment les dépenses. De là une parfaite sécurité.

Mais, lorsque ces mêmes bénéfices, lorsque cet excédant ira s'engouffrer dans les caisses publiques, lorsque les assurés auront la perspective de devenir purement et simplement créanciers de l'État, c'est-à-dire exposés à subir les vicissitudes du Grand-Livre, l'assurance ne sera plus goûtée et patronnée que par les spéculateurs à la Bourse, qui auront sous la main une nouvelle classe de titres pour alimenter leur jeu; mais l'épargne, sagement défiante, se détournera de ce placement aléatoire.

Et puis, chose désirable, si les tarifs actuels doivent s'abaisser peu à peu, ce ne sera que par l'effet de la concurrence.

Dira-t-on que l'État pourrait, lui, décréter un abaissement considérable des tarifs, et démocratiser ainsi la pratique de l'assurance?

Je réponds qu'un abaissement qui ferait descendre la moyenne des recettes au-dessous de la moyenne des dépenses serait une injustice et un leurre.

Une injustice, — car le déficit serait couvert par les autres ressources du budget, ce qui revient à dire que la masse des contribuables paierait pour la catégorie privilégiée des assurés.

Un leurre, — car le service des assurances constituant dès lors, pour l'État, une charge au lieu d'une ressource, le moment viendrait nécessairement où, pour se délivrer de cette charge, le gouvernement ferait payer aux assurés les dépens de ce privilége éphémère.

Autre question grave. Quel est le système préférable, de l'assurance mutuelle ou de l'assurance à prime fixe?

L'assurance mutuelle offre cet avantage que le montant de la prime est ramené, en fin de compte, au taux strictement nécessaire pour payer les dépenses réelles de l'exercice, sans qu'aucune part de bénéfices soit attribuée au capital social, ce capital n'existant pas.

Elle présente cet inconvénient que le taux de la prime est incertain; que si, pour tel exercice, elle est inférieure à la prime fixe, elle peut, pour un autre exercice, la dépasser de beaucoup, puisqu'elle est subordonnée à la fluctuation des dépenses qui peuvent varier énormément d'un exercice à l'autre.

L'assurance à primes fixes présente cet avantage que l'assuré sait d'avance à quoi il s'engage et que le taux de la prime est invariable.

Elle offre cet inconvénient que la prime représente non-seulement la somme nécessaire pour garantir les risques, mais encore la part de bénéfices réservée au capital engagé dans l'opération. Le taux de la prime est donc nécessairement plus élevé dans cette combinaison que dans la précédente.

Voici, à propos des avantages comparatifs des deux systèmes, ce que dit M. Alfred de Courcy, directeur de l'*Assurance générale*, compagnie à primes fixes :

« Les compagnies se divisent en deux classes : les unes purement mutuelles, » et alors les degrés d'erreur dont sont affectés les tarifs ont peu d'importance pour » la masse des assurés ; les autres prennent des engagements fixes et se proposent » de recueillir des bénéfices ; ce qui leur importe donc, ce n'est pas d'avoir une table » de mortalité exacte, mais une table manifestement avantageuse, et indiquant des » résultats sensiblement différents de ceux qui se réaliseront parmi les assurés. Elles » sont dans la situation des fermiers de jeux publics ; *elles se réservent une partie des* » *chances*, et une partie assez notable pour qu'il n'y ait pas péril que les anomalies » du hasard fassent sauter la banque. Il en doit être ainsi, car la sécurité de l'opéra- » tion est le premier intérêt des assurés, alors surtout qu'on contracte à long terme et » pour toute la durée de sa vie. Enfin, à la différence des fermiers de jeux publics, les » compagnies d'assurances sur la vie admettent leurs clients à participer assez » largement à leurs bénéfices ; elles restituent ce que ces bénéfices auraient d'exces- » sif, et les assurés reçoivent, comme accumulation d'épargnes, la moitié ou le » trois quarts, parfois une proportion plus forte encore de la représentation des » chances favorables que s'était réservées le banquier pour maintenir son crédit » inébranlable.

» Cette combinaison corrige aussi des tarifs trop élevés, et justifie les compa- » gnies de continuer l'emploi de tables de mortalité reconnues erronées. D'ordi- » naire, cependant, elles en rectifient, d'après leur propre expérience, les erreurs » trop manifestes, *celles du moins qui leur seraient préjudiciables*, particulièrement aux » âges avancés. »

Et plus loin :

« Les tables de mortalité qui servent de base à l'assurance ne sont que des hypo- » thèses plus ou moins plausibles, n'ont qu'une valeur conventionnelle et les erreurs » qu'elles recèlent affectent d'erreur tous les calculs. Ce degré d'erreur, variable » suivant les âges, variable suivant les conditions de chaque problème, est absolu- » ment non assignable.

» Il a fallu que les compagnies adoptassent des procédés de tâtonnement en » interdisant aux assurés de les contrôler. On a donc eu par là une démonstration » *à posteriori* de la fausseté des tarifs et de l'inégale distribution du degré d'erreur » dont ils sont affectés.

» Je conclus que le calcul des probabilités, appliqué aux chances de la mortalité, » ne donne que des approximations, n'est qu'un procédé perfectionné de tâtonne- » ment, et doit renoncer à la prétention d'être une science exacte [1]. »

Ces quelques lignes d'un homme très-compétent sur la question montrent clai- rement les causes de la prospérité des compagnies à primes fixes ; elles montrent aussi les avantages que la mutualité offre aux assurés, au point de vue de l'éco- nomie.

L'expérience confirme ces appréciations ; là où la mutualité a pu s'établir sur

1. *Essai sur les Lois du Hasard*, édition Guillaumin, 1862.

une grande échelle, elle a donné d'excellents résultats; mais il lui faut l'espace, c'est-à-dire le grand nombre. Restreinte à quelques individus, un gros sinistre pèse trop lourdement sur les assurés et les décourage. Voyons, au contraire, ce qu'a produit, en Allemagne, *Die Gothaer Bank*, la Banque de Gotha.

Cette société d'assurance mutuelle sur la vie peut être citée comme un modèle; la prudence et l'économie qui président à son administration en font l'assurance la moins coûteuse de toutes; les compagnies à primes fixes, dont le tarif est le moins élevé, prennent encore 14 pour 100 de plus qu'elle.

Elle a commencé, le 1er janvier 1829, avec 794 assurés, représentant 203,481 fr. de primes; le montant des assurances était de 5,212,500 francs.

A la fin de 1827, 294 agents étaient engagés moyennant une commission de 5 pour 100 sur la prime des assurances nouvelles, et de 1 pour 100 sur les assurances prolongées. Aujourd'hui, la commission est double, et le nombre des agents est de plus de 600.

Les avances nécessaires à l'organisation de cette société ont été fournies, en 1827 et 1828, contre des quittances d'actions de 37 fr. 50 chacune. Le 1er janvier 1829, au début des opérations, ces avances ne dépassaient pas 20,625 francs. En 1832, le remboursement a commencé au moyen d'annuités dont la première s'élevait à 1,011 fr. 25.

Le remboursement était complet en 1850.

Les chiffres suivants font connaître la marche de l'entreprise.

La période de 1827-1829 à 1833 a donné 1065 assurés, pour un capital de 6,895,200 francs; celle de 1839 à 1848, 1040 assurés pour 6,259,400 francs; celle de 1849 à 1858, 1238 assurés pour 7,859,625 francs; celle de 1859 à 1862, 1428 assurés pour 10,332,750 francs; la seule année 1863, 1683 assurés pour 13,933,500 francs.

De 1834 à 1862, les dividendes (ou, pour parler plus exactement, les remboursements de primes) touchés par les assurés se sont élevés à 19,581,483 francs.

Ces restitutions, comparées aux primes payées, représentent en moyenne : de 1834 à 1843, 22 pour 100; de 1844 à 1853, 25 pour 100; de 1854 à 1863, 30 pour 100.

Ce qui démontre que le taux des primes, établi à l'origine, est beaucoup trop élevé, et qu'il pourrait, sans aucun inconvénient, être abaissé d'un quart.

On voit que la Banque de Gotha fournit de précieux enseignements, et qu'elle mérite d'être soigneusement étudiée, tant pour servir de type aux établissements analogues, que pour contrôler les statuts et les tarifs des sociétés d'assurances qui fonctionnent sur d'autres bases.

II. — *Assurances maritimes.* — Le taux de la prime d'assurance maritime est extrêmement variable, à cause de l'infinie diversité des risques de mer. Il descend jusqu'à 50 centimes par 1,000 fr. de la valeur déclarée, et peut, suivant les cas, s'élever jusqu'à 50 pour 100 de la même valeur.

Quand on paie 1 pour 100 l'assurance d'un navire allant du Havre à New-York, cela signifie qu'il y a probabilité que, sur cent navires faisant cette traversée, il ne s'en perdra qu'un seul. Cette probabilité repose sur une série d'expériences multipliées qui ont fourni une moyenne de pertes sur un nombre de voyages donné. Ces expériences ont constaté des résultats différents suivant les saisons, suivant la forme des bâtiments, à vapeur ou à voiles, suivant la nature du chargement, plus ou moins inflammable ou explosible, etc., etc. Autant de circonstances qui influent sur la quotité de la prime.

A Paris, les compagnies, généralement, garantissent contre toute perte, en cas d'*avaries* ou de *délaissement*.

Les contrats, ou polices, sont faits par des courtiers assermentés; leur courtage est compris dans le montant de la police.

Les assurances maritimes garantissent, aller et retour, le navire, les marchandises, les dépenses de fret et autres nécessitées par la navigation; elles garantissent également les prêts à la grosse, qui sont exposés aux risques maritimes. Dans ce dernier cas, c'est le prêteur à la grosse qui fait assurer son capital.

Les accidents de mer qui occasionnent des dommages, soit au navire, soit aux marchandises, déterminent tantôt des avaries grosses, ou communes, tantôt des avaries simples, ou particulières. Les avaries *grosses* sont appelées ainsi parce qu'elles sont supportées par le *gros*, c'est-à-dire par l'universalité des choses qui composent ou que contient le navire; elles sont appelées *communes*, parce que, souffertes par une des choses qui étaient exposées à un danger commun, elles ont subi le dommage pour le salut commun du navire et de la cargaison.

Les avaries *simples* ou *particulières* sont ainsi nommées parce que, provenant directement d'une fortune de mer, ou d'une faute, et n'ayant pas pour cause le salut du navire et du chargement, elles ne sont supportées que par les objets particuliers qui les ont souffertes, soit les marchandises, soit le navire et ses agrès.

Il y a *abandon* ou *délaissement*, lorsqu'il est avéré que le vaisseau, qu'on a fait assurer, ou dont on a fait assurer la cargaison, a été pris, ou a péri, ou lorsque les marchandises sont avariées dans une proportion déterminée par la police. On signifie, par un acte en forme, cet événement à l'assureur, en lui déclarant qu'on lui abandonne la chose assurée, et qu'on le somme d'en payer la valeur conformément aux clauses du contrat.

III. — *Assurances contre l'incendie.* — Les assurances contre l'incendie sont nombreuses en France, et généralement elles prospèrent. Elles affectent deux formes principales. Les unes, moyennant une prime fixe, assurent la réparation d'un risque dont le chiffre est déterminé, sauf l'expertise; les autres, reposant sur le principe de la mutualité, dressent, à la fin de chaque exercice, l'état des sinistres dont le montant est réparti entre tous les associés, proportionnellement à leur chiffre d'assurance. Dans cette combinaison, l'absence ou le peu d'importance des sinistres profitent aux associés, qui ont à payer une prime moindre pour les exercices ainsi favorisés. En revanche, un exercice désastreux peut faire peser une lourde charge sur les associés, surtout s'ils sont peu nombreux.

En France, moyennant une légère augmentation de la prime, on peut s'assurer non-seulement contre la perte causée directement par l'incendie, mais encore contre l'action en dommages-intérêts du propriétaire de la maison et contre le recours des voisins.

La rivalité entre les compagnies d'assurance mutuelle et les compagnies à primes fixes est la meilleure garantie du public contre les exigences de ces dernières qui, fondées dans un but de spéculation, tendent toujours à augmenter les bénéfices de leur administration et de leurs actionnaires. La mutualité appliquée aux seuls immeubles de Paris donne d'excellents résultats : d'une part, à cause de la promptitude des secours, et de la rareté relative de sinistres très-graves; d'autre part, à cause du recours que l'assureur de l'immeuble peut exercer contre le locataire responsable de l'incendie.

A l'étranger, les sociétés d'assurance mutuelle contre l'incendie ont aussi produit des résultats remarquables. Celle de Gotha, fondée en 1821, a donné, pour 1863, 66 2/3 pour 100 de dividende, ou, en d'autres termes, elle a remboursé les deux tiers des primes encaissées. La même année, la Société mutuelle de Stuttgart, fondée en 1828, donnait 40 pour 100 de dividende.

Depuis sa création, la Banque de Gotha n'a fait qu'un seul appel de fonds à ses associés, c'est en 1842, l'année de l'incendie de Hambourg.

Une seule fois, elle n'a pas distribué de dividendes, les bénéfices n'ayant pas dépassé 5 pour 100 (en 1854, année de l'incendie de Memel). Ces deux sinistres coûtèrent à la Compagnie près de 9 millions de francs. En moyenne, le dividende a été de 57 pour 100 par an; en 1860 et 1861, il a même atteint 75 pour 100. Là encore se rencontre un argument puissant en faveur de l'abaissement des tarifs.

IV. — *Assurances diverses.* — L'assurance s'applique à bien d'autres risques encore. Mais les entreprises qui s'y rapportent sont loin d'avoir l'importance des trois catégories que nous venons d'exposer. Nous nous bornerons donc à une simple énumération.

Il y a les *assurances agricoles*, qui feront l'objet d'une étude spéciale dans l'Article suivant.

Il y a des assurances *contre le chômage,* contre les *accidents de voiture,* contre les *faillites et autres risques commerciaux,* contre le *recrutement,* contre le *bris des glaces,* etc., etc.

Quand une assurance, de quelque nature qu'elle soit, atteint certaines proportions, les différentes compagnies se partagent les risques par un contrat, appelé *Réassurance.*

Voici le tableau des principales compagnies d'assurances françaises :

COURS DES COMPAGNIES D'ASSURANCES EN NOVEMBRE 1869

DÉSIGNATION	NOMBRE DE TITRES	VALEUR NOMINALE	TAUX D'ÉMISSION	REVENU EXERCICE 1868.	ÉPOQUE DES PAIEMENTS	DERNIER COURS CONNU
Sur la vie.						
Compagnie générale...	400	7.500	7.500	4.100	Novembre.	28.000 fr.
La Nationale........	3.000	5.000	5.000	550	Tous les deux ans.	62 p. 100, prime.
L'Union.............	2.000	5.000	5.000	»	Tous les deux ans.	30 p. 100, prime.
Le Phénix..........	1.000	5.000	5.000	100	1er mai.	4 p. 100, prime.
L'Urbaine	12.000	1.000	1.000	8	Mai.	Pair.
Le Conservateur.....	1.000	1.000	1.000	60	Avril.	1.200 fr.
La Caisse paternelle...	12.000	500	500	25	Tous les deux ans.	20 p. 100, prime.
Le Monde..........	»	500	»	»	»	»
Maritimes.						
Compagnie générale...	400	12.500	12.500	1.200	Mai.	12.500 fr.
Le Lloyd français....	300	5.000	5.000	....	....	12 p. 100, prime.
L'Union des ports....	940	5.000	5.000	57	....	15 p. 100, prime.
La Mélusine.........	400	5.000	5.000	....	....	20 p. 100, prime.
La Sécurité.........	300	5.000	5.000	....	....	28 p. 100, prime.
L'Océan............	200	5.000	5.000	224	Janvier, juillet.	21 p. 100, prime.
Contre l'incendie.						
Compagnie générale ..	400	5.000	5.000	934.5	1er nov., 1er mai.	55.000 fr.
Le Soleil...........	1.000	6.000	6.000	79 5	Avril.	120 p. 100, prime.
La France..........	2.000	5.000	5.000	22 5	Avril.	60 p. 100, prime.
La Providence.......	2.000	2.500	2.500	22 0	Mai.	120 p. 100, prime.
L'Urbaine	1.000	5.000	5.000	30 0	8 mai.	116 p. 100, prime.
L'Aigle............	400	5.000	5.000	750	Avril.	»
Le Nord...........	2.000	1.000	1.000	900	Mai.	33 p. 100, prime.
La Nationale........	2.000	5.000	5.000	300	Janvier, avril.	200 p. 100, prime.
L'Union............	2.000	5.000	5.000	250	Avril.	97 p. 100, prime.
Le Phénix..........	4.000	1.000	1.000	32 50	Avril, octobre.	4.100 fr.
La Paternelle........	6.000	7.500	1.000	30	Mai.	30 p. 100, prime.
Le Monde..........	»	500	»	»	»	»
Contre la grêle.						
Compagnie générale...	2.000	5.000	5.000	Néant.	....	51 p. 100, perte.

Nous avons exposé l'état actuel des assurances, en faisant ressortir les avantages qu'elles présentent. Mais ce qu'il faut bien comprendre, c'est que l'assurance est loin d'avoir dit son dernier mot.

Lorsqu'elle sera entrée plus profondément dans les habitudes de la nation, lorsqu'on l'aura appliquée peu à peu, à la suite d'études approfondies et d'expériences multipliées, à tous les objets qu'elle peut embrasser; lorsque, se développant sous les auspices d'un gouvernement et d'institutions vraiment démocratiques, elle se sera transformée, et que, peut-être (car, dans cette hypothèse, les objections contre l'intervention de l'État n'ont plus leur raison d'être), elle sera devenue une institution publique, alors, il faut bien le dire, l'assurance aura résolu une partie du problème social, qui se montre aujourd'hui hérissé de tant de difficultés. Le problème consiste, en effet, à garantir la grande masse des travailleurs contre les rigueurs de la misère. L'assurance contribuera puissamment à ce résultat par des combinaisons de plus d'une sorte.

Ainsi, les patrons, en intervenant, pour une part, dans les contrats d'assurance par lesquels les ouvriers pourvoiront à leur avenir et à celui de leur famille, cimenteront le lien de solidarité qui unit tous les hommes; bien plus, il sera souvent dans l'intérêt du patron de contracter lui-même l'assurance et d'en payer les primes, toutes les fois, par exemple, qu'il s'agira d'un employé ayant un maniement de fonds, ou d'un employé d'un mérite exceptionnel et dont la mort soudaine causerait un vide difficile à combler. L'infidélité possible du caissier, la mort imprévue de l'employé auront ainsi leur correctif naturel dans l'assurance; mais il y a plus : l'assurance deviendra encore une mesure préventive contre l'infidélité. Il suffira que le patron laisse à son caissier la perspective de lui abandonner en tout ou en partie le bénéfice du contrat, après un certain temps de bons services, pour rendre ce caissier plus soigneux, plus exact, plus sûr et plus fidèle.

Un autre problème grave, celui du crédit personnel, est en partie résolu par l'assurance sur la vie.

Et d'abord il ne faut pas s'exagérer l'importance du crédit, en dehors des opérations commerciales qui ne peuvent guère s'en passer ; mais, pour le propriétaire, le journalier, l'ouvrier, l'employé et même le rentier, est-il nécessaire, et, je dirai plus, est-il bon de développer les facilités, et, par suite, les tentations d'emprunter ?

Prenons garde ici; la question en vaut la peine. Consultons l'expérience. Le jour de l'emprunt, tout est roses; mais, le jour de l'échéance, pour l'emprunteur imprudent que d'épines! Épines auxquelles il laissera des lambeaux de sa chair quelquefois, de son honneur souvent, de son repos toujours. Non, hors les cas exceptionnels, tels que : parer à un accident imprévu, pourvoir à une dépense urgente et qui ne doit pas se renouveler périodiquement, l'emprunt est dangereux et partant mauvais. Mais, pour les quelques circonstances où il est indispensable, je trouve dans l'assurance sur la vie une ressource excellente. Je trouve tout naturel que l'homme qui a versé un certain nombre d'annuités à la caisse d'assurances, puisse, à l'occasion de l'établissement d'un de ses enfants, ou pour payer une soulte dans un partage, ou pour subvenir aux frais de maladie de lui ou des siens, se présenter à cette caisse et y reprendre, pour un temps plus ou moins long, tout ou partie de ce qu'il y a mis. Remarquez que la caisse fait ce prêt sans courir aucun danger de perte, car elle a pour garantie le contrat même d'assurance, qui sera annulé en tout ou en partie, suivant les cas, si le remboursement n'est pas effectué au terme convenu. J'ajoute que cette déchéance ne doit pas être absolue. Longtemps après le terme expiré, si les conditions du contrat n'ont pas changé, l'emprunteur qui se trouverait en mesure de rembourser capital et intérêts, devrait être admis à le faire et à rendre la vie à l'acte primitif. Du reste, cette fonction de caisse d'épargnes exercée par l'assurance n'est pas chose nouvelle. La plupart des compagnies, passé la première ou la seconde année, ne font aucune difficulté de rembourser les primes versées et d'annuler le contrat, en se contentant, pour leur bénéfice, de l'intérêt de l'argent qu'elles ont eu entre les mains.

Tels sont, entre autres, les bienfaits qu'on doit attendre de l'assurance dans l'avenir, sans compter les habitudes d'ordre et d'économie qu'elle tend éminemment à développer, et qui produiront la plus grande somme de bien-être dont une société puisse jouir lorsque, d'autre part, elle sera en pleine possession de la liberté.

BIBLIOGRAPHIE. — *France*. — Maas, *Théorie élémentaire des Annuités viagères.* — Canoet, *Traité sur les assurances maritimes.* Paris, 1862. — De Montluc, *Des Assurances sur la vie.* — Gabriel Lafond de Lurcy, *Guide général des Assurances maritimes.* Paris, édition Robiquet. — Alfred de Courcy, *Études sur les Assurances sur la vie; Le Domaine patrimonial et les Assurances sur la vie; Essai sur les lois du hasard,* édité par Guillaumin et Cᵉ, 1862. — Eugène Reboul, *Études sur les Assurances sur la vie; Développement du rédit par l'Assurance; Le Moniteur des Assurances; La Morale de l'Assurance; Qui s'assure s'enrichit. — Agnel, *Manuel général des Assurances.* — Le Hir, *Recueil complet de législation et de jurisprudence, en matière d'Assurance sur la vie.* — Grun et Joliat, *Traité des Assurances terrestres et de l'Assurance sur la vie des hommes.* — Louis Pouget, *Dictionnaire des Assurances terrestres.* Paris, 1855; *Journal de l'Assureur et de l'Assuré.* Paris, 19, rue de la Sourdière; *Journal des Assurances,* 41, rue des Martyrs, à Paris. — *Tables d'évaluation pour les polices d'Assurances sur la vie,* publiées par William Barnes, surintendant du département des Assurances de l'État de New-York.

Allemagne. — Masius, *Lehre von der Versicherung.* Leipzig, 1846. — Saski, *Die Volks-wirthschaftliche Bedeutung der Versicherung.* Leipzig, 1866; *Jahrbuch für das gesammte Versicherungswesen.* Frankfurt, 1864. — Elsner's, *Deutsche Versicherungszeitung.* Berlin, 1860. — Malss, *Zeitschrift für Versicherungsrecht.* Leipzig, 1866. — W. Karup, *Theoretisch-praktisches Handbuch der Lebens-Versicherung.* Leipzig, 1869. — Kuricke, *Diatribe de assecurationibus.* Hamburg, 1667. — Dʳ A.-F. Elsner, *Archiv für das Versicherungswesen.* Berlin, 1865. — *Assurance contre l'Incendie,* il existe des ouvrages de Hugo Meyer, à Magdebourg; Dʳ Graeff, à Berlin; M. Brüggemann, à Aix-la-Chapelle.

Angleterre. — *A treatise on the law of insurance,* par Samuel Marshall. London, 1823. — *A treatise on the valuation of annuities and assurances on lives and survivorships; on the construction of tables of mortality; and the probability and the expectations of life,* etc.; *with a variety of new tables,* par Joshua Milne. London, 1815. — *A view of the rise and progress of the Equitable society, and of the causes which have contributed to its success,* par W. Morgan. London, 1829. — *Guide to marine insurances,* etc., par J. Vaucher. London, 1834. — Arnould, *Treaty on Marine insurance.* 2 vol. in-8º, 1857, London. — *Post Magazine and Insurance Monitor,* by Hooper Hartnoll, 4, Wine Office Court, Fleet street, E. C. London. — *Post Magazine Almanack.* London, édité par William J. Stokes, Wine Office Court, Fleet street.—*Insurance Guide and Handbook,* 1 vol. in-8º, par Cornelius Walford, 7, Buildings Old Jewry. London, E. C. MAX HOFMANN.

ASSURANCES AGRICOLES.

— L'agriculture est exposée à toutes sortes de risques contre lesquels il serait bon qu'elle s'assurât. Un incendie peut détruire nos bâtiments d'exploitation et nos récoltes en meules ou à couvert; les inondations sont désastreuses; la grêle peut ravager nos récoltes sur pied; la gelée renverser quelques-unes de nos espérances; la maladie sévir sur nos bestiaux; la conscription enlever nos enfants; la mort de celui-ci ou de celui-là compromettre l'avenir d'une famille; un naufrage peut engloutir un chargement de fourrages, de grains, de farines ou d'animaux. Nous sommes donc intéressés du même coup aux assurances terrestres et aux assurances maritimes, aux assurances contre l'incendie, les inondations, la grêle, la gelée, la maladie des animaux, le recrutement, les fortunes de mer et de rivière, et aussi aux assurances sur la vie. Mais nous n'avons à nous occuper ici que des risques les plus fréquents, les plus graves et tout à fait spéciaux à l'agriculture. Ce sont les risques d'inondations, de grêle, de gelée et de mortalité du bétail, les plus terribles entre tous bien certainement. Et ils le sont à ce point qu'aucune compagnie n'a osé assurer contre les dommages des débordements et de la gelée, et que les assurances contre la grêle et la mortalité des animaux sont loin de nous donner une satisfaction suffisante. Sont-elles basées sur la mutualité? les cotisations deviendraient excessives s'il fallait couvrir la totalité des pertes, parce que les associés ne sont jamais assez nombreux. Sont-elles constituées à primes fixes? les primes en question s'élèvent à des chiffres presque inabordables, de façon que, toutes probabilités pesées et tout compte fait, il n'y a guère plus d'avantage à s'assurer qu'à ne pas s'assurer. Ceci est vrai surtout en ce qui concerne la mortalité du bétail. Il s'ensuit que, dans le cas particulier, les écrivains agricoles en sont réduits à nous offrir pour modèle, malgré son imperfection, un mode d'assurance pratiqué dans le canton de Vaud.

Les renseignements dont nous allons vous entretenir à ce sujet ont été fournis au *Journal de l'Agriculture* par M. G. Guimps, vice-président de la société d'agriculture de la Suisse romande, et résumés en ces termes dans nos *Chroniques de l'agriculture et de l'horticulture* (numéro du 15 mars 1867, pages 67 et 68) : — « Chaque animal est muni dès sa naissance, ou dès son arrivée dans le pays, d'un certificat de santé délivré par un vétérinaire délégué; dans chaque commune, il existe un inspecteur du bétail qui reçoit le certificat et touche quelques centimes pour l'enregistrement des animaux et pour les marquer à la corne. Une maladie est connue aussitôt que déclarée. Si elle n'est pas contagieuse, on ne délivre pas de certificat de santé à celui qui voudrait s'en défaire, on se borne à autoriser la vente à la boucherie, s'il n'en peut résulter aucun inconvénient pour la santé publique. Si, au contraire, elle est contagieuse, on *barre* la commune où elle s'est déclarée, autrement dit on empêche les animaux d'en sortir, et s'il en meurt, tant pis pour le propriétaire; il n'y a pas d'assurance dans ce cas-là, comme pour la cocotte, par exemple.

» Mais la maladie contagieuse est-elle très-grave, s'agit-il de péripneumonie gangréneuse, de typhus contagieux, c'est différent. Le propriétaire prévient l'inspecteur; celui-ci ferme l'étable et avertit l'autorité; des vétérinaires sont appelés, la maladie est constatée, on estime les bêtes de l'étable sans exception, on les abat et on les enfouit. Le gouvernement paie la valeur intégrale des animaux, et si la somme ne dépasse pas 4,000 francs dans l'année, il ne se rembourse pas, mais au delà de 4,000 francs, le gouvernement fait la répartition des avances sur chaque tête de bétail du canton, et les propriétaires paient avec les impôts leur part d'assurance. »

Qu'il y ait à prendre pour nous dans ce mode d'assurance, nous le voulons bien, mais nous avons le droit d'exiger plus et mieux, par cette excellente raison qu'un grand pays est en mesure de faire autrement les choses qu'un canton de la Suisse. L'assurance des Vaudois est incomplète dans bien des cas, à cause du petit nombre des assurés et du fonds d'indemnité relativement restreint porté au budget; mais supposez que tous les propriétaires d'animaux que renferme la

France soient imposés d'une prime calculée sur les chances de mortalité du bétail, nous arriverions à peu de frais à nous sauvegarder complétement.

C'est le grand nombre des adhérents, associés ou imposés, qui constitue la solidité d'une assurance. Plus les opérations sont larges, plus les chances de succès sont grandes. Nous en avons la preuve avec les compagnies et les sociétés existantes et si, au lieu de dix, douze compagnies et plus qui réalisent de jolis bénéfices, nous n'avions qu'une seule association fondée sur la mutualité et embrassant la France entière, il est probable, pour ne pas dire certain, qu'on pourrait assurer les cultivateurs, à des conditions faciles, non-seulement contre la mortalité du bétail, mais encore contre la grêle, les inondations et la gelée.

On y a songé, il y a une dixaine d'années, et il a été question un moment de soumettre au Corps législatif un projet de loi ayant pour but d'instituer une *Caisse générale des assurances agricoles*. Cette institution devait être à la fois une assurance *mutuelle* et une assurance à *prime fixe*, mais une assurance facultative. Le chef de l'État avait rêvé cette vaste entreprise, un ancien employé supérieur du ministère d'État avait l'affaire en main et feu M. Hachette comptait parmi les principaux fondateurs. C'est ce qui explique pourquoi il a été parlé de ce projet de caisse dans le *Dictionnaire universel de la vie pratique* (article *Assurances,* page 139; édition de 1859).

Il s'agissait, on le pense bien, de substituer tout doucement une institution gouvernementale aux diverses compagnies et sociétés mutuelles que nous connaissons; mais c'était s'attaquer à forte partie, et il n'était pas donné à un pouvoir monarchique de mener l'œuvre à bonne fin. Les compagnies menacées n'eurent pas de peine à empêcher l'œuf d'éclore.

Faut-il le regretter? nous ne le pensons pas. Ce devait être avant tout une opération à gros bénéfices qui ne seraient pas venus en déduction sensible des cotisations et qui aurait accru l'influence du pouvoir personnel. Autant d'agents d'assurance, gros et petits, autant de personnes dévouées par intérêt au régime impérial.

Quoi qu'il en soit, ne perdons pas de vue ce projet. Il a du bon. Les assurances sont une institution d'intérêt général, et, à ce titre, nous formons des vœux pour que l'État s'en empare, *sous un gouvernement démocratique, s'entend*. Où il n'y a que des commis et point de maître, les abus ne sont plus à craindre. Les caractères de l'entreprise commerciale disparaîtraient forcément; les primes des assurés ne seraient plus grevées par le prélèvement de gros bénéfices; les assurés deviendraient des contribuables; les primes en question se confondraient avec les impôts ordinaires et seraient payées aux percepteurs, et, en retour, l'État serait tenu d'indemniser tous les citoyens des pertes que peuvent leur occasionner les sinistres de toute espèce.

Il va sans dire que nous n'admettons pas d'assurance facultative, pas plus que nous n'admettons d'impôt foncier facultatif, attendu que, dans l'état actuel des choses et des esprits, nous n'aurions guère plus d'assurés que de contribuables. Nous demandons que les assurances fassent partie intégrante des impôts et soient votées comme eux par les élus du suffrage universel. C'est ainsi seulement, avec l'assurance généralisée, obligatoire, déchargée de la plupart des frais que s'imposent les compagnies, dégrevée des lourds dividendes qu'elles paient à leurs actionnaires, qu'on arrivera à réduire de beaucoup le chiffre des primes, à assurer les citoyens contre des risques réputés jusqu'ici inassurables. Ajoutons à ces avantages incontestables celui d'offrir une sécurité parfaite aux personnes assurées.

Ne nous lassons pas de le redire : il n'y a point à compter sur les compagnies ou les associations pour créer les assurances agricoles, telles que nous les comprenons et les désirons. Ces compagnies et ces associations se partagent les ressources du pays et sont relativement trop faibles pour poursuivre une entreprise colossale. L'État seul est en mesure de la mener à bonne fin, parce que, seul, il peut rendre l'assurance obligatoire, parce que, seul, il peut la rendre générale, parce que, seul, il peut faire fonctionner l'institution à peu de frais et abaisser suffisamment les primes pour assurer contre les risques de toute nature et couvrir les pertes en totalité, sinon toujours, au moins dans la plupart des cas.

Si nous faisons cette réserve, c'est en vue de l'assurance contre la mortalité du bétail. Il y aurait imprudence à assurer les animaux pour toute leur valeur; il convient de ne pas désintéresser entièrement les propriétaires des soins qu'ils doivent leur donner pour les tenir en parfait état de santé.

Le mode d'assurance que nous proposons serait moins avantageux aux petits pays qu'aux grands, mais enfin il ne cesserait pas d'être préférable encore à l'assurance par les compagnies et les sociétés mutuelles.

Au résumé, les assurances agricoles facultatives ne peuvent être organisées par compagnies; l'État seul peut les rendre avantageuses en les rendant obligatoires. Mais, sous une monarchie quelconque, les assurances obligatoires par l'État deviendraient un danger et une source d'abus permanents; nous ne les admettons donc que sous une République démocratique, avec le consentement du suffrage universel.　　　　　　　　　　　　　　　　　　　　　P. Joigneaux.

ASSYRIE. — histoire. — Quoique ce soit un lieu commun bien rebattu que de s'étonner devant les vicissitudes de la destinée des empires, jamais cet étonnement n'est plus excusable que lorsqu'il a pour objet ces grandes nations de l'Asie antique dont les restes ont refusé jusqu'à présent de livrer leurs secrets aux investigations persévérantes de la curiosité moderne. A peine de vagues souvenirs, où la fable tient la plus grande place, nous permettent-ils de nous faire une idée de ces cités immenses, de ces monuments rivaux de ceux de l'Égypte, mais que le temps a moins épargnés, que la solitude et le sable du désert ont plus complétement ensevelis. Sans les nombreux et certains témoignages que nous trouvons dans les livres des Juifs, l'Assyrie ne tiendrait pas plus de place dans l'histoire que tant d'autres monarchies dont le nom surgit tout à coup pour, aussitôt, s'évanouir. Malgré ces témoignages, ce qu'on en sait n'est que problématique. Tant que le sol n'aura pas été mieux exploré, les ruines plus complétement restituées, l'écriture tirée de l'état énigmatique où elle demeure encore en grande partie, il faut se borner à composer, par le contrôle de récits souvent inconciliables, un ensemble qui, sans contenter notre soif de tout connaître, ne choque pas trop notre confiance dans la logique inflexible des événements.

Dès qu'on admet comme probable que les plateaux de l'Asie centrale ont vu s'établir les premières sociétés durables, il est naturel de regarder comme le plus anciennement dotés d'une civilisation relative les pays les plus rapprochés de ce point de départ. Qu'on se représente les ondes tracées autour du jet d'une source s'épandant en un bassin et l'on aura l'image de la façon dont l'Inde, la Chine, la Bactriane, l'Assyrie sont devenues ces contrées primitivement privilégiées. En joignant à cette observation toute physique cette autre observation physiologique qui nous montre, sinon impossible au moins très-lente, l'acclimatation de l'homme sous un climat trop différent de celui qui l'a vu naître, on se rendra raison des causes qui font de la Grèce l'aînée des nations européennes et de l'Égypte la contemporaine des grandes monarchies de la haute Asie, quoiqu'elle n'en soit réellement qu'une colonie comme l'indiquent ses rapports commerciaux avec elles et les similitudes qu'il est facile d'apercevoir entre ses arts, ses sciences, sa religion, son écriture même et les leurs.

Nous ne nous étonnerons donc pas trop en voyant tous ces peuples se targuer d'une antiquité qui ne nous parait incroyable que parce que, dominés par l'autorité de Moïse, nous tenons à enfermer le monde primitif entre ces trois dates : la création, le déluge, l'établissement de l'égoïste fédération hébraïque pour laquelle le centre du monde était Jérusalem. En nous en rapportant cependant aux chroniqueurs de cette peuplade, il est évident que la Chaldée d'où partit Abraham était déjà, lors de l'émigration de ce patriarche, suffisamment avancée pour compter des villes importantes et une population encombrante. Or, pour arriver à l'état de citadin, il a fallu à l'homme bien des siècles, et le souvenir des temps où il luttait contre la nature indomptée ne s'est jamais entièrement perdu. Sans attacher d'autre importance aux prétentions du prêtre chaldéen Bérose qui donne à sa patrie quatre cent trente-deux mille ans d'existence avant le déluge, on peut signaler son opinion comme essayant de donner, par une exagération numérique, l'idée d'une longue suite d'années employées à inventer un à un les métiers très-compliqués sans l'aide desquels la fondation des villes est impossible. Il nous est permis dès lors de ne pas nous attacher aux noms propres qu'il mêle à ses calculs et d'oublier les dix rois ou dynasties royales qui, d'Alorus à Xysuthrus, c'est-à-dire depuis l'établissement de la monarchie jusqu'au déluge, ont successivement gouverné son pays.

Mais il y a, suivant l'époque d'où on le regarde, deux manières de mesurer le temps passé. Pour les jeunes gens, la période de puérilité conserve toute sa fraicheur de détails et paraît infiniment longue; cette même période tient à peine une place appréciable dans les réflexions de la maturité. De même, pour les peuples, quand ils vieillissent, leurs premières années semblent se concréter à mesure que s'épaissit l'oubli qui en enveloppe les événements. A peine ceux d'une importance capitale surnagent-ils. Les nouvelles générations se demandent comment si peu de faits ont pu remplir tant de jours; aussi, par exemple, Diodore de Sicile, malgré sa confiance en Ctésias, doutera-t-il de lui quand il le verra prétendre que les Assyriens possédaient des observations astronomiques datant de quatre cent soixante-treize mille ans. Callisthène, qui suivit Alexandre dans son expédition contre les Perses, tranchera dans le vif et réduira ce lourd bagage à une somme de mille neuf cent trois ans avant la mort du conquérant, soit à deux mille deux cent vingt-sept ans avant l'ère vulgaire. (Simplicius, *Comment. in Aristotelem de cœlo*, 1. II.) Hérodote sera encore plus radical. Il accordera environ cinq siècles à la période pendant laquelle les Assyriens ont gravé sur des briques le résultat de leur examen journalier du cours des astres. Hérodote ne parle sans doute que des observations conservées depuis l'ère de Nabonassar qui, à ce que l'on prétend, fit détruire toutes celles qui avaient précédé son avénement au trône. Comme nous le dirons tout à l'heure, son assertion est juste en tant qu'elle représente la seule partie authentique de l'histoire d'Assyrie, elle est fausse si elle a la prétention de la représenter tout entière. Il vaudrait mieux, dans ce cas, accepter les raisons que donnent Bossuet et Rollin en faveur d'une durée se rapprochant de l'opinion de Callisthène. Quoiqu'elles n'aient d'autre but que de faire concorder la chronologie assyrienne avec celle de la Bible, elles répondent mieux aux probabilités qui ne nous permettent pas de croire qu'un pareil empire s'élève subitement.

Prenons donc le terme le plus éloigné possible pour la fondation de Babylone par Nemrod, autour des restes désertés de la tour de Babel et pour celle de Ninive par Assur. Seulement, traduisons cette formule trop précise par la simple constatation de l'existence de deux groupes, de deux peuples si l'on veut, dont la destinée sera, dans la suite, d'être alternativement dominés l'un par l'autre.

La grande difficulté dans les recherches chronologiques est de remplir le vide des temps antéhistoriques. On n'y est pas arrivé pour la Grèce, ni pour l'Égypte, on y est arrivé pour l'Assyrie au moyen d'un procédé que nous signalerons tout à l'heure. En attendant, résumons ce que les historiens racontent de ces premiers temps. Sept rois succèdent à Nemrod. Evechoüs, son fils, lui élève un autel dans la tour de Babel et le fait adorer sous le nom de *Bel* ou *Baal,* culte qui se répandit par la suite dans toute l'Asie Mineure. Bel-Chomas, successeur d'Evechoüs, obtient les mêmes honneurs. Il en est ainsi de Por ou Poug qu'on identifie avec Bel-Phegor, troisième divinité des Babyloniens. Le dernier roi de cette série, *Chinzir,* est détrôné par les Arabes, dont un des chefs, *Mardocentès,* s'établit à Babylone (2690-1968).

Pendant ces mutations, Ninive avait aussi ses rois dont il ne reste absolument aucune trace, mais dont le dernier, *Belus,* vint attaquer *Naboned,* cinquième successeur de Mardocentès et réunit sous son sceptre Babylone et Ninive. Ce que l'on appelle le premier empire d'Assyrie était fondé.

Que le lecteur veuille bien faire attention à la façon dont nous présentons *typographiquement* quelques-uns de ces noms à ses regards, il aura bientôt l'explication d'italiques qui peuvent ne pas lui paraître jusqu'ici appliquées avec le sentiment d'une parfaite justice distributive.

Le successeur de Belus, son fils Ninus, fut un roi conquérant. Diodore nous le montre exerçant longtemps une troupe de jeunes gens aux travaux les plus pénibles, puis, quand il est sûr de leur vigueur et de leur courage, les conduisant vers l'Arménie. Le roi Barzanès effrayé se résout à payer un tribut annuel. Ninus fait alors alliance avec un chef arabe et, en dix-sept ans, il subjugue l'Égypte, la Cœlésyrie, l'Asie Mineure, la haute Asie et le pays des Saces. Il entre ensuite dans la Bactriane avec 1,700,000 hommes, 210,000 chevaux, 16,000 chariots armés de faux (Ctésias). Le roi Oxyarte (Justin dit Zoroastre, inventeur de la magie), après une première bataille heureuse, plie devant le nombre des envahisseurs et se retire dans sa capitale que Ninus assiège longtemps en vain. Un de ses officiers, Ménonès, pour adoucir les ennuis du siège, appelle sa femme auprès de lui. Celle-ci, qui ne manquait ni d'adresse ni d'ambition, profite de l'occasion pour faire montre de ses talents. Elle étudie la situation et s'aperçoit que les assiégés confiants dans la force de leur citadelle se massaient vers les fortifications basses plus exposées. Avec l'aide de quelques soldats habitués à gravir les rochers, elle parvient à s'introduire dans la citadelle et, du sommet, donne le signal de l'assaut qui, cette fois, réussit, grâce au trouble que son hardi coup de main cause parmi les assiégés. Cette femme était Sémiramis.

Née, suivant la légende, des amours de Derceto, déesse mi-partie femme et poisson et d'un pêcheur, puis abandonnée par sa mère repentante de sa faiblesse pour un simple mortel, elle avait été nourrie d'abord par des colombes, ensuite recueillie par de pauvres gens. Grâce à sa beauté et à son esprit elle avait séduit Ménonès. Elle ne devait pas s'arrêter en si beau chemin. Après ses exploits devant Bactres, Ninus la désira. Il demanda à son mari de la lui céder, lui offrant en échange sa propre fille Losane. Sur le refus de l'amoureux mari, il le menaça de lui faire crever les yeux. Ménonès, ne sachant quoi choisir, ou de devenir aveugle ou de céder sa femme, se pendit. Sémiramis devint reine.

Ninus mourut bientôt, laissant un fils impubère, Ninyas. On dit que Sémiramis prépara sa régence par un stratagème très-ingénieux. Elle demanda — caprice de femme — que Ninus voulût bien donner des ordres dans tout l'empire pour que pendant cinq jours, cinq jours seulement, on obéit aveuglément à la souveraine. Le cinquième jour Ninus n'existait plus. Ninyas étant trop jeune, sa mère, pour lui conserver la succession paternelle, gouverna à sa place et sut prolonger la minorité de son fils pendant quarante-deux ans. Mêlant aux travaux de la paix les entreprises guerrières, elle rebâtit une Babylone toute nouvelle, et chercha à s'emparer des États de son voisin Stabobrates, roi des Indes. Malgré des éléphants factices qu'elle avait cru pouvoir opposer aux éléphants véritables de son adversaire, elle fut vaincue et obligée de repasser l'Indus. Rentrée dans ses États, elle disparut.

Quoiqu'il soit aujourd'hui avéré que toute cette histoire est purement imaginaire, il nous était impossible de la passer sous silence. Le nom seul de l'héroïne paraît avoir eu quelque réalité. Une reine, Sammouramit, femme de Houlikhous III, vécut en effet, cinq siècles plus tard, et exécuta divers travaux à Babylone. Mais là s'arrête la ressemblance. M. Lenormant, qui a si parfaitement résumé tout ce que nous ont appris de nouveau les monuments assyriens, ne voit dans Sémiramis qu'une « forme héroïque de la grande déesse de la religion de Babylone, qui réunissait en elle les deux attributions, en apparence opposées, d'être à la fois voluptueuse et guerrière. »

Son fils, qu'on accuse d'avoir hâté sa fin, prit sa place. Habitué à la vie de sérail, il la continua. Ses successeurs l'imitèrent. Jules Africain et Eusèbe nous ont transmis des listes un peu différentes de ces empereurs fainéants dont les noms ne rappellent aucun souvenir. Une femme, Atossa, dernier rejeton de la race de Ninus et de Sémiramis, ne monte sur le trône que pour être presque aussitôt remplacée par le jardinier Balétarès, à partir duquel commence une nouvelle série de monarques inconnus que les inscriptions nouvellement découvertes, un peu menteuses comme toutes les inscriptions, nous montrent tous riches, conquérants, agrandissant l'empire, c'est-à-dire luttant pour ne pas le laisser péricliter. C'est sous l'un d'eux, Dercylus, que l'on place le voyage de Jonas venant prêcher la pénitence aux Ninivites. Après lui vint Empacmès ou Eupalès que les Grecs nomment *Sardanapale*. Il termina sa vie sur un bûcher érigé de sa propre main quand il se vit dans l'impossibilité de résister à deux de ses voisins révoltés, *Belesis*, gouverneur de Babylone, et Arbace, satrape de Médie. Ninive fut détruite (788).

Et cependant nous voyons recommencer sur ses ruines une nouvelle suite de rois. Phul ou Sardanapale II, empêché vers l'est et le sud par les vainqueurs, tourne ses regards vers l'ouest, et c'est à ce moment que l'Assyrie entre en plein et pour longtemps dans les affaires des Juifs. Phul est appelé par Manahem, qui avait peine à se maintenir sur son trône. Sa présence en impose aux factieux, et Manahem paie son intervention mille talents d'argent,

Le métier était bon, aussi les successeurs de Phul n'eurent-ils garde de le laisser gâter. Teglat-Phalasar (742) semble ne rechercher que le profit dans ses alliances successives. Sollicité par Achaz, roi de Juda, qu'attaquaient Phacée, roi d'Israël, et Rasin, roi de Damas, il prend Damas, bat Phacée, se fait livrer par son protégé le port d'Elath, en tire un énorme tribut et l'abandonne.

Salmanasar VII suit les mêmes errements. Osée, roi d'Israël, voulant reconquérir son indépendance, appelle à son aide Sabacus (Sua de la Bible), roi d'Éthiopie. Salmanasar accourt, tient Osée assiégé pendant trois ans dans Samarie, et finalement l'emmène, chargé de chaînes, en captivité avec les principales familles des dix tribus; Tobie se trouve parmi les Juifs que Salmanasar disperse dans les terres au delà du Tigre.

Son fils est le Sargon du palais récemment découvert à Khorsabad. Sennachérib, le Sargum du prophète Isaïe, lui succède. Il persécute les Juifs transportés dans ses États, marche contre Ézéchias, roi de Juda, puis contre ses alliés Sethos et Thoraca, rois d'Égypte et d'Éthiopie, et revient, chargé de butin, mettre le siége devant Jérusalem. Mais Jéhovah s'avise alors de défendre son peuple. Il envoie un ange exterminateur qui, en une nuit, tue à l'assiégeant 185,000 hommes. Consterné, Sennachérib rentre dans Ninive, et y trouve la mort que lui donnent ses deux fils, Adramelech et Sarcesar.

Les meurtriers s'étant enfuis en Arménie, leur frère, Assarhaddon, est reconnu roi. Profitant des dissensions qui divisaient la Babylonie, il la ramène encore une fois sous la domination ninivite, et, sans souci de l'ange exterminateur qui avait tant maltraité l'armée de son père, il va par deux fois en Palestine, et ramène en captivité Manassès, roi de Juda.

Saosduchée ou Nabuchodonosor tourne d'abord ses armes vers l'orient. Il détruit, dans les plaines de Ragau, l'armée des Mèdes, tue leur roi Phraorte de sa main et s'empare d'Ecbatane. Son général Holopherne, après avoir ravagé Tyr et la Syrie, rencontre devant Béthulie la chaste veuve Judith qui met fin à ses exploits. La chance tourne, Nabuchodonosor perd toutes ses conquêtes, et se voit à son tour assiégé dans Ninive par Cyaxare, roi des Mèdes.

Son fils Sarac, ou Chynaladan, nommé aussi Sardanapale, hérite de toutes ces difficultés. Il laisse envahir le nord de ses États par les Scythes, et quand Cyaxare, son fils Astyage et leur allié Nabopolassar, gouverneur de Babylone, sont sur le point de s'emparer de sa capitale, il monte sur un bûcher, y entasse ses concubines et ses trésors et y fait mettre le feu. Ninive, cette ville que Jonas avait mis trois jours à traverser, est détruite de fond en comble.

A cet endroit de notre histoire, il faut absolument réfléchir. Voici deux Sardanapales dont la fin est complétement identique. C'est certainement un de trop. M. de Saulcy (*Recherches sur la chronologie des empires d'Assyrie, de Babylone et d'Ecbatane,* 1849) l'a pensé comme nous. Il a cherché à démontrer que le second seul avait quelque réalité; l'histoire ne se répète pas ainsi. Mais il aurait pu aller plus loin, et, en comparant la liste des rois qui régnèrent à Babylone, depuis le premier Sardanapale jusqu'à la seconde réunion de cette ville à l'Assyrie, par Assarhaddon, avec celle des rois du premier royaume de Babylone, il eût pu y trouver les éléments d'une quasi-conviction que là encore l'histoire répète les mêmes faits et recueille les mêmes noms.

Bélésis peut n'être pas *Bélus*, mais nous rencontrons dans les deux listes, à peu près à la même place, un *Chinzir*. Le *Mardocentès* de l'une équivaut si bien au *Mardokempad* de l'autre, que tous deux ont été pris pour le *Merodac-Baladan* qui envoya une ambassade à Ézéchias, malgré les quinze siècles qui les sépareraient, si on admettait l'exactitude de ces listes. Nous retrouverons avant peu une dernière conformité.

Nous sommes en 606; le siége de l'empire est transporté à Babylone. Nabopolassar, vaincu par Néchao, roi d'Égypte, perd la Syrie et la Palestine. Son fils Nabopolassar II, ou Nabuchodonosor II, bat Néchos à Circezium, s'empare deux fois de Jérusalem, emmène en captivité les Juifs parmi lesquels se trouve Daniel, se rend maître de Tyr, ravage l'Égypte, embellit et agrandit Babylone, est pris de manie ambitieuse, puis devient fou, et laisse, pendant les sept ans de la maladie qui le fait se croire changé en bête, Nitocris administrer l'Assyrie.

Evilmérodac, son fils, est assassiné; Nériglissor est vaincu par Cyrus; Laborasoarchod succombe devant une conjuration qui met sur le trône un dernier fils de Nabuchodonosor, *Naboned*, celui qu'Hérodote appelle *Labynite*, Josèphe, *Naboandel*, Daniel, *Balthasar*, et dont un homonyme, *Naboned*, s'est rencontré sous notre plume lorsque nous avons raconté la prise de Babylone par Bélus.

Il faudrait de longues dissertations pour donner à cette probabilité que nous entrevoyons du dédoublement des mêmes faits la certitude que réclame l'histoire. On comprendra que nous ne pouvons ici qu'indiquer la voie où il serait bon que s'engageassent les savants. Que nous est-il en effet parvenu de ces temps reculés ? Quelques fragments de Bérose, quelques fables de Ctésias, quelques vanteries de Chaldéens dont se moque Cicéron. Certes, c'est assez pour affirmer l'antiquité de l'Assyrie et on a vu que nous avions d'autres excellentes raisons de le faire, ce n'est pas suffisant pour vouloir en reconstruire les annales. Les annales sont surtout affaire de noms propres. Les assyriologues reconnaissent aujourd'hui que les signes de l'Écriture cunéiforme sont polyphones. Chacun d'eux peut se lire de deux façons au moins. Les Hébreux qui ont traduit une partie des noms des princes assyriens les ont profondément modifiés, les Grecs se sont souvent égarés dans leurs transcriptions. Qu'y a-t-il d'étonnant à ce que, devant une telle profusion de noms, devant un si petit nombre de faits authentiques, en présence de documents aussi morcelés, la tradition ait attribué à des personnages distincts, ce qui n'était que la répétition sous une autre forme des mêmes événements? Pour remplir les cadres tracés d'avance on a cherché les dissemblances, il fallait saisir les rapprochements. Quand on le voudra, cette histoire, qui a tant embarrassé les chronologistes, se réduira à ce que sont en effet toutes les histoires à une pareille distance. Trois ou quatre siècles de splendeur qui laissent trace, ceux que nous présente le canon de Ptolémée, ceux que nous aurait certainement contés Hérodote s'il avait écrit l'histoire d'Assyrie, contre vingt siècles préparatoires de tentatives avortées, d'agitations stériles ou de paisible sommeil qu'il faut oublier.

Archéologie. — Ce qui a contribué autant que le manque de documents écrits à rendre obscure cette longue période historique, c'est le petit nombre de constatations qui jusqu'à ces derniers temps pouvaient servir à contrôler les récits des anciens voyageurs, historiens et géographes. Les modernes, depuis Pietro della Valle et don Garcias de Sylva Figueroa jusqu'à Volney, avaient bien rapporté des descriptions de ruines imposantes par leur masse, mais non par ce caractère artistique que les siècles n'effacent jamais entièrement. Les prophéties s'étaient réellement et irréparablement accomplies. Les bêtes fauves et les serpents connaissaient seuls les mystères de ces ruines. Des cités plus grandes que Paris et Londres étaient disparues à ce point qu'il devenait impossible d'affirmer qu'elles avaient eu leur place ici plutôt que là. On s'est cependant accordé à suivre l'opinion de M. Rich (*Personnal narrative of a Journey to England, by Bassorah, Bagdad, the ruins of Babylon, Londres,* 1826), pour reconnaître Babylone dans les restes retrouvés auprès de la petite ville de Hellah. Une superposition de débris plus imposante que les autres, et que les Arabes nomment *Birds Nimroud*, y représente le temple de Belus dont Alexandre avait promis la reconstruction aux habitants et qu'il ne put, en deux mois, avec l'aide de 10,000 ouvriers, dégager de ses décombres. Des monticules, conservant sur leurs flancs des traces de pentes douces, paraissent avoir été ces fameux jardins suspendus plantés par Nabuchodonosor pour rappeler à sa femme Amytis les collines boisées de la Médie, sa patrie. Mais tout cela est dans un tel état, les villes de Séleucie, Ctésiphon, Bagdad, ont tellement puisé et choisi dans les matériaux de ces carrières inépuisables que cet amas informe n'a pu fournir que des briques et quelques-uns de ces cylindres gravés, d'un usage inconnu, dont notre Bibliothèque impériale conserve plusieurs échantillons. Il serait absolument sans intérêt pour la science s'il n'avait conservé l'aspect géométrique et les dimensions (carré de 22 kilomètres de côté), que donnent Hérodote et Ctésias à la ville de Sémiramis.

Quant à Ninive, a-t-on les mêmes raisons de croire à la découverte de l'emplacement qu'elle occupait? La question est pendante, mais voici dans quel état elle se présente.

En 1842, M. Botta fut nommé consul à Mossoul. Avant son départ il vit M. Mohl qui appela son attention sur l'intérêt archéologique qu'offrait cette localité et l'engagea vivement à faire des fouilles dans les environs de sa future résidence. M. Botta promit de ne point oublier cette recommandation, et, en effet, dès qu'il fut arrivé à son poste, il commença ses travaux. « Le lieu qui semblait offrir le plus de chances de succès, dit M. Botta dans son magnifique ouvrage (le *Monument de Ninive*, découvert et décrit par M. P.-E. Botta, mesuré et dessiné par E. Flandin, Paris, 1849), était le monticule sur lequel est bâti le village de Niniouah, car, avant moi, M. Rich y avait vu des murailles souterraines couvertes d'inscriptions cunéiformes, mais le nombre et l'importance des maisons qui couvrent ce monticule ne me permettaient pas d'y faire mes recherches, repoussées d'ailleurs par les préjugés religieux des habitants. Là, en effet, est bâtie la mosquée de *Nabi-Younès*, qui, d'après les traditions locales, renferme, comme son nom l'indique, le tombeau du prophète Jonas et le sol en est regardé comme sacré. Je dus donc chercher un autre emplacement... Je choisis, pour y commencer mes opérations, le monticule de Koyoundjouk, situé au nord du village de Niniouah, auquel il est joint par les restes d'une ancienne muraille de briques crues... rien de complet ne vint me récompenser de mes peines et de mes efforts... mais, dès le mois de décembre de 1842, un habitant de Khorsabad m'avait apporté deux grandes briques à inscriptions; le 20 mars 1843, fatigué de ne rencontrer dans le monticule de Koyoundjouk que des débris sans valeur, je me rappelai les briques de Khorsabad et j'envoyai quelques ouvriers pour tâter le terrain dans cette localité. »

L'inspiration était heureuse, la chance s'en mêla. Les ouvriers ainsi envoyés commencèrent les fouilles précisément dans la partie du monticule où les restes étaient mieux conservés, et, presque immédiatement, une notable partie d'un monument considérable par ses dimensions était mise au jour. Sur la nouvelle de ces découvertes, transmise à M. Mohl, M. Duchatel, ministre de l'intérieur, mit à la disposition de M. Botta une somme de 3,000 fr. pour pousser avec plus d'activité les travaux qu'il avait jusque-là exécutés à ses frais. De nouveaux crédits suivirent, M. E. Flandin fut envoyé pour dessiner les sculptures dont beaucoup se détérioraient dès qu'elles étaient exposées à l'air, et, malgré l'opposition du gouverneur de Mossoul, M. Botta put, en 1845, envoyer en France ce qu'il jugeait digne d'y être transporté. Ces morceaux, statues, bas-reliefs, pièces gravées, arrivèrent au Havre en 1846; ce sont eux qui remplissent, au Louvre, les salles du musée assyrien.

M. Botta avait fait part de ses recherches à M. Layard qui, de son côté, se mit à l'œuvre. Il obtint de sir Straffort Canning des subsides qui lui permirent d'explorer, au sud de Mossoul, un nouveau monticule où il obtint les mêmes succès que son devancier. A Koyoundjouk, abandonné par M. Botta, M. Layard trouva les ruines d'un second palais. Le successeur du consul de France, M. Place, continuait pendant ce temps les fouilles de Khorsabad. Il y dégagea cent quatre-vingt-quatorze chambres et vingt-six esplanades ou cours. On put dès lors se rendre un compte exact de ce qu'était un palais assyrien. Le sérail, résidence du monarque, était naturellement désigné par l'abondance des bas-reliefs, sculptés en place, ainsi qu'on ut s'en convaincre par des blocs en partie terminés, en partie ébauchés. Les cuisines, écuries et autres dépendances occupaient les côtés d'une cour principale d'un lectare de superficie. On y trouva 100,000 kilogrammes d'outils en fer. Dans le larem, résidence des femmes, beaucoup de menus objets. Des amulettes étaient à profusion distribués dans les fondations. Enfin un observatoire, tour carrée de 43 mètres de haut, reposait sur une muraille épaisse de 24 mètres avec soubassement en pierres de taille. Le tout avait deux lieues de circonférence, cent cinquante jours flanquaient la muraille et sept portes dont trois arcs triomphaux ornés de sculptures et de briques polychromes y donnaient accès. M. Place fit un chargement de toutes les richesses transportables. Malheureusement ce chargement sombra dans le Chat-el-Arab. Il y est encore. Les dessins seuls ont été conservés et le 16 mars 1864, M. le maréchal Vaillant a demandé à l'Empereur un supplément de crédit de 210,000 fr. pour en permettre la publication.

Des discussions s'élevèrent sur l'attribution de ces ruines à une époque aussi reculée, et des savants, M. Hœfer entre autres, ne manquèrent pas d'arguments solides pour attaquer l'opinion qui s'était un peu vite réjouie de l'exhumation de Ninive. Nous ne pouvons énumérer ces arguments basés sur une connaissance approfondie de tous les textes anciens. On les trouvera dans les deux *Mémoires* qu'adressa, en 1850, M. Hœfer à l'Académie des inscriptions et belles-lettres. Il nous suffira de dire que s'ils ne détruisent pas absolument les assertions de MM. Botta, de Saulcy et de Longpérier, ils éveillent au moins le doute, et c'est surtout en ces matières d'archéologie que le doute est le commencement de la sagesse.

Pour nous, nous trouvons d'étranges ressemblances entre cet art assyrien et l'art plus moderne de la Perse, non pas tant pour l'exécution — les Perses ont peut-être été inférieurs — que par le choix des sujets, et nous ne pouvons nous empêcher de confondre les dieux ailés du rez-de-chaussée du Louvre avec les *ferouers* absolument identiques de la Perse. Ce n'est point là une objection contre leur authenticité, c'est la simple constatation d'un fait tout naturel, puisque des deux peuples l'un a fini par absorber l'autre, et qu'avant cette absorption leur parenté bien reconnue devait les unir dans une même croyance, et par suite leur faire exécuter d'une même façon les mêmes conceptions artistiques.

Par l'étude des ruines du palais de Khorsabad, nous savons aujourd'hui comment construisaient les Assyriens, comment le fer retenait les larges plaques d'albâtre dont ils revêtaient leurs murs, comment ils remplaçaient les voûtes, qu'ils n'ont pas connues, par des plafonds en argile; comment ils éclairaient l'intérieur de leurs maisons au moyen d'ouvertures dans ces plafonds; l'architecture surtout aura gagné quelque chose à ces découvertes.

Quant à la sculpture, il suffit d'un coup d'œil jeté sur les échantillons que possède le Louvre pour y reconnaître un art très-minutieux, très-fini et en même temps très-barbare. La perspective en est absolument absente, toutes les difficultés sont tournées naïvement et de parti pris; les détails sont souvent merveilleux : il y a telle tête de cheval dans un bas-relief qu'il serait impossible de mieux réussir aujourd'hui. Mais s'agit-il d'une pêche, l'artiste dessinera tous les enroulements de la vague, y encadrera tous les poissons, y plongera le corps tout entier des pêcheurs. Il y a même, au British Museum, une figure d'archer vue de profil; la main droite qui tient la flèche et devrait être cachée par la tête est tout simplement ramenée par devant la joue gauche. Il est difficile de moins chercher à économiser le travail.

Ces bas-reliefs nous renseignent encore sur la construction des fortifications et la défense des villes; ils nous donnent le type des animaux utiles et quelques scènes de mœurs; il n'y a qu'une chose qu'ils laissent dans l'ombre, l'histoire.

Elle y est cependant, dit-on ; elle est dans ces longues inscriptions en caractères cunéiformes, devant lesquels ont pâli déjà tant de savants et dont on croit aujourd'hui avoir trouvé la clef. Je n'en doute pas, mais, pour Dieu ! qu'on l'en tire. Que MM. Rawlinson, Hincks, Menant, Oppert nous donnent autre chose que ces insipides litanies :

« Palais de Sardanapale, roi des bataillons, roi du pays d'Assour ;

» Fils d'Anaku Merodach, roi des bataillons, roi du pays d'Assour ;

» Fils d'Adramelech, roi des bataillons, roi du pays d'Assour. »

Tant que nous en serons là, M. Renan sera excusable de dire que la langue assyrienne ne nous est pas absolument familière, et que nous ne devons pas assurer que nous en connaissons la grammaire (*Journal des Savants*, mars, avril et juin 1859).

BIBLIOGRAPHIE. — Berosi, *Chaldæorum historiæ quæ supersunt.* Leipzig, 1825. — Hérodote, livre Ier. — Ctésias, *Persica*, édition Muller. — La Bible, *les Rois.* — Josèphe. — Volney, *Recherches nouvelles sur l'histoire ancienne.* — F. Hœfer, *Chaldée, Assyrie, Babylone.* — De Longpérier, *Notice sur les monuments antiques du musée du Louvre.* — J. Rich, *Two memoirs on the ruins of Babylone.* — Layard, *Niniveh and its remains.* — J. Oppert, *Expédition scientifique en Mésopotamie.* — Surtout : F. Lenormant, *Manuel d'histoire ancienne de l'Orient*, 1868.   J. ASSÉZAT.

ASTRES. — L'univers, ou du moins la portion de l'univers que le secours des télescopes les plus puissants rend accessible à notre vue, est formée de deux éléments très-différents d'aspect, sinon de nature, et très-inégaux en étendue : c'est, d'un côté, une multitude innombrable de corps, animés des mouvements les plus variés, les uns isolés en apparence, les autres réunis en groupes plus ou moins nombreux ou plus ou moins denses, et constituant des systèmes dont les liaisons mécaniques et physiques sont manifestes, bien que les lois de ces liaisons soient encore peu connues : chacune de ces agglomérations de matière condensée est un *astre*, dans le sens le plus général du mot. D'un autre côté, il y a le milieu dans lequel existent et se meuvent tous les astres, milieu qui les sépare ou les unit, selon le point de vue auquel on veut se placer : c'est *l'éther* d'après une locution généralement adoptée, locution qui s'applique tantôt à l'espace céleste, tantôt à la substance même dont on suppose qu'il est rempli.

Les divers point de vue auxquels on peut considérer les astres, les problèmes que soulèvent leurs mouvements, leurs distances, leurs positions relatives, en un mot leur distribution dans l'espace, distribution passée, présente et future, la constitution intime, physique et chimique, de chacun d'eux, leur classification en genres, espèces et variétés, toutes ces questions font l'objet de l'astronomie : ce n'est point ici le lieu de dire jusqu'à quel point les unes et les autres se trouvent résolues dans l'état actuel de la science. Mais il peut être intéressant, tout en faisant l'énumération des corps célestes, en passant pour ainsi dire en revue les matériaux de l'astronomie, de montrer comment l'idée comprise sous le mot qui fait le sujet de cet article s'est peu à peu agrandie et généralisée.

Pour les anciens, le Soleil, la Lune, les étoiles formaient tous les astres. La Terre, immobile au centre de l'univers, et qui paraissait se distinguer des corps célestes par ses dimensions, sa masse, sa forme, n'était point un astre. Les comètes, considérées comme de simples météores sublunaires, n'étaient pas des astres. Cependant, l'école pythagoricienne paraît avoir eu, sur ces divers points, des vues plus hardies, plus rapprochées de celles dont la science a fini par démontrer la réalité ; mais, c'étaient de pures intuitions, dénuées de preuves vraiment scientifiques. « Qu'est-ce qu'un astre ? disaient les philosophes de cette école. Un monde situé dans l'éther infini qui embrasse le tout. La Lune est une Terre. La comète est un astre qui disparaît en s'éloignant de nous, mais qui a sa révolution fixée. » Croyant à la rotation de la Terre, à sa forme arrondie, ils faisaient de notre planète un astre comme les autres, et lui assignaient sa position véritable, anticipant ainsi de vingt siècles sur la constatation scientifique de ces vérités fondamentales.

Une première division, fondée sur les apparences, fit distinguer, dès l'origine des observations astronomiques, les astres en deux groupes : dans le premier, se rangent toutes les étoiles que leur immobilité relative a fait longtemps considérer comme fixes; le second groupe, beaucoup moins nombreux que le premier, comprend les astres affectés d'un mouvement propre, les planètes, ou *étoiles errantes*, parmi lesquelles les anciens rangeaient le Soleil et la Lune. Ce caractère purement géométrique eut le mérite de faire entrevoir, dès le début, la véritable distribution des corps célestes, et l'existence du système d'astres qui nous intéresse le plus, de celui dont la connaissance approfondie devait logiquement précéder celle des autres systèmes.

Mais il ne faut pas oublier que cette première distinction des astres est en partie subjective, que les corps célestes du monde solaire nous paraissent se mouvoir parce qu'ils sont à une faible distance de la Terre, comparativement aux distances stellaires, et que si les étoiles au contraire semblent conserver les mêmes positions relatives, c'est par suite de leur prodigieux éloignement; en réalité, elles sont affectées de mouvements propres qu'on arrive à constater avec le temps, ou même qui deviennent sensibles au bout d'une année, quand on se sert des moyens perfectionnés propres à déterminer la position rigoureuse d'un point lumineux sur la voûte céleste.

Dans l'état actuel des choses, notre monde ou système solaire, tel du moins que l'astronomie est parvenue à le connaître, est un groupe d'astres qui se compose de la façon suivante :

A peu près au centre, un corps lumineux par lui-même, le Soleil, dont le volume et la masse sont entièrement prépondérants sur les volumes et les masses des autres corps du système auxquels on donne le nom de planètes. Ces derniers corps, connus aujourd'hui au nombre de cent trente-cinq, se distribuent eux-mêmes en trois groupes, selon l'ordre de leurs distances au Soleil, de leurs dimensions et de plusieurs autres de leurs éléments astronomiques ou physiques. Le premier groupe, le plus rapproché du centre, comprend les planètes moyennes au nombre de quatre, parmi lesquelles se trouve notre Terre : les autres sont Mercure, Vénus et Mars. Quatre grosses planètes, les plus éloignées du Soleil, Jupiter, Saturne, Uranus et Neptune, constituent le troisième groupe, tandis que le second, intermédiaire entre les deux autres, comprend une multitude de petits astres qu'on nomme petites planètes ou planètes télescopiques : on en connaît aujourd'hui cent neuf. Le caractère commun à toutes les planètes, c'est le mouvement périodique qui les entraîne autour du Soleil et leur fait décrire des orbites sensiblement elliptiques, en des temps qui dépendent des dimensions de ces orbites mêmes, dans des plans d'ailleurs peu inclinés les uns sur les autres.

Plusieurs d'entre elles, la Terre et les quatre grosses planètes, sont accompagnées dans leurs mouvements de circulation autour du Soleil, par des astres plus petits, corps secondaires animés autour de chaque planète principale de mouvements en tout semblables au mouvement de celle-ci autour du foyer solaire. Ce sont les satellites des planètes parmi lesquels se trouve la Lune : leur nombre total est de dix-huit. Les planètes et leurs satellites se distinguent du Soleil, en ce qu'aucun de ces astres n'est, comme le Soleil, une source de radiations lumineuses. La lumière qui les rend visibles est simplement la lumière solaire, réfléchie à leur surface. Mais il est probable que cette différence d'état physique n'est pas essentielle, et il est possible qu'à l'origine les planètes aient été, comme le Soleil, des sources de lumière et de chaleur, dont les forces vives sont aujourd'hui depuis longtemps dépensées. Au point de vue mécanique, les divers corps du système planétaire ne présentent pas de différence essentielle. Chacun est animé d'un double mouvement : mouvement de translation dans l'espace et mouvement de rotation autour d'un axe de direction presque invariable, comme il a dû nécessairement arriver si la force, cause commune de ces deux mouvements, s'est exercée en un point de la masse différent du centre de gravité. Il faut ajouter que le Soleil lui-même tourne sur son centre, et, de plus, est animé d'un mouvement de translation, et qu'il entraîne dans l'espace avec lui tous les astres qui lui forment cortége, de sorte que son mouvement de translation s'ajoute encore à ceux des planètes et de leurs satellites et complique leurs orbites réelles.

Sans sortir du monde solaire, il y a lieu de noter encore un grand nombre d'astres ayant le même foyer que les planètes et dont les mouvements sont soumis aux mêmes lois. Ce sont les comètes et toutes les agglomérations de corpuscules ou de matière nébuleuse, telles que la lumière zodiacale, les essaims d'étoiles filantes, les bolides, qui paraissent exister en quantités innombrables dans les régions interplanétaires, soit que ces agglomérations se trouvent définitivement acquises au monde solaire, soit qu'elles ne fassent que le traverser pour poursuivre au delà de ses limites des routes qui leur sont propres. Le nombre des astres de cette espèce paraît tout à fait impossible à préciser.

Il en est de même de cette prodigieuse accumulation d'étoiles qui, en dehors des corps planétaires, parsèment la voûte céleste à d'énormes distances. Il faut compter par dizaines de millions le nombre de ces astres, dont chacun paraît devoir être assimilé à notre Soleil. Voici ce qu'on sait de leur distribution dans l'espace.

En général, les étoiles ne nous semblent isolées que par l'effet de la perspective géométrique. Presque toutes sont groupées en amas plus ou moins condensés, qui, à la vue simple ou même dans les télescopes de moyenne puissance, ont l'aspect de tâches blanchâtres, de nébulosités lumineuses, tandis qu'un pouvoir optique plus considérable les résout en leurs éléments constituants, c'est-à-dire en une multitude de petites étoiles. La plus grande de ces taches, celle du moins qui nous semble telle, enveloppe le ciel tout entier : c'est la Voie lactée, dont notre Soleil lui-même et la plupart des étoiles çà et là dispersées sur le ciel font également partie. Un grand nombre d'autres groupes semblables, connus en astronomie sous le nom d'*amas stellaires*, se montrent en différentes régions du ciel, à des distances qui surpassent sans doute des milliers de fois les distances déjà si considérables des étoiles isolées. On sait peu de chose encore de ces vastes systèmes de soleils, sinon que les astres individuels qui les composent sont autant de sources de radiations calorifiques et lumineuses.

Outre ces associations gigantesques, il existe des groupes plus restreints de deux, de trois ou quatre étoiles, liées entre elles par des mouvements réciproques : ce sont les étoiles doubles et multiples, systèmes qui paraissent régis par les lois auxquelles obéissent les mouvements des corps célestes du monde solaire. Les étoiles proprement dites, ou les soleils, ont ce caractère commun d'être des foyers de radiation ; mais, à ce point de vue même, il y a lieu de les ranger en diverses classes, selon la nature physico-chimique de la matière dont elles sont formées. L'analyse spectrale a déjà fourni sous ce rapport de précieuses données, qui se trouveront résumées dans des articles spéciaux consacrés à l'étude détaillée de ces astres.

On est porté à croire que parmi les soleils, il en est un grand nombre, sinon tous, qui sont accompagnés de corps célestes semblables aux planètes, circulant autour de chacun d'eux en recevant leur lumière et leur chaleur. Si cette hypothèse, que l'analogie avec la composition de notre système solaire rend très-vraisemblable, est conforme à la vérité, il faut en conclure que le nombre des astres obscurs est encore plus considérable que celui des astres visibles. En y joignant les nébulosités cométaires, on arriverait à se faire une idée assez juste et assez complète de la constitution de l'univers visible.

Mais, outre les agglomérations de matière condensée en astres distincts ayant une existence individuelle et des mouvements déterminés, il faut encore considérer des masses plus confuses dont la matière constituante paraît disséminée à l'état de gaz incandescents, et dont la forme n'est pas nettement limitée. Ce sont les nébuleuses proprement dites, qu'il ne faut pas confondre avec les nébuleuses résolubles ou amas d'étoiles. L'étude de ces masses qu'on ne peut ranger parmi les astres proprement dits qu'en étendant outre mesure la signification du mot, jettera peut-être avant peu un grand jour sur la genèse des étoiles. Il est possible que, parmi les nébuleuses, il en existe qui nous présentent l'état des systèmes solaires, à une époque antérieure de centaines de millions d'années à l'époque où une condensation de la matière a fini par résoudre la masse confuse en noyaux distincts. Mais, quelque rationnelle que semble une telle hypothèse, elle a besoin d'être étayée par des faits d'observation positifs. Nous aurons l'occasion d'en étudier ailleurs la probabilité; nous ne la mentionnons ici que pour montrer quel vaste champ reste encore ouvert à l'astronomie et combien les progrès de la science ont élargi le point de vue sous lequel elle a d'abord considéré les astres.

AMÉDÉE GUILLEMIN.

ASTROLOGIE. — Ce mot comporte deux qualificatifs qui en modifient sensiblement la signification. L'*astrologie naturelle* est l'étude des phénomènes célestes dans leurs rapports avec les variations de la température, l'ordre des saisons et tout ce qui constitue la vie matérielle du globe. C'est, à proprement parler, la branche de l'astronomie que nous appelons météorologie. Elle permet quelques pronostics. L'*astrologie judiciaire* désignée aussi sous le nom d'*averrhoïsme* [1] et d'*apotélesmatique* (science des influences célestes), en est une extension ou plutôt une déviation de la première. Elle en veut accorder les données avec le détail des événements où l'action de l'homme a la plus grande part. Elle voit écrites dans le ciel les phases de la destinée des empires aussi bien que celles de l'existence de la plus humble individualité. Elle particularise les prétendues influences planétaires, combine les divers aspects des constellations, surtout à l'heure de la naissance, et, du thème généthliaque qu'elle construit alors, tire un horoscope auquel doit répondre tout l'avenir du consultant, aussi bien dans ce qui regarde la couleur de ses cheveux que le nombre de ses enfants, le chiffre de sa fortune, les causes et l'heure de sa mort. C'est une science très-pénible à bien apprendre, très-difficile à bien mettre en œuvre. Mais la délicatesse même de ses opérations sert à maintenir la confiance: l'erreur étant bien excusable, le succès paraissant d'autant plus merveilleux qu'il y a plus de chances de se tromper d'une minute, dans la constatation de l'état du ciel, au moment de l'arrivée d'un nouvel habitant sur la terre. Elle n'est plus en honneur que chez les peuples de l'Orient où elle a pris naissance. Si nous nous en occupons dans un recueil plus spécialement consacré à l'exposition et à la

---

1. Sans beaucoup de raison, Averrhoès n'ayant étudié l'astrologie qu'incidemment.

diffusion des conquêtes de la science moderne, c'est que rien de ce qui a longtemps passionné l'intelligence humaine ne doit nous être étranger et qu'on ne peut refuser à ses aberrations au moins un article nécrologique.

Manilius, qui écrivait sous Auguste, a, le premier, réuni dans un poëme didactique — bien difficile à lire malgré ses beautés! — les règles de l'astrologie à laquelle les Romains étaient fort attachés. Cette terre d'Italie est propice à toutes les superstitions. Elle les a toujours accueillies avec avidité. Une fois importées, elles y croissent et y durent avec une persistance extraordinaire. Malgré les recommandations prohibitives du vieux Caton (*De re Rustica*, v), malgré les critiques de Cicéron (*De Divinatione*, liv. II, chap. XLII à XLVII), l'astrologie venue de Grèce s'était propagée dans Rome à tel point que Juvénal nous montre les dames usant et abusant des *Chaldéens* ou *mathématiciens*, comme on les appelait alors, à propos de tout.

> Consulit ictericæ lento de funere matris
> . Ante tamen de te, Tanaquil tua; quando sororem
> Efferat et patruos; an sit victurus adulter
> Post ipsam......   Sat. VI, v. 565.

Elles étudiaient elles-mêmes le grimoire et ne se décidaient à rien sans consulter leur livre.

> Ad primum lapidem vectari quum placet, hora
> Sumitur ex libro : Si prurit frictus ocelli
> Angulus, inspecta genesi, collyria poscit.

Voilà l'excès; c'est le même qui se présenta plus tard chez nous, alors que chaque famille riche avait son astrologue lui servant à la fois de prophète et de baromètre. Aussi fut-ce encore l'Italie qui, au moyen âge, après la nouvelle infusion d'idées orientales que nous dûmes aux croisades, entra avec le plus d'ardeur dans la carrière, ramassa avec le plus de complaisance les merveilles qu'avaient conservées les Arabes, répandit dans toute l'Europe le goût des sciences occultes et fournit d'astrologues toutes les cours souveraines. Cela s'harmonisait assez bien avec la religion dont elle possédait le grand-prêtre. Nous ne serons donc pas étonnés de voir le pape Urbain V combler de ses bénédictions le collège de maître Gervais, astrologue de notre roi Charles V le Sage (*sapiens*) et payé par lui pour vulgariser ces hautes spéculations parmi la jeunesse française. Quand, se rappelant les opinions de saint Augustin, de saint Basile et des Pères, l'Église s'avisa de trouver mauvais ce qu'elle trouvait bon alors, et de condamner l'astrologie comme une œuvre du démon, ce fut chez les prêtres qu'elle rencontra le plus de contrevenants à ses décisions. Il est peu de livres traitant de ces matières qui ne soient signés de noms d'ecclésiastiques, il est surtout peu d'ecclésiastiques, même des plus graves, qui ne croient à la possibilité de la divination par quelque moyen que ce soit — nous le voyons aujourd'hui pour les tables tournantes — et qui ne suivent en cela Richelieu et Mazarin dont la confiance aux prédictions de J. B. Morin était inébranlable.

Ce fut du XIIIe au XVIe siècle que l'astrologie compta ses plus beaux jours. Roger Bacon, ce savant encyclopédiste, ne la dédaigna pas; Albert le Grand lui dut une grande part de sa réputation [1]. Tolède fut, sous Alphonse X, un foyer de magie, et l'astrologie était un des principaux moyens de la magie. Louis XI y croyait comme y avait cru Tibère. Louise de Savoie, mère de François Ier, supplia H. Corneille Agrippa d'être son devin en titre. Agrippa, qui mourut

---

1. Il tira, comme Cardan et le cardinal P. d'Ailly, l'horoscope de Jésus-Christ.

dans le scepticisme final à l'égard de ces sciences qu'il avait tant étudiées, refusa. Nostradamus n'eut pas ces scrupules et occupa momentanément la fonction d'astrologue ordinaire auprès de Catherine de Médicis. Celle-ci étudiait elle-même et s'était fait construire un hôtel consacré à cette destination spéciale, l'hôtel de Soissons; la colonne qui lui servait d'observatoire se voit encore aujourd'hui adossée à la Halle aux blés. Sous le règne de Charles IX, trente mille astrologues, dit l'Étoile, exerçaient leur art ou leur industrie — car il y avait de l'un et de l'autre — dans Paris. En Allemagne, Tycho Brahé tirait l'horoscope de Rodolphe II. Kepler ne put se soustraire à cet exercice, considéré comme le seul emploi véritablement pratique et utile de l'étude des astres. Mathias Corvin n'entreprenait rien sans consulter ses astrologues, et Wallenstein en avait toujours un, magnifiquement entretenu, Seni, qui, dit Voltaire, ne sut pas préserver son maître du poignard des assassins soldés par Ferdinand II, et dut laisser son carrosse et ses chevaux pour retourner à pied en Italie. Henri IV exigea que Larivière, son médecin, tirât l'horoscope de Louis XIII, et celui-ci porte dans l'histoire le surnom de *Juste*, parce qu'il naquit sous le signe de la Balance. Mais c'était le commencement de la fin. Le XVIe siècle a cela de particulier que, tout en paraissant avoir fait revivre les erreurs accumulées par les siècles précédents, il en a, en réalité, hâté la chute. En même temps qu'il *compilait, compilait, compilait* sans frein ni ordre apparent, il éveillait dans nos esprits d'Occident ce caractère qui leur est particulier : l'esprit de critique. Dès 1389, Gerson avait condamné l'usage de l'astrologie comme contraire aux principes du christianisme. En 1495, Pic de la Mirandole écrivait ses *Disp. adversus astrologiam divinatricem.* Chez Agrippa, chez Cardan, il y a plus de curiosité que de crédulité véritable. Ils ramassent toutes les sottises qu'avait déjà ramassées Pline, mais ils y ajoutent le signe du doute, et s'ils ne sont pas encore assez avancés pour oser réagir ouvertement contre les enseignements des anciens, s'ils veulent bien croire encore que c'est l'ignorance des expérimentateurs et non la vanité de la science elle-même qui empêche de réaliser les miracles promis, ils ne tarderont pas à secouer le joug des traditions et à réformer d'abord la religion, ensuite la science.

On tira encore l'horoscope de Louis XIV, et ce fut tout. Quand Colbert fonda l'Académie des sciences (1666), un des articles du règlement porta qu'on ne s'y occuperait ni d'astrologie, ni de pierre philosophale.

Officiellement, l'astrologie avait donc cessé d'exister, mais elle avait fait trop de bruit, elle avait été acceptée par trop d'hommes sérieux, elle était douée de trop de séductions pour disparaître aussi subitement. Nous la rencontrerons encore au XVIIIe siècle : au commencement, avec le comte de Boulainvilliers, qui s'en servit pour prédire à Voltaire qu'il mourrait à trente-deux ans[1] ; à la fin avec Mesmer, dont la thèse : *De l'influence des planètes sur le corps humain*, est une dernière tentative pour relier la chaîne des doctrines surnaturalistes en les fusionnant dans cette théorie du fluide universel qui a pris le nom de *magnétisme animal*. En y regardant d'un peu près, on retrouverait bien certainement, dans notre XIXe siècle même, des traces de cette persistance des rêves astrologiques. Il suffirait pour cela d'ouvrir les livres des astronomes spirites, dont le chef est M. Flammarion[2].

---

1. Il paraît, d'après l'article *Astrologie*, du *Dictionnaire philosophique*, qu'un autre astrologue talien, nommé Colonne, s'était rencontré avec le comte de Boulainvilliers pour annoncer une fin prématurée à celui qui fut le vieillard de Ferney.

2. La doctrine de nos modernes spirites concernant les migrations des âmes, après la mort, dans es diverses planètes est une idée gnostique, et le gnosticisme et l'astrologie se complètent et s'éclairent mutuellement.

Voici comment le comte de Boulainvilliers expliquait sa croyance aux communications avec le ciel. Cette explication nous mettra sur la voie qu'a suivie l'humanité pour en arriver au même point que lui.

« Mon opinion est, dit-il, que le tempérament de ceux qui naissent a pour cause la nature des semences du père et de la mère qui en sont les procréateurs et non point les astres, mais que, comme les accouchements ne peuvent réussir qu'en des températures de l'air qui leur soient sympathiques et que ces températures de l'air dépendent de la domination des astres, on peut, par la science des étoiles, connaître le tempérament de ceux qui naissent, et ainsi j'estime que les astres sont des signes et non pas des causes de ces divers tempéraments. » (*De l'astrologie, ce qu'un honnête homme doit en savoir*. Manuscrits de la Bibliothèque de l'Arsenal.)

Bien avant lui, nous trouvons dans un traité attribué à Lucien, mais qui n'est certainement pas de ce génie si éveillé et de cette plume si indépendante, les raisons que voici : « Les astres suivent leur orbite dans le ciel, mais, indépendamment de leur mouvement, ils agissent sur ce qui se passe ici-bas. Voudriez-vous qu'un cheval au galop, que des oiseaux et des hommes en s'agitant fissent sauter des pierres ou voler des brins de paille par le vent de leur course, et que la rotation des astres ne produisît aucun effet? Le moindre feu nous envoie ses émanations, et cependant ce n'est pas pour nous qu'il brûle et il se soucie fort peu de nous échauffer : pourquoi ne recevrions-nous aucune émanation des étoiles?(Lucien, xxxvi, trad. Talbot.)

Tels sont les principaux, disons les seuls arguments qu'on ait jamais donnés en faveur de l'astrologie. On comprend qu'il y a là une confusion des rapports, masquée par l'incomplète constatation des faits. De ce que la lune a de l'action sur les marées, de ce que le soleil est le véritable principe de la vie sur le globe, de ce que le mouvement des planètes est coordonné et peut être dessiné à l'avance, de ce que l'apparition des comètes n'échappe même pas à une régularité au moins temporaire et qu'elle a coïncidé parfois avec des années de fécondité ou de graves perturbations atmosphériques, en résulte-t-il autre chose qu'une influence générale, mais bornée aux seules relations de planète à satellite, de soleil à étoile et se traduisant par suite infailliblement, mais seulement, par des résultats physiques? Nous sommes en pleine astrologie naturelle et nous pouvons passer à cette astrologie bien des conclusions erronées sans nous compromettre. Il n'est pas un homme en contact direct et régulier avec la nature qui n'ait une grande tendance à abuser des pronostics météorologiques. Nos maraîchers suivent encore les préceptes de Virgile ou de Columelle quand il s'agit de planter ou de semer, et ils s'en trouvent bien, disent-ils. Les pêcheurs de nos côtes sont persuadés, malgré les expériences de Huet, que les homards varient dans leur accroissement suivant le cours de la lune; nous ne les condamnerons pas quand ils nous auront démontré que les expériences de Huet ont été mal faites et que les homards se cachent sous les pierres, inactifs et impuissants à la chasse de leur nourriture pendant les nuits noires. Les rapports de cause à effet peuvent ne pas toujours apparaître au premier coup d'œil ; l'observateur populaire passe par-dessus toutes les modifications intermédiaires, c'est au savant à les retrouver, et, quand il l'aura fait, beaucoup de ces traditions dont on s'est moqué reprendront une juste faveur. En sera-t-il jamais ainsi pour l'astrologie? Concédons à ses partisans qu'elle peut s'appuyer sur les différences constatées entre les peuples qui se partagent la surface de la terre. D'Hippocrate à M. Taine, cette action n'a jamais été niée. Plus ou moins de soleil, un sol montagneux ou plat, un ciel nuageux ou étoilé agissent assez sur l'homme pour donner à une moyenne d'individus des caractères de même ordre. Mais c'est tout. La partie expérimentale s'arrête là, et, à partir de ce point, il n'y a plus rien qu'abus des vues de l'esprit.

Ce vice originel, l'abus de l'induction est celui de toutes les sciences antiques, c'est lui qui les a poussées toutes vers l'occultisme. Si j'écris pour ce recueil l'article *Sciences occultes*, je m'en occuperai plus spécialement. Qu'il nous suffise pour le moment de dire que l'antiquité croyant la terre faite pour l'homme, le ciel fait pour la terre, devait infailliblement s'égarer et chercher dans le ciel, sinon les causes, au moins les signes de ce qui devait arriver ici-bas. Le procédé pour arriver à comprendre ces signes fut le plus simple et le plus naïf de tous, le premier qui vient à l'enfant : l'emploi exclusif de l'analogie.

Étudions, d'après ces principes, le développement de l'astrologie. Ne nous préoccupons pas trop de sa naissance. Laissons de côté les absurdités propagées par les livres hébreux : Adam la connaissait; les mauvais esprits l'enseignèrent à Cham. Contentons-nous du vague où reste Manilius et admettons que cet enfantement se fit « dans les terres partagées par l'Euphrate ou inondées par le Nil » (*Astronomicon*, l. I, v. 42). La question de priorité a peu d'importance. Diodore de Sicile l'accorde aux Égyptiens, Cédranus aux Assyriens, il nous suffit de trouver dans la pureté du ciel en Égypte et dans l'Asie centrale, ainsi que dans l'état primitivement pastoral de ces peuples, la première incitation à l'étude de la voûte céleste. D'après les traditions, la tour de Babel n'aurait été qu'un grand observatoire dédié aux sept planètes et destiné à fixer plus affirmativement leur cours, et par suite la détermination exacte du temps. Au commencement donc, sentiment juste des nécessités de l'observation, l'astronomie naît, l'astrologie ne paraît pas encore. Mais il fallait un guide pour se reconnaître dans ces milliers d'étoiles. L'analogie commence son office. On saisit de très-vagues ressemblances entre certains groupes et des formes déjà connues; on donne à ces groupes des noms rappelant ces ressemblances. Le prêtre ne s'y trompe pas; mais il garde sa science pour les initiés, et laisse le peuple croire à l'identité absolue de ces rapprochements. De plus, il y a des différences de coloration dans la lumière que nous envoient les astres. Une certaine étoile par exemple est rouge. Par une association d'idées très-naturelles, ce rouge rappela le sang qui rappela les batailles; l'étoile fut Mars, le dieu de la guerre. La lumière vive et scintillante de l'étoile du matin amenait la pensée vers l'idée de jeunesse, de joie, d'amour; ce fut Vénus. Saturne fut cette autre planète d'un éclat gris et terne ; le dieu le plus ancien devint facilement l'emblème de la tristesse et de la vieillesse ennuyée et jalouse.

Les deux courants théologique et astronomique se mêlent dès le début. En suivre les diverses phases nous serait aujourd'hui impossible. Les tâtonnements nombreux se résumèrent en une appropriation de chaque planète à un dieu, de chaque étoile à un génie. Les livres de Thot, en Égypte, contenaient toute la doctrine qui passa chez les Grecs sous le nom d'Hermès. On établit une hiérarchie, et on relia tous ces dieux et ces génies avec toutes les manifestations de la vie. Chaque partie du corps fut sous la direction d'un *décan* [1]. On alla jusqu'à croire qu'à chaque homme correspondait un astre particulier qui naissait et mourait en même temps que lui. Cette superstition a laissé des traces dans le langage usuel, et certains hommes prennent plaisir à se choisir dans le ciel une étoile, comme, dit-on, le faisait Napoléon Ier.

[1]. Les douze signes du zodiaque comprenaient théoriquement chacun trente étoiles ou groupes d'étoiles, afin de parfaire le nombre cabalistique de trois cent soixante. Trente-six de ces étoiles étaient gouvernées par un *décan*. On trouvera dans les notes dont Scaliger a accompagné son édition de Manilius les noms et les fonctions de tous ces *décans.*

Cette étude des mouvements des astres ouvrait en outre une vaste carrière aux combinaisons des nombres. Or, le nombre abstrait et les calculs qui le produisent ont eu longtemps, pour des êtres neufs et ignorants, l'attrait du mystère. Il en est de même des figures géométriques. Tandis que, très-probablement, Pythagore savait à quoi s'en tenir sur ce point, le vulgaire intervertissait naïvement l'ordre des relations du nombre et de la figure avec les mouvements et la position des étoiles, et, habitué à rapporter tout à l'homme comme à un point de départ universel, voyait dans le nombre que le philosophe avait calculé, et dans la figure qu'il avait tracée la raison de ce qui se passait là-haut. Quand le mélange de toutes ces données d'espèces différentes, mais ramenées à l'unité par cette considération de l'importance de l'homme comme point central de l'univers, fut achevé, voici de quelle façon on procéda dans la pratique.

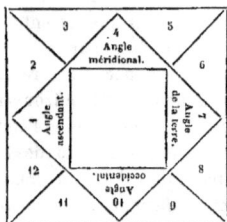

Représentons le ciel par un carré. Joignons le milieu de chacun des côtés contigus de ce carré par des lignes droites, et faisons de même pour le nouveau carré ainsi formé; réunissons ensuite les sommets des angles du carré intérieur à ceux du carré extérieur. Nous obtiendrons ainsi entre les deux carrés une série de triangles au nombre de douze, que nous appellerons les maisons du soleil. Chacune répondra à une des questions importantes que peut suggérer l'ensemble d'une existence. On les a réunies dans ces deux vers :

Vita, lucrum, fratres, geniti, nati, valetudo,
Uxor, mors, pietas, regnum, benefactaque carcer.

Nous avons dit que chacune des planètes avait sa spécialité. Quand il s'agira de consulter l'oracle, il faudra d'abord que la planète qui préside à l'heure de la question tombe dans l'une des maisons 1, 4, 7, 10, ceux des triangles qui ont pour base un des côtés du carré intérieur, sans quoi la réponse demeurera incertaine. Les maisons 2, 5, 8 et 11 sont indifférentes; celles 3, 6, 9, 12 sont cadentes, « à cause qu'elles diminuent toujours la force des bonnes figures [1]. » De plus, les planètes ont leurs maisons préférées. Mercure préfère la première; la Lune, la troisième; Vénus, la cinquième; quand elles s'y trouvent à l'heure de la question, leur influence acquiert une double force. Si elles se trouvent deux dans le même triangle, elles sont dites en *conjonction*; elles sont en *sextil aspect* lorsqu'elles sont éloignées de 60°, en *quadrature* à 90°, en *trine aspect* à 120°, en *opposition* lorsqu'elles sont aux deux extrémités d'une même ligne droite traversant le champ que nous avons décrit. D'après ce que nous savons des procédés de l'analogie, il nous est facile de comprendre que la *conjonction* était la plus favorable des rencontres et l'*opposition* la plus maligne. Le jeu ainsi fait, il suffisait d'un catéchisme semblable à ceux où nous trouvons l'*art d'expliquer les rêves* pour arriver à prononcer un oracle suffisamment vague que l'événement se chargeait d'expliquer.

Nous n'irons pas plus loin dans cette voie. Nul n'a plus aujourd'hui la prétention d'enseigner l'astrologie; mais, avant de terminer, il peut être bon de protester contre l'accusation de charlatanisme et de tromperie qu'Aulu Gelle (l. xiv, c. i) lançait déjà contre tous les astrologues. Il ne faut pas croire à la longévité d'un même procédé d'exploitation de la crédulité humaine, si ce procédé n'a pas quelque rai-

1. *La chiromancie, la physionomie et la géomancie*, par le sieur de Peruchio, 1663.

son d'être dans la nature même des exploités et dans la conviction sincère des exploiteurs. Or, d'une part, il est bien évident que l'ignorant a toujours cru aux charlatans, parce qu'il leur a toujours supposé de la science, et, de l'autre, il paraît certain que les charlatans ont commencé, comme les ignorants, par croire à la science qu'ils apprenaient. Il y a eu certainement des astrologues convaincus, et ceux-là ont parfois réussi dans leurs prophéties. Et ils ont réussi non pas grâce à leur art, mais grâce à leur esprit.

On lit dans une plaquette du xviie siècle, recueillie par M. Édouard Fournier, dans sa collection de *Variétés historiques et littéraires*, t. ii : « La *judiciaire* est une rouille si fort attachée à l'esprit de ceux qui l'ont pratiquée une fois, que ni l'eau ni le feu ne sauraient jamais l'arracher. » Cela est vrai. Il en est de même de tout ce qui excite fortement cette passion d'analyse et de combinaison d'idées qui font la pénétration des inventeurs. Les astrologues sérieux étaient de ce nombre, ils prédisaient comme tout le monde peut prédire. Ils réussissaient mieux que tout le monde, parce que, dominés par cette perpétuelle pensée de l'avenir à découvrir, ils réunissaient toutes les probabilités, ils concentraient sur un seul point toutes leurs réflexions éclairées de tous les renseignements qu'ils avaient amassés. Dès lors, ils se trouvaient conduits par leur sagacité, et quand ils commençaient leurs calculs dans de telles conditions, ces calculs si compliqués, si peu sûrs, devaient immanquablement, et même à leur insu, conclure comme leur sagacité.

BIBLIOGRAPHIE. — Manilii, *Astronomicon*. — *Philosophie occulte*, de H.-C. Agrippa. — Bayle, article *Morin*. — Alf. Maury, *la Magie et l'Astrologie*. — Pour les très-nombreux ouvrages sur ce sujet au moyen âge, consulter le *Manuel* de Brunet, et la *Bibliographie universelle* de F. Denis.   J. ASSÉZAT.

ASTRONOMIE. — Les astres, leurs positions et leurs distances relatives, leurs mouvements, les systèmes ou associations de degrés divers que forment certains d'entre eux dans l'espace, leurs dimensions, leurs masses, enfin les particularités physiques que l'observation permet de recueillir sur chacun d'eux considéré individuellement, tel est l'objet de l'astronomie.

Le champ de cette science est, comme on voit, en quelque sorte indéfini ; il embrasse l'univers entier, du moins tout ce qui en est accessible à la vue de l'homme et à ses auxiliaires optiques, la lunette et le télescope. Il n'est pas même limité par le temps ; car, depuis qu'on est parvenu à connaître les lois des mouvements des corps célestes et à les rattacher à une cause unique, il est possible de remonter de l'état actuel des phénomènes aux états antérieurs, et pareillement d'en déduire leur état futur pour une époque déterminée de l'avenir. A la vérité, la solution de ce double problème n'est connue qu'en ce qui concerne les positions et les mouvements relatifs des astres, et ne s'applique guère encore qu'au système de corps célestes dont la Terre fait partie. Mais il n'y a nulle impossibilité logique à l'étendre à d'autres systèmes, et déjà la science possède des ébauches partielles de cette application aux systèmes stellaires : il n'est pas douteux, non plus, qu'on ne parvienne bientôt à étendre la même solution à des phénomènes d'un autre ordre, par exemple à ceux qui concernent la formation et le développement des astres et de leurs groupes, à leur constitution physique actuelle, passée et future. Si les progrès récents et considérables des théories physiques, notamment de la théorie des radiations calorifiques et lumineuses, autorisent une telle espérance, il sera vrai de dire que l'astronomie est, de toutes les sciences naturelles, celle dont l'objet est le plus vaste, et dont les spéculations embrassent, dans l'espace et dans le temps, les lois les plus générales de l'univers visible.

Faisons remarquer toutefois qu'ainsi étendu le domaine de l'astronomie empiète, dans une certaine mesure, sur celui de la physique générale, en comprenant, sous cette dernière dénomination, la science des phénomènes physiques, considérés abstraction faite des corps ou agglomérations individuelles dont ces phénomènes sont la manifestation. Limitée d'une part par les sciences physico-mathématiques, l'astronomie se termine d'autre part là où commence chacune des autres sciences naturelles, dont l'objet est plus spécialement restreint aux phénomènes terrestres, et qui dès lors étudient des faits plus particuliers, depuis la géologie jusqu'à la biologie. Constatons d'ailleurs que l'objet de l'astronomie s'est considérablement étendu au fur et à mesure de ses progrès, ajoutons, et des progrès des autres branches de la science dont le domaine confine au sien, ou même des procédés purement mécaniques ou techniques, qui sont une partie si importante de la méthode scientifique. Où en serait l'astronomie, sans les perfectionnements mécaniques de l'horlogerie, sans l'invention des procédés qui permettent de couler et de tailler le verre, de ceux qui servent à travailler les métaux, à fabriquer avec leur substance les instruments de précision dont les observatoires contemporains ne peuvent plus se passer?

En suivant dans l'histoire les principales phases des progrès de l'astronomie, nous allons avoir l'occasion de vérifier ce que nous venons de dire de l'extension progressive de son objet. Il ne sera pas moins intéressant de voir sa méthode subir des modifications correspondantes, passer de l'empirisme pur à l'observation méthodique, s'essayer aux hypothèses simplement géométriques correspondant à des intuitions imaginaires du système du monde, s'élever par degré à la claire conception de ce système, et finalement, empruntant aux mathématiques la méthode si ingénieuse et si féconde de l'analyse, enchaîner dans des formules de mécanique rationnelle la succession des phénomènes célestes, jusque-là dépourvus de tout lien physique.

En résumant ce double mouvement parallèle, des progrès de l'astronomie dans son objet et dans sa méthode, en un tableau d'ensemble, nous pourrons donner à la fois une idée générale de l'histoire de l'astronomie, un aperçu de l'état actuel de cette science et de la phase nouvelle où elle paraît devoir entrer sous l'impulsion des progrès de la physique générale.

I. — Bien avant de se constituer comme science, avec sa méthode et son objet nettement défini, toute connaissance humaine débute par les tâtonnements de l'empirisme. On commence par recueillir des faits, lentement, confusément accumulés, ceux surtout dont l'observation n'exige aucun effort. L'astronomie devait échapper moins que tout autre genre de connaissances à cette nécessité ; les plus simples des phénomènes qu'elle étudie étant de ceux que tout le monde peut constater sans préoccupation aucune de théorie, ni même de recherche scientifique quelconque : le lever et le coucher des astres, principalement de la Lune et du Soleil, leurs mouvements apparents, la configuration du ciel étoilé, sont des faits qui se mêlent si intimement à la vie de chaque jour, dont le retour se lie si naturellement aux travaux de l'agriculture, qu'on retrouve leurs périodes principales notées avec plus ou moins d'exactitude dans toutes les traditions, dans celles des peuples les plus anciens, comme dans celles des tribus les moins développées physiquement et intellectuellement de l'humanité contemporaine.

Mais tout, à peu de chose près, se borne, pendant cette première phase de la science, aux notions les plus simples sur le mouvement diurne du ciel étoilé, sur la période des phases lunaires et celle, plus étendue et déjà plus difficile à mesurer, qui constitue le mouvement annuel apparent du Soleil, sur la fixité des positions relatives des étoiles, fixité qui a conduit naturellement les premiers observateurs à imaginer certains groupes, et à leur donner des noms le plus souvent en rapport avec les fables constituant leurs conceptions religieuses. D'ailleurs, le but évident que se proposèrent à l'origine ceux qui recueillirent ces simples notions, fut principalement d'utiliser la constance et la périodicité régulière des phénomènes célestes pour la mesure du temps, mesure dont le besoin se fit d'autant plus impérieusement sentir, que les relations sociales se multiplièrent davantage, et avec elles les fêtes publiques, civiles ou religieuses, et que les travaux de l'agriculture se substituèrent sur une plus large échelle aux habitudes de la vie nomade des âges primitifs.

Dans cette phase de l'astronomie, s'il est permis de donner déjà ce nom à l'ensemble incohérent des premiers faits observés, il ne peut être et il n'est en effet nullement question d'idées spéculatives sur les phénomènes célestes ; ou, si ces idées se sont réellement glissées dans l'esprit de quelque observateur, elles n'ont laissé dans les documents transmis aucune trace de leur existence. La méthode n'existait donc point encore, ou, si l'on préfère, c'était le pur empirisme, en donnant à ce mot une signification moins positive que celle qu'on y attacherait aujourd'hui s'il s'agissait de recueillir sans idée préconçue les matériaux d'une science nouvelle. Aujourd'hui nous pouvons et nous devons bien reconnaître qu'en recueillant des faits, les astronomes des premiers âges faisaient tout ce qu'il leur était humainement possible et utile de faire, et nous devrions agir encore comme eux, si nous nous trouvions dans les mêmes circonstances. Il est vrai qu'aujourd'hui nous sommes dominés par l'idée de loi, par la certitude de l'enchaînement des phénomènes ; de sorte que, malgré nous, nous chercherions avant le temps peut-être, à les grouper, à les unir, à en deviner le lien. Aux époques dont nous parlons, bien des siècles ont dû s'écouler sans doute, avant que vînt même l'idée de tenir note des faits, et d'y chercher simplement des périodes numériques un peu étendues. Un coup d'œil rapide sur l'astronomie des peuples d'Orient et d'Occident va nous permettre de justifier cette appréciation sommaire de la période originelle de l'astronomie.

Les plus anciennes observations astronomiques dont la tradition ait conservé le souvenir paraissent dues aux Chinois. Or, aussi loin qu'on remonte dans les annales de ce peuple, dont tout le génie semble être la patience et l'adresse dans les petites choses, et qui ne s'est jamais élevé à la notion de l'abstrait, on voit qu'il ne s'agissait pour leurs astronomes que de recueillir les éléments du calendrier. L'astronomie n'a jamais été, chez les Chinois, comme le dit fort bien Biot, « qu'une œuvre de gouvernement. Son principal office consiste à préparer chaque année, plusieurs mois à l'avance, le calendrier impérial, qui, transmis par le *Ta-sse*, le *grand historien*, à tous les grands fonctionnaires de l'État, leur fournit les indications qu'ils doivent suivre pour régler avec uniformité, dans tout l'empire, les travaux administratifs ; et le soin de les en instruire est un droit, en même temps qu'un devoir, du souverain. Elle est chargée, en outre, de l'avertir personnellement des phénomènes extraordinaires qui arrivent dans le ciel, pour en tirer les présages favorables ou défavorables, qui concernent son gouvernement. »

La fixation du calendrier, l'astrologie, voilà donc les deux objets que se sont constamment proposés les observateurs chinois. Dès une très-haute antiquité, ils étaient parvenus, à la vérité, relativement à la première partie de ce programme, à des résultats qui égalaient et même, à certains égards, dépassaient en précision tout ce que découvrirent beaucoup plus tard les astronomes grecs. Par les observations accumulées des longueurs des ombres méridiennes du gnomon à l'époque des solstices, ils avaient reconnu que l'année se compose de trois cent soixante-cinq

jours solaires entiers, plus, d'un quart de jour; et, ignorant que cette période et
celle du mouvement synodique lunaire ne sont point commensurables, ils s'étaient
posé le problème qu'ont cherché du reste à résoudre tous les anciens, à savoir, de
déterminer par l'observation une période de durée telle, que l'année solaire et le
mois lunaire y fussent, à peu de chose près, compris un nombre entier de fois. De
là, leur cycle de dix-neuf années comprenant deux cent trente-cinq lunaisons; de
là, l'année civile luni-solaire des Chinois.

Leurs procédés d'observation consistaient dans la mesure des ombres méridiennes par le gnomon, dans la notation des passages au plan méridien du Soleil,
de la Lune, des étoiles; ils marquaient les heures de ces passages au moyen de clepsydres ou horloges d'eau, et avaient choisi de temps immémorial, pour termes de
comparaison, vingt-huit étoiles réparties sur une zone voisine de l'équateur et de
l'écliptique. Les quelques observations d'éclipses et de solstices qui nous sont restées
dénotent de leur part, ainsi que les résultats mentionnés plus haut, une habileté
pratique relativement fort remarquable. Mais c'est tout : pas de préoccupation
spéculative, aucun indice d'une tendance à chercher le pourquoi des phénomènes,
le mécanisme des astres, les mouvements réels dissimulés sous les mouvements
apparents; les astronomes chinois, ceux des temps les plus anciens comme ceux
des derniers siècles, paraissent avoir conservé toujours au plus haut degré cette
qualité de l'empirisme qui se borne à constater strictement, minutieusement les
faits, sans y rien ajouter absolument, pas même le lien abstrait, le rapport qui
les lie, et d'où les races aryennes sauront tirer une conclusion générale, une
loi, une formule. Quelle différence avec les astronomes occidentaux, même avec
ceux de l'antiquité, qui cherchent partout un certain idéal, même dans les nombres,
même dans la géométrie. Un trait de détail qui peint bien la science chinoise est
celui-ci : Le mouvement annuel du Soleil a évidemment été partout le point de départ
de la division de la circonférence en parties égales, en degrés, et le nombre trois cent
soixante est celui qui a prévalu chez tous les peuples, bien qu'il ne soit pas le
nombre exact, ni même entier, des jours solaires de l'année : ses propriétés arithmé-
tiques ont contribué sans doute à son adoption dans l'Occident. Les Chinois, ne
considérant que le fait brut, et ayant trouvé le nombre fractionnaire trois cent
soixante-cinq un quart pour le nombre des jours solaires de l'année, ont suivi
rigoureusement ce nombre fractionnaire pour la division de la circonférence en
degrés, de sorte que le degré n'était point, chez eux, une partie aliquote du cercle.

Comme astronomes, les Hindous n'ont pas dépassé les Chinois; ils en sont
restés aussi à la phase de l'empirisme. Qu'à d'autres points de vue, ils aient eu
de la nature une idée plus large que leurs voisins de l'extrême Orient, que leur
philosophie se soit élevée jusqu'à la conception d'une cause générale des phénomènes physiques, cela ne paraît pas douteux; mais, en revanche, leur penchant
pour la contemplation mystique en a fait de tout temps des observateurs peu aptes
à résoudre les difficultés pratiques des problèmes de l'astronomie. Est-il vrai que tout
ce que leurs livres anciens renferment de documents de ce genre, que toutes leurs
connaissances des mouvements célestes et des périodes solaires et planétaires, aient
été par eux empruntés au Chinois, est-il vrai qu'ils dissimulèrent leurs emprunts,
en attribuant ces connaissances à une révélation divine remontant à la plus haute
antiquité? C'est là une question du ressort de l'érudition et de la philologie[1], que

---

1. Biot, dans ses études sur l'*Astronomie indienne*, s'est efforcé de prouver que les vingt-huit
nakshatras, ou divisions célestes décrites dans le Sûryâ-Siddhânta, sont astronomiquement identiques
aux vingt-huit *Sieou* chinois, que ces divisions ont été empruntées par les Hindous aux Chinois,
non par les Chinois aux Hindous.

nous ne chercherons point à résoudre, parce qu'elle n'ajouterait rien à ce que nous voulions montrer.

Des Juifs, il n'y a rien à dire, sinon qu'aucune nation de l'antiquité n'a fait preuve d'une telle ignorance des phénomènes les plus simples de l'astronomie. Il est probable que les Phéniciens, peuple de commerçants et de navigateurs, eurent quelques notions d'astronomie, la connaissance du ciel étoilé leur étant indispensable pour leurs excursions maritimes; mais, aucun document précis ne vient appuyer ce qui n'est qu'une conjecture.

Parmi les peuples occidentaux, les Chaldéens sont ceux dont les observations astronomiques remontent à l'antiquité la plus reculée, et les connaissances qu'ils recueillirent se répandirent sans doute de la Chaldée en Égypte et en Grèce. C'est à eux qu'on doit la découverte de la fameuse période luni-solaire de Saros. Grâce à la connaissance de ce cycle, qui ramenait la Lune à la même position relativement à ses nœuds au Soleil et à la Terre, ils parvinrent à prédire à l'avance les éclipses avec une certaine exactitude. « Cette période, dit Laplace, et la manière ingénieuse dont ils calculaient la principale inégalité lunaire (*l'anomalie*), ont exigé un grand nombre d'observations comparées entre elles avec adresse : c'est le monument astronomique le plus curieux avant la fondation de l'école d'Alexandrie. » Déjà, l'on voit poindre les premières conceptions d'un système du monde : il paraît que plusieurs philosophes chaldéens pensaient que les comètes étaient, comme les planètes, soumises à des mouvements réglés eux-mêmes par des lois invariables. L'idée de loi de la nature se fait jour, et va bientôt donner aux recherches et aux spéculations astronomiques une nouvelle physionomie.

Pour achever de caractériser cette première phase de la science, disons quelques mots de l'astronomie égyptienne avant la fondation de l'école d'Alexandrie. Les observateurs antérieurs à cette fondation ont progressivement déterminé la durée de l'année solaire : d'abord de 360 jours, puis de 365, et enfin de 365 jours un quart; ils observaient pour cela les époques des équinoxes et des solstices. L'orientation évidente des quatre faces des pyramides de Memphis suppose qu'ils savaient tracer une méridienne. Il paraît probable qu'ils ont observé des éclipses de Lune et de Soleil, et que, dans une certaine mesure, ils savaient les prédire. En tout cas, rien ne dénote chez eux des connaissances astronomiques théoriques, une conception géométrique du système du monde : comme les Chinois, les Hindous et les Chaldéens, les astronomes égyptiens d'avant Hipparque et l'école d'Alexandrie n'étudiaient les phénomènes célestes que pour y trouver les éléments de périodes propres à fixer leur chronologie, à régler le retour des rites et cérémonies civiles ou religieuses, à instituer des fêtes agricoles, ou enfin à servir de thème aux calculs des astrologues. La science, l'astronomie véritable qui fera son apparition dans la période qui va suivre, est l'œuvre des Grecs et n'a commencé réellement qu'avec eux. L'esprit analytique, abstrait et généralisateur des Grecs, s'emparant des masses plus ou moins confuses, plus ou moins précises des observations antérieures va chercher, pour la première fois, à en dégager une idée de l'organisation du monde, un système des astres. Avec le changement de la méthode, va se renouveler ou plutôt naître l'astronomie proprement dite, toutefois sans se dégager, de sitôt, des hypothèses fausses, qui doivent masquer encore la vérité pendant des siècles.

II. — En passant de l'Orient en Europe, des cerveaux chinois, indiens ou égyptiens dans les cerveaux grecs, l'astronomie s'élève de l'empirisme pur à la science. L'accumulation des faits, des observations des phénomènes célestes, la constatation numérique de leurs périodes, ne peuvent suffire à contenter les philosophes de l'antiquité, habitués à spéculer sur le monde et à en inventer au besoin les lois

Pour qui ne craint pas de se demander comment l'univers s'est formé et développé, quelle est son origine et son principe, rendre compte du comment des phénomènes et même de leur pourquoi est un besoin qu'il faut à tout prix satisfaire. De là, les hypothèses cosmogoniques des premiers âges de la Grèce, hypothèses qui ont bien pu germer d'abord dans l'Inde elle-même, mais qui n'ont pris une forme précise et géométrique qu'après avoir été transplantées dans un terrain plus favorable aux spéculations scientifiques. Il est certes fort remarquable de voir l'école ionienne enseigner la sphéricité de la Terre (Thalès de Milet), donner, sept siècles avant l'ère vulgaire, l'explication vraie des phénomènes des éclipses et même les prédire; un siècle après, c'est le tour de l'école pythagoricienne d'enseigner, sans démonstrations suffisantes il est vrai, la plupart des vérités astronomiques qui constituent aujourd'hui le solide fondement de la science. Non-seulement les philosophes de cette école professent que la Terre est un astre comme les autres, qu'elle est ronde, mais encore ils croient qu'elle a un double mouvement de rotation et de translation, que le Soleil est le centre du monde, que les comètes enfin, qui ne seront pendant des siècles, pour la grande majorité des astronomes, que des météores sublunaires, suivent dans leurs mouvements les mêmes lois que les planètes. L'idée que les planètes sont des terres habitées comme la nôtre, que les étoiles sont des soleils relégués à des distances immenses de nous, que, comme le nôtre, ils sont des centres de systèmes planétaires, se trouvait, comme on le voit, en avance de vingt-quatre siècles sur la science moderne. Mais, à toutes ces spéculations qui ont rencontré juste, que de rêveries mêlées, qui ont compromis la vérité! L'absence de preuves ayant une réelle valeur scientifique est certainement du reste la principale raison qui explique, si elle ne le justifie point, le non-succès de ces vues hardies sur le monde.

A cette époque, l'astronomie grecque, sauf ces exceptions qui font prévoir un nouveau développement de la science, en est encore à la première phase. Ce n'est que dans l'école d'Alexandrie que prirent naissance les premières tentatives d'explication systématique des mouvements célestes, basées tant sur les observations antérieurement recueillies que sur des observations nouvelles. La méthode géométrique s'empare résolûment du terrain, et succède à l'empirisme, soit au point de vue pratique, soit au point de vue théorique. On invente ou on perfectionne les instruments, qui, désormais, sont propres à mesurer les angles; on calcule les résultats de l'observation par la trigonométrie. « L'astronomie, dit Laplace, prit alors une forme nouvelle que les siècles suivants n'ont fait que perfectionner. La position des étoiles fut déterminée avec plus d'exactitude qu'on ne l'avait fait encore; les inégalités des mouvements du Soleil et de la Lune furent mieux connues; on suivit avec soin les mouvements des planètes. » Depuis Aristille et Timocharis, dont les observations préparèrent la grande découverte d'Hipparque, la précession des équinoxes, jusqu'à Ptolémée, c'est-à-dire pendant un intervalle de quatre à cinq siècles, une multitude de recherches et de découvertes importantes contribuèrent à l'établissement d'un système du monde qui, considéré absolument, était certainement plus éloigné de la vérité que ceux des écoles ionienne et pythagoricienne, mais qui avait sur ceux-ci l'avantage d'être fondé sur les observations mêmes, et de s'appuyer sur des considérations géométriques rigoureuses. Nous ne voulons ici qu'énumérer rapidement ces travaux de l'école grecque d'Alexandrie : la méthode ingénieuse donnée par Aristarque de Samos pour déterminer le rapport des distances de la Lune et du Soleil, la mesure des dimensions de la Terre par Eratosthène, celle de l'obliquité de l'écliptique par le même astronome, et surtout les recherches i remarquables du plus grand observateur de l'antiquité, d'Hipparque, qui détermina avec une précision jusqu'alors inconnue la durée de l'année tropique, les intervalles inégaux des solstices et des équinoxes, forma les premières tables du Soleil, calcula les éléments du mouvement et de l'orbite de la Lune, son excentricité, son inclinaison, sa parallaxe, et enfin, ayant été amené, par l'apparition d'une étoile nouvelle à former un catalogue d'étoiles, fut conduit à la découverte capitale de la précession des équinoxes.

Entre Hipparque et Ptolémée trois siècles environ s'écoulèrent, pendant lesquels des astronomes, tels que Géminus, Agrippa, Ménélaüs, Théon de Smyrne, Posidonius, Sosigènes, continuèrent à enrichir la science de quelques observations et d'ouvrages didactiques sur l'astronomie.

Ptolémée n'eut pas sans doute, au même degré qu'Hipparque, le génie de l'observation. Ses découvertes, moins nombreuses, consistent plutôt en perfectionnements apportés aux découvertes antérieures : c'est à lui cependant qu'on doit celle de l'inégalité lunaire connue sous le nom d'évection. (Voyez *Lune, évection.*) Mais son grand, son principal mérite, c'est d'avoir conçu et réalisé la pensée de coordonner toutes les observations astronomiques antérieures, du moins les plus précises, d'y joindre ses propres recherches et d'en conclure un système d'explication des mouvements des astres, Soleil, Lune et planètes. C'est le premier système du monde basé sur des données positives, et, bien que la science moderne ait définitivement condamné l'hypothèse qui lui sert de fondement, c'est-à-dire l'immobilité de la Terre, il n'en reste pas moins comme une tentative hardie qui a eu sur les progrès ultérieurs de l'astronomie une considérable et légitime influence.

Désormais, en effet, la méthode astronomique ne fut plus réduite, soit à une simple constatation empirique de faits d'observation, d'où l'on ne savait tirer que quelques rapports numériques, soit à de vagues hypothèses, quelquefois s'approchant de la vérité, mais dépourvues de preuves positives; elle devint ce qu'elle doit être, l'alliance continue de l'observation et de la théorie, des faits et des hypothèses systématiques qui ont pour objet de formuler les lois des phénomènes. D'autre part, les procédés d'observation avaient suivi, dans leurs progrès, ceux des sciences mathématiques, et surtout de la géométrie. Ptolémée, en définitive, se proposa de résoudre ce problème en quoi devait consister longtemps encore toute l'astronomie, de rendre compte des mouvements apparents des astres, non-seulement dans leur ensemble, mais dans toutes les circonstances particulières de leur marche sur la voûte céleste. Or, les observations plus nombreuses et plus précises avaient permis de constater, dans cette marche, des inégalités qui, à mesure qu'elles se multiplièrent, rendirent les explications plus complexes, plus difficiles, plus embarrassées. Une idée *à priori*, un de ces principes métaphysiques généralement adoptés par les savants et les philosophes de l'antiquité et qui accusent tout simplement l'ignorance de la vraie méthode dans les sciences d'observation, fut le principe dominant du système de Ptolémée, et la plupart des erreurs dont ce système était entaché en découlèrent comme autant de conséquences nécessaires : cette idée consistait en une double hypothèse; d'une part, que le cercle est la plus parfaite des courbes géométriques, et le mouvement uniforme le plus parfait des mouvements; d'autre part, que, la nature étant la perfection même, le mouvement des astres devait s'effectuer dans des cercles avec une vitesse uniforme. Cette double erreur survécut au système de Ptolémée; Copernic la partagea, alors même qu'il eut démontré la réalité des mouvements de la Terre; et elle arrêta jusqu'à Képler. Ptolémée, admettant en outre, sur la foi des apparences, que la Terre est le centre des mouvements célestes, essaya d'expliquer ces mouvements et y parvint de la façon suivante :

Les vitesses *apparentes* du Soleil, de la Lune, des planètes sur leurs orbites respectives n'étant pas uniformes, comme elles devraient l'être si la Terre était placée au centre même des cercles qui, par hypothèse, composent ces orbites, Ptolémée supposa la Terre située en un point éloigné de leurs centres à certaines distances. Cette première hypothèse étant insuffisante, puisqu'elle ne rend compte ni des stations ni des rétrogradations des planètes, ni d'autres inégalités des mouvements célestes, il en admit une autre qui consiste à faire mouvoir chaque astre non plus sur son *excentrique*, mais sur un second cercle dont le centre se meut uniformément autour d'un troisième cercle et ainsi de suite, le nombre de ces cercles ou *épicycles* allant en croissant avec celui des inégalités qu'avait constatées l'observation [1].

Laplace fait remarquer que si Ptolémée eût suivi l'opinion de quelques Égyptiens, qui faisaient mouvoir Vénus et Mercure autour du Soleil (ce qui revenait à égaler les excentriques de ces deux planètes à l'orbe solaire); que s'il eût, de plus, supposé les épicycles des planètes supérieures égaux et parallèles à ce même orbe, son système se serait réduit à celui de Tycho-Brahé. Un seul pas restait alors à faire pour l'amener au véritable système du monde : il aurait suffi de faire tourner la Terre elle-même autour du Soleil. « Cette manière, ajoute Laplace, de déterminer les arbitraires du système de Ptolémée, en y supposant égaux à l'orbe solaire les cercles et les épicycles décrits par un mouvement annuel, rend évidente la correspondance de ce mouvement avec celui du Soleil. En modifiant ainsi ce système, il donne les distances moyennes des planètes à cet astre en parties de sa distance à la Terre; car ces distances sont les rapports des rayons des excentriques à ceux des épicycles pour les planètes supérieures, et des rayons des épicycles aux rayons des excentriques pour les deux inférieures. Une modification aussi simple et aussi naturelle du système de Ptolémée a échappé à tous les astronomes jusqu'à Copernic : aucun d'eux ne paraît avoir été assez frappé des rapports du mouvement géocentrique des planètes avec celui du Soleil pour en rechercher la cause; aucun n'a été curieux de connaître leurs distances respectives au Soleil et à la Terre; on s'est contenté de rectifier, par de nouvelles observations, les éléments déterminés par Ptolémée sans rien changer à ses hypothèses. »

De Ptolémée à Copernic, de l'*Almageste* au livre des *Révolutions célestes*, quatorze siècles se sont écoulés pendant lesquels l'astronomie a conservé, à peu de chose près, la physionomie qu'elle avait prise pendant le règne de l'école d'Alexandrie. La méthode, sauf des changements de détail, resta la même : vraie dans la préoccupation de faire appuyer toujours la théorie sur la base solide de la géométrie et des faits; fausse dans son point de départ *à priori* qui subordonne toute la science à

---

1. Dans le système de Ptolémée, dont le principe avait été imaginé avant lui, mais qui porte son nom, parce qu'il le présenta dans toute sa généralité, les divers astres en mouvement autour de la Terre étaient rangés dans cet ordre de distances : la Lune, Mercure, Vénus, le Soleil, Mars, Jupiter et Saturne. « Chacune des planètes supérieures au Soleil était mue sur un épicycle dont le centre décrivait autour de la Terre un excentrique, dans un temps égal à celui de la révolution de la planète. La période du mouvement de l'astre sur l'épicycle était celle d'une révolution solaire; et il se trouvait toujours en opposition au Soleil, lorsqu'il atteignait le point de l'épicycle le plus près de la Terre. Rien ne déterminait dans ce système la grandeur absolue des cercles et des épicycles. Ptolémée n'avait besoin que de connaître le rapport du rayon de chaque épicycle à celui du cercle décrit par son centre. Il faisait mouvoir pareillement chaque planète inférieure sur un épicycle dont le centre décrivait un excentrique autour de la Terre; mais le mouvement de ce point était égal au mouvement solaire, et la planète parcourait son épicycle pendant un temps qui, dans l'astronomie moderne, est celui de sa révolution autour du Soleil. La planète était toujours en conjonction avec lui, lorsqu'elle parvenait au point le plus bas de son épicycle. Rien ne déterminait encore ici la grandeur absolue des cercles et des épicycles. » (Laplace, *Exposition du système du monde*.)

un prétendu principe, à la fausse idée de perfection idéale attribuée à de pures conceptions géométriques et à la conformation supposée de la nature à ces conceptions.

L'étude plus approfondie des mouvements célestes, la mesure plus exacte de leurs inégalités, la rigueur plus grande, en un mot, qui présida dans cette phase de la science à l'élaboration d'un système général du monde, fut sans doute l'une des raisons qui rendirent l'adoption de ce système, vicié dans sa base, plus longue et plus tenace. Il faisait illusion par la complication même des hypothèses sur lesquelles il était obligé de s'appuyer; la multiplicité des rouages, des étais qui supportaient l'édifice servit à sa consolidation. Il y a donc peu de chose à dire sur l'état de la science pendant ces quatorze siècles. Son histoire, curieuse néanmoins pour l'érudition, ou, à cause des observations recueillies, pour les astronomes de profession, a peu d'intérêt pour la philosophie scientifique. Nous nous bornerons donc à une énumération rapide de ses progrès.

Après Ptolémée, l'école d'Alexandrie ne brilla plus que d'un éclat secondaire. Parmi les noms des astronomes qui succédèrent à ce grand architecte de l'astronomie de l'antiquité, il n'y a guère à citer que Théon d'Alexandrie, auteur d'un commentaire sur l'Almageste. Rien, ni avant ni après, chez les Romains, dont l'ignorance sous ce rapport n'eut guère d'égale que celle des Juifs. Ce peuple guerrier et juriste par excellence, mais peu ou point observateur, eut peu de goût pour les sciences naturelles; il fournit peu ou point d'hommes de science proprement dits; des écrivains comme Pline, Sénèque, rapportèrent les vues des anciens philosophes et émirent eux-mêmes quelques idées remarquables, notamment Sénèque sur la nature des comètes. Mais quand César voulut réformer le calendrier, si étrangement bouleversé par les pontifes, il dut appeler à Rome Sosigène, c'est-à-dire un astronome grec de l'école d'Alexandrie.

Le débordement de fanatisme, qui signala l'invasion du mahométisme, fut quelque temps fatal à l'astronomie. Les musées d'Alexandrie, les observatoires détruits, la bibliothèque incendiée : il n'en fallait pas plus pour arrêter complètement la marche de la science, heureusement pour un temps assez court, et ce furent les Arabes eux-mêmes, si brillamment doués sous le rapport du génie scientifique, qui se chargèrent de restaurer l'astronomie. Par leurs soins, les ouvrages des mathématiciens grecs furent traduits, ainsi que l'Almageste de Ptolémée. De magnifiques observatoires furent construits par plusieurs califes, depuis Abou-Giafar Almansour jusqu'à Haroun al Raschid et Almamoun, et les noms des astronomes Alfraganus, Thebit, Albaténius, se rattachent à quelques mesures assez précises de l'obliquité de l'écliptique, de la durée des années tropique et sidérale ; le dernier de ces astronomes découvrit le mouvement du périgée solaire, et construisit de nouvelles tables célestes, plus exactes que celles de Ptolémée. Dans tout cela néanmoins, rien autre chose que des perfectionnements ou découvertes de détail; aucune tentative pour s'élever à une intelligence plus complète du véritable système du monde, dont on s'éloignait au contraire à mesure que les mouvements apparents des astres, mieux observés et connus avec une précision plus grande, dénotaient des inégalités nouvelles, et nécessitaient, dans l'enchevêtrement des épicycles et excentriques, des complications croissantes.

Mais, à mesure qu'on s'approche de la Renaissance, des esprits plus hardis font prévoir la réforme capitale qui doit marquer la fin de l'influence de l'école d'Alexandrie et l'avénement définitif de l'astronomie moderne. C'est le cardinal de Cusa qui essaie de faire revivre les idées pythagoriciennes sur le mouvement de la Terre; Alphonse de Castille, qui, dans une parole devenue célèbre, accuse l'impossibilité d'un système aussi compliqué que celui de Ptolémée; Regiomontanus et Valtherus qui inaugurent la série des vrais astronomes observateurs.

III. — Il est vraiment extraordinaire de voir un aussi long intervalle s'écouler entre les observations, les découvertes et les idées systématiques d'Hipparque et de Ptolémée et la rénovation de l'astronomie. Rien ne pourrait expliquer un aussi long sommeil de l'esprit humain, si, pendant ces quatorze ou quinze siècles, le monde occidental n'eût été sous le poids d'une double oppression, d'un double cauchemar : l'invasion des barbares, au point de vue politique et matériel ; celle du mysticisme religieux, beaucoup plus funeste, au point de vue du progrès de la science, et qui fut la suite naturelle de la domination croissante du religiosisme chrétien et mahométan. Cette influence pernicieuse durera longtemps encore, et se manifestera par les efforts, heureusement impuissants, des théologiens à arrêter le mouvement scientifique et philosophique et particulièrement les progrès de l'astronomie.

Trois grands noms caractérisent la première époque ou la première phase de l'astronomie dans les temps modernes: Copernic, en qui se personnifie la découverte définitive du vrai système du monde, de l'ordre, de la position et des mouvements relatifs des astres; Tycho-Brahé, le type de l'observateur laborieux, pour qui la théorie n'est rien si elle ne s'appuie sur la solide base des faits observés; Képler enfin, qui, par la découverte de trois grandes lois, jette les fondements de l'édifice futur, et va rendre possible le passage de l'astronomie de la phase purement géométrique à l'interprétation mécanique ou physique des mouvements célestes.

Copernic, initié aux connaissances astronomiques de son temps par Regiomontanus pendant son séjour à Rome, fut choqué, comme le cardinal de Cusa, comme Alphonse de Castille, de l'extrême complication de l'hypothèse de Ptolémée. Son mérite et son originalité ne consistent point dans l'invention d'une nouvelle hypothèse; nous avons vu les écoles d'Ionie et de Pythagore professer vingt siècles plus tôt le système véritable du monde solaire et planétaire, et leurs idées furent partagées par quelques philosophes et astronomes isolés bien avant Copernic : mentionnons surtout Archimède, qui, dans son Traité de l'Arénaire, cite favorablement l'opinion d'Aristarque de Samos touchant le double mouvement de la Terre. Ce qui distingua le chanoine polonais de ses prédécesseurs dans la même voie, c'est la résolution qu'il prit de découvrir la vérité, d'en suivre toutes les conséquences, et de l'appuyer sur les preuves solides de l'observation et du raisonnement. Il eût quelque peine sans doute à se dégager des idées en vogue, et ce qui le prouve, c'est nonseulement qu'il mit trente ans à élaborer son œuvre, à rédiger et à corriger son ouvrage, c'est encore que, dans son système, on trouve un reste des hypothèses qu'il va renverser et la trace de ces mêmes idées. Ainsi, il démontra clairement la réalité du mouvement de rotation de la Terre en expliquant toutes les apparences du mouvement diurne, sans toutefois bien réfuter encore l'objection relative à la vitesse dont la force centrifuge devrait animer les corps situés à la surface de la Terre; il donna la raison de la précession des équinoxes par un mouvement de l'axe terrestre; mais quand il s'agit d'expliquer les mouvements apparents du Soleil et des planètes par le réel mouvement annuel de la Terre, il crut encore devoir conserver l'hypothèse du mouvement circulaire et excentrique; et, comme il ne pouvait ainsi rendre compte de toutes les inégalités des mouvements planétaires, Copernic se vit dans la nécessité d'admettre encore que chaque planète se meut sur un épicycle, dont le centre décrit l'orbite de l'astre autour du Soleil.

Il était réservé à Képler, à ce génie si original, si plein encore de toutes les rêveries mystiques de l'astrologie, de trancher cette difficulté considérable, de laquelle, il faut le dire, il ne serait point venu à bout sans les travaux opiniâtres de son maître, de cet observateur infatigable qui a nom Tycho-Brahé, et qui semble être venu à point pour fournir les éléments d'une des plus grandes découvertes de l'astronomie, de celle qui va être le point de départ d'une nouvelle ère, en faisant passer la science de la phase purement géométrique à la phase mécanique. Laplace résume en quelques lignes les immenses travaux de Tycho : « De nouveaux instruments inventés et des perfections nouvelles ajoutées aux anciens ; une précision beaucoup plus grande dans les observations ; un catalogue d'étoiles fort supérieur à ceux d'Hipparque et d'Ulugh-Beigh ; la découverte de l'inégalité de la Lune qu'il nomma *variation;* celle des inégalités du mouvement des nœuds de l'orbe lunaire ; la remarque importante que les comètes se meuvent fort au delà de cet orbe ; une connaissance plus parfaite des réfractions astronomiques ; enfin, des observations très-nombreuses des planètes, qui ont servi de base aux lois de Képler : tels sont les principaux services que Tycho-Brahé a rendus à l'astronomie. » Les nouvelles tables des éphémérides planétaires, à la construction desquelles on peut dire qu'il consacra toute sa vie d'astronome, suffiraient à justifier la gloire de Tycho, que n'ont pu ternir ni ses croyances à l'astrologie, ni l'œuvre bâtarde et rétrograde qu'il essaya de substituer aux systèmes de Ptolémée et de Copernic, espèce de compromis entre les anciennes et les nouvelles idées. En somme, Tycho est le type de l'astronome observateur, pour qui les observations nombreuses ont plus de prix, si elles sont exactes, que toutes les théories,

On a vu qu'avant Copernic, les astronomes admettaient généralement comme bases de la théorie des mouvements planétaires ces trois propositions : 1º l'orbite de chaque planète est un cercle; 2º le Soleil est en dehors du centre de ce cercle; 3º sur la ligne qui joint ce centre au Soleil est un point autour duquel le mouvement de la planète est uniforme. Sur ces hypothèses étaient fondées toutes les tables astronomiques, qui concordaient avec plus ou moins d'exactitude avec les observations. La précision et le nombre des observations de Tycho eurent ce premier effet de prouver à Képler qu'entre la théorie et les faits, il existait des écarts trop grands pour qu'il fût permis de les attribuer aux erreurs d'observation.

Ainsi, ce grand homme fut amené à imaginer que les orbites planétaires pourraient bien n'être pas circulaires; et, ce doute une fois bien ancré dans son esprit, il en vint à se poser, dans toute sa généralité, le problème de la détermination de la nature géométrique de ces orbites et des lois du mouvement de chaque planète autour du Soleil. Du même coup, et avant toute réussite dans cette mémorable recherche, Képler se plaçait dans la voie de la vraie méthode astronomique, à la fois éloignée du pur empirisme et de l'*à priori,* qui pendant quinze siècles avaient régné concurremment dans la science.

Les observations de la planète Mars, par Tycho, furent le point de départ du grand travail auquel il se livra sans relâche, et dont rien ne put le détourner tant qu'il n'eut pas résolu complétement le problème. Képler commença par établir que les orbites décrites par les planètes sont des courbes planes, et, en même temps, il reconnut la rétrogradation de leurs nœuds et en mesura les inclinaisons; ce point établi, il dut essayer longtemps de représenter les mouvements de Mars par l'hypothèse d'un cercle excentrique au Soleil : ce fut en vain. Laissant donc là cette fausse hypothèse, et ne s'appuyant que sur l'observation et le calcul, il chercha à construire point par point l'orbite de Mars, reconnut que les vitesses de la planète varient avec sa distance au Soleil, et qu'en définitive les aires des secteurs décrits par ses rayons vecteurs sont proportionnelles aux temps, loi fondamentale dont il reconnut bientôt l'incompatibilité avec l'hypothèse d'un mouvement circulaire, et qui le conduisit à celle du mouvement elliptique des planètes.

Ainsi arrivé, après des obstacles et des tâtonnements nombreux, à la découverte de ces deux premières lois, Képler ne se tint pas pour satisfait de les avoir étendues à toutes les planètes : entraîné par une imagination à la fois vive et puissante à rechercher entre les mouvements des divers astres du système solaire une connexité, un lien harmonique, il erra pendant longtemps, trompé par les vagues analogies des pythagoriciens, comparant les distances des planètes tantôt aux intervalles de la gamme des sons, tantôt aux polyèdres géométriques réguliers. Enfin, il parvint à la découverte de la troisième loi qui porte son nom, découverte qu'il annonce en ces termes dans son ouvrage *Harmonices mundi* :

« Après avoir trouvé les vraies dimensions des orbites par les observations de Brahé et par l'effort continu d'un long travail, enfin j'ai découvert la proportion des temps périodiques à l'étendue de ces orbites... Et si vous voulez en savoir la date précise, c'est le 8 mars de cette année 1618 que, d'abord conçue dans mon esprit, puis essayée maladroitement par des calculs, partant rejetée comme fausse, puis reproduite le 15 de mai avec une nouvelle énergie, elle a surmonté les ténèbres de mon intelligence : mais si pleinement confirmée par mon travail de dix-sept ans sur les observations de Brahé, et par mes propres méditations parfaitement concordantes, que je croyais d'abord rêver et faire quelque pétition de principe ; mais plus de doute, c'est une proposition très-certaine et très-exacte, que le rapport entre les temps périodiques des deux planètes est précisément sesqui-altère du rapport des moyennes distances. »

C'est cette troisième et si importante loi qui a rendu possible le calcul des dimensions des orbites planétaires, tant pour les anciennes planètes que pour les corps nouvellement découverts, dimensions d'abord relatives, qui ont pu se transformer en dimensions absolues dès que les progrès de l'astronomie eurent permis de calculer la parallaxe et par suite la distance d'un seul des astres du système. On énonce aujourd'hui cette loi de la façon suivante :

« *Les carrés des temps des révolutions de deux planètes quelconques sont entre eux dans le rapport des cubes des demi-grands axes de leurs orbites.* »

Il était réservé aux astronomes successeurs de Képler d'appliquer aux comètes les lois du mouvement elliptique, et surtout de faire voir que ces lois sont les conséquences nécessaires, les corollaires de la grande loi mécanique ou physique qui régit les mouvements des astres de notre système. Du moins, il entrevit cette loi, dont la découverte ne pouvait être réalisée qu'après les travaux de Galilée et d'Huygens. Maintenant, les progrès de l'astronomie, tant au point de vue pratique des observations qu'au point de vue théorique, vont se succéder si nombreux et si rapprochés, que nous sommes plus que jamais dans la nécessité de les présenter de la façon la plus succincte, sans entrer dans les détails qui constitueraient une histoire complète de la science.

IV. — Nous sommes arrivé à la période la plus courte et la plus remarquable de l'astronomie. Pendant l'intervalle de trois siècles qui sépare Copernic, c'est-à-dire la découverte du vrai système du monde, de la seconde moitié du xixe siècle, la science a pris sous toutes ses faces un développement considérable, et le nombre des découvertes réalisées n'est pas moins étonnant que l'importance capitale de plusieurs d'entre elles. En faire l'histoire même abrégée en quelques pages serait, répétons-le, une tâche impossible, que dès lors nous ne tenterons pas ici ; nous nous bornerons à l'esquisser dans ses traits principaux, en insistant particulièrement sur ce qui donne à cette époque sa physionomie propre, physionomie que nous avons déjà caractérisée plus haut, en disant qu'il ne s'est agi rien moins que du passage de l'astronomie, de sa phase géométrique à sa phase mécanique et physique par la découverte de la gravitation universelle.

C'est à Newton généralement qu'on reporte tout l'honneur de cette transformation. A la vérité, ce grand génie a été le premier qui ait formulé la loi physique des mouvements planétaires et donné la rigoureuse démonstration du principe. Mais, d'une part, il avait eu des prédécesseurs dans la voie qu'il a frayée à la science; et ses travaux n'ont été possibles que grâce à des progrès d'une haute importance dans la physique, la mécanique et les mathématiques pures; d'autre part, il est loin d'avoir tiré du principe et de la loi de la gravitation toutes les conséquences que de grands géomètres, ses successeurs, ont presque épuisées dans le siècle qui l'a suivi. On s'imagine trop aisément que les grandes découvertes scientifiques sortent pour ainsi dire spontanément du cerveau des hommes qui ont mérité d'y voir leurs noms attachés : en réalité, elles ont presque toujours été préparées par les travaux antérieurs, auxquels ces hommes viennent mettre le sceau par un effort puissant d'intelligence.

La loi de la gravitation universelle n'est autre chose, en définitive, que la concentration en un seul principe des trois lois de Képler, entre lesquelles on ne voyait d'abord aucune mutuelle dépendance, sinon de la façon la plus vague, la plus indéterminée. Képler lui-même, nous l'avons dit, avait parlé de la gravité, comme d'une tendance mutuelle des corps à s'unir, analogue à la force attractive des aimants, et qui aurait tout son effet entre les astres eux-mêmes, sans une force qui les retient à distance. Il y voyait la cause des phénomènes du flux et du reflux des eaux de l'Océan. Mais ce n'était dans sa forte imagination qu'une hypothèse, suggérée sans doute par des méditations plus ou moins profondes sur les causes physiques des phénomènes célestes : il ne paraît pas qu'il ait même entrevu, d'une façon nette et positive, la possibilité de rattacher à cette force les lois découvertes par lui, de manière à en faire autant de conséquences d'un principe.

Il fallait, pour en arriver à cette conception fondamentale, que les lois générales du mouvement fussent mieux connues. Galilée, Huygens furent les intermédiaires nécessaires entre Képler et Newton. Galilée, dans l'opinion vulgaire, n'est guère illustre que par sa lutte contre l'inquisition romaine, et passe, sinon pour l'inventeur, au moins pour le principal propagateur de la réalité du double mouvement de la Terre. Mais, aux yeux des physiciens, son plus beau titre de gloire, ce sont ses expériences sur la chute des corps, d'où furent conclues les lois du mouvement accéléré; ce sont pareillement ses expériences sur l'isochronisme du pendule. De même, Huygens, par ses théorèmes sur les forces centrales, fournit à Newton un des éléments essentiels de sa théorie. Enfin, quand, après avoir résumé en une seule hypothèse les lois des mouvements des corps célestes, et fait voir que ces lois s'expliquent en supposant que les différents corps du système solaire sont le siége d'une force qui agit proportionnellement aux masses et en raison inverse du carré des distances, il voulut vérifier si cette force est la même que celle qui fait peser les corps à la surface de la Terre, si elle est identique, en un mot, à la gravité ou pesanteur, Newton eut besoin de connaître avec une suffisante exactitude les dimensions du globe terrestre. Or, n'ayant d'abord à sa disposition qu'une valeur fautive de son rayon, il se vit arrêté sur le seuil de cette démonstration qu'il put reprendre et mener à bonne fin, quelques années plus tard, quand Picard eut donné les résultats de la mesure de l'arc de méridien d'un degré. On verra ailleurs, aux articles *Attraction, Gravitation universelle*, par quelles séries d'inductions et de vérifications il est parvenu à faire sortir comme autant de conséquences nécessaires d'un seul principe de mécanique, non-seulement les lois du mouvement elliptique des planètes, mais encore les inégalités lunaires, la précession et enfin le phénomène des marées. Quelques-unes de ces théories n'ont été par lui qu'ébauchées, ou même ont été reconnues en quelques points défectueuses ; mais, comme Biot le remarque avec infiniment de raison, quel prodige de pénétration, de génie, d'avoir prévu ces conséquences, ébauché ces magnifiques théories, soupçonné les liaisons de phénomènes auparavant inexpliqués !

Les problèmes soulevés par cette immense découverte, dont la propagation ne se fit du reste dans le monde des géomètres et des astronomes qu'avec une certaine lenteur, ont suffi pour occuper jusqu'à nos jours une foule d'hommes illustres parmi lesquels Euler, Clairaut, D'Alembert, Lagrange, Laplace, doivent être cités comme ceux qui ont ajouté à la théorie de la gravitation les chapitres les plus importants, et qui ont permis au dernier d'entre eux d'élever à la science le monument de la *Mécanique céleste*, l'Almageste de l'astronomie moderne.

Les sciences et les arts ont, du reste, également concouru aux progrès immenses de l'astronomie pendant les trois derniers siècles. Les mathématiques pures se sont transformées, en donnant la ressource féconde de l'analyse à l'étude des phénomènes physiques : Descartes, Fermat par l'invention de la géométrie analytique, Newton et Leibnitz par celle de l'analyse infinitésimale, permirent d'aborder les problèmes les plus compliqués de la mécanique rationnelle et de ses applications à l'astronomie. Les progrès de la physique ne furent pas moins favorables. La découverte des lunettes et des télescopes recula les bornes de l'univers observable, et fit naître une branche à peu près inconnue jusqu'alors de la science, l'astronomie physique. Par la découverte des lois des oscillations du pendule et de leurs applications à la mesure du temps, à l'horlogerie, Galilée et Huygens rendirent possible l'extrème précision des observations bornées jusqu'alors, quant à la mesure du temps, cet élément si précieux dans les phénomènes célestes, à une grossière approximation. D'autre part, l'application des lunettes aux cercles divisés, l'invention du micromètre, celles du vernier, du cercle répétiteur, peu à peu poussèrent à l'extrême les moyens de noter avec précision les positions des points stellaires, de mesurer les distances angulaires des étoiles, les dimensions des disques des astres que la lunette astronomique et le télescope laissaient désormais voir à leurs foyers.

Pour ne pas rester dans le vague d'une énumération générale, citons quelques noms et les principales découvertes des savants auxquels ces noms appartiennent, en commençant par ceux qui ont perfectionné la théorie.

Avant Newton, nous l'avons dit plus haut, quelques savants soupçonnèrent la gravitation. Hook, Wren, Halley, ses contemporains, doivent surtout être cités. Après lui vinrent les Euler, les Clairaut, les d'Alembert, qui reprirent tous les problèmes de mécanique céleste posés par la nouvelle théorie. Les trois géomètres qu'on vient de citer résolurent simultanément celui qui a pour objet le mouvement de l'apogée lunaire. Euler aborda la théorie des perturbations réciproques que deux planètes exercent l'une sur l'autre et prit pour sujet les mouvements de Saturne et de Jupiter, théorie à laquelle Lagrange et Laplace mirent plus tard la dernière main, et ensuite les perturbations que causent au mouvement de la Terre les actions des autres planètes. La théorie des mouvements de la Lune fut également l'objet d'un travail capital du même savant. D'Alembert, outre les perturbations que subit le mouvement de notre planète par la gravitation de la Lune, expliqua complétement les phénomènes de précession et de nutation de l'axe terrestre, dont la cause est l'action simultanée de la Lune et du Soleil sur le renflement équatorial du globe terrestre. D'autre part, la figure de la Terre et celle des planètes se trouvèrent reliées à la théorie. Newton avait déjà ébauché la solution de cette question intéressante que les travaux de Huygens, de Clairaut, de Maclaurin, de D'Alembert portèrent à un haut point de perfection. Il en fut de même de la théorie des marées ; entrevue par Képler, elle a été rattachée par Newton au principe de la gravitation, développée par D. Bernouilli, Euler et Maclaurin, et enfin perfectionnée par Laplace qui lui a consacré un chapitre de la *Mécanique céleste*. C'est dans ce dernier et magnifique ouvrage que se trouvent traités avec toute la rigueur que comportait une analyse savante, tous les problèmes relatifs aux mouvements des corps célestes, à leurs inégalités périodiques et séculaires, tantôt révélées par l'observation, tantôt reconnues comme une conséquence logique de la théorie et offrant dès lors cet admirable résultat de la découverte de faits réels, prévus par le calcul et devançant par suite l'observation elle-même. Parvenue à ce degré de perfection par les efforts réunis des géomètres que nous venons de nommer, auxquels il faut joindre les noms des Lagrange, des Poisson, la mécanique céleste ne devait plus attendre de notre siècle que des perfectionnements, principalement dus aux progrès de l'analyse mathématique. Les inégalités des mouvements de la Lune et des planètes, ou ce qui revient au même les perturbations que subissent ces mouvements, par suite de l'action réciproque de la gravitation des corps célestes, se calculent en effet par le moyen de formules très-compliquées, formées de séries ou de termes en nombre indéfini dont on ne peut, numériquement ou analytiquement, obtenir qu'un certain nombre. On ne résout, en un mot, ces difficiles problèmes que par des approximations successives, et il arrive alors qu'on néglige des termes dont l'influence peut être parfois considérable.

Plusieurs astronomes et géomètres contemporains se sont exercés à la solution de ces questions, et parmi eux nous citerons les Gauss, les Encke, les Bessel, plus récemment les Leverrier, les Delaunay, les Damoiseau, les Plana, les Hansen, les Adams, les Puiseux, etc. A mesure que les théories des mouvements des corps célestes deviennent ainsi plus parfaites, les tables numériques qui les représentent et permettent de calculer leurs éphémérides, deviennent elles-mêmes plus précises ; il faut dire, toutefois, que tantôt cette précision est obtenue par la méthode analytique pure, tantôt par un mélange de celle-ci et de la méthode empirique, c'est-à-dire de l'observation.

Depuis Halley qui découvrit la première comète périodique, et Lacaille qui calcula les perturbations qu'elle devait subir de la part des planètes Jupiter et Saturne, l'astronomie cométaire a aussi fait de grands progrès. Pour en donner une idée juste, nous devons sur ce point, comme sur beaucoup d'autres, passés forcément sous silence ou à peine effleurés ici, renvoyer aux articles de l'*Encyclopédie* qui leur sont consacrés spécialement.

En résumé, la partie mathématique de la science est arrivée à un degré de perfection que la *Mécanique céleste* de Laplace permet de préciser pour le commencement du siècle ; depuis, elle a été l'objet de nouveaux efforts et de nouveaux triomphes. C'est ainsi que l'analyse des perturbations d'Uranus, dues à une cause inconnue, a conduit deux géomètres contemporains, Adams et Leverrier, à reconnaître que cette cause était l'action d'une planète dont les éléments ont pu être approximativement calculés avant que l'observation vînt justifier et les calculs mêmes de ces deux savants et la hardiesse de vues de ceux qui, comme Bouvard, avaient antérieurement prévu l'existence probable du nouvel astre, et enfin l'exactitude de la loi de gravitation sur laquelle étaient basés tous ces calculs. Désormais, sous ce point de vue, tout se borne à pousser à leurs dernières limites les approximations des termes qui donnent les inégalités reconnues par les observations, et à baser sur les formules des tables plus exactement concordantes avec les résultats de ces observations. Les Airy, les Adams, les Hansen, les Plana, les Delaunay et nombre d'autres géomètres, se sont voués dans ces derniers temps, nous l'avons dit, à cette tâche utile et laborieuse.

Cependant une nouvelle carrière s'ouvre à l'astronomie, encore bien vague, indécise, obscure, mais dont les progrès si rapides des autres sciences physiques ne peuvent qu'agrandir le champ en l'éclairant d'une lumière de plus en plus vive. Par la découverte de la gravitation, Newton a inauguré la phase mécanique de l'astronomie; mais il reste à savoir ce qu'est cette cause du mouvement des corps célestes, cette propriété de la matière qui se retrouve aussi bien dans les plus petites molécules que dans les immenses agrégations dont sont formés les systèmes de monde. Il reste à connaître, non pas quelle est l'essence de cette force, mais si elle a des rapports avec les autres forces physiques et quelle est la nature de ces rapports. Nombre de phénomènes sont aujourd'hui expliqués par les mouvements ondulatoires du milieu interstellaire et par les vibrations des molécules de la matière pondérable, mouvements et vibrations qui semblent être réciproquement causes et effets les uns des autres. La gravitation est-elle, comme on l'a supposé, le résultat des vibrations longitudinales de l'éther, comme la chaleur et la lumière sont ceux de ses vibrations transversales? Ce grand et difficile problème n'est pas résolu; mais le chemin fait dans cette voie des transformations des forces physiques fait espérer que la solution marquera la nouvelle phase dans laquelle entre l'astronomie contemporaine.

Un mot maintenant des progrès de l'astronomie physique.

L'invention des lunettes et des télescopes a créé, nous l'avons dit plus haut, une branche de l'astronomie sur laquelle les anciens n'avaient pu que faire des conjectures. Et tout d'abord le champ des investigations s'agrandit : les profondeurs du ciel se peuplèrent d'étoiles innombrables, la voie lactée se résolut en une poussière de points lumineux. La surface de la Lune se montra couverte d'aspérités montagneuses qui dévoilèrent la constitution de notre satellite. Les taches vues sur le Soleil, celles du disque de Jupiter, indiquèrent que ce n'est pas la Terre seule qui a un mouvement de rotation autour d'un de ses diamètres, et une nouvelle analogie entre les planètes se trouva ainsi acquise en faveur du système copernicien. Les phases de Vénus furent un nouveau témoignage de la vérité de ce système, que Copernic avait annoncé, mais dont il n'avait pu lui-même vérifier l'exactitude : Galilée eut cette satisfaction. Peu à peu les découvertes de ce genre s'accumulèrent : les satellites de Jupiter et de Saturne furent l'objet d'observations qui fournirent aux géomètres une occasion magnifique de vérifier l'universalité des lois du mouvement elliptique et celle de la loi de gravitation. La découverte des étoiles doubles, l'étude des mouvements des couples physiques montrera plus tard que cette même loi régit aussi sans doute les mouvements propres des étoiles, et la dénomination de gravitation universelle, justifiée d'avance par l'analogie, se trouvera corroborée par l'observation même. Des observateurs spécialement adonnés à l'étude physique du ciel vont bientôt surgir : le grand W. Herschel va explorer de son puissant télescope, avec une infatigable persévérance, tout le ciel étoilé, et, de la conception du système solaire, s'élever à celle du système général des étoiles et des nébuleuses.

Ces magnifiques découvertes et les spéculations si intéressantes auxquelles elles devaient nécessairement conduire, furent, comme on le voit, le produit d'un progrès pour ainsi dire tout matériel, celui de la fabrication de lentilles de verre d'une dimension suffisante, ou de miroirs métalliques travaillés avec une perfection qui supposait une industrie avancée. Mais les progrès des sciences voisines de l'astronomie, de la physique et principalement de l'optique, contribuèrent pour une autre large part à ce mouvement.

L'application des lunettes aux cercles divisés, celle du pendule aux horloges, celle des micromètres, en rendant les observations de plus en plus précises, permirent de constater dans les positions des étoiles des variations qui, jusque-là, avaient échappé par leur petitesse même. C'est ainsi que Bradley découvrit l'aberration et la nutation; les mêmes procédés, appliqués à l'étude des systèmes d'étoiles doubles, optiques ou physiques, firent reconnaître tantôt les mouvements propres des étoiles, tantôt leurs parallaxes relatives et par suite les limites de leurs distances énormes à la Terre, tantôt enfin les mouvements de révolution des composantes. Les taches du Soleil avaient dénoncé, par leurs mouvements apparents à la surface du disque radieux, la rotation de l'astre sur son axe : la comparaison des mouvements propres d'un grand nombre d'étoiles fit reconnaître la translation du Soleil, et, avec lui, de tout son système dans l'espace : W. Herschel, et de nos jours, Argelander, Bessel, Struve, attachèrent leur nom à cette découverte si importante, qui prouve, par l'observation même, la généralité des lois de la mécanique·

Il faudrait beaucoup plus de place que nous ne pouvons en occuper ici seulement pour énumérer toutes les découvertes qui font de l'astronomie physique une des branches les plus fécondes de l'astronomie. Insistons seulement sur ce point : des problèmes qu'on aurait crus tout à fait insolubles, inaccessibles à l'observation comme au calcul, sont dès maintenant résolus; telles sont les données que l'analyse spectrale a révélées sur la constitution physique et chimique du Soleil, sur celles des comètes, des planètes, des étoiles, des nébuleuses.

D'autre part, les problèmes d'origine des systèmes d'astres et des astres individuels, tout plongés qu'ils sont encore dans l'ombre, peu à peu se dégageront de cette obscurité. L'hypothèse de Laplace sur la genèse de notre monde solaire a été une hardie entrée en matière dans cette voie. Les recherches récentes sur la constitution chimique des nébuleuses, en confirmant en grande partie les vues de ce grand géomètre, ont également fini par s'accorder avec celles du plus fécond observateur des temps modernes, W. Herschel. Les investigations de ce genre, où l'intervention des lois des phénomènes physiques dans les phénomènes célestes est prépondérante, paraissent attirer de plus en plus l'attention des astronomes. Il ne s'agit plus seulement de dire quelles sont, ont été, et seront les positions des astres, d'après les lois connues de leurs mouvements et celles de leurs actions réciproques; il s'agit de chercher si l'on peut donner une réponse de plus en plus satisfaisante à cette question bien autrement vaste : Que sont actuellement les astres, quelle est leur constitution physique et chimique, comment se forment-ils et se sont-ils formés, quelle est en un mot leur genèse, leur évolution? N'y-a-il pas témérité à regarder la solution de ces questions comme accessibles à la science? Nous ne le pensons pas; mais, en tout cas, telle est à n'en pas douter la tendance de l'astronomie contemporaine.

Après ce résumé, nécessairement très-incomplet et cependant déjà long, de l'histoire de l'astronomie, considérée aussi bien au point de vue de son objet qu'au point de vue de sa méthode, il y aurait peut-être à dire quelle est l'importance philosophique de la science et en quoi ses progrès ont influé sur la civilisation. Mais, outre que les considérations de ce genre sont plutôt du ressort de l'histoire générale, il nous paraît difficile de les aborder sans tomber dans le lieu commun. Tout le monde comprend, au seul énoncé des principales vérités astronomiques, quels nombreux préjugés elles ont dû nécessairement détruire, ce que prouve d'ailleurs indirectement l'acharnement des sacerdoces à les proscrire et à persécuter leurs propagateurs ou leurs inventeurs; tout le monde voit par là même, quelle serait, au point de vue de l'émancipation des masses, l'influence d'un enseignement dont ces vérités formeraient la base. La décroissance des idées théologiques et téléologiques, si lentes encore malgré tous les efforts de la libre pensée, serait certainement accélérée par la diffusion des connaissances astronomiques.

Enfin, scientifiquement parlant, l'astronomie ayant été la première des sciences naturelles qui se soit constituée, on comprend aussi combien sa méthode, à la fois basée sur le raisonnement pur ou mathématique et sur les faits d'observation a été utile au développement des autres sciences, et notamment de la physique.

AMÉDÉE GUILLEMIN.

ASYMPTOTE. — GÉOMÉTRIE GÉNÉRALE. — Les géomètres désignent ainsi *des lignes quelconques qui, à partir d'un certain point, tendent continuellement l'une vers l'autre, de manière à se rapprocher autant qu'on voudra, mais sans jamais se rencontrer, à quelque distance qu'on les suppose prolongées.* Cette expression prise d'abord *adjectivement* n'est plus employée aujourd'hui que comme substantif.

Dans ce que nous allons dire, nous n'aurons en vue que les asymptotes rectilignes. La connaissance des asymptotes curvilignes est fort peu utile; d'ailleurs, une courbe qui en possède une peut en avoir une infinité d'autres; dès lors la recherche de cette espèce d'asymptotes constitue un problème tout à fait indéterminé.

Les asymptotes rectilignes ont pour but de mieux préciser la nature des courbes qui en sont affectées. Elles servent à fixer le sens de la courbure d'une courbe, dans la majeure partie de son trajet. Une courbe, susceptible d'asymptote, doit toujours présenter vers cette dernière sa convexité, à partir du point où la tendance se caractérise, c'est-à-dire à partir de la dernière inflexion. Il est clair qu'une courbe qui se rapprocherait indéfiniment d'une droite en tournant vers elle sa concavité, ne saurait éviter de la traverser.

La notion d'asymptote dérive spontanément de la théorie des tangentes. C'est en considérant *la limite* vers laquelle tend la direction d'une tangente à une branche de courbe infinie, lorsque le point de contact s'éloigne sans cesse que les géomètres ont été conduits à l'idée d'asymptote.

La méthode naturelle pour déterminer les asymptotes d'une courbe algébrique consistera donc à former l'équation d'une tangente et à y exprimer que les coordonnées du point de contact sont infinies. Cette méthode est la plus générale de toutes, mais elle suscite des embarras analytiques fort difficiles à surmonter, et l'interprétation des symboles auxquels on est amené est une opération très-délicate.

La deuxième méthode, tout à fait indépendante de la considération des tangentes, et qu'on peut qualifier de *directe*, n'offre pas le même degré de généralité, mais elle est exempte des difficultés analytiques et de l'ambiguïté finale dont la précédente est compliquée. Le principe de cette deuxième méthode consiste à voir, dans toute asymptote, une droite dont deux intersections avec la courbe se sont éloignées à l'infini. Il existe pour la détermination des asymptotes, d'autres procédés plus spéciaux qui ne sont que des transformations plus ou moins heureuses des deux méthodes ci-dessus. Tel est l'artifice analytique élégant qui émana du plus fécond et du plus subtil des algébristes de l'époque actuelle. Toutefois, nous devons faire remarquer que les méthodes élémentaires que nous venons de caractériser en quelques mots ne sont guère applicables que si l'on se borne aux équations composées des trois couples de fonctions algébriques (Voir, article *Arithmétique*, l'énumération des fonctions algébriques). La théorie générale et complète des asymptotes comme celle des tangentes, exige l'emploi du calcul infinitésimal.

Les considérations précédentes, dans leur généralité abstraite, ne seront bien comprises que par les lecteurs ayant reçu une suffisante initiation mathématique. La nature de ce recueil nous impose d'ailleurs l'obligation d'éliminer tout détail algébrique et toute figure géométrique. Ceux qui voudraient se faire une idée suffisamment nette d'un pareil sujet devront consulter un traité de géométrie analytique. Nous recommandons surtout aux lecteurs l'admirable traité spécial du fondateur de la *Philosophie positive*, qui a, pour ainsi dire en se jouant, éclairé d'un jour si éclatant la profonde pensée mathématique du grand Descartes, si mal appréciée jusqu'à lui. Ils pourront nettement saisir, dans ce livre, la différence qui sépare les purs géomètres du géomètre vraiment philosophe, et sentiront que les grandes constructions des génies scientifiques ne sauraient être dignement interprétées que par des esprits de même race.   Dr S. BAZALGETTE.

ATAVISME. — On désigne sous ce nom la propriété qu'ont certains êtres vivants de reproduire les caractères non de leurs parents immédiats, mais de leurs ancêtres, et parfois d'ancêtres très-éloignés. L'atavisme est donc un cas particulier ou une modification de l'*hérédité*, propriété générale des corps vivants, en vertu de laquelle ils ont la faculté de reproduire des êtres en tout semblables à eux-mêmes; mais on ne saurait justement le considérer, ainsi que l'a fait Baudement, comme « une force » distincte et antagoniste de l'hérédité. L'atavisme est une forme *médiate* de l'hérédité.

En Angleterre, les éleveurs avaient adopté l'expression de *reversion* ou de *throwing-back,* tandis que les Allemands, à l'aide d'une image plus énergique encore, se servent du terme *Rückslag* (littéralement, *coup en arrière*). C'est au botaniste Duchène que l'on doit l'introduction du terme atavisme, maintenant adopté dans toutes les langues scientifiques, et notamment par le savant qui a eu de nos jours sur les sciences naturelles une influence si considérable, Darwin.

L'exemple le plus connu que nous en puissions donner est le fait assez fréquent de la ressemblance des enfants aux grands parents, au détriment des parents immédiats. On peut même considérer comme une règle assez habituelle que, lorsqu'un individu diffère notablement de ses parents immédiats, ses enfants différeront de lui dans la même proportion et ressembleront à leurs grands parents.

L'atavisme représente donc l'hérédité accumulée, en quelque sorte, dans une race, tandis que l'hérédité immédiate ne représente que la propriété simple de reproduction. Il va sans dire que, dans la pratique naturelle des choses, l'hérédité immédiate est toujours plus ou moins mêlée d'atavisme, et là est précisément la raison pour laquelle la ressemblance aux parents immédiats est moins constante : il s'y mêle une ressemblance à la masse des parents antérieurs.

Cela dit, nous définirons rigoureusement l'atavisme : *la réapparition dans un individu ou dans un groupe d'individus de caractères anatomo-physiologiques, positifs ou négatifs, que n'offraient point leurs parents immédiats, mais qu'avaient offerts leurs ancêtres directs ou collatéraux.*

L'atavisme se révèle dans tous les ordres de manifestations, dans la forme et dans la fonction, dans l'esprit et dans le caractère, chez les hommes comme chez les animaux et dans les deux règnes. L'origine de cette propriété organique est la variabilité des êtres vivants; en effet, si les êtres vivants n'avaient pas une tendance à la variation, l'atavisme n'existerait pas, l'hérédité serait toujours immédiate. Toute réapparition de caractères disparus depuis une ou plusieurs générations mesure donc l'étendue de la variabilité. Il est vrai que la cause principale des variations que l'on peut directement observer est le croisement, mais le croisement de deux races suppose évidemment une variation initiale si petite que l'on veuille l'admettre, puisque deux espèces différentes n'ont entre elles aucune postérité féconde. Or, pour qu'un *croisement* ait pu mériter ce titre, il a fallu que deux individus de la même espèce aient pu se modifier au point de constituer des variétés.

L'atavisme, qui n'a été étudié jusqu'ici que comme un phénomène d'histoire naturelle, mériterait d'être étudié comme phénomène de la vie collective des races humaines, c'est-à-dire dans l'histoire sociale. On y trouverait probablement la cause d'un grand nombre d'événements politiques et sociaux qui jusqu'à ce jour semblent entièrement dépendre du libre arbitre ou de la spontanéité des nations, tandis qu'elles sont un retour vers un état de choses qui a laissé une empreinte profonde chez les hommes qui en étaient contemporains.

A l'atavisme on peut encore rattacher, par voie d'hypothèse, deux théories modernes : celle de la production des anomalies par arrêt d'évolution et celle des générations alternantes. Serres, Bischoff, Meckel, Virey, et de nos jours Vogt, pensent que, dans son évolution embryonnaire, l'homme reproduit la plupart des types des classes inférieures ; en sorte qu'une grande partie des monstruosités ne seraient que des arrêts de développement qui rappelleraient un état antérieur de l'être humain dans la voie d'évolution progressive qu'il parcourt depuis un nombre incalculable de siècles. Vogt n'hésite pas à considérer la microcéphalie comme un phénomène d'atavisme simien, et, dans un mémoire fort étendu, il a montré les rapports saisissants qu'offrent, au point de vue des formes crâniennes et de l'intellect, les microcéphales et certains singes supérieurs. Darwin se place à un point de vue analogue pour expliquer cette singulière anomalie de femmes qui ont quatre ou six mamelles (tétramasie ou hexamasie).

Certains phénomènes étudiés sous le nom de métamorphoses regressives doivent être ici signalés ; il semble parfois que, dans le développement des animaux, il se produit une tendance vers un état supérieur, lequel ne se réalise point, et dont les manifestations ébauchées disparaissent pour faire place à un animal inférieur à ce qu'il semblait devoir être. Ainsi, selon P. Fischer, l'embryon de l'huître représente un animal beaucoup plus parfait que l'huître adulte ; il offre un appareil locomoteur qui lui permet de nager avec rapidité ; il est muni d'yeux et d'oreilles qui lui manquent dès qu'il est fixé. On pourrait dire qu'à un moment donné de la vie de ce mollusque, l'action de l'atavisme, c'est-à-dire de l'hérédité accumulée, annihile toute tendance modificatrice.

Quant aux *générations alternantes*, elles consistent en ce que certains insectes et certains mollusques ne ressemblent jamais ni à leur mère ni à leurs fils, mais toujours à leur aïeul ou à leur petit-fils. C'est ainsi que les biphores, molluscoïdes marins, qui vivent sous deux formes distinctes : — en *chaînes* ou *solitaires*, — engendrent toujours des produits différents de leur propre forme. Certains polypes du genre *strobilia* produisent des *acaléphes* qui reproduisent des strobilia. Une génération se passe avant le retour à la forme antérieure. — Mais quelquefois un grand nombre de générations s'écoule avant que le type primitif reparaisse : c'est ainsi que les pucerons, entre deux états bisexués, fournissent jusqu'à quinze générations de femelles non ailées qui se reproduisent par bourgeons.

Toutefois le caractère hypothétique de cette vue d'ensemble ne doit pas être dissimulé. Dans cette génération en cercle fermé il y a une régularité que n'offrent point les autres faits d'atavisme ; mais le fait de la constance dans le retour des caractères disparus ne saurait suffire pour exclure entièrement les générations alternantes du cadre de l'atavisme.

Darwin, qui est l'auteur à qui l'on doit le plus grand nombre de faits relatifs à l'atavisme, en a distingué deux catégories : ceux qui surgissent dans une variété de race qui n'a jamais été croisée, mais a, par variation, perdu quelque caractère qu'elle possédait autrefois et qui reparaît ensuite ; 2° ceux qui se montrent chez des individus qui ont été autrefois croisés et qui du fait de ce croisement ont acquis un caractère qui, après avoir disparu pendant une ou plusieurs générations, réapparaît subitement.

A la catégorie du retour des caractères perdus chez des races pures, il faut rattacher, selon Gaudry, l'apparition assez fréquente chez le cheval de doigts latéraux qui permettent de rattacher géologiquement ce solipède à l'hipparion, espèce de cheval fossile de l'époque miocène, qui possède trois doigts.

On sait de quelle obscurité est entourée l'origine des animaux domestiques ; l'apparition sur ces animaux de caractères singuliers et inexplicables permet de reconstituer, dans une certaine mesure, les ancêtres des types actuels. C'est ainsi que l'apparition accidentelle sur les jambes du cheval, de l'âne et de l'hémione de raies transversales, de raies dorsales sur les chevaux, et de raies scapulaires sur l'hémione lui font donner pour ancêtre un animal rayé comme un zèbre à ces trois espèces. Le biset (*Columba liva*), qui est bleu ardoisé avec le croupion d'un blanc pur, est, selon Darwin, l'ancêtre commun de toutes les races de pigeons, et c'est pourquoi, malgré les profondes modifications que les éleveurs ont réalisées, on retrouve occasionnellement dans les variétés les plus disparates, les mieux fixées, des individus aux plumes ardoisées et au croupion blanc.

Sans aucun doute, les espèces primitives de notre bétail possédaient des cornes ; or, on a obtenu par la sélection des races sans cornes, très-fixées, — eh bien, dans des races de moutons south-down, ou de bœufs de Suffolk, dépourvus de cornes depuis un siècle et demi, on voit parfois des agneaux mâles ou des veaux naître avec des cornes. Parfois, au sein d'un troupeau de moutons blancs comme neige on voit apparaître un mouton complètement ou partiellement noir. Rien ne peut expliquer ce phénomène si ce n'est le retour vers l'ancêtre sauvage du mouton, présumé noir. Par contre, le retour des animaux domestiques à l'état sauvage a produit des résultats extrêmement variés, sauf pour le lapin qui paraît reprendre rapidement la couleur jaune-fauve. On trouvera dans le récent livre de Darwin quelques faits intéressants sur cette question. (*Variations des animaux et des plantes*, II, page 34.)

Dans le règne végétal, l'opinion unanime des botanistes est que le retour des types déviés obtenus sans croisement par la culture et la sélection est inévitable si l'on cesse de les cultiver. En général, selon Baillon (*Dictionnaire encyclopédique des sciences médicales*, t. IV, page 46), le temps nécessaire au retour atavique complet est proportionnel à celui que la sélection aura demandé pour produire la variation.

Dans la catégorie des retours de caractères perdus à la suite d'un croisement, on peut citer, avec certitude, des faits nombreux dans le genre humain, où les croisements ont été poussés très-loin. Ainsi, dans les croisements entre nègres et blancs, les mulâtres tiennent d'ordinaire également de leurs auteurs. Mais, entre mulâtres, les enfants sont loin d'offrir la même égalité de caractères, et l'on voit souvent, de deux enfants, l'un être presque blanc, l'autre presque nègre. Martin de Moussy a observé « des familles chez lesquelles, au bout de plusieurs générations, il y a toute une série d'enfants portant, beaucoup plus que leur père et leur mère, les signes d'un mélange africain remontant au moins à la cinquième génération. » Il cite le cas curieux d'une dame dont le père était quarteron et dont la mère offrait des traces de sang africain indigène ; mariée à un Anglais de race pure, elle eut dix-neuf enfants qui tous offraient des traces non équivoques de ce seizième de sang africain. Par contre, deux sœurs de cette dame, mariées également à des Européens, eurent des enfants qui ne portaient aucune trace du mélange paternel. (*Bulletins de la Société d'Anthropologie*, 1865, page 288.) Mais il nous faut renvoyer sur ce point aux articles spéciaux qui traiteront de l'hybridité et du croisement. Il est temps d'ailleurs que nous résumions ce que nous avons dit, tout en cherchant l'explication de ce phénomène singulier.

Cette explication, Darwin a cru la trouver en disant que l'atavisme n'était que la manifestation de caractères latents, transmis à cet état, à travers un nombre considérable de générations. Pour mieux faire comprendre sa pensée, il expose qu'à ses yeux, dans chaque femelle tous les caractères secondaires mâles, dans chaque mâle tous les caractères secondaires femelles existent à l'état latent, prêts à se manifester dans certaines conditions. C'est ainsi qu'un grand nombre de femelles d'oiseaux revêtent partiellement les caractères secondaires mâles de leur espèce après l'ablation des ovaires ou lorsqu'elles vieillissent. Selon l'observation de Hunter, on peut voir quelque chose d'analogue dans l'espèce humaine.

D'autre part, chez les animaux mâles les caractères sexuels secondaires disparaissent plus ou moins à la suite de la castration. On cite un assez grand nombre de faits authentiques qui prouvent que divers mammifères mâles ont produit du lait, de sorte que ces glandes avaient conservé à l'état latent la faculté de lactation. On voit donc les caractères de chaque sexe demeurer à l'état latent dans le sexe opposé et prêts à se développer dans certaines circonstances. On comprend dès lors que certaines qualités, essentiellement propres à l'un des sexes, puissent se transmettre par l'intermédiaire d'un individu d'un sexe opposé. Il est évident que chez cet intermédiaire les qualités en question sont à l'état latent. Un exemple d'une autre nature est emprunté par Darwin à certains poissons plats qui ont les côtés droit ou gauche inégalement développés; en général, c'est le côté gauche qui est aveugle, mais dans quelques-uns c'est le droit, et, dans les deux cas, on voit parfois cet ordre *renversé*; chez le *platessa flesus*, le développement a lieu indifféremment et aussi souvent d'un côté que de l'autre. Or, il faut admettre dans ces cas, que la capacité du développement existe des deux côtés, mais qu'en raison de circonstances particulières, elle reste latente du côté non développé.

Ces faits et d'autres en grand nombre nous paraissent venir péremptoirement à l'appui de l'hypothèse de l'illustre naturaliste sur le véritable caractère de l'atavisme que nous pouvons maintenant définir : *La manifestation des qualités transmises par les ancêtres et latentes pendant une ou plusieurs générations.* Citons maintenant un passage tout empreint des vues les plus ingénieuses et qui résume heureusement, au point de vue philosophique, la question qui nous occupe.

« Le germe fécondé d'un animal supérieur, dit Darwin, soumis comme il l'est à une immense suite de changements depuis la vésicule germinative jusqu'à la vieillesse, incessamment ballotté dans ce que de Quatrefages appelle si bien le tourbillon vital, est peut-être l'objet le plus étonnant de la nature. Il est probable qu'aucun changement, quel qu'il soit, ne peut affecter l'un ou l'autre parent sans laisser de traces sur le germe. Mais ce dernier, selon la doctrine du retour, telle que nous venons de la donner, devient bien plus remarquable encore, car outre les changements visibles auxquels il est soumis, il faut admettre qu'il est bourré de caractères invisibles propres aux deux sexes, aux deux côtés du corps, et à une longue lignée d'ancêtres sur les femelles éloignées de nous par des milliers de générations ; caractères qui, comme ceux que l'on trace sur le papier avec une encre sympathique, sont toujours prêts à être évoqués, sous l'influence de certaines conditions connues ou inconnues. » (*Variation des animaux domestiques*, II, 64.)

C'est par cette citation que nous terminerons cet article, en renvoyant pour plus amples détails aux ouvrages spéciaux de Girou de Buzareingue, de Burdach, Lucas, Godron, Vilmorin, Baudement et Duchartin, A. Sanson, Vogt, Darwin, et à l'article que nous avons inséré dans le *Dictionnaire encyclopédique des sciences médicales*.   E. DALLY.

ATELIER. — L'atelier est le lieu où s'exécute le travail industriel, manuel, où les matières premières sont façonnées tout à la fois par la main de l'artisan et par l'outillage ou les engins dont il dispose. Dans les métiers de construction, maçonnerie, charpente, l'atelier est un *chantier*. Dans la préparation des matières premières elles-mêmes, l'atelier, dans la plupart des cas, est une usine. Pour le savant, l'expérimentateur, l'atelier est un laboratoire. Dans les arts, comme dans l'industrie, le lieu disposé de façon à présenter les meilleures conditions pour l'exécution du travail et destiné tout spécialement à cet usage se nomme l'atelier.

Quoiqu'on désigne à peu près indistinctement par ce mot tout local affecté au travail et contenant l'outillage qui y est propre, ce qu'on entend d'une façon générale sous le nom d'atelier est surtout le lieu où s'exécute le travail en commun, et c'est dans ce cas qu'il rappelle à l'esprit un certain nombre de faits et d'idées dont l'étude, tout au moins sommaire, trouve sa place ici.

L'atelier est dans le monde industriel et économique ce qu'est la commune dans le monde politique ; c'est la société en petit, ou du moins une petite société ; aussi est-ce par là qu'il faut commencer l'étude des questions dites sociales dont il renferme, dans leur forme la plus simple, tous les principaux éléments. On a beaucoup parlé en un certain temps de l'*Organisation du travail*, formule beaucoup trop générale pour n'être pas quelque peu vague, qui indiquait un problème dont la solution n'est pas encore trouvée, quoiqu'on paraisse en approcher de plus en plus. Parler d'organiser le travail, ce n'était parler de rien moins que d'organiser le monde ; cependant la formule, fausse en ce qu'elle était trop générale, exprimait un besoin sérieux, un sentiment légitime. Ce n'est point précisément le travail qu'il y a à organiser, mais ce sont les conditions de travail qui restent à déterminer d'une façon positive, correspondant à la fois à la nature des choses et aux lois d'équilibre qui, dans le monde des idées, se nomme la logique, dans le monde des faits, l'ordre, et dans le monde social, la justice. Au point de vue pratique, organiser le travail, ce n'est rien autre chose qu'organiser l'échange et organiser l'atelier. Faire que chacun, dans la mesure de ses aptitudes, puisse participer aux progrès déjà réalisés, aux résultats des études et des découvertes faites précédemment, à tout ce qui forme le fonds commun ou capital social ; que chacun, toujours dans la mesure de ses aptitudes, puisse être mis en possession de l'outillage à l'aide duquel il pourra accroître sa production et la rendre plus parfaite ; que chacun reçoive en échange de ses efforts une part de produits ou de services exactement adéquate à sa production ; que chacun ait à subir le moins de chômage possible et qu'il puisse échanger le plus équitablement, c'est-à-dire le plus également, dans la plus large mesure, ses produits ou services, voilà le problème. Une partie doit trouver sa solution dans l'étude des questions d'échange, de monnaie, de crédit dont il n'y a pas à s'occuper ici ; mais l'autre partie implique, comme nous l'avons dit plus haut, l'organisation de l'atelier. Et il s'en faut que la question soit aussi simple qu'on pourrait le penser tout d'abord.

Avant de songer à organiser l'atelier, il faudrait savoir à qui il appartient. — Eh ! parbleu ! au propriétaire, répondra sans sourciller le fameux bon sens universel qui se prononce trop souvent à la légère sur des apparences et qui sanctionne trop facilement, à première lecture, les constitutions ou les statuts qu'on livre à son suffrage. On va voir, ici encore, que le bon sens universel répond trop facilement et trop vite. Quand nous demandons à qui appartient l'atelier, nous n'entendons pas parler du terrain, des murs, de tout ce qui compose le local. Cela évidemment appartient au propriétaire. S'il s'agissait d'un atelier d'artiste, la question serait oiseuse. Ici le travailleur n'est qu'un locataire soumis aux conditions ordinaires dans un local particulier ; plus il y aura d'espace, de lumière, de commodités, plus la location sera payée cher, c'est justice ; mais, son terme une fois payé, l'artiste est maître chez lui. Il tapisse les murs à sa guise, afin d'obtenir les fonds qui lui plaisent ; il ménage le jour à son gré, suivant les éclairages dont il a besoin ; il peuple les murs des formes qui lui sont chères, qui peuvent l'instruire ou l'inspirer ; il peint des batailles, des apothéoses, des soldats, des saintes, des pauvresses, des pâtres, des paysages ou des palais, sculpte des héros, des dieux, des athlètes ou des mendiants, cela le regarde ; il fait des chefs-d'œuvre, des ébauches, ou ces choses sans nom qu'on appelle des *croûtes*, c'est son affaire. Pourvu qu'il paie exactement son terme à son propriétaire, celui-ci n'a rien à voir dans son travail et n'a rien à lui dire ; il ne participe en aucune autre façon au prix que l'artiste fait payer ses toiles ou ses statues, et n'a pas à arguer qu'un chef-d'œuvre a été exécuté dans un local dont il est propriétaire, pour prétendre à une part de sa valeur.

Quand il s'agit de l'atelier industriel, il en est tout autrement. Le propriétaire du local y joint tout ou partie de l'outillage, et de plus c'est lui qui fournit les commandes, c'est-à-dire qui trouve des débouchés à la production, qui en devient acquéreur et responsable. Il cumule ; ce n'est plus seulement son local qu'il loue, c'est encore un outillage, une administration, des relations commerciales, toute une organisation. C'est-à-dire qu'il échange son rôle de loueur pour celui de directeur, et qu'il achète le travail qui féconde local, outillage et administration, et sans lequel tout cela resterait autant de non-valeurs.

Ce qui fait l'intérêt de cette combinaison, c'est que l'atelier a une propriété particulière qui lui est en quelque sorte inhérente et dont l'effet s'accroît en proportion des ouvriers qui y sont employés. Tout d'abord, les dispositions du local peuvent produire une certaine économie de temps ou d'efforts ; en second lieu, l'outillage, suivant son degré de perfectionnement, perfectionnement moins imputable au propriétaire qu'au progrès industriel, aux découvertes des savants ou des artisans, fournit, avec une même quantité d'efforts ou dans un même temps, une production beaucoup plus considérable, dont le propriétaire profite seul. Enfin, le travail en commun, — ce qui suppose la division des fonctions, — la réunion dans un même atelier de plusieurs ouvriers, associant et combinant leurs efforts pour une même opération, donne un tout autre résultat que le travail isolé et individuel. Si un ouvrier en une heure produit 1, douze ouvriers en atelier ne produiront pas 12, mais bien 16 ou 18. L'association dans le travail est une force productrice, et ici encore le propriétaire bénéficie seul de cette sur-production qui ne résulte ni de son fait, ni de sa volonté, ni de son habileté, mais simplement de la nature des choses et de la réunion des ouvriers qui agissent comme s'ils étaient des associés, quoiqu'il n'y ait point entre eux de contrat d'association.

Si l'on décompose le produit d'un atelier, on voit qu'une part peut être imputée au travail de chacun ; une part à la direction comprenant l'administration, la comptabilité, l'achat et la vente; une part au local, la plus petite; une part à l'outillage, et enfin une dernière part à l'association des efforts, à la réunion de plusieurs ouvriers représentant diverses aptitudes. Toutes ces parts, à l'exception de celle qui appartient au travail de chacun et qui se paie plus ou moins justement sous la forme de *salaire*, doivent-elles équitablement être attribuées à une seule personne, au propriétaire de l'atelier? Poser la question en ces termes c'est la résoudre. En équité comme en bonne comptabilité, il est bien évident que les parts qui composent le produit, doivent être réparties entre les divers éléments qui y concourent et dans la mesure de leur participation. Ainsi, au travail, à l'effort considéré en lui-même, la part du travail; au personnel chargé de la direction, la part de la direction; au propriétaire de l'atelier, la part du local; à la totalité des ouvriers, la part de l'association, et au public, sous forme de réduction dans le prix du produit, la part de bénéfices qui résulte du perfectionnement de l'outillage. N'est-ce pas là la distribution indiquée tout à la fois par la justice sociale, par la nature des choses et par les lois de l'économie?

Nous avons dit que l'association était une force productrice. Mais, en ce qui concerne l'organisation de l'atelier, elle n'a ce caractère, cette propriété qu'autant qu'on tient compte de la nature et des nécessités du travail. Chaque produit suppose, pour sa fabrication, le concours d'un certain nombre d'aptitudes, c'est-à-dire d'ouvriers. Nous ne parlons ici que théoriquement, bien entendu, car un ouvrier réunit à lui seul plusieurs aptitudes, comme il a été dit à propos de l'*artisan*. Tel produit n'exigera que le concours de trois ouvriers, tel autre, au contraire, exigera le concours de dix ou de cent. L'espace nous manque pour dresser un tableau analytique des séries d'aptitudes dont l'exercice est nécessaire dans les principales professions et dans la fabrication des principaux produits. Quelquefois ce ne sont pas des aptitudes diverses, mais une quantité de forces qu'il faut réunir pour obtenir une production ; c'est ce qui donne lieu à la formation de ces groupes d'ouvriers qu'on appelle *équipes*. Si le service exige la force de cinq hommes, l'*équipe* devra être de cinq naturellement ; quatre pourront avec un peu plus d'efforts faire la besogne, six pourront être utilisés; mais une équipe de trois pour le même travail sera insuffisante, et une de sept sera trop nombreuse. Il y aura dans ce dernier cas des efforts perdus ou des forces inoccupées. Tout cela est affaire de mathématiques; et ce qui est vrai pour les forces est également vrai pour les aptitudes. Aussi, certains grands ateliers, certaines grandes usines ou manufactures ne doivent ni leur étendue ni le nombre de leurs ouvriers aux exigences du travail et ne sont que des agglomérations d'ateliers, dont la réunion ne crée aucun excédant réel de production et ne fait que donner lieu à des frais généraux inutiles, si l'on ne considère que l'intérêt général. Et ces frais généraux, établis dans le seul but de permettre à un chef d'exploitation de spéculer sur un nombre plus considérable d'ouvriers, sont naturellement prélevés sur le salaire.

La plupart du temps, ces agglomérations d'ateliers sont faites, non parce que la complication du travail ou l'importance du produit les nécessite, mais pour permettre l'usage de moteurs hydrauliques ou à vapeur, dont l'emploi fournit un bénéfice au propriétaire ou manufacturier. Ces moteurs sont des ouvriers mécaniques colossaux, dont on ne peut disperser ni fractionner les efforts, ni restreindre la consommation; ils dépensent autant, — ou à très-peu de chose près, — lorsqu'ils font mouvoir deux machines, métiers ou tours, que lorsqu'ils en font mouvoir dix, quelquefois vingt et plus, autant quand ils aident à façonner ou fabriquer dix objets que lorsqu'ils servent à en fabriquer cent. L'ouvrier à la main peut chômer une heure par jour, travailler moins activement et s'épargner des fatigues si la demande de production a subi une baisse. Le moteur ne le peut pas. Il faut qu'il fasse beaucoup ou qu'il ne fasse rien. C'est là l'explication des fortunes considérables comme des ruines énormes de la grande industrie. On a voulu suivre en industrie les mêmes errements qu'en politique, faire grand, centraliser, agglomérer, instituer une sorte de communisme césarien. Le résultat, c'est pour l'ouvrier le travail forcé, pour le fabricant la production quand même, et l'engagement de capitaux considérables, ou le chômage, la ruine et la misère. Et point de milieu.

Ce qu'il faudrait, ce serait conserver la petite industrie, divisée en groupes normaux, en ateliers rationnels, pouvant diminuer leur travail sans se trouver écrasés par des frais généraux énormes, et pouvant augmenter, suivant le besoin, la production par l'emploi de moteurs pris en location par une réunion d'ateliers associés. Ce serait là la création de l'industrie mixte, démocratique, et l'application des principes de la coopération à la production. On tirerait tout l'avantage qu'on en peut attendre des progrès de la mécanique, et l'on éviterait la ruine et la tyrannie qu'entraîne inévitablement la production forcée.

Toutes les questions qui occasionnent des conflits ou des grèves : salaires, règlements, fixation des heures de travail, tout ce qui fait l'objet des réclamations et des plaintes, parfois irritées, souvent légitimes, des ouvriers, est la conséquence fatale de l'organisation de l'atelier. Et nos gouvernants, administrateurs et législateurs, qui parlent en toute occasion de leur sollicitude pour les classes laborieuses, au lieu de créer des tontines, des institutions prétendues philanthropiques, au lieu de réglementer l'association et de légiférer la coalition, eussent bien mieux fait d'apprendre comment l'atelier peut être organisé en s'instruisant auprès de ceux qui se confient à leur science administrative.

Il serait très-difficile de dire si l'organisation de l'atelier a pour modèle l'organisation politique ou si celle-ci sert d'exemple à celle-là. Mais ce qu'on peut affirmer, c'est leur parfaite ressemblance. Dans l'une comme dans l'autre, règnent le même esprit monarchique, les mêmes manies de réglementation autoritaire. Cela tient au pays. L'ouvrier, même quand il se dit et se croit républicain, se garde bien, alors qu'il s'associe, d'adopter la forme de société la plus républicaine — celle des sociétés anonymes. Il lui préfère celle des sociétés en nom collectif, — c'est-à-dire la plus monarchique de toutes. De même dans l'atelier. Les ouvriers font des grèves pour amener une augmentation de salaires, sans examiner les conséquences économiques de cette augmentation, ou pour obtenir une diminution des heures de travail, sans tenir compte des nécessités de la production. L'idée ne leur est jamais venue de faire une grève pour introduire dans l'atelier l'organisation républicaine qui leur assurerait le bien-être, l'indépendance et aurait, entre autres avantages, celui d'abaisser la valeur des produits en débarrassant le prix de revient des frais de surveillance, de contrôle, de direction et d'emplois parasites.

Cette organisation républicaine consisterait à faire de tous les ouvriers d'un même atelier, des associés, responsables solidairement à l'égard du propriétaire de l'usine ou de l'outillage, et chacun en ce qui le concerne quant au travail effectué. La division des fonctions, la police intérieure, la réglementation soit du minimum de production, soit du minimum et du maximum d'heures de travail, appartiendraient aux associés. Le propriétaire de l'usine, au lieu d'être ce qu'il est aujourd'hui, un dictateur, un maître, serait un loueur de local et d'outillage en même temps qu'un commissionnaire en fabrication. Comme loueur, il aurait toujours le droit de veiller à la conservation et à l'entretien de son local et de son matériel et de prendre toutes les mesures nécessaires à cet égard ; comme commissionnaire, il aurait à s'assurer, au moyen d'un contrat avec les ouvriers associés, une quantité régulière, déterminée de produits fabriqués, de qualité convenue et suivant un tarif adopté. Et il va sans dire que le propriétaire du local ou de l'outillage et le commissionnaire, entrepreneur ou commanditaire pourraient être des personnes distinctes ou des associés. Le salaire ne serait plus alors ce qu'il est trop souvent, le plat de lentilles avec lequel s'achète le droit d'aînesse, mais une simple avance faite sur la production, devenant elle-même très-élastique et pouvant suivre les variations du marché. Le règlement définitif aurait lieu lors de la répartition annuelle faite suivant les principes établis au commencement de cet article.

Avec cette organisation se trouvent résolues comme par enchantement et d'un seul coup les questions de salaires, d'heures de travail, de caisses de secours, d'observation des règlements, de différends entre ouvriers et patrons; et la liberté reste pleine et entière et conserve tous ses droits; la réglementation administrative et les expédients des législateurs deviennent absolument inutiles, parce qu'ici la loi c'est le contrat.

Au lieu de se livrer aux discussions métaphysiques et amphigouriques sur la propriété collective, le communisme, l'autorité et le capital, les ouvriers feraient beaucoup mieux de s'occuper de la chose qu'ils connaissent, dont ils possèdent mieux que personne tous les éléments, c'est-à-dire de l'atelier; au lieu de faire des grèves pour des augmentations de quatre sous ou des diminutions de deux heures, dans lesquelles ils dépensent leurs économies sans conquérir cet affranchissement auquel ils prétendent, ils feraient beaucoup mieux de se coaliser pour obtenir cette organisation pratique du travail, cette forme rationnelle, républicaine et fédérative qui leur assurera l'indépendance, le bien-être et la propriété.   P. Denis.

ATELIERS NATIONAUX. — L'idée première de ce genre d'établissements remonte à 1789. Les cahiers de cette époque, sorte de mandats impératifs, disaient que « le pauvre appartient à la société comme le riche; » ils exigeaient, par respect pour la dignité de l'homme, « que toute aumône fût sévèrement défendue, » et, comme garantie du droit de vivre, « qu'on assurât le travail à tout homme valide. » Partout dans les provinces, comme à Paris, on demandait la création d'ateliers publics, provinciaux, nationaux, où les personnes valides ou invalides, de tout âge et de tout sexe, pussent trouver une occupation convenable à leur état et à leur situation. En 1790, au mois de mai, l'Assemblée nationale décrétait que des ateliers nationaux seraient ouverts dans les départements aussi bien qu'à Paris, « attendu que la société doit à tous ses membres et la subsistance et le travail. » Ce sont les paroles mêmes de Malouet. Déjà la Commune avait pris l'initiative d'ouvrir un atelier à la butte Montmartre. Enfin, la Convention décrétait, en 1793, que « la société doit la subsistance aux citoyens malheureux, soit en leur procurant du travail, soit en assurant les moyens d'exister à ceux qui seraient hors d'état de travailler. »

Le droit au travail, reconnu et proclamé par nos assemblées populaires, par nos législateurs, par nos gouvernants, faisant partie de notre histoire, et devenu, pour notre société moderne, une question de vie ou de mort, comment allait-il être pratiqué en 1848?

Le peuple demandait du travail; on lui répondait par des secours à domicile, par « l'aumône. » Il fallait se faire inscrire à la mairie de son arrondissement. Les administrations municipales, surchargées de besogne, ne pouvaient suffire aux enrôlements dont le nombre grossissait tous les jours. Les rues regorgeaient

d'oisifs, d'affamés. Et cette masse, encore toute frémissante de sa victoire contre la
monarchie, pouvait, d'un moment à l'autre, s'apercevoir de la mauvaise volonté
de ses élus, et ne voir dans les conférences du Luxembourg qu'un vain appareil
pour abuser le prolétariat. Il fallut aviser. Sur l'avis de M. E. Thomas, M. Marie,
de concert avec le maire de Paris et ses adjoints que le suffrage populaire n'avait
pas appelés à ces hautes fonctions, organisa militairement des ateliers nationaux.
Il enrégimenta la misère.

Après bien des tâtonnements, bien des essais infructueux, M. Armand Marrast,
maire de Paris, et M. Marie, arrivèrent à une organisation qui leur permit d'espérer une discipline assez vigoureuse pour tenir sous la main cette armée de
prolétaires.

Un commissaire de la République, directeur central, chargé de l'administration,
était assisté de quatre sous-directeurs. L'administration était divisée en quatorze
arrondissements. Les douze premiers arrondissements correspondaient aux douze
municipalités de Paris ; les deux autres à la banlieue, sauf quelques communes
annexées aux sections intérieures. En dehors de cette organisation se trouvaient
quelques services spéciaux et des ateliers particuliers qui ne relevaient que de
l'administration centrale. Chaque arrondissement obéissait à un chef placé sous
la direction du bureau central. Les chefs d'arrondissements avaient des chefs de
service. Puis, venait la grande armée des travailleurs commandée par des brigadiers, des escouadiers, des chefs de compagnie. Il y avait onze hommes par
escouade, cinquante-six par brigade, quatre brigades par lieutenance, quatre lieu-
tenances par compagnie composée de neuf cents hommes. Un chef de service avait
trois chefs de compagnie sous ses ordres. A côté des chefs de service, se trouvaient
des inspecteurs de travaux et des inspecteurs d'ordre. Les brigadiers et les escouadiers étaient élus par les travailleurs ; les lieutenants et les chefs de compagnie,
par l'administration. En signe de ralliement chaque service avait son étendard ;
chaque compagnie, son drapeau ; chaque brigade, son guidon. Les jours de travail,
les brigadiers touchaient trois francs ; les chefs d'escouade, deux francs cinquante ;
les travailleurs, deux francs. Les jours d'inactivité, la solde des brigadiers restait
la même ; les escouadiers et les travailleurs se voyaient diminuer la leur d'un
franc. On inventa pour les artistes nécessiteux l'emploi d'agents payeurs, à raison
de quatre francs par jour.

M. de Lamartine dit à la page 112 du tome II de son Histoire de 1848 : « M. Marie
» les organisa (les ateliers) avec intelligence, mais sans *utilité pour le travail pro-*
» *ductif.* Il les embrigada ; il leur donna des chefs.... Commandés, dirigés, contenus
» par des *chefs qui avaient la pensée secrète de la partie antisocialiste du Gouvernement,*
» ces ateliers contre-balancèrent, jusqu'à l'arrivée de l'Assemblée, les ouvriers sec-
» taires du Luxembourg et les ouvriers séditieux des clubs. »

Au lieu de constituer d'actives et puissantes familles de producteurs, on sou-
doyait une cohue d'affamés. On promenait dans Paris cette masse d'hommes
honteux d'être réduits à prendre de la terre dans un lieu pour la porter dans un
autre, tandis qu'ils réclamaient à grands cris un travail assuré, sans être à la
merci du premier exploiteur venu. Refuser toute force, tout moyen matériel à ceux
qui voulaient sincèrement l'organisation du travail, pour conclure à la stérilité, à
l'inanité, au danger des doctrines socialistes, tel devait être le résultat de l'établissement ainsi entendu d'ateliers nationaux.

Qu'on lise plutôt ce que M. Thomas raconte dans son livre, à la page 146 : « Un
» jour, M. Marie me demanda fort bas, si je pouvais compter sur les ouvriers.
» — Je le pense, répondis-je, cependant le nombre s'en accroît tellement qu'il me

» devient difficile de posséder sur eux une action aussi directe que je le souhai-
» terais — Ne vous inquiétez pas du nombre, me dit le ministre ; si vous les tenez,
» il ne sera jamais trop grand. *Ne ménagez pas l'argent ; au besoin même, on vous accor-*
» *derait des fonds secrets. Le jour n'est peut-être pas loin, où il faudra les faire descendre*
» *dans la rue.* »

M. E. Thomas s'efforçait d'entretenir une hostilité sourde entre les délégués des
ateliers et ceux du Luxembourg. Il exigeait qu'en public ces derniers cédassent le
pas à ceux qu'il conduisait. Et, pour bien connaître et mieux diriger l'esprit de ses
embrigadés, et conjurer l'esprit du socialisme qu'il n'était plus possible d'éviter, il
créa un club des ateliers nationaux. Mais ses plans furent déjoués. Les ouvriers
comprirent qu'ils étaient solidaires ; que la défection des uns entraînerait la ruine
des espérances communes. Ils restèrent unis.

L'Assemblée Constituante avait à la fois la peur et la haine du socialisme ;
pourtant, plusieurs de ses membres firent entendre du haut de la tribune des paroles
de conciliation, des promesses de sollicitu . On créa même une commission qui
devait s'occuper des intérêts de la classe ouvrière. Et quand M. Trélat, nouveau
ministre des travaux publics, vint plusieurs fois demander des subsides, il trouva
l'Assemblée disposée à prendre de sages précautions pour empêcher « *une lamen-*
» *table catastrophe.* »

Le 27 mai, paraissait, dans le *Moniteur*, une note qui annonçait qu'une commission spéciale, nommée par l'Assemblée, s'appliquait, de concert avec le pouvoir
exécutif, à trouver des ressources pour faire face à la gravité de la situation. Cette
note ajoutait que le Gouvernement ne songeait à prendre aucune mesure sur les
ateliers nationaux avant que des débouchés assurés et nombreux pussent être
offerts aux ouvriers.

C'est alors que M. de Falloux apparaît. Dès le début, il avait compris que là était
le nœud de la question. Mais il était trop habile pour ne pas voir que sa proie lui
échapperait, s'il ne savait temporiser. Il fallait empêcher de prendre des mesures
sages et humaines. Il fallait provoquer le taureau populaire, le harceler, afin de
lui donner l'apparence d'une attaque impétueuse. Et alors la province ne pouvait manquer d'accomplir le vœu d'Isnard.

Le 29 mai, M. de Falloux se plaint de *l'oisiveté,* de *la violence,* de *la perversité* des
ateliers nationaux. Il demande la substitution du travail à la journée au travail à
la tâche. Le 7 juin, M. Trélat annonce que le calme est rétabli, que la commission
poursuit son œuvre d'apaisement et que les ouvriers demandent du travail. Le 14,
M. de Falloux vient dégager sa responsabilité. « *Veut-on faire peser la détresse qu'attire*
» *la permanence de 117,000 hommes, ouvriers oisifs pour la plupart aujourd'hui, veut-on faire*
» *peser cette détresse sur le vote de plusieurs grandes mesures, telles que celle du rachat des*
» *chemins de fer ?* »

L'Assemblée entendit ce langage. Elle comprit qu'il fallait en finir au plus vite
avec cette agglomération de révolutionnaires, les désarmer, les jeter hors de Paris.
L'œuvre de haine implacable commença. Entassés pêle-mêle, soumis sans exception aux mêmes travaux de terrassements, les ouvriers, à qui répugnait l'aumône
déguisée sous un salaire immérité, contenaient mal leur colère. La presse monarchique ne leur ménageait pas les épithètes de *voleurs, d'assassins,* de *forçats.* Froissés,
indignés de ces attaques incessantes qui tendaient à la provocation, ils protestaient
de toutes leurs forces par la voix des journaux. « Rédacteurs du *Constitutionnel,*
» vous mentez impudemment quand vous dites que les ateliers renferment de 11 à
» 12,000 forçats..... Nous ne gagnons pas notre argent, dites-vous ! Eh ! mon Dieu,
« nous le savons aussi bien que vous, et c'est là ce qui nous désespère ; car vous

» ne savez pas, vous riches, ce qu'il en coûte à des ouvriers honnêtes et laborieux,
» habitués à gagner leur vie par le travail, d'aller pendant toute une journée
» s'exposer aux rayons d'un soleil brûlant pour toucher le prix d'un labeur qu'ils
» n'ont pas fait. »

Les délégués de l'industrie, ouvriers actifs et intelligents, repoussés comme
dangereux par quelques chefs de compagnie, conseillaient néanmoins à leurs
camarades de reprendre leurs travaux, et d'oublier qu'ils avaient été proscrits pour
avoir agi selon leur conscience. Et M. Trélat annonçait ce fait à l'Assemblée,
comme une preuve évidente du désir sincère qu'avaient les travailleurs d'arriver à
une solution pacifique, dût cette solution leur coûter d'immenses sacrifices.

Le rapport de la *Commission-Trélat* se ressentait de ces bonnes intentions. Quand
le ministre en eut donné lecture, ce fut une épouvante générale. La *Commission-exé-
cutive* crut entendre le *droit au travail*. Et pourtant il ne demandait que des primes
pour l'exportation, des commandes directes, une garantie sur les objets manufac-
turés. Ce projet contenait une série de dispositions embrassant la colonisation-algé-
rienne, des encouragements aux associations ouvrières, une loi sur les prud'hommes, la fondation d'une caisse de retraite, des avances sur les salaires. 200 millions
étaient jugés nécessaires pour arriver à un résultat sérieux. — 200 millions ! s'écrie
M. Dupin ! — 200 millions ! et le sang français ne coulait pas ; et les dépenses oné-
reuses de la guerre civile étaient épargnées ; et la bourgeoisie donnait un gage au
peuple ; et la République était sauvée !

« *Il faut en finir !* » Ce fut le cri qui s'échappa des entrailles de la réaction. Quel
que fût leur juste sujet de colère, les ouvriers surent se maîtriser. « Pourquoi ces
clameurs ! ces accusations calomnieuses, ces préventions injustes contre nous ?
*Ce n'est pas notre volonté qui manque au travail, mais un travail utile et approprié à nos pro-
fessions qui manque à nos bras. Nous le demandons, nous l'appelons de nos vœux.* »

Le mot « dissolution » était murmuré tout bas par les membres de la première
Commission, composée de représentants. M. Trélat avait dévoilé les propos qu'ils
tenaient entre eux. Les ouvriers étaient avertis par les plaintes véhémentes qui
s'exhalaient à la tribune ; ils connaissaient la pensée secrète des meneurs de l'Assemblée. M. Goudchaux n'avait pas dissimulé le but de ses efforts. Les ouvriers
lui répondirent par ce placard : « Le citoyen Goudchaux veut évidemment étouffer
» les idées socialistes qui germent dans toutes les têtes, et c'est sans doute pour
» arriver à ce but qu'il se propose de commencer par la désorganisation des ate-
» liers nationaux qui auraient pu, dans l'avenir, *former de vastes associations de
» chaque corps d'état*. Mais qu'importe ! quoi qu'il fasse, il ne parviendra pas plus à
» nous désunir qu'à déraciner de nos esprits et de nos cœurs l'idée dominante, dont
» le triomphe est assuré. Ouvriers appelés à la construction de l'édifice social, orga-
» nisez, instruisez, moralisez les ateliers nationaux, mais ne les détruisez pas. »

La voix du peuple resta sans écho. Cependant, le nombre, la force et la résolution de ces hommes énergiques qui avaient pris pour devise : « Vivre en travail-
» lant, ou mourir en combattant » contraignaient leurs ennemis à plus d'habileté.
Aussi M. de Falloux voila ses desseins sous la demande du renvoi des ouvriers non
domiciliés à Paris ; départ pour la province, ou enrôlement forcé dans l'armée de
18 à 25 ans. C'était du même coup diminuer les combattants et s'emparer de leurs
armes.

De tous ces cœurs ulcérés partit une immense clameur d'indignation. Eux qui
avaient mis trois mois de misère au service de la République, ils se virent trahis ;
leur victoire se tournait contre eux. Ces armes qui leur garantissaient l'exécution des
engagements contractés par le Gouvernement allaient leur être enlevées, s'ils par-

taient pour la province, pour la *Sologne*, terre inculte et malsaine, où rien n'était préparé pour les recevoir. C'était un exil ; c'était une abdication, un suicide. Ils courbèrent la tête, ces hommes fiers et hardis. Avant d'accepter la lutte, ils voulurent faire un appel à la conciliation. « Espérez, disaient leurs délégués, espérez, » car les temps sont venus ; l'avenir nous appartient...... *Rien n'est maintenant* » *possible en France que la république démocratique et sociale.* »

Le lendemain du vote de la Chambre, la Commission exécutive annonça qu'elle allait satisfaire aux exigences de M. de Falloux et de ses amis.

L'arrêt était irrévocable, les ouvriers décidèrent qu'ils demanderaient une dernière explication au pouvoir. Ce fut à M. Marie qu'échut la mission de recevoir Pujol et les délégués des ateliers.

Sa réponse fut précise. « Si les ouvriers ne se soumettent pas volontairement » au décret, ils seront expulsés par la force de Paris. »

Pujol lui répliqua : « Le peuple saura à quoi s'en tenir sur vos dispositions à » son égard. Nous nous retirerons avec la conviction sincère que vous ne voulez ni » l'organisation du travail, ni la prospérité des travailleurs, et que vous » n'avez nullement répondu à la confiance que nous avions mise en vous. » Ils avaient mis quatre mois à acquérir cette conviction !

Un frisson parcourt les faubourgs, le peuple tout entier se lève, tantôt la haine et la menace à la bouche, tantôt l'abattement et le désespoir sur le visage. « *Nous voulons vivre en travaillant*, ou mourir en combattant. Nous resterons à Paris pour déjouer les manœuvres des contre-révolutionnaires. Ils veulent en finir avec nous ! Eh bien, nous avons hâte d'en finir avec eux. Aussi bien vaut-il mieux mourir d'une balle que de faim, ou frappé d'un humiliant exil. »

Le même cri partit de toutes ces poitrines généreuses : « *Du travail ou du plomb* ! *Vive la république* ! »

Avant de courir aux armes, les ouvriers tournèrent un dernier regard vers l'Assemblée nationale. Ils exposèrent leurs griefs dans une pétition aux représentants. Il leur fut même interdit de la porter. M. Pierre Leroux se chargea de la déposer sur le bureau du président. L'Assemblée refusa d'entendre la plainte de 100,000 travailleurs..... La pétition ne fut pas lue ; renvoyée dans les bureaux, elle y fut enterrée.

On sait le reste, on sait la lamentable histoire de l'insurrection de juin.

G. CASSE.

ATHÉES (PEUPLES). — Non, l'existence de Dieu n'est point un fait évident et éclatant comme la lumière du soleil. Nous le disons au risque d'encourir vos anathèmes, messieurs les théologiens, et vos dédains, messieurs les professeurs de spiritualisme. A défaut d'autre preuve, la vérité de notre affirmation serait suffisamment établie par vos seules façons d'agir. A quoi bon, en effet, empiler volume sur volume pour prouver ce qui, suivant vous, est incontestable? Pourquoi refaire sans cesse des raisonnements toujours parfaits, uniquement afin de démontrer aux hommes que l'idée de Dieu est une notion primitive et toujours innée dans leur cerveau? Où est l'astronome assez naïf pour s'amuser à prouver, à grand renfort de syllogismes, que le soleil existe et brille?

Mais nous n'avons ici à examiner qu'un seul des arguments employés de temps immémorial par les défenseurs terrestres du Dieu omnipotent et omnicréateur, un argument favori, il est vrai, et sur lequel les théolâtres ont coutume d'accouder leur démonstration. C'est la preuve tirée de l'universalité de la croyance en Dieu. « Retenez ceci, jeunes élèves. Entendez bien, dévotes ouailles. Tous les hommes,

» nous disons tous, à tous les degrés de latitude et de longitude; tous les hommes,
» que leur peau soit blanche ou noire, jaune ou rouge; que leur cerveau soit grand
» ou petit; leur crâne long ou élargi; tous les hommes croient à l'existence d'un
» Dieu quelconque ; or tous les hommes ne se peuvent tromper, donc Dieu existe.
» Sans doute, çà et là, quelques individus nient ou ont nié l'existence de Dieu; mais
» ce sont là des faits monstrueux, des anomalies; c'est que certains hommes
» naissent privés de l'idée innée et nécessaire de la divinité, comme certains fœtus
» naissent pourvus d'une queue ou dépourvus d'une tête. Et qu'importe, après
» tout, la protestation de ces quelques tristes hères dans l'unanime concert de
» l'humanité? Tout le monde a toujours plus d'esprit que quelqu'un ou que
» quelques-uns. » Voilà la substance d'un raisonnement commode dont le lecteur
a eu certainement les oreilles rebattues.

Avant d'aller plus loin, nous croyons devoir protester contre le lieu commun
tyrannique immolant, à l'opinion générale, l'opinion individuelle. La plupart des
grandes idées, des grandes découvertes, ont germé dans un cerveau isolé avant de
conquérir (souvent avec quelle peine!), non point l'assentiment universel, car il
n'est pas une idée sur laquelle tous les hommes soient d'accord, mais l'assentiment
général. Colomb, croyant aux Indes Occidentales, avait plus d'esprit que tout le
monde de son temps. Copernic, affirmant le mouvement de translation de la terre,
avait raison contre tout le monde. Harvey, découvrant la circulation du sang, avait
plus d'esprit que toutes les têtes contemporaines, avec ou sans perruque docto-
rale, etc., etc. C'est que la grande déesse de l'avenir, celle qui tuera tous les dieux
actuels, la vérité scientifique, existe par elle-même en dépit du consentement
universel, et elle réserve encore bien des ébahissements à l'humanité future.

Mais venons au fait et essayons le caduc argument de l'universalité de la
croyance en Dieu ou en un dieu, quel qu'il soit, avec la pierre de touche de l'observation et de l'expérience. Hélas oui, il y a des peuples athées. Il y en a un peu
partout, en Asie, en Océanie, en Amérique, en Afrique. Les témoignages fourmillent.
Citons pour mémoire les Khasias de l'Indoustan qui, au dire du docteur Hooker,
n'ont point de religion, et, au dire du colonel Yule, ont une religion « dont la
pratique principale consiste à casser des œufs de poule[1]. » Bizarre religion! Mais
on peut avoir une religion et néanmoins être athée. C'est le cas de la plupart des
Mongols. M. Abel Rémusat a constaté que les Chinois, les Tartares et les Mongols
n'ont pas, dans leur langue, de mots pour exprimer l'idée de Dieu. Selon M. Barthélemy de Saint-Hilaire, il faut ajouter à cette liste les Thibétains. Additionnons;
nous avons là presque toute la race mongole, des centaines de millions d'athées;
car il est bien évident que l'idée fait défaut là où le mot manque, et, en effet, les
témoignages des voyageurs, des missionnaires, l'étude des grandes religions mongoliques, confirment le fait signalé par la philologie. Ainsi les jésuites, qui tentèrent les premiers de catéchiser la Chine, affirmèrent que tous les lettrés chinois
étaient des athées. En effet, on chercherait en vain l'idée de Dieu dans les préceptes
moraux formulés par Confucius et même dans le Chou-King. A peine y trouve-t-on
çà et là une vague mention d'une puissance indéterminée, la *raison* ou le *ciel*. Voilà
pour les adhérents aux doctrines de Confucius. Les sectateurs de Bouddha sont
plus athées encore, s'il est possible, puisque l'athéisme est le fond même du bouddhisme. En effet, le bouddhiste ne reconnaît pas de dieu personnel. Il déclare
renoncer à la recherche des causes premières, vouloir s'attacher seulement aux
phénomènes. Il n'admet dans l'univers qu'un principe matériel, doué d'une force

1. Yule, *Collines et population du Khasia.* (Cité par Lubbock dans *les Sauvages modernes.*

motrice et existant par lui-même. Le but auquel il aspire, le rêve qu'il veut réaliser à tout prix, c'est de sortir à jamais du cercle de l'existence, c'est d'échapper à la dure nécessité de la transmigration, c'est de s'anéantir dans l'absolu repos, dans le *Nirvaná*[1]. Or, si le bouddhisme est à peu près éteint dans l'Inde, sa patrie d'origine, il fleurit en revanche dans le Népaul, le Thibet, l'Ava, la Chine, l'Indo-Chine, le Japon, l'île de Ceylan. C'est à 250 ou 300 millions qu'il faut évaluer le nombre des bouddhistes, rien moins que le tiers ou le quart du genre humain.

Si l'idée de Dieu fait défaut à la presque totalité de la race mongolique, qui pourtant occupe le second rang dans la hiérarchie du genre humain, à plus forte raison doit-elle être absente chez nombre de peuplades inférieures, dont l'existence tout entière est absorbée par les exigences de la vie nutritive. Comment les insulaires des Moluques et ceux de la Nouvelle-Guinée, par exemple, s'amuseraient-ils à édifier des spéculations théologiques? Les pauvres gens ne savent pas même compter sur leurs doigts, et, pour trouver le total de deux et deux, il leur faut aligner devant eux de petits cailloux. M. Wallace, qui a longtemps séjourné parmi eux et à qui nous empruntons ces détails, doute fort qu'ils puissent même comprendre l'idée de Dieu. Leur langue est si pauvre qu'elle se compose seulement de termes concrets. Ainsi, ils ont des mots pour désigner chaque arbre, chaque plante, en particulier. Ils n'en ont point pour dire, d'une façon générale, *un arbre*, *une plante*. Même Ignorance impie chez les Veddahs de Ceylan. Sir J. Emerson Tennent dit qu'ils n'ont ni idoles, ni autels, ni gris-gris, ni culte, ni prières; qu'ils n'ont aucune religion, aucune connaissance de Dieu, d'une vie future. Ces faits sont confirmés par Bailey qui a longtemps résidé parmi ces populations. Aux questions réitérées qu'il leur posait à ce sujet, ils ripostaient par les questions suivantes : « Où est donc Dieu ? Sur quel rocher? Sur quel arbre? Jamais nous n'avons vu de dieu[2]. »

Après un séjour de plusieurs années en Australie, au cap York, le docteur Aram affirme de son côté que les indigènes de cette partie de l'Australie sont absolument dépourvus de religion. Pourtant, dit-il, depuis qu'ils connaissent les Européens, ils espèrent revivre après leur mort à l'état d'homme blanc et jouir alors de ce qu'ils considèrent comme la félicité suprême, c'est-à-dire de la faculté de fumer du tabac à volonté[3].

Certains Australiens du centre seraient un peu plus gravement atteints de religiosité, au dire du père Salvado, qui a tâché de les convertir. Ils croient qu'un serpent fantastique, appelé *Nocol*, se cache dans les mares, dans les rivières, prêt à les happer au passage. Ils pensent aussi qu'un vieil homme, appelé *Motogon*, a créé jadis le ciel et la terre; mais, depuis, il est mort dans la décrépitude sénile, cédant la place à un méchant dieu, un nommé *Cienga*, qui accable de maux les pauvres Australiens, fait gronder le tonnerre, luire les éclairs, etc. Aussi, pendant l'orage, les Australiens lui témoignent leur haine en l'injuriant, en crachant vers le ciel. Ils se figurent l'âme, dit le père Salvado, sous la forme d'un oiseau, qui, après leur mort, s'en va voletant et gémissant d'arbre en arbre. Comme deux âmes valent mieux qu'une, les Australiens vont à la chasse des âmes errantes. Pour cela, ils s'avancent à la file. Celui qui est en tête ouvre, pour allécher l'âme sans asile, son énorme bouche dans laquelle l'âme plonge résolûment. Puis elle pénètre dans l'estomac, et sort enfin du corps, mais sans revenir sur ses pas, pour s'engouffrer aussitôt dans la bouche du second chasseur d'âmes, et ainsi de suite

1. Lire *le Bouddha et sa religion*, par M. Barthélemy de Saint-Hilaire.
2. *Anthropological review*. Août, 1864.
3. *Bulletin de la Société d'anthropologie*. 1868.

jusqu'au dernier homme de la bande. Celui-ci est dès lors pourvu de deux âmes; ce qui est une fort bonne précaution. Pour trouver, dans ces grotesques puérilités, les idées de dieu et d'une vie future, il faut avoir inventé la doctrine du règne humain fondé sur la religiosité[1]. Citons encore les principaux faits analogues consignés en si grand nombre dans les relations des voyageurs et des missionnaires.

Le docteur Mouat[2] dit, des Mincopies ou Andamènes, qu'ils n'ont aucune idée d'un être suprême, d'une cause; qu'ils ne sont pas même polythéistes. L'un d'eux, fait prisonnier, dit que ses compatriotes n'avaient aucun culte et ne soupçonnaient pas l'existence de dieu.

Même irréligion chez les Tasmaniens, qui n'avaient pas de mots pour dire créateur[3].

L'Amérique a aussi et surtout a eu son contingent d'athées. Ross dit, des Esquimaux de la baie de Baffin, qu'ils n'ont aucun culte, aucune idole, aucune idée de dieu ou de l'âme. Quand on leur parle d'un dieu invisible, on les épouvante extrêmement[4]. Crantz (Histoire du Groënland) dit aussi que les Esquimaux du Groënland n'ont ni religion, ni culte idolâtrique, ni aucune cérémonie qui y tende. D'après le témoignage de l'abbé Domenech, les tribus des Selischs et des Sahaptins, dans l'Amérique du Nord, n'ont d'autre divinité que le loup des prairies. Or, en bonne conscience, un loup ne peut être accepté comme un dieu de bon aloi. Au dire de La Martinière, les Caraïbes étaient athées[5]. Jean de Léry en dit autant des naturels du Brésil. Spix et Martius affirment aussi que les Brésiliens ne croyaient point à l'existence d'un dieu, mais qu'ils admettaient très-bien l'existence d'un diable[6], ce qui se conçoit sans peine; car, au début des civilisations, l'homme est si désarmé, si faible, en face de la nature ambiante, qui l'étreint et l'écrase sans pitié! Aussi, dès que son imagination s'éveille, dès qu'elle anime et vivifie le monde extérieur, c'est pour y refléter ses craintes, c'est pour le rendre plus terrible encore en le peuplant d'êtres fantastiques et malfaisants.

Mais reprenons notre énumération. Au dire des missionnaires, les Indiens du Gran-Chaco, dans l'Amérique méridionale, « n'ont aucune croyance religieuse ou » idolâtrique, aucun culte quelconque. Nulle idée d'un dieu ou d'un être suprême. » Ne faisant point de distinction entre le bien et le mal, ils sont, par conséquent, » sans crainte de châtiment et sans espoir de récompense dans le présent ou dans » l'avenir. Il n'y a pas non plus chez eux la crainte mystérieuse d'un pouvoir sur- » naturel, qu'on puisse chercher à apaiser par des sacrifices ou des cérémonies » superstitieuses[7]. » Pour ne point allonger outre mesure cette énumération, nous nous hâtons de passer aux peuplades athées du continent africain. Les témoignages qui les concernent sont d'ailleurs particulièrement intéressants par la netteté, la précision, la richesse des détails, et ils suffiraient seuls à établir le bien fondé de notre thèse.

Si, comme nous l'affirment nombre de gens, dont la science et le désintéressement ne sauraient sans péché être mis en doute, le degré de bonheur dans tous les mondes est proportionnel à l'intensité de la ferveur religieuse, les noirs riverains

1. *Mémoires historiques sur l'Australie*, par le P. Rudesindo Salvado.
2. *Aventures chez les Andamènes.*
3. Révérend T. Dove, *Journal scientifique de la Tasmanie.*
4. *Voyages au pôle Nord.*
5. Voir Locke, *Entendement humain*, liv. I, chap. II.
6. Spix et Martius, *Reise in Brasilien.*
7. *The voice of pity*, t. IX. (Cité par Lubbock, *les Sauvages modernes.*)

du haut Nil sont bien à plaindre. L'intrépide explorateur des sources du Nil, le pieux sir Samuel Baker, nous a donné sur leur état spirituel des renseignements aussi navrants qu'authentiques. Il nous a appris que les indigènes de l'Ounyoro n'ont aucune idée soit de dieu, soit de la vie future, qu'ils n'adorent rien et croient seulement à la magie. Leurs voisins, les Obbos, ont le malheur d'être plus sages encore. Jamais aucune conception supranaturelle n'a germé dans leur cerveau. Pourtant ils usent de certains charmes pour guérir leurs malades; ils croient pouvoir, à coups de sifflets, condenser les nuages en pluie fécondante. Quelques anthropologistes, déterminés à trouver partout de la religiosité, en ont vu des traces dans ces quelques pratiques superstitieuses. Nous voulons bien admettre que l'avenir religieux des Obbos n'est pas absolument sans espoir, puisque ces pauvres gens observent mal et raisonnent faux; mais nous constatons, et cela nous suffit, qu'actuellement ils sont athées. Plus au midi, à quelques degrés seulement de l'équateur, sir Baker séjourna dans la tribu des Latoukas, absolument athées et nullement superstitieux. Notre voyageur, qui ne vit même pas de faiseurs de pluie parmi eux, eut avec leur roi Commoro une très-curieuse conversation sur le sujet qui nous occupe. Nous devons, bien à regret, nous borner à ne citer ici que des fragments de cet intéressant dialogue :

« *Sir Baker.* — Ne croyez-vous pas à une autre existence après la mort, et cette croyance n'est-elle pas exprimée par l'acte de déterrer les os après que la chair est tombée en pourriture?

Commoro. — Existence après la mort! Est-ce possible? Un homme tué peut-il sortir du tombeau, si nous ne le déterrons nous-mêmes?

Sir Baker. — Croyez-vous qu'un homme est comme une bête brute pour laquelle tout est fini après la mort?

Commoro. — Sans doute; un bœuf est plus fort qu'un homme, mais il meurt et ses os durent plus longtemps; ils sont plus gros. Les os d'un homme se brisent promptement; il est faible.

. . . .

Sir Baker. — Ne savez-vous pas qu'il y a en vous un principe différent de votre corps? Pendant votre sommeil, ne rêvez-vous pas? Ne voyagez-vous pas par la pensée dans des lieux éloignés? Cependant votre corps est toujours au même lieu. Comment expliquez-vous cela?

Commoro (riant). — Eh bien! Comment expliquez-vous cela, vous? C'est une chose que je ne comprends pas, quoiqu'elle m'arrive chaque nuit.

. . . .

Sir Baker. — N'avez-vous aucune idée de l'existence d'esprits supérieurs à l'homme ou aux animaux? Ne craignez-vous aucun mal, hors celui qui provient des causes physiques?

Commoro. — Je crains les éléphants et les autres animaux, quand je me trouve de nuit dans un fourré; mais voilà tout!

Sir Baker. — Alors vous ne croyez à rien, ni à un bon ni à un mauvais esprit? Vous croyez qu'à la mort l'esprit périt de même que le corps; que vous êtes absolument comme les autres animaux, et qu'il n'y a aucune distinction entre l'homme et la bête?

Commoro. — Sans doute.

. . . .

Sir Baker. — Je fus obligé de changer le sujet de la conversation. Ce sauvage n'avait pas même une idée superstitieuse sur laquelle je pusse enter un sentiment religieux. Il croyait à la matière, et son intelligence ne concevait rien qui ne fût matériel. Il était extraordinaire de voir une perception si claire unie à tant d'incapacité pour saisir l'idéal [1]. »

Le délit d'athéisme n'est pas moins flagrant dans l'Afrique australe que dans l'Afrique septentrionale. Bushmen, Cafres et Hottentots rivalisent d'impiété. Les témoins à charge sont nombreux et dignes de foi.

Thompson a appris, de la bouche même des Hottentots Korannas, qu'avant la venue des missionnaires européens, ils n'avaient pas d'idée distincte d'un dieu tout-puissant, des peines et des récompenses d'une autre vie [2]. De son côté Van der Kemp remarque, dans ses relations sur les Cafres, que ces populations n'ont aucune idée de l'existence de la divinité; que, dans leur langue, il n'y a point de mot pour dire dieu.

Le missionnaire Moffat qui a, pendant vingt-trois ans, catéchisé les indigènes de l'Afrique australe, est tout aussi affirmatif, et sa relation est toute émaillée de détails curieux, qu'il faut citer pour l'édification de nos théologiens, clercs et laïques : « Leur ignorance, dit-il, en parlant des Hottentots Namaquois, était décourageante au dernier point et renversa toutes mes idées préconçues sur les idées innées et sur ce qu'on appelle les lumières intellectuelles. Je trouvais pourtant de loin en loin quelques lueurs d'intelligence; mais je m'aperçus, à ma grande mortification, que cette lumière leur venait « des hommes à chapeaux, » c'est ainsi qu'ils appelaient les habitants de la colonie, ou bien « de ceux qui parlent de dieu » (les missionnaires)..... Je demandai un jour à un Namaquois : « Avez-vous jamais entendu parler d'un dieu? — Oui, nous avons entendu dire qu'il y a un dieu; mais nous ne le connaissons pas bien. — Qui vous a dit qu'il y a un dieu?— Nous l'avons appris par d'autres hommes, etc. (*Journal du missionnaire Schmelen*, cité par Moffat, 23 mai 1815.)

Un Hottentot converti, homme énergique et relativement intelligent, à qui M. Campbell demandait quelle idée il se faisait de dieu avant de connaître le christianisme, répondit qu'il ne pensait jamais à ces choses, qu'il ne songeait absolument qu'à son bétail. Il disait avoir entendu parler d'un dieu dans la colonie; mais le mot dieu lui représentait un être qui aurait pu se trouver sous la forme d'un insecte ou sous le couvercle d'une tabatière.

Les Cafres Béchuanas n'étaient pas moins irréligieux que leurs voisins les Hottentots. N'ayant jamais eu ni idoles, ni culte, ni idée religieuse, ils ne pouvaient concevoir quel pouvait être le but des missionnaires. « Chez les Béchuanas, dit M. Moffat, pas d'idolâtrie, aucune tradition des anciens jours. Le démon, qui a séduit la grande majorité de la race humaine par une variété innombrable de fausses divinités, est arrivé au même résultat à l'égard des Béchuanas, des Hottentots et des Buschmen, en arrachant de leur esprit tout vestige d'impression religieuse, en ne leur laissant pas un seul rayon de lumière pour éclairer leurs ténèbres, pas un seul chaînon pour se rattacher au ciel... » « Pendant plusieurs années d'un travail en apparence inutile, j'ai souvent désiré de découvrir quelque idée religieuse, qui me donnât accès auprès des indigènes; mais aucune notion de ce genre n'avait jamais traversé leur esprit. Leur dire qu'il existe un créateur, maître du ciel et de la terre, leur parler de la chute de l'homme, de rédemption, de résurrection, d'immortalité, c'était leur parler de choses qui leur semblaient fabuleuses et plus extravagantes que leurs ridicules légendes, relativement aux lions,

---

[1]. Samuel Baker, *Découvertes de l'Albert N'yanza*, etc., et *Bulletins de la Société d'anthropologie* (1868).

[2]. *Voyage dans l'Afrique méridionale.*

aux hyènes et aux chacals. On peut comparer notre travail aux efforts que ferait un enfant pour saisir la surface polie d'un miroir, etc. »

On ne décidait les Béchuanas à écouter les prédications qu'en leur donnant en retour du tabac ou d'autres présents. Puis, après plusieurs heures de prédication, ils demandaient : « Qu'est-ce que vous voulez dire? Vos fables sont fort merveilleuses. » Ou bien ils se bornaient à s'écrier : « Pur mensonge! » Les plus pratiques d'entre eux observaient « que tout cela ne remplit pas l'estomac. »

Un indigène engagea Moffat à ne plus revenir sur de telles billevesées, s'il ne voulait passer pour un fou. Quand, plus tard, le missionnaire réussit à faire quelques conversions réelles, car souvent il y avait des conversions simulées dans un but d'intérêt purement temporel (chose qui se voit seulement en Afrique), les prosélytes affirmèrent qu'auparavant ils n'avaient idée ni de dieu ni de la vie future. « L'homme, disaient d'autres, n'est pas plus immortel que le bœuf et l'âne. On ne voit pas les âmes [1], etc. »

M. Casalis, fondateur d'une mission protestante chez les Bassoutos, tribu des Béchuanas, relate des faits analogues. Les Bassoutos croyaient le monde éternel et ne pouvaient admettre que le ciel et la terre fussent l'ouvrage d'un dieu invisible. Le père de Moscheh, roi des Bassoutos, répondait aux prédications en pinçant le nez et les oreilles du missionnaire. Le vieux Libé, oncle du roi, est prêt à se convertir, si Dieu peut le rajeunir, etc.

M. Cazalis est d'ailleurs beaucoup moins net que son collègue Moffat sur le sujet qui nous occupe; néanmoins, on est en droit de conclure de sa relation que les Bassoutos sont athées. Ils croient seulement que l'homme laisse derrière lui, après sa mort, une ombre, un résidu flottant composé de particules organiques. Ces ombres errent, selon eux, calmes, silencieuses, sans joie ni douleur. Elles s'intéressent à leurs descendants, à leurs parents, et parfois les protègent [2].

La relation du docteur Livingstone est, à notre point de vue, bien autrement intéressante [3]. Le docteur affirme bien d'une façon générale que les idées de dieu et d'une âme immortelle sont familières à tous les Africains; mais les faits particuliers, cités par lui, disent le contraire avec une grande netteté. Ou le docteur a manqué de logique, ou bien des censeurs pieux, attachés à l'office des missions anglicanes, ont revu et augmenté son texte dans l'intérêt des bonnes croyances; mais cela importe assez peu, car si l'on néglige quelques assertions générales, le témoignage de Livingstone ne dément pas celui de M. Moffat, son prédécesseur. Les Béchuanas étaient athées du temps de Moffat; ils n'ont pas cessé de l'être. Les preuves fournies par Livingstone sont si nombreuses que nous devons nous borner à citer seulement les principales. Le missionnaire arrive bien à convertir Séchélé, chef de la tribu des Bakouains, qui est terrifié par les dogmes chrétiens; mais le reste de la tribu est tout à fait rebelle. « Vous imaginez-vous, disait le monarque, » en parlant de son peuple, qu'il suffit de parler à ces gens-là pour leur faire croire » ce que vous dites? Moi, je ne puis rien obtenir qu'en les battant. Si vous voulez, » j'appellerai mes chefs, et, au moyen de nos litupas (fouets en peau de rhinocéros), » nous aurons bientôt fait de les décider à croire, etc., etc... J'aime la parole de » Dieu, et pas un de mes frères ne l'écoute avec moi. »

Un chef béchuana intelligent affirme à Livingstone que beaucoup de ses

1. Moffat, *Vingt-trois ans dans le sud de l'Afrique.*
2. E. Casalis, *les Bassoutos, ou vingt-trois années de séjour et d'observations au sud de l'Afrique.* Paris, 1859.
3. *Explorations dans l'intérieur de l'Afrique australe.* 1859.

compatriotes feignent de se convertir uniquement pour se mettre dans les bonnes grâces des missionnaires, ou pour se donner de l'importance.

La tribu des Bakalaharis est encore plus rebelle à la grâce : « Il est difficile, dit
» le docteur, de faire comprendre à un Européen le peu d'effet que produit l'ins-
» truction religieuse sur ces peuplades sauvages. On ne peut se figurer le degré
» d'abaissement où est restée leur intelligence, au milieu de la lutte incessante à
» laquelle ils sont condamnés pour subvenir aux premiers besoins de la vie. Ils
» écoutent nos paroles avec attention, avec respect; mais quand nous nous mettons
» à genoux pour prier un être invisible, nous leur paraissons tellement ridicules,
» tellement insensés, qu'ils sont saisis d'un rire inextinguible... J'étais présent,
» lorsqu'un missionnaire essaya de chanter au milieu d'une réunion de Béchuanas,
» chez qui la musique était une chose inconnue. L'hilarité de l'auditoire fut si
» grande, que chaque visage était baigné de larmes. Toutes leurs facultés sont
» absorbées par les besoins du corps, et il en est ainsi depuis que cette race
» existe, etc. »

Non loin du Zambèze, dans la tribu des Makololos, voici le langage que tenaient
au missionnaire les indigènes les plus intelligents : « Presque tous les enfants
» parlent des choses étranges dont vous étonnez leurs oreilles; mais les vieillards
» secouent la tête en disant : « Pouvons-nous rien savoir des objets dont il nous
» entretient?... » « D'où cela peut-il venir, ajoutèrent quelques-uns d'entre eux;
» nous conservons toujours ce que l'on nous dit à propos des autres choses, et
» quand vous nous parlez de sujets bien plus merveilleux que tout ce que nous
» avons jamais entendu, vos paroles s'enfuient de nos cœurs, sans que nous puis-
» sions les retenir? La masse est beaucoup moins intelligente. Elle admet sans
» commentaires les vérités qu'on lui annonce et ajoute avec indifférence : « Est-ce
» que nous savons? Est-ce que nous pouvons comprendre? etc. »

En outre, et d'accord en cela avec tous les explorateurs, le docteur affirme que
chez les Cafres proprement dits, aussi bien que chez les Cafres Béchuanas, il n'y
a ni idoles, ni culte public, ni sacrifice quelconque.

Dans la Béchuanasie, les missionnaires européens ont adopté, pour dire dieu,
l'expression indigène *Morimo* ou *Barimo*, mots synonymes; car, dans les idiomes
cafres, *Mo* et *Ba* sont des articles, et il faudrait écrire : *Ba-rimo, Mo-rimo*. Mais, au
dire de M. Moffat, l'expression *Morimo* désigne simplement, dans l'esprit des Cafres
Béchuanas, soit les mânes matériels dont nous avons parlé, soit un animal
inconnu et dangereux. « Les Béchuanas, dit Moffat, considèrent leur Morimo
» comme un reptile malfaisant : « Que ne puis-je l'atteindre et le percer de
» ma lance! » s'écriait un chef, qui ne manquait pas de jugement sur d'autres
» matières. »

Avant de terminer cette petite revue, il faut signaler une cause d'erreur, qui n'a
pas peu contribué à faire vivre le dogme philosophique et religieux de l'universalité de la croyance en Dieu. De même que l'on retrouve parfois, au centre du continent africain, des cotonnades de Manchester et de Liverpool, on y rencontre aussi
des lambeaux de légendes chrétiennes, transmis de proche en proche, à des centaines de lieues de distance, dit M. Moffat, dans des régions où les missionnaires
n'ont jamais paru, et où le voyageur abusé prend très-facilement pour indigènes
des croyances importées.

Nous voyons là un motif de consolation pour les déistes, chrétiens ou non.
Aujourd'hui, il est fort difficile d'établir, preuves en main, que l'idée de Dieu fleurit
plus ou moins chez tous les peuples; mais laissons aux missions chrétiennes le
temps de se fonder un peu partout, et il en sera tout autrement, car des vestiges de

la notion divine se rencontreront probablement dans tous les pays, quand une fois on les y aura semés.

Quant à présent, cette notion manque évidemment à bien des peuples, comme elle manque à nos enfants d'Europe et même aux adultes du même continent, alors qu'ils sont vierges de toute instruction chrétienne. Ce dernier fait est constaté par un rapport, qui, il y a une vingtaine d'années, fut publié dans un *blue book* anglais.

De ce document il résulte que, dans les districts miniers, beaucoup de personnes étaient totalement ignorantes de la divinité et que beaucoup d'hommes, de femmes et d'enfants firent, à ce sujet, des réponses que la commission d'enquête qualifie de déplorables [1].

C'est qu'il y a d'abord dans l'esprit des peuples et des individus table rase complète, absence absolue d'idées, y compris celle de Dieu. Puis, quand l'intelligence peut se fortifier et la mémoire s'enrichir, la pensée germe et grandit; quand l'homme a gagné quelque loisir, quelque trêve dans son duel avec la nature, il commence à spéculer, au sujet des émotions, des étonnements qu'éveille en lui le monde extérieur. Les explications qu'il se forge, d'abord puériles, deviennent de plus en plus sages, car l'expérience les contrôle incessamment. Très-peu expert au début dans la recherche des causes, l'homme crée d'abord des talismans, des charmes; il adore les animaux qui lui font la guerre, les fléaux naturels qui épouvantent et tuent. C'est ainsi que l'Aïno a déifié l'ours; le Japonais, les trombes; l'ancien Mexicain, la syphilis, etc. Peu à peu, la synthèse finale se construit; les dieux diminuent en nombre et se simplifient. On leur ampute un jour tel attribut, un jour tel autre. C'est un seul dieu, croit-on ensuite, qui tient le gouvernail de l'univers. Ce dieu lui-même s'amoindrit, s'atténue de plus en plus, pour arriver en fin de compte à n'être plus que l'impalpable entité des spiritualistes modernes. C'est la halte dernière. De là à l'athéisme complet, raisonné, scientifique, il n'y a qu'un pas, et ce pas l'Europe le fait en ce moment.   CH. LETOURNEAU.

ATHÉISME. — L'athéisme figure assez bien cette étoffe rouge qui exaspère les taureaux. Du plus loin qu'elle aperçoit ce mot inscrit sur la bannière de la science et de la pensée moderne, la routine écume comme la Pythie antique : L'athéisme, s'écrie-t-elle, est un outrage à la raison, un démenti au témoignage de l'univers, au consentement du genre humain, c'est la ruine de la morale et de la justice ; l'athéisme n'est que sur les lèvres, il ne peut être dans l'esprit et dans le cœur ; il n'y a pas de peuples athées!

Mais, ce délire calmé, force est bien à dame métaphysique de reconnaître des tribus athées dans l'Afrique centrale, des nations athées dans l'extrême Asie; elle réfléchit que le bouddhisme est une religion athée, que la sankja indienne, l'atomisme de Démocrite et d'Épicure, le stoïcisme de Chrysippe, le panthéisme de Spinoza, le positivisme de Comte, sont des systèmes athées, enfin, que l'expérience scientifique est une méthode athée; et, d'un sens plus rassis, elle préfère la contradiction au ridicule : « En fait, confesse-t-elle, il est certain qu'il y a des athées, les athées de spéculation, et les athées de pratique. » A la bonne heure. Examinons donc de sang-froid cet épouvantail et les divers arguments lancés contre lui par les logiques et les théodicées. Si, par impossible, tous ces champions syllogistiques mordent la poussière, si la négation légitime et probante triomphe des affirmations hypothétiques, nous aurons à déterminer le rôle de l'athéisme dans la conception

1. *Anthropological review.* Août 1864.

expérimentale du monde et de l'homme, sa portée dans le domaine de la morale et de la politique.

Ce n'est pas s'écarter de la probabilité que de comparer aux débuts de l'intelligence enfantine l'éveil de la curiosité humaine. Lorsque, après des milliers d'ans de vie animale et à peine consciente, l'homme blanc, de race aryenne ou sémitique, eut découvert cet instrument de communication qu'on appelle langage, il se prit à interpeller les choses, disant à l'une : qui es-tu ? à l'autre : que veux-tu ? Trouvant en lui-même, dans ses besoins et ses désirs, la raison de ses actes, il dut naturellement chercher une cause et une cause volontaire comme sa propre pensée, aux phénomènes qui agissaient sur lui. Ainsi, à tout propos, l'enfant dit : pourquoi ? et sa nourrice lui répond : parce que le bon Dieu le veut, ce qui ne lui apprend rien, sinon qu'il en sait autant que sa nourrice ; car il pourrait reprendre : pourquoi le bon Dieu veut-il ?

L'idée de cause n'a qu'une valeur subjective ; il n'y a de causalité consciente que dans les organismes vivants. C'est pour avoir voulu l'étendre au monde extérieur que l'humanité a perdu cinquante siècles en religions et en chimères philosophiques, qui ont gouverné et dévasté la terre. Un tel mal sans doute était inévitable. Nos ancêtres, ces enfants qui grandissaient ensemble, n'avaient pas de maîtres qui pussent redresser leurs jugements ; et la croissance de leur esprit ne fit qu'en accentuer la déviation. Vainement se bornèrent-ils d'abord à célébrer dans leurs hymnes le ciel et la terre, le soleil et les étoiles, l'aube et le soir, les vents et les nuages ; ces choses, qui se mêlaient à leur vie, étaient pour eux des êtres, des amis ou des ennemis doués d'une force volontaire et personnelle. Dès lors, il y avait des dieux. Au reste, des races plus bornées, cherchant moins haut et moins loin les causes ou les auteurs de leurs biens et de leurs maux, adoraient et suppliaient le caillou qui les avait coupées, l'animal qui les avait nourries. Naturalisme, polythéisme, fétichisme, ce sont là, à des degrés divers, selon les esprits, les temps et les milieux, de prétendues réponses au *pourquoi* initial. Un vice leur est commun, l'anthropomorphisme, c'est-à-dire l'attribution des qualités physiques ou intellectuelles de l'homme à des choses dénuées de vie et de pensée.

La synthèse qui groupa sous une cause suprême ces causes plus ou moins immédiates fut un progrès, mais dans le vide, un trait de génie, mais à faux, et qui enfonça de plus en plus l'intelligence humaine dans les spéculations creuses de la métaphysique, *inania regna*. De là le panthéisme qui, voulant concilier la religiosité et la science, affuble l'univers d'une inutile divinité; de là le dualisme perse, qui déteignit sur le monothéisme juif ; de là ce mélange hybride de métaphysique subtile et de grossière mythologie qui nous opprime depuis dix siècles ; de là enfin les systèmes raisonnés, suivis, complets des spiritualistes, tels que Platon, Descartes et Leibnitz.

Ces grands philosophes, ces puissants esprits, n'ont cessé depuis cinq ou six cents ans avant notre ère d'expurger, d'épurer et d'affirmer le Dieu unique extrait par eux des légèretés de la mythologie et des platitudes du christianisme. C'est maintenant un Dieu parfaitement présentable, infini en bonté, en justice autant qu'en puissance, l'absolu, l'idéal réel, l'être en soi. Parmi tant de qualités un seul défaut s'est glissé : cette quintessence d'abstractions ne vit plus. Ils vivaient du moins ces Jéhova irrités, ces Moloch ivres de sang et de fumée, et ce superbe Zeus aux sourcils azurés : on les voyait en rêve. Mais ce pur esprit, qui peut le saisir dans son exsangue immatérialité ?

Notez qu'il n'en est pas moins, comme ses prédécesseurs, un mirage de l'homme projeté au ciel ; seulement il a dépouillé même le corps glorieux des fantômes et n'a gardé de son prototype qu'une virtualité pensante, un point géométrique entouré d'une auréole de perfections, si bien qu'il a la force sans l'organisme qui la produit, la science, la raison, la justice et toutes les richesses lentement acquises par le cerveau humain, sans les instruments qui les procurent, sans le foyer qui les élabore. Ce Dieu n'a plus rien à faire avec la réalité; ce n'est plus que l'idée de Dieu, un jeu spécieux, un ouvrage fragile de l'imagination. Et voilà comment le naturalisme, animé d'une vie si intense, s'est délayé dans le panthéisme, amaigri dans le monothéisme, évaporé dans le théisme.

Théisme, c'est presque athéisme.

L'idée de Dieu a ses fidèles cependant, par conviction souvent, plus souvent par habitude, presque toujours par indifférence ou fausse honte. La plupart, et parmi les plus sincères, cherchent plus à la mettre hors de discussion qu'à la défendre, à l'embaumer dans le sentiment qu'à la vivifier par des preuves. Mais vainement Leibnitz nous crie : « On a droit de présumer la possibilité de tout être et surtout celle de Dieu, jusqu'à ce que quelqu'un prouve le contraire; » les spiritualistes sentent bien que la preuve incombe à qui allègue et qu'à l'affirmation simple suffit la simple négation. Ils essaient donc de ramasser en faisceau les divers arguments présentés par leurs maîtres, arguments *a priori* fondés sur la raison, arguments *a posteriori* tirés du spectacle du monde, preuves pour nous sans portée parce qu'une observation incomplète les a faussées dès le principe. Le spiritualisme en effet conçoit la raison comme un fait irréductible, inné, absolu, nécessaire, et c'est à la lumière de cette raison mal définie qu'il considère l'ensemble des choses. La science, au contraire, qui ne découvre que des rapports et des contingences, la science qui reconnaît dans la raison une conquête de l'expérience ou le résultat d'un organisme nettement déterminé, une élaboration généralisatrice des impressions recueillies par la mémoire et comparées par la réflexion, ne peut admettre que des hypothèses utiles, justifiées non par une logique toute verbale mais par des faits observés. De là un écart primordial, un abime que rien ne peut combler. Lorsque le spiritualisme veut nous imposer la réalité objective de ce qu'il nomme des idées élémentaires, nous nous bornons à lui en démontrer la formation subjective, relative, abstraite; aucun de ses axiomes, la cause, l'être, l'infini, la perfection, ne résiste à la décomposition de l'analyse scientifique. Toutes ces entités sont anthropomorphes; c'est l'organisme humain qui les produit; il les prête et ne les emprunte pas. Les preuves spiritualistes établissent donc tout au plus que l'homme est le créateur de Dieu. Résumons-les brièvement.

Toutes sont des applications de ce syllogisme : il y a dans l'intelligence un certain nombre d'idées universelles *qui ne procèdent pas des sens*. Or toute idée est un effet, donc elle a une cause; toute idée est une image, donc elle a un sujet; donc les idées constitutives de la raison, étant réelles, ont de toute nécessité un sujet métaphysique, un principe immatériel, dont elles émanent.

Par exemple, la durée et l'espace, dégagés des faits et des formes, impliquent un sujet infini, qui est dieu. Ce dieu à parties et à tiroirs appartient à Newton et à Clarke. Notons avec Lucrèce (liv. 1er) qu'en dehors des formes et des faits, le lieu et le temps n'ont aucune réalité.

Selon Platon (*Lois*, x) et Aristote (*Métaphysique*, peut-être interpolée), l'idée de mouvement implique un moteur. Si l'on objecte que le moteur peut être mû à son tour, et que la chaîne est indéfinie, Aristote répond, bien à son aise, qu'il faut toujours s'arrêter à un dernier moteur immobile, κινοῦν ἀκίνητόν. Clarke ajoute que, sans une cause nécessaire, rien de contingent n'a le droit d'exister. C'est de la scolastique. Descartes aussi affirme que les causes secondes veulent une cause première :

« Puisque, dit-il, je suis une chose qui pense et qui ai en moi quelque idée de
Dieu, quelle que soit enfin la cause de mon être, il faut nécessairement avouer
qu'elle est aussi une chose qui pense et qu'elle a en soi l'idée de toutes les perfections que j'attribue à Dieu. » Outre que cette prétendue identité de l'effet et de la
cause est démentie jusqu'à l'évidence, il y a ici interversion du raisonnement : puisque je suis une chose qui pense, c'est que mon être est la cause de mes pensées.
Descartes prend ici le produit, le résultat pour le principe. Il est bien plus près de
la vérité lorsqu'il s'avoue un moment que l'idée de perfection peut naître de
l'homme même et des perfections en puissance qui sont en lui. Mais il rejette bien
vite cette impiété pour conclure de notre imperfection à l'évidence d'un être parfait.

De même nature et de même valeur est la grande preuve platonicienne et chrétienne, adoptée par saint Augustin, saint Anselme, saint Thomas, Bossuet, Fénelon,
Malebranche, etc., qui, élevant à l'absolu nos idées relatives de justice et de beauté,
en fait les attributs de la divinité. A ces aberrations s'en rattachent d'autres, vraiment puériles, sur la distinction de l'inférieur et du supérieur : le premier terme
suppose le second et ne peut le produire; donc ce qui est supérieur existe et produit l'inférieur. C'est toujours l'affirmation sans preuves de la réalité objective;
c'est toujours le fameux argument ontologique réfuté par saint Thomas, par
Gerson, par Gassendi, et que saint Anselme formule ainsi dans le *Prologium* de son
Monologium :

« Il est impossible de penser que Dieu n'existe pas; car Dieu est, par définition,
un être tel qu'on n'en peut concevoir de plus grand. Or, je puis concevoir un être
tel qu'il soit impossible de penser qu'il n'est pas, et cet être est évidemment supérieur à celui dont je puis supposer la non-existence. Donc, si l'on admettait qu'il
est possible de penser que Dieu n'existe pas, il y aurait un être plus grand que
Dieu, c'est-à-dire un être plus grand que l'être tel qu'on n'en peut concevoir de plus
grand, ce qui est absurde. » Sachons gré au moine Gaudilon d'avoir fait justice de
cette argutie dans son *Liber de insipiente*. Et dire que Descartes et Leibnitz ont trouvé
de la sublimité dans ce gâchis ! Descartes le condense à peu près ainsi : on ne peut
concevoir Dieu sans existence, donc Dieu est l'existence même ; voici sa formule :

« Dire que quelque attribut est contenu dans la nature ou dans le concept d'une
chose, c'est le même que de dire que cet attribut est vrai de cette chose et qu'on est
assuré qu'il est en elle. Or est-il que l'existence nécessaire est contenue dans la
nature et dans le concept de Dieu. Donc, il est vrai de dire que l'existence nécessaire est en Dieu, ou que Dieu existe. » Étrange cercle vicieux ! Kant, pour pulvé-
riser ces résidus scolastiques, croit devoir appeler à son aide tout son arsenal de
synthèse et d'analyse. J'aime mieux de lui cette remarque : « Un homme n'augmente
pas plus ses connaissances par de simples idées, qu'un négociant n'augmenterait sa
fortune en ajoutant quelques zéros à l'état de sa caisse. »

MM. Jacque, Simon et Saissot, dans leur *Manuel*, avouent que les objections de
Kant sont invincibles. Mais, par une rare audace, ils reprennent à leur compte la
preuve ontologique : « En fait, l'idée de Dieu ne se sépare jamais dans la conscience
de la foi à son existence réelle. Nier Dieu, c'est n'y pas penser... Comme disait saint
Anselme, dès que Dieu est pour nous *in intellectu*, il est aussi pour nous *in re*... Dieu
(a dit Leibnitz) est l'être dont la *possibilité* et la réalité ne se distinguent pas. » Le
dernier effort de la logique métaphysique aboutit donc à ce piètre raisonnement :
Dieu est possible, donc il est. Cela n'a aucun sens; la conclusion ne sort pas des
prémisses. Mais enfin, ce refuge, nous ne le laisserons pas à nos adversaires;
et nous ne serons pas arrêtés par les scrupules de certains de nos amis qui nous
accusent de faire de la métaphysique. Singulier reproche, pour le dire en passant :

si, détruire une erreur c'est pactiser avec elle, démolir une maison ce sera la bâtir ; couper un arbre par la racine, ce sera l'étayer. Mais, laissons.

Nous disons que, loin de posséder la *réalité*, le dieu du déisme, le seul honorable et acceptable, n'a même pas la *possibilité*. Dieu est fait de deux termes contradictoires. Parfait en grandeur, en bonté, justice, science et puissance, Dieu est nécessairement infini ; cause volontaire et consciente, il est nécessairement une personne, c'est-à-dire un être se distinguant des autres, c'est-à-dire fini. Personne et infini sont choses incompatibles ; leur union constitue un non-sens, et Dieu une impossibilité.

Ainsi, ou bien Dieu sera infini, impersonnel, inutile et surérogatoire, adéquat à l'univers ; ou bien il sera voulant, agissant ; et alors étant une personne, il ne sera plus dieu. Ou il n'est pas, ou il est une entité, une quintessence d'abstractions personnifiées, le *parfait* de M. Vacherot, la *catégorie de l'idéal* de M. Renan, un simple jeu des esprits déliés. Le dieu de la raison et des arguments *a priori* est donc une transfiguration de l'homme dépouillé de l'organisme qui le constitue.

Le déisme est-il vaincu ? Non pas. Traquée dans son propre domaine, la métaphysique se réfugie dans la physique. De la raison pure, du sens interne, elle prétend passer à l'observation extérieure et invoquer le témoignage de l'univers. Mais avec quels yeux, dans quel esprit considère-t-elle l'ensemble des choses ? Précisément avec ces yeux faussés par le mirage de l'absolu, dans ce même esprit où sont posées en principes nécessaires les idées toutes relatives d'être, de perfection et de cause. C'est parce qu'elle rêve à la cause première qu'elle cherche dans le monde les causes finales. Kant trouvait l'argument *a posteriori* un peu faible bien que consolant ; il voulait qu'on le fortifiât de quelques preuves *a priori*. Est-ce une ironie ? Le sage de Kœnigsberg ne sentait-il pas que l'hypothèse des causes finales était viciée dans son principe par l'hypothèse des vérités nécessaires, qu'elle n'était enfin qu'une nouvelle forme du mal métaphysique ?

Quoi qu'il en soit, le lieu commun de l'ordre universel, de l'harmonie préétablie, a séduit tant d'esprits, même grands, que nous devons le reproduire et le discuter. C'est l'argument mignon de tous les spiritualistes éloquents ; Fénelon en joue avec grâce et Rousseau avec force. Mais, chose plus étrange, il a séduit Voltaire, qui sur cet air a mis les paroles fameuses : « Si Dieu n'existait pas, il faudrait l'inventer. » (A quoi un malin répondit : c'est ce qu'on a fait.) Bien plus, il a inquiété la timidité de quelques positivistes. Oui, certains disciples de Comte et de Littré se récusent ici, disant que les causes finales ne sont pas de leur compétence. Et pourquoi ? Ne sont-elles pas, dans leur origine, purement subjectives comme la cause première ? Ne naissent-elles pas d'une fausse comparaison ? Ne procèdent-elles pas de l'homme, et n'appartiennent-elles pas en propre au physiologiste et au psychologue ?

Donc, il y a un ordre dans les choses ; chaque forme est appropriée à son emploi ; chaque organe est déterminé par une fonction ; tout être tend vers une fin. Il y a une raison dans tout. Quelle raison ? nous l'ignorons, mais il y en a une. Cette raison suppose une volonté. Or, comme l'ordre implique un plan, comme il n'y a pas de plan sans architecte, c'est à l'architecte suprême qu'appartient cette raison virtuelle des choses.

Tel est l'argument des causes finales, contre-partie de celui qui se tire d'une cause première. Lucrèce le réfute en quelques mots ; Voltaire lui-même, dans ces dialogues charmants où il fait si prestement la demande et la réponse, n'oublie rien, tout en le soutenant, pour le ruiner. Nous ne nous amuserons pas à juger par le menu l'ordre de l'univers et à convaincre de puérilité, de méchanceté ou d'ineptie le créateur des trombes, des pestes, des vipères et des gouvernements personnels. L'admiration n'a rien à faire avec les combinaisons toujours les mêmes et toujours indifférentes de la substance qui nous environne et dont nous faisons partie. Étonnons-nous, s'il nous en prend envie; avec Dieu ou sans Dieu, l'étonnement sera le même. Tous ces faits ne sont ni beaux ni laids, il sont. Et comme l'un n'existerait pas sans l'autre, il faut qu'ils soient; cette nécessité ne ressemble guère à une intention ou à un caprice intelligent. Elle n'est point surnaturelle, puisqu'elle est la nature même; c'est-à-dire l'invariable développement de ce qui constitue l'univers. En résumé, qu'est-ce que l'ordre dans le monde? L'état des choses; elles seraient autrement que leurs relations n'en constitueraient pas moins un ordre.

Il n'y a pas d'existence sans manière d'être. C'est ce qu'exprimait avec beaucoup de netteté M. Emmanuel Briard dans la *Pensée nouvelle* (1re année, no 36) : « Un mode d'existence est inséparable de l'existence elle-même. Le monde existe, il existe d'une certaine manière, de la manière que nous voyons. Qu'est-ce que cela peut prouver en faveur d'une Providence?... Pour pouvoir affirmer qu'il y a de l'ordre dans la nature, il faudrait pouvoir comparer la nature à quelque chose d'autre, ce qui est impossible, puisque tout est dans la nature... Quand donc vous dites : il y a de l'ordre dans la nature, vous ne faites que reporter à la nature l'idée que vous en avez tirée; vous dites seulement ceci : la nature est comme elle est. » C'est une tautologie. Le Dieu des causes finales est adéquat à la nature humanisée, personnifiée, de même que le Dieu de la raison est adéquat à la personnalité humaine étendue à l'univers. Partout Dieu est convaincu de synonymie avec l'homme ou le monde; donc il n'est pas. Il est un aveu d'impuissance, une échappatoire dont se paie la lassitude d'une curiosité mal dirigée. La science vraie n'a fait de conquêtes que sur Dieu; elle lui a pris tour à tour sa foudre, son empyrée, son attelage d'astres, sa providence; elle le remplace enfin et le dépasse. Ainsi chaque pas de la science a été un pas de l'athéisme.

Oui, Dieu, impossible aux yeux de la raison, est inutile aux yeux de la science. Le mot de Laplace l'a tué. Les phénomènes produits par les rapports et les propriétés des choses « n'ont plus besoin de cette hypothèse. » Si une volonté les dirigeait, elle ne ferait qu'un avec leur loi, c'est-à-dire avec leurs qualités propres, avec eux-mêmes. Ajoutez Dieu au monde, ôtez-le. Le résultat est le même. Rien n'en augmente et rien n'en diminue. Aussi la science ne s'occupe plus de cette superfétation; les plus orthodoxes parmi les chimistes, les physiciens, les naturalistes, sont les plus indifférents. Tous se passent de la divinité ou ne l'introduisent dans leurs ouvrages que comme hors-d'œuvre, A peine quelques historiens citent encore la providence lorsqu'ils sont embarrassés; mais c'est un mot, et tous savent bien qu'au fond les circonstances, les milieux et les caractères sont les directeurs de la destinée humaine.

Notre discussion, peut-être l'aura-t-on remarqué, s'est jusqu'ici maintenue bien au-dessus, bien au delà de ce qu'on peut appeler les bons-dieux, autrement dit les dieux particuliers des religions, ces triples Brahma, hindous ou chrétiens, qui, pareils au Cerbère antique, se lancent depuis des siècles de sextuples et risibles anathèmes. Nous avons soigneusement laissé l'Esprit-Saint lutter contre l'oiseau Garuda, le Verbe donner la réplique au dragon de Vishnu, et le Père éternel montrer le poing au taureau de Çiva. Les religions et leurs fantaisies se neutralisent par leur coexistence. C'est le résidu, l'extrait des spiritualismes que nous avons analysé, et avec l'idée de dieu se sont évanouies sous notre main les formes, les symboles dont elle était l'essence. Mais quelques personnes pourraient chercher ici une condamnation directe du dieu qui a exercé le plus funeste empire sur les races intelligentes de l'Europe, de ce prétendu père, à la fois époux et fils, qui s'est fait homme dans le sein d'une vierge, véritablement dieu *quia absurdum*. Un travail spécial sur le *Christianisme* fera justice de ces étrangetés. Mais l'argument des causes finales nous permet d'écarter en passant l'argument des miracles bibliques, évangéliques, brahmaniques, musulmans, païens et autres. Tout d'abord observons que l'une de ces preuves exclut l'autre. Si les causes finales sont l'axiome éternel prononcé avant la naissance des temps, les lois inéluctables sur lesquelles est assise à jamais l'harmonie de l'univers, il n'y a pas de miracles; car le miracle est une dérogation particulière, momentanée, au plan général des choses. Le miracle, c'est une éclatante contradiction infligée à l'immutabilité divine par le caprice divin. Il faut choisir. Dira-t-on que les causes finales constituent le vrai miracle? C'est se payer de mots : un miracle permanent n'est plus un miracle. Subsidiairement, quels sont les meilleurs miracles? Ceux de Brahma, ceux de Jéhova, ceux du Christ ou de Mahomet?

Et maintenant, laisserons-nous sans réponse ce que les dévots à l'idée de Dieu appellent le sentiment? Il ne le faut pas; c'est là leur prise sur les femmes et sur les esprits nerveux ou paresseux. Mais qu'est-ce d'abord que le sentiment et quelle autorité peut-il avoir? On se garde bien de le définir, son prestige est à ce prix ; on le pose seulement en face du raisonnement et de l'expérience comme un champion mystérieux et invincible; on en fait le trésor et la gloire des femmes, qui s'en vantent. Pauvre petite comédie ! Le sentiment n'a rien de si obscur ni de si grand; ce n'est rien autre chose qu'un raisonnement instinctif, incomplet, et que l'expérience condamne ou confirme. Le sentiment du divin n'est ni plus ni moins que le bégaiement confus des preuves *a priori* et *a posteriori* qu'ont formulées les Platon, les Descartes et les Leibnitz. Il n'a pas d'autre portée; il succombe avec elles. Devant la science le sentiment est incompétent.

Le dernier argument, le plus nul, le moins digne de discussion, l'argument par excellence de la routine, c'est le consentement universel. Nous le mentionnons à regret, comme un corollaire du précédent. Les athées promettent de ne s'en servir jamais, et bientôt peut-être ils le pourraient. En fait, la majorité des hommes, un milliard sur treize cents millions, n'a jamais eu aucune opinion motivée sur l'idée de Dieu. Le sentiment religieux ne s'est jamais développé chez certaines peuplades, et il manque dans une partie notable du Céleste-Empire. A côté des philosophes qui ont cru travailler pour l'idée de Dieu, d'autres ont toujours protesté contre les chimères et accepté pour guide unique l'expérience. Il est vrai que durant une dizaine de siècles le christianisme et le mahométisme ont conquis à Dieu de vastes régions; il ne faisait pas bon alors renier le Dieu de Loyola ou d'Omar. Mais l'esprit de révolte s'est levé dès l'aube de la Renaissance ; malgré la fausse direction de la Réforme, la science commençait dès lors à se dégager des dogmes et des entités. Au commencement du xviie siècle, il y avait, selon le père Mersenne, cinquante mille athées à Paris, douze par maison. Qui doute que l'athéisme, au temps de Voltaire, ait régné dans les classes les plus intelligentes de la France et de la Prusse? Enfin, de nos jours, au milieu d'une recrudescence toute mondaine de dévotion, il a gagné l'élite de la pensée contemporaine, toutes les branches de la science ; il se déguise parfois un peu, mais seulement quand il le faut, et, sous le masque décent du déterminisme, s'en va essuyer les larmes et partager le traitement des Sorbonnes éplorées.

Mais dites-nous donc, vous qui invoquez le consentement universel, pourquoi vous avez cessé de croire au système de Ptolémée? N'avait-il pas l'aveu de tous les savants, avant Copernic?

Ainsi donc, des deux courants philosophiques déterminés par la curiosité humaine, le premier suivi par Pythagore, Anaxagore, Platon, et qui, grossi des torrents scolastiques, a porté si triomphalement et Descartes et Malebranche et Kant lui-même; ce grand fleuve se dessèche comme un canal abandonné; il n'y tombe plus que les larmes de la métaphysique, breuvage peu goûté des générations nouvelles. Mais l'autre, celui des Démocrite et des Épicure, héritiers des physiciens d'Ionie, celui de Bacon et de Gassendi, de Locke et de Voltaire, de Diderot et d'Holbach, de Condillac et de Cabanis, de Condorcet et d'Auguste Comte, de Büchner et de Moleschott, déserté mais non tari au moyen âge, remis en honneur par la Renaissance et le xviiie siècle, coule à pleins bords aujourd'hui et, désespoir du troupeau bien pensant, attire à lui tous les affluents de la science.

Nous avons combattu le déisme; il est temps de défendre l'athéisme et de repousser péremptoirement un certain nombre d'accusations qui tendent à le déconsidérer. L'athéisme, dit-on, est antisocial, immoral; il détruit l'idée de justice, la dignité de l'âme et l'espoir de la vie future; il humilie l'humanité. Antisocial? et comment? puisqu'il reconnaît dans l'homme et la société les seuls facteurs de la morale. Comment immoral? puisqu'il fonde la morale sur ses assises réelles, le besoin et la réciprocité, la mutualité du droit? Il n'établit point que tout, hors les jouissances matérielles, est mensonge et duperie; car il est l'unique point de départ solide des recherches scientifiques et l'unique chemin de la vérité intellectuelle; il est donc un aiguillon aux plus hautes jouissances cérébrales. L'athéisme ne nie que ce qui n'est pas, il ne détruit rien de ce qui est; il ne tue donc pas plus le dévouement que l'affection ou la solidarité; il n'ébranle point le principe de ces vertus naturelles ou sociales. Loin de leur ôter leur sanction, il leur en donne deux qui se complètent l'une l'autre : le sentiment public et la conscience individuelle; l'accord de ces deux expressions du milieu moral est la seule mesure exacte du mal et du bien.

Et comment détruirait-il l'idée de justice; il en fait le but de l'activité humaine. Il l'enlève à cette prétendue providence qui est censée conduire le monde, et il la rend à la société qui seule conçoit et poursuit le juste. C'est en renvoyant l'homme à la justice céleste que l'idée de Dieu a éloigné infiniment le règne de la justice sur la terre. L'athéisme est la préface d'enseignements plus virils; il rejette la résignation chrétienne; il bannit le découragement; il dit à l'homme : au lieu de gémir sur l'injustice, ne la souffre pas; au lieu de demander justice aux vents du ciel, fais-la; constitue toi-même une société juste. Libre du caprice divin, maître de tes mouvements dans le cercle que la fatalité inconsciente, impassible, t'a tracé, développe ton être en tous sens; atteins, dans la liberté et la vérité, la plénitude de la vie sociale! Est-ce là humilier la dignité humaine? J'entends; nous dépouillons l'homme de son âme immatérielle. Valait-elle plus qu'un cerveau pensant? Mais la vie future, l'immortalité? Mourir tout à fait, c'est triste! Je crois bien. Prenez-vous-en au tombeau.

En face des maux qu'elle attribue à l'athéisme, il est équitable de rapporter les bienfaits de l'idée de Dieu. Hélas! ils ne sont que trop célèbres. A cette idée, qui réclame le monopole de la justice et de la morale, l'humanité a dû l'exil d'Aristote et son suicide par le poison, le bûcher de Jean Huss, le supplice de Vanini, de La Barre; à elle, le christianisme et le moyen âge, les martyrs orthodoxes, païens, ariens, la ruine de la civilisation antique, abandonnée sans défense aux coups des barbares, l'éclipse de l'art et de la pensée; à elle, les ravages des musulmans et les croisades; à elle les *autos-da-fé*, les guerres de religion, les Saint-Barthélemy, les Dragonnades; à elle, les hontes du siége de Rome et le massacre de Mentana. A elle, encore et surtout, cette inertie devant les événements, cet esprit de platitude devant la force, cet énervement de la virilité européenne, lentement, longuement émasculée par la prière, la résignation et la confiance en un vengeur qui dort dans le ciel des théodicées. Ah! l'idée de Dieu, certes, a bien mérité de l'homme!

— Cependant, c'était quelque chose. Que mettez-vous à la place? Une négation, c'est bien stérile. — Eh! que met le bûcheron à la place de l'arbre qui obstruait le champ? l'air, l'espace. A la place de Dieu? l'activité humaine. Est-elle stérile la négation qui crée les conditions de la fécondité?

Ce sont là de pures questions de mots. Qui croirait qu'elles ont été renouvelées, ranimées par le positivisme, qu'une doctrine parfaitement et ouvertement athée accuse l'athéisme de théologie, de métaphysique, de stérilité, d'impuissance créatrice? Malentendu, querelle de famille, après tout, et que nous ne voulons pas envenimer ici. Ils prétendent écarter seulement Dieu; c'est leur façon de le nier. A leur aise! cela nous suffit. Ils constatent, nous concluons.

Peut-être ne blesserons-nous pas leurs scrupules par la déclaration suivante: L'athéisme n'est ni une doctrine, ni un système, c'est une réponse à une question que la curiosité a posée et que la science résout. C'est proprement une ordonnance de non-lieu. S'il parle quelquefois en son nom propre, c'est que, impliquant l'expérience scientifique, il en devient le synonyme. A ce titre, il est permis au langage d'en faire le préliminaire de la saine méthode, le point de départ de la science, la base de la liberté, de la justice, de la rénovation sociale et politique. Le droit, la loi, l'égalité, sont forcément athées. Par l'athéisme, l'homme rentre en possession de lui-même et de la terre. L'athéisme ouvre et domine l'avenir. Lorsque la dernière des entités sera tombée en poussière, lorsque la science aura partout supplanté la foi, l'athéisme ne sera plus qu'un mot vide de sens comme le déisme lui-même. Jusqu'à ces temps, prochains peut-être, il demeure la phase préparatoire de l'évolution future. Aspirons au jour où il aura fait son œuvre présente et où il rentrera dans l'histoire. ANDRÉ LEFÈVRE.

ATHÈNES. — L'Attique, la contrée la plus célèbre du monde, forme un triangle dont la plus grande hauteur n'a pas quinze lieues et dont la largeur moyenne est d'environ cinq lieues; sa surface n'égale donc pas la moitié du plus petit de nos départements. Sa stérilité était notoire dans l'antiquité; l'orge et le blé végétaient à peine dans son sol pierreux; l'olivier, la vigne, les mines d'argent du Laurium furent sa seule richesse. Ses fleuves célèbres sont deux ruisseaux, dont l'un, l'Ilissus, est à sec pendant presque toute l'année, et dont l'autre, le Céphise, suffit à peine à arroser les jardins d'Athènes.

C'est cependant ce petit coin de terre qui devint le centre littéraire, artistique et philosophique du monde ancien. Rien de plus intéressant et en même temps de plus instructif que de rechercher les causes d'un si prodigieux effet.

Les premiers âges d'Athènes sont encore plus obscurs que ceux de Rome, si c'est possible. Les auteurs anciens sont remplis de légendes et de traditions, que les auteurs modernes ont fait d'infructueux efforts pour dégager d'une épaisse obscurité.

Suivant Hérodote : « Les Athéniens étaient des Pélasges nommés Cranaï, » lorsque les Pélasges possédaient le pays appelé aujourd'hui Hellade. Sous le » règne de Cécrops, on les appela Cécropides; quand Érechthée hérita de ce » royaume, ils échangèrent ce nom contre celui d'Athéniens et, quand son fils » Xuthus devint leur chef, ils prirent le nom d'Ioniens. » (Livre VIII, 44.)

Hérodote a résumé en ces quelques lignes toutes les traditions primitives de l'antiquité sur Athènes. Ces traditions ne peuvent être étudiées avec les développements nécessaires qu'à l'article *Grèce*.

Tout ce que nous savons des temps qui précèdent Dracon (624 avant Jésus-Christ), c'est que l'Attique fut peuplée par diverses tribus appartenant à différentes races.

C'est à Thésée, petit-fils d'Ion, et descendant de Xuthus, qu'on attribue la réunion de tous les habitants de l'Attique en un même peuple.

Lorsque les Héraclides envahirent le Péloponèse, les Éoliens de Pylos, chassés de leur pays, se réfugièrent dans l'Attique sous la conduite de Mélanthos; les Athéniens racontaient que ces étrangers s'étaient établis en simples particuliers à côté d'eux; mais ce qui ferait penser qu'il y eut une nouvelle conquête, c'est que Mélanthos devint roi du pays. Son fils Codrus lui succéda; ses trois frères furent les héros éponymes des Alcméonides, des Pisistratides et des Péonides, les trois plus puissantes familles de l'Attique.

Ce ne furent pas seulement les Éoliens, mais encore les Ioniens du Péloponèse qui, chassés par les Doriens, se réfugièrent dans l'Attique où ils furent accueillis comme des membres de la même race. La population de ce pays devint donc extrêmement mélangée, et c'est sans doute à cette diversité d'éléments, qu'Athènes a dû en partie de devancer les autres villes dans la voie du progrès et de devenir la tête de la civilisation grecque.

Toute race pure, comme celle des Chinois, est enfermée par une muraille intellectuelle qu'elle ne peut franchir, car tout progrès naît de la lutte que se livrent les hommes qui aperçoivent la vérité sous des aspects divers, et c'est là l'œuvre et la mission des races diverses. En outre, dans les pays où une seule race de conquérants s'établit, il sort de cette conquête une aristocratie trop puissante pour que les vaincus puissent la détruire; c'est ce qui arriva à Sparte. Dans l'Attique, les conquérants ioniens, vaincus par les conquérants éoliens, ont sans doute aidé aux anciens habitants, les Pélasges, à vaincre le joug de l'aristocratie, absolument comme, en Angleterre, l'aristocratie saxonne a donné à la vieille population celtique la force nécessaire pour combattre et vaincre l'aristocratie normande.

La première phase de l'histoire d'Athènes, comme de l'histoire de tous les peuples, est la phase aristocratique; le régime des castes a été partout enfanté par la conquête.

L'aristocratie fut, à Athènes comme dans toutes les villes de la Grèce, organisée en tribus, phratries, gentes et familles. Nous sommes obligés de renvoyer à l'article *Grèce* la description de cette organisation sociale, dont la connaissance est absolument nécessaire pour comprendre toutes les luttes politiques intérieures de ce temps.

On trouvera du reste cette organisation admirablement exposée, dans ses origines et dans ses formes, par M. Fustel de Coulange, dans son ouvrage intitulé : *la Cité antique*.

On peut deviner toutes les oppressions endurées pendant la période aristocratique d'Athènes. Cependant les plébéiens se multiplièrent, car le travail et la lutte sont sains pour l'homme; ils forment des corps robustes et des populations vigoureuses. Il y eut sans doute bien des protestations étouffées dans le sang; la première qui eut un succès politique fut celle qui donna lieu à la réforme de Dracon. Dans leurs procès contre les patriciens, les plébéiens étaient non-seulement jugés par des juges patriciens, mais encore suivant des lois qui se confondaient presque avec la religion, et que les patriciens se gardaient bien de faire connaître, afin de conserver le droit de les interpréter arbitrairement. Les plébéiens pensèrent que si les lois étaient connues de tous, les patriciens n'oseraient pas les violer aussi ouvertement.

Voilà pourquoi l'archonte Dracon fut chargé, en l'an 624 avant Jésus-Christ, de mettre les lois par écrit. C'est à cela que se borna toute son œuvre ; il ne changea rien à la constitution politique, et cette constitution resta tout aussi aristocratique qu'auparavant.

Solon fut le premier réformateur de la constitution d'Athènes. Les ennemis de l'aristocratie étaient nombreux ; il y avait d'abord les *Thètes*, ou mercenaires, classe déshéritée de tous droits politiques ; puis il y avait les clients plébéiens rattachés aux *gentes* aristocratiques par le travail et par les intérêts d'une défense mutuelle, et qui, sinon ostensiblement, au moins en secret, aspiraient à un état meilleur.

Au sein même de l'aristocratie, un grand nombre de membres pauvres des *gentes* prirent part à l'opposition. Le droit d'aînesse existe partout à l'origine des sociétés ; ce n'est pas seulement le droit du plus fort, c'est encore le droit du chef religieux de la famille qui succède au père dans la fonction de pontife du culte des ancêtres et par suite dans la gestion du domaine commun de la *gens*. Il est facile de comprendre que ce chef exerça ce droit entièrement à son profit. Les cadets demandèrent la division du domaine commun, l'égalité des partages. A Sparte, le droit d'aînesse a subsisté jusqu'à la fin ; à Athènes, il ne disparaît qu'au temps de Solon.

On voit donc que les plébéiens ne furent pas réduits à leurs seules ressources dans la lutte. Enfin les familles les plus puissantes, dans un but entièrement égoïste, se mirent à la tête des mécontents et réussirent souvent à s'emparer d'une dictature qui fut obligée de travailler au profit des plébéiens et de l'égalité, puisqu'elle avait, pour adversaires directs, les chefs de l'aristocratie. Il y avait à Athènes plusieurs familles se rattachant aux anciennes dynasties de l'Attique, entre autres les *Pisistratides* et les *Alcméonides*. Les Pisistratides réussirent à s'emparer du pouvoir pendant près de cinquante ans; Clisthène et Périclès étaient de la race des Alcméonides.

Solon était un Eupatride de fortune médiocre, mais appartenant à la gens des Codrides, c'est-à-dire à la race de Codrus. Il faisait remonter son origine jusqu'au dieu *Poséidon*, le dieu de la mer ; aussi faisait-il partie de la tribu habitant le Pirée, et il pratiqua le commerce toute sa vie. Il visita différents lieux tels que les riches colonies de l'Asie-Mineure, et même l'Égypte. Il compara entre elles les constitutions de ces différents pays et y puisa les principes de celle qu'il fit accepter ensuite à sa patrie.

De violentes discussions régnaient parmi les habitants de l'Attique divisés en trois factions : les *Pédiens* ou hommes de la plaine, comprenant les familles les plus riches d'Athènes et d'Éleusis; les *Diacriens*, habitants des montagnes stériles du nord et de l'est de l'Attique; et les *Paraliens*, habitants des bords de la mer et enrichis par le commerce maritime.

A ces querelles entre les habitants des trois parties de l'Attique, vinrent se joindre les réclamations des Thètes et principalement des petits tenanciers, cultivant le sol pour le compte des nobles.

Les Eupatrides s'étaient emparés de toutes les terres, mais, à mesure que l'on passa de l'état pastoral à l'état agricole, il fallut un plus grand nombre de bras pour cultiver le sol; et dès lors les Eupatrides durent avoir recours aux Thètes qui devinrent ainsi tenanciers et clients. Ces tenanciers, assez semblables à ceux de l'ancien régime en France, cultivaient la terre de père en fils moyennant une redevance; cette redevance était du sixième de la récolte, ce qui était beaucoup si l'on considère que, dans un terrain stérile comme l'Attique, et par une culture encore dans l'enfance, la terre rapporte à peine de quoi nourrir celui qui la cultive.

Sans doute, le sort de ceux qui purent devenir tenanciers s'améliora, mais leur position était bien précaire, et il suffisait d'une mauvaise récolte pour les plonger dans une misère plus dure qu'auparavant. Si la redevance annuelle n'était pas payée, ils pouvaient être adjugés comme esclaves à leurs créanciers, jusqu'à ce qu'ils eussent trouvé le moyen d'éteindre leur dette par le travail. Et ce n'était pas seulement leur propre personne, mais leurs fils mineurs, leurs filles et leurs sœurs non mariées que la loi donnait le droit de vendre.

A l'époque de Solon, le sort des tenanciers paraît avoir été fort misérable, un grand nombre avaient perdu la liberté ou étaient menacés de la perdre. Ils désiraient donc ardemment posséder en toute propriété ce morceau de terre qu'ils cultivaient depuis un grand nombre de générations.

Plutarque dit que Solon adoucit la législation sur les dettes, en ôtant aux créanciers le droit d'asservir les débiteurs. M. Fustel de Coulange fait remarquer, avec une grande sagacité, qu'il s'agit non de dettes d'argent, car l'argent était rare à cette époque, mais des dettes de tenanciers envers les propriétaires, et dès lors tout s'explique avec facilité dans l'œuvre de Solon. Plutarque, écrivant six cents ans après Solon et croyant le passé semblable au présent, n'a pas compris le point capital de la réforme de Solon. Ce qui en fit le commencement d'une véritable révolution, c'est que, non content de réduire les dettes de tenanciers, ce qui n'était qu'un palliatif et non un remède, il déclara les redevances rachetables par les tenanciers; il mobilisa la terre, il l'affranchit, et permit qu'elle passât des mains de l'aristocratie dans celles de la plèbe. Il accomplit une œuvre semblable à celle de la révolution de 89, lorsqu'elle déclara rachetables tous les droits réels qu'elle n'abolit pas.

Nous en trouvons la preuve dans les vers mêmes de Solon : « C'était une œuvre » inespérée; je l'ai accomplie avec l'aide des dieux; j'en atteste la déesse mère, la » terre noire dont j'ai en maints endroits arraché les bornes, la terre qui était » esclave et qui maintenant est libre. »

Jusqu'alors, le dieu Terme avait défendu, sous les imprécations les plus terribles, de déplacer les bornes des propriétés et d'en distraire la moindre parcelle. Solon arrache donc la terre à la mainmorte pour la donner au travail et la mettre à la portée de tous; c'est pourquoi Aristote dit que Solon fit cesser l'esclavage du peuple. Ce qui prouve que cette explication est la vraie, c'est qu'après Solon, la classe nombreuse de ceux qui étaient réduits à la possession précaire du sol ne se retrouve plus; le droit de propriété est accessible à tous, et les plébéiens sont à jamais affranchis de l'autorité des Eupatrides.

Solon compléta la libération de la terre en permettant d'en disposer par testament; avant lui, si un homme mourait sans enfants et sans parents mâles, sa propriété revenait à sa *gens*; la terre était donc monopolisée au profit de la classe aristocratique. On voit combien fut importante cette réforme de Solon, elle seule permit tous les progrès ultérieurs.

Ce ne fut pas toute l'œuvre de Solon; il osa réformer la constitution même de l'État; les droits politiques ne furent plus fondés sur la naissance, mais sur la richesse. Il distribua en quatre classes tous les citoyens, c'est-à-dire tous ceux qui faisaient partie d'une des quatre tribus, soit en qualité d'Eupatrides, soit en qualité de clients ou de tenanciers, suivant le montant de leurs biens qu'il fit inscrire dans un rôle public. Ceux dont le revenu était égal à 500 médimnes de blé et au-dessus formaient la première classe.

Cette évaluation en blé de la fortune d'un homme était ordinaire à cette époque, où toute marchandise, et principalement le blé, servait souvent de mesure à l'échange commercial : le médimne était considéré comme équivalent à une drachme d'argent, il contenait environ un demi-hectolitre. Le prix moyen de l'hectolitre est de 20 francs en France ; la première classe jouissait donc d'un revenu d'à peu près 5,000 francs et au-dessus.

La seconde classe devait posséder un revenu d'au moins 300 médimnes, c'est-à-dire 3,000 fr. ; et la troisième d'au moins 200 médimnes, c'est-à-dire 2,000 fr. Tous ceux qui possédaient moins étaient rangés dans la quatrième classe, dont les membres portaient le nom de Thètes.

On voit que Solon classa les citoyens suivant leurs revenus et non suivant leur capital. Le capital des trois premières classes était calculé dans le rôle public des impôts, d'après le revenu de chacun ; pour la première classe, il était estimé à douze fois le revenu annuel ; pour la deuxième à dix fois, et pour la troisième à cinq fois. Il en était ainsi probablement, parce que le capital des citoyens des diverses classes était de diverses natures. La propriété, foncière dans la première classe, devenait industrie ou simple travail dans les autres. Ce qui semble prouver que le travail était compté dans le revenu, c'est qu'on mettait dans la classe des prolétaires tous ceux qui avaient moins de 2,000 fr. de revenu, ce qui serait incompréhensible si ce revenu eût été en terre ; l'Attique n'est pas un pays assez riche pour qu'un propriétaire, jouissant de 2,000 fr. de revenu, eût pu être mis dans la classe des prolétaires et exempté de tout impôt foncier.

Quoi qu'il en soit, il apparaît clairement que le gouvernement institué par Solon était une timocratie ou gouvernement des riches ; les membres de la première classe appelés *Pentakosiomedini* étaient seuls éligibles à l'archontat ; ceux de la deuxième et de la troisième classe se partageaient les fonctions secondaires. Cependant la quatrième classe n'était pas privée de toute action politique ; elle concourait à la nomination des archontes annuels, choisis dans la classe des Pentakosiomedini, et, ce qui était d'une importance encore plus grande, les archontes et les magistrats, au lieu d'être responsables vis-à-vis de l'Aréopage seulement, durent rendre des comptes à l'assemblée du peuple tout entier, qui pouvait les mettre en accusation.

Solon modifia aussi puissamment le sénat ; ce corps existait sans aucun doute avant lui, quoique nous n'ayons presque aucun détail à ce sujet. Nous savons seulement que les *Alcméonides* avaient été jugés par un tribunal composé de trois cents Eupatrides. Nous pouvons conjecturer avec toute probabilité, qu'à Athènes comme à Rome, le sénat primitif se composait des chefs des *gentes ;* Solon ne le détruisit pas complétement, mais il lui ôta presque toute sa puissance, ne lui conservant que le jugement des affaires religieuses.

Il créa un autre sénat composé de quatre cents membres, cent pris dans chaque tribu et élus probablement pour un an par l'assemblée du peuple entier. Ce sénat, nommé *Probouleutique*, était chargé de présenter et de préparer les projets de lois, qu'il soumettait à l'assemblée du peuple. On comprend toute la puissance de ce sénat, car celui qui a seul l'initiative des lois est véritablement le législateur.

Le sénat probouleutique se divisait en sections qui, sous le nom de *Prytanies*, se succédaient pendant l'année comme représentant tout le corps ; la section en exercice s'assemblait chaque jour dans le prytanée.

Ces sections avaient le droit de publier des ordonnances et de prendre les mesures que l'intérêt public exigeait.

L'assemblée du peuple se tenait une fois par mois ; on votait les mesures publiques en levant la main, et sans aucune distinction de classe.

La constitution de Solon est bien certainement le point de départ de la démocratie d'Athènes, mais que de choses il y manque encore. La quatrième classe, la plus nombreuse, est privée de toute fonction publique; l'initiative des lois est tout entière dans les mains de la classe riche; le pouvoir judiciaire est réuni au pouvoir législatif du sénat. Enfin, la cité est fermée aux étrangers, aux affranchis et à tous ceux qui n'ont pas fait partie d'une des quatre tribus primitives à un titre quelconque.

Aussi cette constitution ne fit pas cesser les troubles et les dissensions. Les Eupatrides étaient mécontents parce que Solon avait diminué leur pouvoir; les prolétaires étaient mécontents parce qu'ils n'avaient qu'une puissance illusoire.

Pisistrate, servi par sa haute naissance, par sa capacité, par la popularité que ses largesses lui avaient acquise, résolut de profiter de ces rancunes pour s'emparer de la dictature. Il y réussit en s'appuyant sur le parti populaire; il est vrai qu'il fut bientôt chassé par les chefs de l'aristocratie, Lycurgue et Mégaclès; mais il s'empara de nouveau du pouvoir cinq ans après, fut encore chassé, et enfin, rétabli une troisième fois comme dictateur, il garda le pouvoir jusqu'à sa mort.

Dans toutes ces luttes, il faut voir l'effort de l'aristocratie pour renverser la constitution de Solon, l'effort de la classe moyenne pour la conserver, et l'effort des prolétaires pour conquérir de nouveaux droits politiques. Les ambitieux ont toujours besoin d'un appui pour s'élever; l'aristocrate Pisistrate se présenta comme le défenseur des droits des prolétaires, et ce fut avec leur aide qu'il s'empara de la dictature. Ce n'est pas d'aujourd'hui que les amateurs de pouvoir absolu parlent de liberté et de démocratie, et ce n'est pas malheureusement non plus d'aujourd'hui que les peuples se laissent prendre à leurs promesses.

Comme tous les tyrans qui s'appuient sur la démocratie, Pisistrate fut obligé de tenir une partie de ses promesses, et de s'occuper des intérêts populaires. Ceux qui veulent fonder une dynastie sont obligés de laisser à leurs successeurs le droit d'être inutiles, incapables et entièrement mauvais. Il conserva, dit-on, les lois de Solon et veilla à leur exécution. Il embellit Athènes de plusieurs établissements magnifiques et utiles à la fois. Il fit élever le temple d'Apollon et jeta les bases immenses du temple de Jupiter Olympien qui ne fut terminé que sept cents ans après. Il fit construire au Lycée, jardin situé près d'Athènes, de superbes bâtiments réservés aux exercices de la jeunesse athénienne; on cite encore la fontaine de Callirhoë, appelée aussi la fontaine aux neuf bouches. Enfin, il essaya de gagner le peuple en lui fournissant du travail, espérant ainsi lui faire oublier la liberté.

Il fit recueillir les rhapsodies d'Homère, conservées jusqu'alors dans la mémoire des rhapsodes, et en fit faire une première édition dans laquelle tous les fragments furent agencés de façon à former un seul poëme. Ce fut sur cette édition et sur celles qui furent faites à son imitation, que les grammairiens travaillèrent pour faire disparaître les répétitions, les contradictions qui abondaient dans ces rhapsodies, et pour faire de l'Iliade ce poëme que jusqu'à nos jours on a cru sorti de la main d'un seul poëte. Mais il ne faut pas faire trop d'honneur à Pisistrate; Solon, avant lui, avait donné des instructions pour la récitation plus méthodique des rhapsodies homériques; par conséquent, Pisistrate ne fit que mettre par écrit le résultat des mesures de Solon.

Le pouvoir du tyran était si bien enraciné, qu'à sa mort (527) ses fils Hippias, Hipparque et Thessalus lui succédèrent. Le peuple, protégé contre l'aristocratie, semblait accepter et même appuyer cette dictature. Hippias, en sa qualité de fils aîné, succéda au pouvoir politique. Les nobles subissaient ce joug avec impatience.

Une vengeance particulière vint les aider dans leurs efforts pour détruire la tyrannie.

Deux citoyens d'Athènes, tous les deux de la *gens Gephyrei*, Harmodius et Aristogiton, étaient attachés par cette amitié mutuelle et cette intimité entre hommes que les mœurs grecques ne désapprouvaient point. Hipparque excita la jalousie d'Harmodius en faisant à Aristogiton, qui était renommé par sa beauté, des propositions qui furent repoussées ; humilié de ce refus, Hipparque se vengea sur la sœur d'Aristogiton, en la renvoyant du nombre des canéphores ou porteuses de corbeilles, dans une procession religieuse. Les deux amis exaspérés résolurent de se venger et tramèrent une conspiration. Ils attendirent la fête des grandes Panathénées, dans laquelle les citoyens montaient à l'Acropole en armes. Harmodius et Aristogiton devaient tuer les trois frères, tandis que les autres conjurés devaient attaquer les mercenaires qui les gardaient ; mais le complot ne put s'exécuter entièrement, et Hipparque seul fut tué ; les deux chefs de la conspiration périrent.

On peut voir ici combien souvent la légende a remplacé l'histoire. Au temps de Thucydide, on croyait généralement qu'Hipparque, et non Hippias, était en possession de la tyrannie lorsqu'il fut tué. Thucydide (I. xx) montre la fausseté de cette croyance populaire. On ne se contenta pas de cette erreur, mais on retrancha les quatre dernières années du règne d'Hippias, et on supposa que la conjuration d'Harmodius et d'Aristogiton avait renversé le gouvernement des Pisistratides et délivré Athènes.

La vérité est que dans un but de vengeance particulière, ces deux hommes, unis par un lien d'une moralité douteuse, se mirent à la tête d'une conspiration qui avait pour but de rétablir le gouvernement de l'aristocratie. La tradition erronée est venue jusqu'à nous, et les deux aristocrates nous sont encore présentés comme ayant rétabli la liberté dans Athènes. Quand donc nous délivrera-t-on de l'histoire-légende avec laquelle on prétend former nos esprits et nos cœurs? Voilà par quelle admiration ignorante, fausse et exagérée de l'antiquité, on ravale les actions des modernes, et on parvient à démontrer que nous n'avons ni vertus ni dévouement.

Ne cessons pas de répéter avec Thucydide (I. xxi) : « On admire davantage les » exploits des temps passés, » et ne cessons pas non plus de démontrer que ces exploits ne sont la plupart du temps que des légendes créées par l'esprit poétique des peuples, et acceptées comme vraies par la crédulité des savants intéressés trop souvent à rabaisser le présent.

Hippias, après l'assassinat de son frère et après la conspiration qui avait failli le renverser, devint dur et cruel. Il fit mettre à mort un grand nombre de citoyens. Il fut enfin renversé par la puissante famille des Alcméonides.

Les Alcméonides eussent bien voulu jouer le même rôle que les Pisistratides, mais une terrible malédiction pesait sur eux. Quelques années avant Pisistrate, dans une sédition populaire, ils avaient fait mourir des hommes qui s'étaient réfugiés auprès des autels des dieux; depuis ce temps ils étaient un objet d'horreur, et pour ainsi dire excommuniés.

L'autorité morale qui leur manquait les empêcha toujours de parvenir à leur but. Ils furent réduits à se mettre à la tête du parti populaire, sans jamais pouvoir être autre chose que des chefs électifs; d'ailleurs la démocratie athénienne avait grandi, et s'était consolidée pendant les cinquante années du règne des Pisistratides.

Clisthène, un des membres de la famille des Alcméonides, fut chargé par le peuple athénien de développer la constitution de Solon. Solon avait bien rangé les citoyens en quatre classes suivant leurs richesses; mais il avait laissé subsister les tribus, non plus comme pouvoir aristocratique, mais comme centres religieux et conservateurs des vieilles mœurs, coutumes et idées. On comprend facilement que ces tribus conservèrent un esprit de réaction vers le passé, et devinrent un foyer de conspiration aristocratique.

Clisthène abolit les quatre tribus anciennes et divisa l'Attique en dix tribus nouvelles ; il fit ainsi une œuvre identique à celle de l'Assemblée constituante de 89, quand elle remplaça les provinces par les départements. Le nombre des membres du Sénat fut porté à 500, c'est-à-dire à 50 pour chaque tribu. Dans ces dix tribus il fit entrer un grand nombre de *métèques*, ou étrangers domiciliés, et même des affranchis. Mais les quatre classes de Solon furent conservées, et la quatrième resta incapable d'arriver aux fonctions publiques. Le pouvoir exécutif fut modifié ; on conserva les neuf archontes, y compris le polémarque, mais on créa dix *stratèges* ou généraux et deux *hipparques* pour la cavalerie. Le pouvoir de ces généraux, nommés par le vote de l'assemblée du peuple, alla toujours en grandissant ; ils devinrent les véritables chefs de la démocratie.

Les réformes de Clisthène ne passèrent pas sans résistance ; Isagoras, le chef du parti aristocratique, appela les Spartiates à son secours ; après une lutte qui paraît avoir été vive et assez longue, Clisthène et le parti qui le soutenait obtinrent la victoire, et les Athéniens purent continuer ce magnifique développement politique, littéraire et artistique qui fait encore l'admiration du monde.

Hérodote, dès les temps anciens, était frappé des effets que le progrès de la démocratie avait produits à Athènes : « N'est-il pas évident, dit-il, que la liberté est une » bonne chose, quand on voit les Athéniens, aussi faibles que leurs voisins tant » qu'ils obéirent à des maîtres, se montrer, en devenant libres, de beaucoup » supérieurs. » (v. 78)

La réforme de Clisthène a eu lieu vers l'an 505, et c'est en 490, c'est-à-dire quinze ans après, que le petit peuple athénien ose opposer une armée de 10,000 soldats à l'armée du roi des Perses comprenant plus de 100,000 hommes, et qu'il remporte la célèbre victoire de Marathon. Dans cette bataille, les Athéniens coururent sur les Perses comme des chasseurs courent sur des lièvres, et les forcèrent à regagner en toute hâte leurs vaisseaux. D'après Hérodote, le nombre des Perses tués fut de 6,400, et le nombre des Athéniens de 192.

Le despotisme change les hommes en lièvres, et la liberté les change en héros. La liberté ne manque jamais non plus d'enfanter des chefs dignes de commander des héros ; à cette époque, Athènes compte au nombre de ses généraux Miltiade, Aristide et Thémistocle.

Tout le monde connaît cette magnifique épopée qui se déroule à travers Marathon, les Thermopyles, Salamine et Platée. Les Grecs furent inspirés pendant un siècle d'une sorte d'ivresse sublime, d'un enthousiasme qui non-seulement leur fit faire d'admirables actions, mais qui se traduisit dans une foule de chefs-d'œuvre. Et tous, ils surent qu'ils avaient fait de grandes choses, parce qu'ils étaient libres, comme le prouvent ces paroles d'Eschyle dans la tragédie des Perses :

« *Altossa* : Quel monarque les conduit et gouverne leur armée ? »

« *Le chœur* : Nul homme ne les a pour esclaves, ni pour sujets. »

Dans le terrible danger qu'avait couru la Grèce, Athènes avait fait appel à tous les habitants du pays, riches et pauvres. Les pauvres avaient combattu comme les autres et gagné les victoires comme les autres. Il devint impossible de leur dénier plus longtemps l'égalité dans la cité : Aristide fut l'auteur de ce nouveau développement de la démocratie ; les citoyens de la quatrième classe devinrent admissibles à toutes les fonctions.

Aristide représentait cependant le parti conservateur de cette époque, le parti des possesseurs du sol de l'Attique, qui aurait voulu soutenir la constitution de Solon perfectionnée par Clisthène. Mais il fut obligé de faire comme dernièrement Disraéli en Angleterre, il donna la réforme qu'exigeait l'opinion publique, afin d'en ôter la gloire et la popularité à ses rivaux.

Thémistocle, homme d'un caractère beaucoup moins honorable, mais plus grand par l'intelligence et la perspicacité politique, avait parfaitement vu que la force d'Athènes était dans sa marine et non dans son sol stérile; que c'était par sa flotte seulement qu'elle pouvait devenir une grande puissance; il fut donc le chef de cette plèbe commerçante et industrielle du Pirée, qui avait pris une si grande part à la bataille de Salamine.

La lutte entre les deux partis que représentaient Aristide et Thémistocle devint si vive, si menaçante pour la république, qu'on dut recourir au moyen extrême de l'ostracisme. Aristide disait lui-même : Si les Athéniens étaient sages, ils nous précipiteraient tous les deux dans le Barathron.

On pense généralement que les Athéniens exilèrent Aristide, par cette seule raison qu'ils étaient tous, comme cet homme dont parle l'histoire, vexés de l'entendre toujours appeler le juste. Et on crie à l'ingratitude des démocraties. La loi politique sur l'ostracisme, que l'on attribue à Clisthène, était au contraire fort bonne et très-propre à garantir le repos de la république. Lorsque de violentes querelles agitaient la cité, lorsque la guerre civile menaçait d'éclater entre les partis ayant à leur tête des hommes considérables, le corps entier des citoyens décidait quel était l'homme qui poussait le plus à la sédition, à la guerre civile. Alors on ouvrait le scrutin; chacun votait contre celui qu'il croyait le plus dangereux pour la paix publique. Il fallait 6,000 voix pour décider l'exil d'un homme. Il arriva plusieurs fois que l'ostracisme fut prononcé au détriment du parti qui avait provoqué le vote; car ce vote s'exerçait à la fois sur tous les chefs des partis, et non contre un seul, comme on le croit ordinairement. Il n'y avait absolument rien de déshonorant dans cet exil qui devait durer dix ans, mais qui par le fait ne dura que peu pour Aristide et pour plusieurs autres ; l'exilé conservait tous ses biens, et le plus souvent il était rappelé aussitôt que les passions politiques s'apaisaient et que les menaces de guerre civile s'éloignaient.

Périclès acheva l'organisation de la démocratie athénienne, en rétribuant les fonctions judiciaires et, par ce moyen, en donnant aux pauvres la possibilité de les exercer. Le gouvernement se composait alors du sénat probouleutique, espèce de conseil d'État nommé par l'assemblée du peuple (ἐκκλησία); secondement de l'assemblée du peuple qui se réunissait trois fois par prytanées de 35 jours, et donnait son vote sur toutes les mesures importantes et définitives.

En outre, le pouvoir exécutif se composait de dix généraux élus, dont les pouvoirs en temps de guerre étaient très-considérables; de neuf archontes chargés de veiller à l'accomplissement des lois et de présider les tribunaux ; enfin, il y avait un pouvoir judiciaire entièrement indépendant, puisque c'était le peuple lui-même qui, sous le nom de *dikastes*, jugeait tous les procès. Six mille jurés étaient pris au sort chaque année pour constituer un tribunal suprême nommé *Héliæ*, d'où les membres tiraient le nom d'*Héliastes*. L'Héliæ, dont chaque membre prêtait serment, se divisait en plusieurs sections; le nombre des jurés variait avec l'importance des causes, mais il n'était jamais moindre que cinquante.

On s'est demandé à quelle époque cette Héliæ a été instituée. Les savants se disputent pour savoir à quel homme d'État il faut en faire honneur, comme si les institutions des peuples étaient créées par un homme. Grote pense que ce fut un développement de la réforme de Clisthène; d'autres l'attribuent à Solon; les documents manquent, mais on peut être certain que cette institution est plus ancienne que Solon même.

Les hommes primitifs, doués du simple bon sens de la nature, aussitôt qu'ils se sont réunis dans les cités et qu'ils se sont soumis à l'empire des lois, n'ont jamais reconnu qu'un seul moyen pour rendre la justice; c'était d'en charger les citoyens eux-mêmes. La fonction de rendre la justice touche à celle même de faire les lois, car à quoi bon avoir des lois si un pouvoir étranger peut les interpréter à son gré? aussi nous trouvons le jury, chez toutes les nations, chez les Saxons, chez les Franks, comme, sans aucune doute, chez les Hellènes.

Dans les temps modernes, les savants en politique, les grands hommes d'État, ont inventé de faire juger les procès, c'est-à-dire de faire appliquer et interpréter les lois par un corps de magistrats que choisit le pouvoir exécutif; mais les ignorants qui ont fondé les sociétés, qui ont développé la civilisation et présidé aux progrès des démocraties de l'antiquité, n'ont jamais pu se douter d'une idée aussi remarquable par son absurdité. On peut donc être certain que les Hellènes, arrivant en Grèce, ne reconnaissaient comme tribunal que l'assemblée du peuple. Le peuple alors, c'était l'assemblée des Eupatrides; quant à la plèbe, elle fut jugée par les tribunaux des nobles et par les lois des nobles; elle eut grand'peine à obtenir que ces lois fussent publiées par Dracon, afin de mettre quelque borne à l'arbitraire des juges. Mais, à mesure que la plèbe entra dans la cité, elle conquit le droit de rendre la justice. Après la réforme de Solon, les trois premières classes composèrent les tribunaux; il est plus que probable que la quatrième classe en fut exclue.

Ce fut Aristide qui donna à cette quatrième classe des droit égaux à ceux des autres. Alors les *dikastes* furent choisis indistinctement parmi tout le peuple. Mais ici se présenta une difficulté : les procès se multiplient à mesure que la propriété se divise, que l'industrie se perfectionne et que la civilisation se développe, parce qu'alors les intérêts se compliquent. Les tribunaux durent tenir des séances de plus en plus répétées; les pauvres étaient donc obligés de sacrifier une partie de leur temps à cette fonction ou de ne pas l'exercer, et dans ce dernier cas leur droit était illusoire. Périclès imagina de payer les juges trois oboles (0 fr. 50) par jour, et rendit ainsi les droits de tous réellement égaux, non-seulement en théorie mais en réalité.

Après la guerre contre les Perses, la Grèce se partagea, de plus en plus, en deux grands partis, représentés par deux villes qui, toutes les deux, visaient à la suprématie.

Les villes et les nations, comme les hommes, sont obligées de se mettre à la tête d'un parti politique pour arriver au but de leur ambition. Athènes, devenue une démocratie, s'appuya partout sur la démocratie, soutint partout la démocratie et fut appuyée partout par la démocratie. Sparte, restée une aristocratie, s'appuya partout sur l'aristocratie, soutint partout l'aristocratie et fut appuyée partout par l'aristocratie. Sparte eut pour alliée principalement la Grèce continentale; et Athènes, les îles et les villes maritimes.

La guerre du Péloponèse fut la conséquence de cette rivalité d'intérêts qui datait de loin, mais qui n'éclata qu'après l'avènement de la puissance athénienne. On vit alors ce qu'on n'a jamais vu que chez les peuples libres : un homme conduisant la démocratie athénienne « par la seule autorité de son génie et de ses vertus » (Thucydide, liv. II, 65), un homme possédant une immense puissance pour faire le bien parce qu'elle reposait sur la confiance publique; et impuissant pour faire le mal, parce que son pouvoir était tout moral et eût cessé le jour où il en eût abusé.

Périclès, comme Washington, fut le type, l'idéal des gouvernements de l'avenir et la démocratie peut seule enfanter de tels hommes. Sa gloire est bien autrement solide que celle des César et des Auguste qui n'ont fait que tromper les peuples en leur promettant de les conduire au progrès, et qui ne les ont menés qu'à la décadence.

Périclès, simple stratége, élu chaque année avec neuf collègues possédant les mêmes attributions que lui, garda son pouvoir pendant trente années, de 460 à 429. Malheureusement, il mourut de la peste, la seconde année de la guerre du Péloponèse.

Après une lutte de 27 ans (431 à 404), après de nombreuses batailles, et lorsque tout semblait prédire la victoire définitive aux Athéniens, leur flotte fut entièrement détruite ou prise à la bataille d'Ægospotamos, presque sans combat et par la négligence des généraux et des soldats descendus à terre ; c'était la défaite de la démocratie. Sparte, aidée de l'or des Perses, avait fait ce que n'avaient pu faire Xercès et toutes ses armées ; elle avait vaincu la Grèce.

Athènes succomba, non pas parce qu'elle était une démocratie, mais parce qu'elle était une puissance maritime combattant contre une puissance continentale. Les villes de la Confédération ionienne, à la tête de laquelle elle était, avaient fourni d'abord un contingent en argent et en vaisseaux ; mais, aussitôt que les Perses furent définitivement vaincus, au lieu de navires et de marins, elles préférèrent payer leur tribut complétement en argent. Athènes ne demanda pas mieux, car elle disposa du trésor à sa guise et s'en servit pour asseoir un pouvoir assez dur, même pour ses alliés. Elle équipa des flottes considérables, qu'elle arma d'abord avec sa population, puis avec un nombre de plus en plus grand de marins mercenaires des îles qu'elle put payer très cher, grâce au trésor de la Confédération ionienne.

Une puissance maritime est toujours amenée, par de longues années de guerre, à remplacer ses soldats et ses marins par des mercenaires. Aussi, le jour où la flotte fut prise tout entière, où les alliés refusèrent d'envoyer leur tribut, Athènes perdit tout et ne trouva pas, dans sa population fatiguée et décimée par dix-huit années de combats, les éléments nécessaires pour remplacer les mercenaires. Sparte, au contraire, avait pour elle presque tout le Péloponèse et plusieurs villes de la Thessalie et de la Béotie ; toutes ces villes fournissaient leurs contingents en hommes et présentaient, par conséquent, des ressources presque inépuisables. Sparte vainquit Athènes par les mêmes raisons que Rome vainquit Carthage.

Mais ce que Sparte ne put vaincre ni conquérir, ce fut l'empire des arts, des lettres et des sciences, qu'Athènes devait garder tant de siècles encore.

Le grand siècle de la Grèce s'est produit sous l'influence des mêmes causes qui l'ont fait éclore chez tous les peuples. L'homme complet est tout à la fois sentiment et raison ; par le sentiment il découvre l'art, par la raison il découvre la science. Les grands siècles littéraires apparaissent à ces âges où le sentiment garde encore toute sa fraîcheur et sa faculté d'enthousiasme, mais où l'intelligence et la raison viennent élever et guider son goût. A ces époques, un grand siècle apparaît chez un peuple quelle que soit la forme de son gouvernement, mais avec une beauté mille fois plus grande sous la démocratie, car alors seulement l'épanouissement est complet. Jamais, depuis Périclès, on n'a revu, dans un même siècle, une réunion d'hommes comme Eschyle, Pindare, Sophocle, Euripide, Phidias, Apollodore, Zeuxis, Polygnote, Parrhasius, Hérodote, Thucydide, Xénophon, Aristophane, Lysias, Méton, Hippocrate, Anaxagore, Socrate, Platon, Thucydide, Aristide et Périclès.

Les grands siècles des temps modernes ont été diminués, étriqués par le régime de la royauté qui les a vus naître ; aussi, en France, le grand siècle débute admirablement parce qu'il reste encore un peu de liberté qui s'éteint dans la guerre de la Fronde; c'est alors que paraissent Pascal, Descartes, Corneille, Molière, Lafontaine, Sévigné, Poussin, Lesueur, Condé, Turenne, tous arrivés à la maturité de leur génie lorsque Louis XIV commence son règne en 1661. A partir de cette époque, les grands hommes sont étendus sur un lit de Procuste gouvernemental, ils doivent revêtir l'habit de cour, l'esprit de cour, c'est-à-dire l'esprit factice et faux qui aboutit à la décadence et aux fadaises artistiques et littéraires du xviiie siècle.

Il en fut de même à Rome, la décadence commence immédiatement après Auguste. On ne trouve plus que le déclamateur Sénèque, l'ignorant Pline le naturaliste, les poëtes de second ordre, Silius Italicus, Perse, Lucain et Stace; il n'y a d'exception que pour Tacite et Juvénal, engendrés par la colère et la haine du despotisme.

Mais il n'en est pas de même à Athènes; d'Eschyle (525 avant Jésus-Christ) à Polybe (206 avant Jésus-Christ), il s'écoule trois cent onze années, pendant lesquelles, à ceux que nous venons de nommer, il faut ajouter Aristote (384), Démosthènes (382), Praxitèle (360), Ménandre (342), Théocrite (290), Polybe (206), pour ne citer que des hommes remarquables et en négligeant la foule.

Puis, la domination romaine commence et le génie se tait; toute l'histoire prouve, avec une évidence égale à la clarté du soleil, que les grands hommes ne peuvent naître que sous la liberté.

Malheureusement, l'unité ne put jamais régner en Grèce; les diverses cités qui la composaient ne s'entendirent pas pour former une confédération puissante contre les ennemis du dehors; les villes s'affaiblirent en se faisant une guerre incessante; la Grèce devint la proie, d'abord des rois de Macédoine, et ensuite des armées romaines.

Sous la domination romaine, Athènes resta non-seulement l'institutrice de la Grèce mais du monde entier; on continua, jusqu'à la fin de l'empire, d'aller respirer dans ses murs les fortes doctrines de ses philosophes et de se nourrir de ses chefs-d'œuvre.

Pour expliquer la puissance d'Athènes sur la civilisation, il ne faut pas regarder seulement ce petit coin de terre qu'on appelle l'Attique; Athènes ne fut réellement que le centre intellectuel de la Grèce, qui comprenait les côtes de l'Asie Mineure, les îles de l'Archipel, et la partie inférieure de la botte de l'Italie.

Les savants, les artistes, les historiens arrivèrent de toutes parts à Athènes, qui devint le Paris de la Grèce; là seulement ils trouvaient le couronnement de leur gloire et la consécration de leur réputation; mais, en même temps, ils lui donnèrent cette auréole qui fit pâlir toutes les autres réputations à côté de la sienne, et qui a fait naître cette illusion qu'elle avait le monopole des sciences et des arts et qu'elle avait fourni presque tous les grands hommes de la Grèce antique.

Athènes fut ravagée par les Scythes (268 après Jésus-Christ); elle fut prise par Alaric. Elle fit plus tard partie de l'empire d'Orient, puis devint un fief sous la domination d'une famille française, lorsque les Latins s'emparèrent de Constantinople (1205). Elle passa ensuite successivement sous le joug des Espagnols, des Vénitiens et des Turcs.

La Grèce, en 1831, a reconquis son indépendance; Athènes, qui en est devenue la capitale, s'est considérablement accrue depuis cette époque et compte aujourd'hui plus de 30,000 habitants.

BIBLIOGRAPHIE. — Grote, *Histoire de la Grèce*, 19 volumes, traduction Sadous. — Connop Thirlwall, *Histoire de la Grèce ancienne*, le premier volume a été traduit par Adolphe Joanne. — Duruy, *Histoire grecque*, 2 vol. — Fustel de Coulanges, *la Cité*

ntique, 1 vol. — Georges Perrot, *Essai sur le droit public et privé de la République athénienne*. — Filon, *Histoire de la démocratie athénienne*. — E. Gibelin, *Études sur le droit
civil des Hindous*, recherches de législation comparée sur les lois de l'Inde, les lois
'Athènes et de Rome, 2 vol. **H. DE FERRON.**

ATLANTIDE. — Il ne peut être question ici ni de l'Atlantide de Platon, ni
e la république idéale que Bacon y a placée; ce sont là des romans ou des utopies
qui restent du domaine de la critique littéraire ou philosophique, mais qui n'ont
rien à faire avec les faits de l'histoire. A-t-il existé une Atlantide réelle? La nation
es Atlantes a-t-elle joué un rôle dans l'histoire? Tels sont les problèmes à
examiner.

Platon raconte par la bouche de Critias (voyez le Timée et le Critias), petit-fils
de celui qui tenait ce récit de Solon, que ce dernier étant en Égypte, à Saïs, des
prêtres de cette ville lui firent connaître une ancienne tradition, conservée dans
leurs annales sacrées et attestant qu'une grande île, aussi vaste que la Libye
et l'Asie ensemble, avait existé autrefois dans l'océan Atlantique, en face des
colonnes d'Hercule. De ce continent on passait facilement à d'autres îles, et de
es îles à tout le continent situé au delà, « qui borde cette mer véritable, en comparaison de laquelle, ajoutait-il, celle qui est en deçà du détroit ressemble à un
port avec une entrée étroite. » Il semble qu'aucune description plus juste ne saurait
être faite des Antilles et de l'Amérique. L'Atlantide seule disparut, « subitement
submergée après des tremblements de terre et des inondations extraordinaires.
Aussi, de nos jours, disait encore le prêtre de Saïs, il est impossible de traverser et
d'explorer la mer en cet endroit, à cause de la vase profonde qu'y a formée l'île. »
Or, aujourd'hui encore, nos vaisseaux, vers les mêmes points de l'Atlantique,
rencontrent une vaste étendue de hauts fonds, extraordinairement abondants en
plantes marines, et nommée pour cela *mer des Sargasses*. Ces hauts fonds semblent
relier les Açores aux Antilles, et forcer le Gulf-Stream à s'engouffrer dans le golfe
du Mexique, d'où il ressort par un chenal étroit au sud de la Floride, avant de continuer sa course vers le nord, en décrivant en quelque sorte les contours de quelque
ancien continent submergé, dont les Açores auraient été le point culminant, et qui,
par une longue suite de secousses et d'affaissements lents, aurait disparu sous la
mer et de plus en plus plongé au-dessous de son niveau.

Selon le récit du prêtre de Saïs, dans cette île atlantide, avaient régné des rois
avec une grande et merveilleuse puissance qui s'étendait sur l'île entière, sur
plusieurs autres îles et parties du continent. En outre, en deçà du détroit, ils
dominaient sur la Libye jusqu'à l'Égypte, et sur l'Europe jusqu'à la Tyrrhénie.

Nous avons de deux côtés une liste généalogique des premiers de ces rois, évidemment fabuleux.

D'après Platon, Evenor et sa compagne Leucippe habitèrent les premiers l'Atlantide, parmi les hommes nés de la terre, et eurent une fille nommée Clito dont
Neptune s'éprit. De cette union sortirent cinq couples jumeaux. L'aîné de tous,
nommé Atlas, eut l'île entière et lui donna son nom, ainsi qu'à l'océan environnant;
Gadès, son frère jumeau, né après lui, eut la partie de l'île voisine des colonnes
d'Hercule et de la terre appelée de son nom Gadésique, c'est-à-dire le midi de
l'Espagne. Les autres fils de Clito eurent les autres îles situées dans la mer; mais
la postérité d'Atlas fut la plus puissante et la plus vénérée.

D'après Diodore de Sicile (liv. II, § 56), c'est Uranus qui régna le premier sur ces
contrées, réunit dans l'enceinte des villes les hommes jusque-là épars dans les bois,
leur apprit l'agriculture, et étendit sa puissance sur une grande partie de la terre

habitable, et particulièrement sur les contrées occidentales et boréales. Versé dans la science des astres, il fixa la durée de l'année et du mois, prédit le retour des saisons, le cours du soleil et de la lune, et mérita qu'on donnât son nom au ciel.

Uranus eut quarante-cinq enfants, parmi lesquels dix-huit lui naquirent de Tithéa; ce furent les Titans, et deux filles Basiléa ou la reine, et Rhéa.

Basiléa, après avoir élevé ses frères, épousa Hypérion, et en eut Hélius et Séléné. Les Titans, jaloux d'Hélius, le jetèrent dans l'Éridan, et Séléné, de douleur, se précipita d'une tour. Le nom d'Hélius fut donné au soleil, nommé jusque-là le *feu sacré;* celui de Séléné à la lune, jusque-là appelée Méné. Plus tard, la raison de Basiléa s'étant égarée, on la vit saisir les cymbales de sa fille et courir échevelée à travers les campagnes, ce que les cérémonies de son culte, célébrées par les corybantes, avaient pour but de rappeler. C'est en réalité la même tradition que celle de Cybèle et d'Athys conservée chez les Phrygiens.

Après la mort d'Hypérion les fils d'Uranus se divisèrent l'empire. Atlas eut en partage les contrées voisines de l'Océan, et donna son nom à la montagne qui le porte encore. Son fils Hespérus, qui lui succéda, fut, ainsi que lui, savant dans la science des astres, et, après sa mort, son nom fut donné à la plus brillante étoile du ciel. D'Atlas naquirent encore sept filles, les Atlantides, qui, unies aux dieux ou aux héros, ont été les mères de la plupart des nations, en donnant le jour à d'autres dieux et d'autres héros. Ce sont les *pléiades,* également nommées nymphes, dénomination, ajoute Diodore, que les naturels du pays attribuent en général à toutes les femmes.

Saturne, frère d'Atlas, fut au contraire célèbre par ses vices. Il épousa Rhéa, sa sœur, et en eut Jupiter, qu'il ne faut pas confondre, dit Diodore, avec un autre Jupiter, frère d'Uranus, qui régna en Crète, et qui, de sa femme Idéa, eut les dix Curètes pour enfants. Saturne régna sur la Sicile, la Libye et l'Italie. Pour dominer le pays, il y éleva sur toutes les hauteurs des citadelles, dont les restes, au temps de Diodore, étaient encore nommés les châteaux de Saturne. Il fut détrôné par Jupiter, allié aux Titans, qui devint maître de la terre, et mérita par ses bienfaits l'adoration des mortels.

Plusieurs documents attestent que sous ces légendes se cache un fond historique. Aussi Diodore (liv. III, § 53), parlant des Amazones (Voyez ce mot), les fait entrer en lutte avec la nation des Atlantes, située à l'occident de la Libye et dont la capitale Cerné fut détruite par la reine Myrina, puis rebâtie après la soumission de ses habitants à cette reine victorieuse, à laquelle ils décernèrent les plus grands honneurs, en reconnaissance de ce qu'elle prit ensuite leur défense contre les Gorgones, autre tribu d'Amazones. Mais, après la mort de Myrina, en Asie, les Atlantes reprirent leur indépendance, et Méduse, reine des Gorgones, ayant été vaincue et tuée par Persée, fils de Jupiter, les Atlantes régnèrent sans rivaux dans toute la Libye, jusqu'à l'Égypte qu'ils envahirent plusieurs fois.

D'après le récit du prêtre de Saïs (Voy. *Timée et Critias*), leurs incursions et leurs conquêtes s'étendirent en Asie et menacèrent à plusieurs reprises la ville d'Athènes. Cette grande guerre dut avoir lieu aux temps de Cécrops, d'Érichtée, d'Érichthonius et d'Érysichthon, c'est-à-dire antérieurement à Thésée ; car, dit Platon, dans le Critias, « la plupart de ces personnages se trouvaient rappelés dans le récit que les prêtres firent à Solon, et les noms des femmes n'y étaient point oubliés. Il y était fait mention de l'image de Minerve, et, comme alors les femmes partageaient avec les hommes les fatigues de la guerre, la déesse, suivant cette coutume, était représentée avec une armure. » Et, en effet, Athéné, fondatrice de Saïs, sous le nom de Neith, dix mille ans avant de fonder Athènes, était sous ses attributs guerriers une déesse libyenne. Pallas, qui n'est peut-être que la déification de Myrina, porte l'égide, où est attachée la tête de Méduse, reine des Gorgones. C'est la déesse des Amazones libyennes, rivales des Atlantes, adoptée par les Pallantides d'Athènes, qui appartenaient sans nul doute à la même race, bien qu'à un rameau différent.

Il est remarquable qué la double mythologie des Atlantes, telle que nous la donnent, d'une part, Platon, et de l'autre, Diodore, a les plus frappantes analogies avec celle des Grecs d'abord, mais aussi avec celle des Arya de la période védique. Uranus c'est Varonna, le ciel, et Neptune ou Poseidon n'est qu'un autre nom de la même divinité. C'est le ciel étendu sur la mer qui en boit les eaux et les rend en déluges. Evenor c'est encore le ciel créateur. Leucippe ou la Blanche n'est qu'un autre nom pour Basiléa ou Cybèle. Le panthéon grec, au lieu de dériver du panthéon védique, n'aurait-il pas plutôt une origine commune avec celui-ci dans la mythologie des Atlantes, chez lesquels nous retrouverions ainsi ces pères de la race aryenne qu'on a voulu faire naître sur les hauts plateaux de l'Asie centrale? La grande race atlantide aurait alors poussé ses rameaux conquérants d'occident en orient jusqu'en Asie, d'où ses migrations auraient plus tard, vers l'aube des temps historiques, été refoulées sur elles-mêmes par un mouvement de retour. La chute de Troie et la longue guerre des Grecs contre les Pélasges n'auraient été que des épisodes, dans cette guerre ethnique des Aryens orientaux contre les Atlantes leurs ancêtres.

Dans les citadelles de Saturne, il faut bien reconnaître ces monuments cyclopéens, bâtis par les Titans, qui couronnent toutes les anciennes îles et presqu'îles de la Méditerranée. La description que Platon donne de la capitale de l'Atlantide, dans le Critias, est imaginaire, et cependant elle se rapporte en grande partie à ces monuments mégalithiques que l'on trouve répandus, de la Scandinavie jusque vers l'Atlas et, à l'orient, jusqu'en Crimée et dans l'Inde ; mais elle se rapporte encore mieux à ces grands terrassements symboliques qui couvrent les grandes vallées de l'Amérique du Nord. Un savant, hardi dans ses conceptions synthétiques, M. Bourguignat, attribue ces constructions d'Amérique et d'Europe à une seule et même race, aux migrations de laquelle l'Atlantide aurait servi de passage. C'est donc à cette race puissante qu'il faudrait rapporter toutes les premières souches civilisées, et peut-être même la civilisation primitive du Japon et de la Chine.

Enfin, ne serait-ce point aux Atlantes que serait due l'invention du bronze ? (Voyez *Ages primitifs de l'industrie.*) Le bronze a certainement été importé en Europe pendant la domination des constructeurs de tumulus, puisque, dans les plus anciens temps, on ne trouve que de la pierre polie, et que le bronze fait son apparition dans les plus récents : il y a eu conquête probablement, car il y a eu changement dans les coutumes, dans les rites religieux et funéraires, mais tout cela peut se passer entre des peuples de même souche. Platon décore toute la capitale de l'Atlantide d'un métal particulier, perdu de son temps, dit-il, l'*orychalque*, qui avait l'éclat du feu. On y peut reconnaitre le cuivre rouge ou l'airain faiblement allié. L'Atlantide sujette à de grandes commotions volcaniques devait être riche en gisements métallifères, en schistes cuivreux peut-être; et l'on comprendrait alors comment une migration d'Atlantes aurait pu porter le bronze au Mexique, tandis que, dans l'Amérique du Nord, les pères de la race demeuraient à l'âge de la pierre et du cuivre martelé. La race de l'âge du bronze était de petite taille, comme la race ibérique en général qui doit avoir quelque parenté avec les Atlantes. Et ni les Mexicains, ni les Guanches, ni les indigènes de l'Atlas, ni les Latins, ni les Celtes, ni les Grecs pélasges n'étaient grands, puisque la haute taille des Gaulois les étonnait considérablement. Si d'ailleurs, chez les Atlantes, les femmes prenaient part à la guerre, l'étroitesse des bracelets ou des poignées d'épées de l'âge du bronze s'expliquerait aisément par ce fait, que ces objets ont appartenu en grande partie à des femmes guerrières.

On pourrait même peut-être établir, dans le long règne de la race atlantide, plusieurs époques : l'époque d'Uranus, durant laquelle furent construits les grands ouvrages en terre de l'Amérique du Nord et de l'Atlantide ; l'époque de Saturne, ou titanique, où s'élevèrent les grands monuments mégalithiques d'Europe, d'Afrique et d'Asie, construits en blocs superposés ou juxtaposés sans ciment, et l'époque de Vulcain, ou cyclopéenne, où, à l'art de construire des citadelles, s'ajouta celui de fondre les métaux.

La disparition de l'Atlantide, à l'époque de la guerre des Atlantes contre Athènes, c'est-à-dire neuf mille ans avant l'époque où Solon alla en Égypte, selon le récit de Platon, aurait été postérieure à la découverte du bronze, ce qui nous donnerait un point de repère chronologique pour évaluer l'âge des autres dépôts sous-jacents de l'âge de la pierre. La rupture de ce passage intercontinental dut marquer le commencement de la décadence de la race des Atlantes, dès lors morcelée en deux parts, et dont les rameaux ethniques établis en Afrique, en Europe et en Asie, n'ayant plus derrière eux de refuge dans la mère patrie, ont dû céder peu à peu à la domination de ses filles, les nations aryennes, refluant sur eux, d'orient en occident.   CLÉMENCE ROYER.

ATLAS CÉLESTES. — De même que la position d'un lieu sur le globe terrestre est connue par sa longitude et sa latitude, la position d'une étoile sur le ciel se détermine par deux coordonnées, d'abord l'arc de grand cercle compris entre elle et l'équateur (*déclinaison*), et ensuite l'angle (*ascension droite*) qui sépare le méridien de cette étoile d'un méridien particulier, choisi une fois pour toutes pour point de départ, celui du point équinoxial du printemps (γ). Quelquefois les astronomes observent directement ces deux arcs, dont l'un, l'ascension droite, est mesuré par l'heure sidérale à laquelle l'étoile traverse le méridien du lieu d'observation; mais le plus souvent il faut faire un calcul pour déduire la position exacte d'une étoile des observations directes.

Lorsque les coordonnées d'un grand nombre d'étoiles sont bien connues, on dresse un catalogue, c'est-à-dire une liste où sont indiqués dans des colonnes et par ordre : 1° le nom de l'étoile; 2° l'heure sidérale du passage de cette étoile au méridien du lieu pour lequel est dressé le catalogue ; 3° l'ascension droite, c'est-à-dire cette même heure convertie en degrés, à raison de 15° par heure, puisque quinze fois vingt-quatre heures valent 360°; 4° la déclinaison, que l'on note australe (—), ou boréale (+).

Souvent, au lieu de conserver ces catalogues trop longs à consulter, on préfère rapporter les positions ainsi déterminées sur un globe céleste, ou même sur une série de cartes formant un atlas, et dans chacune desquelles on retrace la configuration d'une portion du ciel. La construction de ces atlas célestes est la même que celle des atlas géographiques. Ici encore on emploie le système de projection stéréographique; ou bien, pour les zones équatoriale et écliptique, on suppose un cylindre tangent à la sphère, et embrassant une étendue plus ou moins large (ordinairement 24°), et les étoiles sont projetées sur ce cylindre qui sera développé ensuite suivant une longue bande. On se sert le plus souvent du planisphère, c'est-à-dire d'une projection stéréographique sur le plan tangent au pôle de la sphère céleste, et des zones équatoriale et écliptique.

Le nombre des catalogues et des cartes d'étoiles est trop considérable pour que nous ne nous bornions pas aux principaux.

Le plus ancien est celui d'Hipparque, complété par Ptolémée et mentionné par Pline en ces termes : « Hipparque osa, et c'eût été le comble de l'audace, même chez un dieu, transmettre le dénombrement des étoiles à la postérité. » Celui de l'Arabe Ullugh-Beigh date de 1447. — Tycho-Brahé rapportait ses observations sur une grande sphère de 3 m. 30 de diamètre, et Kepler, son élève, réunit en catalogue ces observations. — Vers la même époque, Bayer, à la fois jurisconsulte et astronome, enregistra les observations de Ptolémée et de Tycho, et publia, à Augsbourg (1603), les premières cartes célestes. C'est dans ces cartes que les étoiles d'une même constellation furent désignées, à la fois par ordre de grandeur et de position, par les lettres grecques α, ϐ, γ, ..., usage qui subsiste encore.

Ces travaux primitifs, faits à l'œil nu, ne contiennent guère qu'un millier d'étoiles; depuis qu'on a adapté les lunettes aux instruments de mesure, les catalogues se sont multipliés en devenant plus complets. Flamsteed, organisateur de l'Observatoire de Greenwich, publia (1729) une liste de trois mille étoiles, observées au télescope, et une série de vingt-huit cartes, dont on se sert quelquefois encore. — Jérôme de Lalande forma un catalogue de quarante-sept mille étoiles (1800), observées pendant onze ans, par ordre de l'Association britannique. — La même année, Piazzi donna les éphémérides d'un certain nombre d'étoiles bien connues et appelées *étoiles fondamentales*, car elles servent de base à tous les calculs astronomiques. — Harding rapporta également sur vingt-sept cartes les positions de plus de cinquante mille étoiles observées par les astronomes français du XVIIIe siècle.

De 1825 à 1833, Bessel fixa la position de soixante-quinze mille étoiles. Il divisa le ciel en zones par des cercles parallèles à l'équateur et s'étendant depuis 15° au-dessous jusqu'à 45° au-dessus. Argelander continua ce travail (1841-1843) et prolongea les zones jusqu'au 80°, en ajoutant environ vingt-deux mille étoiles. La réduction de ces observations en catalogues a été entreprise par M. Weisse, directeur de l'Observatoire de Cracovie, et l'Académie de Berlin a publié ces zones de Bessel en vingt-huit cartes, très-renommées, depuis qu'elles ont servi à la découverte de Neptune (1845) et d'une série de petites planètes.

Enfin, M. Chacornac consigna ses propres observations, faites à Marseille et à Paris, dans un atlas écliptique, pour l'année 1850. Cet atlas, laissé inachevé, sera continué par l'Observatoire de Paris et il renfermera soixante-douze cartes contenant chacune un arc de 20 minutes.   J. B. BAILLE.

ATMOSPHÈRE. — PHYSIQUE. — La couche d'air dans laquelle nous vivons, et qu'on appelle *atmosphère*, joue dans la nature un rôle essentiel et qu'il importe de bien définir dans chaque cas particulier. Je m'occuperai seulement ici de l'influence de l'air sur les phénomènes physiques généraux, en renvoyant pour les études plus spéciales aux articles : *Air, Combustion, Respiration, Baromètre, Évaporation*, etc.

L'air, étant transparent, agit sur la lumière et la chaleur que nous envoient les astres, pour en dévier la direction, en affaiblir la densité, et en altérer la couleur. Je vais passer en revue chacun de ces effets particuliers, et signaler les conséquences de la présence de l'air sur la production de quelques phénomènes.

I. — L'air forme une couche concentrique à la sphère terrestre; sa densité diminue de plus en plus à mesure qu'on s'éloigne du sol, et l'on peut considérer l'atmosphère comme composée d'une série de couches de densités différentes et croissantes. Aussitôt qu'un rayon de lumière entre dans l'air, il rencontre tour à tour ces couches superposées ; et, à chaque surface de séparation, il est légèrement dévié, d'après la loi de la réfraction. Aussi, la trajectoire complète du rayon dans l'air n'est plus une ligne droite, mais une courbe dont la concavité est tournée vers la terre, et qu'il faut bien connaître pour apprécier exactement l'effet de la réfraction atmosphérique. Donc, lorsque notre œil reçoit le rayon de lumière, nous ne voyons pas le foyer qui l'envoie là où il est réellement; mais nous jugeons qu'il est sur le prolongement de la tangente à la courbe, décrite par la lumière dans l'air, c'est-à-dire que nous voyons les astres plus élevés qu'ils ne sont. Ainsi, un bassin paraît moins profond lorsqu'il est plein; un bâton à demi plongé dans l'eau semble se briser en se rapprochant de la surface; et, en général, les objets situés derrière un corps transparent paraissent moins éloignés qu'ils ne sont en réalité. Plusieurs conséquences curieuses résultent de cette apparence : comme à la réfraction de l'air s'ajoute celle des corps nageant dans l'atmosphère, et en particulier de la vapeur d'eau, on comprend que certaines personnes puissent, jusqu'à un certain point, prévoir le temps d'après l'apparence des montagnes lointaines. C'est ainsi qu'en Suisse, les paysans, voyant les Alpes très-rapprochées, annoncent la pluie avec quelque probabilité, puisqu'alors l'air est très-chargé d'humidité.

L'effet de la réfraction atmosphérique varie évidemment suivant la hauteur du point lumineux au-dessus de l'horizon ; car, au zénith, les rayons tombent normalement sur les différentes couches gazeuses et ne se réfractent pas. C'est même là ce qui a permis de découvrir et d'étudier la réfraction de l'air. Quand on observe les étoiles, on considère la distance qui les sépare du zénith; cette distance était trouvée constamment trop petite, et l'erreur était d'autant plus grande que l'astre était plus près de l'horizon; la cause de cette erreur était la réfraction de l'air qui fait paraître les étoiles plus élevées qu'elles ne sont.

Les premiers observateurs ne soupçonnèrent pas cette influence de la masse gazeuse traversée par les rayons lumineux; Ptolémée fut le premier qui chercha à en tenir compte, sans y parvenir exactement; Tycho-Brahé construisit des tables d'après la comparaison des observations des distances zénithales de quelques étoiles à leur passage supérieur et inférieur; Cassini essaya de résoudre le problème par le calcul, et Newton, croyant la température uniforme dans toute l'atmosphère, arriva à une formule assez compliquée; Laplace, enfin, admettant, sur la décroissance de la température et de la densité de l'air avec la hauteur, les résultats trouvés par Gay-Lussac, lors de son ascension aérostatique, et par MM. de Humboldt et Boussingault sur les Cordillères (V. *Climat, Température*, etc.), obtint une formule qui est considérée comme très-exacte, et qui a été vérifiée dans la plupart des cas. C'est de cette formule de Laplace qu'on s'est servi pour calculer les tables de réfraction atmosphérique usitées en France, et insérées dans la *Connaissance des temps* du bureau des longitudes. On y trouve le nombre qu'il faut ajouter à chaque distance zénithale pour avoir l'angle véritable, en tenant compte, bien entendu, de la température et de la pression de l'air pendant l'observation. Pour donner une idée de cette correction, je dirai qu'à l'horizon la réfraction diminue l'angle de plus d'un demi-degré (33'46",3). — En Allemagne, on préfère se servir de tables empiriques construites par Bessel; et, en Angleterre, de celles calculées par M. Ivory, d'après des hypothèses analogues à celles de Laplace. (V. Biot, *Astronomie physique.*)

Mais, quoique la réfraction atmosphérique n'ait une valeur appréciable qu'à partir de 70°, il vaut toujours mieux, lorsqu'on le peut, n'observer les astres que lorsqu'ils sont assez haut au-dessus de l'horizon ; car l'air, à la surface du sol, est toujours souillé de brumes et de vapeurs qui en troublent la transparence et la netteté (V. *Scintillation des étoiles*).

Une conséquence qui résulte immédiatement de la réfraction, c'est l'augmentation de la durée du jour. Le matin, nous voyons le soleil lorsqu'il lui reste encore à parcourir un arc de 33', et le soir nous continuons à le voir pendant tout le temps qu'il met à descendre de 33' au-dessous de l'horizon. C'est ainsi qu'à Paris, le jour le plus long (21 juin), qui ne serait que de 15 h. 18 m., se trouve être de 16 h. 7 m.

II. — Non-seulement, en entrant dans les différentes couches d'air, le rayon incident est dévié, mais il est encore affaibli. A chaque surface de séparation, une partie de la lumière est réfléchie et abandonne la direction primitive, pour se réfléchir encore. Et comme ces réflexions successives se multiplient à l'infini, il reste en somme, dans la masse gazeuse, une grande quantité de lumière, réfléchie plusieurs fois et n'ayant plus de direction déterminée : c'est la *lumière diffuse* qui nous éclaire pendant le jour. Si l'atmosphère ne s'imprégnait pas ainsi de clarté, le passage du jour à la nuit serait brusque; les points qui ne recevraient aucun rayon direct seraient dans l'obscurité complète, et même, — car la chaleur et la lumière que nous envoient le soleil se comportent exactement de la même façon, — le froid succéderait instantanément à la trop forte chaleur rayonnée par le soleil. C'est là ce qui doit se passer à la surface des mondes, qui, comme la lune, notre satellite, ne sont pas entourés d'une atmosphère protectrice.

Le crépuscule et l'aurore, qui prolongent nos jours et amortissent les transitions brusques, sont également dus à la présence de l'air. Lorsque le soleil est trop bas sous l'horizon pour qu'il puisse éclairer le point de la terre où nous sommes placés, ses rayons remplissent cependant les régions supérieures de l'atmosphère et se diffusent jusqu'à nous. Ils produisent alors cette clarté, qui, le matin, effleure d'abord les hauteurs et descend peu à peu au fond des vallées, en couvrant les objets d'une lueur croissante, et qui, le soir, marchant en sens inverse, se retire graduellement vers les hauts sommets, pendant que les grandes ombres s'accumulent aux pieds des montagnes. C'est là le crépuscule du matin ou du soir, dont la durée dépend du lieu de la terre et de la saison que l'on considère. (V. *Crépuscule.*) On admet, en comptant le temps qui s'écoule entre le coucher du soleil et l'apparition des étoiles, que le soleil éclaire l'atmosphère tant qu'il n'est pas descendu de 18° au-dessous de l'horizon.

Puisque la lumière diffuse se produit aux dépens de la lumière directe, celle-ci est considérablement diminuée. Le physicien Bouguer, en faisant des recherches photométriques, est parvenu à estimer la réduction que l'absorption atmosphérique fait subir à la radiation solaire. En admettant que, si la lumière pouvait arriver jusqu'à nous sans affaiblissement, il y eût 10,000 rayons, au zénith, lorsque ceux-ci, tombant verticalement, traversent les plus petites profondeurs de l'air, nous en recevrions encore 8,100 ; mais, à l'horizon, après avoir parcouru la grande épaisseur de l'atmosphère, dans son état ordinaire, la lumière serait réduite à 6 rayons, c'est-à-dire qu'elle serait devenue 1,350 fois moins éblouissante qu'au zénith. Et cependant, à cause des nuages et des brouillards qui sont toujours en suspension dans l'atmosphère, surtout au voisinage du sol, cet éclat se trouve encore diminué, et l'on est ainsi convaincu que la plus grande partie de la lumière du soleil, à son lever et à son coucher, se trouve employée à illuminer l'atmosphère avant de pouvoir arriver jusqu'à nous.

Aussi, nos yeux, éblouis par le soleil situé à une certaine hauteur au-dessus de l'horizon, en supportent plus aisément l'éclat lorsque, le matin ou le soir, l'épaisseur de l'air traversé est plus grande. Sur les hautes montagnes, où l'air raréfié diffuse peu de lumière, non-seulement la transition de l'ombre à la clarté et du froid au chaud est plus tranchée, mais, lorsqu'on est placé à l'ombre, l'œil, n'étant plus obstrué par la lumière étrangère, peut peut-être apercevoir les étoiles en plein jour, ainsi que l'ont raconté à de Saussure les guides du Mont-Blanc, assertion qui cependant n'a pas encore été contrôlée.

Les mêmes causes qui affaiblissent la lumière agissent exactement de la même façon sur la chaleur qui accompagne le rayon solaire; et nous ne recevons directement à la surface de la terre qu'une partie de la chaleur rayonnée par le soleil, l'autre restant répandue dans l'atmosphère. C'est cette *chaleur diffuse* qui rend la température de la journée plus élevée que celle de la nuit, et qui ménage la transition graduelle de l'ombre à la lumière et du jour à la nuit. M. Pouillet a fait sur l'absorption de la chaleur par l'atmosphère des études analogues à celle de Bouguer sur la lumière, et il est arrivé à cette conclusion générale que l'atmosphère retenait en somme la moitié de la chaleur envoyée par le soleil (V. *Rosée, Pyrhéliomètre*, etc.).

Cet affaiblissement de la lumière directe nous occasionne différentes illusions qu'une discussion approfondie des phénomènes doit dissiper : les astres à l'horizon paraissent plus éloignés de nous que lorsqu'ils sont au zénith; car, d'un côté, ils sont moins brillants; et, de l'autre, entre eux et nous, nous voyons de nombreux objets dont nous apprécions assez exactement les plans respectifs et les distances relatives, tandis qu'au zénith les points de repère nous font défaut. Ces deux causes réunies ont pour effet de nous faire voir les disques du soleil et de la lune beaucoup plus gros à l'horizon qu'en tout autre point du ciel; et cependant les mesures exactes prouvent qu'il n'en est rien. C'est que, dans l'appréciation de la grosseur d'un objet, nous faisons entrer en ligne de compte la distance à laquelle nous le voyons; et, du moment que nos rayons visuels allant aux deux bords du disque de l'astre font entre eux un angle constant, nous croirons lui voir un diamètre plus gros lorsqu'il nous semblera plus éloigné. Mais cette illusion est facilement dissipée, si l'on a soin de regarder la lune à travers un verre assez noir pour que les objets intermédiaires soient invisibles. Une illusion identique se produit lorsqu'on regarde un vaisseau en pleine mer : tant qu'il n'y a rien entre l'œil et le navire, celui-ci paraît très-près et assez gros; mais que d'autres vaisseaux viennent à s'interposer, le premier semblera s'éloigner brusquement et s'amoindrir aussitôt.

La même cause affaiblit aussi fortement la lumière des autres astres. Ainsi, l'une des plus belles constellations du zodiaque, le Scorpion, dont la magnifique étoile, Antarès, figurait, pour les anciens, l'œil du monstre, est presque invisible pour les latitudes moyennes où elle est perdue dans les brumes de l'horizon; mais elle devient éclatante à mesure qu'on s'avance vers l'équateur terrestre.

III. — Si la lumière qui nous vient des astres était simple, le rôle de l'atmosphère serait suffisamment décrit, pour cet ordre de phénomènes; mais la lumière blanche est, comme on le sait, composée d'une série d'autres rayons simples différemment colorés. Chacun de ces rayons, traversant l'air ou un corps transparent quelconque, subit sa réfraction et son affaiblissement propre, et les phénomènes précédents se compliquent d'un nouvel effet. Comme la réfraction aérienne est en somme très-faible, la décomposition que le rayon blanc éprouve par suite de l'inégale réfrangibilité des couleurs est inappréciable, et je n'en parlerai pas. Mais il n'en est pas de même de l'absorption de l'atmosphère, laquelle est très-variable suivant les couleurs.

Lorsqu'un rayon blanc traverse une épaisse couche d'air, les couleurs qui le composent sont diversement arrêtées par les molécules aériennes. Le rouge passe presque impunément; le bleu, au contraire, est absorbé en grande partie; et plus une couleur se rapproche du bleu, plus elle sera facilement absorbée par l'air. De ce fait résultent plusieurs conséquences remarquables.

D'abord l'air, retenant une forte proportion de lumière bleue, s'imbibe lui-même de cette couleur; et tous les objets, qui ne sont pas lumineux par eux-mêmes, sont lavés d'une teinte bleuâtre, lorsqu'ils sont placés derrière une forte épaisseur d'atmosphère. Ainsi, les montagnes éloignées paraissent éteintes ou même azurées, effet bien connu des peintres et des poëtes. C'est là la cause qui nous fait voir le ciel bleu; et, à mesure qu'on s'élève dans l'atmosphère, la voûte semble de plus en plus foncée, et arrive même à paraître tout à fait noire.

Puisque l'air retient cette couleur bleue, les rayons blancs, lorsqu'ils arrivent à nous, nous sembleront devenus rouges. Aussi, les astres à l'horizon, lorsque la couche d'air traversée est considérable, sont d'un rouge très-prononcé, comme l'est le soleil à son lever et à son coucher; et, à ce moment-là, chacun le sait, les travaux photographiques sont plus pénibles, puisque les propriétés chimiques de la lumière appartiennent surtout aux rayons bleus.

Une expérience de Hassenfratz démontre ce fait plus complètement encore. Cet ingénieur, dont l'activité ne s'exerçait pas seulement dans les sciences météorologiques, et qui fut un des organisateurs de la journée du 10 août, mesurait la longueur du spectre solaire aux différentes heures du jour, et à différentes époques de l'année. Il remarqua qu'en hiver, au lever et au coucher du soleil, la longueur du spectre n'était pas même la moitié de ce qu'elle était en été, à midi, parce que la partie violette et bleue avait presque complétement disparu.

Cette propriété de l'air de rougir les points lumineux situés derrière lui, est augmentée encore par l'eau qui se trouve en suspension dans l'atmosphère, et le soleil et la lune paraissent d'autant plus rouges, que l'air est plus humide et plus chargé de brouillards. Il est à remarquer, en effet, que l'eau absorbe également les rayons vert bleuâtre et laisse passer les rouges: c'est ce qui fait que l'eau, regardée en grande épaisseur, est verte, ainsi que tous les corps placés au fond; mais il est probable que si on pouvait voir un point lumineux à travers l'eau, la lumière en serait sensiblement rouge. Ainsi, on cite la grotte d'Ischia, près de Naples, dans laquelle une ouverture placée sous une assez forte épaisseur d'eau laisse passer un jour rougeâtre, tandis que l'eau elle-même est verte, et l'ignorance de cet effet a causé des contre-sens parfois inaperçus dans les toiles de certains peintres. On cite encore une expérience de Hassenfratz, qui faisait passer les rayons solaires à travers un tube plein d'eau de plus en plus long; ce physicien reconnut que la lumière, transmise d'abord blanche, devenait jaune, puis rouge, et que l'eau elle-même acquérait une légère lueur bleue. Enfin, c'est une observation banale de voir les becs de gaz rouges au milieu d'un assez épais brouillard. A cette propriété de l'eau, d'arrêter les rayons bleus, il faut rapporter l'invisibilité des rayons chimiques du spectre: l'eau contenue dans les humeurs de notre œil les absorbe complétement; et, pour s'en assurer, il suffit de recevoir un spectre à travers une couche de corps vitré, les propriétés chimiques de la lumière auront été presque totalement enlevées.

Cette faculté de l'atmosphère terrestre, d'arrêter les rayons bleus en laissant passer les rouges, n'appartient pas nécessairement à toutes les atmosphères des astres. C'est ainsi que la planète Mars, qui, à travers son atmosphère épaisse, nous paraît d'un rouge très-prononcé, ne peut pas, supposent certains astronomes, avoir une couche fluide identique à la nôtre, c'est-à-dire composée seulement d'air et d'eau.

J.-B. BAILLE.

ATOMISME. — PHILOSOPHIE. — Leucippe est généralement regardé comme le créateur de la doctrine atomiste. Car il n'y a rien de sérieux dans la tradition vague et obscure qui en fait remonter les origines jusqu'à une époque antérieure à la guerre de Troie et en attribue l'invention au Phénicien Moschus. La doctrine atomiste se retrouve aussi, il est vrai, chez les premiers philosophes indiens, dans le système de philosophie qu'on appelle *Vaiséchika*, dont l'auteur présumé est Kanada. Mais comme les idées spiritualistes entrent en grande partie dans ce système, comme Kanada semble admettre une âme spirituelle distincte du corps, une intelligence séparée de l'univers et infinie, on ne peut pas dire que ce soit là le véritable atomisme, qui est comme le germe du matérialisme moderne.

Quant à Leucippe, nous ne savons rien sur sa patrie, l'époque précise de sa naissance, ses écrits, et il nous est impossible, faute de textes, de déterminer quelles sont, parmi les idées atomistes, celles qui lui appartiennent en propre. Aristote, qui est, avec Sextus Empiricus, notre guide le plus sûr dans l'étude de cette doctrine, ne sépare jamais son système de celui de Démocrite, non plus que son nom. Il dit toujours, quand il parle des atomistes : Leucippe et son compagnon Démocrite, Δεύκιππος καὶ ὁ ἱταῖρος αὐτοῦ Δημοκρίτης. Il nous faut donc chercher l'expression primitive de l'atomisme dans la doctrine de Démocrite d'Abdère.

Démocrite, comme la plupart des premiers philosophes grecs, avait composé un traité sur la nature du monde, περὶ φύσεως κόσμου. La physique était donc le point de départ de sa doctrine. Il se rattache aux physiciens mécanistes en ce qu'il considère l'univers mathématiquement. « Pour Démocrite, dit Ritter, le seul vrai, l'existant, comme il l'appelle avec les Éléates, est l'étendue dans l'espace, qui est d'une figure immuable : sa raison c'est que rien ne vient de rien. Mais il y a aussi une multiplicité, un nombre primitif de choses; et comme ce nombre est dans l'espace, il doit aussi y avoir dans l'espace quelque chose qui divise, mais qui ne peut pas être un espace plein, parce qu'autrement, il y aurait un continu qui remplirait l'espace. Ce quelque chose qui divise est donc le vide, le non-être : τὸ γὰρ κυρίως ὄν, παμπληθὲς ὄν. ἀλλ' εἶναι τὸ τοιοῦτον οὐχ ἕν, ἀλλ' ἄπειρα τὸ πλῆθος (Aristote, *de genere et corruptione*). Il donne encore d'autres raisons de la réalité du vide, les unes empruntées de l'opinion des Éléates, que s'il n'y avait pas de vide, le mouvement ne serait pas possible; les autres tirées de l'expérience, d'après laquelle nous croyons apercevoir, dans une espace égal, tantôt plus, tantôt moins de corps (Aristote, *Phys.*, IV, 6). »

Le principe sur lequel se fonde Démocrite avec tous les atomistes, c'est que la matière ne peut pas être divisible à l'infini : il part donc d'une idée arithmétique. Si la matière et l'espace ne sont pas divisibles à l'infini, il est nécessaire d'admettre que tout est vide (ὅτι κινόν τὸ ὅλον), ce qui est absurde, ou de reconnaître, ce qui est vrai, qu'il existe quelque chose d'*un* qui ne peut devenir *deux*, quelque chose d'indivisible, que Démocrite appelle *atome*.

Mais si le vide n'existe pas seul, il n'en est pas moins certain qu'il existe. Il est nécessaire à l'existence des corps indivisibles ou atomes : ceux-ci roulent dans le vide, s'assemblent et se dissolvent dans le vide. D'où il suit que toutes choses sont *un* et *rien*, *atome* et *vide*, *être* et *ne pas être*, qu'en outre l'être n'est pas plus que le non-être, car l'être et le non-être coexistent dans l'être (Aristote, *Métaphysique*, IV, 5).

L'atome est l'essence primitive et éternelle des choses, leur condition nécessaire, le premier principe des phénomènes.

Ces phénomènes sont infinis : donc les atomes, qui en sont les principes, sont infinis. Ἐπεὶ διαφέρει τὰ σώματα σχήμασιν, ἄπειρα δὲ τὰ σχήματα, ἄπειρα καὶ τὰ ἁπλᾶ σώματα φάσιν εἶναι. Démocrite, selon Aristote, attribuait aux atomes, comme propriété, la pesanteur. Cette pesanteur est en raison de leur étendue (βαρύτερον γε κατὰ τὴν ὑπεροχὴν εἶναι ἕκαστον τῶν ἀδιαιρέτων). Encore une affirmation dont la forme est toute mathématique.

Voilà l'indivisible, c'est-à-dire l'atome, déterminé. Il reste à savoir comment

es atomes coexistent et quels sont les rapports des atomes entre eux. Ils n'ont pas
l'action réciproque chacun sur chacun; ils ne pâtissent et n'agissent réciproquement que quand ils forment un agrégat ou corps. Mais comment se meuvent-ils?
C'est là, il faut l'avouer, la question principale, et, pour ainsi dire, le moment critique de la philosophie des atomistes. Où prendre le mouvement? Démocrite se tire
d'affaire en considérant le mouvement en thèse générale, comme quelque chose
d'éternel, d'infini : en chercher la raison serait aussi ridicule que de chercher le
commencement de l'éternel et de l'infini. Il se borne à considérer le mouvement
dans ses manifestations particulières. Selon Stobée, Démocrite aurait enseigné que
les atomes forment une masse inerte, qui, rencontrée à un moment donné par
d'autres atomes en mouvement, se serait mise elle-même en mouvement. Cette
hypothèse, que rien ne nous autorise suffisamment à attribuer à Démocrite, ne
ferait que reculer la question sans la résoudre.

Quoi qu'il en soit, on peut dire que les premiers atomistes considéraient le
mouvement comme une nécessité. Démocrite se bornait à répéter : « Les choses se
passaient de même auparavant. » C'était pour lui comme un axiome que la raison
admet fatalement et que le raisonnement ne doit pas chercher à démontrer.

Les corps sont des groupes d'atomes. Dans ces groupes, Démocrite distingue
trois choses : 1° le *rysme*, qui est la figure particulière qu'a chaque atome, quand il
vient faire partie du groupe ; 2° la *diathèse*, qui est l'arrangement, la disposition générale de chaque groupe ; 3° le *trope*, qui est la position particulière de chaque atome.
Les groupes les plus considérables forment les divers mondes, dont la forme varie
selon la manière dont se mèlent les différents atomes ronds, anguleux, crochus, qui
les composent.

Quant à la façon dont nous percevons le monde sensible, Démocrite dit que les
images des corps (εἴδωλα), se détachant des objets, pénètrent en nous par les organes.
Ce sont comme des effluves qui sortent des corps et vont produire la sensation.

Y a-t-il une âme? Peut-être ; mais elle est un corps matériel dans le corps visible,
autant que nous pouvons en juger d'après les expressions un peu vagues d'Aristote
sur ce point de la doctrine atomiste. Peut-être l'âme, selon Démocrite, n'était-elle
que ces images mêmes des corps qui pénètrent en nous et se transformait-elle
continuellement avec ces diverses émanations du monde extérieur. Quoi qu'il en
soit, il semble certain que *l'âme* de Démocrite n'avait rien de commun avec celle
d'Anaxagore, et qu'elle n'était point spirituelle. Je crois que c'est une erreur de
s'obstiner, avec certains philosophes, avec M. Renouvier, par exemple, à chercher
dans l'atomisme un rationalisme et un spiritualisme qui, en tout cas, ne serait guère
d'accord avec la physique de Démocrite.

Tel est, comme on l'a dit souvent, le premier matérialisme scientifique et réfléchi.

Ajoutons que la physique d'Empédocle semble avoir aussi pour fondement la
théorie des atomes. Seulement Empédocle croit à un principe spirituel, distinct de
la matière, et cause de la vie et du mouvement : ce principe, c'est *l'amour* qui produit l'agrégation harmonieuse du *sphéros* ou monde. — De même, la philosophie
d'Anaxagore, ou plutôt sa physique, ressemble, en plus d'un point, à celle de
Démocrite. En dernière analyse, les *homœoméries* sont-elles autre chose que les
atomes?

La physique d'Épicure, dont Lucrèce est le fidèle et populaire interprète, est, à
peu de chose près, la même que celle de Démocrite. Mais le poëte-philosophe a, par
son inspiration sublime, vivifié ces froides théories et, en les trempant aux sources
de la poésie la plus admirable peut-être qui ait existé, il leur a donné une forme
originale qui les a rendues immortelles.

Le disciple d'Épicure commence par poser en principe que la divinité même ne peut tirer l'être du néant :

Nullam rem e nihilo gigni divinitus unquam.

A cette vérité il en joint une autre : c'est que la nature n'anéantit rien, mais dissout simplement chaque corps en ses parties élémentaires. Ces parties élémentaires, ou corpuscules, ne sont autre chose que les atomes : l'œil ne les aperçoit pas, mais la raison est forcée d'en reconnaître l'existence. — Lucrèce dit ensuite que le vide existe : *est in rebus inane.* Il y a un vide, une espace impalpable, sans lequel rien ne pourrait se mouvoir : car le propre des corps étant de résister, ils ne cesseraient de se faire obstacle, et le mouvement serait impossible, parce qu'aucun corps ne commencerait à se déplacer. Cependant, sur la terre, dans l'eau, au ciel, mille mouvements divers frappent nos yeux; et, sans vide, non-seulement les corps seraient privés de cette continuelle agitation, mais ils n'auraient pas même pu être engendrés, parce que la matière, comprimée de toutes parts, aurait langui dans une éternelle inertie. — En dehors de la matière et du vide, il n'y a que des *propriétés* (*conjuncta*), ou des *accidents* (*eventa*). Les propriétés sont inséparables du sujet et ne cessent que par sa destruction. Les accidents ne sont que les manières d'être dont la présence ou l'absence n'altèrent pas le fond du sujet. — Les *corps* sont ou les éléments de la nature, ou les composés qui en résultent. Les éléments sont inaltérables, indestructibles, indivisibles, éternels, infinis; leur solidité triomphe de toutes les attaques.

Lucrèce, comme Démocrite, se borne à constater que le mouvement existe. Comme il n'y a pas de centre où les atomes se puissent arrêter, ils se mettent en mouvement; leur vitesse est très-grande, parce que, nageant dans le vide, ils ne rencontrent pas de résistance. Ils vont tous de haut en bas. Ils ne montent pas : ils tombent. Mais comment se rencontrent-ils? Ils s'écartent tous, dit Lucrèce, dans des temps et des espaces indéterminés : mais ces déclinaisons sont si peu de chose qu'à peine elles en méritent le nom. Les atomes, sans ces écarts, seraient tombés parallèlement dans le vide, comme les gouttes de la pluie : jamais ils ne se seraient rencontrés ni heurtés, et jamais la nature n'eût rien produit. C'est là l'innovation vraiment originale de la philosophie épicurienne, d'avoir admis une légère déviation (*exiguum clinamen*) qui permit aux atomes de se rencontrer, de s'accrocher et de s'agglomérer. C'est ainsi que se sont formés les corps. — De tous les corps dont la nature nous est connue, il n'y en a aucun qui soit formé d'une seule espèce de principes, aucun qui ne résulte d'un mélange d'éléments. Il y a différentes classes d'atomes, mais les atomes d'une même classe peuvent seuls s'agréger. La solidité, l'indivisibilité, l'éternité, le mouvement, la figure sont les qualités des corps simples. La couleur, l'odeur, le son, etc., sont les qualités des corps composés : les atomes ne sauraient les posséder.

Lucrèce aborde la question de l'âme avec plus de franchise que ne l'avait fait Démocrite. L'âme n'est pas, comme l'ont prétendu quelques Grecs, une manière d'être du corps, et comme une harmonie (ἁρμονία) résultant de toutes les parties de l'être. L'âme est un corps doué d'une vie à part : elle est une réunion des atomes les plus petits, les plus lisses et les plus arrondis. Quatre éléments distincts concourent à sa formation : 1º le *souffle*; 2º *l'air*; 3º la *chaleur*; 4º un principe subtil, qui est comme l'âme de l'âme, et auquel le poëte ne donne pas de nom. Ce principe indéfini semble avoir quelque analogie avec les *esprits animaux* des Cartésiens. Ces quatre éléments n'ont jamais d'action propre ni distincte : ils agissent ensemble,

ulement l'un d'eux domine tour à tour, et la continuité de cette domination
·termine ce qu'on appelle le caractère. L'union de l'âme et du corps est étroite et
·dissoluble : ils meurent ensemble, comme ils sont nés ensemble.

Après Épicure et Lucrèce, les atomes disparaissent de l'histoire de la philoso-
·hie. Ce n'est pas que la doctrine atomiste ne conserve encore de nombreux parti-
·ns, mais c'est qu'il ne se produit aucun système original. Les disciples se bornent
·suivre exactement la doctrine du maître, mais bien plus dans ses conséquences
·ue dans ses principes. On laisse de côté l'étude et la révision de la physique d'Épi-
·re : on se borne à pratiquer sa morale. Les passages de Sénèque, où il parle de la
·ilosophie épicurienne, confirment ce que je dis.

Ce n'est qu'au XVIIe siècle que cette physique reparaît. Et qui remet les atomes
·la mode? un sceptique, sans doute? un athée, ennemi de l'Église? Non : un prêtre
·rétien, Gassendi. C'était un mathématicien, un physiologiste, un astronome. Les
·ndances naturelles de son esprit le portaient à l'étude des sciences physiques.
·'observation attentive qu'il fit de la matière est l'origine et l'explication de l'admi-
·tion qu'il avait pour ceux qui l'avaient observée avant lui, pour Démocrite,
·picure, et les grands physiciens de l'antiquité. Cette admiration le détermina à
·nter une restauration du système atomiste d'Épicure. Mais le spiritualisme que
·i commandait la foi chrétienne, la crainte de l'Église, l'exemple récent des
·gueurs exercées contre Galilée, imposèrent à son audace de singulières contraintes.
·omme physicien libre penseur, il était atomiste. Comme philosophe chrétien, il
·ait spiritualiste. La science l'attirait hors des doctrines orthodoxes : les terreurs
·rétiennes l'y retenaient ou l'y rappelaient à la hâte, pour peu qu'il s'en écartât. De
·s hésitations, de ces alternatives d'audace et de timidité, naquit un système bizarre,
·ne réhabilitation timorée d'Épicure, une doctrine bâtarde, qui, louvoyant entre le
·iritualisme et le sensualisme, fut stérile par ses incertitudes. Gassendi admet la
·upart des principes d'Épicure. Mais, dès qu'il les a admis, il les modifie bien vite,
·les plie au mot d'ordre que lui a donné la foi. De peur de porter atteinte au
·gme de la création, il rejette le fameux principe *que la divinité même ne peut rien*
·*er du néant*. Il reconnaît l'existence des atomes, mais il en nie ou en dénature
·s manières d'être traditionnelles. Il y a des atomes, mais ils n'ont pas les pro-
·iétés que leur attribue Épicure, c'est-à-dire l'éternité, l'infinité, etc. L'âme est un
·mposé d'atomes, mais d'atomes immatériels. Gassendi, comme on l'a dit juste-
·ent, spiritualise l'atome. Tout cela, selon le mot plaisant d'un de ses adversaires,
·aînte des atomes de feu, *metu atomorum ignis*.

A la même époque Descartes, à propos sans doute des opinions de Gassendi, a
·mbattu la doctrine atomiste. Il n'est pas inutile de citer ses paroles. Voici ce
·'il dit à propos du vide :

« Pour ce qui est du vide, au sens que les philosophes prennent à ce mot, à
·voir pour un espace où il n'y a point de substance, il est évident qu'il n'y a point
·espace en l'univers qui soit tel, parce que l'extension de l'espace ou du lien inté-
·eur n'est point différente de l'extension du corps. Et comme de cela seul qu'un
·rps est étendu en longueur, largeur et profondeur, nous avons raison de conclure
·'il est une substance, à cause que nous concevons qu'il n'est pas possible que ce
·ii n'est rien ait de l'extension, nous devons conclure de même de l'espace qu'on
·ppose vide : à savoir que puisqu'il y a en lui de l'extension, il y a nécessairement
·ıssi de la substance [1]. »

Voici maintenant comment Descartes démontre qu'il n'y a pas d'atomes :

1. Descartes, t. I, p. 284, éd. Garnier.

« Il est très-aisé de connaître qu'il ne peut pas y avoir d'atomes, c'est-à-dire de parties des corps ou de la matière qui soient de leur nature indivisibles, ainsi que quelques philosophes ont imaginé. D'autant que, pour petites qu'on suppose ses parties, néanmoins, parce qu'il faut qu'elles soient étendues, nous concevons qu'il n'y en a pas une d'entre elles qui ne puisse être encore divisée en deux ou un plus grand nombre d'autres plus petites, d'où il suit qu'elle est divisible. Car de ce que nous connaissons clairement et distinctement qu'une chose peut être divisée, nous devons juger qu'elle est divisible, parce que, si nous en jugions autrement, le jugement que nous ferions de cette chose serait contraire à la connaissance que nous en avons; et quand même nous supposerions que Dieu eût réduit quelque partie de la matière à une petitesse si extrême qu'elle ne pût être divisée en d'autres plus petites, nous ne pourrions conclure pour cela qu'elle serait indivisible, parce que quand Dieu aurait rendu cette partie si petite qu'il ne serait pas au pouvoir d'aucune créature de la diviser, il n'a pu se priver soi-même du pouvoir qu'il a de la diviser, à cause qu'il n'est pas possible qu'il diminue sa toute-puissance, comme il a été déjà remarqué. C'est pourquoi nous disons que la plus petite partie étendue qui puisse être au monde peut toujours être divisée, parce qu'elle est telle de sa nature [1]. »

Cependant Descartes, tout en niant l'existence de l'indivisible, met en honneur la physique corpusculaire, d'après laquelle les qualités sensibles de la lumière, des couleurs, du chaud, du froid, des saveurs « ne sont, dans les corps, que la disposition des particules dont ils se trouvent composés, et en nous, que les sensations de notre âme, causées par l'ébranlement des organes. »

Le système corpusculaire de Descartes est comme la suite et la transformation du système atomiste. Il disparaît avec son auteur. Je ne dis rien des souvenirs de la doctrine atomiste que l'on trouve dans Leibnitz : ils sont bien vagues et bien incertains. Je rappelle seulement que dans sa jeunesse il avait eu d'abord de l'inclination pour les théories physiques de Démocrite. Ce n'est que cent ans plus tard qu'il est question de l'atomisme. Voici l'éloge de la physique corpusculaire que l'on lit dans *l'Encyclopédie du* XVIIIe *siècle* :

« La philosophie corpusculaire a divers avantages. Voici les deux principaux : 1° Elle rend le monde corporel intelligible, puisque le mécanisme est une chose que nous entendons, et qu'hors cela nous ne concevons rien distinctement dans le corps. Dire qu'une chose se fait par le moyen d'une forme ou d'une qualité occulte, n'est autre chose que dire que nous ne savons pas comment elle se fait, ou plutôt c'est faire l'ignorance où nous sommes de la cause d'un effet, la cause de cet effet-là, en la déguisant sous les termes de formes ou de qualités. On conçoit encore clairement que le froid, le chaud, etc. peuvent être des modifications de notre âme, dont les mouvements des corps extérieurs sont des occasions. Mais on ne saurait comprendre que ce soient des qualités des corps mêmes, distinctes de la disposition de leurs particules. 2° L'autre avantage de la physique corpusculaire, c'est qu'elle prépare l'esprit à trouver plus facilement la preuve de l'existence des substances corporelles, en établissant une notion distincte du corps. »

De nos jours, l'atomisme, loin d'avoir perdu toute valeur aux yeux de la science, semble au contraire, avec les transformations que lui ont fait subir les modernes découvertes scientifiques, devoir être l'hypothèse qui introduira l'unité dans les différentes sciences de la nature. Si les agents physiques et chimiques peuvent s'expliquer par les mouvements divers d'une nature première, si tout dans la

1. *Ibid.*, p. 287.

ature est l'effet d'une mécanique universelle, l'atome devient le mobile nécessaire
en même temps que la réalité indispensable à la formation des choses. Sans doute,
n'est plus question ici des aventureuses hypothèses des premiers auteurs de
atomisme; mais, quelque distance qu'il y ait entre les imaginations de Leucippe
t de Démocrite et les résultats précis de la science moderne, nous pouvons consta-
er, en même temps que les progrès de l'esprit humain dans l'explication des
hoses, la progressive uniformité de sa marche, et le même but toujours entrevu,
ien qu'inégalement poursuivi.

BIBLIOGRAPHIE. — Aristote. — Sextus Empiricus. — Lucrèce. — Ritter. —
.enouvier. — *Encyclopédie* de Diderot et de d'Alembert, aux mots *Atomisme* et *Cor-
usculaire* (physique). — Lafaist, *Étude sur la philosophie des atomistes* (thèse pour le
octorat). — Martha, *Études sur Lucrèce.*   A.-F. AULARD.

ATOMIQUE (THÉORIE). — Toute science se coordonne autour d'une hypo-
hèse, à la fois moyen mnémonique pour retenir les faits et les lois qui constituent
on domaine et moyen d'investigation qui permet aux savants de se diriger dans
recherche de vérités nouvelles. Pour la physique, cette hypothèse est actuelle-
ent celle de l'éther; pour la chimie, c'est la théorie atomique.

La théorie atomique considère les corps comme formés de particules, infiniment
etites, nommées molécules ou atomes. Tel est son fondement principal; mais,
duite à cela, elle ne servirait à rien. Ce serait une de ces mille conceptions
étaphysiques qui peuvent satisfaire un esprit rêveur, mais qui n'ont pas la
oindre utilité, pas la moindre valeur scientifique.

Aussi, de nos jours, l'hypothèse a-t-elle été compliquée. On a admis que les
olécules constituent un premier degré de division de la matière, et que les atomes
sultent d'une division plus profonde encore. Les atomes seraient les parties inté-
antes des molécules, comme celles-ci seraient les parties intégrantes des corps.
a se basant sur des considérations tout à fait positives telles que : équivalents
imiques, chaleurs spécifiques, densités de vapeurs, on a pu assigner des poids
latifs aux atomes et aux molécules. On a admis que les atomes sont le siége de
rces différentes, que les uns possèdent une puissance suffisante pour s'unir à un,
à deux, ou à trois... etc. autres atomes, et l'on a nommé cette propriété : *atomi-
é* ou *capacité de saturation.* A l'aide de cet ensemble de faits et d'hypothèses groupés
système, on peut actuellement représenter la constitution d'une foule de com-
sés. Cette constitution est sans doute très-loin de la réalité objective. Mais elle a
grands avantages : elle permet d'exprimer, d'une manière très-abrégée, l'en-
mble des propriétés chimiques d'un corps, elle fait découvrir des propriétés
ouvelles que l'expérience vérifie; et, sans être vraie au point de vue absolu, il faut
en qu'elle contienne un ou plusieurs éléments de vérité puisqu'elle embrasse un
grand nombre de phénomènes.

Pour faire une étude complète de la théorie atomique, il faudrait : 1° passer en
vue les arguments sur lesquels les savants s'appuient pour admettre que la
atière est formée de particules infiniment petites, séparées entre elles par des vides
mmenses, et pour rejeter l'idée que l'univers forme un tout continu ; 2° passer en
vue et discuter les hypothèses sur lesquelles on se fonde pour établir les poids
oléculaires et les poids atomiques; 3° discuter la question de l'atomicité; 4° mon-
er, par des exemples bien choisis, l'importance de la théorie atomique dans la
imie moderne.

Les limites obligées de cet article ne nous permettent pas d'entrer dans autant
e détails. Pour tout ce qui concerne la constitution de la matière, nous renverrons

au mot *Matière*. Quant aux autres points, dont se compose la théorie atomique, nous les étudierons en suivant l'ordre historique, c'est-à-dire au fur et à mesure de leur introduction dans la science.

L'idée d'atomes n'est pas neuve, elle nous vient de Grèce et date d'environ 500 ans avant l'ère chrétienne.

Vers cette époque, il s'était formé à Élée une école philosophique bien connue sous le nom d'école éléatique. Cette école faisait le singulier raisonnement qui suit : « La matière existe; tout ce qui existe est matière. Mais, faites disparaître la matière, que restera-t-il ? Ah ! qui peut le concevoir ? Ce sera le néant, le vide, l'espace. Mais alors le néant existera. Or, s'il existe, c'est un être, c'est une matière et la matière n'aura pas disparu. Le néant n'existe donc pas. Mais si le néant n'existe pas, la matière est partout, *il n'y a pas de vide*. »

Partant de ce jeu de mots sur le néant, l'école éléatique poursuivait : « S'il n'y a pas de vide, l'univers ne forme qu'un seul être homogène, qu'une masse continue. Le mouvement est donc impossible; car, où loger un corps qui se déplacerait, tout l'espace étant rempli ? Par conséquent, l'univers est immobile et immuable. Il n'est pas vrai que des êtres organisés puissent naître, croître, vivre, mourir et se décomposer. »

Ainsi, nier le mouvement, la vie, sous prétexte que le néant n'existait pas, parce que, s'il existait, il serait matière, telle était l'idée fondamentale de l'école éléatique. Cette idée reposait, on le voit, sur ce vice de raisonnement si fréquent, même de nos jours, chez ceux qui se livrent aux spéculations métaphysiques ; sur ce vice de logique qui consiste à confondre les notions négatives avec les notions positives, et réciproquement. L'école éléatique comptait pour rien le témoignage des sens et niait ainsi toute la méthode scientifique. La revendication ne se fit pas attendre. Leucippe s'éleva contre ces sophismes et essaya de rétablir l'existence du vide. Les arguments, sur lesquels il se fondait, avaient peu de valeur. Il prétendait, par exemple, qu'un vase plein de cendres pouvait recevoir autant d'eau que s'il eût été vide, sans voir que la cendre occupe un certain espace qui ne peut être occupé deux fois; il faisait valoir la compression du vin dans une outre, sans s'apercevoir que ce qu'il attribuait à la compressibilité du liquide était dû à l'élasticité de l'outre. Parmi ses arguments, il y en avait un cependant qui était rationnel. Il invoquait les phénomènes de la nutrition des êtres organisés. Leur développement, disait-il, démontre la nécessité d'un espace où il puisse se produire ; car la matière que ces êtres s'approprient ne peut se transporter, se mouvoir qu'autant que l'on admet des espaces vides entre leurs propres particules. En un mot Leucippe, au lieu de suivre les errements métaphysiques de l'école d'Élée, et de partir de la raison pure pour arriver à nier les faits observés, partait au contraire des faits et cherchait à en construire la théorie. Malgré l'imperfection de ses observations et de ses expériences, il suivait donc la *méthode scientifique et positive moderne*.

Pour Leucippe, la matière est une espèce d'éponge dont les grains isolés nagent dans le vide. Il considère ces grains comme solides, pleins, impénétrables, infiniment petits. Avec l'élément matériel, ou l'élément du *plein*, avec le vide, et avec le mouvement, ce philosophe constitue le monde. Il explique la différence des diverses sortes de matière par des différences de figure de ces grains matériels, ou par une variation de l'ordre suivant lequel ils sont disposés. Enfin, il se rend parfaitement bien compte de la formation et de la décomposition des corps. Nés de l'agrégation des particules matérielles, ils se détruisent, dit-il, par la dissociation de ces mêmes particules.

Après *Leucippe* vint *Démocrite*. C'est Leucippe qui avait trouvé la notion d'atomes,

t Démocrite qui imagina le mot, et il imagina le mot parce qu'il ajouta une vue
plus aux idées de Leucippe. Pour lui, les grains matériels, dont tout se compose,
t indivisibles, insécables. De là *atome* (de α privatif et τιμνω, je coupe). Démocrite
uyait cette indivisibilité des atomes sur un argument métaphysique : Si la
ière pouvait être divisée à l'infini, disait-il, on arriverait à des particules sans
due, et des particules sans étendue ne sauraient produire des corps doués
endue.

Démocrite poussa très-loin les idées atomiques. Partant de la matière et du
avement, il essaya de reconstruire le monde moral comme le monde matériel et
la spiritualité de l'âme. Grande conception! qui malheureusement était trop en
at des données de la science de son époque et qui devait attendre plus de deux
le ans pour recevoir une consécration vraiment scientifique.

Épicure, qui vint après Démocrite, ajouta aux propriétés déjà admises dans les
mes la propriété de pesanteur. Les idées de ce dernier furent développées dans
mirable poëme de Lucrèce. Lucrèce admet le vide, les atomes et le mouvement.
atomes dans une perpétuelle agitation se précipitent de haut en bas dans
vide, mais les chemins qu'ils parcourent ne sont pas tout à fait parallèles, ils
sentent une DÉCLINAISON faible et variable qui leur permet de se rencontrer
e s'accrocher. Comme les atomes sont infinis en nombre, comme, dans l'infini,
tes les combinaisons sont possibles et doivent se réaliser dans l'infini du temps,
aonde se trouvait ainsi expliqué, sans qu'il fût besoin de recourir à aucune
ation surnaturelle. Le poëme de Lucrèce est un des plus beaux monuments phi-
phiques et littéraires de l'antiquité, et, si l'on doit continuer à nourrir l'esprit
a jeunesse de langues et d'auteurs anciens, ce sont les mâles poésies de Lucrèce
n devrait lui faire expliquer plutôt que les poésies efféminées ou obscènes de
gile et d'Horace.

Après Lucrèce, vint la grande nuit du moyen âge, et les spéculations sur la cons-
tion de la matière en restèrent là. Elles ne furent reprises qu'il y a deux cents ans
iron par Descartes et Gassendi. Descartes repoussait l'idée des atomes, Gassendi
mettait. Gassendi s'éloignait déjà des philosophes grecs pour se rapprocher des
s modernes. Suivant lui, les atomes ne s'accrochent pas, comme dans l'imagi-
ion de Lucrèce; ils ne se touchent même pas. Maintenus à distance par des
es qui les dominent, ils laissent entre eux beaucoup de vide et leur assemblage
résente que peu de plein. C'est tout à fait la notion admise par les physiciens
es chimistes actuels.

Il y a un siècle et demi environ, les atomes revinrent sur l'eau avec Wolf qui
r donna le nom de monades, puis avec Swedenborg. Mais ces auteurs s'égarèrent
s des spéculations oiseuses, dotèrent leurs atomes de propriétés de fantaisie qui
xpliquaient rien et avaient la prétention de tout expliquer. Ainsi, pour
edenborg, les atomes étaient sphériques et se touchaient. Les vides étaient
plis par d'autres atomes à surfaces concaves disposés de manière à imiter une
e de coin. L'eau renfermait ces deux sortes d'atomes. Les molécules à surfaces
rbes désagrégées au fond de la mer constituaient le sel marin; et les angles de
molécules formaient l'acide que l'on retire du sel, *l'acide chlorhydrique*.
De pareilles élucubrations jetèrent un grand discrédit sur la notion d'atomes.
te notion ne s'est relevée qu'avec la science moderne, lorsque, partant d'une
.hode rigoureuse, on a cessé de la considérer comme absolue, pour l'envisager
lusivement comme une hypothèse actuellement indispensable.

C'est avec Dalton que les atomes firent leur entrée dans la science positive. Les
vaux de Wenzel, de Richter et de Proust avaient démontré que les éléments se

combinent toujours en proportions définies, et Dalton, par les recherches mémorables qu'il entreprit, de 1804 à 1808, avait établi la loi des proportions multiples. Il reconnut que, quand deux corps se combinent en diverses proportions, si l'on prend, des divers composés qu'ils forment, un poids suffisant pour renfermer une même quantité d'un des éléments, les quantités du second élément sont multiples ou sous-multiples les unes des autres. Partant de ces faits, Dalton ressuscita l'antique idée des atomes, et il la compléta, lui donna un sens précis, en admettant que la matière est formée par des atomes possédant une étendue réelle et un poids constant, que les corps simples sont formés par des atomes tous de même espèce, tandis que les corps composés résultent de la juxtaposition d'atomes d'espèce différente. Le fait des proportions définies et des proportions multiples se trouvait ainsi expliqué. Supposons, en effet, qu'un atome de potassium pèse 39, un atome d'hydrogène 1, et un atome de chlore 35,5 ; supposons en outre qu'un atome de chlore exige, pour former un composé stable, soit un atome d'hydrogène, soit un atome de potassium ; il est évident que, pour saturer un poids de chlore égal à 35,5, il faudra, dans tous les cas, un poids d'hydrogène égal à 1 ou un poids de potassium égal à 39. En outre, si un corps s'unit à un autre corps en plusieurs proportions, celles-ci ne représentent autre chose que le poids de plusieurs atomes, qui sont nécessairement multiples du poids de l'un d'eux.

Pour déterminer le poids des atomes, Dalton se borna à considérer ces poids comme représentant les rapports les plus simples suivant lesquels les corps se remplacent dans les combinaisons chimiques. Ainsi, les rapports les plus simples qui expriment la combinaison de l'hydrogène et de l'oxygène étant 1 : 8, Dalton considéra l'eau comme formée d'un atome d'hydrogène pesant 1 et d'un atome d'oxygène pesant 8, et la molécule de l'eau comme pesant 9. En d'autres termes, les poids atomiques n'étaient rien autre que ce que Wollaston nomma plus tard équivalents, nom que nous avons conservé (Voyez *Équivalents*).

Là, était l'écueil de la théorie. De ce que l'eau renferme en poids 1 partie d'hydrogène pour 8 d'oxygène, on ne saurait en conclure que l'atome d'hydrogène pèse 1, que l'atome d'oxygène pèse 8 et que la molécule d'eau pèse 9.

Supposons, en effet, que l'atome d'oxygène pèse 16 et possède la propriété de fixer deux atomes d'hydrogène pesant 1 chacun, ou qu'un atome d'oxygène pèse 24 et puisse fixer 3 atomes d'hydrogène, les rapports pondéraux que l'on observe entre les éléments consécutifs de l'eau seront également bien expliqués, car les fractions $\frac{1}{8}, \frac{2}{16}$ et $\frac{3}{24}$ sont parfaitement égales entre elles.

Pour fixer la constitution des corps, il ne suffit donc pas de connaître les rapports suivant lesquels les éléments se combinent et se remplacent, de connaître, en un mot, les équivalents des corps simples. Il faut encore pouvoir déterminer les poids moléculaires des corps simples et composés, et les poids atomiques réels des éléments. Si nous savons, en effet, que la molécule d'eau pèse 18, que l'atome d'hydrogène pèse 1, que l'atome d'oxygène pèse 16, et qu'un poids d'eau égal à 18 renferme 16 parties d'oxygène et deux parties d'hydrogène, il sera aisé d'en conclure que l'eau renferme dans sa molécule un atome d'oxygène et deux atomes d'hydrogène et qu'elle répond à la formule H^2O et non à la formule HO ou H^3O.

Partant de l'hypothèse atomique, et cette hypothèse admise, nous possédons des moyens de déterminer les poids des molécules et ceux des atomes.

Pour être plus bref et plus clair, nous quitterons ici l'ordre chronologique et nous entrerons dans l'exposition dogmatique, nous limitant à attribuer à chacun les découvertes qui lui reviennent.

Avant d'entrer dans les développements toutefois, répétons encore que les poids léculaires et les poids atomiques ne sont admissibles qu'autant que l'on accepte ée des atomes et des molécules. La notion qu'ils expriment par une hypothèse ferme toutefois une série de faits certains, qui resteraient vrais alors même que n abandonnerait un jour la théorie atomique pour lui en substituer une autre. nsi, pour citer un exemple, dire que l'eau répond à la formule H^2O, c'est dire, nme on le verra plus loin, que la vapeur d'eau a une densité de 0,6234; qu'elle ferme, en centièmes, 11,11 p. d'hydrogène et 88,89 p. d'oxygène..... etc., etc. us ces faits, nous le répétons, pourront être exprimés un jour par une hypothèse re que celle qui conduit à la formule H^2O; mais, en tant que faits, ils resteront rnellement vrais. C'est là un point sur lequel on ne saurait trop insister.

Poids moléculaires. — Tous les corps, soit simples, soit composés, lorsqu'on envisage à l'état gazeux, s'accroissent sensiblement d'une même fraction de leur ume pour un même accroissement de température; tous se réduisent sensible- nt à une même fraction de leur volume, pour un même accroissement de pression, les choses étant égales d'ailleurs. Tous les gaz, à égalité de température et de ssion, possèdent donc la même force élastique. Or, on admet aujourd'hui que la e élastique des gaz est due au choc de leurs molécules contre les parois des es qui les contiennent. La manière la plus simple d'expliquer qu'ils aient tous même force élastique, dans les mêmes conditions, consiste à admettre qu'à umes égaux, la pression et la température étant la même, tous les gaz contien- it le même nombre de molécules.

Cette supposition s'appuie encore sur une loi très-importante découverte par y-Lussac, et relative aux combinaisons des substances gazeuses, loi qui peut se muler ainsi :

1• Il existe un rapport simple entre les volumes des gaz qui se combinent.

2° Il existe un rapport simple entre la somme des volumes des gaz composants et olume du gaz résultant de leur combinaison.

Ainsi, 2 volumes d'hydrogène s'unissent à un volume d'oxygène pour former x volumes de vapeur d'eau.

2 volumes d'azote s'unissent à 1 volume d'oxygène pour former 2 volumes de toxyde d'azote.

l volume de chlore s'unit à 1 volume d'hydrogène pour former 2 volumes d'acide orhydrique.

l volume d'azote s'unit à 3 volumes d'hydrogène pour former 2 volumes amoniaque.

Dans tous ces exemples, on voit que souvent le volume du composé est infé- ur à celui des composants, mais que jamais il n'est supérieur, ou, comme on dit dinaire, qu'il y a souvent contraction, et jamais dilatation. Quelquefois, comme s l'avant-dernier exemple que nous avons cité, il n'y a ni contraction, ni dila- on. Ce fait se produit quand les composants entrent dans la combinaison à umes égaux. Encore, dans ce dernier cas, peut-il y avoir quelquefois contrac- . C'est ainsi que 2 volumes de gaz chlore et 2 volumes de gaz éthylène four- sent seulement 2 volumes de chlorure d'éthylène en vapeurs.

Cela posé, si les corps gazeux sont formés de molécules, si les décompositions et combinaisons résultent des échanges d'atomes qui se font entre les molécules, bien encore de la réunion de plusieurs de ces molécules en une, il est bien lent que le nombre des molécules qui ont réagi, et le nombre de celles qui viennent de la réaction doivent présenter un rapport simple. Les réactions ne vent, en effet, se produire qu'entre une molécule et une autre molécule, ou entre une molécule et deux autres molécules, et ainsi de suite. Si donc, à volumes égaux, tous les gaz renferment le même nombre de molécules, le rapport simple, existant entre le nombre de molécules réagissantes et le nombre de molécules formées dans la réaction, devra s'observer également entre les volumes des gaz avant et après la réaction, ce qui a lieu en effet.

Cette hypothèse, que, à égal volume corrigé, tous les gaz renferment le même nombre de molécules, a été d'abord émise par un physicien italien, *Avogadro*, et développée plus tard par *Ampère*. Elle est plus connue sous le nom de ce dernier. Si elle est exacte, on doit pouvoir corroborer par des moyens chimiques les poids moléculaires que l'on en déduit. Si elle est fausse, au contraire, les poids moléculaires calculés par ce moyen doivent être erronés. Or, les vérifications chimiques prouvent que, à quelques rares exceptions près, qui paraissent s'expliquer d'elles-mêmes, les poids moléculaires calculés d'après l'hypothèse d'Ampère et d'Avogadro sont exacts. Actuellement, nous pouvons donc considérer cette hypothèse comme vraie, et nous en servir comme d'un moyen commode pour fixer le poids relatif des molécules.

Comparons volumes égaux de chlore et d'hydrogène : nous trouverons que le volume de chlore pèse 35,5 fois plus que le volume d'hydrogène; et, comme les deux gaz renferment le même nombre de molécules, nous pourrons en inférer que la molécule de chlore à elle seule pèse autant que 35,5 molécules d'hydrogène réunies.

Mais, nous verrons plus loin que la molécule d'hydrogène est formée de deux atomes. Un atome d'hydrogène pèse donc la moitié moins qu'une molécule du même élément; et, puisqu'il faut 35,5 molécules d'hydrogène pour égaler en poids 1 molécule de chlore, nous pouvons dire qu'une molécule de chlore pèse autant que 71 atomes d'hydrogène. Comme, ordinairement, on rapporte les poids moléculaires aussi bien que les poids atomiques au poids de l'atome d'hydrogène pris pour unité, nous dirons que le poids moléculaire du chlore est 71.

Ainsi, pour obtenir le poids moléculaire d'une substance simple ou composée, on prend sa densité de vapeur par rapport à l'hydrogène et l'on multiplie par deux le rapport obtenu.

La plupart du temps, on détermine les densités de vapeurs par rapport à l'air. Il faut alors les rapporter par le calcul à l'hydrogène, ce qui est facile, sachant que l'hydrogène est 14,435 fois plus léger que l'air. Il suffit de multiplier la densité trouvée par 14,435 et de doubler le produit pour obtenir le poids moléculaire cherché.

Quand les corps ne sont pas susceptibles de se réduire en vapeurs, la détermination de leur poids moléculaire est plus incertaine. Généralement, on détermine chimiquement quelle est la quantité du corps qui joue le même rôle chimique qu'un poids d'un autre corps de fonction analogue correspondant au poids moléculaire de ce dernier. S'il s'agit, par exemple, de connaître le poids moléculaire de l'acide stéarique, on compare ce corps à un composé semblable par ses propriétés dont le poids moléculaire peut être déterminé par la méthode ordinaire, l'acide acétique. On sait que le poids moléculaire de l'acide acétique est 60, et que 60 parties de ce corps neutralisent 56 parties de potasse. Pour neutraliser la même quantité de potasse il faut employer 284 parties d'acide stéarique; donc 284 représente le poids d'une molécule de ce dernier acide.

Si nous prenons pour unité de volume gazeux le volume de la quantité d'hydrogène dont le poids correspond à notre unité pondérale, il est clair que le poids du même volume d'un corps gazeux quelconque représentera la densité de vapeur de

ce corps relativement à l'hydrogène, et par conséquent la moitié de son poids moléculaire. Il suffira donc, pour avoir le poids moléculaire d'un corps, de multiplier
par deux le poids d'un volume de sa vapeur. C'est ce qu'on exprime généralement
en disant : *Le poids moléculaire d'un corps quelconque est égal au poids de 2 volumes de sa*
vapeur, ou encore : *les poids moléculaires de tous les corps correspondent à 2 volumes de*
vapeur.

Nous avons dit plus haut que certains corps font exception à la loi d'Ampère.
La molécule de l'acide sulfurique, du chlorhydrate d'ammoniaque et du perchlorure
de phosphore, par exemple, correspondent non à 2 mais à 4 volumes de vapeurs.

Il est probable que cette exception n'existe qu'en apparence. Beaucoup de chimistes admettent que, dans le cas dont il s'agit, *il y a dissociation*, ou, en d'autres
termes, que les corps, dont les densités de vapeurs paraissent anomales, se décomposent en deux autres occupant chacun le volume qu'occuperait le corps primitif
s'il n'était pas dissocié, c'est-à-dire 2 volumes. Les deux corps réunis occupent
donc, dans cette hypothèse, un volume double de celui qu'on serait en droit
d'attendre, si tout se passait d'une façon ordinaire. Il suffit ensuite que les deux
corps dissociés à chaud se recombinent à froid pour que l'opérateur ne s'aperçoive
de rien et croie à une densité anomale.

Prenons comme exemple le chlorhydrate d'ammoniaque $AzH^3.HCl$. Si ce corps
ne se dissociait pas, sa vapeur occuperait 2 volumes, mais, comme il se dissocie en
acide chlorhydrique HCl qui occupe 2 volumes et en ammoniaque AzH^3 qui en
occupe aussi 2, le mélange en occupe 4. En se refroidissant, les deux gaz séparés se
réunissent, l'opérateur retrouve du chlorhydrate d'ammoniaque dans son ballon,
et, comme la dissociation ne s'est pas manifestée à lui, il croit à tort que la densité du chlorhydrate d'ammoniaque correspond à 4 volumes, tandis qu'en fait, il
n'a point pris la densité de ce corps, mais celle d'un mélange à volume égal d'acide
chlorhydrique et d'ammoniaque.

On a beaucoup discuté sur la loi d'Ampère. M. Deville s'est efforcé de la
ruiner par des expériences fort ingénieuses; M. Pébal, M. Thann, M. Wurtz,
M. Lieben ont, au contraire, fait des expériences et donné des arguments en sa
faveur. Nous ne pouvons entrer dans les détails de cette discussion. Nous nous
bornerons à dire que son objet est moins important qu'on ne pense généralement.
Il ne s'agit pas, en effet, de savoir si, en réalité, à égal volume, les corps renferment ou non un nombre égal de molécules ; ce serait oiseux. Il s'agit de savoir
si le poids moléculaire peut ou non nous être toujours donné par la densité de
vapeurs. Il est évident que non, puisque, dans certains cas, les densités de vapeurs
conduisent à un poids moléculaire trop faible, soit qu'il y ait eu dissociation, soit
qu'il existe en effet des corps qui correspondent à 4 volumes, c'est-à-dire qui renferment, sous le même volume gazeux, la moitié moins de molécules que les autres.
Il faut donc, de toute nécessité, des moyens de contrôle chimique qui permettent
de vérifier si les poids moléculaires, obtenus comme nous l'avons dit plus haut,
sont exacts ou non. Et, dès lors, nous le répétons, les discussions relatives à
la vérité absolue de la loi d'Ampère n'ont plus aucun intérêt, si l'on se place à un
point de vue vraiment positif.

Ce moyen de contrôle chimique est très-simple et se base sur la loi des substitutions. La densité des vapeurs peut quelquefois, avons-nous dit, ne pas conduire
au poids moléculaire réel d'un corps. Mais toujours elle conduit à un nombre qui
est en rapport simple avec ce dernier; elle donne un poids moléculaire deux fois,
et, s'il faut en croire M. Deville, 3 fois, 4 fois et même 6 fois plus faible que le poids
moléculaire réel ; 1, 2, 3, 4, 6 sont entre eux dans un rapport très-simple.

Partant de là, on détermine le poids moléculaire d'un corps par sa densité de vapeurs. Le nombre obtenu est le poids réel du corps — ce qui est le cas général, — ou un sous-multiple exact de ce corps. (Je dis sous-multiple exact, parce qu'il n'y a pas d'exemple où l'on soit tombé sur un multiple.) On établit la formule d'après le nombre trouvé, en le considérant provisoirement comme vrai, et l'on voit combien elle renferme d'atomes d'un élément donné, d'hydrogène, je suppose. Admettons qu'elle en renferme deux. Comme l'atome est la plus petite quantité d'un corps qui puisse se transporter d'une combinaison dans une autre, puisqu'il est indivisible par les moyens chimiques, il est clair qu'on ne peut pas, dans une molécule, remplacer moins d'un atome d'un corps par un autre. Si donc le composé donné renferme 2 atomes d'hydrogène, cet élément pourra y être remplacé en totalité ou par moitié, jamais par quarts ou par tiers. Si, au contraire, la formule réelle est double, triple, quadruple, etc., de celle qu'a fournie la densité de vapeur, les atomes d'hydrogène s'élèvent de 2 à 4, à 6 et à 8. Dans ce cas, cet élément doit être remplaçable par quarts, par sixièmes ou par huitièmes. On fait l'expérience. Si l'on ne parvient à remplacer l'hydrogène que par moitié, la formule qu'on vérifie est exacte, sinon on la double, on la triple ou on la quadruple suivant les circonstances.

Prenons des exemples. La densité du gaz des marais conduit au poids moléculaire 16 et à la formule CH^4. L'hydrogène, dans ce gaz, est remplaçable par quarts et jamais par fractions inférieures. Le gaz des marais renferme donc 4 atomes d'hydrogène, et sa formule ainsi que son poids moléculaire, tels qu'ils ont été déduits de sa densité, sont exacts.

Par contre, la densité de vapeurs du chlorhydrate d'éthylène-diamine conduit au poids moléculaire 64,5 et à la formule $CAzH^4Cl$. Mais l'hydrogène y est remplaçable par huitièmes. Le chlorhydrate d'éthylène-diamine en renferme donc 8 atomes, et la formule précédente doit être doublée. La formule vraie est $C^2H^8Az^2Cl^2$, le poids moléculaire est 129 (en réalité, on n'a pas encore déterminé la densité de vapeurs du chlorhydrate d'éthylène-diamine. Mais l'exemple est simple, et, d'après tout ce que nous savons des sels ammoniacaux, il est à peu près certain que, si on la déterminait, les choses se passeraient comme nous venons de le dire).

Poids atomiques. — Le poids atomique d'un corps est le poids de l'atome de ce corps comparé à l'atome d'hydrogène pris pour unité. Deux méthodes peuvent servir à le déterminer. L'une est fondée sur ce fait que l'atome est la plus petite quantité d'un corps qui puisse entrer en réaction, l'autre est fondée sur les chaleurs spécifiques.

Première méthode. Pour connaître le poids atomique d'un élément, on fixe d'abord le poids moléculaire du corps en liberté, si c'est possible, et d'un grand nombre de ses combinaisons. On détermine aussi la composition de ces dernières. Le plus grand nombre qui divise exactement les poids du corps simple contenus soit dans sa molécule libre, soit dans celle de ses divers composés, représente son poids atomique. Une molécule, en effet, ne peut contenir qu'un nombre entier d'atomes ; et le poids d'un nombre quelconque d'atomes est nécessairement toujours susceptible d'être divisé par le poids d'un seul.

Prenons comme exemple la détermination du poids atomique de l'hydrogène, pour justifier ce que nous avons dit, à savoir que sa molécule renferme 2 atomes.

Si nous considérons les acides chlorhydrique, bromhydrique, iodhydrique, cyanhydrique, sulfhydrique, tellurhydrique; l'eau, l'ammoniaque, l'hydrogène phosphoré, l'hydrogène arsénié, l'éthylène, l'acide propionique, l'alcool, l'éther; et si nous apportons provisoirement les poids moléculaires à la molécule d'hydrogène, en attendant de connaître le poids atomique de ce corps, nous trouvons que les molécules de tous ces composés pèsent respectivement : 18,25 — 40,50 — 64,00 — 13,5 — 7 — 40,75 — 65,5 — 9 — 8,5 — 17 — 39 — 14 — 37 — 23 — 37, et que les quantités d'hydrogène contenues dans leurs molécules respectives sont 1/2, 1/2, 1/2, 1/2, 1, 1, 1, 3/2, 3/2, 3/2, 2, 3, 3, 5. Le plus grand commun diviseur de 1/2, 1, 3/2, 2, 3, étant 1/2, 1/2 représente le poids atomique de l'hydrogène. Dire que l'atome d'hydrogène pèse 1/2, sa molécule étant prise pour unité, c'est dire que celle-ci enferme deux atomes. Si donc nous prenons l'atome d'hydrogène pour unité de poids atomiques et moléculaires, la molécule d'hydrogène libre pèse 2 et les poids moléculaires donnés plus haut deviennent 36,5 — 81 — 128 — 27 — 34 — 81,50 — 31 — 18 — 17 — 34 — 78 — 28 — 74 — 46 — 74. En effet, l'unité de poids devenant plus faible de moitié, chaque poids doit être exprimé par un nombre double, tout comme si, par exemple, nous prenions la pièce de cinquante centimes pour unité monétaire, notre pièce de 20 francs qui vaut 20 de nos unités actuelles en vaudrait 40.

Deuxième méthode. Cette deuxième méthode ne conduit pas au nombre exact. Mais, comme le poids atomique d'un corps est nécessairement égal à son équivalent déterminé par l'analyse ou à un multiple de son équivalent, il suffit d'avoir une méthode qui permette de choisir entre les divers multiples possibles. C'est ce que l'on obtient au moyen des chaleurs spécifiques, au moins pour les corps solides.

Les chaleurs spécifiques des corps simples pris à l'état solide, multipliées par les poids atomiques de ces mêmes éléments, donnent des produits très-rapprochés dont la moyenne est 6,66.

Soit à connaître le poids atomique d'un élément, on en détermine d'abord la chaleur spécifique, et ensuite l'on raisonne ainsi :

Si nous connaissions le poids atomique que nous cherchons, ce poids, multiplié par la chaleur spécifique que nous connaissons, donnerait sensiblement 6,666. 6,666 est donc le produit de deux facteurs, dont l'un connu, la chaleur spécifique, et l'autre inconnu, le poids atomique. Or, quand on a un produit de deux facteurs et un de ces facteurs, il suffit de diviser par le facteur connu pour obtenir l'autre facteur sous forme de quotient. En divisant 6,666 par la chaleur spécifique, nous obtiendrons donc le poids atomique ; ou, tout au moins, puisque 6,666 n'est qu'une moyenne, le poids atomique approché, qui nous permettra de choisir entre l'équivalent et ses divers multiples.

Par exemple, l'équivalent de l'argent est 108. Son poids atomique peut donc être 108, 216, 324, 432, 540..., etc. Mais, en divisant 6,666 par la chaleur spécifique de ce métal 0,05701, on obtient 117. 117 se rapprochant plus de 108 que de tous ses multiples, c'est 108 qui représente le poids atomique de l'argent. Nous ferons connaître les poids atomiques des divers corps à l'article *Éléments* (voyez ce mot).

Atomicité. — On désigne sous le nom d'atomicité la capacité de saturation des atomes.

On sait que 1 atome de chlore se combine avec 1 atome d'hydrogène.

1 atome d'oxygène	—	2 atomes d'hydrogène.
1 atome de bore	—	3 atomes d'hydrogène ou avec 5 atomes d'hydrogène et de chlore réunis.
1 atome de carbone	—	4 atomes d'hydrogène.
1 atome d'azote	—	5 atomes de chlore analogue à l'hydrogène.

On exprime ce fait en disant que la capacité de saturation ou l'*atomicité* du chlore, de l'oxygène, du bore, du carbone et de l'azote est respectivement 1, 2, 3, 4 et 5.

L'exemple de l'azote prouve en outre qu'un même corps peut fonctionner avec une atomicité plus ou moins élevée. Ainsi l'azote est pentatomique dans le chlorhydrate d'ammoniaque Az.H⁴Cl, et seulement triatomique dans l'ammoniaque Az.H³.

On a cru longtemps qu'un corps dont l'atomicité maxima était paire ne pouvait jamais fonctionner avec une atomicité impaire, et réciproquement. Mais les exemples de l'azote et du mercure prouvent le contraire. L'azote est, en effet, diatomique dans le bioxyde d'azote AzO quoique triatomique dans l'ammoniaque, et le mercure qui est diatomique dans ses composés au maximum n'en est pas moins monoatomique dans ses composés au minimum.

On réserve généralement le nom d'*atomicité* à l'atomicité absolue et l'on donne le nom de *quantivalence* à la capacité de saturation actuelle. Ainsi, l'on dit que l'azote est pentatomique, puisque sa capacité de saturation la plus élevée est égale à 5, et qu'il est *pentavalent* dans le chlorhydrate d'ammoniaque, trivalent dans l'ammoniaque et bivalent dans le bioxyde d'azote.

Disons cependant tout de suite que les derniers travaux chimiques semblent reculer indéfiniment pour tous les corps l'*atomicité absolue* et ne laisser subsister en fait qu'une série de *quantivalences*.

Ainsi comprise, l'atomicité semble se confondre avec la loi des proportions multiples. Au fond, elle a apporté cependant deux idées de plus.

Même en admettant que l'atomicité absolue soit une chimère, il y a des quantivalences plus ordinaires que d'autres pour certains corps. C'est ainsi que les quantivalences 3 et 5 sont typiques pour tous les éléments de la famille de l'azote (phosphore, arsenic, antimoine, bismuth et uranium).

En outre, avec l'idée de l'atomicité, s'est introduite dans la science cette conception féconde que les corps polyatomiques peuvent se saturer réciproquement eux-mêmes.

Par exemple, le carbone, étant ordinairement tétravalent comme l'indique le

$$-\overset{|}{\underset{|}{C}}-,$$ où nous figurons quatre centres d'attraction; on admet aujourd'hui qu'il

peut se saturer en partie lui-même et constituer des groupes C², C³, C⁴, respectivement hexavalents, octovalents et dékavalents, comme se montrent les symboles :

Hexavalent.　　　　Octovalent.　　　　Dékavalent.

Cette conception a permis de systématiser tous les faits connus en chimie organique. C'est à elle qu'on doit la théorie des hydrocarbures, des alcools, des acides, etc..., etc.

Elle fait aussi entrevoir comme possible la production de corps parallèles aux composés organiques, mais dans lesquels le carbone serait remplacé par un autre élément tétravalent; et elle a conduit ainsi MM. Friedel et Ladenburg à la découverte de ces composés du silicium, dont l'ensemble peut être nommé à bon droit chimie organique du *silicium*.

Là se borne ce que nous pouvons dire ici sur la théorie atomique. Le lecteur fera bien de compléter ces notions en recourant aux articles *Équivalents, Acides, Alcools* et *Notation*.　　　　　　　　　　　　　　　A. NAQUET.

ATTRACTION. — On désigne habituellement, en physique ou en mécanique, par le mot d'*attraction*, toute force en vertu de laquelle deux masses matérielles éprouvent une tendance mutuelle à se rapprocher l'une de l'autre, ou bien se rapprochent en effet, si toutefois cette tendance au mouvement, si ce mouvement même n'est pas produit par l'impulsion, la pression d'un milieu interposé, ou par tout autre mode connu de communication de mouvement.

Existe-t-il, en réalité, des forces susceptibles d'un tel genre d'action? C'est là une question très-grave, qui se complique de plus d'un genre de difficultés, et, en premier lieu, de celle que soulève la notion même de *force*, dès que, sous ce dernier mot, on cherche à comprendre autre chose que l'effet mesurable d'une cause supposée. Même en se débarrassant de cette dernière préoccupation et des discussions métaphysiques auxquelles elle mènerait nécessairement, il reste à savoir si l'attraction, considérée non plus comme une force, mais comme un simple phénomène de mouvement, comme un mode particulier de communication de mouvement, doit être admise dans la science à titre de fait parfaitement établi et irréductible, ou s'il y a lieu seulement de la considérer comme l'expression d'une série de phénomènes dont les rapports avec les autres phénomènes physiques, restant à l'état de problème, doivent un jour être déterminés par les progrès ultérieurs des sciences physiques. Nous croyons, pour des raisons multiples, et notamment par principe de méthode, que c'est à ce dernier titre seul que l'attraction doit être actuellement envisagée dans la science, et c'est ce que nous allons essayer d'établir.

Commençons par énumérer les divers phénomènes naturels qu'on a cru, tant autrefois qu'aujourd'hui, devoir ranger sous cette dénomination commune.

Dans l'ancienne physique, on attribuait à des forces attractives les mouvements qui ont la pression atmosphérique pour cause, comme l'ascension de l'eau dans les pompes, celle de la fumée dans les tuyaux de cheminée, des vapeurs dans l'air; dans l'ignorance où l'on était alors des liaisons mécaniques qui rattachaient ces phénomènes à la pesanteur, on imaginait, pour en rendre compte, une force, puissance ou cause occulte, qu'on caractérisait par le nom d'attraction, comme si le mouvement avait lieu par l'intermédiaire d'un lien invisible. C'était là une erreur, que les premiers progrès de la physique expérimentale eurent bientôt dissipée.

Le mouvement des corps graves selon la verticale, les phénomènes anciennement connus d'attraction électrique ou magnétique étaient aussi de ceux auxquels les anciens physiciens assignaient pour cause l'existence d'une ou plusieurs forces attractives, ne donnant d'ailleurs aucune signification bien déterminée à ces causes de mouvements dont les lois n'étaient pas même entrevues.

Peu à peu cependant, à mesure que s'approchait l'époque où la mécanique allait se constituer sur des principes rigoureux, et la physique sur des expériences bien définies, la notion d'une attraction analogue à la pesanteur et s'exerçant à des distances considérables, telles que les distances célestes, se fit jour, et Képler put écrire ces lignes qui préludaient à la grande découverte de Newton : « La gravité n'est qu'une affection corporelle et mutuelle entre les corps, par laquelle ils tendent à s'unir. La pesanteur des corps n'est point dirigée vers le centre du monde, mais vers celui du corps rond dont ils font partie; et si la terre n'était pas sphérique, les graves placés sur les divers points de sa surface, ne tomberaient point vers un même centre. Deux corps isolés se porteraient l'un vers l'autre, comme deux aimants, en parcourant pour se joindre des espaces réciproques à leurs masses. Si la terre et la lune n'étaient pas retenues à la distance qui les sépare, par une force animale, ou par quelque autre force équivalente, elles tomberaient l'une sur l'autre, la lune faisant les $^{53}/_{54}$ du chemin, et la terre faisant le reste, en les supposant

également denses. Si la terre cessait d'attirer les eaux de l'Océan, elles se porteraient sur la lune, en vertu de la force attractive de cet astre. Cette force qui
s'étend jusqu'à la terre, y produit les phénomènes du flux et du reflux de la mer. »

Ce qui fait la supériorité immense de Newton sur ses devanciers (parmi lesquels
il faut citer Hooke qui trouva, peu de temps avant Newton, la loi de variation
selon la distance de l'intensité de l'attraction), c'est que ce grand génie réduisit à
un principe unique toutes les circonstances des mouvements des corps célestes, et
parvint à identifier ce principe avec la cause des phénomènes de pesanteur à la
surface de la terre. On verra tout à l'heure quelle idée il attachait lui-même à cette
expression d'attraction et quelles réserves il faisait au sujet des interprétations
dont elle est susceptible.

Pour distinguer les phénomènes d'attraction qui se manifestent dans les corps
célestes, des faits plus particuliers qu'on peut grouper sous cette dénomination
commune, il est bon d'employer pour les premiers le mot de *gravitation* qui s'entend
de l'attraction exercée à des distances généralement grandes, telles que les distances des astres, bien qu'elle soit considérée comme une loi universelle de la matière régissant aussi bien les molécules isolées que les masses des astres et leurs
systèmes. Cette expression a, d'ailleurs et surtout, l'avantage de ne rien préjuger
sur la nature de la force : elle ne fait que traduire un fait reconnu et démontré,
celui de l'identité de la cause du mouvement des corps célestes et de la gravité ou
pesanteur sur le globe terrestre. Nous renverrons au mot *Gravitation* pour montrer
comment les lois de Képler et la loi de l'attraction universelle sont des conséquences mutuelles les unes des autres; nous ferons voir alors par quelle série
d'inductions, Newton est arrivé à poser successivement, comme autant de vérités
mathématiques, les propositions suivantes :

Que la force qui retient les planètes dans leurs orbites autour du Soleil, et les
satellites dans les orbites qu'ils décrivent autour de leurs planètes respectives, est
dirigée constamment vers le foyer même de chacune de ces orbites ;

Que l'intensité de cette force varie en raison inverse du carré de la distance;
qu'elle est la même d'une planète à l'autre, de sorte que l'attraction solaire s'exer-
cerait avec une égale puissance sur les diverses planètes, si leurs distances au foyer
commun étaient égales; d'où la conséquence que l'attraction est proportionnelle
aux masses ;

Qu'en vertu du principe d'égalité entre l'action et la réaction, les planètes
attirent le Soleil et sont attirées elles-mêmes par leurs satellites ;

Qu'en appliquant ces principes au mouvement de la Lune autour de la Terre, on
trouve que la force avec laquelle notre planète retient son satellite dans son orbite
n'est autre que la pesanteur ou gravité, réduite dans le rapport inverse du carré
des distances, et qu'ainsi il y a identité entre la pesanteur et la force générale qui
régit les mouvements de tous les corps du monde solaire;

D'autre part, la forme ellipsoïdale des astres se trouve être la conséquence de
leurs mouvements de rotation joints à ce principe que l'attraction réciproque aux
carrés des distances est particulière à chacune des molécules de leurs masses.

Nous l'avons dit à l'article *Astronomie :* toutes les particularités des mouvements
de rotation et de translation des corps célestes et leurs perturbations réciproques,
sont autant de conséquences rigoureuses de la loi d'attraction qu'on peut énoncer
en ces termes simples :

Deux molécules quelconques de matière, deux points matériels s'attirent en raison directe
de leurs masses et en raison inverse des carrés de leurs mutuelles distances;

L'universalité de cette loi ne paraît pas douteuse; non-seulement elle s'applique aux comètes dont les orbites sont, comme les orbites planétaires, des courbes du second degré ou des sections coniques; mais il paraît certain que les astres situés à des distances considérables de notre système, et en dehors de son action particulière, tels que les systèmes d'étoiles doubles, suivent, dans leurs mouvements, des lois pareilles à celles que nous venons d'énoncer.

D'autre part, les corps situés à la surface de la Terre, dont les actions mutuelles sont en général comme infiniment petites devant l'action prépondérante de la masse du globe terrestre, exercent les uns sur les autres une attraction réciproque identique avec la gravitation. C'est ce qu'ont démontré avec évidence les expériences relatives à la déviation du fil à plomb dans le voisinage des hautes montagnes ou aux oscillations du pendule à leurs sommets; l'attraction réciproque de masses beaucoup plus petites a été pareillement mise hors de doute par l'expérience célèbre imaginée par J. Michell et réalisée par Cavendish, et plus tard par Reich.

Voilà donc une force attractive qui paraît exister, ou dont les effets se manifestent partout où existent des molécules matérielles. Est-ce une loi primordiale de la matière, ou bien cette attraction générale, universelle pour mieux dire, n'est-elle, elle-même, que l'effet d'une cause supérieure? C'est une question que nous examinerons plus loin. Continuons auparavant l'énumération des phénomènes que l'on considère comme produits par des forces attractives analogues à la pesanteur.

On range, en physique, sous la rubrique d'attraction moléculaire, la série des phénomènes de cohésion, de capillarité, qui paraissent dus à l'action réciproque des molécules solides ou liquides, à de très-petites distances, et dont la loi est encore peu connue. C'est la même force, sans doute, dont l'action, en se combinant avec le mouvement contraire provoqué par les changements de température, maintient les corps à l'état solide et à l'état liquide, et qui, vaincue par la prépondérance de la chaleur, les laisse passer à l'état de vapeur ou de gaz. Dans les phénomènes d'attraction moléculaire, la force varie déjà d'intensité selon la nature des corps en présence; tandis que l'attraction universelle ou gravitation présente un caractère absolu de constance, qui fait que son intensité dépend uniquement de la distance et des masses, nullement de la nature physique ou chimique des corps entre lesquels elle s'exerce. L'affinité chimique est une forme plus spéciale encore de la force attractive, puisqu'elle varie particulièrement selon l'espèce des molécules en présence, ce qui lui a valu la dénomination d'affinité élective. Les phénomènes de mouvement qui sont le produit de ce mode d'attraction restent encore fort obscurs, et tout ce qu'on a pu faire, c'est de mesurer l'énergie de l'affinité dans quelques cas particuliers. Enfin, pour achever cette énumération sommaire des phénomènes qu'on peut rattacher à des forces attractives, il y aurait encore lieu de considérer les phénomènes électriques et magnétiques : là l'attraction s'exerce à des distances sensibles, comme la gravitation ; la loi de sa variation est aussi la même, puisque son intensité décroît dans le même rapport que croissent les carrés des distances; mais elle paraît différer profondément de la gravitation en deux points fondamentaux; l'attraction électrique ne dépend pas de la masse des corps en présence; et de plus, elle offre ce caractère de polarité qui change l'attraction en une répulsion suivant les mêmes lois, quand changent les conditions du mouvement.

Abordons maintenant la question de la nature de l'attraction, et voyons d'abord à quel point de vue cette question fut envisagée par celui même qui en découvrit les lois, et qui introduisit dans la science, avec une netteté et une rigueur mathématiques, la notion d'une force attractive générale régissant tous les phénomènes de mouvements des corps célestes.

Newton s'exprime ainsi, relativement à la nature de l'attraction, dans son immortel ouvrage ,des *Principes mathématiques de la Philosophie naturelle* : « J'ai expliqué jusqu'ici les phénomènes célestes et ceux de la mer, par la force de la gravitation ; mais je n'ai nulle part assigné la cause de cette gravitation. Cette force vient de quelque cause qui pénètre jusqu'au centre du soleil et des planètes, sans rien perdre de son activité; elle agit selon la quantité de la matière, et son action s'étend de toutes parts à des distances immenses en décroissant toujours dans la raison doublée des distances. Mais je n'ai pu encore déduire des phénomènes la raison de cette propriété de la gravité, et je n'imagine point d'hypothèses. Tout ce qui, en effet, ne peut être déduit des phénomènes doit être considéré comme une hypothèse; et les hypothèses, soit métaphysiques, soit physiques, soit mécaniques, comme celles relatives aux causes occultes, n'ont pas de place dans la philosophie expérimentale. Dans cette philosophie, les propositions se tirent des phénomènes par la déduction, et sont généralisées par l'induction. C'est ainsi qu'ont été reconnues l'impénétrabilité, la mobilité, et le choc des corps, ainsi que les lois de leurs mouvements et de la gravité. Et c'est assez que la gravité existe avec évidence, qu'elle agisse selon les lois que nous avons exposées, et qu'elle rende compte des mouvements des corps célestes et de ceux de la mer. »

On remarquera que, dans ce passage, Newton n'emploie pas le mot d'*attraction ;* la gravité, la gravitation sont les termes par lesquels il désigne la force, la cause inconnue des mouvements que son génie a su ramener à l'identité d'origine. C'eût été, en effet, être infidèle lui-même aux règles sévères de la méthode expérimentale par lesquelles il condamne toute hypothèse qui n'est pas une conséquence nécessaire des phénomènes. Aussi, quand, dans son *Optique,* l'idée de l'attraction lui revient avec le mot, pour rendre compte des lois de la lumière, et qu'il essaie d'en généraliser l'application aux phénomènes d'affinité chimique, de cohésion moléculaire aussi bien qu'aux mouvements célestes eux-mêmes, a-t-il soin d'excuser cette généralisation hardie en faisant, comme nous l'avons dit plus haut, ses réserves sur le sens qu'il faut attacher à cette hypothèse. « Je n'examine point, dit-il, quelle peut être la cause de ces attractions : ce que j'appelle ici *attraction* peut être produit par impulsion ou par d'autres moyens qui me sont inconnus. Je n'emploie ici ce mot d'attraction que pour signifier en général une force quelconque, par laquelle les corps tendent réciproquement les uns vers les autres, quelle qu'en soit la cause : car c'est des phénomènes de la nature que nous devons apprendre quels corps s'attirent réciproquement, et quelles sont les lois et les propriétés de cette attraction, avant que de rechercher quelle est la cause qui la produit [1]. »

Ce qui explique, du reste, cette réserve, outre la sagesse d'un esprit habitué à la rigueur des spéculations mathématiques, c'est qu'à l'époque où Newton produisit sa grande synthèse en posant les bases de la mécanique céleste, les hypothèses cartésiennes étaient toutes-puissantes. On admettait le plein absolu, tout mouvement n'avait d'autre raison que l'impulsion; et l'idée d'attraction à distance, à travers le vide de l'espace, devait apparaître comme une restauration des *causes occultes,* que partout la science s'attachait à proscrire. Plus tard, quand la philosophie newtonienne se répandit en Europe, ses plus illustres partisans sentirent

1. Dans une de ses lettres au Dr Bentley, les réserves de Newton sur l'attraction à distance s'accentuent davantage : « Il est insoutenable, dit-il, que la matière inerte puisse exercer une action autrement que par le contact; que la pesanteur soit une qualité innée, inhérente, essentielle aux corps, qui leur permette d'agir les uns sur les autres au loin, à travers le vide, sans qu'un intermédiaire quelconque serve à la transmission de cette force, cela me paraît d'une absurdité si énorme, qu'elle ne saurait, à mon sens, être admise par personne capable de réflexion philosophique sérieuse. »

en qu'il y avait là un point faible, difficile à défendre; mais ils ne pouvaient se fuser à admettre les effets d'une force par cela seul que la vraie nature en restait ujours cachée. Ne voyaient-ils pas une foule de phénomènes s'expliquer et se lculer mathématiquement dans la théorie nouvelle, qui aida même à en découvrir 1e l'observation n'avait pu constater jusque-là? D'Alembert repousse la qualifica- n de cause occulte que les adversaires des idées de Newton donnaient à l'attrac- n; mais toute son argumentation consiste à distinguer les effets connus d'une use dont la nature reste inconnue, et à dire que les lois des phénomènes sont celles 1e produirait l'attraction à distance, qu'en un mot les choses se passent, *comme si ttraction existait* effectivement. « Il est certain, dit-il, que, dans un grand nombre phénomènes, les philosophes ne reconnaissent point d'autre action que celle qui produite par l'impulsion et le contact immédiat; mais nous voyons dans la nature usieurs effets sans y remarquer d'impulsion: souvent même, nous sommes en at de prouver que toutes les explications qu'on peut donner de ces effets, par le oyen des lois connues de l'impulsion, sont chimériques et contraires aux prin- pes de la mécanique la plus simple. Rien n'est donc plus conforme à la vraie ilosophie que de suspendre notre jugement sur la nature de la force qui produit s effets. Partout où il y a un effet, nous pouvons conclure qu'il y a une cause, it que nous la voyions, ou que nous ne la voyions pas. Mais quand la cause est connue, nous pouvons considérer simplement l'effet, sans avoir égard à la cause, c'est même à quoi il semble qu'un philosophe doit se borner en pareil cas: car, un côté, ce serait laisser un grand vide dans l'histoire de la nature que de nous spenser d'examiner un grand nombre de phénomènes sous prétexte que nous en 1orons la cause; et de l'autre, ce serait nous exposer à faire un roman que de uloir raisonner sur des causes qui nous sont inconnues. Les phénomènes de ttraction sont donc la matière des recherches physiques... »

Aujourd'hui, comme au temps de d'Alembert, malgré les progrès immenses 'ont réalisés les sciences mathématiques et physiques, les difficultés que soulève ypothèse d'une force agissant à distance, s'exerçant de molécule à molécule, stent sans solution. Qu'est-ce que cette puissance mystérieuse, cette vertu secrète i semble avoir son siége dans chaque atome de matière ou plutôt qui se confond ec celui-ci, dont l'intensité varie par le fait seul du mouvement, du rapproche- ent ou de l'éloignement d'un atome doué de la même propriété? Évidemment, il a là une hypothèse incompréhensible, un inconnu qui nous échappe et dont nous manderions en vain la clef à la seule raison, aux pures spéculations métaphy- ques. Mais si nous ne sommes guère plus avancés, quant au fond de la question, 'il y a un siècle, du moins la position du problème a fait un pas décisif. D'abord, ne cherche plus l'essence des choses, l'en soi des phénomènes: on n'a plus cette ndance, qui trop longtemps a régné dans les sciences physiques, d'imaginer une tité, un fluide pour chaque catégorie de phénomènes; si l'on parle encore d'agents ysiques, de calorique, de lumière, de fluide électrique ou magnétique, c'est par e nécessité ou plutôt une habitude de langage. On sait maintenant que sous ces nominations, il n'y a que des modes variés du mouvement de la matière. Ces odes ne sont pas tous connus au même degré; mais déjà l'on a établi les rapports i lient plusieurs d'entre eux, et l'on connaît les lois de leur transformation réci- oque; la physique apparaît comme un vaste problème de mécanique, où les phéno- ènes les plus singuliers trouvent leur explication dans des considérations de sta- que et de dynamique moléculaire. Relativement donc à l'attraction ou **gravitation**, s'agit de savoir si cette force peut se rattacher aux autres forces physiques, à la aleur, à l'électricité, etc. Tant qu'elle restera isolée, si générale soit-elle, elle ne constituera qu'une théorie incomplète et à un certain point de vue irrationnelle. Aujourd'hui la solution du problème est entrevue. On est arrivé à considérer assez nettement la gravitation comme une conséquence des mouvements de l'éther. Mais à supposer l'hypothèse, dont nous parlerons plus loin, démontrée, s'appliquera-t-elle à toutes les forces attractives, à l'attraction moléculaire, à l'affinité, en un mot à tous ces modes de mouvements qui, tendant à rapprocher les molécules de la matière, semblent tous opposés à la force répulsive, à la chaleur? S'il y a analogie entre les forces, y a-t-il identité? Est-ce la gravité qui, variant selon la loi inverse des carrés, quand la distance est considérable ou même simplement sensible, suit une loi différente aux distances très-petites et brusquement par exemple décroît en raison inverse du cube ou même d'une puissance supérieure [1]? Là se présente une question que nous nous gardons d'effleurer; elle touche à la métaphysique: y a-t-il lieu de distinguer les forces d'après leur nature; deux forces ne sont-elles pas nécessairement identiques, dès que, dans les mêmes circonstances, les mouvements produits sont pareils; ne sont-elles pas différentes, ou du moins ne faut-il pas les considérer comme telles, dès que les mouvements varient?

Avant de dire en quoi consistent les hypothèses sur la cause de l'attraction, ou mieux sur sa corrélation avec les autres modes de mouvement ou les autres forces physiques, insistons sur la difficulté que les théories modernes de physique mathématique opposent à la conception d'une action à distance et de la variation de l'intensité de cette action par le simple changement de la distance des molécules qui s'attirent. Nous avons vu quelles réserves Newton lui-même a faites à ce sujet. Arrivons aux objections d'un des premiers physiciens de notre siècle, de Faraday.

Dans une leçon sur la *conservation de la force*, l'illustre savant anglais a attaqué la notion d'une force attractive telle qu'on a conçu jusqu'ici la gravitation, avec une vigueur impitoyable, en faisant voir que cette notion est en contradiction absolue avec le principe de la conservation de la force. « Si l'on admet ce principe, si admirablement mis en évidence par la théorie moderne de la thermodynamique, dit-il, il est absurde de considérer la définition de la gravité comme une définition complète et adéquate de cette force ou puissance; car, en considérant deux molécules isolées, situées à une distance déterminée. dans l'espace libre, et douées, par la définition, d'une force qui les fait graviter l'une vers l'autre, comment expliquer l'accroissement d'intensité qui résulte de leur seul rapprochement; comment expliquer la diminution d'intensité qui résulterait d'une simple augmentation de distance? Dans le premier cas, où les molécules prennent-elles cette nouvelle puissance, et dans le second cas, que devient la force disparue? Tant que cette création de force, tant que cette annihilation de force me pourra être expliquée, on sera en droit de considérer l'hypothèse de l'attraction, sinon comme fausse, du moins comme insuffisante, et sa définition sinon comme erronée, du moins comme absolument insuffisante. »

[1]. Le poids d'un corps mesure l'intensité de l'action de la gravité sur sa masse. Or, pour montrer combien la cohésion moléculaire l'emporte en puissance sur la gravité, il suffit de considérer qu'un fil de fer, par exemple, ne pourrait rompre sous son propre poids que si sa longueur atteignait de 6 à 8 kilomètres; les molécules de la section suivant laquelle se ferait la rupture sont donc retenues entre elles par une attraction au contact dont l'intensité dépasse énormément celle de la gravité terrestre. La force avec laquelle sont unies les atomes des corps simples dans les corps composés, ou, si l'on veut, le mode d'attraction auquel on donne le nom d'affinité est encore bien plus puissant; mais, répétons-le, on ignore les lois de l'attraction à de très-petites distances : est-elle toujours proportionnelle aux masses; varie-t-elle suivant certaines puissances de la distance; dépend-elle de la nature spécifique ou chimique des molécules?

Faraday n'a pas de peine à montrer que la même objection s'applique à l'accroissement que prend la gravité par le seul fait de la mise en présence d'une molécule avec un nombre croissant de molécules égales, son intensité se multipliant alors avec le nombre des molécules qui viennent successivement se placer à distances égales, et se réduisant du reste dans les mêmes proportions, par le seul fait de la disparition de ces molécules. « Le principe de la conservation de la force admis, la définition connue de la gravité ne peut être, dit-il, qu'un aperçu incomplet de ce qui constitue la totalité de la force, elle n'est plus, très-probablement, que l'énoncé d'un des faits qui se produisent dans l'exercice de cette force, et ne préjuge rien relativement à la nature de la force en elle-même. Si l'on accepte que la définition renferme implicitement ou sous-entend le principe de la conservation de la force, il faut admettre que, pendant que le degré de puissance de la force est suspendu ou diminué, en tant que gravitation il doit se produire quelque autre modification ou effet égal en importance à la puissance suspendue ou empêchée, et compensant rigoureusement le fait de sa diminution..... Si la définition de la gravitation nie l'apparition de ces modifications ou conditions nouvelles, elle ne sera plus philosophique; si elle les ignore ou si elle en fait simplement abstraction, elle sera imparfaite ou insuffisante; si elle les admet, en partie du moins, elle disposera le physicien à tenter des recherches nouvelles pour découvrir des conditions ou des effets qui lui ont échappé jusque-là, elle ouvrira la voie à tous les développements possibles des rapports et des conséquences de la force de gravitation. »

Ces conclusions sont celles mêmes que nous voulions énoncer au début de cet article, quand nous disions que l'attraction ne doit être admise dans la science que comme un fait, dont il faut chercher le rapport avec les autres faits physiques ; en la posant, au contraire, comme une force inhérente à la matière, agissant à distance par une sorte de mystérieuse vertu, sans que l'on voie entre la cause et l'effet de mécanisme intermédiaire, non-seulement on admet une chose incompréhensible, mais on pose un principe en contradiction avec le principe de la conservation de la force. Enfin, considération non moins décisive, en regardant l'attraction comme un fait irréductible, sans liaison avec les autres phénomènes physiques, on ferme la voie aux recherches qui ont pour objet la découverte de ces rapports.

Terminons par un résumé rapide de quelques tentatives faites pour rendre compte de la gravitation. Chose curieuse, c'est Newton lui-même que nous trouvons le premier parmi les chercheurs. Pendant que, dans les *Principes mathématiques*, il se défend d'*imaginer aucune hypothèse*, dans son *Optique*, il viole, comme on va voir, les préceptes de sa propre méthode, ce qu'il ne faut pas du reste lui reprocher avec trop de rigueur, puisque son hypothèse n'est donnée alors que sous la forme d'une des nombreuses questions qu'il considère comme des *desiderata* de la science. En voici d'ailleurs les termes :

« Ce milieu (l'éther) n'est-il pas plus rare dans les corps denses du Soleil, des étoiles, des planètes et des comètes que dans les espaces célestes vides qui sont entre ces corps-là ? Et en passant de ces corps dans des espaces fort éloignés, ce milieu ne devient-il pas continuellement plus dense, et, par là, n'est-il pas cause de la gravitation réciproque de ces vastes corps, et de celle de leurs parties vers les corps mêmes, chaque corps faisant effort pour aller des parties les plus denses du milieu vers les plus rares ? Car si ce milieu est plus rare au dedans du corps du Soleil qu'à la surface ; et plus rare à la surface qu'à un centième de pouce de son corps ; et plus rare là qu'à un cent cinquantième de pouce de son corps, et plus rare à ce cent cinquantième de pouce que dans l'orbe de Saturne : je ne vois

pas pourquoi l'accroissement de densité devrait s'arrêter en aucun endroit, et
n'être pas plutôt continué à toutes les distances, depuis le Soleil jusqu'à Saturne
et au delà. Et quoique cet accroissement de densité puisse être excessivement
lent à de grandes distances; cependant si la force élastique de ce milieu est excessivement grande, elle peut suffire à pousser les corps des parties les plus denses
de ce milieu vers les plus rares, avec toute cette puissance que nous appelons
gravité. Or, que la force élastique de ce milieu soit excessivement grande, c'est ce
qu'on peut inférer de la vitesse de ses vibrations » (*Traité d'Optique*, liv. III, Question XXI).

Ainsi, voilà Newton recourant à l'éther pour expliquer la gravitation, tandis
qu'il repoussait l'hypothèse qui regardait le même milieu élastique comme le
véhicule des ondes lumineuses. Aujourd'hui que la doctrine des ondulations a
définitivement prévalu, c'est aussi à l'éther qu'on s'adresse pour avoir la raison
des phénomènes de la gravitation, mais la façon dont on envisage le problème est
à la vérité bien différente de celle que Newton proposait. On sait qu'avant les
travaux de Fresnel sur les phénomènes optiques, et notamment ceux qui se rapportent aux phénomènes de polarisation, les partisans de la théorie de l'ondulation
regardaient les ondes lumineuses comme analogues aux ondes sonores, c'est-à-
dire comme consistant en condensations et dilatations alternatives, se propageant
dans la direction même du rayon lumineux. Fresnel, s'appuyant sur les faits d'in-
terférence et de polarisation, a prouvé que les vibrations de l'éther s'effectuaient
sans changement de densité du milieu élastique et perpendiculairement à la direction de la propagation, ou, ce qui revient au même, parallèlement à la surface des
ondes. Mais, d'autre part, les travaux des analystes, des Cauchy, des Lamé, ont
fait voir que tout ébranlement produit dans un milieu élastique homogène donne
lieu à deux systèmes d'ondes, les unes se propageant, comme les ondes calorifiques
et lumineuses, dans une direction perpendiculaire au sens des vibrations du milieu
et sans changement de densité, les autres, au contraire, consistant en vibrations
longitudinales et produisant des dilatations et condensations alternatives.

On s'est demandé si ce second système d'ondes, qui n'intervient nullement dans
la théorie de la chaleur et de la lumière, n'est pas la cause des phénomènes de la
gravitation. Les uns supposent que ces ondes agissent par impulsions successives
sur les molécules plus denses qui nagent dans l'éther et constituent par leur agrégation les corps matériels ou pondérables. L'éther étant traversé incessamment,
dans tous les sens, par des ondes de cette espèce, deux molécules situées à une
certaine distance l'une de l'autre obéissent chacune à ces mouvements et resteraient en équilibre si elles ne constituaient mutuellement, l'une pour l'autre, un
écran qui met obstacle aux impulsions opposées se propageant dans la direction de
la ligne droite qui les joint. Selon cette direction, elles doivent donc l'une et l'autre
tendre à se rapprocher et c'est en ce rapprochement que consisterait la force de
gravitation. C'est à peu près ainsi que la gravitation est considérée comme le
résultat des mouvements de l'éther par MM. Keller, d'une part, de l'autre, par
M. Leray et par M. Lecoq de Boisbaudran [1]. Étant admise l'existence de l'éther
comme un fluide éminemment subtil et parfaitement élastique, M. Leray en déduit
les lois de l'attraction universelle, en posant les deux principes suivants : « 1° Au
sein de l'éther libre, c'est-à-dire non influencé par les corps environnants, il existe,
en chaque point, des courants égaux qui se croisent dans toutes les directions;

---

1. Voir à ce sujet, pour plus de développements, les *Comptes-rendus de l'Académie des sciences*,
t. I de 1863, et t. II de 1869.

» en traversant un corps, les courants d'éther s'affaiblissent proportionnellement l'épaisseur traversée et à la densité moyenne le long du parcours. » M. Lecoq de Boisbaudran, au lieu de courants de l'éther, admet les mouvements vibratoires du même milieu ; mais, au fond, son hypothèse ne diffère pas essentiellement des précédentes. Remarquons que les deux dernières, considérant les molécules des corps pondérables comme absorbant une partie de la force vive de l'éther, supposent que cette force vive n'est point anéantie, mais qu'elle donne lieu à un mouvement de station de la molécule, et se transforme en vibrations calorifiques et lumineuses ; ainsi se trouve sauvegardé le principe de la conservation de la force.

Ces théories ne sont certainement pas arrivées à un état de rigueur qui permette de les considérer comme démontrées. Elles reposent sur des hypothèses, dont les unes sont empruntées, ainsi qu'on l'a vu, à l'une des théories physiques les mieux établies, celle des radiations calorifiques et lumineuses, mais dont les autres ne sont déduites d'aucune donnée de l'expérience, et sont par conséquent de simples conjectures sur la constitution des corps et sur l'état dynamique du milieu où ils sont tous plongés.

Les théories nouvelles sont toutes basées sur le rôle que joue l'éther dans les phénomènes physiques, rôle dont l'importance paraît devoir aller croissant, ainsi que pensait et l'exprimait, il y a quelques années, un de nos plus éminents géomètres physiciens, M. Lamé : « La propagation de la lumière dans le vide et les espaces planétaires, jointe au phénomène des interférences, signale incontestablement l'existence d'un fluide éthéré ; seconde espèce de matière infiniment plus étendue, plus universelle et très-probablement beaucoup plus active que la matière pondérable. Partant de cette définition caractéristique, je suis arrivé depuis longtemps à deux nouvelles conclusions : la première, que la science future reconnaîtra, dans l'éther, véritable roi de la nature physique ; la seconde, que ce serait retarder infiniment la solide installation que de vouloir le couronner aujourd'hui. »

Et, selon M. Lamé, la raison de cette prudence vient de ce qu'en réalité, l'action de l'éther sur lui-même, celle qui existe entre des particules pondérables très-voisines, la forme, la constitution, les mouvements internes de ces mêmes particules, la nature, le sens, l'intensité des actions mutuelles de l'éther et de la matière pondérable, tout cela est inconnu [1]. »

Baser une théorie de l'attraction sur les mouvements vibratoires ou courants de l'éther est donc une entreprise hardie, sinon prématurée ; l'essentiel est que les savants qui la tentent en comprennent toutes les difficultés.

AMÉDÉE GUILLEMIN.

AURORE. — MÉTÉOROLOGIE. — C'est à la présence de l'atmosphère terrestre qu'il faut attribuer la production de l'aurore et du crépuscule. Ces deux phénomènes sont identiques au point de vue astronomique, et désignés le plus souvent sous le nom de *crépuscule*. On trouvera à ce dernier mot l'explication de leur durée et de leurs variations, suivant les saisons et les pays ; je me bornerai ici à exposer comment on peut, d'après l'aspect du matin, prévoir quelquefois le temps qui se prépare pour la journée.

Au lever du soleil, le ciel est parfois d'une couleur rose très-prononcée, et alors les dictons populaires, qu'on retrouve plus ou moins transformés dans un grand nombre de pays, annoncent une pluie prochaine ; si le rose est plus vif, si les nuages qui flottent à l'orient forment des masses arrondies, bien terminées et nuan-

---

1. *Comptes-rendus de l'Académie des sciences*, 1863, t. I.

cées en rouge, la pluie et le vent sont proches; si le soleil n'apparaît que derrière une couche de nuages aux contours durs et rougissants, le vent sera plus fort. Ces pronostics, quoique ne se réalisant pas nécessairement, sont pourtant appuyés sur des faits assez fréquents pour qu'on en ait cherché les raisons scientifiques. On sait que les corps lumineux (voyez *Atmosphère*) paraissent d'autant plus rouges qu'ils sont vus à travers une couche d'air plus chargée d'humidité. Si le lever du soleil est rouge, c'est qu'à la surface du sol flotte une sorte de brouillard formé de vésicules d'eau. Lorsque le soleil sera monté au-dessus de l'horizon, lorsqu'il aura échauffé la terre, les couches d'air inférieures s'élèveront et viendront se mélanger aux supérieures dont la température est beaucoup plus basse; l'humidité qu'elles ont apportée avec elles se condensera, et une masse épaisse de nuages, formée par les condensations successives, apparaîtra vers le milieu du jour et pourra bien se résoudre en pluie. Plus l'air sera humide, et plus considérables seront les différences de température et de pression déterminées par la condensation de ces vésicules d'eau, différences qui engendrent des vents. Ainsi se trouvent justifiés les pronostics désagréables tirés du rouge matinal.

Lorsque les astres à l'horizon paraissent plus gros qu'on n'a coutume de les voir, on peut également prédire la pluie. Car, d'un côté, il existe entre l'observateur et le foyer lumineux une couche de vésicules aqueuses qui rapproche les objets situés derrière; et de l'autre, l'observateur se trouve lui-même enveloppé dans un brouillard plus ou moins épais, qui produit autour de lui une obscurité relative; de sorte que les corps lumineux ou fortement éclairés sembleront moins éloignés, effet de contraste bien connu et utilisé, entre autres choses, pour la production des images fantasmagoriques de la lanterne magique.

Il peut arriver au contraire que l'aurore soit grise, que les légers nuages aient des formes indécises et changeantes. On peut alors attendre le beau temps. Et cependant l'horizon est nuageux, de longues files de *stratus* semblent s'accumuler, et parfois même la pluie tombe. Mais qu'on se rassure, l'apparence est trompeuse. Bientôt le soleil va luire à travers ces légers brouillards sans consistance, et ses rayons dissiperont sans effort ces globules vésiculaires, dont la fausse épaisseur n'était qu'un effet de perspective et d'éloignement.

Les pronostics tirés de l'aspect du crépuscule sont légèrement différents, car la nuit refroidit l'atmosphère au lieu de la réchauffer comme le fait le jour. Mais ces explications seront données à l'article *Crépuscule*.   J.-B. BAILLE.

AURORES POLAIRES. — MÉTÉOROLOGIE. — On appelle ainsi de magnifiques météores lumineux, qui se montrent dans les régions voisines des pôles de la terre. Gassendi, qui les étudia le premier avec quelque soin, donna le nom d'*aurores boréales* à celles qui apparaissent vers le pôle nord; depuis le XVIIe siècle de nombreux observateurs, complétant ces premières remarques, ont fait voir que ces brillants phénomènes suivent une marche assez constante, bien qu'ils présentent des aspects très-variés; de plus, la description des aurores boréales concorde exactement avec celle des *aurores australes*, que les navigateurs ont vues se former autour du pôle sud de la terre. Nous sommes donc en présence d'un phénomène naturel régulier, constant dans ses principales phases, et assez fréquent pour avoir été complétement étudié.

On voit d'abord, sur le prolongement du méridien magnétique, le ciel s'assombrir et devenir noir (*segment noir*) : on dirait qu'un léger brouillard, à travers lequel on aperçoit cependant très-nettement les étoiles, s'élève lentement au-dessus de l'horizon. Plus on est loin du centre de l'aurore et plus ce segment est apparent;

ıns les hautes latitudes, au point même où se produit le phénomène, l'observateur
trouve enveloppé d'un brouillard transparent formé de gouttelettes glacées et se
ansformant peu à peu en aurore boréale.

Bientôt ce segment noir se borde d'une frange lumineuse. D'abord très-fine, cette
ƍne claire s'épaissit de plus en plus. L'*arc lumineux* s'appuie sur l'horizon, de part
d'autre de l'axe magnétique; sa largeur augmente; de blanc il devient verdâtre;
s stries noires le sillonnent et indiquent une vive effervescence. L'arc se
veloppe, il monte lentement vers le zénith, il se ploie sur lui-même; les raies
ıires deviennent fréquentes, elles se prolongent jusqu'au segment central, et
ƌne commencent à empiéter sur l'obscurité intérieure; c'est alors que, de ces
ƍes, partent les *rayons*. Ceux-ci, pareils à des fusées d'artifice, s'élancent de
rc, montent vers le zénith et s'éteignent. Mais l'ébullition est de plus en plus
pide; les rayons se succèdent sans interruption, ils deviennent plus écla-
ıts; les uns sont rouges ou verts, d'autres sont blancs, d'autres enfin sont noirs,
détachant du segment central.

L'arc monte avec lenteur vers le zénith; bientôt ses pieds ne touchent plus à
ɔrizon. Un frémissement lumineux le parcourt brusquement de l'ouest à l'est,
ɂement dans le sens opposé. Sont-ce les rayons qui se transportent d'un côté à
ɯtre? On n'a pas le temps de s'en assurer. Un autre arc lumineux naît à l'inté-
ɯr du premier et se développe comme lui, puis un autre encore, et ainsi quel-
ɂefois jusqu'à neuf. Le premier monte toujours; suspendu dans les airs, il ondule
ƌcieusement, comme un immense ruban de feu. Il atteint le zénith, palpitant et
morcelant sans cesse; il descend vers le sud, et se perd enfin dans l'embrasement
ƌéral du ciel.

Car les rayons, semblables à d'incessantes bombes d'artifice montent toujours,
envahissent le ciel; ils sont tous *dardés* par les arcs, parallèlement à l'aiguille
ɲclinaison, et paraissent, par la perspective, se diriger tous vers le même point.
ciel est éclatant; alors se forme, au point de concours des rayons, cette splendide
ɩpole de feu, la *couronne*, voûte embrasée portée par des colonnes lumineuses qui
ntent et s'évanouissent sans cesse. Rien alors, au dire des observateurs, ne
ɿrait dépeindre la magnificence de ce spectacle.

Cependant la couronne dure à peine quelques minutes, son apparition annonce
ƒin du météore. Les arcs pâlissent et s'éteignent peu à peu, les rayons deviennent
es et diffus. Ce ne sont bientôt plus que des lueurs vagues, groupées en *plaques*
ɔrales; leur éclat vacillant semble éprouver des contractions et des dilatations;
ǝmeurent enfin en se confondant avec les nuages blanchâtres qui se sont formés
ɂ le ciel vers la fin de ce grandiose phénomène.

Toutes les aurores ne se forment pas avec cette série complète de phases.
ǝvent la couronne n'apparaît pas; parfois même les arcs lumineux restent
ǝhés au-dessous de l'horizon, et l'observateur, suivant sa position, peut n'aper-
ɔir que l'extrémité des rayons; car la plus grande partie d'un hémisphère
soumise à l'influence de ce météore. On cite en effet des aurores boréales qui
ǝ été vues à la fois de toute l'Europe centrale, de l'Italie et du nord de l'Amé-
ɯe. N'y a-t-il pas lieu d'être étonné, en songeant que ces phénomènes, si
ǝgtemps inconnus, exercent leur action au-dessus de tout notre globe, lorsque
ɂfois ils se produisent simultanément aux deux pôles de la terre?

Les arcs des aurores polaires ont leur centre sur les pôles magnétiques de
ǝterre, qui se trouvent aujourd'hui, l'un dans l'Amérique septentrionale au nord
la baie d'Hudson, l'autre dans les terres avoisinant le pôle sud (Terre Adélie).
ǝssi les observateurs européens aperçoivent toujours l'aurore boréale entre

le nord et l'ouest; ceux du Groenland la voient du côté de l'ouest ou du sud (capit. Parry); ceux de l'Amérique vers le nord-est.

On a cru pouvoir expliquer l'étendue immense d'où l'on voit la même aurore polaire, par sa grande hauteur au-dessus de la surface du sol. Mais les mesures directes que différents observateurs ont essayé de prendre sont loin d'être concordantes; les uns ont trouvé une hauteur de 37 kilomètres, les autres 200 kilomètres pour la même aurore, ce qui tendrait à prouver que chaque spectateur voit son aurore polaire spéciale, comme chacun voit son arc-en-ciel, lorsque les circonstances atmosphériques sont telles que ces météores peuvent se produire. En discutant les observations simultanées, on est porté à admettre que la hauteur des aurores ne dépasse pas la région des nuages, c'est-à-dire environ 150 kilomètres au-dessus du niveau de la mer; mais le plus souvent, leur élévation est beaucoup moindre, car on a vu leur lumière se projeter sur des nuages ou des montagnes situées derrière. Le capitaine Parry dit même avoir aperçu un rayon venir frapper le sol à peu de distance du lieu où il se trouvait.

On est dans une incertitude plus grande encore, relativement au bruit qui accompagne l'aurore boréale; ce serait une sorte de crépitation, ou de frôlement d'étoffe de soie. Ce bruit deviendrait d'autant plus intense que les rayons seraient dardés avec plus de vivacité. Les habitants des pays septentrionaux, qui soutiennent ce fait, ne se sont jamais mis en garde contre les innombrables causes d'erreur, frémissement du vent parmi les arbres et la neige, bruissement de la mer contre les rochers, etc. MM. Martins, Bravais et Lottin, qui ont hiverné de septembre 1838 à avril 1839 à Bosekop (Laponie), et qui, en 200 jours, ont observé 153 aurores boréales, interrogeaient les rares personnes intelligentes qu'ils trouvaient dans ces pays: « ces personnes, dit M. Martins, finissaient toujours par partager notre incrédulité et par avouer qu'elles avaient adopté sans examen l'opinion reçue, mais que leur conviction n'était pas le résultat d'une observation attentive et défiante. »

D'après le nombre de ces météores observés à Bosekop par les météorologistes français, on peut se convaincre que les aurores boréales sont très-fréquentes. Il se passe, en effet, rarement une nuit, sans que ce phénomène se produise avec plus ou moins d'éclat; on assure même que, pour les régions polaires, où le soleil reste si longtemps au-dessous de l'horizon, cette lumière remplace presque celle du jour. Il est probable que, pendant la journée, les aurores boréales peuvent également apparaître, mais alors elles échappent plus facilement à la vue; aussi le nombre de celles observées pendant l'hiver, où les jours sont très-courts, est beaucoup plus grand que celles de l'été. Le moment de l'année où elles sont le plus fréquentes est la fin de mars et le commencement d'octobre, c'est-à-dire l'époque des équinoxes.

Quelle cause faut-il attribuer à ces étranges météores? Pendant longtemps, les imaginations se sont donné carrière; et comme ce phénomène, ne dépendant pas de l'homme, ne peut être soumis à aucune série d'expériences bien ordonnées, de nombreuses hypothèses ont été faites, par Mairan, par Euler, par Biot et par d'autres. Mais un fait qui a été, non pas découvert, mais bien constaté et bien étudié par Arago, a enfin mis sur la trace d'une explication satisfaisante de l'aurore polaire. Ce fait est l'action que le météore exerce sur l'aiguille aimantée (V. Œuvres d'Arago, t. IV).

Quelque temps avant le commencement de l'aurore, l'aiguille de déclinaison est brusquement agitée. Cet angle, dont les variations diurnes sont assez régulières, augmente, puis diminue; l'aiguille est animée de mouvements de trépidation, qui indiquent une perturbation considérable dans l'état électrique du globe terrestre. Ces oscillations orageuses s'accélèrent jusque vers le milieu de l'aurore, puis l'aiguille reprend peu à peu sa marche régulière, et l'orage magnétique disparaît avec le phénomène. On a remarqué que, à chaque rayon dardé par l'arc lumineux, l'aiguille recevait une secousse, et que l'aiguille d'inclinaison éprouvait des inquiétudes analogues. En discutant un grand nombre d'observations, un physicien suédois, M. Siljestrœm, qui avait accompagné la Commission française en Laponie, est arrivé à cette conclusion bien remarquable : « Le pôle nord de l'aiguille de déclinaison se porte à l'ouest (sens du mouvement de la terre), l'inclinaison diminue, et a force magnétique totale augmente. » Depuis longtemps, on soupçonnait que la rotation de la terre avait une influence sur les diverses phases de l'aurore : ainsi on avait cru reconnaître que les beaux rayons colorés apparaissaient principalement vers dix heures du soir, et que les plaques cendrées se montraient vers la fin de la nuit. Mais la conclusion de M. Siljestrœm, si elle est confirmée par de nouveaux observateurs, enlèvera toutes sortes de doutes à cet égard.

Les perturbations de l'aiguille aimantée, que l'on peut apercevoir dans des lieux très-éloignés du foyer de l'aurore, permettent de suivre les phases du météore même lorsqu'il est invisible. La recherche de la cause des aurores polaires a été ainsi singulièrement facilitée. Dès 1844, Peltier (*Archives de l'électricité*, t. IV) ébaucha une théorie qui a été modifiée et précisée par M. de La Rive (*Annales de chimie et physique*, t. XXV, 1848).

Les vents de sud-ouest qui règnent dans les régions supérieures de l'atmosphère (voyez *Vents*) entraînent vers les pôles de grandes quantités d'électricité positive. À mesure que ces masses d'air approchent des pôles, elles se refroidissent et se condensent en particules glacées, sur lesquelles se répartit l'électricité en acquérant une tension considérable. Ces prismes de glace flottent dans l'atmosphère condensée qui entoure le pôle et se rapprochent lentement du sol, lequel est chargé d'électricité négative (voyez *Électricité atmosphérique*). Il se produit ainsi constamment un double courant électrique entre l'équateur et le pôle par l'atmosphère, et entre le pôle et l'équateur par l'intérieur du sol : c'est ce dernier courant qui détermine les variations diurnes du magnétisme terrestre, le premier ayant des effets magnétiques moins fréquents et seulement accidentels.

Lorsque le froid est plus intense, ce qui arrive surtout pendant la nuit et en hiver, les particules de glaces deviennent plus nombreuses et plus rapides : c'est ce qui forme le segment sombre annonçant le début du météore. L'électricité négative du sol se combine alors avec l'électricité positive de l'air, et les étincelles électriques, jaillissant entre ces prismes conducteurs, se multiplient et forment les arcs et les rayons lumineux.

Cette explication rend assez bien compte des diverses phases du phénomène. On a remarqué, en effet, que pendant les aurores boréales il se formait des halos autour de la lune, ce qui exige la présence de prismes de glace dans l'atmosphère; on a vu encore les *cirrus*, appelés par les paysans suisses *nuages de sud-ouest*, se disposer souvent sur le ciel comme les rayons d'une aurore polaire, et leur présence coïncider fréquemment avec des perturbations accidentelles de l'aiguille aimantée; de plus, lorsque le jour succède au météore, les plaques aurorales se transforment le plus souvent en cirrus. Enfin, un dernier fait qui a été souvent signalé, et qui est même, dit-on, passé à l'état de proverbe, dans les pays septentrionaux, c'est que les grandes aurores boréales indiquent de prochains changements de temps, comme, du reste, l'apparition des cirrus élevés (V. *Nuages*). Toutes ces remarques montrent que la présence de cirrus, ou nuages formés de prismes glacés et chargés de l'électricité atmosphérique, est nécessaire à la production du météore; elles fortifient donc la théorie de M. de La Rive.

Du reste, cette théorie a été soumise, autant que possible, au contrôle de l'expérience. Dans un ballon vide, ce physicien a placé un fort aimant, et tout autour de lui un anneau de cuivre. L'aimant communique avec un des conducteurs d'une machine électrique, l'anneau avec l'autre; et alors on voit jaillir, entre le pôle de l'aimant et l'anneau, une gerbe lumineuse affectant la forme d'un arc ou d'un rayon, suivant les positions relatives de l'aimant et de l'anneau; et cette gerbe aurorale tourne lentement, toujours du même côté, tant que le pôle de l'aimant et le sens de l'électricité ne changent pas.

Cette expérience, qui peut être rendue très-brillante au moyen de machines d'induction, reproduit assez bien les principales phases du phénomène, et l'on peut considérer l'explication du professeur de Genève comme se rapprochant assez de la vérité. J.-B. BAILLE.

AUSCULTATION (*auscultare*, écouter.) — L'auscultation est un mode d'exploration clinique, qui a pour but de faire connaître, par l'ouïe, les différents bruits produits chez l'homme sain ou malade.

Elle comprend l'étude de tous les bruits qui peuvent être perçus à distance, l'oreille appliquée sur les différentes parties du corps où ils se produisent, ou bien encore à l'aide de certains instruments destinés à conduire le son.

Les phénomènes sonores perceptibles par l'ouïe sont de différentes sortes. — Les uns, produits spontanément, sont perceptibles à distance, comme les différents caractères de la voix, de la respiration, de la toux; les bruits du cœur dans certains états pathologiques; le gargouillement, sous l'influence des contractions de l'estomac et de l'intestin.

Les autres sont des bruits eux aussi perceptibles à distance, mais provoqués artificiellement par l'observateur, soit en percutant, soit en exerçant des pressions plus ou moins fortes sur diverses parties du corps (gargouillement de la fosse iliaque droite, dans la fièvre typhoïde, etc., etc.). L'examen de ces bruits perceptibles à distance est désigné sous le nom d'*auscultation à distance*.

La plupart des bruits produits dans l'intérieur du corps ne sont perceptibles qu'en approchant l'oreille au contact des malades. C'est leur étude qui constitue la véritable auscultation. L'auscultation est *immédiate* ou *médiate*, suivant que l'oreille est appliquée directement sur la surface du corps ou qu'elle en est séparée par un instrument.

Ce moyen si simple d'appliquer l'oreille sur la poitrine, pour écouter ce qui s'y passe, n'avait été que signalé, et était presque tombé dans l'oubli, jusqu'au moment où Laennec fit paraître son célèbre ouvrage sur l'auscultation médiate et les maladies des poumons et du cœur. Hippocrate avait vu cependant que la succussion du malade produisait un bruit très-notable, lorsqu'un liquide mêlé à l'air se trouvait épanché dans un des côtés du thorax. Dans un autre passage de son livre, cité par Laennec, on voit qu'il avait eu l'idée d'appliquer l'oreille sur les côtes. Bayle, à l'exemple de Corvisart, dans sa pratique médicale appliquait l'oreille sur la région du cœur. Mais ni Hippocrate, ni les médecins qui le suivirent, n'obtinrent des résultats exacts de ce mode d'exploration.

Malgré ces indications, c'est à Laennec qu'appartiennent la découverte de l'auscultation et la première description des avantages qu'on en peut tirer.

En 1816, il fit ses premières observations. « Consulté, dit-il, pour une jeune » personne qui présentait des symptômes généraux de maladie du cœur, et chez

» laquelle l'application de la main et la percussion donnaient peu de résultat à
» raison de l'embonpoint; l'âge et le sexe de la malade m'interdisant l'espèce
» d'examen dont je viens de parler (l'application de l'oreille sur la région précor-
» diale), je vins à me rappeler un phénomène d'acoustique fort connu. Si l'on
» applique l'oreille à l'extrémité d'une poutre, on entend très-distinctement un
» coup d'épingle donné à l'autre bout. J'imaginai que l'on pouvait peut-être tirer
» parti, dans le cas dont il s'agissait, de cette propriété des corps. Je pris un
» cahier de papier, j'en formai un rouleau fortement serré dont j'appliquai une
» extrémité sur la région précordiale, et, posant l'oreille sur l'autre bout, je fus
» aussi surpris que satisfait d'entendre les battements du cœur d'une manière
» beaucoup plus nette et distincte que je ne l'avais jamais fait par l'application
» immédiate de l'oreille. » L'auscultation était trouvée.

En 1818, il présenta à l'Académie des sciences son mémoire sur l'auscultation à
l'aide de divers instruments d'acoustique, employés comme moyens d'exploration
dans les maladies des viscères thoraciques, et particulièrement dans la phthisie
pulmonaire. La commission chargée par l'Académie d'examiner ce mémoire en fit
le plus grand éloge.

En 1819, il fit paraître son Traité de l'auscultation médiate.

Laennec donna le nom de stéthoscope (de στῆθος, la poitrine, et σκόπειν, considérer,
examiner) à l'instrument dont il se servit pour explorer la poitrine.

Le stéthoscope de Laennec (*Dictionnaire de médecine de Nysten*) est un cylindre en
bois de 36 millimètres de diamètre et de 33 centimètres de longueur, percé, d'un
bout à l'autre, d'un canal central de 7 millimètres de diamètre. Pour rendre cet
instrument plus portatif, il est formé de deux portions d'égale longueur, dont l'une
présente à une de ses extrémités un tenon garni de fil ciré, et l'autre une cavité
adaptée exactement à la forme du tenon, en sorte que les deux pièces se réunissent
à volonté. L'une des deux pièces présente, en outre, à son extrémité opposée au
tenon, un évasement de 41 millimètres de profondeur dans lequel est placé un
embout ou obturateur, percé d'un canal central comme le cylindre lui-même. Un
tube de cuivre qui garnit ce canal de l'embout, et qui entre dans la tubulure du
cylindre, fixe ces deux pièces (l'embout et le cylindre) l'une à l'autre. Lorsque toutes
les parties du stéthoscope sont ainsi adaptées, il représente un simple tube à parois
épaisses, qui sert pour explorer la voix et les battements du cœur. On retire l'obturateur, lorsqu'il s'agit d'explorer la respiration ou le râle. La longueur de 33 centimètres est celle que Laennec regardait comme la plus convenable; néanmoins,
lorsque la position du malade nécessite un instrument plus court, la division du
cylindre en deux pièces permet de ne se servir que de la pièce supérieure et d'y
adapter, s'il le faut, l'obturateur. Sous cette forme, le stéthoscope est un instrument peu commode à cause de sa longueur et de la petite surface sur laquelle
l'oreille peut s'appliquer. En 1826, M. Piorry lui donna la disposition de celui qui
aujourd'hui est le plus en usage. C'est un tube en bois évasé en cornet à l'une de
ses extrémités et portant à l'autre une plaque circulaire qui reçoit l'oreille. Les
différentes parties de ce stéthoscope ont été souvent modifiées. On l'a fait plus ou
moins long. — On a plus ou moins élargi son extrémité inférieure. — La plaque
auriculaire a subi divers changements. — Enfin, le stéthoscope a été fait en bois,
en métal, en gutta-percha, etc., etc. Mais toutes ces modifications sont sans importance réelle.

Comme nous l'avons dit, l'auscultation est *immédiate* ou *médiate*, c'est-à-dire
pratiquée avec l'oreille nue ou avec le stéthoscope. — Toutes les deux donnent
d'excellents résultats; avec la première, les bruits se font entendre dans une plus

grande étendue ; avec la seconde, ils sont limités, plus précis. Laennec voulait
qu'on se servît exclusivement du stéthoscope ; il invoquait à l'appui de son opinion,
aussi bien la répugnance que quelques malades, surtout des femmes, ont à se
laisser examiner, que celle du médecin d'appliquer directement l'oreille sur le
corps. Nous croyons que cette répugnance, tant de la part des malades que du
médecin, n'est pas une raison suffisante pour décider le praticien à employer telle
ou telle autre sorte d'auscultation. D'après la partie à examiner, le genre d'auscultation doit être choisi. — Ainsi, généralement, c'est à l'auscultation immédiate
qu'il faut avoir recours pour l'examen de la poitrine et du cœur ; là, l'oreille trouve
un vaste champ qu'elle peut explorer rapidement. Mais, pour l'examen de plusieurs
régions, telles que le creux de l'aisselle, le cou, etc., etc., ou pour préciser exactement le siége et le maximum de certains bruits, il faut se servir du stéthoscope.

Souvent l'auscultation est un des moyens indispensables pour arriver à un
diagnostic certain. Sans elle, les affections des poumons et du cœur ne nous
seraient-elles pas encore inconnues ? Car, comment, sans la connaissance des
bruits qui se produisent dans ces affections, établir les signes qui les distinguent ?

L'auscultation n'est pas moins utile pour reconnaître des altérations de l'appareil digestif, de l'appareil auditif, pour indiquer la présence de corps étrangers dans
certaines cavités (la pierre dans la vessie, etc., etc.). Dans plusieurs maladies des
articulations, fréquemment dans des cas de fracture, de carie, de nécrose, etc., etc.,
elle rend encore de grands services.

Auscultation dans la grossesse. — En 1818, Mayor de Genève, avant la publication des travaux de Laennec, dit qu'il avait entendu, sur une femme enceinte, les
bruits du cœur d'un fœtus. On fit peu attention à cette nouvelle, qui pourtant
était de la plus haute importance ; Mayor lui-même n'en parla plus. Mais, quatre
ans plus tard, Lejumeau de Kergaradec publia un mémoire dans lequel il indiquait non-seulement les bruits du cœur du fœtus, mais un bruit spécial qu'il
désigna sous le nom de souffle placentaire. Bientôt cette question attira l'attention
des accoucheurs, et les travaux de Paul Dubois, de Depaul, etc., etc., se succédèrent ; et, aujourd'hui, l'auscultation dans la grossesse est aussi en usage qu'elle
l'est dans les affections de poitrine.

Règles générales. Il faut ausculter les malades, au milieu du silence le plus complet ; examiner comparativement les organes symétriques. Si l'auscultation immédiate est pratiquée, par convenance et par propreté, il faudra interposer un linge
entre l'oreille et la peau, ce qui, du reste, ne modifie en rien les bruits que l'on
explore. Si le stéthoscope est employé, il devra être appuyé légèrement sur la partie
que l'on examine, mais exactement, de façon à ne pas laisser d'hiatus entre le
rebord du pavillon et la peau. Quelquefois le stéthoscope devra être appuyé plus
fortement, afin d'entendre certains bruits, qui ne se produiraient pas sans cette
pression. Dans tous les cas, l'observateur prendra une position qui ne soit
. gênante, ni pour lui, ni pour le malade, de manière à pouvoir sans inconvénient
prolonger son examen.   Dr P. Dubois.

AUSTRALIE ou NOUVELLE-HOLLANDE. — géographie physique. —
L'Australie, la plus grande île du monde, ou, pour mieux dire, le moins vaste des
continents (d'une étendue égale environ aux trois quarts de l'Europe), est appelée
à un immense avenir ; — avant la fin du siècle, elle sera les États-Unis de l'Océanie ; — son nom se comprend de lui-même : cette terre est, en effet, placée au sud
de l'équateur, et même en grande partie au midi de la zone torride, au centre du
groupe ethnographique de la Mélanésie.

Sur plus d'un point, son enfance historique rappelle le passé de l'Union américaine : c'est sous l'influence britannique qu'elle se développe. Le génie anglais la
pénètre de son initiative, de sa froide hardiesse, de ce souffle puissant qui ne fait
peut-être pas les peuples d'un grand cœur, mais qui prépare, à coup sûr, les nations
dites d'avenir. Au reste, sans répudier le haut patronage de l'Angleterre, l'Australie
s'en détache déjà peu à peu : le gouvernement britannique n'ignore pas lui-même
que ses colonies l'abandonneront et marcheront, avant peu, seules et en pleine
indépendance. Déjà elles se créent une vie, une personnalité qui leur est propre ; la
nationalité n'est plus positivement celle de nos voisins : l'Australien n'est plus
l'Anglais.

Située entre le Grand océan et l'océan Indien, entre le 111e et 152e degré de longitude est, et entre le 11e et 39e degré de latitude sud, elle s'étend de l'est à l'ouest sur
une longueur de 4,300 kilomètres, et du nord au sud sur une largeur de 2,000 kilomètres. Sa superficie est d'environ 7,750,000 kilomètres carrés. C'est donc une masse
continentale de grande dimension, qui laisse loin derrière elle l'île de Madagascar
et Bornéo, et en comparaison de laquelle notre France apparaît plus petite, plus
restreinte, qu'une maisonnette à côté d'un château.

Ce n'est que depuis peu d'années que l'Océanie et sa terre principale, l'Australie,
ont enfin paru dignes de former un monde distinct ; nos pères les reléguaient
comme une sorte d'appendice à l'extrémité orientale de l'Asie ; de là, du reste, le
nom d'*Australasie* (Australe Asie), qui lui fut d'abord donné, et que les Anglais
conservent encore en l'étendant à l'ensemble de leurs possessions océaniennes. Que
l'on persiste parfois encore à ranger le premier groupe de la Malaisie dans le monde
asiatique, nous n'y voyons pas grand mal : Sumatra, Java, Bornéo, dépendent géologiquement de l'Asie ; ces îles reposent sur un plateau sous-marin relativement peu
profond ; une sorte de canal les sépare des autres archipels de l'Océanie : à partir de
cette faille, les Moluques, la Nouvelle-Guinée et l'Australie ont, au fond des mers,
une assise de nature différente et qui semble s'être graduellement affaissée : c'est sur
cette espèce d'immense piédestal que se produit, par l'agglomération de myriades
de zoophytes, cet étonnant travail de reconstitution continentale.

L'Australie et les îles voisines ne sont que les débris d'une grande masse terrestre, partagée, fractionnée par quelque commotion venue du sud. Nous sommes
ici sur des terres tout à fait originales ; la faune est étrange, bizarre ; elle ne semble,
en vérité, qu'à l'état d'ébauche ; la flore a également un caractère qui la différencie
de celles des autres contrées ; ce continent tient une place à part, et qui doit inspirer
aux géologues et aux anthropologistes les plus sérieuses méditations.

Il est certain que l'Australie présente dans sa faune et dans sa flore une frap-
pante analogie avec les animaux et les plantes que l'on retrouve dans les terrains
jurassiques de l'Europe ; les kangourous australiens rappellent les marsupiaux de
l'antique époque géologique ; l'ornithorhynque de la Nouvelle-Hollande, moitié
mammifère, moitié oiseau, n'est pas moins singulier que le ptérodactyle d'autrefois ;
la grande île devait faire partie du continent jurassique.

L'Australie s'allonge dans le même sens que l'Europe, mais ne rappelle en rien
la forme irrégulière, dentelée de notre vieux monde. Sa configuration uniforme,
l'absence de nombreux golfes, les presqu'îles rares, semblent la condamner à perdre
du génie maritime de la mère patrie, l'Angleterre, si favorisée par ses estuaires, par
ses découpures. A bien considérer, notre Europe, par sa forme exceptionnelle,
semblait être tout entière promise à une civilisation rapide ; ses nombreux enfoncements, ses espèces d'articulations s'avançant au milieu des mers, ont évidemment contribué au développement rapide des peuples. Rien de pareil ne s'offrait

à l'Afrique et à l'Australie; aussi la civilisation ne les a-t-elle abordées qu'en dernier lieu.

Le monde australien serait presque un ovale régulier, s'il ne présentait au nord et au sud deux spacieux enfoncements; au nord, la mer s'y avance assez profondément sous le nom de golfe de Carpentarie; à côté de ce golfe, se prolonge une langue de terre aiguë, terminée par le cap York; au sud, une large échancrure, plus évasée, se subdivise et forme la baie Australienne, *Great Australian Bight*, et les golfes de Spencer et de Saint-Vincent. La civilisation, après avoir cherché à s'implanter sur les côtes assez régulières de l'est, a fini par choisir précisément pour centre d'élection ces parages plus découpés. Le cap Wilson termine l'espèce d'épanouissement de la région sud-est. Le détroit de Torrès sépare le cap York de la Nouvelle-Guinée. Le détroit de Bass sépare le promontoire Wilson de la Tasmanie, mais celle-ci est bien, en réalité, géologiquement le prolongement de l'Australie. Cook, trompé par les apparences, voyait dans cette terre une sorte d'appendice relié directement à la Nouvelle-Hollande; l'illustre voyageur, dans son erreur géographique, avait pour ainsi dire reconstitué le passé.

Sur les rives occidentales de l'Australie, s'ouvre la baie de Dampier ou des chiens marins, au milieu de laquelle se projette la presqu'île Péron; dans les mêmes régions, mais presqu'à l'extrémité sud, se recourbe la baie du Géographe. Sur la côte méridionale s'étend la magnifique baie du Roi George qui serait assez vaste pour réunir les flottes réunies de toutes les puissances européennes.

En résumé, l'Australie est une masse continentale pour ainsi dire d'un seul bloc, émergeant de l'Océan sans former de ces prolongements hardis comme la Scandinavie, l'Italie, l'Indo-Chine. Il n'y a pas, comme en Amérique, de grands fleuves, pouvant servir de trait d'union entre l'Océan et le cœur du pays; aussi, en dépit du merveilleux esprit de recherches qui caractérise les Anglais, les découvertes se font-elles lentement. La science ne peut pas encore se dire la maîtresse de ce petit continent. Bien des pays y restent à explorer. Chose étrange, l'inconnu commence à l'endroit même où la civilisation la plus avancée s'arrête; pas de transition. Les chemins de fer circulent jusqu'aux limites des territoires reconnus. A l'est et au sud, ce monde jouit sur quelques points d'une civilisation qui ne le cède certainement pas à celle de l'Europe; l'industrie y est florissante, le commerce admirablement compris, l'agriculture en pleine prospérité; les villes grandissent à vue d'œil; à quelques pas de là, *terra incognita!* On ne saurait souvent préciser s'il y a un lac, un désert ou de riants paysages. Eh bien! ce monde, à moitié découvert, entre cependant d'emblée en plein courant libéral, tandis que tant de pays de l'Europe aspirent encore vainement, depuis des siècles, à conquérir l'indépendance sans laquelle il n'est pas de civilisation réelle.

Orographie. — Préciser nettement le système orographique de l'Australie n'est pas encore possible; il paraît néanmoins évident que de toutes les parties du monde, c'est la plus pauvre en montagnes élevées; son relief est peu accentué; elle apparaît infiniment moins en saillie au-dessus de l'Océan que l'ancien et le nouveau continent; elle peut avoir environ le tiers de l'altitude de l'Asie, évaluée approximativement par Humboldt à 355 mètres. Il semble aujourd'hui hors de doute qu'une chaîne de montagnes plus ou moins large, d'élévations diverses, mais n'atteignant sur aucun point la hauteur des Alpes, court à peu de distance du littoral, envoyant à droite et à gauche quelques ramifications. Ce système rappellerait donc celui de l'Afrique. La chaîne principale s'étend le long de la côte orientale; l'on y distingue trois subdivisions: ce sont les Alpes australiennes, les montagnes Bleues et la chaîne de Liverpool. Le mont Hotham (2,287 mètres), dans les montagnes

Bleues, est le plus haut sommet. Viennent ensuite les monts Kosciusko, Sea-View, etc. Bien que d'une altitude médiocre, cette espèce de cordillère n'en est pas moins pittoresque, souvent grandiose. Lorsqu'on l'aperçoit du rivage, on dirait qu'elle s'élève graduellement en pentes douces ; illusion. Dès qu'on s'en approche, le spectacle change; c'est un véritable chaos d'abîmes, de crevasses, de roches abruptes. Quelques sommets sont couverts de neiges éternelles. Une autre chaîne commençant près de la côte sud et de la baie de Portland, par 36° 52′ de latitude sud et 142° 35′ de longitude est, court pendant quelque temps au nord et s'abaisse ensuite en ondulations gazonnées qui se rattachent aux Alpes australiennes. La côte occidentale, sans être aussi élevée que celle de l'est, possède quelques sommets dignes d'une mention : on y remarque entre autres, sous le tropique, le mont Augustus (1,100 mètres), et, au nord du tropique, le mont Bruce (1,160 mètres).

En résumé, la plupart de ces montagnes se relient au vaste bourrelet qui suit le littoral; le soulèvement n'a pas dû s'opérer, comme en Europe, de la région moyenne aux extrémités; le continent australien, au centre duquel s'étend un immense plateau ayant sans doute longtemps servi de lit à quelque mer intérieure, a émergé de l'Océan en dessinant d'abord le vaste cercle qui aujourd'hui forme le principal relief du pays.

Géologie, Métaux. — C'est bien en parlant de l'Australie que l'on peut certes répéter que la géologie raconte, à livre ouvert, l'histoire des temps reculés sur lesquels les traditions de l'homme demeurent forcément muettes. Tout démontre qu'il y avait autrefois, dans l'hémisphère austral, une puissante masse qui faisait équilibre au continent asiatique. Il est bien permis de supposer, dit M. Élisée Reclus, qu'un terrible déluge provenant du sud-ouest s'est jadis élancé sur ces grandes surfaces terrestres pour les éroder, les déchiqueter, en porter même les débris dans les continents du nord, et former ainsi ces longues pentes qui descendent vers l'océan Glacial arctique. Les terres du nord se seraient ainsi démesurément agrandies aux dépens de celles du sud. Eh bien ! ce qui a été détruit par quelque convulsion terrestre est en voie de renaître, grâce au prodigieux travail d'innombrables zoophytes. Une ligne continue de récifs madréporiques s'étend au large des côtes du Queensland et de la péninsule du cap York, et n'a pas moins de 1,500 kilomètres de longueur; vers l'entrée du détroit de Torrès, ce mur de corail, bien nommé la Grande Barrière, s'est même déjà changé en une véritable digue, dont les habiles marins connaissent seuls les ouvertures. Ainsi, sur un espace de 500 kilomètres environ, l'accès du rivage de l'Australie et du détroit de Torrès est complétement défendu par ce sinueux rempart toujours grandissant, toujours montant de zoophytes; un isthme d'écueils de 200 kilomètres unit l'Australie à la Nouvelle-Guinée. Ce sont là autant d'assises jalonnées pour un futur continent.

En Australie, la direction de la principale série de reliefs est du sud au nord. Les terrains tertiaires prédominent dans la région côtière du sud, du nord et de l'ouest. Ils s'étendent au sud-est en formant une vaste plaine traversée par le Darling et le Murray. Deux autres immenses plateaux tertiaires se déroulent sur la côte du sud et sur celle du nord. Le premier borde le grand *Bight* ; le dernier s'étend vers le golfe de Carpentarie. Tous deux se prolongent indéfiniment dans l'intérieur du pays en strates horizontales. Sur une grande étendue des côtes règnent, par lambeaux alternants, les terrains paléozoïques, le basalte et le granit; on retrouve cette disposition sur tout le littoral, depuis le détroit de Bass jusqu'au cap Flattery. Le granit constitue en particulier tout le sol de la partie ouest de la Nouvelle-Galles du Sud, et s'étend au loin dans l'intérieur du continent.

De curieuses découvertes paléontologiques, faites dans ces derniers temps, viennent à l'appui de ce que nous avons dit plus haut sur la formation géologique. On voit au musée de Melbourne une patte gigantesque de *diornis*; ce membre seul a près de 2 mètres de hauteur. Le diornis, qui devait avoir plus d'un point de commun avec l'étrange épiornis de Madagascar, paraît avoir en Océanie même un descendant lilliputien dans le petit kiwis (aptéryx). On a trouvé près du lac Timboon les ossements gigantesques d'un animal qui paraît présenter les mêmes particularités anatomiques que le kangourou,-et qui est sans doute son ancêtre. Ce mammifère colossal a reçu le nom de *déprotodon*. Au milieu des matières dures qui entouraient les débris de ce monstre, on a remarqué non sans étonnement des veines ferrugineuses et aurifères.

Les métaux, particulièrement l'or, voilà la cause de la prospérité vraiment prodigieuse de la colonie; non pas que la découverte des gîtes aurifères puisse être considérée comme enrichissant réellement un pays, mais l'attrait d'une prompte fortune attire un flot si considérable d'individus, qu'au lendemain de l'exploitation, de grands centres se forment, la population se centuple. La raison reprend bientôt ses droits, et partout le peuple, agissant en liberté, revient de lui-même à la voie de la sagesse. La fièvre de l'or ne dure que peu d'années, et les mineurs retournent soit à l'agriculture, soit au commerce. Le premier moment de crise passé, à la convoitise presque bestiale du lingot succède le travail, le vrai travail, sans lequel il n'est pas de fortune légitimement acquise. Ainsi l'Australie est redevable de ses rapides progrès aux mines d'or. C'est à ce seul point de vue que la découverte des placers est chose souhaitable.

Le prestigieux métal se trouve en abondance dans les Alpes australiennes, sur une longueur d'environ 1,000 kilomètres, et sur 5 à 600 kilomètres de largeur; il est plus que probable que les montagnes de l'ouest, mieux explorées, donneront aussi des gîtes aurifères extrêmement riches. Jusqu'à présent, les territoires les plus favorisés paraissent être dans le voisinage du mont Alexandre, au nord de Melbourne, dans la colonie de Victoria; les mines les plus célèbres sont demeurées celles de Ballarat et de Badingo, qui ont donné des chiffres de rendement vraiment prodigieux. Ainsi, les Alpes australiennes ont fourni de 1851 à 1866 la valeur énorme de 3 milliards 650 millions de francs. Depuis l'origine de la découverte, on a exporté pour plus de 4 milliards d'or! Bien que l'exploitation soit maintenant presque partout entre les mains de compagnies fort habiles, chaque année les chiffres de rendement paraissent de moins en moins considérables; en 1867, ils n'étaient que de 145 millions, et en 1865 ils s'étaient élevés à 170 millions. Le nombre des mineurs est d'environ 66,000, ne gagnant en moyenne par semaine que 45 francs. L'histoire si palpitante des placers a enregistré la valeur de quelques lingots, résultats d'un coup de pioche heureux. Le Blanche Barkly pesait 184,000 fr.; le Welcome 268,000 fr.; le Sarah Sands 280,000 fr.! Tout cet or, a-t-on eu raison de dire, aurait tué ce pays, comme il tua autrefois l'Espagne, s'il ne s'était pas trouvé sur ce sol des hommes qui reconnurent que la véritable richesse de l'Australie n'était pas les mines, et qu'à côté d'elles il y avait une industrie aussi lucrative et plus durable, *l'élevage des bestiaux*, véritable base de la prospérité de la future république australienne.

La Nouvelle-Hollande possède aussi des mines de cuivre d'une très-grande importance;—le fer y abonde, la houille n'y est pas rare, surtout dans la Nouvelle-Galles du Sud.

Hydrographie. — Les Alpes australiennes séparent en deux versants la région jusqu'à présent la mieux explorée de ce continent; le premier versant est tourné du côté de l'orient, l'autre incliné vers l'intérieur; le versant oriental voit couler le

Fitzroy, dont le principal affluent est le Dawson; le Burnett, la Brisbane, le Man, le Mac-Lean, l'Hunter, enfin l'Hawkesbury, au nord de Sydney; la plupart de ces cours d'eau, forcément peu étendus, resserrés qu'ils sont dans un bassin restreint, naissent au milieu de massifs escarpés, de gorges rocheuses; presque tous sont torrentueux, impraticables à toute navigation importante. C'est au sud, vers la baie d'Encounter, que se dirige le fleuve qui jusqu'à présent passe encore pour l'artère principale de ce monde, le Murray, qui a dans le Darling un affluent considérable. De même que pour le Mississipi et le Missouri, il semble difficile de préciser quel est le plus important du Murray ou du Darling. Il est probable que c'est ce dernier. Le Murray reçoit aussi le Lachlan et le Morumbidgee. Au nord, le Flinders, que l'on a vu pour la première fois en 1862, s'écoule dans le golfe de Carpentarie après un cours de plus de 300 kilomètres. Le Raper, qui se jette dans le même golfe à l'ouest; l'Adelaïde, qui va finir en face de l'île Melville, près du golfe de Van Diemen; la Victoria du nord, qui paraît être le cours inférieur du Sturt, ainsi nommé d'un des plus courageux explorateurs de l'Australie. A l'ouest, les principaux cours d'eau sont : le Swan-River (rivière du Cygne), qui débouche dans l'océan Indien, un peu au nord de la baie du Géographe; la rivière de Grey, le Fortescue, l'Ashburton, la Gascoyne, qui se jette dans la baie des Chiens-Marins, la rivière Murchison, ainsi nommée en l'honneur du savant géologue anglais.

Quant au Cooper Creek, signalé au centre du pays, son cours est encore mal précisé. Il paraît néanmoins hors de doute qu'il est identique avec une autre Victoria, descendant des montagnes de l'est et s'appelant aussi Barcou, et qu'il se dirige vers le lac Eyre, une des plus vastes nappes d'eau de l'Océanie, laquelle, à certaines époques de l'année, se transforme en immense plaine de sable. C'est également dans les mêmes parages que sont pour ainsi dire groupés, les uns à côté des autres, le lac Gardner, le lac Torrens, le lac Frome, semblables à des épaves d'une mer intérieure desséchée. Plusieurs de ces masses d'eau, qui ne sont en réalité que de grands marais, disparaissent en été, c'est-à-dire pendant les mois de décembre, de janvier et de février.

Climat. — Bien qu'exposé à des variations atmosphériques très-brusques, le climat est généralement salubre. Les saisons australiennes sont nécessairement à l'inverse de celles de l'Europe. L'été correspond à notre hiver, le printemps à notre automne. En juillet, la température est souvent assez rigoureuse, surtout dans le sud-est. Des pluies abondantes tombent en automne; le vent du nord-ouest est le plus chaud : on peut le comparer au khamsyn d'Égypte; comme le célèbre vent d'Afrique, il s'élève des territoires arides, calcinés, de l'intérieur; il dessèche les rivières, transforme les terres fertiles en désert; mais la pluie lui succède sans transition, une pluie diluvienne, incessante, terrible. Les cours d'eau se gonflent, et bientôt les plaines poudreuses se couvrent de pâturages verdoyants. A Port-Jackson, les pluviomètres ont indiqué jusqu'à 63 centimètres d'eau en vingt-quatre heures, chiffre énorme! La moyenne annuelle est de 1 mètre 21 à Sydney, et de 1 mètre 60 dans plusieurs districts voisins.

Eh bien, ces alternatives de chaleur et de froid, de sécheresse et de pluies torrentielles, ne font nulle part de l'Australie un pays malsain.

Les maladies les plus fréquentes sont les affections rhumatismales, souvent avec complications cardiaques; les affections pulmonaires, catarrhales, sont aussi assez communes. La seule épidémie que l'on connaisse est une sorte de grippe que caractérise souvent sa gravité. La phthisie ne paraît pas moins répandue qu'en Europe; les ophthalmies sont nombreuses; le typhus n'est pas rare. La dyssenterie se rencontre en été, surtout chez les nouveaux immigrants; mais elle est ordinairement sans gravité. Le cortége des maladies venant assaillir nos belles contrées d'Occident est encore plus considérable.

Flore. — Flore étrange, chétive sur certains points, merveilleuse dans d'autres, de croissance rapide, d'un aspect triste, sombre, uniforme, au feuillage d'un vert gris, et qui, de prime abord, semble ne tenir par aucun lien à la flore des autres mondes. On dirait que la végétation est restée là ce qu'elle était dans les temps les plus reculés; elle représente les traits distinctifs de la flore des premières périodes : certaines plantes fossiles en Europe sont là-bas en pleine séve, les araucarias, par exemple. L'aspect de cette nature est si caractéristique, qu'un naturaliste sérieux a pu dire « qu'on la prendrait volontiers pour la production d'une autre planète! » Il ne faut pas s'y méprendre cependant; les plantes de ce monde n'ont ni une structure, ni des organes qui leur assignent un rang à part; elles peuvent toutes être parfaitement classées dans les familles répandues ailleurs.

La sylviculture y compte des géants : des gommiers énormes, parmi eux l'eucalyptus globulus (famille des myrtées), au bois résistant, à la croissance extrêmement rapide, qui atteint fréquemment une hauteur de 50 mètres, et à la base une circonférence de 12 mètres. En moins de dix années, cet arbre est majestueux, aussi élevé qu'un chêne de cinquante ans! Cette merveille du règne végétal a fait le voyage de l'Océanie en Europe et en Algérie, grâce à la persistance généreuse du français Ramel.

Les essences sont assez variées : c'est l'angophora, le callistenion, le malaleuca, le frêne, le hêtre, plusieurs espèces de pins, le cèdre, les araucarias, le baobab, le chêne, plusieurs acacias, le bois de fer, le bois de rose, l'acajou, le figuier géant; enfin, parmi les autres plantes, le nardou, cryptogame dont l'involucre, broyé, réduit en farine, sert de noûrriture aux sauvages. Que pouvons-nous encore citer? Quelques joncs, des racines d'arums et de fougères, le chou-palmiste, le palmier qui donne le sagou. Dans l'intérieur, des fourrés épais d'arbustes épineux ou spinifex, de hautes herbes, sont un des obstacles les plus sérieux opposés aux voyageurs! La flore australienne est aujourd'hui bien connue : le célèbre botaniste Mueller, de Melbourne, en a fait une profonde étude.

Donc, de grands arbres au bois abondant, résistant, mais peu d'espèces utiles à l'alimentation; on peut même tenir pour certain que tout ce monde ne fournira pas une seule plante alimentaire au premier chef. Ne faut-il pas voir là l'une des causes de l'état misérable dans lequel on a presque partout rencontré l'homme australien? Ce défaut d'équilibre dans les subsistances, le blanc est destiné à le faire cesser. Son intérêt le lui commande impérieusement. Déjà, grâce à lui, les fruits européens, la vigne, les céréales réussissent bien dans le sud, les pâturages y sont magnifiques; les Anglais ont également établi des cultures d'indigo, de café, de canne à sucre, de coton. L'Australie nous livre donc ses essences aux proportions gigantesques; notre vieux monde lui envoie en échange ce qui constitue pour une large part la vie : les plantes des vergers.

Faune. — C'est dans les manifestations de la vie animale, dans l'organisme zoologique, que la nature australienne se révèle dans toute son étrangeté. On y dirait la plupart des animaux dans une période de transformation; ils semblent, en vérité, sur cette terre, plus ébauchés qu'achevés. Il en est qui, par leur conformation, paraissent tenir le juste milieu entre deux classes : dans quelques siècles peut-être, grâce à l'atmosphère australienne, éminemment propre à entretenir une vitalité puissante, ces animaux, dépouillant peu à peu leur espèce de chrysalide, se modifieront, se perfectionneront. Au reste, à une flore bizarre devait correspondre une faune anormale, on peut même ajouter une population d'un caractère spécial. De la

erre à l'homme, la chaîne est directe. Quels sont les principaux exemples des
étranges espèces de la Nouvelle-Hollande ? Ce sont les marsupiaux (kangourous,
phalangers, etc.), les ornithorhynques, les échidnés, les wombats, les aptéryx,
les casoars, etc. Il semble, dit M. Alfred Maury, que la disposition si particulière
que l'on remarque chez les marsupiaux soit intimement liée à la création zoologique de cette terre, puisque Meyer a même retrouvé quelque chose d'analogue dans
le casoar, qui répond, pour ce continent, à l'autruche d'Afrique. Les kangourous, les
plus grands des marsupiaux, semblent correspondre, pour l'Australie, aux ruminants, qui y font en effet complétement défaut. Il n'y a pas de singes dans cette
partie du monde, mais les pétauristes ou phalangers volants se rapprochent néanmoins des singes, avec lesquels ils ont un mode commun d'alimentation.

Les mammifères indigènes sont peu nombreux, les oiseaux le sont beaucoup
plus : c'est le cygne noir, autre singularité de ce monde; le canard, le pélican, la
lyre, les perroquets, les oiseaux de paradis, le corbeau, le loriot prince-régent,
dont le plumage offre un mélange de jaune d'or et de noir de velours; les martins-
chasseurs, le moucherolle crépitant, dont le cri imite, à s'y méprendre, le claquement
d'un fouet; quelques oiseaux de proie, etc. Il y a plusieurs reptiles : le crocodile,
le serpent fil, très-venimeux, l'acanthophis bourreau, non moins redoutable, etc.
Malgré les souhaits de quelques membres passionnés de la société d'acclimatation,
pas un seul des animaux originaires de ce continent ne pourra jamais être sérieusement utilisé; mais, en revanche, les espèces européennes s'y naturalisent bien; les
moutons et les bœufs donnent déjà d'immenses produits : il n'y a pas moins de
12 millions de moutons dans la Nouvelle-Galles du sud. L'avenir tout entier
est là.

Ethnographie. — Chaque sol a sa race spéciale; le granit a la sienne; les terrains
calcaires ont la leur; bien d'autres agents, l'air, les milieux, exercent une énorme
influence : un fait hors de doute aujourd'hui, du moins pour nous, c'est que
l'homme australien ne doit pas être assimilé au véritable nègre; il est certes bien
l'enfant de la terre qu'il habite; lorsque les Européens sont venus le surprendre
dans sa retraite, il ne connaissait ni l'agriculture, ni les métaux, ni les animaux
domestiques, pas même l'arc. Il ignorait tout de ce qui constitue les éléments de la
civilisation chez les autres peuples. La conclusion à en tirer est simple; il n'était
même jamais sorti de son île. Il a inventé le boumerang, dira-t-on, arme merveilleuse, qui, après une voltige, une série de pirouettes, revient, sans toucher le sol,
retomber aux pieds de celui qui le lance en avant comme un projectile; mais
ce casse-tête d'un genre nouveau, bien que défiant pour ainsi dire les lois de la
balistique, n'établit pas suffisamment le génie d'une nation.

Ventre proéminent, extrémités petites, membres grêles, teinte cuivrée, généralement sombre, même noire, cheveux plutôt ondulés que crépus, prognatisme très-
prononcé, tel est l'Australien. Être abject, affreux, suivant quelques auteurs,
Apollon noir, d'après les autres. Ces divergences d'opinion ne doivent pas étonner :
l'Australie est un monde, et des types différents peuvent parfaitement s'y présenter.
Quelques tribus échappent certainement à la laideur; la majorité des habitants est
d'une constitution misérable. Il est peu probable que l'anthropophagie soit une
coutume pour ainsi dire normale de ce peuple; mais il est certain qu'après quelques
famines, le cannibalisme a pris, à diverses époques, d'effroyables proportions.
Ces indigènes, qui passent pour si abrutis, font parfois preuve d'une sagacité assez
grande; ainsi, en frottant quelques morceaux de bois secs, par un mouvement de
rotation rapide, ils parviennent, en moins d'une minute, à obtenir de la flamme.
Les sauvages du Nouveau-Monde usent d'un semblable procédé. Leur intelligence

est généralement au-dessous de celle de la plupart des nègres : leur crâne est doli-chocéphale. Leur nombre n'a jamais dû être considérable ; mais il diminue avec une telle rapidité, que l'on peut prévoir qu'avant la fin du siècle, la race aura disparu : on n'en compte plus que quelques milliers. Le pauvre peuple s'éteignait lentement de lui-même ; les Anglais en étouffent les derniers débris. Pourquoi faut-il que cette grande nation britannique ternisse sa gloire par sa conduite froidement implacable ? Il faut le dire, en effet, cette terrible race saxonne tend à la suppression radicale des indigènes : « La politique n'a pas d'entrailles, » disait Napoléon. « Nous appartenons à un peuple de proie, » répétait Emerson.

Soyons certains que nos voisins se sont promis d'exterminer les races autochtho-nes de l'Océanie ; ils se tiendront parole. Ils substitueront, ceci est hors de doute, partout où ils s'implantent, leur élément à celui des premiers maîtres du sol. Des moyens inouïs ont été employés pour décimer, pour anéantir les sauvages. En plein xixe siècle, on a inventé des procédés d'extermination qui auraient peut-être fait rougir de honte les Espagnols au xvie siècle. Qu'on n'aille pas crier à la calomnie, il y a des faits !

Les indigènes étaient-ils des êtres complètement dégradés ?

Après un examen attentif de la conformation de leur crâne, notre savant collègue Bertillon pense que l'on a exagéré sciemment leur infériorité intellec-tuelle. Ont-ils un véritable culte ? C'est au moins fort douteux ; ils enterrent néan-moins leurs morts avec certains honneurs. Sont-ils dénués de toute imagination ? Évidemment non ! Leurs facultés, suivant un jugement heureux, sont plus *perceptives* que *réflectives* : ce sont de bons chasseurs, fort adroits et des observateurs souvent subtils.

Géographie politique. —Il est curieux de suivre sur les cartes les progrès de la géographie australienne. On marche de surprise en surprise. Nous reportons-nous à moins de cent années en arrière, par exemple, à l'époque de d'Anville, nous ne trouvons pas encore, à beaucoup près, la délimitation exacte du littoral : les plus belles provinces, qui attirent aujourd'hui des milliers d'émigrants, sont encore à découvrir. La Terre de Diemen (Tasmanie) est jointe à la masse continentale. Pas une ville, pas même une station sur l'immense développement des côtes. Quelques rares noms s'étalent sur ce pays encore mystérieux, tandis qu'en France, dans les mêmes années, Cassini, le maître des topographes, faisait l'admirable relevé topo-graphique de notre pays. La Nouvelle-Galles méridionale occupe vaguement toute la partie orientale. Au nord, nous voyons apparaître le nom de Carpentarie ; à l'occident, la région la mieux précisée à cette époque, et trop oubliée aujourd'hui. On distingue quelques noms : c'est la Terre de Witt, la Terre de la Concorde ; au sud-ouest, c'est la Terre de Nuyts.

Pendant que les trois quarts de l'Europe, ressassant une politique vieillotte, se consument sous un régime qui nous renvoie toujours au temps des Romains et des Grecs, l'initiative de quelques hommes a accompli là-bas des merveilles. Au lieu de regarder le passé comme on le fait trop souvent, il serait plus sage d'essayer de comprendre l'avenir en suivant l'œuvre de ces jeunes générations qui, marchant sans entraves, entrent à toute vapeur dans ce que l'on peut appeler le vrai progrès matériel et moral.

Le présent, quel est-il ? voyons-le.

Les limites ont été tracées d'après le mode américain, sans grands scrupules des cours d'eau et des montagnes ; elles vont hardiment du nord au sud et de l'est à l'ouest, découpant la terre nouvelle, connue ou non, en lots énormes. L'intérieur n'a pas encore été visité ; qu'importe ! il appartient d'avance aux colonies. Le partage est fait. Ce procédé britannique, renchérissant encore sur le sans-gêne habituel de la politique saxonne, dit clairement : « Nous nous moquons des indigènes, nous sommes les plus forts, par conséquent les maîtres ! » Comme chez nos voisins, tout est pondéré, sauf la plus élémentaire de toutes les justices à l'égard des malheureux naturels.

De toutes ces colonies, la plus florissante a été réduite aux limites les plus étroites, c'est celle de Victoria. Nous verrons bientôt quelles sont ses ressources.

L'Australie est divisée en six parties, bien qu'on ne compte que cinq colonies, à la tête de chacune desquelles fonctionne un gouvernement distinct. Ce sont : 1º la Nouvelle-Galles méridionale, à l'est; 2º la province de Victoria, au sud-est; 3º le Queensland, au nord de la Nouvelle-Galles méridionale; 4º l'Australie du sud; 5º l'Australie du nord; 6º l'Australie de l'ouest. L'Australie du sud a encore sous son administration l'Australie du nord.

La Nouvelle-Galles du sud est traversée du nord au sud par la chaîne des montagnes Bleues. Les rivages, découpés par une série de petites baies, présentent de bons mouillages, et reçoivent des cours d'eau assez nombreux, mais médiocrement étendus. Dans la région occidentale, au delà des montagnes, se déroulent librement le Murray et ses affluents. Bien que le sol de cette région se prête plutôt à l'établissement de pâturages qu'à la culture des céréales, cependant l'agriculture s'y est implantée; elle s'y exerce déjà sur presque tous les produits des régions tempérées. L'industrie lainière y est florissante. C'est dans les environs de Bathurst qu'en 1851 furent découverts les premiers gisements aurifères. Depuis, la Nouvelle-Galles est devenue, avec la province de Victoria, le pays le plus attractif du monde australien. Dans la seule année de 1867, on a extrait pour 24 millions d'or. La capitale est Sydney (80,000 habitants) sur le magnifique port Jackson. Paramatta, la seconde ville de la colonie, est unie à Sydney par un chemin de fer. C'est au sud que s'ouvre *Botany-Bay*, le premier point où abordèrent les Anglais. Plusieurs lignes ferrées réunissent les principaux centres de commerce et d'industrie. La constitution de cette colonie est la plus ancienne de l'Australie, et cependant elle n'a été octroyée qu'en 1848! La population de la province est de près de 500,000 habitants.

La colonie de Victoria, autrefois Port-Phillip ou Phillipsland, est la plus petite, l'une des plus récentes, mais, en revanche, la plus prospère des colonies australiennes; elle s'étend à l'angle sud-est de l'Australie, et présente, sur une assez longue ligne de côtes, plusieurs enfoncements favorables, par exemple, le magnifique bassin nommé port Phillip. L'extrémité des Alpes australiennes s'y ramifie et forme plusieurs tronçons, dont le point de départ est au mont Alexandre. Le climat tempéré rappelle celui des régions moyennes de l'Europe; aussi les colons du Royaume-Uni, qui, en cherchant une nouvelle patrie, choisissent, de préférence, instinctivement, les contrées qui ont une température semblable à celle de la Grande-Bretagne, affluent-ils surtout vers ces parages.

Les avantages exceptionnels offerts par la situation du port Phillip ont depuis longtemps appelé l'attention des Européens; dès l'année 1803, on avait tenté d'y faire un établissement; mais cette entreprise échoua, et ne fut recommencée qu'en 1835; le pays fut acheté aux naturels, suivant la méthode américaine, par la société d'émigration de Van Diemen. A partir de cette époque, la colonisation commença à se porter sans interruption vers ce point favorisé; enfin, en 1851, la découverte de l'or provoqua un mouvement inouï de population. La ville de Melbourne, qui a été choisie pour la capitale de la province de Victoria, s'éleva sur le port Phillip d'une façon presque féerique; en 1834, elle n'existait pas; en 1846, elle comptait 10,000 âmes; elle a maintenant plus de 200,000 habitants; elle possède une foule d'établissements utiles : une bibliothèque très-importante, un magnifique musée, des sociétés savantes et littéraires, plusieurs journaux très-autorisés, des théâtres, etc. C'est actuellement, avec Batavia, la métropole de l'Océanie; demain, elle sera l'une des capitales du monde. Geelong, autre ville maritime, est jointe par une ligne ferrée à Melbourne et à Ballarat, l'un des centres aurifères les plus riches. Dans le seul district de Geelong, on peut récolter déjà annuellement 50,000 gallons de vin.

La Victoria a envoyé à l'exposition universelle de Paris (1867) une colonne représentant l'or extrait de ses mines jusqu'en 1866. Cette pyramide avait 10 pieds carrés à la base, 62 pieds 1/2 d'élévation; elle représentait plus de 2,000 pieds cubiques d'or, et une valeur de 3,600,000,000 de francs! Ce qui est préférable à tous ces trésors, l'éducation, est déjà, proportions gardées, plus répandue là-bas qu'en France : il y a 1,000 écoles, recevant environ 80,000 enfants! La population de cette province est de 700,000 âmes.

La colonie de Queensland formait autrefois le district septentrional de la Nouvelle-Galles du sud, dont ce territoire fut détaché en 1859. La chaine de montagnes, dont nous avons déjà parlé, la traverse du nord au sud, en répandant à droite et à gauche ses rameaux majestueux. Le nord de cette province est encore mal exploré, mais la portion méridionale, qui s'étend de la rivière de Fitz-Roy jusqu'au sud de la baie de Moreton, est assez bien colonisée et donne déjà de beaux résultats. Le climat est salubre, et, par le fait même de l'élévation progressive des montagnes, le sol se prête parfaitement à la production des plantes tropicales et de celles des régions tempérées. Le tabac, le café, la canne à sucre, le maïs, l'indigo, le riz, les bananes, les melons, l'ananas, l'arrow-voot, le lin, le millet, réussissent également. La laine, le coton, le charbon de terre, fournissent, avec les bois de construction, les principaux articles d'exportation. L'exploitation du coton seul peut être évaluée, par année, à 250,000 balles. La capitale, Brisbane, ville de grand avenir, est située dans une des parties les plus riches, sur la baie de Moreton ; — Port-Denison est aussi l'un des points les plus commerçants.

Cette contrée est en plein progrès. La population était, à la fin de 1866, de 96,000 habitants; l'année précédente on n'en comptait que 86,000. Aujourd'hui, le chiffre de la population dépasse 120,000 âmes.

L'Australie du sud, belle et grande colonie, fut établie, en 1836, par une compagnie anglaise d'émigration, qui, une année auparavant, avait obtenu une concession du gouvernement métropolitain. Moins montagneux que les régions orientales, ce pays est mieux arrosé. S'il était plus pittoresque, on pourrait le comparer au Canada. C'est lui qui possède la plus précieuse partie du grand fleuve Murray et les principaux lacs du continent.

Le climat, analogue à celui de certaines parties de l'Italie, est très-salubre. Les principales productions de cette colonie, qui n'est encore qu'à son début, sont la laine, les viandes préparées et les métaux, tels que le plomb, le cuivre et l'antimoine. Le commerce se centralise dans la capitale, Adélaïde, excellent port, sur le golfe Saint-Vincent; de là, part un chemin de fer qui se dirige jusqu'au cœur de la province. La constitution de cette colonie date de 1856. La population a très-certainement doublé dans les dix dernières années. Elle est de 200,000 habitants.

L'Australie du nord, encore, comme nous l'avons dit, sous l'administration de l'Australie méridionale, renferme, entre autres points, le port Essington, l'île Melville et l'établissement d'Escape-Cliffs, fondé après le grand voyage que fit à travers tout le continent Mac-Douall-Stuart.

La colonie de l'Australie de l'ouest comprend une région très-vaste qui s'étend vers l'océan Indien. Il est hors de doute que cette province sera un jour divisée en plusieurs autres colonies. Sa population blanche est encore insignifiante ; elle ne dépasse pas 25,000 âmes ; les indigènes, partout si clairsemés, y forment de petits groupes d'environ 2,000 individus. Le pays est traversé dans le sens de sa longueur par trois chaines de hauteurs, qui vont s'élevant de la côte vers l'intérieur, et dont le point culminant parait être vers le King-George's-Sound. Cette contrée est assez bien arrosée. La capitale est Perth, sur la rivière des Cygnes ; à peu de distance est Freemantle, située à l'embouchure de la même rivière. Cette contrée reçoit encore des convicts ; la colonisation libre y est-elle lente précisément par ce fait ?

C'est en 1828 qu'on a jeté la base de ces premiers établissements ; mais la colonie, n'offrant pas les mêmes ressources que celles des parages de l'est, ne s'est pas développée avec la même rapidité. Son temps viendra lorsque le trop-plein de la région orientale se verra forcé de se déverser vers l'occident.

En résumé, cette contrée entrera un jour, comme les autres, dans le courant de la civilisation ; elle est en arrière dans le steeple-chase, voilà tout.

Ce n'est pas un pays pauvre. Les productions sont le vin, la laine, les bois de construction, les métaux et le charbon de terre. Que de gages d'avenir !

La vie circule donc dans tous ces pays australiens fraichement conquis à la civilisation. Qui aurait pu prévoir, seulement en 1850, qu'il y aurait déjà en 1870 quelques milliers de kilomètres de voies ferrées et plus de vingt mille kilomètres de fils télégraphiques ? Quels prodiges l'initiative individuelle ne parvient-elle pas à faire ?

Comment toutes ces colonies fonctionnent-elles ? Très-simplement. Chaque province a son gouverneur nommé pour sept ans par la reine ; ses appointements sont de deux cent cinquante mille francs. Il accepte les ministres qui lui sont imposés par la majorité des chambres formées de deux assemblées : 1º la chambre basse (assembly), composée de 78 membres nommés au suffrage universel pour cinq années ; les seules conditions pour être électeur et éligible, sont d'avoir vingt et un ans, et de donner acte de résidence dans le pays deux mois avant le vote ; sont rayés de la liste des électeurs, ceux qui ne savent pas lire ; cette assemblée est une véritable chambre des communes et la manifestation directe du peuple : l'administration se soumet à ses arrêts ; — 2º la chambre haute ou conseil, qui se compose de 30 membres, propriétaires pour la plupart. Les ministres sont responsables.

La démocratie est là entièrement abandonnée à elle-même ; elle a tout créé. Il semble, dit le comte de Beauvoir, que la race anglo-saxonne ait laissé de l'autre ôté de la ligne tout ce qui l'arrêtait encore en Europe, pour prendre résolûment ici la voie du progrès. Cette franche hardiesse a engendré des merveilles ; elle a fait une Europe libre et prospère dans l'hémisphère du sud.

Histoire. — L'opinion générale, presque classique, attribue la découverte de cette contrée aux Hollandais, vers 1606. Mais il est hors de doute que d'autres navigateurs avaient connu précédemment une grande partie du littoral australien. Le célèbre globe de Martin Behaim (1492) n'en fait nullement mention ; mais sur plusieurs cartes du XVIᵉ siècle, particulièrement sur la mappemonde dite de Henri II et qui parait plutôt devoir être reportée au règne de François Iᵉʳ, on voit distinctement une immense terre à la place même où s'étend le continent australien. Cette terre y est appelée Java-la-Grande ; sur d'autres documents, par exemple sur les cartes d'Ortélius et de Mercator, elle porte dans sa partie la plus septentrionale le nom de *Beach* (rivage), qui semblerait indiquer une découverte anglaise ; mais aucun souvenir de navigation britannique dans ces parages ne reste dans les annales géographiques de cette époque. Les mêmes cartes donnent à d'autres parties du pays les noms de *Lucach* ou *Lucar* et de *Maletur*, dont il est impossible de dire l'origine; elles annoncent, dans de petites notes, que ces régions sont riches en or, ce qui est vrai; et en diamants, ce qui l'est beaucoup moins. Quant à la mappemonde dite de Henri II, elle commet de puériles erreurs en montrant, au milieu de la grande terre, des châteaux forts avec tours et mâchicoulis, en y faisant courir çà et là de superbes lions, et en y représentant des monarques portant de hautes bottes et assis majestueusement sur leurs trônes. Nous ne serions guère, on le voit, en Australie !

Même beaucoup plus tard, le poëte Campbell osait la dépeindre ainsi : « Les tours des villes apparaissaient là où rugissait la panthère... » Néanmoins, à travers les délinéaments fabuleux des premiers documents, on reconnaît les traces positives d'une exploration du nord et du nord-est. Un vaste golfe y rappelle celui de Carpentarie; on voit un cap Frémose ou Formose, qui dénote le passage des Portugais; une côte des Herbaiges, nom français qui pourrait bien révéler quelque voyage des Dieppois, ces hardis coureurs de mer qui s'aventurèrent très-loin, sans toujours préciser nettement l'itinéraire suivi ; mais, de toutes ces indications, ce qui se dégage d'une manière assez positive, c'est que les Portugais ont abordé l'Australie peu de temps après avoir découvert les Moluques, c'est-à-dire vers 1527 ou 1530. Conformes aux habitudes de l'époque, ils tinrent probablement secrète cette découverte, afin de jouir seuls des avantages promis par les nouvelles terres. Qu'arrive-t-il aussi? Lorsque les Hollandais, en 1606 et de 1628 à 1627, font connaître cette région à laquelle ils n'oublient pas d'imposer immédiatement leur nom, on croit qu'ils dévoilent un monde complétement inconnu. La vérité est donc que, si, bien des années auparavant, les Portugais avaient certainement vu l'Australie, il revient aux Hollandais l'honneur d'avoir exploré une partie du littoral; ils le parcourent non sans difficulté, et disséminent çà et là des dénominations chères aux Bataves : Terres de Carpentarie (du capitaine Carpenter), d'Arnhem, de Van-Diemen (gouverneur de Batavia), de Witt, d'Endracht, d'Edel, de Leeuwin, de Nuyts. Abel Tasman, fort épris des charmes de la fille de Van-Diemen, veut conquérir les difficiles bonnes grâces du père en s'élançant à la découverte de pays nouveaux, fait le tour de l'Australie, et reconnaît la terre qui porte aujourd'hui son nom.

Les Hollandais ne devaient pas recueillir le fruit de si beaux voyages; les Anglais les supplantèrent sans peine. Dampier visite la côte occidentale; en 1770, Cook arrive sur la côte orientale ; il aborde à Botany-Bay, et en prend possession au nom de son souverain George III. L'Angleterre essaye d'abord d'y jeter les bases d'un établissement, mais le port Jackson semblait plus favorable; c'est là que naît la nouvelle colonie : quel progrès depuis cette époque, qui ne remonte qu'à 1788 ! Phillip entre dans le port Jackson le jour même où La Pérouse s'y montre avec ses deux navires l'*Astrolabe* et *la Boussole*. L'amiral anglais y débarque avec 850 convicts, sur lesquels on comptait 250 femmes; il emmenait aussi avec lui environ 200 soldats; en tout, 1096 personnes. Voilà dans son germe cette colonie qui compte aujourd'hui près de 2 millions d'habitants ! A partir de cette époque, les voyages se multiplient : en 1798, le chirurgien Bass découvre le détroit qui a pris son nom; en 1806, une inondation terrible semble à jamais ruiner la colonie ; en 1808, militaires et colons conspirent contre le gouverneur Bligh et le déposent. Pendant quelques années le progrès est insensible; mais tout à coup le pays prend son essor et marche définitivement en avant. On pénètre çà et là dans l'intérieur, on colonise. En 1829, création du jury; en 1831, on établit le collège australien et on lance le premier bateau à vapeur; en 1836, occupation de l'Australie du Sud; en 1837, fondation de Melbourne. A partir de 1840, on n'introduit plus un seul convict dans la colonie orientale. En 1843, a lieu la réunion du premier conseil législatif populaire, dont vingt-quatre membres étaient directement élus par la nation; en 1850, Victoria est érigée en province distincte; en 1851, la découverte des gisements aurifères de cette province est le signal du branle-bas général qui va faire affluer de tous les points du globe aventuriers et colons. En quelques mois, le chiffre de la population est décuplé; l'émigration déverse plusieurs centaines de mille hommes. Mais, à côté de ces faits, il en est d'autres qui ont également beaucoup contribué à la brillante fortune de la colonie : je veux parler des découvertes géographiques accomplies la plupart du temps par des pionniers presque sans ressources, mais vraiment inspirés par la passion de ces conquêtes pacifiques. Résumons rapidement l'historique de ces tentatives, couronnées presque toutes d'un plein succès : Oxley, le premier, entreprend l'exploration systématique de l'intérieur de l'Australie; il suit, en 1817, les rivières Macquarie et Lachlan, à l'ouest des montagnes Bleues; il est arrêté par des marais d'une vaste étendue, au delà desquels il n'aperçoit aucune terre; de là, cette hypothèse longtemps adoptée par le monde savant, mais reconnue fausse aujourd'hui, que l'intérieur de ce continent n'est qu'une mer peu profonde entourée de marécages. — Sturt, en 1830, découvre le grand fleuve qu'il appelle Murray; — Cunningham fait peu de temps après de grandes explorations dans le nord de la Nouvelle-Galles; — Eyre, en 1840 et 1841, parcourt l'intérieur et dévoile le grand lac Torrens; — Sturt part en 1844, s'avance plus loin qu'aucun autre, et salue du nom d'Eyre et de Cooper deux rivières qu'il découvre vers le centre de l'Australie; — le célèbre Leichhardt, pendant les années 1844 et 1845, se rend de la baie Moreton, sur la côte orientale, au port Essington, sur la côte nord. Aucun voyageur n'avait jusqu'alors accompli un trajet aussi long. Encouragé par ce succès, il veut entreprendre la traversée du continent de l'est à l'ouest dans toute sa longueur! Il part en 1848; depuis ce temps, pas de nouvelles de cet audacieux explorateur. Mitchell, qui avait déjà découvert le Darling, fit connaître, en 1846, la rivière Victoria de l'est; en 1847, Kennedy s'engage dans les mêmes parages, et finit par y mourir assassiné par les indigènes.

Hargreaves, voyageur géologue, revenant d'Amérique, examine, en 1850, les roches quartzeuses des Alpes australiennes; il y trouve de l'or. Aussitôt la nouvelle se propage. L'Australie devient un point de mire. On déserte même la Californie pour cette nouvelle terre promise.

L'orient australien ne fait pas oublier la région occidentale : dès 1842, Wickham et Stokes s'y livrent à de fructueuses explorations; en 1846, Roe parcourt la portion méridionale; il renouvelle ses excursions jusqu'en 1858.

En 1846, Auguste Gregory accomplit un grand voyage dans le nord de l'Australie occidentale; il y retourne en 1848, avec le gouverneur Fitz-Gerald; ils sont attaqués par des femmes offensées d'avoir inutilement sollicité leurs faveurs. En 1856, le même explorateur remonte le fleuve Victoria jusque vers sa source, découvre la rivière qu'il nomme Sturt, et poursuit hardiment son voyage dans le même sens que Leichhardt en 1845.

Austin fait, en 1854, d'importantes explorations dans l'Australie occidentale; Frank Gregory en accomplit de plus remarquables encore en 1858 et 1861.

Chaque année est témoin d'une nouvelle tentative pour percer de part en part le continent : c'est Clarkson et Harper, c'est Mac-Douall Stuart, Herschel Babbage et tant d'autres audacieux *bushmen*.

Gregory le premier fait, en 1858, la traversée en diagonale de la côte est à la côte sud, mais jusqu'à cette époque personne n'avait encore franchi l'Australie de part en part, du sud au nord ; ce périlleux honneur était réservé à l'infortuné Burke, surnommé le *Colomb australien*, et à ses compagnons. Ils partent de Melbourne en 1860, parviennent au golfe de Carpentarie, et meurent presque tous. Néanmoins, l'élan des tentatives les plus audacieuses est dès lors imprimé. Mac-Kinlay, espérant secourir Burke, arrive au golfe de Carpentarie : *seconde traversée* du continent. Landsborough part en 1861 des bords de ce golfe, et, marchant en sens inverse, finit par atteindre Melbourne : *troisième traversée*. En 1862, Mac Douall Stuart, le *grand voyageur australien*, accomplit enfin la *quatrième traversée*. Partout, les entreprises se multiplient, les missions scientifiques s'organisent. On voit même les dames australiennes se cotiser pour envoyer une expédition à la recherche des derniers débris de l'expédition de Leichhardt. Le cercle de l'inconnu diminue de jour en jour. Semblables à des pistes, les itinéraires des pionniers filent déjà sur des portions de la carte hier encore complétement en blanc. La science et la civilisation marchent d'un commun essor.

L'immigration a toujours continué à donner des chiffres grossissants. Dès 1861, sur plus de 8,000 individus d'origine anglaise, abandonnant la mère patrie, 2,100 se dirigeaient du côté de l'Australie. Parmi les émigrants, c'est l'élément écossais qui domine. Le gouvernement anglais a favorisé les immigrations dites de famille, les meilleures sans contredit. Le départ, loin de rompre les liens, les resserre plus étroitement. Par cette heureuse pensée, les résultats les plus satisfaisants ont été obtenus.

On peut assurer qu'à la fin du siècle, la population, qui s'élève aujourd'hui à environ 2 millions d'âmes, aura dépassé dix millions d'habitants. Est-ce à dire que ces colonies soient appelées à un avenir aussi brillant, aussi durable que l'Union américaine ? Nous ne le supposons pas. Malgré ses richesses minières, malgré ses pâturages, ce monde océanique ne doit pas être placé tout à fait au même niveau que les États-Unis. La zone des terres véritablement fertiles ou aisément cultivables ne dépassant pas un large périmètre de circuit en dedans des côtes, le centre, couvert de broussailles, étant reconnu très-pauvre ou même complétement aride, tout assigne le second rang à cette terre, qui, du reste, peut grandir et devenir un des centres les plus peuplés du monde, sans vouloir rivaliser directement avec la république américaine, douée d'avantages exceptionnels : sol merveilleux, communications faciles, liberté politique, liberté religieuse, etc.

Un fait hors de doute, certainement bien en faveur de l'Australie, c'est son climat vivifiant, réparateur. Il en est donné des preuves qui pourraient paraître presque ridicules si elles ne constataient un fait pathologique remarquable. Grâce à l'influence de ce ciel heureux, bon nombre de femmes à qui la nature défendait désormais de devenir mères sur notre vieille terre usée de l'Europe, en ont subitement recouvré la possibilité. Avis consolant.

Ce qui manque encore dans ce monde né d'hier, c'est un parfait équilibre dans les deux sexes ; le sexe masculin est en nombre infiniment plus considérable : c'est assez dire de combien de faveurs sont entourées les femmes ! Il est certaines localités où l'on ne trouve encore que cinquante femmes sur cent hommes ! Aussi, les Européennes, belles ou laides, sont-elles attendues avec impatience. La législation et la religion n'admettent pas de transaction ; il faut se marier. Que d'unions chrétiennes ont couronné sur ce sol vierge des existences singulièrement accidentées en Europe !

Parmi les émigrants, les Chinois ont été un moment fort nombreux ; la race axonne, plus ombrageuse qu'on ne pense, s'est effrayée de ce flot qui menaçait de ~~~ut envahir; puissance au fond autoritaire, libérale seulement pour elle-même, ~le a osé, contre tous les droits, arrêter cette émigration de braves et intelligents ~availleurs. C'est un fait scandaleux, inouï! Durant plusieurs années, les Anglais ~nt défendu aux Chinois de venir s'installer dans ce monde qu'ils disaient grand ~uvert à tous! Aujourd'hui, ils veulent bien se contenter de leur imposer une taxe, ~ut en leur interdisant d'amener avec eux leurs femmes! Et voilà la condition ~homme libre faite aux Chinois, tandis que John Bull continue, au mépris de la ~orale la plus élémentaire, son hideux trafic d'opium! Il les abrutit d'un côté; de ~autre, il les opprime!

Ce sont là des fautes graves.

L'Australie se montrera-t-elle ingrate à l'égard de la mère-patrie en se détachant ~'elle? Nous ne le pensons pas. La terre appartient à ceux qui l'habitent, à ceux ~ui la transforment, à ceux qui la vivifient. Pas à d'autres. Les établissements ~oloniaux sont semblables aux enfants qui, devenus hommes, ne relèvent que ~'eux-mêmes! Lorsque l'heure aura sonné, la jeune Australie se passera parfaite~ent de la direction du gouvernement britannique.

Cette pensée de libre initiative germe déjà dans la jeune nation; elle s'affirme ~ plus en plus. Parfois même, elle se révèle par des manifestations ouvertement ~ostiles.

Lors d'un voyage fait en 1867 et 1868 par le prince Alfred, duc d'Édimbourg, fils ~ la reine d'Angleterre, cette antipathie pour l'influence monarchique s'est assez ~airement traduite. A Melbourne, de superbes fêtes accueillent le prince, tout est ~avoisé, illuminé; au milieu du feu d'artifice une émeute éclate. On se bat sous les ~nêtres de l'auguste visiteur. Quelques semaines après, à Sandhurst, on prépare ~n bal, le duc va pénétrer dans la salle, l'incendie embrase l'édifice; plus tard, on ~ganise une procession, des pétards sont jetés sur des pièces d'artifice; une explo~on terrible jette sur le carreau mortellement blessées une dizaine de personnes. ~chaque fête, un nuage noir surgit tout à coup, et change en deuil les plaisirs de ~ jeune altesse. Enfin, au milieu d'un banquet, le prince reçoit un coup de pistolet ~i l'atteint dans le dos. Le criminel était irlandais, naturellement fénian! On ~pendit. Le fils de la reine d'Angleterre, encore souffrant, se hâta de regagner ~ngleterre.

L'Australie veut donc un jour et prochainement marcher seule. C'est son droit ~ ce droit appartient à bien d'autres.

BIBLIOGRAPHIE. — Prœschel, *Atlas de l'Australie*, avec texte (en anglais). — ~omte de Beauvoir, *Australie, voyage autour du monde*. — Élisée Reclus, *la Terre*. ~ Alfred Jacobs, *Océanie nouvelle*. — E. Cortambert, *Géographie de Malte-Brun ~visée; Cours de Géographie; Dernières Explorations de l'Australie*. — Dussieux, *~ugraphie générale*. — Alfred Maury, *la Terre et l'Homme*. — Charles Grad, *l'Aus~alie intérieure*. — Guillart et Bertillon, *Dictionnaire encyclopédique des sciences ~édicales*. — *Bulletin de la Société de géographie*. — *Nouvelles Annales des voyages*. ~ *Annales du commerce extérieur*. — *Mittheilungen* de Petermann. — *L'Australa~an*, journal de Melbourne. — *Le Yoman*, de Melbourne. — *Annuaire encyclopé~que du XIXe siècle*. — *Annales hydrographiques*. — *Zeitschrift* de la Société géo~aphique de Berlin. — *Journal* de la Société royale géographique de Londres. ~ W.-H. Archer, *Progrès de la Victoria*. — G.-C. Watson, *l'Australie*. — O. Rietmann, ~oyage dans l'Australie et la Polynésie* (en allemand). — Richard Macdonnell, *Descrip~on de l'Australie*. — John Dunmore et Ed. Marcet, *Queensland*. — E.-H. Hargraves, ~ustralie de l'ouest*. — Roger Therry, *Nouvelle-Galles du sud*. — J.-B. Austin, *Australie* du sud. — G.-W. Earl, *Australie tropicale*. — Lang, *Aborigènes de l'Australie*. — Samuel Mossmann, *nos Colonies australiennes*. — G. Rowe, *Empire colonial de la Grande-Bretagne; le Groupe australien*. — W. Wilkins, *Géographie de la Nouvelle-Galles méridionale*. — W. Westgarth, *Colonie de Victoria*. — Édouard Marcet, *Notice sur la partie nord-est de l'Australie*. — W. Hardmaon, *Explorations de Mac-Douall-Stuart*. — W. Howitt, *Histoire des découvertes en Australie*, etc. — Walch, *Guide en Australie*. — Woods, *Histoire de la découverte et de l'exploration de l'Australie*; le même, *Australie du Nord*. — Strzelecki, *Description physique de la Nouvelle-Galles du sud* (en anglais). — Kitto, *Mines d'or de l'Australie* (en anglais). — Forster, *l'Australie du sud* (en anglais). — Landsborough, *Exploration de l'Australie depuis le golfe de Carpentarie jusqu'à Melbourne* (en anglais). — *Dictionnaire (Gazetteer)* de la Nouvelle-Galles du sud (en anglais). — Sinnett, *Rapport sur la colonie de l'Australie du sud* (en anglais). — Brown, *Terre de Victoria* (en anglais). — Polohampton, *le pays des Kangourous* (en anglais). — Eyre, *Journal de l'expédition de l'Australie centrale* (en anglais). — Charles Sturt, *Deux expéditions dans l'intérieur de l'Australie* (en anglais). — *Voyages* de Cook, de Péron et Freycinet, de Flinders, de Wilkes, etc. — *Catalogues de l'Exposition universelle de 1867* et d'autres expositions.

Cartes. — Geolog. survey of Victoria. — Cartes des différentes provinces, par les surveys locaux. — Cartes de la Nouvelle-Galles méridionale, par Pierson, Oxley et Cross. — Cartes de Johnston, Arrowsmith, Ravenstein, Slater, Stanford, Petermann, Robiquet, Wyld, Mitchell, Black. — Cartes des côtes de l'Australie, publiées par le Dépôt de la marine de France et l'Hydrographic Office de Londres. — Atlas physique de l'Australie et de la Nouvelle-Zélande, par John Bleasdale, Frederic Mac-Coy et Ferd. Mueller.   RICHARD CORTAMBERT.

AUSTRALIE. — HISTOIRE NATURELLE ET ANTHROPOLOGIE. — La position de l'Australie, sa conformation intérieure, l'état de son sol, font prévoir une extrême diversité de climats, dont l'étude doit toujours précéder celle des êtres vivants qui les supportent. La température moyenne de Sidney est 18°. Plus élevée au nord de cette ville, la température est moindre dans le sud de l'île, et n'y dépasse pas celle de l'Europe méridionale. Les vents embrasés de l'intérieur soufflent trois ou quatre fois par été dans la Nouvelle-Galles, charriant un sable extrêmement fin, aussi nuisible aux plantes qu'aux animaux et aux hommes. Heureusement ils sont rares, et ne durent qu'un jour ou deux. Partout ailleurs, les vents frais du sud et les moussons tempèrent la chaleur de l'été.

C'est à peine s'il y a en juin, juillet et août un hiver; la température moyenne en est de 10°. Une seule fois (1836), on a vu la neige tomber. Mais cette saison est très-brumeuse, très-humide et très-pluvieuse. Au contraire, l'été est très-sec. Cette alternative de longues pluies torrentielles et de sécheresses torrides durant des mois entiers caractérise le climat de l'Australie. On a vu, à Port-Jackson, 63 centimètres d'eau tomber en vingt-quatre heures, et l'on voit souvent des ruisseaux desséchés transformés en torrents dévastateurs. A l'intérieur, ces contrastes semblent encore mieux marqués, et une année peut s'y écouler sans amener la moindre pluie.

Le tropique, qui traverse l'Australie, marque assez bien la limite qui sépare les deux flores dissemblables qui se la partagent. Au nord de cette ligne fleurissent les plantes intertropicales; peu de palmiers cependant, et si le goyavier, le bananier, l'anana y prospèrent, c'est que l'art les y apporta : ils n'y croissaient pas spontanément.

Mais, au sud du tropique règne une flore tellement originale que, sur 5,800 espèces observées, 5,500 appartiennent exclusivement au pays. Les 300 espèces d'*acacia* (vrai) et les 100 espèces d'eucalyptus forment la grande majorité des arbres australiens. Ces arbres ne portent pas de feuilles proprement dites; elles sont remplacées par des pétioles dilatés, dont la direction perpendiculaire au sol, au lieu de lui être parallèle, change absolument les conditions de l'ombre telles qu'elles existent partout ailleurs; aussi a-t-on pu dire que, dans cette contrée, les arbres n'ont point d'ombre. Certains eucalyptus jouissent d'ailleurs de propriétés remarquables. L'un d'eux donne de la gomme, l'*E. resinifera*, une sorte de kino, médecine indienne; l'*E. mannifera*, une manne sucrée; de l'écorce incisée de l'*E. gunni* coule un liquide que la fermentation rend semblable à la bière. Ces arbres monocotyles ont tout un latex résineux, et fournissent à l'exportation de grandes quantités de tannin. La disposition des phyllodes de ces arbres, jointe à la persistance des feuilles des 1,500 espèces de protéacées qui couvrent le sol australien, donne un aspect sévère et triste à ses campagnes, qui jamais n'ont cette fraîcheur printanière qui rajeunit les nôtres chaque année.

Parmi les cryptogames, on a remarqué des fougères arborescentes de plusieurs mètres de hauteur, des mousses et des lichens. On n'y a encore relevé que très-peu de champignons.

Moins riche que sa flore, la faune de l'Australie n'est pas moins originale. Point de grands mammifères; pas un pachyderme; pas un quadrumane; pas un ruminant; pas un édenté. Mais l'ordre étrange des marsupiaux qui y abonde semble chargé de représenter toutes ces familles : il fournit des phalangers frugivores à queue prenante, qui remplacent les singes américains, l'herbivore kangourou ; l'échidné, qui rappelle le hérisson; mais l'ornithorynx, qui a des pieds à demi palmés et un bec de canard implanté dans une tête de quadrupède muni de deux dents, ne trouve d'analogue en aucune partie du monde.

L'Australie a plus de soixante genres d'oiseaux qui lui sont propres. Point de vautours ni de pics, mais de grands aigles, des éperviers, des faucons, etc. Peu de gallinacés, mais beaucoup d'échassiers (casoar de la Nouvelle-Hollande, etc.) ; une foule incommode et criarde de cacatoès et de perroquets, quelques coucous et un assez grand nombre de palmipèdes (cygne noir, céréopse, etc.).

La zone intertropicale nourrit un grand nombre de reptiles; le redoutable alligator abonde dans les rivières du nord. L'ordre des sauriens est représenté par des êtres bizarres (monitors, agames, gymnodactyles). Le plus grand ophidien de l'Australie n'atteint pas 4 mètres de longueur : c'est le serpent diamant aux brillantes écailles. Sa morsure est peu dangereuse. Au contraire, plusieurs espèces plus petites, aux couleurs sombres ou ternes, causent la mort en peu d'instants : le naja jaune entre autres.

La faune entomologique a été très-négligée. Et cependant, cette partie de la faune australienne n'est pas moins originale que les autres. Les fourmis et les sauterelles sont souvent incommodes par leur nombre. Certaines fourmis ont 25 millimètres de longueur. Les abeilles australiennes sont plus petites et moins productives que les nôtres. Elles n'ont pas d'aiguillon.

On a trouvé, dans les plus anciennes couches géologiques de notre vieille Europe, des plantes et des animaux fossiles ayant une grande analogie avec ceux qui vivent aujourd'hui au sud de l'Australie. Ainsi, les fougères arborescentes et l'écailleux *araucaria*, importés d'Australie et dont on admire l'originalité dans nos jardins publics, se retrouvent dans nos terrains carbonifères. Et dans le règne animal, les marsupiaux appartiennent aux terrains jurassiques (ou secondaires). On en a conclu que la faune et la flore australiennes sont celles des antiques périodes de la vie terrestre.

Les sauvages habitants de ces contrées singulières sont d'affreux petits hommes au ventre proéminent, montés sur de petites jambes grêles et sans mollets, mais la stature s'élève sur quelques territoires. Il est difficile de deviner la couleur de leur peau, que dissimule une extrême malpropreté. Sous l'épaisse couche d'huile de poisson dont ils la couvrent, et sous l'ocre dont ils se bariolent les jours de danse, ils paraissent noirs. Mais si l'on débarrasse la peau de ces sales enduits, sa couleur est cuivrée, plus ou moins foncée. Leur petite tête, extrêmement allongée, est précédée d'un énorme museau simien, bien garni de dents solides et larges, dont le nombre atteindrait quelquefois (d'après Lesson) trente-six. Sur cette charpente osseuse s'étale une face toujours repoussante : un front bas et plutôt fuyant envahi par d'épais sourcils noirs; de grands yeux bruns souvent malades, et rapprochés malgré le nez court et épaté. D'ailleurs, leur chevelure et leur barbe sont bouclées, nullement laineuses, bien fournies et noires.

Leurs mœurs sont au niveau de leur laideur. Le plus souvent nus, ils se garantissent le dos d'une peau de kangourou en hiver ; mais ils ont une antipathie marquée pour tout vêtement de la partie inférieure du corps. En vain, les missionnaires leur donnent des pantalons; ils les jettent en guise de pèlerine à califourchon sur leur cou. Continuellement nomades, ils se construisent pourtant des sortes de huttes provisoires quand la rigueur du froid l'exige. Mais ces abris sont des plus primitifs : quelques branches recourbées et couvertes d'écorces ou d'herbes, ou même un simple buisson. Ils les préfèrent cependant aux maisonnettes qu'on a voulu leur donner. D'ailleurs, cette vie errante n'est pas seulement un goût pour eux; c'est une nécessité. Absolument incapables de s'élever jusqu'à l'agriculture, ils vivent toujours affamés, toujours en quête de nourriture. Leur pays ne produisant guère de fruits charnus, ils sont surtout carnivores. D'ailleurs, des chiens à demi sauvages sont leurs seuls animaux domestiques. Aussi mangent-ils toutes les bêtes grandes ou petites qu'ils rencontrent : vers, larves, mollusques, rats, et, si à la lance, au filet de jonc ou à l'hameçon, ils parviennent à les pêcher, quelques poissons. Ils sont d'ailleurs habiles à lancer le javelot avec une raquette de bois. Mais, fait bien remarquable, l'arc leur est inconnu. Rusés chasseurs, ils savent tuer le kangourou ou le phalanger, et abattre le cygne noir du coup d'un sabre de bois qu'ils font pirouetter au loin. C'est à peine s'ils connaissent la hache de pierre de nos premiers aïeux; ils ne savent ni la bien polir, ni s'en servir. Leur arme favorite est une gaule mince et flexible de 3 mètres environ, garnie quelquefois d'une arête de poisson. Telles sont, avec de petits boucliers de bois et les casse-tête, les seules armes de ces sauvages.

Toujours en guerre les uns contre les autres, ils deviennent, en temps de famine, anthropophages. Cette pratique n'est d'ailleurs chez eux qu'exceptionnelle.

Ils paraissent incapables de tuer eux-mêmes la baleine. Mais quand, malade ou mort, le monstre vient échouer sur leurs parages, on comprend quelle aubaine pour ces affamés. Ils allument des feux pour apprendre aux insulaires voisins la nouvelle de ce joyeux événement. Puis, à mesure qu'ils arrivent, ils travaillent cet énorme cadavre sans autre outil que les mâchoires, et vous les voyez grimper sur la puante carcasse et s'y enfoncer « comme des asticots, » dit le capitaine Grey, à la recherche des fins morceaux. Pendant des semaines, ils restent près de cette charogne, ruisselants de graisse fétide et gorgés de chair pourrie.

La femme occupe un rang inférieur. Grêle et chétive, elle est enlevée le plus souvent avec violence, et fort mal traitée d'ailleurs. Sur son dos, elle porte dans un filet de joncs l'enfant et les fardeaux, et à la main un tison enflammé dont elle est la vestale. Car l'homme sait, par un frottement rapide, engendrer le feu; mais il arge sa femme de lui éviter ce pénible travail. — Vieilles, ces femmes sont rribles.

On a souvent exagéré l'abaissement de ces misérables. Un auteur anglais les a sumés avec bonheur : Leurs facultés « réflectives » sont rudimentaires; mais les issances « perceptives » ne leur manquent pas : doués de sens très-déliés, ils servent bien, et imitent souvent avec bonheur. Singulière contradiction! Leurs mes sont couvertes de grossiers dessins : kangourous, hommes dansant, pois-ns, etc., et ils méconnaissent nos œuvres artistiques, au point de prendre leur opre image pour un arbre ou pour un kangourou! Passionnés pour le chant et ur la danse, ils s'affublent en ces grands jours des ornements les plus bizarres : ile de poisson, bariolages, blessures régulières, os passé dans la cloison du nez, eues de chien, dents de requin, etc. Le chant est des plus misérables; ce ne nt que quelques notes et quelques paroles répétées avec une animation croissante. nt-ils plus sensibles à notre musique qu'à notre peinture?

Sans avoir aucun culte, ils ont des cérémonies funèbres, et redoutent les chants tours d'une sorte de mauvais génie : *Timor fecit deos!*

Ils ne manquent ni d'esprit ni de sagacité, surtout dans la jeunesse ; mais l'ins-ct sauvage ne les quitte jamais. Pris jeunes, ils apprennent assez facilement à rler, à lire et à écrire l'anglais ; mais, devenus adultes, sans rien dire, ils jettent urs habits, se sauvent et reprennent la misérable vie de leurs ancêtres. — Leur mération ne dépasse pas 3; ils expriment 4 et 5, en disant 2 et 2, 3 et 2; au là, ils disent : beaucoup. — Mais voici deux traits qui les rapprochent de nous. Australien passa en sifflant auprès d'une montagne et fut écrasé par un rocher. puis, les Australiens ne sifflent plus auprès des montagnes. Que d'Européens nt Australiens en ce point! Et cet autre? Ils ont leurs affaires d'honneur, et atiquent le duel, le duel au premier sang! Il faut ajouter que, s'ils sont vindi-tifs, ils paraissent aussi sensibles à la reconnaissance. Tous les Européens n'en nt pas là.

Les nombreux dialectes australiens se ressemblent tous. Leur vocalisation n'est gutturale, ni sifflante, mais grave et sonore comme les langues latines. offrent certains rapports avec quelques langues de la Mélanésie, mais c'est sans ute un simple fait de rayonnement; il est plus vraisemblable que les Australiens nt Autochthones.

Ces peuplades périssent rapidement. De notre civilisation, ils n'adoptent que les es; ni les philanthropes ni les missionnaires n'ont pu leur en faire comprendre génie; mais l'alcoolisme et la vérole dépeuplent les rivages. Les croisements cc les Européens paraissent peu féconds et incapables d'un grand avenir; on e bien quelques rares métis, mais ce sont des faits isolés.

Peu de pays ont été l'objet d'une colonisation plus rapide que l'Australie. C'est 1788 qu'elle commence : 935 colons s'établissent dans la Nouvelle-Galles du sud ; 1821, cette seule province en comptait 50,000; en 1848, 200,000, et en 1861, 0,553, et cette même année, l'Australie entière, 1,155,000. Fondée en 1851 par colons, Victoria en logeait, en 1864, plus de 154,000.

Cette population, tout anglaise, se divise en castes bizarres, qui, toutes, font rofession de se détester cordialement les unes les autres : les *légitimes* (forçats bérés que la *loi* a envoyés en Australie); les *Canaris* (forçats non libérés, qui ivent leur nom à leurs costumes jaunes), et les *illégitimes* (émigrants volontaires, i eux-mêmes se divisent en sterlings (nés en Angleterre), et en *Currency* (pièce de onnaie inférieure, qui désigne les natifs d'Australie).

Malgré le nom dédaigneux que leur impose la vanité des sterlings, les Currency semblent former une belle population, active, intelligente, svelte et élevée; mais dès leur jeunesse, la fraîcheur du teint anglais a disparu de leur visage. Chose singulière! Dans ce pays où les mâchoires indigènes sont si solidement garnies, les jeunes filles Currency perdent leurs dents de très-bonne heure; tant il est faux qu'un même milieu soit la seule condition nécessaire pour rapprocher les types humains qui lui sont soumis. La phthisie n'est pas moins fréquente en Australie qu'en Europe. Le typhus, les maux d'yeux et les catarrhes y sont fréquents. Le choléra, la fièvre jaune, l'hydrophobie y sont inconnus jusqu'à ce jour.

Dr BERTILLON.

AUTOCHTHONES. — Les auteurs grecs nommaient ainsi les premiers habitants de l'Attique, et dans leur pensée cela voulait dire que les hommes étaient nés du sol même de ce pays. Le mot *aborigène*, employé par les auteurs latins pour désigner les premiers habitants du Latium, avait un sens analogue, puisqu'il indiquait des hommes fixés en ce lieu depuis l'origine des choses. Aujourd'hui ces deux expressions synonymes sont employées indifféremment dans un sens beaucoup moins absolu; elles n'impliquent pas l'idée qu'un peuple soit né dans les lieux mêmes où on le trouve, ni même qu'il s'y soit établi avant tout autre peuple, mais seulement qu'il y était installé avant l'origine des plus anciennes histoires et des plus anciennes traditions; et les monogénistes, qui font descendre toute l'humanité d'un couple unique, se servent de ces mots aussi bien que les polygénistes qui assignent au genre humain, comme aux autres genres de la faune et de la flore, plusieurs berceaux essentiellement distincts.

A l'exception de quelques îles perdues au milieu de l'Océan, toutes les contrées habitables étaient déjà peuplées, depuis un temps immémorial, à l'époque où commença leur histoire. C'est pourquoi beaucoup de peuples de l'antiquité se croyaient nés de la terre qui les portait, et on sait que des croyances analogues règnent encore chez la plupart des peuples qui ont une théogonie propre.

Il n'est resté dans la tradition et dans l'histoire que des traces très-confuses des migrations des anciens peuples; mais l'archéologie, la linguistique et l'ethnologie ont retrouvé les preuves de quelques-uns de ces grands mouvements ethniques. Elles ont permis de remonter au delà des âges historiques, au delà même des temps fabuleux; elles nous ont appris que plusieurs nations antiques qui se croyaient autochthones ne l'étaient nullement, et avaient seulement perdu le souvenir de leur berceau lointain. Il est incontestable, par exemple, que la plupart des nations qui occupent aujourd'hui l'Europe, ou qui l'ont occupée depuis au moins trois ou quatre mille ans, sont issues, non pas intégralement, il s'en faut de beaucoup, mais en partie, d'une grande race asiatique, race aventureuse et conquérante, dont les essaims successifs s'irradièrent à la fois vers l'orient jusque sur les bords du Gange, vers l'occident jusque sur le rivage de l'Atlantique, vers le nord jusque dans la péninsule scandinave (voyez *Indo-Européens*). Mais ce qui n'est pas moins certain, c'est que partout où ces premiers conquérants portèrent leurs pas ils trouvèrent la terre occupée par des hommes d'une autre race. Cela est attesté tantôt par des textes historiques, tantôt par des légendes poétiques presque aussi significatives que l'histoire elle-même. D'autres fois la linguistique constate que la langue des conquérants a subi dans une région déterminée des modifications particulières, qu'elle a admis un certain nombre de mots dont les formes et les racines appartiennent à un type linguistique tout spécial; et ces modifications, entièrement différentes de celles qui peuvent se produire dans l'évolution naturelle des langues, impliquent nécessairement l'idée que la race conquérante a dû subjuguer et absorber un peuple

ne autre race. Souvent l'idiome des vaincus a disparu sans laisser aucune trace
ns la langue importée par les étrangers, mais les anciens noms géographiques
t survécu, et témoignent encore, au bout d'un très-grand nombre de siècles, de
xistence d'un peuple primitif ou du moins antérieur à l'arrivée des conquérants.

Ailleurs, c'est l'archéologie qui nous apporte son témoignage. Ainsi, par exemple,
nature et la répartition des sépultures préhistoriques qui renferment du bronze,
rmet de suivre les migrations des peuples indo-européens qui ont mis fin, en
rope, à l'âge de pierre ; et lorsqu'on trouve, dans un pays où ils ont définitive-
nt fixé leur résidence, des sépultures d'un tout autre caractère provenant d'un
ple à qui l'usage des métaux était inconnu, on en conclut avec certitude que ces
pultures, antérieures à l'époque indo-européenne, recèlent les débris des popula-
ns autochthones.

Plus décisif encore est le témoignage de la crâniologie, lorsque les crânes
humés des plus anciennes sépultures, trouvés dans les cavernes ou extraits des
uches profondes du sol, offrent un type différent de celui qui a prévalu jusqu'alors.
st ainsi que les crânes des *longs barrows* de la Grande-Bretagne, monuments
galithiques de l'âge de pierre, sont très-dolichocéphales, tandis que les *rounds
rrows*, monuments plus petits où l'on trouve du bronze, renferment, au
lieu de quelques crânes allongés, une grande majorité de crânes courts, ou
achycéphales. C'est ainsi encore que les grands crânes dolichocéphales du
os-Magnon près des Eyzies (époque du mammouth) et les petits crânes brachy-
phales des cavernes de la Belgique (époque du renne) diffèrent notablement,
s uns et les autres, de ceux des populations ultérieures des mêmes régions.

Enfin l'existence des races préhistoriques peut souvent être démontrée par l'étude
s populations actuelles, considérées soit sous le rapport de leur langue, soit sous
rapport de leurs caractères physiques. La langue basque, parlée aujourd'hui
ns une région très circonscrite, qui se restreint de jour en jour, mais qui eut
trefois une très-grande extension démontrée par les noms géographiques qu'elle
laissés en France, en Espagne, et en Italie, la langue basque, disons-nous,
ffère essentiellement par sa grammaire, comme par son lexique, non-seulement
s langues indo-européennes, mais encore de toutes les autres. Elle porte en outre
cachet d'une langue primitive et les philologues les plus autorisés la considèrent
mme la plus ancienne de toutes les langues connues. Il est impossible qu'une
areille langue se soit formée depuis que les conquérants asiatiques ont répandu
Europe les idiomes affiliés au sanscrit, et on en conclut rigoureusement que
s ancêtres des Basques occupaient déjà le sol avant l'arrivée des populations
ltiques ou pélasgiques qui ont apparu les premières dans l'histoire de l'Europe
cidentale.

Les caractères physiques des peuples modernes fournissent quelquefois des
nnées tout aussi certaines. C'est ce qui a lieu par exemple en Irlande. La langue
se, idiome national des Irlandais, appartient au rameau celtique des langues
do-européennes. Il ne reste aucune trace d'un idiome plus ancien, et si l'on ne
nsultait que la linguistique, on serait conduit à penser que l'Irlande a été pour la
emière fois peuplée par des immigrants de souche indo-européenne. On spéci-
erait même davantage. On dirait que ces immigrants appartenaient au groupe des
uples que les linguistes appellent celtiques, et dont les premiers essaims arri-
èrent dans l'Europe occidentale vingt siècles au moins avant notre ère. Tout
ncourt à établir que ces premiers conquérants des pays atlantiques (non pas les
emiers sans doute, mais les plus anciens que l'on connaisse) venaient des bords
e la Baltique, de la région qui fut de tous temps la patrie des hommes blonds ; et

l'on sait d'ailleurs à n'en pas douter, que les Belges, et les Cimbres ou Kymris, derniers flots de l'invasion des peuples de langue celtique, se distinguaient surtout par leurs yeux bleus et leur chevelure blonde. On peut donc considérer comme à peu près démontré que la langue celtique a été introduite en Irlande par un peuple blond. Tous les peuples qui depuis lors ont envahi ou occupé cette île, les Danois, les Anglo-Saxons, les Normands, et d'après certaines légendes poétiques, les Belges (firbolg), étaient également blonds. Les Irlandais modernes devraient donc être blonds, comme tous leurs ancêtres connus, si les immigrants de langue celtique, en arrivant dans leur île, l'avaient trouvée déserte. Il n'en est rien. Les cheveux clairs prédominent il est vrai dans certaines localités où l'on sait que les Danois et les Anglo-Saxons se sont établis en très-grand nombre; mais dans d'autres localités, qui ont subi à un moindre degré ces influences étrangères, les cheveux bruns ou noirs, et les yeux de couleur foncée se montrent sur plus des sept dixièmes de la population (voy. les relevés de M. John Beddoe, dans les *Bulletins de la Société d'anthropologie*, 1864, t. II, p. 566). Pour expliquer cet état de choses, on a supposé d'abord que les immigrants celtiques avaient les cheveux noirs, puis, comme cette hypothèse était en contradiction avec d'autres faits, on a supposé que le type des anciens Irlandais avait été modifié par l'influence du climat, et on a même cité cet exemple comme une preuve à l'appui de la mutabilité spontanée des caractères ethniques. Or, s'il existe quelque part un climat assez brûlant ou assez glacial pour noircir la chevelure de l'homme (on sait que ces deux influences extrèmes ont été alternativement ou simultanément invoquées par les monogénistes pour expliquer la pigmentation des races humaines), si ce climat, répétons-nous, existe quelque part, ce n'est pas, à coup sûr, le climat tempéré de l'Irlande. Il est donc nécessaire d'admettre qu'avant les invasions constatées par l'histoire, et avant l'invasion celtique beaucoup plus ancienne démontrée par la linguistique, il y avait en Irlande un peuple aux cheveux foncés, peuple dont il ne reste aucune trace dans les souvenirs des hommes, dont la langue a été supplantée par celle des conquérants celtiques, dont le nom même a disparu, mais dont les caractères physiques, plus ou moins modifiés par des croisements réitérés, se sont transmis de génération en génération et de siècle en siècle jusqu'à nos jours. Cette conclusion, qui ressort de l'étude des populations actuelles, est d'ailleurs confirmée par les recherches des archéologues, qui ont trouvé, dans l'étude des anciennes sépultures et des habitations lacustres de l'Irlande, les preuves non équivoques d'un *âge de pierre*, antérieur à l'*âge de bronze* inauguré par les Celtes.

C'est ainsi que par des voies multiples, en utilisant tour à tour les faits historiques, linguistiques, archéologiques ou anthropologiques, on est parvenu à démontrer que toutes les terres continentales et un grand nombre d'îles ont été habitées à toutes les époques accessibles à l'investigation scientifique, et que, dans toutes les migrations connues, à l'exception de quelques migrations maritimes, le peuple envahisseur a trouvé le sol occupé par des races indigènes.

Ces races indigènes sont appelées *autochthones* lorsqu'il n'existe aucune preuve qu'elles aient été précédées, dans le même lieu, par une ou plusieurs autres races. Le mot autochthones désigne les plus anciens possesseurs du sol, ceux qui y étaient installés depuis un temps immémorial avant les époques historiques, et qui d'après cela *paraissent* l'avoir occupé depuis l'origine de l'humanité, *ab origine*.

Ce nom d'*autochthones*, ou d'*aborigènes*, ne doit cependant pas être pris dans un sens absolu, non-seulement parce que nul ne peut savoir si la race autochthone n'est pas venue d'une autre région, mais encore parce qu'on ne peut pas affirmer

u'elle n'ait été, dans le même lieu, précédée d'aucune autre race. Si l'humanité
tait aussi jeune qu'on le croyait généralement il y a une vingtaine d'années, et s'il
tait vrai, en outre, que l'époque des plus anciennes migrations connues dans l'his-
oire fût postérieure de quelques siècles à peine à l'apparition des premiers hommes,
n pourrait admettre, avec quelque probabilité, que les peuples dits autochthones
ont réellement ceux qui ont, pour la première fois, foulé le sol encore vierge des
ays respectifs où la science démontre qu'ils ont existé il y a quatre ou cinq mille
ns; car les déplacements des peuples devaient être extrêmement lents, dans ces
emps reculés où les hommes, très-peu nombreux et voisins de l'état sauvage, si ce
'est tout à fait sauvages, sans vêtement, sans industrie et presque sans armes,
ésistaient mal aux changements de climats, et se défendaient difficilement contre
s attaques des grands animaux, dans ces temps où l'excès de population, cause
rincipale des migrations, n'existait pas encore, où les moyens de transport étaient
ut à fait rudimentaires, où d'épaisses forêts couvraient la terre, et où les obsta-
es de toute sorte renaissaient à chaque pas. Mais depuis que la haute antiquité
e l'homme est un fait définitivement acquis à la science, depuis qu'on sait que nos
inq mille ans d'histoire ne sont qu'une courte période de la vie de l'humanité, et
ue les migrations les plus lentes ont eu le temps de parcourir pas à pas, en tout
ens et à plusieurs reprises, toute la surface des continents, on doit considérer
omme fort probable que, dans beaucoup de lieux, et principalement dans ceux dont
abord était facile, les races dites autochthones n'étaient pas primitives, et qu'elles
vaient conquis le sol sur d'autres races plus anciennes.

Cette vue est pleinement confirmée par la crâniologie. Déjà l'étude des crânes
éposés dans les sépultures de l'âge de la pierre polie nous révèle la multiplicité des
aces qui occupaient l'Europe occidentale avant l'ère indo-européenne. Ces crânes,
e plus souvent, sont en majorité dolichocéphales; mais, dans certaines contrées,
n voit prédominer, au contraire, le type brachycéphale. La diversité n'est pas
oindre à l'époque de la pierre taillée; ici encore, la dolichocéphalie est le type le
lus répandu; mais, çà et là pourtant, les brachycéphales apparaissent. On voit
ombien était peu fondée l'hypothèse que Retzius avait émise sur les races primi-
ives de l'Europe. Ce célèbre anthropologiste supposait que tous les autochthones
e l'Europe étaient brachycéphales, et que la dolichocéphalie avait été introduite
ar les conquérants indo-européens. Or, il est maintenant tout à fait certain qu'avant
ette dernière conquête, le sol de l'Europe avait été occupé soit successivement,
oit simultanément par des peuples appartenant au moins à deux races distinctes,
une brachycéphale, et l'autre dolichocéphale.

Ces deux races, je devrais plutôt dire ces deux groupes de races, ont vraisembla-
lement apparu à des époques différentes; on peut faire des conjectures sur leur
ncienneté relative. Il est dès aujourd'hui extrêmement probable que la priorité
ppartient au type dolichocéphale. Lorsque la preuve sera décisive, le nom d'au-
ochthone pourra être appliqué spécialement à ce dernier type; mais les discussions
ontinuent encore, et, dans l'incertitude où nous nous trouvons, nous devons appeler
autochthones toutes les peuples, ou plutôt toutes les tribus, dolichocéphales ou
brachycéphales, dont on trouve les restes dans les terrains ou dans les sépultures
des diverses époques qui ont précédé l'invasion indo-européenne.

Il y a des peuples autochthones qui ont disparu depuis un grand nombre
de siècles, dont l'histoire n'a jamais fait mention et dont les noms sont à
jamais perdus. Il en est d'autres qui se sont éteints dans la période historique, et même à des époques toutes récentes; tels sont les Caraïbes des Antilles,
les Tasmaniens de l'île de Van-Diémen, et beaucoup de nations de l'Amé-

rique septentrionale. Il en est d'autres enfin qui existent encore, soit qu'ils aient, comme les nègres d'Afrique, conservé la plus grande partie de leurs anciens domaines, soit qu'ils ne se soient maintenus que dans des régions circonscrites, en groupes restreints et séparés, comparables aux îles qui survivent à la submersion d'un continent. Ainsi, les autochthones de l'Europe ne sont plus représentés que par les Basques et les Finnois. On devrait y joindre les Lapons, si l'on ne consultait que les données historiques, car les Lapons existent dans le pays qui porte leur nom depuis une époque antérieure à tous les souvenirs. Mais diverses considérations empruntées surtout à la linguistique tendent à établir que les Lapons sont venus du nord-est de l'Asie, et quoiqu'il paraisse probable, jusqu'à plus ample informé, qu'ils ont été les premiers habitants de la Laponie, on n'est pas en droit de les nommer autochthones; car si ce mot n'entraîne pas nécessairement l'idée qu'une race ait été créée dans le pays qu'elle occupe, il veut dire du moins qu'il n'existe absolument aucun indice d'une provenance étrangère.

Les Basques sont les derniers représentants d'une race qui s'étendit jadis sur une grande partie de l'Europe occidentale, et qui est circonscrite aujourd'hui sur une petite région montagneuse, entre la France et l'Espagne. Les Finnois, maintenant relégués au nord de la Néva, ont autrefois occupé dans l'Europe orientale un immense territoire. Au temps de Ptolémée, ils s'étendaient encore jusqu'aux bords de la Vistule. Plusieurs auteurs pensent que les Finnois et les Basques sont les derniers débris d'une seule et même race scindée en deux par l'invasion des races celtiques, puis des races germaniques, et enfin de la race slave. Mais cette opinion, admise à priori, à l'époque où l'on supposait que tous les autochthones de l'Europe appartenaient à la même race, est en contradiction avec l'observation anthropologique, qui établit une distinction complète entre le type des Basques et celui des Finnois.

Ce n'est pas seulement en Europe que les invasions des conquérants aryens ou indo-européens ont produit des mouvements de peuples et des mélanges ethniques sous lesquels il est difficile de découvrir les restes des populations autochthones. Pendant que les essaims successifs de cette race puissante, dont la Bactriane fut le berceau, se répandaient sur la Perse, l'Asie Mineure, franchissaient l'Hellespont ou le Caucase, d'autres traversaient l'Indus et débordaient sur la vaste région qu'on nomme aujourd'hui l'Indoustan. Ils y trouvèrent une population nombreuse et barbare, qui leur opposa une longue résistance; mais, après plusieurs siècles de luttes, ils parvinrent à étendre leur domination sur toute la péninsule jusqu'au cap Comorin, et même jusque dans l'île de Ceylan. Toutefois, les peuples pré-aryens ne furent pas exterminés; les uns furent réduits en esclavage et constituèrent une caste inférieure qui, tenue à l'abri du mélange des sangs par la prohibition sévère des mariages croisés, maintint toujours, au milieu des vainqueurs de race blanche, son type physique, caractérisé par l'ensemble des traits du visage, non moins que par la couleur très-foncée ou tout à fait noire de la peau; d'autres, tout en subissant plus ou moins l'influence des conquérants aryens, et en reconnaissant leur suprématie, conservèrent cependant une existence nationale et échappèrent au régime des castes; d'autres enfin, réfugiés dans les régions montagneuses du centre, restèrent indépendantes et transmirent à leurs descendants, avec leurs caractères physiques inaltérés, leurs antiques croyances et leurs langues pré-aryennes. Cet état de choses s'est perpétué jusqu'à nos jours, et les premiers savants qui, il y a environ un demi-siècle, cherchèrent à déterminer les origines ethniques de la population de l'Inde en deçà du Gange, n'y reconnurent d'abord que deux éléments, savoir : 1º la race blanche des conquérants aryens ou indo-

opéens; 2º la race noire, ou pré-aryenne, à laquelle se rattachaient à la fois la
te servile de la société brahmanique (le mot *caste* exprime l'idée de *couleur*) et
s les peuples au teint foncé dont les langues ne sont pas affiliées au sanscrit, et
t par conséquent antérieures à la conquête. Parmi ces langues non sanscri-
ues, l'une des plus répandues et des plus connues était celle des Tamouls, du
ys de Dravira ou Dravida; on donna donc le nom de langues dravidiennes au
upe entier des langues pré-aryennes de l'Inde; du même coup, les peuples
i les parlent reçoivent le nom de *Dravidiens* et leurs ancêtres furent considérés
me les autochthones de cette grande péninsule. Mais les progrès récents de la
guistique ont révélé l'existence de deux éléments ethniques distincts dans cette
ulation pré-aryenne. D'une part, les langues des Tamouls, des Toulouvas, des
labars, des Telingas, des Karnatas, forment un premier groupe, le vrai groupe
vidien, manifestement affilié aux langues du Tibet et de l'Asie centrale;
utre part, celles des Ghonds, des Kolas, des Paharias (d'où est venu le nom des
ias) et de plusieurs autres tribus barbares ou sauvages, forment un second
upe, entièrement différent, dérivé d'une langue inconnue, qui s'est altérée depuis
gtemps au contact des langues dravidiennes, mais qui, certainement, dans
igine, n'avait rien de commun avec les autres langues de l'Asie, et que l'on a
rché à rapprocher du groupe, encore fort mal dessiné, des idiomes australiens.
ce fait, aujourd'hui solidement établi, il est permis de conclure que les langues
vidiennes furent importées, longtemps avant l'invasion aryenne, par des conqué-
ts descendus de l'Asie centrale, et que les vrais autochthones de l'Inde furent
peuples noirs dont les descendants incivilisés occupent aujourd'hui, au sud
s monts Vindhya, une grande partie du Dekhan.

On considérait, il y a une vingtaine d'années, les insulaires de la Polynésie
me autochthones. On n'avait aucune notion sur leur origine, et pour expliquer
a fois leur présence dans des archipels très-distants les uns des autres, et la remar-
able similitude de leurs langues, beaucoup d'auteurs recouraient à l'hypothèse
n grand continent abîmé dans les flots. Mais depuis que les recherches linguis-
ues de M. Horatio Hales, et les traditions poétiques et cosmogoniques recueillies
'ahiti, à Hawaï, à la Nouvelle-Zélande, ont permis de remonter aux migrations
ritimes de ces insulaires (voyez *Polynésiens*), il est devenu certain que la Polynésie
té peuplée pour la première fois à une époque récente, qui ne remonte guère au
à d'une vingtaine de siècles, et, quoique le lieu d'origine des Polynésiens soit
core indéterminé, on ne doit plus considérer ces peuples comme autochthones.

Il n'en est pas de même des Mélanésiens. La région désignée sous le nom de
lanésie comprend d'une part le continent australien, d'une autre part une immense
née demi-circulaire d'îles de toutes dimensions, qui règne autour de la moitié
entale de l'Australie, et dont les deux points extrêmes sont la Nouvelle-Guinée et
e de Van-Diémen. Deux races, noires l'une et l'autre, mais bien distinctes, habi-
t respectivement ces deux parties de la Mélanésie. La *race australienne*, aux
eveux lisses, occupe le continent, tandis que les îles et archipels qui forment le
te de la Mélanésie sont peuplés par la race des *nègres pélagiens* ou *océaniens*, aux
eveux laineux. Ces deux races sont autochthones. Envahies de toutes parts par
Malais, par les Polynésiens, par les Européens, elles perdent continuellement du
rain, peut-être même sont-elles appelées à disparaître, comme ont déjà disparu,
vant l'Anglais exterminateur, les malheureux Tasmaniens de l'île de Van-
émen.

Que les Australiens soient les autochthones de l'Australie, c'est ce qui ne peut
re mis en contestation. Avant l'arrivée des Anglais, cette race occupait toute

l'Australie, et rien que l'Australie. On n'a trouvé dans les autres régions du globe aucun peuple qui puisse en être rapproché. Elle est sauvage, elle l'a toujours été, et l'on cherche en vain sur le reste de la planète le lieu d'où elle pourrait être originaire. Elle se présente donc à nous comme si elle était née sur le sol même de l'Australie, et c'est là ce qu'on exprime en disant qu'elle est autochthone.

Les nègres océaniens de la Mélanésie ont droit à la même qualification, puisqu'il n'existe aucune preuve qu'ils soient d'origine étrangère. L'exemple des Polynésiens, dont les migrations antiques ont été révélées par des recherches toutes récentes, doit, il est vrai, nous imposer quelque réserve. Mais les Mélanésiens aux cheveux laineux, appartenant à une race beaucoup plus inférieure, paraissent beaucoup moins capables que les insulaires intelligents de la Polynésie d'envoyer au loin des colonies maritimes. Des migrations et des mélanges de races étaient en train de s'effectuer dans quelques îles avant que les navigateurs européens y eussent pénétré. Les Polynésiens envahissaient de proche en proche les archipels occidentaux; et les Malais, pénétrant dans la Mélanésie par le nord-est, s'établissaient peu à peu dans la Nouvelle-Guinée et dans les îles environnantes. Mais les Mélanésiens eux-mêmes restaient en place; il n'existe aucune preuve qu'ils aient jamais émigré, et jusqu'à ce que cette preuve ait été fournie, on continuera à les appeler autochthones.

Ce n'est pas seulement dans la Mélanésie que les nègres océaniens se présentent à nous comme les peuples autochthones. Cette race, dont le domaine se rétrécit de jour en jour, occupait autrefois, vers le nord, toute la Malaisie, les îles Andaman, la péninsule de Malacca, et s'étendait au sud-est, jusqu'à la Nouvelle-Zélande, où elle existe encore, mêlée à la race polynésienne qui s'y est établie depuis 800 ans. La Nouvelle-Guinée ne tardera pas à lui échapper; cernés de toutes parts par les colons malais, qui occupent déjà tout le littoral, les Mélanésiens sont chaque jour refoulés vers le centre de l'île. Ce qui se passe aujourd'hui dans la Nouvelle-Guinée s'est incontestablement passé, avant l'époque historique, dans toute la Malaisie et dans la péninsule de Malacca. La race malaise, supérieure en intelligence et en industrie, a partout subjugué, refoulé les autochthones à la peau noire et à la tête laineuse; dans beaucoup d'îles plates et de peu d'étendue, ceux-ci ont été entièrement détruits, mais dans les îles plus grandes et montagneuses, ainsi que dans quelques parties de la chaîne de montagnes qui forme pour ainsi dire l'épine dorsale de la péninsule, ils se sont maintenus jusqu'à ce jour, formant des tribus pour la plupart tout à fait sauvages, ou seulement des familles éparses qui paraissent destinées à disparaître tôt ou tard. Le petit archipel Andaman, dans le golfe du Bengale, est seul resté en possession de ses autochthones; mais, depuis la révolte des Cipayes, les Anglais ont établi dans cet archipel une colonie pénitentiaire, et il est aisé de prévoir qu'avant longtemps ces malheureux indigènes subiront le même sort que les Tasmaniens.

Les noirs autochthones de la péninsule de Malacca sont depuis longtemps chassés du littoral; ils n'existent plus qu'en fort petit nombre dans la chaîne de montagnes qui parcourt cette péninsule dans toute sa longueur. C'est encore dans les montagnes de l'intérieur que sont aujourd'hui refoulées les tribus mélanésiennes de Sumatra, de Bornéo, de Célèbes, des Philippines. — La configuration du grand archipel de la Malaisie, la présence des éléphants sauvages, des tigres, des orangs-outangs, des rhinocéros, des crocodiles, et autres grands animaux qu'on ne trouve que dans les continents, et beaucoup d'autres considérations empruntées à la géologie, à la géographie zoologique, à la géographie botanique, permettent de considérer comme extrêmement probable que toute cette région formait jadis une

rande terre, dépecée depuis un temps immémorial par l'invasion des eaux. Ce
hangement a eu lieu sans aucun doute bien longtemps avant l'époque où la race
es Malais a supplanté la race autochthone, mais ce qu'on sait aujourd'hui de
antiquité de l'homme permet de considérer comme possible que les Mélanésiens
ux cheveux laineux, appelés aujourd'hui nègres océaniens, aient constitué la
opulation primitive d'un continent dont il ne resté aujourd'hui que les débris;
. cette hypothèse acquiert quelque vraisemblance lorsqu'on songe qu'à aucune
poque connue, les peuples du type éthiopien ne se sont montrés capables d'or-
aniser de grandes expéditions maritimes. Quoi qu'il en soit, les Mélanésiens, qu'on
ouve encore dans la péninsule de Malacca et dans le Grand Archipel indien,
oivent être considérés comme les habitants primitifs, comme les autochthones de
tte région du globe.

Nous ne croyons pas devoir multiplier les exemples relatifs aux peuples
utochthones. Ceux que nous avons cités suffisent pour montrer l'étroite liaison
i existe entre cette question et celle des origines de l'humanité. L'histoire, qui
embrasse qu'une courte période, nous apprend que les déplacements des peuples
t bien des fois changé la circonscription des races humaines. La linguistique,
nt la portée est beaucoup plus longue, nous fait connaître d'autres migrations
comparablement plus anciennes, mais elle ne remonte pourtant que jusqu'à une
rtaine limite; elle ne nous apprend rien sur les peuples nombreux dont les
ngues ont disparu; elle nous laisse croire ou bien que ces peuples ont disparu en
ême temps que leur langue, ou bien encore qu'il n'ont jamais existé, et dans l'un
l'autre cas, l'état de choses qu'elle nous révèle masque un autre état de choses,
non primitif, du moins antérieur, dont l'existence est démontrée par l'étude des
uples autochthones.

L'importance de cette dernière étude ressort évidemment de ce qui précède. Le
us grand obstacle que l'on rencontre, lorsqu'on cherche à déterminer les souches
iginelles, et leur première répartition à la surface du globe, vient de la superpo-
ion multiple des couches ethniques. Si l'on veut approcher de la solution du pro-
ème, il est indispensable d'enlever pour ainsi dire ces couches superposées et de
laisser en place que la couche la plus ancienne, afin de ramener autant que
ssible chaque race à son berceau. Aucune recherche n'offre donc à l'anthropo-
giste plus d'importance et d'intérêt que celle des peuples autochthones.

Parmi ces peuples, qui se partageaient la terre avant les âges historiques, il en
quelques-uns qui sont encore sur pied, comme les derniers témoins d'un ordre
choses presque entièrement effacé. Ceux-là sont peu nombreux, le nombre en
croît de jour en jour, et plusieurs d'entre eux sont appelés sans doute à subir, dans
avenir peu éloigné, la destinée qui a déjà atteint la plupart des autres peuples
imitifs. Ils disparaîtront de la liste des nations; leurs noms, leurs langues, n'exis-
ont plus que dans la science et dans l'histoire. Mais leur race ne sera pas néces-
irement éteinte pour cela. Ç'a été la principale erreur des linguistes, de croire
'une race finissait toujours avec sa langue; et cette erreur, acceptée à la légère
r beaucoup d'anthropologistes, a donné lieu à des théories entièrement fausses
r la transformation des types. Croyant, d'après la linguistique, que les races
tochthones cessaient d'exister le jour où tous les peuples qui en étaient issus
aient perdu leur langue, leur nationalité et le souvenir de leur origine, on a fait
straction de ces races dans l'étude de celles qui les ont subjuguées et absorbées.
a ainsi été conduit à admettre qu'à l'exception des Basques, des Finnois, des
yperboréens, des Madgyars et des hôtes de passage qui ont donné leur nom à la
urquie, toute l'Europe était occupée par une seule et unique race, la race

indo-européenne, qui d'autre part s'étend en Asie jusque sur les bords du Gange, à travers l'Arménie, la Perse et le Caboul. Ce premier point une fois accepté, on a comparé les uns avec les autres les peuples nombreux que la linguistique rattache à cette race, et comme ils sont très-divers par leurs caractères physiques, comme on trouve chez eux toutes les nuances de la chevelure, depuis le blond le plus clair jusqu'au noir le plus foncé, comme les uns ont la peau tout à fait blanche tandis que les autres sont presque aussi bruns que les mulâtres, on a attribué ces différences insignes à l'influence des climats.

C'est l'argument le plus direct qu'on ait invoqué en faveur de la transformation des types, et on eût agi autrement si l'on eût pris en considération les peuples autochthones, si l'on eût songé que, là où deux races se trouvent en présence sur le même sol, le mélange des sangs se produit presque toujours tôt ou tard, que les conquérants même les plus barbares ont intérêt à asservir les vaincus plutôt qu'à les exterminer, et que, s'ils sacrifient volontiers les hommes, ils gardent plus volontiers encore les femmes pour leur plaisir. Or, quelque nombreux que soient les conquérants, ils sont presque toujours bien inférieurs en nombre au peuple qu'ils ont subjugué. Il ne faut pas que l'histoire de certaines migrations modernes fasse méconnaître ce fait. Aujourd'hui les Européens, arrivant par mer dans leurs colonies, recevant continuellement des renforts de la mère-patrie, et faisant la plupart de leurs établissements au milieu de populations incivilisées, et par conséquent très-peu serrées, finissent souvent par acquérir la prépondérance numérique, et cela d'autant plus aisément que des causes multiples, liées à la grande inégalité des races, amènent presque toujours le dépérissement rapide de la race indigène. Mais les migrations par terre, presque les seules que l'antiquité ait connues, donnent des résultats tout différents. Le peuple envahisseur, une fois établi dans sa conquête, vit séparé du reste de sa race, et il se trouve dès lors en présence d'une population indigène, toujours bien supérieure en nombre. La plus volumineuse masse d'hommes qui se soit peut-être jamais déplacée en une seule fois, est celle qui suivit la fortune d'Attila; on l'a évaluée à tort à raison à un million d'individus. Supposons que cette appréciation ne soit pas exagérée; supposons encore que les Huns, vainqueurs dans les champs catalauniens, aient définitivement conquis la Gaule, qu'il s'y soient tous établis sans courir de nouvelles aventures, et qu'ils se soient partagé le sol, en réduisant les Gaulois en servage. Maintenant, évaluons au minimum la population de la Gaule du ve siècle, et nous trouverons encore que cette population indigène aurait été huit ou dix fois plus nombreuse que celle des conquérants mongoliques. Dans de pareilles conditions, et malgré toutes les distinctions sociales, un mélange de races eût été tôt ou tard inévitable. La nation qui serait issue de ce mélange aurait pu adopter la langue des vainqueurs, devenir aussi barbare qu'eux et porter leur nom, comme nous portons celui des Franks; elle aurait en outre subi, dans ses caractères physiques, des modifications en rapport avec l'intensité du croisement; mais, au bout d'un grand nombre de générations, lorsque le mélange aurait été achevé, le type national aurait été infiniment plus rapproché de celui du peuple conquis, que de celui de ses conquérants, et dans les temps futurs, un observateur, imbu des préjugés des linguistes, convaincu que ce peuple hunnique, parlant la langue des Huns, était issu en entier de la horde d'Attila, aurait attribué la modification profonde du type mongolique à l'action du climat de l'Europe occidentale, au lieu de l'attribuer à un mélange de races méconnu et oublié.

Cet exemple est hypothétique, mais n'est nullement imaginaire. Le fait que nous venons de supposer s'est produit cent fois dans l'humanité. Beaucoup de races autochthones que l'on croit éteintes sont encore vivantes, avec des caractères peu différents de ceux qu'elles possédaient autrefois. Les habitants du plateau central de la France ne sont Français que de nom ; ils sont petits et bruns, tandis que les Franks étaient grands et blonds ; ils ont subi de nombreux mélanges et perdu ainsi l'uniformité qui est l'apanage des races pures ; mais les caractères qui dominent en eux, après tant de siècles et tant de vicissitudes, sont ceux des ancêtres autochthones dont ils ont entièrement perdu le souvenir. Les Guanches des îles Canaries, qu'on supposait anéantis, n'ont perdu que leur langue, leur religion, leurs mœurs et leur nationalité : ce sont, au contraire, les Espagnols qui, moins nombreux, se sont effacés dans le mélange. — M. Sabin Berthelot a constaté que le Canarien moderne n'est autre chose qu'un Guanche rebaptisé (*Mémoires de la Société d'ethnologie*, t. I, p. 146-149. Paris, 1841, in-8o). Les populations du Pérou, celles de la Colombie, de l'Amérique centrale, du Mexique, reviennent rapidement au type indien, depuis que ces pays ont secoué le joug de l'Espagne et que la population européenne ne reçoit plus de la mère-patrie des renforts continuels.

Une circonstance qui favorise puissamment, dans certains cas, le maintien de la race indigène, et le retour graduel des races croisées au type primitif, dissimulé d'abord sous le mélange, c'est l'influence élective du climat. L'homme, quoi qu'on en ait dit, n'est pas cosmopolite. Lorsqu'un peuple se transporte sous un climat très-différent de celui qui l'a vu naître, il est d'abord décimé par des maladies qui épargnent les indigènes ; il y périt quelquefois tout entier, en une ou deux générations. Les établissements des Européens, dans l'Asie et l'Afrique tropicales, ne se maintiennent que par l'arrivée continuelle de nouveaux colons et de nouveaux soldats. La mortalité des hommes d'Europe y est épouvantable, et leur fécondité y décroît dans une telle mesure que M. le docteur A. Wise a passé trente ans dans l'Indoustan sans pouvoir y découvrir un seul individu issu sans croisement du sang européen à la troisième génération (*Bulletins de la Société d'anthropologie*, t. II, p. 559-560. Paris, 1861, in-8o).

Sous un climat moins meurtrier, la race étrangère subit une atteinte moins profonde et moins rapide ; elle peut se maintenir par elle-même, surtout lorsqu'elle constitue une aristocratie opulente, et qu'elle vit du travail d'un peuple asservi. Mais la fortune est changeante ; chaque génération voit un certain nombre de familles perdre leur patrimoine pendant que les autres s'enrichissent. Le nombre de ceux qui peuvent vivre sans travail va toujours en diminuant, et les autres, privés de la sauvegarde factice de la richesse, restent exposés sans défense à l'action d'un climat ennemi. D'un autre côté, l'oisiveté qui protège les riches, leur fait payer cher ses faveurs. — Ils perdent leur vigueur, leur intelligence, leur fécondité. Leur race s'abâtardit, et, pendant ce temps, la race indigène, remise des secousses de la conquête, répare ses pertes, jusqu'au jour où elle se relève enfin et reprend la prépondérance. C'est déjà l'histoire du Mexique, où l'on vient de voir Juarez, un aztèque de race pure, élevé à la présidence par les descendants de ceux que subjugua Cortès, opposer une résistance inattendue et prolongée à la plus puissante armée qui ait jamais traversé l'Atlantique. Ce sera, tôt ou tard aussi, l'histoire du Guatémala, de la Colombie et du Pérou. — Et les ethnologistes des siècles futurs pourront trouver, dans cette partie du Nouveau-Monde, une langue indo-européenne parlée par des peuples revenus, à peu de chose près, au type des races qui y existaient avant les *conquestadors*.

Il ne faut pas croire, toutefois, que les races autochthones puissent toujours échapper à la destruction. L'extermination complète d'un peuple n'est pas sans exemple ; tous les Charruas ont été tués un à un, à l'exception de cinq ou six qui

sont venus mourir à Paris. Les Tasmaniens ont subi le même sort, en 1835, dans
une battue générale qui dura plusieurs jours. On épargna en tout 102 individus
des deux sexes, qui, réfugiés sur une langue de terre, furent capturés et déportés
dans la petite île de Flinders, où, quelques années après, il n'en restait plus que 40.
(Il n'en reste plus qu'un seul aujourd'hui.) De grands peuples indigènes de l'Amérique du Nord, chassés de leur terre natale et refoulés de plus en plus vers l'ouest,
sont réduits à quelques familles dont le sort est facile à prévoir. D'autres peuples
de la même région ont entièrement péri; et si la race australienne a quelque chance
de se perpétuer, c'est seulement parce qu'il n'est pas encore démontré que toute la
partie centrale du continent australien soit digne de recevoir les Anglais.

Lorsqu'on cherche à déterminer les circonstances qui se prêtent à l'anéantissement d'une race, on trouve qu'elles se réduisent à trois.

Il faut, en premier lieu, que le climat sous lequel elle vit ne s'oppose pas à la
vitalité et à la fécondité de la race envahissante. — La meilleure sauvegarde des
races noires de l'Afrique tropicale, c'est leur climat, ennemi des Européens.

Il faut, en second lieu, qu'il y ait entre les deux races qui se trouvent en présence une différence énorme sous le rapport de l'intelligence et de l'état social ; il
faut que l'une soit sauvage ou presque sauvage, que l'autre ait une organisation
politique déjà avancée, des armes puissantes, et des procédés d'agriculture et d'industrie qui lui permettent, après avoir conquis le pays, de conquérir le sol; que la
première soit peu ou point perfectible, qu'elle soit incapable d'employer ses bras à
un travail régulier, et que la race conquérante, ne pouvant l'utiliser d'aucune
manière, ait intérêt à la détruire. Dans de pareilles conditions, les races ne peuvent
ni se fusionner, ni vivre ensemble dans le même lieu; il faut que l'une ou l'autre
disparaisse, et l'issue d'une lutte aussi inégale n'est pas douteuse. Les autochthones,
après une résistance plus ou moins longue, où ils subissent toujours des pertes
immenses, reculent pas à pas devant les étrangers; ils trouvent quelquefois un
refuge dans des régions d'un accès difficile, dans des lieux à demi déserts, dans des
forêts épaisses; et plus tard, lorsque la hache ou le feu les ont privés de cet asile,
dans des montagnes arides que le vainqueur dédaigne de leur disputer. La conservation de ces tribus proscrites dépend donc en grande partie des conditions géographiques, et lorsque ces conditions leur font défaut, elles finissent par disparaître
entièrement. Sous ce rapport, les peuples insulaires sont infiniment plus exposés
que les peuples continentaux. La mer, qui leur apporte sans cesse de nouveaux
étrangers, oppose une barrière à leur fuite. Ne pouvant ni quitter la terre natale,
ni s'y maintenir en présence de leurs ennemis, ils sont voués à la destruction. S'il
n'y a plus de Tasmaniens, et si les Australiens, attaqués pourtant les premiers, se
maintiennent encore, c'est parce que l'Australie est presque aussi grande que
l'Europe, tandis que l'île de Van-Diémen est plus petite que l'Irlande. Cette position
insulaire est tellement défavorable, qu'elle peut même, contrairement à la règle,
exposer à l'extermination un peuple à demi civilisé, doux, hospitalier, et capable de
travailler, comme l'étaient, au temps de Colomb, les Indiens des grandes Antilles.
Il y avait d'ailleurs, chez les premiers aventuriers espagnols qui se rendirent coupables de ces abominables crimes, un mélange d'orgueil, de cupidité et de fanatisme
chrétien qui ne s'est probablement jamais rencontré au même degré dans l'histoire
des colonies européennes. On sait que beaucoup de ces nobles bandits avaient fait
le vœu de tuer chaque jour douze Indiens en l'honneur des douze apôtres. Cet
exemple exceptionnel ne détruit pas la règle que nous avons posée, à savoir que,
d'une manière générale, les peuples à peu près sauvages, et impropres à toute
espèce de travail utile, sont seuls exposés à une destruction radicale.

On vient de voir comment s'éteignent les peuples autochthones; mais il y a loin de l'extinction d'un peuple à l'extinction d'une race. Toute race, toute race primitive surtout, a occupé autrefois, ou occupe encore une région très-étendue. Elle comprend des peuples nombreux, disséminés dans des contrées très-diverses, et les conditions géographiques ou sociales qui favorisent l'anéantissement d'un peuple, peuvent varier beaucoup chez les différents peuples d'une même race. Les Caraïbes insulaires ont disparu presque partout, mais leurs frères de race vivent encore sur le continent. Les nègres pélagiens de la Tasmanie sont détruits, mais d'autres peuples de même race se maintiennent dans le reste de la Mélanésie et dans les montagnes des grandes îles de l'archipel malais, où le climat équatorial les protége du moins contre les Européens. On peut faire trois cents lieues, aux États-Unis d'Amérique, sans rencontrer un seul autochthone; mais de nombreuses tribus de Peaux-Rouges, réfugiées à l'ouest du Missouri, occupent encore des pays trois ou quatre fois grands comme la France. A aucune époque, cependant, les races puissantes et conquérantes n'ont eu, pour leur œuvre d'envahissement et d'extermination, des facilités comparables à celles que la marine et la poudre à canon ont mises, depuis trois siècles, à la disposition des migrateurs européens. Si donc il est vrai de dire que la destruction radicale d'un *peuple* conquis est un fait malheureusement fréquent dans l'histoire de l'humanité, il faut s'empresser d'ajouter, sans en tirer d'ailleurs aucune vanité, que rien n'a été rare jusqu'ici comme l'extermination d'une *race*. Cela est si rare qu'on en citerait difficilement, dans les temps historiques, un exemple bien avéré; et il y a de fortes raisons de croire que cela n'a pas été plus commun dans les époques plus anciennes où l'inégalité des armes et des forces sociales était infiniment moins tranchée, où les déplacements des populations étaient infiniment plus lents, et où l'on ne pouvait voir, comme aujourd'hui, tous les peuples d'une race cernés de toutes parts et traqués à la fois dans leurs résidences multiples.

Il est donc assez probable que la plupart des races autochthones sont encore vivantes sur la terre. Mais ce qui a changé bien des fois, c'est leur répartition et l'étendue de leurs domaines respectifs. D'une manière générale, les races supérieures ont toujours été en empiétant sur les races inférieures, et ce phénomène n'a jamais pris d'aussi grandes proportions qu'aujourd'hui. Les races d'Europe ont une telle puissance d'expansion, elles disposent de moyens d'exécution tellement rapides, de moyens d'agression tellement irrésistibles, qu'elles auront sans doute le temps d'achever l'extermination de plusieurs races autochthones, avant que la philosophie et la science aient acquis assez de pouvoir pour mettre un terme à ces attentats systématiques contre le genre humain. Ce n'est plus, il est vrai, par le fer et par le plomb que l'homme d'Europe procède à la destruction des indigènes. Ces égorgements féroces se pratiquent rarement aujourd'hui, ils sont flétris par la conscience publique. Il est entré dans le code de la civilisation actuelle, qu'il est mal d'attaquer sans nécessité les malheureux dont on envahit le territoire, qu'il suffit de les refouler, de repousser leurs agressions et de leur infliger de terribles représailles pour leur inspirer une frayeur salutaire. Ainsi, on n'hésite pas à ravager tout un pays, à brûler tous les villages, et à tuer tous les êtres humains qu'on rencontre, lorsqu'il s'agit de venger la mort d'un missionnaire ou d'un officier. — Ou, si l'on est assez généreux pour faire quelques prisonniers, on les fait juger, au retour, par un conseil de guerre, qui s'empresse naturellement de les condamner à mort. On appelle cela faire des exemples. Ce sont en effet des exemples qui doivent nous faire réfléchir sur les diverses manières d'interpréter le droit des gens.

Mais ces exécutions isolées, ces expéditions partielles, ne produisent dans les populations autochthones que des vides peu importants. — Ce n'est pas pour si peu qu'elles pourraient dépérir et s'éteindre, et, je le répète, nos mœurs adoucies ne nous permettent plus d'attenter sans un prétexte de nécessité à la vie des indigènes. Si les protestations énergiques du parlement anglais n'ont pas ressuscité les Tasmaniens exterminés en 1835, elles ont suffi du moins pour que depuis trente ans un pareil forfait ne se soit pas reproduit. L'extinction des peuples incivilisés au milieu desquels nous établissons nos colonies n'en est pas moins assurée; ce ne sera qu'une affaire de temps. Nous ne les traitons plus comme des bêtes féroces; nous n'organisons plus contre eux des battues en règle, nous ne répandons plus leur sang lorsqu'ils nous laissent tranquilles... mais nous leur prenons leurs territoires, nous empiétons peu à peu sur ceux que nous leur avions d'abord laissés; ainsi l'exige la population croissante de nos colonies. Il ne nous fallait d'abord qu'une petite bande de terre; plus tard on a reconnu que ce n'était pas suffisant. Tout nouveau venu a voulu devenir propriétaire, tout colon a demandé à s'agrandir, tout fils de colon a obtenu du gouvernement ce qu'on appelle une concession; chaque fois les indigènes ont dû reculer pour faire place aux étrangers, et personne n'a éprouvé le moindre remords en pratiquant ces spoliations sans limite. On est habitué à respecter les propriétés individuelles, on ne déroberait pas une pomme dans le champ d'autrui; mais on s'imagine que la propriété collective du territoire de chasse où une tribu trouve sa subsistance n'est pas une propriété. On ne songe pas que lorsque ce territoire est réduit de moitié, la moitié de la tribu doit périr, en attendant que le reste, de plus en plus resserré, se décide à émigrer. On ne songe pas que ces émigrants trouveront devant eux la terre habitée par d'autres tribus qui les extermineront ou qui seront exterminées par eux. — Et si l'on y songe, on ne s'en préoccupe pas, parce qu'à tout prendre, on n'a porté aucune atteinte au code qui régit les sociétés d'Europe.

Le jour viendra donc, où, sans en rougir, et presque sans s'en apercevoir, les races européennes auront fait disparaître, peuple à peuple, et jusqu'au dernier homme, plusieurs races autochthones, réparties il y a moins d'un siècle encore sur d'immenses territoires. C'est, dit-on, la loi du progrès, et il ne manque pas de rhéteurs qui prétendent que cette substitution des races supérieures aux races inférieures est « le moyen employé par la Providence pour répandre la civilisation sur toute la terre. » D'autres en infèrent que par là s'effaceront les différences des types, et que l'unité de l'espèce humaine deviendra enfin une vérité. Nous, qui ne sommes pas dans les secrets des dieux, nous ne cherchons pas à pénétrer « les intentions de la Providence. » Ce qui se passe aujourd'hui au bénéfice des civilisés, s'est passé en d'autres temps au bénéfice des barbares, et cette prétendue loi du progrès n'est autre chose que la loi du plus fort. Quant à l'unité humaine qu'on rêve pour l'avenir, elle ne parait pas jusqu'ici, pour parler la langue des optimistes, dans les intentions de la Providence. Tant que les conditions géologiques actuelles persisteront, tant que l'Afrique conservera sa forme massive et son climat torride, tant que les régions boréales conserveront leur température glaciale, en un mot, tant qu'il y aura des régions mortelles aux races d'Europe, certaines races autochthones resteront en possession du sol où elles sont installées depuis une époque antérieure à tous les souvenirs.

PAUL BROCA.

AUTOMATE (MÉCANIQUE). — D'un terme grec, αὐτόματος, spontané, volontaire, qui agit de soi-même. De là le nom d'automates donné exclusivement autrefois à des figurines ou à des poupées imitant les mouvements, et simulant les fonctions d'un être animé. De là encore le nom *d'automatique*, pour désigner plus récemment un travail ou une opération manufacturière exécutée par la force motrice de l'eau, du vent, de la vapeur ou de l'électricité, etc., qui agit sur des appareils mécaniques substitués à l'intervention directe de l'homme, et remplace soit l'action des mains, soit celle des pieds, et quelquefois les deux réunies. Dans les automates proprement dits, si populaires jadis, et au premier rang desquels on cite ceux de Vaucanson, les combinaisons mécaniques variées et compliquées par lesquelles le but était atteint, se logeaient entièrement dans l'intérieur des pièces et n'offraient aucune trace à l'extérieur. Le joueur de flûte et le canard de Vaucanson sont encore cités comme les chefs-d'œuvre du genre, tant sous le rapport des dimensions que de la précision des mouvements. Le premier exécutait un certain nombre d'airs notés en relief sur un cylindre et mesurait 1 mètre 60 de hauteur. Une soupape délicate placée dans la bouche remplissait l'office de la langue, des réservoirs de vent communiquant aux lèvres tenaient lieu de registres, des tuyaux y aboutissaient, des leviers étaient chargés de transmettre l'action aux soupapes et aux diverses pièces qui concouraient à l'ensemble des effets; des lames saillantes étaient mises en relation, d'une part, avec le cylindre dont chaque touche correspondait à une note, et de l'autre avec les différentes parties du mécanisme à faire mouvoir à des moments déterminés.

Ces quelques détails n'ont pour but que de faire saisir l'originalité remarquable des œuvres de Vaucanson, et leur différence avec la vulgaire boîte à musique si répandue depuis. La création de semblables automates exigeait une aptitude mécanique hors ligne, des connaissances géométriques étendues, et, suivant l'imitation à réaliser, il fallait être un organier habile sachant tous les secrets de l'art, ou un anatomiste expérimenté. On a cherché depuis à reproduire ces objets curieux; à Vienne et à la Chaux-de-Fonds, on construisit des automates à l'imitation de ceux de Vaucanson. Mais les mécaniciens de ces pays eurent soin de choisir des sujets à mouvement régulier : on cite un dessinateur, un joueur de piano, parmi les œuvres les plus vantées. Le célèbre prestidigitateur Henry Robert exécuta plus récemment des objets analogues à l'aide de moyens moins compliqués.

Pour se faire une idée exacte de la supériorité des anciens automates sur les jouets et les poupées mécaniques qui constituent une branche industrielle d'une certaine importance, il suffit de comparer aux pièces célèbres dont nous venons de parler et dont les galeries du Conservatoire renferment des modèles intéressants, les figures à ressort prononçant quelques syllabes, ouvrant et fermant les yeux sous une pression des doigts, les figurines servant d'enseignes aux pédicures, aux dentistes, aux coiffeurs, etc., ou même les oiseaux qui chantent et battent des ailes, les boîtes à musique, etc. Cependant, tandis que les *vrais* automates sont restés des objets de pure curiosité, la production des sujets mécaniques agissant par *à peu près* est devenue, au contraire, une branche manufacturière qui comprend un certain nombre d'articles et se trouve répartie dans de grandes exploitations, à Paris, à Nuremberg et en Suisse. La première de ces villes est le centre créateur des objets plus ou moins originaux. Les poupées qui articulent quelques syllabes ouvrent et ferment les yeux, les petits rameurs mécaniques, les voitures à ressort avec leurs conducteurs et leurs voyageurs, modifiés de mille manières, sont des Parisiens d'origine, dont la confection économique a lieu principalement à Nuremberg; ils reviennent ensuite se vendre en grande masse dans nos magasins. La Suisse française et les habitants de la Forêt-Noire s'occupent surtout des boîtes, horloges, coucous et montres à musique.

Le point de départ, la pièce motrice de ces objets, consiste presque toujours dans un ressort délicat en acier analogue à celui des montres et des pendules. Cependant, il y a certains jouets où les poids sont mis à profit; leur action est réglée par l'écoulement d'un sable fin, de l'eau ou d'un autre liquide, tel que le mercure, par exemple. Ces différents moyens transmettent le mouvement de proche en proche, par l'entremise de leviers et d'engrenages microscopiques.

Les automates les plus intéressants, quoiqu'on ne les qualifie pas ordinairement ainsi, sont les montres et les horloges. Déjà bien avant l'époque où l'on vit apparaître les objets indiqués plus haut, on eut l'idée d'employer le moteur des horloges au mouvement des automates. Tout le monde connaît, au moins, par ouï-dire, la fameuse horloge monumentale de Strasbourg, composée de pièces remarquables autant par la science de leur combinaison que par l'originalité de leur forme, et l'utilité du but auquel concourt l'ensemble du mécanisme. Cette œuvre gigantesque, due à Isaac Haberecht, date du xvie siècle, et a été reproduite, en 1842, par l'habile M. Schwilgué. Cette partie de la célèbre cathédrale embrasse tout un mur du transept, et présente la hauteur d'une maison à quatre étages. Elle *fourmille* de sujets pittoresques : Le cadran est surmonté d'un char portant les dieux des jours de la semaine; chacune de ces divinités païennes, Apollon, Diane, Mars, Mercure, etc., sort à son tour le matin par une porte, rentre par une autre le soir, pour faire place à son successeur qui accomplit le même déplacement le jour suivant; les heures et les fractions d'heure sont indiquées par le coup de marteau d'un automate. Un enfant marque les quarts, un adolescent la demie, les trois quarts sont frappés par un homme, et les quatre quarts par un vieillard. Au moment où l'heure résonne, la mort apparaît, et un petit ange vide pendant une heure un sablier qu'il tient à la main, puis le retourne pour le mettre en état de fonctionner de nouveau. Mais la grande représentation a lieu à midi et les curieux sont nombreux à cette heure devant le monument. Alors les douze apôtres viennent passer solennellement l'un après l'autre devant le Christ; au même moment, un coq placé au-dessus ouvre les ailes et pousse son cri particulier d'une façon très-accentuée et tout à fait naturelle. Ce spectacle produit un effet prodigieux dans la foule; nous avons vu des femmes de la campagne se trouver mal d'émotion. Il faudrait un livre entier pour décrire toutes les pièces en détail : ce ne sont pas là des mannequins vulgaires, mais bien des automates comme ceux de Vaucanson, imitant servilement les mouvements des êtres vivants; les apôtres marchent bien, inclinent majestueusement la tête en passant devant le Christ. Toutefois le côté pittoresque n'est que l'accessoire de cette grande horloge, qui se fait surtout remarquer par l'indication à peu près complète des mouvements astronomiques connus, et des diverses supputations du temps à l'aide desquelles on peut régler les époques des fêtes mobiles. Elle possède un planétaire d'après le système de Copernic, donnant les révolutions tropiques de toutes les planètes visibles à l'œil nu, les phases de la lune, les éclipses, le temps apparent et le temps sidéral, une sphère céleste avec les précessions des équinoxes les équations solaires et lunaires pour la réduction des mouvements moyens du soleil et de la lune en temps et lieux vrais, etc., etc.

Le mode d'exécution de la première horloge, dont les pièces sont conservées dans la maison de Notre-Dame, à Strasbourg, n'est pas moins digne d'admiration. La plupart des rouages, actuellement obtenus avec tant de facilité par la fonderie, étaient en fer forgé, travaillés au marteau et à la lime, dent par dent. Il fallait des artistes d'une habileté rare pour une telle entreprise.

Par son ensemble, ses détails et son exécution, cette horloge peut être considérée comme un chef-d'œuvre qui n'a pu être surpassé dans ce genre. Elle meuble merveilleusement le monument auquel elle appartient.

Les recherches mécaniques ont pris de nos jours une direction différente. Elles poursuivent des applications automatiques plus générales, plus directement utiles et souvent d'une réalisation aussi difficile. L'origine de ces travaux date de soixante ans à peine, et bientôt le travail à la main deviendra aussi rare dans les contrées vraiment industrielles que l'était l'usage des machines. La puissance de l'automatisation est telle, que les progrès mécaniques s'étendent aussi bien dans les contrées où la main-d'œuvre est encore à vil prix, en Russie, dans les campagnes de la Hollande, en Suisse, etc., que dans les pays comme l'Angleterre, la France, les États-Unis d'Amérique où le prix du travail manuel s'élève constamment.

L'outillage automatique constitue en Amérique surtout, où la population est relativement peu dense, le plus puissant auxiliaire des travaux de toute espèce et son concours diminuera les difficultés qui résultent de la suppression de l'esclavage. Malgré certains malaises temporaires, la substitution des moyens mécaniques au travail à la main a réalisé une amélioration notable, directe et indirecte, dans la situation matérielle des classes ouvrières. Ce n'est pas le moment d'analyser les nombreuses spécialités où le régime automatique s'est introduit au profit de tous, patrons et ouvriers, adultes et enfants des deux sexes. Partout on voit peu à peu disparaître le spectacle affligeant que présentaient naguère la plupart des fabriques. Les travailleurs de tout âge étaient occupés soit à tourner une roue, soit à traîner un chariot, à monter un fardeau, à agiter les bras et les jambes sur des leviers pesants et à agir du matin au soir dans la même direction. Le travail était tellement absorbant, l'atmosphère si lourde et si malsaine, la fatigue si tyrannique, que de pauvres petits êtres de dix à douze ans marchaient presque endormis et n'accomplissaient leur tâche que par la force de l'habitude et à moitié entraînés par l'outil qu'ils devaient diriger. Cet état de choses se modifie grandement et tend chaque jour à disparaître, grâce à la propagation croissante des machines, ces auxiliaires certains de l'émancipation des travailleurs. Leur introduction a non-seulement diminué les plus grandes causes de l'*usure* directe de l'homme, en permettant d'élever les salaires, mais elle a encore eu pour conséquence la création d'établissements beaucoup plus salubres que par le passé. Aux ateliers exigus ne contenant qu'un volume d'air insuffisant, peu renouvelé et par conséquent vicié par les poussières de toutes sortes et la présence d'un nombreux personnel, se sont substitués forcément, pour satisfaire aux conditions du travail, des locaux spacieux bien ventilés, convenablement chauffés, dont l'atmosphère, en un mot, laisse moins à désirer que celle de beaucoup de salons des grandes villes.

Est-ce à dire que l'emploi des machines soit une panacée universelle, dont les conséquences se trouvent à l'abri de toute critique? Telle n'est pas notre pensée et nous aurons peut-être une autre occasion de l'exprimer plus complétement. Mais, dès à présent, nous ne craignons pas d'avancer que la substitution des machines à la force musculaire doit être regardée comme l'un des auxiliaires les plus puissants des idées nouvelles, et l'un des bienfaits les plus incontestables du xixe siècle. Malgré notre désir de rester dans des généralités pour ne pas dépasser les bornes réservées à cet article, nous ne pouvons passer sous silence une innovation automatique toute récente qui est appelée, selon nous, à rendre un service signalé dans une direction des plus intéressantes et qui vient à l'appui des considérations précédentes. Les applications multiples des machines à coudre et à broder ont permis de doubler et de tripler au moins les salaires d'un grand nombre de femmes. Mais si l'on excepte quelques grandes usines où la force motrice fait agir ces machines, presque toutes sont manœuvrées au pied par les ouvrières. Quoique ce travail soit peu pénible en apparence, il est maintenant hors de doute que l'action incessante du pied fait affluer le sang à la partie inférieure du corps et surexcite le système nerveux de façon à altérer la santé de l'ouvrière. Aussi, dans certains ateliers, a-t-on été obligé d'établir des relais pour n'occuper la même femme que pendant deux heures consécutives. Frappés de ces inconvénients, divers inventeurs avaient songé à substituer un petit moteur électrique ou à vapeur à l'action des pieds, mais il en résultait une complication qui a fait renoncer à ces moyens. On a eu recours au procédé des anciens faiseurs d'automate, à des ressorts de pendule convenablement disposés pour faire fonctionner la machine à coudre pendant deux heures. Le mécanisme moteur est placé sous la table, il se trouve par conséquent renfermé comme celui d'une horloge ou d'une lampe, et est remonté de la même manière. Grâce à cette application, tous les inconvénients signalés disparaissent. La santé de l'ouvrière n'est plus compromise, et l'adoucissement apporté à son labeur journalier profite aussi à son intelligence. Si nous choisissons cet exemple parmi tant d'autres, c'est qu'il date d'hier, et montre une application du travail automatique dans les occupations domestiques auxquelles on le croit, en général, moins propre. L'outillage mécanique est devenu le moyen par excellence de faire prendre les devants à la richesse sociale sur l'accroissement de la population, et de combattre victorieusement les principes de Malthus et des partisans de sa loi.

MICHEL ALCAN.

AUTOPSIE. — La science médicale ne saurait se passer de l'ouverture des cadavres et de l'examen des lésions qui ont déterminé la mort; c'est l'ensemble des opérations nécessaires pour reconnaître ces lésions chez l'homme que l'on nomme autopsie (ὄψις, vue, et αὐτός, soi-même). Les mots nécroscopie et nécropsie, qui sont souvent employés dans le même sens, devraient être réservés pour désigner l'ouverture du cadavre d'un animal quel qu'il soit.

La médecine a été longtemps privée des lumières que devait lui apporter plus tard l'étude complète des cadavres, et il est facile de reconnaître que les autopsies étaient d'autant moins pratiquées que les peuples étaient plus barbares. On n'hésitait pas à infliger de cruels supplices qui étaient de véritables autopsies faites sur le vivant, mais on craignait de porter le fer sur un corps insensible; de nos jours encore il est des peuples qui ont conservé une répugnance invincible pour les recherches nécroscopiques.

Les Égyptiens pratiquaient une sorte d'autopsie qui n'avait nullement pour but de rechercher des lésions, c'était uniquement pour faciliter l'embaumement des corps. En Grèce, au temps d'Hippocrate, on n'ouvrait pas les cadavres, ce n'est que quatre-vingts ans après que l'on fit les premières études nécroscopiques; il faut croire qu'on en reconnut vite l'utilité, car, sous prétexte de recherches scientifiques, on commit de véritables actes de férocité, et, s'il faut en croire Celse, Hérophile et Érasistrate disséquaient tout vivants des condamnés à mort; nous sommes loin de ces abus, puisque nous avons beaucoup de peine à obtenir de les disséquer après leur mort.

Les autopsies furent inconnues chez le peuple romain. En France, les dissections, longtemps défendues, étaient encore considérées comme un acte sacrilège au commencement du règne de François Ier; dans les affaires judiciaires, on se contentait de mettre le prévenu en présence de la victime dépouillée de ses vêtements; si les plaies laissaient échapper du sang pendant la confrontation, on ne doutait plus de la culpabilité; tant de naïveté et de superstition nous étonnent aujourd'hui, et pourtant nous avons encore la liquéfaction du sang de saint Janvier et les images ou les statues qui saignent à heure fixe comme en plein moyen âge. Ne soyons donc pas si fiers des changements accomplis. Ce qui étonne le plus, lorsqu'on étudie l'origine des autopsies en France, ce n'est pas le clergé s'opposant à ce qui peut être un progrès, c'est de voir quelques médecins approuver ceux qui pensaient ainsi; il est vrai que d'autres, comme Riolan, trouvaient nécessaire de poser cette question : « An vivum hominem secare sit necessarium et liceat? » Sans nous reporter à une époque éloignée, on peut constater que le zèle scientifique était peu développé et que beaucoup de médecins se préoccupaient plus des dangers qu'ils pouvaient courir que de l'intérêt général; en voici un exemple connu : Lorsque Louis XV mourut de la petite vérole, son premier chirurgien, Lamartinière, fut chargé par le chambellan de faire l'autopsie; ce chirurgien, peu convaincu sans doute que le contact du roi pût guérir les écrouelles, mais bien certain qu'il était capable de donner la petite vérole, annonça qu'il y consentait à la condition que le chambellan assisterait à l'ouverture et tiendrait la tête du roi ainsi que le voulait l'étiquette; le chambellan refusa net et le chirurgien évita de faire l'autopsie.

Que pensez-vous de la conduite de ce chirurgien du roi, jeunes gens qui, au sortir du lycée, allez chaque matin dans les salles d'autopsie chercher les précieux enseignements du cadavre et braver des maladies plus périlleuses que la petite vérole? C'est qu'aujourd'hui nous voulons apprendre, nous voulons approfondir, et ce n'est pas dans le corps médical qu'il faut chercher les obstacles aux recherches et au progrès. L'obstacle principal aujourd'hui, c'est un sentimentalisme exagéré, c'est une susceptibilité morale un peu maladive qui porte à regarder une recherche scientifique sérieuse et utile comme une profanation. Le culte des morts existe chez tous les peuples civilisés, et ce sentiment presque instinctif qui porte les parents et les amis à entourer de leur sollicitude un corps inanimé est trop respectable pour qu'on songe à le blâmer. Le parent ou l'ami que l'on vient de perdre a cessé de voir, d'entendre, de sentir, il n'existe plus, mais il reste son image que l'on veut protéger et honorer jusqu'au tombeau; ce respect des morts chacun doit l'avoir, ce qu'il faut repousser c'est l'exagération qui fait regarder comme injurieuse une constatation médicale et scientifique dont l'utilité ne peut être mise en doute. Un homme qui a légué à son pays quelque œuvre utile, quelque progrès accompli et qui a laissé en mourant sa fortune à ses enfants croit être quitte envers la société, cependant il emporte avec lui le secret de sa mort; peut-être aurait-on trouvé dans ses organes l'explication de quelqu'une de ces maladies qui déciment les populations; tout cela sera perdu; ce cadavre, il est vrai, sera la proie des vers ou de la décomposition, mais le scalpel ne l'aura point touché.

Aussi les magnifiques découvertes d'anatomie pathologique qui ont imprimé une marche rapide à la science médicale, qui ont donné tant de précision au diagnostic, nous en sommes redevables non point aux grands de la terre ni même aux personnes éclairées, mais aux malheureux que la misère et la maladie jettent sur un lit d'hôpital et qui, involontairement, rendent à la société un service que l'on ne peut obtenir des heureux du monde.

Cette idée qu'après leur mort on fera leur autopsie tourmente fort péniblement quelques pauvres malades des hôpitaux; cette préoccupation n'existerait pas si l'ouverture des corps avait lieu pour le riche comme pour le pauvre, si c'était une habitude, un honneur même et non une exception, si enfin l'égalité, qui ne peut exister pendant la vie, se retrouvait au moins après la mort; il appartient aux hommes intelligents et amis du progrès de donner l'exemple. Quelquefois, une famille qui perd un de ses membres demande l'autopsie afin de connaître la maladie dont les membres survivants pourraient être menacés; ce qui se fait alors dans un but intéressé et restreint devrait être appliqué à la grande famille humaine, à laquelle chacun pourrait rendre un dernier service avant de se confondre avec la matière inorganisée.

Je laisse aux livres spéciaux le soin d'indiquer les instruments nécessaires aux autopsies ainsi que les détails techniques, je me bornerai à quelques généralités et à l'indication des circonstances dans lesquelles on pratique ordinairement l'ouverture des cadavres. Il faut distinguer d'abord les autopsies purement médicales ou scientifiques des autopsies judiciaires; ces dernières sont toujours faites par l'ordre d'un magistrat, et ces recherches médico-légales demandent une attention soutenue et des soins minutieux, elles jouent un tel rôle dans la plupart des procès criminels que la moindre inexactitude, une observation entachée d'erreur peuvent avoir les plus graves conséquences. Nos médecins légistes savent avec une précision remarquable constater l'époque de la mort, l'heure du dernier repas de la victime, distinguer si un enfant est venu au monde sans avoir respiré ou s'il a été étouffé en naissant, etc. Suivant la forme et le trajet des blessures on reconnaîtra comment le coup a été porté et quel est l'instrument qui a servi au crime, enfin on élucidera une multitude de questions qui seraient restées obscures pour les magistrats sans le concours de la science. Souvent la chimie doit venir en aide, et la recherche des poisons constitue une branche importante de la médecine légale. Les substances toxiques introduites dans l'économie sont retrouvées au moyen des réactifs et quelquefois isolées de façon à pouvoir montrer à l'empoisonneur la matière qu'il a employée. Il peut arriver dans ces dernières circonstances que l'autopsie soit faite plusieurs jours ou plusieurs mois après la mort, et l'opérateur doit combattre les émanations nauséabondes du cadavre par des vapeurs désinfectantes, le chlore, par exemple, mais il évite de mettre directement en contact les matières désinfectantes qui pourraient nuire aux analyses chimiques.

Une autopsie judiciaire sera toujours complète, c'est-à-dire qu'on ne se bornera pas à rechercher les lésions de tel ou tel organe; on ouvrira toutes les cavités, on visitera minutieusement chaque organe; avant d'ouvrir le corps on examinera attentivement l'aspect extérieur qui fournira déjà de nombreuses indications sur l'époque probable de la mort, la constitution, la force musculaire, l'âge, etc.; les gerçures de l'abdomen chez une femme feront supposer que la femme a eu des enfants, la forme et la couleur des mamelons apprendront si elle a allaité. En réalité, l'autopsie judiciaire ne diffère des autres que par la rigueur qu'il faut apporter dans son exécution.

Les autopsies purement médicales se font au milieu des familles, sur la demande des parents, ou à l'hôpital si les proches du mort ne s'y opposent point. Chez nous il est défendu d'ouvrir un cadavre dont la mort remonte à moins de vingt-quatre heures; cette sage disposition, qui est applicable également aux embaumements, a été établie pour éviter que le scalpel puisse être porté sur un corps en état de mort apparente.

Lorsqu'une autopsie est demandée par la famille, le commissaire de police ou le maire doivent être prévenus et assistent à l'opération s'ils le jugent nécessaire. Dans les hôpitaux cette formalité serait impossible à remplir, et l'administration règle tout ce qui a rapport à l'ouverture des corps.

L'examen peut être partiel s'il s'agit de découvrir la lésion d'un seul organe; quelquefois une simple incision suffit, mais quelque minime que soit l'opération, on ne négligera pas de remplir toutes les formalités légales; il en est de même dans les opérations chirurgicales *post mortem*, lorsqu'on veut extraire de l'utérus d'une femme qui vient de mourir un enfant viable; on se conformera en outre aux règles ordinaires pour ces sortes d'opérations, et on fera les sutures et le pansement comme si la femme était vivante.

Pour une autopsie complète, le cadavre étant étendu sur le dos, on pratique à la peau deux incisions, qui, partant des articulations sterno-claviculaires, descendent parallèlement jusqu'à la partie inférieure de l'abdomen, où on les réunit par une ligne courbe à convexité inférieure ; d'autres fois on ne fait qu'une incision qui, partant de l'extrémité supérieure du sternum, aboutit au niveau de l'ombilic où elle se bifurque, et chaque ligne de bifurcation se dirige obliquement vers les crêtes iliaques ; les parties molles du thorax seront disséquées et écartées ; on incise alors avec précaution les couches profondes des parois abdominales, et dès qu'on atteint en un point la cavité on peut laisser le scalpel et achever avec de forts ciseaux ; on passe alors à la cavité thoracique : ici les difficultés sont plus grandes, on sectionnera avec un fort scalpel les cartilages costaux au niveau de leur union avec les côtes, mais ces cartilages sont souvent ossifiés et nécessiteront alors l'emploi de pinces coupantes ; on évitera avec soin de léser le péricarde, et on terminera en divisant les articulations sterno-claviculaires ; le sternum et les cartilages costaux sont alors soulevés ou enlevés complétement.

Pour l'ouverture du crâne, on tracera une incision directe d'une oreille à l'autre, les deux lambeaux du cuir chevelu seront disséqués et rabattus, l'antérieur sur le visage, le postérieur sur le cou, et on sectionnera circulairement avec une scie les os du crâne, suivant une ligne qui, passant au-dessus des arcades sourcilières, aboutirait à la protubérance occipitale externe ; quand la section des os est complète, on introduit une gouge dans la rainure produite par la scie et on ébranle la calotte crânienne que l'on finit par arracher ; la dure-mère est ainsi découverte, on l'incise et on procède à l'extraction du cerveau qui exige de minutieuses précautions sur lesquelles je ne puis m'arrêter ; pour examiner la cavité rachidienne et la moelle on retournera le cadavre, et, après une incision des parties molles sur la ligne médiane, on coupera les lames vertébrales avec le rachitôme ; cette opération est longue et difficile.

Si l'examen doit porter sur d'autres parties, sur les articulations ou les os des membres, sur le larynx, sur les organes génitaux, les procédés varient avec chaque opérateur et aussi d'après la lésion probable que l'on s'attend à constater ; je laisse aux livres spéciaux ces détails ainsi que la manière d'étudier chaque organe. Je dirai seulement que la constatation des changements de forme, de volume, de couleur, de poids et l'examen superficiel des organes dont on s'est longtemps contenté ne suffisent plus aujourd'hui ; l'observation à l'aide du microscope ajoute un intérêt nouveau à toute autopsie complète et fait découvrir des lésions là où l'œil n'en apercevait point ; l'autopsie est ainsi continuée dans l'intimité des tissus au moyen de ce merveilleux instrument, qui donne à la vue une puissance cinq cents fois et même mille fois plus forte.

Enfin, l'étude des altérations des liquides de l'organisme doit aussi former le complément d'une autopsie complète. Ce genre de recherches, encore peu répandu, est appelé à rendre de grands services dès que l'on connaîtra mieux la composition normale et la physiologie de ces liquides.

On voit qu'une opération aussi compliquée et aussi laborieuse ne peut avoir pour but de satisfaire une curiosité banale, et qu'il faut des motifs plus puissants pour se décider à l'entreprendre. Du reste, l'ouverture d'un cadavre n'est pas seulement pour celui qui la fait une besogne répugnante, c'est aussi un danger ; car ce cadavre recèle souvent un poison terrible. Il suffit d'une simple écorchure aux doigts pour mettre la vie de l'opérateur en danger ; ce n'est point un principe nouveau, un virus qui s'est développé dans le corps inanimé, c'est la décomposition cadavérique qui se communique à l'homme sain, c'est l'altération des humeurs du cadavre qui continue son œuvre sur le vivant, c'est une véritable fermentation putride qui envahit une partie de l'organisme ou l'organisme tout entier, et le plus souvent alors, chose horrible, les excrétions et les sécrétions du malade ont déjà l'odeur du cadavre.

Chaque année, dans les hôpitaux, dans les amphithéâtres, se produit quelque accident de ce genre; on apprend qu'un étudiant, un maître quelquefois, est mort d'une mort épouvantable, victime obscure de son dévouement à la science. Ces exemples effrayants ne peuvent modérer le zèle des jeunes médecins, mais ils devraient leur rappeler la prudence que l'on oublie trop vite. C'est surtout dans les cas où la mort du sujet a été causée par une maladie virulente qu'il faut redoubler de précaution; on évitera toute précipitation; dans le voisinage des os sectionnés, on se servira, autant que possible, de la pince et non des doigts pour maintenir ou attirer les tissus, on évitera surtout l'emploi des érignes qui sont fort dangereuses.

Immédiatement après l'autopsie, on se lavera les mains à l'eau et au savon, puis avec de l'eau à laquelle on ajoutera une forte proportion d'alcool camphré ou phéniqué. Dans le cas de piqûre on cessera de suite, la plaie sera lavée et on la laissera saigner; puis on fera des lotions avec l'alcool camphré ou phéniqué pur; un peu de collodion et une bandelette de sparadrap protégeront suffisamment la piqûre pour permettre de continuer les recherches. Dr CH. LEGROS.

AUTORITÉ POLITIQUE. — Un des plus remarquables phénomènes qui aient signalé les années 1848 et 1849 est l'effort tenté simultanément dans plusieurs pays de l'Europe pour restaurer ce qu'à cette époque on appela, peut-être pour la première fois, le *principe* d'autorité.

On vit alors quelques-uns des gouvernements résolus à poursuivre ce but se liguer entre eux, et, avec ce qu'il restait en chaque pays de classes privilégiées, s'adresser à la religion pour lui demander de mettre un frein à la licence des opinions, faire appel à la force pour comprimer les prétentions de la liberté. Les effets de cette ligue ont été les coups d'État, l'établissement des gouvernements militaires, l'accroissement des armées et leur prépondérance sur le pouvoir civil, la contagion de l'hypocrisie religieuse, le renouvellement des prétentions de l'Église à la domination, et par suite une hostilité sourde entre l'Église et l'État, en fin de compte la perturbation des idées morales et l'aggravation des causes de discorde qui existaient entre les classes.

Ce système de violences empruntées aux plus tristes pages de l'histoire et qu'on croyait devenues impossibles de nos jours, cette longue orgie d'autorité à laquelle les gouvernements et les classes dirigeantes se sont livrés en certains pays, d'abord avec la sécurité d'un triomphe définitif, bientôt avec l'inquiète avidité de gens empressés à dévorer leur victoire d'un jour, a-t-elle réussi à conjurer pour longtemps la révolution qu'on redoutait ou ne l'a-t-elle pas rendue plus imminente? Quelque opinion qu'on adopte à ce sujet, il est certain que l'entreprise tentée il y a vingt ans et couronnée en France d'un succès inattendu a manifesté une fois de plus la crise dans laquelle se trouve, de l'aveu de tous, la société européenne.

La lutte entre l'état de choses ancien et celui qui s'établit lentement en Europe depuis trois siècles n'est pas, comme on avait pu le croire après la Révolution française, arrivée à son terme. Les convulsions qui se produisent ailleurs comme chez nous avec une sorte de périodicité, attestent qu'un grave désordre continue de régner dans la société, et ce désordre témoigne d'une confusion analogue dans les idées. Certaines notions qui sont en contradiction avec les principes sur lesquels est censée reposer en France l'institution politique, subsistent chez beaucoup d'esprits, grâce à l'empire de la tradition, aux équivoques du langage, et surtout à la faveur dont les gouvernements croient avoir intérêt à les entourer.

Parmi ces idées figure au premier rang celle d'autorité politique. Il importe de l'examiner, et c'est ce que nous allons faire en dégageant les éléments divers dont se compose l'idée d'autorité, en passant en revue les fonctions qui lui ont été assignées, en décrivant ses origines historiques, et en cherchant à déterminer les limites dans lesquelles elle doit être aujourd'hui renfermée.

I. — Il n'y a jamais eu, et l'on conçoit facilement qu'il ne puisse exister de société humaine sans un pouvoir en état de commander et de se faire obéir. Les luttes politiques dont, en grande partie, se compose l'histoire des peuples parvenus à un certain degré de civilisation, n'ont d'autre objet que l'organisation, la délimitation et la dispensation de ce pouvoir. A ses vicissitudes sont attachés le progrès et le déclin des États; il préside à leur fortune .Les noms qu'il reçoit, les origines qu'on lui attribue ou qui sont en effet les siennes, les principes auxquels on le ramène, les formes qu'il a successivement revêtues, sont en très-grand nombre. Mais ce pouvoir se rencontre partout. A quelque âge des sociétés qu'on remonte, et dans quelque état qu'on les considère, on les trouve toujours régies par un pouvoir plus ou moins obéi.

Les partisans du principe d'autorité s'appuient, pour le faire prévaloir, sur une analogie spécieuse. Ils se plaisent à considérer la société comme une extension de la famille, et ils prétendent appliquer à la première les lois qui régissent la seconde. Il est certain que, si le droit privé procède actuellement du droit public, il n'en a pas été de même à l'origine. Le droit privé préexiste au droit public, comme la famille préexiste à la société. Le législateur a recueilli d'abord les règles qui avaient pris naissance dans la famille; il n'a fait que consacrer les lois sorties spontanément et toutes formées des antiques principes qui la constituent, il ne les a pas faites. Il paraît donc assez naturel d'admettre que l'autorité paternelle a été le premier type et la source de l'autorité politique. De même que l'autorité paternelle ne repose pas seulement sur la supériorité du père, sur le besoin que la mère et les enfants ont de sa protection, sur la dépendance où ils sont à son égard, mais qu'elle provient encore de ce qu'il est le gardien de l'usage, de la coutume et des rites; de même originairement l'autorité politique ne repose pas seulement sur la nécessité d'une force publique et sur les exigences de l'ordre : elle emprunte son principal titre à la tradition qu'elle continue, elle trouve sa sainteté dans sa durée. Et en effet, le mot de *père*, commun aux Hellènes, aux Italiens, aux Hindous, à toute la race indo-germanique, emporte, dans la langue religieuse comme dans la langue juridique, non pas la simple idée d'un rapport de génération, qui souvent n'existe pas, et qui d'ailleurs est mieux exprimé par un autre mot (*gánitar*, γεννητήρ, *genitor*), mais l'idée de puissance et de royauté. On invoque Jupiter en l'appelant *pater ominum deorumque*, quoiqu'il ne fût le père ni des hommes ni des dieux, et que les anciens ne l'aient jamais considéré comme tel; de même, dans la langue du droit, le titre de *pater* ou *pater familias* pouvait être donné à un homme qui n'avait pas d'enfants et qui même n'était pas marié. Le mot de père est synonyme de *rex*, ἄναξ, κοίρανος. Aussi l'autorité a-t-elle eu d'abord dans l'État les mêmes caractères que dans la famille : elle a été absolue, sacrée, irresponsable.

Mais cette analogie et les faits dans lesquels on la puise se rapportent au premier âge de la civilisation; ils marquent l'état le plus rudimentaire de la vie politique.

L'émancipation progressive de l'esclave, du plébéien, du client, du fils, de la femme, a substitué au droit de la famille, sacerdotal et discrétionnaire, fondé sur une nécessité transitoire, le droit civil, fondé sur la raison. Dans la société moderne, tous les individus ont des droits; c'est l'État qui en est le définiteur et le gardien.

Quoi qu'on doive penser des origines complexes de ce pouvoir social auquel a été réservé longtemps le nom d'autorité, il peut être envisagé sous deux aspects, à savoir la force dont il est investi et les titres sur lesquels il s'appuie. L'autorité se compose d'un élément matériel et d'un élément moral; ces deux choses sont également nécessaires pour la constituer. D'une part, en effet, le droit de commander, entièrement séparé des moyens de faire obéir à ses commandements, serait destitué de toute valeur et se réduirait à une prétention fatalement illusoire; d'autre part, un pouvoir qui s'impose à la volonté sans imposer à l'intelligence, n'est autre chose que la force brutale, et la force brutale est un joug matériel qu'on secoue et qu'on brise dès qu'on en a le pouvoir. La force peut bien surmonter un instant toutes les résistances, mais elle implique une contradiction par laquelle elle périt promptement : c'est que le fait qui la fonde appelle et justifie d'avance le fait qui la détruit. Aussi ne manque-t-elle jamais, pour se soutenir, de faire passer la victoire pour une manifestation de la Providence. C'est le moyen le plus commode qu'on ait encore inventé pour transformer la force en droit, pour fonder l'autorité; et le moyen serait aussi bon qu'il est simple si la Providence, complice volontaire de la force, tant que celle-ci est victorieuse, n'en suivait tous les hasards et ne passait d'un vainqueur à l'autre avec la facilité d'un fonctionnaire qui veut garder son emploi.

L'autorité est donc la puissance exercée en vertu d'un titre reconnu, lequel constitue son droit, soit que la puissance et le droit résident dans les mêmes personnes, comme chez les rois absolus de l'Orient, comme dans les monarchies pures des sociétés modernes, comme dans certaines aristocraties, à Rome, par exemple, aux premiers siècles de la République, où la classe des patriciens concentrait en elle toute l'autorité; soit que la puissance et le droit résident dans des sujets distincts, comme dans l'Égypte et dans l'Inde anciennes, où la caste des prêtres, dépositaire du droit, avait pour instrument la puissance, représentée par la caste des guerriers. Cette dernière constitution est, pour le dire en passant, celle dont Platon expose la théorie dans sa *République*, et dont le moyen âge présente non pas assurément la réalisation complète, mais une image approchée; du moins ne peut-on nier que ce soit là l'idéal qu'à partir du xie siècle l'Église ne cesse, par la voix du pape et du clergé, de proposer au monde, et qu'à cette heure elle ne désespère peut-être pas encore de faire prévaloir.

De quelque façon que l'autorité soit organisée et quelles qu'en soient les sources, elle remplit des fonctions faciles à déterminer et qu'on peut réduire à trois. La grandeur et la nécessité de ces fonctions est l'argument qu'elle invoque pour se défendre contre les adversaires qui la contestent ou veulent la réduire, c'est l'argument qu'invoquent le plus volontiers de nos jours ceux qui voudraient la rétablir dans sa plénitude. Il suffit de passer en revue ces diverses fonctions pour reconnaître ce qu'elles ont eu de nécessaire dans le passé, mais pour apercevoir en même temps comment l'autorité est poussée, par la manière dont elle les comprend et dont elle les remplit, à des excès qui la tournent d'abord contre le but de son institution, et qui finalement amènent sa déchéance.

La première fonction qu'elle remplit est de constituer et de maintenir l'ordre dans la société. Il faut un certain degré de sécurité pour que chacun puisse jouir des biens attachés à l'état de société; nul n'en jouirait, la société tomberait dans

anarchie et finirait par se dissoudre ou du moins n'irait pas à son but si le
ésordre y régnait sans cesse, si le conflit des passions et des intérêts, n'étant point
ominé par des règles acceptées et par une puissance capable d'y réduire ceux qui
en écartent, dégénérait perpétuellement en luttes armées. C'est en vue de prévenir
e mal que l'autorité légifère et qu'elle dispose de la puissance sociale. A cette fin,
le est armée d'une grande force, qui ne souffre point de résistance ni de limite.
lle ne se contente pas de réprimer, elle s'attache à prévenir. Elle ne s'arrête pas
ix actions, elle veut atteindre jusqu'aux pensées. Elle en vient à considérer
expansion des forces individuelles comme une entreprise sur ses droits; la liberté
i paraît non-seulement une rivale, mais une ennemie. Tout ce qui ne procède pas
elle, tout ce qu'elle n'a pas spécialement *autorisé*, lui semble usurpation et péril.
ès lors sa vigilance tourne en jalousie; elle se montre toujours armée, toujours
quiète, toujours menaçante. Les dangers qu'elle avait pour mission d'écarter,
est d'elle qu'ils viennent maintenant; la sécurité que sa fonction était de garantir
est elle qui la trouble, et cela par l'effet d'un confusion inévitable, je veux dire
arce que l'autorité, n'admettant aucune autre légitimité que la sienne, l'ordre
rai, c'est-à-dire l'équilibre des droits, a été méconnu et sacrifié à l'apparence
rossière d'un ordre tout extérieur.

La seconde fonction de l'autorité consiste à tenir la société en état de se défendre
ontre les ennemis du dehors. Cette fonction pourrait à la rigueur passer pour une
xtension de la première, de même que la discipline qui fait les armées pourrait
re considérée comme une forme spéciale et une puissance plus élevée de l'ordre.
e monde est inégalement partagé entre un grand nombre de sociétés distinctes,
ue l'intérêt, le besoin de durer et de s'agrandir, l'instinct de rapine inhérent aux
opulations encore plongées dans la barbarie, l'antagonisme des tempéraments et
es coutumes, ou même simplement certaine humeur batailleuse qui paraît natu-
lle à l'homme, constituent en guerre sourde ou déclarée les unes contre les autres.
ulle société ne peut donc se passer d'une force défensive ni de chefs qui l'orga-
isent et la commandent. Si l'ordre civil est attaché à l'existence d'un gouverne-
ent, la force militaire, sans laquelle aucune société ne saurait échapper longtemps
ix dangers qui l'entourent, suppose non moins nécessairement une volonté pour
nstruire et l'employer. Ici se manifeste le danger de cette fonction. Régulière-
ent, l'autorité militaire doit être dans la dépendance de l'autorité politique; mais
arrive, au contraire, souvent que la seconde domine la première, l'absorbe, ne
it qu'un avec elle; alors même qu'elle lui reste subordonnée, comme il convient,
le la soutient, elle l'affermit, elle l'étend. Dès que l'autorité politique sent dans sa
ain cette force obéissante, elle n'attend pas pour s'en servir que la société soit
ttaquée; elle attaque la première, elle s'en sert au gré de ses intérêts et de ses
mbitions. C'est une tentation à laquelle aucune puissance politique n'a longtemps
ésisté. De là l'esprit de conquête; de là au moins l'antagonisme naturel des nations
isqu'au sein des époques civilisées et l'état de secrète hostilité qui remplit dans
histoire les intervalles de guerre déclarée. Il n'y a pas pour les sociétés de péril
lus grand, parce qu'il n'y a pas en elles de principe plus actif de dissolution; en
orte que l'autorité, créée pour défendre et conserver, devient par son développe-
ent même et par l'emploi de la force qui lui est confiée, une source de troubles et
ne cause de destruction.

La dernière et la plus brillante assurément des prérogatives attribuées à l'auto-
ité est d'être l'instrument de la civilisation; c'est par elle que les peuples sortent
e la barbarie, se policent, que le progrès s'effectue, et nous avons vu depuis vingt
ns les fauteurs du pouvoir absolu ressasser à satiété les bienfaits dont il a comblé

à toutes les époques l'espèce humaine pour absoudre et pour éterniser, au nom du progrès, la plus odieuse tyrannie. L'autorité, dans le premier âge des sociétés, est essentiellement initiatrice, et sans voir dans cette faculté un don presque divin ni recourir pour l'expliquer à je ne sais quelle intervention mystique, on s'en rend compte très-facilement par la simple analyse. L'autorité est avant tout chargée de conserver; son rôle est de maintenir la tradition qui fait sa force, et par cela seul elle concourt efficacement au progrès élémentaire des sociétés; car le progrès n'est, pendant cette première époque, qu'une simple provision d'inventions et d'expériences, une pure accumulation de richesses, de souvenirs et de règles; l'autorité veille sur ce dépôt, elle l'empêche de dépérir, et c'est de cette manière qu'indépendamment du génie comme des intentions de ceux qui l'exercent, elle est utile à la civilisation. Mais il y a plus : l'autorité qui, s'appropriant au début toutes les forces sociales, dispose avec une liberté presque illimitée des hommes aussi bien que de la richesse et qui en dispose à l'exclusion de tous les individus, est évidemment seule en état d'innover, soit dans l'ordre matériel, soit dans l'ordre moral. Il n'est donc pas étonnant qu'elle innove en tout ce qui peut la fortifier, l'agrandir, la rendre plus sacrée aux yeux des peuples. L'ambition, le goût de sentir et de montrer sa puissance, par conséquent le besoin d'en user, expliquent amplement les entreprises tentées ou accomplies par ceux qui ont possédé l'autorité, et il serait étrange que parmi tant de travaux inutiles, tant d'entreprises folles ou funestes aux peuples, on n'en comptât point un certain nombre qui témoignent d'un heureux génie et qui ont profité à la civilisation. Mais il ne faut pas s'arrêter là, et, sans mettre en balance avec les bienfaits réels ou apparents que la civilisation doit à l'autorité, les violences qui en ont retardé le progrès, il faut regarder à ce qui constitue la civilisation elle-même. Or, elle n'est rien, si elle n'a pour effet de substituer l'activité des individus à l'action exclusive de l'autorité, et c'est cette substitution que l'autorité combat avec l'énergie la plus opiniâtre. En faisant, le plus souvent à son insu ou contre son gré, l'éducation des peuples, elle les prépare à s'affranchir de sa tutelle. Ils arrivent, sans qu'elle s'en doute, à la majorité; mais elle n'en continue pas moins alors à vouloir les traiter comme des enfants. Le sentiment de l'ordre s'enracine, l'habitude de la discipline s'étend; les écarts deviennent moins graves, la répression plus rare, les mesures de prévention superflues. L'individu vaut chaque jour davantage, ressent plus vivement le besoin d'indépendance, réclame un champ plus libre pour exercer ses facultés. A mesure que ces prétentions se généralisent et parlent plus haut, l'autorité, qui garde toujours jusque dans ses innovations les plus hardies l'esprit conservateur, jalouse de toute action qui tend à diminuer la sienne, s'alarme de ces envahissements. Elle se concentre de plus en plus, elle s'attache avec une obstination croissante à la résistance; un jour vient où, voyant ses titres mis en question, son domaine entamé, elle subordonne tout au soin de sa défense. Dès lors, elle travaille la société en vue du but qu'elle se propose et qui est de se rendre elle-même nécessaire et indestructible; elle fait servir à cela seul toute sa puissance; les améliorations qu'elle accomplit n'ont pas d'autre objet. Tout progrès qui ne vient pas d'elle est une révolte; sa pensée dominante est de garder le monopole de l'initiative. Les lumières qui éclairent ses origines, qui peuvent diminuer son crédit, l'inquiètent, et elle travaille incessamment à emmaillotter la pensée ou à la pervertir; la libre expansion des activités individuelles la menace d'une infaillible destitution; elle s'attache à les entraver, à les gouverner, à les paralyser. Elle s'entoure de remparts et de précautions. Mais, quoi qu'elle fasse, la lutte éclate; dans l'initiatrice du progrès, les peuples ne voient plus que l'ennemie du progrès; bientôt ils s'efforcent de se débarrasser d'un fardeau chaque jour plus pesant; parfois ils en viennent, par un excès passager, à se défier de tout pouvoir et à n'y voir qu'une dépense inutile.

II. — Le résultat final des fonctions que nous venons de décrire met au jour la contradiction impliquée dans la notion d'autorité publique. L'autorité est donc condamnée théoriquement. En fait, elle subsiste encore dans la plupart des États modernes; telle qu'elle y est organisée et conçue, elle procède, malgré les progrès de la philosophie politique et les changements survenus dans la société, de l'empire romain et de l'Église; c'est ce qu'il suffit d'établir pour montrer qu'elle est en complète opposition avec la notion du gouvernement introduite dans l'histoire par la Révolution française.

La filiation de l'empire romain aux gouvernements fondés sur l'autorité est un fait qu'on ne peut contester. Il est bien vrai, qu'à ses débuts du moins, le principat se donne pour une délégation du peuple romain. Mais, en réunissant dans sa personne toutes les magistratures, en absorbant en lui le pouvoir civil et militaire comme consul, le droit de présider aux choses de la religion comme pontife, le privilège de l'inviolabilité comme tribun, sans parler des droits que lui donnent les autres magistratures, le prince inaugure la puissance la plus absolue qui fut jamais. Déjà un sénatus-consulte déclare Auguste au-dessus des lois, *legibus solutum*; les crimes commis contre lui deviennent des crimes d'État, *crimen læsæ majestatis*. Dès Adrien, moins d'un siècle après Auguste, la volonté de l'empereur, transformée en loi par un conseil de jurisconsultes, servie par une administration savamment hiérarchisée, devient, sous des noms divers, *edicta, mandata, decreta, rescripta*, la règle unique et suprême. Cent cinquante ans plus tard, Dioclétien déclare simplement un fait ancien en dépouillant le pouvoir des vieilles formes républicaines dont il s'entourait et en proclamant la monarchie pure. Dès que les royautés barbares se trouvent en présence de l'empire, quoique bien différentes par l'origine et le caractère, elles tendent aussitôt à s'en rapprocher et à se modeler sur le même patron. Au commencement du IXe siècle, l'autorité, dans la personne de Charlemagne, et après lui dans celle des princes qui se partagent son pouvoir ou adoptent le même titre, se donne positivement pour héritière de la puissance impériale. Plus tard, lorsque, se débarrassant des entraves ou des limites mises à son pouvoir par l'Église et la féodalité, l'autorité politique se pose dans son indépendance et charge les légistes à ses gages de justifier ses prétentions, où vont-ils lui chercher des titres? Dans les traditions de l'empire romain, et c'est ainsi que, reconnues ou dissimulées, les traditions impériales sont restées jusqu'à nos jours une des sources de l'autorité.

L'autre se trouve dans la consécration du pouvoir par l'Église. Sous Constantin, celle-ci s'associe dans l'intérêt de sa domination au pouvoir politique. Aux yeux de l'Église, Constantin n'est pas seulement un empereur, il est un évêque, l'*évêque des affaires extérieures*. L'alliance se resserre à partir de Charlemagne et devient si étroite que bientôt on ne saura plus où trouver la limite entre l'autorité politique et l'autorité religieuse; nul ne pourra dire si c'est la première qui domine la seconde ou la seconde qui enveloppe la première. De là, la longue lutte des deux pouvoirs au moyen âge, et, quand cette lutte a cessé, les confusions, les embarras, les rivalités, les conflits, que le régime des concordats, dernier reste de cette alliance, contribue encore à perpétuer. Mais, dans cette consécration, l'autorité politique a puisé une force nouvelle; établie de Dieu, son existence ne dépend plus des peuples, et la personne qui la représente est sacrée; bien plus, elle est douée souvent d'un pouvoir qui confine au surnaturel. La royauté est, comme on a pu le dire, un huitième sacrement.

Le moyen âge féodal semble, au premier aspect, couper la tradition de l'autorité. Il n'en est rien. Quelque compliquées que soient les circonstances d'où la féodalité est sortie, on voit, à y bien regarder, qu'elle se rattache sans interruption à la théorie de l'autorité. Car, de la double série des faits indiqués ci-dessus, il suit que l'autorité impériale ou royale, bien loin de conserver le caractère d'une délégation qu'elle avait d'abord revêtu, ne tient son titre que de Dieu ; elle n'exerce pas le pouvoir comme organe ou représentant de l'État, elle le possède en propre, elle en dispose souverainement. Le pouvoir étant une propriété et s'étendant aux personnes comme aux choses, elle le divise, elle le donne, comme elle démembre et donne ses domaines ; le droit de rendre justice, de faire la guerre, de battre monnaie, est une partie de la richesse et sert comme la terre à récompenser des services. L'union de la propriété et du pouvoir est ce qui caractérise le système féodal.

Contestée çà et là dans tous les temps, battue vigoureusement en brèche dès le xiie siècle, cette conception de l'autorité n'en régnait pas moins au xviie siècle, quoique la royauté travaillât depuis longtemps et avec un plein succès à révoquer toutes ses concessions antérieures, et quoiqu'elle n'entendît plus aliéner la moindre partie de son domaine. Il en restait encore quelque chose, ou plutôt elle était encore le fondement de la plupart des institutions à la veille de la Révolution française. L'autorité est indivisible et inaliénable ; le roi ne s'en dessaisit plus, mais il la fait gérer par des agents qui ne relèvent que de lui et ne sont responsables que devant lui. Le caractère essentiel, l'élément constitutif de l'autorité, à savoir l'irresponsabilité dans la puissance, subsiste toujours.

L'œuvre de la Révolution française fut d'abolir les conséquences de cette conception du pouvoir. Le principe supérieur au nom duquel elle s'accomplit est celui de la responsabilité comme attribut de la personne humaine et comme condition de la liberté et de l'égalité. Tout homme public, député, magistrat, fonctionnaire, est donc responsable dans la sphère de ses attributions. Organiser cette responsabilité est tout le problème politique, et quoique la Révolution française ne l'ait pas complétement résolu, on ne peut contester qu'elle ne l'ait posé du moins avec la dernière précision. Si ce principe avait prévalu, il aurait coupé la racine de tout despotisme. Aussi les Napoléon, véritables restaurateurs de l'ancien régime, ont-ils pris à tâche, aux deux époques où la France est tombée entre leurs mains, d'y rétablir la vieille idée de l'autorité, et ils y ont réussi plus qu'on ne l'imagine. Il est vrai qu'imitateurs de l'hypocrisie des premiers Césars, ils affectèrent de donner pour fondement à leur pouvoir usurpé une délégation formelle du peuple, et qu'ils n'eurent pas le front de décliner toute responsabilité devant lui. Mais ils eurent soin que cette responsabilité fût illusoire en assurant à leurs agents, c'est-à-dire à eux-mêmes, une irresponsabilité de fait absolue.

Les monarchies qui ont existé dans l'intervalle des deux empires, plus modérées dans l'exercice du pouvoir et moins hypocrites, en ce que, du moins, elles attribuaient hautement au chef de l'État le privilége de l'irresponsabilité, ont maintenu les mêmes principes. Si la Révolution de 1848 présente, malgré la confusion des idées qu'elle mit au jour, un sens non douteux, et si elle a, quoi qu'on en puisse dire, sa légitimité, c'est qu'elle fut une protestation nouvelle contre des principes condamnés par la raison et par notre histoire, un effort pour renverser l'idée traditionnelle de l'autorité, une impuissante mais loyale tentative pour constituer le pouvoir politique sur la base d'une responsabilité effective à tous les degrés. La question se posa, presque dès le premier jour, sur ce terrain entre les partis ; et lorsque celui de la réaction chercha un mot de ralliement afin de couvrir la diversité des éléments qui le composaient, il eut raison d'adopter pour devise la restauration du *principe* d'autorité. Ces ambitions rivales n'étaient d'accord que sur un point; elles avaient également besoin d'assurer, non-seulement contre toute atteinte, mais même contre les périls de la discussion, l'exercice du pouvoir, et pour cela de garantir l'irresponsabilité légale à tous ceux qui y participent à quelque titre que ce soit, depuis l'agent le plus subalterne jusqu'au chef suprême. Cette voie conduisait au despotisme, et l'on y arriva par un saut dont la soudaineté déconcerta bien des calculs, quoique la logique eût dû le faire prévoir depuis longtemps.

Malgré tant d'efforts, en précipitant la société sous le joug de ce honteux despotisme, on n'a point rétabli le principe d'autorité, et on ne le rétablira point. Pour y parvenir, il ne suffit pas d'avoir renversé des institutions, il faudrait avoir détruit des idées qui ont pris racine dans les esprits et qui dominent toute la politique moderne.

D'après ces principes qui sont ceux de la Révolution, toute société repose sur des règles générales formées après discussion des citoyens entre eux ou de leurs mandataires, ou bien acceptées des mains de la tradition. L'adhésion implicite supposée dans le second cas, est un état provisoire qui cesse aussitôt que les peuples sortent de minorité. Ces règles font loi : ceux qui vivent sous leur empire sont obligés de s'y soumettre jusqu'à ce qu'elles soient changées ou abrogées.

Au surplus, les lois ne s'étendent pas ou du moins ne doivent pas s'étendre à tout. Elles s'appliquent à ce qui comporte réglementation, c'est-à-dire à ce qui est d'un intérêt social; elles ne s'appliquent qu'à cela : les actions ou les relations des individus, qui n'intéressent pas directement la société, ne relèvent pas de la loi. Dans la sphère même où elle s'applique, la loi repose sur l'assentiment positif ou implicite de la raison de chacun; où cet assentiment fait défaut, la loi n'a droit qu'à une obéissance provisoire, chaque homme étant admis à la discuter et à en poursuivre, par des voies légales toujours ouvertes, la réforme ou l'abrogation. C'est lorsque, le désaccord étant devenu grave entre la raison du plus grand nombre et la loi, il n'y a pas de voies ouvertes pour rétablir l'harmonie nécessaire, que les révolutions éclatent. Elles n'ont pas besoin d'une autre justification.

Ceci posé, on voit que le caractère de la loi détermine nettement la portée des attributions qui constituent soit le pouvoir législatif, soit le pouvoir exécutif; et nous ne trouvons ni dans l'un ni dans l'autre les caractères de l'autorité proprement dite. Ceux qui font les lois ont un pouvoir très-étendu et remplissent une fonction très-haute; mais le pouvoir qu'ils exercent ils ne le puisent pas en eux-mêmes, dans leur droit propre, dans un privilége spécial et indéfinissable. Ce pouvoir procède d'un mandat et s'épuise dans l'accomplissement de ce mandat. Ceux qui sont chargés de pourvoir à l'exécution des lois y concourent chacun pour une part nettement déterminée. Ils ont reçu pour cela certaines attributions, dans le cercle desquelles nul n'a le droit de les empêcher, attributions exclusives et fixes, c'est-à-dire qu'elles n'appartiennent qu'à eux et qu'elles ne peuvent être ni élargies ni restreintes arbitrairement. La loi met en outre à leur disposition les moyens nécessaires pour remplir la charge dont ils sont investis, et particulièrement des agents qui constituent la force. Mais, encore une fois, les fonctionnaires ne peuvent excéder le pouvoir rigoureusement défini qui leur est attribué; de plus, ils sont personnellement responsables de l'usage qu'ils en font. On ne saurait à ce double titre les considérer comme revêtus d'une véritable autorité.

Un ministre pourvoit par des règlements à l'exécution des lois; mais il ne peut ni ajouter à la loi, ni la mutiler, ni l'interpréter à sa guise, ni en paralyser l'action. Il agit d'ailleurs sous l'œil du pays qui doit pouvoir toujours le contrôler, le surveiller, l'avertir, l'interpeller, requérir son renvoi ou son châtiment. En tout cela, le ministre obéit, remplit un mandat; il ne fait pas acte d'autorité. En outre, il nomme des agents, il les fait mouvoir, il les révoque, suivant des règles établies : une part est laissée sans doute à son discernement, à ses préférences, à ses faveurs : est-ce ici la part de l'autorité? Non, car le ministre est responsable de ses choix.

On a beau chercher l'autorité dans les pouvoirs publics, où on la place d'ordinaire, elle se dérobe sans cesse. Elle ne se trouve pas dans le pouvoir exécutif : les agents qui le composent ne font, dans le cercle des attributions temporaires et sévèrement circonscrites dont chacun d'eux est investi, qu'accomplir une volonté qui n'est pas la leur. Elle ne réside pas davantage dans le pouvoir législatif, puisque, contrairement à la théorie mystique de l'empire et de l'Église, aussi bien qu'à la théorie non moins inacceptable de la *volonté générale* formulée par Rousseau, les dispositions adoptées par le législateur ne peuvent jamais être placées au-dessus de la discussion, et n'ont de valeur que dans la mesure de l'adhésion qu'elles obtiennent. L'analyse conduit donc à reconnaître que toute prétention à l'autorité est de la part du législateur une chimère, tout acte d'autorité de la part du fonctionnaire public une usurpation.

L'irresponsabilité et, par conséquent, l'autorité étant désormais bannies des constitutions politiques, en vertu des principes qui tendent à prévaloir dans les sociétés modernes, il ne reste à l'autorité d'autre domaine que celui de la volonté individuelle dans sa sphère propre. En d'autres termes, le cercle de l'autorité et celui de la liberté morale coïncident de plus en plus ; la première s'absorbe logiquement dans la seconde. Je suis maître, j'ai pleine autorité dans tout ce qui ne relève que de moi et n'intéresse que moi. Mon autorité, et avec elle toute autorité, expire là où mon rôle social commence, et où ma conduite touche à des intérêts qui ne sont plus exclusivement les miens.

La liberté individuelle ou, ce qui est tout un, l'autorité et la loi forment deux cercles tangents l'un à l'autre, et celui-ci ne peut s'étendre qu'en pressant contre celui-là de manière à en réduire le diamètre. Malgré les accidents qui ont ramené dans plusieurs États un despotisme temporaire, le cercle qui s'étend est visiblement celui de la liberté. Dès à présent, les opinions et la religion y rentrent complétement. Sur d'autres points, la discussion continue. Ainsi, les économistes veulent soustraire à toute réglementation légale ce qui concerne le travail, le capital et l'échange, tandis que d'autres entendent réserver à la loi le droit d'intervenir. Ainsi encore, dans un autre ordre de faits, on a, de nos jours, hasardé sur le mariage des idées qui, en le transformant de contrat solennel en contrat purement privé, tendraient à l'affranchir de l'intervention de la loi et à le faire rentrer dans le domaine de l'autorité individuelle. Quelle que soit la valeur de ces idées, et bien qu'elles aient rencontré pour interprètes plus d'un esprit sérieux, elles tranchent beaucoup trop avec les institutions en vigueur pour avoir rencontré de nombreux partisans, ou même obtenu le degré d'attention qu'elles méritaient.

L'extension de l'autorité personnelle aux dépens du domaine légal sera-t-elle indéfinie? L'idéal serait-il par hasard que le cercle de la loi et celui de la volonté finissent par se superposer l'un à l'autre? Il serait téméraire de se prononcer là-dessus, quoiqu'on puisse affirmer que cet idéal ne sera en tout cas jamais atteint. Dans l'antiquité, ces deux cercles se rapprochaient presque jusqu'à se confondre, en ce sens que le citoyen absorbait l'homme. Dans la civilisation moderne, l'individu tend au contraire à dépouiller la cité de ses droits et à les absorber en lui. Les lois, il est vrai, se multiplient de jour en jour au lieu de diminuer, ce qui semblerait prouver qu'elles sont loin de perdre du terrain. Toutefois, il ne faut pas s'y méprendre : leur nombre toujours croissant indique plutôt que, sortant des formules générales qui s'étendaient à tout et embrassaient un nombre immense d'actions presque indéterminées, la loi spécifie de plus en plus et ne s'applique désormais qu'à des cas rigoureusement définis, en dehors desquels tout est livré à la volonté des individus. Il est donc certain qu'après avoir tout couvert, la loi se retire lentement, et que tout le terrain qu'elle abandonne, c'est l'autorité individuelle, la seule dont il puisse être aujourd'hui question, qui le gagne.

P. Challemel-Lacour.

AUTORITÉ RELIGIEUSE. — Nous n'avons aucun autre moyen de connaissance en fait d'événements historiques que le rapport de ceux qui en ont été témoins ou qui les ont appris par la tradition. Nous sommes donc obligés d'admettre ces événements sur la foi de témoignages qui, n'ayant pas tous une égale véracité, doivent être appréciés d'après certaines règles. Le degré de valeur reconnu dans ces témoignages détermine et mesure l'autorité qui s'y attache.

Dans les matières qui ne sont pas encore ou qui ne peuvent jamais devenir un objet de science, dans l'ordre des objets très-nombreux sur lesquels on ne peut que former des conjectures et avoir une opinion, chacun est libre soit d'invoquer à l'appui de celle qu'il adopte, soit d'emprunter de toutes pièces l'opinion d'hommes auxquels il attribue des lumières supérieures ou qui ont fait de ces matières une étude spéciale. L'opinion de ces hommes forme aux yeux de celui qui l'adopte ou qui l'invoque, autorité.

De là, le droit que l'Église s'est arrogé de fixer la croyance de ses membres. Elle la fixe quant à l'histoire et quant aux doctrines. S'agit-il de ce qu'il faut croire touchant la personne de Jésus-Christ, sa vie et sa mort, les miracles par lesquels il a prouvé sa mission, l'Église se charge de le déterminer en s'appuyant sur des documents qu'elle déclare non-seulement certains, mais irréfragables, supérieurs à l'examen : la critique est un commencement de révolte. S'agit-il des doctrines qu'il faut de toute nécessité tenir pour vraies, sous peine d'être retranché du corps des fidèles, l'Église se réserve également de le dire ; elle prononce souverainement sur le dogme, en tant que seule interprète des paroles du révélateur, dépositaire infaillible de sa pensée et éclairée de son esprit.

Il saute aux yeux que l'autorité réclamée par l'Église implique une double violation des règles fondamentales de la logique; et l'Église, en ses heures de franchise, quand elle ose demeurer conséquente à son esprit, ne le nie pas. Car, d'une part, elle réprouve formellement toute application sincère de la méthode critique aux documents dans lesquels les vérités de la foi sont déposées, en soutenant au surplus que cette épreuve, qu'elle ne peut pas toujours éviter, ne pourrait tourner qu'à sa gloire. D'autre part, elle frappe la raison d'incompétence en matière religieuse et taxe son intervention d'impiété ou tout au moins de curiosité criminelle. Il n'en saurait être autrement; car tout examen qui n'est pas une pure fiction, toute recherche impartiale et méthodique du vrai suppose, comme point de départ, le doute préalable, c'est-à-dire une défaillance de la foi qui est un don de la grâce, la première des vertus chrétiennes et la condition de toutes les autres. L'induction sur laquelle reposent la certitude ou la probabilité historique, l'analyse rationnelle d'où résulte l'évidence scientifique, ou, dans les choses qui ne la comportent pas, l'ignorance savante, sont donc incompatibles avec les conditions de l'autorité.

Je considère comme inutile d'appuyer sur ce point pour établir qu'aujourd'hui l'autorité, malgré les facilités qu'elle offre à la paresse intellectuelle et les satisfac

tions qu'elle donne ou qu'elle promet à l'imagination, contrarie violemment les tendances de l'esprit humain. Je crois aussi que le lecteur nous dispensera volontiers
de rechercher où réside, au point de vue théologique, l'autorité : question scabreuse,
qui a provoqué de vives disputes et sur laquelle les catholiques sont loin encore
d'être unanimes. On répond qu'elle réside dans l'Église. Cette réponse, si simple en
apparence, s'obscurcit singulièrement lorsqu'on y regarde de près. Car cela veut-il
dire que l'autorité réside dans le pape, qui tend de plus en plus à être seul le représentant de l'Église et à l'absorber en lui; ou dans les conciles, qui n'ont pas songé,
tant s'en faut, à toutes les questions et qui ne sont pas toujours là pour résoudre
celles qu'on serait tenté de leur poser; ou dans la tradition des Pères et des Docteurs,
tradition difficile à saisir et d'ailleurs pleine de contradictions; ou dans le corps
entier des fidèles, lequel n'est rien s'il n'a quelque part un organe visible et accrédité;
ou même, comme l'ont voulu quelques théoriciens hasardeux, que le pape au surplus n'a pas approuvés, dans le consentement universel du genre humain, théorie
soutenue il y a cinquante ans par M. de Lamennais ? Il est impossible de le décider péremptoirement. C'est donc un fait curieux mais incontestable que dans la
religion par excellence de l'autorité, on ne sait pas au juste où trouver l'autorité,
et il faut, en présence de cet exemple, avouer, à la confusion des logiciens,
que la marche des choses et la durée des institutions ne suppose pas nécessairement une solution raisonnable des questions fondamentales qu'elles sem-
bleraient impliquer. C'est que dans la pratique la question reçoit généralement
une solution très-grossière, mais très-positive. L'autorité réside en fait pour
chaque croyant sincère dans son confesseur ; celui-là fût-il une intelligence
supérieure et celui-ci un imbécile, le second résout toutes les difficultés dont il
arrive au premier de s'embarrasser. Pascal, qui mettait si hardiment en question
dans certaines matières la suprématie papale, l'entendait précisément ainsi. Dans
la pièce mystique où il a consigné le souvenir de la révolution qui décida de sa vie
morale, il écrit : « Soumission totale à Jésus-Christ et à mon directeur, » et ces
paroles, il se les fait répéter par Jésus-Christ lui-même dans une autre pièce non
moins curieuse : « Interroge ton directeur, quand mes propres paroles te sont une
occasion de mal et de vanité ou de curiosité. » Le grand Pascal se soumettait donc
comme la plus faible des intelligences. Il est vrai qu'il avait probablement eu soin
de prendre pour confesseur un homme qui ne fût pas disposé à le tourmenter sur
les cinq propositions. Les catholiques qui se mêlent d'avoir des opinions propres et
qui se défient de leur orthodoxie, ne manquent pas ordinairement de prendre
pareille précaution, et ils font bien.

Mais il est deux points sur lesquels il est essentiel de s'entendre, parce qu'ils
sont l'occasion de deux erreurs également répandues et extrêmement dangereuses.
Le premier concerne l'étendue de l'autorité. Elle embrasse toutes les questions qui
peuvent intéresser soit l'individu, soit la société ; il n'est rien qui ne relève directement ou indirectement du dogme, et sur quoi, par conséquent, l'autorité n'ait à
prononcer. C'est de la part des adversaires de l'autorité une prétention sans fondement que de vouloir la circonscrire dans le champ des vérités purement religieuses.
L'illusion n'est pas moindre chez les croyants qui se flattent de rester orthodoxes
en faisant à l'autorité sa part et en l'excluant d'un certain domaine réservé à la
liberté. L'évolution naturelle du dogme devait l'étendre au point de tout embrasser,
et le fait se trouve ici pleinement d'accord avec la logique. Le dogme domine et
pénètre tout, en sorte qu'il y a une philosophie orthodoxe et une philosophie qui
ne l'est pas, une science orthodoxe et une science qui ne l'est pas, une morale
orthodoxe et une morale qui ne l'est pas, une politique orthodoxe et une politique

qui ne l'est pas, et qu'il a même existé pendant longtemps un art orthodoxe et un art qui ne l'était pas. Quand l'autorité tolère l'usage de la liberté, elle le tolère sous la réserve d'intervenir à son heure, et elle intervient en effet, lorsque le silence commence à lui paraître compromettant, pour réprimer, limiter, circonscrire, interpréter, condamner.

L'*Encyclique* et le *Syllabus* prouvent, aussi bien que les brouilleries séculaires de l'Église avec la science et les gouvernements, le fait qui vient d'être avancé ; et ce fait, qu'on le sache, est en un sens parfaitement légitime, ou du moins il était inévitable, parce qu'il procède de l'organisation même de l'Église, et de ce qui fait la grandeur de sa doctrine. Cette doctrine est un système complet. Lorsqu'elle l'a constitué, l'Église n'a pas dû compter seulement avec les livres sacrés ; elle s'est trouvée en présence des systèmes de la philosophie grecque, qui, après avoir joui d'un crédit immense, occupaient encore toutes les intelligences éclairées. L'Église en a enrichi sa doctrine, elle a pris à tâche de les assimiler au dogme, de sorte que, ces systèmes embrassant tout, l'Église s'est trouvée, au terme de cette longue et savante élaboration, avoir non-seulement une réponse à toutes les questions religieuses et philosophiques, mais un parti pris immuable sur toutes celles que l'esprit peut se poser. Quoiqu'elle fût uniquement chargée du salut des hommes et qu'elle n'eût pas d'autre affaire, comme il n'est rien qui ne puisse en quelque manière nuire ou servir à ce salut et qui, par conséquent, y soit étranger, l'Église a été amenée à connaître de toutes choses et à tout régler, les pensées des hommes comme leur vie, leurs devoirs entre eux et dans l'État, comme les devoirs de l'État à leur égard. Elle a élevé ainsi un édifice où tout a sa place, dont les diverses parties sont étroitement liées, et auquel il est impossible de toucher sur un seul point sans intéresser les parties principales. Si donc il convient parfois à l'autorité de s'abstenir, si elle lâche la bride à l'esprit de recherche lorsqu'elle juge superflu de le gêner ou impossible de le retenir, si elle n'intervient pas dans la politique des peuples quand elle a chance d'être éconduite ou mal reçue, cette abstention n'indique nullement qu'elle se récuse. C'est une pure question d'opportunité. Vienne le moment favorable, elle se prononce et sur la morale, et sur la politique, et sur la science ; elle approuve ou condamne souverainement les conclusions que celle-ci prétend tirer de ses travaux.

Le second fait qu'il importe de reconnaître est que l'autorité religieuse entraîne nécessairement l'emploi d'une force coactive. L'histoire, une histoire de quinze cents ans, parle ici avec une clarté qui ne laisse pas de place au doute ; elle fournit, du fait en question, la plus forte, la plus complète, la plus éclatante des démonstrations, et, comme on peut s'y attendre, l'histoire ne fait encore que confirmer les anticipations de la logique. Non, ceux-là ne se trompent pas qui regardent comme indispensable et par conséquent comme légitime l'emploi du glaive au service de l'autorité religieuse, et qui soutiennent que cette autorité ne peut ni durer, ni accomplir son œuvre, si elle ne s'appuie sur une sanction effective et ne possède le moyen de briser toutes les résistances. Tant que l'autorité n'a pas eu la force, elle a dû tendre et elle s'est en effet constamment appliquée à obtenir l'appui de ceux qui la possédaient. Une fois assurée de leur concours et mise elle-même en possession du glaive, elle a travaillé sans relâche à tout organiser de manière qu'il ne pût jamais lui échapper. Lorsqu'en dépit de ses efforts pour le retenir il est tombé de ses mains, elle n'a songé qu'à le reprendre, et aujourd'hui comme autrefois elle ne s'occupe plus ou moins ouvertement qu'à le reconquérir. Tant que l'autorité subsistera, jamais elle ne renoncera à s'associer une force qui la protège et la soutienne. Il y a là une nécessité à la fois logique et naturelle, sur laquelle ni les désaveux de ceux-ci, ni les protestations de ceux-là, ni l'affaiblissement de l'autorité aujourd'hui en grande partie désarmée, ne doivent fermer les yeux. Il faut s'y résoudre ; quiconque entend réprouver tout emploi de la force contre la pensée et affranchir la société civile du joug religieux, doit non-seulement repousser les prétentions de l'autorité, mais la combattre jusque dans son idée, et quiconque ne repousse pas d'une manière absolue l'idée même d'autorité religieuse ne doit pas s'étonner que cette autorité tende à s'exercer dans ses conditions naturelles et à s'assurer la force dont elle ne peut se passer.

L'autorité de l'historien, du philosophe, du sage, de tous ceux enfin dont la parole respectée subjugue et rallie autour d'eux les intelligences, repose sur l'assentiment libre des esprits; elle est proportionnée à l'adhésion qu'elle obtient, et n'est autorité pour moi que par la valeur que j'attache soit à la parole du témoin, soit à la pensée du maître, par la véracité ou la supériorité que je reconnais en eux et devant laquelle je m'incline. L'autorité de l'Église est d'un autre ordre. Elle existe par elle-même. Le titre qu'elle invoque, la nature des vérités qu'elle annonce, le but qu'elle se propose et qui est d'un prix infini, la font absolue et irrécusable. Pour l'infidèle comme pour le chrétien, pour l'hérétique qui a secoué son joug comme pour l'humble croyant qui l'adore, elle est également l'autorité, c'est-à-dire une puissance souveraine, acceptée par ceux-ci, inconnue ou méconnue de ceux-là, mais qui s'étend sur tous; et pour se faire reconnaître des derniers, pour défendre son troupeau contre la contagion des profanes doctrines semées dans le monde par le démon, comme pour le grossir en y ralliant ceux que l'erreur en écarte ou en a tenus jusqu'à ce jour éloignés, elle a des voies de douceur et des voies de coaction : elle commence par l'enseignement, elle continue par les prières, elle achève l'œuvre par le glaive.

L'histoire est décisive à cet égard; l'Église parle aussi clairement par ses œuvres que par ses canons. Ajoutons qu'humainement parlant le secours de la force ne paraît pas avoir été inutile à l'autorité religieuse : pour qui voit les choses telles qu'elles sont, il est difficile de ne pas être persuadé que sans la force l'autorité religieuse aurait depuis longtemps cessé d'exister. Il est donc naturel qu'aujourd'hui comme toujours elle s'efforce de reprendre partout l'ascendant qu'elle a perdu, pour être sûre de trouver, dans la puissance que les gouvernements détiennent et qu'elle ne possède plus, le complément nécessaire de son enseignement. Il est nonseulement naturel, mais, l'idée d'autorité religieuse une fois admise, il est légitime qu'il en soit ainsi. En parlant de cette sorte, on ne la calomnie pas, quoi qu'en puissent dire ou les hypocrites qui voudraient cacher son jeu, ou les catholiques honteux qu'une indigne faiblesse conduit à rougir de leurs pères.

L'apogée de l'autorité peut être placée entre le ixe et le xiie siècle. Depuis cette époque, elle a eu de beaux jours encore ; mais elle a toujours été combattue et n'a guère cessé de décliner. Les causes de ce déclin sont faciles à indiquer. A mesure que l'Église a perdu l'appui du bras séculier, que les gouvernements se sont montrés moins empressés à suivre ses impulsions et à exécuter ses arrêts, qu'elle a trouvé le glaive moins obéissant, l'autorité est tombée au rang d'une simple opinion. Elle possède encore dans la plupart des États catholiques assez de priviléges pour se soutenir. Mais les sociétés humaines sont de plus en plus conçues comme reposant sur elles-mêmes, procédant d'elles-mêmes, ayant leur fin en elles-mêmes; d'où il suit qu'elles tendent plus énergiquement de jour en jour à se détacher de toute racine religieuse, et à rompre toute alliance avec l'autorité. Le jour où celle-ci serait complètement désarmée, perdue dans son isolement, et où lui serait infligé le supplice de l'égalité, verrait commencer pour elle une nouvelle décadence.

Une autre cause qui depuis longtemps a ébranlé l'autorité, et qui continue de la miner, est le progrès de la science, l'accroissement des vérités toujours vérifiables dont elle se compose, la divulgation des procédés d'où elle tire sa certitude et avec lesquels les esprits se familiarisent chaque jour davantage. Chaque conquête de cet ordre cause à l'autorité un surcroît d'inquiétude et lui suscite de nouveaux embarras. Elle a jusqu'à présent accompli des prodiges de subtilité pour se défendre contre les découvertes de la science, en s'appliquant à jeter de l'incertitude sur les unes, à affaiblir la portée des autres, à mettre celles des conclusions scientifiques qu'elle ne peut contester en harmonie avec ses dogmes. Mais les difficultés augmentent. Elle se sent de plus en plus pressée entre la science d'un côté, la politique de l'autre, qui la refoulent et l'étouffent.

L'autorité ne cède rien qu'à la dernière extrémité : on sait ce qu'il lui en a coûté pour accepter le véritable système du monde; mais elle cède, et ses concessions ne sont pas arrivées à leur terme. Est-elle destinée à déchoir par degrés jusqu'au point de s'anéantir? Quoi qu'on puisse attendre des progrès de la civilisation, on ne saurait l'affirmer; peut-être y aura-t-il toujours, surtout en certains pays, une classe d'esprits pour qui l'autorité est un oreiller nécessaire, et qui aimeront à croire pour s'épargner la fatigue de penser. En outre, toute société religieuse qui veut durer suppose une autorité plus ou moins rigoureuse. Les sectes protestantes, malgré les prétentions qu'elles affichent, ont chacune la leur. L'accord d'un grand nombre d'esprits sur des choses qui sont en dehors de l'expérience possible, et qui, échappant à tout moyen de vérification, ne relèvent que de l'imagination et du sentiment, est un phénomène accidentel qui ne saurait s'expliquer que par une rencontre de causes singulières et momentanées. Cet accord exige pour durer une règle de doctrine, des documents admis, confiés à la garde et livrés à l'interprétation d'un corps de prêtres. C'est ce qu'on trouve dans tous les pays où se rencontre une véritable société religieuse, dans l'Inde, chez les Juifs, dans les pays mahométans, etc. L'existence de l'autorité est donc liée à celle des sociétés religieuses ; la première suivra les destinées des secondes. Quoique certaines communions manifestent aujourd'hui l'ambition de se constituer sur la base de la plus grande liberté, il est à craindre qu'elles n'y réussissent pas facilement : elles n'arriveront qu'à une unité purement nominale, et leurs membres ne continueront à s'entendre que sous la condition de ne jamais s'expliquer.

L'autorité religieuse n'a probablement atteint nulle part un degré d'organisation aussi élevé que celui auquel elle est parvenue dans le sein du catholicisme. Il est à croire également que nulle religion n'a présenté une idée aussi sévère que le catholicisme d'une société spirituelle fondée sur le lien d'une foi commune. Non-seulement cette société spirituelle, qu'il appelle avec raison le royaume de Dieu, est la société parfaite, mais elle est la seule société vraie, et c'est sur cette société que repose la société civile, de sorte que, sans la communauté de croyances qui forme la première, le désordre, la guerre et le mal règnent nécessairement dans la seconde. De là vient que le catholicisme n'a cessé de requérir, et a pendant longtemps obtenu le secours de la puissance séculière, puisque, si l'autorité est nécessaire pour maintenir la société spirituelle, fondement de la société civile, il s'ensuit que la force de la seconde ne saurait être raisonnablement refusée à l'autorité.

Cette idée d'une communauté de croyances, comme principe de l'ordre social, et d'une autorité nécessaire pour la maintenir, a passé du catholicisme dans plusieurs doctrines fort éloignées d'ailleurs d'être d'accord sur tout le reste avec cette religion, et dont quelques-unes ont exercé une influence, à notre avis, fort regrettable. Au commencement de ce siècle, au moment où l'autorité religieuse semblait près de succomber aux coups que lui avait portés la philosophie du xviiie, lorsque l'ordre politique auquel l'autorité avait servi de base paraissait abattu sans retour par la Révolution française, cette prétendue nécessité d'une communauté de croyances, d'un ensemble de doctrines et de solutions acceptées sur les questions qui ressortissaient autrefois à l'autorité religieuse, a continué d'être admise par un certain nombre d'esprits qui se flattaient d'avoir rompu avec le catholicisme comme avec l'ancien régime, et qui se posaient hautement en antagonistes résolus de l'un et de l'autre. Quelques-uns, comme Lamennais, Jouffroy, Pierre Leroux, soutenaient cette nécessité, sans se prononcer en termes précis sur l'existence d'une autorité chargée d'établir ou de conserver l'accord. D'autres, comme Saint-Simon et Auguste Comte, n'ont pas hésité à déclarer que, si la déchéance de la doctrine catholique et de l'autorité qui en avait la garde était un fait inévitable et légitime, l'absence d'une autorité spirituelle n'en était pas moins incompatible avec les conditions d'une société sagement organisée; ils ont proclamé que l'examen érigé en droit commun et les diversités d'opinion qui en sont la suite constituent un état essentiellement anarchique, à tel point que toute organisation normale et stable de la société est désormais subordonnée au rétablissement d'une autorité spirituelle. « Il n'y a point, dit Auguste Comte (*Cours de philosophie positive*, 46e leçon), de liberté de conscience en astronomie, en physique, en chimie, » et il en conclut qu'il ne saurait y en avoir davantage dans les questions qui intéressent directement l'homme et la société. Non, il n'y a pas de liberté de conscience dans l'ordre scientifique par deux raisons : la première est que ces choses n'ont rien à faire avec la conscience; la seconde, que toute science, et par conséquent celles qui viennent d'être énumérées, implique non-seulement le droit, mais la possibilité constante d'en vérifier les résultats. Or ce droit, inhérent aux sciences, est d'autant plus nécessaire qu'il s'agit de choses qui laissent une plus grande part à la conjecture, un champ plus vaste à l'erreur, et qui comportent moins de certitude dans les démonstrations. Il n'est pas sûr que la politique et la philosophie sociale arrivent jamais à constituer des sciences positives, ou plutôt il est sûr qu'elles n'y arriveront jamais, et que par conséquent, si l'autorité n'a nulle place dans les sciences, elle en aura bien moins encore dans un ordre de questions qui n'admettent que des solutions relatives, et qui excluent toute affirmation d'une valeur absolue.

L'idée d'une société spirituelle et d'une autorité chargée de la maintenir, considérées comme éléments nécessaires de l'ordre social, est la suite d'une étrange illusion produite sur certains esprits par l'histoire plus ou moins exacte du catholicisme. Elle provient d'une tendance évidente à prendre pour type de toute société celle que le catholicisme a présentée comme l'idéal, et dont il a poursuivi, sans l'atteindre, la réalisation pendant une partie du moyen âge.

Cette conception est radicalement erronée. Car premièrement il n'est pas vrai que l'unité absolue des croyances, sur aucun objet quelconque, soit nécessaire à l'établissement et au maintien de l'ordre. L'expérience prouve au contraire que la société comporte très-bien des diversités notables, non-seulement sur les questions qui se rapportent à l'éternité, mais sur les droits, les devoirs et autres questions également vitales qui touchent aux sociétés terrestres. Et il est fort heureux qu'il en soit ainsi, attendu qu'en dépit de l'autorité la plus vigilante de pareilles diversités ont toujours existé, comme il est facile de l'établir par l'histoire, et qu'elles peuvent être regardées comme indestructibles. Rien de plus faux, par conséquent, que de considérer leur existence comme un signe d'anarchie, et de plus absurde que de faire dépendre la bonne organisation de la société du retour à je ne sais quelle unité qui n'exista jamais.

En second lieu, il n'est pas douteux qu'il ne puisse s'établir, et en fait il s'établit toujours une certaine harmonie entre les opinions des hommes d'un même pays et d'une même époque relativement aux objets qui les intéressent, et cette harmonie, née d'une suite de transactions, est ce qu'on appelle l'opinion. En vertu de la puissance attachée à l'opinion régnante, comme en vertu de ces manières d'être passées en habitudes communes et qui constituent les mœurs, chaque peuple est en état de se régir, de s'imposer des règles valables pour tous et obéies par tous, aussi longtemps du moins que dure l'opinion d'où elles procèdent. Les peuples peuvent donc sans autorité spirituelle former des sociétés réglées, ou, s'ils se soumettent à une autorité, ils en sont et ils en demeurent les juges, de telle sorte que cette autorité ne s'établit, ne dure et ne règne que par l'accord de ce qu'elle prescrit de croire avec l'opinion.

Nous nions en outre que, cette unité d'opinions fût-elle désirable sur les points les plus importants et sur les questions vitales, telles que le droit et le devoir, il puisse y avoir une autorité capable de définir, en termes qui éteignent toutes les oppositions, le droit et le devoir, choses indéfinissables en soi, parce qu'elles sont relatives et changeantes, comme l'histoire l'atteste suffisamment. Ou bien donc l'autorité qui élèverait cette prétention se contentera de formuler l'opinion régnante sur ces objets, et alors elle n'a pas de raison d'être; ou bien elle parlera en son nom, et dès lors elle est condamnée, pour faire accepter ses décisions ou pour les maintenir, à entrer en lutte avec l'opinion, à recourir aux voies de contrainte et de répression, à soutenir bientôt des doctrines qui révoltent la conscience, enfin à user de la force que les souverainetés politiques laissent entre ses mains ou mettent à son service pour se soutenir elle-même. Cette histoire, féconde en violences et en tyrannies, est l'histoire même du catholicisme.

Mais il y a plus, non-seulement nous n'admettons pas que l'unité des croyances soit nécessaire dans une société bien ordonnée ni qu'elle puisse être établie, mais nous prétendons que la diversité des opinions n'est pas un mal, de même que l'uniformité absolue n'est pas un bien. Ce que la science affirme, elle offre à tout venant les moyens de le vérifier; ce que l'expérience atteste ne peut être discuté longtemps; la science et l'expérience sont deux maîtresses qui ont promptement raison de toutes les résistances et qui mettent infailliblement les hommes d'accord sur les objets de leur domaine. Ce qui ne relève ni de la science ni de l'expérience est du ressort de la raison individuelle. C'est le champ livré à nos disputes. La diversité des opinions sur les objets de cette espèce va donc sans cesse croissant à mesure qu'un plus grand nombre de raisons deviennent capables d'avoir un avis, c'est-à-dire qu'un plus grand nombre d'esprits s'élèvent à l'existence intellectuelle; et qu'est-ce que ce mouvement si ce n'est la civilisation elle-même? Ces diversités, et les discussions, les débats, les luttes mêmes qui en résultent, les transactions par lesquelles ces luttes se terminent et qui marquent le plus souvent un progrès, sont la vie des sociétés humaines. Supprimez cela, vous condamnez la pensée à la torpeur, et le monde des esprits ne forme qu'une masse stagnante qui croupit enfermée dans le cercle d'une puérile routine; il n'offre plus que l'image d'un troupeau abruti, sujet à des accès de fureur qu'on ne peut prévenir qu'en l'absorbant uniquement dans le souci de son salut éternel, ce qui est pour les sociétés humaines le grand chemin de la misère et de la dégradation.

P. CHALLEMEL-LACOUR.

AUTRICHE. — GÉOGRAPHIE. — L'Autriche ou plutôt, d'après les dernières transactions, l'État austro-hongrois, une des grandes puissances européennes, s'étend entre le 42e degré de latitude nord et le 57e degré de latitude sud, le 27e et 44e de longitude. C'est le troisième État de l'Europe au point de vue de l'étendue et de la population. La Russie et la Suède (y compris la Norvége) sont plus vastes ; la Russie et la France plus peuplées.

L'Autriche est bornée au nord par la Saxe, la Prusse (Silésie), la Russie (royaume de Pologne, Volhynie) ; à l'est par la Russie (Volhynie, Podolie, Bessarabie) et la Moldavie ; au sud par la Valachie, la Turquie (Bosnie, Croatie turque, Herzégovine, Albanie), le Monténégro et l'Italie ; à l'ouest par la Suisse, la principauté de Lichtenstein et la Bavière. La ligne des frontières est d'environ 900 milles allemands.

Divisions et population. — L'Autriche ne forme pas une unité géographique : elle n'a pas de frontières naturelles. La Silésie, la Galicie et la Bukovine sont entièrement ouvertes du côté du nord et séparées de l'Empire par la ligne des Carpathes. La Dalmatie appartient à la péninsule ottomane. Néanmoins sa position sur le Danube et la Méditerranée lui donne une grande importance au point de vue commercial. Vienne, ainsi que l'a récemment démontré M. Hahn, est à peu près le point central de l'Europe. Elle est à égale distance de Moscou et de Madrid, de Stockholm, Londres et Constantinople, de Hambourg et de Bucharest.

L'État autrichien se divise aujourd'hui en deux parties nommées l'une Transleithanie, l'autre Cisleithanie (du nom de la *Leitha*, petite rivière qui sépare sur quelques points la Hongrie du reste de l'empire). (Voyez l'article *Hongrie*.)

Les pays cisleithaniens sont : 1o l'archiduché d'Autriche du Bas-Ens ou Basse-Autriche ; population 1,681,697 habitants. Capitale Vienne, 578,525 habitants. Vienne est le siége du gouvernement cisleithanien. — 2o L'archiduché d'Autriche du Haut-Ens ou Haute-Autriche ; 707,450 habitants. Chef-lieu Linz, 27,628 habitants. — 3o Le duché de Salzbourg ; 146,769 habitants. Chef-lieu Salzbourg, 17,939 habitants. — 4o Le duché de Styrie ; 1,056,773 habitants. Chef-lieu Gratz, 63,176 habitants. — 5o Le duché de Carniole, chef-lieu Laybach (slave Lublanija), 20,747 habitants. — 6o Le littoral, comprenant le comté de Goritz, le margraviat d'Istrie et la ville libre de Trieste, le plus grand port de l'Empire ; population totale 550,000 habitants. — 7o Les comtés princiers du Tyrol et de Vorarlberg ; population 850,000 habitants. Chef-lieu Innsbruck, 14,224 habitants. — 8o le royaume de Bohême ; population 4,705,525 habitants. Chef-lieu Prague, 142,558 habitants. — 9o Le margraviat de Moravie ; population 1,876,009 habitants. Chef-lieu Brünn (Brno) avec 58,809 habitants. — 10o Le duché de Silésie (Silésie autrichienne bien entendu) ; 443,912 habitants. Chef-lieu Troppau, 13,861 habitants. — 11o Les royaumes de Galicie et de Lodomérie ; 4,597,470 habitants. Chef-lieu Lemberg, avec 70,384 habitants. — 12o Le duché de Bukovine ; 459,920 habitants. Chef-lieu Czernowitz, 26,345 habitants. — 13o Le royaume de Dalmatie ; 404,499 habitants. Chef-lieu Zara, 18,526 habitants.

La Transleithanie comprend : 1o le royaume de Hongrie, avec 10,000,000 d'habitants. Capitale Pesth-Buda, chef-lieu du gouvernement transleithanien, 186,954 habitants. — 2o Le royaume de Croatie et Slavonie, 90,000 habitants. Capitale Agram, 16,652 habitants. — 3o La grande principauté de Transylvanie, récemment incorporée à la Hongrie, avec 1,926,197 habitants. Chef-lieu Hermanstadt, 18,588 habitants. — 4o La frontière militaire (1,065,000 habitants), qui ressortit encore aujourd'hui du Ministère de la guerre de Vienne. Elle n'a pas de capitale. Les siéges des grands commandements militaires sont à Agram, Peterwardein et Hermanstadt. Ces chiffres réunis donnent un total d'environ 33 millions dont 14 appartiennent à la Transleithanie et le reste aux autres pays de Sa Majesté (dénominations officielles).

Orographie. L'Empire d'Autriche est très-montagneux. Les régions les plus montagneuses sont le Tyrol, Salzbourg, l'archiduché d'Autriche et la Styrie, la Carinthie la Carniole, la Bôhême, le nord de la Hongrie, la Transylvanie et la Dalmatie. Les montagnes de l'Autriche peuvent se rattacher à trois systèmes : le système des Alpes (sur la rive droite du Danube), le système des monts de Bohême et le système des Carpathes. Les points les plus élevés des Alpes sont l'Orteler (Tyrol) et le Gross-Glockner (sur la frontière du duché de Salzbourg et de la Carinthie). Les monts de Bohême entourent le royaume auquel ils doivent leur nom. Ils envoient leurs ramifications dans l'intérieur de la Bohême, dans la Silésie, la Moravie et l'Autriche proprement dite jusqu'au Danube. Les monts de Moravie se prolongent également jusqu'au Danube. Les Carpathes commencent à Presbourg et décrivent un grand arc qui enveloppe la Moravie, la Silésie inférieure, la Galicie, la Bukovine, la Transylvanie, la Hongrie, la frontière militaire et vient finir au Danube.

Hydrographie. — Les fleuves de l'Autriche se jettent dans quatre mers différentes. La mer du Nord reçoit l'Elbe qui prend sa source dans les monts Sudètes, traverse la Bohême et entre ensuite dans le royaume de Saxe. Il passe à Josephstadt, Cœniggrätz et Leitmeritz. Principaux affluents : à droite l'Iser, à gauche la Moldau (Veltava) qui passe à Prague.

Le Rhin touche la frontière est du Tyrol.

La mer Baltique reçoit l'Oder qui prend sa source dans les monts de Moravie, la Vistule qui prend sa source en Silésie et reçoit le San et le Boug.

La mer Noire reçoit le Danube. Il traverse la Haute et Basse Autriche, la Hongrie qu'il sépare de la Slavonie, baigne Linz, Vienne, Presbourg, Komorn, Buda-Pesth, Neusatz (Novi-Sad), Peterwardein et Semlin. Principaux affluents à droite : l'Inn qui passe à Innsbruck, la Leitha, importante par le rôle qu'elle joue dans la division actuelle de l'Empire, le Râb, la Drave qui passe à Essek et sépare la Slavonie de la Hongrie proprement dite, la Save qui sépare l'Empire autrichien de la Turquie. Principaux affluents de la rive gauche : la Morava (ou March), la Theiss ou Tisza, le plus grand affluent du Danube et le plus poissonneux des cours d'eau hongrois ; elle passe à Szigeth, Tokay et Szegedin ; la Maros et le Pruth qui traverse une partie de la Galicie.

La mer Adriatique reçoit l'Isonzo qui traverse une partie du Tyrol, la Kerka, la Narenta en Dalmatie.

Les principaux lacs sont : le Balaton (Platten See), le lac Neusiedel en Hongrie, le lac Zirknitz dans la Carniole. Ses eaux se perdent par des conduits souterrains et reparaissent au bout de plusieurs mois. Une partie du lac de Constance baigne les rives du Tyrol.

L'Autriche appartient aux régions tempérées. La chaleur varie suivant la nature plus ou moins montueuse des régions. Dans les plaines de la Hongrie elle atteint en été jusqu'à 42° Réaumur. Du 42 au 46° degré de latitude, on cultive le riz, les oliviers, le maïs ; du 43° au 49°, le maïs, la vigne, le blé ; au-dessus du 49° cesse la culture de la vigne. La température moyenne est à Trieste 11° Réaumur, à Vienne 8°, à Lemberg 5°,59. La pression barométrique varie entre 26 et 28 pouces ; la pluie tombe surtout dans les régions alpestres ; elle est peu abondante dans les plaines de la Hongrie, la rosée en tient lieu. Les orages se produisent surtout dans les montagnes de Bohême, les Alpes et les Carpathes. Dans la Carniole sévit le vent appelé *bora* (du slave *bora*, tempête), et le *fohn* dans le Tyrol.

L'*ethnographie* de l'Empire autrichien est généralement mal connue dans l'Europe occidentale. Il est pourtant impossible, sans bien la connaître, de comprendre les questions qui s'agitent encore aujourd'hui dans l'Empire, et la position qu'il occupe vis-à-vis des États qui l'entourent ; de l'Allemagne (question allemande), de la Russie, de la Turquie et des Principautés danubiennes (question polonaise, question d'Orient). On sait qu'il y a en Autriche des Allemands et des populations non allemandes. Si la majorité de l'Empire appartient aux Allemands, il doit évidemment aspirer à reprendre en Allemagne la position que la Prusse lui a fait perdre. Si, au contraire, les non-Allemands dominent, l'État autrichien doit devenir un État *sui generis* faisant contre-poids, d'un côté à l'Allemagne, de l'autre à la Russie. La France, qu'effraye avec raison l'immense développement de la Prusse et de la Russie, et qui cherche dans l'Autriche un allié contre l'ambition de ces deux puissances, a évidemment le plus grand intérêt à bien connaître les éléments dont elle est composée et leurs aspirations : c'est malheureusement ce dont on s'inquiète assez peu. Nos livres géographiques, nos journaux, les discours de nos hommes parlementaires témoignent d'une grande ignorance à ce sujet. Naguère, M. Thiers, parlant de la question allemande, déclarait qu'il y a en Autriche 15 millions d'Allemands ; il se trompait de 8 millions. Et si M. Thiers, ancien ministre des affaires étrangères, est si mal informé, que saura le *profanum vulgus?* En étudiant les documents officiels, l'illustre orateur aurait pu constater que le nombre des Allemands ne dépasse guère 8 millions ; et, en consultant une bonne carte ethnographique, il aurait vu que ces 8 millions (s'ils existent) sont loin de constituer un groupe compacte et ayant une valeur politique égale à leur chiffre apparent.

« Pendant longtemps, comme nous l'écrivions ailleurs, grâce au soin qu'elle a pris d'étouffer ou du moins de dissimuler les aspirations, l'histoire et même l'existence des nations qui la composent, l'Autriche nous est apparue enveloppée de je ne sais quel brouillard germanique, et a réussi, grâce au prestige de la tradition, à se faire passer pour le représentant légitime de l'Allemagne. Quand nous voulons connaître ce qui se passe en Autriche, nous lisons les journaux allemands et nous nous croyons éclairés. Mais les journaux autrichiens ont grand soin de ne nous dire que ce qu'il plaît aux Allemands d'Autriche de nous apprendre… Les éléments de l'Empire sont difficiles à connaître en raison de leur diversité, et du soin jaloux que les statistiques officielles ou officieuses mettent à les dissimuler. Rien de plus désagréable aux hommes d'État de Vienne que ces recensements qui font éclater dans tout son jour l'infériorité numérique de la race germanique vis-à-vis des autres. Aussi a-t-on recours à toutes sortes d'artifices pour augmenter le nombre des Allemands. Bon gré, mal gré, toutes les villes de l'Empire reçoivent un nom allemand : Lvov s'appelle Lemberg ; Kralove Hradec, Kœniggrätz ; Praha, Prag ; Lublanija, Laybach, et c'est ce nom allemand qui figure sur les cartes françaises. Quiconque a épousé une Allemande, quiconque remplit une fonction publique est Allemand. Les Juifs sont Allemands. Un journal de Vienne déclarait dernièrement que la ville de Lemberg, la capitale de la Pologne autrichienne, est allemande attendu qu'il s'y trouve un certain nombre de Juifs polonais qui, pour les besoins de leur commerce, écorchent plus ou moins l'allemand. » On conçoit qu'en présence de pareils procédés il soit très-difficile d'arriver à une précision mathématique. Ainsi M. Czœrnig, chef du bureau de statistique à Vienne, ne tient pas compte des non-Allemands qui habitent les villes allemandes de l'Empire (Vienne, par exemple, où ils sont au nombre d'au moins 100,000). En revanche, il a bien soin de ne pas oublier les 1,500 Allemands qui habitent la ville slovène-italienne de Goritz ! Il ne trouve dans l'Empire que 15 millions de Slaves, tandis que Schafarik en compte près de 17 millions.

Les différents peuples de l'Empire autrichien appartiennent à quatre races différentes : la race slave, la race germanique, la race hongroise, la race latine. On

n peut ajouter une cinquième, la race sémitique, représentée par les Juifs. Voici le
ableau de ces nations :

	4,370,000	Tchèques (Bohêmes).
	2,753,000	Slovaques.
	2,341,000	Polonais.
Race slave..............	2,774,000	Ruthènes.
	1,151,000	Slovènes.
	2,594,000	Serbes.
	801,000	Croates.
	700	Bulgares.
Race germanique.............	7 à 8,000,000	Allemands.
Race latine................ {	600,000	Italiens.
	2,640,000	Roumains.
Race hongroise (Touraniens)...	5,000,000	Magyares.
Race sémitique...............	1,049.871	Juifs.
	3,175	Albanais.
Peuples divers............... {	630	Grecs.
	146,000	Tsiganes.
	16,000	Arméniens.

Ainsi, d'après ces chiffres : la race slave est représentée en Autriche par environ
" millions d'âmes, la race germanique par 8 millions, la race hongroise par 5 mil-
ons, la race latine par 3,200,000 âmes.

Il ne faut pas croire que ces divers peuples se soient fusionnés avec le temps,
mme chez nous les Celtes, les Gallo-Romains, les Francs, les Ibères, dont l'en-
mble a produit un peuple nouveau *sui generis*. Non, ils vivent juxtaposés, sans
confondre, et se rattachent à différents groupes politiques et historiques qu'il est
portant de bien connaître. L'équilibre et la bonne harmonie de ces groupes est la
ndition *sine qua non* de l'existence de l'État autrichien. Seuls les Juifs, les Alba-
is, les Grecs, les Tsiganes et les Arméniens ne se rattachent à aucun de ces
oupes : les Israélites se rattachent le plus souvent aux peuples au milieu desquels
vivent, surtout aux Allemands : il y a des Juifs hongrois, des Juifs allemands,
s Juifs polonais, et, au point de vue politique, il conviendrait de les ramener à la
tionalité dont ils parlent la langue. Cependant ils ont encore en Autriche, il faut
reconnaître, un caractère bien plus tranché que chez nous.

Voyons donc comment ces différents peuples sont répartis sur la surface de
mpire, et sachons bien distinguer les masses compactes qui forment un *groupe*
el des *colonies* éparses dans les pays les plus éloignés et que l'on fait trop souvent
trer en ligne de compte dans les évaluations fausses, propagées jusqu'ici par
gnorance et la mauvaise foi.

Nous commencerons par les Allemands que beaucoup d'hommes d'État regar-
nt encore comme l'élément principal de l'Empire autrichien, celui auquel tous les
tres sont ou doivent être subordonnés. Voyons sur la carte ethnographique de
epert (un Allemand) quelle place ils occupent dans l'Empire. Cette carte est géné-
lement exacte et nous la recommandons volontiers. Cependant elle fait encore, à
aucoup de points de vue, la part trop belle aux Allemands. Il n'y a point entre les
verses races de démarcation géométrique, *non datur saltus in naturâ*. Partout où
ux peuples confinent l'un à l'autre, un certain espace appartient à tous deux, un
rtain pays est mixte, bilingue. Or tous ces pays mixtes, au lieu d'être distingués
r une teinte spéciale, sont adjugés aux Allemands. Le savant géographe note
alement comme allemandes des villes qui sont loin d'être habitées par une majo-
té allemande, Prague (Praha), Laybach (Lublanija).

Les seules provinces entièrement allemandes de l'État austro-hongrois sont les deux Autriches, le duché de Salzbourg. A cette masse compacte se rattachent les Allemands de Styrie, de Carinthie et du Tyrol qui, dans ces provinces, confinent aux Italiens et aux Slovènes. Les villes de Marbourg en Styrie, de Klagenfurth en Carinthie, de Neumarkt dans le Tyrol, sont les dernières villes allemandes vers le midi. Le groupe formé par les cinq provinces que nous venons d'indiquer comprend au *maximum* 3,500,000 Allemands, et c'est réellement le seul qui puisse être considéré comme se rattachant à la grande Allemagne des Pangermanistes. Nous voilà bien loin des 15 millions de M. Thiers. Ce groupe, s'il faisait un jour retour à la grande Allemagne, n'aurait aucun droit d'y entraîner ni les Italiens du Tyrol, ni les Slovènes. Près de 15 milles géographiques séparent les Allemands de Trieste qu'ils ont l'habitude de regarder comme leur grand port sur le midi. Il est utile d'insister sur ces considérations, dans un temps où le principe des nationalités est si souvent invoqué contre [les nationalités elles-mêmes. Si, en vertu de ce principe, les Allemands ont le droit de rentrer dans la grande Allemagne, nous ne voyons pas pourquoi les Slovènes n'auraient pas celui de se constituer en un groupe particulier, et pourquoi les Italiens du Tyrol ne retourneraient pas en Italie.

Viennent ensuite les Allemands de Bohême ; contre l'opinion générale, ils forment à peine les deux cinquièmes de la population du royaume. Ils s'étendent le long des frontières du royaume au sud-ouest, au nord-ouest et au nord-est. On peut en porter le nombre à 1,500,000 (évaluation maximum), le groupe n'a point d'unité géographique, et est séparé de l'Allemagne par le Bœhmerwald et l'Erzgebirge. Les villes de Budweiss au sud, de Pilsen, de Leitmeritz à l'ouest, et de Reichenberg au nord, indiquent la ligne qui le sépare des Tchèques. En Moravie, un groupe assez considérable occupe le nord de la province dont la majorité est slave; on peut admettre que la population allemande compacte de Bohême et de Moravie atteint 1,700,000 âmes. Mais ce chiffre, qu'on ne nous accusera certes point d'amoindrir, est peu de chose en comparaison de la majorité tchèque qui est de 4,337,000 âmes. Les Allemands de la Bohême sont à peu près, comme dans notre Alsace, destinés à suivre le sort du pays auquel ils se sont attachés. L'Allemagne ne peut évidemment prétendre désorganiser l'unité naturelle de la Bohême au profit d'une minorité germanique, encore moins peut-elle, dans l'intérêt de cette minorité, réclamer 4 à 5 millions de Slaves.

Dans les autres parties de l'Empire, les Allemands ne forment plus de groupes politiques : tout au plus peuvent-ils être considérés comme des colons auxquels le gouvernement local (par exemple, en Hongrie, les Saxons, — voir l'article *Hongrie*) a accordé certains priviléges.

On en compte 234,843 dans la Silésie, 114,293 dans la Galicie (près des grandes villes, telles que Lemberg, Krakovie, Wielitska), 27,855 dans la Bukovine près de Czernowitz, 38,400 dans la frontière militaire, 24,470 dans la Croatie et la Slavonie, 29,783 dans la Carniole (autour de Laybach et sur la frontière Croate), 200,364 dans la Transylvanie; ce sont les Saxons, anciens colons allemands, enveloppés par les Roumains et par les Szeklers. Il y a 1,221,714 Allemands dans la Hongrie proprement dite. Les groupes principaux se trouvent sur les frontières de l'Autriche et de la Styrie, aux environs de Pesth, sur la rive gauche du Danube, aux environs des villes de Mohacs, Szekszard et Fünfkirchen (Pecs en magyar) sur la rive droite autour des villes d'Ara, et de Temesvar. En alignant ces différents chiffres, on obtient un total de plus de 1,500,000 Allemands que les hommes d'État viennois ne manquent jamais de faire entrer en ligne, afin de prouver que l'élément germanique domine dans l'Autriche. Mais ce ne sont là que des passevolants, et les Allemands de Temesvar ou d'Hermanstadt ou de Lemberg n'ont pas plus de rapport avec la grande Allemagne que les Allemands de Paris, du Havre, de New-York ou de San-Francisco. La seule supériorité qu'ils peuvent réclamer, c'est celle qu'ils doivent à leur industrie, à leur moralité, ou à leurs capitaux. Là où elle existe, personne ne songe à la leur contester; mais on a le droit de leur contester cette domination qu'ils ont réussi à imposer sous un régime centraliste et germanisateur, et qui maintenant paraît bien perdue sans retour.

Les Magyares sont loin d'occuper, comme on le croit volontiers, toute l'étendue du royaume de Hongrie. Ils le partagent avec les Slaves et les Roumains. Nous comprenons dans le royaume de Hongrie la Transylvanie, mais non les royaumes annexes de Croatie et de Slavonie. Ils se divisent en deux groupes compactes. Le premier comprend environ 4,400,000 âmes. Il s'étend à l'ouest jusqu'à la frontière de la Cisleithanie. Au nord, il a pour frontière une ligne dont les points principaux sont Presbourg, Kaschau et Munkacz. Cette ligne sépare les Hongrois des Slovaques et des Ruthènes. A l'est une ligne partant de Munkacz sépare les Magyares des Ruthènes, et des Roumains. Au sud les Magyares pénètrent jusqu'à Arad et Szombor. Sur la rive gauche du Danube, ils confinent aux Serbes ; sur la rive droite, ils s'étendent jusqu'à la Drave qui les sépare des Croates. Le deuxième groupe magyare, celui des Szeklers, comprend environ 500,000 âmes, il est enveloppé par les Roumains.

La race slave occupe le nord et la partie sud-ouest de l'Empire. Les Tchèques occupent la plus grande partie de la Bohème et de la Moravie, les Slovaques le nord de la Hongrie, les Polonais la partie nord-ouest de la Galicie (environ un tiers de cette province). Les Ruthènes habitent le reste de la Galicie et une petite partie du nord-est de la Hongrie (470,000 âmes) et de la Bukovine (147,000). (Voyez plus haut le tableau des races de l'Empire.)

Les Slaves du nord sont séparés des Slaves du sud par les Allemands, les Magyares et les Roumains. Les Slaves du sud peuvent se diviser en deux groupes : le groupe slovène et le groupe serbo-croate. Le premier occupe une partie de la Styrie et de la Carinthie, la Carniole et l'Istrie, sauf quelques points du littoral, notamment Trieste, qui appartiennent aux Italiens.

Nous désignons le second groupe du nom de serbo-croate, parce qu'il est fort difficile de tracer une ligne de démarcation entre les Serbes et les Croates : la langue est la même, la race est la même; les religions et les alphabets établissent seuls une différence qui ne repose sur aucune base ethnographique. Les Serbes et les Croates habitent la Croatie, la Slavonie, la Dalmatie, la Syrmie, et la partie sud-ouest de l'ancien Banat de Temesvar, et une partie de la frontière militaire.

Les Roumains occupent le sud-ouest de la Hongrie et presque toute la Transylvanie, et une partie de la frontière militaire.

Les Italiens forment un groupe compact au sud du Tyrol (env. 325,000 âmes). Ils ont des colonies sur le littoral de l'Istrie, et sur quelques points de la Dalmatie (Zara, Spalatro, Raguse).

Nous ne citons que pour mémoire les Juifs dispersés dans tout l'Empire, qui forment cependant des groupes assez considérables dans quelques villes, telles que Prague, Lemberg et Pesth.

Production. Industrie. — Le sol productif de l'Empire d'Autriche comprend 9,821 milles carrés, c'est-à-dire 87 pour 100 de l'Empire. 3,511 milles sont occupés par des champs cultivés, 110 par des vignobles, 1,385 par des prairies, 1575 par des pâturages, 3,240 par des forêts. On cultive toutes les plantes de l'Europe. Les parties les plus riches en céréales sont la Hongrie, la Bohème, la Galicie, la

Moravie, la Basse-Autriche. Le maïs et le riz sont cultivés au sud. La production
en lin et chanvre est insuffisante pour les besoins de l'Empire. Le tabac, monopole
de l'État, n'est cultivé que dans les pays hongrois, la Galicie et le Tyrol. On
fabrique au nord de l'Empire du cidre, au sud du slivovitz (eau-de-vie de prunes).
Les meilleurs vins sont ceux de Hongrie. Les bières de Vienne et de Bohême sont
très-recherchées.

L'élève du bétail est très-avancée. Le recensement de 1857 (qui comprenait les
provinces italiennes) comptait 3,398,876 chevaux, 23,600,322 bœufs et vaches,
29,200,000 moutons, etc. Les meilleurs chevaux sont ceux de la Transylvanie et de
la Bukovine. La meilleure laine est fournie par la Moravie, la Silésie, la Hongrie.
La culture des forêts est encore mal réglée.

Pour la richesse de la production minérale aucun pays ne peut être comparé à
l'Autriche : sauf le platine, il ne lui manque aucun des métaux usuels. Le produit
des mines était évalué, en 1864, à 81 millions de florins (le florin vaut 2 francs 50),
dont 36 pour les salines. La production du mercure (grâce surtout aux mines
d'Idria) est de plus de 5,000 quintaux.

On exploite le cuivre en Hongrie, le zinc en Galicie, le plomb en Carinthie, le
fer dans presque tout l'Empire. La production en fer est d'environ 7 millions de
quintaux ; celle de la houille de plus de 100 millions. (Voir, pour les détails, les
articles *Bohême* et *Hongrie*.)

L'industrie est surtout développée dans la partie occidentale de l'Empire (Cisleithanie). Elle occupe environ 4 millions d'ouvriers. La valeur de la production générale est annuellement de 1,300,000,000 de florins. Les produits les plus estimés sont
les instruments de musique, les verres et cristaux, les bijoux, les *articles de Vienne*
qui rivalisent avec ceux de Paris, le sucre de betteraves, les draps (surtout ceux de
Moravie et de Bohême), les étoffes de coton (surtout dans le Tyrol et l'Autriche).

Communications. — L'Autriche avait, en 1867, près de 900 milles géographiques
de chemins de fer. Le chiffre s'accroît tous les jours. Toutes les lignes appartiennent
à des compagnies particulières. Les principales sont : la ligne de Vienne à Cracovie,
avec embranchements sur Olmütz, Brünn et Troppau ; la ligne de Brünn à Prague,
de Prague à Bodenbach (Saxe) et à Fürth (Bavière) ; la ligne de Vienne à Pesth,
Temesvar, Basiasch ; la ligne dite du Semmering, de Vienne à Trieste et à
Venise, etc. Le nombre des voyageurs transportés annuellement est de 12 millions. Les routes ordinaires ont 12,000 milles de développement. Mais la plus
belle voie de communication de l'Empire est sans contredit le Danube, navigable
depuis Donauwörth jusqu'à son embouchure. En 1865, les bateaux du Danube ont
transporté 1,355,000 voyageurs : ses affluents, la Theiss, la Drave et la Save sont
également navigables. Les canaux sont peu nombreux. Le plus considérable est
celui qui unit le Danube à la Theiss. — Le réseau télégraphique a une longueur
d'environ 2,500 milles. Les postes ont transporté, en 1865, 114 millions de lettres
et plus de 23 millions de journaux.

Le chiffre total des importations s'est élevé, en 1864, à 26 millions de florins ; des
exportations, à 239,075,100 florins. Le produit des douanes s'est élevé à 13,147,233
florins. Les principaux objets d'exportation sont : les céréales, le bois, la laine, le
drap, etc. Le grand port marchand de l'Autriche est Trieste, port franc. Il est difficile de présenter actuellement des données précises sur le commerce maritime,
dont les conditions ont été profondément modifiées par la perte de la Vénétie. — La
monnaie autrichienne consiste en ducats qui valent environ 12 francs, et en florins
= 2 francs 50 divisés en 100 kreutzers. La circulation du papier est très-considérable.

Religion. Établissements divers. — Au point de vue religieux, l'Empire comprend
15 archevêchés, dont 12 latins catholiques, 2 grecs et 1 arménien. On compte
23 millions de catholiques latins, 3,900,000 catholiques grecs, 10,000 catholiques
arméniens, 3,500,000 protestants et 3,000,000 du rite grec non uni.

L'instruction est surtout répandue dans la partie occidentale de l'Empire. Dans
les deux Autriches, en Bohême, en Moravie, en Tyrol, presque tous les enfants fré-
quentent les écoles. Au contraire, dans la Galicie, le nombre des écoliers n'est que
de 40 pour 100. Dans la Bukowine, il baisse jusqu'à 24 pour 100. L'instruction est
en principe obligatoire pour les écoles primaires. En 1864, on en comptait environ
30,000; en 1865, la monarchie comptait 236 gymnases, avec environ 60,000 écoliers.
Il y a 7 universités, à Vienne, Prague, Gratz, Pesth, Cracovie, Lemberg et Innsbruck.
Le nombre de leurs étudiants est d'environ 9,000. L'enseignement se donne en
polonais à Cracovie, en hongrois à Pesth, en allemand dans les 5 autres. La langue
allemande est donc favorisée au détriment des autres langues (par exemple du
tchèque, du croate et du slovène), malgré l'article de la constitution qui reconnaît
l'égalité absolue de toutes les langues de l'Empire[1]. Il y a une école militaire à
Vienne, une Académie de marine à Fiume, etc. Les principales sociétés savantes
résident à Vienne, Prague, Pesth et Agram. — Il y avait en Autriche, en 1857, environ 2,000 hôpitaux, soit 1 pour 16,000 habitants; 134 stations thermales, 35 maisons
d'accouchement, 48 maisons de fous, 155 hospices. — Dans la Cisleithanie actuelle,
le tribunal suprême réside à Vienne; les tribunaux de deuxième instance à Vienne,
Gratz, Trieste, Innsbruck, Prague, Brünn, Lemberg, Cracovie et Zara. (Pour la
Transleithanie, voyez *Hongrie*.) Les principaux établissements de crédit sont la
banque de Vienne, la banque anglo-autrichienne de Vienne, celles de Pesth, de
Prague, de Trieste; les caisses d'épargne se sont très-multipliées dans ces derniers
temps. — Arrivons maintenant aux divisions administratives et à la constitution.

Gouvernement. — L'Empire est divisé en deux parties : Cisleithanie, Transleithanie; l'administration de cette dernière sera expliquée à l'article *Hongrie*. Chacun
des pays indiqués plus haut est gouverné par un lieutenant impérial. Le chef de
l'État est l'empereur d'Autriche, roi de Hongrie et de Bohême, etc. Il y a deux
ministères, l'un résidant à Pesth, l'autre à Vienne; les ministres sont responsables.
Les divers pays ont leurs diètes particulières qui envoient des représentants au
Reichsrath, ou chambre des députés, à Vienne. La Bohême a jusqu'ici refusé d'y
envoyer les siens (Voyez l'article *Bohême*). A côté du Reichsrath siége le sénat ou
chambre des seigneurs : *Herrenhaus*. Le Reichsrath de Vienne n'est compétent que
pour les affaires intérieures de la Cisleithanie; les affaires dites communes sont
traitées par des *délégations* qui se réunissent tantôt à Vienne, tantôt à Pesth. Cette
forme de gouvernement, dite *dualisme*, paraît n'être qu'une transition au fédé-
ralisme, la seule forme qui donne satisfaction aux diverses nations de l'État. Elle
n'est, selon nous, que provisoire; aussi nous croyons-nous dispensé de l'expliquer
longuement (Voyez *Bohême* et *Hongrie*).

La situation financière de l'Autriche est mauvaise. En 1867, le revenu était de
407,297,000 florins; les dépenses de 433,896,000 florins. — Déficit : 27 millions. A la
même époque, l'intérêt annuel de la dette était de 120,812,000 florins; la somme
consacrée à l'amortissement était de 18,758,000 florins.

Armée et flotte. — La durée du service est de 12 ans, dont 6 ans dans l'armée et
6 ans dans la réserve. Le régime ne s'applique pas aux frontières militaires, dont
tous les habitants sont assujétis à un service perpétuel. L'infanterie sur le pied de

---

1. Un récent décret a ordonné la fondation d'une université croate à Agram.

guerre comprend 600,000 hommes, la cavalerie 41,000 hommes, l'artillerie 50,018 hommes. — Le total de l'armée en temps de guerre peut être porté à 900,000 hommes : le pied de paix est de 325,000 hommes. L'Autriche possède 25 forteresses et 3 forts. La marine de guerre compte environ 80 vaisseaux, montés en temps de guerre par 12,000 hommes. Le port de guerre est Pola.

Armes de l'Empire, décorations. — L'écusson de l'Empire représente un aigle à deux têtes, aux ailes étendues, becs et serres d'or, langue rouge. La serre droite tient une épée, la serre gauche le globe impérial. Sur les deux têtes est posée une couronne d'or. Sur la poitrine et sur les ailes figurent les écussons de la famille impériale et des pays de la couronne. Les couleurs de l'Empire sont le noir et le jaune; le pavillon de guerre est rouge blanc rouge. Les ordres de chevalerie sont au nombre de 8.

BIBLIOGRAPHIE. — Blumenbach, *Gemælde der Oesterreichischen Monarchie*, 1840-56. — Putz, *Lehrbuch der Oesterreichischen Vaterlandskunde.* — Ungewitter, *Die Oesterreichischen Länder geographisch dargestellt.* Brünn, 1856. — Bracheli, *Statistik der Oesterreichischen Monarchie.* Vienne, 1857. — Czœrnig, *Ethnographie der Oesterreichischen Monarchie.* Vienne, 1855-57 (se défier de cet ouvrage très-partial). — Schmitt, *Statistik des Oesterreichischen Kaiserstaats.* — *Conversations-Lexicon,* Article *Oesterreich.* — *L'État Autrichien, Bohême, Hongrie, Habsbourg,* par Louis Léger. Paris, 1866. — *L'Empire constitutionnel d'Autriche et ses lois fondamentales,* par Valfrey. Paris, 1818. — Voir aussi les ouvrages spéciaux sur la Bohême, la Hongrie, la Galicie.

Cartes et Atlas. — *Carte générale de l'empire d'Autriche* dressée par l'état-major. Vienne et Milan, 1822. — Lose, *Vollständiger Special-Atlas der Oesterreichischen Monarchie* (20 feuilles). Leipzig, 1855. — Sprunner, *Historisch-Geographischer Schul-Atlas des Gesammtstaats Oesterreich* (15 feuilles). — La meilleure carte ethnographique, malgré quelques inexactitudes, est celle de H. Kiepert. *Vœlker- und Sprachen-Karte von Oesterreich und den Unter-Donau-Ländern.* Berlin, 1867.　　　　　　　LOUIS LÉGER.

AUTRICHE (maison d'). — Un tableau complet de l'histoire de la maison d'Autriche n'embrasserait rien moins que l'histoire complète de l'Empire d'Allemagne, depuis le moyen âge, et du reste de l'Europe. Cette histoire a déjà été traitée dans l'*Encyclopédie* à l'article *Allemagne* (histoire). Quant aux autres parties qui restent à exposer, notamment celles qui regardent les diverses nationalités soumises au sceptre des Habsbourgs, Hongrie, Bohême, Pologne, on renvoie les développements que chacune de ces histoires particulières commande aux différents mots de l'*Encyclopédie* qui sont consacrés à ces peuples. On ne s'arrêtera donc ici qu'à des vues d'ensemble sur la maison d'Autriche et la politique autrichienne.

Le fondateur de la maison d'Autriche est ce Rodolphe de Habsbourg, maigre et pauvre seigneur de Souabe, qui ne comptait guère sur les destinées de sa race, au moment où il se lança dans le monde. Cet homme de proie, haut de six pieds, pâle de teint, d'un visage dur et austère, était doué d'une éloquence familière et insinuante, d'une imagination fertile en ruses, d'une activité sans bornes dès qu'il y allait de son ambition, d'une prudence inconnue dans les temps grossiers du moyen âge, et qui n'avait d'égale que son mépris des moyens et des préjugés. Il donna le premier l'exemple, qui fut suivi depuis par sa lignée, de se jeter sur toutes les terres qui pouvaient lui convenir et satisfaire à l'avidité des hordes de pillards qu'il avait recrutés par toute l'Allemagne. Il arriva ainsi à se faire connaître et craindre de tous les princes de son temps, obligeant les uns, attaquant les autres, y compris le pape, sans autre pensée que celle d'arrondir les domaines qu'il voulait laisser à sa famille. La maison de Habsbourg se trouva de la sorte en opposition avec tout le reste de l'Allemagne dont pourtant Rodolphe fut Empereur. En cédant tout au pape, pour se ménager son appui dans sa lutte contre les princes d'Allemagne, Rodolphe montra que ses intérêts privés passaient avant ceux de l'Empire. D'un côté, il se débarrassait du pape, tandis que, de l'autre, il se défaisait de ses rivaux allemands; mais il sacrifiait aussi la grandeur extérieure de l'Allemagne, crime de lèse-patriotisme qui n'a jamais été pardonné à la maison de Habsbourg. Les nombreux princes de cette maison qui se succédèrent, tout en ayant des traits communs qui révèlent leur descendance, ne furent pas tous des hommes de génie comme leur aïeul Rodolphe. Il arriva souvent que la couronne impériale leur échappa; tous demeurèrent fidèles à leurs ambitions de famille; tous, en agrandissant leurs États héréditaires par des conquêtes ou des annexions par mariage, réussirent à mécontenter leurs sujets à force de les accabler d'impôts et de vexations. La guerre civile éclata à chaque changement de règne, et les destinées de cette race ardente et passionnée des Habsbourgs furent retardées d'un siècle au moins, pendant lequel l'Allemagne fut livrée à toutes les convulsions du régime féodal expirant, et à toutes les rivalités des princes qui se disputaient la couronne de Charlemagne. Le grand artisan de la fortune de la maison d'Autriche fut Albert V, prince habile et sage, beau, bien fait, les yeux d'azur, les cheveux d'or comme tous ceux de sa race, qui sut se faire aimer de la fille de l'Empereur Sigismond, qu'il avait séduit par son esprit et qui en fit son gendre. En 1438, la dignité impériale rentre dans la maison d'Autriche; depuis, elle n'en est plus sortie. La politique de la maison d'Autriche est trouvée[1]. Le petit-fils de cet Albert d'Autriche, Maximilien, devenu puissant par son mariage avec Marie de Bourgogne, fille de Charles le Téméraire, put étendre en toute liberté son influence sur l'Europe. Ses flatteurs se plaisaient à reconnaître en lui un autre Rodolphe de Habsbourg. Mais si sa grande figure osseuse, son nez proéminent, son œil amoureux, sa force et son adresse aux exercices du corps rappelaient le premier prince de la maison d'Autriche, il s'en fallait de beaucoup que Maximilien, malgré sa faconde, réunît les mêmes qualités de bon sens et de patiente énergie que possédait Rodolphe. « Toute sa vie fut une course, un *hallali* perpétuel. On le voyait mystérieux, courir d'un bout de l'Europe à l'autre, gardant d'autant mieux son secret qu'il ne le savait pas lui-même. Du reste, les coudes percés, toujours nécessiteux autant que prodigue, jetant le peu qui lui venait, puis mendiant sans honte au nom de l'Empire. On le vit à la fin gagnant sa vie comme condottière dans le camp des Anglais, empereur à cent sous par jour[2], » donnant ainsi le premier l'exemple, — qui depuis ne s'est que trop renouvelé pour la gloire de l'Autriche, — de l'Empereur aux gages des marchands de la Cité de Londres. Cependant il réussit comme prince de la maison d'Autriche, dont il fit toujours passer les intérêts avant ceux de l'Empire d'Allemagne. Il est remarquable, en effet, qu'à cette époque où l'on vit partout en Europe monarchique s'établir et dominer sur les derniers débris de la féodalité expirante, le prestige et la puissance des Empereurs d'Allemagne subirent un nouvel affaiblissement. La politique égoïste des Habsbourgs n'est pas étrangère à cet affaiblissement. Maximilien eut dans sa fille Marguerite, qu'il avait placée comme gouvernante à la tête de ses possessions des Pays-Bas, une digne héritière de ses vues. « Cette Marguerite, dit M. Michelet, est le vrai

---

1. Tout le monde connaît le célèbre distique :

> Bella gerant alii; tu, felix Austria, nube;
> Nam quæ Mars aliis dat tibi regna Venus.

2. J. Michelet, *Renaissance*, passim.

grand homme de la famille et, selon moi, le vrai fondateur de la maison d'Autriche, la racine et l'exemple de cette médiocrité forte, rusée, patiente, qui a caractérisé cette maison avec un équilibre de qualités extraordinaire, qui l'a rendue si
propre à réunir, à concilier l'inconciliable, à exploiter surtout l'entr'acte du
xvie siècle à la Révolution française. Cette maison de génie moyen a dû primer,
avec la non moins médiocre maison de Bourbon, dans la période diplomatique,
long jour crépusculaire entre ces deux éclairs : Renaissance, Révolution. Nos pères
avaient des noms significatifs pour les mauvais mystères d'alors, pour cette politique de famille et d'alcôve : cela s'appelait les *intérêts des princes* et *l'intrigue des cabi-
nets*. Marguerite d'Autriche, surnommée Margot la Flamande, est la tante et la
nourrice de Charles-Quint, élevé sous sa jupe à Bruxelles, et par elle devenu
l'homme complet, équilibré de toute instruction et de toute langue, de flegme et
d'ardeur, de dévotion politique, qui devait exploiter la vieille religion contre la
Renaissance. »

Toutefois, ce prince, si longtemps favorisé de la fortune et qui porta à son point
culminant la grandeur de sa maison, ne mourut pas sans avoir pu pressentir
l'irrémédiable déclin de la puissance autrichienne. La défaite des princes protestants à Mühlberg marque l'instant précis où commence cette décadence insensible.
Il faut voir au musée de Madrid l'étonnant portrait que le grand peintre Titien
nous a laissé du sombre et astucieux Empereur, en ce jour de victoire si patiemment
attendue. Cet homme à cheval, couvert de fer, la lance en avant, au coin d'un bois,
tout seul, loin de la bataille, c'est Charles-Quint le maître du monde : le soleil ne
se couche jamais sur ses États. Pourtant il est anxieux, presque tremblant, en
dépit de l'animation des traits de son visage; sa lèvre,—la lèvre épaisse et sensuelle
des Habsbourgs, — est plissée par la crainte autant que par le dédain; ses yeux, où
brille une flamme inaccoutumée, laissent voir toute son ambition mêlée d'on ne sait
quelle frayeur; il a vaincu, mais sa victoire est comme une défaite ; il se vengera
de ses ennemis, mais l'Autriche sera pour toujours un objet de terreur et de
suspicion dans toute l'Allemagne, dont les Habsbourgs menacent les libertés et
irritent la fierté nationale. A la fin Charles, abreuvé de dégoûts, la tête à moitié perdue dans des regrets et des divagations religieuses également stériles, abandonnera
à son frère Ferdinand le soin de pacifier les esprits et la triste mission de signer la
défaite de la politique autrichienne, pour aller se réfugier dans la catholique
Espagne, et diriger lui-même au monastère de Saint-Just la répétition de la suprême
comédie de ses funérailles.

Les luttes religieuses qui remplirent toute l'Allemagne pendant la fin du
xvie siècle et le commencement du xviie, se terminèrent, on le sait, par les traités
de Westphalie qui consacrèrent la politique de Henri IV et de Richelieu, désignée
ordinairement sous le nom de politique d'abaissement de la maison d'Autriche
(Voyez : *Allemagne* (histoire). Après la guerre de trente ans, l'Autriche dut s'effacer
pendant une période momentanée. L'oubli des ambitions lointaines s'imposait à
la maison de Habsbourg. L'Empereur Léopold Ier, avec son médiocre génie,
comprit que rien n'était plus possible à l'Autriche en Europe, s'il ne la constituait
sur des bases solides; le pouvoir impérial, loin d'être une force, n'était plus qu'une
cause de faiblesse; il fallait donc chercher ailleurs les éléments d'une prépondérance à laquelle nulle grande puissance ne se décide jamais à renoncer. Il laissa
donc la France battre à son aise les faibles représentants de la politique autrichienne en Espagne, et s'occupa tout entier à donner à ses États héréditaires pour
point d'appui les populations loyales et fidèles, ivres de gloire militaire, de la
Hongrie et de la Transylvanie. La guerre fut longue et terrible. Léopold dut s'y

reprendre à deux fois différentes avant de venir à bout des Hongrois et de leur attachement à leurs antiques franchises ; il n'épargna rien, ni les combats en bataille rangée, ni les supplices, ni les confiscations, ni les tortures. Les Hongrois, les Transylvains n'ont jamais perdu le souvenir de ces luttes atroces ; les noms les plus chers au patriotisme maggyare, les Tékély, les Rakoczi, se sont illustrés dans cette revendication suprême des libertés nationales (Voyez : *Hongrie (histoire)*.

Avec Charles VI, Empereur d'Allemagne, s'éteignit la branche masculine des Habsbourgs, celle qu'on nomme la branche des Habsbourgs-Autriche. La fille de Charles VI, Marie-Thérèse, était mariée depuis quatre ans à François-Étienne, duc de Lorraine ; de là le nom de maison de Habsbourg-Lorraine que porte la famille actuellement régnante. On sait qu'à peine l'Empereur eut-il les yeux fermés, plusieurs prétendants avides, au nombre desquels figurait le jeune roi Frédéric de Prusse, se jetèrent sur son riche héritage. « La situation et les qualités personnelles de l'archiduchesse étaient faites pour inspirer à tout homme généreux la pitié, l'admiration et une tendresse chevaleresque. Elle était déjà dans sa vingt-quatrième année. Sa taille était majestueuse, ses traits étaient beaux, sa physionomie douce et animée, sa voix musicale, ses manières gracieuses et dignes. Tous ses devoirs de famille l'avaient trouvée irréprochable [1]. » Telle apparaît Marie-Thérèse à l'un des plus graves historiens de notre siècle, intéressante et belle. La vérité est que la fille des Habsbourgs, de toute sa maison, est restée la plus populaire en Autriche. Son courage, son énergie sauvèrent le vieil Empire aux jours du danger ; son intelligence éclairée et prévoyante indiqua pour l'avenir les réformes à accomplir et la voie au bout de laquelle se trouverait, si elle était suivie, le salut de la fédération autrichienne. Son époux, François de Lorraine, ne lui ressemblait guère, s'il faut nous en rapporter au portrait que nous en a laissé le grand Frédéric. « L'Empereur, qui n'osait se mêler des affaires du gouvernement, dit Frédéric, se jeta dans celles du négoce. Il ménageait tous les ans de grosses sommes de ses revenus de Toscane dont il était grand-duc et les faisait valoir dans le commerce. Il établissait des manufactures et prêtait sur gages. Il entreprit la livraison des uniformes, des armes, des chevaux et des habits d'ordonnance pour toute l'armée impériale; associé avec un comte Bolzo et un marchand nommé Schimmelmann, il avait pris à ferme les douanes de la Saxe, et, en l'année 1756, il livra même le fourrage et la farine à l'armée du roi de Prusse qui était en guerre avec l'Impératrice, son épouse. Durant la guerre, l'Empereur avançait des sommes considérables à cette princesse, sur de bons nantissements. Il était, en un mot, le banquier de la cour [2]. »

De ce couple si bizarrement assorti, mais au demeurant fort uni, naquit Joseph II, le plus grand et le meilleur des princes de la maison d'Autriche, car il fut celui qui comprit le mieux, dès son temps, les besoins de son Empire, son but et sa destinée dans la société européenne. C'est une destinée touchante et malheureuse que celle de ce prince infortuné qui, après vingt ans d'études et d'efforts, de tentatives et d'essais, tous entrepris pour le bien de la monarchie autrichienne, écrivit pour lui-même cette amère épitaphe : « Ci-gît Joseph II, Empereur d'Allemagne, dont les intentions étaient pures et qui eut le malheur de voir échouer ses meilleurs projets. » Mais le fils de Marie-Thérèse avait été longtemps réduit au rôle passif de spectateur : ce fut là un grand malheur pour lui et pour ses États. Le propre de cette nature, c'était l'impatience, une activité dévorante. Toutes ses

---

1. Lord Macaulay, *Essais historiques et biographiques,* Frédéric le Grand.
2. Frédéric le Grand, *Mémoires.*

réformes sont empreintes d'une ardeur fiévreuse qui a nui singulièrement à leur succès. Son système ne lui a pas survécu, et lui-même, avant de mourir, il se vit forcé de renoncer à l'application d'un grand nombre de mesures qu'il avait trop hâtivement décrétées. Il faut ajouter que Joseph II, malgré les heureux penchants de sa nature, développés par une éducation meilleure que celle que la plupart des princes recevaient de son temps, ne put jamais secouer le vice originel de sa naissance ni déposer l'orgueil traditionnel de sa race, en dépit d'une affabilité native dont le souvenir dure encore dans la mémoire du peuple, en Autriche. Joseph II avait un très-haut sentiment du devoir ; cela seul suffirait pour lui donner une place parmi les hommes doués d'une grande noblesse morale, et à qui la postérité doit le respect. Il envisageait la royauté comme une magistrature et s'appliquait à en pratiquer l'exercice avec les scrupules d'une conscience honnête et sincèrement dévouée au bien ; mais, au fond, despote il était né, despote il resta toujours, et l'historien anglais William Coxe a pu porter sur son règne le jugement sévère qui suit sans encourir le reproche d'injustice : « Des observateurs superficiels ont attribué les actions de Joseph II uniquement au désir ardent que ce prince aurait eu de faire le bonheur de ses sujets. Ses lettres, ses écrits, sa conversation, il est vrai, étaient marqués au coin d'une philanthropie affectée, mais tout démontre qu'il cachait le despotisme et l'ambition sous le voile de la bienveillance et de la philosophie[1]. »

Le despotisme paternel inauguré par Joseph II, telle a été la politique de la maison d'Autriche jusqu'à ces dernières années. Encore si les princes de sa famille qui lui ont succédé avaient repris et continué ses plans de réformes ! Mais la violente secousse imprimée à l'Europe par la Révolution française n'a fait que rendre les Habsbourgs plus hostiles que jamais à la cause de la liberté des peuples. Chacune des commotions européennes a ébranlé la puissance autrichienne. En 1816, l'Empereur François II a dû résigner la couronne impériale d'Allemagne, et se contenter du titre d'Empereur d'Autriche, en y ajoutant la longue kyrielle de ses autres titres, roi des Lombards, roi de Bohême et de Hongrie, archiduc d'Autriche, de Carniole et de Styrie, etc., etc., etc. L'Empereur François, le vieux François, comme on l'appelait à Vienne, soumis à la domination du prince de Metternich, ne songeait qu'à maintenir ses peuples dans la paix du silence et de la compression. Cette torpeur de l'Autriche a souvent fait illusion aux étrangers et servi les intérêts du principe monarchique en Europe. « L'Autriche est un pays si calme, écrivait Mme de Staël, un pays où l'aisance est si tranquillement assurée à toutes les classes de citoyens qu'on n'y pense pas beaucoup aux puissances intellectuelles. Au bord du Danube, dit encore Mme de Staël, les affaires se traitent d'après un ordre de numéros que rien ne dérange. Des règles invariables en décident, et tout se passe dans un silence profond ; ce silence n'est pas l'effet de la terreur : car que peut-on craindre dans un pays où les vertus du monarque et les principes de l'équité dirigent tout[2] ? »

Nulle vue plus fausse. On l'a bien vu, chaque fois que les déchirements intérieurs de l'Europe ont permis aux peuples de l'Autriche de faire entendre leurs plaintes.

L'Empire d'Autriche, dans sa forme actuelle, est un des États les plus récents de l'Europe. Il date, comme nous l'avons dit, de 1806 et des négociations qui suivirent la bataille d'Austerlitz et aboutirent au traité de Presbourg.

Depuis cette époque, l'Autriche a passé par les alternatives les plus diverses et

1. William Coxe, *Histoire de la maison d'Autriche.*
2. Mme de Stael, *De l'Allemagne,* passim.

connu la bonne comme la mauvaise fortune. Elle a été tour à tour puissante et affaiblie, en possession d'une influence politique de premier ordre et déchue de tout prestige, cliente humiliée de l'un de ses ennemis naturels, la Russie, et arbitre suprême du sort des autres nations éprouvées par la guerre. Toutefois, pendant les soixante dernières années, à son rang de grande puissance, elle n'a jamais cessé de jouer un rôle actif et souvent prépondérant dans les affaires de l'Europe, et de tenir une place considérable dans la politique générale.

Après avoir longtemps joui, sous une administration que l'on croyait paternelle, d'une longue et heureuse paix qui pouvait être féconde, elle s'est trouvée tout à coup au bord de l'abîme où se perdent les empires, sans ressources ni crédit, sans esprit public, avec des habitants qui ne se sentent pas rattachés les uns aux autres par les liens du patriotisme et de la destinée commune, faible, épuisée avec tout l'appareil et le simulacre de la force. Déjà, lors de la commotion européenne de 1848, un cri de joie et de haine s'était échappé de toutes les poitrines : l'Autriche est perdue ! Tout le monde le crut ; et, en effet, elle fut un moment à deux doigts de sa perte. Le malheur des temps servit cette fois encore la persistante fortune de la monarchie autrichienne, si souvent éprouvée. Elle parut se relever, mais ce n'était qu'une apparence. Les événements de 1866 ont de nouveau mis à nu l'impuissance de l'Autriche et son irrémédiable faiblesse. La défaite de Sadowa a été plus qu'un revers de fortune pour elle, c'est le coup décisif qui doit précipiter sa décadence.

Tel est du moins le langage, tel est le secret espoir de ses rivaux et de ses ennemis, et les ennemis de l'Autriche sont nombreux en Europe. Quoi de plus explicable ? L'Autriche est une dénomination politique, qui ne désigne ni un pays, ni une nation, ni une race particulière ; c'est un nom de convention donné à une collection de peuples réunis par la ruse ou par la force, et dont les nationalités diverses sont caractérisées par des différences fatalement tranchées. Dans l'État autrichien, il y a des Allemands, des Slaves, des Roumains, des Hongrois, mais il n'existe point d'Autriche, point d'Autrichiens, point de nationalité autrichienne. L'Autriche ne peut prétendre à une histoire spéciale et particulière que depuis la chute du saint-empire romain ; auparavant son histoire se perdait dans celle de l'Empire germanique. De là vient qu'on ne trouve entre les diverses populations qui constituent l'empire autrichien ni sympathies, ni souvenirs communs, ni liens de patriotisme. Encore si cette agrégation bizarre d'éléments disparates avait servi les intérêts particuliers des peuples qui y étaient engagés, et, en assurant leur indépendance et leur bien-être, concouru dans une mesure quelconque au progrès général du monde ! Mais, bien loin que la monarchie autrichienne et la famille régnante aient jamais voulu, représenté ou soutenu l'un des principes et des intérêts chers à l'Europe moderne, on a vu au contraire partout le gouvernement de Vienne — au moins jusqu'à ces dernières années — hostile aux idées, hostile à la liberté, combattre par tous les moyens et souvent tenir en échec les progrès de l'humanité, en même temps que par sa politique d'oppression et d'étouffement systématique, il contenait les populations placées sous son joug.

Il serait injuste de faire retomber sur les peuples d'Autriche la responsabilité de cette politique aveuglément réactionnaire qui a conduit l'empire aux extrémités où nous l'avons vu réduit naguère. La faute d'une telle politique ne peut être attribuée aux peuples, qui pendant si longtemps n'ont été rien en Autriche. Elle doit être attribuée tout entière à la constitution même de l'État, et cette constitution tient à son tour à la politique des princes qui se sont succédé sur le trône, à la politique de la maison d'Autriche, de la famille des Habsbourgs dont les malheureux sujets partagent depuis six siècles les destinées, sans que l'Europe irritée ait jamais voulu séparer ces rois égoïstes, cupides et cruels de leurs peuples soumis à une lâche et imbécile résignation.

L'Autriche actuelle porte le poids des six siècles de réprobation dont le monde n'a cessé de couvrir les Habsbourgs, depuis qu'ils sont montés au premier rang des familles souveraines. Son action historique se confond avec celle de cette race royale intolérante, ennemie des lumières et de l'instruction, ingrate et avare, qui grandit par les ruses et les rapines, se maintint par la force, et en empruntant à l'Église romaine, dont elle a été de tout temps le plus solide et le plus fidèle appui, ses traditions de résistance et d'immobilité. Les autres dynasties, qui ont régné sur d'autres peuples, quels qu'aient pu être leurs défauts, leurs vices ou leurs crimes, ont du moins tâché d'épouser et de représenter au dehors les passions et l'ambition légitime de leur nation. Chez les Habsbourgs, on n'aperçoit rien que le désir incessant d'ajouter de nouvelles provinces à leurs domaines, provinces qui rapporteront de bons et loyaux revenus et rempliront leurs caisses. Leur tâche se borne à conserver, à thésauriser. Ils administrent les nations comme des fermes ; pour hommes d'État, ils ont des régisseurs habiles, retors en affaires, qui ont à leur service une armée d'employés. La bureaucratie est toute leur politique intérieure ; faire rendre l'impôt est tout leur souci. Quand il faut faire la guerre, c'est pour adjoindre quelque nouveau territoire, ou pour défendre des droits de succession dont la famille se prétend investie par mariage ou contrat privé. Les généraux ressemblent à des procureurs armés, et, derrière eux, dans leurs fourgons, marche toute la chancellerie antique avec sa procédure insidieuse, avec ses habitudes surannées qui révèlent l'esprit d'intrigue et de machination diplomatique des anciens temps.

Telle est la politique traditionnelle de la maison d'Autriche, toute composée d'embûches et d'artifices, à laquelle les peuples n'ont jamais rien gagné et qui a compromis pour toujours, devant l'histoire, le gouvernement qui l'a pratiquée et les malheureuses populations qui lui ont servi d'instruments.   E. SPULLER.

AUTRICHE. — DÉMOGRAPHIE. — Nous avons expliqué, au mot *Angleterre,* nous dirons mieux, à l'article *Démographie,* que l'étude d'un pays, à ce point de vue, a pour objet les populations étudiées :

1° Dans leur *état statique,* comprenant la connaissance des nombres *absolus* et *relatifs* des habitants dans leurs *divers groupes.*

2° A l'*état dynamique* ou étude de la population dans ses *mouvements* intestins journaliers ou annuels : naissances, mariages, décès, migration, etc., par lesquels les différents éléments de la population se succèdent, se renouvellent.

I. ÉTUDE STATIQUE. — Quelle que soit la dénomination que les conventions politiques assignent à l'agglomération autrichienne, au fond, elle est une fédération plus ou moins consentie des diverses peuples enserrés dans ce lieu. En effet, il n'y a pas moins de 14 peuples dans cette confédération, ayant chacun leur nom, leurs mœurs et leur idiome. Si, pour simplifier les nombres, nous ramenons à 10 000 les 33 millions d'hommes que compte aujourd'hui l'Autriche (1860), nous y trouvons **2447**[1] Allemands; **4654** Slaves, mais qui se subdivisent en **1903** Tchèques (en Bohême), Moraves (Moravie) et Slowaques; **854** Rhuthènes (en Galicie et Bukowine); **670** Polonais (Galicie et Moravie); **446** Serbes (Dalmatie, Voïvodie et aussi Croatie); **415** Croates (Croatie); **359** Slavons (Carniole, etc.) et enfin **7,4** Bulgares; en outre, il y a

1. Dans ce travail, comme dans tous nos articles de démographie, nous écrivons en caractère ordinaire les nombres absolus et en caractères gras les rapports ou valeurs relatives.

1534 Madgyares (Hongrie); **990** Latins, Italiens et Roumains, **323** Israélites, **45** Zingari ou Gitanos, dits Bohémiens en France (surtout en Transylvanie)[1]; **5** Arméniens, **1,6** Grecs et Albanais. Cependant, les **2447** Allemands pour 10 000 sujets autrichiens, ou, en nombre absolu, 7 900 000 pour l'Autriche entière, se sont infiltrés dans tous les États de l'Empire (la seule Dalmatie en est exempte). Dans les villes, ils occupent le haut commerce, les hautes fonctions administratives. D'ailleurs, sur tout ce territoire, les groupes nationaux sont déjà fort mêlés; ainsi, en Hongrie, à peine la moitié sont des Hongrois proprement dits ou Madgyares (4 000 000 environ) ; le reste se compose d'Allemands (800 000 environ), Tchèques ou Moraves (environ 1 500 000), etc. Mais les Allemands se sont surtout emparés des villes; ainsi, sur 100 habitants, on compte à Trieste **10** Allemands; **11** à Limbourg; **23** à Cracovie; **33** à Prague; **35** à Czernowith et à Kaschen; **41** à Laybach, **47** à Brünn et à Temesvar; **48** à Pesth-Ofen; **66** à Presbourg et **69** à Hermannstadt; enfin à Oldembourg, en pleine Hongrie, il y a **97** Allemands.

Quand on suit les mouvements de cette population allemande depuis seulement 20 ans, on s'aperçoit que, malgré sa prolification, elle diminue dans les trois provinces purement allemandes (les deux duchés d'Autriche et Salzbourg), tandis qu'elle s'accroît partout ailleurs. — C'est un signe bien net de son insinuation à travers les populations Tchèque, Madgyare, Latine, etc. Puis, quand ils sont assez nombreux, ils font comme dans le Slesvig danois; ils se prétendent en pays allemand : c'est la conquète par infiltration, et certes, une des plus redoutables et peut-être des plus inévitables; et elle menace aujourd'hui presque tous les pays de l'agglomération autrichienne; si le mouvement que je signale se continue quelques siècles (et comment ne se continuerait-il pas?), toutes ces provinces seront germanisées. Aujourd'hui, en chiffres absolus, on compte d'après le dernier census (1857) (la Lombardo-Vénitie ôtée) :

  7 890 000 Deutchen ou Allemands ;
 15 028 000 Slaves;
  4 947 000 Madgyares ;
  3 272 000 Latins;
  1 043 000 Israélites;
   146 100 Zingari ou Sindi, etc., dits Bohémiens ;
    21 400 Arméniens, Albanais et Grecs.

Accroissement. — En Autriche, les census successifs sont rares, de médiocre qualité et fort peu comparables, de sorte qu'il n'est pas possible de fixer avec quelque précision pour chaque groupe national le coefficient d'accroissement. Cependant, critique et correction faites, on peut admettre que la crue annuelle a été de **6** à **7** pour 1000, de 1830 à 1846, et de **5**, de 1846 à 1857; les Juifs (par le fait d'immigration ou de quelque erreur des census) offrent l'invraisemblable accroissement annuel de **36,8** par 1000; les Tchèques, dans des limites plus normales, présentent l'accroissement notable de **8** par 1000; les Madgyares, Polonais, Ruthènes, paraissent croître à peine.

Population par âge. — Dans leur ensemble comme dans leurs détails, les populations autrichiennes diffèrent singulièrement de la France, par la composition des âges des vivants. En France, par 1000 vivants de tout âge, nous avons environ **267** enfants au-dessous de 14 ans. Mais l'Autriche en compte **324** ; la Hongrie et la Transylvanie, **350**; la Voïvodie serbe et Banat, **374**; — de 14 à 24 ans, tandis que nous n'avons que **170** jeunes gens, l'Autriche en compte **210**, la Galicie **235**, etc.;

---

1. Cette singulière peuplade s'appelle elle-même de divers noms : Sindi, Roumanich, etc.

— de 24 à 40 ans, il y a en France 240 personnes; en Autriche 244; mais de 40 à 60, 222 en France et seulement 172 en Autriche, 155 en Hongrie. Enfin, au delà de 60 ans, nous avons 102 vieillards, mais l'Autriche seulement 50! et il n'y en a que 24 en Galicie!

La fécondité plus grande des populations autrichiennes, et l'émigration des adultes, avec leur mortalité plus grande et celle beaucoup plus considérable des vieillards sont les trois causes qui dominent cette profonde différence dans la composition des vivants.

Population selon les sexes. — En Autriche, comme presque partout en Europe, on constate un accroissement un peu plus considérable des hommes que des femmes, de sorte que la prédominance de ces dernières, due aux hécatombes des mâles dans la guerre, va diminuant; cependant, encore aujourd'hui, il y a en Autriche 1012 femmes contre 1000 hommes (1007 femmes en France); ainsi se comble peu à peu le déficit des mâles, dû au grand exterminateur corse. On ne peut dire le rapport des sexes par province, car l'armée si considérable ici, et recensée à part, ne peut être distribuée selon ses origines ethniques. Cependant, tandis que les jeunes hommes émigrent de force à la caserne, les femmes émigrent, elles, dans les grandes villes où elles sont en grand excès. Ainsi, par 1000 hommes (non compris la population militaire), on en compte 1167 à Vienne ; 1169 à Prague ; 1178 à Laybach ; 1205 à Innspruck ; 1222 à Linz ; 1236 à Gratz ; 1254 à Troppau ; 1287 à Salzbourg.

Nous verrons tout à l'heure les conséquences désastreuses de ce mouvement.

Recensée selon son état civil, l'Autriche compte par 1000 hommes, 612,5 célibataires mâles (dont 323 au-dessous de 14 ans) et 553,8 en France (dont 270 au-dessous de 14 ans) ; 35,57 mariés (39,76 en France), 3,18 veufs (4,86 en France), et de même, pour 1000 femmes il y a 563 filles (dont 323 au-dessous de 14 ans) et en France 513 (dont 262 au-dessous de 14 ans) ; 354 épouses (392 en France), 82,8 veuves (94,7 en France. Ainsi, par 1000 habitants, il y en a environ 40 de plus mariés en France ; mais, comme le nombre de nos adultes est plus considérable, on trouve que, pour la population au-dessous de 14 ans, nous avons encore 15 couples de plus que l'Autriche. De toutes les provinces autrichiennes, la Voïvodie serbe et Banat est celle qui, malgré une population enfantine fort touffue (375 de moins de 14 ans par 1000), est pourtant celle qui compte le plus grand nombre d'époux (420) ; mais en ont le moins : la Styrie (280) ; le Tyrol (260), puis la Carinthie (240). Les dénombrements selon les professions, si importants pour la sociologie, laissent beaucoup à désirer. Il faut d'abord défalquer 18 500 000 femmes et enfants, et aussi 1 220 000 hommes au-dessus de 14 ans, sans profession, ou dont la profession est restée indéterminée ; c'est un ensemble qui constitue les 614 millièmes de la population totale. Les 386 restant se divisent en 220 manœuvres et domestiques ; 13,4 rentiers, propriétaires, chefs d'industrie, négociants et fermiers, enfin bourgeois travaillant chez eux de leur propre fond ou de leur crédit ; environ 62 citoyens exerçant des professions dites libérales : dont soignant la santé 0,74 ; hommes de loi 0,02 ; littérateurs et artistes 0,9 ; militaires 24,1 ; employés 4,6 ; prêtres 1,5 (en nombre double de ceux soignant la santé !) Combien peu de vrais producteurs ! guère plus du quart des consommateurs ! Que l'humanité serait riche, si elle avait moins de parasites ! Voilà ce qui frappe quand on établit ce bilan professionnel !

Religion. — Les deux tiers de la population de l'agglomération autrichienne appartiennent nominalement au catholicisme ; le cinquième, à l'église grecque et arménienne ; un dixième, au protestantisme, et environ 1/30 ou 1,045,000 au judaïsme.

Mais les catholiques, en grande majorité dans certaines provinces (Bohême, les trois provinces allemandes), sont en faible minorité dans d'autres (Voïvodie, Bukowine, etc.); la Hongrie a **54** catholiques pour **100**.

II. Études dynamiques, ou des mouvements de population.

1° *Natalité*, ou rapport des naissances vivantes annuelles à la population générale, et *fécondité*, rapport de ces naissances aux habitants qui, par leur âge, sont aptes à la reproduction : soit de **14** à **60** ans.

En Autriche, on compte **43,2** naissances (période 1856-59) par **1,000** habitants de tout âge, mais **69** par **1000** habitants de **14** à **60** ans (en France, seulement **26,3** et **41,52**); en Voïvodie, ce dernier rapport, le plus significatif, s'élève à **80,5**, et à **76,5** en Hongrie; de **73** en Galicie et Bukovine, il n'est que de **45** en Tyrol et en Carinthie, où nous avons constaté également le petit nombre des couples; enfin cette fécondité est de **64** dans les trois provinces allemandes et presque **63,5** en Bohême; **62,8** en Moravie.

Naissances illégitimes. — Cependant, dans cette natalité, la part des naissances hors mariage est très-considérable et (la Bavière exceptée) la plus considérable de l'Europe. Pour tout l'Empire, pris en bloc, elle dépasse le dixième (**108** naissances illégitimes pour **1000** naissances générales). Mais ce rapport présente des variations bien inattendues quand on l'étudie par province et surtout par ville.

Ainsi, par province, tandis que je n'en trouve que **30** en Voïvodie, **34** en Dalmatie, **67** en Hongrie; que Carniole, Bukovine, Galicie se rapprochent du rapport moyen (**103** à **100**), je trouve **270** et **276** dans les trois provinces allemandes et *catholiques* (haute et basse Autriche et Salzbourg), et en Styrie; mais **400** dans la *catholique* Carinthie! Cependant la part de l'illégitimité des grandes villes prises isolément est particulièrement formidable et bien propre à démontrer l'hypocrisie des mœurs, résultat le plus net et le plus tenace du christianisme. Ainsi, à Vienne, la capitale de l'Empire, la probabilité est déjà de naître hors mariage; car, sur **1000** naissances, il y en a **509** illégitimes; à Prague, capitale de la Bohême, il y en a **505**; à Lemberg, capitale de la Galicie, **563**; mais à Linz, capitale de la haute Autriche, il y en a **633**; à Gratz, capitale de la Styrie, **646**; à Klagenfurt, capitale de la Carinthie, **658**! A Olmutz, en Moravie, il devient décidément rare d'être légitime, car il y en a **702** illégitimes par **1000** naissances et **298** nés dans le mariage.

Non-seulement la catholique Autriche fournit cette ample moisson à l'illégitimité; mais, conformément d'ailleurs à ce qui se passe partout en Europe, ce mouvement suit une progression considérable. Il augmente dans *toutes* les provinces de l'Empire, excepté en Dalmatie. Ce qui résulte, sans doute, de ce que les Dalmates ne possèdent pas encore d'Allemands chez eux; il y a donc lieu de les en féliciter. La basse Autriche ne comptait pas **205** naissances illégitimes sur **1000** en 1830-33; elle en avait **255** en 1839-47; et aujourd'hui **290**; de même pour les autres provinces (je ne parle pas de la Hongrie, de la Transylvanie, de la Croatie, dont je n'ai pu me procurer les éléments). La Bohême n'a pas échappé à cette crue; mais, relativement, elle s'est mieux préservée; de **130** illégitimes en 1830-38, elle s'est élevée à **150** en 1830-47, et aujourd'hui à **158**. Il me semble apercevoir, autant que j'en puis juger ici, que cette résistance aux mauvaises mœurs n'est pas sans rapport avec la résistance à recevoir l'influence autrichienne. Je ferai remarquer, en passant, qu'il n'y a aucune corrélation bien nette entre la religion professée et cette dissolution, quoique, en général, les gros coefficients de la natalité illégitime appartiennent aux catholiques romains les plus purs de mélange.

D'ailleurs, en Autriche, comme partout, la natalité masculine surpasse celle de l'autre sexe dans le rapport de **100** à **106,6** dans le mariage; et de **100** à **105,3** hors mariage.

Matrimonialité ou rapport des mariages annuels à la population et mieux à la population en âge de contracter mariage (c'est-à-dire au-dessus de quatorze ans). Tout ce qui trouble la sécurité de la vie diminue le nombre des mariages : guerre, épidémie, famine, et réciproquement. C'est ainsi que la monarchie autrichienne qui, dans les années paisibles 1851-53, comptait plus de 300 000 mariages, n'en a plus que 244 000 dans les années du choléra 1854-55; elles remontent ensuite à 297 500 pour descendre ensuite à 248 000 dans l'année suivante de guerre entre la France et l'Italie.

Ces oscillations sont cependant accidentelles et, à ne considérer que l'ensemble de l'Autriche, les temps de calme revenant, le nombre relatif des mariages, pour les périodes de paix, semble stationnaire avec une faible tendance à la diminution. Mais chaque pays a éprouvé de notables changements. C'est ainsi que de 1830-47 à la période que nous étudions (1856-59), le nombre relatif des mariages, par 1000 habitants, en Dalmatie, a monté de **7,3** à **9,3**; que, dans la Carinthie, où l'on perd évidemment l'habitude de se marier, le rapport a descendu de **5,2** à **4,6**; en Moravie, de **8,3** à **7,9**; en Bukowine, de **9,1** à **8,1**; mais en Styrie **(6,7)**, en Bohême, en Carniole et dans l'Autriche propre **(8,4)**, comme dans tout l'Empire **(8,35)**, le rapport des mariages à la population est resté le même.

Age respectif des époux au moment du mariage. — Dans tout l'Empire, sur 1000 hommes qui se marient, il y en a **320** au-dessous de 25 ans **(291** en France); **284** de 25 à 30 ans **(336** en France); **252** entre 30 et 40 ans **(262** en France); **93**, de 40 à 50 **(69** en France); **39** de 50 à 60 **(30** en France) et **13** au delà de 60 ans **(14** en France). Pour 1000 femmes, il y en a **260** qui n'ont pas dépassé leur vingt-unième année; **253** entre 21 et 25 ans (en France **580** avant 25 ans); **247** entre 25 et 30 ans (en France **213**); **166** entre 30 et 40 ans **(145** en France); **57** entre 40 et 50 ans **(38** en France); enfin **17** au delà de cet âge **(17,5** en France). Mais les différences les plus grandes et les plus significatives se rencontent dans les diverses provinces.

Ainsi, il résulte de ce que nous venons de dire que par 1000 mariages, il y a, en Autriche, **320** hommes qui ont moins de 25 ans, et **291** en France; mais seulement **85** dans les deux duchés autrichiens; **183** en Bohême; **280** en Galicie, et jusqu'à **392** en Hongrie! De même, avant leur 30e année révolue, il y a **604** épouseurs pour tout l'Empire **(627** en France); seulement **529** en Bohême; **561** en Galicie, mais **683** en Hongrie.

Pour les femmes, les différences ne sont pas moins prononcées : se marient avant 21 ans : dans les deux provinces d'Autriche, **51**; en Bohême, **115**; en Galicie, **282**; en Hongrie, **366**, et dans tout l'Empire **260**. Au-dessous de 25 ans : **229** en Autriche propre, et **567** avant 30 ans **(580** avant 25 ans et **794** avant 30 ans en France); **383** en Bohême et **725** avant 30 ans; **523** en Galicie et **760** avant 30 ans; **621** en Hongrie et **813** avant 30 ans. Cependant il y a une province, en Autriche, tout à fait exceptionnelle en Europe par le grand nombre de très-jeunes gens qni s'y marient. C'est la Voïvodie serbe et Banat, puisque par 1000 mariages **590** jeunes hommes ont moins de 25 ans, et **520** filles moins de 21 ans, et encore **756** hommes moins de 30 ans, et **714** filles au-dessous de 25 ans.

L'âge moyen, au jour du mariage, donne des valeurs peut-être moins accentuées, mais non moins significatives et plus faciles à saisir. Pour tout l'Empire, cet âge est de 30,26 pour les hommes et 26,52 pour les femmes (30,35 et 25,9 en France); en Autriche propre, il s'élève à 34,1 pour les hommes te 30,26 pour les femmes;

en Bohême, 31,7 et 27,7; en Galicie, 30,8 et 26,3, et en Hongrie seulement à 29 et 25,3; enfin, en Voïvodie et Banat, 27 ans et 24,5.

Ainsi, on voit par ces résultats moyens de la période 1855-59, combien sont opposées les mœurs des Magyares qui se marient très-jeunes, et celles des Allemands autrichiens qui se marient fort peu et très-tard, et de plus en plus tard, car depuis 1830, l'âge de leur mariage s'est éloigné de 4 ans environ.

Fécondité des mariages. — Malgré une large prolification illégitime (10 à 11 sur 100 naissances générales), la fécondité des mariages reste considérable; environ de trois enfants (3, 03) par mariage en France, elle s'élève à 4,5 dans l'agglomération autrichienne; elle n'est que de 3,6 dans les pays allemands, mais de 5 en Hongrie, Bukowine, Serbie et Banat, Carniole.

Mortalité. — La chance de mourir étant fort différente suivant les âges, il en résulte que, selon que des populations présenteront plus d'enfants, d'adultes ou de vieillards, la mortalité générale sera plus ou moins forte, sans que ces différences impliquent pour chacun des dangers de mort différents à chaque âge. C'est pourquoi la mortalité *générale*, qui confond tous les âges, est une mesure détestable pour comparer les conditions sanitaires des divers milieux sociaux. C'est la mortalité *propre à chaque âge* qui seule peut fournir des indications sanitaires et permettre la comparaison avec des peuples ou des époques différentes.

Mortalité de la première enfance. — *De 0 à 1 an.* — Cette mortalité est considérable en Autriche, et telle que si on la mesure par le rapport des naissances vivantes aux décès dans la première année de la vie, on trouve par 1000 naissances **248** décès (**266** garçons pour **229** filles), et seulement **166** (**178** garçons et **153** filles), en France (1840-49).

A cet âge, c'est la Transylvanie (**187**) et la Dalmatie (**148**) qui offrent la moindre mortalité. Les mortalités les plus élevées appartiennent aux pays allemands : Basse-Autriche, **334**; Haute-Autriche, **306**; Salzbourg, **317**; la Voïvodie et Banat vient après, avec **281** décès; puis la Hongrie avec **259**; la Bohême, **256**; la Moravie, **247**; la Galicie et la Silésie, **226**.

Mortalité de 1 à 5 ans. — A cet âge, la mortalité annuelle est telle que 1000 enfants de 1 an ont fourni à la fin de leur cinquième année : en Autriche, **165** décès (en France, **132**); mais en Voïvodie et Banat, **247**; en Hongrie, **196**; en Moravie, **160**; en Galicie, **154**; en Bohême, **134**, tandis qu'en Dalmatie, il n'en succombe que **95**; dans la Haute-Autriche, seulement **100**; **110** en Carinthie; **121** en Silésie; **132** en Transylvanie.

En Autriche, comme ailleurs, la mortalité des enfants hors mariage est beaucoup plus considérable et plus accusée pour le premier mois de la vie. Ainsi, par 1000 naissances vivantes, il y a **110** décès de 0 à 1 mois, dans le mariage, et **164** hors mariage. Cependant, il y a des provinces comme le Tyrol, Bukowine, où cette différence est presque nulle ou peu marquée; d'autres où elle est extrême, comme en Dalmatie, où la mortalité dans le mariage est à peine de **141** décès de 0 à 1 an, sur 1000 naissances vivantes, mais s'élève à **310** pour les naissances illégitimes! Heureusement que cette province est aussi celle de l'Autriche où la natalité illégitime est la moindre et ne dépasse pas **34** par 1000 naissances générales (au lieu de **108** dans tout l'Empire). Il est vraisemblable que la réprobation qui pèse sur l'illégitimité, et en diminue le taux, poursuit aussi son fruit; cependant le Tyrol, qui a aussi une natalité illégitime très-réduite (**55**), ne présente pas une notable aggravation de la mortalité des enfants hors mariage.

Nous renvoyons à l'article *Mortalité* pour les influences mensuelles et saisonnières sur la mortalité.

Mortalité à chaque âge. — Nous avons calculé cette mortalité et pour tout l'Empire et pour sept des principales provinces, remarquables soit par le nombre de leurs habitants : la Hongrie, la Bohême, la Galicie, les Provinces allemandes; soit par quelque particularité dans leur mortalité. Les documents ne permettent l'analyse de la mortalité qu'à 6 groupes d'âges : de 0 à 6 ans; de 6 à 14; de 14 à 24; de 24 à 40; de 40 à 60, et au delà de 60 ans. La mortalité est appréciée par le nombre moyen annuel de décédés que fournissent 1000 habitants de chaque groupe d'âge. Or, au-dessous de 6 ans, tandis qu'on ne compte en France et en Dalmatie que 61 décès annuels, les provinces allemandes en ont 136, et tout l'Empire 106; la Voïvodie serbe et Banat, 119; la Hongrie, la Galicie, la Bohême, environ 106 à 102; Bukowine, seulement 81; de 6 à 14 ans, c'est encore Voïvodie et Banat qui a la mortalité la plus élevée, 15 à 16 décès par 1000; la Bohême, 6; et la Dalmatie, environ 6,4 et Bukowine, 7; mais la Galicie et la Hongrie, 10 à 11; les pays allemands, 7,5; en France, 7 à 8; en Autriche, 9.

De 14 à 24 ans, la Bohême et la Dalmatie conservent leur supériorité et perdent à peine 5 ou 6 jeunes gens; Bukowine 6,5; la Galicie 7,5; la Hongrie 8,5; les provinces allemandes 10; et Voïvodie et Banat près de 13; la France 8 à 9; l'Autriche 7,3.

De 24 à 40, la Bohême est encore la plus favorisée et, par 1000 de chaque sexe, perd seulement 8 hommes et 9 femmes adultes; puis, la Dalmatie 8 à 10 (10 hommes et 8 femmes); au contraire, Bukowine 9 hommes et 12 femmes; la Galicie, la Hongrie 13,3 hommes et 14 femmes; et les Pays allemands 14,5 hommes et 14 femmes; la Voïvodie 19,6 hommes et 18,6 femmes; l'Autriche 11,2 hommes et 12,7 femmes; et la France 10 hommes et 9,9 femmes. A l'âge suivant, de 40 à 60, c'est la Dalmatie qui est au premier rang (14,8 pour les hommes et 13,4 pour les femmes); la Bohême vient ensuite avec une mortalité de 18,5 hommes et 19 femmes. Tandis que dans Voïvodie et Banat, elle s'élève à 34,5 et 33,8, elle est encore de 30 et 33 en Galicie; 28,5 en Hongrie; 23 et 20 dans les provinces allemandes; 24,9 hommes et 24,6 femmes dans tout l'Empire; et seulement 16 et 15,5 en France. Enfin, au delà de 60, l'ordre change un peu; cependant la Dalmatie conserve son remarquable privilége devant la mort et ne perd annuellement que 58 hommes et 61 femmes par 1000 vieillards de chaque sexe; la Hongrie 88 et 96; les provinces allemandes 93 et 94; la Voïvodie et Banat 97 et 98,5; Bukowine 96 et 103; la Bohême 84 et 106; la Galicie 106 et 121. — Enfin l'Autriche entière 114 et 99; mais la France est remarquable par la faible mortalité de ses vieillards, à très-peu près 71 de chaque sexe.

Dans cette succession un peu aride de chiffres, on notera la supériorité de la Dalmatie et celle de la Bohême si remarquable par la faible mortalité de ses adultes, et qui, sous ce rapport, laisse la France derrière elle, puisque les Tchèques ne perdent que 5 jeunes gens de 14 à 24 ans, quand nous en perdons près de 9; ils ne perdent que 8 hommes de 24 à 40 ans, quand nous en perdons 10 et les Allemands 14! etc. Pourquoi et comment ces différences si profondes à des groupes d'âge où la vie semble si solide, où elle est si précieuse pour les familles et les États? Pourquoi? La science répondra quand les peuples seront assez éclairés pour obliger les gouvernements à appliquer à la conservation de la vie humaine une parcelle de ce zèle qu'ils emploient aujourd'hui à perfectionner les engins de destruction. Elle répondra quand, au lieu de perfectionner ceux-ci, elle aura perfectionné l'enquête statistique, et, selon les vœux de tous les corps savants, institué le relevé des causes du décès. Et, par cette réponse même, elle indiquera les voies à suivre pour retenir tant de vie, tant de force qui échappe avant le temps, à la famille et à l'humanité.   Dr BERTILLO.

AUVERGNE. — Dans le monde gallique, parmi les populations qui, dès les premiers temps historiques, arrivèrent en Gaule, après avoir habité les bords de la mer Caspienne et de la mer Noire, on distinguait surtout les Arvernes.

Le mot Arverne, en langue celtique, signifie montagnard. En effet, opiniâtres, braves au combat, moins commerçants que guerriers, les Arvernes se ressentaient du territoire accidenté où ils vivaient. Une fois établis en corps de nation, gouvernés par des rois opulents, ils se targuèrent de leur antiquité, en se déclarant frères des Latins et issus de race troyenne. Ils disaient qu'Anténor avait fondé Clermont.

Avant l'arrivée de César en Gaule, l'Arvernie était déjà un pays puissant, limité par les montagnes du Forez et des Cévennes, à l'est et au midi ; par la peuplade des Cadurkes (Quercy) et des Lémovikes (Limousin), à l'ouest ; par la Loire, au nord. Ce fleuve séparait les Arvernes des Éduens (pays d'Autun). De plus, l'Arvernie avait pour clients les Vellaves et les Helviens, ceux-ci habitants du Gévaudan, ceux-là habitants du Vivarais.

L'Arvernie était belliqueuse ; par ses armes et par sa politique, elle avait acquis une grande prépondérance sur les autres ligues gauloises dont la rivalité servit l'ambition romaine. On citait le luxe de ses rois, d'un Luern qui semait l'or et l'argent sur son passage, d'un Bituit, fils de Luern, qui combattait sur un char d'argent massif.

Quand César voulut subjuguer cette nation, la lutte des Arvernes contre les Romains prouva surabondamment leur courage et leur soif d'indépendance. Les vainqueurs eux-mêmes déclarèrent les Arvernes libres. Pendant cette lutte, Vercingétorix, prévoyant une défaite, dit à ses compatriotes que le salut commun exigeait des services particuliers ; qu'il fallait brûler toutes les habitations isolées, tous les villages, et même les villes incapables de soutenir une défense. Le projet, unanimement adopté, fut aussitôt mis à exécution. Il en résulta une guerre d'extermination.

Ce patriotisme, cet amour exclusif que les Arvernes avaient pour leurs montagnes, existe encore aujourd'hui chez les habitants du Puy-de-Dôme. L'Auvergnat parcourt bien des villes, afin d'amasser une petite fortune ; mais il ne manque pas de venir en jouir devant ses pics et ses volcans éteints. Il veut manger le fromage amer, et boire le gros vin rouge. Il est fier de son pays, de même que le Savoisien, du sang des Allobroges, aime ardemment ses monts neigeux, y reçoit la vie et y meurt.

Contre César, ce furent les Arvernes qui prirent l'initiative de l'attaque. Vercingétorix, fils du chef de tribu Celtill, mérita leur affection par sa bravoure, son ardeur généreuse et sa magnanimité. César, trouvant qu'il était difficile de vaincre par les armes le jeune Arverne, chercha tous les moyens de le corrompre ; mais le héros sut résister aux offres du conquérant. Pour lutter, Vercingétorix organisa une assemblée de toutes les cités de la Gaule, où il fut nommé généralissime des armées coalisées.

Il s'agissait d'une défense désespérée. Plus de vingt villes des Bituriges furent incendiées, selon le conseil que Vercingétorix avait donné. Les habitants de l'Arvernie voulaient affamer les Romains. Ils reculèrent néanmoins devant la destruction de Bourges, que César prit d'assaut, et d'où il s'élança sur Gergovie, capitale des Arvernes.

Après sa défaite sous les murs d'Alésia, Vercingétorix épuisé, sans refuge, finit par se livrer au vainqueur, qui le fit garrotter et conduire à Rome. Sa soumission entraîna celle de toute la Gaule.

Cependant la politique romaine agit prudemment en ménageant l'orgueil des

Arvernes, qui restèrent maîtres de suivre leurs anciennes lois. Mais, sous l'empereur Auguste, Gergovie cessa d'être la capitale de la nation. Nemetum, simple bourgade, eut ce titre; et, recevant le nom d'Augusto-Nemetum (Clermont), cette cité nouvelle devint le principal foyer de la civilisation romaine en Arvernie, dans la Gaule entière.

Tant que dura la puissance des Césars, les Arvernes cultivèrent les lettres, comme dédommagement à la perte de leur nationalité. Ceux des montagnes gardèrent noblement rancune aux vainqueurs; ceux des plaines, plus facilement dominés, adoptèrent les idées et les mœurs de Rome. Les écoles d'Augusto-Nemetum jetèrent sur la Gaule subjuguée le dernier reflet des lettres latines.

Vers le milieu du IIIe siècle de l'ère chrétienne, Austremoine prêcha l'Évangile dans l'Arvernie. Les hommes qu'il convertit échappèrent aux persécutions. Puis, quand le christianisme, s'implantant dans les Gaules, alarma le gouvernement romain, Ferréol fut le premier martyr sur la terre des Arvernes, où persistèrent longtemps, principalement dans les montagnes, le polythéisme romain et le druidisme gaulois, mélangés.

Sous Constantin, l'Arvernie forma une subdivision provinciale, avec curie et sénat, à l'instar de Rome; avec quelques priviléges importants. Dans le temps d'Honorius, elle fit partie de la première Aquitaine. Enfin, lorsque l'Empire romain se démembra, elle resta comme le souvenir le plus vivace de sa domination en Gaule. Elle ne cessa pas de représenter la civilisation gallo-romaine, jointe au christianisme, et elle lutta contre les Wisigoths ariens, qui se répandaient dans tout le midi de la Gaule.

En 475, ces barbares mirent les Arvernes sous le joug. Joug assez doux, d'ailleurs, car l'empereur Nepos les avait en quelque sorte vendus aux Wisigoths, qui ne frappèrent pas les vaincus d'une façon implacable. Seulement, une lutte fort opiniâtre prit naissance dans le fanatisme des ariens opposé au zèle ardent des catholiques. Les évêques de l'Arvernie se déclarèrent pour Clovis contre Alaric; mais les populations de la province défendirent les Wisigoths. Clovis triomphant, grâce aux intrigues des partisans qu'il possédait dans le pays, ne pardonna point aux Arvernes. Leur territoire fut impitoyablement ravagé par Thierri, fils de Clovis, instrument des vengeances paternelles.

La domination des Franks en Arvernie fut brutale; elle y fit disparaître les dernières lueurs de la civilisation romaine. Pour comble, Thierri eut cette province dans son lot, après la mort de Clovis. Une conspiration, qui tendait à livrer l'Arvernie à Childebert, roi de Paris, échoua misérablement. Alors le roi d'Austrasie, pour se venger, lui aussi, vint avec ses leudes promener le fer et la flamme chez les Arvernes. Ils ne leur laissèrent que le sol, « qu'ils ne pouvaient pas emporter, » suivant l'énergique expression de Grégoire de Tours.

Entre les rois mérovingiens et les Arvernes, la mésintelligence se prolongea à un tel point que, sous Clotaire, la province se révolta. Elle guerroya pour rétablir son indépendance. L'Arvernie prit place dans l'unité politique connue sous le nom d'Aquitaine, et elle eut à souffrir bien des calamités, tantôt de la part des Sarrasins, tantôt de la part des pillards d'Austrasie. Plus tard, Peppin la ravagea, en détruisant çà et là quelques villes et châteaux.

Lorsque Charlemagne eut constitué un royaume d'Aquitaine en faveur de son fils Louis le Débonnaire, l'Auvergne, — car à cette époque le nom d'Arvernie n'existait plus, — perdit de son importance politique, transmise au comté de Poitiers. Après la mort de Louis le Débonnaire, elle se rallia à Charles le Chauve, et ses milices se distinguèrent à la terrible bataille de Fontanet. Peppin II fit alors ravager cette province par les Normands. Les habitants de l'Auvergne, étant parvenus à chasser les Barbares, vécurent en hostilité permanente avec les descendants de Charlemagne. Leurs actes, après la déposition et la mort de Charles le Simple, portèrent ces mots : « Christ régnant, le roi manquant. »

Ils traitèrent aussi Hugues Capet en usurpateur. Vassaux de la Guienne, ils passèrent bientôt avec celle-ci sous la domination anglaise.

Le comté d'Auvergne avait une grande étendue, au commencement du XIe siècle. Il représentait à peu près, outre la province actuelle, la partie du Bourbonnais qui dépend du diocèse de Clermont, avec une partie du Vélay. Les seigneurs surent s'opposer aux prétentions du duc d'Aquitaine pour la suzeraineté de l'Auvergne, en ayant l'air de se tourner du côté du roi de France. Et, réciproquement, ils évitèrent le roi de France, en se mettant du côté du duc d'Aquitaine.

Jusqu'à Philippe-Auguste, la politique des comtes d'Auvergne se maintint avec une certaine habileté. Mais la conquête de la province par Philippe-Auguste introduisit la royauté française dans le gouvernement immédiat de l'Auvergne. La suzeraineté du duc d'Aquitaine disparut, et avec elle, par conséquent, la domination anglaise.

La province d'Auvergne eut un bailli, un sénéchal établi à Riom, et vingt et un prévôts : dix-huit dans la basse Auvergne, trois dans la haute. Elle eut un gouverneur supérieur, appelé connétable. Pendant quelques années, elle fut l'apanage du fils de Louis VIII; mais, ce prince ayant expiré en 1271, elle fit reversion au roi de France.

Les comtes d'Auvergne augmentèrent leur puissance, tout en entrant dans les intérêts de la royauté capétienne ; et la terre d'Auvergne fut érigée en duché vers le milieu du XVIe siècle. Des luttes intérieures, telles qu'on en vit dans toutes les provinces au moyen âge, la troublèrent profondément. Puis, les agitations religieuses, qui suivirent la Réforme, achevèrent d'accabler les Auvergnats. Catholiques et protestants se firent une guerre implacable. Quand la sainte Ligue se forma, le nombre des ligueurs surpassa, en Auvergne, celui des partisans de Henri III et de Henri IV.

Clermont se distingua parmi les villes où se trouvaient les défenseurs de la cause royaliste, avec Montferrand, Issoire, Saint-Pourçain, et quelques autres localités. Riom tint ferme pour la Ligue, avec Billom, où les jésuites possédaient un centre d'intrigues.

Bientôt les ligueurs attaquèrent et prirent la ville d'Issoire; mais ils furent mis en fuite peu après, et forcés d'abandonner leurs munitions. Au même moment, Henri IV gagnait la bataille d'Ivri. La fortune souriait aux royalistes. Toute l'Auvergne se rangea à la cause royale; tout le midi de la France fut pacifié. Riom et Clermont vécurent désormais en bonne intelligence, ou, du moins, elles cessèrent les hostilités déclarées, pour ne penser qu'aux améliorations morales et matérielles dont elles étaient susceptibles.

La réunion définitive du duché d'Auvergne à la couronne se fit à l'avénement du roi Louis XIII.

Jusqu'à ce règne, et même après la mort de Louis XIII, l'Auvergne appartint successivement à plusieurs reines douairières, — à Catherine de Médicis, à Élisabeth d'Autriche, à Louise de Lorraine et à Anne d'Autriche. Chose remarquable, lorsque Louis XIV voulut céder ce duché au duc de Bouillon, prince de Sedan, les Auvergnats réclamèrent, en disant qu'il y avait désormais union indissoluble entre la couronne et leur territoire. L'esprit de centralisation monarchique avait déjà pénétré chez eux.

Sous Louis XI, François Ier, Henri III et Louis XIV, des assises extraordinaires, tenues à Clermont, et appelées *Grands-Jours*, laissèrent de profonds souvenirs dans les annales de la justice. Elles protégèrent un peu les populations contre les insolences et les tyrannies de la noblesse féodale expirante. La province d'Auvergne, en proie aux exactions de quelques familles puissantes, dut aux *Grands-Jours* une administration relativement plus équitable, que la Révolution de 1789 modifia d'une façon radicale, comme elle fit pour les autres provinces de France.

A l'heure où éclata cette crise salutaire, l'Auvergne se divisait en haute et basse Auvergne. La première comprenait la haute Auvergne proprement dite et le Carladès ; la seconde était formée du pays de Combrailles propre et pays de franc-alleu, de la Limagne, du Livadois et du Dauphiné. Cette province, un des grands gouvernements généraux de la France, était maintenue en obéissance par deux lieutenants généraux placés sous les ordres du gouverneur, et commandant chacun à un lieutenant du roi.

Il y avait deux évêchés, celui de Saint-Flour et celui de Clermont. L'Auvergne entière, avec ses deux sénéchaussées, avec ses cinq bailliages, ressortissait au parlement de Paris. Pour les finances, elle avait douze élections, placées sous la juridiction de la cour des aides établie à Montferrand. Sa législation était mélangée de droit écrit et de droit coutumier, celui-ci dominant généralement dans la basse Auvergne, celui-là dans la haute. Il arrivait parfois qu'une ville, un bourg, un village, eût une partie de ses habitants soumise aux coutumes, et l'autre au droit écrit. Certaines localités, même, avaient adopté le droit coutumier pour une matière, et pour une autre matière les lois romaines.

Toutes ces anomalies disparurent peu d'années après la division de l'Auvergne en départements : Puy-de-Dôme et Cantal, et partie de la Haute-Loire.

La proclamation de l'unité française ne déplut pas aux Auvergnats. Le bailliage de Riom avait envoyé Lafayette aux États-Généraux. Dans le passé, comme sous la Révolution, les habitants de l'Auvergne fournirent à la France un contingent remarquable d'hommes célèbres dans la philosophie, la jurisprudence, les sciences, les lettres et l'art militaire. Citons Gerbert, L'Hospital, le chancelier Duprat, Anne Dubourg, Pascal, Desaix, Delille.

Telle est l'histoire succincte de l'Auvergne qui, comme le remarque un historien, a été pour la France ce que la Suisse est pour l'Europe, une sorte de forteresse centrale.

Aujourd'hui, les départements du Puy-de-Dôme et du Cantal sont classés parmi les plus fertiles. Dès les temps antiques, l'Auvergne avait cet heureux privilège. La Limagne jouissait, chez les Gallo-Romains, d'une juste renommée pour la richesse de son territoire, « pour une mer de campagne, dans laquelle flottaient sans danger des vagues de blé mûr. »

Plus l'industrieux habitant y remuait le sol, dit Sidoine Apollinaire, moins le sol faisait défaut ; il était doux aux voyageurs, fructueux aux laboureurs et aux chasseurs, voluptueux. Il y a des montagnes pour les pâturages, des versants pour les vignes, des plaines pour les villas, des rochers pour les châteaux forts, des lieux opaques pour les sacrifices, des lieux ouverts pour les champs de produit, des lieux creux pour les fontaines, des lieux escarpés pour les fleuves. Une fois venus en Limagne, les étrangers oubliaient leur patrie. Le sénateur Avitus put nourrir avec le blé de ses terres, dans une situation critique, toute la ville de Clermont affamée.

Le morcellement de la propriété, un des plus grands bienfaits de la Révolution française, a fait des Auvergnats, pour qui le travail semble être une idolâtrie, les hommes les plus contents de leur sort.

Dans la basse Auvergne, la majorité du pays possède des propriétés; les « paysans journaliers » forment la minorité, et très-peu d'entre eux se trouvent réduits à la condition absolue de mercenaires. Tous ont au moins un petit coin de terre; tous sont sobres, les uns par besoin, les autres par habitude de l'épargne. La maison est presque uniforme. Riche ou pauvre, le paysan règle de même son costume et sa nourriture. L'argent passe dans le mobilier agricole; d'ailleurs, des salaires fort médiocres entretiennent les journaliers dans une vie gênée.

Patient et laborieux, le paysan de la basse Auvergne a conservé peu de traditions et de coutumes anciennes. Il n'observe que quelques fêtes annuelles, comme les fêtes patronales, plus les fêtes du travail, réjouissances qui terminent chacune des principales récoltes, telles que les moissons et les vendanges.

Dans la haute Auvergne, les habitants ont conservé davantage leurs mœurs d'autrefois. L'Auvergnat montagnard est naturellement gai, doux, honnête, serviable, sincère; rude d'écorce et âpre en apparence, au fond plein de franchise, de bienveillance et d'honneur. La passion dominante, celle de l'argent, le pousse à accomplir des prodiges de travail, d'intelligence, d'économie. Elle ne l'empêche pas pourtant de faire l'aumône, et il exerce dans sa chaumière l'hospitalité des temps anciens. Tous les ans, de petits propriétaires reconstruisent leurs maisons ou leurs granges, sans payer autre chose que la chaux et la main-d'œuvre; leurs voisins donnent les charpentes, transportent les matériaux, nourrissent les ouvriers.

L'habitant de la haute Auvergne, intrépide soldat, a horreur de l'obéissance passive; il n'abandonne pas ses sentiments d'indépendance; aussi, la nostalgie le prend souvent sous les drapeaux. Pour défaut grave, caractéristique, on doit lui reprocher l'amour de la chicane. Les carrières qu'il envie le plus, en dehors de l'agriculture, sont l'état ecclésiastique et les fonctions d'hommes d'affaires. Il méprise, ou à peu près, les arts libéraux, et il ne s'applique qu'aux sciences exactes.

Ses mœurs ont subi peu d'altération. Comme nous l'avons dit plus haut, il a gardé ses usages antiques, ses habitudes gauloises, et il se complaît dans la routine.

Le patois des Auvergnats de la montagne et de la plaine a une construction grammaticale simple, nette et franche, où abondent les onomatopées et les expressions pittoresques. Le celtique, le grec et le latin y apportent chacun leur part; des mots anglais, allemands, italiens, espagnols, s'y rencontrent. Et le tout forme non un jargon seulement, mais une véritable langue assujétie à des règles fixes, et dont le parler ne manque pas de charme.

Terminons en rappelant que, dans l'Auvergne, une foule de monuments historiques existent encore. Des menhirs ou peulvans, des dolmens, des pierres branlantes, des fontaines, des tumulus, des poteries, des armes, etc., nous reportent à l'ère celtique. L'ère gallo-romaine y a laissé nombre de temples, de camps ou enceintes retranchées, de moulins, de figurines et de médailles. La période du moyen âge y a multiplié les églises et les monastères, les tombeaux ou pierres tombales, les lanternes des morts, les châsses ou reliquaires, les croix processionnelles, les peintures et les boiseries. Les temps modernes, enfin, l'ont dotée d'hôtels-de-ville, d'hôpitaux, de théâtres et de constructions plus ou moins confortables, palais, manoirs et vieilles fermes.

Au point de vue géologique, la province d'Auvergne est aussi fort intéressante. Les bouches volcaniques y ont répandu à profusion les phénomènes les plus curieux. Elle est riche en végétaux. Près de cinq cents genres, comprenant environ deux mille espèces, entrent dans la flore d'Auvergne où le naturaliste peut faire une ample moisson de cryptogames. La province ne possède aucun mammifère qui lni soit particulier; elle a presque tous ceux qui se trouvent en France : loups et renards en quantité, peu de chevreuils et de sangliers; oiseaux de toutes sortes, parmi lesquels on distingue l'aigle commun et le milan ; dans les ruisseaux des montagnes, beaucoup de bons poissons ; dans les bois, la vipère est le seul reptile dangéreux que l'on rencontre. Myriades d'insectes et de mollusques.

Un climat âpre, inconstant, crée en Auvergne une population peu atteinte par les intempéries des saisons. La Limagne, marécageuse dans ses bas-fonds, voyait autrefois ses habitants décimés par les fièvres; mais le travail des hommes a su assainir ce pays, où maintenant la culture progresse de jour en jour et contribue à purifier l'air, en enrichissant les Limaniens.

BIBLIOGRAPHIE. — *Annuaires du Cantal*, de 1826 à 1847, in-18. — *L'Auvergne au moyen âge*, par Dominique Branche. — *Clermont*, 1842, gr. in-8o, avec atlas. — *Mémoire concernant la province d'Auvergne*, dressé par ordre de M. le duc de Bourgogne en 1697-98, par Lefèvre d'Ormesson. — *Tablettes historiques de l'Auvergne*, par Bouillet. — *Mémoires du peuple français*, t. 1er, par M. Augustin Challamel, in-8o, *Paris*, 1866. — *Voyage fait en 1787 et 1788 dans la ci-devant Haute et Basse Auvergne, par le citoyen Legrand* (Legrand d'Aussy), Paris, An III de la République française, in-8o. — *Histoire des guerres religieuses en Auvergne, pendant les xvie et xviie siècles*, par André Imberbis, *Moulins*, 1840, gr. in-8o. — *L'Ancienne Auvergne et le Vélay*, par Adolphe Michel, Moulins, 1847, 4 vol. in fo, etc., etc.   AUGUSTIN CHALLAMEL.

AVALANCHES. — MÉTÉOROLOGIE. — Une masse plus ou moins considérable de neige, qui se détache d'un lieu élevé et glisse ou tombe, forme ce qu'on appelle une *avalanche*. Cet accident *météorologique* s'observe dans toutes les régions montagneuses du globe; mais il n'est pas besoin de voyager dans les pays lointains pour en avoir une idée nette; il suffit de regarder ce qui se passe l'hiver autour de nous. Les forces aveugles que la nature déploie depuis l'origine des siècles, si les siècles ont eu une origine, suivent des lois invariables ; il n'y a de changeant que leur intensité. Qu'un corps tombe vers un autre d'une distance de un mètre ou de 80 mille lieues, comme la lune vers la terre, les lois de la pesanteur sont toujours identiques. Aussi le *géologue* et le *météorologiste*, sans quitter les lieux qu'ils habitent, peuvent, à loisir, étudier l'action des agents qui, dans l'immensité des âges, ont profondément modifié la croûte terrestre. Le ruisseau voisin qui ronge ses rives et change incessamment son lit, le torrent gonflé par les pluies et roulant dans la plaine ses flots chargés des dépouilles des coteaux, les eaux thermales qui jaillissent sous leurs pieds et déposent les éléments minéraux qu'elles tenaient en dissolution, le balancement éternel des lacs ou des mers sur leurs rivages, les vents qui transportent au loin, grain par grain, les sables des dunes, les tremblements de terre et les éruptions volcaniques, dont ils peuvent être témoins, leur retracent un tableau fidèle de l'immuable activité des puissances naturelles, à toutes les époques et dans tous les lieux. Les phénomènes que leurs yeux ne peuvent atteindre, ils les reproduiront dans leurs laboratoires. Par des expériences bien instituées, ils smettront en évidence, sur une échelle réduite, les actions chimiques qui se sont développées spontanément au sein de la terre, quand les éléments minéraux étaient encore en fusion. Le temps est définitivement passé de ces grands cataclysmes, de ces déluges au moyen desquels l'imagination théologique des géologues précédents cherchait à expliquer les mutations des choses et des organismes vivants. Le ciel n'a plus de *cataractes*, et il n'en a jamais eu : le merveilleux est pour toujours expulsé de ce domaine. La nature a travaillé dans les temps reculés où la *vie* n'était pas encore entrée en scène, identiquement de la même manière qu'elle agit sous nos yeux. Il suffit d'amplifier par la pensée le théâtre de son activité, et d'en multiplier la durée et l'intensité proportionnellement à la grandeur du phéno-mène, pour en avoir une notion exacte; il suffira donc aussi d'observer ce qui a lieu près de nous pour comprendre la nature des *avalanches,* leur mode de forma-tion, et pour en mesurer la force redoutable.

Lorsque la neige accumulée sur les toits de nos maisons commence à fondre, les molécules qui la composent, encore assez cohérentes entre elles, perdent leur adhé-rence au plan qui les supporte. La moindre vibration suffit pour mettre en mouve-ment une portion plus ou moins étendue de la nappe, qui glisse et tombe dans l'espace.

Si, au contraire, la température s'abaisse de plusieurs degrés au-dessous de zéro, les cristaux neigeux sont moins adhérents entre eux, mais la masse tient for-tement au toit. Alors l'avalanche peut se produire encore, mais par un autre méca-nisme. D'un point plus élevé, d'une cheminée, par exemple, quelques flocons déta-chés par le vent tombent, roulent en pelotes sur le plan incliné, augmentent de volume par leur mouvement de rotation, et sont précipités dans la rue. Ces deux formes d'*avalanches* sont désignées, en Suisse, sous le nom d'*avalanches* en jachère, ou *lauvines en jachère.*

Cela posé, pour avoir une mesure approximative de la formidable puissance destructive du phénomène, conçu dans sa plus haute intensité et tel qu'on l'observe dans les Alpes, supposons, tombant en chute verticale de 10 *mètres* de hauteur, une masse de neige de *un mètre cube,* la densité moyenne de la neige, sous une faible épaisseur, étant de 0.2, le poids d'un volume pareil sera de 200 kilogrammes. La vitesse acquise, en touchant le sol, sera, comme on sait, *égale à la racine carrée du double produit de la hauteur par l'intensité de la pesanteur à Paris,* c'est-à-dire d'environ 14 mètres par seconde. Cette avalanche agirait donc avec la violence d'un poids de 200 kilogrammes animé d'une vitesse finale de 14 mètres par seconde. Si les acci-dents dans la rue, à la fonte des neiges, ne sont pas plus fréquents, cela tient d'abord à ce que la masse de neige qui tombe n'est jamais assez considérable, ensuite à ce qu'elle ne tombe pas en bloc, mais coule, pour ainsi dire, par portions successives; enfin à ce qu'elle offre une large surface à la résistance de l'air. Maintenant, pour nous rapprocher de la réalité du phénomène que nous considérons, multiplions par *dix mille* le volume ci-dessus et nous aurons la masse d'une avalanche en mouvement dans un pays montagneux; supposons que la hauteur du plan incliné qu'elle par-court, en glissant ou en roulant, soit de 500 mètres, hauteur qui n'est pas exagé-rée si on la compare à ce qu'elle est dans des cas fréquents. On sait, depuis *Galilée* et *Huyghens,* que la vitesse acquise par un corps en mouvement sur un plan incliné est, à l'extrémité de ce parcours, égale à la vitesse finale qu'il acquerrait s'il tom-bait verticalement de toute la hauteur du plan. Dans cette hypothèse, l'*avalanche* équivalente au poids énorme de 2 millions de kilogrammes, serait animée d'une impulsion finale de 100 mètres environ à la seconde. Nous négligeons bien entendu la résistance de l'air et le frottement sur un sol inégal.

Aussi, rien ne résiste à une pareille force. Les arbres sont brisés et emportés comme des brins d'herbe. Les rochers déracinés sont entraînés dans le tourbillon dont ils augmentent la masse. On dirait que le mont s'écroule tout entier et se précipite dans la vallée. Maisons, villages entiers disparaissent dans cet ouragan de neige et de pierre d'une invincible impétuosité. L'énorme masse accumulée dans le lit des rivières en intercepte brusquement le cours, et l'inondation vient ajouter de nouveaux désastres aux désastres produits par l'avalanche en mouvement. Mais, comme nous l'avons remarqué plus haut, le phénomène n'est pas toujours identique dans la nature. Tantôt, et cela arrive surtout au printemps, une épaisse nappe de neige d'une vaste étendue glisse tout à coup sur le sol, tout d'une pièce, accélère son mouvement et envahit les régions déclives avec la rapidité de la foudre. Tantôt un peloton de neige, roulant sur le tapis congelé, grossit, acquiert rapidement le volume d'un tonneau, ricoche et bondit comme un gigantesque boulet de canon, renversant tout sur son passage.

Nous ne parlerons pas ici des *lauvines venteuses* qui n'ont de commun que le nom avec les *lauvines en jachère*, et qui ne sont que de véritables tempêtes de neige, plus désastreuses encore que les avalanches.

La terreur qu'inspire aux habitants des hautes vallées des Alpes cette menace constamment suspendue sur leurs têtes, leur suggère les plus minutieuses précautions, surtout à l'époque de la fonte des neiges. Ainsi, avant de s'engager dans les passages les plus exposés aux avalanches, on enlève aux animaux les grelots et sonnettes ou on les étoupe. On tire des coups de fusil et on pousse de grands cris pour déterminer la chute des avalanches avant de se mettre en marche. On garde pendant celle-ci un silence absolu.

Dans certains lieux, on réserve sur les montagnes une lisière de forêt, sur le passage présumé des avalanches, afin de diviser leur masse et affaiblir leur impétuosité. Dans d'autres lieux, on a élevé des constructions gigantesques pour arrêter le glissement des neiges. Malgré ces précautions, les désastres ne sont encore que trop fréquents.

Ce phénomène, si redoutable à l'homme, est un moyen dont la nature s'est servie pour modifier progressivement le relief du sol. Il a contribué, avec le cours des rivières et des torrents, à combler l'escarpement des vallées et à former les terrains d'alluvion. Cette action a dû s'exercer avec une incomparable intensité et sur une énorme étendue, durant l'époque glaciaire qui a précédé la phase géologique actuelle.   Dr S. BAZALGETTE

AVENTURIERS (les). — Le monde appartient aux aventuriers. Il lui a toujours appartenu. Voltaire a dit : « Le premier qui fut roi, fut un soldat heureux. » Ce soldat heureux était un aventurier. Ce sont des aventuriers qui ont fondé toutes les dynasties connues. David, le prince des Juifs était un aventurier comme l'empereur Maximilien.

Aventurier : homme qui cherche des aventures. L'histoire est pleine des faits et gestes de ces gens-là. Tous les conquérants ont été des aventuriers. Qu'est-ce qu'Alexandre et César, sinon des aventuriers ? Qu'est-ce que Pizarre et Fernand Cortez ? Qu'est-ce que notre « bon roi Henri ? » Qu'est-ce que Napoléon le Grand, et qu'est-ce encore que Soulouque ?

Il y a des aventuriers de tous les genres. On en trouve dans toutes les classes de la société. Le duc de Morny était un aventurier comme le comte de Sainte-Hélène. Le premier est mort président du Corps législatif ; le second est mort forçat. Le hasard conduit les aventuriers tantôt sur un trône et tantôt au bagne.

Le hasard est leur maître et leur complice. Il les élève ou les précipite. Il leur tend la main ou il leur donne un coup de pied. Il est toujours de moitié dans leurs succès, comme il est de moitié dans leurs défaites. Aussi ne croient-ils qu'en lui et n'espèrent-ils qu'en lui. Sans lui, ils ne peuvent rien. Et leur respect pour le hasard est si grand, que parfois ils lui ont décerné le titre de « Providence. » Hommes de hasard, ils se sont dits : « Hommes providentiels. » Et il semble, en effet, que pour ces audacieux à qui l'absence de sens moral tient lieu de génie, il y ait une Providence de seconde catégorie, une sorte de sous-Providence qui, en laissant le gouvernement de ce monde à ses élus, cherche sans cesse à détruire en nos cœurs toute notion de justice et à humilier la conscience humaine.

Si, en effet, ce que les chrétiens nomment : « Providence » avait ordonné ou seulement permis les atrocités et les folies dont certains hommes se sont rendus coupables depuis le commencement des siècles, il faudrait regarder la Providence comme un être fait à leur image, la mépriser et la haïr. Mais le simple bon sens indique que la Providence ne peut pas être un génie malfaisant. Il nous faut donc croire, ou que la Providence ne se mêle point des affaires de ce monde ou que le mot « Providence » désigne un personnage de fantaisie, sorte de souverain absolu comme celui qu'avait institué la Constitution de 1852, et dont certaines gens, pour excuser leurs crimes, se disent les ministres irresponsables.

Dans ce système, le monde se trouve gouverné comme l'a été la France après le 2 décembre.

Tout aventurier contient en germe, un « homme providentiel. » Cet « homme providentiel » se développe ou ne se développe pas. Cela dépend des circonstances. Pour qu'il se développe, il faut que l'aventurier réussisse et fasse, comme on dit, un grand coup. Le germe d'homme providentiel qui est en lui, a besoin pour croître et s'épanouir d'une sorte de fumier qu'on appelle le succès. Quand ce fumier fait défaut, le germe jaunit, il ne peut rien produire, et l'homme providentiel reste éternellement à l'état de fruit sec.

Catilina n'est qu'un aventurier, aussi Robert Simnel, aussi Charles-Édouard, aussi beaucoup d'autres. Absalon n'était qu'un aventurier qui voulait voler la couronne à son père ; mais David, qui avait volé la couronne à Saül, est un homme providentiel ; César est, d'après une nouvelle théorie, un homme providentiel ; Guillaume le Conquérant est un homme providentiel ; Napoléon le Grand est un homme providentiel, etc. Après l'échauffourée de Boulogne, M. le maréchal Magnan disait du prince Louis Napoléon Bonaparte : « Ce n'est qu'un aventurier. »

L'aventurier, pour réussir, n'a point besoin de facultés exceptionnelles ni même d'une grande intelligence. Il lui suffit de ne point savoir distinguer ce qui est honnête de ce qui est malhonnête, ce qui est odieux de ce qui ne l'est pas. Il lui suffit d'oser ne reculer devant rien, quand son intérêt est en jeu. Le hasard se charge du reste. Le hasard se fait le caniche de cet aveugle. Il le conduit, parfois à travers le crime et la folie, vers un but mystérieux, que nul n'apercevait.

C'est surtout aux époques troublées et inquiètes, comme la nôtre, que les aventuriers se font jour. La mollesse publique devient leur complice. Nul ne se sent la force de les démasquer et de leur résister. Leur audace éblouit ; leur impudence étonne, leur nullité même en impose. Tout ce qui se sent vil et méprisable se précipite à leur suite et leur fait cortège. La masse des niais applaudit. Les honnêtes gens sont contraints de se taire et les entreprises les plus condamnables, glorifiées par des bandes d'officieux, deviennent des actes de « haute sagesse » auxquels on doit la prospérité des affaires et le salut de la société.

Les aventuriers ont généralement une manie : c'est de conquérir ou de fonder des empires. Il fallait le Pérou à Pizarre, et le Mexique à Cortez. Il fallait l'Égypte à Méhémet-Ali. Il a fallu encore le Mexique à l'archiduc Maximilien. Je ne connais guère qu'Antoine Ier, notaire à Pézenas, qui se soit contenté de l'Araucanie. Fonder un empire et une dynastie, c'est le rêve. Et, de nos jours, ce rêve a conduit beaucoup d'aventuriers aux cours d'assises.

La grande force de l'aventurier réside dans cette espèce de foi qu'il a en lui-même. Tout le premier il croit à la théorie des « hommes providentiels. » Il tombe dans le panneau qu'il tend aux peuples. Il a une idée fixe. Il est monomane. Il s'imagine qu'une puissance supérieure veille sur lui et le conduit par la main. Napoléon le Grand avait une étoile. Cortez, sûr de l'appui de Dieu, brûlait ses vaisseaux en abordant en Amérique. Peut-être, si ces gens étaient venus au monde en d'autres temps et dans d'autres circonstances, leurs familles les eussent-elles fait enfermer.

Quand on s'imagine être l'instrument de la Providence, on ose tout. On viole les serments les plus sacrés ; on se joue de sa parole ; on trahit effrontément la vérité ; on ordonne des massacres ; on confisque la liberté d'une nation entière ; on la prive de ses droits ; on lui impose une dynastie ; on gaspille ses finances ; on la lance dans les aventures ; on s'attribue le pouvoir de la mettre en guerre avec ses voisins ; on s'attribue le pouvoir de conclure la paix. On se réserve de nommer tous les fonctionnaires depuis les plus infimes jusqu'aux plus puissants. On se livre à des folies; on se permet des énormités, et si quelqu'un, par hasard murmure, on répond comme les héros des Croisades : Dieu le veut !

Heureusement pour lui, l'aventurier sait se plier aux circonstances. Sa foi en lui-même ne va pas jusqu'à compromettre la situation qu'il a acquise. S'il remarque que l'esprit public se soulève contre sa domination ; s'il voit son existence ou son pouvoir menacé, il change d'allures. Il feint de renoncer à ses prétentions ; il paraît céder aux vœux du peuple. Cela ne lui coûte point de se déjuger et de se démentir. D'autoritaire il devient facilement libéral comme facilement il est devenu de libéral, autoritaire. Il brûle ce qu'il a adoré, et il adore ce qu'il a brûlé avec une facilité merveilleuse. Il prend soin de cacher ses intentions et ses arrière-pensées. Il se montre docile même aux conseils de ses anciens ennemis. Il garde seulement son air inspiré et son langage mystique. Si sa conduite présente est la condamnation de sa conduite passée, ce n'est pas sa faute. La Providence, qui persiste à le guider, a subitement changé d'avis. Il doit exécuter ses décrets.

La persévérance est encore une des qualités principales de l'aventurier. Les défaites ne le rebutent point. Il tente une entreprise coupable. On déjoue ses projets ; on le fait prisonnier. Il jure de ne recommencer jamais. On lui accorde la vie. Il recommence. On le refait prisonnier. Il jure encore qu'il ne recommencera pas. On lui accorde une seconde fois la vie. Il recommence. Et, parfois, il arrive un événement imprévu, inattendu, incroyable, qui tout à coup le place au pinacle et réalise ses plus sottes espérances.

C'est grâce à cette obstination que le Bosniaque Ahmed, après avoir été deux fois condamné à mort par Aly Bey, s'est rendu maître d'une partie de la Syrie sous le nom de Djezzar Pacha; c'est grâce à cette même qualité que David, longtemps poursuivi par Saül, est parvenu à se faire sacrer roi des Juifs. C'est grâce encore à cette qualité qu'Antoine Ier, notaire à Pézenas, est devenu, par deux fois, roi d'Araucanie. Je pourrais citer d'autres exemples.

L'Italie est, peut-être, le pays de la terre qui a produit le plus d'aventuriers. Les aventuriers y pullulaient au moyen âge et à l'époque de la Renaissance. La Corse aussi, qui est aux trois quarts italienne. L'Espagne encore a donné naissance à un grand nombre d'aventuriers célèbres. Tous les pachas d'Égypte et d'Asie ont longtemps été des aventuriers qui, après s'être emparés d'une province, payaient un impôt au Gouvernement. Les aventuriers français ont aussi fait parler d'eux. Mais, en général, ils n'ont point tenté d'expéditions lointaines ; c'est à l'intérieur qu'ils ont voulu utiliser leurs facultés.

Il y a des aventuriers de bien des genres et de bien des espèces. Tous ne peuvent point prétendre au pouvoir. L'aventurier en chef traîne derrière lui les aventuriers en sous-ordre. Parfois, ils ont plus d'intelligence que lui, plus de présence d'esprit et plus de courage. Mais leur peu de naissance ou leur peu de fortune les condamne à obéir. Ceux-là ne se distinguent point par des principes rigides. La plupart ont mis leur épée ou leur plume au service de toutes les causes. La plupart ont changé vingt fois de camp et de drapeau. Ils forment l'écume de la nation, ce qui ne les empêche point de parvenir souvent à la gouverner.

On trouve de tout dans leurs rangs. Ces gens se recrutent parmi les soldats, les hommes d'argent, les prêtres, les écrivains. Selon les époques, les climats et les pays, l'élément militaire domine, ou l'élément religieux, ou l'élément littéraire. Aucun de ces hommes n'est d'ailleurs inutile. Les soldats établissent le gouvernement; les prêtres font du bon Dieu un complice; les hommes d'argent rançonnent les vaincus, et les écrivains composent des apologies. Un peu de prose est nécessaire. Il faut tâcher de tromper l'histoire.

Le personnage qui conduit la troupe pourrait se trouver parmi les suivants; un des suivants conduirait la troupe, que personne la plupart du temps ne s'en apercevrait. Ce manque absolu de sens moral, qui est le caractère distinctif du chef, se retrouve chez tous les autres, au même degré. C'est encore le hasard qui a désigné ce chef et l'a imposé à la bande. Le dernier des traînards qui marchent à sa suite serait, neuf fois sur dix, capable de faire ce qu'il fait. Prenons un type d'aventurier bougeois, un « faiseur, » comme nous disons : le Mercadet de Balzac. Supposez que Mercadet soit né prince ou archiduc, ou quelque chose de semblable. Mercadet promulguerait des constitutions; Mercadet rêverait la conquête d'un empire; Mercadet voudrait régner par la grâce de Dieu. Les nations ne sont pas plus difficiles à tromper que les actionnaires. Le roi d'Araucanie est un Mercadet politique.

Le mot aventurier s'emploie toujours dans le mauvais sens. Il ne pourrait servir à désigner un homme qui aurait consacré sa vie à la défense d'une grande idée ou d'une noble cause, même si cet homme avait été le héros de beaucoup d'aventures romanesques ou terribles. Garibaldi n'est pas un aventurier.

Grâce à la civilisation et au progrès, la race des aventuriers finira par disparaître. Dans les pays vraiment libres, on ne rencontre déjà plus d'aventuriers. On n'en trouve ni en Belgique, ni en Angleterre. Et s'il en est encore aux États-Unis, au moins sont-ce des gens qui vont guerroyer au loin, sur les frontières, contre les sauvages ou contre les Espagnols mexicains, mais ils ne pourraient songer à troubler la paix intérieure et à renverser la République.

Le hasard qui est la providence des aventuriers doit avoir de moins en moins part aux affaires humaines. Et il faut espérer qu'un temps viendra où les « aventuriers » n'auront plus chance de réussir; où les hommes qui seront aussi pourvus d'audace que dépourvus de moralité, ne pourront plus bouleverser des sociétés, entraver la marche du progrès, entreprendre des conquêtes impies, et satisfaire leur ambition personnelle aux dépens de la prospérité des nations; un temps viendra où tout rentrera dans l'ordre; où l'on ne parviendra plus au pouvoir par la violence; où la duplicité, le parjure et le crime seront punis parce qu'ils paraîtront sans excuses. En ce temps-là, on s'étonnera que certains événements aient été possibles. On refusera de croire à la fortune de certains aventuriers. Et l'on dira que le peuple qui les a laissés faire était comme le papier — qui souffre tout.

ÉDOUARD LOCKROY.

AVOCAT. — Ce mot vient d'*ad vocatus,* appelé devant le juge, devant le tribunal. Au moyen âge on appelait l'avocat *avant-parlier,* c'est-à-dire qui parle avant le jugement et *attourné,* mot qu'on retrouve dans le titre anglais d'*attorney.*

Avant d'examiner la législation qui régit la profession d'avocat et le rôle que joue cette profession dans la société contemporaine, il convient de jeter un coup d'œil rapide sur son histoire.

Il n'y avait pas d'avocats à Athènes. Chacun devait plaider sa cause soi-même devant le peuple ou devant les magistrats. Seulement des orateurs, des *logographes,* comme on les appelait, des marchands d'éloquence écrite, vendaient aux comparants des plaidoyers tout faits. Souvent même ces négociants en paroles fournissaient aux parties adverses un plaidoyer pour et un plaidoyer contre : Démosthènes fut formellement accusé de ce commerce en partie double. Quoi ! dira-t-on, pas d'avocats chez ce peuple passionné pour le bien-dire et si prompt aux joies de l'éloquence ? Où prenait-il donc ses hommes d'État ? La réponse est que, dans la démocratie athénienne, l'orateur n'était pas un avocat prêt à parler sur tout et croyant avoir acquis, par la fréquentation des tribunaux, une compétence assez vaste pour aborder la marine, les finances, l'économie sociale et les relations extérieures. Rien ne serait plus faux que cette idée, et les avocats modernes auraient tort d'invoquer ce précédent pour justifier leur invasion toujours croissante dans la politique. L'orateur était un homme qui se vouait de parti pris à la politique et qui se préparait à figurer dans l'assemblée du peuple par une longue étude des hommes et des choses. Et, même dans cette petite Attique aux intérêts peu compliqués, les orateurs ne se croyaient pas aptes à traiter *de omni re scibili :* ils se créaient modestement des spécialités; les uns se consacraient aux finances, les autres au commerce, ceux-ci à la marine, ceux-là aux relations extérieures. « Entre les diverses parties de la politique, dit Démosthènes dans le discours de la Couronne, j'ai choisi l'étude des affaires générales de la Grèce. » S'il avait été avocat, il eût dit : « J'ai choisi tout. » (Voir l'excellent mémoire de M. Egger sur le barreau grec et le livre de M. G. Perrot sur le droit public et privé d'Athènes.)

A Rome, la connaissance et la pratique du droit sont d'abord un privilége aristocratique. C'est le patricien, le patron, seul dépositaire des formules, qui défend ses clients. Plus tard, quand la divulgation des formules a permis la formation d'une classe de jurisconsultes, la défense judiciaire devient un puissant moyen d'influence politique que se disputent les ambitieux. Il n'est plus besoin de connaître le droit : le jurisconsulte fournit le canevas juridique que l'orateur amplifie et drape des voiles brillants de l'éloquence. Plus d'un avoué de nos jours fournit ainsi la substance aux plaidoyers de plus d'un avocat. Ces jurisconsultes ont une influence considérable; Auguste donne force de loi à leurs avis, sous le nom de *réponse des prudents.* Le véritable avocat commence avec les empereurs qui lui permettent, en abrogeant la loi *Cincia,* d'accepter des honoraires. Il gagne énormément d'argent : « Si tu veux devenir riche, dit Martial, fais-toi avocat. » Martial est inépuisable sur ce sujet : « Parle, parle toujours, dit-il; *on perd trop de temps à penser.* » Il engage un avocat altéré à boire l'eau des clepsydres destinées à régler l'écoulement de sa rhétorique. Parmi ces aigles du barreau romain, on compte beaucoup de Gaulois, si bien que notre patrie reçoit dès lors le nom glorieux de *nutricula causidicorum,* nourrice des avocats. Non-seulement elle en produit, mais elle forme à l'éloquence judiciaire les Bretons ses voisins : « *Gallia causidicos docuit facunda Britannos,* » dit Juvénal. Le génie oratoire et péroratoire, la faconde rhétoricienne interminablement épanchée, voilà déjà les marques distinctives de la race gauloise dès qu'elle commence à faire figure dans le monde.

Sous le Bas-Empire, les avocats s'organisent en corporation, en ordre. Ils font leur droit dans des écoles fameuses, au premier rang desquelles est celle de Béryte.

Viennent les Barbares. On n'a plus besoin d'avocats : les juges se prononcent ou sur le serment des parties assistées de *conjuratores*, ou par l'issue du duel judiciaire, ou d'après les épreuves du feu et de l'eau. Les femmes, les enfants, les gens d'église et les infirmes sont défendus par des champions portant des cuirasses au lieu de rabat et échangeant des coups de lance au lieu de coups de langue. Ces champions offraient leurs services à qui voulait les payer : le métier était périlleux et les honoraires bien gagnés. Mais le droit romain renaît dans les écoles de Bologne et la classe des légistes sort des pandectes retrouvées (voir le mot : *Légistes*). Les chevaliers ès lois, les *milites legum*, bardés des aphorismes du droit byzantin, acquièrent une influence considérable. Les Établissements de Saint-Louis parlent des avocats qui bientôt, grandissant avec le parlement récemment créé, forment un ordre, tel qu'il est encore actuellement constitué, avec serment, taxe d'honoraires et inscription au tableau (*rotulus nominum*). On peut être avocat sans perdre la noblesse. La royauté devait bien cette protection à ces rhétoriciens du despotisme qui avaient fait prévaloir la maxime « si veut le roi, si veut la loi » et ressuscité le mortel idéal de la Rome impériale.

Les fabliaux et les satires leur font un peu expier leur succès. L'avocat est un des sujets favoris de ces poëmes et de ces farces dans lesquels circule, comme dit Michelet, « l'aigre voix de la dérision populaire, » depuis la prose de Saint-Yves, *advocatus et non latro*, jusqu'à la farce immortelle de maistre Pathelin. Il faut lire, dans Rabelais, le procès de Humevesne : il fait toucher du doigt à quel degré d'ignorance scolastique était arrivé le barreau de son temps. « En outre, vu que les lois sont extirpées du milieu de philosophie morale et naturelle, comment l'entendront ces fous qui ont, par Dieu, moins étudié en philosophie que ma mule ? Au regard des lettres d'humanité et connaissance des antiquités et histoires, ils en étaient chargés comme un crapaud de plumes ; toutefois le droit en est plein et sans cela il ne peut être entendu... »

Les avocats qui suivirent prirent trop au sérieux le conseil de maître François, au regard des lettres d'humanité et connaissance des antiquités et histoires. Ils surchargèrent leurs moindres plaidoyers de préfaces historiques et d'amplifications empruntées à la mythologie et aux belles-lettres. L'avocat Arnauld, le père de toute la lignée des Arnauld de Port-Royal et le plus renommé de son temps, et son adversaire, égal en réputation, l'avocat Robert, ne pouvaient plaider la plus simple cause sans l'enguirlander grotesquement des souvenirs de l'antiquité grecque et latine. M. Robert, plaidant pour un boulanger indûment torturé, commençait ainsi : « Messieurs, les poëtes anciens ayans à plaisir discouru de plusieurs combats advenus au mémorable siége de Troye, récitent que Telephus, fils d'Hercule, ayant en une rencontre esté griefment blessé d'un coup de lance par Achille, etc. » Et M. Arnauld commençait sa réplique en ces termes : « Caïus Antonius fust accusé de la conjuration de Catilina, etc., » c'était ce qu'on appelait déployer les *maîtresses-voiles* de l'éloquence. Le petit-fils d'Arnauld, Antoine Lemaistre, n'était pas exempt de cette emphase ridicule, et Racine a songé à lui dans les *Plaideurs*. Un des rivaux de Lemaistre avait été surnommé Gaultier-la-Gueule : avocats et juges échangeaient tout haut des plaisanteries plus que salées. Pendant tout le xviiᵉ siècle, en dépit des Patru et autres célébrités du barreau, c'est un mortel abus de la parole, un solennel et navrant bavardage. Au xviiiᵉ siècle, il y a un peu plus de vivacité ; la forme est plus dégagée. Cependant Grimm écrivait : « l'éloquence des avocats n'est pas assez estimée en France pour obtenir les honneurs académiques. Ces messieurs ne savent pas assez, suivant l'observation de M. de Voltaire, combien l'adjectif peut affaiblir le substantif, bien qu'il s'y rapporte en cas, en nombre et en genre. » Les avocats se font remarquer par leur union avec les parlements dans les affaires de la bulle *Unigenitus* et du chancelier Maupeou. Ajoutons cette citation de Voltaire : « Ce fut vers ce temps-là (1730) que les avocats prirent le nom d'*ordre* ; ils trouvèrent le terme de *corps* trop commun ; ils répétèrent si souvent l'*ordre des avocats*, que le public s'y accoutuma, quoiqu'ils ne soient ni un ordre de l'État, ni un ordre militaire, ni un ordre religieux, et que ce mot fût absolument étranger à leur profession. » (*Hist. du Parl. de Paris*, ch. LXIV.) Beaucoup d'entre eux embrassent avec ardeur les principes de la révolution qui les accueille avec méfiance en tant qu'avocats et qu'ordre privilégié, car un décret du 2 septembre 1790 supprime le costume des hommes de loi, *ci-devant appelés avocats*. Mais Napoléon sent qu'en reconstituant le passé, il ne faut pas oublier cette pierre de l'édifice, qu'on appelle l'ordre des avocats. L'ordre est rétabli par un décret du 14 décembre 1810. Un autre décret du 2 juillet 1812 règle la plaidoirie devant les cours d'appel et les tribunaux de 1re instance : ses articles 1, 2, 3, 5, 6, 7, 8, 11 et 12 sont encore en vigueur. Sous la Restauration, une ordonnance du 20 novembre 1822 est rendue sur la matière : il en subsiste les articles 5, 6, 9, 10 à 38, 41 à 45. La législation qui régit l'exercice de la profession d'avocat est complétée par l'ordonnance du 27 août 1830, et par le décret du 22 mars 1852. Voici le résumé de ces dispositions :

Pour être avocat, il faut avoir le grade de licencié en droit et prêter serment devant la Cour, soit du lieu de sa résidence, soit du lieu où l'on veut exercer. Pour être admis à prêter ce serment purement professionnel, il faut déposer le diplôme de licencié et une somme de 25 francs. On est ensuite soumis à un stage de trois ans pendant lequel on suit les conférences présidées par le bâtonnier. Le stage terminé, on est inscrit au tableau sur un certificat du secrétaire de l'ordre et on a dès lors le droit de plaider devant toutes les cours de France. La profession d'avocat est incompatible avec les fonctions de préfet, sous-préfet, secrétaire général, greffier, notaire, avoué, avec tous emplois à gages et négoces ; l'avocat ne peut être ni agent comptable, ni agent d'affaires, ni agréé. Il paie une patente du quinzième de la valeur locative.

Le conseil de l'ordre, quand il y a cinq avocats au moins inscrits au tableau, est élu par l'assemblée générale des avocats inscrits, à la majorité des suffrages. Le bâtonnier, qui est le chef de l'ordre, était élu depuis 1852 par le conseil, parmi ses membres. Un décret du 10 mars 1870 a rendu cette nomination à l'assemblée générale de l'ordre. Le conseil exerce une action disciplinaire même sur la vie privée des membres de l'ordre. Les cours et tribunaux peuvent réprimer par l'avertissement, la suspension ou la radiation, les fautes et délits que l'avocat commet à l'audience. On sait que les avocats, dans plusieurs cours, ne peuvent porter moustaches ni plaider avec cravate noire et pantalon de couleur. On exige aussi certaines conditions de logement et la possession d'une bibliothèque juridique. Il y a en outre des prescriptions plus sévères encore : les avocats ne peuvent exercer d'action pour le recouvrement de leurs honoraires : par une fiction magnifique et qui rappelle ce que nous disions du patronage romain, ils sont censés donner leur temps et leur travail gratuitement et ce que les clients leur remettent n'est pas un salaire, mais une simple marque de reconnaissance.

Cette fiction même ne démontre-t-elle pas combien la constitution intime de l'ordre des avocats jure avec la démocratie moderne ? Ne fait-elle pas toucher du doigt tout ce qu'a d'artificiel cette corporation de légistes à costume spécial, si déplacée dans une société fondée sur le travail et sur l'égalité ? Aussi ce monopole tend-il à disparaître, et le barreau, qui prétend être une institution, sera forcément ramené à être une profession et soumis comme tel aux règles de toutes les professions ordinaires. Chacun se défendra et se fera défendre par qui et comme il voudra. Mais ceci se rattache à la réforme générale du pouvoir judiciaire dans notre pays.

Avec le monopole du barreau disparaîtra, il faut l'espérer, l'esprit du barreau, une des manifestations les plus complètes de ce qu'on pourra appeler le mal français, c'est-à-dire le culte exclusif du talent oratoire aux dépens de la connaissance positive des choses, le goût des amplifications rhétoriciennes qui font négliger les réalités pour les entités et les faits pour les mots. Les progrès des sciences de la vie et de la substance en réformant les conventions légales et les rapports imaginaires et traditionnels, rendront inutile l'avocat, destiné à disparaître avec le soldat et avec le prêtre. On n'aura pas à regretter l'esprit légiste. Cet esprit, un avocat général du XVIIIe siècle, Séguier, l'a résumé dans une phrase qui vaut des volumes de dissertations et d'analyses. Séguier s'écriait en plein parlement : « Loin de nous la pensée de faire prévaloir les idées d'équité naturelle sur les dispositions positives de l'ordonnance; *plus on aurait de lumières, plus elles seraient à craindre :* LA LOI EST LA CONSCIENCE DU MAGISTRAT; » tout un moule d'intelligences est déterminé par cette phrase. Ajoutons-y ces mots d'un avocat passionné pour sa profession et qui lui a consacré un livre ingénieux, M. Oscar Pinard: « Le barreau rend l'esprit indécis, c'est un de ses écueils ; à force de trop voir, l'avocat voit mal; à force de se promener sur tous les sujets, il ne se fixe sur aucun... sa vue se trouble... il ne saisit que les objections ; *les solutions le fuient.* » Séguier et M. Pinard ont fait là en peu de mots et de pied en cap la physiologie de l'avocat et du même coup montré — sans le vouloir — combien était dangereuse son invasion dans la politique où il ne faut pas se laisser fuir par les solutions radicales et précises et courber sa conscience sous le respect de la légalité.

Le barreau est en effet depuis 89 la pépinière des hommes d'État français ; chaque stagiaire a, en puissance comme disent les métaphysiciens, dans sa serviette une médaille de représentant, et beaucoup sont appelés à changer cette serviette contre le portefeuille rouge du ministre. La Constituante de 48 comptait deux cent douze avocats, et leur proportion est relativement plus considérable encore dans les assemblées actuelles. Ils ont eu la direction politique du pays depuis la révolution, et ils ont fourni à tous les gouvernements des orateurs pour les défendre et même pour les attaquer, depuis MM. Dupin et Odilon Barrot jusqu'à MM. Billault, Rouher et Ollivier. Il est donc permis de leur demander ce qu'a produit cette direction mise entre leurs mains à l'exclusion du savant, du lettré, du commerçant et de l'ouvrier. L'état actuel de la France politique et sociale répond suffisamment à cette question. Il faut en conclure qu'il y a nécessité de leur faire la part plus petite dans l'administration de la chose publique, à laquelle préparent mal les contentions de l'intérêt privé, la pratique du Code si justement appelé code Napoléon et l'habitude d'errer dans un domaine qui est en dehors des lois positives de la nature et des démonstrations sévères de la science expérimentale.

On peut consulter sur l'histoire de la profession d'avocat et sur ses règles les ouvrages suivants : Grellet-Dumazeau, *le Barreau romain*; Henriot, *Mœurs juridiques de l'ancienne Rome;* Fournel, *Histoire des avocats au parlement de Paris;* Gaudry, *Histoire du barreau de Paris depuis son origine jusqu'à* 1830; Camus et Dupin, *la Profession d'avocat;* Liouville, *Devoirs, honneurs, avantages de la profession d'avocat;* O. Pinard, *le Barreau;* Mollot, *Règles sur la profession d'avocat.*

LOUIS ASSELINE.

AVORTEMENT. — L'expulsion du produit de la conception hors du sein maternel avant le commencement du septième mois de la grossesse, c'est-à-dire avant le terme de la viabilité du produit, constitue un avortement.

Suivant le point de vue auquel on se place, l'avortement est un accident, un bienfait ou un crime : *accident*, quand il résulte d'un certain nombre de causes morbides, évidentes ou latentes, ayant agi lentement ou brusquement sur l'organisme de la mère, sur celui du fœtus ou sur les deux à la fois, de manière à vicier les conditions normales de leur vitalité organique générale ou locale; *bienfait*, lorsqu'il est décidé et provoqué par une volonté active, honnête et scientifiquement éclairée, n'ayant d'autre but que de sauvegarder la vie de la femme, menacée d'une manière immédiate ou lointaine par certaines circonstances que l'avortement seul pourra prévenir, ou faire disparaître; *crime* enfin, lorsqu'une volonté active, consciente, éclairée quelquefois, le plus souvent ignorante, mais toujours coupable et corrompue, cherche à détruire ou détruit le produit de la conception de concert ou non avec la patiente, pour éviter à la femme la honte, les douleurs physiques ou les charges que causeraient la grossesse avérée et la naissance d'un enfant.

L'avortement, en tant que phénomène physiologique, ressemble à l'accouchement (voy. ce mot) en ce qu'il s'agit toujours de l'expulsion d'un produit de conception, mais la ressemblance est d'autant plus lointaine que la grossesse, arrêtée dans sa marche, est plus jeune. Ainsi, tandis que l'avortement de la fin du sixième mois ne diffère presque de l'accouchement que par la petitesse du fœtus et par l'irrégularité du travail, l'avortement des premières semaines de la grossesse revêt l'apparence d'une époque menstruelle retardée, irrégulière et douloureuse.

Dans tous les cas, la caractéristique de l'avortement est la perte sanguine. Cela dépend des conditions anatomo-physiologiques de l'œuf et de l'utérus pendant les six premiers mois de la gestation. D'une part, en effet, pendant les premiers mois, les liens vasculaires qui servent d'intermédiaire entre l'organisme maternel et l'œuf pour la nutrition de ce dernier, sont dans leur plein développement, alors que le fœtus est encore à l'état d'ébauche, et cette inversion de ce qui existe au terme de la grossesse subsiste jusque vers le troisième mois. Le placenta, donc, est tout dans les phénomènes de l'avortement, le fœtus rien ou peu de chose. D'autre part, l'utérus n'a pas encore acquis toute sa puissance musculaire : aussi, quand il vient à se contracter, le fait-il irrégulièrement, imparfaitement, avec paresse; il ne peut arriver en peu de temps à décoller tous les liens vasculaires qui retiennent l'œuf à sa surface interne et à surmonter l'obstacle que lui opposent la rigidité et la longueur du col. D'après ces conditions, exposées ici très-succinctement, trop peut-être, on doit comprendre que, dans l'avortement, l'expulsion du fœtus étant facile et peu importante le plus souvent, celle du placenta étant difficile, lente, partielle, le résultat doit être une perte sanguine survenant dès le début du travail, alors que les premières contractions utérines ont rompu quelques vaisseaux et décollé une portion plus ou moins étendue du placenta, perte sanguine qui persiste avec irrégularité pendant tout le travail et qui ne s'arrêtera définitivement qu'après l'issue de la totalité de l'œuf. Il est facile de voir les différences qui distinguent les hémorrhagies de l'avortement de celles de l'accouchement. Dans celui-ci, la perte ne survient qu'à la fin du travail, à moins de cas exceptionnels (insertion du placenta sur le col, etc.), quand le fœtus vient d'être projeté au dehors et que le décollement du placenta ouvre à la fois, pour ainsi dire, les mille portes de la circulation utéro-placentaire : cette perte est prompte, toujours abondante, quelquefois même foudroyante, mais elle dure peu. Dans celui-là, au contraire, l'hémorrhagie s'établit par le fait de la rupture successive d'un plus ou moins grand nombre de vaisseaux utéro-placentaires; elle survient goutte à goutte, mais elle est tenace, lente à s'établir, lente dans sa marche, lente aussi à disparaître. Si l'une, par sa rapidité et son abondance, peut quelquefois tuer d'un coup, à moins, ce qui est le cas ordinaire, qu'une syncope, en arrêtant les battements du cœur, ne vienne arrêter la perte, l'autre épuise peu à peu l'économie et la laisse dans un état d'anémie, de débilitation dont elle a peine à se relever.

Tout ceci posé, passons à la description de chacune des espèces d'avortements que nous avons annoncées en commençant.

AVORTEMENT-ACCIDENT. — Sous cette dénomination, nous comprenons et les avortements par cause brutale, violente, par traumatisme en un mot, et ceux dont les causes restent latentes, obscures, difficiles à pénétrer. Les premiers sont les avortements accidentels proprement dits, vulgairement appelés *blessures*; les seconds constituent les avortements spontanés communément appelés *fausses couches*. En somme, ce sont des avortements pathologiques les uns par causes externes, les autres par causes internes.

La *fréquence* de l'avortement est énorme. Il est peu de femmes qui, sur trois, quatre ou cinq grossesses, n'aient eu une ou deux fausses couches, que ces avortements aient été reconnus parce qu'ils ont eu lieu à une époque où le doute était impossible, ou que ces avortements, survenus dans les premières semaines de la gestation, ce qui est le cas le plus commun, aient passé inaperçus ou aient été pris pour un dérangement ou un retard menstruel. La statistique, on le conçoit par notre dernière remarque, ne peut fixer la proportion des avortements, relativement au nombre des accouchements. Ceux qui ont tenté cette évaluation sont arrivés à des chiffres tellement différents que leurs efforts mêmes démontrent l'impossibilité d'un résultat. Alors que les uns ont admis qu'il y avait cinq avortements environ contre mille accouchements à terme, d'autres ont établi une proportion de un avortement sur trois accouchements, ou de un sur douze. Quelques-uns ont été jusqu'à soutenir que l'avortement était une terminaison *plus fréquente* de la grossesse que l'accouchement.

Mais s'il est impossible de connaître le nombre relatif des avortements, on peut affirmer ce fait que les fausses couches sont de beaucoup plus nombreuses dans les premières semaines qu'aux quatrième, cinquième et sixième mois. Cette remarque n'est pas neuve, puisqu'elle remonte à Hippocrate; les accoucheurs modernes l'ont tous confirmée. C'est principalement aux époques qui eussent été marquées par l'apparition des règles si la conception n'avait pas eu lieu, que la fausse couche a le plus de chances de se produire, et cela pendant les trois premiers mois de la grossesse.

La statistique, quoiqu'incomplète, fournit cependant quelques indications utiles, car elle montre que les avortements sont plus fréquents à Paris que dans la plupart des autres villes, qu'ils sont plus rares à la campagne, que les conceptions illégitimes sont plus souvent arrêtées dans leur cours que les autres, qu'enfin les grands mouvements politiques et sociaux, sans parler ici des climats et des coutumes des différents pays, exercent une influence manifeste sur l'élévation du nombre des fausses couches.

Les *causes* de l'avortement sont très-nombreuses, complexes, souvent obscures, et leur étude constitue une des parties les plus importantes de notre sujet ; avant d'énumérer ces causes, établissons d'abord ce fait, que l'avortement ne s'effectue que grâce aux contractions de l'utérus. Cette mise en jeu de la contraction utérine est l'aboutissant de toutes les causes ayant agi lentement ou rapidement sur le produit de la conception, sur la santé générale de la mère ou localement sur la matrice elle-même. La contraction utérine est donc, en toutes circonstances, la cause déterminante, efficiente, la cause ultime de l'avortement. Voyons quelles sont les causes premières. On les divise en prédisposantes, en occasionnelles et en accidentelles.

Les *causes prédisposantes ou à action lente* ont leur origine chez le père, dans l'œuf, ou chez la mère.

La participation du *père* dans la génération, quoiqu'elle soit de bien courte durée, a cependant une profonde influence. Bien des avortements n'ont d'autre cause que les mauvaises conditions du germe mâle. C'est ainsi que l'on a vu des femmes pendant un premier mariage avorter à chacune de leurs grossesses, qui, devenues veuves et s'étant remariées, ont depuis lors accouché normalement chaque fois qu'elles devinrent enceintes. C'est par sa constitution ou par ses maladies que le père peut devenir cause d'avortement. S'il est trop jeune ou trop vieux, s'il est d'une débilité native ou acquise par la débauche et les excès de tout genre, il ne fournit plus qu'un sperme de qualité inférieure et ne donne à son produit qu'une vitalité insuffisante. L'alcoolisme a aussi une influence pernicieuse en ce sens. Les maladies du père, la scrofule, la syphilis, en se transmettant au fœtus directement, peuvent le faire périr dès les premiers mois de son développement.

Les causes prédisposantes ayant leur source dans l'*œuf* même sont plus difficiles à apprécier. Cependant, il est reconnu que si le fœtus subit un arrêt de développement, s'il est atteint d'une maladie aiguë transmise par la mère ou même sans que la mère en porte elle-même le germe, si enfin il meurt, l'utérus se contracte et l'avortement a lieu. Lorsque deux fœtus se développent dans la matrice, et que l'un vient à mourir, l'avortement en sera la conséquence. — Les altérations des annexes du fœtus (hémorrhagies et apoplexies du placenta, brièveté du cordon ombilical, faiblesse des membranes de l'œuf, surabondance du liquide amniotique, etc.), sont autant de causes prédisposantes très-réelles de l'avortement.

Du côté de la *mère*, les causes prédisposantes sont plus nombreuses et elles proviennent, soit des conditions générales physiologiques, hygiéniques et pathologiques, soit de l'état de souffrance ou de mal formation de l'appareil de la génération.

Parmi les conditions physiologiques, les deux extrêmes de la vie chez la femme, avant vingt ans, après quarante, sont des prédispositions aux fausses couches. La primiparité constitue également une prédisposition évidente : il y a là un premier essai de l'organisme maternel, une irritabilité utérine plus grande, sans compter les conditions d'âge et les causes accidentelles qui viennent s'ajouter et multiplient les chances d'avortement dans une première grossesse. Les femmes à tempérament *trop* accentué, qu'elles soient pléthoriques et sanguines ou nerveuses ou lymphatiques, avortent facilement : les premières, parce que dans les premiers mois de leur grossesse, il se fait, surtout aux époques correspondant au retour des règles ou à l'occasion d'une fatigue, d'une course en voiture, un afflux sanguin considérable vers l'utérus, d'où rupture de quelques vaisseaux utéro-placentaires, hémorrhagies, puis contraction utérine ; les secondes, par suite de l'irritabilité excessive de l'utérus, qui ne peut supporter patiemment le produit qu'il renferme ; les dernières, parce que le mouvement nutritif se trouvant chez elles dévié dans le sens de l'obésité, l'embryon a alors un budget nutritif trop restreint et ne trouve plus les éléments de son développement. L'influence des mariages consanguins ne saurait être mise en doute, mais elle a été certainement exagérée. Quelques femmes semblent avoir reçu de leur mère une sorte d'hérédité qui les prédispose aux fausses couches et ne leur permet que rarement d'accomplir toutes les étapes de la parturition. Enfin, il semble que certaines femmes contractent l'*habitude* d'avorter toujours à la même époque, ou seulement à des époques de plus en plus rapprochées du terme de la grossesse, jusqu'à ce qu'enfin elles arrivent sans encombre à la fin du neuvième mois.

Les conditions hygiéniques générales ont aussi une influence très-marquée sur la marche de la grossesse. La vie sédentaire, oisive, désœuvrée, les bals et les veilles, le séjour prolongé dans un milieu où l'air est confiné, humide, vicié, où l'oxygène fait défaut, les brusques changements de température, la fatigue qu'engendre l'usage continu de la machine à coudre, les excès de toute sorte, le coït trop souvent répété, une alimentation insuffisante, les temps de famine, de guerre ou de révolution (par les privations qu'elles engendrent et la frayeur qu'elles développent chez les femmes), sont autant de causes prédisposantes au premier chef. Quelques climats, l'habitation dans une région élevée ont, selon certains auteurs, une influence marquée sur la production des pertes sanguines, et par suite sur l'avortement. Certaines professions sont essentiellement malsaines pour la grossesse : telles sont celles où les femmes sont exposées à la poussière du blanc de céruse (l'intoxication saturnine, d'après un relevé fait en 1861, par le docteur Constantin Paul, a produit, sur 123 grossesses, 64 avortements), aux émanations du sulfure de carbone, employé dans l'industrie du caoutchouc soufflé, à celles du tabac, etc.

Les causes prédisposantes d'ordre pathologique proviennent des maladies constitutionnelles (scrofule, syphilis dans ses accidents tertiaires surtout) ; des maladies diathésiques (cancer, tuberculose) ; des maladies convulsives (éclampsie, hystérie, épilepsie) ; de celles qui résultent d'un principe toxique (hydrargyrisme, iodisme), et des maladies aiguës (surtout la variole, la scarlatine et la rougeole, la fièvre typhoïde, le choléra, la pneumonie, l'ictère, la grippe même quand les quintes de toux sont violentes). Les vomissements incoërcibles du début de la grossesse, la constipation opiniâtre, les hémorrhoïdes douloureuses prédisposent efficacement à la fausse couche.

Les causes locales prédisposantes tiennent à un vice congénital ou à des lésions des organes de la génération (déformation du squelette, étroitesse du bassin, rétroflexion et prolapsus de l'utérus, polypes, tumeurs développées dans l'utérus ou au voisinage, kyste de l'ovaire), ou seulement à un état de souffrance, à un trouble physiologique de l'appareil (irritabilité excessive des fibres de l'utérus, faiblesse et laxité du col, prurit vulvaire amenant à la nymphomanie, etc.). N'oublions pas l'abus du *corset* mal fait et trop serré, qui empêche la base de la poitrine de prendre tout son élargissement au moment où l'utérus, s'élevant au-dessus du petit bassin, refoule en haut les intestins et le foie. Il s'ensuit que les poumons se trouvent à leur tour comprimés, puisque la cage thoracique, emprisonnée par les baleines, ne peut se dilater, que la respiration est incomplète, et qu'enfin la femme, respirant mal, s'étiole et fait périr son enfant par asphyxie.

Causes occasionnelles et accidentelles. — La plupart des causes prédisposantes que nous venons d'énumérer, qu'elles agissent les unes ou les autres isolément ou que plusieurs d'entre elles réunissent leurs efforts, peuvent acquérir un degré de puissance suffisant pour produire à elles seules l'avortement. De causes prédisposantes elles passent causes occasionnelles. C'est pour avoir méconnu cette influence capitale de la prédisposition que l'on a admis, comme pouvant déterminer la fausse couche, les circonstances les plus futiles, telles qu'une odeur désagréable, une émotion légère, une boisson trop froide, un bâillement. Ce sont là, le plus souvent, de pures coïncidences. La preuve en est dans ces nombreux exemples de femmes non prédisposées à l'avortement qui, malgré les émotions et les perturbations violentes que leur ont causées des incendies, des naufrages, des déraillements de chemins de fer, des accidents de voitures, des chutes d'un lieu élevé, malgré aussi parfois les tentatives répétées d'avortement, pour lesquelles elles ont employé les moyens spéciaux les plus excitants, n'ont pas avorté.

Nous devions nous appesantir aussi longuement sur les causes de l'avortement, car elles sont très-utiles à connaître ; beaucoup d'entre elles peuvent être supprimées par des mesures médicales, par une bonne hygiène, par une connaissance individuelle mieux entendue des soins qu'exige la grossesse pour être menée à bien. Si chacun se préoccupait davantage d'éloigner les causes prédisposantes à l'avortement, on verrait diminuer de beaucoup, cela n'est pas douteux, la fréquence si considérable des fausses couches, fréquence qui devient une cause active de dépopulation. Partout on s'occupe de l'amélioration des races animales, et l'on y joint l'attrait du plaisir et du jeu, parfois aussi celui de la médaille officielle. Par contre, l'on fait bon marché de l'amélioration de la race humaine. C'est du bon sens public mieux éclairé que l'on doit attendre une transformation de cet ordre de choses. Que chacun s'instruise des principales conditions de la génération, qu'il s'applique à combattre les causes nombreuses de dégradation que ce grand phénomène naturel rencontre à chaque pas, et alors la société verra augmenter le nombre de ses membres, et les aura plus forts, plus vivaces, plus capables de grands sentiments et de grands actes, car le vieil adage, *mens sana in corpore sano*, est une vérité indiscutable.

Phénomènes et signes de l'avortement. — Une perte sanguine plus ou moins abondante et prolongée, des contractions douloureuses et irrégulières de l'utérus, l'expulsion en totalité ou en partie de l'œuf, tels sont les trois phénomènes principaux et caractéristiques de l'avortement. Ils présentent dans leur apparition, dans leur marche, dans leur durée et leurs conséquences, des différences qui dépendent et des causes qui ont amené la fausse couche, et de l'époque à laquelle est arrivée la grossesse.

Les symptômes précurseurs sont un peu différents suivant que les causes de l'avortement déterminent comme premier phénomène, soit une hémorrhagie utéroplacentaire, soit une excitation de la contractilité utérine, soit enfin la mort du fœtus. Dans le premier cas, on observe simplement les signes d'une congestion utérine, semblables à ceux qui caractérisent le début de règles abondantes. Dans le second, le début de la fausse couche est marqué par des douleurs névralgiques dans le bas-ventre, par des sortes de crampes, de spasmes de l'utérus qui s'accompagnent d'une certaine agitation et de perte de sommeil. Dans le cas enfin où la mort du fœtus précède tout travail d'expulsion, on voit une série de signes étranges, vagues, qui, pour un œil exercé, prennent une haute valeur : c'est généralement un état d'alanguissement de tout l'être de la femme, par lequel l'organisme semble vouloir déclarer qu'il ne renferme plus qu'un cadavre, qu'un débris ; la peau devient pâle, les paupières sont bouffies, bleuâtres, les yeux perdent leur brillant, il y a de la soif, des frissons répétés, puis de la chaleur, les mamelles s'affaissent. Tout ce malaise peut durer de un à plusieurs jours, et, pendant ce temps, l'utérus se prépare à agir, et, dans ce cas, l'avortement se fait vite et sans hémorrhagie importante.

Tous ces phénomènes précurseurs se confondent et se mêlent lorsque l'avortement est causé par de violents traumatismes ou par une maladie aiguë grave surprenant la femme en état de grossesse.

Si les causes, agissant dans un sens ou dans un autre, modifient, comme on vient de le voir, les prodrômes de la fausse couche, elles cessent d'intervenir d'une manière aussi flagrante dans la marche des accidents une fois que l'avortement a franchement commencé. C'est alors que les phénomènes revêtent un aspect particulier, suivant l'âge auquel est parvenue la grossesse.

L'avortement des premières semaines se fait avec si peu de bruit, pour ainsi dire, que le plus souvent il est méconnu. L'œuf, à cette époque, est tellement petit (à la fin du premier mois, il est gros comme une petite cerise), si fragile, que son expulsion en entier ou par lambeaux est rapide et peu douloureuse. Aussi, on confond très-facilement cet avortement avec une époque menstruelle, retardée et laborieuse : mêmes douleurs dans le bas-ventre et dans les reins, même lassitude; écoulement de sang pas très-abondant et avec rejet de quelques caillots, au milieu desquels se perd l'œuf en masse ou fragmenté. On a d'autant plus de chances de se méprendre sur la nature des accidents, qu'il s'agit souvent de femmes antérieurement mal réglées ou de jeunes mariées, chez lesquelles des excitations et des habitudes nouvelles, les fatigues d'un voyage de noce ont amené une perturbation menstruelle. A certaines circonstances, le médecin pourra quelquefois reconnaître l'avortement; la certitude cependant ne sera atteinte que lorsque l'on tiendra le corps du délit, c'est-à-dire de l'œuf. C'est pour cela qu'il est toujours important de conserver soigneusement les linges tachés et les caillots pour que l'on puisse y rechercher les débris du produit de conception. On le voit, la fausse couche des premières semaines a peu de gravité immédiate pour la santé de la femme.

Pendant le cours des quatrième, cinquième et sixième mois, les phénomènes de l'avortement se rapprochent beaucoup de ceux de l'accouchement, en raison du développement plus complet des diverses parties de l'œuf. Le fœtus est expulsé assez facilement, quelle que soit sa position; les douleurs que le travail provoque sont vives et intermittentes. L'hémorrhagie se montre presque toujours au début, mais elle est peu abondante, excepté dans les cas d'insertion du placenta sur le col où elle peut être foudroyante. Elle peut même être très-faible lorsque la mort du fœtus a précédé de quelques jours la fausse couche. Enfin, l'issue du placenta suit l'expulsion du fœtus, et la délivrance se fait le plus souvent dans des conditions semblables à celles de l'accouchement prématuré ou à terme.

Mais c'est à la fin du deuxième mois et pendant le troisième que l'avortement présente le plus d'irrégularités et d'accidents; c'est à cette époque que l'hémorrhagie est à craindre. Les douleurs sont pénibles et prolongées; le col de la matrice se ramollit et se dilate lentement; les contractions sont irrégulières et paresseuses. L'œuf, encore très-délicat, se brise dès les premières contractions et les eaux de l'amnios s'écoulent. Dès lors, l'avortement devient inévitable. Une fois que le col est suffisamment dilaté, et ce travail de dilation exige quelquefois plusieurs jours, le fœtus est expulsé assez facilement, en même temps que des caillots. Le placenta est rejeté ensuite par fragments ou en entier, plus ou moins longtemps après le fœtus. L'hémorrhagie se montre plus ou moins abondante pendant tout le travail. Les choses ne se passent pas toujours aussi simplement. Quelquefois même, après l'expulsion du fœtus, l'utérus, débarrassé d'une partie de son contenu, moins vivement sollicité à se contracter, retombe dans l'inertie. Le col revient sur lui-même, et le placenta, décollé en partie par les premières contractions, uni encore dans le reste de son étendue par des adhérences vasculaires serrées, reste emprisonné dans l'utérus. A ce moment, les accidents cessent plus ou moins complètement, la femme se croit guérie et reprend même ses occupations. Cependant, les accidents sont imminents. En effet, au bout de 8, 10, 15, 30 jours même d'un état de santé à peine troublé par quelques coliques et un écoulement sanguin intermittent, survient tout à coup un nouveau travail. Les douleurs se réveillent, la perte sanguine reparaît assez abondante. Le col subit une nouvelle dilatation. Le placenta est de plus en plus décollé, et enfin, après quelques heures ou quelques jours de souffrances, est rejeté au dehors. Ce second travail, plus long, plus douloureux que le premier, est la conséquence de ce qu'on nomme la *rétention du placenta*. Diverses circonstances peuvent aggraver encore la situation. Ce placenta, retenu pendant plusieurs jours dans l'utérus, est en partie décollé, en partie adhérent. La portion décollée, au lieu de se flétrir et de se conserver par une sorte de vitalité obscure, cesse de vivre et se putréfie. Il s'écoule alors de la matrice une sérosité sanguinolente, sanieuse, fétide; l'utérus absorbe une partie de ces liquides putréfiés et il s'ensuit une série d'accidents graves qui sont le propre de l'infection putride. D'autres fois, le placenta ainsi emprisonné continue à vivre et devient l'origine d'une môle hydatiforme ou charnue qui, dans un temps plus ou moins éloigné, un ou plusieurs mois, provoquera un nouveau travail d'expulsion, travail toujours irrégulier et hémorrhagique. On a admis aussi que, quelquefois, le placenta retenu est résorbé en totalité par l'utérus. Cette terminaison n'est pas absolument prouvée.

Lorsque la grossesse était gémellaire et que l'avortement a porté sur l'un des deux fœtus, l'autre peut continuer à se développer. Si l'avortement a été incomplet, une môle peut se produire et apportera quelque entrave à l'accouchement à terme du second fœtus.

Lorsqu'un avortement est terminé complétement, on observe en raccourci les phénomènes des suites de couches. Cependant la fièvre de lait est le plus souvent inappréciable. Les mêmes accidents des couches peuvent se montrer après l'avortement : métrite, phlébite, infection purulente, etc.

Signalons, en terminant, que l'avortement commencé peut s'arrêter dans son évolution, soit par le fait du peu de gravité des accidents, soit par l'effet du traitement. Il y a ce qu'on appelle *rétrocession du travail*.

Le *pronostic* de l'avortement découle facilement de l'exposé que nous venons de faire. En lui-même, l'avortement est moins grave que l'accouchement. Cependant, l'abondance de la perte sanguine, la possibilité de la rétention du placenta, exposent à des accidents sérieux. Les causes de la fausse couche et l'époque à laquelle elle a lieu font évidemment varier le pronostic. La gravité est excessive lorsque l'avortement survient à la suite d'un ébranlement profond de l'économie, d'un traumatisme ou d'une maladie aiguë (variole, pneumonie, etc.). La question de savoir si un avortement prédispose à des avortements successifs est encore indécise. Ce que l'on doit croire, c'est que la cause, latente et obscure, qui a provoqué un premier avortement, se représentant dans le cours des grossesses ultérieures, apportera le plus souvent la même entrave à la marche régulière de la gestation.

Le rôle du médecin, en ce qui concerne l'avortement, est de tâcher, s'il est possible, de le prévenir ou de l'arrêter, en agissant sur les causes qui y prédisposent ou qui l'occasionnent. Ces causes sont si nombreuses, si variées, qu'il faut au médecin beaucoup d'expérience et de tact pour diriger le traitement, à la femme beaucoup de docilité et de persévérance pour le suivre. Si l'avortement est devenu inévitable, la conduite du médecin doit être de favoriser l'expulsion de l'œuf, d'en surveiller l'issue et d'éloigner ou de combattre les accidents qui peuvent se présenter.

On ne saurait trop répéter cette recommandation aux malades de conserver avec soin toutes les matières qui sont expulsées par les voies génitales, car le médecin devra, pour assurer son diagnostic, son pronostic, et quelquefois pour établir le traitement, chercher à retrouver les débris de l'œuf.

AVORTEMENT-BIENFAIT. — Comme beaucoup d'autres idées saines, sages et utiles, le principe de l'*avortement provoqué, dans un but médical*, qui amène à tuer un fœtus pour conserver la vie d'une femme, n'a été adopté dans le monde, et en dernier lieu en France, qu'avec les plus grandes difficultés. La société moderne a encore bien de la peine à dépouiller le vieil homme, et il semble que la France, plus scrupuleuse encore que les autres nations, s'acharne à décourager ses inventeurs, ses fils de génie, pour qu'ils aillent faire prospérer et accepter chez nos voisins des idées lumineuses dont se glorifie plus tard l'humanité. C'est Louise Bourgeois qui, en 1609, dans un recueil d'observations médicales, établit cette proposition, à savoir : « Qu'il y a un accident (l'hémorrhagie) où il faut promptement accoucher une femme, *à quelque terme que ce soit*, pour conserver la vie. » L'idée fut partagée et propagée par Mauriceau (1694-1708), puis par Puzos (1759). Mais les préjugés religieux, avec cette résistance au progrès que partout ils traînent à leur suite, devaient longtemps s'opposer, en France plus qu'ailleurs, à l'élargissement, à la généralisation du principe de l'avortement provoqué. Aussi, dut-il faire le tour de l'Allemagne, de l'Angleterre, recueillant là des adeptes et des vulgarisateurs, trouvant son application dans un plus grand nombre de circonstances bien déterminées, pour revenir chez nous et y obtenir ses lettres de naturalisation. Les désastreux résultats de l'opération césarienne, qui pendant longtemps fut l'unique ressource dans certains cas de rétrécissements du bassin, contribuèrent à faire accepter l'avortement provoqué, dont Fodéré, Velpeau, Devergie, P. Dubois et Cazeaux furent en France les ardents défenseurs. Aujourd'hui, la légitimité de cette opération est partout reconnue : l'Église elle-même a donné son approbation ! Cependant, comme la distinction entre l'avortement légitime et l'avortement criminel n'est pas encore inscrite dans nos lois, et que la justice a le droit, devant un fait d'avortement provoqué, de chercher le mobile qui a dirigé le médecin, celui-ci doit s'entourer de toutes les garanties possibles pour se mettre à l'abri du blâme. Quand il se trouve dans la nécessité d'interrompre le cours de la grossesse, il doit, sans toutefois que ce soit une obligation absolue, rechercher l'avis et le contrôle d'un ou de plusieurs confrères autorisés, avec lesquels alors il partage la responsabilité de sa décision.

D'autre part, la femme, qui se trouve dans les malheureuses conditions qui exigent cette intervention de l'homme de l'art, n'a pas à reculer devant les chances de l'opération. Pour elle, c'est presque une question de vie ou de mort dont la solution est quelquefois immédiate, d'autres fois reportée à la fin de la grossesse. En elle-même l'opération n'a rien d'effrayant ; elle offre peu de dangers. Les statistiques le démontrent péremptoirement. Objecterait-on que l'avortement provoqué dans un but criminel est souvent suivi de mort ? Mais là il s'agit d'une manœuvre brutale, pratiquée clandestinement, à la hâte, par des mains inhabiles et qui tremblent ; là aussi, la femme qui se fait avorter est obligée pour sauvegarder les apparences d'aller, de venir jusqu'au dernier moment, ayant perdu la tranquillité d'esprit ; craignant d'être découverte, elle ne demande conseil au médecin que lorsque les accidents se sont progressivement aggravés et qu'elle commence à avoir peur pour sa vie. Toute autre est la situation d'une femme qui est préparée de longue main à l'opération dont on lui a fait comprendre la nécessité, qui est opérée avec soin, sans précipitation, par un homme expérimenté, consciencieux, et qui ensuite est soignée avec sollicitude et entourée de conseils et d'affections ! On comprend facilement que de ces deux avortements provoqués, l'un soit souvent mortel, tandis que l'autre est d'une innocuité presque absolue.

Indiquons maintenant sommairement les conditions qui commandent l'opération : d'abord, et d'une manière absolue, les étroitesses *extrêmes* du bassin, car, à la fin de la grossesse, l'accoucheur n'aurait d'autre ressource que de pratiquer la céphalotripsie (broiement de la tête du fœtus pour en faciliter le passage), ou de faire l'opération césarienne, opérations toujours très-graves ; ensuite, certaines tumeurs du bassin dont la nature, la position, le volume, constitueront dans l'avenir un obstacle insurmontable à l'accouchement ; enfin, certains accidents, appartenant ou non à la grossesse, qui compromettent très-gravement la vie de la femme, et que l'avortement fera cesser ; tels sont : certaines hémorrhagies utérines, quelques cas d'hydropisie de l'amnios, les déplacements irréductibles de la matrice, les convulsions éclamptiques (rares d'ailleurs dans les premiers mois de la grossesse), et surtout les vomissements incoërcibles lorsqu'ils ont épuisé la femme, et que l'on a essayé sans succès tous les moyens de les faire cesser.

L'opération étant décidée, le chirurgien y prépare la malade, et choisit le procédé le plus favorable à chaque cas particulier. Nous n'entrons pas dans la description des moyens que possède la science pour provoquer l'avortement : ils ont tous pour but de dilater et de ramollir le col, puis d'exciter peu à peu les contractions de l'utérus. Disons seulement que ces moyens, bien dirigés, sont presque tous sans dangers.

AVORTEMENT-CRIME. — En médecine légale, on considère qu'il y a avortement toutes les fois qu'il y a eu expulsion prématurée et violemment provoquée du produit de la conception. Ici, on ne tient pas compte des circonstances d'âge, de viabilité, de bonne ou de mauvaise conformation, non plus que de l'état de vie ou de mort du fœtus.

Dans les pays civilisés, l'avortement clandestinement provoqué est et sera toujours considéré comme un crime. En France, la loi, par l'article 317 du Code pénal, punit de la réclusion quiconque procure l'avortement d'une femme enceinte, ainsi que la femme elle-même qui se fait avorter, et elle punit des travaux forcés à temps les médecins, chirurgiens, officiers de santé, sages-femmes ou pharmaciens qui ont pratiqué ou facilité sciemment l'avortement. La tentative d'avortement est punie à l'égal de l'avortement effectué, excepté pour la femme enceinte qui s'expose volontairement ou non, mais sans résultat, à des manœuvres abortives. L'aggravation de peine infligée aux hommes de l'art qui ont procuré un avortement consommé cesse d'être applicable dans le cas de tentative simple, et la réclusion seule est prononcée.

Les faits viennent souvent confirmer la justesse des prévisions de la loi, ainsi que sa sévérité en ce qui concerne la participation du personnel médical au crime d'avortement. Il est malheureusement trop vrai que ce crime est devenu une industrie scandaleuse, que les personnes qui s'y livrent sont souvent dénoncées par la rumeur publique, qu'enfin ce sont presque toujours des sages-femmes, quelquefois des officiers de santé et même des docteurs qui prêtent les mains à ces manœuvres coupables et souillent honteusement la profession médicale. Pour eux, la peine ne saurait être trop sévère ; mais le crime qu'ils commettent est si facile à dissimuler, les poursuites sont si délicates et l'expertise offre tant de difficultés qu'il y aura toujours là une plaie sociale irrémédiable.

Autrefois, en Grèce comme à Rome, l'avortement était pratiqué avec un cynisme révoltant. Il était passé dans les mœurs et se couvrait du prétexte de servir à l'équilibre de la population. Cependant, Hippocrate protesta dans ses écrits contre ces actes barbares et défendait à ses disciples de s'en rendre complices. Toléré pendant longtemps, ce crime fut ensuite puni avec la plus grande rigueur dès que le christianisme vint modifier le sentiment public. La peine de mort ne fut pas jugée trop sévère. Mais la Révolution française, en 1791, atténua la sévérité des lois en usage avant elle, et accorda l'impunité à la mère pour faire tomber toute la répression sur les complices du crime. Actuellement, la législation est, croyons-nous, plus d'accord avec les vrais principes de la justice, d'autant plus que le jury, prenant en considération les conditions parfois si pitoyables de la femme qui devient enceinte, peut accorder le bénéfice des circonstances atténuantes.

De nos jours, on voit encore, en Orient, le crime d'avortement s'étaler au grand jour, et, chose curieuse, le même fait se passer dans la libre Amérique, à New-York, où l'industrie de l'avortement n'est pas poursuivie et devient même très-lucrative. En France, et à Paris en particulier, le crime est très-fréquent, et on en a pour preuve le nombre des fœtus exposés à la Morgue, et dont l'origine reste inconnue, sans compter tous ceux qu'on a habilement fait disparaître.

Généralement, c'est pendant les troisième, quatrième et cinquième mois de la grossesse qu'ont lieu les avortements. Avant cette époque, la femme n'a pas encore acquis la certitude d'être enceinte; après ce temps, elle trouve dans les mouvements de son enfant un frein moral qui l'arrête. Les femmes qui se font avorter sont souvent des filles-mères, inexpérimentées, ignorantes, et dont on surprend facilement la bonne foi; mais, plus souvent encore, ce sont des filles que l'inconduite et l'effronterie poussent au mal, des femmes mariées infidèles, des veuves ou des jeunes filles riches qui ont besoin de cacher leurs fautes et de sauvegarder leur réputation. Parfois il s'agit de femmes mariées qui, devenues enceintes et s'exagérant les douleurs d'un accouchement prochain, préfèrent courir les chances d'un avortement. Enfin, le crime est quelquefois accompli, à l'insu de la femme, par des maris, des amants qui ont intérêt à arrêter la grossesse dont ils sont les auteurs.

Les moyens mis en œuvre pour provoquer l'avortement sont d'abord des breuvages réputés abortifs, des bains, des applications de sangsues, des marches forcées, la compression du ventre. Comme, dans la plupart des cas, ces moyens restent sans effet, les coupables se mettent entre les mains d'une sage-femme exerçant ce métier et subissent alors une opération qui consiste à perforer ou à décoller les membranes de l'œuf, ou bien en une injection d'un liquide irritant qui excite les contractions de l'utérus. Ces opérations, que l'on fait à l'aveugle avec les instruments les plus grossiers, tels qu'une plume d'oie, une tringle de rideau, des aiguilles à tricoter, produisent souvent des désordres considérables et déterminent facilement des accidents mortels. Sur 96 cas d'avortements criminels, 46 furent suivis de mort, soit à cause d'une syncope immédiate occasionnée par la douleur de l'opération ou simplement par l'impression morale terrible que ressent la femme au moment où le crime s'accomplit, soit par suite d'hémorrhagies graves, de métrites, de péritonites ou de rétention du placenta et d'infection putride, etc.

Quand une accusation d'avortement se produit, la justice charge un expert de l'éclairer sur la réalité du crime et d'en préciser les circonstances. L'expert fait alors une perquisition au domicile des personnes accusées pour y surprendre les substances ou instruments qui auraient pu être employés à la perpétration du crime, puis il procède à l'examen de la femme vivante ou morte et à celui du produit expulsé quand il n'a pas été soustrait. Ces recherches exigent de sa part une profonde connaissance de la matière, car de son jugement dépend le sort de l'accusée. Malgré tout son savoir, le médecin-expert peut ne rien découvrir, ou rester dans le doute relativement à certaines circonstances du prétendu crime; alors il doit, au nom de sa conscience ou au nom de la science encore impuissante, déposer en faveur de l'accusée.

Devant la fréquence croissante des avortements criminels, on est en droit de rechercher si la société n'a pas d'autre devoir à remplir que celui de punir les coupables, et si des réformes importantes ne sont pas à introduire dans nos lois, en ce qui concerne la paternité. — Comme le disait tout dernièrement, à la tribune de l'Académie de médecine, le docteur Chauffard, dans un discours éloquent et ému sur la mortalité des nourrissons, la lumière se fait peu à peu sur les graves imperfections qui déparent le Code Napoléon; et, parmi celles-ci, il n'en est pas de plus affligeantes, au point de vue social et moral, que celles qui interdisent toute recherche de paternité, et livrent la jeune fille sans protection et sans secours possible à toutes les entreprises de la passion et de l'immoralité. La loi française pousse sans réserve aux unions illégitimes. Quel frein peut retenir l'homme qu'aucune loi ne menace? Le plaisir est là; il le goûte en passant, et, dès que ce plaisir conduit à un austère devoir, le plus souvent il fuit, et la charge vient écraser dans son isolement une pauvre fille, moins coupable, à coup sûr, que celui qui se dérobe sans se soucier du mal qu'il a fait, et que bientôt il aura négligemment oublié.

Évidemment, en tout ceci, il n'y a pas à considérer la femme qui, prostituée, tombant de chute en chute, en arrive à arrêter sans hésiter une grossesse qui la gènerait dans l'exercice de son impur métier. Nous ne parlons que pour celle qui, surprise par les dehors d'une passion qu'elle croit sincère, s'abandonne sans réflexion, et qui, devenue enceinte, désabusée sur les sentiments de celui qui l'a abandonnée, ne trouvant dans notre organisation sociale, ni dans les principes de notre morale ou de la religion, le soutien et les secours dont elle aurait tant besoin, n'ayant comme conseillers que la misère et l'opprobre, finit par chercher à se débarrasser du fardeau qui la tue. « Quelle misère est comparable à celle qui frappe la fille-mère! disait encore M. Chauffard dans ce discours auquel j'ai fait allusion tout à l'heure. Dans les unions légitimes, il y a le travail à deux, celui du père et celui de la mère pour préparer et soutenir la vie d'un troisième être, celle de l'enfant qui ne produit rien et qui consomme; dans l'union illégitime, il n'y a le plus souvent que le travail d'un seul pour soutenir la vie de deux, et bientôt les approches et la fonction de la maternité viennent l'entraver et le tarir. La fille enceinte vivant de son travail!... Vous figurez-vous ce que doit être cette vie... Rappelez-vous ce qu'est le salaire ordinaire de la femme, rappelez-vous ce livre de l'Ouvrière, œuvre chaleureuse d'un philosophe, homme d'État, qui sait où sont et comment doivent être étudiées les questions vitales des sociétés modernes. La fille-mère est donc nécessairement et profondément misérable, et, à côté de sa détresse physique, quelle détresse morale!... Abandonnée parce qu'elle est enceinte, au lieu des espérances joyeuses de la maternité ne connaissant que des tristesses insurmontables, repoussée, sans appui, elle marche de dégoût en dégoût, de défaillance en défaillance... » Et alors, dites si cette femme, qui vient requérir le ministère de ces matrones dont on lui a parlé, et qui moyennant une modique somme se chargeront de faire couler ou de décrocher son enfant, dites si cette femme est vraiment coupable, et si ce n'est pas la société qui est seule répréhensible de ne pas l'avoir secourue pendant ces moments critiques, et de ne pas lui permettre de forcer celui qui l'a plongée dans cette situation pleine d'amertume, à partager et à alléger des charges qui sont au-dessus de ses forces. Il faudra qu'un jour ou l'autre, la société s'occupe de soutenir matériellement et moralement ces pauvres filles tombées dans le piège qu'elle leur tend, et de les réhabiliter à leurs propres yeux par le sentiment du devoir accompli. Il est temps enfin que l'esprit public se départisse de cette intolérance outrée qui dirige tous ses coups sur le sexe le plus faible, tandis qu'il absout le suborneur avec une si cruelle insouciance.

Dr LEGROUX.

AVRIL 1834 (JOURNÉES ET PROCÈS D'). — I. Écrire le récit du règne de Louis-Philippe et l'histoire intérieure de la France de 1830 à 1848, ce n'est autre chose que raconter la lutte du parti républicain contre la monarchie d'Orléans. L'insurrection de 1832 et le drame héroïque de Saint-Merri, les journées d'avril et les massacres de la rue Transnonain, le coup de main si admirablement organisé en mai 1839 sont les épisodes les plus marquants de cette guerre qui, au moment où les monarchistes s'y attendaient le moins, amena le triomphe de la république. Le sang de juin, d'avril et de mai n'avait pas été inutilement versé. On dit que les conspirations ne réussissent jamais ; cela est vrai dans un sens ; quand elles réussissent elles changent de nom : on les appelle des Révolutions.

L'insurrection d'avril 1834 offre ce caractère particulier que la défaite n'affaiblit point le parti républicain. Il se releva au contraire avec une indomptable énergie et vint en quelque sorte de tous les points de la France tenir des assises solennelles. Le procès d'avril fut la condamnation de la royauté bourgeoise et des institutions aristocratiques dont elle s'était entourée.

Dès la fin de l'année 1833, il était clair à tous les yeux qu'un conflit était imminent. Le parti républicain était ardent et audacieux, prêt à la bataille ; le pouvoir, confiant dans sa force matérielle, cherchait une affaire pour gagner de vitesse un ennemi grandissant chaque jour; il ne se défendait plus, il provoquait. Deux associations centralisaient les forces républicaines, l'Association pour la défense de la liberté individuelle et de la liberté de la presse, et la Société des droits de l'homme. Presque tous les hommes influents du parti étaient membres de l'une et de l'autre. La première était dirigée par plusieurs comités composés de MM. La Fayette, Garnier-Pagès, Cormenin, Voyer-d'Argenson, Joly, Audry de Puyraveau, Cabet, Armand Carrel, Armand Marrast, Guinard, J. Bernard, Pagnerre, Dupont, Marie, Boussi, Rittiez, Audiat, Boissaye, Conseil, Desjardins, G. Cavaignac, Marchais, Fenet et Étienne Arago. La Société des droits de l'homme, — à laquelle nous consacrerons dans l'Encyclopédie un article spécial, — était la société d'action. Elle avait à Paris plus de trois mille sectionnaires et elle était en correspondance avec une foule de sociétés fondées à son image dans presque toutes les villes de France.

Le comité central, composé de MM. Voyer-d'Argenson, Guinard, Berrier-Fontaine, Lebon, Vignerte, Godefroy Cavaignac, Kersausie, Audry de Puyraveau, Beaumont, Desjardins et Titot, rédigea une solennelle déclaration de principes. M. Louis Blanc a ainsi résumé ce programme de la Société des droits de l'homme : un pouvoir central, électif, temporaire, doué d'une grande force et agissant avec unité; — la souveraineté du peuple mise en action par le suffrage universel ; — la liberté des communes restreinte par le droit accordé au gouvernement de surveiller, au moyen de ses délégués, les votes et la compétence des corps municipaux ; — un système d'éducation publique tendant à élever les générations dans une communauté d'idées compatibles avec le progrès, — l'organisation du Crédit de l'État ; — l'institution du jury généralisée; — l'émancipation de la classe ouvrière par une meilleure division du travail, une répartition plus équitable du produit et l'association; — une fédération de l'Europe, fondée sur la communauté des principes d'où découle la souveraineté du peuple, sur la liberté absolue du commerce et une entière égalité de rapports.

Après cet exposé de principes, venait la *Déclaration des droits de l'homme*, telle que l'avait formulée Robespierre.

Le manifeste fut attaqué par les journaux monarchistes avec une violence extrême. M. Dupin, dans un discours de rentrée prononcé à la Cour de cassation, représenta l'œuvre de la Société des droits de l'homme comme un programme de spoliation des fortunes privées. A la tribune de la chambre des députés, MM. Voyer d'Argenson et Audry de Puyraveau, signataires du manifeste, furent dénoncés comme indignes. Ils relevèrent ces méprisables insinuations avec une dédaigneuse énergie, et un troisième député, M. de Ludre, vint se ranger à côté d'eux et déclara solennellement qu'il adhérait à la déclaration de principes de la Société des droits de l'homme.

Le pouvoir répondit au manifeste en présentant une loi contre les associations. L'article 291 du code pénal proscrivait toute association de plus de vingt personnes non autorisée. La loi nouvelle étendait cette disposition à toute association partagée en sections de moins de vingt personnes. L'article 291 ne menaçait que les chefs ; la nouvelle loi frappait tous les associés sans distinction. Enfin, le délit d'association illicite était déféré non plus au jury, mais aux tribunaux correctionnels. Cette loi était présentée par un ministère où l'on voyait siéger M. de Broglie, chez qui, sous la Restauration, s'étaient tenues les séances de la Société des amis de la presse; M. Guizot, qui avait dirigé la Société Aide-toi, le ciel t'aidera ; M. Barthe, qui avait été carbonaro.

Déjà une irritation extrême régnait dans les esprits. La condamnation de la *Tribune* par la chambre des députés, la loi contre les crieurs publics, les assommades de la place de la Bourse, la mort du député Dulong tué en duel par le général Bugeaud avaient exaspéré les républicains. La nouvelle loi mettait le comble à la mesure ; elle portait un coup mortel à la Société des droits de l'homme, et tout le monde savait que la Société ne se laisserait pas dissoudre. Le pouvoir marchait droit à son but. La discussion s'ouvrit le 11 mars ; il n'entre pas dans notre sujet d'y insister, citons seulement ces paroles du député de Ludre : « La Société des droits de l'homme ne fera pas d'émeutes ; mais si elle n'était décidée à attendre que la volonté du peuple se manifeste, le nombre et le courage de ses membres lui permettraient peut-être de livrer bataille! » La loi fut votée à une majorité de 246 voix. Le sort en était jeté, il y aurait bataille. Disons tout de suite pourquoi les républicains devaient être vaincus ; la Société des droits de l'homme avait en elle, en tant que Société de combat et d'attaque, un vice irrémédiable, que le vieux Buonarotti, l'ami de Babeuf, le chef du carbonarisme, avait souvent signalé. « La Société des droits de l'homme, dit M. Louis Blanc, avait dans Buonarotti un juge plus sévère qu'Armand Carrel et bien plus imposant. Directeur suprême des mouvements mystérieux de la charbonnerie, Buonarotti n'avait nulle confiance dans une conspiration qui déroulait sa trame en plein jour, qui publiait chaque matin le nom de ses chefs, qui se recrutait à la face du soleil; il avait raison au point de vue du combat. Une association hostile au pouvoir ne saurait réussir dans ses projets, même quand elle n'est pas secrète, qu'à la condition d'être conduite par un gouvernement inconnu. Le fait est que la Société des droits de l'homme avait tous les inconvénients des sociétés secrètes sans en avoir les avantages. Bonne pour une œuvre de propagande, il était impossible qu'à la veille d'une bataille elle ne fût pas désorganisée par le seul fait de l'arrestation de ses chefs. Ceux qui la fondèrent avaient commis, en isolant leur action de celle de la charbonnerie, une faute qui allait être expiée cruellement, car c'était du fond d'un cachot que la plupart des chefs allaient entendre le premier appel aux armes ! »

II

Le parti républicain était à Lyon aussi nombreux, aussi actif, plus audacieux qu'à Paris. Il avait à son service deux journaux, l'un modéré, *le Précurseur*, rédigé par M. Anselme Petetin, qui fut depuis préfet en Savoie et directeur de l'imprimerie impériale ; l'autre, *la Glaneuse*, dont les allures, au contraire, étaient militantes. De Lyon, le parti républicain rayonnait sur tous les départements du Midi. Mais non plus qu'à Paris, des forces aussi imposantes n'étaient mises en œuvre par une organisation suffisante. Deux sociétés existaient à Lyon, la Charbonnerie, qui s'était transformée en Société du progrès, et la Société des droits de l'homme, dont le comité était composé de MM. Martin, Bertholon, Baune, Hugon, Poujol, Albert et Sylvaincourt. D'autre part, au mois de juillet 1833, à l'occasion d'un voyage de Godefroy Cavaignac à Lyon, une réunion des principaux membres du parti avait eu lieu dans les bureaux du *Précurseur*, et on y avait élu un comité secret, chargé de représenter toutes les forces vives de la cité. Les membres de ce comité, dont on connut les noms plus tard, étaient MM. Jules Séguin, Lortet, Bertholon, Baune, Charassin, Poujol, Jules Favre, Michel-Ange Perier, Antide Martin, Rivière. Ces divers comités entretenaient des relations actives et constantes avec les républicains des villes les plus importantes de l'Isère, de la Drôme, de l'Ardèche, de la Loire, du Jura et de Saône-et-Loire.

Le parti républicain ainsi préparé, une question sociale se posa. Les ouvriers en soie, chefs d'ateliers, avaient une société qui s'appelait le Mutuellisme. Depuis longtemps une crise était imminente entre les ouvriers et les fabricants. Une légère réduction sur le prix de fabrication des peluches la fit éclater. Les ouvriers de cette spécialité firent appel à la Société mutuelliste qui se réunit, et, le 12 février 1834, à la majorité de douze cent quatre-vingt-dix-sept voix sur deux mille trois cent quarante et un votants, décréta la suspension des travaux. Dès le lendemain, les métiers cessèrent de battre à Lyon. Le pouvoir et l'aristocratie industrielle ne s'effrayèrent pas et virent au contraire dans la grève une occasion de précipiter le dénoûment, de forcer les républicains à combattre avant d'être prêts. « Il est temps de donner, ainsi parlait le *Courrier de Lyon*, organe des fabricants, une vigoureuse leçon à l'insolence des mutuellistes. » Aussi, lorsque ceux-ci firent aux patrons des ouvertures d'accommodement, elles furent dédaigneusement repoussées : on voulait la bataille. La Société des droits de l'homme, non plus, ne la redoutait pas. Les membres les plus ardents y poussaient de toutes leurs forces, mais le comité réagissait tant qu'il pouvait contre ces impatiences ; il manquait d'armes, il ne pouvait devancer le mouvement de Paris sans risquer de tout compromettre, et enfin il n'était rien moins que sûr de l'appui effectif de la Société mutuelliste, dont quelques meneurs poussaient les ouvriers à se défier du parti républicain, et ne cessaient de recommander l'observation du règlement mutuelliste, qui portait interdiction de la politique.

Néanmoins le comité des droits de l'homme, craignant d'être débordé, envoya à Paris un de ses membres, M. Albert, avec mission d'exposer la situation au comité parisien, et de ramener à Lyon MM. Godefroy Cavaignac et Guinard, avec lesquels on arrêterait un plan de conduite définitif. M. Albert vit à Paris tous les chefs du parti républicain, et il allait repartir pour Lyon avec MM. Armand Carrel et Godefroy Cavaignac, lorsqu'il apprit que le calme était rétabli, et que le conseil exécutif des mutuellistes avait ordonné la reprise des travaux. M. Albert revint seul, porteur d'une lettre adressée par le comité parisien au comité lyonnais, et dont le sens était : « Abstenez-vous de toute provocation. Paris n'a pas besoin, comme Lyon, d'être contenu, il aurait plutôt besoin d'être excité. Cependant, si le pouvoir vous attaquait et vous réduisait à la nécessité de vous défendre, Paris vous soutiendrait. »

C'est le pouvoir qui, par ses provocations, rejeta Lyon dans la guerre civile.

D'une part, la loi sur les associations menaçait les mutuellistes qui y répondaient ar une protestation énergique signée de deux mille cinq cents travailleurs. De l autre, six ouvriers en soie étaient poursuivis et arrêtés comme meneurs de la grève et chefs de la coalition. Ainsi attaqués, tous les corps d'état nommèrent des délégués qui formèrent un comité d'ensemble où la Société des droits de l'homme se fit représenter. Mais là les rôles furent intervertis. Le comité des droits de l'homme recommandait la prudence, et les mutuellistes lui répondaient : « Prenez garde, si vos sections ne descendent pas dans la rue, nous y descendrons sans elles ! » A partir de ce moment, le comité se sentit débordé et hors d'état de retenir les ouvriers, d'empêcher un conflit. Le procès des mutuellistes prévenus de coalition avait été renvoyé au mercredi, 9 avril. Nul ne doutait à Lyon que la bataille ne s'engageât ce jour-là. Dans des réunions qui eurent lieu pendant la nuit du mardi au mercredi, la direction d'une insurrection qu'ils jugeaient intempestive fut donnée à MM. Baune, Lagrange et quelques autres.

Le mercredi matin, la ville était occupée militairement. Le préfet, M. de Gasparin et le procureur général, M. Chegaray, poussaient à une lutte que le lieutenant général Aymar, commandant des forces militaires, aurait voulu prévenir. C'est pour cela qu'il avait proposé que la place Saint-Jean fût occupée par les troupes de façon à ce que la foule ne pût s'approcher du tribunal. M. de Gasparin et M. Chegaray s'y opposèrent. Lyon sentait la poudre. « Dès la pointe du jour, dit M. Louis Blanc, trois hommes s'étaient rencontrés sur le quai Saint-Antoine. C'étaient MM. Baune, Albert et Limage. Le premier, quoique malade, allait visiter les quartiers du centre. Le second se rendait au lieu où le comité avait coutume de tenir ses séances. Le troisième se préparait à obéir. Ils n'avaient eu qu'à regarder autour d'eux pour comprendre que le sort en était jeté. Ils se séparèrent en se serrant la main avec une émotion convulsive. « Nous ne nous reverrons sans doute plus, » dirent-ils. Avant la fin de la journée, l'un d'eux, M. Limage était mort. » Vers onze heures, un premier coup de feu retentit ; il avait été tiré par un gendarme et avait frappé un agent de police nommé Faivre, qui jouait le rôle d'agent provocateur. C'était le signal. Un bataillon du 7e léger s'élança sur la place Saint-Jean et refoula le peuple qui se répandit dans les rues avoisinantes en criant : aux armes ! Le comité des droits de l'homme siégeait en permanence. Plusieurs chefs de section se présentèrent, demandant des ordres, prévenant qu'ils ne pouvaient plus retenir leurs hommes. « Eh bien, qu'ils descendent sur la place publique ! » s'écria un des membres du comité. Et alors, sans plan conçu à l'avance, sans organisation, sur beaucoup de points sans chefs, les républicains commencèrent le combat. Les communications étaient coupées par l'armée et presque tous les sectionnaires étaient parqués dans leurs quartiers respectifs. Beaucoup ne reçurent pas d'ordres. On manquait d'armes, les dépôts sur lesquels on avait compté n'existaient pas.

Pourtant, six autres centres de combat furent formés, mais sans relation entre eux. L'un dans les quartiers Saint-Jean, Saint-Paul et Saint-Georges ; un dans le quartier des Cordeliers ; un dans la rue Neyret et les rues adjacentes ; un dans le clos Casati ; un à la Croix-Rousse ; un autre enfin à la Guillotière.

La lutte dura six jours. Le 9, les insurgés ne perdirent pas de terrain ; le 10 et le 11, non-seulement ils maintinrent leurs positions, mais ils parvinrent à cerner presque entièrement la garnison par le soulèvement de la Guillotière, de Vaise, de Saint-Clair et de Saint-Just, ce qui coupait les communications avec Paris, l'est et le midi. De plus, les républicains s'emparèrent du fort Saint-Just et y trouvèrent deux pièces de canon avec lesquelles, des hauteurs de Fourvières, ils dirigèrent un feu d'artillerie sur les quais et sur la place Bellecour. Pendant ce temps, les bombes pleuvaient sur le faubourg de la Guillotière. Hélas ! à force de courage et d'héroïsme, les républicains faisaient illusion sur leur petit nombre, mais ils ne pouvaient espérer la victoire. Sur la place des Cordeliers seulement, où commandait Lagrange, depuis représentant du peuple et mort en exil, l'insurrection occupait une position favorable. A la Croix-Rousse, isolée de la ville, M. Carrier ne commandait qu'à un très-petit nombre d'hommes. Au faubourg de Vaise, M. Reverchon, désespérant d'organiser une résistance sérieuse, avait gagné la campagne pour tenter de soulever les paysans. Le comité des droits de l'homme était dispersé. M Baune, malade, avait été arrêté dans son lit. MM. Hugon, Martin et Albert étaient séparés.

Il semblait donc que l'insurrection dût être facilement vaincue ; mais, soit que les autorités de Lyon se fussent exagéré les forces des républicains, soit que, pour effrayer la bourgeoisie et lui persuader qu'il avait sauvé la patrie d'un immense péril, le pouvoir ait volontairement prolongé le combat, c'est le 12 seulement que les troupes envahirent le faubourg de Vaise et la Guillotière. Le 13 et le 14, les quartiers Saint-Paul, Saint-Just, le faubourg Saint-Georges, la Croix-Rousse et Fourvières furent occupés. Finalement, le quartier des Cordeliers attaqué par l'artillerie succomba. Presque tous les insurgés qui, sur ce point, tombèrent entre les mains des vainqueurs furent passés par les armes. Et pourtant les républicains avaient montré autant de générosité que de courage. Le préfet de police, Gisquet, lui-même, dans ses mémoires, est obligé d'en convenir : « L'insurrection, dit-il, conserva son caractère politique, et l'on cite peu d'excès commis soit contre des individus, soit contre les propriétés. Les chefs s'opposent énergiquement aux désordres et aux violences qui ne peuvent que compromettre leur cause dans l'opinion. On rapporte même plusieurs traits dignes d'éloges. Ainsi, le sieur Reverchon, pendant qu'il commande la révolte de Vaise, déclare qu'il fera fusiller les pillards ; Lagrange, l'un des membres du comité républicain lyonnais, et l'un des hommes les plus braves parmi les révoltés, s'interpose pour empêcher sa bande d'assassiner un agent de police ; Gauthier sauve la vie à un sous-lieutenant, et un autre chef détourne la carabine d'un insurgé qui voulait faire feu sur le courrier Souillard. »

Les soldats répondirent à cette noble conduite en fusillant les insurgés faits prisonniers. J'ai dit ce qui se passa aux Cordeliers. Plus horrible encore fut la scène de massacres au faubourg de Vaise. Ici je ne saurais mieux faire que de citer M. Louis Blanc :

« Là furent commis des actes de barbarie dont notre plume hésite à retracer l'image. Un coup de fusil ayant été tiré rue Projetée, devant la maison du cabaretier Chapier, les soldats s'élancent dans cette maison décidés à faire main basse sur tous ceux qui l'habitent. Un vieillard de soixante-quatorze ans, nommé Meunier, était au lit. On lui tire dessus, et de si près que le feu prend aux couvertures ; il respirait encore, on l'achève d'un coup de hache. Claude Combe, qui veillait au chevet de son frère mourant, est traîné dans la rue et fusillé. Jean-Claude Passinge, précipité par la fenêtre, est assommé sur le pavé à coups de crosse. Les soldats égorgent Prost et Lauvergnat après les avoir liés dos à dos. Un homme paisible, nommé Dieudonné, fut trouvé dans sa chambre tenant dans ses bras son fils âgé de cinq ans. A l'aspect des soldats furieux, le pauvre enfant criait : Ne tuez point papa ! Mais le père violemment séparé de son fils est poussé au pied de l'escalier. L'officier donnant le signal du meurtre, laissez, lui dit un soldat, laissez cet homme pour élever son enfant ! Il achevait à peine que déjà l'officier avait plongé son épée dans la poitrine du malheureux père de famille. Abrégeons, abrégeons cette énumération lamentable, et n'épuisons pas le courage qu'il nous faut pour parcourir la route sanglante qui commence à Lyon dans le faubourg de Vaise et doit finir à Paris rue Transnonain. Seize victimes innocentes faites dans l'espace de quelques minutes, seize assassinats, tels furent les effets de la direction imprimée au mouvement répressif. » C'est ainsi que Lyon fut pacifié.

A Paris, la Société des droits de l'homme fut surprise par la nouvelle de l'insurrection de Lyon; elle fut surprise et placée, par les mesures que prit le préfet de police Gisquet, dans l'impossibilité d'agir vigoureusement et de combattre avec ensemble. Dès le 12 au matin, tous ceux des chefs de la Société sur lesquels la police put mettre la main furent arrêtés. En même temps, les bureaux de la *Tribune* étaient cernés, les papiers du journal saisis et tous les rédacteurs qui se trouvaient là décrétés d'arrestation. Le rédacteur en chef, M. Marrast, était absent, mais, dès le 13, M. Gisquet avait pu découvrir sa retraite. Ainsi, la Société des droits de l'homme était à la fois privée de ses chefs et de son organe habituel. Aussi n'y aurait-il eu probablement pas de coups de fusil tirés à Paris, sans une parole imprudente ou calculée de M. Thiers. Interpellé à la chambre des députés dans la séance du 12, le ministre de l'intérieur déclara que le général Aymar occupait à Lyon une position inexpugnable. C'était faire entendre que l'insurrection, si elle n'était point triomphante, tenait au moins l'offensive, c'était exciter Paris à venir en aide à Lyon.

Immédiatement les membres du comité qui restaient libres rédigèrent une proclamation qui, la *Tribune* étant supprimée, fut portée au *National*. Mais M. Armand Carrel ne crut pas devoir en accepter l'insertion. En même temps, M. de Kersausie, ex-capitaine de hussards, chef des sections d'action de la Société, convoqua ses hommes pour le dimanche 13 avril. Ici, je reproduirai les détails donnés par le préfet de police Gisquet, dont le récit sur ce point particulier est assez exact. « A deux heures, dit M. Gisquet, j'appris que toute la société d'action était éparpillée sur les boulevards, depuis la place Saint-Antoine jusqu'à la rue de la Paix. Kersausie avait déjà commencé son examen, il marchait lentement sur les contre-allées des boulevards, toujours suivi de près par quelques-uns de ses hommes les plus déterminés; il s'arrêtait de temps en temps pour communiquer à voix basse ses instructions aux chefs secondaires; il apprenait de leur bouche le nombre des sectionnaires présents à la revue, c'est-à-dire placés aux environs dans les rues latérales, indiquait le poste qu'ils devaient occuper au moment de l'attaque, recommandait le silence, la prudence jusque-là, et les quittait en leur répétant : à ce soir. J'appelle à l'instant auprès de moi l'officier de paix Tranchard, qui connaissait de vue Kersausie ; je lui communique en substance mes renseignements. Kersausie, lui dis-je, est en ce moment sur le boulevard du Temple; il ne tardera pas à passer à la porte Saint-Martin. Courez-y avec une forte escouade d'agents ; enlevez Kersausie, coûte que coûte ; c'est le plus grand service que nous puissions rendre au pays. Tranchard réunit aussitôt une vingtaine d'inspecteurs et se rend au pas de course à la porte Saint-Martin, en dispersant son monde de manière à n'être pas remarqué; précaution indispensable, car tous les républicains qui circulaient sur ce point étaient autant de sentinelles vigilantes. S'ils avaient aperçu un seul uniforme, une seule figure suspecte, ils auraient donné l'éveil et leur chef eût encore échappé.

« Kersausie ne tarde point à paraître ; Tranchard se précipite sur lui, l'enlève à bras-le-corps et l'emporte, aidé de ses subordonnés qui épiaient le moment de seconder l'officier de paix ; ils se dirigent à la hâte avec leur prisonnier vers le poste de garde nationale, établi à la mairie du VIᵉ arrondissement. Kersausie veut faire résistance, il s'arme d'un pistolet, on le lui arrache des mains. Alors il crie

de toutes ses forces : A moi, républicains, à moi ! je suis le capitaine Kersausie !
sauvez la république ! Ses hommes n'étaient pas encore armés, ils accourent par
petites bandes dans la rue Saint-Martin pour délivrer leur commandant, mais les
agents les tiennent en respect, et arrivent au poste où ils déposent Kersausie. »

L'arrestation de Kersausie enlevait à l'insurrection ses dernières chances. Il y
avait désormais folie à tenter le combat. Néanmoins, une poignée d'hommes intrépides ne désespérèrent pas. Ils se retranchèrent dans le quartier compris entre la
rue Saint-Martin et la rue du Temple, les rues Saint-Merri, Jean-Robert et des
Gravilliers. La rue Beaubourg était le point central de l'insurrection. En même
temps, quelques essais de barricades furent tentés sur la rive gauche, rue Sainte-
Hyacinthe et rue d'Enfer. Pour combattre ces quelques centaines d'hommes, résolus non pas à vaincre mais à mourir, le pouvoir disposait de quarante mille
hommes. Trente-six pièces de canon furent braquées sur le quartier insurgé, coupé
de toutes ses communications avec le reste de la ville. Le 14 au matin, M. Thiers
monta à cheval, et, dit M. Louis Blanc, « il eut la gloire de faire balayer en courant l'inutile amas de pierres qui obstruait quelques rues de la capitale. Et plût à
Dieu que rien n'eût souillé l'ivresse de ce facile triomphe ! Mais non, il était dit
que la maison n° 12 de la rue Transnonain serait le théâtre de scènes plus abominables encore que celles du faubourg de Vaise ; il était dit qu'au XIXᵉ siècle, en
plein Paris, au centre d'une ville qu'on nomme la capitale du monde civilisé, le
rétablissement de l'ordre irait se perdre dans les horreurs d'une guerre de sauvages
et fournirait matière à une besogne d'assassin ! »

Nous ne saurions, sans dépasser l'étendue de notre cadre, raconter ces massacres de la rue Transnonain accomplis par le 35ᵉ de ligne. Qui n'a pas vu cette
admirable lithographie de Daumier, représentant une mansarde d'ouvrier après le
passage des soldats. On trouvera les lamentables détails de cette boucherie dans
l'*Histoire de dix ans*, et plus complètement encore dans le Mémoire publié à l'époque
même par M. Ledru-Rollin. Qu'il nous suffise de dire que, dans son rapport à la
Chambre des pairs, M. Girod (de l'Ain) avoua que vingt-neuf personnes présumées
étrangères à la révolte avaient été tuées !

A Paris, l'insurrection d'avril coûta aux divers corps de la garnison et à la
garde nationale seize hommes tués et quarante-huit blessés. A Lyon, la troupe
avait perdu cent trente et un hommes ; les blessés étaient au nombre de cent
soixante-douze.

Sur quelques points de la France l'appel des insurgés lyonnais avait été entendu. A Lunéville, les sous-officiers d'un régiment de cuirassiers avaient préparé
une insurrection militaire. La petite ville d'Arbois, dans le Jura, proclama la
république. Mais la réussite de ces tentatives, comme de celles de Saint-Étienne,
de Grenoble, de Clermont-Ferrand, de Vienne, de Chalon-sur-Saône, de Marseille,
étaient subordonnées aux événements de Paris et de Lyon. L'ordre régnait dans
les deux grandes villes ; la république était vaincue.

III

Vaincu dans la rue, le parti républicain, que l'on croyait abattu, se releva avec
une admirable énergie. Il montra que, s'il avait été impuissant à vaincre, il était
indomptable dans la défaite.

Le 15 avril 1834, une ordonnance royale saisit la Chambre des pairs de tous les
faits qui se rattachaient aux troubles. Ainsi les accusés étaient soustraits à leurs
juges naturels, au jury. Le préfet de police Gisquet, — qu'il faut souvent citer
quand on s'occupe des premières années du règne de Louis-Philippe, parce qu'il a

tout su et que, dans sa naïveté inconsciente du bien et du mal, il a laissé souvent
entrevoir la vérité, — a exposé les raisons qui avaient déterminé le pouvoir à
transformer la Chambre des pairs en Cour de justice : « Il importait, dit-il,
d'atteindre ces comités directeurs, ces écrivains anarchistes dont les manœuvres,
les instigations, les mensonges ne cessaient depuis quarante-cinq mois d'agiter les
passions du peuple et d'égarer l'opinion.... Les sommités du parti républicain lui
donnaient seules de la consistance et le mettaient en mouvement. C'était donc en
frappant sur elles qu'il était possible de paralyser l'esprit insurrectionnel....
Déjà, dans toutes les circonstances analogues, le pouvoir, envisageant la question
de la même manière, avait demandé l'application des lois contre les hommes
regardés avec raison comme les auteurs principaux de tout le mal ; mais c'était le
jury qui prononçait sur les faits incriminés, et toujours, les accusés, sur qui pesait
la plus grande responsabilité, sortaient victorieux de ces épreuves judiciaires,
parce qu'alors le jury n'attachait d'importance qu'aux actes matériels, et non aux
prémisses dont ils n'étaient qu'une suite naturelle. C'est ainsi que ces procès,
dirigés contre les amis du peuple et contre une foule d'écrivains, n'avaient abouti
qu'à des acquittements où les républicains puisaient une nouvelle force.

» Indépendamment de ces considérations, la constitution de la Chambre des
pairs en haute Cour de justice permettait la jonction de toutes les causes partielles,
la réunion de tous les éléments à l'appui de l'accusation qui pesait sur les chefs du
complot. Si la juridiction ordinaire avait été seule chargée de prononcer sur tant
de crimes et de délits, on aurait dû instruire séparément à l'égard de chaque attentat. Partout des présomptions graves se seraient élevées contre les comités révolutionnaires, partout on pouvait reconnaître l'influence occulte des clubs ; *mais peut-
être, par le fractionnement des procédures, les pièces de conviction réparties dans cinquante
tribunaux auraient paru insuffisantes pour motiver une condamnation, tandis qu'en les groupant toutes dans un même procès elles offraient une masse de preuves accablantes*, »

On n'a pas l'aveu plus cynique.

Au mois de décembre, le public eut connaissance du rapport sur les événements lu
à la Chambre des pairs par un de ses membres, M. Girod (de l'Ain). Le 10, le *National*
publia un article dirigé contre la compétence de la Chambre des pairs, et dont voici
le passage le plus caractéristique : « Non, aux yeux de l'éternelle justice, aux yeux
de la postérité, au témoignage de leur propre conscience, les vieux sénateurs de
Bonaparte, ses maréchaux tarés, les procureurs généraux, les anoblis de la Restauration, ses trois ou quatre générations de ministres tombés sous la haine et le
mépris publics, et couverts de notre sang, tout cela rajeuni de quelques notabilités
jetées là par la royauté du 7 août, à la condition de n'y jamais parler que pour
approuver tout cet ensemble de servilités d'origines si diverses, n'est pas compétent
à prononcer sur la culpabilité d'hommes accusés d'avoir voulu forcer les conséquences de la Révolution de juillet. » La Chambre des pairs se déclara offensée par
cet article, et, sur la proposition de M. Philippe de Ségur, elle traduisit à sa barre
le *National*, dans la personne du gérant, M. Rouen, qui fut condamné à dix mille
francs d'amende et à deux ans de prison.

La Chambre des pairs avait été saisie le 16 avril 1834. Le 6 février 1835 seulement,
elle libella l'arrêt de mise en accusation qui déclarait connexes tous les faits de Lyon,
Paris, Marseille, Saint-Étienne, Besançon, Arbois, Chalon, Lunéville et Grenoble,
et citait les accusés à comparaître devant la Chambre. C'était le parti républicain
tout entier qui était visé dans la personne des détenus de Paris et de la province ;
les républicains relevèrent le gant, et il fut décidé que les accusés se présenteraient
à la barre de la Chambre des pairs, appuyés, soutenus par le parti tout entier.

Le comité de défense des accusés parisiens, composé de MM. Godefroy Cavaignac, Guinard, Armand Marrast, Lebon, Vignerte, Landolphe, Chilman, Granger et Pichonnier, se mit en rapport avec les membres du comité lyonnais, qui étaient MM. Baune, Lagrange, Martin Maillefer, Tiphaine et Caussidière. Puis on convoqua un congrès des défenseurs. Tous les hommes qui, en France, comptaient à un titre quelconque dans le parti furent appelés à l'honneur de siéger dans ce grand jury républicain, qui se rassemblait pour juger et condamner les juges choisis par le pouvoir et le pouvoir lui-même. Pour n'en citer que quelques-uns, c'étaient Étienne Arago, Audry de Puyraveau, Armand Barbès, Martin Bernard, Auguste Blanqui, Buonarotti, Carnot, Armand Carrel, Marc Dufraisse, Dupont de Bussac, Flocon, Lamennais, Ledru-Rollin, Pierre Leroux, Charles Teste, Voyer d'Argenson, Joly, James Demontry, Michel de Bourges, Trélat.

On ne relit pas sans quelque fierté cette liste des défenseurs d'avril. Bien des années se sont écoulées depuis le jour où, de tous les points de la France, ces hommes de bonne volonté se rendirent à l'appel des accusés de Paris et de Lyon. Beaucoup sont morts, mais parmi ceux-là comme parmi ceux qui vivent encore, bien peu, on peut le dire à l'honneur de l'idée républicaine, bien peu ont menti à leurs promesses et à leurs doctrines, bien peu ont apostasié. Nommons pourtant ceux-là, nommons ceux qui furent coupables de défaillance ou de trahison : c'est M. Hippolyte Fortoul, le plus exécrable peut-être de tous les ministres du 2 décembre ; c'est M. de Cormenin, mort conseiller d'État; c'est M. Woirhaye, conseiller à la Cour de cassation. Je devrais joindre à ces noms celui d'un avocat de Rouen, le réacteur de juin.

Le pouvoir et la Cour des pairs n'osèrent pas affronter la lutte qui se préparait, ils reculèrent. Le 20 mars 1835, le président Pasquier décida que, parmi les défenseurs présentés par les prisonniers, ceux seulement qui étaient avocats seraient admis à se présenter devant la Cour, et que des avocats d'office seraient imposés aux accusés. Cette décision fut signifiée aux détenus de Sainte-Pélagie par le greffier de la Cour des pairs. Indignés, les accusés protestèrent, et en même temps qu'ils adressaient leur protestation à M. Pasquier, ils sommèrent les membres du barreau de Paris de se refuser au rôle indigne qu'on leur voulait faire jouer. Le 6 avril, le conseil de l'ordre se réunit et vota la résolution suivante :

« Sans se préoccuper de l'illégalité de l'ordonnance, sans examiner si le mandat qui leur est donné est obligatoire, les avocats doivent persister à déclarer qu'un appel à l'humanité, à l'accomplissement des devoirs de leur profession ne leur sera jamais adressé en vain; que toujours, si les accusés y consentent ou rétractent leur refus, ils seront prêts à payer leur tribut au malheur. Mais, si les accusés persistent dans leur résistance, il est impossible d'engager avec eux une lutte sans convenance et sans dignité. Dans ces circonstances, le conseil, procédant par forme de simple avis, estime que le parti le plus convenable à prendre par les avocats est de s'assurer des dispositions des accusés et, en cas de refus, d'écrire à M. le président de la Cour des pairs qu'ils se seraient empressés d'accepter la mission qui leur a été déférée, mais que la résolution des accusés leur fait un devoir de s'abstenir. »

Malgré la protestation des accusés et du barreau, la Cour des pairs passa outre. Une question alors se posa qui était de la plus haute importance. La défense n'étant pas libre, accepterait-on le débat ? Consentirait-on à comparaître devant la Chambre des pairs ? Reconnaîtrait - on par sa présence la légalité de l'ordonnance de M. Pasquier ? Se soumettrait-on à un abus monstrueux de pouvoir ? Ne pouvant plus plaider pour la république, assistés des orateurs de leur choix, les accusés s'abaisseraient-ils à plaider pour eux-mêmes? A ces questions, les accusés de Paris répondirent sans hésiter : Non! Et ils résolurent de refuser de se défendre. Malheureusement les accusés lyonnais ne furent pas unanimes comme les Parisiens, et les hésitations de quelques-uns d'entre eux servirent les projets d'un de leurs avocats qui voulait absolument plaider, qui était décidé à ne pas repartir pour Lyon sans avoir fait à Paris ses preuves d'éloquence. Dans la réunion des défenseurs où une résolution définitive devait être prise, M. Jules Favre soutint qu'on devait accepter les débats, qu'il ne s'agissait pas tant des intérêts du parti que de ceux des accusés; enfin, il impatienta tellement l'assemblée par son entêtement, qu'Armand Carrel lui lança ces amères paroles : « Eh bien, soit, monsieur, puisque vous persistez, nous ferons de tout ceci une simple affaire correctionnelle. »

La persistance de M. Jules Favre amena des scènes d'une violence extraordinaire; le jour même de l'ouverture des débats, les défenseurs étaient réunis chez M. Auguste Blanqui, M. Jules Favre se présenta, et il déclara que la décision de la majorité des accusés et des défenseurs n'avait rien d'obligatoire, et que, pour son compte, il paraîtrait comme avocat devant la Cour des pairs, et y plaiderait pour ceux des accusés qui lui demanderaient son concours. Ces paroles furent accueillies par une telle explosion de mépris et de colère, que M. Jules Favre dut se retirer au plus vite.

Sans admettre les accusations d'égoïsme et d'intérêt personnel qui ont été portées contre M. Jules Favre à cette occasion, on peut dire que, par sa conduite au procès d'avril, il donna le droit de penser qu'il était plus avocat que tribun, qu'il n'avait aucun des mérites du chef de parti, qu'il n'avait pas le sens politique. Nous eussions été heureux qu'il ne nous en donnât pas plus tard des preuves, trop cruelles et trop répétées.

Le 5 mai 1835, les accusés comparurent devant la Cour des pairs. M. Pasquier présidait; M. Martin (du Nord) faisait fonction de ministère public. Ils étaient là tous ces vieillards infâmes, blanchis dans la servitude, les sénateurs de Bonaparte, les pairs de Louis XVIII et de Charles X, ceux qui avaient condamné le maréchal Ney, et qui auraient aussi bien condamné Bourmont, qui avaient condamné les ministres de Charles X, et qui auraient condamné les combattants de Juillet s'ils avaient été vaincus, qui se seraient condamnés eux-mêmes si le pouvoir le leur avait demandé, prêts enfin à toutes les servilités et à toutes les trahisons.

M. Pasquier voulut commencer les interrogatoires. Les Lyonnais répondirent, les Parisiens refusèrent de donner leurs noms. Puis, l'un des accusés prit des conclusions tendant à l'admission de treize défenseurs, qui étaient MM. Voyer-d'Argenson, Audry de Puyraveau, le général Taragre, Lamennais, Trélat, Raspail, Carnot, Carrel, Bouchotte, Pierre Leroux, Jean Reynaud, Degeorge et Cormenin. La Cour délibéra deux heures, et rendit un arrêt qui repoussait les défenseurs proposés, sous prétexte qu'ils n'étaient inscrits ni comme avoués ni comme avocats. Le lendemain, Godefroy Cavaignac protesta contre cet arrêt, et la Cour dut lever l'audience au milieu du plus violent tumulte. Le surlendemain, le procureur général Martin (du Nord) lut un réquisitoire où il demandait l'expulsion des accusés qui troubleraient l'ordre et le jugement sur pièces. Pendant qu'il parlait, Baune aussi s'était levé, et il lisait au nom des accusés une protestation solennelle[1]. « Aucune parole humaine, dit M. Louis Blanc, ne peut rendre la physio-

---

[1]. « La presque unanimité des accusés de Lyon, Paris, Saint-Étienne, Arbois, Lunéville, Marseille, Épinal, Grenoble, soussignés,
» Après les faits graves qui ont eu lieu aux deux premières audiences, croient qu'il est de leur dignité comme de leur devoir d'adresser à la Cour des pairs la déclaration suivante :
» La Cour a, par son arrêt, violé les droits de la libre défense. Cour souveraine armée d'un pouvoir exorbitant, jugeant sans contrôle, procédant sans lui, elle enlève la garantie la plus sainte des accusés

nomie que présenta l'assemblée. » Tous les accusés étaient debout, criant : Nos défenseurs ! nos défenseurs ! Les gardes municipaux s'avançaient menaçants. L'audience fut levée brusquement, ou plutôt les pairs s'enfuirent en proie à un trouble inexprimable.

M. Martin (du Nord) n'eut pas cette fois gain de cause. La Chambre des pairs n'osa pas décréter le jugement sur pièces ; cependant elle décida qu'en cas de tumulte les accusés pourraient être amenés devant la Cour séparément, et que l'acte d'accusation ayant été signifié personnellement à chacun d'eux, on pourrait le lire même en l'absence de ceux qui se seraient fait exclure de l'audience.

En séparant les accusés, la Cour des pairs espérait avoir plus facilement raison d'eux. On voulait mettre à profit les divisions qui existaient entre les Parisiens et les Lyonnais ; on espérait envenimer la querelle à l'audience du 9 mai. Le président Pasquier ne fit comparaître que vingt-neuf des accusés, choisis parmi ceux qu'on jugeait le plus disposés à accepter les débats, tous appartenant à la catégorie de Lyon. Mais le plan de M. Pasquier fut déjoué par Lagrange, qui, à peine arrivé dans la salle, protesta contre la juridiction exceptionnelle de la Cour des pairs avec une telle énergie, qu'on dut l'arracher de son banc et le reconduire dans sa prison. Dès le 13 mai, il ne restait plus à l'audience que vingt-trois prévenus acceptant les débats.

Sur ces entrefaites parut dans *la Tribune* et *le Réformateur* une lettre adressée aux accusés par leurs défenseurs, et qui se terminait ainsi : « Persévérez, citoyens ; montrez-vous comme par le passé, calmes, fiers, énergiques ; vous êtes les défenseurs du droit commun ; ce que vous voulez, la France le veut ; tous les partis, toutes les opinions généreuses le veulent ; la France ne verra jamais des juges où il n'y a pas de défenseurs. Sans doute, au point où les choses en sont venues, la Cour des pairs continuera à marcher dans les voies fatales où le pouvoir l'entraîne, et après vous avoir mis dans l'impuissance de vous défendre, elle aura le triste courage de vous condamner. Vous accepterez avec une noble résignation cette nouvelle iniquité ajoutée à tant d'autres iniquités. L'infamie du juge fait la gloire de l'accusé. Dans tous les temps et dans tous les pays, ceux qui, de près ou de loin, par haine ou par faiblesse, se sont associés à des actes d'une justice sauvage, ont encouru la haine de leurs contemporains et l'exécration de la postérité. »

Cette lettre fut dénoncée par un pair, M. de Montebello, et la noble Assemblée réunie en comité secret décida qu'elle manderait à sa barre les gérants de *la Tribune* et du *Réformateur*, ainsi que les défenseurs signataires.

qui sont ses ennemis politiques, qu'elle retient depuis quatorze mois dans les prisons et qu'elle force à venir défendre devant elle leur honneur et leur vie.

« Hier, elle a été plus loin encore, et, contrairement à tous les usages des cours criminelles, où la parole n'est interdite qu'après la clôture des débats, elle a prononcé un arrêt contre l'accusé Cavaignac sans permettre à personne ni à lui-même de dire un seul mot pour sa défense.

« Enfin, M. le président a voulu faire commencer la lecture de l'acte d'accusation, alors même que l'identité des accusés n'était pas constatée et qu'aucun défenseur ne se trouvait à l'audience.

« Tous ces actes constituent des violences judiciaires qui sont les précédents naturels des violences administratives auxquelles la Cour des pairs veut aboutir.

« Dans cette situation, les accusés soussignés déclarent que la défense étant absente, les apparences même de la justice sont évanouies ; que les actes de la Cour des pairs ne sont plus à leurs yeux que des mesures de force dont toute la sanction se trouve dans les baïonnettes dont elle s'entoure. En conséquence, ils refusent désormais de participer par leur présence à des débats où la parole est interdite et aux défenseurs et aux accusés ; et, convaincus que le seul recours des hommes libres est dans une inébranlable fermeté, ils déclarent qu'ils ne se présenteront plus devant la Cour des pairs, et qu'ils la rendent personnellement responsable de tout ce qui peut suivre de la présente résolution. »

C'était de la part de la pairie une grave imprudence. Elle appelait elle-même en champ clos ces défenseurs qu'elle n'avait pas voulu admettre lorsqu'ils se présentaient pour assister les accusés. Elle défiait le parti républicain qui pouvait, qui devait relever le défi; et alors quelle lutte solennelle! Tout le terrain perdu, grâce aux divisions suscitées par M. Jules Favre et quelques autres, pouvait être regagné en un jour. Malheureusement, la majorité des défenseurs manqua de fermeté, et n'eut pas conscience de ses devoirs et de sa responsabilité. La lettre rédigée par Michel de Bourges avait été signée dans une réunion présidée par Trélat, et composée de vingt-cinq à trente des défenseurs. Les autres, absents, n'avaient pas signé effectivement. Beaucoup de ceux-là soutinrent que, sans désavouer la lettre, ils devaient déclarer qu'ils ne l'avaient ni signée ni publiée. « Ils couvraient, dit avec raison M. Louis Blanc, d'un prétexte en apparence honorable, la défaillance de leur patriotisme et la pusillanimité de leur cœur. »

Après des débats d'une violence et d'une aigreur singulières, il apparut clairement qu'on n'obtiendrait pas de l'unanimité des défenseurs qu'ils acceptassent la solidarité de la lettre. Il y avait là des hommes dont on ne pouvait relever le courage hésitant. Alors Michel de Bourges et Trélat résolurent de couper court à de honteux dissentiments en adressant à M. Pasquier la déclaration suivante : « Monsieur, la lettre dénoncée à la Chambre des pairs est de l'un de nous, M. Michel de Bourges; elle a été publiée par un autre, M. Trélat. Les signatures apposées au bas de la lettre ne sont que fictives. Il était urgent d'envoyer quelques mots de consolation et d'encouragement à nos amis en prison. Nous avons pris sur nous de faire imprimer, à la suite de nos noms, les noms des collègues qui, nous en étions sûrs, ne nous désavoueraient pas. Aujourd'hui que cette lettre donne lieu à des poursuites, il est de notre devoir de faire connaître la vérité. C'est donc sur nous seuls que doit reposer la responsabilité morale et légale de l'article incriminé. Nous nous présenterons devant la Chambre au jour qui lui conviendra. — Trélat, Michel. » — Cette déclaration tranchait tout. Il fut donc convenu qu'on nierait unanimement l'authenticité des signatures.

Les défenseurs comparurent le 20 mai devant la Cour des pairs. Tous nièrent avoir signé, mais quelques-uns firent suivre leur réponse d'observations méprisantes ou dédaigneuses pour la Chambre des pairs. Ceux-là furent frappés. La Cour condamna Trélat à trois ans de prison et 10,000 francs d'amende; Michel de Bourges, à un mois de prison et 10,000 francs d'amende; les gérants du *Réformateur* et de *la Tribune* chacun à un mois de prison et 10,000 francs d'amende; MM. Audry de Puyraveau, Gervais de Caen, Reynaud, David de Thiais (de Poitiers) et Jules Bernard, chacun à un mois de prison.

En éludant la responsabilité de la lettre, les défenseurs avaient manqué aux accusés et à eux-mêmes. L'audace de la Cour des pairs s'en trouva accrue, et cette bande de réacteurs ne recula désormais devant aucune infamie.

La liste des accusés qui avaient accepté les débats étant épuisée, il s'agissait de faire comparaître les accusés récalcitrants. On les y contraignit par la force. Ici, je citerai cinq lignes des *Mémoires* de Gisquet, qui en diront plus que le récit le plus dramatique : « Tous les accusés opposèrent une vive résistance, *il fallut les porter de la prison au Luxembourg,* et là ils gardèrent un silence absolu et ne prirent part que passivement aux débats. Par exception, l'un d'eux, le sieur Reverchon, ancien huissier à Lyon, demanda la parole et lut un discours tellement violent, outrageant et séditieux que la Cour le condamna pour ce fait à cinq ans de prison et 5,000 francs d'amende. »

Ceci se passait le 30 juin. Le 11 juillet, les accusés écrivirent au président

Pasquier que si on les forçait encore à venir à l'audience, ils résisteraient jusque sur les bancs de la Cour et rendraient nécessaire l'emploi incessant de la force brutale. Le même jour, la Chambre des pairs rendit un arrêt par lequel, prononçant la disjonction des causes, elle ordonnait qu'il fût immédiatement procédé aux plaidoiries et jugement en ce qui concernait les accusés de la catégorie de Lyon. Le lendemain, on apprenait que la majeure partie des accusés de Paris s'étaient évadés de Sainte-Pélagie.

Depuis plusieurs semaines, l'entreprise, une des plus curieuses dans l'histoire des évasions et qui mériterait un récit à part, était préparée. Mais les prisonniers ne se décidèrent à partir que lorsque le dernier arrêt de la Chambre des pairs leur eut enlevé toute possibilité de soutenir contre le pouvoir une lutte d'ensemble. Un souterrain avait été creusé qui partait d'un caveau situé dans la cour dite de la Dette et aboutissait au numéro 7 de la rue Copeau, actuellement rue Lacépède, cette rue où, sous la Restauration, la Charbonnerie avait pris naissance. Le 12 juillet, à la nuit tombante, vingt-sept des prisonniers s'engagèrent dans le souterrain, et ils vinrent sortir dans le jardin de la maison où les attendaient M. Barbès et la sœur d'un des détenus, Mlle Crevat, qui s'y étaient introduits sous un prétexte quelconque. MM. Étienne Arago, Klein et Fulgence Girard veillaient dans la rue. En quelques minutes, les évadés disparurent. C'étaient entre autres, Armand Marrast, Godefroy Cavaignac, Napoléon Lebon, Vignerte, Guinard, Lecomte, Delente, Berrier-Fontaine, Pichonnier, Crevat, Delacquis, Cahussac, Caillet, Grangier, Imbert, Fouet, Rosières, Buzelin. Quelques-uns, Kersausie, Beaumont, Sauriac, Pruvost, Aubin de Guer, mus par de généreux scrupules, avaient refusé de suivre leurs camarades. Cinq seulement des évadés furent repris : Crevat, Delacquis, Cahussac, Buzelin et Caillet. Le 14 juillet, *la Tribune* publia la déclaration suivante :

Les prévenus d'avril, soussignés, comptables envers l'opinion publique de tous leurs actes, croient devoir faire cette déclaration : Distraits de leurs juges naturels, ils ont espéré longtemps que la discussion politique, transportée devant la Cour des pairs, serait une occasion solennelle de répandre leurs idées et de frapper au front leurs ennemis.

Déchus de cette première espérance, ils ont pensé que les violences dont on les avait menacés viendraient les mettre à même de témoigner de l'énergie de leur résolution.

Aujourd'hui, tout est changé, l'aristocratie a reculé devant des débats sérieux, le tribunal inique renonce à engager une lutte matérielle; les causes sont disjointes, notre procès ajourné et une prévention de quinze mois va se prolonger encore. Jamais on n'afficha plus de mépris de tout sentiment de justice. Jamais on ne se joua avec plus d'impudeur de toute liberté.

Maîtres depuis longtemps des moyens de reprendre la nôtre, nous avons refusé jusqu'à présent d'en user. Le dernier arrêt de la Cour des pairs nous a donné le signal, nous partons.

Nous partons sans crainte qu'on se méprenne sur cet acte : le pays sait bien que nous nous porterons partout où nous appellera l'intérêt de notre cause, même en prison, dès que nos meilleurs amis, ces otages de Lyon, de Lunéville, de Saint-Étienne, de nos camarades de Paris, nous y appelleront.

Il est temps enfin que dans ce pays où l'on professe si souvent la résistance à la violation de tous les droits, des hommes de cœur rendent l'oppression vaine et ridicule en s'y dérobant à leurs risques et périls.

Sainte-Pélagie, le 12 juillet.

Granger, Imbert, Crevat, Guinard, Armand Marrast, Rosières, Fouet, Pichonnier, Cavaignac, Vignerte, Lebon.

La Chambre des pairs avait désormais le champ libre pour son odieuse besogne. Le 15 juillet, elle décida qu'elle jugerait sur pièces s'il le fallait. Le 13 août, elle rendit, en l'absence des prévenus, l'arrêt général de condamnation relatif aux accusés de Lyon. Sept étaient condamnés à la déportation, deux à vingt années de détention, trois à quinze ans, neuf à dix ans, quatre à sept ans, dix-neuf à cinq ans, quatre à trois ans, deux à un an. Neuf furent acquittés. Le 5 décembre, les sous-officiers de Lunéville furent condamnés : Clément Thomas à la déportation, les autres à de longues années de détention. Puis vinrent les arrêts contre les catégories de Saint-Étienne, d'Arbois, de Marseille, de Grenoble, de Chalon et enfin de Paris. Enfin, le 23 janvier 1836, la Cour des pairs termina ses travaux en prononçant son arrêt contre les accusés parisiens contumaces. Godefroy Cavaignac, Armand Marrast, Guinard, Berrier-Fontaine, aujourd'hui médecin par quartier de l'Empereur, Lebon, Delente et Deludre furent condamnés à la déportation.

Telle est l'histoire, malheureusement trop abrégée, des journées et du procès d'avril 1834. J'ai relevé, à mesure que les événements m'y ont amené, les fautes commises par les républicains. Je n'y insisterai pas. Jugeons librement les hommes de la génération qui nous a précédés, mais n'oublions jamais que si nous sommes aujourd'hui en France plusieurs millions de républicains, si nous pouvons affirmer que nous serons demain la nation elle-même, c'est aux combattants de Saint-Merri, de Transnonain, du 12 mai ; c'est à cette élite incomparable qui compta dans ses rangs Kersausie et Godefroy Cavaignac, Armand Barbès et Auguste Blanqui, que nous le devons. A. RANC.

AXIOME. — L'axiome est une vérité évidente de soi, et dont la démonstration est superflue ou s'opère spontanément ; exemple : le tout est plus grand que la partie, le tout est égal à la somme de ses parties, etc. Les métaphysiciens ont voulu voir dans les axiomes ce qu'ils appellent en leur langage des vérités nécessaires, absolues, premières ou innées. Mais tout partisan de la méthode de l'observation et de l'expérience reconnaîtra que les axiomes n'ont qu'une valeur objective, qu'ils ne sont que le résultat de constatations expérimentales soit instantanées, soit transmises ; souvent même l'axiome n'est qu'une pure tautologie. Locke a parfaitement fait ressortir ce dernier point. « La plupart des axiomes, dit-il dans son *Essai sur l'entendement,* ne sont que de pures propositions verbales et ne nous apprennent rien autre que le sens et le rapport des mots. Le tout est égal à toutes ses parties : quelle vérité cela nous enseigne-t-il ? que renferme de plus cette maxime que la signification qu'emporte avec lui le mot *totum,* le tout ? Celui qui sait que le mot tout exprime ce qui est composé de toutes ses parties n'est certes pas bien éloigné de savoir que le tout est égal à toutes ses parties. A ce compte, il me semble que cette proposition : une montagne est plus haute qu'une vallée et mille autres pareilles pourraient passer pour des axiomes. » On ne saurait mieux dire. Il faut bien se garder de confondre les axiomes, dont le rôle est, même dans les mathématiques, d'une importance très-contestable, avec les définitions et avec les premiers principes des sciences. Dire que la ligne droite est le plus court chemin d'un point à un autre, ce n'est pas poser un axiome, c'est donner une *définition* (voir ce mot et le mot *Principe*). On est trop porté à étendre le sens du mot axiome. Ainsi, dans ses principes mathématiques des sciences naturelles, Newton appelle axiomes les lois du mouvement et, dans son *Optique*, il applique le même terme à des propositions du genre de celles-ci « le sinus d'incidence est exactement ou très-approximativement dans un rapport donné avec le sinus de réfraction. » Il y a là un abus de langage qui explique les controverses auxquelles on s'est livré sur l'importance des axiomes dans les sciences. Il faut réserver ce mot pour ces vérités que les Anglais appellent *truismes* et dont Euclide a mis quelques-unes en tête de ses éléments (deux quantités égales à une troisième sont égales entre elles — des quantités égales ajoutées à des quantités égales donnent des sommes égales, etc.). Comme a dit d'Alembert : « Les axiomes ne nous apprennent rien à force d'être vrais et leur évidence palpable et grossière se réduit à exprimer la même idée par deux termes différents. L'esprit ne fait alors autre chose que tourner sur lui-même, sans avancer d'un seul pas. Ainsi les axiomes, bien loin de tenir en philosophie le premier rang, n'ont pas même besoin d'être énoncés. » Quant aux axiomes des métaphysiciens : toute qualité suppose une substance, il n'y a de changements que dans le temps, tout corps est situé dans l'espace, etc., on verra à l'article : *Origine des idées*, combien ces prétendues vérités absolues et nécessaires se déduisent facilement par l'expérience et par l'abstraction.

BIBLIOGRAPHIE. — Voir sur les axiomes : Dugald-Steward, *Éléments de la philosophie de l'esprit humain*, trad. Peisse, t. II. — Taine, *De l'intelligence*, t. II, livre IV. — Locke, *Essai sur l'entendement humain*, livre IV. — Duhamel, *De la méthode dans les sciences de raisonnement*. — D'Alembert, *Éléments de philosophie*. — André Nuyts, *De l'esprit métaphysique en géométrie*, *Revue positive*, septembre-octobre 1868. — G. Noel, *Des axiomes et des définitions mathématiques*, *Revue positive*, mai-juin 1867 et juillet-août 1868. LOUIS ASSELINE.

AZOTE. — L'azote forme environ les quatre cinquièmes de l'air atmosphérique, dont il constitue la partie non respirable, de là le nom d'azote (α, ζωη, vie). Il fut décrit en 1772 par Rutherford et par Scheele, qui l'appelait *mofette atmosphérique*; on a aussi désigné l'azote sous le nom de *nitrogène*, parce qu'il est un des éléments du nitre.

L'azote entre dans la composition de la plupart des matières végétales et animales; il est un élément indispensable de nos tissus, dont l'entretien et la rénovation exigent l'emploi des aliments azotés. Quoique la source la plus abondante de l'azote soit dans l'air atmosphérique, les végétaux et les animaux ne l'y puisent pas directement, et ne l'absorbent pas dans l'acte de la respiration. Il n'arrive à s'introduire dans la nature vivante que par suite de réactions successives; sous diverses influences, il se transforme en azotates alcalins et alcalino-terreux, auxquels les végétaux l'empruntent, pour le fixer dans leurs tissus; absorbées ensuite par les animaux, les substances végétales leur fournissent l'azote nécessaire à leur entretien.

Propriétés et obtention : L'azote est un gaz permanent, incolore, inodore, d'une densité de 0,972, peu soluble dans l'eau; ses affinités sont peu énergiques. Il se combine lentement à l'oxygène sous l'influence de l'étincelle électrique ou des corps poreux; et à l'eau, pour former de l'azotate d'ammoniaque dans les combustions lentes ou vives, comme dans l'oxydation du fer à l'air humide. Il s'unit au carbone, au rouge, en présence des alcalis et donne ainsi naissance à des cyanures.

L'azote peut être obtenu :

1° Par l'air atmosphérique en enlevant à celui-ci son oxygène, à l'aide de substances facilement oxydables : on fait brûler du phosphore sous une cloche pleine d'air, ou bien l'on dirige un courant d'air privé d'acide carbonique et de vapeur d'eau dans un tube rempli de cuivre chauffé au rouge (voyez *Air*), tout l'oxygène est absorbé par le phosphore ou le cuivre.

2° Par l'action du chlore sur l'ammoniaque; le chlore enlève à une partie de l'ammoniaque son hydrogène et met en liberté l'azote, tandis que l'acide chlorhydrique formé se combine à une autre partie d'ammoniaque pour donner du chlorhydrate ammoniaque [1]. Il faut éviter dans cette opération d'employer un excès

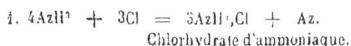

---

1. $4AzH^3 + 3Cl = 3AzH^4,Cl + Az.$
Chlorhydrate d'ammoniaque.

de chlore, sans quoi celui-ci, réagissant sur le sel ammoniac formé, donnerait naissance à du chlorure d'azote, liquide, oléagineux, très-explosif, détonant sous les moindres influences, et des plus dangereux à manier. Dulong, qui découvrit le chlorure d'azote, en 1812, fut victime d'une explosion, à la suite de laquelle il perdit un doigt et un œil.

3º Par la distillation de l'azotite d'ammoniaque qui se dédouble en azote et en eau [1].

COMBINAISONS DE L'AZOTE. — L'azote forme avec l'oxygène cinq combinaisons différentes, le protoxyde d'azote, le bioxyde, l'acide azoteux, le peroxyde d'azote ou acide hypoazotique et l'acide azotique. Nous les passerons rapidement en revue.

Le *protoxyde d'azote* Az^2O (oxyde azoteux, gaz hilarant) se forme par la décomposition de l'azotate d'ammoniaque, sous l'influence de la chaleur [2]. Il est gazeux, incolore, non permanent, liquéfiable et solidifiable ; c'est le seul gaz qui partage avec l'oxygène la propriété d'entretenir la combustion des corps.

Sa saveur est douceâtre ; inspiré dans les poumons, il amène une anesthésie passagère, accompagnée d'une sorte d'ivresse à manifestations gaies, de là le nom de gaz hilarant ; qui lui fut donné par Humphry Davy. Les propriétés anesthésiques du protoxyde d'azote ont été utilisées dans ces dernières années pour les opérations chirurgicales de courte durée, et principalement pour l'extraction des dents. L'emploi de ce gaz paraît être sans danger ; néanmoins on connaît insuffisamment encore l'action du protoxyde d'azote sur l'économie, et il est nécessaire d'entreprendre sur ce sujet des recherches rigoureusement scientifiques.

Le *bioxyde d'azote* AzO se produit lorsqu'on fait réagir l'acide azotique sur le cuivre ; c'est un gaz incolore, très-avide d'oxygène ; aussitôt qu'il se trouve au contact de l'air, il absorbe de l'oxygène et se transforme en vapeurs rouges d'*acide hypoazotique* ou *peroxyde d'azote* AzO^2. Ce dernier n'est pas à proprement parler un acide, car il n'existe pas d'hypoazotate ; sous l'influence des alcalis, il donne un azotite et un azotate ; sous l'influence de l'eau, il se transforme en acide azotique et en bioxyde d'azote. Cette décomposition du peroxyde d'azote par l'eau, et la propriété que possède le bioxyde d'azote d'absorber l'oxygène de l'air sont les réactions indispensables sur lesquelles est basée la production industrielle de l'acide sulfurique. (Voy. *Soufre*.)

L'*acide azoteux* n'existe qu'à l'état d'anhydride Az^2O^3 ; il est peu stable ; à l'acide hydraté inconnu, correspondent les azotites qui se forment par l'action de la chaleur sur les azotates [3].

L'*acide azotique* AzO^3H, appelé aussi acide nitrique et eau-forte, est le plus important des composés que l'azote forme avec l'oxygène.

L'acide azotique était connu dès le ixᵉ siècle ; Raymond Lulle le préparait en calcinant du nitre (azotate de potasse) avec de l'argile. Cavendish en détermina la nature en 1784 ; en 1816, Gay-Lussac en fit connaître la composition exacte.

L'acide azotique prend naissance par la synthèse directe de ses éléments empruntés à l'air, oxygène, azote et vapeur d'eau, dans une foule de circonstances : action de l'étincelle électrique sur l'air, action des substances poreuses, des combustions lentes, etc. Il se rencontre alors à l'état d'azotate. Cette transformation de

1. $AzO^2,AzH^4 = 2H^2O + Az^2$.
Azotite d'ammoniaque.
2. $AzO^2,AzH^4 = Az^2O + 2H^2O$.
3. $AzO^3K = AzO^2K + O$.
   Azotate de potasse.   Azotite de potasse.   Oxygène.

l'azote de l'air, et sa fixation en azotate constituent le phénomène de la nitrification.

L'acide azotique est préparé dans l'industrie par l'action de l'acide sulfurique sur les azotates; on emploie de préférence, comme plus économique, l'azotate de sodium, qui se trouve en gisements considérables sur les côtes du Chili, on chauffe le mélange dans de grandes cornues en fonte; l'acide azotique formé se distille et est recueilli dans une suite de bouteilles en grès, qui servent de récipients.

L'acide azotique le plus concentré possible, appelé acide fumant, est un liquide incolore qui jaunit rapidement, et répand à l'air d'épaisses fumées blanches; il a pour composition AzO^3H, et bout à 86°.

Lorsqu'on le mélange avec de l'eau, il donne un hydrate $2AzO^3H + 3H^2O$, qui constitue l'acide azotique du commerce. Cet acide marque 40° à l'aréomètre de Baumé (densité, 1,39); il bout d'une manière constante à 123°.

L'acide azotique est un oxydant des plus énergiques. Il transforme l'iode, le phosphore, l'arsenic, le soufre, le sélénium, le tellure, le silicium, le bore, en acides iodique, phosphorique, arsénique, sulfurique, sélénique, tellurique, silicique ou borique; il fait de même passer à l'état d'acides plus oxygénés, les acides phosphoreux, arsénieux, sulfureux, etc.

L'acide azotique attaque tous les métaux, sauf le titane, le tantale, l'or, le platine et les métaux de la famille du platine.

Il dissout le fer, le zinc, le cuivre, l'argent, le mercure avec formation d'azotates; il oxyde l'étain et l'antimoine en les transformant en acides stannique et antimonique insolubles.

Il agit énergiquement sur les matières organiques, en donnant naissance à des produits variés. Les sucres, la cellulose, l'amidon, sont oxydés et transformés en acide oxalique. D'autres fois il donne lieu à des produits de substitution, qui renferment les éléments du peroxyde d'azote, et qui constituent les corps nitrés. C'est ainsi qu'en agissant sur l'acide phénique, il peut le transformer en acide phénique trinitré ou acide picrique [1]; avec le coton, qui n'est que de la cellulose, il donne le fulmicoton; avec la glycérine, de la nitroglycérine. Pour l'obtention de ces corps, on emploie l'acide azotique fumant, ou un mélange d'acide azotique concentré et d'acide sulfurique. Tous ces dérivés nitrés font violemment explosion par la chaleur ou le choc, et beaucoup constituent des matières fulminantes d'un maniement dangereux, tels sont le coton-poudre, la nitroglycérine, l'acide picrique, qui ont occasionné déjà de si terribles accidents. Le fulminate de mercure, employé pour les capsules des armes à percussion, est également un composé nitré. Néanmoins, tous les composés nitrés ne sont pas également dangereux et peuvent avoir d'utiles applications industrielles : la nitrobenzine, par exemple, se fabrique en grande quantité pour l'obtention des couleurs d'aniline. (Voyez *Aniline*.)

Les réactions de l'acide azotique nous font comprendre sa grande utilité dans l'industrie; il sert dans la fabrication de l'acide sulfurique, le dérochage du cuivre, la gravure sur cuivre et sur acier, la préparation des azotates de mercure, d'argent, de plomb, l'obtention des couleurs d'aniline, du fulmicoton, de la nitroglycérine, du fulminate de mercure, de l'acide picrique, qui n'est pas seulement la base d'une poudre fulminante, mais qui teint la soie en un beau jaune.

En médecine, l'acide azotique est usité comme caustique; il détruit rapidement les tissus animaux en commençant par les colorer en jaune, c'est un poison caustique des plus violents.

---

1. $C^6H^6O + 3AzO^3H = C^6H^3(AzO^2)^3O + 3H^2O$.
Acide phénique.   Acide picrique.

On prépare certains azotates par l'action de l'acide azotique sur les métaux, leurs oxydes ou leurs carbonates; d'autres, azotates de potasse, de soude, de chaux, existent tout formés dans la nature.

Ce sont des sels cristallisables, solubles dans l'eau, décomposables par la chaleur; projetés sur des charbons ardents, ils en activent la combustion et déflagrent en se décomposant. Chauffés avec des corps oxydables, ils se détruisent avec explosion; la poudre à canon est un mélange de cet ordre, où les corps oxydables sont le soufre et le charbon.

Les azotates les plus employés sont les azotates de potasse, de soude et d'argent.

L'*azotate de potasse* AzO^3K, salpêtre ou nitre, est très-abondant dans la nature; on le trouve à la surface du sol de certains pays, pendant la saison sèche, au Bengale, en Égypte, à Ceylan ; il se forme sur les murs des vieux bâtiments, et surtout des étables ; les plâtras provenant de démolitions en renferment de notables quantités ; on peut l'obtenir en réalisant artificiellement les conditions les plus favorables à sa production naturelle, c'est-à-dire en mélangeant des terres meubles renfermant de la potasse et de la chaux, avec des matières organiques en voie de décomposition. On retire le salpêtre des terrains qui le contiennent, des nitrières artificielles ou des plâtras de démolitions en lessivant ces diverses matières et évaporant les eaux de lavage. Le salpêtre brut mélangé d'azotates de chaux et de magnésie est soumis à divers traitements qui ont pour but de transformer en azotate de potasse les azotates de chaux et de magnésie, et de le débarrasser des chlorures déliquescents dont il peut être mélangé.

Aujourd'hui le lessivage des plâtras salpêtrés et la production des nitrières artificielles ont moins d'intérêt que jadis ; le Chili nous fournit en abondance de l'azotate de soude, à bas prix, qu'on transforme en azotate de potasse en le traitant à l'ébullition par du chlorure de potassium.

L'*azotate de soude*, en outre, sert encore à la fabrication de l'acide azotique, et est utilisé comme engrais.

L'*azotate d'argent*, AzO^2Ag, usité en médecine et dont l'art du photographe fait un grand emploi, est un sel blanc, cristallisé, noircissant sous l'influence de la lumière et des matières organiques ; il se forme par la dissolution de l'argent dans l'acide azotique et cristallise par le refroidissement de la liqueur. Les solutions additionnées de chlorures, bromures ou iodures solubles donnent des précipités de chlorure, bromure ou iodure d'argent, très-impressionnables à la lumière, et qui constituent la surface sensible des plaques photographiques.

Nous avons étudié au mot *Ammoniaque* la combinaison que l'azote forme avec l'hydrogène. ÉDOUARD GRIMAUX.

AZTÈQUES. — L'histoire du Mexique avant la conquête européenne est mieux connue que ne pourrait le laisser supposer la rage pieuse et barbare avec laquelle Cortez et les brigands qui l'accompagnaient détruisirent les documents qui racontaient le passé de leurs victimes. Mais il s'en faut que les parties de cette histoire qui se rapportent aux races primitives aient un degré de certitude quelconque. Cependant il est hors de doute que les populations civilisées, que les Espagnols trouvèrent établies au Mexique et au Pérou, n'étaient point autochthones ; il est même probable que l'élément civilisateur avait dans l'un et l'autre pays une origine commune, et qu'il s'est passé dans les régions limitées par le golfe du Mexique quelque chose de très-comparable aux invasions européennes des Aryas à une époque inconnue. Les Aryas américains seraient les Nahoas, qui, partis de la

Floride, se dirigeant à l'ouest, au commencement de l'ère chrétienne, se divisèrent en deux branches, dont l'une descendit vers le sud, l'autre remonta vers le nord dans les pays voisins de la Californie, où elle fonda, sous le nom de Toltèques, la ville de Teo-Téhuacan, célèbre dans les annales de cette nation. De là les Toltèques s'étendirent successivement sur le plateau de l'Anahuac, et leur empire, après une durée de cinq ou six siècles, fut détruit, vers la fin du xiᵉ siècle, par une nouvelle invasion de Nahoas, venus du nord et qui forment le dernier ban de la migration primitive. Parmi les tribus qui faisaient partie des nouveaux venus, se trouvaient les Tepanèques, les Chichimèques et les Aztèques. Après de longues luttes soutenues en commun contre l'empire toltèque et des dissensions intestines dont on trouvera le récit ailleurs (voyez *Mexique*), les Aztèques, de plus en plus prépondérants, fondèrent en 1325 la ville de Tenochtitlan, qui fut plus tard Mexico, et constituèrent l'empire que, deux siècles plus tard, Fernand Cortez trouva établi, de la Vera-Cruz à Mexico, et qui n'était composé que des quatre États que l'on traverse du littoral au plateau central. Les Nahoas-Aztèques ne représentent donc qu'une phase de l'histoire pré-européenne du Mexique ; ils ne forment même pas une race bien déterminée au sens moderne du mot et, selon Brasseur de Bourbourg, « de toutes les nations existantes dans la Nouvelle-Espagne, ils étaient les moins policés. » (*Hist. des nat. civilis. du Nouveau-Monde*, t. III, p. 677.) Ce n'est donc pas à propos des Aztèques qu'il convient de traiter ici les grandes questions relatives aux centres de civilisation du Mexique qui paraissent avoir été plutôt dans le Yucatan, le Chiapas, et Tabasco (Palenqué, Uxmal, Ocozingo, Copan), et dont Stephen a donné de si admirables descriptions dans ses *Incidents of travels in Yucatan* ; il convient aussi de reporter ailleurs l'histoire des Nahoas et les preuves monumentales de leurs migrations successives (voyez *Nahoas*) que l'on trouvera remarquablement exposées dans l'ouvrage de M. Guillemin Tarayre, minéralogiste et membre de la Commission scientifique qui fut envoyée au Mexique pendant l'expédition française (*Exploration minéralogique des régions mexicaines suivie de notes archéologiques et ethnographiques*, etc. Paris, Imprimerie impériale, 1869).

Les derniers écrits de M. Brasseur de Bourbourg (*Lettres sur le Mexique*, 1868) laissent en effet supposer que Toltèques, Chichimèques et Aztèques représenteraient plutôt des castes d'une même société, analogues à celles de l'Inde, que des groupes successifs d'immigrants, et il se peut que d'un moment à l'autre des points importants, aujourd'hui problématiques, soient complétement résolus. M. Guillemin Tarayre, dans l'ouvrage que nous venons de citer, avance même que le nom d'Aztèque ou *Astlèque* ne fait que désigner improprement les Nahualts ou Nahoas (*Exploration des régions mexicaines*, 1868, p. 288). M. Brasseur de Bourbourg se sert rarement du mot Aztèque et l'emploie exclusivement en un sens géographique pour désigner le plateau de l'Anahuac (voyez le *Livre sacré*, etc., p. 110). Il doit donc être entendu que Nahoas ou Nahuas, Nahualt, Mexicains du xiᵉ siècle et Aztèques sont des termes synonymes qui s'appliquent aux habitants du royaume qui, lors de la prise de Mexico, en 1520, durait depuis deux siècles.

Ces réserves faites, nous pouvons donner quelques détails sur l'organisation de l'empire dit aztèque qui, à plusieurs égards, valait mieux que le royaume d'Espagne. Sa population (Vera-Cruz, Queretaro, Puebla, Mexico) n'a jamais été évaluée au-dessous de 2 millions ; le P. Motolinia estimait à 9 millions le nombre des indigènes baptisés. — On comptait à Mexico soixante mille feux, ce qui représente une population d'au moins deux cent mille âmes, chiffre très-faible, s'il est vrai que le siège de Mexico coûta la vie à plus de cent mille combattants. L'état politique était une monarchie féodale élective, c'est-à-dire une forme plus parfaite que l'absolutisme des Espagnols. L'agriculture, sans être plus savante au Mexique qu'elle ne l'était alors en Europe, était peut-être plus développée; pas un coin de terre ne restait inculte : le maïs, le riz, les patates, le coton, croissaient en abondance. Ils n'avaient cependant ni animaux domestiques, ni routes générales, ni monnaie; mais ils avaient des vins de palmier, d'acajou, de canne, de maïs, et en quantité, du gibier et du poisson.

L'industrie, sans égaler celle de Palenqué qui était véritablement artistique, offrait un développement considérable ainsi que le commerce, encouragé par de nombreux priviléges. A Mexico et à Cholulan de nombreux ouvriers travaillaient aux émaux cloisonnés sur cuivre; ils taillaient les pierres fines mieux qu'en Europe, à l'aide de procédés restés inconnus. Le marbre, le jaspe, le porphyre étaient employés à profusion dans les édifices, quoique le fer fût inconnu et que tout s'y fît à l'aide d'outils en pierre et d'une espèce de bronze trempé. L'orfévrerie était poussée à un haut degré de perfection, qui excitait l'admiration des Espagnols. Les tissus de coton, de poils et de plumes étaient mieux fabriqués qu'en Europe. Enfin on cite encore la poterie, et l'art d'assembler en tableaux figurés les plumes des oiseaux. On rapporte qu'un tableau en plumes représentant saint François fut envoyé à Sixte V ; ce pape sagace ne voulut reconnaître qu'il n'était pas peint, qu'après l'avoir touché.

L'architecture n'avait pas encore abandonné les formes primitives du cône et de la pyramide. Mais il paraît que les maisons de Mexico étaient des plus confortables, avec leurs terrasses plantées en jardin, leurs bains de vapeur et leurs chambres en mosaïques, bien ventilées. L'extrème propreté des rues de Mexico et le bon ordre que la police y faisait régner ont vivement frappé les conquérants. La langue aztèque n'est qu'un dialecte de la langue des Nahoas, le Nahualt, qui a été longtemps parlé des bords du Gila à l'isthme de Panama; elle diffère profondément des dialectes des tribus de l'Amérique du Nord.

En religion, les Aztèques avaient une sorte de panthéisme presque aussi cruel que le catholicisme des conquérants. Les sacrifices humains que, presque seuls parmi les nations policées du Nouveau-Monde, les Aztèques accomplissaient, se composaient principalement de très-jeunes enfants et de prisonniers de guerre; il paraît d'ailleurs qu'au moment de la conquête, une forte réaction s'était prononcée contre ces sacrifices et que la victime de Cortez, Guatimozin, le premier, les avait proscrits. D'ailleurs, il faut le dire, ces sacrifices n'étaient rien auprès des sanglants auto-da-fé de l'Europe et des massacres réguliers qui, comme celui de la Saint-Barthélemy, coûtaient la vie à quarante ou cinquante mille hommes.

Nous ne dirons rien des caractères anthropologiques des Aztèques qui, on le voit, différaient profondément des races au teint cuivré de l'Amérique. Il parait que les Mexicains de race indigène pure ressemblent beaucoup aux portraits de leurs aïeux, que nous ont laissés les Espagnols, à part la déformation frontale à peu près abandonnée dans cette région de l'Amérique (Voyez *Crânes* et *Mexicains*.) Tels sont en résumé les origines et les caractères d'un empire dont la fin cruelle est l'œuvre et la honte de l'Espagne et du catholicisme.   E. DALLY.

B, la douce ou moyenne labiale, occupe dans notre alphabet une place irrationnelle. Elle devrait être rangée avec ses congénères P, F, V, M. Mais l'ordre de nos lettres a été transmis aux Grecs et aux Latins par une tradition phénicienne, sémitique. Les Sémites, ne faisant aucune distinction entre les voyelles et les consonnes, ou plutôt n'écrivant que les secondes, auront placé le *Beth* à côté de l'*Aleph* par contraste, et comme le son le plus fermé à côté du son le plus ouvert. Au reste, ils confondaient la labiale douce et la labiale forte; le P leur manque; et c'est leur *fê* qui a fourni le π grec. Autrement P, d'une émission plus simple que B, devrait occuper la place de celui-ci. B, comme P, est un souffle arrêté par le contact momentané des lèvres; mais, de plus, il est amolli au passage par un rétrécissement de la glotte. A cet égard, B est à P ce que V est à F.

Dans beaucoup de langues américaines, polynésiennes et africaines, qui se parlent la bouche ouverte, le système des labiales est très-imparfait. Le huron, entre autres, et le mexicain n'admettent pas le B. On sait que les Chinois ne peuvent prononcer Bouddha que Fohi. A n'interroger que nos idiomes, et bien que, dans leur état le plus ancien, nous constatons dans chacun d'eux la présence du B, l'existence primitive de cette consonne est plus qu'incertaine. En grec moderne, le son ne correspond plus au signe : *Béta* sonne V; et cette tendance à l'adoucissement existait dans le grec ancien, puisqu'une des transcriptions ordinaires de *Virgilius* était Βεργίλιος.

Le B, disions-nous, se retrouve dans les idiomes aryens, dans le sanscrit védique et classique, dans le zend, le grec, le latin, dans les langues germaniques et slaves, mais sans aucune correspondance régulière et fondamentale. On cite le zend *bâzu*, bras, *banda*, lien, en regard du sanscrit *bahu* (organique *bâghu*, grec πῆχυς) et *bandha*, dont on rapproche, à titre unique et fortuit, le germanique *band*, qui ferait supposer un organique *bhandh*. Mais le grec et le latin, souvent d'accord entre eux, ne présentent pas un seul exemple de concordance avec le sanscrit. Il faut donc penser que, dans la prononciation indo-européenne, le B n'était pas un son fixe et permanent. Il a été précédé et comme élaboré par une aspiration labiale douce, le sanscrit BH, dont il a été, avec Φ et F, le substitut le plus fréquent; il ne s'en est dégagé qu'après la séparation des idiomes.

Même dans le zend, le plus proche allié du sanscrit, le B répond le plus souvent à un BH organique : sanscrit, *bhavati*, il est, *bharati*, il porte, *bhratar*, frère, *bhjas* (signe casuel); zend, *bavaiti*, *baraiti*, *brathar*, *bjo*. Quelquefois, il représente un V primitif : sanscrit, *hvajāmi*, j'invoque, *dviš*, haïr; zend, *zbajēmi*, *dbiš*.

Ce sont aussi l'aspirée primitive et ses substituts directs Φ et F que représente le B germanique. Comparez à *bhar*, φέρω, *ferre*, le gothique *bairan*, l'anglais *to bear*; à *bhraǵ*, *frango*, le gothique *bruhjan*, l'allemand *brechen*; à *flo-s*, *blau-ma*, *bloo-m*; à *bhrātar*, φράτωρ, *frater*, le gothique *brothar*, l'allemand *bruder*; à *nabhas*, νέφος, l'allemand *neben*.

La loi de Grimm s'applique imparfaitement aux labiales germaniques. La progression régulière (BH organique = B gothique = P haut allemand; P primitif = F ou V gothique = B haut allemand; B org.? = P goth. = F haut allem.) existe toutefois dans les exemples suivants :

1° Racine *bhu*, φύω, *fui*; anglo-saxon, *beom*, *to be*; vieux haut allemand, *ih pim*, je suis. Rac. *bhrāg*, *briller*, φλέγω, *flagrare*; goth. *bairht*, clair, angl. *bright*; v. h. all. *Perchta* (Berta, la déesse brillante); all. *pracht*. Rac. *bhar*, *fero*; goth. *bairan*, angl., *bear*; v. h. all. *pirón*.

2° *Upari*, ὑπέρ; goth. *ufar*, angl. *over*; allem. *über*. Κάπρος, *aper*; angl. sax. *eofor*; all. *eber*. Ἑπτά, *septem*; angl. sax. *seofon*; all. *sieben*. *Rapere*; angl. sax. *reaf*, all. *rauben*. *Svap*, *sopire*; norrois *svefn*, angl. sax. *svefan*; vieux saxon *sueban*.

3° Κάνναβις, chanvre; angl. *hemp*; haut all. *hanf*. *Ob*; goth. *iup*, angl. *up*; all. *auf*. Mais ce sont ici des emprunts faits au grec et au latin.

L'allemand moderne a une tendance à revenir au B, partout où le vieux haut allemand préférait le P. *Ich bin* a remplacé *ih pim*; *bruder*, *pruodar*; *behren*, *pirón*, etc. C'est cette interversion spontanée qui dénature toutes nos consonnes douces dans une bouche germanique : *un projet* devient *ein brochet*, et vice versa, un *brochet* est un *projet*; et ainsi de suite.

En grec, B remplace assez rarement un BH organique. Ex. : Rac. *labh*, λαμβάνω, ἔλαβον. Le plus souvent, il correspond à une gutturale douce qu'on suppose suivie de la semi-voyelle labiale V, à un groupe analogue au *gw* celtique (*gwin* = *vinum*; *gwel* = *velum*), au *gu* français de *Guillaume*, pour *Wilhelm*. Ce passage de la gutturale en labiale existe dans *Gascon*, *Vascon*, *Basque*. Citons le grec βαρύ, grave, sanscrit *guru*, organique *gvaru*; *gā*, aller, βί-βα-α; *gaus*, βοῦς. Dans certains dialectes, laconien, éolien, B supplée V primitif ou digamma : Βέργον, βίδειν, Ἀβέλιος sont pour ἔργον (all. *werk*), ἴδειν, ἥλιος. On peut rapprocher aussi βούλομαι de *volo*, racine *val*. Un autre emploi du B grec c'est d'appuyer, et, par suite, de remplacer un M. Βροτός est pour Μβροτός, qu'on retrouve dans ἄ-μβροτος, ἀμβροσία; sanscrit *mṛta*, organ. *marta*. Βραδύς = *mṛdu*, latin *mollis* (pour *mol-duis*).

L'ancien B latin, qui s'accorde avec le B grec dans des mots comme *imber* (ὄμβρος), *bre(g)vis* (βραχύς), semble avoir été un amollissement du P devant une liquide ou une voyelle : *Burrhus* = Πυῤῥός (roux); *publicus* est pour *poplicus*. Il est durci par les dentales et les sifflantes : *optime*; *scribo*, *scripsi*; *labor*, *lapsus*; on trouve l'orthographe *opsidere*, *apstineo*. Devant N, il passe en M, par appropriation : *sabini*, *samnium*; *scabellum*, *scamnum*.

Le plus souvent B, en latin, correspond à BH et à Φ. Ex. : organique *ambhāu*, ἄμφω, *ambo*; *nabhas*, νέφος, *nebula*; ὀρφανός, *orbus*; *lubh*, désirer, *lubet* (*I love*, *ich liebe*); *bhjas* et *bhjam*, signes casuels, *bus* et *bi* (*bobus*, *ibi*, *ubi*). La racine *bhu* a fourni les terminaisons verbales de l'imparfait et du futur *bam* et *bo*.

B latin vient d'une gutturale dans *bos*; il succède au groupe DB ou DV dans *bellum*, *bonus*, *bis*, pour *duellum*, *duonus*, *dvis*; il remplace l'aspirée dentale médiane, dans *ruber* (*rudhira*, ἐρυθρός), *uber* (οὖθαρ), *robur* (*rādhas*), *plebs* (πλῆθος), *barba* (l'anglais et l'allemand *beard* et *bart* supposent un DH primitif). Il alterne d'ailleurs avec F, la rude aspirée ombrienne : à côté de *ruber* se place *rufus*; à côté des terminaisons auxiliaires *bam* et *bo*, *fui* et *fore*; *sibilus* près de *sifilus*. Les inscriptions du IVe siècle, par adoucissement, par hellénisme, confondent le B et le V; on y lit : *Balentianus*, *cibes*, *bixit*, *cabente*, *verva* (*verba*).

Le B latin a passé dans toutes les langues romanes. Il y alterne avec le V, et, lorsqu'il est suivi d'un I, avec le G doux : *coluber, couleuvre, colubro*; *fabula, tabula* et *favola, tavola, fable, table*; *amabam, amava*; *cambire* (bas latin), *cambio, change*.

Telle a été la fortune du son B dans les diverses branches de la famille aryenne. Son d'abord indécis entre la labiale aspirée et la labiale ténue, peut-être commun au zend et au sanscrit d'une part, au grec et au latin de l'autre, il s'est peu à peu dégagé et fixé, après la séparation des idiomes. Il était nécessaire à la symétrie des consonnes, comme ses aînés G et D. Dans l'ordre labial, il sert de trait d'union entre la forte P, la semi-voyelle V et l'aspirée F.   ANDRÉ LEFÈVRE.

BABISME ou **BÂBYSME**. — HISTOIRE ET MYTHOLOGIE. — La Perse est, aujourd'hui, dans l'état où était l'Europe au moyen âge. Elle appartient aux soldats et aux prêtres. Son gouvernement est féodal et théocratique. Guerres intérieures entre vassaux et suzerain, disputes sans fin entre docteurs également subtils, tel est le résumé de son histoire politique et religieuse depuis les successeurs d'Alexandre, on pourrait dire depuis Cyrus. Le seul grand ébranlement qui eût dû la secouer jusqu'aux entrailles, la prédication de l'Islam, a presque avorté devant la per-sistance des vieilles croyances autochthones. Elle a subi la religion nouvelle plutôt qu'elle ne l'a comprise et acceptée. Forcée de se dire mahométane, elle a trouvé dans l'arsenal du jésuitisme, qui est de tous les temps et de tous les pays, le moyen de paraître convertie sans l'être en réalité. Déguisant ses véritables opinions par le *ketman* (restriction mentale) elle a, d'abord honteusement, puis ouvertement passé au schisme. Tandis qu'à la mort du prophète, le khalife Abou Beker faisait crier dans les rues : « Le mortel Mahomet est mort parce qu'il a vécu; il mangeait, il buvait, il était homme et devait mourir », la Perse, effrayée d'un tel rationalisme, se ralliait aux sectateurs d'Ali, se faisait chiite, c'est-à-dire reconnaissait dans le suc-cesseur du prophète non pas le dépositaire le plus sûr de la tradition, mais l'incarna-tion même de la divinité, et les douze descendants en ligne directe d'Ali participaient à l'adoration qu'il inspirait. La secte des *Djafarites* ou *Isna acharides* qui confesse ces douze imams est dominante en Perse. Elle leur adjoint surtout un dernier imam attendu, un messie : Sahib-ouz-Zémàn, roi du monde. Il est facile de comprendre comment, de toutes les parties de l'immense empire ottoman, celle qui adopte le plus vivement de telles idées est aussi la plus propre aux entreprises des ambitieux ou des fanatiques désireux de jouer le rôle de dernier imam. Il n'est guère de génération qui n'en voie apparaître au moins un. Nous ne ferons que nommer les Babek, les Mokann'a, les Abdoulla, les Abou-Mouslim, les Mansour, les Baïezid, les Cheikh-Ahmed, nous nous étendrons davantage sur le dernier en date, Bab, dont la doctrine, tout en étant un retour aux idées chaldéennes, a acquis, des circons-tances dans lesquelles elle s'est produite, une portée sociale que nous ferons surtout ressortir.

Le héros dont nous avons à parler est bien un de ces hommes comme les a tou-jours admirés l'Orient. Son mérite ne consiste pas dans la clarté des dogmes qu'il proclame, mais bien plutôt dans leur vague et leur élasticité; son influence ne vient pas de son éloquence et de son savoir, mais de sa facilité à s'exprimer en paraboles

et en mots à double entente; il ne gagne pas la considération par sa haute naissance, sa richesse ou les services qu'il rend au pays, mais par l'isolement, la pauvreté, le renoncement à tout ce qui est joie pour le vulgaire. Qu'on joigne à cela une
dose de mysticisme frisant la folie, on aura le type exact du révélateur, type auquel
répond parfaitement notre Bab.

Il se nommait Ali-Mohammed. Il gagna par la suite le titre de *hadji* que prennent
tous ceux qui ont visité la Mecque, et, comme il descendait de Mahomet par sa fille
Fatmé, il était *seïd*. Son nom tout entier était donc Hadji Seïd-Ali-Mohammed, mais
le peuple le connaissait plutôt sous celui de Mirza Ali-Mohammed, la qualification
de *mirza* désignant les seïds les plus distingués. Il naquit à Chiraz d'un père pauvre
surnommé *Bezzaz* (vendeur de cotonnades) mais dont le nom véritable était Hadji
Seïd-Riza. L'époque de sa naissance est indéterminée, comme il arrive dans tous les
pays où l'individu n'est compté que du jour où il entre dans la vie publique. M. de
Gobineau la place en 1825, mais l'historien persan Soupehr dans le *Nasih out Tava-
rikh* lui donne 35 ans en 1848. Selon cet historien, à 14 ou 15 ans il était encore fort
ignorant et l'envie d'apprendre ne s'empara de lui qu'à Bender Boucher où son père
l'avait envoyé pour affaires de son commerce et où il resta sept ans. Il se mit alors
à rechercher les savants et la conversation des voyageurs, et c'est vers le même temps
qu'il fut victime de ce dérangement des facultés mentales qui lui permit peu après de
se croire et de se dire le dernier imam. « Dans cette ville, dit notre historien, où le
souffle matinal brûle en été comme la flamme d'un foyer, Mirza Ali-Mohammed parcourait les toits des maisons pendant la plus grande chaleur du jour, la tête nue sous
un soleil brûlant. Son cerveau en fut attaqué et il devint à moitié fou. » Il partit de
Bender Boucher pour se rendre à la Mecque, mais il s'arrêta en route à Kerbela, ville
illustrée par le tombeau du très-saint Houssein, petit-fils bien-aimé de Mahomet.
Ce pèlerinage confère pour toujours à ceux qui l'ont accompli le titre de *kerbelaï*.
Là vivait Cheikh Hadji Seïd-Kazem, successeur direct du fameux Cheikh Ahmed et
murchid (maître suprême) de la secte très-répandue des cheikhites. Ali-Mohammed,
très-assidu aux leçons du maître, fut bientôt remarqué par lui et souvent désigné en
termes discrets comme étant le plus digne de devenir plus tard murchid des
cheikhites. C'est à partir de cette époque qu'il commence à être distingué par le nom
de *Bab* (porte), soit parce que, dans son humilité de disciple, il se tenait toujours
près de la porte de la salle où enseignait le professeur, soit parce que, dans son
orgueil, lorsqu'il commença à parler en son propre nom, il se déclara la seule porte
qui conduisît à la vérité.

A cette époque aussi il paraît qu'un certain nombre de cheikhites, désireux de
jouer un rôle politique, ne se bornèrent plus à discuter les différentes voies menant à
la perfection, mais bien celles plus dangereuses propres à renverser l'ordre établi.
L'un d'eux, Moulla-Housseïn-Bouchrouï, l'homme d'action du parti, avait été l'âme
du complot. Après avoir fait accepter à plusieurs de ses compagnons le nom et la personne de Bab comme signe de ralliement, il leur partagea l'empire suivant leurs aptitudes et leurs relations, se réservant d'agiter l'Irak, le Mazanderan et le Khorasan
où il avait de nombreux partisans. On laissa Ali-Mohammed prêcher et on partit
proclamer partout la venue du Sahib ouz Zémân et les miracles qu'il opérait. Pendant ce temps un jeune savant, Seïd-Housseïn, restait près du prophète, tenant sa
correspondance devenue très-active et écrivant, dit-on, la plus grande partie de
son Coran.

Les premiers qui s'aperçurent du danger furent les prêtres. Bab fut dénoncé,
emprisonné par le gouverneur de Chiraz, puis bâtonné. Il s'évada et vint à Ispahan.
Le gouverneur, qui lui voulait du bien, le plaça chez le premier dignitaire ecclésias-

tique de la ville. Le succès fut le même qu'à Chiraz, le clergé s'ameuta et Bab changea encore de résidence. En 1847, il était à Tauris. Sur ces entrefaites, le roi Mohammed-Chah mourut. Les interrègnes sont, en Perse, de véritables époques d'anarchie ; les lois dorment jusqu'à ce qu'un nouveau souverain vienne stimuler le zèle de ceux qui sont chargés de les faire exécuter. Les babis se multiplièrent alors considérablement et quelques villes leur furent tout à fait acquises.

Parmi ces villes nous citerons Kazwin, et ce qui rend le fait plus remarquable, c'est que la conversion de ses habitants est due à une femme, la première qui, en Perse, ait joué un rôle politique ailleurs que derrière les murs du harem, la première qui ait marché le visage découvert, prêché sur les places publiques et proclamé l'égalité des sexes dans un pays où la femme a toujours été comptée pour rien. Zerrin-Tadj (couronne d'or), surnommée Badroud-Doudja (pleine lune dans la nuit sombre), puis Chams-ouz-Zoha (soleil au méridien) et enfin Kourret-oul-Aïn (lumière des yeux) et Tahiré (la pure), est la véritable originalité du babisme qui, sans elle, n'eût pas eu la portée considérable qu'il faut bien lui reconnaître.

Comme Bab, elle fut poursuivie par le clergé de Kazwin. Anathématisée publiquement par un des moudjtehids (patriarches) qui fut tué quelques jours après par les babis, elle fut obligée de quitter son pays et d'aller rejoindre Moulla-Housseïn dans le Khorasan, où celui-ci s'était construit une forteresse près de Sari.

Le nouveau roi Nasir-oud-din-Mirza, inquiet de cette agitation, crut l'atténuer en la privant de son chef spirituel. Bab fut traduit devant une espèce de concile avec ordre ou de convaincre les juges de la divinité de sa mission ou d'abjurer ses erreurs. Or, comme preuve de sa supériorité, le prophète se bornait à affirmer qu'il pouvait écrire mille lignes inspirées en un jour, et aux exemples qu'il en donnait les juges répondaient en niant l'inspiration et en comptant les fautes de langage. En se bornant à confesser de bouche son orthodoxie, sauf à conserver sa foi intérieure, Bab eût pu se sauver ; il préféra déclarer hautement son Coran supérieur à celui de Mahomet et fut condamné à mort. Un seul de ses murides (disciples) périt avec lui. Seïd-Housseïn, l'ayant renié au dernier moment, fut épargné. Il s'échappa, alla rejoindre ses coreligionnaires qui ne lui reprochèrent pas sa trahison, mais au contraire l'admirèrent comme un chef-d'œuvre de ketman. C'était le seul moyen qui lui restât, pensèrent-ils, de sauver les papiers du maître afin de transmettre aux fidèles ses dernières instructions.

Si Bab avait été plus charlatan que fanatique ou s'il avait conservé plus de sang-froid, il eût trouvé dans une circonstance singulière de son exécution une merveilleuse occasion d'appeler à lui le peuple tout entier. En effet, pour le fusiller, on le suspendit par les aisselles, au moyen d'une corde, devant le mur de la citadelle de Tauris, afin d'agir directement sur un plus grand nombre de témoins. On choisit aussi des soldats chrétiens pour éloigner toute crainte de connivence entre la victime et les bourreaux. Et cependant, après la décharge, on vit Bab tomber sur ses pieds parfaitement vivant. La foule criait déjà au miracle. Si Bab avait repris immédiatement possession de lui-même, s'il avait profité du hasard et des dispositions populaires pour appeler à lui les assistants, il devenait maître et pour longtemps de la situation. Au lieu de cela, il perdit la tête, s'enfuit et se réfugia dans la première maison qu'il trouva ouverte. C'était précisément le corps de garde des sarbazes chrétiens qui, furieux de leur déconvenue et de leur maladresse, car leurs balles n'avaient fait que couper la corde qui soutenait le prophète, se vengèrent en l'assommant (1849).

Mais, comme nous l'avons fait entrevoir, Bab était plutôt le prétexte que la cause véritable du mouvement et sa mort ne l'enraya pas. Il fallut s'attaquer à Moulla-

Housseïn. On le fit avec beaucoup de présomption et de légèreté. Mehdi-Kouli-
Mirza envoyé contre lui se laisse surprendre et battre honteusement. Abbas-Kouli-
Mirza qui vient après lui n'est pas corrigé par cet exemple. « A quoi bon des *sen-
guers* (retranchements), répond-il quand on lui recommande la prudence, les soldats
du Larïdjan n'ont-ils pas leurs poitrines ? » Il a le même sort que son prédécesseur.
Malheureusement, Moulla-Housseïn est tué dans le combat. Hadj-Mohammed-Ali,
chef spirituel des babis depuis la mort du fondateur, prend le commandement,
mais on envoie contre lui un vieux *serdar* (général) éprouvé, Souliman-Khan-Afchar,
qui amène du canon, établit un blocus sévère et n'a pas de peine à réduire les assiégés
par la famine. Quelques-uns quittent la place, les autres sont réduits à déterrer le
cheval de Moulla-Housseïn pour se rassasier de ses restes. Mohammed-Ali demande
à capituler. On lui promet la vie sauve pour lui et ses compagnons à la condition
qu'ils se disperseraient dans les diverses provinces du royaume. Il accepte. On fait
aux babis une réception splendide et, quand ils ont mis bas les armes, on s'en saisit.
Trois cents sont enduits de naphte et brûlés vifs, Mohammed-Ali est réservé pour
un supplice ultérieur. A la même époque, on arrête Kourret-oul-Aïn et on la garde
à Téhéran.

Ce qu'avait fait Moulla Housseïn à Sari, un autre chef babi le faisait à Zengan;
Moulla Mohammed-Ali, ancien moudjtchid et l'un des véritables fondateurs de la
religion nouvelle, y tient pendant près d'un an les troupes royales en échec et leur
met hors de combat plus de huit mille hommes. Il finit par être tué lui-même ainsi
que tous ses partisans (1850).

Dans le Farsistan, seïd Yahia-Darabi s'empare de Neïriz et tient quelque temps
la campagne, mais, comme il n'avait en vue que son intérêt personnel, dès qu'il
sent grandir les difficultés, il abandonne la partie et se rend. Il n'échappe cependant pas à la mort; les fils d'un soldat persan, tué devant Neïriz, l'assassinent.

Le calme paraît devoir succéder à cette sanglante répression, lorsque, en 1852,
au moment où le roi sortait de son palais pour se rendre à la mosquée, il est saisi
par trois hommes qui s'efforcent de le jeter à bas de son cheval. L'un d'eux lui tire un
coup de pistolet qui ne l'atteint pas. On le dégage, et les trois hommes emprisonnés
se déclarent babis. Ce fut le signal d'une persécution où la cruauté orientale se
donna toute carrière. Les malheureux sectaires, recherchés par une police très-bien
organisée, furent promenés processionnellement dans les rues de Téhéran, exposés
à toutes les injures et à tous les raffinements de supplices qu'il plut à la populace de
leur prodiguer. Ils marchèrent couverts de blessures, portant dans leurs plaies des
mèches allumées, et, chantant des hymnes, ils tombèrent successivement jusqu'au
dernier. Kourret-oul-Aïn, qu'on avait respectée jusque-là, fut tuée secrètement.
Devant ces rigueurs, les babis qui restaient renfermèrent en eux leur croyance, et,
depuis 1852, il n'y a pas eu de nouveaux soulèvements.

Cependant le babisme n'est pas éteint. Il s'alimente, dit-on, parmi les adeptes
des loges maçonniques, qui se multiplient aujourd'hui en Perse. Il reparaîtra,
peut-être sous un autre nom, mais avec les mêmes aspirations, car les causes qui en
ont provoqué l'apparition sont toujours là, menaçantes, irritantes surtout, et
l'évolution que nous avons vue germer doit se développer jusqu'à ses dernières
conséquences.

S'il n'y avait dans le babisme qu'une modification plus ou moins importante
de l'idée que les Persans doivent se former de Dieu et de ses rapports avec le monde,
on suppose bien que rien ne nous intéresserait moins que les faits et gestes des
partisans de cette doctrine, mais il y a autre chose. Les nations asiatiques n'ont
pas encore entendu parler de la séparation de l'Église et de l'État, et peut-être ne

sont-elles pas aptes à comprendre jamais cette idée. Il faut, chez.elles, que toute réforme sociale soit demandée au nom de la religion pour obtenir quelque attention. Il faut qu'elle soit un commandement de Dieu et non une conquête de la raison éclairée. Les prophètes n'en jugent pas autrement que le vulgaire, et ce serait mal connaître l'Orient que de supposer qu'ils n'emploient la forme de l'inspiration que pour rendre plus aisé le chemin à leurs vues personnelles. Ce calcul leur est étranger, et la voix intérieure qui les sollicite à prêcher est bien, pour eux comme pour leurs auditeurs, la voix de Dieu. La conception, d'après laquelle on doit se représenter ce Dieu, devient dès lors chose sérieuse, et c'est naturellement par là que commencent tous les réformateurs.

Comme nous l'avons déjà dit, Bab a cherché son point d'appui dans les idées chaldéennes qui n'ont jamais complétement disparu de la Perse. Il a tout puisé à cette source soit directement, soit par l'intermédiaire de la philosophie platonicienne que les Persans ont bien su reconnaître et qu'ils ont précieusement étudiée et approfondie jusqu'à nos jours. Il a pris à Platon sa théorie des idées, il en a, comme les gnostiques, tiré l'usage des calculs cabalistiques et des talismans, et de ce mélange est résulté un tout qui tient d'un côté à la théologie bouddhique, de l'autre à la philosophie d'Hegel. Dieu y est devenu un être nécessaire, mais la création participe à cette nécessité. Le monde n'est pas parce que Dieu l'a voulu créer, mais parce que créer est l'essence même de Dieu. Dans le *Biyan* (exposition) de Bab, Dieu s'écrie: « En vérité, ô ma créature, tu es moi ! » Il est changeant, comme sa créature ; il est sujet, comme elle, de lois qui ne lui permettent pas d'agir avec cet absolutisme irresponsable que lui reconnaissent les religions purement sémites.

Il résulte de cette manière de comprendre les choses du ciel une certaine liberté dans les jugements qu'on porte des affaires de la terre. Si Bab s'est borné à la partie purement spéculative de son œuvre, les cheikhites n'ont pas manqué d'en faire sortir ou d'y rattacher toutes les conséquences pratiques qu'ils poursuivaient de leur côté. Or, une des principales est la comparaison du souverain temporel avec le maître des cieux, et les résultats sont pour l'un comme pour l'autre une sorte de déchéance et de soumission à des lois supérieures. Cela explique comment un peuple si peu enclin jusqu'alors à s'adonner aux passions politiques a pu tout d'un coup prendre feu et, du premier bond, aller jusqu'au régicide.

Cette première attaque au principe même de la royauté amène la guerre à l'arbitraire qui, sous toutes les formes, exploite le pays. De même que le souverain, les ministres, les gouverneurs de province, les fonctionnaires de tout ordre, deviennent soumis au contrôle de ceux qui paient l'impôt. L'impôt doit être réglé, et sa quotité ne peut être fixée par le bon plaisir de ceux qui le perçoivent. Que les juges soient tenus d'être équitables, les oulémas désintéressés, la loi la même pour tous, et tout sera bien. Voilà, en effet, ce que demandaient les babis et ce que demandera toujours, maintenant, la Perse, de quelque nom qu'elle appelle le prophète qui la soulèvera.

Nous voudrions montrer comment, de cette seule façon d'envisager l'Être suprême, peut découler toute une société nouvelle. Cela nous entraînerait trop loin. Les fils qui relient les différentes parties de cette trame sont quelquefois si ténus, qu'il faudrait bien du temps et des paroles pour en rendre visibles à tous les attaches. Il vaut mieux indiquer tout de suite les conclusions du babisme sur quelques points spéciaux. Moulla Mohammed-Ali, le héros de Zengan, a été l'un des pères de la nouvelle religion, parce qu'il a su comprendre et attaquer une des causes qui parquent invinciblement les mahométans dans leur immobilité. « Rien n'est impur dans la nature, » a-t-il dit, et, ce disant, il a affranchi l'esprit de ses disciples d'une foule de ces entraves ridicules qui ne nous paraissent que des enfantillages, mais qui, en réalité, sont le fond mesquin sur lequel s'exercent, à perte d'haleine, les savants et les religieux de l'Islam.

En réduisant considérablement l'obligation de la prière, en simplifiant le cérémonial, en supprimant l'obligation de se tourner vers la Mecque, en ramenant à dix-neuf jours le jeûne du ramazan, Bab a complété la réforme commencée par cette campagne de Moulla Mohammed-Ali contre ce qui est pur et impur, permis ou défendu.

La question des femmes est peut-être moins heureusement posée ; il y a un peu d'exagération en faveur du sexe faible. Nous ne dirions rien s'il ne s'agissait que de réclamer pour lui l'égalité des droits ; mais Bab demande plus. Que la femme ne soit plus sous la menace perpétuelle du divorce que peut faire prononcer arbitrairement son mari, cela est bien ; mais qu'elle puisse elle-même réclamer le *téberri*, c'est-à-dire le droit de renoncer au mariage et de forcer ainsi son mari au divorce, où est l'égalité ? Qu'en haine du droit qu'a tout bon musulman d'avoir autant de femmes qu'il en peut nourrir, on permette à la femme neuf maris à la fois, où est le progrès ? Nous savons bien que ces doctrines des disciples de Bab n'ont jamais été mises en pratique, pas plus que la communauté des biens et des femmes qu'on les a accusés de demander. Au contraire, Bab et Kourret-oul-Aïn sont des modèles de l'austérité de mœurs qu'ils ont recommandée. Il est fâcheux cependant qu'ils aient donné prise par ce côté purement théorique aux attaques de leurs ennemis.

Ce dont il faut louer le babisme sans arrière-pensée, c'est d'avoir fait de la charité une des plus grandes vertus sociales. Mahomet, réglant l'usage qu'on doit faire du butin, ordonne d'en remettre le cinquième aux pauvres ; Bab commande de leur en distribuer le tiers. Il s'élève aussi contre la peine de mort, qu'il n'admet en aucun cas. C'est là un progrès qui ne serait pas déplacé dans notre Occident. Une amende graduée et la privation des rapports conjugaux pendant un nombre de jours déterminé sont les pénalités qu'il emploie pour tous les délits.

Ce nombre de jours est généralement dix-neuf ou un multiple de dix-neuf. On sait que chez tous les anciens peuples de l'Asie, chaque lettre a une valeur numérique, et que l'habileté suprême des écrivains consiste à combiner ces valeurs avec le sens propre des mots dont ils se servent. Or, dix-neuf est le nombre mystérieux résultant de l'addition des lettres du mot *Voudjoud*, nom de la divinité, aussi terrible que celui de Jéhovah chez les juifs. Ce nombre domine tout et règle tout dans le babisme. Nous nous appesantirions sur ces calculs si nous avions pris à tâche d'entrer dans le détail des erreurs grossières que le babisme partage avec toutes les religions ses congénères ; il nous paraît préférable d'en avoir montré plutôt le côté progressiste et vraiment intéressant.

Quant à ce qui est de le vouloir considérer comme un pas à la rencontre de la religion chrétienne, nous dirons qu'il n'y a dans une telle supposition rien de vraiment sérieux, du moment que l'on se rend un compte exact de ce qu'est le christianisme. Cette forme de l'aspiration religieuse est, comme toutes les autres, un mélange de formes préexistantes. C'est le judaïsme, plus quelques parties bien reconnaissables, quoique déguisées, de croyances plus anciennes. L'Asie, cette pépinière de religions, appartient à deux races : l'aryenne, sédentaire, dont on retrouve les idées dans l'Inde, l'ancienne Chaldée, la Perse et plus tard la Grèce ; la sémite, nomade, qui a eu pour représentants les Arabes. Toutes les religions venues de l'Asie sont une combinaison du caractère de ces deux races avec prédominance plus ou moins exclusive de l'une d'elles. Le bouddhisme représente surtout l'élément aryen; le mosaïsme, l'élément sémite légèrement mitigé. Le christianisme a été une tentative de broderie aryenne sur un fonds sémite, le mahométisme un retour vers le sémitisme pur; le babisme est une rénovation aryenne. Le point de départ étant le même, il n'est pas étonnant qu'il y ait des rapprochements à faire entre le babisme et le christianisme, mais ces rapprochements n'ont d'autre valeur que de servir à la démonstration de cette vérité qui devrait dominer toutes les discussions religieuses : une religion n'est que l'expression du tempérament intellectuel d'une race d'hommes. Elle suit les variations de ce tempérament, et, transplantée, il lui faut la serre chaude, c'est-à-dire les persécutions, quand elle est faible, pour s'établir, et l'inquisition, quand elle commence à décliner, pour conserver l'apparence de la vie.

BIBLIOGRAPHIE. — Nous avons suivi dans cet article l'orthographe et en partie les opinions de Mirza Kazem-beg, qui a donné, dans le *Journal asiatique* de 1866, une suite d'excellents articles sur *Bab et les Babis*. Nous avons accordé un peu moins de confiance à M. le comte de Gobineau, qui a traité le même sujet dans son livre : *les Religions et les philosophies de l'Asie centrale*, Didier, 1866. M. de Gobineau a quelque tendance à se servir des procédés du roman. J. ASSÉZAT.

BABOUVISME. — Au lendemain de prairial, an III, tout ce que la République comptait encore de dévoués patriotes était en butte aux poursuites d'une réaction impitoyable, qui les entassait par milliers dans les prisons de l'État.

Là se rencontrèrent les acteurs des principaux événements qui ont suivi, et, parmi eux, celui qui attacha son nom à la doctrine que nous devons exposer, et à la tentative de l'an IV, dite conjuration de Babeuf, tentative glorieuse, malgré son dénouement funeste, qu'un adversaire a qualifiée : « la plus subversive et en même temps la plus organisatrice qui se soit fait jour durant la grande effervescence de la révolution française. »

Babeuf (François-Noël, surnommé par lui-même Caius-Gracchus) était né à Saint-Quentin en 1764. Son père, qui avait été un des professeurs de Léopold d'Autriche, s'occupa lui-même de l'éducation de son fils. Orphelin à seize ans, on le voit entrer chez un architecte-arpenteur, où il étudie la géométrie et l'algèbre. Il publie bientôt après son premier ouvrage : *le Cadastre perpétuel* que plus tard la Convention, à qui il le dédia, accueillit favorablement. Puis il exerça à Roye (Somme) la profession de commissaire à terriers. Il avait vingt-cinq ans quand la révolution éclata; il en devient immédiatement un des plus ardents propagateurs, en publiant dans le *Correspondant picard* des articles contre les *Aides* et *Gabelles*, où il s'éleva contre le système féodal et se déclara pour le partage des biens nationaux; poursuivi pour ses articles et conduit à Paris, il est mis en liberté le 14 juin 1790 sur les instantes prières de Marat. Il occupe ensuite la place d'administrateur du département de la Somme, puis envoyé en commission extraordinaire auprès de l'armée révolutionnaire, il parvient à y déjouer les intrigues du parti royaliste qui voulait livrer la ville de Péronne aux Prussiens. Ce fait lui attire la haine des aristocrates de son pays, qui par des menées souterraines et hypocrites trouvaient déjà les moyens de s'insinuer dans l'administration. Grâce à ces intrigues on parvient à le faire destituer, mais il est de suite nommé administrateur du district de Mondidier. Ici encore ses ennemis ne l'abandonnent pas; il est accusé d'avoir substitué un nom à un autre dans une adjudication des biens nationaux et condamné comme faussaire par contumace à la peine de vingt ans de fers. Babeuf se hâte d'en appeler au tribunal de cassation à Paris où il est acquitté. Cette histoire lui vaudra plus tard bien des vexations et servira d'arme redoutable à ses ennemis avides de se défaire à tout prix d'un adversaire incorruptible. Nommé dans la suite secrétaire général de l'administration des subsistances du département de la Seine, ici encore il a le courage de dénoncer dans un placard le système de famine organisé par Manuel. Celui-ci, pour s'en venger, le fait arrêter. Acquitté de nouveau, il s'établit à Paris, où, se déclarant franchement contre toutes les tyrannies, il se jette hardiment dans l'action révolutionnaire. Il contribua pour sa part à la chute de Robespierre, dont plus tard il se montra néanmoins en politique un des plus ardents justificateurs. Il publie en même temps : *Le système de dépopulation ou la vie et les crimes de Carrier*, et fonde son journal célèbre : *le Tribun du Peuple*, avec cette épigraphe empruntée à Rousseau : « Le but de la société est le bonheur commun. » Tallien dénonce les idées ultra-révolutionnaires du nouveau parti, et Babeuf est encore une fois incarcéré au Plessy, puis à Arras.

C'est dans ces prisons que vinrent le rejoindre les victimes de la réaction thermidorienne et qu'il trouva nombre de patriotes d'un esprit supérieur et d'un courage éprouvé : *Darthé*, homme actif et adroit, doué d'une grande pénétration, joignant à un esprit cultivé un caractère inflexible. Il avait fait ses premières armes et reçu une blessure incurable à l'assaut de la Bastille. Pour ses services rendus comme membre du directoire de son département on lui avait décerné la mention de *bien mérité de la patrie.*

Bertrand, ex-maire de Lyon, qui avait dépensé dans la lutte révolutionnaire une immense fortune et, à la suite du massacre du camp de Grenelle, devait être assassiné par la commission militaire du Temple.

Germain de Narbonne, officier dans l'armée, l'orateur le plus éloquent de l'époque, qui savait unir aux éclats de la passion la logique la plus rigoureuse.

Buonarotti, descendant de Michel-Ange, exilé par le grand-duc Léopold, homme grave et modeste, d'une extrême douceur et d'une grande fermeté. Tels sont les hommes qui, avec Massart, Fillon, Fontenelle, Bouin, Bodson, Simon Duplay, etc., étaient devenus les compagnons de Babeuf.

Animés d'un commun désir de sauver la République, les prisonniers furent bientôt unis dans une étroite fraternité ; ils offraient, nous raconte leur historien, « un spectacle aussi touchant que nouveau, s'honoraient de leurs fers et de leur pauvreté, suite de leur dévouement patriotique. » Loin de s'amoindrir, leur enthousiasme semblait s'accroître par la captivité et s'exhalait en chants civiques, qui tous les soirs rassemblaient autour des murs une foule sympathique, et convaincue que là était renfermé son dernier espoir.

Les maux de la patrie étaient leur unique préoccupation et les moyens de les faire cesser l'unique objet de leurs entretiens et de leurs études. Durant les longues heures de la détention se déroulaient dans leur esprit les événements des dernières années ; l'histoire se dressait devant eux dans son effrayante vérité. La France, hier si éclatante dans son auréole de justice et de liberté, aujourd'hui obscurcie par le souffle impur de la réaction. Hier seize millions d'esclaves se levant en même temps dans un élan sublime, marchant à l'assaut des bastilles et des priviléges, sous le feu des armées ennemies décrétant la mort des rois, et, sans douter un instant de l'avenir, conviant d'avance tous les peuples au banquet de la paix et de la république universelle. Puis tout à coup ce même peuple s'arrêtant au milieu de son triomphe, s'affaissant sur lui-même, comme paralysé par un mal inconnu, et laissant entre les mains de la tyrannie la révolution terrassée.

Cette cause inconnue, source de tant de malheurs, quelle est-elle ? Problème, plein de mystère, qui s'imposait avant tout aux méditations des prisonniers. Si cette cause eût résidé uniquement dans la nature du gouvernement actuel, il n'eût pas manqué d'hommes qui se fussent souvenus du premier de leurs droits et du plus sacré de leurs devoirs, et qui l'eussent aisément jeté à bas. Le despotisme politique n'était sans doute qu'un symptôme; c'est plus profondément qu'il fallait chercher l'origine du mal.

Le gouvernement s'appuyait sur une classe de citoyens dont les richesses, déjà considérables avant 89, s'étaient accrues de tous les débris de l'aristocratie nobiliaire. Au milieu même et à la faveur des troubles révolutionnaires, se formait dans l'ombre un parti hostile qui, du jour où la féodalité expirait, tramait déjà le projet de la remplacer, pour s'y préparer envahissait les places, accaparait la faveur populaire et se tenait prêt à saisir la première occasion de relever à son profit la puissance déchue. Au moment même où le 10 août venait donner à la révolution de si grandes espérances, ce parti osait lever la tête et exprimait publiquement l'espoir de régner avec tous les attributs de la monarchie, en se couvrant perfidement du manteau de la république.

Cette faction, qui comptait dans la Convention de brillants défenseurs, les Vergniaud, les Brissot, etc., eut plus d'une lutte à soutenir, et se vit frapper dans la personne de ses chefs les plus illustres. Mais tôt ou tard elle devait triompher. Elle survécut à tous les orages, s'empara de la Convention qui avait menacé de l'anéantir, et la poussa à immoler elle-même son propre ouvrage, la constitution de 93.

Babeuf la dénonçait en ces termes dans le *Tribun du peuple* : « Faction infâme! qu'on a l'air de ne pas voir, je te distingue très-bien, moi! Je te suis, et je te déclare que je ne te perdrai de vue qu'avec la vie. Tyrannicides! je vous convoque tous. Que le premier esclave qui osera encore attaquer, directement ou indirectement, le système républicain indivisible, soit irrémissiblement frappé de mort! »

Puis il reprend: « Les hommes libres sauront maintenant l'œuvre du peuple. Qu'ils se tiennent prêts, il est temps. Ne nous effrayons pas du nombre de valets de la tyrannie, il n'en faut pas tant des nôtres pour les comprimer. Voici pour ma part mes dispositions, voici mon avis aux esclaves. Je vous déclare que mon caractère de républicain ne me laisse pas quitte de m'escrimer contre vous de plume, je vous poursuivrai du glaive. Je vous déclare que le titre seul de principes éternels, et la sanction par le peuple des maximes de la déclaration des droits, me vaut de forme suffisante pour les reconnaître sacrées et inattaquables. Je vous déclare que, ceci posé, je regarde comme d'obligation à tout républicain le précepte de l'article 27 de cette déclaration : que tout individu qui usurperait la souveraineté soit à l'instant mis à mort par les hommes libres. Je déclare en conséquence que le premier mandataire du peuple qui osera proposer le renversement de la déclaration des Droits et de l'Acte constitutionnel, l'un et l'autre garants uniques de cette souveraineté, je le poignarde..... au sénat, chez lui, dans les rues, partout: il ne m'importe. C'est ainsi qu'avec moi tous les Scævola français (il en est plus d'un) peuvent parvenir à arrêter cette conspiration manifeste contre la révolution entière. » (*Trib. du peuple*, n° XXVIII.)

Le 5 messidor an III, le projet d'une constitution nouvelle était proposé à la Convention nationale, et accepté. La constitution de 93 était définitivement immolée. Dans la pensée de Babœuf, la décadence politique avait donc son origine dans la division des citoyens en deux classes ennemies par leur nature, l'une riche, l'autre misérable; la bourgeoisie d'une part, de l'autre la plèbe ou mieux, suivant l'expression déjà consacrée à cette époque, — la canaille; l'une, conservatrice par essence, disposée à tout pour garantir ses priviléges; la seconde poussée par la force des choses à l'esclavage sous une forme nouvelle, que les serfs de l'âge précédent ne lui auraient pas enviée, et qui a pris le nom de prolétariat. L'inégalité des fortunes était donc la véritable cause des malheurs publics; c'était le germe de tous les despotismes; c'est elle qu'il fallait attaquer et vaincre à tout prix.

L'égalité devint le mot de ralliement des révolutionnaires; pour se distinguer des patriotes aux opinions plus indécises, ils s'appelèrent *les Égaux*. Certes, bien avant eux l'égalité avait eu de courageux défenseurs. Elle est solennellement proclamée dans la constitution de 91 et celle de 93, mais cette constitution consacre le principe de la propriété individuelle; les Égaux voyaient là une contradiction dangereuse et un vice radical. « La propriété individuelle, disait Buonarroti, est la source principale de tous les maux qui pèsent sur la société. »

C'est pendant sa détention au Plessy que Babeuf acheva son éducation sociale. Buonarroti le présenta à Bodson, ancien ami de Robespierre, et considéré comme le dépositaire des idées du célèbre dictateur. Cependant Bodson appartenait en réalité à la doctrine de Mably, et celle-ci fut pour Babeuf une source féconde où il puisa plus d'une inspiration.

Aussitôt après leur élargissement, le 17 vendémiaire, les Égaux se concertèrent en vue d'une action commune, et consacrèrent leurs premiers efforts à la propagande égalitaire. Babeuf reparut au *Tribun du Peuple*. Un autre journal plus modeste, *l'Éclaireur*, s'adressait de préférence aux classes nécessiteuses. L'article suivant donne une idée assez exacte de la nature de leurs tendances : « La société est une caverne. L'harmonie qui y règne est un crime. Que vient-on parler de lois et de propriétés? Les propriétés sont le partage des usurpateurs, et les lois l'ouvrage du plus fort. Le soleil luit pour tout le monde et la terre n'est à personne. Allez donc, ô mes amis, déranger, bouleverser, culbuter cette société qui ne vous convient pas. Prenez partout ce qui vous conviendra. Le superflu appartient de droit à celui qui n'a rien. Ce n'est pas tout, frères et amis. Si l'on opposait à vos généreux efforts des barrières constitutionnelles, renversez sans scrupule et les barrières et les constitutions. Égorgez sans pitié les tyrans, les patriciens, les millions dorés, tous les êtres immoraux qui s'opposent à votre bonheur commun. Vous êtes le peuple, le vrai peuple, le seul peuple digne de jouir des biens de ce monde! La justice du peuple est grande, est majestueuse comme lui. Tout ce qu'il fait est légitime, tout ce qu'il ordonne est sacré! » (*Tribun du Peuple.*)

La même doctrine fut développée par Sylvain Maréchal, auteur du *Dictionnaire des Athées*, dans son *Manifeste des Égaux*, dont voici le passage le plus caractéristique :

« Nous déclarons ne pouvoir souffrir davantage que la très-grande majorité des hommes travaille et sue au service et pour le bon plaisir de l'extrême minorité.

» Assez et trop longtemps moins d'un million d'individus disposent de ce qui appartient à plus de vingt millions de leurs semblables, de leurs égaux.

» Qu'il cesse enfin, ce grand scandale que nos neveux ne voudront pas croire! Disparaissez enfin, révoltantes distinctions de riches et de pauvres, de grands et de petits, de maîtres et de valets, de *gouvernants et de gouvernés*. »

Ce manifeste ne fut pas répandu dans le public, qui n'en eut connaissance qu'à l'époque du procès. Au contraire, un écrit beaucoup moins explicite, mais qui exposait nettement les vues pratiques des Égaux, reçut la plus grande publicité sous le titre d'*Analyse de la doctrine de Babeuf, tribun du peuple proscrit par le Directoire exécutif pour avoir dit la vérité*. C'est là le véritable manifeste du parti :

« 1. La nature a donné à chaque homme un droit égal à la jouissance de tous les biens. — 2. Le but de la société est de défendre cette égalité souvent attaquée par le fort et le méchant dans l'état de nature et d'augmenter, par le concours de tous, les jouissances communes. — 3. La nature a imposé à chacun l'obligation de travailler. Nul n'a pu sans crime se soustraire au travail. — 4. Les travaux et les jouissances doivent être communs à tous. — 5. Il y a oppression quand l'un s'épuise par le travail et manque de tout, tandis que l'autre nage dans l'abondance sans rien faire. — 6. Nul n'a pu sans crime s'approprier exclusivement les biens de la terre ou de l'industrie. — 7. Dans une véritable société, il ne doit y avoir ni riches ni pauvres. — 8. Les riches qui ne veulent pas renoncer au superflu en faveur des indigents, sont les ennemis du peuple. — 9. Nul ne peut, par l'accumulation de tous les moyens, priver un autre de l'instruction nécessaire pour son bonheur; l'instruction doit être commune. — 10. Le but de la révolution est de détruire l'inégalité et de rétablir le bonheur de tous. — 11. La révolution n'est pas finie, parce que les riches absorbent tous les biens et commandent exclusivement, tandis que les pauvres travaillent en véritables esclaves, languissent dans la misère et ne sont rien dans l'État. — 12. La constitution de 1793 est la véritable loi des Français, parce que le peuple l'a solennellement acceptée; parce que la Convention n'avait pas le droit de la changer; parce que, pour y parvenir, elle a fait fusiller le peuple qui en réclamait l'exécution; parce qu'elle a chassé et égorgé les députés qui faisaient leur devoir en la défendant; parce que la terreur contre le peuple et l'influence des émigrés ont présidé à la rédaction et à la prétendue acceptation de la constitution de 1795, qui n'a eu pour elle pas même la quatrième partie des suffrages qu'avait obtenus celle de 1793; parce que la constitution de 1793 a consacré les droits inaliénables pour chaque citoyen de consentir les lois, d'exercer les droits politiques, de s'assembler, de réclamer ce qu'il croit utile, de s'instruire, de ne pas mourir de faim; droits que l'acte contre-révolutionnaire de 1795 a ouvertement et complétement violés. — 13. Tout citoyen est tenu de rétablir et de défendre, dans la constitution de 1793, la volonté et le bonheur du peuple. — 14. Tous les pouvoirs émanés de la prétendue constitution de 1795 sont illégaux et contre-révolutionnaires. — 15. Ceux qui ont porté la main sur la constitution de 1793 sont coupables de lèse-majesté populaire. »

En se rattachant à la constitution de 93, dont ils ne se dissimulaient pas le vice radical, les Égaux l'adoptaient comme moyen transitoire, comme un point de ralliement autour duquel viendraient se grouper les forces éparses de la démocratie. Elle consacrait la souveraineté du peuple, le droit universel de délibérer sur les lois, affirmait le mandat impératif; — enfin, elle avait eu pour sanction la presque unanimité des suffrages. Par la constitution nouvelle tous ces droits étaient violés. Les gens aisés pouvaient seuls nommer aux principales fonctions, la participation du peuple au gouvernement devenait séditieuse, et l'acte constitutionnel qui consacrait cette usurpation était déclaré irrévocable. Mettre fin à un si déplorable état de choses, et renverser le gouvernement actuel, était le premier but qui s'imposait au dévouement de tous les patriotes. C'est en vue de ce résultat que s'organisa la conspiration de Babeuf.

Une première société s'était formée, dans laquelle on remarque Darthé, Buonarroti, Massart, Fontenelle, Germain, Philip, Laurjen de Doimel, Bertrand, Tismiot, Chintrard, Chapelle, Lussorilon, Lacombe, Reuf, Coulange, Bouin et Bodson. Elle tint quelques séances préparatoires au jardin de l'ancienne abbaye de Sainte-Geneviève. Dès que sa forme et ses principes furent définitivement arrêtés, elle s'ouvrit dans l'ancien réfectoire des Génovefains, et continua à se tenir tantôt dans cette salle, tantôt dans un vaste souterrain du couvent, « où la pâleur des flambeaux, le bourdonnement des voix et la position gênante des assistants, debout ou assis par terre, rappelaient à ceux-ci la grandeur et les dangers de l'entreprise, ainsi que le courage et la prudence qui leur étaient nécessaires. » (Buonarroti.) Le voisinage du Panthéon fit donner à la société le nom de ce monument. En peu de temps, elle réunit jusqu'à deux mille membres. Dans un but de propagande, elle eut l'idée singulière de couvrir sa doctrine des formes religieuses, et arrêta « qu'elle emploierait les décadis à honorer en public la Divinité par la prédication de la loi naturelle. » Une commission dut préparer le catéchisme et les canons de la nouvelle église. Ainsi se manifestait la funeste influence de Robespierre et de Rousseau.

Le Directoire exécutif, alarmé de l'influence croissante de la société du Panthéon, ordonna sa fermeture qui fut exécutée par le général Buonaparte en personne. C'est alors que Babeuf songea à en réunir les débris et fonder une société nouvelle à laquelle il imprimerait une marche plus sérieuse, à l'aide d'une direction centrale et occulte.

Le 10 germinal, an III, se constituait un directoire secret composé de Babeuf, Antonelle, Debon, Buonarroti, Darthé, Félix Lepellier et Sylvain Maréchal; il se réunit chez Clérex où Babeuf poursuivi pour délit de presse s'était réfugié. Douze agents principaux, un par arrondissement, furent chargés d'organiser sur tous les points des réunions secrètes, obéissant chacune à la direction d'un patriote éprouvé. Un seul agent intermédiaire, Didier, entretenait des communications entre le directoire et ses agents. D'autres agents furent créés avec mission de réveiller dans l'armée le sentiment démocratique; furent désignés à cet effet : Germain, pour la légion de police, Fion, Massey, Vannek, Georges Grisel pour le camp de Grenelle.

Deux membres du directoire, Darthé et Germain, furent chargés d'exercer sur ces divers agents une active surveillance. Babeuf avait entre ses mains le cachet de la conspiration qui portait ces mots : *Salut public*, autour d'un niveau. Les réunions du directoire, qui se tenaient presque chaque soir, avaient pour objet d'examiner les rapports des agents, les projets de réponse, les écrits à imprimer; de délibérer sur le plan insurrectionnel, sur les moyens les plus propres à généraliser le mouvement et à en favoriser l'issue; de tracer un état exact des ressources de toutes espèces en hommes, armes et munitions; enfin de déterminer les mesures d'autorité qui seraient prises après le combat et précéderaient l'organisation définitive de la république.

Faire de suite appel aux assemblées primaires offrait un danger dont l'histoire de la seconde république a montré la triste réalité. En écartant ce projet, les conspirateurs firent preuve d'un véritable esprit politique, et la résolution qu'ils adoptèrent n'était pas moins conforme au droit bien entendu que dictée par une intelligence profonde de la situation. A qui appartient-il, en effet, de pourvoir au soin indispensable de restaurer immédiatement l'autorité, sinon à ceux-là mêmes qui viennent de détruire le pouvoir existant? N'est-ce pas pour eux à la fois un droit et un devoir? On convint qu'une assemblée nationale composée d'un démocrate par département serait nommée par le peuple insurgé sur la présentation du comité insurrecteur. Ce dernier n'en restait pas moins en permanence afin de surveiller la marche du gouvernement. Dans la suite, afin de se ménager le concours des montagnards proscrits après thermidor, et qui avaient fait au directoire secret des offres de service, on consentit, non sans répugnance, à les admettre dans la convention nouvelle. En même temps des commissaires généraux eussent été dirigés sur les départements, munis de pleins pouvoirs afin de briser toutes les résistances et affermir sur tous les points du territoire l'autorité révolutionnaire.

Cependant le gouvernement, ayant eu vaguement connaissance du complot qui se tramait contre son existence, redoubla ses rigueurs; les diverses fractions qui se partageaient le pouvoir, poussées par l'instinct de la conservation, se réunirent dans une entente commune; les aristocrates, renforcés des survivants de la Gironde et des Montagnards devenus réacteurs après thermidor, frappèrent successivement les libertés encore debout, — la liberté de la presse reçut de nouvelles atteintes, en même temps que celle de la parole. Les lois qui ôtaient la faculté de former des sociétés politiques furent complétées par celles qui supprimaient le droit imprescriptible de se réunir pour discuter les affaires publiques; dans le cas de contravention à ce dernier décret la peine de mort pouvait être prononcée. De telles vexations avaient dans la pensée de leurs auteurs un double but, celui de répandre la consternation dans le peuple et d'effrayer les plus timides, en même temps qu'elles pousseraient les autres à un mouvement prématuré. Les Égaux furent en proie à une indignation difficile à décrire; tous s'écriaient que le moment était venu d'accomplir leur serment : *Vivre libres ou mourir.*

Le directoire secret vit le piége et se garda bien d'y tomber; il essaya de calmer la colère publique et par une sage réserve il déjoua les projets de l'ennemi.

D'autre part, il imprima à l'entreprise une activité nouvelle. Un comité militaire de cinq membres, tous généraux ou officiers, fut institué afin d'apporter à l'insurrection le secours de leurs connaissances spéciales. Il se composa de Rossignol, Fillon, Germain, Massart et Griscl, d'odieuse mémoire. De concert avec ce comité on tomba d'accord sur les points suivants: « 1o Que l'insurrection se ferait de jour; 2o que des généraux conduiraient, sous les ordres du directoire secret, le peuple contre ses ennemis; 3o que les insurgés seraient divisés par arrondissements, et subdivisés par sections; 4o que les arrondissements auraient des chefs, et les sections des sous-chefs; et 5o que toute subordination envers les autorités existantes serait rompue, et tout acte de cette nature puni de mort sur-le-champ. »

D'autres mesures importantes furent encore recommandées : commencer l'insurrection un jour où le décadi coïnciderait avec un dimanche pour réunir plus aisément les ouvriers; se servir des femmes et des enfants pour rompre les rangs des soldats, assurer par un pont de bateaux la communication entre les faubourgs Antoine et Marceau, s'emparer dès le début des hauteurs de Montmartre, couper les communications avec Vincennes en couvrant de barricades le faubourg Antoine, s'assurer des issues souterraines du Luxembourg par où le Directoire exécutif aurait pu s'échapper. On peut évaluer à 17,000 hommes, sans compter les ouvriers, les forces des conjurés, réparties ainsi qu'il suit : 1o révolutionnaires : 4,000; membres des anciennes autorités : 1,500; canonniers : 1,000; officiers destitués : 500; révolutionnaires des départements : 1,000; grenadiers du Corps législatif : 1,500; militaires détenus : 600; légion de police : 6,000; invalides : 1,000.

Le signal auquel toutes ces forces devaient entrer en mouvement était la publication de l'*Acte insurrecteur*, arrêté en séance du directoire.

Après une longue suite de considérants qui établissent la légitimité et le caractère de l'insurrection, cet acte indique les principales dispositions à prendre, dont voici le résumé : Les citoyens et les citoyennes partiront aussitôt de tous les points; ils se rallieront au son du tocsin et des trompettes sous la conduite des patriotes porteurs de guidons avec l'inscription : Égalité. Constitution de 93. Liberté. Les généraux du peuple seront distingués par des rubans tricolores flottant très-visiblement autour de leurs chapeaux.

Le peuple s'emparera de la Trésorerie nationale, de la poste aux lettres, des maisons des ministres et de tout magasin public ou privé contenant des vivres ou des munitions de guerre. — Les deux Conseils et le Directoire, usurpateurs de l'autorité populaire, seront dissous; tous les membres qui les composent seront immédiatement jugés par le peuple. Les vivres de toute espèce seront portés au peuple sur les places publiques. — Tous les boulangers seront en réquisition pour faire continuellement du pain qui sera distribué gratis au peuple; ils seront payés sur leur déclaration. — Le peuple ne prendra de repos qu'après la destruction du gouvernement tyrannique. — Tous les biens des émigrés, des conspirateurs et de tous les ennemis du peuple seront distribués sans délais aux défenseurs de la patrie et aux malheureux. — Les malheureux de toute la république seront immédiatement logés et meublés dans les maisons des conspirateurs. — Les effets appartenant au peuple, déposés au Mont-de-Piété, seront sur-le-champ gratuitement rendus. — Le peuple français adopte les épouses, enfants, pères, mères, frères, sœurs des braves qui auront succombé.

Il ne restait plus qu'à fixer le jour de l'insurrection. Le désir de ne négliger aucune disposition de nature à assurer le succès d'une si grave entreprise, en retarda peut-être trop longtemps le dénoûment; pour ce motif plusieurs historiens, — au nombre desquels figure Cabet, — firent peser sur la tête de Babeuf la responsabilité de la catastrophe qu'il nous reste à décrire. J'ignore ce que Cabet eût fait à la place de ces hommes dont l'intelligence et le courage sont au-dessus de toute critique; mais lui-même reconnaît les difficultés qui entouraient les conjurés au point de déclarer sans excuses la légèreté dont ils firent preuve en osant concevoir leur dessein héroïque. Il nous suffit à nous de constater les obstacles nombreux parmi lesquels il en est un, capable d'entraver l'audace la plus téméraire : la caisse du directoire secret était vide, ou, si l'on préfère, elle renfermait un total de 240 fr. Nous aimons mieux laisser peser tout le poids du désastre sur la trahison d'un être infâme, qui paraissait offrir aux conjurés toutes les garanties de probité et de dévouement. Comme membre du comité militaire, Grisel était parvenu à pénétrer au sein même du comité supérieur et se hâta d'en livrer les secrets au Directoire exécutif. Un autre homme qui mérite une égale flétrissure est Barras, qui, peu de jours auparavant, avait eu avec Germain un entretien et feignait d'entrer pleinement dans les vues des conspirateurs, Barras, qui ne prévint pas ces derniers de la trahison dont ils allaient être victimes, Barras enfin, qui poussa à la mort les malheureuses victimes de Grenelle.

Sur la dénonciation de Grisel, la police investit le domicile du conventionnel Drouet au moment où elle pensait trouver réunis les principaux conjurés. Elle arriva trop tard. Le 20 floréal, au soir, le comité directeur se réunissait de nouveau chez Messart, où il passa la nuit. Il venait d'arrêter le plan d'une proclamation qui devait être répandue dans toute la France après l'insurrection et qui commençait en ces termes : « Le peuple a vaincu, la tyrannie n'est plus, vous êtes libres. » A ce mot, la police envahissait la salle. C'était au 20 floréal de l'an IV.

Au milieu de la stupeur générale produite par cet événement, une seule voix, celle de l'ancien maire de Paris, Pache l'hébertiste, osa s'élever en faveur des accusés dans une brochure intitulée : *Sur les factions et les partis, les conspirations et les conjurations et sur celles à l'ordre du jour.*

Le peuple, à qui l'on fit croire au moment de l'arrestation qu'il s'agissait de simples voleurs, procédé devenu familier à la police qui aujourd'hui nous gouverne, le peuple revint trop tard de son erreur. Les démocrates voulurent cependant exercer une tentative de délivrance. Trompés par Barras, qui leur affirmait les dispositions sympathiques des militaires du camp de Grenelle, ils s'y présentèrent en foule, sans armes, aux cris de « Vive la République », et furent assassinés.

Craignant l'agitation que le procès pourrait faire naître dans la population parisienne, le gouvernement eut recours à un étrange moyen pour éviter le danger. Il profita du prétexte que Drouet, en sa qualité de député, ne pouvait être jugé que par une haute cour de justice composée de jurés choisis par les assemblées électorales des départements. On en conclut que tous les accusés devaient subir cette même juridiction. Il y avait bien un article de la loi ainsi conçu : « Nul ne peut être distrait des juges que la loi lui assigne. » « Mais, se hâta d'objecter un législateur, il n'y faut pas tant prendre garde pour des factieux. » Le pouvoir cède à cet argument péremptoire. Drouet, il est vrai, parvint à s'évader, mais la haute cour fut maintenue et son siège fixé à Vendôme.

Les accusés s'y présentèrent dans une attitude courageuse, revendiquant fièrement l'honneur d'avoir défendu les principes de la révolution et n'ayant d'autre préoccupation que celle d'en démontrer la vérité. Cette énergie ne se démentit pas un instant. « Ce n'est point ici, dit Babeuf, parlant au nom de ses amis, ce n'est point ici un procès d'individus, c'est celui de la république ; il faut, malgré tous ceux qui n'en sont pas d'avis, le traiter avec toute la grandeur, la majesté, le dévouement qu'un aussi puissant intérêt commande... Cet acte, poursuit-il, appartient à des républicains quelconques, et tous les républicains sont impliqués dans cette affaire ; par conséquent, il appartient à la république, à la révolution, à l'histoire... »

La belle défense de Babeuf, qui restera un objet d'admiration pour la postérité, ne pouvait agir sur les consciences corrompues des membres du jury. Darthé et Babeuf furent condamnés à mort. Buonarroti, Germain, Cazin, Blondeau, Mennessier et Bouin furent condamnés à la déportation.

A peine l'arrêt fatal eut-il été prononcé qu'un cri s'élève de tous les points de la salle : On les assassine! Babeuf et Darthé s'étaient frappés d'un poignard. Buonarroti en appelle à la vengeance du peuple. Un mouvement se fait dans l'auditoire ; la foule veut se précipiter au secours des condamnés ; cent baïonnettes lui barrent le passage. Cependant Babeuf et Darthé n'étaient pas morts ; le poignard s'était brisé dans leurs poitrines. La nuit qui les séparait du supplice se passa dans d'atroces souffrances. Mais, plus forts que la douleur, ils montèrent à l'échafaud d'un pas ferme ; leur dernière pensée fut pour le peuple. Les corps des suppliciés, jetés à la voirie, furent recueillis pieusement par des cultivateurs des environs qui leur donnèrent la sépulture.

L'histoire de la conspiration de Babeuf a été écrite par l'un des condamnés de la haute cour de Vendôme, Buonarroti. Quelques minutes avant la déclaration du jury, qui allait être pour eux un arrêt de mort, Babeuf et Darthé avaient reçu de lui le serment qu'il vengerait leur mémoire. D'autres devoirs, une longue et rigoureuse détention suivie d'une surveillance plus longue, empêchèrent d'abord Buonarroti de s'acquitter de cette obligation. En 1828, seulement, il put tenir sa promesse et publia un ouvrage en deux volumes sous ce titre : *Histoire de la conspiration pour l'égalité, dite de Babeuf, suivie du procès auquel elle a donné lieu.* Les deux premières éditions de cet ouvrage parurent à Londres et à Bruxelles. Une troisième fut publiée à Paris, en 1830, par les frères Baudouin, et fait partie de leur collection de Mémoires sur la Révolution française. En 1842, il en fut publié un abrégé contenant exclusivement la partie économique. En 1850, un éditeur, M. Charavay, qui, par ses opinions, se rattachait au groupe politique dont Buonarroti fut si longtemps l'âme, reproduisit dans une édition populaire l'histoire de la conspiration et du procès telle que Buonarroti l'avait écrite, en retranchant des notes inutiles et presque toutes les pièces justificatives qui sont fort nombreuses. M. Charavay,

en outre, rétablit le premier le nom de plusieurs personnages qui étaient encore
vivants au moment où Buonarroti écrivait, et qu'il n'avait désignés que par des
anagrammes. Enfin, en 1861, une nouvelle édition de l'abrégé de Buonarroti a paru
chez l'éditeur Lechevalier. Cette édition se distingue des précédentes, en ce qu'elle
contient des notes sur les principaux conjurés.

C'est le caractère frappant de la conspiration des Égaux que toutes les nuances
du parti révolutionnaire s'y trouvèrent confondues. On travaillait au rétablissement de la Constitution de 1793, et dans cette œuvre commune les anciens montagnards tels qu'Antonelle, Amar, Ricord, etc., les amis d'Hébert et de Chaumette,
les partisans de Robespierre, donnaient la main aux égalitaires purs. Tous étaient
d'accord que la Constitution de 1793 devait être la première étape de la Révolution
reprenant son cours pour ne plus s'arrêter. Il n'y avait pas en France, à cette
époque, dit quelque part Buonarroti, un véritable républicain qui ne fût conspi-
rateur ou prêt à le devenir. Cet admirable accord de tous les patriotes, cette unanimité du peuple parisien dont les rapports des agents du comité insurrecteur
donnent à chaque instant la preuve, encourageaient les chefs du mouvement. Ce
fut aussi ce qui les perdit, en leur donnant trop de confiance. On se croyait sûr du
succès, à la seule condition de ne pas attaquer prématurément, et on conspira pour
ainsi dire à ciel ouvert. Au centre, les agissements étaient secrets, mais l'agitation
qui se communiquait aux extrémités était trop peu dissimulée pour échapper à
l'œil des gouvernants.

Le comité insurrecteur comptait sur l'armée, principalement sur la légion de
police où il y avait beaucoup de patriotes et sur le camp de Grenelle. C'était là une
funeste erreur dans laquelle le traître Grisel, capitaine au troisième bataillon de
la trente-huitième demi-brigade, entretint le comité. La nécessité où l'on se croyait
de se concilier l'armée fit que ce misérable fut jugé indispensable. On pensait qu'il
pouvait beaucoup; on lui laissa pénétrer les ressorts intimes de l'affaire. Au moins
Babeuf et ses amis étaient-ils excusables de croire aux soldats. Les enseignements
leur manquaient; ils avaient vu les armées de la Révolution; ils n'avaient vu ni
le 18 brumaire ni le 2 décembre. Singulière illusion que celle des armées démocratiques! Aux élections de 1849 et de 1851, presque tous les régiments donnèrent la
majorité aux candidats républicains socialistes. On sait à quoi cela nous a servi.
Quand l'autorité se dissout elle-même, quand le gouvernement perd la tête et se
désorganise, il peut arriver, comme en 1848, que les soldats lèvent la crosse en l'air.
Mais toutes les fois que le gouvernement ne s'abandonne pas lui-même, l'armée
ne lui manque pas; c'est duperie en France que d'espérer le contraire.

La trahison de Grisel seul n'eût pas suffi probablement à perdre la conjuration.
La faute capitale du comité insurrecteur me paraît être d'avoir accepté ou demandé
dans une certaine mesure le concours de divers membres du gouvernement, tels
que Barras. Jusqu'où alla l'entente entre les Babouvistes d'une part et de l'autre
Barras, Fouché et Bonaparte, on ne le peut déterminer avec exactitude. Buonarroti,
soit qu'il n'eût pas tout su, soit volontairement, a gardé sur ce point une grande
réserve dans ses écrits. Je ne crois pas qu'il s'en soit ouvert dans la suite à aucun
de ses amis. Il est certain que, le 30 germinal, Barras eut une conférence avec
Darthé, et que, le 20 floréal, la veille même de l'arrestation des conjurés, il s'entretint longuement avec Germain, l'un des organisateurs du mouvement; c'était
probablement Fouché qui avait servi d'intermédiaire. Quant à Bonaparte, il avait
eu antérieurement des relations presque intimes avec Buonarroti, et il y a dans
l'admirable défense de Germain un passage très-curieux d'où il ressort que ces
honnêtes gens n'étaient pas encore suffisamment édifiés sur le compte du futur

empereur. Il est très-probable qu'au dernier moment le cœur faillit à Barras et que Bonaparte le détermina à agir vigoureusement contre les conjurés.

Les condamnés de la Haute-Cour de Vendôme devaient être transportés à la Guyane; mais le voyage aurait probablement coûté trop cher, car, en l'an VIII, on les transféra à l'île d'Oleron, d'où Buonarroti fut ensuite enlevé pour être soumis à une simple surveillance dans une ville de l'est. Cette mesure a été attribuée par les uns à Bonaparte qui avait été le camarade de chambre et de lit de Buonarroti, par les autres à Fouché qui chercha toujours à se ménager des appuis et des intelligences parmi les révolutionnaires.

Buonarroti, qui devint le dépositaire de la doctrine et le chef du parti babouviste, était né à Pise le 11 novembre 1760. Exilé par le grand-duc Léopold dans les premières années de la Révolution, il se réfugia en Corse où il publia un journal, l'*Ami de la Liberté italienne.* Peu de temps après son arrivée à Paris, vers la fin de 1792, la Convention, par un décret solennel, lui décerna la qualité de Français. En 1793, il fut envoyé en Corse avec des pouvoirs extraordinaires. La réaction du 9 thermidor lui devait être fatale. En effet, il fut arrêté et détenu à la prison du Plessy jusqu'au 17 vendémiaire an IV. Puis, vint la conspiration. « En 1806, disent les biographies, Buonarroti se réfugia à Genève, et il y professait paisiblement les mathématiques et la musique lorsque la diplomatie européenne, toute-puissante sur les petites républiques suisses, crut devoir, à la suite des événements de 1815, forcer la patrie de Rousseau à devenir inhospitalière envers un descendant de Michel-Ange. Buonarroti, réduit à chercher un nouvel asile, se fixa en Belgique où il vécut de sa profession de compositeur de musique et où il publia, en 1828, son livre de la conspiration de Babeuf. Il rentra en France en 1830 et continua d'y vivre du produit de ses leçons. Il mourut en 1837 à l'âge de soixante-dix-sept ans, avec toute sa mémoire et toute son intelligence, inébranlablement fidèle aux principes de toute sa vie. »

Ce que les biographies ne disent pas, et ce que savent bien tous les survivants des luttes de la liberté sous la Restauration et la monarchie de Juillet, c'est que, depuis le jour où il quitta l'île d'Oleron jusqu'à sa mort, Philippe Buonarroti ne cessa d'exercer une influence considérable sur le parti révolutionnaire, non-seulement en France, mais dans toute l'Europe. De Genève, où il s'était établi d'abord, Buonarroti, qui était un des chefs principaux de la Charbonnerie, servait de lien entre les ventes françaises et les ventes italiennes. On en trouve une preuve bien significative dans les mémoires du célèbre prisonnier d'État, Alexandre Andryane, le compagnon de ce pleurard de Silvio Pellico et de Maroncelli. La Jeune-Italie et M. Mazzini relèvent de cette action initiatrice, ainsi que les sociétés secrètes qui furent plus tard dirigées à Paris par MM. Blanqui et Barbès.

En France, les deux hommes qui s'associèrent le plus intimement aux idées et à l'action de Buonarroti, étaient MM. Voyer d'Argenson et Charles Teste. M. Voyer d'Argenson qui, en 1803, présidant le collège électoral de la Vienne, refusa d'aller complimenter Napoléon; qui, nommé député, ne prêta serment à la Restauration que « sous la réserve de l'imprescriptible souveraineté du peuple »; qui, après 1830, réélu à la Chambre des Députés, jura fidélité à Louis-Philippe, « sauf les progrès de la raison publique, » M. Voyer d'Argenson est mort en 1842. C'est chez lui que Buonarroti vécut paisiblement ses derniers jours. Charles Teste était le frère du trop fameux ministre des travaux publics condamné pour concussion par la Cour des pairs. Son nom est presque inconnu de la génération nouvelle. Pourtant, nul ne prit une part plus active à la révolution de 1830, et il ne tint pas à lui que Lafayette ne se laissât pas jouer par Louis-Philippe. En 1833, il publia avec Voyer d'Argenson un projet de Constitution qui avait pour base les deux articles que voici : « Tous les biens mobiliers ou immobiliers renfermés dans le territoire national, ou possédés ailleurs par les membres de la société, appartiennent au peuple qui seul peut en régler la répartition. — Le travail est une dette que tout citoyen valide doit à la société; l'oisiveté doit être flétrie comme un larcin et comme une source intarissable de mauvaises mœurs. » Charles Teste, défenseur, comme Buonarroti et Voyer d'Argenson, des accusés d'avril, révolutionnaire et socialiste jusqu'à son dernier souffle, est mort à la fin de 1848. La douleur que cet honnête homme ressentit de la condamnation de son frère, le désespoir que lui causèrent les massacres de juin et les transportations sans jugement, avancèrent sa vie. Après lui, le groupe des représentants à l'Assemblée législative de 1849, dont faisaient partie, entre autres, MM. Charassin et Benoît (du Rhône), paraît avoir relevé plus ou moins directement du mouvement babouviste.

V. Jaclard. — A. Ranc.

BACONISME. — Les aperçus quelquefois profonds, mais souvent faux et toujours décousus, que Bacon a jetés en courant sur une grande variété de sujets, ne constituent pas une philosophie dans la stricte acception du mot. Bacon est un génie curieux, inventif et vaste, c'est de plus un écrivain de premier ordre, ce n'est pas un métaphysicien. Il n'a aucune réponse à donner à la plupart des questions qu'on est en droit de poser à un philosophe proprement dit. Le prospectus encyclopédique intitulé: *De la dignité et de l'accroissement des sciences*, qui forme la première partie de sa *Grande restauration* et dans laquelle il essaie d'établir une classification complète des connaissances humaines, repose sur un principe qui témoigne d'un esprit médiocrement philosophique. Bacon est un de ceux qui ont donné la plus puissante impulsion à l'esprit moderne, il a porté le coup mortel à la scolastique; cependant il est encore engagé par plus d'un côté dans le moyen âge, il en parle souvent la langue et il en a conservé beaucoup d'erreurs.

Le baconisme n'est donc pas le système de Bacon, puisque Bacon n'a pas de système. On désigne sous ce nom l'ensemble des procédés actuels de la science, l'esprit qui domine ses recherches, les règles générales qui président à l'exercice scientifique de la pensée. Le baconisme est plus qu'une doctrine, il est une méthode. Cette méthode a introduit dans la connaissance de la nature un degré de certitude qui n'y existait pas auparavant; elle a coupé court pour jamais aux explications arbitraires dont les philosophes encombraient l'intelligence humaine; en découvrant le strict enchaînement des phénomènes, en constatant les conditions invariables auxquelles leur apparition est soumise, elle a banni de l'intelligence toute idée de désordre, d'exception, de miracle, elle y a éclairci et enraciné la notion de loi. Par suite de la fixité désormais acquise aux connaissances dûment vérifiées, les découvertes s'ajoutent les unes aux autres, la science s'accroît d'une manière continue, et ses applications industrielles, auxquelles on ne peut assigner de limites, étendent graduellement l'empire de l'homme sur la nature. De la science, cette manière d'envisager les choses passe peu à peu dans la pensée de chacun, elle tend à modifier profondément les habitudes de l'intelligence, les détails de la vie commune et tout le système social.

On a contesté plus d'une fois à Bacon la gloire d'avoir contribué à l'avénement de la vraie méthode. La bizarrerie du langage métaphorique dont il abuse, le mélange de notions vraies et d'applications fausses qu'on rencontre dans ses livres et surtout dans le *Novum organum*, un reste évident d'esprit scolastique qui se reconnaît à l'étrangeté des formules et à la subtilité des divisions, enfin la juste antipathie qu'il inspire aux ennemis de la science moderne, car elle en a, ont répandu quelque obscurité sur son œuvre et permis, en dépit des témoignages multipliés que les philosophes et les savants ont rendus, particulièrement au xviiie siècle, à l'efficacité de son influence, de mettre ses titres en question. Ils ont été niés tout récemment avec éclat par M. Liebig, dans une brochure qui a fait scandale en Allemagne et en Angleterre. Ces contestations sont sans fondement. Bacon mérite d'être placé au premier rang parmi les promoteurs de la vraie méthode scientifique. Pour vider ce procès, il suffit de rappeler en peu de mots les procédés employés dans la science et d'en rapprocher les idées qu'il a si puissamment formulées.

Comment se comporte, en effet, l'investigateur moderne de la nature ? Soit qu'une première observation purement fortuite sollicite sa curiosité et fixe son attention, soit qu'il regarde avec l'intention formelle de connaître, il commence par constater les faits tels qu'ils sont ou qu'ils se produisent. Pour bien observer, deux conditions lui sont nécessaires : il faut qu'il ait l'esprit dégagé de toute idée préconçue, de toute prétention de savoir, de tout égard pour une autorité quelconque; car ces préoccupations risquent ou de lui voiler en partie ce qui est, ou, par une illusion tout aussi commune, de lui faire voir ce qui n'est pas. L'ignorance absolue n'étant pas possible, il faut y suppléer par le doute le plus déterminé sur toutes les notions acquises : telle est la première condition de l'observation exacte. La seconde est de se mettre en garde contre les erreurs et les illusions naturelles des sens. Les sens ne sont point des instruments scientifiques : d'où la nécessité de se défier de leurs premières données, de se rendre compte du jeu des différents organes, de les contrôler les uns par les autres, de les suppléer ou d'augmenter leur puissance à l'aide d'instruments appropriés, enfin de corriger ce qu'il y a de vague dans les données sensibles, en appliquant la mesure aux phénomènes, moyennant l'emploi de certains instruments de précision et du calcul. Ces constatations faites avec toute la rigueur que les faits comportent, l'investigateur ne s'arrête pas là. Il en cherche le sens, il réfléchit, ou plus souvent encore des idées naissent spontanément dans son esprit en présence des faits observés. Il se pose des questions auxquelles ces faits ne répondent pas ou ne répondent qu'imparfaitement, et il imagine des faits qui contiendraient la réponse complète. Alors il arrive une de ces deux choses : ou bien l'objet qu'il étudie n'est pas à sa portée, comme c'est le cas en astronomie, en météorologie, en paléontologie, et, n'ayant aucune prise sur les faits, il n'a d'autre moyen de répondre aux questions qu'il se pose, de vérifier ou de rectifier les idées suscitées dans son esprit par les premières observations, que d'en faire d'autres jusqu'à ce que des observations plus complètes ou plus heureuses lui aient procuré les lumières qu'il cherche; ou bien l'objet dont il s'agit est à sa portée, et dans ce cas, après avoir observé et noté les conditions dans lesquelles les faits se produisent en général, il varie ces conditions, écarte celles-ci, conserve celles-là, en introduit de nouvelles; il expérimente. L'expérience conçue et préparée, le rôle de l'observateur recommence. Il n'a plus qu'à constater les faits avec exactitude et précision. Toute idée préconçue, toute explication hypothétique, toute autorité est oubliée; les sens sont suppléés ou aidés par des instruments qui ne sont pas sujets à leurs variations, à leurs caprices, aux influences externes ou internes qui en modifient et en altèrent quelquefois gravement les données. Les observations ainsi recueillies sont l'origine d'une nouvelle idée, qui elle-même est le point de départ d'une nouvelle expérience. La science s'élève de cette manière à des formules qui expriment les rapports constants et, autant que faire se peut, mathématiques du fait avec ses conditions. En outre, l'expérimentateur ne reproduit pas seulement les faits donnés par la nature, il en produit un grand nombre qu'elle ne lui offre pas, bien qu'ils dépendent de ses lois : il crée. Les lois constatées deviennent alors des règles d'où le savant déduit, par voie de prévision infaillible, ce qui, certaines conditions étant réalisées, devra nécessairement en résulter. Il n'interroge plus, il sait, il prévoit, il agit. S'il répète ses expériences, s'il les agrandit, si, au lieu de s'enfermer dans un laboratoire où tout se fait en petit, il prend pour théâtre de son action la nature et opère sur une vaste échelle, ce n'est plus pour interroger les forces de la nature, c'est pour en profiter. Le chercheur cède la place à l'industriel. Celui-ci combine et réalise, aux moindres frais possibles, les conditions nécessaires pour produire un effet voulu, il gouverne les forces naturelles dans le sens de l'utilité que l'homme peut en tirer. Tels sont les procédés successifs par lesquels la science naît, se constitue, conduit l'homme de l'ignorance impuissante à la connaissance certaine des lois et à l'emploi utile des forces de la nature.

Ces procédés se ramènent, comme on le voit aisément, à trois idées dominantes, qui sont, d'abord, la nécessité d'observer la nature sans prévention d'aucune espèce ; secondement, de lui poser des questions suivies, c'est-à-dire de faire des expériences dirigées selon certaines règles ; en troisième lieu, la nécessité et la possibilité de tirer de ces expériences des applications pratiques, de rendre en un mot la volonté humaine maîtresse de la nature en lui permettant d'en utiliser les forces non pas empiriquement et au hasard, mais méthodiquement, par la connaissance de leurs lois. Or ces idées sont celles que Bacon s'est principalement attaché à établir. Et pour commencer par la dernière, Bacon s'exprime clairement sur le but que la science doit se proposer, « c'est d'enrichir la vie humaine de découvertes réelles, c'est-à-dire de nouveaux moyens (*Nov. Org.* aph. LXXXI, liv. I) ». Le développement et l'application de ce principe devaient former, sous le nom de *Science définitive*, la sixième et dernière partie de la *Grande restauration*. Cette partie n'a pas été exécutée ; mais l'idée circule dans tous les ouvrages de Bacon, à tel point que Macaulay, dans son célèbre article, a pu, non sans une exagération évidente, mais avec quelque apparence de raison, réduire à peu près à cette seule idée toute la réforme de Bacon. Si l'on se rappelle que la science dans l'antiquité se glorifiait d'être une pure contemplation, si l'on songe à l'esprit du christianisme et au dédain qu'il avait inspiré au moyen âge pour la nature, on ne peut méconnaître l'importance de l'idée que Bacon a exprimée avec tant d'énergie. C'est un nouvel aperçu de la vie, une nouvelle tâche proposée à la société humaine, un nouvel esprit introduit dans la science, qui, de purement spéculative, doit devenir active et conquérante. Cette manière d'entendre la vie et la science n'a pas seulement une signification morale, elle a encore une grande portée logique. En effet, tant que l'esprit se borne à la spéculation, toute théorie a ses vraisemblances, toute explication ses côtés plausibles, toute philosophie ses chances de durée. On oppose système à système, et la lutte est interminable. Dès que la science, au contraire, se propose de diriger l'action humaine, elle est soumise à un contrôle certain, à savoir cette action elle-même ; toute théorie a sa contre-épreuve dans la pratique. Bacon dit que « la science et la puissance humaines se correspondent dans tous les points et vont au même but (*Nov. Org.* aph. III, liv. I) » ; l'homme, comme il le répète à plusieurs reprises, commande à la nature, mais en lui obéissant, c'est-à-dire qu'il lui commande à la condition de connaître ses lois. L'emploi méthodique des forces naturelles est donc étroitement lié à l'exactitude des observations et au succès des expériences. Qu'on se rappelle d'ailleurs que le *Novum Organum* a pour sous-titre *Aphorismes sur l'interprétation de la nature et le règne de l'homme :* ces derniers mots indiquent assez clairement le but que Bacon propose à la science.

Il n'est pas moins explicite sur les conditions d'une exacte observation des phénomènes. Le premier livre de l'ouvrage précité a tout entier pour objet de « nettoyer l'aire », c'est-à-dire de signaler les préoccupations contre lesquelles l'investigateur doit se tenir soigneusement en garde et de l'en affranchir. A l'interprétation de la nature dont il va donner les règles, Bacon commence par opposer les *anticipations de la nature* (aph. **xxvi**) ; et sous ce nom il est facile de reconnaître les théories fondées sur des principes abstraits ou sur quelque fait mal vu ou mal compris, à l'aide desquelles l'antiquité et après elle le moyen âge avaient la prétention d'expliquer toute chose. On a raison de dire que le moyen âge et l'antiquité n'ont pas ignoré l'observation directe ; on peut même ajouter que l'un et l'autre ont pratiqué l'art des expériences et l'avaient poussé très-loin. Les théories astronomiques, physiques et chimiques, inventées par les philosophes en offrent la preuve incontestable ; et pour ne donner qu'un seul exemple, l'*art sacré*, qui était la chimie de l'école d'Alexandrie, et auquel s'adonnaient en particulier les prêtres égyptiens de Thèbes et de Memphis, se composait d'expériences ingénieuses que nous connaissons et qu'on a pu décrire en détail[1]. Mais ces expériences mal interprétées affermissaient l'erreur au lieu de la détruire et engendraient une foule d'idées fausses, parce qu'elles étaient faites sous l'empire de certaines théories métaphysiques, mystiques ou magiques, et parce qu'elles étaient exécutées en vue d'obtenir certains résultats préconçus, tels que la *pierre philosophale* destinée à opérer la transmutation des métaux, la *panacée* universelle, autre pierre philosophale à l'état liquide qui devait prolonger la vie au delà du terme ordinaire, ou bien une pierre philosophale invisible qui devait identifier l'adepte avec l'*âme du monde* et le mettre dès cette vie en communauté avec les anges et les esprits. L'alchimie avait hérité des mêmes erreurs et poursuivait les mêmes chimères ; voilà pourquoi expériences et observations, si patientes et si ingénieuses qu'elles fussent, ont été, en général, stériles, sous l'empire de la scolastique. Il a fallu, pour féconder la méthode, l'affranchir des théories admises sans examen où l'on puisait des explications arbitraires, et rendre compte d'une foule d'apparentes déviations du cours ordinaire des choses, qui forçaient de recourir, pour les expliquer, aux hypothèses les plus absurdes. C'est ce que Bacon a fait. On affirme, il est vrai, dans l'école spiritualiste, que le développement des sciences n'est pas dû seulement à la déchéance des notions erronées qui les dominaient dans l'antiquité et au moyen âge, mais qu'il faut l'attribuer surtout à ce que ces notions ont été remplacées par d'autres, et notamment à l'introduction de l'idée de force dans l'explication des phénomènes. L'histoire des grandes découvertes qui ont donné l'impulsion aux différentes sciences prouve que c'est là une assertion gratuite et fausse. Si l'on trouve dans les sciences modernes une idée générale qu'on peut appeler, si l'on veut, métaphysique, c'est celle d'uniformité nécessaire dans l'enchaînement des phénomènes, c'est-à-dire l'idée de loi ; et cette idée, entrevue dès l'origine, parce qu'elle ne pouvait échapper complètement, s'est éclairée et affermie par l'observation et l'expérience. Elle est le fondement du baconisme, et si Bacon n'a rien dit d'absolument nouveau en l'énonçant, il l'a formulée avec une autorité qui l'a imposée aux esprits. Mais il ne s'en tient pas là. Non content de proscrire ces vues *à priori* et spécialement la considération des causes finales, qu'il accuse

---

1. Voir sur ce point l'*Histoire de la chimie*, par Ferdinand Hœfer, 1866, t. I, p. 225 et suivantes, 319 et suivantes.

d'avoir plus contribué que tout le reste à sophistiquer la science (*Nov. Org.*, aph. ii, liv. II), il énumère en détail les divers genres de préoccupations qui empêchent l'esprit de bien voir. C'est la fameuse classification des *idoles* (aph. xxxix-lxvii). Nous n'avons pas à entrer ici dans la définition souvent trop scolastique ou trop poétique des quatre espèces d'*idoles* qu'il distingue. Nous dirons seulement que cette description atteste une réflexion profonde sur les dispositions requises pour se livrer à l'investigation scientifique; ce sont bien là les grandes sources d'illusion ou de vertige qui altèrent et trop souvent égarent le véritable esprit de recherche, et il serait facile d'y ramener les fausses théories qui ont eu cours à toutes les époques et dont toutes les sciences modernes ne sont pas entièrement dégagées. Ainsi personne n'a mieux vu, par exemple, ni signalé avec plus de force le danger auquel les théories métaphysiques, condamnées à une diversité qui les convainc réciproquement d'erreur, l'empire de l'autorité religieuse, l'usage de certaines expressions accréditées, auxquelles s'attachent des idées inexactes ou peu précises, exposent le savant qui observe et qui expérimente.

Reste enfin l'art de faire des expériences. Bacon en proclame trop haut la nécessité pour qu'on puisse l'accuser de l'avoir ignoré ; il est également certain qu'il en a connu et signalé les conditions essentielles. Il faut avouer que sa langue chargée de métaphores n'est pas exempte d'obscurité sur ce sujet; les procédés qu'il décrit sont vagues et peu d'accord avec nos habitudes actuelles, les questions qu'il prend pour exemples nous paraissent souvent puériles ou étranges. Toutefois, si l'on se représente le lecteur de 1620, familier avec le langage de l'école que Bacon emploie couramment, préoccupé des mêmes questions que lui, encore sous l'empire des traditions de la scolastique comme lui, on reconnaît que ce qui nous choque aujourd'hui ne devait point l'étonner, et que Bacon, malgré ses bizarreries de langage et d'idées, l'engageait dans la véritable voie. Il pose, en effet, tous les principes essentiels de l'art d'expérimenter. Sous le nom d'*histoire naturelle*, de *tables de comparution*, de *coordination d'exemples*, et autres semblables, il prescrit de s'appuyer avant tout sur des observations nombreuses et variées, ou plutôt d'étendre ses observations à tous les cas possibles du phénomène qu'il s'agit d'étudier ; c'est le premier pas de la méthode. Ensuite, sous les noms d'*ébauche de l'interprétation*, de *première vendange*, de *première permission accordée à l'entendement*, il indique l'induction provisoire, la formation des *axiomes* qui se tirent de l'observation, et qui ne sont autre chose que des hypothèses à vérifier au moyen des expériences. Enfin, sous le nom de *prérogatives de faits*, il entreprend d'énumérer et de caractériser les divers genres d'expériences qu'on peut se proposer, et les secours de diverse nature qu'elles peuvent apporter à l'entendement, aux sens et à la pratique. Les applications de ces procédés manquaient tout à fait ou étaient bien rares dans la science au temps de Bacon; il est obligé de les imaginer, et rien de surprenant que ses imaginations ne soient pas toujours heureuses. Si l'espace dont nous disposons ne nous interdisait pas d'emprunter des exemples à la science moderne, il serait facile de retrouver presque toujours dans l'emploi tout autrement heureux et sévère qu'elle fait de l'expérience la plupart des procédés indiqués par Bacon.

La gloire décernée à Bacon par le dernier siècle est donc méritée. Il a contribué plus que personne à tirer la science des fausses voies et à l'affermir dans la vraie méthode. On peut citer avant lui, à côté de lui, de nombreux observateurs de la nature; pour nommer seulement ses plus illustres contemporains, Tycho-Brahé, Képler, Galilée, ont pratiqué, personne n'ignore avec quel succès, tous les trois, l'observation, et le dernier, l'expérience. Ce qu'ils faisaient pour leur compte, Bacon en a fait une logique, et cette logique, venue à propos, développée avec éloquence, a promptement subjugué tous les esprits. La rapide influence exercée par Bacon est établie par des témoignages nombreux. Vingt-cinq ans après la publication du *Novum Organum*, la *Société royale des sciences* était fondée à Londres et devenait une école de la vraie méthode : l'*Histoire de la Société royale*, par l'évêque Sprat, les travaux de Robert Boyle, de Hooke, et leurs remarques sur la méthode, l'autobiographie de John Wallis, l'enseignement du nouvel art de philosopher dans les universités, et notamment à Cambridge dès 1652, le prouvent surabondamment. L'*Optique* de Newton est un spécimen admirable de l'induction baconienne, et nul doute que Newton n'eût étudié les écrits de Bacon ; son langage porte la trace de cette lecture, car il lui arrive d'employer dans ses *Principes* le mot *axiome*, non pas au sens d'Euclide, comme vérité indémontrable et évidente, mais au sens de Bacon, comme fait général obtenu par l'expérience. L'influence de Bacon se faisait sentir à l'étranger. Les *Remarques sur l'influence et la portée des écrits de Bacon*, par Napier, prouvent par des renseignements positifs qu'elle était déjà fort étendue au xviiᵉ siècle. Il est inutile de la suivre au xviiiᵉ, car elle le domine tout entier.

L'art d'expérimenter a fait depuis Bacon des progrès immenses ; il devait se perfectionner avec la connaissance elle-même. Mais il ne faut pas perdre de vue que cet art suppose, comme tout autre, une chose qui ne s'enseigne pas parce qu'elle est la part du génie, c'est l'idée génératrice de l'expérience, ou, pour parler comme Bacon, l'axiome. Cette idée, c'est l'intuition qui la découvre. Elle suppose la connaissance des faits, mais elle les dépasse, elle est un pressentiment de leur enchaînement réel ; nécessaire à l'expérience, elle n'est pas l'expérience et peut en être séparée : le merveilleux historien des abeilles, François Huber, concevait des observations et des expériences qu'il ne pouvait exécuter lui-même, puisqu'il était aveugle. L'imagination qui invente les procédés pour réaliser une expérience, conçoit les instruments auxiliaires à construire, découvre les réactifs à employer, etc., n'est pas moins nécessaire et ne s'enseigne pas davantage. Ces inventions, dont la plus légère peut rendre d'inappréciables services, procèdent, comme l'idée même, d'une spontanéité qui s'est plusieurs fois rencontrée chez des ignorants et que les règles fournies par la logique ne sauraient suppléer.

Bacon a négligé ou n'a pas aperçu ces distinctions ; mais de plus il ne s'est pas expliqué ou s'est trompé sur quelques points importants de la méthode. Et d'abord, il n'a pas signalé la nécessité de la précision mathématique et de l'emploi des mesures dans la constatation des faits donnés par l'observation ou l'expérience. Il parle vaguement des *exemples de mesure* (*Nov. Org.*, part. II, aph. xliv), mais sans suivre cette idée dont il entrevoit à peine la portée. Or la mesure et le poids sont des juges inflexibles placés au-dessus de toutes les opinions qui ne s'appuient que sur une observation imparfaite, et l'on peut dire de toute observation qu'elle est imparfaite, ou du moins qu'elle laisse quelque chose à désirer jusqu'à ce que les rapports constatés aient trouvé leur expression mathématique. Les formules numériques n'ont pas encore pu prendre place dans toutes les sciences, mais toutes y tendent naturellement. On appréciera l'importance de l'emploi des mesures mathématiques au point de vue spéculatif pur si l'on se rappelle que les deux grandes notions qui dominent aujourd'hui la mécanique, la physique et la chimie, à savoir l'indestructibilité de la matière et la conservation de la force, s'imposent à l'esprit en raison de la valeur positive et de la certitude que des observations d'une exactitude mathématique leur ont donnée. C'est à l'aide de la balance que Lavoisier reconnut que rien ne se perd dans la combustion et qu'il s'y produit seulement des combinaisons nouvelles. C'est la mesure qui, par les expériences imparfaites de Rumfort, vérifiées et développées par les expériences rigoureuses de Mayer, de Joule, de Hirn, a montré que, dans la production de la chaleur au moyen du mouvement, et du mouvement au moyen de la chaleur, il y a transformation de la force, mais conservation absolue de sa quantité. Pour apprécier au point de vue pratique l'importance de la mesure, il suffit de songer que tout succès d'une application industrielle dépend de la connaissance rigoureuse et mathématique des conditions dans lesquelles ces faits doivent se produire.

En second lieu, Bacon, par une réaction qui se conçoit contre la domination des théories abstraites, proscrit l'emploi du syllogisme dans l'investigation de la nature. Mais le syllogisme n'est pas seulement une méthode scientifique, il est la forme naturelle, le procédé inévitable et, pour ainsi dire, le rhythme de la pensée. La méthode inductive et la méthode déductive, loin de s'exclure, se supposent l'une l'autre, elles sont deux méthodes, non pas séparées ou contraires, mais connexes, ou plutôt deux moments de la même méthode. Voilà pourquoi il est permis de dire que savoir c'est prévoir. Tout dépend des prémisses, et l'observation a pour objet de fournir des prémisses, des *axiomes*, qui, soumis à l'épreuve de l'expérience, sont ou vérifiés ou renversés par elle. Le raisonnement déductif a donc sa place marquée entre l'induction provisoire et la conclusion.

Bacon s'est également trompé sur la signification des résultats obtenus par l'observation et l'expérience. Il a cru qu'elles conduisaient à la connaissance des causes, soit des causes efficientes ou externes, qui produisent dans une substance donnée une altération ou un mouvement, soit des causes formelles, c'est-à-dire de la nature propre du corps étudié. C'est une vue fausse, ou pour parler sa langue, un *fantôme de théâtre*, qui se rattache à une théorie métaphysique : on reconnaît ici la doctrine du péripatétisme. Il serait absurde de vouloir bannir du langage de la science le mot cause; mais il importe d'en préciser le sens, et le grand service du baconisme est d'y avoir puissamment aidé. L'observation et l'expérience, même à leur plus haut degré de perfection, enseignent dans quelles conditions un *état* donné accompagne un autre *état* ou lui succède; elles donnent des uniformités de coexistence ou de succession, rien de plus. La science ne peut pas confondre le simple fait de coexistence ou de succession avec la condition réelle. Si, en effet, le simple fait de succession constituait la condition réelle ou la cause, il faudrait dire, par exemple, que la nuit est la cause du jour, car il n'y a pas de succession plus constante. Mais on voit que si, dans le système actuel, la nuit est l'antécédent invariable du jour, elle n'en est pas l'antécédent inconditionnel et nécessaire; car si le soleil restait toujours au-dessus de l'horizon, ou si, lorsqu'il s'abaisse et disparaît, un autre astre lumineux se levait à l'orient, il n'y aurait plus de nuit, et le jour durerait sans interruption. Dans la nature un phénomène ne succède pas à un phénomène, mais un groupe de circonstances, c'est-à-dire un état, succède à un autre groupe de circonstances plus ou moins enchevêtrées, c'est-à-dire à un autre état; ce dernier groupe renferme des circonstances accidentelles et des circonstances nécessaires, et c'est à isoler les unes des autres par l'analyse, ou bien à conserver celles-ci en écartant celles-là, ce qui constitue l'expérience, que la science s'applique. Elle constate ainsi les conditions réelles ou les lois des phénomènes. Les lois qu'elle constate ne valent toutefois que pour les conditions dans lesquelles l'homme observe et expérimente actuellement. Elles ne peuvent être érigées en lois absolues. On ne peut affirmer que les lois de la génération organique soient aujourd'hui ce qu'elles ont été dans un autre état de la planète. On ne peut dire que les lois de l'affinité d'où résultent dans nos laboratoires, avec les températures dont nous disposons, les composés chimiques, ont été ou seraient les mêmes dans une masse planétaire incandescente, avec une chaleur formidable dont rien ne peut donner l'idée. Personne n'ignore quelle attention il faut donner aux cas extrêmes, les lois les mieux constatées y présentant fréquemment des variations imprévues. Quoi qu'il en soit, la science s'élève, par l'observation et l'expérience, d'une régularité partielle à une régularité plus vaste, d'un fait général à un fait plus général qui embrasse le premier, d'une formule simple à une formule plus compréhensive, et c'est ce qui s'appelle découvrir les causes ou expliquer. Il s'agit toujours ou de réduire la loi d'un effet produit par plusieurs causes combinées à la loi de chacune de ces causes, ou de réduire la loi qui rattache l'un à l'autre deux anneaux éloignés aux lois qui relient chacun d'eux aux anneaux intermédiaires, ou bien encore à résoudre deux lois ou un plus grand nombre en une seule loi plus générale. Nous savons ce que serait la science absolue ou l'explication dernière : elle serait la formule d'une loi qui, embrassant toutes les données, permettrait de prévoir tous les cas. « Une intelligence qui, pour un instant donné, connaîtrait toutes les forces dont la nature est animée et la situation respective des êtres qui la composent, si d'ailleurs elle était assez vaste pour soumettre ces données à l'analyse, embrasserait dans la même formule les mouvements les plus grands de l'univers et ceux du plus léger atome : rien ne serait incertain pour elle, et l'avenir comme le passé serait présent à ses yeux. » (De Laplace, *Essai philosophique sur les probabilités*, page 4.)

Un dernier point de grande importance à relever est qu'en posant les principes de la vraie méthode, Bacon ne semble nullement avoir aperçu toute l'étendue des applications qu'elle comporte. Dans son ouvrage *Sur la dignité et l'accroissement des sciences*, où il passe en revue le système entier des connaissances et note les lacunes qu'il y découvre, il ne se prononce pas explicitement sur la méthode propre à chaque science en particulier, et les remarques, d'ailleurs souvent ingénieuses ou profondes, qu'il fait à propos de chacune d'elles reposent ordinairement sur de pures analogies ou sur d'heureuses intuitions. Dans le *Novum organum*, il applique l'observation et l'expérience à la philosophie naturelle, c'est-à-dire aux sciences qui ont la nature physique pour objet, sans paraître se douter que cette méthode puisse s'étendre au delà. C'est donc dans sa pensée une méthode spéciale. Or, l'enchaînement rigoureux des phénomènes d'après des lois uniformes et constantes, ou ce qu'on peut appeler le déterminisme, est un fait universel, absolu, également vrai de tous les genres d'êtres et de tous les ordres de phénomènes. L'observation des phénomènes, des conditions dans lesquelles ils se produisent, et, quand il y a lieu, l'expérience sont donc la seule voie praticable pour découvrir les relations qui les unissent. La méthode d'observation et d'expérience a donc une portée générale ; elle domine tout le savoir humain, et le baconisme, plus vaste que Bacon lui-même ne le pensait, est entré, pour ainsi parler, dans la substance de la pensée moderne.

Les procédés de la méthode doivent évidemment varier selon la nature des objets auxquels l'esprit l'applique, selon le point de vue d'où il les considère, le problème qu'il se pose, le but qu'il poursuit. La distinction la plus générale est celle des objets qu'on ne peut qu'observer, sans avoir prise sur les phénomènes qui les manifestent, et des objets que l'action humaine peut atteindre et modifier. « Toutes les sciences naturelles, dit Claude Bernard, sont des sciences d'observation, c'est-à-dire des sciences *contemplatives* de la nature, qui ne peuvent aboutir qu'à la prévision. Toutes les sciences expérimentales sont des sciences explicatives, qui vont plus loin que les sciences d'observation qui leur servent de base, et arrivent à être des sciences d'action, c'est-à-dire des sciences *conquérantes* de la nature. » (*Rapport sur les progrès de la physiologie*, p. 132.) Mais il faut remarquer que des sciences qui ont paru pendant longtemps réduites à l'observation, peuvent arriver, par suite de leur évolution naturelle, c'est-à-dire par le développement des notions dont elles se composent, à prendre rang parmi les sciences expérimentales. C'est ainsi que, grâce aux travaux des savants modernes, et particulièrement de celui que nous venons de nommer, la physiologie est en train de devenir une science *conquérante*. La science a trouvé moyen de gouverner jusqu'à un certain point ou, ce qui revient au même, de produire, dans des conditions voulues et calculées, les phénomènes de la vie, sur lesquels l'expérience semblait jusqu'à présent ne rien pouvoir entreprendre sous peine de les détruire ; et il n'est pas douteux qu'en raison de sa dépendance à l'égard de la physiologie, la médecine, restée depuis tant de siècles dans un état de pur empirisme, ne s'élève pas à la dignité de science positive.

Si tous les phénomènes doivent être observés, tous peuvent l'être, et par conséquent peuvent devenir l'objet d'une science, car tous sont soumis au même déterminisme, les phénomènes de la pensée et de la volonté comme ceux de la vie organique. Soit donc que l'on considère les phénomènes de la pensée comme un prolongement des phénomènes physiologiques et qu'on veuille les rattacher à leurs conditions organiques, soit qu'on les étudie dans la régularité de leur coexistence, de leurs réactions mutuelles, de leur enchaînement successif, on peut y découvrir des lois, ils peuvent former des sciences, comme tout autre ordre de phénomènes, sauf les difficultés d'une nature spéciale que l'observation et l'expérience rencontrent sur ce terrain et les précautions particulières dont elles doivent s'entourer pour couper court aux illusions personnelles, donner une valeur objective aux découvertes et en rendre la vérification possible.

Il en est de même des phénomènes sociaux considérés ou dans le passé, en tant qu'ils constituent l'histoire, ou dans le présent, en tant qu'ils relèvent de la spontanéité collective ou des institutions et du gouvernement. Il est clair que l'histoire est un objet de pure observation, et la critique n'a d'autre fin que d'arriver à une observation exacte et sûre, d'autant plus difficile qu'elle est plus indirecte. L'histoire échappe évidemment à toute expérience. Qu'ici, comme ailleurs, les phénomènes s'engendrent suivant des règles rigoureuses, on n'en saurait douter. Mais les conditions dont ils dépendent, qu'elles tiennent au temps ou à l'espace, sont dans un état de continuelle variation ; de sorte que les données se compliquant toujours, les causes se multipliant et s'entremêlant au plus haut degré, on n'arrive guère à des lois qui permettent de prévoir dans tous les cas et avec certitude. On ne peut que dégager la tendance des événements, anticiper de quelques pas et dans certaines limites d'erreur la ligne qu'ils suivront. Parmi les sciences qui tiennent à l'histoire, il y en a, comme la science des religions, le mouvement des idées et des formes littéraires, la génération des phénomènes juridiques, où l'on constate des lois d'une assez grande généralité. Il en existe même, comme la linguistique, où des lois de variation et de filiation tout à fait rigoureuses, constatées par l'observation, permettent d'instituer de véritables expériences. Ainsi les lois bien connues qui président à la permutation des lettres d'un même vocable dans le passage d'un idiome ou d'un dialecte à un autre, permettent, dans la recherche des étymologies, de vérifier, par voie d'expérience, la filiation proposée. Le *Dictionnaire de la langue française* par Littré en offre des exemples à chaque page.

Quant à la science sociale proprement dite, c'est-à-dire la science des lois qui régissent les phénomènes sociaux, à l'idée qu'il faut s'en faire, à sa portée, à ses différentes parties, aux systèmes qu'elle a suggérés, à ses résultats positifs, ces divers sujets seront traités dans plusieurs articles spéciaux. Nous devons nous borner à dire que la méthode baconienne est la seule qui puisse et doive être appliquée à cette classe de phénomènes comme à toutes les autres. Ici l'homme n'est plus borné à la simple observation, c'est la science active et expérimentale par excellence. Que font les législateurs et les gouvernements sinon de se livrer sur la société à de continuelles expériences? Les peuples savent assez ce qu'elles leur coûtent. C'est que ces expériences sont la plupart du temps ou absurdes ou intéressées, qu'elles procèdent de l'empirisme le plus grossier, et nulle part l'empirisme n'est plus à redouter qu'en politique. Il faut noter d'ailleurs deux choses : l'une, que la multiplicité des données, l'enchevêtrement des causes, atteignent ici leur plus haut degré et qu'embrasser, calculer toutes ces données, démêler ces diverses causes, est une tâche qui surpassera longtemps encore les moyens dont la pensée dispose, d'autant plus que parmi ces données il en est d'un caractère accidentel et individuel qui échappent nécessairement au calcul; l'autre, que, l'analyse parvînt-elle à démêler ces causes et à faire à chacune d'elles sa part, le bénéfice ne serait pas aussi grand qu'on pourrait être tenté de l'imaginer. Car, vu le caractère de ces phénomènes qui s'ajoutent toujours les uns aux autres, les données se compliquent sans cesse et donnent lieu à des situations toujours nouvelles qui trompent le calcul et produisent des résultats imprévus. Les phénomènes les plus près de former une science sont ceux qui procèdent des causes les plus simples, tels que les phénomènes de la production et de la distribution de la richesse. — Et encore ici quelle complexité ! Les conditions spéciales de chaque pays, le tempérament de chaque nation, sa constitution, son caractère, etc., y jouent un tel rôle qu'il n'y a pas, même dans cet ordre de faits, une loi si certaine qu'elle ne laisse au doute une large part.

Il ne faut donc pas se figurer que la connaissance des lois sociales doive donner au législateur le moyen d'organiser ou de modifier la société suivant un plan fondé sur ces lois. C'est là une illusion. Mais le baconisme n'en est pas moins la seule vraie méthode politique. L'observation des faits, la connaissance complète des données actuelles, la volonté d'en tenir compte, l'induction qu'il est possible d'établir sur les tendances générales des choses, permettent seules de prévoir l'avenir, non pas avec une certitude scientifique, mais avec le degré de probabilité nécessaire pour régler sagement notre action sur la société, pour savoir ce qu'il est permis de négliger, ce qu'il faut combattre et supprimer, ce qu'on peut innover sans la compromettre.   P. CHALLEMEL-LACOUR.

BADE (GRAND-DUCHÉ DE). — GÉOGRAPHIE. — Le grand-duché de Bade, en allemand *Baden*, une des plus belles et des plus pittoresques contrées de la vieille Germanie, tire son nom du célèbre château de Bade. Sorte de longue écharpe, s'élargissant aux deux extrémités, ce pays s'étend du nord au sud sur un parcours d'environ 280 kilomètres, entre le Würtemberg, à l'est, et la France, à l'ouest; — confinant, au sud, à la Suisse, — au nord, à la Hesse-Grand-Ducale. — Sa largeur varie de 22 à 146 kilomètres; sa superficie totale ne dépasse pas 15,260 kilomètres carrés. La longueur des frontières est de 1,530 kilomètres.

Contraste de plaines riches, souvent bien cultivées, et de belles montagnes revêtues d'immenses forêts de tonalité sombre, cette portion de l'Allemagne, formée en grande partie par la vallée du Rhin, n'est autre évidemment qu'un bassin lacustre couvert d'atterrissements modernes. Le Rhin, retenu, presque emprisonné à travers les passes étroites des Alpes, trouvant dans cette région un espace plus large, s'y est étendu, laissant sur son passage une bande de terres alluviales. L'Alsace qui, suivant un mot heureux, est le bras gauche de cette grande vallée dont le Rhin apparaît comme l'artère vitale, est dans des conditions identiques; le pendant des Vosges, c'est la Forêt-Noire.

La majeure partie du grand-duché est montagneuse. Le massif de la Forêt-Noire s'y ramifie, s'y tord, mais ne s'y élève jamais à la hauteur des cimes alpestres : le plus haut point, le Feldberg, ne dépasse pas 1,514 mètres; au nord, est l'Odenwald, d'une hauteur moyenne de 540 à 600 mètres; le Katzenbuckel a 708 mètres.

Le trait géographique par excellence, c'est le Rhin, qui, s'échappant, rapide, encore torrentueux, du lac de Constance, se recourbe, sépare le grand-duché de la Confédération helvétique, puis court directement du sud au nord, entre l'Allemagne et la France; à son entrée dans le grand-duché, sa largeur moyenne est d'environ 100 mètres, — à sa sortie, il atteint plus de 400 mètres. Ses affluents navigables sont le Neckar et le Main. D'autres rivières arrosent aussi cette contrée : la Wiesen, la Treisam, la Murg, la Kinzig, la Pfing, la Salza, le Tauber. La plupart sont utilisées pour le flottage des bois et mettent en mouvement la roue des moulins. —Le roi des fleuves de l'Europe centrale, le Danube, prend aussi sa source dans le pays badois; humble encore, il court vers le Würtemberg après s'être grossi de quelques torrents.

Le pays badois ne compte qu'un seul grand lac, mais l'un des plus beaux de notre monde : c'est le lac de Constance, situé entre l'Allemagne et la Suisse.

Le climat est à peu de chose près le nôtre, à latitude égale; la température moyenne de la plaine est de 10 degrés 1/2. Celle des montagnes varie naturellement suivant l'élévation; ainsi, sur les hauts plateaux de la Forêt-Noire, on ne peut plus cultiver que de l'avoine et des pommes de terre.

Rien, a dit Broussais, n'est plus brutalement concluant que les chiffres; en voici : une grande partie du pays est occupée par des champs cultivés (549,000 hectares), par les jardins (14,400 hectares) et par les vignobles (21,600 hectares); — presque autant d'espace est recouvert par les forêts d'essences diverses (507,960 hectares); — les prairies et les pâturages comprennent 108,000 hectares.

Les terrains incultes forment environ 7,920 hectares.

Laissons de côté la statistique, étrangement froide, en vérité, lorsqu'on étudie ce coin du monde germain, si poétiquement légendaire. Dans cet agréable pays badois, les beaux sites se succèdent, sans atteindre pourtant cette majesté terrible ou écrasante des paysages de l'Oberland ou de la Savoie. La nature s'y montre enchanteresse, sévère, mais jamais assez imposante pour rapetisser l'homme et l'annihiler; au contraire, partout ou presque partout, il en a triomphé; il a planté jusqu'à la pointe des sommets, et les ruines de ses castels attestent assez que depuis longtemps il en fut le maître absolu. Qui aime les tableaux de la nature ne manquera pas d'aller contempler la *Bergstrasse* (chaussée des montagnes); — le *Murgthal* (vallée de la Murg); le *Renchthal*, etc.

Revenons aux forces productrices; naturellement, dans une région aussi montagneuse, les produits miniers ne pouvaient pas faire défaut; ils y ont cependant une importance secondaire. On rencontre sur plusieurs points du fer, de l'argent, du plomb, du cobalt, du cuivre, du charbon de terre, de l'alun, de l'arsenic, des carrières de gypse, de l'albâtre, du kaolin, du soufre, etc. Deux salines, qui appartiennent à l'État, fournissent annuellement 20 millions de kilogrammes de sel et rapportent 2 à 3 millions de francs.

Plus agricole qu'industriel, le grand-duché est très-connu par ses beaux vignobles, entre autres ceux d'Affenthal, de Wertheim et de Bergstrasse; le seewein, vin du lac (de Constance), est moins estimé. On cultive aussi avec profit les châtaigniers, les amandiers, les céréales, le lin, le chanvre, la garance, le tabac, les arbres fruitiers. Le rendement annuel de tous ces produits est de 245 millions de francs; — en outre, les forêts rapportent 26 millions de francs.

En tête des objets fabriqués qui caractérisent l'industrie de la Forêt-Noire, se place l'horlogerie rustique à bon marché, œuvre de goût sous sa simplicité campagnarde, et qui égaye le foyer domestique comme un ami au sourire épanoui et franc. Hameaux, villages ou villes du grand-duché en expédient à travers le monde plus de 100,000 par an. — Les manufactures de fils et de tissus occupent environ 34,000 individus. — Le grand-duché fait partie du Zollverein allemand, cette association douanière qui unifie commercialement et politiquement l'Allemagne, au bénéfice de la Prusse. C'est assez dire quel avenir nous paraît réservé à l'État badois.

Descendants des Germains et des Slaves, les habitants parlent un allemand de médiocre aloi et d'une dureté proverbiale. Le dernier recensement élève la population totale à 1,430,000 âmes, composée de catholiques (930,000), de protestants (471,000), et d'israélites (25,000). L'exercice de la religion est libre; — bel exemple de tolérance réciproque, on fait parfois les offices des différents cultes dans le même temple. En 1821, les membres de l'église protestante et de l'église réformée se sont réunis par un acte d'association : de là, l'église évangélique. La population badoise jouit-elle d'un bonheur parfait? On ne serait pas tenté de le croire d'après les tableaux d'émigration : de 1855 à 1865, plus de 20,000 Badois, — chiffre énorme! — se virent forcés de s'expatrier; les prohibitions de toutes sortes, la misère, les chassaient à jamais de leur pays; les Allemands ne partent pas en effet avec l'esprit de retour. Les causes de détachement s'étant peu modifiées, l'émigration continue, mais dans des proportions moindres. L'armée cherche à s'identifier avec le système prussien; le pied de paix, 8,000 hommes; temps de guerre, 18,000 hommes.

L'instruction élémentaire est obligatoire; ainsi, tandis que dans ce faible État enfermé au sein de l'Europe, la base de l'instruction est reconnue indispensable aux citoyens, il est à côté un grand pays qui hésite encore à entrer dans cette voie!

Arrivons aux divisions politiques : depuis 1832, l'état compte quatre cercles (*kreis*), à la tête desquels sont placés des commissaires grand-ducaux : ces cercles sont celui du Lac (*See*), — du Rhin, — du Rhin moyen, — et du Bas-Rhin. Les districts se subdivisent en bailliages (*amt*).

La capitale est Carlsruhe, c'est-à-dire *repos de Charles* (30,000 habitants), une des villes les plus régulières du monde, bâtie en forme d'éventail, dont chaque rayon aboutit au palais ducal. Si le prince ordonnait, disait Saintine, aux habitants de se tenir à une heure convenue sur le pas de leurs portes ou à leurs fenêtres, il pourrait, du haut de son balcon, faire le recensement de toute la population à l'aide d'une lorgnette de spectacle. Les jardins et la forêt du Hartwald l'entourent.

Jetons un coup d'œil sur les autres principales villes, en commençant par le nord. *Manhein* (30,600 habitants), commerçante et la plus peuplée des cités badoises; dévastée plusieurs fois, reconstruite avec plus d'élégance, elle doit sa prospérité à sa situation avantageuse, au confluent du Neckar et du Rhin; — *Wertheim*, également ville industrieuse et de commerce, au confluent du Main et de la Tauber; — *Heidelberg* (18,000 habitants), datant du moyen âge, assez bien construite, ville historique et savante; à peu de distance sur une colline, on remarque plusieurs vieux manoirs aux ruines imposantes ; qui ne connaît de réputation ses deux fameux foudres, dont le plus grand contient 288,000 bouteilles de vin, et dans lequel on a donné jusqu'à des bals? — *Weinheim*, entouré de beaux vignobles, ainsi qu'*Heidelberg*; — puis *Philippsbourg*, autrefois fortifiée; *Bruchsal*, *Bretten*, patrie de Mélanchton; — *Wiesloch*, avec des mines de plomb argentifère; — *Pforzheim*, au pied de la Forêt-Noire; — tout près et à l'est de Carlsruhe, *Durlach* (anc. *Durulachium*), au milieu d'un territoire fertile; — au sud de la capitale, *Ettlingen*, à peu de distance de laquelle on a exhumé des ruines romaines.

Rastadt, sur la Murg, ville commerçante, industrielle, qui rappelle les con-férences de 1714 et surtout celles de 1798, suivies de l'assassinat des députés de la république française. De son château ducal, on jouit d'un admirable coup d'œil.

Arrivons à *Bade* ou *Baden-Baden* (bains) sur les bords de l'Oos, connu des Romains sous le nom de *Civitas Aquensis*, le plus délicieux endroit de l'Allemagne, entouré de charmantes promenades, merveilleusement préparé pour captiver, séduire, retenir les étrangers; séjour de prédilection de riches oisifs et de gens de plaisir.

Tout près et à quelques kilomètres, le village d'*Oos* et *Gernsbach*, à l'est; *Steinbach*, à l'ouest; au sud, *Buhl*, grand bourg commerçant. — *Sasbach*, village à jamais célèbre par la mort de Turenne; *Kehl*, sur les bords du Rhin, en face de Strasbourg, bien connu par son magnifique pont; — *Offenbourg*; — *Griesbach, Rippoldsau*, avec des eaux minérales; — *Lahr*; — *Ettenheim*, d'où Napoléon fit enlever le duc d'Enghien en 1804; — *Fribourg en Brisgau* (19,000 habitants), sur la Treisam, ville historique et littéraire, patrie du moine Berthold Schwartz, à qui l'on attribue l'infernale invention de la poudre; — *Vieux-Brisach*, en face de Neu-Brisach (en France), ville ancienne; — *Villingen*; — *Donaueschingen*, à la source du Danube, etc.

En dehors du territoire du grand-duché, enclavée en Suisse, se trouve *Constance* (de Constance Chlore), baignée par le lac auquel elle donne son nom, construite sur l'emplacement de la forteresse romaine de *Valéria*, et souvenir du trop fameux concile de 1414 à 1418, qui aboutit au meurtre de Jean Huss et de Guillaume de Prague.

Au nord de deux bras du lac, *Ueberlingen* et *Radolfzell*, animés par quelques transactions commerciales, etc.

Une ligne ferrée suit du nord au sud toute la vallée badoise, s'éloignant et se rapprochant tour à tour du Rhin, et créant une ligne de vie, une artère rivale ou plutôt émule du grand fleuve. Un chemin de fer unit Strasbourg à Appenweier, un peu au nord d'Offenbourg.

Le gouvernement est la monarchie constitutionnelle; la constitution, promul-guée en 1818, est encore une des plus libérales de l'Europe. Il y a deux chambres ayant droit de vote délibératif, mais ne se réunissant que tous les deux ans. L'époque budgétaire est bisannuelle.

En résumé, pays charmant, aux perspectives à la fois graves et riantes, habité par une population sympathique, intelligente, amie de l'indépendance comme tous les peuples montagnards, brave sans forfanterie, artiste sans idéal, mais surtout patiente, laborieuse.   RICHARD CORTAMBERT.

BADE (GRAND-DUCHÉ DE). — HISTOIRE. — Situé entre deux grands pays sou-vent rivaux, sur les bords d'un fleuve qui offre une frontière naturelle aux ambi-tions des peuples, Bade a dû constamment lutter pour sa propre indépendance; au milieu de ces chocs perpétuels, il a recueilli quand même bon nombre d'idées libérales et par conséquent civilisatrices.

La période des origines se résume en trois termes : lutte contre les Romains, lutte contre les Franks, formation du margraviat de Bade. Descendants probables des peuples de l'âge de pierre et de bronze, dont l'existence est constatée par les *pfahlbauten* du lac de Constance et les tourbières de la Souabe, les premiers habitants se fondirent sans doute plus tard avec les Cattes, les Marcomans, avec les Suèves qui formèrent de véritables confédérations germaniques dans la Forêt-Noire (alors Mark-Wald, Sylva Martiana, forêt des Marcomans).

Soixante-dix ans avant notre ère, les Marcomans, sous la conduite d'Arioviste, s'établirent sur le territoire des Gaulois Séquanais, qui les avaient appelés contre leurs voisins, les Éduens. Les Séquanais, dépouillés par leurs alliés, appelèrent les Romains. César parcourut en vainqueur tout le val du Rhin, de Coire à Trèves, en couvrant le sol de postes militaires et de voies stratégiques; le pays devint le théâtre où les prétoriens et les *imperatores* en quête de lauriers allaient se faire la main. Drusus, Tibère, Trajan, Adrien, Antonin, Caracalla, et les autres *divi* de l'époque, épuisèrent en vain les ressources de la centralisation impériale et de l'organisation militaire qui la soutenait, pour *civiliser* les barbares de la Germanie, comme les Césars prétendaient civiliser. — Les Marcomans et les Chérusques méprisaient la civilisation corrompue qui s'étalait dans la *Civitas aquensis* (Baden-Baden), l'*Aurelia* du sauvage Caracalla; et quand ce dernier eut massacré la fleur de la jeunesse germanique, la confédération alémanique, composée de tous les hommes (all-man) qui voulaient être libres, se dressa tout à coup devant le despotisme, établit ses *gauen* sur l'emplacement des *pagi* romains, tint en échec la puissance impériale, en dépit des victoires de Probus, de Julien et de Valentinien, et se trouva prête à disputer la Gaule aux Franks, lorsque ceux-ci vinrent la conquérir. Mais, sans doute vaincus par Chlodwig (Clovis) à Zulpich (Tolbiac) en 496, (cette bataille est souvent contestée), les Alémans se soumirent aux nouveaux venus, non sans se révolter et sans réorganiser maintes fois leurs *gauen*, jusqu'à ce que Pépin le Bref eût écrasé leur duc Landfried et aboli son duché (748). Mais, peu à peu, ces peuplades indomptables se réorganisèrent dans l'ombre sous la conduite de *margraves* et de *gaugraves*, montrant ainsi qu'il n'est pas de tyrannie dont l'esprit d'indépendance ne puisse avoir raison.

Entrons maintenant dans la période de féodalité (1050-1818). Après une phase de deux siècles, le duché d'Alémanie, absorbé dans l'empire carlovingien, est relevé par la famille de Zæhringen, alliée de la grande famille des Hohenstaufen, et sortie, avec celle des Habsbourg et celle de Lorraine, d'Athic ou Ettichon, duc d'Alsace au VIIᵉ siècle, et des anciens ducs d'Alémanie. Cette famille a pour premier représentant Berthold Iᵉʳ le Barbu, qui résidait au château de Zæhringen et qui fut comte de Brisgau et d'Ortenau, et margrave de Vérone (1052-1079). Le plus connu et le dernier de ses héritiers directs fut Berthold V le Riche (1186-1218), fondateur de Berne (1191), tyran farouche que les récits populaires représentent comme se nourrissant de chair humaine et dont la noblesse de Bourgogne fit empoisonner, dit-on, les fils comme les petits d'une bête féroce.

A partir de l'avénement des Zæhringen, l'histoire du pays de Bade n'est plus que celle d'un domaine partagé, à chaque génération, entre les hoirs mâles du propriétaire, et dont les parties font retour au principal ayant-droit quand un héritier direct s'éteint. Nulle part les vices du système féodal ne sont plus flagrants; nulle part le maître ne dispose plus capricieusement de ses sujets. A côté des Zæhringen, s'élève, en 1074, la branche cadette des margraves de Bade, qui se divise (1190) en ligne directe et en Hochberg, pour tomber de Hochberg en Hochberg-Hochberg, et Hochberg-Sausenberg. La ligne directe se conserve jusqu'en 1527, où elle se sépare en Baden-Baden, éteinte en 1771, et en Baden-Durlach, tige de la famille actuellement régnante. La première donna au pays badois Edouard le Fortuné (1595-1600), type de souverain vicieux, chef de brigands, faux-monnayeur, ivrogne et dissolu, qui ruina ses peuples; et Louis-Guillaume ou Louis de Bade, filleul de Louis XIV, mari de la célèbre princesse Sibylle, capitaine illustre, qui sauva l'Empire, mais qui laissa dévaster son pays.

Pendant ce temps, la ligne de Baden-Durlach développait sa puissance : Charles Iᵉʳ (1553-1577) introduisait la réforme religieuse dans ses États; Georges-

Frédéric se distinguait dans la guerre de Trente ans et perdait contre Tilly la bataille de Wimpfen (1622); Frédéric V et Frédéric Magnus prenaient part à toutes les dernières luttes du xviie siècle; enfin Charles-Frédéric (1738-1811) avait la gloire d'inaugurer la réforme sociale (1767-1783), en supprimant la torture, la servitude, le brigandage, et une foule d'abus, ainsi qu en réformant les lois, la justice, l'instruction, l'industrie, le régime des prisons, etc. Le territoire badois réuni sous son sceptre, en 1765, était florissant, lorsqu'il fut lancé dans les hasards des guerres par l'invasion du général Moreau en 1796. Entraîné de 1804 à 1813 dans le tourbillon fatal de la fortune de Napoléon, il reçut le titre de grand-duché lors de son accession à la Confédération du Rhin, à la suite de la paix de Presbourg, et, en 1815, il fut placé au septième rang dans la Confédération germanique, sous le grand-duc Charles-Louis-Frédéric, mari de la princesse Stéphanie Beauharnais, fille adoptive de Napoléon Ier.

La troisième période peut recevoir le beau titre de *Période de développement populaire* (de 1818 à nos jours). A partir de 1818, le peuple badois, initié au sentiment de ses droits, impose à ses gouvernants l'obligation de les respecter et de les consacrer légalement. Charles-Louis-Frédéric, cédant, à ce moment, aux exigences de l'article XIII de l'acte fédératif de l'Allemagne et surtout aux réclamations de ses sujets, signait une constitution qui reconnaissait deux chambres législatives, la responsabilité ministérielle, l'admissibilité des citoyens à tous les emplois, les droits électoraux basés sur le domicile, les libertés essentielles, et l'égalité des droits, sauf les priviléges constitutionnels.

Mais l'application et le développement de ces principes élémentaires donnèrent lieu à une série de luttes qui forment l'histoire du grand-duché de 1818 à 1848. Ces luttes commencèrent dès la première réunion des Chambres, en 1819, et paralysèrent les premières réformes.

A peine le grand-duc Louis, prince dissolu et despotique, était-il remplacé par Léopold (1830-1852), prince aimé et libéral, que les chambres votaient, aux acclamations de l'Allemagne, la liberté de la presse, la réforme judiciaire, celle du code militaire, la réduction des dépenses, etc. (1831); mais, un an plus tard, la réaction l'emporta, et, sous la pression de la Diète, la liberté de la presse fut abolie. A partir de ce moment, les patriotes de la seconde Chambre badoise, les Welcker, les Itzstein, les Rotteck, eurent beau lutter contre la Chambre haute et la bureaucratie qui les entourait, il faut aller jusqu'en 1842 avant de retrouver une opposition assez forte pour remettre sur le tapis toutes les questions libérales. Une nouvelle législature, nommée en 1846, les posa encore plus énergiquement que la précédente, et la session s'ouvrit, en décembre 1847, au milieu des espérances générales.

Tout à coup la révolution de Février éclate à Paris. Ses idées généreuses gagnent le pays de Bade. Les grandes théories, les idées humanitaires fermentent de tous côtés; le parti radical s'organise sous la direction de l'avocat Hecker et du journaliste Struve; l'idée de l'union allemande s'empare des esprits; Bassermann propose dans la Chambre badoise une motion pour la réunion d'un « Parlement allemand destiné à combler l'abîme que la Diète avait creusé entre les princes et les peuples, » et, dès le 31 mars, un *Vorparlament* se rassemble à Francfort, sous la présidence de Wittermaier, tandis que les radicaux badois proclamaient la république dans l'Oberland du Schwarzwald. Mais, battus à Randem par Frédéric de Gagern, qui fut tué au sein de la victoire, battus à Fribourg en Brisgau, battus à Dossenbach par les Wurtembergeois, les républicains déposèrent les armes; ils les reprirent en septembre, sous la conduite de Struve, qui fut fait prisonnier à Staufen, mais ensuite absous par le jury, en mai 1849. L'agitation régnait partout. Le Parlement de Francfort, réuni en mai 1848, votait, le 28 mars 1849, la Constitution de l'Empire, qui faisait de l'Allemagne un grand État fédératif sous l'hégémonie prussienne. Toutefois, la Prusse elle-même refusait la couronne impériale; mais Bade inscrivait cet acte dans son Bulletin des lois et y faisait prêter serment. On voulait, avec la liberté à l'intérieur, la force et la grandeur au dehors. Le développement normal de cette idée fut compromis par une insurrection mal dirigée qui éclata dans le Palatinat et de là dans le pays badois.

Le 11 mai, en effet, la garnison de Rastadt se soulevait; le 13, celle de Carlsruhe l'imitait, et l'assemblée populaire d'Offenbourg demandait la dissolution des Chambres et la réunion d'une Constituante. La cour s'enfuit à Lauterbourg et de là à Francfort. Struve, Fickler, Brentano, etc., révolutionnèrent le pays. Un gouvernement provisoire fut nommé, et Mierolawski fut appelé au commandement de l'armée révolutionnaire. Le grand-duc appela de son côté les troupes prussiennes. La révolution fut écrasée par les généraux Peucker et Grœben, et, le 23 juillet, Rastadt capitulait. La proclamation de l'état de siége, les procès politiques, trente condamnations à mort, la restriction de toutes les libertés, furent les résultats de cette campagne funeste; mais les libéraux se remirent à l'œuvre, et, un an après, le pays rentrait dans la voie des libertés intérieures, dont le développement ne fut point arrêté par la mort du grand-duc Léopold, en 1852. A partir de ce moment, une série de conflits entre l'administration et les partis religieux troublent le pays. Le concordat de 1859, annulé en 1860, ne réussit point à les calmer, et les principes de ces conflits ne sont pas encore étouffés.

Quant à sa politique allemande, Bade n'a eu, depuis 1849, qu'une seule idée : celle de la grande Allemagne, au sein de laquelle le pays espère trouver une sauvegarde pour son indépendance et ses libertés. Aussi, après avoir appuyé les prétentions de l'Autriche jusqu'en 1866, les hommes d'État du pays badois mettent-ils, depuis lors, tous leurs soins à préparer leur annexion à la Confédération du Nord, ou plutôt à la Prusse, qui est l'objet de leurs sympathies. Toutefois, le peuple, mieux inspiré, paraît comprendre que la sauvegarde de la liberté ne se trouve pas dans la protection perfide du despotisme, mais dans la confiance mutuelle des individus et des peuples, basée sur le dogme social de la solidarité des intérêts.

RICHARD CORTAMBERT.

BADE (GRAND-DUCHÉ DE). — DÉMOGRAPHIE. — Nous avons déjà tant de fois expliqué (articles *Angleterre*, *Autriche*, etc.) le but et la nature de ces articles de *Démographie*, que nous jugeons superflu d'y revenir. Ici, comme dans ces articles, nous diviserons cette étude en deux parties : *Étude statique* de la population badoise, c'est-à-dire étude des différents éléments qui la constituent, et son *étude dynamique*, c'est-à-dire étude des mouvements qui la modifient (mariages, décès, migrations, naissances).

I. *Étude statique de la population badoise.* — La statistique badoise est dirigée avec science, avec soin et avec discernement; mais elle est incomplète et fournit peu d'éléments à cette partie de notre travail.

En 1864, la population badoise était de 1 429 000 habitants, c'est-à-dire **94.8** habitants par kilomètre carré. Les Badois, à part quelques émigrés vaudois et 24 000 juifs, sont tous Allemands. L'histoire nous apprend même que ce sont eux, les anciens *Alemanni*, qui donnèrent leur nom à tous les *Deutche*.

Les Badois ont plus d'adultes (**702** pour 1 000 habitants de tout' âge) que les Autrichiens (**679**) sans en avoir autant que nous (**740**). Ils ont plus de femmes que d'hommes (**1061** femmes adultes pour 1 000 hommes adultes), mais cette différence tend à s'effacer. Ce qui est moins heureux, c'est que la sixième partie de la population est à gage, et que cette tendance paraît augmenter chaque jour. Rarement un homme à gage saura être un citoyen.

Les Badois ont **4,9** médecins par **10 000** habitants. Il faut remarquer que la moitié de ces médecins sont pensionnés par l'État.

II. *Étude dynamique.* — La natalité, ou rapport du nombre des naissances à celui *des adultes*, ne peut être déterminée avec la statistique badoise; mais, par **1000** habitants de tout âge, on compte **34,5** naissances vivantes (1852-63); on en comptait **38** dans la période précédente 1839-51.

Pour **1 000** naissances générales, il y a **192** naissances illégitimes et **35,7** mort-nés, tandis que les statistiques française et belge comptent **74** naissances hors mariage, mais avouent **44** mort-nés; c'est qu'en France l'administration est moins scrupuleuse, et regarde comme mort-nés tous les enfants morts avant leur inscription sur les registres de l'état civil.

Dès la naissance, nous voyons peser sur le sexe masculin une mortalité plus considérable que sur le sexe féminin; cette différence, encore très-marquée pendant la première année de la vie, va s'effaçant dans les âges suivants.

Pour **1 000** naissances féminines, on compte **1062** naissances masculines. Voilà 30 ans que l'on note ces rapports, et pendant ces 30 années la différence n'a pas cessé de s'accentuer : les naissances illégitimes participent encore plus manifestement à ce mouvement d'accroissement de la natalité masculine.

Sur **1 000** accouchements : **11,5** sont doubles; **0,16** triples. Ces rapports sont les mêmes, que la naissance soit légitime ou non.

Mariages. — Pendant la période 1839-63, on a compté, année moyenne, 69 mariages par **10 000** habitants. En 1863 on en a relevé **92,5**. Mais il y avait longtemps qu'on n'en avait tant vu.

L'histoire du rapport des mariages à la population est intéressante, parce qu'elle traduit en chiffres les espérances ou les craintes des populations, comme le cours de la Bourse celles des spéculateurs. De 1833 à 1848, on comptait **70** mariages pour 10 000 habitants. Les mauvaises récoltes de 1849 à 51 firent baisser ce rapport à **66**. Pendant les années suivantes, ce nombre descend encore à **49**. Pourquoi? Je ne sais. Quoi qu'il en soit, les années suivantes paraissent avoir été plus heureuses, et nous comptons **92,5** mariages en 1863.

Les mariages badois sont féconds : **4,41** naissances vivantes par mariage, pendant la période 1839-63.

Migration. — Depuis 1840, 280 étrangers viennent se fixer, année moyenne, dans le duché de Bade. Mais 4 200 nationaux en sortent. Pendant les années apparemment malheureuses, 1851-54, il en est sorti 54 000.

La *mortalité* générale est de 26 décès par 1 000 habitants (en France, elle n'est que de **23**). Mais la natalité badoise étant considérable (**34**), il en résulte un accroissement annuel de **10** habitants par 1 000; cet accroissement se réduit à **8**, si l'on tient compte de la migration. C'est ce que nous apprennent aussi les recensements.

Un élément bien plus important eût été la mortalité par âge. Mais, sur ce point, la statistique badoise est fort insuffisante. Elle nous apprend pourtant ce double mouvement bien exceptionnel : que la mortalité des enfants, quoique très-supérieure à celle de la France (**29** pour 1 000), s'est accrue (**40**, en 1852-63; **41**, en 1856-63), tandis que celle des jeunes gens a diminué!

La mortalité de la première année de la vie est presque double à Bade de ce qu'elle est en France (**324** et **189** pour 1 000 vivants de 0 à 1 an). Mais notre avantage disparaît dès la seconde année, et, de 1 à 5 ans, Bade perd **107** enfants et nous

132. De même, de 5 à 10 ans, les Badois en perdent **68** et nous **102**; enfin de 10 à 15 ans, **37**, et en France, **58,7**. En somme si, vu l'épargne considérable de la première année, nous perdons moins d'enfants au-dessous de 15 ans, nous les perdons à des âges plus précieux.

Si l'on compare la mortalité des Badois au-dessus de 14 ans, à celle de leurs principaux voisins, on voit que la mortalité badoise (19 à 20 décès annuels par 1 000 adultes) est à peu près celle des Autrichiens : toutes deux étant inférieures à la nôtre (**21**). Mais ici notre infériorité n'est qu'apparente : si nous perdons plus d'hommes au-dessus de 14 ans, cela ne tient pas très-vraisemblablement à ce que la mortalité de nos adultes, *considérée à chaque âge*, soit plus considérable, mais à ce que nous avons un plus grand nombre de vieillards dont la mortalité, naturellement plus forte, augmente celle du groupe entier des adultes au-dessus de 14 ans.

Il est remarquable qu'après la première année et avant 13 ans, la mortalité reste à chaque âge presque toujours la même pour les deux sexes, de sorte que si on considère 1 000 enfants de 1 à 13 ans, leur mortalité annuelle est également de 13,8 pour chaque sexe; de 13 à 18 ans, époque de la puberté, la mortalité des filles l'emporte légèrement sur celle des garçons; mais, passé cet âge, la mort devient constamment plus favorable au sexe féminin.

Des quatre cercles qui composent Bade, les deux plus riches (Lac et Haut-Rhin), si l'on en juge par le nombre de leurs domestiques, sont ceux où les mariages sont les plus rares, et les enfants naturels les plus nombreux.

La statistique badoise distingue les cultes dans ses relevés, et nous donne de précieux renseignements sur les israélites. Nous reconnaissons en eux une race saine, rangée, et féconde quoique aisée. Leur natalité et leur matrimonialité sont inférieures, mais inférieure aussi leur natalité illégitime, puisqu'ils ont 159 naissances illégitimes, quand les catholiques en ont 1 746 et les protestants 1 570. Au contraire, la fécondité des mariages légitimes est considérable (5 naissances par mariage), et ils savent conserver les enfants qu'ils ont.

Maisons d'aliénés. — La statistique badoise a fait sur ce sujet une enquête intéressante. 100 000 habitants badois de tout âge et de chaque sexe fournissent **11,2** fous et **10,9** folles. Ces réceptions se catégorisent ainsi : par 1 000 aliénés de chaque sexe, il y a :

326 hommes et 217 femmes atteints de délire furieux; 75 pour 100 de ces malades guérissent après un traitement de huit à neuf mois;

174 hommes et 336 femmes mélancoliques; 58,5 pour 100 guérissent après un traitement de huit à neuf mois;

212 hommes et 161 femmes monomanes tranquilles; 33 pour 100 guérisons annuelles;

Enfin, 96 hommes et 184 femmes atteints de démence; 192 idiots et 102 idiotes. Sur 100 malades de chacune de ces dernières catégories, on compte à peine 7 ou 8 guérisons annuelles.

Pour 100 000 habitants de chaque confession, on compte 12,8 fous protestants; 12,6 catholiques, mais 22,5 israélites. La démographie s'accorde donc d'une manière imprévue, mais positive, avec la linguistique pour les distinguer des Indo-Européens.   Dr BERTILLON.

BAGNES. — Nous n'avons pas dans cet article à nous occuper de l'organisation des bagnes. Nous les considérerons seulement au point de vue de leur utilité sociale.

La méthode la plus sûre et la plus simple pour se débarrasser des assassins et des voleurs, c'est de les tuer; aussi a-t-elle été souvent appliquée dans les sociétés à demi civilisées. Mais plus souvent encore on a considéré que le travail de l'homme, même criminel, a une valeur appréciable, et cette considération a eu pour conséquence, chez un grand nombre de nations, l'établissement d'institutions plus ou moins analogues à nos travaux forcés.

En France, après avoir eu longtemps pour usage de pendre les condamnés sans trop considérer la gravité du crime, on prit le parti de les envoyer ramer sur les galères du roi. Le forçat fut attaché sur son banc, la plupart du temps pour la vie, car le roi ne lâchait pas volontiers les rameurs une fois qu'ils avaient acquis la pratique de la rame, et parfois on ne se gênait pas davantage pour envoyer sur les galères des hommes coupables de délits insignifiants, toutes les fois qu'il y avait parmi les rameurs des vides à remplir.

Telle était la justice du roi.

C'est ainsi que commencèrent les bagnes. Les réformes qu'on a tenté d'y apporter depuis n'ont pu prévaloir contre le vice fondamental de l'institution.

Le principe monarchique de la pénalité est aussi simple qu'odieux, et découle logiquement de la doctrine qui domine et explique les monarchies absolues. Ce principe qui se retrouve également dans les aristocraties est celui de l'inégalité naturelle des hommes. Le coupable, voué au crime par la fatalité d'une naissance et d'une race inférieure, est considéré et traité comme un animal dangereux, et les juges n'ont à se préoccuper que de le mettre hors d'état de nuire, sans trop s'inquiéter de proportionner la peine au délit.

Depuis que les philosophes ont commencé à battre en brèche cette manière trop commode de résoudre le grand problème de la pénalité, les juristes ont introduit dans le droit des principes qui, pour être moins sauvages, n'en sont pas pour cela toujours plus justes ni plus efficaces. Toutefois, c'était déjà quelque chose que de forcer le despotisme à rougir de lui-même et à chercher en dehors de ses convenances propres et de son bon plaisir des explications et des arguments plus avouables.

C'est alors qu'on a commencé à parler des nécessités de la vindicte publique, comme si la vengeance contre un malheureux, saisi et enchaîné, pouvait jamais devenir un devoir social. D'autres invoquent l'utilité de l'exemple, l'efficacité de la crainte. La doctrine de l'expiation, patronnée à la fois par la philosophie officielle et par la religion, joue chaque jour un grand rôle dans les réquisitoires des procureurs royaux et impériaux. Il y a même encore des hommes assez naïfs pour croire à la moralisation par le bagne, à la condition, simplement, de changer quelques-unes de ses pratiques. L'argument le plus vraisemblable est peut-être celui qui consiste à dire que, puisqu'il faut après tout que la société se défende, et que la civilisation ne lui permet plus de tuer quiconque attente à sa sécurité, les bagnes sont encore ce qu'il y a de mieux pour concilier les nécessités de la répression avec les exigences de l'humanité.

Il nous paraît facile de démontrer que toutes ces doctrines juridiques sont aussi fausses les unes que les autres et que, à quelque point de vue que l'on se place, il est impossible de trouver une raison valable pour le maintien des bagnes.

Ramener le châtiment à l'idée de vengeance, c'est autoriser le forçat à se considérer comme en guerre avec la société; c'est ajouter aux passions et aux vices qui l'ont conduit au bagne des sentiments de haine sauvage qui justifient à ses yeux tous ses crimes et qui rendent d'avance impossible tout repentir, tout retour à des habitudes meilleures.

La doctrine de l'exemplarité ne vaut pas mieux pour la justification des bagnes. Le bagne, en somme, est moins effrayant que la prison. D'ailleurs, s'il ne s'agit que d'effrayer, il faut admettre avec les criminalistes logiciens que la meilleure prison est celle où l'on craint le plus de rentrer quand on en est sorti. Mais on pourrait objecter à ces logiciens que leur raisonnement s'arrête arbitrairement en chemin. Au nom de la logique, il faut rétablir les chevalets et la roue. Comme exemple, il n'y a rien de tel que d'être roué ou brûlé vif.

Malheureusement pour la théorie, les faits prouvent que la torture n'a jamais moralisé personne, et que, pour des raisons qu'il serait trop long d'énumérer, les pays et les temps où les supplices sont les plus cruels, sont aussi ceux où les crimes sont les plus nombreux et les plus horribles.

La population des bagnes a précisément pour caractère la prédominance des appétits sur l'intelligence. Il est peu logique de lui demander de songer à l'avenir. Si elle était capable d'y réfléchir, elle ne serait pas au bagne. D'ailleurs le voleur et l'assassin comptent toujours qu'ils ne seront pas découverts. Pour les retenir, la certitude du châtiment serait bien plus efficace que sa rigueur.

Quant à la doctrine de l'expiation, nous la considérons comme une simple niaiserie mystico-philosophique qui ne mérite pas même une réfutation.

Quelques bonnes âmes ont espéré que du moins il serait possible d'améliorer les forçats en leur imposant les règles d'une hygiène morale, qui font très bon effet dans les livres, mais auxquelles il ne manque que d'être applicables au milieu d'une pareille agglomération de misérables dépravés et ignorants. Au bagne, la gloire se mesure au nombre des crimes commis et les vaniteux en inventent pour se donner du prestige. Le mélange des condamnés a bientôt corrompu ce qui peut rester de sentiments moraux à ceux qui mettent le pied dans cet enfer. Il suffirait d'ailleurs pour les achever des relations forcées qu'ils ont avec les gardes-chiourmes. Loin de moraliser les condamnés, les bagnes n'ont jamais été que des écoles de perfectionnement ouvertes aux criminels par la libéralité de l'État.

Aussi, les administrateurs des bagnes ont-ils toujours fait bon marché des sentimentalités qui ont été quelque temps de mode à l'égard des forçats. En hommes pratiques, ils n'ont envisagé leurs fonctions qu'au point de vue de la sécurité publique. Pour la mieux assurer, ils ont organisé la délation, afin d'être au courant des projets d'évasion; sans s'inquiéter de catéchiser leurs pensionnaires et de leur fourrer dans la mémoire des maximes morales, dont ils connaissaient la parfaite inefficacité, ils se sont au contraire appliqués à détruire en eux la seule vertu qui leur restât, l'instinct de solidarité. A cela ils ont ajouté la terreur, par l'institution de châtiments épouvantables pour les moindres velléités de révolte ou de fuite; et, dans la crainte que tout cela ne suffît pas, deux canons chargés à mitraille restaient braqués sur les salles où couchaient les forçats.

Avec tout cela, les bagnes n'ont pas même réussi à assurer la sécurité publique. Sans compter les évasions, encore assez fréquentes, que pouvait attendre la société de ces êtres souvent vicieux par nature et par éducation, toujours dépravés par le bagne, quand on les lâchait aigris par les mauvais traitements, pourris par les mauvais exemples et presque forcément entraînés à de nouveaux crimes par la misère, par le besoin, par le mépris?

On a essayé de remédier à cela par la surveillance de la police. On n'a fait qu'aggraver le mal et le rendre inévitable.

Que peut devenir le malheureux forçat, quand, après avoir fini sa peine, il lui faut, chaque semaine, se présenter chez le maire ou chez le commissaire de police de la localité qu'on lui a assignée pour résidence? En supposant qu'il trouve d'abord le travail qui lui est nécessaire pour vivre, les exigences de la surveillance à laquelle il est soumis ne lui permettent pas de dissimuler longtemps sa situation. Une fois qu'on la connaît, la défiance s'attache à lui et triomphe bientôt des meilleures résolutions. Les humiliations, le désespoir, la colère contre d'inexorables mépris, la misère incurable rejettent fatalement dans le crime ceux mêmes qui ont pu vouloir lui échapper, et la société s'autorise pour redoubler ses rigueurs des récidives que ses précautions mêmes rendent à peu près inévitables.

Tels sont les vices inhérents au système des bagnes. Ils ne sont niés par aucun des publicistes qui se sont occupés de cette question, et nous croyons fermement qu'il sera impossible d'y porter remède, tant qu'on restera placé au même point de vue. Tout au plus pourra-t-on imaginer quelques palliatifs sans efficacité sérieuse.

Ce qu'il faut changer, c'est le principe même de notre droit pénal. Le premier point à établir, c'est que la société, ayant pour mission unique de garantir les droits de chacun, n'a pas d'autre droit que celui de légitime défense. Elle doit *empêcher* et *réprimer* le mal, c'est-à-dire tout ce qui porte atteinte à la liberté, à la sécurité des membres qui la composent, mais la prétention de *punir* suppose des moyens d'investigation morale qui lui manquent complétement. La punition ne peut être juste qu'à la condition d'être en rapport exact avec le degré de responsabilité de l'agent. Or c'est précisément ce degré de responsabilité qu'il lui est toujours impossible de déterminer, tant qu'elle n'aura pas une règle certaine pour mesurer les influences de l'hérédité, de l'éducation, des passions, des besoins, des exemples, etc., sur chacun des accusés qui sont soumis à son jugement. Cette règle où la trouvera-t-elle ?

D'ailleurs, la société elle-même n'a-t-elle pas aussi sa part de responsabilité dans les fautes qu'elle prétend punir ? Combien de malheureux elle frappe impitoyablement, qui ne sont en réalité que les victimes des injustices et des vices de notre organisation politique et sociale ? Qui sait combien de crimes pourraient être évités par quelques réformes intelligentes dans les conditions du travail, dans la distribution et dans les méthodes de l'enseignement, dans la répartition des impôts, dans l'administration de la police, enfin dans l'organisation générale de la société ?

Pour arriver à un résultat sérieux dans ce sens, il faut se placer à un point de vue diamétralement opposé à celui qui a jusqu'à présent dominé dans la question qui nous occupe. Les palliatifs imaginés par les philosophes et par les philanthropes n'ont pu qu'en atténuer les effets désastreux.

Ce principe régénérateur est celui de la démocratie, c'est celui par lequel seront transformées les sociétés modernes, quand il aura triomphé définitivement du principe contraire et qu'il en aura éliminé tous les effets.

La doctrine monarchique ou aristocratique, qui a sa formule complète dans l'enseignement catholique, ramène l'établissement des sociétés à un fait surnaturel, à peu près inexplicable sans une intervention plus ou moins directe de la divinité. C'est elle qui suscite et illumine les rois, les héros, les prêtres pour régir et gouverner ces grands troupeaux qui sont les nations. Sans eux, sans les lumières supérieures qu'ils tiennent de la grâce divine, les civilisations seraient sans cesse menacées de retomber dans le chaos, grâce aux instincts sauvages de la foule. La force seule remise à ces privilégiés permet aux sociétés humaines de subsister, grâce à la résistance salutaire qu'elle oppose aux appétits brutaux et désordonnés de la plèbe.

Cette doctrine, plus ou moins mitigée, a pour conséquence de légitimer le despotisme, par la crainte permanente de la guerre sociale ; c'est elle qui domine encore dans notre législation pénale ; c'est contre elle qu'il faut réagir avec énergie si l'on veut arracher la civilisation aux traditions surannées qui frappent d'impuissance toutes les tentatives de réforme et qui rendent impossible l'établissement durable de la liberté.

La doctrine démocratique, partant de principes directement opposés, aboutit à des conclusions radicalement contraires. Pour elle l'établissement des sociétés est un fait parfaitement simple et naturel. C'est la résultante nécessaire des instincts les plus élémentaires de l'humanité. La sociabilité inhérente à la nature humaine s'est manifestée fatalement par des agglomérations plus ou moins imparfaites, mais susceptibles, suivant les races, d'un perfectionnement plus ou moins considérable, quand les circonstances favorisent les progrès de l'organisation sociale. Toute la question se réduit donc à améliorer les circonstances, à placer les hommes, surtout ceux de la race indo-européenne, dans des conditions telles que rien ne gêne le développement normal des instincts sociaux qu'ils portent en eux-mêmes.

De ces prémisses découle logiquement cette conclusion, que la liberté est la plus essentielle de toutes les conditions du développement de la civilisation. C'est par elle que les sociétés démocratiques doivent atteindre un degré de perfection que ne peuvent même entrevoir les sociétés monarchiques et aristocratiques, puisque l'homme tend naturellement à se perfectionner, et que les sociétés démocratiques sont les seules qui lui permettent de travailler sans obstacle à l'amélioration indéfinie des conditions sociales.

Est-ce à dire que la société doive rester désarmée en face des voleurs et des assassins ; et qu'il suffise pour les moraliser de les laisser en liberté ? Le problème malheureusement est plus compliqué, quand il s'agit d'hommes qui, soit par défaut d'intelligence, soit par la faute des circonstances ou par les vices mêmes de la société, se trouvent placés dans des conditions spéciales de démoralisation. Il est clair que si on les maintenait au milieu des circonstances où ils se sont dépravés et qu'on leur laissât la liberté de s'abandonner à leurs instincts corrompus, il serait au moins téméraire de s'attendre à des transformations bien sérieuses.

Mais d'un autre côté nous voyons que le châtiment, et en particulier le séjour des bagnes, ne peuvent guère qu'exagérer en eux les vices qui les conduisent au crime. C'est ce qui arrive pour la plupart des condamnés, et l'observation directe ne fait que confirmer les conclusions fournies par le raisonnement.

Il faut donc, avant de rendre la liberté au criminel, le rendre capable d'en user sans nuire à la société. Comment y arriver ? Nous ne voyons que deux moyens : supprimer la tentation du crime ou donner à l'homme la force d'y résister.

Il est certain que la misère est la source la plus féconde de crimes. Si l'on parvenait à améliorer les conditions sociales assez complètement pour que tout homme pût, sans trop d'efforts, subvenir, par un travail régulier, à ses besoins, le nombre des crimes diminuerait considérablement. La question des réformes sociales se lie donc intimement à celle de la moralisation publique.

D'un autre côté, le développement de l'instruction primaire et sa réforme dans un sens vraiment démocratique, concourraient puissamment au même résultat, parce qu'en élevant l'homme au-dessus de la domination exclusive des appétits physiques, en augmentant sa valeur et sa puissance intellectuelles, elle diminuerait à la fois les occasions et les tentations du mal tout en doublant l'énergie dont il a besoin pour leur résister.

Par là le nombre des crimes diminuerait dans une proportion qu'il serait peut-être possible de calculer en prenant pour point de départ la comparaison du nombre des forçats illettrés à celui des condamnés qui ont reçu une certaine éducation.

Mais ce n'est là qu'un moyen préventif, une garantie pour l'avenir. Si nous nous en tenions à cela, on pourrait nous accuser de vouloir éluder la difficulté.

Réformer la société est chose difficile, surtout du jour au lendemain ; moraliser les forçats par l'instruction n'est guère plus commode dans les conditions présentes. La plupart des hommes qui arrivent dans les bagnes ne sont guère accessibles à un enseignement moral. Des prédications de cette nature feraient très-probablement plus d'hypocrites que d'honnêtes gens, et l'on peut compter que la plupart se contenteraient d'en rire. Quoi qu'en disent les théories officielles, la conscience des forçats est singulièrement sourde et ce n'est pas en lui faisant des appels plus ou moins attendris qu'on régénérera la population des bagnes. Il faudrait d'abord faire l'éducation de cette conscience elle-même, qui n'est jamais qu'un écho et dont la fonction se borne à faciliter la transformation en habitudes des idées plus ou moins vagues et flottantes, que l'éducation et les exemples ont fait pénétrer dans l'intelligence.

Comme nous l'avons déjà dit, la population des bagnes, grossière et inculte, a pour caractère spécial d'être surtout soumise aux appétits et aux instincts élémentaires, primitifs, de l'humanité. C'est par là qu'il faut la prendre. L'instinct d'appropriation est très-développé chez la plupart des galériens. Dans les conditions présentes, il produit le vol, parce qu'il ne trouve guère à se satisfaire autrement. Ne serait-il pas possible de lui donner une autre direction, en plaçant les condamnés dans un milieu différent ? De plus, le mépris et la défiance qu'ils rencontrent partout autour d'eux, achèvent de dépraver ceux qui ont conservé quelque reste de moralité, et la misère, qui en est la conséquence forcée, suffirait pour les empêcher de revenir à une vie meilleure, puisqu'en sortant du bagne ils se trouvent toujours dans des conditions plus mauvaises qu'avant d'y entrer. N'y aurait-il pas moyen de les soustraire à cette cause puissante de démoralisation ?

Le système cellulaire, longtemps préconisé comme le seul remède efficace, a plus d'inconvénients que d'avantages. Il repose sur un principe faux : que l'idée du bien est indépendante de l'éducation, antérieure à l'expérience, supérieure à la société, et que cette notion, obscurcie par les passions et les tentations de la vie, doit recouvrer toute sa splendeur dans l'isolement de la prison cellulaire. Nous qui ne croyons pas à cette lumière divine, nous ne voyons dans la prison cellulaire qu'un supplice sans compensation, beaucoup plus capable d'abrutir que de moraliser, dans la plupart des cas. La vertu, à notre avis, consiste, avant tout, dans le développement régulier et normal des instincts sociaux, lequel, on voudra bien nous l'accorder, est plus contrarié que favorisé par l'isolement.

Il importe donc au contraire de faire vivre les condamnés en société, mais dans une société organisée d'une manière spéciale, en vue du but à atteindre. Nous ne connaissons rien qui réponde mieux à cet objet que le système des colonies pénitentiaires, mais non pas telles qu'on les a établies à la Guyane, où l'on semble n'avoir eu guère d'autre pensée que de charger la fièvre jaune et la peste d'accomplir une besogne, dont on n'osait pas prendre la responsabilité directe. Toutefois, nous ne demandons pas qu'on remplace les galères par un paradis terrestre, car ce serait à dégoûter de la vertu, mais encore faut-il bien que l'on choisisse un territoire où il soit possible de vivre. Nous voudrions qu'une fois débarqués, on livrât à chaque homme un champ à défricher et à cultiver, qui deviendrait sa propriété au bout d'un temps déterminé. La colonie une fois établie devrait s'administrer elle-même, afin d'ajouter à l'intérêt moralisant de la propriété le stimulant d'une légitime ambition et le désir de la considération publique.

Mais il serait essentiel, surtout dans le commencement, d'instituer une police sévère et de réprimer rigoureusement tous les attentats contre les personnes et les propriétés. Au bout de peu temps, les colons se chargeraient de faire eux-même cette police, comme on a pu le voir en Australie, et plus récemment encore dans la Californie, qui, après avoir été le rendez-vous d'une multitude singulièrement mêlée, est devenu un des pays les mieux policés du monde.

Du reste, ce n'est pas ici le lieu d'exposer un plan complet de réforme. Nous savons bien d'ailleurs quelles sont les difficultés d'application qu'on pourrait nous opposer, mais nous ne les croyons nullement insurmontables. Elles tiennent surtout à des questions de dépenses qui ont leur gravité, mais qui nous paraissent secondaires auprès du but à atteindre. On dépense sans compter les milliards pour entretenir le fléau du militarisme ; on pourrait bien consacrer quelques millions à assurer la sécurité sociale. Et puis ces dépenses n'auraient qu'un temps, car notre conviction profonde est que le jour où la société fera son devoir et emploiera ses ressources dans le sens de ses véritables intérêts, au lieu de les gaspiller follement, l'assassinat et le vol ne seront plus que de rares accidents dont on n'aura plus guère à se préoccuper.

Ce sera l'œuvre de la prochaine république.   EUGÈNE VÉRON.

BAIL. — Le *bail* est le contrat par lequel une personne (propriétaire, locataire ou bailleur) s'oblige à faire jouir d'une chose une autre personne (preneur, locataire ou fermier) pendant un certain temps et moyennant un prix déterminé.

Le mot *bail* s'emploie aussi pour exprimer l'acte qui constate le contrat.

Quoique le bail puisse s'appliquer aussi bien aux choses mobilières qu'aux choses immobilières, cependant, dans la pratique, quand on parle de bail, il est généralement entendu qu'il s'agit de louage d'immeubles urbains ou ruraux.

L'utilité de ce contrat apparaît sans qu'il y ait besoin, pour la faire comprendre, de longs développements.

La propriété immobilière étant limitée par sa nature même, et la législation laissant au jeu des forces individuelles la répartition de cette propriété, il s'ensuit que cette répartition est inégale.

Cependant ceux qui ne sont pas propriétaires n'en ont pas moins besoin d'une demeure ; il faut donc qu'ils s'adressent à ceux qui sont propriétaires pour obtenir d'eux la jouissance totale ou partielle de leur propriété.

En outre, par suite de ce désir de stabilité qui est inhérent à sa nature, il ne suffit pas à l'homme d'avoir un gîte, mais il faut encore que sa demeure lui soit assurée au moins pour quelque temps, et qu'il ne soit pas exposé à quitter demain la maison où il s'est établi hier.

De là, la nécessité d'un contrat par lequel le propriétaire d'une maison promette, à celui à qui il la loue, de lui en laisser la jouissance pendant un certain temps.

Le bail, lorsqu'il a ainsi pour objet la location d'une maison, s'appelle *bail à loyer*.

Mais il est une autre espèce de bail qui n'a plus pour origine l'intérêt du non-propriétaire de s'assurer une habitation, et qui, au contraire, a pour point de départ l'intérêt du propriétaire, non pas d'une maison, mais de biens ruraux, qui, ne pouvant les cultiver lui-même, en cède, moyennant une certaine redevance, la jouissance à quelqu'un qui recueillera les produits et sera obligé de cultiver.

Dans ce cas, le bail qui a pour objet, pour employer l'expression de la loi, des héritages ruraux, prend le nom de *bail à ferme*.

Le bail, étant un contrat ressortant ainsi de la nature même des choses, se rencontre dans les lois de toutes les époques, mais son importance et sa fréquence varient avec les diverses transformations que subit l'état social.

A Rome, à l'origine, tout homme libre est propriétaire de sa demeure, et en même temps il exploite lui-même son domaine. Quant aux esclaves, ils habitent chez leur maître et cultivent ses champs pour son compte. Dans cette situation, la nécessité du bail n'apparaît pas. — Mais il ne tarde pas à se former une classe intermédiaire d'hommes libres qui ne sont pas assez riches pour habiter une maison qui leur appartienne; aussi Vitruve nous apprend que les maisons fort basses à l'origine s'élevèrent peu à peu, afin de permettre aux riches de loger les pauvres dans l'étage supérieur nommé *cœnaculum*.

En même temps que le développement de la population rend nécessaire le bail à loyer, l'accroissement de la richesse des patriciens et l'agrandissement de leurs domaines les empêchent d'en diriger eux-mêmes l'exploitation. — Ils la confient quelquefois à un esclave chargé de commander à ses compagnons de servitude (*villicus*). Mais cet intendant n'est pas intéressé à bien cultiver; aussi le propriétaire préfère-t-il souvent louer son domaine à un homme libre qui l'exploitera et recueillera les produits, à la charge du paiement d'une redevance en argent, ou d'un partage en nature des produits. C'est le bail à ferme.

Sous le Bas-Empire, la dépopulation des provinces, l'augmentation du nombre des esclaves et l'éloignement des grands propriétaires amènent la formation d'une nouvelle classe de cultivateurs, tenant le milieu entre les esclaves et les hommes libres; ce sont les *colons*. Ils se composent ou d'esclaves, que leurs maîtres attachent à la terre et auxquels ils abandonnent une partie des produits pour les intéresser à la culture, ou d'anciens hommes libres venant chercher, dans la sécurité relative du colonat, une garantie contre la misère. C'est ainsi que s'opère la transformation de l'esclavage en servage, transformation qu'on a eu tort d'attribuer à l'influence du christianisme, et qui n'est qu'une évolution fatale et purement économique.

Tel était l'état social de la population agricole en Gaule, lors de la conquête des Franks. Sous la domination des nouveaux possesseurs, le servage se développe et se trouve être l'état général de ceux qui cultivent la terre. Dans ces conditions, il n'y a pas de place, bien entendu, pour le bail qui ne réapparaît que lorsque, à partir du XIIᵉ siècle, il se reforme une classe de cultivateurs libres.

Le fermage s'étendit alors et avait peu à peu remplacé complétement le servage, lors de la révolution française. Celle-ci délivre la propriété agricole de toutes les servitudes féodales qui pèsent encore sur elle, et s'occupe aussi d'améliorer la situation du fermier et du locataire.

Dans notre ancien droit, par exemple, le propriétaire d'une maison avait toujours la faculté de résilier le bail, lorsqu'il voulait habiter lui-même la maison; et, en matière de bail à ferme comme de bail à loyer, l'aliénation de la propriété entraînait la résiliation de plein droit des baux consentis par le vendeur.

Dans l'intérêt de l'agriculture, qui exige que celui qui cultive soit assuré que sa jouissance ne sera pas brusquemment interrompue et que les dépenses d'amélioration qu'il a avancées ne profiteront pas à autrui, il y avait là une réforme à accomplir.

Le Code rural du 28 septembre 1791 l'essaya; plus tard, le Code civil, si inférieur, à tant d'autres égards, aux lois révolutionnaires, développa sur ce point l'œuvre commencée et consacra une réforme plus complète.

Aux termes de l'article 1743 du Code civil, l'acquéreur est tenu de respecter les droits de tout fermier ou locataire qui a un bail authentique ou dont la date est certaine. Pour qu'il en soit autrement, il faut que le bailleur l'ait stipulé dans le contrat de bail; et, dans ce cas même, le fermier ou le locataire ne peuvent être expulsés par l'acquéreur qu'à la charge par ce dernier de les avertir dans le délai établi par l'usage des lieux, s'il s'agit d'une maison, et au moins un an à l'avance, s'il s'agit d'un bien rural; le locataire et le fermier ne peuvent être en outre contraints de quitter l'immeuble qu'après avoir été payés de l'indemnité que le bailleur leur doit pour le dommage résultant de l'expulsion.

Cependant la loi des 23-26 mars 1855, sur la transcription, exige que les baux d'une durée de plus de dix-huit années soient transcrits au bureau des hypothèques, pour pouvoir être opposés aux tiers.

Mais c'est là une condition de publicité qui n'a rien de préjudiciable aux droits du locataire ou du fermier et qui ne peut qu'être approuvée.

La loi n'exige aucune forme solennelle ou spéciale pour la validité des baux. L'article 1714 du Code civil déclare qu'on peut louer par écrit ou même verbalement. — Seulement l'article 1715 ajoute que « si le bail fait sans écrit n'a encore reçu aucune exécution, et que l'une des parties le nie, la preuve ne peut être reçue par témoins, quelque modique qu'en soit le prix, et quoiqu'on allègue qu'il y a eu des arrhes données. — Le serment peut être déféré à celui qui nie le bail. »

Lorsqu'il y a un bail écrit, sa durée, le prix du loyer ou du fermage et les autres conditions sont réglés par l'acte.

Mais la loi a dû fixer elle-même les conditions des baux purement verbaux sur lesquelles les parties ne seraient pas d'accord.

En ce qui touche le prix du loyer, il est établi par les quittances; à défaut de quittances, le propriétaire est cru sur son serment, à moins que le locataire ne préfère l'estimation par un expert.

En ce qui touche la durée des baux verbaux, elle est réglée de la façon suivante : S'il s'agit de biens ruraux « le bail, sans écrit, est censé fait pour le temps qui est nécessaire afin que le fermier recueille tous les fruits de l'héritage affermé. Ainsi le bail à ferme d'un pré, d'une vigne ou de tout autre fonds dont les fruits se recueillent en entier dans le cours de l'année, est censé fait pour un an. Le bail des terres labourables lorsqu'elles se diviseront par soles ou saisons (voir *Assolement*) est censé fait pour autant d'années qu'il y a de soles. »

S'il s'agit d'une maison ou partie de maison, le bail fait sans écrit est censé fait pour une durée illimitée. Mais le propriétaire ou bailleur a le droit de le faire cesser en signifiant congé à son locataire dans les délais fixés par l'usage des lieux. Ce délai est généralement de six mois, lorsqu'il s'agit d'un établissement commercial ou industriel; et, lorsqu'il s'agit d'un logement particulier, de trois mois ou de six semaines, suivant que le loyer annuel est supérieur ou inférieur à 400 francs.

De tout ce qui précède il résulte que le législateur français a compris ce qui, comme nous l'indiquions, doit être la grande préoccupation en cette matière, à savoir, garantir au locataire ou au fermier une jouissance dont la durée soit fixée par avance afin qu'il puisse en profiter en toute sécurité.

Quand il s'agit de biens ruraux, c'est, avons-nous dit, l'intérêt général de l'agriculture et non pas seulement l'intérêt personnel du fermier qui exige que la jouissance de ce dernier soit assez assurée pour qu'il puisse s'occuper, sans crainte de le faire en pure perte, de l'exploitation et de l'amélioration du bien affermé. A cet égard, la législation devrait même donner au fermier de plus complètes garanties.

Il faut qu'il puisse appliquer les réformes que les progrès de la science agronomique indiquent chaque jour. Or, ces réformes ne produisent pas immédiatement des résultats; elles n'augmentent pas aussitôt après leur emploi les revenus de la terre, tout en l'améliorant pour l'avenir. Le fermier est donc exposé à faire des dépenses qui ne lui profiteront pas personnellement, mais qui, en profitant au fonds lui-même, enrichiront le propriétaire dans l'avenir.

Il y aurait donc à songer au moyen de permettre au fermier d'obtenir, à l'expiration de son bail, une indemnité du propriétaire pour les dépenses qu'il aurait faites et qui auraient amélioré le fonds.

M. Gagneur, député au Corps législatif, a déposé, dans les premiers mois de 1870, un projet de loi tendant à ce but et dont les dispositions, analogues à celles du bill présenté au parlement anglais pour les baux en Irlande, sont de nature, sous toutes réserves des critiques de détail, à préoccuper tous ceux qui désirent, avec le maintien des règles du droit et de la justice, les progrès de l'agriculture et du bien-être général.

Bail à cheptel. — Le bail à cheptel est « un contrat par lequel l'une des parties donne à l'autre un fonds de bétail pour le garder, le nourrir et le soigner sous les conditions convenues entre elles. »

Sans entrer ici dans aucun développement ni dans l'explication des différentes sortes de cheptels dont s'occupe le Code, disons d'une façon générale que, dans ce contrat, le preneur profite seul du laitage, du fumier et des travaux des animaux donnés à cheptel, tandis que le croît se partage, dans des proportions déterminées, entre le bailleur et le preneur.

Bail emphytéotique. — Ce bail, peu usité aujourd'hui, diffère du bail ordinaire d'abord par sa longue durée (vingt ans au moins et quatre-vingt-dix-neuf ans au plus) et ensuite par les droits plus étendus du preneur qui a sur le bien une sorte de propriété temporaire. Il s'est appliqué surtout, dans l'origine, à des terres incultes que le preneur emphytéote se chargeait de défricher.

En Angleterre où la propriété est encore si peu divisée et où elle est, en grande partie, grevée de substitutions qui la rendent inaliénable, le bail emphytéotique est très-usité.

Ainsi le sol de Londres, qui appartient à un très-petit nombre de propriétaires, est presque entièrement loué à des emphytéotes qui ont élevé les constructions et qui les sous-louent, ayant, sauf l'obligation de payer au propriétaire du sol la redevance annuelle, une entière et libre possession.

BIBLIOGRAPHIE. — Pothier, *Traité du contrat de louage.* — Toullier, continué par Duvergier, *Droit civil.* — Troplong, *Du louage.* — Marcadé, *Éléments du droit civil.* — Agnel, *Code-manuel des propriétaires et locataires,* etc.   GEORGES LE CHEVALIER.

BAINS. — HYGIÈNE. — On emploie les bains soit en thérapeutique, pour la guérison des maladies, soit en hygiène, pour la conservation de la santé. Les bains employés en hygiène, les seuls dont nous ayons à parler, peuvent se diviser en trois grands groupes : les bains froids, les bains tièdes ou bains chauds, et les bains de vapeur.

Ces trois espèces de bains ont été employées, d'une façon plus ou moins prédominante, dès la plus haute antiquité. Les Asiatiques, les Grecs d'Athènes et de Sparte, les Romains surtout, faisaient un grand usage des bains. A Rome, on se baignait d'abord dans le Tibre. Le premier établissement de bains publics fut construit par Mécène. Les empereurs qui suivirent Auguste en construisirent de nouveaux : il y en eut jusqu'à huit cents dans diverses parties de la Ville. Ces bains sont restés célèbres pour leur magnificence. Dans tous on trouvait de grands bassins d'eau froide, tiède, chaude, tous assez vastes pour permettre la natation;

on y prenait des bains de vapeur soit dans l'étuve humide, soit dans l'étuve sèche. Une foule d'esclaves étaient attachés au service de l'établissement : les uns frictionnaient la peau et la grattaient avec des sortes d'étrilles en ivoire; les autres pétrissaient les muscles, d'autres épilaient le corps, d'autres enfin le frottaient d'huile ou d'essences. Dans les fêtes publiques, l'entrée des bains, comme chez nous celle des théâtres, était gratuite. Certains individus, et notamment les empereurs Commode et Gallien, se baignaient jusqu'à six et huit fois par jour. On connaît le raffinement de Poppée, femme de Néron, qui se faisait partout suivre par cinq cents ânesses pour se baigner dans leur lait. Les bains de Rome, où les deux sexes étaient mêlés, devinrent bientôt des théâtres de scandale ; les baigneurs avaient pour le service les plus belles esclaves; ils favorisaient les rendez-vous des époux infidèles; enfin plusieurs empereurs furent obligés d'interdire le mélange des deux sexes.

Les proconsuls romains transportèrent l'usage des bains dans les Gaules, comme l'attestent encore les restes des Thermes de Julien, à Paris. Sous les rois de la seconde race, l'usage des bains se perdit. D'ailleurs, pendant tout le moyen âge, en Europe, par un inconcevable abus de fausses interprétations, toute purification était regardée comme une souillure. Un rapprochement curieux à constater, c'est que, déjà en Grèce du temps d'Aristophane, les prêtresses qui se piquaient le plus d'austérité s'abstenaient du bain. L'emploi des bains disparut pendant cinq cents ans, de l'an 900 à l'an 1400. L'Europe y gagna les furieuses démangeaisons du XIIIᵉ siècle, la lèpre, la gale et toutes sortes de maladies de peau.

Ce fut Agnès Sorel, puis Diane de Poitiers, qui ramenèrent l'usage des bains en France. Henri IV n'aimait pas les bains; mais sous Louis XIV ils furent plus en honneur qu'à aucune autre époque : Marion Delorme dut sa vogue à ses bains aromatiques; Ninon de Lenclos dut sa persistante jeunesse à ses bains glacés. Depuis lors, l'usage des bains est devenu de plus en plus général.

Mais ce sont surtout les peuples de l'Orient qui ont conservé la tradition des bains fidèlement et sans interruption. Chez les Indiens et les Égyptiens, le bain est ordinairement accompagné du massage, c'est-à-dire du pétrissage méthodique des muscles ; les femmes surtout aiment ces bains avec passion, et font souvent prolonger une partie de la journée, par des femmes esclaves, ce massage raffiné, dont la volupté, dit-on, semble faire son profit encore plus que la santé. Il est un jour de la semaine où les Égyptiennes vont au bain en grande cérémonie, comme on va chez nous à la messe le dimanche; c'est pour elles une occasion de voir leurs amies, de causer avec elles, de montrer leurs toilettes, etc. Les Turcs sont obligés, par leur religion, à de fréquentes ablutions, à des lavages répétés plusieurs fois par jour. Ils doivent particulièrement prendre des bains complets après tous les actes qui peuvent souiller le corps : les femmes doivent en prendre un tous les mois. En outre, ils font un fréquent usage des bains de vapeur ; ce bain dure une demi-heure en hiver, un quart d'heure en été ; après le bain, on se repose sur un lit, où l'on prend du café, des sorbets, de la limonade. Les femmes turques se baignent de cette manière à peu près tous les jours, les hommes un peu moins souvent. Il n'est point de village turc avec une mosquée qui n'ait un bain public. Les particuliers riches ont des bains magnifiques, décorés de tout ce qu'a pu inventer le luxe de l'Asie.

Après ce rapide historique arrivons à l'emploi des différents bains, en commençant par les bains froids, et en continuant par les bains tièdes et les bains de vapeur.

I. *Bains froids.* — Les premiers bains dont les hommes ont fait usage furent les eaux naturelles, où ils se trempèrent pour reposer leurs membres fatigués et couverts de poussière, et pour débarrasser la surface de leur peau des impuretés qui avaient pu s'y accumuler. Les bains ont paru tellement indispensables, que la plupart des religions antiques les ont rendus obligatoires. On retrouve l'usage du bain froid chez tous les peuples : chez les Hébreux, c'est en allant se baigner dans le fleuve que la fille de Pharaon sauve Moïse des eaux; dans Homère, Ulysse naufragé surprend Nausicaa se baignant au bord de la mer. A Rome, au temps de la République, le peuple se baignait dans l'eau du Tibre. Rabelais n'a garde d'oublier ce chapitre dans l'éducation de Gargantua : « Nageoit en profonde eau, à l'endroict, à l'envers, de costé, de tout le corps, des seuls pieds, une main en l'aer, en laquelle tenant un livre transpassoit toute la rivière de Seine sans icelui mouiller, et tirant par ses dents son manteau, comme faisoit Jules César. Puis d'une main entroit par grande force en un basteau : d'icelui se jectoit derechef en l'eau, la teste première; sondoit le parfond, creusoit les rochers, plongeoit ès abysmes et goulphres, etc. » Enfin, tous les peuples maritimes se plongent naturellement dans la mer, comme les canards vont à l'eau, par instinct.

On prend les bains froids dans une eau courante; le plus souvent c'est de l'eau douce, de rivière ou de fleuve; quelquefois c'est de l'eau de mer. Pour toute espèce de bains, il faut les prendre ou bien à jeun, ou bien trois heures au moins après le repas, sous peine d'indigestion violente, de congestion cérébrale, de syncope souvent mortelle. Avant d'entrer dans le bain froid, il est utile de faire un peu de mouvement, sans aller pourtant jusqu'à l'échauffement, et encore moins jusqu'à la sueur. On a remarqué que, si l'on sort d'un repos trop prolongé pour entrer immédiatement dans le bain froid, on en éprouve à un plus haut degré l'impression pénible. Il est bon de se mouiller la tête avant d'entrer dans le bain, pour éviter la congestion cérébrale; on doit ensuite entrer dans l'eau d'un seul coup, et s'y livrer à des mouvements dont le meilleur est la natation sous toutes ses formes. La première impression causée par l'eau froide est un frisson, qui disparaît assez rapidement. Si l'on reste trop longtemps dans l'eau, il survient un deuxième frisson qui indique qu'il est temps de se retirer; il vaut même mieux ne pas attendre le deuxième frisson. La durée du bain varie, suivant les personnes, d'un quart d'heure à une demi-heure; on doit rarement dépasser cette limite. Au sortir du bain, il faut s'essuyer promptement, se frictionner avec des linges bien secs, puis s'habiller et reprendre un léger exercice qui n'aille point jusqu'à la sueur.

Les bains froids sont rafraîchissants, et très-utiles à ce titre dans les grandes chaleurs. En outre, la percussion de l'eau et l'exercice de la natation excitent la peau, fortifient les membres et ont même une heureuse influence sur le moral : le danger qu'on brave et qu'on surmonte en nageant dans des eaux profondes donne du sang-froid et de la confiance. Aussi ces bains sont très-utiles, à condition qu'on n'en abuse pas, et qu'on maintienne dans de sages limites et leur fréquence et leur durée. Les bains de mer sont encore plus fortifiants, mais ils produisent parfois une excitation assez vive; ils doivent être encore plus courts que les bains d'eau douce : un quart d'heure en moyenne, cela suffit.

Les bains froids doivent être en général interdits aux très-jeunes enfants, aux vieillards, et à tous les individus, quel que soit leur âge, chez qui la faculté productrice de la chaleur est trop affaiblie pour permettre une réaction franche contre le froid. Les enfants délicats rapportent souvent du bain froid ou la diarrhée, ou des crachements de sang s'ils ont la poitrine délicate; les vieillards y contractent des inflammations, des congestions, des hémorragies mortelles. Enfin, les convalescents doivent en général s'abstenir des bains froids : leur état de faiblesse les rend plus sensibles au froid, et fait que chez eux la réaction est plus difficile.

En revanche, les bains froids sont très-utiles chez les adultes bien portants et chez les gens sanguins. Il en est de même pour les individus lymphatiques, à condition qu'ils puissent réagir d'une façon suffisante. Pourtant, ils doivent éviter que la température soit trop basse et le bain trop prolongé : dix minutes suffisent. C'est chez les individus lymphatiques que les bains de mer réussissent surtout très-bien ; ils doivent également être courts et pris en été. Dans les autres saisons, on pourra les remplacer par des bains salés artificiels, contenant 3 kilogrammes de sel commun pour un bain. Quant aux femmes, il n'y a guère plus de vingt-cinq ans qu'elles ont adopté l'usage du bain froid, et encore cet usage est-il borné aux localités qui offrent quelques facilités pour prendre ces bains. C'est une habitude qu'on ne saurait trop encourager. Les bains froids, à l'époque de la puberté, peuvent faciliter son établissement, et, dans certains cas, prévenir la chlorose. Ils donnent du ton et de la force à beaucoup de femmes d'une constitution faible et délicate. On doit conseiller en même temps l'exercice de la natation, dont les mouvements ont une grande influence sur l'action salutaire des bains. Chez les femmes bien réglées, il est presque inutile de dire qu'elles doivent s'abstenir des bains pendant la durée de la menstruation.

Les bains froids peuvent servir à remplacer les boissons dans certains cas particuliers ; ainsi des marins ont pu, dans de longues navigations où ils manquaient d'eau douce, calmer leur soif en se trempant dans la mer.

II. *Bains tièdes.* — Les bains tièdes ou bains chauds se prennent dans des baignoires ou complétement ouvertes, ou fermées aux pieds et nommées *sabots* à cause de leur forme. On chauffe l'eau dans la baignoire, soit à l'aide d'un réchaud spécial placé au-dessous, soit à l'aide d'un cylindre métallique contenant un réchaud et qu'on plonge dans l'eau, soit en faisant arriver dans les baignoires, à l'aide d'un tuyau, de l'eau provenant d'une chaudière spéciale. Ces chaudières, employées dans les maisons de bains, sont ordinairement entourées de substances isolantes (laine et bois) qui empêchent si bien la perte du calorique que l'eau de la chaudière, chauffée à 75 degrés centigrades, garde encore, au bout de dix jours, plus de 63 degrés de température. Dans les villages, on peut prendre un bain sans tous ces appareils, en faisant bouillir une ou deux grandes chaudronnées d'eau, qu'on verse dans un tonneau défoncé ou dans une cuve à lessive, recouverte ensuite d'un drap solidement fixé aux rebords, qui trempe dans l'eau et sert de siége élastique au baigneur.

L'effet général des bains tièdes c'est d'être calmants. Ils reposent le corps de toutes les fatigues ; ce sont d'ailleurs les bains de propreté par excellence, avec ou sans substances qui aident à nettoyer la peau, comme le savon, la potasse, etc. Dans le bain, on doit, pour éviter le refroidissement, couvrir les parties qui ne sont pas plongées dans l'eau. Au sortir du bain, on doit essuyer la peau bien exactement et la frotter avec des tissus assez durs, pour la bien sécher et éviter le refroidissement. Dans ce but, on conseille même, pour les gens délicats, de prendre le bain à domicile et de se recoucher après, ne fût-ce qu'une demi-heure. La température ordinaire des bains tièdes est de 28 à 30 degrés centigrades, et l'on n'y doit rester qu'une demi-heure en général. Plus long, le bain affaiblit ; plus chaud, il fait porter le sang à la tête et à la poitrine et peut causer des accidents.

On conseille l'usage des bains chauds au moins une fois par mois. La plupart des paysans, qui les remplacent par la sueur, n'en ont jamais pris de leur vie ; mais il y a certaines professions où les bains fréquents sont nécessaires, pour enlever les poussières minérales ou métalliques, ou les matières organiques qui s'attachent à la peau. Les professions qui réclament le plus impérieusement les bains sont celles où l'on travaille le massicot, le blanc de plomb, le mercure, et aussi celles où l'on manie des matières organiques en décomposition : tel est le cas des hongroyeurs, des mégissiers, des teinturiers, des fabricants de noir animal, des équarrisseurs, des vidangeurs, des égoutiers, etc. Malheureusement, les bains coûtent encore cher. « Les bains, qui coûtaient autrefois 1 franc et plus, sont successivement descendus, dit Becquerel, à 75, à 60, et même à 45 centimes. Il est à désirer, dans l'intérêt de la classe pauvre, que l'on favorise l'établissement des bains à bon marché. L'Angleterre nous a devancés dans cette voie; il y a deux classes de bains pour les ouvriers. La première classe de bains chauds ne coûte que 40 centimes; la seconde, 20 centimes. A Paris, malgré le vote de l'Assemblée législative, qui accorda une somme de 600,000 francs pour favoriser l'établissement de bains à bon marché, ces institutions ont fait peu de progrès, et peu de demandes ont été adressées à l'autorité qui, cependant, avait fait dresser des plans et établir des devis qui eussent été mis à la disposition des concessionnaires. On aurait peut-être pu songer aussi à employer en bains l'eau chaude qui provient des machines à vapeur, et l'eau du puits artésien de Grenelle, qui ne perd qu'une très-faible partie de sa température dans les conduits destinés à l'amener dans les réservoirs. »

Les bains tièdes sont les bains par excellence. L'emploi du linge de corps, qui prit naissance vers le xve ou le xvie siècle, les a rendus moins nécessaires chez nous que chez les anciens; pourtant, on ne saurait trop les conseiller, comme aussi les autres soins de propreté. La propreté est la première condition de santé et même de longévité. Les bains chauds conviennent d'ailleurs à tous les âges et aux deux sexes. On ne peut trop recommander leur usage habituel et même fréquent chez les jeunes enfants. Il faut seulement éviter le refroidissement, en les essuyant avec des linges chauds à la sortie du bain et en les recouchant ensuite pendant quelques instants. Dans l'âge adulte, les bains doivent également être employés le plus souvent possible, tous les quinze jours en hiver, suivant Becquerel, et tous les huit jours dans les autres saisons. Dans la vieillesse, les bains tièdes sont les seuls qui doivent être mis en usage : ils exigent les mêmes précautions que dans l'enfance. Dans la convalescence des maladies autres que celles de l'appareil respiratoire, il est utile d'avoir recours à l'emploi d'un ou de deux bains tièdes; ils débarrassent le corps des produits de l'exhalation cutanée accumulés pendant la maladie, et ils enlèvent en même temps les miasmes que cette maladie a pu développer. Les bains tièdes conviennent également chez les gens nerveux; ils doivent être médiocrement prolongés et à une température douce, pour n'être pas trop débilitants. Les bains chauds ne sont pas toujours nuisibles aux femmes enceintes ni aux nourrices; mais elles ne doivent les prendre que sur l'avis du médecin. Les personnes grasses ne doivent pas abuser des bains chauds, dont l'usage fréquent fait engraisser en relâchant la peau. Les gens sanguins doivent éviter les bains chauds dont la stimulation pourrait déterminer des congestions auxquelles ils ne sont déjà que trop prédisposés.

Les bains très-chauds ne sont pas employés en hygiène; ils sont dangereux et produisent la congestion pulmonaire et cérébrale avec toutes leurs suites. Les vieillards surtout doivent s'en abstenir, ainsi que des bains de vapeur ou d'étuve.

III. *Bains de vapeur.* — Les bains de vapeur, qui avaient repris faveur en France sous Louis XI, sous Louis XIII et sous Louis XIV, étaient tombés depuis lors en désuétude; depuis quelques années seulement, on a commencé à les réhabiliter selon la méthode russe. L'étuve employée par les Russes est une pièce où l'on dégage une épaisse vapeur en répandant de l'eau sur des fourneaux, des plaques de tôle chauffées, des cailloux rougis. Les Russes en font grand usage, et, au sortir de l'étuve, après s'être fait fouetter avec des verges de bouleau assouplies dans l'eau, ils vont, suivant leur condition et leur fortune, ou recevoir des douches froides, ou bien se rouler dans la neige, se plonger dans un étang, et s'administrent ensuite, le seigneur russe sa rôtie au vin et à la bière, l'esclave ou le paysan un verre d'eau-de-vie de grains. C'est ce système alternatif de chaleur puis de froid à la peau, répété plusieurs fois de suite, qui constitue ce qu'on appelle les *bains russes*. Ces bains sont un des besoins du peuple russe : on en trouve dans chaque village.

Les bains de vapeur très-chauds peuvent produire une élévation de 7 à 8 degrés dans la température animale; cet accroissement de la température du corps permet de comprendre comment on peut, au sortir d'une chaleur pareille, affronter les douches froides et même le bain de neige, qu'on supporterait avec bien plus de peine et de risques si le corps n'avait que sa somme ordinaire de calorique.

Les bains de vapeur sont quelquefois employés pour réparer les fatigues du travail ou du plaisir; mais leur usage est assez restreint en hygiène; ils ne sont guère appliqués que dans les pays froids, combinés avec les douches froides. Dans nos climats, on n'en use guère qu'en thérapeutique, pour le traitement de diverses maladies. Dr HECTOR GEORGE.

BAISER. — « J'en demande pardon aux jeunes gens et aux jeunes demoiselles, mais ils ne trouveront point ici peut-être ce qu'ils cherchent. Cet article n'est que pour les savants et les gens sérieux, auxquels il ne convient guère. » C'est par ces mots que Voltaire commence l'article Baiser de son Dictionnaire philosophique; nous ne saurions mieux dire, ni nous placer sous un meilleur patronage.

Pour bien traiter ce sujet, il nous faudrait emprunter encore bien des choses à Voltaire. Comme elles nous manquent, nous nous bornerons à n'être que physiologiste, nous rappelant la morale de la fable de La Fontaine, où le personnage lourd et maladroit veut briller par sa grâce et sa délicatesse.

Le baiser est un signe extérieur d'affection ; il consiste dans l'application des lèvres sur le visage ou sur un objet quelconque.

Le baiser est également une des manifestations extérieures de la passion amoureuse, et comme tel il existe non-seulement chez l'homme, mais encore chez tous les animaux supérieurs. Le chien, le chat, le cheval ont leurs baisers ; les colombes sont l'exemple favori des poètes, mais presque tous les oiseaux ont ce privilége, témoin le moineau de Lesbie.

— Le baiser, chez l'homme, est l'impression la plus agréable du sens du tact. C'est une excitation naturelle que recherche notre organisme et qui flatte un de nos sens, comme les belles couleurs réjouissent la vue, et comme les sons musicaux viennent ébranler pour notre jouissance nos nerfs acoustiques. Le baiser est donc au sens du tact, ce que la musique est au sens de l'ouïe, c'est-à-dire l'impression la plus agréable que nos nerfs sensitifs puissent recevoir.

Celui qui donne un baiser, met en activité les nerfs sensitifs qui se trouvent dans ses lèvres, c'est-à-dire dans la partie du corps où l'épiderme est des plus délicats et la sensibilité des plus exquises. L'excitation des nerfs sensitifs ne tient pas seulement au simple contact, elle dépend encore de la pression et de la température, et tous ces modes d'action se trouvent réunis dans l'acte du baiser.

D'abord, pour recevoir l'impression sur le plus grand nombre de filets nerveux, les lèvres s'appliquent sur l'objet baisé en s'étalant pour ainsi dire, afin de mettre en contact une plus grande surface. De là, sans doute, l'opinion générale que les lèvres larges sont un signe de tempérament voluptueux, et l'expression très-juste « embrasser du bout des lèvres », pour désigner un baiser insignifiant et donné à contre-cœur.

Pour agir sur les nerfs par la pression, les lèvres refoulent légèrement les tissus, s'y adaptent exactement de manière à empêcher l'entrée de l'air. Comme, en même temps, il se fait une légère aspiration d'air, il se forme sous les lèvres un petit vide qui a pour conséquence le soulèvement de la peau et un changement de pression entre cette partie de l'épiderme et celle qui se trouve à l'extérieur des lèvres. Que les poëtes me le pardonnent, il y a quelque chose de la ventouse dans l'acte du baiser !

Enfin, la température influe également sur la nature de l'impression. Le froid diminue les sensations, et en arrête la transmission au cerveau ; la chaleur, au contraire, augmente cette transmission et agit plus agréablement sur les nerfs du tact. Aussi, les lèvres, malgré leur exposition à l'air, ont toujours une température assez élevée et constante, sans avoir jamais, si ce n'est dans la fièvre, cette chaleur sèche et brûlante qui est peut-être encore plus désagréable que le froid.

Celui qui donne un baiser, non-seulement cherche instinctivement à produire, sur ses nerfs périphériques, le plus grand nombre d'impressions, mais en même temps, et peut-être instinctivement aussi, il embrasse les parties les plus sensibles.

Voyez plutôt ce que dit la physiologie. Les parties les plus sensibles du corps sont dans l'ordre décroissant : la pointe de la langue, les paupières, les lèvres, les joues, le cou. Je ne veux pas pousser plus loin la comparaison. Mais, il faut bien l'avouer, la science ne sait pas tout expliquer ; car, quoi qu'elle dise, un baiser donné sur le cou, là où les cheveux cessent et où naît un léger duvet, produit une sensation bien plus vive que sur la joue.

— Le baiser nous offre le meilleur exemple de l'influence du physique sur le moral, et réciproquement du moral sur le physique.

Le baiser qui modifie si rapidement et nos désirs et nos idées, en un mot la plupart de nos actes intellectuels, n'agit sous ce rapport que comme toutes les autres impressions périphériques. L'ébranlement déterminé à la périphérie des nerfs se propage sur tout leur trajet et vient mettre en activité les cellules cérébrales avec lesquelles ils sont en communication. Ce n'est pas, comme on le croit quelquefois, une simple propagation de mouvement, c'est au contraire une série d'activités des éléments nerveux. L'impression ne conserve pas sa valeur primitive, mais elle grossit à la façon d'une avalanche, c'est-à-dire qu'elle augmente à mesure qu'elle se propage.

Pour désigner ce mode de mouvement, nous croyons que le meilleur mot à employer est celui de vibration nerveuse, parce qu'il ne préjuge rien et indique seulement que le mouvement est une forme de mouvement moléculaire. Il faut en même temps ne pas donner au mot vibration un sens qu'il n'a que dans certains cas, car il s'emploie aussi bien pour désigner la propagation de la lumière, de la chaleur, de l'électricité, etc., que pour exprimer le mouvement ondulatoire d'une corde.

Ce n'est pas dans ce dernier sens, c'est-à-dire en admettant un mouvement de va-et-vient, qu'on peut dire qu'un nerf vibre, ce qui serait absurde. Par contre, il est incontestable que la transmission de l'influx nerveux se fait par un mouvement vibratoire des molécules du nerf. Seulement, la vibration nerveuse se distingue des autres mouvements moléculaires, par ce fait important, qu'elle augmente d'intensité à mesure qu'elle se propage, au lieu de rester constante ou de perdre de sa grandeur primitive. Le mouvement dans le système nerveux n'est donc pas une simple transmission, mais la mise en activité des éléments successivement ébranlés, et c'est cette succession d'activités qui, d'un mouvement initial plus ou moins faible, arrive à produire un effet très-considérable.

De plus, l'impression périphérique agit surtout en venant susciter la fonction d'organes centraux. C'est l'étincelle qui allume la poudre, et cette comparaison très-juste nous montre qu'il n'y a que fort peu de rapport entre la force initiale et celle qui est dégagée. Une petite étincelle peut allumer de grandes masses de poudre, et de même une impression périphérique peut surexciter une foule d'organes centraux. Mais, pour que l'étincelle puisse avoir un résultat, il faut qu'elle trouve des corps inflammables, et, pour que l'impression agisse sur les centres, il faut que ceux-ci soient prêts à la recevoir. Si la poudre est humectée, détériorée, si elle a éprouvé les avaries du temps, les étincelles les plus fortes ne pourront l'allumer, et de même, sur des centres nerveux se trouvant dans des états analogues, les baisers les plus nombreux et les plus doux resteront impuissants.

— D'un autre côté, le baiser est la manifestation physique la plus naturelle des sentiments d'amour et d'affection. A certaines époques et dans certaines coutumes, le baiser a même dégénéré en marque de soumission et d'habitude banale de salut. On conçoit le baiser dans les agapes des premiers chrétiens, et cela se conçoit même si bien qu'on a fini par abolir cet usage à cause des conséquences. Mais ce que l'on conçoit moins, c'est que les chrétiens des siècles suivants usent à force de baisers les statues de leurs saints, et considèrent comme le plus grand des bonheurs de baiser la bague, les habits ou la mule du pape. Ils n'ont pas l'excuse de l'amoureux qui couvre de baisers les objets qui ont appartenu à sa maîtresse, et, dans tous les cas, leurs frères des quatre premiers siècles, qui se contentaient d'embrasser des chrétiennes, étaient bien plus sensés.

— Dans les sentiments d'amitié ou d'amour, l'homme éprouve instinctivement le désir et presque le besoin de toucher et de sentir le contact des personnes aimées. Le baiser n'est que la forme la plus élevée de cette tendance de notre être. Lorsque les sens n'entrent pour rien dans nos sentiments et que l'affection est purement d'amitié, le baiser n'est donné que sur les joues ou sur le front, et très-souvent il est remplacé par la pression sur la poitrine ou par le serrement de main.

Mais toujours, c'est le même besoin d'excitation périphérique et de contact intime de certaines parties de notre corps. Pour le serrement de main, comme pour le baiser, on cherche également à mettre en contact la plus grande surface, et la main tendue du bout des doigts est un signe aussi peu affectueux que le baiser donné du bout des lèvres.

On peut même, d'après l'impression périphérique, juger des sentiments qui animent les personnes. La bonne poignée de main se donne ouvertement; celle d'un honnête homme est large, entière, on sent les muscles non se retirer et fuir sous la pression, mais se soulever et aller au-devant de l'étreinte.

De même, le vrai baiser est franc, sans réticences, on sent palpiter les petits muscles qui se trouvent sous la peau; la vie passe tout entière dans ce mouvement, et la passion sait donner à ce contact, je ne sais quel frémissement plus éloquent que toutes les paroles. Aussi n'est-il rien de plus enivrant ni de plus sacré pour deux êtres qui s'aiment, que le baiser où les deux âmes se confondent dans une même impression et dans un même souffle: *Che baciatrice sia se non la bocca?*

ONIMUS.

BALANCE. — La balance est un instrument destiné à *mesurer* les *poids* des corps, mais qui ne peut donner que les poids *relatifs* : son nom (*bilanx*) vient des deux plateaux qui la caractérisent. Dès la plus haute antiquité elle fut composée d'un fléau (*jugum*), portant à chaque extrémité un plateau (*lanx*); d'une courte chaîne ou d'un anneau (*ansa*) placé au centre du fléau, c'est-à-dire au centre de rotation, afin de suspendre la balance; d'une aiguille ou languette (*examen*) jouant dans une châsse (*agena*), et destinée à marquer, par son plus ou moins d'inclinaison, les variations dans le rapport des poids dont on cherche l'équilibre, poids qui sont la masse à peser et les nombres d'unités qu'on lui oppose dans le second plateau. Les Latins appelaient proprement *libra* cet appareil, qu'Homère désigne par le mot τάλαντον, dans un passage de l'Iliade (chant XIII, vers 433) où il nous montre une femme pauvre occupée à peser la laine dont le travail lui permettra de nourrir ses enfants.

Les anciens peuples connaissaient encore, depuis un temps immémorial, la *balance romaine*, ou plus simplement la *romaine* (en latin *statera*), qu'Homère entend peut-être désigner sous le nom de σταθμός, dans le passage cité tout à l'heure. Cet instrument est d'ailleurs beaucoup moins ancien que le premier, puisqu'il suppose la théorie du *levier*, théorie facile à déduire certainement du principe de la balance proprement dite, mais qui néanmoins exige des connaissances géométriques assez avancées. Les Latins appellent cet appareil *trutina*, en grec τρυτάνη : il se compose d'une longue verge (*scapus*) qu'on tient suspendue au moyen d'un crochet, ou d'une chaîne, qui sert de poignée (*ansa*); le bras court de la verge est muni d'un crochet auquel on attache le corps que l'on veut peser, ou même d'un plateau (*lancula*) pour le soutenir; le bras long du levier, de l'autre côté du point de suspension, est divisé en parties égales par des traits perpendiculaires ou points (*puncta*), et il porte un poids mobile (*æquipondium*). Dans la *libra*, jadis, une branche du fléau se trouvait aussi quelquefois divisée en parties égales : un poids mobile servait à raccourcir ce bras de levier, suivant une proportion marquée par les divisions; et l'on évaluait ainsi plus rapidement le poids d'un objet moins lourd que l'unité. Mais tous les appareils fondés sur le principe de la romaine ont moins d'exactitude que la balance proprement dite, qui est, comme eux, ce qu'on appelait autrefois, dans les écoles, un levier du *premier genre*; aussi, fort anciennement, on préféra toujours celle-ci, dès qu'on eut à peser des substances très-précieuses. Mais c'est surtout dans les temps plus modernes, quand on prétendit appliquer aux autres sciences naturelles l'esprit de rigueur mathématique qui avait produit de si admirables résultats, qui avait conduit, des formules ou hypothèses empiriques, à une théorie vraiment rationnelle, à l'Astronomie proprement dite; c'est surtout vers le début du siècle de la Révolution française que l'on sentit la nécessité de faire construire des balances très-exactes, et qu'il devint, en même temps, possible de réaliser les désirs de la science.

Par analogie, on a attribué la dénomination de *balance* à divers instruments inventés pour mesurer certaines forces, ou certaines grandeurs, autres que la pesanteur terrestre : on appelle *balance hydrostatique* une espèce d'*aéromètre* dont on peut se servir pour déterminer les poids relatifs d'un corps; il y a aussi la *balance électrique*, etc. Nous ne devons nous occuper ici que de celui des appareils destinés à peser qui est le plus en usage; nous ne devons nous étendre que sur la balance employée pour les pesées les plus délicates dont ont besoin les sciences d'observation.

Imaginons une verge rigide, inflexible, inextensible, ayant, par exemple, la forme d'un parallélipipède; concevons que cette verge soit composée d'une matière que la Nature ou l'Art aura répartie uniformément en chaque lieu, c'est-à-dire concevons qu'elle soit *homogène*. Il est clair que si l'on appuie le milieu de cette verge sur un obstacle fixe, elle demeurera en équilibre, bien que chacune des moitiés de cette verge ou levier tende évidemment à tomber et tomberait effectivement, dans le cas où l'on viendrait à couper instantanément le parallélipipède juste en son milieu, en deux portions parfaitement égales. Il est clair que si l'on suspend aux deux extrémités du levier, à la même distance de son milieu, deux plateaux absolument identiques, pour la forme, pour le poids et pour le système d'attache, il est clair que l'équilibre ne sera point détruit; et deux masses pesantes qui, à leur tour, se feraient équilibre sur les plateaux seraient évidemment égales. — Voilà l'*idéal* géométrique de la balance.

Mais il est impossible d'obtenir ou de vérifier l'égalité parfaite des deux bras du levier ainsi conçu : elle ne subsisterait même point, si le hasard l'avait procurée au moment d'une construction qu'il faut effectuer avec de la vraie matière, c'est-à-dire avec quelque chose qui s'agite et change perpétuellement.

Si, quand on vient de l'application des théories abstraites à la *pratique*, il est impossible d'obtenir l'égalité géométrique des deux bras d'un fléau, il est pareillement impossible d'obtenir ou de conserver l'uniformité de distribution de la matière solide dont se composera ce fléau ou levier, uniformité qui constituerait son *homogénéité* : donc, toute balance est essentiellement fausse. Fort heureusement, on peut, comme nous le verrons bientôt, se dispenser de remplir strictement, dans la construction de la balance, les deux conditions que nous venons de mentionner ; et l'on peut évaluer aussi exactement que possible le *poids* d'un corps, à l'aide de cette balance fausse, pourvu qu'elle soit construite avec tout le soin et toute la précision réalisables. Ce qui importe, en effet, ce qui importe presque uniquement, c'est la mobilité de certaines parties de l'appareil ; c'est l'invariabilité momentanée du rapport numérique entre les distances qui séparent, des points où les plateaux sont suspendus, le point où le fléau lui-même s'appuie sur le pied (σταθμός) de la balance ; c'est que, durant tout l'intervalle d'une observation, d'une pesée, les points et le mode de suspension des plateaux n'aient point varié ; ce qui importe, c'est que l'équilibre de la machine soit *stable*, c'est-à-dire ne puisse être aisément détruit par quelque secousse, quand on l'a obtenu ; ce qui importe, c'est que les oscillations du fléau ne soient ni trop lentes, ni trop rapides ; ce qui importe enfin par-dessus tout, c'est que la balance soit très-*sensible*, en d'autres termes, c'est que, lorsqu'elle se trouvera en équilibre, le moindre petit poids, mis dans un des plateaux, suffise pour troubler cet équilibre, pour faire mouvoir le fléau.

Afin de satisfaire à toutes ces conditions physiques, nécessaires et suffisantes à la fois, des artistes habiles, après avoir, autant que possible, réalisé l'égalité géométrique des deux bras du levier et son homogénéité, ont imaginé les dispositions suivantes :

Le fléau, ou balancier, est une barre métallique, assez forte pour ne point éprouver de flexion sensible sous l'action des poids qu'on veut lui faire supporter. L'artisan instruit et exceptionnellement habile qui se livre à ces travaux de précision, l'*artiste*, comme on le nomme avec un juste respect, s'arrange de façon que les deux parties du fléau, situées de part et d'autre de son centre de gravité, aient exactement (ce terme étant pris dans le sens pratique) des longueurs et des figures pareilles ; et il donne à l'ensemble de la pièce une figure telle que ce *centre de gravité* (personne n'ignore, croyons-nous, ce que les géomètres et les physiciens nomment ainsi) soit situé *au-dessous* de l'*arête* de suspension dont nous allons parler bientôt. De plus, l'artiste dispose encore le tout de manière à ménager de telle sorte l'abaissement de ce *centre* que les oscillations ne soient ni trop lentes ni trop rapides : certains constructeurs vont même jusqu'à munir la pièce d'une petite masse mobile, destinée à changer la position du centre de gravité, lorsqu'il est trop abaissé par les poids considérables posés dans les plateaux. — Un prisme triangulaire, une espèce de couteau en acier trempé, et fixé perpendiculairement à la large face du fléau, en son milieu, repose par une de ses *arêtes*, légèrement arrondie, sur des coussinets d'acier ou d'agate bien polis, situés exactement dans le même plan horizontal : c'est ainsi que, le *frottement* du couteau sur son support devenant le moindre possible, on satisfait à la condition de *sensibilité*. — A l'extrémité de chaque bras de levier, on place une pièce triangulaire (ou, en style de Géométrie, *prismatique*) semblable à celle dont nous avons parlé. C'est sur l'arête supérieure de la pièce ainsi fixée perpendiculairement que s'appuient des crochets dont les courbures internes ont été elles-mêmes taillées en couteau : ces crochets supportent un des plateaux. — Au balancier, dans un plan mené par l'arête de contact avec le support, avec le pied de la balance, on fixe une longue aiguille, perpendiculairement à la droite qui joint les *points* de suspension des plateaux. La pointe de cette aiguille oscille devant un arc de cercle disposé à la partie inférieure de la colonne qui soutient le fléau ; cet arc de cercle est *gradué*, et *symétriquement*, de part et d'autre d'un *zéro* situé dans le plan vertical qui passe par l'axe de suspension du fléau : l'équilibre doit être considéré comme certain, quand la pointe de l'aiguille, dans ses oscillations, s'écarte autant à droite qu'à gauche du zéro de la division. Grâce à cette disposition ingénieuse, dont le principe fut conçu d'ailleurs très-anciennement, l'observateur n'est point obligé d'attendre que la balance soit revenue à l'état de repos : or cette attente deviendrait d'autant plus longue que la balance serait plus sensible. — Finalement, pour éviter que le couteau principal s'émousse, et que le plan qui le supporte se détériore, on munit encore l'appareil de deux espèces de fourchettes, ou petites fourches, à deux dents chacune, et on les dispose de telle sorte qu'elles puissent être progressivement élevées ou abaissées au moyen d'une manivelle : on soulève ainsi le fléau, quand on ne se sert point de la balance, ou quand on met des poids, pour la comparaison ou pour une *tare*, dans un plateau ; et on abaisse les fourchettes, quand on veut expérimenter, cas où le fléau, devenant mobile sur son arête, penche du côté où le poids est trop fort, tandis que, d'un autre côté, les oscillations de l'aiguille ont d'autant moins d'étendue que l'équilibre est plus près d'exister.

Il y a deux méthodes pour peser exactement : la méthode de *double pesée*, et la méthode de *substitution*.

Dans notre Occident, depuis plus de 2200 années, on a commencé à démontrer, dans toutes les écoles, et aux artisans laborieux des corporations pythagoriciennes, le principe qui suit, fondé sur la condition évidente de l'équilibre dans cette espèce de levier qui constitue la balance spéculative ou *géométrique* : — Quand deux poids ou deux forces se font *équilibre* sur un levier, qu'elles tendent à faire tourner dans le même sens ou en sens contraire, leur rapport numérique est précisément l'inverse du rapport de leurs distances respectives au point fixe, au centre de rotation. — Ainsi donc, que l'on appelle *g* et *d* les distances, à l'arête qui constitue l'axe de rotation du fléau, des points de suspension des plateaux situés respectivement vers la gauche et vers la droite de l'observateur ; soient *m* le nombre inconnu qui représente le rapport au gramme de la masse que l'on veut peser, et *p* le poids métrique placé à gauche de la balance pour établir l'équilibre : la fraction $\frac{g}{d}$, qui représente le rapport des longueurs situées à gauche et à droite, sera précisément égale à l'inverse de la fraction $\frac{p}{m}$, qui représente le rapport des masses pesantes disposées dans le même ordre; en d'autres termes, on aura $\frac{m}{p} = \frac{g}{d}$. Mais si l'on pèse *une seconde fois* le corps, en le posant dans le plateau de gauche ; que q soit le poids qui fait équilibre dans le plateau de droite : on aura encore, d'après le principe énoncé, $\frac{m}{q} = \frac{d}{g}$. D'un autre côté, le produit des deux fractions *renversées* $\frac{g}{d}, \frac{d}{g}$ sera nécessairement 1, puisque ses deux termes seront le produit de deux nombres identiques; d'ailleurs ce produit des deux fractions $\frac{g}{d}, \frac{d}{g}$ est évidemment égal au produit des fractions $\frac{m}{p}, \frac{m}{q}$, respectivement équivalentes aux premières : donc le produit des deux fractions $\frac{m}{p}, \frac{m}{q}$ est l'unité, c'est-à-dire que le numérateur de ce produit est égal à son dénominateur; donc le produit du nombre m par lui-même, ou *son carré*, est égal au produit des deux nombres p et q ; donc le poids inconnu m est ce que les anciens géomètres nommaient une *moyenne proportionnelle* entre les poids connus p, q; donc on obtiendra ce poids inconnu en extrayant la *racine carrée* du nombre $p \times q$, et en écrivant à la suite du résultat obtenu le signe *grammes*.

Il y aurait quelquefois des inconvénients à changer ainsi de plateau le corps que l'on veut peser : aussi voilà comment on procède de préférence.

Après avoir posé le corps m sur un des plateaux, sur celui de droite, par exemple, on lui fait équilibre, à l'aide de masses pesantes quelconques, placées dans le plateau de gauche ; on enlève ensuite le corps, et on lui *substitue* des poids *marqués*, jusqu'à ce que l'équilibre devienne aussi exact que dans la première opération : il est hors de doute que, si l'on a opéré et observé avec un soin suffisant, la somme des poids employés, grammes et fractions de grammes, lors de la seconde opération, représente le poids du corps d'une façon aussi précise que peut le permettre la sensibilité de l'appareil.

De même que la Géométrie, théorique et pratique, la Statique, ou science de l'équilibre, et la Mécanique ont fourni, dès leur origine, une foule de termes, de tropes, d'expressions figurées, de symboles, d'emblèmes aux sciences plus compliquées. On voit ici, en passant, combien sont erronées certaines comparaisons que des politiques ignorants ont empruntées à la théorie et à l'usage de la balance : dans l'ordre des choses morales, on peut, par exemple, peser juste avec une balance fausse, pourvu qu'on ne soit pas contraint d'accepter les indications fournies par une seule pesée, par un seul plateau, par un seul expérimentateur.

Nous avons tâché d'expliquer aussi clairement que possible les dispositions qui distinguent l'appareil le plus parfait dont peuvent disposer aujourd'hui, pour leurs pesées importantes, les physiciens, les chimistes, les naturalistes. Ces dispositions furent trouvées, et l'instrument de précision fut exécuté à l'époque où l'on voulut établir ce nouveau système des poids et mesures qu'allait bientôt proscrire, en quelque sorte, le capitaine corse, un membre de l'Institut de France ! Comme tous les perfectionnements inouïs des machines et des industries modernes, ce perfectionnement de l'antique balance était une conséquence naturelle de la grande idée qui constituera, pour la reconnaissance de notre postérité, le plus beau titre du littérateur-artisan, de l'artiste-géomètre nommé Diderot par ses contemporains. C'était la conséquence de l'union intime de la Science nouvelle avec les Arts, union qu'établit d'une façon durable la publication de la première Encyclopédie moderne: la philosophie du XVIIIe siècle renouait ainsi, avec le plus grand succès, un lien

qu'avait brisé, plusieurs siècles auparavant, le triomphe de la barbarie, triomphe
déplorable dû à l'alliance impie qui s'établit un jour entre l'aristocratie chrétienne
et le despotisme des *Imperatores*. D'ailleurs, ce n'est point dans une Encyclopédie
par ordre alphabétique, ce n'est point dans une Encyclopédie *philosophique* surtout,
que l'on peut véritablement apprendre une science ou un art.

Pour comprendre vraiment la théorie du levier, pour en acquérir une *notion claire
et distincte*, il faut, après une étude suffisante de l'Arithmétique et de la Géométrie,
recourir aux traités de Statique ou de Mécanique *rationnelle*; pour bien connaître
les divers appareils destinés à peser, il faut consulter les traités de Mécanique
industrielle, et ne pas même se contenter de suivre les descriptions sur de bonnes
planches, mais toucher et examiner les machines elles-mêmes ; pour apprendre
quelles corrections exigent les pesées très-exactes, il faut étudier les traités de
Physique théorique : les traités de Physique et de Chimie pratiques exposent les
principes de l'art des pesées, qui, de même que tous les autres arts, exige un assez
long apprentissage. De plus, on ne trouvera point, pour cette étude, les ressources
qu'offre l'Astronomie pratique : on n'a pas, en général, de moyen sûr pour contrôler
ses propres observations par la comparaison avec une théorie parfaitement vérifiée.
Il est vrai que, dans certains cas, on peut répéter les pesées : jamais on n'est sûr
néanmoins du degré d'exactitude d'une observation isolée; et, dans maintes
circonstances, des hommes fort habiles se sont trouvés en désaccord, même sur le
troisième chiffre.   BANET-RIVET.

BALEINE (PÊCHE A LA). — «Souffles sous le vent, » crie la vigie du haut des
barres de perroquet, et le capitaine, fouillant l'horizon d'un regard perçant, commande d'une voix retentissante : « Masque devant, pare à amener. » Le navire
s'arrête à la voix du maître ; le sillon creusé dans la mer se comble ; l'équipage
court fiévreux sur le pont ; les embarcations s'éloignent comme des poussins
échappent à leur mère, en sautant sur la lame, en l'effleurant à peine. Tel est le
spectacle saisissant qui se déroule aux yeux des baleiniers, quand des colonnes de
vapeur s'élevant au loin dans l'air annoncent l'approche des objets d'une poursuite obstinée. Qu'est-ce donc qu'une baleine, qu'est-ce qu'un baleinier, qu'est-ce
que la pêche ? C'est ce que nous allons tâcher d'expliquer.

Renvoyant à l'article *Cétacés* tout ce qui a rapport à l'histoire naturelle, nous
dirons seulement que la baleine, au point de vue de la pêche, offre un grand intérêt.
Le plus gros des animaux, elle laisse une dépouille assez riche pour produire,
comme part de prise au capitaine qui l'a tuée, plusieurs milliers de francs. Bien que
tous les cétacés gros ou petits soient recherchés ou dussent l'être pour les profits
qu'ils peuvent donner, la baleine franche n'en doit pas moins à sa masse l'honneur d'être l'objet d'une guerre plus acharnée que tout autre, et d'inspirer au
pêcheur un plus grand désir de se l'approprier. C'est donc à la baleine franche
surtout que doit se rapporter l'étude des cétacés au point de vue industriel.

Cette reine des mers a dans son vaste empire deux habitations distinctes,
maison d'été, maison d'hiver. Pendant l'hiver, elle se rapproche des pôles où elle
vit dans un repos presque complet, dans une insensibilité qui rappelle les animaux
hibernants chez qui le sommeil tient lieu de dîner pendant la moitié de l'année.
Mais, les beaux jours venus, elle gagne les mers tièdes, va s'asseoir à un banquet
qui dure tout l'été, subit toutes les influences du printemps, s'accouple, devient
épouse et mère, et ne regagne son lit de glace qu'avec le froid. Si voyageuse qu'elle
soit, elle ne va jamais d'un hémisphère dans l'autre. L'équateur est pour elle une
barrière infranchissable. Aussi, sans admettre une espèce propre à chaque hémis-

phère, doit-on au moins reconnaître deux grandes variétés de baleines franches, différant par la taille, la couleur et la forme. On les nomme, l'une baleine du nord, l'autre, baleine du sud ou du cap. Appelée à vivre dans la mer, elle a des formes qui conviennent au milieu dans lequel elle se meut, les formes des poissons. Aussi fut-elle prise pendant longtemps pour le plus grand d'entre eux. L'ensemble de son corps peut être considéré comme un double cône, dont le grand diamètre est au niveau des ailerons. Elle s'effile en avant jusqu'à l'extrémité de sa mâchoire supérieure garnie de fanons, et en arrière jusqu'à la naissance de la caudale, puissant agent de locomotion, dont les caractères principaux sont d'être placé horizontalement et bilobé par une profonde échancrure. La gueule, grâce à ses fanons, aux deux lippes de sa mâchoire inférieure et à l'élasticité de sa langue, constitue un admirable engin de pêche, dans lequel s'entassent sans travail, presque spontanément, des myriades de crustacés microscopiques qui constituent sa nourriture. Les yeux placés de chaque côté de la tête, un peu au-dessus et en arrière de la commissure des lèvres, ne peuvent voir le danger que lorsqu'il vient de côté. Mammifère avec des fonctions analogues à celles des mammifères terrestres, elle diffère surtout de ceux-ci par la forme. Comme eux elle respire dans l'air, et les extrémités de ses tuyaux aériens ou évents s'ouvrent de manière à ce que sa respiration s'exécute aussitôt que son corps vient à la surface de l'eau. Ces évents, placés à la partie supérieure du nez, ont la forme de croissants opposés par leur convexité et produisent un souffle bifurqué comme un V. C'est cette double colonne de vapeur qui indique à la vigie l'espèce de cétacés qui est en vue.

Le baleinier est un marin courageux qui a fait jeune l'apprentissage de son métier. Embarqué comme novice ou mousse, il est successivement devenu matelot, harponneur, officier et capitaine. Il a puisé son instruction dans la pratique, sait bien manœuvrer son navire, le conduit dans les parages les plus dangereux, ici au milieu des glaces, là sur des bancs de sable ou de corail, ailleurs dans des courants qui menacent de l'engloutir ou de le briser. Son cœur s'est bronzé comme son teint; il regarde le danger en face, l'affronte résolûment et l'évite avec habileté. Les grands calculs de navigation lui sont étrangers, et pourtant il va partout et partout avec la même présence d'esprit. Sévère, rude même avec son entourage, il se vante volontiers de connaître toutes les finesses et toutes les difficultés de la pêche, aussi bien que d'assouplir et de dominer les matelots turbulents qu'il commande pendant des voyages de trois ou quatre ans.

Le navire baleinier doit présenter des conditions particulières de navigabilité. Sa dimension est de 500 à 600 tonneaux. Assez large pour que son roulis soit doux, assez court pour virer de bord rapidement, il doit surtout être fin de l'arrière, arrondi par devant, atteindre une vitesse au-dessus de la moyenne, avoir un gréement plus solide qu'élégant, une mâture courte et des voiles grandes; enfin il doit surtout bien sentir sa barre, c'est-à-dire bien gouverner.

Les pirogues sont des embarcations destinées à conduire les pêcheurs du navire vers les baleines qu'on doit attaquer. La qualité principale de celles des mers du sud est la légèreté unie à une force suffisante pour porter six hommes, quatre matelots, un harponneur et un officier : longues de six mètres sur deux de largeur, elles renferment en outre un armement complet consistant en harpons, lances, fusils, lignes de pêche, dragues, voiles, mât, avirons, pagaies, baril de vivres et que sais-je encore ? Les pêcheurs du nord de l'Atlantique ont des pirogues plus grandes, plus lourdes et portant sept hommes, mais qui sont loin d'atteindre la vitesse de celles du sud.

Les principaux instruments sont les suivants : le harpon, composé d'une lame triangulaire à oreilles fixes, ou d'une lame étroite et allongée à bascule, se termine en arrière par une tige en fer doux. Cette tige reçoit dans une forte douille un manche en bois, et est amarrée à la ligne de pêche. La lance, longue tige de fer placée au bout d'un manche encore plus long, se termine par une lame bien tranchante ayant la forme d'une feuille de laurier. Les louchets sont de petites lances carrées, destinées à être jetées sur la caudale de la baleine, pour la faire dévier dans sa marche. Les fusils doivent lancer des projectiles explosibles dont les blessures toujours graves peuvent même devenir constamment mortelles si la poudre est mélangée à des substances toxiques.

On appelle lieux de pêche les parages où, pendant la belle saison, se rencontrent des baleines à la recherche de leurs aliments. Nous n'avons à entrer ici dans aucun détail sur la manière dont la baleine se nourrit, mais nous pouvons rappeler qu'elle mange surtout, sinon exclusivement, des crustacés assez petits pour n'être bien observés qu'au microscope. Combien de ces imperceptibles animalcules doivent être engloutis en une gorgée, en un jour, en une saison ! Ce crustacé suspendu dans la mer se tient par bancs de trente à quarante lieues de diamètre sur plusieurs mètres d'épaisseur. Il est connu des pêcheurs sous le nom de manger ou boîte de baleines. Au printemps de chaque année, cette mer rouge et comme teinte de sang est sillonnée d'abord par des baleines isolées qui semblent reconnaître les lieux, bientôt par des troupes ou gammes de 6, 8 ou 10 individus. La saison en s'avançant amène l'époque des amours, et les couples deviennent chaque jour plus fréquents. Enfin, l'automne arrivé, le lieu de pêche devient désert et ce n'est plus que dans certaines baies qu'on trouve des mères pleines s'apprêtant à mettre bas, ou des nourrices soignant leurs petits. Quand l'allaitement, qui ne dure que six ou huit semaines, est fini, les baies elles-mêmes sont abandonnées; toutes les baleines retournent près des pôles où elles passent l'hiver. C'est donc depuis le printemps jusqu'à la fin de l'automne que se continue ce qu'on appelle la saison de pêche.

L'histoire de la pêche se perd dans la légende. L'orca des anciens, le mysticetus, les îles flottantes qui se trouvaient être des animaux de taille monstrueuse, nous conduisent, au milieu des aventures les plus fabuleuses, jusqu'aux Basques qui firent de la pêche une industrie régulière. Au milieu de tous les récits qui eurent cours, si on se demande comment durent marcher les choses, voici, je crois, la réponse qu'on se fera.

Avant de constituer pour les hommes une classe particulière de mammifères, les cétacés étaient considérés comme des poissons. Mais, avant d'être poissons, ils étaient dieux. Les tritons et les néréïdes, faisant cortège au roi des mers, n'étaient autres que des troupes de baléinoptères ou de dauphins, dont le cachalot ou la baleine figuraient les principaux personnages. Le premier sentiment que la vue de ces masses vivantes dut inspirer aux hommes fut donc le respect et la crainte. Plus tard, la tempête aidant, la mer dans ses accès de fureur semble vouloir se débarrasser de ses dieux, les lancer sur le rivage et en faire cadeau aux hommes. Les carnivores de toute espèce vinrent les premiers se repaître des cadavres jetés sur la plage; mais bientôt l'homme prit sa part du festin et préleva même la dîme du maître. L'origine de la pêche à la baleine gît donc dans les accidents de mer. Après l'adoration, vint l'appétit de ces masses de chair qui tombaient impuissantes devant lui. Le dieu de la veille devint l'aliment du lendemain. Les Basques, si fort que doive souffrir notre amour-propre national, n'ont pas plus inventé la pêche à la baleine que celle aux maquereaux ou aux sardines. C'est la mer qui a offert à ses riverains le trop-plein de sa population. Les cétacés, chargés par la

nature de condenser la matière vivante répandue dans de vastes espaces, la fournirent aux animaux terrestres, sous un plus petit volume. Et c'est ainsi que
s'établit l'équilibre harmonieux qui règne sur le globe. L'homme, qui avait profité
des premiers cadeaux de la mer et les avait trouvés bons, força la main à sa bien-
faitrice quand ses dons devinrent plus rares. De là, les phases diverses de la
pêche. Première époque : l'homme recueille ce que la mer lui offre. Deuxième :
il dispose des barres, des embûches que les cétacés franchissent à haute mer et
par lesquels ils sont arrêtés quand le flot s'est retiré. Enfin, troisième époque :
il lutte en pleine mer contre un véritable ennemi et expose sa vie pour un lucre
plus ou moins incertain.

La pêche en pleine mer a dû commencer dans les parages froids, par de fortes
latitudes, dans des mers avoisinant des pays stériles, et où les baleines se
meuvent avec lenteur. Or, il est de fait que les baleines rencontrées au fond du
détroit de Behring ou au Groënland sont bien moins vives que celles qui ont gagné les
mers tempérées. Aussi les Esquimaux, habitant des contrées déshéritées, doivent
attaquer les cétacés depuis qu'ils les connaissent. La pêche est pour eux une
nécessité impérieuse, la possession d'une baleine morte est la réalisation de leurs
plus beaux rêves gastronomiques, et les difficultés sont moindres chez eux que
partout ailleurs.

Les sauvages de la Floride asphyxiaient-ils les baleines en leur fermant les
évents avec des pieux en bois? Pour croire à pareille assertion, il faut supposer
l'animal bien apathique. Pourtant Scoresby rapporte des faits qui tendent à faire
croire que la manœuvre est possible. Quant à la méthode habituelle des Esquimaux,
elle est rationnelle, et doit dater de loin. Les pêcheurs embarqués sur des pirogues
en peau entourent la baleine qu'ils vont attaquer. A un signal donné, ils lui
lancent des flèches barbelées, et armées de ballons faits avec des estomacs ou des
intestins de cétacés herbivores. L'animal est bientôt couvert de blessures qui l'exci-
teraient à fuir, si les ballons n'entravaient sa marche et surtout ne l'empêchaient
de plonger au fond de l'eau. Le combat se termine alors à coups de lances qui
amènent sûrement la mort dans un assez bref délai.

Ici comme partout, les premiers pêcheurs furent donc les riverains des mers
glacées. Ils trouvaient dans la baleine morte, des os pour construire leurs cabanes,
des intestins pour se faire des habits, des tendons et des fanons effilés pour les
coudre, des chairs pour s'alimenter indéfiniment, grâce à la glace qui les conservait,
et enfin de l'huile qui fournissait en même temps une boisson nourrissante, un
combustible et un éclairage précieux dans leurs longues nuits polaires.

Les Basques connaissaient-ils les pratiques des Esquimaux quand ils insti-
tuèrent leur procédé de pêche dans le golfe de Gascogne? Nous ne pouvons le
savoir; mais nous pouvons affirmer que s'ils n'ont pas été les premiers, ils ont du
moins été pendant longtemps les meilleurs pêcheurs. Leur procédé, créé vers l'an
850, est resté classique jusque dans ces derniers temps. Pour l'expliquer, reportons-
nous au moment où nous nous étions placé en commençant cet article.

La vigie a signalé des souffles sous le vent, et les pirogues ont toutes quitté le
navire pour attaquer l'animal dont on désire tant se procurer la dépouille. On sait
que la baleine, peu sensible aux bruits produits dans l'air, est surtout impres-
sionnée par les vibrations de l'eau, et on veille en conséquence à produire le moins
de clapotis possible. On approche donc soit à la voile, soit à l'aviron, soit même à
la pagaie avec des précautions infinies, mais tout a disparu. Après avoir compté
sept ou huit souffles à quelques minutes d'intervalle, on a vu une large queue se
balancer majestueusement et rentrer dans l'abime. A la manière dont la caudale

s'est inclinée au moment de la sonde, le baleinier présume la direction prise sous l'eau par l'animal et se place vers l'endroit où il espère le voir se relever. La baleine passe sa vie, en toutes saisons, à toute heure du jour et de la nuit, alternativement à la surface de l'eau et dans ses profondeurs. Les intervalles de ces deux phases de son existence sont toujours les mêmes ou à peu près, elle vient de sonder et restera sous l'eau de 25 à 30 minutes, après lesquelles elle reparaîtra en montrant d'abord son nez noir, puis en lançant sa double colonne d'air chaud et humide, d'autant plus visible que l'atmosphère est plus froide; après ce premier souffle, elle glissera lentement à la surface de l'eau, ou plutôt sous une couche de liquide de 1 ou 2 mètres, qui lui communique des teintes chatoyantes et bleuâtres du plus bel effet; bientôt viendront de nouveaux souffles espacés l'un de l'autre par une ou deux minutes, et après lesquels l'animal recourbant légèrement tout son corps, le montrera comme un arc de cercle terminé par la queue, dont la manœuvre nous est déjà connue. C'est pendant que la baleine souffle à la surface de la mer, que le pêcheur vient l'attaquer. A mesure qu'il s'approche davantage, il se hâte plus et prend plus de précautions. A dix ou douze brasses, il prononce à demi-voix le mot *debout*, et le harponneur se lève, prend son harpon à deux mains, et attend. L'espace n'étant plus que de 4 à 5 brasses, l'officier crie *pique*, et le trait part rapidement, traverse le lard que recouvre la peau, et va se fixer dans les tissus aponévrotiques qui doivent le retenir solidement. Le lieu d'élection pour le harpon comme pour la lance, est derrière la nageoire pectorale. Un second harpon complète les précautions recommandées, et double les chances de succès.

Aussitôt la baleine amarrée, l'officier prend son poste d'action à l'avant de la pirogue, que le harponneur va gouverner. C'est avec la lance que la baleine est tuée et avec le louchet envoyé sous la queue, qu'on ralentit sa marche. On cite des pêches heureuses où un seul coup de lance ayant atteint le cœur ou les gros vaisseaux a déterminé une hémorragie interne et une mort subite. Mais ordinairement ce n'est qu'après de longs efforts et de longues heures de fatigue et de danger qu'on fait souffler le sang à l'animal blessé. Deux colonnes de vapeur rouge remplacent alors le souffle normal. A mesure que la baleine reçoit de nouvelles blessures, le sang expiré augmente et enfin la mort survient après un tel frémissement, que la mer bouillonne au loin. « La baleine fleurit, » dit le pêcheur, « laissons-la mourir, » on s'éloigne donc, et bientôt s'échappe le dernier souffle. Le cadavre, obéissant aux lois de la pesanteur, chavire le ventre en l'air.

La baleine morte est amarrée le long du navire. Au large on l'accoste *tribord* amures, en ralentissant la marche jusqu'à l'immobilité au moment du contact. L'amarre de queue passée par l'écubier est enroulée au guindeau et on évente le navire de manière à lui donner une marche d'un demi-nœud. La baleine reste alors collée au flanc du navire, la queue en avant, la tête au niveau du grand panneau, de manière à rendre le dépècement facile. Pendant la pêche des baies, le navire étant mouillé, on doit remorquer la baleine morte jusqu'à lui. C'est un rude travail auquel s'attellent quelquefois dix à douze pirogues. La seule recommandation à faire est de remorquer l'animal la tête la première, en ayant soin de lui fermer d'abord la gueule.

Tel était le procédé des Basques et tel il se conserva jusque dans ces derniers temps. Des tentatives d'amélioration naquirent bien à diverses époques. On inventa des balistes, des fusils, des canons, etc., pour envoyer les harpons et les lances, mais on retourna toujours au procédé classique. Il arriva pourtant que quelques modifications heureuses s'imposèrent et, aujourd'hui, on peut avoir recours à un procédé dont les perfectionnements sont incontestables.

Je laisse de côté toutes les inventions successivement prônées et abandonnées pour arriver de suite aux projectiles explosibles. L'honneur de leur invention revient aux Américains du Nord, qui nommèrent leur instrument *bomb-lance*. C'est un tube creux en fonte aigre terminé en fer de lance. On le remplit de poudre et on le ferme avec un tube plus mince renfermant une mèche destinée à provoquer l'explosion. Ce projectile est lancé par un fusil, lourd sans doute, mais cependant assez maniable. Un projectile français d'un emploi encore plus facile que le précédent produit les mêmes résultats. Quand ces engins de destruction ont pénétré dans le corps d'une baleine et que l'explosion de la poudre qu'ils renferment a lieu, il se produit un bruit sourd et un soubresaut qui soulève l'animal de 20 ou 30 centimètres. C'est là, à n'en pas douter, une amélioration importante et quand l'explosion se fait dans le poumon, la mort ne tarde pas à survenir. Cependant le projectile n'atteint pas toujours les organes dont les blessures seraient nécessairement mortelles : il restait donc un grand pas à faire pour compléter le procédé. Ce pas a été fait par l'union du poison à la poudre. Grâce à cette adjonction, quelle que soit la partie atteinte, pourvu que se produise une plaie saignante et que le toxique soit répandu en quantité suffisante, la mort vient sûrement et promptement. Jusqu'à présent, l'intervalle entre l'inoculation et la paralysie n'a été que de trois à cinq minutes.

Ce nouveau procédé ne produira tous les avantages devant découler de son emploi, que lorsque les baleiniers, renonçant à l'amarrage comme premier temps de pêche, se décideront à envoyer d'abord le projectile empoisonné, se réservant de harponner et lancer l'animal quand il aura été complétement paralysé.

Que de milliers de baleines ont succombé sous les coups de l'homme depuis que la pêche est devenue une industrie régulière! Mais il est arrivé que cette guerre acharnée faite aux mères pleines, aux nourrices, aux jeunes, à toute la population enfin, a produit la désertion, la rareté, puis l'absence d'un gibier qu'on poursuivait à outrance. Certains peuples, les Français en particulier, ont renoncé à une profession qui ne donne plus ces profits fabuleux qui faisaient naguère du baleinier un personnage légendaire dans les ports de mer. Y a-t-il vraiment lieu d'abandonner une profession utile à tant de titres? Les Américains du Nord, les Anglais, ceux de l'Australie surtout ne le pensent pas et ils continuent, en adoptant les procédés nouveaux, en poursuivant des espèces de cétacés qui avaient échappé jusqu'à présent à l'attaque de l'homme, à réaliser des bénéfices et à fournir l'Europe de fanons et d'une huile que jusqu'à présent aucune autre n'a pu remplacer.

Cependant la pêche est dans un grand état de décadence. Pourrait-on y remédier, et que faudrait-il faire pour cela? Voici, je crois, ce qui serait raisonnable et pratique : généraliser l'emploi du poison uni au projectile explosible, afin de ne perdre aucune baleine tuée; prohiber la pêche des baies afin de ne pas détruire des animaux sans profit, et pour en faciliter au contraire la reproduction; enfin, étendre à tous les autres cétacés la poursuite qu'on n'applique jusqu'à présent qu'à quelques-uns d'entre eux.

Quelle que soit l'espèce qu'on attaque, jubarte ou nord-carper, cachalot ou dauphin, etc., c'est toujours à la même méthode qu'on doit avoir recours. Nous ne reviendrons pas sur les diverses manœuvres à pratiquer, et nous continuerons l'exposé du travail qu'exige la baleine quand on est maître de sa dépouille.

Dans les pêches anciennes, on dépeçait la baleine en faisant descendre sur son corps des hommes dont la chaussure était armée de pointes de fer, et qui découpaient et soulevaient des bandes de lard allant de la tête à la queue. Dans la pêche actuelle, on a recours à un procédé bien plus commode. Il consiste à écorcer

l'animal en enlevant une bande de lard en forme d'hélice ou de spirale. On commence par fixer un aileron à un palan qui part de la grande hune, descend jusqu'au
pont et envoie son garant autour du guindeau. On enlève successivement à l'aide
d'un second palan, les deux lippes ou lobes de la lèvre inférieure, la langue et le
nez garni de ses fanons. Puis, découpant la bande de lard d'un mètre de largeur,
on fait tourner le cadavre qu'on dépouille sans difficultés, grâce à l'action successive des deux palans qui élèvent la graisse, l'affalent dans l'entre-pont et permettent
de continuer l'opération jusqu'à ce que l'animal soit écorcé tout entier. Le gras est
ensuite coupé en morceaux de 30 centimètres sur 20, puis émincé en fines tranches
et cuit dans un fourneau établi sur le pont, en arrière du mât de misaine. L'huile
obtenue, quand elle est bien refroidie, est arrimée dans la cale pour être conduite
au port d'armement.

Les produits actuels de la pêche sont l'huile, les fanons, le sperma-ceti, les dents
de cachalot et quelquefois, mais bien rarement, l'ambre gris. Or, une baleine du
poids de 80 ou 100 tonneaux donne 8 ou 10 tonneaux de produit. Le reste de sa
dépouille est abandonné aux requins et aux oiseaux de mer. On perd ainsi de
gaieté de cœur une grande quantité de matière qui, pour valoir moins que l'huile,
n'en a pas moins une valeur réelle. Dans les baies on retire encore la graisse qui
enveloppe les intestins, mais au large tout est abandonné, moins le lard souscutané.

Voici donc ce qu'on pourrait et devrait faire : La dépouille de la baleine serait
hissée à bord tout entière mais par parties successives du poids de quelques tonneaux. Les os qui renferment l'huile la plus fine seraient cuits, séchés, sciés et mis
dans la cale en guise de bois d'arrimage. Ils serviraient plus tard à la fabrication
du noir animal. Ses chairs séchées et pulvérisées seraient embarillées et fourniraient à l'agriculture un engrais à 14 ou 15 0/0 d'azote. Les intestins dégraissés et
lavés seraient salés et alunés pour servir plus tard à faire des gants ou des vêtements ; les fèces séchées fourniraient une matière colorante rouge de bonne
qualité. Enfin l'ambre cherché dans tous les cachalots n'échapperait jamais au
pêcheur.

Tous ces produits secondaires augmenteraient les produits de la pêche ; ils donneraient de l'occupation aux équipages entraînés à la turbulence par de longues
inactions, et ils rempliraient les navires qui rentrent souvent avec des chargements incomplets.

Bibliographie. — Duhamel, *Traité des pêches*. — *Dictionnaire des pêches* (Encyclopédie méthodique). — Noël de La Morinière, *Histoire générale des pêches*. — Scoresby,
Northen whale-fishery. — Jules Lecomte, *Pratique de la pêche de la baleine dans les mers
du Sud*, 1833. — Paul Tiby, article sur la pêche de la baleine, dans le *Dictionnaire
de la conversation*. Tome III, 1836. — Thiercelin, *Journal d'un baleinier*, 1866.

Dr Thiercelin.

BALISTIQUE. — La *balistique*, comme son nom l'indique (βάλλω), est la
science du mouvement des corps projetés, et soumis à des forces quelconques. Au
point de vue plus restreint de l'artillerie, auquel nous nous plaçons ici, c'est la
science du mouvement des projectiles lancés dans l'air, à l'aide de bouches à feu,
par la force expansive des gaz de la poudre.

Pendant longtemps on crut que les projectiles lancés par les bouches à feu parcouraient une ligne droite, lorsqu'ils étaient lancés sous de petits angles, et une
ligne composée de deux droites raccordées par un arc de cercle, lorsqu'ils étaient
lancés sous de grands angles. Tartaglia, savant italien, qui vivait à Vérone au

commencement du xvɪᵉ siècle, se fondant sur ce que la surface des eaux de la mer, quoique paraissant plane, quand on en considère une petite étendue, est courbe en réalité, soutint, par analogie, que la ligne parcourue par les projectiles, qu'on appelle leur *trajectoire*, est aussi une ligne courbe, qui tourne sa concavité vers le centre de la terre, bien qu'elle paraisse droite, lorsqu'on n'en considère qu'un arc de longueur restreinte. C'est lui aussi qui découvrit qu'on obtient la plus grande portée des bombes en les tirant sous l'angle de 45°. Ces affirmations soulevèrent, en Italie surtout, de nombreuses disputes, dans lesquelles les considérations métaphysiques, les distinctions entre les mouvements *naturels, violents* et *mixtes* figuraient beaucoup plus que les résultats de l'expérience. Ces discussions, confuses et sans résultat, se prolongèrent jusqu'à l'époque où Galilée rechercha les effets de la pesanteur sur les projectiles en mouvement, et démontra que, si l'on fait abstraction de la résistance de l'air, la trajectoire est une *parabole* (du second degré). On voit, en effet, que si un point matériel est lancé avec une vitesse rectiligne et uniforme, et n'est soumis qu'à la seule force de la pesanteur, son mouvement s'effectuera entièrement dans le plan vertical qui contient la direction de sa vitesse initiale ; en vertu de cette vitesse, il parcourrait, s'il n'était soumis à aucune force, des espaces proportionnels aux temps, mais, sollicité par la pesanteur, il s'abaisse au-dessous de sa ligne de projection, et il en est distant verticalement, à chaque instant, de longueurs proportionnelles aux carrés des temps. Si l'on rapporte la trajectoire à des axes coordonnés obliques, passant par l'origine du mouvement, et dirigés, l'un suivant la vitesse initiale, l'autre suivant la verticale, les coordonnées d'un point seront proportionnelles, l'une aux temps, l'autre aux carrés des temps écoulés: la trajectoire est donc une parabole rapportée à un diamètre vertical et à une tangente à l'extrémité de ce diamètre $(X = Vt, Y = -\frac{1}{2}Gt^2$ d'où $Y = -\frac{1}{2}G\frac{X^2}{V^2})$. En rapportant la courbe à des axes rectangulaires, l'un vertical, l'autre horizontal, passant par l'origine du mouvement, l'un des axes sera parallèle à l'axe de la parabole, et l'autre à sa tangente au sommet, et il suffira de faire dans l'équation $Y = 0$ pour obtenir le *point de chute* du projectile ou sa *portée*. L'angle de la vitesse initiale avec l'horizon, ou *angle de projection*, entrant comme constante dans l'équation, on vérifie facilement la proposition de Tartaglia, que la plus grande portée est obtenue avec l'angle de projection de 45°.

Galilée avait eu soin de faire observer que la trajectoire ne serait réellement parabolique que si la résistance de l'air ne produisait pas d'effet; il avait même indiqué les changements que cette résistance doit faire éprouver à la trajectoire, et les moyens de vérifier le fait à différentes distances. Lorsqu'il s'agit de projectiles lourds, lancés avec de faibles vitesses, la trajectoire diffère, en effet, assez peu d'une parabole à axe vertical, mais quand on a affaire à de petits angles de projection et à de grandes vitesses, on trouve une courbe très-différente : c'est qu'alors la résistance de l'air devient considérable, et s'oppose au mouvement avec une énergie dont on peut se faire une idée sachant que, sur une balle de fusil ordinaire, tirée avec une vitesse initiale de 500 m. par seconde, elle est à peu près cent fois plus forte que le poids de la balle.

Malgré les réserves de Galilée, ses contemporains soutinrent qu'il n'était pas possible d'admettre qu'un fluide, d'une aussi faible densité que l'air, opposât une résistance appréciable au mouvement d'une masse telle que celle d'un projectile d'artillerie. On admettait à grand'peine qu'il fallait tenir compte de cette résistance dans le mouvement de corps très-légers. Certains auteurs, comme Anderson, qui écrivait en 1690, ayant vérifié par expérience que les trajectoires de différents projectiles n'étaient pas des paraboles, plutôt que d'attribuer ces irrégularités à la résistance de l'air, aimaient mieux admettre que le projectile suivait, au commencement du mouvement, une ligne droite, qu'ils appelaient *ligne d'impulsion du feu*, pour ne prendre le mouvement parabolique qu'à une certaine distance de la bouche à feu.

Pourtant Huyghens s'était déjà occupé de la résistance que l'air oppose au mouvement des projectiles; il avait fait voir que cette résistance est proportionnelle à la projection du mobile sur un plan perpendiculaire à la direction du mouvement, et que si l'on admettait que cette résistance fût proportionnelle à la vitesse, la trajectoire serait une espèce de logarithmique. Newton démontra ensuite que cette résistance est beaucoup plus considérable que ne la supposait Huyghens, et qu'il fallait l'admettre proportionnelle au carré de la vitesse. Tout en reconnaissant que cette évaluation est encore trop faible quand on considère des vitesses considérables, il essaya néanmoins, en parlant de cette loi, de déterminer la trajectoire des projectiles, mais il ne put y arriver que par approximation.

Le problème du mouvement des corps projetés occupa beaucoup les savants à cette époque, et, en 1718, Jean Bernouilli en donna une solution générale, sans faire aucune hypothèse sur la fonction de la vitesse qui représente la résistance de l'air. D'autres solutions parurent aussi vers le même temps, entre autres celles de Hermann et de Taylor. Enfin quelque temps après, Daniel Bernouilli fit à Saint-Pétersbourg, en présence d'Euler, des expériences qui devaient servir à mesurer les effets de la résistance de l'air sur les projectiles lancés avec de grandes vitesses. Il tira verticalement des projectiles de divers poids, avec des charges variables, et mesura le temps qui s'écoulait entre le départ et la chute; il en conclut la hauteur à laquelle le projectile serait monté s'il n'avait pas rencontré de résistance, et compara cette hauteur à celle que le projectile avait réellement atteinte, et qu'il avait mesurée : il résulte de ses expériences qu'un boulet, qui dans l'air montait seulement à 7,819 pieds, serait monté dans le vide à 58,750 pieds.

Mais ce fut Robins qui fit, le premier, des expériences méthodiques et concluantes sur le tir des projectiles. En 1642, il publia, à Londres, ses *Nouveaux principes d'Artillerie*, dans lesquels il décrivit minutieusement ses expériences, et exposa, avec une grande netteté et une grande sagacité, les conclusions qu'il croyait pouvoir en tirer. Il alla jusqu'à faire des expériences sur des armes rayées, et il en déduisit les bases d'une théorie du mouvement, dans l'air, des projectiles animés d'un mouvement de rotation, théorie dont la justesse a été constatée dans ces derniers temps. Le savant Euler qui traduisit l'ouvrage de Robins en 1645, et l'enrichit de remarques très-étendues, crut devoir en nier l'exactitude, et fut cause qu'on l'oublia pendant plus de cent ans.

C'est dans ce livre que Robins donne la description du *pendule balistique,* qu'il inventa pour mesurer la vitesse des projectiles. Cet instrument très-simple, auquel on n'a apporté, depuis, que des perfectionnements de détail, se composait d'une tige de fer, suspendue verticalement à un axe horizontal, autour duquel elle pouvait se mouvoir librement; cette tige se terminait à sa partie inférieure par un élargissement, sur lequel on fixait, avec des vis, un épais plateau de hêtre; la corde de l'arc d'oscillation de ce pendule était mesurée par un ruban, fixé au bas du plateau, et qui glissait entre deux lames d'acier formant ressort, attachées à une traverse. En tirant, contre le plateau de bois, et perpendiculairement à l'axe de suspension, le projectile dont on voulait mesurer la vitesse, on imprimait au pendule un mouvement d'oscillation, dont l'amplitude était mesurée par la corde de l'arc décrit; la théorie du pendule composé permettait d'en déduire la vitesse imprimée à la masse totale. En supposant le bois dépourvu d'élasticité, la quantité de mouvement de cette masse était la même que celle du projectile à son arrivée : on en concluait la vitesse cherchée par une quatrième proportionnelle à la vitesse mesurée et aux masses ou poids du projectile et du pendule.

Robins eut l'idée de contrôler certaines de ses expériences en se servant de son pendule d'une autre manière; voici comment. La force expansive des gaz, qui proviennent de la combustion de la poudre, agit également dans tous les sens, et, si le projectile obéit à l'impulsion, l'arme y obéit aussi, quand elle est libre : c'est ce qui produit le *recul* de l'arme. Robins mesura la vitesse du recul, en fixant le canon au pendule, horizontalement, et dans le plan perpendiculaire à l'axe de suspension, et en mesurant l'arc d'oscillation après le tir. Il avait ainsi la vitesse de la masse totale du pendule et du canon ; il lui suffisait, pour avoir la vitesse de recul de l'arme libre, de diviser, par le poids de l'arme, la quantité de mouvement du pendule et du canon réunis. Mais, de ce que la force élastique des gaz agit également sur le projectile et sur le fond de l'âme, il s'ensuit que les quantités de mouvement du projectile et de l'arme sont égales ; il en résulte qu'on aura encore la vitesse initiale du projectile, en divisant la quantité de mouvement de l'arme par la masse du projectile. En sorte que, si l'on se sert de deux pendules, l'un portant le canon, l'autre recevant le projectile tiré, et placés l'un devant l'autre, chacun d'eux donnera la vitesse initiale du projectile, et les résultats se contrôleront. Si l'on éloigne le pendule récepteur, on aura, à chaque coup, la vitesse initiale, par le pendule à canon, et la vitesse du projectile, à la distance où se trouve l'autre pendule.

Euler donne, dans les remarques du livre de Robins, une méthode pour calculer la trajectoire par points, en admettant la résistance de l'air proportionnelle au carré de la vitesse, ainsi qu'avait fait Newton. Cette méthode, qui a été reprise et perfectionnée par Legendre et par d'autres, consiste à décomposer la trajectoire en arcs, d'assez faible longueur pour qu'on puisse les considérer comme des lignes droites, dont l'inclinaison serait une moyenne entre les inclinaisons des deux éléments extrêmes : on calcule les longueurs de ces arcs, et les projetant comme des lignes droites, on en conclut les coordonnées des extrémités de chaque arc.

Hutton, savant anglais, reprit, en 1783, les expériences de Robins, et il en déduisit la résistance de l'air pour différentes vitesses. Il conclut de ces expériences, et d'autres faites sur des corps animés de petites vitesses, que la résistance croît plus vite que le carré de la vitesse, quand le mouvement est rapide, et moins vite que ce carré, quand la vitesse descend au-dessous d'une certaine limite.

Vers 1840, MM. Morin, Piobert et Didion, reprirent ces expériences et, dans un mémoire très-complet et très-étendu, ils conclurent que, pour représenter la résistance de l'air dans tous les cas, il fallait multiplier la formule de Newton par une fonction de la vitesse qui contient un terme indépendant, un du premier degré et un du second. Plus tard, M. Didion s'assura que, quand il s'agit des projectiles d'artillerie, c'est-à-dire quand on considère des vitesses comprises entre certaines limites, on peut supprimer le dernier terme de la formule, en modifiant convenablement les coefficients des autres termes. Dans son traité de balistique, qui fait autorité, il admet donc que la résistance, que l'air oppose au mouvement des projectiles, est proportionnelle à la projection du projectile sur un plan perpendiculaire à la direction du mouvement, à la densité de l'air, et à une fonction de la vitesse qui en contient le carré et le cube. Partant de là, il pose les équations du mouvement, dans le plan vertical qui contient la vitesse initiale. L'équation différentielle de la trajectoire, à laquelle il arrive, n'étant pas intégrable, la décomposition en arcs de longueur finie lui sert, comme à Euler, à en déterminer les différents points, et les circonstances du mouvement. Pour cela il admet que le rapport d'un élément à sa projection est constant, et égal au rapport de l'arc total considéré à sa projection.

A la suite d'expériences, faites à Metz en 1855 et 1856, sur le tir des projectiles, on a cru pouvoir, dans les calculs balistiques, considérer la résistance de l'air comme proportionnelle simplement au cube de la vitesse, ce qui permet de simplifier considérablement les formules. Mais cette manière de voir n'est pas admise par tout le monde.

Dans ces expériences on a fait usage, pour mesurer les vitesses, d'instruments nouveaux, dont il est impossible de ne pas indiquer au moins le principe, car ils sont destinés à rendre de très-grands services. Je veux parler des instruments électro-magnétiques. On admet que, dans un fil conducteur parcouru par un courant, les effets électriques se transmettent avec une vitesse qu'on peut considérer comme infinie : si l'on suppose qu'un fil, parcouru par un courant, se trouve sur le trajet d'un projectile, et que, dans le circuit, on place un électro-aimant attirant un morceau de fer doux, le projectile brisera le fil en le rencontrant, le courant sera interrompu, et l'instant précis du passage du projectile sur le fil sera marqué par la chute du morceau de fer doux. On fait en sorte que ce soit le projectile lui-même qui détermine, au départ, en brisant un autre fil, le passage du courant dans le conducteur; et l'instant où se produit le courant est aussi noté par le mouvement d'un électro-aimant. Les indications des électro-aimants sont inscrites, automatiquement, sur des appareils chronographiques, qui donnent le temps écoulé avec une très-grande précision. M. Navez, l'inventeur du pendule électro-balistique le plus employé actuellement, dit qu'avec son instrument, les variations accidentelles des résultats peuvent être réduites à 0,00036 de seconde, ce qui permet de mesurer, sans erreur appréciable, le temps qu'un boulet met à parcourir les 30 premiers mètres de sa trajectoire, et par suite la vitesse moyenne dans cet espace, vitesse qu'on peut évidemment considérer comme la vitesse initiale. On comprend qu'en plaçant convenablement les deux fils, on peut mesurer la vitesse moyenne dans un arc quelconque de la trajectoire.

Tout ce qui a été dit jusqu'à présent suppose, implicitement, que toutes les forces, qui sollicitent le corps, peuvent être considérées comme appliquées à son centre de gravité. Dans la pratique cela n'a pas lieu, et il en résulte qu'outre les mouvements de translation, que nous avons considérés, le projectile prend des mouvements de rotation, qui influent quelquefois d'une manière considérable sur sa marche. Et d'abord, supposons que, dans un projectile sphérique, le centre de gravité ne coïncide pas avec le centre de figure : la résultante des actions des gaz de la poudre passe évidemment par le centre de figure, et agit parallèlement à l'axe du canon; cette force, transportée au centre de gravité, pour produire le mouvement de translation, donne naissance à un couple, dont le bras de levier est la distance des deux centres, mesurée perpendiculairement à l'axe : il se produit un mouvement de rotation, dans le sens déterminé par celui du centre de figure, qui est entraîné plus vite que le centre de gravité.

Mais, même en admettant la coïncidence des centres, ce qui est bien difficile à obtenir, il se produira encore une rotation, toutes les fois que le projectile ne sera pas *forcé*. En effet, dans ce cas, le projectile repose sur la génératrice inférieure de l'âme, et les gaz trouvent, à sa partie supérieure, une sorte d'évent, par lequel ils s'échappent, en exerçant sur lui une pression verticale considérable, qui se transmet à la génératrice d'appui; il en résulte que le projectile, étant poussé en avant, éprouve, en son point de contact, une résistance de frottement très-forte, qui donne lieu à une rotation, produite par un couple dont le bras de levier est le rayon du projectile.

Ces rotations se combinent, et, en définitive, le projectile sort toujours de l'arme avec un mouvement de rotation et un mouvement de translation. Essayons de nous rendre compte de l'effet que ces deux mouvements produisent dans l'air. Par son mouvement de translation, le projectile comprime fortement l'air en avant de lui, et les molécules du fluide s'échappent symétriquement tout autour, en marchant en sens inverse du projectile : si celui-ci tourne, par exemple, de haut en bas, sur l'hémisphère antérieur, et si nous faisons abstraction de son mouvement de translation, sa partie supérieure marche en sens inverse des molécules de l'air, et sa partie inférieure marche dans le même sens qu'elles. La rotation tend donc à diminuer la vitesse de l'air en dessus, et à l'augmenter en dessous; il y a comme augmentation de pression au-dessus du projectile, et diminution au-dessous : en vertu de ce double effet, il est abaissé. Si la rotation se fait autour d'un axe vertical, la partie antérieure tournant, par exemple, de gauche à droite, l'augmentation de pression de l'air a lieu à gauche; le boulet dévie à droite. En un mot, la rotation amène, dans l'air, une déviation dans le sens du mouvement de l'hémisphère antérieur. Enfin, si la rotation a lieu autour d'un axe qui coïncide avec la direction du mouvement de translation, il ne se produira aucune déviation, parce que, alors, la compression de l'air se fera d'une manière symétrique autour de l'hémisphère antérieur. On pourrait croire que c'est au frottement de l'air contre le projectile qu'il faut attribuer ces déviations; il n'en est rien : ce frottement est beaucoup trop faible, et d'ailleurs il produirait une déviation en sens inverse de celle qu'on observe.

Si l'axe de rotation, au départ, n'est pas un des axes principaux d'inertie du mobile, il ne sera qu'instantané, et, par suite de son changement dans le corps et dans l'espace, la déviation changera de direction et d'intensité, à chaque instant; il en résultera une trajectoire qui, non-seulement ne sera pas plane, mais pourra, dans certains cas, passer, une ou plusieurs fois, d'un côté à l'autre du plan de projection. On voit quels changements ces mouvements de rotation, inévitables dans le tir, peuvent apporter à la trajectoire *normale*, c'est-à-dire à celle qu'on obtiendrait, en ne tenant compte que de la pesanteur, et de la résistance de l'air opposée directement au mouvement du centre de gravité.

Quoi qu'il en soit, quand, avec une même arme, on tire un assez grand nombre de coups, en se plaçant dans des condition identiques, on trouve une trajectoire *moyenne* qui s'écarte assez peu de la trajectoire *normale*; mais les trajectoires *particulières* en diffèrent généralement beaucoup, et cela tient aux causes déviatrices dont nous venons de parler. Comme, en définitive, ce sont les trajectoires particulières qu'il faut considérer dans la pratique, on a cherché à faire disparaître ces causes de déviation, ou, au moins, à en régulariser les effets, de manière à pouvoir les corriger dans le tir. Pour y arriver, on a essayé, il y a longtemps déjà, de donner aux projectiles sphériques une excentricité constante, qui pût produire aussi une déviation constante, à condition que le projectile fût toujours placé de la même manière dans la pièce; mais, outre que cette dernière condition n'est pas facile à remplir dans la plupart des cas, d'autres causes de déviation interviennent pour modifier le résultat; et la principale tient à ce que l'axe de rotation n'est pas un axe principal d'inertie du mobile. On n'est arrivé à un résultat vraiment satisfaisant que par l'adoption des armes rayées, lançant un projectile allongé. Et d'abord, constatons que l'allongement a permis de diminuer, sans perte de poids, la résistance que le projectile éprouve dans l'air ; car la surface de la section transversale est moindre qu'un grand cercle du projectile sphérique de même poids. En outre, le projectile reçoit dans ces armes, en même temps que son mouvement de translation, un mouvement de rotation autour de son axe de figure, qu'on fait en sorte de placer, au départ, suivant l'axe du canon. Ce mouvement de rotation est imprimé au projectile par des rayures, généralement en hélice, tracées dans le canon, et qu'il est forcé de suivre dès qu'il se met en mouvement.

Par suite de cette rotation, autour d'un axe situé précisément dans la direction de la translation, les résistances de l'air, se trouvant réparties, comme nous l'avons dit, symétriquement autour du projectile, ne produisent pas de déviation. Pourtant cela n'est vrai qu'au commencement du mouvement, car l'axe ne se trouve plus dans la direction de la translation, quand la courbure de la trajectoire se prononce. Mais cette circonstance n'amène pas la déviation qu'on pourrait craindre, à condition que la forme du projectile soit convenablement choisie. Essayons de nous rendre compte de ce qui se passe, pendant le trajet d'un tel projectile dans l'air. Écartons d'abord le cas d'un défaut de fabrication qui peut se présenter, et causer une déviation accidentelle : je veux parler du cas où le centre de gravité serait en dehors de l'axe. Alors, en effet, pendant le trajet du projectile dans l'âme, ce point décrit, comme chaque point du projectile, une hélice de même pas que la rayure, et il s'échappe dans l'air suivant la tangente au dernier élément de cette hélice. Par conséquent, le premier élément de la trajectoire ne se trouve pas dans le plan vertical de l'axe. De là une déviation qui ne pourrait être constante, et par conséquent susceptible de correction, qu'autant que le centre de gravité occuperait, dans tous les projectiles, la même position par rapport à l'axe.

Nous supposons donc que le projectile sort de la bouche à feu avec une vitesse donnée de translation, et avec une vitesse, aussi donnée, de rotation autour de son axe de figure, lequel coïncide avec la direction de la translation. L'axe de figure étant un axe principal d'inertie, la rotation persistera autour de lui, et il tendra à se transporter parallèlement à lui-même. Mais, le centre de gravité décrivant une courbe, dont la concavité est tournée vers la terre, la partie inférieure du projectile pressera l'air obliquement à la direction du mouvement, et par conséquent il en résultera une composante de la résistance qui sera dirigée de bas en haut : le projectile sera relevé. On voit donc qu'avec les armes rayées actuelles la trajectoire est plus tendue qu'avec les armes lisses, à égalité de charges. C'est ce qui a permis de diminuer les charges de poudre, tout en obtenant de plus grandes portées, avec des projectiles de même poids. La direction de la composante dont nous venons de parler, qui tend à soulever le projectile, ne passe généralement pas par le centre de gravité du projectile, de telle sorte qu'elle produit un couple, qui, si elle passe en arrière, tend à soulever l'arrière du projectile, et par conséquent à ramener l'axe vers la tangente à la trajectoire, et à remettre ainsi le projectile dans les mêmes conditions qu'au départ. Si, au contraire, la direction de cette composante passait en avant du centre de gravité, elle tendrait à augmenter l'angle que l'axe fait avec la tangente à la trajectoire, et le projectile se trouverait dans les plus mauvaises conditions, sous le rapport de la justesse et de la portée. Comme les résistances dues à l'air ne dépendent guère que de la forme extérieure du projectile, dont on peut toujours disposer, il faut faire en sorte que, par son tracé, il se trouve dans le premier cas que nous avons supposé.

Nous venons de voir que, par suite de la tendance qu'a le projectile à se transporter parallèlement à lui-même, l'air est comprimé au-dessous de lui. Si, maintenant, nous tenons compte du mouvement de rotation autour de l'axe, nous voyons que le mouvement de la partie inférieure éprouve plus de résistance que celui de la partie supérieure, puisqu'il a lieu dans un air plus comprimé, et par conséquent plus dense; il se produit donc une composante, et par suite une déviation latérale, qui est dirigée en sens inverse du mouvement de la partie inférieure du projectile. Ainsi, avec les projectiles de l'artillerie de terre française, qui tournent de gauche à droite, en dessus, et par conséquent de droite à gauche, en dessous, la déviation a lieu à droite. Cette déviation, qui est constante pour chaque bouche à feu, a reçu le nom de *dérivation*. Elle est généralement négligeable avec les petites armes, mais elle est loin de l'être avec les canons, puisque dans le canon de quatre elle est à peu près le dixième, et, dans le canon de douze, les deux vingt-cinquième de l'abaissement dû à la pesanteur. Elle est d'ailleurs corrigée, dans le tir, par la hausse, qui est inclinée, en sens inverse, de la même quantité sur la verticale.

On voit que la trajectoire des projectiles oblongs n'est pas plane, c'est une ligne à double courbure qui s'écarte de plus en plus du plan de tir. Quant à appliquer le calcul à la recherche de leur mouvement, on ne peut guère le faire actuellement, attendu qu'on ne connaît pas encore les éléments du problème; ainsi, pour n'en citer qu'un, on ne sait pas suivant quelle loi varie la force déviatrice résultant d'un mouvement de rotation déterminé dans l'air. La théorie des rotations de Poinsot permet, jusqu'à un certain point, de se rendre compte de la marche du projectile; mais nous ne pouvons aborder cette question ici, et nous devons nous borner aux quelques considérations, très-superficielles, qui viennent d'être présentées.

BIBLIOGRAPHIE. — Robins, *Nouveaux principes d'artillerie*, commentés par Euler. — Hutton, *Nouvelles expériences d'artillerie*. — Piobert, *Traité d'artillerie*. — Didion, *Traité de balistique*. — Martin de Brettes, *Études sur les appareils électro-balistiques*. — Magnus, *Sur la déviation des projectiles*. — Rutzki, *Mouvement et déviation des projectiles oblongs*.   E. SAUNIER.

BALLADE. — Cette composition poétique ne saurait être définie d'une manière générale. La ballade de nos poëtes du xvᵉ siècle ne ressemble en rien à celle des Anglais ou des Allemands, ni à celle des peuples roumains, et pas davantage au poëme dégagé de toute entrave qui est la ballade moderne, telle que l'ont faite Casimir Delavigne et M. Victor Hugo. Il faut donc, avant tout, établir que le nom de ballade a été donné, à diverses époques et dans des pays différents, à de petits poëmes de formes très-variées.

Il y a eu d'abord à l'origine de toutes les littératures — on peut se hasarder à le supposer — une ballade, c'est-à-dire un poëme chanté avec accompagnement de danses. Partout, sous des noms divers, on a associé la poésie primitive à la musique et à la chorégraphie. Nous devons donc bien nous garder de rechercher où et par qui la ballade a été inventée, et surtout si c'est au nord plutôt qu'au midi de l'Europe. Toutefois, si de la chose on passe au nom, il convient de dire que le mot de ballade a une étymologie italienne ou provençale. Le provençal *ballada* est plus rapproché du mot français que l'italien *ballata*. Personne n'ignore que le mot *baller* appartient à notre vieille langue. Cela réglé, on peut laisser dormir en paix Sébilet et son *Art poétique*, Vauquelin de La Fresnaie, et autres critiques, dont l'autorité nous semble suspecte et par-dessus tout superflue.

La ballade dut se séparer de bonne heure de la danse, et même du chant, et la plus ancienne forme dans laquelle elle nous apparaît presque au même moment, au moyen âge, en Italie, dans la littérature provençale et chez nos trouvères, est celle d'une petite pièce de vers très-étudiée. Elle se présente avec une complication de règles qui rappelle la tendance des poëtes provençaux à se complaire dans les difficultés de la versification : on sait qu'ils inventèrent à peu près toutes les combinaisons de rimes possibles, tous les mètres, toutes les strophes lyriques; et il se peut bien que les Italiens, ainsi que les trouvères, aient été séduits par les perfections un peu artificielles de la ballade provençale au point de l'adopter pour type : au surplus, difficultés à vaincre sont choses pleines d'attraits pour les poëtes, comme on le voit par la faveur persistante du sonnet. La ballade n'est, il est vrai, qu'un des genres lyriques inférieurs de la poésie provençale; mais les troubadours eurent aussi la *retroensa* (chant à refrain), ordinairement composée de cinq couplets à rimes différentes. Cette pièce, par le nombre de vers qu'elle présente, par l'entrelacement des rimes et son refrain indispensable, n'est autre chose que la ballade telle que l'ont popularisée nos plus anciens poëtes français. Il y a dans les recueils provençaux de Raynouard et de Bartsch plus d'une pièce de ce genre pouvant servir à fortifier cette opinion. Une *retroensa* de Guiraud Riquier de Narbonne, l'un des derniers troubadours du XIII⁰ siècle, lève tous doutes à l'égard de ce qui précède : c'est celle qui commence par ces vers :

> Pus astres us m'es donatz,
> Que de mi dons m'eschaya, etc.

— L'*envoi*, qui est le complément de notre vieille ballade française, était d'un usage fréquent dans la poésie provençale, où beaucoup de pièces de vers s'adressaient à un grand seigneur, à une dame, à un confrère en « gai savoir ».....

La vieille et vraie ballade est d'une structure savante; ses combinaisons de rhythmes sont ingénieuses; les entrelacements de ses vers sont pleins d'harmonie; mais enfin elle est le produit de littératures qui sacrifient trop à la forme. Elle nous paraît quintessenciée et nous ne trouvons plus de la ballade primitive — du moins telle qu'on peut la concevoir — que le refrain. Les poëtes italiens, et parmi eux Dante et Pétrarque, aimèrent ce genre de poésie. Il faut en dire autant de Boccace. Les ballades de Pétrarque sont particulièrement remarquables en ce qu'elles n'ont qu'une seule strophe précédée de l'envoi, disposition souvent reproduite depuis par les Italiens, qui appellent cette simple ballade *ignuda* (nue), et donnent, par opposition, le nom de *vestita* (habillée) à la ballade qui a plusieurs strophes. Boccace se servit de la ballade comme d'un ornement pour terminer d'une façon riante et poétique chacune des journées de son *Décaméron*.

S'il peut y avoir des questions de priorité à réserver, quant à la ballade et en ce qui concerne les poëtes provençaux ou italiens, on doit dire qu'au delà des Pyrénées, chez les Catalans et les Galiciens, l'imitation de la poésie des troubadours est incontestable. Tout *cancioneiro* de l'Espagne et du Portugal rappelle à chaque page à quelle source leurs auteurs sont allés s'instruire dans l'art des vers ou au moins s'inspirer. Le roi Diniz a composé l'une des plus jolies pièces du genre ballade :

> Mère, il n'est pas venu le mien ami...

avec ce refrain,

> Ah! mère, je meurs d'amour !

C'est à la deuxième forme de la ballade qu'appartiennent les compositions du XV⁰ siècle dont les règles se fixèrent sous la plume de Clément Marot et de Villon. La ballade, bien connue, de Villon, par laquelle il se félicite d'en avoir appelé d'un arrêt le condamnant à la potence, et qui a ce vers pour refrain :

> Estoit-il lors temps de me taire ?

peut passer pour l'un des modèles définitifs du genre : nous parlons toujours de l'antique ballade. Tous les sujets semblent aux vieux poëtes français susceptibles d'entrer dans le cadre de la ballade : un compliment, une plainte, un remerctment, l'examen d'un article de foi ou d'une question d'amour. Leur ballade est une pièce de vers coupée en strophes égales, sauf la strophe finale, ou envoi, qui a la moitié des vers d'une strophe. Le nombre des strophes est le plus ordinairement de trois. Toutes les stances, et l'envoi lui-même, sont terminées par le même vers, qui sert de refrain (comme dans la ballade de Villon citée plus haut). Les ballades les plus régulières sont sur deux rimes. Mais en général on se borne à ramener dans toutes les strophes les rimes employées dans la première. Les strophes comptent huit, neuf, dix, onze et jusqu'à douze vers, qui ont tantôt sept, tantôt huit, tantôt dix syllabes. Les vers sont d'un mètre unique dans toute la composition. On a appelé ballade redoublée, une ballade à deux refrains, placés, l'un au milieu de chaque strophe, et l'autre à la fin. Nous avons dit que l'envoi est d'un nombre de vers égal à la moitié de la strophe; mais l'envoi a cinq vers lorsque celle-ci est de neuf vers, et il a six vers lorsque la strophe en a onze. On faisait aussi des ballades sans envoi et même sans refrain; c'était pourtant l'exception.

Voilà donc le poëme dont Boileau a dit avec raison :

> « La ballade asservie à ses vieilles maximes
> » Souvent doit tout son lustre au caprice des rimes. »

Du temps de Boileau, elle avait bien perdu de son prestige. Néanmoins Mᵐᵉ Deshoulières écrivait encore des ballades sur le premier sujet venu, le *Mariage*, par exemple, et La Fontaine ne reculait pas devant la tâche ingrate de mettre en ballade *la Paix des Pyrénées et le Mariage du roi*. Mais on se trompe fort lorsqu'on prend les paroles de Trissotin dans *les Femmes savantes* pour l'expression exacte du sentiment de Molière. On oublie que Trissotin se trouve engagé dans une querelle avec Vadius. Il faut donc retrancher beaucoup de ces vers :

> « La ballade à mon sens est une chose fade.
> » Ce n'en est plus la mode, elle sent son vieux temps... »

Trissotin ajoute :

> « Elle a pour les pédants de merveilleux appas... »

Mais Vadius proteste :

> « La ballade pourtant charme beaucoup de gens. »

Quoi qu'il en soit, la ballade, que l'école de Ronsard avait abandonnée, n'eut qu'un retour de faveur passager au xvııᵉ siècle, et tomba ensuite dans l'oubli. Il faut entendre ici la ballade « asservie à ses vieilles maximes » dont parle Boileau. Nous la retrouverons rajeunie et débarrassée de ses entraves chez nos poëtes contemporains. Il est vrai qu'alors plus rien ne justifie son nom.

Au siècle dernier, on ne se borna pas, comme on sait, à étudier, au delà de nos frontières, l'histoire et la philosophie : les belles-lettres eurent leur part d'attention. Alors on trouva chez les Anglais et les Écossais une sorte de ballade entièrement différente de la nôtre. Sur le sol de la Grande-Bretagne, la ballade n'était pas un produit raffiné et par cela même exceptionnel : ce fut la poésie populaire tout entière, propagée par les ménestrels errants et incessamment accrue des traditions héroïques et des légendes nationales qu'ils recueillaient sur leur route. Tout le savoir du peuple, entaché d'ignorance et de superstition, prit volontiers la forme simple de la ballade dite *romantique*. Ewans, dans ses *Old ballads* (4 vol. 1810), et Percy, dans ses *Relics of ancient English poetry* (3 vol. 1812), ont publié des recueils de ces poëmes en stances, composés pour être chantés (mais sans nul accompagnement de danse). La plupart de ces œuvres sont anonymes. Robin Hood, qui habitait, à la tête d'une bande de brigands, les bois de Shervood, vivant de chasse et du produit des dépouilles enlevées aux nobles et aux moines, a fourni la matière de tout un cycle de ballades, parmi lesquelles l'une des plus répandues chez nos voisins a pour sujet et pour titre *la Mort de Robin Hood*. On peut citer pour leur originalité, en dehors de ce cycle, la ballade sur *Maxwell* l'écossais, celle de *Johnie de Breadisle; le Démon et la jeune mère*, que Walter Scott recueillit de la bouche d'un tenancier de Traquairknow, remarquable en ce que la ballade, devenue instructive et morale, indique aux jeunes filles les charmes qu'il faut employer contre les tentatives du ravisseur au pied fourchu. On peut croire que Shakespeare a fait une ample moisson dans ce champ de la muse populaire, et néanmoins il a laissé beaucoup encore à glaner à Walter Scott, pour ses romans, et à Southey, à Thomas Moore, à Campbell, ainsi qu'à Wordsworth le poëte des ballades lyriques. Johnson avait coutume de dire qu'il donnerait tous ses ouvrages pour avoir fait la vieille ballade de *la Chasse dans les bois*. Beaucoup de ballades anglaises sont connues chez nous par des traductions et des imitations, et celles de *Sir James le Roux*, des *Enfants dans les bois*, de *la Jeune Fille aux cheveux châtains*, de *l'Ombre de Marguerite*, etc., se trouvent assez répandues.

C'est la ballade, telle que l'entendent les Anglais, que Goëthe, Schiller, et la plupart des poëtes allemands ont adoptée. Ils n'ont fait, du reste, que renouveler une très-ancienne forme de la poésie de leur pays. Uhland se distingue parmi eux, grâce à son admirable simplicité, et Burger, par une inspiration abondante. Si nous ne connaissons guère de ce dernier que *le Lénore*, la *Chasseur sauvage* et *la Fille du Pasteur*, ce n'est point la faute du poëte. Achim d'Arnim et Clément Brentano, travaillant de concert, ont, dans *le Cor merveilleux de l'Enfant*, réussi mieux que leurs devanciers, en exceptant toutefois Uhland, à rattacher la ballade allemande aux compositions simples et naïves de l'antique muse nationale. Plus près de nous il convient de citer encore Henri Heine parmi les poëtes à qui cette composition poétique est redevable. Rappelons ici que la critique allemande n'établit aucune distinction entre la ballade et la romance.

Les Danois, les Suédois et même les Russes, avec Joukowski, ont à leur tour imité les Allemands et les Anglais. Chez nous on s'est familiarisé avec la ballade d'au delà de la Manche et d'outre-Rhin, et notre école romantique lui doit beaucoup pour sa poésie et surtout pour son théâtre et son roman.

Mais qu'est devenue sous la plume de nos modernes la ballade française, qui garda si longtemps une si belle place à côté du sonnet, du rondeau et du virelai? M. Victor Hugo a composé tout un recueil de ballades, et il ne s'est astreint ni au nombre des strophes, ni au refrain, ni à l'envoi. Sa ballade, dialoguée au besoin, est courte ou longue, en vers alexandrins ou en petit vers. Elle incline parfois du côté de l'ode, mais avec un essor moins hardi, ainsi que dans *la Mêlée*, et parfois du côté de la romance, comme dans la *Légende de la nonne*. Chez Casimir Delavigne, la ballade est spirituelle et passablement « précieuse. » Enfin, la *Ballade à la lune* de Musset n'est point d'une ordonnance capable de nous ramener à notre vieille ballade.

En Espagne, c'est le romance qui tint lieu de la ballade, sauf les imitations des Provençaux faites par les Catalans et les Galiciens. Les Espagnols ont eu aussi, grâce à Gongora, la ballade telle qu'elle fut conçue autrefois. Le mauvais goût qui régnait au temps du célèbre créateur du *cultisme*, mit en faveur, un moment, une ballade hérissée de difficultés de versification et aiguisée de pointes et de *concetti*.

La Roumanie ne saurait être oubliée dans ce rapide examen : elle a aussi ses ballades, et elles lui appartiennent tout à fait. C'est d'ordinaire un récit assez long où la fantaisie et la croyance naïve tiennent une grande place. Ce récit est formé de petits vers coupés en stances nombreuses. La ballade roumaine de *Manol*, le maître maçon forcé par le destin de murer vivante sa jeune épouse dans les fondements de l'église d'Argis, est connue partout. Chez les Roumains, la ballade s'occupe de préférence des exploits des princes et des héros (sans oublier les héros de grand chemin, au premier rang desquels figure Boujor qui volait et battait les riches, séduisait les filles et vidait les caves). Le poëte Basile Alexandri a publié un recueil des Ballades et Chants populaires de son pays, traduit en français par M. A. Ubiccini (1855). — Les slaves du sud, s'ils ne se servent point pour leurs narrations poétiques du nom de ballade, ont du moins l'inspiration qui fait naître les œuvres de ce genre chez les nations à demi émancipées, et leurs improvisateurs accompagnent volontiers sur la *gousla* les aventures d'un renégat de l'Herzegovine, la rivalité amoureuse de deux chefs, ou le désespoir d'une jeune fille dont l'amant a péri pour sa foi et sa patrie. — Il y a aussi plus d'une véritable ballade dans les chants populaires de la Grèce moderne.

Mais, où trouver aujourd'hui un poëme ayant conservé quelque chose de l'ancienne ballade romane? En Italie seulement. Là, se produit encore une ballade, aux formes régulières, composée ordinairement de quatorze vers, lesquels comptent onze syllabes. L'envoi se place au début et non à la fin de la pièce, et reçoit par cette raison le nom d'*entrata*. Mais ces principes, consignés avec soin dans les traités de versification, ne paraissent pas avoir séduit beaucoup de poëtes contemporains. CONSTANT AMÉRO.

BANALITÉS. — Banalités vient du mot *bannum*, ban, qui, dans la langue des viie et viiie siècles, veut dire proclamation; banalité signifie donc dans son sens primitif, qui est aussi le plus large, une chose proclamée, une chose ordonnée ou défendue par proclamation. Toute règle, toute défense édictée, proclamée soit par les rois des deux premières races, soit par leurs fonctionnaires, comtes, ducs, marquis, rentrerait dans notre sujet, si nous nous arrêtions à la signification originelle du mot Banalité; mais, depuis longtemps, depuis des siècles, l'emploi du mot a été bien restreint, et l'on est convenu d'appeler banalités un genre très-particulier d'ordres, d'injonctions émanés des seigneurs féodaux.

Ce qu'on appelle banalités au moment où la révolution de 1789 vient clore à tout jamais le régime féodal, ce sont des ordres prohibitifs, des défenses faites par les seigneurs aux habitants de leur seigneurie, et ces défenses ont un caractère commun, qui est d'empêcher les gens d'user librement de leur propriété ou de leur activité naturelle. Ici, le seigneur défend que chacun cuise son pain ailleurs qu'à son four à lui seigneur, ailleurs qu'au *four banal* (c'est comme si l'on disait au four indiqué par proclamation). Là, il défend qu'on aille moudre son blé ailleurs qu'à son moulin à lui seigneur, ailleurs qu'au *moulin banal*. Dans d'autres seigneuries il y a des moulins à fouler, des pressoirs pour le vin, des routoirs pour le chanvre, des boucheries, qui sont banaux, c'est-à-dire que l'usage en est imposé aux habitants à l'exclusion de tout autre établissement analogue. Ils ne peuvent fouler leur drap, rouir leur chanvre, tuer leurs bœufs ailleurs que dans les édifices indiqués. En quelques endroits, il y a un taureau banal qui, à l'exclusion de tout autre taureau, a droit de saillir les vaches du paysan. Ces injonctions de ne pas faire d'une certaine manière qui, s'appliquant à des actes indispensables, étaient en réalité des ordres positifs de faire, avaient pour sanction des amendes variables. Il est bien entendu que ces services, que les seigneurs obligeaient leurs paysans d'accepter de leurs mains, n'étaient pas gratuits, sans quoi les seigneurs n'auraient eu aucun intérêt à en rendre l'acceptation obligatoire.

Quelle fut l'origine de ces droits prétendus des seigneurs? Comment s'établirent ils d'abord? Des feudistes du XVIIIe siècle, et certains historiens du XIXe siècle ont essayé d'expliquer bonnement la chose par la sagesse, l'esprit économique, par l'humanité si connue des barons féodaux du IXe au XIVe siècle. Ces braves seigneurs auraient tout simplement construit pour l'usage public des usines qu'aucun particulier à cette époque n'était capable d'élever à ses frais; après cela, quoi de plus juste que d'en faire payer l'usage? Ne devaient-ils pas rentrer dans leurs frais de construction et d'entretien? Les mêmes auteurs ont la naïveté d'ajouter : Quel mal y aurait-il eu à cela, si les seigneurs ne s'en étaient pas fait un monopole? C'est précisément là tout ce que les peuples reprochaient à ces sages institutions et ce qui les leur rendait intolérables. Ces rêveries mises à part, l'origine des banalités est claire; elles furent un abus de la force, entre tant d'autres commis par les seigneurs.

La belle période des banalités, l'époque où elles deviennent très-communes sinon générales, va du IXe siècle au XIIe. A partir de ce siècle, il s'en crée moins de nouvelles qu'il ne s'en détruit d'anciennes. De même que les serfs se rachètent de la servitude, les vilains de toute classe se délivrent des banalités en payant une somme définitive, ou en convenant de payer au seigneur une redevance annuelle. En beaucoup d'endroits, les communes s'en délivrent sans rien payer. Enfin, les rois dont le pouvoir grandit, et les jurisconsultes de profession qui partout secondent l'établissement de ce pouvoir, partout professent le culte de la royauté et la haine des seigneurs, font prévaloir ce principe, qu'aucune banalité ne peut être établie sans le consentement des sujets ou sans la concession du suzerain. Cette seconde clause était assurément contraire à la justice, mais les légistes s'inquiétaient de rendre leur maître absolu, non de rendre les peuples libres.

Il y eut fort peu de banalités, fondées exclusivement sur la concession ou le consentement du roi. La plupart de celles qui survécurent au XIVe siècle eurent pour fondement allégué le consentement réel ou apparent des sujets sur qui elles pesaient. Je dis apparent, parce qu'en effet dans les trois quarts des cas, ce consentement n'eut rien de sérieux. Quand on se mit à rédiger, à écrire les coutumes des diverses provinces, besogne qui se fit surtout dans les XVe et XVIe siècles, les rédacteurs de ces coutumes eurent à s'occuper des banalités, à prendre un parti à leur sujet. N'ayant ensemble aucun rapport, aucun lien, pas même toujours celui de la contemporanéité, ces rédacteurs prirent des partis divers. En telle province, on écrivit dans la coutume que toute banalité devrait être justifiée par un contrat précis entre le seigneur et les habitants de la seigneurie ; sans contrat, sans titre, pas de banalité. En telle autre province on écrivit dans la coutume en termes généraux que les seigneurs avaient telles ou telles banalités ; et la simple constatation de ce fait créa pour l'avenir une espèce de titre général en faveur des seigneurs de la province, comme si le rédacteur de la coutume eût enregistré régulièrement l'expression du consentement populaire.

Ainsi la partialité, ou la naïveté de certains légistes, donna une apparence de droit à des exactions anciennes, établies à l'origine par la violence. Voilà tout le consentement qu'eurent réellement la plupart des banalités. Mais celles même qui, dans les divers siècles et jusqu'à la veille de 89, se présentèrent appuyées d'un titre, d'un contrat, il ne faudrait pas croire pour cela qu'elles eussent été toutes, réellement, sérieusement consenties. Il s'en faut bien que les populations aient librement signé ces contrats, presque toujours onéreux, vexatoires. Pourquoi l'auraient-elles fait, n'y trouvant que des désavantages, et des désavantages évidents à première vue? On sait bien qu'en dépit du pouvoir royal et des agents royaux, les seigneurs ont pu, jusqu'à la veille de 1789, exercer sur leurs villages un ascendant qui parfois alla jusqu'à la terreur. Entre un seigneur et un paysan, la partie fut toujours trop inégale. Il faut savoir d'ailleurs ce fait : c'est qu'à partir du xvᵉ siècle, il ne s'est pas ou presque pas formé de banalités nouvelles. Donc, toutes celles qu'on rencontre après le xvᵉ siècle remontent plus haut et s'appuient sur des contrats, sur des titres originaux du xvᵉ siècle au plus tard, et sur des copies plus ou moins modernes de ces actes. Si l'on peut contester la probabilité d'une pression, d'une violence ou d'un dol de la part des seigneurs du xviiiᵉ siècle, ce qui serait déjà assez hardi, cela ne se peut pas raisonnablement pour les seigneurs des xivᵉ ou xvᵉ siècles ; ce sont gens dont les tyranniques façons sont trop connues. — Admettons cependant, pour ne rien hasarder, qu'il a pu y avoir, en quelques cas rares, des banalités librement consenties.

Du xvᵉ au xviiiᵉ siècle, les parlements, jugeant sur les réclamations des contribuables, détruisirent un très-grand nombre de banalités, ou pour défaut de titre, ou pour nullité du titre présenté, ou comme contraires à la coutume du pays. D'autre part, dans le même espace de temps, un grand nombre d'autres banalités furent, par les seigneurs eux-mêmes (qui avaient peine à les obtenir de l'impatience croissante des sujets), converties en une légère redevance annuelle. C'est sous cette forme que la banalité se présente généralement en 1789. Cependant, comme nous l'avons déjà dit, on voit encore, en certains lieux, des fours, des moulins, des routoirs, et mêmes des haras banaux. Là où ces obligations existent, elles sont supportées avec un profond ressentiment, non précisément que le prix des services imposés par le seigneur soit trop exagéré, mais par d'autres raisons. D'abord, elles ont, aux yeux du paysan, le tort impardonnable de rappeler l'ancien servage; elles présentent un caractère servile qui, au xviiiᵉ siècle, n'est plus de mise. En outre, elles causent des embarras et des pertes de temps intolérables. Exemple : la seigneurie est assez étendue et le moulin banal est unique. Il faut perdre une journée pour amener son blé au moulin, et, comme c'est aux mêmes moments à peu près que tous les habitants se trouvent avoir leurs grains recueillis ou le loisir de les venir faire moudre, le moulin est encombré. Il faut prendre rang, faire queue, passer plusieurs nuits et plusieurs jours, camper, se quereller, etc. Chacun en revient irrité, excédé. Un pareil état de choses avait pu être imposé jadis. Au xviiiᵉ siècle, la patience humaine, même celle du paysan, n'était plus assez longue. Aussi la destruction des banalités fut-elle réclamée avec la dernière vivacité dans la plupart des *cahiers* dressés en 1789.

Abolies avec condition de rachat dans la nuit du 4 août 1789, elles le furent plus tard sans condition, comme c'était juste. A la première heure de la Révolution, nos pères, préoccupés de scrupules fort honorables, essayèrent de démêler parmi les droits seigneuriaux ceux qui étaient des espèces de propriété (comme le cens, par exemple,) d'avec ceux qui n'étaient que des espèces d'*impôts* dérivant de la *puissance politique* que les seigneurs avaient usurpée. Ceux-ci, nos pères les auraient abolis sans hésitation; mais, faute d'apercevoir nettement un signe distinctif qui pût leur permettre de ranger chacun des droits seigneuriaux dans l'une ou l'autre classe, ils décidèrent que ce doute profiterait aux seigneurs; que tous leurs droits seraient rachetés à prix d'argent. Une fois la lutte engagée et la colère publique montée au point le plus extrême, ils décidèrent qu'aucun droit ne serait racheté. Je le répète, il était impossible de distinguer avec sûreté. On pourrait peut-être contester avec quelque apparence de raison que la résolution de nos pères ait été juste à l'égard de certains droits seigneuriaux; à l'égard des banalités, la chose est trop claire, et la justice de leur abolition est de la dernière évidence, quoi qu'en puissent dire certains historiens mal instruits du vrai moyen âge. Les banalités ne furent jamais que des exactions d'un pouvoir public, sans fondement légitime.

BIBLIOGRAPHIE. — Voir les diverses Coutumes, notamment celle de Lorraine, celle du Nivernais; le *Coutumier général;* l'*Encyclopédie du* xviiie *siècle*, à l'article *Banalités;* le *Dictionnaire historique de la France*, de Chéruel; Tocqueville, *L'ancien régime et la Révolution;* le *Moniteur*, séance du 4 août 1789; mais surtout et avant tout Championnière, *De la propriété des eaux courantes*.   PAUL LACOMBE.

BANDIT, BANDITISME. — SOCIOLOGIE. — Le bandit est, d'après l'étymologie stricte du mot (en italien : *bandito*, de *bandire*, bannir), un banni, un homme exclu de la société de ses semblables. Il est tout simple que cet homme auquel on interdit les travaux réguliers qui nourrissent ses concitoyens, essaie tous les procédés d'exception qui peuvent l'aider à soutenir une existence devenue précaire et à chaque instant menacée. Le vol, l'assassinat lui deviennent vite familiers. L'association lui est commandée par l'état de perpétuelle défense auquel il se trouve réduit. De banni il passe à l'état de bandit, de brigand, les deux mots étant alors synonymes. Il ne lui faut plus gagner sa vie, il la lui faut conquérir. Il attire à ses côtés d'autres bannis, comme lui, il se ménage des complices qui mériteraient de l'être. Ceux-ci l'aident dans ses expéditions, sauf à le trahir plus tard, et, restés dans les murs de la cité, cumulent, jusqu'à ce qu'ils soient démasqués, les avantages d'une conduite hypocritement régulière et ceux du brigandage occulte.

Des proscrits dont la tête est souvent mise à prix, des complices qui ont à la fois un pied dans les deux camps, celui des justiciables et celui des juges, tel est en effet le type des bandes dont la Grèce et l'Italie modernes nous ont conservé jusqu'à présent le type, que connaissaient bien les romanciers de la Grèce et de l'Italie antiques, et qu'ils mettaient déjà si souvent en scène. L'Espagne nous offre les mêmes tableaux, et le mendiant qui, l'escopette au poing, implore la charité de Gil Blas, est tout prêt plus tard, indifféremment, à entrer sous les ordres du capitaine Rolando ou à prendre du service dans les *guerillas*.

Car il ne faut pas s'y tromper. Si quelques-unes de ces associations ont paru parfois faire la guerre et non simplement la maraude, ce n'a été qu'à des époques profondément troublées, quand le salut public ou l'esprit de parti commandaient impérieusement l'alliance de toutes les forces, même impures, dans la crainte d'un mal plus grand ou tout au moins plus redouté. Leur seul objectif a toujours été le butin. Lors de la guerre d'Espagne, par exemple, les *guerillas*, avec le but ostensible de repousser l'étranger, ne se faisaient pas faute d'exploiter les nationaux. En Italie, le fameux Fra Diavolo, devenu colonel des troupes régulières du roi Ferdinand, de Naples, tout en combattant bravement les Français, n'oubliait pas ses premières habitudes, et ses rapines furent telles qu'il fallut, après l'avoir longtemps supporté, se débarrasser de lui à l'égal d'un ennemi. En France, lors du soulèvement de la Vendée, les chouans n'échappèrent pas plus que n'y avaient échappé les camisards à cette règle, qui veut que tout individu qui, pour une cause quelconque, refuse d'obéir en un point à la loi de son pays, ne respecte bientôt plus aucune loi.

Et cela se comprend. La société si rudimentaire, si mal organisée qu'elle soit, n'existe qu'à la condition de représenter l'intérêt général. Sorte de compromis provisoire, de pacte tacite entre tous ses membres, elle est successivement modifiable par la civilisation, c'est-à-dire par l'accord du plus grand nombre. Comme elle ne peut avoir d'autre base que la force, et que la force appartient toujours en dernier ressort à la majorité, elle ne peut considérer que comme des ennemis ceux qui méprisent les décisions de la majorité. Elle ne juge pas les intentions, elle ne voit que le fait brutal. Il y a toute une école d'esprits naïfs et poétiques qui prennent au sérieux la donnée des *Brigands* de Schiller. D'après ce que nous venons de dire, ils sont tout simplement absurdes. Se faire bandit pour réformer la société, c'est vouloir guérir un malade à coups de pistolet. Le malade ainsi traité se prétend le mieux portant du monde et repousse le médecin à coups de fusil. Il a raison, il aime mieux la maladie que le non-être. Le combat ainsi entamé, il n'y a plus, d'aucun côté, ni raison ni justice, il n'y a plus que des représailles, et le dernier mot appartient toujours à la société. Le Franz Moor du poëte allemand comprend très-bien, à la fin, qu'il en doit être ainsi, et c'est sans étonnement qu'il marche au supplice.

Si la société considère naturellement comme des bandits tous ceux qui s'insurgent contre ses lois, le philosophe peut cependant, à distance, établir quelques catégories parmi ces insurgés. Pour cela, il n'a qu'à considérer si les lois ainsi méprisées étaient de celles qui importaient absolument au salut du pays, ou si, au contraire, elles n'avaient d'autre but que de sauvegarder des intérêts particuliers et par conséquent transitoires. Dans ce dernier cas, il accorde des circonstances atténuantes, mais il n'absout pas. Les lois même mauvaises, même absurdes et scandaleuses, peuvent être signalées comme telles à l'opinion publique; elles ne doivent pas, tant que celle-ci n'a pas prononcé, être violées.

Le peuple, lui, s'inquiète peu de ces subtilités, nécessaires cependant. Il juge d'instinct et il a toujours su faire une différence entre Cartouche et Mandrin, par exemple. S'il est curieux des exploits du voleur parisien, il a presque de la reconnaissance pour le contrebandier dauphinois. C'est qu'il sent que le contrebandier, tout en faisant ses propres affaires, fait aussi celles des pauvres contribuables. Il a deviné, avant que J.-B. Say en ait fait une vérité économique, que la contrebande est une action innocente en elle-même et qu'elle sert à la prospérité générale. Il ne peut non plus se décider à croire bien coupable le braconnier, et les galères lui semblaient autrefois trop payer le meurtre d'un lapin. Il ne marchande pas sa complicité morale à ces deux classes de bandits, et bien certainement même, il se refuserait à leur appliquer cette qualification.

L'Angleterre a conservé le souvenir des *outlaws*, surtout celui d'un de leurs principaux chefs, le fameux Robin Hood. Les ballades ne tarissent pas d'éloges sur sa merveilleuse adresse, elles oublient complétement de rappeler à quel usage il l'employait. Tout est pardonné à l'outlaw parce qu'il protestait, au nom du sentiment national, contre la domination des rois normands. Les actes de banditisme sont effacés par ceux du patriotisme chez Robin Hood, comme chez el Empecinado.

Mais, à côté de ces quelques brigands en partie excusables, combien d'autres dont le nom ne représente à l'esprit que le tableau d'excès sans aucune compensation. A la suite de toutes les grandes commotions sociales, nous voyons se répandre par le monde des bandes armées n'ayant d'autre occupation que le pillage. Tels furent les débris des masses indisciplinées revenues décimées des croisades, tels les étrangers réunis par Mahomet II sous les murs de Constantinople et dispersés après la prise de la ville. On a vu plus près de nous les survivants des guerres de l'Empire se réunir ainsi pour tenir la campagne après la chute de Napoléon et obtenir sinon mériter la dénomination de *brigands de la Loire*.

Ce serait une nomenclature curieuse mais bien difficile à donner avec quelque exactitude que celle des plus célèbres réunions de bandits qui ont attiré sur elles l'attention et la réprobation du monde. Des ouvrages volumineux ont été consacrés à l'histoire de quelques-unes, entre autres à celles des boucaniers de Saint-Domingue et des flibustiers des Antilles. Nous n'avons pas ici à rappeler leurs hauts faits, disons seulement que l'Anglais Morgan et le français Montbars l'exterminateur n'ont manqué que d'un théâtre approprié à leur courage et à leur défaut absolu de préjugés et de scrupules pour devenir les égaux de bien d'autres dont le nom est glorifié, et pour changer la flétrissante appellation d'aventuriers contre celle, beaucoup plus noble en apparence mais identique au fond, de conquérants et de fondateurs de dynasties. Combien de peuples, sans parler du peuple romain qui ne s'en cachait pas, n'ont eu pour ancêtres que les rebuts des peuples voisins? Combien de familles ne sont illustres que parce qu'il s'est trouvé dans leur arbre généalogique une place pour un bandit heureux?

Le banditisme est une plaie sociale, l'une des premières et l'une des plus difficiles à guérir. C'est à peine si nous, qui marchons à la tête de la civilisation, pouvons nous vanter d'en être définitivement débarrassés. Au moindre ébranlement, reparaissent avec toutes leurs horreurs ces coalitions de toutes les intelligences malsaines, de tous les bras vigoureux et de toutes les convoitises. Il n'est pas de société si bien assise qui ne renferme en son sein les éléments nécessaires à la formation d'innombrables bandes prêtes à tout tenter pour vivre sans travail. Un répression sévère, une sollicitude toujours éveillée sont donc nécessaires; ce qui l'est peut-être plus encore, c'est une exacte proportion entre les délits et les peines, c'est une révision éclairée des codes afin qu'ils ne contiennent aucune loi sur la nécessité et sur la justice de laquelle puisse s'élever un doute. Tant que l'égalité la plus parfaite, tant que la liberté la plus complète ne seront pas données à tous les citoyens, la rébellion de quelques-uns trouvera un appui dans les masses. Du jour où celles-ci, éclairées ou non, se sentiront sous le règne pur et simple de la justice, il n'y aura plus de bandits, il n'y aura plus que de malheureux insensés dont les tentatives avorteront toujours au début.

Malheureusement, nous sommes encore loin du temps où se réalisera cette utopie.

Il nous reste à dire un mot d'une forme de banditisme spéciale à la Corse. Dans ce petit pays, les passions sont restées à l'état de nature et aussi les préjugés. L'injure n'est bien punie que par le meurtre, et le meurtre appelle après lui la *vendetta*. Le point d'honneur veut que le sang d'un cousin *carnale*, le fût-il au trentième degré, rejaillisse sur toute la famille. Or Bonaparte, à son retour d'Égypte, eût pu, dit-on, réunir autour de lui une armée de douze mille cousins. On voit où conduit le respect exagéré des liens de la famille, et quelle dépopulation suivrait un exercice quelque peu prolongé des droits de la *vendetta*. L'Italie, au moyen âge, a eu bien à souffrir de ces guerres entre parents. La Corse en souffre encore. « La première loi d'un Corse, disait Sénèque, est de se venger; la seconde de mentir, la troisième de ne pas croire aux dieux. » Le Corse se venge toujours. Il est condamné aux travaux forcés, mais il n'est pas déshonoré. S'il peut échapper aux gendarmes, il se jette dans le *mâquis*, — on appelle ainsi les forêts de la montagne, — et se fait bandit. Comme les populations ne lui sont point hostiles, il trouve assez facilement nourriture et asile au besoin. Il n'a donc pas à commettre les déprédations que l'état de guerre lui commanderait en d'autres pays. Il n'est en guerre qu'avec les parents de sa victime et avec les gendarmes. S'il tombe sous les balles de ceux-ci et que sa mort soit suivie d'un orage, le peuple s'écrie : « Dieu a parlé! » Le bandit est un martyr, il est au ciel, et il trouve à son tour un vengeur.

On comprend que, dans de pareilles conditions, la suppression du banditisme soit une œuvre difficile. Aussi a-t-elle souvent préoccupé le gouvernement français depuis qu'il possède l'antique Cyrnos. Le meilleur moyen pour rendre plus rares et moins dangereux les emportements de la colère chez ces hommes primitifs paraît être l'interdiction du port d'armes. C'est celui auquel avaient déjà recouru les Génois lorsqu'ils étaient maîtres de l'île. Depuis 1853, époque à laquelle fut promulguée la loi portant cette prohibition, les condamnations pour meurtre sont devenues moins fréquentes et on peut croire à une amélioration; mais il ne faut s'y fier que médiocrement. Les vieux Corses, ceux de la montagne, qui méprisent profondément ceux du littoral, conservent intactes les antiques traditions, et au moindre relâchement de la surveillance on les verra reparaître.

En somme, quelque part qu'il se présente, le banditisme est tout à la fois imputable aux passions mal dirigées de l'individu et à l'organisation défectueuse de la société. Il est florissant surtout aux époques de barbarie; il fuit devant les progrès de la civilisation, il disparaîtra quand celle-ci régnera sans conteste sur le monde entier. Mais quand?

BIBLIOGRAPHIE. — Les *Romans grecs*. — Tous les voyages en Italie et en Espagne. — About, *Le Roi des Montagnes*. — Mérimée, *Colomba*. — Un très-grand nombre de romans. — De Rotalier, *Histoire de la piraterie*. — Aug. Thierry, *Histoire de la conquête de l'Angleterre par les Normands*. — Eug. d'Arnoult, *Les Brigands de Rome*. — Fanny Loviot, *Les Pirates chinois*. — *Biographien berühmter Rœuber und Mœrder*. Kœnigsberg, 1802. — Collin de Plancy, *Histoire des Brigands célèbres et des Bandits fameux*. — Toute une bibliothèque de biographies particulières.　　　J. ASSÉZAT.

BANNI, BANNISSEMENT. — La division la plus absolue de l'autorité, une répartition égale du pouvoir gouvernant entre tous les gouvernés, une liberté entière d'action pour les partis en tant qu'ils ne troublent pas le jeu des institutions, telles ont toujours été les principales préoccupations des législateurs qui adoptèrent le système démocratique.

Pour atteindre ce but, le droit de suffrage accordé à tous les citoyens, le pouvoir législatif partagé entre un Sénat élu et des assemblées populaires n'avaient point semblé des garanties suffisantes aux démocraties antiques. A Athènes particulièrement, lorsque les despotismes oligarchique ou tyrannique des Mégaclès, des Lycurgue et des Pisistratides eurent succombé, une réaction s'ensuivit et le peuple s'alarma des dangers que présentaient pour la république l'influence excessive d'une faction ou la popularité d'un citoyen. La période de luttes intestines et de discordes sanglantes qu'on venait de traverser avait laissé de cruels enseignements. On résolut d'opposer une barrière infranchissable aux tentatives d'usurpation individuelle et de tarir toutes les sources de conflits entre les partis en présence.

C'est alors que Clisthènes proposa la loi dite d'*ostracisme* ou de bannissement.

Dans un pays aussi peu étendu que l'Attique, où d'anciennes familles possédaient d'immenses fortunes et pouvaient se rattacher de grands intérêts, le pouvoir oligarchique s'était éteint difficilement et non sans laisser derrière lui des personnalités dangereuses. Des guerres fréquentes avec les peuples voisins et les nations étrangères donnaient à la gloire militaire un prestige considérable. En raison du développement de la vie publique, le talent oratoire avait également un crédit très-puissant. Il arrivait souvent qu'au retour de nombreuses victoires ou à la sortie de la tribune, deux généraux ou deux orateurs obtenaient une égale popularité et en profitaient pour créer deux factions rivales plus préoccupées de leurs ambitions et de leurs rancunes personnelles que des intérêts du pays. La force politique du peuple athénien se consumait en luttes inutiles. Les affaires importantes étaient négligées et le crédit de la république s'ébranlait quand, par une rare exception, le sang ne coulait pas dans les rues.

L'ostracisme eut pour but et pour résultat d'obvier à ces périls.

On a longtemps calomnié cette mesure d'ordre public. Des écrivains qui n'avaient pas une connaissance suffisante de l'histoire ou que la haine des gouvernements démocratiques aveuglait, n'ont voulu voir dans l'ostracisme qu'un laisser-passer accordé à la mobilité populaire, un droit légal à l'ingratitude pour les services rendus. On a crié à la tyrannie des masses. Un simple aperçu des conditions dans lesquelles s'élevait l'ostracisme suffira pour démontrer quelles erreurs cette interprétation renferme et combien, au contraire, furent sages et prudents les hommes d'État de l'antiquité qui établirent ce bannissement.

A Athènes, lorsque deux hommes se partageaient la faveur publique et que les deux factions qui les appuyaient se faisaient une guerre mutuelle et acharnée, le Sénat et l'assemblée des citoyens examinaient quel était, au milieu de ces circonstances, l'intérêt de l'État. Si la patrie était déclarée en péril et qu'il y eût urgence à mettre fin aux divisions qui troublaient la ville, on en appelait au juge suprême, à la souveraineté populaire.

Un jour était désigné pour le vote. Des grilles entouraient l'Agora avec dix entrées pour les dix tribus. Au milieu de la place publique, on plaçait dix urnes où étaient déposées les coquilles sur lesquelles chaque Athénien devait inscrire le nom du citoyen considéré comme dangereux pour la sécurité de la république. Le soir, le dépouillement du scrutin avait lieu, et l'homme politique dont le nom était inscrit sur six mille coquilles était déclaré banni. On ne lui donnait que dix jours pour régler ses affaires et quitter le territoire de l'Attique.

Cette mesure, tout exceptionnelle au reste, était donc entourée des plus grandes précautions. Le secret du vote assurait la liberté du suffrage. Les délibérations préliminaires du Sénat et de l'assemblée publique lui donnaient une garantie d'opportunité en même temps qu'elles en faisaient un acte réfléchi et dépourvu de toute passion.

Cette institution avait un tel crédit dans l'esprit du peuple athénien et rendit en peu de temps de si nombreux services, qu'aucun citoyen, quelque puissant qu'il fût, n'osa résister à ses arrêts et tenter contre eux la fortune des armes. Elle eut cet immense résultat d'introduire dans la démocratie athénienne un profond respect de la liberté, et l'on peut dire que grâce à elle ce petit peuple posséda pendant plusieurs siècles une moralité politique des plus élevées. Le système de l'an-archie n'a pas encore trouvé de reproduction plus fidèle et plus probante en sa faveur.

Le moyen âge transporta la peine du bannissement, du terrain politique sur le terrain social et religieux. Bandes de pillards dévastateurs, hérétiques vaincus et dépouillés, ce qui portait atteinte aux droits seigneuriaux, ce qui troublait la conscience du prêtre, les pauvres hères qu'on jugeait indignes de la potence étaient condamnés au bannissement. Juifs que des rois avides avaient rançonnés, malandrins ou pastoureaux que les croisades n'avaient pas décimés, réprouvés de l'Église, du trône et de la hart, ces malheureux, traqués de baronnie en baronnie, de royaume en royaume, furent mis au *ban* de la loi jusqu'au jour où l'organisation communale plus développée put donner accès, protection et travail à cette race de déshérités. Au XVIIe siècle, Louis XIV bannissait encore les Camisards, mais déjà la morale publique protestait énergiquement, et les nations voisines se faisaient une gloire et un honneur d'offrir asile aux victimes du révocateur de l'Édit de Nantes.

Nous ne parlerons pas du bannissement judiciaire dans la société moderne. C'est une peine depuis trop longtemps tombée en désuétude pour que le philosophe ne la considère pas comme abolie en principe.

Par une imitation et une dépravation bizarres du droit romain, le bannissement politique a conquis, au contraire, une trop funèbre place dans l'histoire de notre siècle pour que notre esprit ne s'y arrête pas. Sans rappeler ici les époques douloureuses où, pour assurer leurs usurpations, d'odieux dictateurs chassaient du sol de la patrie les défenseurs de la souveraineté nationale, qu'il nous soit permis de juger les tristes arguments que des légistes, plus courtisans que philosophes, ont tenté d'apporter à l'appui de la thèse du bannissement politique.

A quarante années de distance, deux écoles juridiques se sont rencontrées, enseignant les mêmes doctrines. Toutes deux portent l'empreinte des sinistres époques qui les ont vues naître, toutes deux appartiennent à ce monde moral qui devait germer en brumaire pour fleurir en décembre. L'une a pour chef le baron Treilhard, l'autre MM. Chauveau et Faustin Hélie.

Le législateur de 1810 admettait en principe l'inviolabilité du régime monarchique, la souveraineté absolue du prince. Le crime d'État que l'on avait pu croire aboli avec l'ancien régime retrouvait à ses yeux toute sa valeur. « Certains délits » politiques n'accusent pas, dit-il, une perversité profonde, mais on y découvre » les traces d'une déviation morale, périlleuse pour la société où elle se développe, » mère de troubles et de désordres. » La seule pensée que ces phrases ont pu être écrites au XIXe siècle et signées de la main d'un ancien conventionnel, semble tellement étrange qu'on arrive à se demander quelle perturbation morale la corruption de brumaire avait dû semer dans les consciences pour produire de pareils fruits? Ineffaçable leçon de l'histoire qui prouve toute la faiblesse de l'âme humaine, son incommensurable vanité et sa lâcheté en face du despotisme, des honneurs, des jouissances matérielles!

S'il est depuis cent ans, dans le domaine de la conscience universelle, une vérité acquise et incontestable, c'est la liberté de pensée, c'est le droit pour tout individu de posséder telle opinion qu'il lui plaît sur les institutions politiques ou sociales de son pays, le droit de transcrire cette opinion dans ses actes légaux et de jeter ce léger poids dans la balance de la souveraineté nationale. La société qui, après soixante ans de luttes et de révolutions, devait se confier pour la seconde fois au suffrage universel, l'avait compris. Aussi le législateur de 1791 ignorait-il le bannissement politique, convaincu qu'au-dessus des nécessités du gouvernement, il y avait l'imprescriptible droit de la pensée humaine, l'obligation de garder intacte la libre évolution de tout être. A moins d'absoudre et de légitimer la doctrine des coups d'État, tout philosophe doit considérer comme inaliénable, inviolable et incoercible la liberté individuelle. La Providence politique a disparu avec Bossuet. Pasteurs ou sauveurs des peuples n'ont plus de raison d'être. Républicains sous la monarchie, royalistes sous la république, tous ont droit au respect de leurs concitoyens, à la déférence du pouvoir, car tous ont une conscience et par ce seul fait planent au-dessus de caprices électoraux et d'institutions éphémères.

Au XIXe siècle, le bannissement n'est donc autre chose que le rétablissement de l'inquisition et la transposition de l'hérésie du domaine religieux dans le domaine politique. Quelque puissante qu'elle soit, vraie ou fausse, librement exprimée ou corrompue par des manœuvres arbitraires, la souveraineté populaire n'a aucun droit pour attenter à la souveraineté individuelle. Le despotisme des majorités est

aussi illégitime que la tyrannie d'un seul homme. Il peut avoir des excuses, mais
où qu'il prenne son point d'appui, il est en contradiction formelle avec la philosophie individualiste, en contradiction formelle avec la doctrine de la liberté et
de la fraternité.

En vain objecterait-on la formule révolutionnaire, *Salus populi suprema lex*, le
bannissement n'a aucun droit de cité dans nos Codes. Non-seulement il est contraire aux principes de la philosophie moderne, mais il ne rencontre aucune
nécessité politique qui l'absolve.

Ces réflexions pourront paraître en opposition avec le jugement que nous
portions plus haut sur l'ostracisme; il suffit cependant d'examiner les conditions
d'être des républiques antiques et de les comparer avec celles des républiques
présentes ou futures pour s'apercevoir que les motifs pratiques, qui avaient présidé
à l'institution du bannissement dans les cités grecques, n'existent plus dans nos
sociétés actuelles.

A Athènes, à Sparte, à Rome sous Coriolan, la popularité d'un grand citoyen
était dangereuse parce qu'elle n'avait aucun contre-poids réel. Premier par ses
richesses, sa fortune militaire ou son talent oratoire, il lui était facile de capter
les suffrages de quelques milliers d'électeurs. Au XIXe siècle, au contraire, si l'on
en excepte les représentants des anciennes monarchies qui, pour des raisons beaucoup plus élevées, n'ont pas le droit de fouler un sol républicain, il n'est pas
d'homme, quelque génie qu'il pût posséder, qui, dans une société politique normalement organisée, serait en mesure de renouveler les usurpations césariennes
auxquelles nous avons assisté. Les leçons reçues ont été trop cruelles pour que
d'autres remparts législatifs ne soient pas construits, et la meilleure loi d'ostracisme à opposer aux ambitieux serait encore, selon nous, l'amendement que
M. Grévy présentait à la Constitution de 1848.

D'ailleurs, une série de faits politiques imprévus viendrait-elle déranger ces
calculs, qu'en donnant à l'action judiciaire un jeu régulier et protecteur de la
liberté individuelle, en n'abandonnant qu'à la souveraineté nationale *immédiate* la
prérogative du droit de bannissement, la morale publique serait sauvegardée.
Dans l'intérêt matériel du factieux poursuivi, cette mesure serait peut-être préférable à l'incarcération.

Toutefois, il est des considérations d'un ordre moins élevé, mais aussi puissantes
et que le législateur ne doit point perdre de vue : exiler un homme, ce n'est pas
seulement lui ravir sa part de pouvoir politique, c'est encore porter atteinte à ses
intérêts matériels, briser ses affections, trancher peut-être et certainement abréger
son existence. On n'emporte pas la patrie à la semelle de ses souliers, disait Danton.
On ne sépare pas la branche du tronc, ajouterons-nous, sans arrêter la séve et
dessécher le fruit. Combien d'âmes grandes et de dévouements illustres se sont
flétris sur le sol étranger, combien le bannissement n'a-t-il pas enlevé à notre
pauvre France de courages invaincus et d'honnêtetés incorruptibles !

ALBERT DE LABERGE.

BANQUE. — Les problèmes économiques désignés sous la dénomination de
« questions sociales » sont en ce moment, sinon à l'étude, du moins à l'ordre du
jour.

L'expérience a prouvé qu'il ne suffisait pas d'imposer silence sur ce sujet pour
qu'il cessât d'exister, et que retrancher ces questions du domaine de la discussion
n'était une solution ni satisfaisante ni définitive.

Ces problèmes remontent à l'origine même des sociétés; mais, depuis bientôt quarante ans, des plaintes, des revendications, des anathèmes, des rêveries, tout ce que peuvent inspirer la misère, le déclassement, la convoitise de l'idéalisme ou de la pauvreté, la logique du malheur, l'ignorance des déshérités, l'enthousiasme pour telle ou telle panacée universelle, tout cela s'est propagé pêle-mêle, dans un langage quasi mystique, où les métaphores tiennent plus de place que les définitions exactes, les déductions rigoureuses et les formules précises, ce qui a fait longtemps du *socialisme* une sorte de romantisme révolutionnaire.

Aujourd'hui, l'on semble reconnaître que l'examen impartial, l'étude réfléchie, la méthode d'observation, la libre pensée doivent résoudre ces problèmes comme tous les autres, et telle est en effet la seule conclusion acceptable pour la science.

C'est dans cet esprit que nous abordons l'étude de l'un des faits sociaux les plus importants, la banque, c'est-à-dire l'agent de circulation, d'échange et de crédit par excellence.

La simple transformation du produit en monnaie constitue toute une révolution économique, qu'on peut comparer à la transformation de la vapeur en force motrice, et elle suppose un mécanisme dont la banque est l'organe principal.

Il est arrivé pour la banque ce qui arrive pour certains organes de la physiologie qui n'atteignent leur entier développement et leur perfection que dans certains états de l'être, à un certain moment, sous certaines influences et dans des conditions déterminées. Elle a passé et passera par des modifications successives, dont la dernière est loin d'être atteinte ou même entrevue.

Faire l'histoire de ces modifications, ce sera faire du même coup l'histoire du crédit au double point de vue théorique et pratique, et l'histoire des progrès économiques depuis l'origine des sociétés.

I

La banque dans l'antiquité. — Quelque développement qu'eût atteint le commerce dans l'antiquité, quelque ingénieux et puissant qu'y fût le mercantilisme, l'échange y était resté à l'état de trafic très-perfectionné, où le crédit tel que nous l'entendons était à peu près inconnu, si ce n'est sous la forme du prêt, avec lequel, même encore à notre époque, il est trop souvent confondu.

La banque alors n'était, comme dans l'Italie au moyen âge, guère autre chose que le change des monnaies et le trafic des métaux précieux. Ceux qui l'exerçaient se tenaient dans les lieux publics, comptant leur monnaie sur des tables ou comptoirs (τραπεσαι, *mensæ*) d'où leur vint leur nom (τραπεσιται, *mensarii*), absolument comme pour les changeurs italiens. Parmi les vendeurs que Jésus chassa du Temple, si l'on en croit la légende, il se trouvait de ces industriels. Il était fatal que ceux dont le commerce avait pour objet les métaux précieux tirassent tout le parti possible de leur marchandise ; aussi, non-seulement ils l'achetaient et la vendaient, mais encore ils la louaient, si l'on peut, comme l'ont fait tant d'économistes, donner le nom de location au prêt de l'argent ou des diverses espèces monétaires.

Les trapézites athéniens se distinguaient des marchands, peu honorés chez les peuples guerriers, par la considération que leur méritait sinon leur probité, du moins leur exactitude à tenir leurs engagements, considération telle qu'ils ne délivraient point de reçus pour les dépôts remis en leurs mains, alors qu'ils recevaient des reconnaissances — ou keirographes — pour les prêts faits par eux. A l'industrie du change ils joignaient les diverses opérations pécuniaires qui sont naturellement du domaine des manieurs d'argent ; ils effectuaient des paiements pour le compte d'autrui, faisaient des prêts, recevaient des dépôts, soit à titre gratuit, soit à titre onéreux, selon qu'ils s'engageaient à les garder en nature ou à les faire valoir dans leur négoce, en faisant participer les prêteurs aux pertes et aux bénéfices. — Ayant une clientèle de prêteurs, de créanciers et de déposants, ils pratiquaient le *virement* qui est, du reste, l'opération la plus élémentaire de la banque et qui en est aussi l'opération fondamentale, sinon, quant au trafic, du moins, quant à la science économique. Pour les trapézites d'Athènes comme pour les argentiers de Rome, l'idée de crédit ne s'élevait pas au-dessus de l'idée de prêt et ne s'en dégageait pas, et il était d'autant plus difficile — on pourrait même dire impossible, — qu'elle s'en dégageât, que l'idée abstraite de valeur, sans laquelle le crédit ne peut se comprendre, était ignorée du monde ancien.

Leur industrie, importante en ce qu'elle supposait une certaine richesse de la part de ceux qui l'exerçaient et en ce qu'elle donnait lieu à des opérations fructueuses et à d'assez gros revenus, n'avait qu'une très médiocre importance sociale.

Pourtant les *mensarii* de Rome, dès l'an 352 avant l'ère chrétienne, eurent à remplir une fonction publique dont les premiers théoriciens du socialisme paraissent s'être souvenus; ils étaient chargés de prêter, pour le compte du trésor public, aux citoyens qui offraient des garanties de solvabilité jugées suffisantes, les sommes que ceux-ci devaient à d'autres prêteurs auxquels l'État se substituait. Cette institution avait eu pour but d'assurer l'ordre public en permettant aux plébéiens, exploités par les usuriers patriciens, de se libérer envers leurs créanciers dont la dure et implacable avarice ne reculait devant aucune sévérité et eût réduit en servitude une partie des citoyens de la République débiteurs de sommes grossies par l'usure. Cette intervention de l'État était le procédé le plus efficace qu'on eût trouvé pour atténuer les effets désastreux de l'avidité patricienne, et pour amener une baisse dans le taux de l'intérêt sans porter autrement atteinte à la liberté des transactions. C'est là, historiquement, une des premières manifestations du socialisme.

II

La banque au moyen âge. — Le mot banque est d'origine italienne. Dans la plupart des villes d'Italie, les changeurs du moyen âge se tenaient comme leurs ancêtres sur la place publique où ils recevaient, payaient ou échangeaient les monnaies sur des tables ou bancs désignés par le mot *banco*. Dans certaines villes le commerce était si actif et, à cette époque, la variété des monnaies était si grande que la réunion de ces changeurs formait un véritable marché de numéraire et que, en l'an 1200, la seule ville de Florence, dont la population était de 80,000 âmes, comptait quatre-vingts boutiques de changeurs, dont le bénéfice annuel et moyen a été évalué à un total de quatre millions de notre monnaie, ce qui est un gros chiffre pour le temps.

Comme les changeurs de l'antiquité, ceux-ci se trouvèrent par le fait de leurs fonctions dépositaires et prêteurs, d'autant plus qu'ils joignaient à l'industrie du change l'achat et la vente des métaux précieux en barre, de telle sorte qu'ils devinrent, dans un pays où le commerce avait atteint un si grand développement et tant de puissance, l'âme en quelque sorte du négoce.

Lorsque, à la suite de mauvaises affaires, l'un de ces changeurs manquait à ses engagements, il lui était interdit par arrêt de justice de se livrer de nouveau à son industrie, et, en signe de dégradation, son banc était rompu, brisé. C'est là ce qu'on désignait par l'expression *banco rotto*, dont nous avons fait *banqueroute*.

Par suite de l'extension considérable que prit le commerce en Italie, servi par les croisades, par les juifs et par les navigateurs vénitiens et génois, le comptoir ou banc de la place publique, l'échoppe des changeurs, et aussi leurs personnes, devinrent insuffisants. On songea à fonder des établissements de deux espèces, les uns destinés à régulariser le change et à rendre les transactions plus faciles et plus rapides, les autres créés pour recevoir les dépôts en garde, en consignation ou en gage. Les premiers sont les banques de virement (*banco del giro*), les seconds sont les monts de dépôts (*monte*) qui, d'abord ouverts aux métaux, se sont ensuite ouverts aux marchandises sous le nom de mont-de-piété qu'ils portent en France.

L'industrie des changeurs était d'autant plus fructueuse que les monnaies avaient alors une incroyable diversité, chaque État, chaque principauté possédant une monnaie particulière, quelquefois même plusieurs. Pour s'y retrouver, il fallait une longue expérience et une science toute spéciale; encore les hommes les plus versés en cette matière finirent-ils par ne plus s'y reconnaître quand les rois — et, à leur exemple, les grands seigneurs féodaux — eurent eu l'ingénieuse idée de se faire faux-monnayeurs et d'accroître leurs revenus en fixant, pour les espèces monétaires de leur fabrication, une valeur fictive excédant la valeur réelle des métaux mis en usage.

Les difficultés qui naissaient pour le commerce des variations et de la diversité des monnaies firent songer à la création d'une unité monétaire ; cette unité fut réalisée par la monnaie de banque, monnaie purement abstraite, non point fictive pourtant, à l'aide de laquelle la valeur se manifestait et s'affirmait pour la première fois comme idée, et apparaissait comme terme exact de comparaison, comme mesure typique, comme commun dénominateur d'une série de rapports économiques. Avec la monnaie de banque, les espèces n'étaient plus considérées comme signes représentatifs et gages privilégiés de la valeur, mais comme marchandises, valant un nombre quelconque d'unités ou de fractions du type créé par la banque et accepté par le public. Cette monnaie n'avait point de représentation matérielle, elle n'était figurée ou plutôt exprimée, comme la valeur elle-même, que par des chiffres, et c'est là justement ce qui en assurait l'unité, la fixité et l'exactitude. Toutes les espèces, en entrant dans les caisses de la banque, étaient immédiatement transformées par le calcul en monnaie de banque, tout en conservant leur forme et demeurant comme gage, ce qui permettait de les échanger facilement entre elles ou contre toutes autres marchandises dont la valeur était fixée d'une manière certaine et précise. La création d'une semblable monnaie fut un bienfait pour le commerce qui, dans ses négociations, se servit des dénominations de la monnaie de banque, alors même que la représentation matérielle n'existait pas.

On eût pu croire que le produit allait du coup devenir monnaie, en même temps que la valeur allait trouver sa forme, sa loi et son équilibre. Mais de semblables révolutions ne s'accomplissent pas avec tant de rapidité, et il fallait que l'humanité passât par toutes les erreurs et par tous les désastres du mercantilisme et de la spéculation avant d'arriver à la réalisation d'une idée que la nécessité avait fait naître sans qu'elle en pût comprendre la philosophie, et pour ainsi dire sans qu'elle en eût conscience.

C'était beaucoup déjà d'avoir créé dans une certaine mesure l'unité monétaire, alors que la représentation des valeurs était livrée à l'anarchie. Avec les banques de virement apparaissent une série d'opérations, non pas absolument nouvelles puisqu'on a vu que le virement ou transfert de créances était connu des anciens, et que l'on ne peut savoir à quelle date précise les changeurs italiens imaginèrent de joindre aux opérations du change pur et simple, celles de payeurs pour compte d'autrui et de dépositaires chargés du recouvrement et du paiement de créances. La nouveauté est dans l'application du virement sur une large échelle et d'une façon systématique. On n'avait point encore su élever tous les produits à la dignité de monnaie, mais du moins on trouvait le moyen d'économiser l'usage des espèces monétaires, leur déplacement et leur roulement, et de faire des négociations sans qu'elles eussent à intervenir, par l'emploi de simples procédés de comptabilité.

Quand la lettre de change, expression et représentation de ce virement, eut été inventée, la banque était créée.

La première banque dont il soit fait mention est celle de Venise, fondée, dit-on, par une association de marchands qui avaient prêté une assez forte somme à la république. Encore ne s'accorde-t-on point sur la date de sa fondation ; les uns, comme Anderson, la font remonter à 1156, les autres lui assignent la date de 1171.

L'histoire de ce premier établissement, nommé *Monte Vecchio* (vieux mont), si l'on en croit Clairac, est restée fort obscure. Selon la tradition, il aurait commencé ses opérations par un prêt à l'État, et deux fois, en 1410 et en 1580, il aurait renouvelé cette opération qui lui aurait valu à chacune de ces dates la création d'un nouveau mont (le *Monte Novissimo* et le *Monte Novo*). Il s'agissait de combler les déficits faits par la guerre de sept ans et de soutenir la guerre de Ferrare. L'organisation primitive fut modifiée par un édit en 1587, et l'État, reconnaissant sans doute les services rendus, constitua un capital de cinq millions de ducats à la banque de Venise qui en demeura débitrice sans qu'elle eût à en payer les intérêts. Cette banque subit les vicissitudes de la nationalité vénitienne ; elle vit son crédit s'amoindrir après la prise de la ville par les Français en 1797, et elle fut supprimée en 1808, lors de la réunion de la Vénétie au royaume d'Italie.

Dès son début nous voyons la banque liée à l'État par des emprunts ou des créances. Cet agent du commerce et de l'économie sociale, mis au service des pouvoirs politiques, dont il devrait toujours demeurer indépendant, a servi à fausser à la fois les idées que la pratique et l'expérience devaient développer, et les institutions qui, semblant avoir pour but de créer l'ordre, la régularité et l'équilibre dans la production et la circulation, n'y ont apporté que le trouble, l'anarchie, l'instabilité et l'exploitation.

En prêtant à l'État, les banques — et surtout les banques primitives de dépôts — ouvraient un crédit à des créances hypothétiques et aventurées dont le remboursement n'avait d'autres garanties que les revenus probables de l'impôt, alors qu'elles n'en devaient ouvrir qu'aux possesseurs, déposants ou dépositaires, de gages réels, immédiatement réalisables. Qu'on crédités autre chose que des lingots d'or ou d'argent, qu'on crédités des marchandises ou produits évalués suivant leur valeur moyenne, reconnue et déterminée par l'expérience et par les besoins de la consommation, c'eût été pour le mieux. C'est à quoi pourtant l'on ne songeait guère. Mais créditer l'État, être impersonnel et improductif, ne représentant par lui-même que des non-valeurs, dont les ressources de tout temps ont été la dette, créditer une créance sur l'irresponsabilité, l'éventualité et le hasard, c'était commencer singulièrement la pratique du crédit. C'est là pourtant ce que firent les premières banques et ce qu'on n'a d'ailleurs cessé de faire depuis.

Pour compenser les éventualités qui représentaient les seules garanties que puisse offrir l'État, celui-ci accordait à ses créanciers des privilèges ou monopoles très-réels à l'aide desquels ces derniers pouvaient regagner sur le public ce qu'ils risquaient de perdre avec l'État, — combinaison aussi funeste pour l'économie que pour la liberté et à laquelle nous devons, pour une bonne part du moins, la prodigalité des monarchies et l'accroissement du paupérisme.

La banque dite de Saint-Georges, établie à Gênes en 1407, semblable à celle de Venise par ses opérations, eut, comme elle aussi, pour premier capital une créance sur l'État garantie par la cession du port de Péra dans le Bosphore, des colonies de l'archipel grec et de l'île de Corse. Dans les guerres civiles ou étrangères qui affligèrent la république de Gênes, cette banque vint au secours de l'État en souscrivant ses emprunts. Deux fois, en 1456 et en 1479, elle fut forcée de suspendre ses paiements et opéra une réduction sur ses créances, autorisée qu'elle y était d'ailleurs par la papauté toujours ingénieuse, comme on sait, quand il s'agit d'expédients financiers.

Malgré ces mésaventures, la banque, facile pour elle-même, dure aux autres, prospéra grâce aux cessions qu'elle obtint de l'État en paiement des avances faites par elle et dont la république ne pouvait s'acquitter. Peu s'en fallut que la banque ne prît hypothèque sur le pays tout entier et ne devînt propriétaire de Gênes, de son territoire et de ses habitants. Elle eût pu dire non sans raison le mot de Louis XIV : « L'État, c'est moi! » Prise et pillée par les Autrichiens en 1746, elle tomba en déconfiture, mais la monnaie fictive qui lui servait à tenir ses comptes et à prélever son *agio*, supérieure de 15 pour 100 environ à la monnaie courante, (*valuta di banca*), demeura en usage dans le commerce.

La république de Gênes releva cet établissement en 1750 et se reconnut garante et débitrice de l'ancienne dette représentée par des actions transmissibles, au rachat desquelles furent affectées des ressources spéciales. Enfin, après la conquête française, en 1797, elle eut le même sort que la banque de Venise et fut définitivement supprimée, après avoir été dans le cours de son existence bien plus une institution de crédit public, ou pour mieux dire d'emprunts d'État, qu'une banque commerciale.

III

La banque après la lettre de change. — Nous n'entendons pas retracer l'historique ni même dresser la nomenclature de toutes les banques fondées depuis celle de Venise jusqu'à nos jours ; nous ne faisons qu'esquisser rapidement l'histoire des banques qui ont une importance particulière ou un caractère spécial et dont le rôle fait le mieux comprendre le développement ou la transformation des idées de crédit, de circulation, d'échange, d'exploitation, de spéculation et d'agiotage qui font de compagnie leur chemin dans le monde. C'est pourquoi nous passons sous silence la banque de Barcelone fondée vers la fin du xive siècle, et c'est pourquoi aussi nous ne parlerons point des diverses banques établies aujourd'hui en Europe, Afrique, Amérique et Australie, et qui n'offrent point de notables différences avec les types qu'il nous reste à examiner.

A la fin du moyen âge, à l'époque des grandes inventions, des grandes découvertes, des idées neuves, où le monde chrétien et féodal semblait sortir du tombeau gothique, où philosophie, art, science, industrie et commerce refleurissaient au soleil de la Renaissance, il se fit une révolution dans l'économie et dans le commerce, comme il s'en faisait une dans les idées. Cette révolution, c'était la lettre de change qui l'opérait. Comme l'invention de la poudre a révolutionné la stratégie, comme la découverte de l'Amérique a révolutionné la navigation, comme l'application de la vapeur a révolutionné l'industrie, la création de la lettre de change a révolutionné l'économie commerciale, — et, soit dit en passant, il reste à la banque à accomplir aujourd'hui une révolution tout aussi profonde et en même temps tout aussi positive que celle qui fut opérée par la lettre de change.

A qui revient l'honneur de cette invention ? on l'ignore ; à cet égard, on en est réduit aux hypothèses et aux légendes. Ce qu'on sait le mieux, c'est qu'elle est d'origine italienne, et, d'ailleurs, si intéressant que soit ce sujet, il n'y a point à le traiter ici. Ce qu'il importe de signaler, c'est le caractère même de la lettre de change, qui consiste à être tirée d'un lieu sur un autre, à être à l'ordre d'un tiers ou du tireur lui-même, et à contenir, outre la date, l'énonciation : 1° de la somme à payer; 2° du nom de celui qui doit payer; 3° de l'époque et du lieu où doit s'effectuer le paiement; et 4° enfin, de la nature de la valeur fournie. Dans ses éléments principaux, la lettre de change, qui suppose une valeur créée et livrée par le tireur donnant lieu au *change*, l'existence chez le tiré des fonds destinés au paiement ou la *provision*, et la promesse d'acquittement ou *acceptation*, la lettre de change, disons-nous, n'est autre chose qu'un *change* prématuré, opéré à distance, la mise en circulation immédiate d'une somme existant en un autre lieu et qui sera payée en ce lieu, au jour de l'échéance.

Entre la lettre de change et l'ordre qu'un déposant pouvait donner à la banque d'opérer un virement de son crédit à son débit, d'encaisser ou de payer pour son compte, il y a parité et filiation d'idée et de fait.

Ainsi, un commerçant, qui a de l'argent à la caisse de dépôt de Venise, se trouve à Constantinople; il veut y faire un achat pour lequel il n'a pas l'argent comptant nécessaire; il l'emprunte à un autre marchand qui retourne à Venise et lui remet en échange un ordre invitant la banque à payer au porteur une somme déterminée prise sur le crédit de son compte. Le retour à Venise du second marchand se trouvant retardé, on peut supposer qu'il cède à un troisième l'ordre de banque en question, et ainsi de suite, jusqu'au jour où un dernier porteur se présentera à la banque de Venise pour exiger le paiement.

Cette transaction était trop simple, trop élémentaire, trop naturelle pour qu'on ne sentit pas le besoin de l'effectuer. Pourtant il existe entre l'ordre de paiement ou de virement adressé à la banque et la lettre de change une différence essentielle. C'est que le premier s'applique à un dépôt en numéraire ou en lingots formant provision constante, toujours transmissible, et qu'il s'adresse au dépositaire, tandis que la seconde vise un débiteur qui a reçu du tireur des valeurs quelconques, espèces ou marchandises, qui reconnaît la créance mais ne doit s'acquitter qu'à une date fixe. Cette différence était considérable par les conséquences qui devaient en découler; elle mettait en circulation non plus la représentation de valeurs métalliques, mais la représentation de valeurs commerciales, de marchandises et de produits : elle donnait naissance à un nouveau fait, l'escompte, différent de l'agio des anciennes banques en ce qu'il est la prime d'un risque d'insolvabilité, en même temps que l'intérêt du numéraire; enfin elle transportait, du livre de comptabilité, dans la vie et dans la société commerciales le crédit destiné à développer la production, l'échange, le commerce et l'industrie, mais appelé aussi à fournir un nouvel aliment et de nouveaux procédés à la spéculation et à l'exploitation et à accroître, avec les crises financières, les non-valeurs et les faillites.

Nous allons voir désormais les banques joindre à leurs anciennes fonctions une opération nouvelle, l'escompte, et, après avoir créé une valeur abstraite, la monnaie de banque, créer une monnaie fiduciaire à l'aide de bons ou billets tirés par elles sur elles-mêmes.

IV

Banque d'Amsterdam. — Le commerce d'Amsterdam au xvi° siècle rivalisait avec celui des plus grandes villes d'Italie. Là, comme à Venise, à Florence et à Gênes, des orfévres-banquiers opéraient le change des monnaies si nombreuses et si diverses qu'y apportait la marine marchande; ils prêtaient sur dépôts et faisaient même, à gros intérêts, des avances pour certaines affaires que les hasards de la navigation rendaient souvent périlleuses. Aussi s'ensuivait-il de nombreuses banqueroutes dans lesquelles les déposants perdaient tout ou partie de leurs dépôts. C'est pour remédier à cet état de choses que fut fondée, le 31 janvier 1609, la banque d'Amsterdam sous la garantie de la ville et sous l'autorité de ses bourgmestres, qui s'engageaient à cet égard par les serments les plus solennels. Les opérations comprenaient le change des monnaies, les dépôts pour lesquels elle ne payait point d'intérêt, tout au contraire, les comptes courants et l'escompte. Elle délivrait aux déposants un certificat constatant l'importance du dépôt et par conséquent du crédit correspondant. Ce certificat était transférable moyennant un droit de 5 pour 100 et à l'aide d'une procuration qu'il fallait renouveler chaque année. Comme les banques d'Italie, elle réglait ses comptes en monnaie de banque supérieure à la monnaie courante puisqu'elle-même ne recevait les espèces que sous le bénéfice d'un agio de 5 pour 100, qui s'éleva jusqu'à 9 pour 100, en raison de la confiance du public, qui voyait dans la monnaie de la banque comme dans ses certificats la représentation exacte d'un numéraire incessamment remboursable. D'ailleurs, une loi sévère, exigeant que les traites ou lettres de change au-dessus de 600 florins fussent payées en monnaie de banque, en favorisa singulièrement l'usage et l'extension. Non-seulement la banque ne payait point d'intérêt pour les dépôts qui lui étaient confiés, mais encore, lorsqu'on les retirait, elle percevait un droit de garde d'un huitième pour cent. Si elle procurait quelque sécurité au commerce, elle la lui faisait bien payer, comme on le voit et comme le prouve ce passage d'Adam Smith, où cet économiste énumère les revenus de la banque d'Amsterdam :

« Chaque individu qui ouvre un premier compte avec la banque lui paie un honoraire de 10 florins, et 3 florins 3 stivers pour chacun des comptes suivants ; il paie aussi 3 stivers pour chaque transport au-dessous de 300 florins. Celui qui néglige de balancer son compte deux fois chaque année est soumis à une amende de 25 florins. Quiconque ordonne un transport pour une somme plus forte que celle qui est portée sur le livre voit son ordre rejeté et paie néanmoins 3 pour 100, à raison de l'excédant de la somme. On suppose aussi que la banque fait un bénéfice considérable sur la vente des monnaies étrangères et des lingots qui, par l'expiration des récépissés, lui restent quelquefois, et qu'elle garde toujours jusqu'au moment où elle peut les vendre avec avantage ; elle bénéficie encore en vendant l'argent de banque à 5 pour 100 d'agio, et en l'achetant à 4. »

La banque à ce compte devait faire de bonnes affaires et fournir d'assez beaux revenus à la ville : il fallait que le commerce eût grand besoin de sécurité et que les banquiers particuliers lui eussent causé de sérieuses mésaventures pour qu'il en passât si facilement par ces nombreuses et sévères exigences de la banque. Celle-ci, du reste, prospérait et méritait la confiance qui lui était accordée en conservant avec une scrupuleuse fidélité les sommes qui lui étaient remises en dépôt. Cette fidélité fut constatée lors de l'invasion française, en 1672, où les déposants, pris de panique, réclamèrent tous le remboursement de leurs dépôts. La banque effectua le remboursement avec une telle ponctualité que son crédit en fut encore augmenté et que le public fut convaincu que les billets de la banque étaient exactement représentés par une valeur au moins égale de numéraire, — ce qui permit à ces billets de bénéficier d'un agio de 3 à 5 pour 100. Lors du remboursement des dépôts, on vit non-seulement que la banque était en état de faire face immédiatement aux demandes de restitution, mais on s'aperçut encore que les dépôts étaient demeurés tels qu'au jour de leur entrée, sans avoir même été déplacés, en constatant sur les monnaies dont ils étaient formés les traces d'un incendie qui avait dévoré une partie de l'hôtel de ville quelque temps après la fondation de la banque. Ce fait, qui paraît n'avoir qu'un simple caractère anecdotique, était pourtant de nature à inspirer aux commerçants hollandais de sérieuses réflexions sur le rôle du numéraire. Ils pouvaient se dire que, depuis cinquante ans environ, une partie de ce numéraire, considéré comme indispensable à l'échange, était demeuré enfoui alors que des billets, certificats ou récépissés en remplissaient l'office; que ce numéraire immobilisé était réclamé au bout de cinquante ans de magasinage, non point en raison de ses propriétés métalliques et pour satisfaire un besoin ou effectuer une production auxquels lui seul serait propre, mais simplement par défiance, dans la crainte que les billets ne représentassent plus la même valeur que les espèces et qu'on ne pût faire avec les premiers les mêmes acquisitions qu'avec les secondes. Si les commerçants hollandais eussent raisonné quelque peu sur ce fait, ils auraient acquis la conviction qu'on ne recherchait point le numéraire pour le numéraire lui-même, mais seulement pour les valeurs dont il était la représentation et qu'on pouvait se procurer avec lui; que toute autre représentation fixe, certaine, garantie, pouvait le remplacer, et qu'il était peu important que le billet de la banque représentât un lingot ou des espèces de la valeur de 100 florins ou qu'il représentât la même valeur en un produit quelconque. Les commerçants hollandais ne firent pas tant de réflexions et ils se bornèrent à favoriser de leur confiance la banque qui avait si ponctuellement effectué les remboursements et conservé ses dépôts avec une si stricte fidélité; — à partir de ce moment le public demeura convaincu que chacun des billets mis en circulation avait pour garant une somme égale renfermée dans les caisses. Law ne partagea pas la confiance générale et, en 1722, il exprima à cet égard des soupçons qui furent confirmés lors de la seconde invasion française, en 1794. Acette époque, on s'aperçut, lorsqu'il fallut rembourser les dépôts, que, sur la réserve métallique, 24 millions de florins avaient été, contrairement aux statuts, prêtés aux États de Hollande et de Frise. Les billets perdirent 16 p. 100 de leur valeur, et la banque tomba dans un discrédit dont elle ne se releva pas. Ajoutons, pour mémoire, qu'elle fut reconstituée, en 1814, sous le nom de *banque néerlandaise*, fondée par actions et indépendante de l'État, si ce n'est cependant que les directeurs en sont nommés par le roi.

Nous ne parlerons pas de la banque de Rotterdam fondée en 1635 et semblable sous la plupart des rapports à la précédente; et nous ne parlerons que trèssommairement de la banque de Hambourg qui appartint pendant longtemps à la catégorie des banques de dépôt, et dont l'histoire comme les opérations ne présentent qu'un faible intérêt.

V

Banque de Hambourg. — Elle n'est pas de celles pour qui la lettre de change fut une révolution, puisqu'elle ne comprenait pas l'escompte au nombre de ses opérations, — ce dont M. Bouron, l'implacable adversaire du crédit, la félicite trèsvivement. «Depuis sa création, en 1619, elle n'a jamais, dit M. Bouron, fait un sou d'avance à qui que ce soit, n'a jamais émis un seul billet circulant et n'a jamais escompté un seul effet de commerce, sauf, dans un cas exceptionnel, lors de la crise 1857-1858. » Aussi est-elle pour M. Bouron le modèle des banques, c'est-à-dire « une caisse commune dans laquelle les capitaux peuvent être déposés en sécurité, et où paiements et recettes se font sans déplacement, sans transport d'espèces, sans perte de temps et sans risques! » Quand M. Bouron affirme que la banque de Hambourg n'a jamais émis un billet circulant, ce n'est point chose absolument exacte. Comme toutes les banques de dépôts de la même époque, celle-ci donnait récépissé du dépôt, et ce certificat circulait non pas peut-être comme eût circulé le numéraire qu'il représentait, mais à peu près comme les billets de la banque d'Amsterdam. Il est vrai que la banque de Hambourg, désirant s'en tenir aux opérations les plus élémentaires, n'avait point voulu tout d'abord créer une monnaie de banque différente de la monnaie courante; mais elle y fut contrainte par Léopold Ier et Marie-Thérèse qui, tous deux pour augmenter leurs revenus, recoururent à un moyen très en faveur près des souverains, l'altération de la monnaie. La banque de Hambourg ferma ses caisses à la monnaie nouvelle, mais sa vigilance fut trompée, et elle s'aperçut un jour qu'elle avait reçu une certaine quantité d'écus altérés. Elle fut dans un grand embarras et s'en tira de son mieux en faisant supporter à tous ses clients la perte résultant de la différence de valeur réelle entre la monnaie ancienne et la monnaie nouvelle; elle établit à cet effet une moyenne proportionnelle entre les deux, ce qui donna naissance à l'*écu de banque*, valeur idéale, inférieure à l'ancien écu et supérieure au nouveau. La banque de Hambourg se garda bien de faire profiter personne du crédit collectif; elle laissa les particuliers se servir du crédit entre eux à leurs risques et périls, et ne fut autre chose qu'une caisse commune où les Hambourgeois déposaient leur numéraire et où le plus grand nombre des paiements et des recettes s'opéraient par virements. Une banque de ce genre peut présenter certaines commodités à ses clients, mais son action sur la transformation économique, sur le développement de l'échange et de la circulation, doit être considérée comme nulle.

VI

La banque en Angleterre. — Les premiers banquiers de l'Angleterre furent, comme en Italie, les changeurs, fondeurs et affineurs de métaux, les *goldsmiths* ou forgeurs d'or. Détenteurs des métaux précieux et des espèces, en raison de leur industrie, c'est à eux qu'on remettait en dépôt les capitaux inactifs, et c'est à eux qu'on demandait des prêts. A leur tour, ils confiaient à la Monnaie leurs lingots et leurs espèces de provenance étrangère, comme aussi tout ou partie des dépôts qui leur étaient remis, pour les retirer, suivant leurs besoins, transformés en monnaie anglaise. Les choses allaient ainsi lorsqu'en 1640, Charles Ier, fort prodigue et partant fort besoigneux, ayant grand besoin d'argent et n'en pouvant obtenir du parlement, eut une de ces idées ingénieuses comme en ont les têtes couronnées; il emprunta sans aucune formalité et sans demander aucune permission le montant des dépôts renfermés à la Monnaie, c'est-à-dire dans la Tour de Londres, et qui s'élevaient à 200,000 livres sterling (5 millions de notre monnaie). C'était peu, mais c'était toujours cela; d'ailleurs Charles Ier ne nia pas sa dette, il promit même d'en payer l'intérêt, ce qui devait, selon lui, paraître très-avantageux aux déposants à qui la Tour de Londres ne payait rien. Les négociants trouvèrent que c'était trop et réclamèrent si fort qu'il leur fut restitué immédiatement un tiers de cet emprunt forcé.

Mais la méfiance était éveillée. Les goldsmiths se firent les propres gardiens de leurs dépôts et même de ceux d'autrui. Vers cette époque, ils se livrèrent à l'escompte du papier de commerce dont ils firent un nouveau genre de change. En paiement ou en échange des effets qu'ils escomptaient, ils ne remettaient point des espèces, mais bien leurs propres billets, transmissibles par endossement et payables à présentation — ce qui rendait plus longue la durée de leur circulation, le billet à vue étant celui dont le paiement est, en général, le moins exactement réclamé.

Quand Cromwell se fut emparé du pouvoir, il comprit quels services on pouvait attendre de la confiance des goldsmiths et il essaya de la regagner ; il y parvint grâce à son puritanisme et à la sévérité de son administration; il en arriva à faire escompter par ces banquiers les revenus de l'impôt à raison de 8 pour 100, et la régularité avec laquelle le Trésor remboursait ses emprunts à l'échéance assura le crédit au gouvernement du Protectorat. Ce crédit fut tel que les prêteurs songèrent à fonder une banque semblable à celle d'Italie, qui, tout en recevant les dépôts et en émettant des valeurs de banque, souscrirait les emprunts d'État.

Un projet dans ce sens fut soumis au parlement, mais le retour des Stuarts au trône d'Angleterre en amena l'abandon, parce qu'alors l'opinion générale était que les banques ne pouvaient exister que dans les républiques. Il est vrai que le gouvernement républicain présentait seul les garanties de probité élémentaire nécessaires au crédit. On sait, on a vu et l'on va voir encore que les souverains ne se piquaient point d'en observer rigoureusement les règles.

Le gouvernement des Stuarts hérita de l'ordre créé par le Protecteur et aussi de la confiance qu'il avait su inspirer aux capitalistes. Ils prêtèrent au nouveau gouvernement comme ils avaient prêté à celui qui venait de disparaître, et notamment pour aider au licenciement de l'armée républicaine.

Pendant dix ans, la restauration des Stuarts fit tant bien que mal honneur à son crédit, mais, en 1672, Charles II, ayant besoin d'argent pour la guerre de Hollande, n'en pouvant obtenir du parlement et se souvenant fort à propos de l'exemple de Charles Ier, s'appropria les avances faites à l'État et qui s'élevaient à 1,300,000 livres sterling environ, en offrant d'en payer l'intérêt à 6 pour 100, ce qui était une manière de créer la dette consolidée. Les banquiers ne goûtèrent que très-médiocrement ce procédé financier et il ne fut plus question de fonder une banque nationale; on était plus que jamais convaincu que la république seule en permettait l'établissement et le développement.

Sans être la république, le gouvernement institué par la révolution de 1688 présentait des garanties nouvelles qu'on n'avait point trouvées jusque-là avec la monarchie. Vers 1694, l'Angleterre, engagée dans la guerre avec la France, était à peu près à bout de ressources, à ce point que le roi Guillaume, qui commandait l'armée et se trouvait devant Namur, ne pouvait faire le siège de cette ville. Le gouvernement demandait donc qu'il lui fût accordé la perception de plusieurs droits et un emprunt de 1,500,000 livres sterling, en récompense duquel il offrait un privilége important. Une compagnie se forma pour souscrire cet emprunt et exploiter ce privilége. Un projet de banque fut présenté par le docteur Hugh Chamberlain, suivant M. Gilbart, sans succès d'ailleurs, et un autre plan adopté définitivement fut imaginé par un compatriote de Law, l'écossais William Patterson qui, après avoir fondé la banque d'Angleterre, poursuivit, comme Law, un gigantesque projet de colonisation et périt à l'isthme de Darien en essayant de le réaliser. Suivant ce plan, ratifié par le parlement après de longs débats et une ardente discussion, la compagnie devait prêter à l'État la somme de 1,200,000 livres sterling à 8 pour 100 d'intérêt par an. Une prime de 4,000 livres pour le maniement des fonds de l'Échiquier était jointe à cet intérêt, ce qui portait le revenu annuel à 100,000 livres. En retour la compagnie eut le privilége d'émettre des billets au porteur et à vue sans que l'émission pût cependant excéder la somme avancée à l'État; dans le cas où cette clause eût été violée, les actionnaires devaient être personnellement responsables dans la proportion de leur souscription; la banque devait escompter tous effets de commerce, recevoir des dépôts, opérer sur les matières d'or et d'argent, et faire des avances sur marchandises qu'elle avait droit de vendre trois mois après l'expiration de la date fixée pour le remboursement, quand ce remboursement n'était point effectué. Tout autre trafic lui était interdit. En dix jours la souscription fut remplie, et la banque instituée le 27 juillet 1694 par charte royale. L'administration se composait d'un gouverneur, d'un sous-gouverneur et de vingt-quatre directeurs élus chaque année et choisis parmi les membres possesseurs d'un certain nombre d'actions.

Il n'était pas inutile de rappeler quelles circonstances avaient amené la naissance de cette institution et quelle avait été la génération de l'idée de crédit manifestée dans les faits par la banque. Il ne faut pas s'attendre à trouver ici l'explication technique du mécanisme de cette banque ni d'aucune autre; nous ne pouvons qu'en indiquer les principes généraux et les caractères essentiels.

La banque d'Angleterre se fonde, comme celles dont nous venons de retracer le rapide historique, pour venir en aide à l'État; mais ici apparaît ce fait très-curieux, c'est que la garantie présentée par cette banque aux porteurs de ses billets c'est sa créance sur l'État et la responsabilité de ses actionnaires et non plus le numéraire remis en dépôt dans ses caisses. La responsabilité sociale et politique de l'État et la responsabilité collective des fondateurs de la banque remplacent les espèces et les lingots, et c'est sur elles deux que sont appuyés les billets au porteur et à vue qu'elle émet, qui ne représentent plus une encaisse métallique et forment très-réellement une monnaie fiduciaire, véritable expression du crédit. Ce n'est pas tout : la banque va faire l'escompte et des avances sur marchandises, de telle sorte que ses billets qui, sans ces opérations, resteraient de simples titres de créances ou de rentes sur l'État, vont devenir la représentation de produits mis en circulation.

Ce fait est à lui seul plus instructif et plus concluant que les dissertations de cinquante économistes. Une autre fait, non moins important au point de vue de la théorie et des idées, et qui prouve combien la responsabilité collective peut remplacer comme garantie la valeur réelle et matérielle du numéraire, c'est celui que nous trouvons dans l'histoire de cette même banque. En 1745, alors que le prince Charles-Édouard envahissait le pays à la tête d'une armée écossaise, la panique prit les porteurs de billets qui vinrent en foule en demander le remboursement à la banque. Celle-ci se trouvait dans un grand embarras ; mais les marchands et négociants de Londres, comprenant que la ruine de la banque entraînerait la leur et que le succès du prétendant ne pouvait influer que très-indirectement sur ses opérations, eurent une réunion publique à la suite de laquelle ils s'engagèrent, par une déclaration écrite et signée, à accepter les billets de la banque comme par le passé et à les faire accepter par leurs clients. Cette manifestation eut un résultat que n'aurait pu obtenir n'importe quelle mesure législative ou gouvernementale ; cette promesse d'acceptation fit plus que n'aurait fait une ordonnance de *cours forcé*. Le crédit de la banque se trouva rétabli presque immédiatement.

C'est là peut-être le plus éclatant exemple de cette vérité que la garantie essentielle du papier de banque, de la monnaie fiduciaire, est dans l'acceptation et la responsabilité collective, en tant, bien entendu, que l'émission ne dépasse point les valeurs sérieuses du portefeuille ou les valeurs réelles sur lesquelles il est fait des avances.

C'est cette vérité qu'il faut propager, qu'il faut faire comprendre à l'universalité des citoyens, et le jour où elle sera comprise, reconnue, la monnaie métallique aura perdu la plus grande partie de son utilité et de son pouvoir; la circulation ne sera plus limitée que par la nature même des choses, c'est-à-dire par les limites de la puissance productrice, d'une part, et des besoins à satisfaire, de l'autre, et non point par les fluctuations du numéraire qui, aujourd'hui encore, est le maître de l'échange, alors qu'il ne devrait en être que le serviteur.

Revenons à la banque d'Angleterre. Lors de sa création, au commencement du mois d'août 1694, l'escompte des traites sur l'étranger était de 6 pour 100, maximum de l'intérêt légal ; à la fin du même mois, la banque escomptait les mêmes traites à 4 1/2 pour 100. Au 1er janvier de l'année suivante, elle escomptait les traites étrangères à trois mois d'échéance à 6 pour 100, — à 3 pour 100 seulement, quand ces traites lui étaient remises par des clients en compte avec elle, — et elle escomptait à 4 1/2 pour 100 les traites sur l'intérieur. Au mois de mai de la même année, elle faisait publier un avis annonçant qu'elle ferait des avances sur tous métaux à 4 pour 100 l'an. M. Coquelin fait remarquer avec raison qu'il ne faudrait pas en induire que l'intérêt de l'argent eût subi une baisse universelle, mais que les opérations de la banque avaient eu pour résultat de faire affluer à Londres une grande quantité de capitaux, ce qui y rendait le taux de l'intérêt plus bas, tandis que dans les provinces les capitaux devenant plus rares, il avait dû s'ensuivre un renchérissement.

Il serait trop long de faire ici, même très-sommairement, l'histoire de la banque d'Angleterre, des crises diverses qu'elle traversa et des modifications que subit son organisation primitive ; nous ne relèverons de ces faits que ce qui est essentiel à l'élaboration de l'objet de cette étude. Aussi, ne parlerons-nous ni de la crise de 1696 ni des démêlés de la banque d'Angleterre avec la banque territoriale et avec la compagnie du Sud, la première fondée pour souscrire, en même temps que des emprunts d'État, des prêts hypothécaires à 3 pour 100, la seconde ayant conçu le projet de liquider la dette consolidée et la dette flottante, banque et compagnie ruinées toutes deux en très-peu de temps.

Nous arrivons sans transition à l'examen des rapports de la banque avec l'État, rapports qui amenèrent la fameuse crise commencée en 1797 et qui ne se termina qu'en 1823. On a vu que, dès la création de la banque, il lui était alloué une somme annuelle de 4,000 livres sterling, pour le maniement des fonds de l'Échiquier. Il était donc entendu qu'elle serait chargée d'une partie du service financier de l'État, outre l'emprunt qu'elle avait souscrit et ceux qu'elle devrait ou pourrait souscrire par la suite. C'est ainsi que la banque eut à opérer le recouvrement des revenus publics et le paiement des créanciers de l'État, à faire des avances sur le produit des impôts, à négocier les bons de l'Échiquier, à constater et surveiller les mutations survenues dans la propriété de la dette publique, en même temps qu'à en payer les intérêts. Elle reçut pour ce service 562 livres par million jusqu'en 1786, et, depuis cette époque, 450 livres par million jusqu'en 1808 ; à partir de cette dernière date, l'allocation ne fut plus que de 340 livres par million jusqu'à concurrence de 600,000 livres, somme au-dessus de laquelle il ne devait plus être alloué que 300 livres par million. La banque était donc chargée d'une grande partie des fonctions qui appartiennent en France au ministère des finances. Seulement, le système employé en Angleterre permet de réaliser de très-grandes économies, puisque le même service coûterait 340,000 francs pour un milliard, alors qu'il coûte au moins cent fois plus cher en France. Comme l'application de ce procédé supprimerait des emplois, fonctions et sinécures que l'administration gouvernementale tient à conserver pour le plus grand bonheur de ses favoris, bien plus intéressants à ses yeux que les contribuables, il n'y a pas à s'étonner qu'on ne songe point à l'importer en France.

On avait prévu que cette organisation pourrait permettre au gouvernement de faire des emprunts qui échapperaient au contrôle du parlement ; aussi, était-il défendu à la banque de faire aucun prêt au gouvernement, de quelque manière que ce fût, sans l'autorisation du parlement, sous peine d'une amende représentant le triple de la somme prêtée et dont un tiers devait être la récompense du dénonciateur. Cela n'empêcha pas le gouvernement de faire un grand nombre d'emprunts à la banque, qui fut obligée d'augmenter plusieurs fois le chiffre de son capital; seulement, elle y avait été autorisée. En 1793, la gravité exceptionnelle des circonstances fit qu'on abandonna les dispositions sévères et prévoyantes dont nous venons de parler. Un bill permit à la banque de faire des avances au gouvernement en acquittant les lettres de change payables à la caisse du trésor et acceptées par ses commissaires; le gouvernement fut cependant tenu de déclarer chaque année au parlement le montant des avances ainsi faites. Dès lors, le gouvernement, engagé dans la guerre avec la France, usa assez largement du moyen qui lui était fourni d'emprunter pour épuiser les ressources de la banque. Celle-ci songea à les augmenter par une émission plus grande et une circulation plus étendue; en conséquence, elle abaissa le chiffre des coupures. Jusqu'en 1758, les billets émis n'étaient pas inférieurs à 20 livres sterling (500 francs); en 1759, il avait été émis des billets de 15 et de 10 livres sterling (375 et 250 francs); en 1794, la coupure fut abaissée à 5 livres (125 francs). Cette mesure augmenta la circulation et facilita l'émission, mais dans des proportions qui restèrent au-dessous des besoins, le gouvernement ne cessant de réclamer de nouvelles avances. On dut avoir recours à toutes sortes d'expédients; on restreignit les escomptes et on prit certaines dispositions qui entravaient le remboursement des propres billets de la banque.

Celle-ci essaya vainement de se soustraire aux exigences du gouvernement, qui furent telles que, au commencement de l'année 1797, les avances faites à l'État s'élevaient à 10 millions de livres sterling, alors que celles faites au commerce s'élevaient à peine à 3 millions. Dans la nuit du 26 au 27 février 1797, les directeurs reçurent du conseil des ministres un ordre interdisant à la banque le remboursement de ses billets. Le 27 février, les administrateurs de la banque firent circuler un avis avertissant le public que la situation de l'établissement était des plus satisfaisantes, mais que, néanmoins, elle escompterait à l'avenir les effets commerciaux en billets de banque et acquitterait ses bons de dividende de la même manière. Le même jour, eut lieu une réunion composée de commerçants, de marchands, de banquiers, etc., présidée par le lord-maire, qui prit des résolutions semblables à celles que nous avons vu prendre dans les mêmes circonstances, en 1745. L'ordre du conseil, provisoire d'abord, fut sanctionné par le parlement. La commission, choisie par la chambre des communes pour examiner la situation, déclara que le montant des créances dues par la banque était au 25 février de 13,770,390 livres, et que le montant de ses ressources était de 17,597,280 livres, non compris la dette non exigible de l'État de 11,656,800 livres, portant intérêt à 3 pour 100, ce qui donnait un excédant de 3,825,890 livres de l'*actif* sur le *passif*. Seulement, la commission avait fait entrer dans l'*actif* les 10 millions prêtés au gouvernement, qui, pour ne point faire partie de la dette permanente ou consolidée, n'en étaient pas moins non exigibles; de telle sorte que les ressources disponibles de la banque étaient, en réalité, de plus de 6 millions de livres inférieures à son *passif*. Il n'y avait donc point à prendre d'autre mesure que celle qui fut prise; la banque suspendait ses paiements en espèces, si ce n'est pour les sommes au-dessous de vingt schellings, et pour les sommes qui lui avaient été remises en dépôt et qu'elle pouvait rembourser aux trois quarts en numéraire lorsque ces dépôts n'étaient pas supérieurs à 500 livres.

Une semblable mesure ne pouvait produire que des effets désastreux, malgré la déclaration des commerçants et celle de la commission de la chambre des communes. Dans un autre temps, et si l'on n'eût eu d'autre intention que de substituer la monnaie fiduciaire à la monnaie métallique, on pouvait conserver leur valeur aux billets en limitant l'émission dans certaines proportions; mais, en raison même des circonstances qui avaient amené la cessation du remboursement en numéraire, l'émission fut exagérée et l'on fit des coupures de 1 et 2 livres afin d'étendre la circulation. La dépréciation devait inévitablement arriver, et, en 1808, elle était de 8 pour 100. Le numéraire émigra, comme on pouvait le prévoir, en dépit des mesures prohibitives qui furent prises et des peines sévères qui furent édictées contre les exportateurs. Cette émigration des espèces métalliques facilita et rendit même nécessaires de nouvelles émissions qui s'élevèrent pour la seule banque de Londres au chiffre énorme de 28 millions sterling (640,000,000 de francs). Un des résultats de cette situation qui, en d'autres temps et en d'autres circonstances, aurait pu donner lieu à une réorganisation de l'échange, fut que la comparaison de la monnaie métallique et de la monnaie fiduciaire devint à peu près impossible et que les métaux précieux perdirent aux yeux du public le caractère qui fait leur privilége, celui de représenter le type matériel de la valeur. Un comité, institué par la chambre des communes pour l'examen de la situation, constata, en 1810 et 1811, que la valeur de l'or sur les marchés étrangers était de 15 pour 100 environ supérieure à la valeur des billets de la banque, — ce qui revenait à dire que les billets perdaient au change 15 pour 100 contre le numéraire. Les économistes considèrent cette proposition du comité de la chambre des communes comme une erreur économique; l'erreur est pourtant moins grande qu'il ne le semble.

Si l'escompte avec les billets se fût fait à meilleur marché qu'avec le numéraire, si, par le développement des procédés industriels et l'économie des services, la valeur des produits se fût abaissée dans certaines proportions, de telle sorte qu'avec un billet de 5 livres on eût pu se procurer, en 1810, une même quantité de produits, voire un peu plus et de qualité égale, qu'on s'en pouvait procurer, en 1792, avec 5 livres en numéraire, on aurait pu affirmer, en raison de l'universalité de la baisse, que l'or seul avait augmenté, ou, ce qui revient au même, que l'or était demeuré stationnaire quant à sa valeur, alors que toutes les autres marchandises s'étaient proportionnellement abaissées. L'or, dans ce cas, n'étant plus considéré que comme un produit, non plus comme un agent d'échange, n'étant plus recherché que pour les objets d'orfèvrerie ou tous autres et pour ses propriétés métalliques, non plus comme le moyen d'acquérir des produits et de payer des services, puisque l'acquisition et le paiement pouvaient se faire et se faisaient à l'aide de billets, il était donc bien vrai que tout était meilleur marché, sauf l'or qui avait conservé sa valeur antérieure. Avant de déclarer que le comité de la chambre des communes commettait une grave et grossière erreur, il faudrait donc examiner si les conditions que nous venons d'indiquer étaient réalisées, parce qu'autrement ce que les économistes nomment une erreur est une très-réelle vérité.

En effet, la dépréciation du papier, il faut bien l'avouer, n'était point le résultat, dans ce cas particulier, de l'abaissement universel de la valeur et de l'escompte ; c'est ce que soutint Ricardo dans le fameux pamphlet qui commença sa réputation : *Le haut prix des lingots est une preuve de la déperdition des billets de banque.* Cette dépréciation, en 1814, arriva à 25 pour 100. Mais ce n'est point là un fait économique d'après lequel on puisse conclure, parce qu'il est intimement lié à tout un ordre de choses et à des circonstances politiques toutes particulières, qui eussent amené une crise aussi désastreuse pour le pays alors même que la mesure du 27 février 1797 n'eût pas été prise. Quand la paix générale fut signée en 1815, on songea à faire cesser l'état de choses qui avait été la conséquence de l'acte de restriction. Mais, fait curieux à noter, on s'aperçut qu'il serait aussi difficile de revenir au paiement en numéraire qu'il avait été difficile de le suspendre. Jusqu'en 1819 on ne put s'y résoudre ; enfin, en juillet 1819, le parlement, sur la proposition de Robert Peel, adopta un bill contenant des dispositions à l'aide desquelles le paiement des billets en espèces monnayées devait être rétabli au 1er mai 1822. La plus ingénieuse de ces dispositions était celle qui ordonnait le remboursement en lingots d'or à raison de 4 livres 1 schelling par once, et qui était de nature à empêcher qu'un trop grand nombre de demandes de remboursement ne se produisissent. Si cette mesure transitoire eût été définitive, il est présumable que l'or fût rentré en Angleterre dans une proportion suffisante, tout en conservant son caractère de marchandise ; la paix aidant, l'équilibre se fût sans doute fait peu à peu, les billets eussent repris leur ancienne valeur à mesure que les transactions seraient redevenues plus actives, et la véritable représentation de la valeur, c'est-à-dire la monnaie fiduciaire garantie par des produits et par la collectivité, eût été créée et eût eu son cours régulier. Ce n'est point là ce qu'on fit ; pour substituer l'usage de la monnaie métallique à celui de la monnaie fiduciaire, on fit subir au pays des crises, des sacrifices et des dommages peut-être plus grands encore que n'en avait fait subir la substitution du billet de banque au numéraire. Aussi, plusieurs écrivains et hommes politiques ont-ils considéré le bill de 1819 comme une faute, et prétendu qu'il était préférable de s'en tenir à l'état de choses établi, en l'améliorant, plutôt que de créer une situation critique pour ramener le paiement en espèces.

Quoique nous ayons évité de parler des banques provinciales, pour ne point grossir et compliquer cet exposé déjà trop long, leur histoire est liée étroitement à celle de la banque d'Angleterre. Elles avaient été presque toujours en concurrence et en lutte ; dans la période de 1797 à 1822, les banques avaient profité des difficultés de la situation pour mettre en circulation une grande quantité de papier ; enfin, quelques-unes avaient des comptoirs à Londres, où elles offraient par moments au public des ressources que refusait la banque d'Angleterre. Par le bill de 1844, cette dernière obtint la limitation d'émission de ces banques auxquelles, par compensation, on accorda un privilège en interdisant la création de nouveaux établissements du même genre. Deux autres dispositions de ce bill, sur le résultat desquelles on fondait grand espoir, permettaient à la banque d'Angleterre de racheter à ces banques de province leur droit d'émission, et, dans le cas de faillite ou de renonciation de la part des banques au droit d'émission, l'autorisaient à remplacer par ses billets les deux tiers de leur circulation. A en croire Robert Peel, le défenseur du bill de 1819 et du bill de 1844, cet ensemble de dispositions devait amener en dix ans la suppression de toutes les banques de province. Les banques de province ont survécu à sir Robert Peel, — ce qui prouve que les hommes d'État se trompent quelquefois. Il arriva même tout le contraire de ce qu'on espérait, c'est que les banques de province gagnèrent en crédit, loin d'en perdre, auprès du public, qui trouvait dans cette combinaison de nouvelles garanties. Aussi, la banque d'Angleterre, malgré les prévisions et les déclarations de Robert Peel, a-t-elle dû renoncer à l'absorption des banques provinciales.

La reprise des affaires, le développement économique, industriel et commercial, qui ont caractérisé la première partie de ce siècle, amenèrent la création de nouvelles institutions de crédit. En 1834, la disposition législative qui, depuis 1807, interdisait, à Londres et dans un rayon de 65 milles, les opérations de banque aux sociétés composées de plus de six personnes, ayant été abolie, il se forma des banques par actions ou *joint stooks Banks*, dont la plus importante fut la *London and Westminster Bank*, dont la fondation est due à l'initiative de M. Gilbart. Celle-ci était fondée avec un capital fixé d'abord à 50,000 livres, et qui devait être porté successivement à 5 millions sterl. Ce capital était divisé en un nombre illimité d'actionnaires, tous solidairement et indéfiniment responsables à l'égard du public ;

le cinquième seulement en était versé, les autres quatre cinquièmes demeuraient aux mains des actionnaires comme garantie vis-à-vis des tiers. La banque recevait les dépôts, auxquels elle allouait un intérêt de 2 pour 100; faculté était laissée aux déposants de retirer immédiatement leur dépôt quand il n'excédait pas 1,000 livres, somme au-dessus de laquelle il fallait prévenir quelques jours à l'avance pour en effectuer le retrait; chaque déposant, par le fait même de son dépôt, avait droit à un compte courant; les commerçants qui, n'ayant point de dépôt, chargeaient la banque, moyennant une légère rétribution, de leurs recouvrements et règlements de comptes étaient admis de même au compte courant; les uns et les autres avaient la faculté de transformer en dépôts les soldes créditeurs des comptes courants, mais les intérêts, à ce titre comme dans tous les autres cas, n'étaient dus qu'au bout d'un mois. Telles étaient les dispositions principales de cette banque *de dépôt* ou de *fonds réunis*, d'après laquelle on peut juger les autres. Elles ajoutèrent l'escompte à leurs opérations, mais ce ne fut pas sans difficulté qu'elles y parvinrent, la banque d'Angleterre ayant prétendu leur interdire, en vertu de son privilège, la négociation des traites, lettres de change et effets de commerce à moins de six mois d'échéance. Des procès s'ensuivirent, perdus par la banque d'Angleterre devant les tribunaux et gagnés définitivement par elle devant la chambre des lords. La *London and Weistmeinster bank* rendit sans effet le jugement rendu contre elle en dernier ressort, en s'entendant avec les banques de province en relations avec elle pour qu'elles inscrivissent sur leurs traites ces mots : *tirées sans acceptation.* Les *joint stooks banks*, qui avaient inspiré de grandes méfiances lors de leur création, et qui comptaient parmi leurs adversaires la banque d'Angleterre, la chambre des lords et un certain nombre d'économistes qui prétendaient que ces imitations des banques écossaises n'étaient praticables que sur une petite échelle et dans des pays tels que l'Écosse, ces banques, disons-nous, eurent à subir une première épreuve quelques années à peine après leur fondation. Les crises de 1836 et de 1839, amenées en grande partie par la spéculation sur les chemins de fer et sur les emprunts, et auxquelles un certain nombre de ces banques n'étaient pas étrangères, donnèrent lieu à une enquête qui révéla des scandales imputables aux *joint stooks banks*, et dans laquelle leur suppression fut demandée. Mais cette demande n'eut pas d'effet, et les *joint stooks banks* sont aujourd'hui de puissants agents de crédit jouissant de la confiance et de la faveur du public, possédant des succursales dans un grand nombre de villes où elles activent et facilitent la circulation, et remplissant, à l'égard des municipalités et de tous les grands intérêts collectifs, les fonctions de trésoriers que la banque d'Angleterre remplit à l'égard de l'État. Ces banques, dont les hommes politiques et les économistes avaient prédit l'inévitable insuccès, réalisent des bénéfices considérables, qui leur permettent de distribuer à leurs actionnaires des dividendes s'élevant jusqu'à 18 et 20 pour 100, ce qui prouve quelle confiance il faut accorder aux prédictions pessimistes des conservateurs qui, dans tous les pays, s'imaginent que ce qui existe est pour le mieux, que toute innovation est un désastre, et toute recherche d'un meilleur état de choses une utopie.

VII

Banque de Law. — Cette étude serait incomplète si nous n'y mentionnions d'une façon spéciale la banque de Law, l'un des faits les plus importants du XVIIIe siècle, à la fois cause et symptôme de la révolution qui allait s'accomplir. Il est même d'autant plus intéressant d'en indiquer ici les principaux caractères, que ce fait est généralement mal jugé, et que le public ne le connaît que par le souvenir du désastre qui a égaré tant d'économistes, et qui a voué si longtemps le nom de Law aux malédictions populaires.

Pour comprendre les conditions dans lesquelles fut fondée la banque de Law, il faut se rappeler quelle était la situation de la France. Louis XIV venait de mourir, ayant ruiné la France par ses prodigalités et des guerres désastreuses. Les impôts étaient excessifs et répartis de la façon la plus arbitraire et la plus anarchique ; l'industrie, le travail et le commerce étaient entravés par des règlements tyranniques, des priviléges, l'absence de sécurité et toutes les fantaisies du régime du bon plaisir. Louis XV étant mineur, la Régence était confiée au duc d'Orléans, homme sans idées et sans morale, prodigue et débauché, qui avait pour premier ministre le cardinal Dubois, et pour conseil ceux que lui-même nommait des *roués*. La situation financière de l'État était désespérante et désespérée ; on essayait de se créer des ressources par l'altération des monnaies, ce qui jetait le trouble dans les affaires et ne diminuait point la misère générale. Telle était la situation du pays quand y vint Law, propriétaire et baron écossais, issu d'une très-ancienne famille écossaise alliée aux ducs d'Argyle, et qui avait dû fuir sa patrie à la suite d'une aventure dans laquelle il avait tué un fameux duelliste. Il avait voyagé en Hollande et en Italie où florissaient encore le commerce et où il avait pu recueillir de précieuses observations financières. La banque d'Angleterre était fondée depuis vingt-deux ans, et la banque d'Écosse depuis vingt et un, lorsqu'il vint à Paris, ayant eu occasion de voir fonctionner les banques d'Italie et la banque d'Amsterdam. Il songea à créer toute une organisation financière dans ce malheureux pays de France qui s'avançait vers une ruine épouvantable ; il dressa le plan d'une banque sur le modèle de la banque d'Angleterre, et, après avoir gagné l'appui du Régent, il le fit adopter par un conseil de finance et de commerce formé tout exprès pour l'examiner. Saint-Simon, qui en faisait partie, fut seul à opiner contre ce projet, bon, disait-il, pour une monarchie comme l'Angleterre, mais funeste pour un pays comme la France où une guerre mal entreprise ou mal soutenue, l'avidité d'un premier ministre ou d'une maîtresse pouvaient ruiner la banque et culbuter le royaume. Les événements ont prouvé que Saint-Simon jugeait bien la monarchie de son pays et de son temps, et ont justifié ses prévisions.

La banque fut autorisée le 2 mai 1716 par lettres patentes ; ces lettres permettaient à Law de former une société d'actionnaires pour fonder cet établissement auquel était accordé un privilége de vingt ans. Toute entreprise commerciale lui était interdite ; ses opérations devaient être l'escompte des lettres de change, la régie de la caisse des particuliers, les recouvrements et paiements pour le compte de ses clients et l'échange de ses billets contre le numéraire. La banque était affranchie de toute taxe ou imposition, et les sommes déposées dans sa caisse par les étrangers étaient à l'abri du droit d'aubaine, de la confiscation et des représailles ; elle avait pour correspondants les directeurs des monnaies du royaume ; ses billets stipulés en écus du poids et du titre du jour ne pouvaient subir aucune variation, ce qui leur donnait un avantage sur la monnaie d'alors. Le capital social fut formé par douze cents actions de 5,000 livres, payables un quart en argent et trois quarts en billets. Sur ce quart 375,000 livres furent versées et constituèrent le capital métallique avec lequel la banque commença ses opérations. Ses faibles ressources, la nouveauté du fait et les intrigues des financiers et conseillers politiques du Régent firent que ses billets furent d'abord acceptés avec défiance ; ceux qui les recevaient s'en débarrassaient au plus vite pour n'avoir point à subir les pertes qu'on prévoyait pour le remboursement ; cette défiance fut justement ce qui activa le plus la circulation de ces billets qu'on arriva en très peu de temps, grâce à l'habitude, à considérer comme de l'argent. On remarqua qu'il entrait plus d'espèces à la banque qu'il n'en sortait, le capital métallique s'augmenta, les lettres de change qui perdaient 2 et 1/2 furent escomptées à 1/2 pour 100 et l'intérêt de ses prêts fixé d'abord à 6 pour 100 fut abaissé à 4 pour 100. La banque, en faisant accepter par les directeurs des monnaies des effets sur les diverses places d'Europe, provoqua la hausse du change sur les places de Londres et d'Amsterdam. Les marchandises françaises furent redemandées par les étrangers, et le commerce en reçut une nouvelle impulsion. Ce n'est pas sans un étonnement général qu'on vit se réaliser les heureux effets de cette puissance nouvelle, inconnue jusqu'alors : le crédit. Le Régent, ébloui par ces résultats dont il ne recherchait ni ne comprenait les causes, mais dont il se flattait de profiter, fit rendre un arrêt du conseil en date du 10 avril 1717, qui ordonnait la réception des billets de banque comme numéraire en paiement de tous droits et impositions, et enjoignit à tous les officiers, chargés du maniement des deniers du roi, d'acquitter à vue et sans escompte les billets qui leur seraient présentés. Cet arrêt, survenu alors que la solidité des billets était établie aux yeux du public, acheva de porter au plus haut degré le développement de la banque, dont le crédit était ainsi lié à celui de l'État et qui avait pour agents tous les officiers du roi, outre ses propres comptoirs; il en résulta un énorme mouvement qui se propageait activement dans les provinces et créait l'unité commerciale alors que l'unité nationale n'était pas encore fondée.

De sages dispositions avaient été prises à l'égard de l'administration de l'établissement. Les actionnaires, jouissant d'un nombre de voix proportionnel à celui de leurs actions, décidaient les questions et distribuaient les emplois à la majorité. C'étaient déjà les mœurs républicaines introduites dans les affaires. Le bilan s'établissait deux fois l'an, et quand le directeur croyait pouvoir disposer d'une partie de l'argent en caisse pour le faire valoir, il devait en prévenir le ministre et s'entendre avec lui. L'habile direction de la banque fit que l'encaisse métallique s'accrut considérablement, l'intention de Law étant de substituer progressivement et par le seul fait des échanges le papier de banque au numéraire, opération que lui rendait plus facile encore la dépréciation des monnaies françaises auxquelles le gouvernement aux abois faisait subir d'incessantes variations. Ces variations ne lui profitaient guère, les faux-monnayeurs lui faisaient concurrence dans la refonte des monnaies, et c'était vainement qu'on édictait contre eux les peines les plus sévères. Pendant que se poursuivait la refonte ordonnée en décembre 1715, le duc de Noailles imagina de remplir les caisses de l'État en faisant rendre gorge aux financiers, traitants et intendants des fonds publics accusés d'usure et de malversations. Des chambres de justice furent nommées à cet effet et elles procédèrent avec tant de violence, de bassesse et d'immoralité qu'elles inspirèrent au public le plus profond mépris pour elles, en même temps que la pitié pour leurs victimes qui avaient jusque-là mérité la colère du peuple. Ces expédients odieux non-seulement ne profitèrent point à l'État, mais encore eurent pour résultat de jeter le trouble et la frayeur dans la société, d'arrêter les affaires commerciales auxquelles la banque avait donné l'impulsion et de faire émigrer en masse le numéraire qu'elle attirait en France. Le Régent, à bout de ressources, se voyant réduit au système des banqueroutes, fit part de sa situation critique à Law dont il invoqua le secours.

Law eut l'immense tort de mêler aux conceptions d'un homme de génie la préoccupation de venir en aide à un gouvernement prodigue et ruiné. La conception était celle-ci : former avec la nation tout entière une association de négociants dont la banque serait caissière. Le projet contenu dans cette seule proposition est certainement un des plus grands qui aient jamais germé dans une cervelle humaine. Law appartenait à un pays où l'association commençait à être connue et où elle avait déjà fait sentir sa puissance. Il est très-malheureux qu'il n'ait pu tenter l'établissement de ce qu'on a nommé le *système* dans ce pays où les idées de crédit et d'association avaient reçu un commencement d'application et où le gouvernement était soumis au contrôle parlementaire. Loin de finir, comme en France, par un désastre, cette tentative eût peut-être produit une révolution sociale, pacifique, progressive et tutélaire. C'est avec raison que M. Alph. Jouz, l'un des historiens de la banque Law, a prétendu qu'elle était une préface du socialisme, et ce qu'il y a de remarquable c'est que cette première conception socialiste fut autrement positive, savante et pratique que bon nombre de celles qui sont nées dans ce siècle.

L'idée de Law ne tarda pas à trouver un objet et une occasion de réalisation. Quelques personnes vinrent le trouver pour lui proposer de créer une association commerciale par actions payables en billets d'État pour la somme de deux millions, et destinée à mettre en valeur une concession faite en 1712 par Louis XIV à M. Crozat, dans la Louisiane, pays dont les richesses, à en croire les récits des voyageurs, étaient presque fabuleuses. Law réfléchit et, le lendemain, il conseilla de créer des actions pour une somme de cent millions et de faire ainsi gagner le pair à 150 millions de billets d'État qui perdaient 70 pour 100. La compagnie d'Occident fut fondée par lettres patentes du mois d'août 1717, pour vingt-cinq ans, avec le monopole du commerce de la Louisiane auquel fut jointe la traite des castors au Canada, et avec des priviléges bien faits pour assurer la prospérité de la colonie, dans laquelle M. Crozat devait transporter six mille blancs et trois mille noirs en vingt-cinq ans. Il fut émis pour 1,250,000 livres d'actions à 500 livres. Le gouvernement ayant enjoint aux porteurs de billets d'État de les échanger contre les actions de la compagnie, le public fut pris de défiance et la souscription ou plutôt la conversion ne s'effectua que lentement. Au mois de mai 1718, une nouvelle refonte de monnaie, destinée à faire gagner à l'Etat 20 livres par marc, fut ordonnée et attribuée faussement aux conseils de Law. Le parlement de Paris protesta et s'opposa formellement à l'exécution de cet édit. La querelle devint très-vive et ce fut Law qui subit la conséquence de cette irritation du parlement. La compagnie d'Occident poursuivait sans éclat le cours de ses opérations, comme il eût été désirable qu'elle fît toujours; elle venait d'acheter le privilége de la compagnie du Sénégal et en outre onze vaisseaux et trois millions pesant de gomme, pour la somme de 116,000 livres (348,000 francs environ); seize de ses navires transportaient douze cents colons à la Louisiane et six autres allaient prendre six cents nègres sur les côtes de Guinée; toutes ces dépenses, jointes à celle de la régie des tabacs, laissaient dans ses caisses 3,577,697 livres et dans ses magasins 22,000 castors et des marchandises pour une valeur de 548,272 livres. La banque, d'autre part, était dans un état de réelle prospérité. Telle était la situation, quand un arrêt du parlement enjoignit à la banque de borner ses opérations à celles indiquées dans les lettres patentes de sa création, défendit à ses administrateurs et caissiers de garder aucuns deniers royaux et interdit, pour atteindre Law, à tout étranger, même naturalisé, de participer au maniement de ces deniers. Le conseil d'État cassa l'arrêt, une lutte très-vive s'ensuivit et le Régent, après avoir fait arrêter quelques membres du parlement, tint un lit de justice.

C'est à la suite de cette lutte que le Régent, qui constatait la prospérité et la richesse créées par la banque, sans comprendre que l'une et l'autre provenaient de l'activité donnée au travail et à l'échange servis par le crédit, songea à faire profiter l'État des bénéfices que la banque produisait pour elle-même et pour le pays. Il voulut ouvrir le ventre de la poule aux œufs d'or. Il acheta donc toutes les actions de la banque au nom du roi, et, le 4 décembre 1718, convertit cet établissement en banque royale dont Law fut nommé directeur. Ce même jour, on fabriqua 30 millions de billets. Le rôle de la banque comme agent de crédit public et comme initiation au socialisme est maintenant fini; le contact de la monarchie suffit pour la corrompre et la perdre; l'agiotage va commencer pour elle une nouvelle période qui doit se terminer par la spoliation et le désastre.

La banque royale créa immédiatement des comptoirs à Lyon, la Rochelle, Tours, Amiens, on rendit des arrêts ayant pour but de concentrer le numéraire dans ses caisses, où le Régent devait bientôt puiser si largement. Law, pour activer les opérations de la compagnie d'Occident, acheta au pair à six mois deux cents de ses actions avec prime de 40,000 livres, et son exemple fut suivi par quelques personnes. Deux compagnies, celle des Indes et celle de la Chine, fusionnèrent avec celle d'Occident et l'on créa pour cette fusion 25 millions d'actions qui furent appelées les *filles*. Dès leur création, ces actions émises à 500 livres se vendirent 550. Les demandes existant pour 50 millions, on avertit qu'il ne serait accordé d'actions nouvelles qu'aux porteurs de quatre actions primitives. Tout le monde voulut se procurer ces anciennes actions qui montèrent d'une façon considérable.

Ce qui va suivre appartient autant à la féerie qu'à l'histoire. Ces actions atteignirent une hausse de 500, 600, même 1600 et 1800 pour 100; les billets d'État qui perdaient jadis 70 pour 100, on l'a vu, acceptés en paiement dépassèrent le pair; la France s'était mise au jeu, et ce jeu était poussé jusqu'à la frénésie, les fortunes s'élevaient en un jour, les produits augmentaient de prix dans des proportions fabuleuses qui rappellent la Californie, les magasins se vidaient en un clin d'œil, on se vêtissait de drap d'or; on sait l'histoire du savetier de la rue Quincampoix, dont l'échoppe rapportait jusqu'à 200 livres par jour. C'était une orgie de spéculation et de luxe, une ivresse folle. On fabriqua du papier par millions; les actions sont divisées en coupures qui font descendre l'agiotage dans les couches sociales les plus profondes; les distinctions de castes et de classes sont oubliées, on s'écrase pour courir à la fortune, et, pendant ce temps, le Régent puise à pleines mains aux caisses de la banque et de la compagnie. La veille, c'était la banqueroute en perspective, et c'est aujourd'hui un fleuve d'or qui coule. L'auteur de ce miracle, Law, est acclamé comme un sauveur et les foules crient sur son passage : Vive le roi et monseigneur Law !

Après cet enivrement arriva ce qu'on eût dû prévoir. Law, ébloui, entraîné le dernier, mais subissant l'influence du vertige universel, laissa émettre trois milliards de billets; quand il voulut s'opposer à cette fabrication de fausse monnaie et à l'épuisement des ressources métalliques que le Régent distribuait à ses créatures, il se trouva impuissant et il était trop tard. L'heure de la réalisation arriva; les plus pressés de jouir voulurent vendre, on se trouva en face d'une masse considérable de papier ne représentant que des hypothèses et des espérances, sans autre valeur que celle donnée par l'agiotage et qui grevait la compagnie d'une dette énorme, celle des intérêts à 4 pour 100. On pouvait à ce moment encore sauver la banque en la séparant de la compagnie quoique l'émission fût exagérée; mais le monde de la cour, dès que les actions commencèrent à fléchir, demanda que la banque en fît le rachat afin d'en soutenir le prix, et Law, devenu personnage officiel, eut la faiblesse de travailler à la satisfaction de ces honteux intérêts. Banque et compagnie croulèrent malgré les édits qu'on rendit coup sur coup pour arrêter la dégringolade et qui ne firent que l'accélérer. La compagnie avait acheté une flotte de cent cinq vaisseaux qui rapportaient de riches cargaisons; si l'agiotage ne s'en fût pas mêlé, elle pouvait devenir prospère, mais au jeu, cause de tant de malheurs, se mêlèrent l'organisation de bandes de malfaiteurs aux environs de Paris, la peste et la famine de Marseille. Law, réveillé du vertige, atterré, dégoûté, donna sa démission de contrôleur général, entendit les malédictions populaires et les cris de mort le poursuivre, vit outrager sa fille, une enfant, assista au désastre aussi profond, aussi terrible que l'ivresse avait été rapide, féerique et prodigieuse; enfin, il quitta la France, où il était arrivé avec 1,600,000 livres, dans une chaise de poste de Mme de Prie, n'emportant rien que d'immenses regrets, sans moyens d'existence, ayant été le précurseur et l'instrument d'une révolution qui devait s'accomplir soixante-dix ans plus tard, et ayant rempli un rôle qu'on pourrait presque dire providentiel. Il mourut à Venise, huit ans après avoir quitté la France, pauvre et oublié. Cette grandeur et cette décadence, en quatre ans, cette révolution économique si profonde, opérée de cette façon et en si peu de temps, sont peut-être un fait unique dans l'histoire.

Nous avons cru devoir en rappeler les phases principales, parce que le public se fait en général une idée incomplète et erronée de la tentative de Law, trompé qu'il est par la légende et par les économistes qui, n'examinant que le résultat final, sans rechercher les causes particulières qui l'ont amené, condamnent le principe et la conception, excellents en eux-mêmes, qui eussent donné à la France une très-grande prospérité, réalisé peut-être des progrès que nous attendons encore, si l'application n'en eût pas été faite sous le régime du bon plaisir, si l'agio-tage et la spoliation, inhérents à tout gouvernement monarchique, n'eussent pas mis l'entreprise en contradiction avec ses propres principes.

VIII

Les banques populaires. — Quoique ce nom appartienne aux banques d'Allemagne (*volks-banken*), on peut classer dans cette catégorie les banques d'Écosse, les premières dont la bienfaisante influence se soit fait sentir aux classes moyennes et laborieuses. Ces banques fondées par actions, et qui ont servi plus tard de modèles aux *joint stooks banks*, avaient échappé aux conséquences du privilége de la banque d'Angleterre dont elles sont contemporaines. Elles s'étaient développées concurremment avec les banques provinciales, seulement avec moins d'entraves et avec des tendances plus socialistes, pourrait-on dire, c'est-à-dire moins spéculatrices. Leur organisation et leurs opérations étaient et sont encore semblables à celles des banques à fonds réunis, caractérisées par la responsabilité collective et indéfinie des actionnaires à l'égard du public. Leurs billets ont des coupures d'une livre, ce qui les assimile à la monnaie courante. Toute facilité est donnée aux déposants, aussi bien pour l'apport que pour le retrait de leur dépôt qui porte intérêt. Aussi la monnaie de papier circule-t-elle avec autant d'activité que de confiance et de régularité, et le travail industriel ou agricole trouvent-ils de très-grandes ressources dans ce développement du crédit. Les premières de ces banques datent de 1695, de 1727 et 1747. Depuis ce temps, un grand nombre d'autres se sont fondées, basées sur les mêmes principes, en concurrence avec le *Bank of Scotland*, le *Royal Bank of Scotland* et le *British linem Company*.

M. James Wilson, après avoir expliqué le mécanisme de ces banques, disait en 1847 : « Les divers avantages qui résultent de ce système, pour les banques elles-mêmes et pour la société en général, sont plus grands qu'on ne pourrait le croire. Le premier effet est d'économiser l'argent de la circulation jusqu'au dernier degré du possible. Quiconque a fait une épargne est fortement sollicité à la verser en banque et à ne pas garder, même pour un seul jour, la moindre somme dont il n'a pas un besoin immédiat. C'est en conséquence de cela, que tout le mouvement commercial de l'Écosse s'effectue avec une circulation qui n'excède pas 3,500,000 livres (87,500,000 francs), en y comprenant les billets de toute valeur, depuis une livre et au-dessus, tandis que la circulation de l'Angleterre, en numéraire et en billets, ne peut pas être évaluée à moins de 50 ou 60 millions de livres (1250 à 1500 millions de francs.)... Le premier résultat frappant de cette économie de capital est l'énorme accumulation des dépôts dans les mains des banques écossaises, dépôts qui font la force de ces institutions et qui ne s'élèvent pas à moins de 30,000,000 de livres (750,000,000 de francs); c'est avec un capital de moins de 10,000,000 de livres, et une circulation de 3,000,000 de livres, que les banques écossaises commandent ces dépôts. Le bienfaisant effet de ce système, en ce qui regarde le public, s'étend bien au delà des intérêts que chacun reçoit de ses épargnes. Il augmente le capital du pays en faisant valoir tout ce qui en resterait oisif et improductif, et en outre il retient sur les lieux de fortes sommes qui, autrement, iraient chercher un placement dans les fonds publics. Il n'y a aucun doute que la plus grande partie des améliorations agricoles, si remarquables en Écosse, ont été dues à cette application sur les lieux des épargnes du pays. »

Les banques populaires d'Allemagne, appelées à rendre de non moins grands services que les précédentes, sont de date beaucoup plus récente. Ces banques, basées sur les idées et les principes de la solidarité et de la coopération, ont pour but de fournir à la petite industrie, au travail, un crédit en proportion avec sa puissance productrice et garanti par l'association. C'est ici la caution mutuelle et la certitude d'une création de valeur effective qui remplacent le gage réel. Ces banques forment leur premier capital par des cotisations mensuelles de 2 à 5 silbergros (25 centimes à 62 1/2 centimes) outre un premier droit d'admission de 10 à 15 silbergros (1 franc 25 à 1 franc 87 1/2). Ces cotisations sont portées au compte de chaque souscripteur ou adhérent qui devient ainsi en quelque sorte actionnaire de la banque; les bénéfices de l'établissement sont, à chaque exercice, répartis aux sociétaires au prorata de leurs versements. A ce point de vue, ces banques peuvent donc être considérées comme des caisses d'épargne dont elles remplissent l'office; les sociétaires peuvent obtenir des avances égales au montant de leurs versements sur leur seule signature. Quand la demande de crédit excède cette somme, elle doit être appuyée de la signature d'un ou plusieurs autres sociétaires. Ces avances, qui sont parfois de 5 à 10 thalers (18 francs 75 à 37 francs 50) seulement, s'élèvent jusqu'à 300 ou 1,000 thalers (1,100 francs à 3,700 francs), suivant l'importance des établissements ou des industries. Dans la plupart des cas, ces avances sont faites pour trois mois à 5 pour 100 d'intérêt annuel et un quart de commission par mois. Ce chiffre peut paraître un peu élevé, mais il ne faut pas oublier que les emprunteurs sont en même temps actionnaires et qu'ils retrouvent à la fin de l'année, sous forme de dividende, une partie de l'intérêt qu'ils ont payé. C'est ainsi que, dix ans après la fondation de ces banques, elles distribuaient un dividende de 2 1/2 silbergros par thaler, soit 11,66 pour 100 du *boni* ou versement fait par chacun des associés.

La création de ces banques est due à l'initiative de M. Schulze de Delitzsch, dont le nom est aujourd'hui populaire dans presque toute l'Europe. La première fut fondée en 1849 à Eulenbourg, village prussien de 7,000 habitants, voisin de Delitzsch; l'année suivante, il s'en fonda une dans cette dernière ville, et aujourd'hui l'on peut dire qu'elles couvrent l'Allemagne, où elles sont de 1,000 environ. Dans le rapport que fit, en 1865, M. Schulze au Congrès des économistes allemands, il était fait mention de 498 banques dont les bilans étaient parvenus en temps utile ; elles comptaient 169,600 sociétaires ; leur capital propre était de plus de 18 millions ; elles disposaient en outre de 24,383,240 francs provenant d'épargnes ou de dépôts, et de 41,800,000 francs empruntés par elles, ce qui donne un chiffre de ressources de 84 millions, avec lequel les banques ont pu faire cette année-là des avances dépassant 253 millions. Dans cette même année exceptionnellement critique, les pertes n'ont été pour ces 253 millions d'avances que de 20,566 thalers (77,123 francs), c'est-à-dire 3 centimes par 100 francs. Le rapport de M. Schulze ne comprenait que la moitié à peu près des banques d'avances existant alors en Allemagne ; en supposant que celles dont le bilan n'était point parvenu à M. Schulze n'eussent fait qu'un tiers des avances dont les chiffres viennent d'être cités, on arrive à un total approximatif de 337 millions. Si les banques ont continué la progression qu'elles avaient suivie depuis leur fondation jusqu'en 1865, le chiffre de leurs avances doit être en ce moment de près de 500 millions.

Il est inutile d'insister sur les services que la création de ces banques a rendus à la classe ouvrière allemande et à la petite industrie. Les chiffres sont plus éloquents que tout ce qu'on pourrait dire à cet égard. Les ateliers nationaux, les aumônes de l'État et tous les expédients inventés par les hommes politiques qui s'imaginent être des hommes pratiques, n'approcheront jamais de ce résultat, quelque formidable que soit le budget auquel on recourt pour satisfaire les exigences des classes pauvres, quand elles sont irritées par la misère, en créant des dépenses d'autant plus lourdes qu'elles n'accroissent pas d'un centime la production utile. Le crédit au travail, garanti seulement par la mutualité et la solidarité, était pourtant une utopie il y a vingt ans, et, si l'on eût pris conseil des hommes d'État et des économistes avant de le pratiquer, on peut être certain qu'ils en eussent déclaré la réalisation impossible. C'est cette utopie, jointe à l'universalisation de l'instruction dont jouit l'Allemagne, qui transformera l'industrie allemande et en fera la plus redoutable concurrente de la France.

Dès 1848, des tentatives furent faites en Italie dans le but de fonder des banques populaires sur le principe de la mutualité ; en France, ces tentatives n'ont eu lieu qu'après la création des banques allemandes, et quand on y connut les résultats produits par elles. Dans notre pays où l'idéalisme politique fait trop souvent perdre de vue les choses positives, d'ordre pratique, ces tentatives ne furent pas toujours heureuses, soit que le mécanisme en fût faussé dès la création par un esprit systématique ou des idées qui n'avaient rien à y faire, soit que l'administration en ait été confiée à des hommes beaucoup plus recommandables par leurs convictions que par leur aptitude pour les opérations financières. Oubliant le principe même des banques dont la fonction consiste à donner le crédit, en escomptant des valeurs créées et mises en circulation, ou en faisant des avances sur des valeurs qui seront créées à bref délai, valeurs assurées, garanties, il est des banques françaises qui se sont livrées à des opérations périlleuses ne relevant pas du crédit, mais bien de la commandite ; elles ont couru les risques des entreprises qu'elles commanditaient, et leur insuccès ne doit pas être attribué aux principes mêmes des banques qui fonctionnent en Allemagne d'une façon si satisfaisante, mais tout au contraire à l'oubli de ces principes et à l'inexpérience de la gestion. Depuis quelques années, il s'est formé en France des sociétés de crédit et d'épargne assez nombreuses, limitées dans le chiffre de leurs membres, faisant des avances à leurs sociétaires, endossant leurs effets, mais n'agissant pas comme des banques, ayant au contraire recours à des banquiers pour l'escompte de leur papier, ce qui dans l'état actuel des choses et des idées est peut-être le plus sage.

IX

La banque d'échange. — Nous finirons ce rapide et pourtant trop long historique en parlant d'une tentative qui rappelle, quant au génie de la conception et quant à la révolution qu'elle était destinée à opérer dans le monde économique, celle de Law. On sait quelle était la situation en 1848. La République héritait des lourdes charges et des embarras financiers du règne qui venait de finir; les capitaux effrayés se cachaient ou s'expatriaient, on décrétait le cours forcé des billets de la Banque de France, les travaux étaient arrêtés, les ouvriers étaient en chômage, la valeur avait baissé brusquement, tant à cause de la révolution qui venait de s'opérer qu'en raison des liquidations et réalisations qui s'effectuaient et de la fertilité de l'année. On sait ce que fit le gouvernement provisoire dans ces circonstances, — il décréta les trop fameux 45 centimes, créa des ateliers nationaux et emprunta à gros intérêts à M. de Rothschild. Comprenant que, pour fonder définitivement la République, pour assurer l'ordre et activer la reprise des affaires, il n'y avait point à prendre de ces mesures politiques dont le premier tort était de rappeler l'époque dramatique de 1789-93 sans que le plagiat fût justifié par la ressemblance des événements, mais qu'il fallait appliquer des mesures économiques en rapport avec les circonstances et le génie moderne, P. J. Proudhon, représentant du peuple, fit à l'Assemblée sa fameuse proposition qui avait pour but de consacrer et de généraliser l'abaissement de la valeur. La proposition consistait en une réduction qui, atteignant toutes choses et tout le monde, ne lésait personne, puisque les proportions restaient les mêmes, et qui avait pour résultat de donner à la production française un avantage sur la production étrangère, égal à la réduction proposée. On connaît le sort de cette proposition qui souleva une tempête qu'on aurait peine à comprendre à vingt ans de distance si l'on ne songeait que les représentants ne sont point en général recrutés parmi les comptables.

L'ordre du jour prononcé sur le proposition ne fit pas reprendre les affaires et ne diminua en rien les difficultés financières et économiques du moment.

Proudhon, toujours à la recherche des moyens pratiques capables de consacrer la révolution qui venait de s'accomplir et de trouver une solution positive, réalisable, du problème social, songea à fonder la banque d'échange qui, dans sa pensée, était le corollaire de la mesure proposée le 30 juillet. Cette banque avait pour but de remplacer le numéraire par une lettre de change payable à vue et à perpétuité en produits ou services, et garantie par la collectivité. Ce n'était point une monnaie de papier, monnaie fictive, sans valeur ni réalité, qu'il entendait créer pour faire face aux difficultés de la situation; ce qu'il voulait, c'était transformer le produit en monnaie et abolir par cela même la royauté du numéraire. « Le problème de la circulation, disait-il consiste à *gager* le papier de banque, non plus par des écus, ni par des lingots, ni par des immeubles, ce qui ne peut toujours produire qu'une oscillation malheureuse entre l'usure et la banqueroute, entre la pièce de cinq francs et l'assignat, mais à le gager par des *produits*. » Et il ajoutait : « Dans la combinaison que je propose, le papier, signe de crédit et instrument de circulation, nanti sur le meilleur papier de commerce, qui lui-même représente des produits *livrés*, et non pas des marchandises *invendues*, ce papier, dis-je, ne peut jamais être en excès d'émission puisqu'il est d'avance souscrit par la masse des producteurs. Supposons que la banque d'échange fonctionne d'abord sur une base de mille souscripteurs; la quantité de papier qu'elle émettra sera proportionnée aux affaires de ces mille souscripteurs, et négociable seulement entre eux, puis, à mesure que de nouvelles adhésions se feront connaître, le proportion des billets sera comme

5,000, 10,000, 50,000 francs, et leur circulation croîtra avec le nombre des souscripteurs, comme une monnaie à eux particulière. Lorsque enfin la France entière aura adhéré aux statuts de la nouvelle banque, l'émission du papier sera égale à chaque instant à la totalité des valeurs circulantes. » Si l'on a bien compris les lignes qui précèdent, on voit qu'il s'agissait de créer une banque dont la monnaie eût été en papier, et ce papier n'eût été qu'une lettre de change transmissible sans endos, payable chez tous les adhérents, et représentant exactement une autre lettre de change particulière, d'une circulation plus limitée, remise à la banque en échange de son billet, mais offrant sur celle-ci l'avantage de n'avoir point d'échéance fixe, ni d'indication précise du lieu de remboursement, et d'être d'une circulation plus étendue. Ce papier était donc tout aussi solide que n'importe quelle lettre de change, présentant en outre autant de garanties que la banque eût eu d'adhérents, n'exprimant que des valeurs réelles, faites, estimées, livrées ou livrables à bref délai, et n'ayant pas à subir plus de dépréciation que n'en subit un effet de commerce dont le souscripteur est solvable.

Les études économiques n'avaient point fait alors assez de progrès pour que cette idée fût comprise; les préoccupations d'ailleurs étaient toutes aux agitations politiques. Proudhon fit appel aux publicistes, les invitant à discuter son projet, à concourir par leur initiative et leurs conseils à sa réalisation; plusieurs répondirent d'abord; mais, à la suite d'une polémique assez vive avec E. de Girardin, celui-ci retira son adhésion qu'il avait promise; M. Considérant, regardé comme le chef de l'école fouriériste, l'une des plus nombreuses à cette époque parmi les écoles socialistes, refusa de prendre aucune part à cette tentative, et Proudhon, seul pour ainsi dire, en commença la réalisation. Il rédigea des statuts et un projet détaillé, comprenant le mécanisme de la banque, ses opérations et procédés, les garanties à exiger et à offrir, et il fit appel aux souscripteurs. Ceux-ci vinrent en nombre suffisant pour que la réalisation du projet fût possible. Mais, au bout de très-peu de temps, Proudhon fut condamné pour des délits de presse à un long emprisonnement; ne voulant point laisser à des mains étrangères la fortune d'une entreprise dont lui seul devait porter la responsabilité et au succès de laquelle sa présence était nécessaire, il se décida à liquider presque avant d'avoir commencé, et les souscriptions furent remboursées à bureau ouvert. Tel fut le sort de cette tentative dont le plus grand tort était de devancer les idées de l'époque et d'être une conception positive, alors que la France était plongée dans le romantisme politique et que tous les anciens partis formaient la Sainte-Alliance de la réaction.

Le projet de Proudhon ne fut pas cependant sans inspirer de sérieuses réflexions à quelques hommes pratiques, habitués aux affaires, qui en comprirent l'importance; des tentatives nouvelles, procédant de la même idée, furent faites et donnèrent des résultats qui permettaient d'espérer en l'avenir; mais le coup d'État survint et arrêta brusquement ces entreprises. Le silence se fit sur les problèmes sociaux et économiques comme sur le reste; il n'y eut pendant dix-huit ans d'autre presse que la presse autorisée, d'autres orateurs que les professeurs et députés assermentés, et aucune réunion ne fut permise; voilà pourquoi nous en sommes encore à prendre nos modèles d'institutions de crédit populaire chez nos voisins d'Allemagne et d'Angleterre, alors que la tentative la plus hardie en ce genre avait été faite en France.

De plus longs développements excéderaient les limites que nous nous sommes imposées. Les autres banques se rapprochent toutes plus ou moins de ces types principaux. On a vu la banque se fonder d'abord, résultant d'une idée extrêmement simple, comme une sorte de caisse et de comptabilité communes; puis, faisant crédit

sous forme d'avances ou de prêt, soit aux particuliers, soit à l'État, donnant une
première, mais incomplète et encore incertaine garantie collective, en s'appuyant
sur la responsabilité de ses actionnaires ou sur les engagements de l'État; géné-
ralisant ensuite le crédit et le modifiant dans sa forme, après la création de la
lettre de change, par l'opération de l'escompte; suppléant dans une faible mesure,
par l'émission, à l'insuffisance du numéraire qui conserve ses droits régaliens et
prohibitifs sur la circulation; puis, revenant à son point de départ après avoir
opéré toute une révolution, mais complétement modifiée dans son essence, créditant
non plus le dépôt en espèces ou en lingots, mais la production en atelier ou en
magasin, faisant du produit une monnaie, de la lettre de change un numéraire
représentant des valeurs réelles, créant le signe représentatif de la valeur au fur
et à mesure de la création de la valeur elle-même; enfin, devenant la caisse, la
comptabilité, l'administration financière et commerciale commune d'une association plus ou moins vaste, d'une industrie comme d'une nation entière, et
ramenant de cette façon le crédit à l'échange pur et simple. Cette dernière forme
n'est pas encore réalisée, mais c'est vers elle que tendent l'économie industrielle
de l'époque, aussi bien que les aspirations populaires, les idées, les recherches
et les efforts de la démocratie. Avant d'arriver à une organisation définitive, à
un mécanisme parfait, à un fonctionnement régulier, il faudra certainement des
tâtonnements, des études toutes spéciales, une expérience que la pratique seule peut
donner; la transformation dernière ne se fera que progressivement dans une période
plus ou moins longue suivant les circonstances, la rigueur des observations et le
génie des expérimentateurs; mais il suffit que le but soit indiqué, que le terme
de l'évolution soit conçu, déterminé, pour être assuré de l'atteindre.

X

Opérations des banques. — Il nous reste à passer rapidement en revue les diverses opérations de banque, dont nous avons déjà eu d'ailleurs l'occasion de parler
en faisant l'histoire de l'idée et des types principaux dans lesquels cette idée s'est
manifestée et réalisée. Le *change*, le *dépôt* et le *virement*, on l'a vu, sont les premières
opérations de banque par ordre de date. Le *change* des monnaies appartient maintenant à l'industrie des changeurs; les banquiers ne pratiquent plus que le change
des effets de commerce, ou change sur place, joint aux recouvrements. Les *dépôts*
ont été d'abord un versement effectué dans une caisse commune offrant plus de
sécurité que les caisses particulières, puis des prêts toujours remboursables à la
réclamation du prêteur; ces dépôts permettaient au numéraire inactif d'entrer en
circulation par l'organe de la banque ou de servir de garantie aux billets émis.
Comme ces dépôts n'étaient et ne sont jamais réclamés en même temps et tout
d'un coup, ils forment un fonds de roulement toujours renouvelé qui accroît d'autant la circulation. On a vu que, dans certaines banques, les dépôts, sous quelque
forme que ce soit, excitent l'épargne populaire en même temps qu'ils viennent
incessamment en aide à l'industrie. Ils rendent à la circulation une grande partie
du numéraire toujours insuffisant pour le nombre des transactions, soit en augmentant les ressources de la banque et lui permettant de disposer de son propre capital, soit en servant à des avances qui doivent être remboursées à assez courte
échéance. La banque bénéficie de la différence entre l'intérêt qu'elle fait payer à
ses débiteurs et celui qu'elle paie aux déposants.

　Le *virement* est, comme le *dépôt*, une des fonctions primitives, et l'on pourrait
dire primordiales, de la banque. Du moment où elle se faisait dépositaire, où elle
prenait le caractère d'une caisse commune, il allait de soi qu'elle devait effectuer

les paiements et les recouvrements pour le compte de ses clients, et tenir pour eux la comptabilité connue sous le nom de *compte-courant*. Mais ce n'est pas tout; chargée du maniement des fonds d'un certain nombre de clients, la banque avait à le faire de la façon la plus rapide et la plus économique, c'est-à-dire en déplaçant le moins possible le numéraire. C'est ce résultat qui a été atteint par l'opération du virement, très-bien décrit par M. Cernuschi dans la *Mécanique de l'échange* : « Une caisse de dépôt, dit-il, réunit les provisions monétaires d'un grand nombre de clients, et fait pour eux tous les encaissements et tous les paiements. Quand le client a un paiement à faire, il fournit un chèque-mandat à vue sur la caisse des dépôts. Il reçoit lui-même en paiement de ces mêmes chèques-mandats à vue, et il les verse de suite à la caisse des dépôts. De cette façon, le client arrive à employer les encaissements de chaque jour, tandis qu'auparavant il lui fallait payer avec la monnaie préparée d'avance. Si le client doit payer à quelqu'un qui est client de la même caisse de dépôts, au lieu de fournir le chèque-mandat qui fait payer au dehors, il fournit un chèque-virement également à vue qui fait payer au dedans, c'est-à-dire que le client ordonne à la caisse de transporter au compte de l'autre client une portion de son dépôt. La monnaie change ainsi de propriétaire sans changer de place. » Cette opération du virement, qui est appelée à jouer un si grand rôle dans l'organisation de l'échange et de la circulation vers laquelle nous tendons, a pris un sérieux développement, notamment en Angleterre où elle économise non-seulement le numéraire, mais encore les billets de banque. Les encaissements et les paiements s'y effectuent à l'aide de chèques que fournissent ou reçoivent réciproquement les banquiers. Chaque jour il est procédé à la liquidation des comptes, dans un lieu nommé *Clearing-House*, par une série de virements. M. Babbaye a évalué à 2 millions 500,000 livres sterling le chiffre moyen des virements effectués ainsi, et pour lesquels il n'était employé que 500 livres en espèces et 25,000 livres en billets de banque. On voit qu'avec ce procédé il peut se faire une quantité considérable de transactions, sans le secours, pour ainsi dire, du numéraire ni même de la monnaie fiduciaire et en évitant le tribut de l'escompte.

Escompte. — L'opération principale de la plupart des banques commerciales, c'est l'escompte. Escompter c'est échanger des effets de commerce contre du numéraire, ou, ce qui revient au même, contre des billets représentant du numéraire et convertibles, à présentation généralement, en espèces métalliques. Le numéraire est, par tradition et par habitude, l'instrument privilégié de l'échange, et, comme il est en quantité insuffisante pour le nombre des transactions qui s'effectuent ou tendent à s'effectuer, il faut l'emprunter ou l'acheter à ceux qui le détiennent momentanément. Les effets de commerce, comme les billets de banque, suppléent bien dans une certaine mesure à cette insuffisance du numéraire, en ce qu'ils permettent d'opérer des transactions commerciales sans son concours immédiat. Mais les uns et les autres ont toujours le numéraire pour objet et pour fin, et il reste entendu qu'ils doivent au jour de l'échéance ou de la présentation se convertir en espèces sonnantes. C'est là ce qui donne lieu à l'opération de l'escompte ; le banquier reçoit, des mains de ceux qui en sont détenteurs, des effets de commerce qui, en général, leur ont été remis en paiement et, en échange, il leur compte des espèces ou des billets de banque; il devient ainsi propriétaire de la créance que constituent les effets Seulement, il ne paie point intégralement en espèces la somme inscrite sur l'effet ; il opère une retenue de tant pour cent, calculée d'après le lieu où doit s'effectuer le paiement et le temps à courir jusqu'à l'échéance, retenue qu'on appelle l'*escompte*, et qui représente, en même temps que le salaire du banquier et les risques de l'opération, la supériorité des espèces métalliques sur les effets commerciaux ou sur les produits dont les effets sont le signe représentatif mis en circulation. En réalité, l'escompteur achète au comptant des produits évalués 100 francs, et dont un tiers reste possesseur, à un prix moindre de 100 francs. Mais, comme ces produits avaient déjà subi une vente, l'escompteur les laisse là où ils sont et ne se présente qu'au jour de l'échéance, non pour en prendre livraison, mais pour en obtenir le remboursement, c'est-à-dire pour recouvrer 100 francs en espèces. Les escompteurs achètent eux-mêmes souvent l'argent qu'ils revendent. Après avoir escompté des effets à 3 ou 6 pour 100, ils les portent à la Banque centrale qui leur fait le *réescompte*, c'est-à-dire escompte de nouveau ces effets, mais cette fois à 2 ou 5 pour 100. La différence entre l'escompte que fait payer le banquier et celui qu'il paie lui-même, forme son bénéfice. En passant par les mains du banquier-escompteur, l'effet a acquis, grâce à l'endos de ce dernier, une garantie nouvelle, qui en augmente la valeur et qui, aux yeux de la Banque centrale, égale souvent à elle seule toutes les autres garanties qu'il peut présenter par lui-même. L'escompte, déduction faite de la commission qui représente le salaire du banquier et de ses employés, l'escompte, disons-nous, n'est pas seulement l'intérêt, et c'est pourquoi son taux est relativement si variable, c'est un change, un commerce d'argent; et il est naturel, étant donné l'état actuel des choses, que le numéraire se vende d'autant plus cher qu'il est plus rare, quelles que soient d'ailleurs les causes de sa rareté. On s'est beaucoup préoccupé de l'abaissement de ce taux et de sa fixité. Ce qui serait désirable, et qui se réalisera sans doute quelque jour, c'est que, l'escompte changeant complétement de nature, c'est que, les produits s'échangeant entre eux, les effets de commerce fussent considérés comme des représentations de la valeur à l'égal du numéraire, et transformés en un billet de banque, garanti par un nombre considérable de souscripteurs ou adhérents, d'une circulation facile, à peu près universelle, billet créé pour ainsi dire en même temps que le produit, anéanti en même temps que lui par le retrait. Dans ces conditions, les métaux précieux reprenant leur rôle de marchandise, et perdant leur caractère privilégié, l'escompte ne serait plus qu'une prime d'assurance, ne subissant aucune oscillation et s'abaissant progressivement à mesure que l'organisation politique et sociale, que les conditions dans lesquelles s'exerceraient l'industrie et le commerce, diminueraient les risques, qui, on l'a vu, ont été en Allemagne, dans une année critique, de 0,06 centimes pour 100, en ce qui concerne le crédit populaire, et qui, en 1848, autre année critique, ont été pour la Banque de France de 1 à 2 pour 100.

Mais, tant que le numéraire conservera dans la circulation ses priviléges et ses droits régaliens, tant que l'escompteur, par conséquent, sera forcé de l'acheter pour le revendre, l'escompte subira les fluctuations que subit la marchandise elle-même en raison de sa rareté. On pourra atteindre une certaine fixité et arriver à un certain abaissement du taux, mais l'une et l'autre seront toujours soumis à des influences de toute nature qui défient tout règlement et toute législation. Certains économistes, qui n'ont point compris que les fluctuations de l'escompte résultaient de la nature des choses et des priviléges du numéraire, ont demandé la fixité de l'escompte à un taux bas ou moyen, et proposé de remédier aux périls qui en résulteraient pour les banques, en limitant l'escompte. Le remède est pire encore que le mal; c'est juste au moment où le commerce aurait besoin d'escompter qu'il ne le pourrait point; au lieu de trouver le numéraire en le payant cher, il n'en trouverait plus du tout; par sollicitude pour lui, et pour lui éviter la perte que lui fait éprouver la hausse de l'escompte, on le réduirait à la faillite.

Avances. — Les avances sont l'objet d'opérations beaucoup plus spéciales que l'escompte et que ne peuvent se permettre toutes les banques privées, parce qu'elles offrent plus de risques qu'aucune autre. Les *avances à découvert* sont celles qui sont faites à un client par confiance en sa solvabilité; c'est donc en réalité un véritable prêt; mais, en général, ces avances ne sont faites qu'à des clients avec lesquels les banques sont en compte, pour lesquels elles font des recouvrements, dont elles connaissent par expérience les ressources et la solvabilité, avances qui sont bientôt remboursées soit par des rentrées que les banques opèrent pour leur compte, soit par un versement qu'ils font à la caisse. Ce procédé dispense le négociant de conserver chez lui des capitaux inactifs, à titre de provision pour les cas imprévus.

Les *avances sur valeurs* diffèrent des précédentes en ce qu'elles sont garanties par un gage. Celui qui reçoit les avances dépose des valeurs, inscriptions de rentes, actions ou obligations de chemin de fer ou de toutes autres sociétés, entre les mains du banquier qui doit les conserver comme un dépôt jusqu'au jour fixé pour le remboursement, et qui peut, après cette échéance, les négocier pour rentrer dans ses fonds, si à cette date le remboursement n'a pas été opéré. Il y a, entre cette opération et l'escompte auquel certains économistes l'assimilent, cette différence essentielle que, dans l'escompte, le banquier achète une créance, il est vrai, si l'on ne considère que le fait final, c'est-à-dire le remboursement en espèces de l'effet de commerce, mais le titre de cette créance est la représentation d'une valeur réelle, créée, faite, estimée, d'un débouché certain puisqu'elle a trouvé acquéreur, tandis que, dans l'autre cas, l'avance est faite sur des créances reposant sur des hypothèses, sur des revenus considérés comme certains mais pourtant éventuels, sur des entreprises commanditées et en cours d'exploitation dont la valeur n'est pas encore définitivement déterminée. Aussi ces valeurs reçues en gage subissent-elles des variations souvent très-importantes suivant leur abondance sur le marché, et selon d'autres circonstances, d'autres influences générales ou particulières. M. Péreire, dans sa déposition devant la commission d'enquête, se plaignait de la difficulté avec laquelle la Banque de France faisait des avances sur les actions de chemin de fer, prétendant que cet établissement devait protéger de son crédit l'industrie des chemins de fer et faire pour ces valeurs ce qu'elle fait pour les effets de commerce. M. Péreire se trompait; il n'y a pas analogie; nous venons de le dire, les effets de commerce représentent des valeurs créées, des affaires faites, tandis que les actions de chemin de fer représentent une commandite avec toutes ses chances et tous ses risques. En temps ordinaire, alors que le cours des actions conserve une fixité relative, la Banque pourrait certainement faire sur ces valeurs des avances à l'aide des ressources disponibles qui ne sont point demandées par le commerce. Encore faudrait-il qu'elle agît avec prudence, parce qu'à la suite de sérieuses variations, il pourrait arriver que les débiteurs eussent avantage à ne point rembourser les avances faites et à laisser la Banque vendre les actions remises en gage; de telle sorte que la Banque se trouverait dans la fâcheuse alternative ou de subir une perte par la vente immédiate des titres, ou d'encombrer son portefeuille en attendant le moment favorable pour les porter sur le marché. Dans les plus mauvaises conditions, ce portefeuille, rempli d'effets de commerce, offre toujours une garantie sérieuse; ce n'est pas de l'or en barre ou en monnaie, mais ce sont des valeurs réelles offrant, relativement et proportionnellement, les moindres risques de perte et de dépréciation; on l'a vu en 1848; supposez le portefeuille garni d'actions de chemin de fer, d'inscriptions de rente ou de toutes autres valeurs de même genre, c'eût été, dans les mêmes circonstances, une déconfiture de 15, 20, 25 ou 30 pour 100 peut-être. En définitive, ces valeurs sont des hypothèses, et les hypothèses ne s'escomptent pas.

Émission. — On a beaucoup parlé, dans ces derniers temps, de la liberté des banques, expression qui n'était point parfaitement exacte, car ce que l'on discutait surtout c'était la liberté de l'émission. On sait ce que c'est que l'émission ; c'est la création d'un billet payable au porteur et à vue; le banquier qui crée ce billet tire sur lui-même, et s'engage à rembourser en espèces la somme fixée par le billet à celui qui le lui présentera, ce qui, — dans l'état actuel des choses et sous le régime de la loi concernant les effets de commerce, — suppose provision constante pour la somme totale des billets émis. Il est clair que si le banquier avait cette provision, c'est-à-dire s'il avait constamment dans sa caisse le montant des billets qu'il a tirés sur lui-même et mis en circulation, il n'en créerait point et se servirait de ses espèces au lieu de recourir à l'émission. Mais, comme il est de la nature même du billet à vue de rester plus longtemps dans la circulation que l'effet à échéance fixe, il s'ensuit que le banquier peut toujours espérer pouvoir rembourser ses billets lorsqu'ils se présenteront, étant certain qu'ils ne se présenteront pas tous à à la fois, le même jour, mais successivement et dans des proportions indiquées par la probabilité. Il peut donc, avec l'émission, disposer d'une partie de ses espèces, pour escompter des effets dont l'échéance ne doit venir que dans quinze, vingt ou quarante jours, conservant seulement la somme nécessaire pour opérer les remboursements qui pourront être réclamés. Puis, avec ses rentrées, il peut créer une somme à peu près égale de billets et les échanger contre de nouveaux effets, toujours à échéance de quinze, vingt, trente' ou quarante jours. Les billets émis sont payables dès le lendemain, mais justement pour cette raison ils circuleront comme la monnaie et ne se présenteront successivement que dans quinze, vingt, trente, quarante, peut-être quatre-vingt-dix jours, six mois ou un an. Quand ils se présenteront, le banquier aura recouvré des effets à cette échéance, il paiera ses billets avec le produit de ses recouvrements, émettra de nouveaux billets suivant les recouvrements qu'il doit de nouveau opérer, et ainsi de suite. Le numéraire n'étant point le capital réel, mais seulement sa représentation, n'étant point destiné à être consommé, c'est-à-dire à subir une transformation lente et plus ou moins complète, mais n'étant qu'un instrument d'échange, ne produisant rien par lui-même, par sa puissance propre, mais ne servant qu'à consacrer la vente et l'achat des produits, la grosse affaire ne consiste pas à le posséder constamment comme la terre ou une machine, mais seulement lorsqu'on en a besoin, c'est-à-dire lorsqu'on veut faire un échange, liquider une transaction. Nous avons dit et nous ne saurions trop répéter que le numéraire est insuffisant comme quantité pour le nombre d'affaires qui se traitent. Pour ne pas arrêter le commerce, l'échange des produits, c'est-à-dire la vie même de la nation, on est obligé de le faire passer de main en main, de le faire agir absolument comme ces soldats de théâtre qui traversent la scène pour revenir derrière la coulisse reprendre la file et la suivre de nouveau devant le public, de telle sorte que vingt-cinq hommes forment une armée. C'est ainsi qu'une pièce de monnaie sert à échanger cent fois, mille fois sa valeur en produits, suivant l'activité de sa circulation; mais, — ce qu'il ne faut pas oublier, — c'est qu'à chaque fois elle perçoit une prime, un impôt, un droit d'usage, un droit régalien de tant pour 100 au profit de son propriétaire.

L'émission supplée à cette insuffisance du numéraire en donnant, pour un certain temps, les qualités monétaires à un billet qui peut être garanti par des valeurs réelles comme il peut aussi n'être garanti par rien. C'est cette dernière possibilité qui fait le danger de l'émission, laquelle devient, quand elle n'est pas garantie, tout simplement de la fausse monnaie. Il est évident que si le banquier n'émettait des billets, étant libre de le faire, qu'avec prudence, dans des proportions indiquées par l'expérience et dans la stricte mesure des effets à courte échéance qu'il peut avoir en sa possession, il pourrait faciliter le crédit et l'échange sans courir de risques ni en faire courir à personne. Mais, peut-on être sûr que certains individus ne se livreraient pas à l'émission sans scrupules, s'ils étaient libres de le faire, qu'ils consentiraient à restreindre leurs affaires aux proportions de leurs ressources réelles, alors que, pour répondre aux demandes d'escompte, ils n'auraient qu'à user de leur faculté d'émission? On a vu quels désordres et quelles crises amenaient les émissions exagérées, celles qui ne représentent aucune autre valeur que des créances hypothétiques, dont le crédit de l'État est la seule garantie. Que serait-ce donc si elles n'avaient d'autre garantie que le crédit de simples particuliers? L'émission, inventée pour augmenter les moyens d'échange, n'a pas besoin de représenter des valeurs monétaires; il serait même à désirer que sur ce point l'État perdît tout préjugé et comprît que la meilleure garantie d'une banque n'est pas dans son capital métallique, mais dans la solidité de son portefeuille, que l'important pour le billet de banque n'est pas de représenter des espèces et de pouvoir s'échanger à volonté contre elles, mais bien de représenter des valeurs réelles, et de pouvoir toujours, en tout temps et en toutes circonstances, s'échanger contre des produits ou services quelconques sans aucune dépréciation; enfin, que la monnaie fiduciaire peut être, si elle représente des valeurs réelles, aussi sûre que la monnaie métallique et qu'elle offre cet avantage de n'être point susceptible de se prêter comme cette dernière, par sa rareté ou son privilège, aux spéculations de l'usure et de l'agiotage. Si les banques réclament le droit d'émettre un billet au porteur et à vue d'une acceptation plus étendue, d'une circulation plus facile, en échange d'un effet commercial à échéance, dont la circulation est beaucoup plus limitée en raison des qualités de personnalité, de lieu et d'époque qui y sont attachées, elles ont raison de le faire, et elles pourront rendre ainsi de véritables services au public. Si elles réclament le droit de faire des émissions, proportionnelles ou non à leur capital, sans distinction d'opérations, cette liberté devient le droit de battre de la fausse monnaie, en répandant dans le public des billets qui entreront en circulation comme représentant des valeurs réelles et qui pourront ne représenter pour une bonne part que des créances personnelles, des commandites plus ou moins hasardées ou hasardeuses, des espérances et des hypothèses de revenu sur lesquelles il aura été fait des avances, toutes choses qui font du billet de banque un assignat ou pis encore qu'un assignat, et qui amènent les crises et la ruine au jour de la réalisation. Ce n'est donc point sur le chiffre du capital ou des dépôts que doit se régler l'émission, mais bien sur la nature des opérations, et c'est là, il faut bien l'avouer, ce qui rend le contrôle si difficile quand il s'agit de banques particulières.

Nous n'entrerons pas dans l'examen des considérations évoquées par les financiers et les économistes concernant les effets de l'émission et ses rapports avec le capital des banques; la discussion en serait beaucoup trop longue. Ce que nous pouvons dire c'est que ces considérations perdront à peu près toute leur valeur, le jour — peut-être prochain — où le public comprendra que le prestige attaché à la monnaie métallique est le reste d'une idolâtrie mercantile, que la valeur utile et véritable de cette monnaie tient non pas, comme l'ont cru les économistes, aux propriétés métalliques de l'or et de l'argent, mais à la facilité avec laquelle on peut se procurer avec elle toute espèce de produits ou services. Du moment où la monnaie fiduciaire représenterait très-réellement des produits ou services dont la valeur ne subirait point de dépréciation et où l'on pourrait acquérir facilement avec elle toute espèce de services ou de produits, elle vaudrait exactement l'autre.

Il n'y a dans cette révolution économique qu'une difficulté pratique et réelle, c'est l'insolidarité des banques et du commerce. Tandis qu'un pays tout entier accepterait comme monnaie le papier de banque, le chèque, le bon d'échange, le pays voisin pourrait exiger ses paiements en numéraire, ce qui serait de nature à déterminer des crises, comme on l'a vu par l'exemple de l'Angleterre, quoique des crises semblables fussent beaucoup moins à craindre, alors que les billets seront garantis non par des créances de l'État mais par des produits. Ce qui serait nécessaire, ce serait donc de former une fédération de banques, ayant un comptoir international dans chaque pays, chargé de recevoir et de mettre en circulation les billets des diverses banques associées et de garantir celles-ci en remplissant à leur égard le même office que le *clearing house* pour les banquiers anglais. Cette organisation est réservée à un avenir dont on ne peut déterminer la date, mais que les tentatives faites dans ces derniers temps, les besoins, les aspirations et les idées du monde moderne semblent devoir rendre peu éloigné.

BIBLIOGRAPHIE. — *Enquête sur la circulation monétaire*, 6 vol. in-4º. — *Extraits des enquêtes parlementaires anglaises sur les questions de banque*, réunis par Coullet et Juglar, 10 vol. in-8º. — *Répertoire de l'économie politique*, de Guillaumin. — Tous les économistes, entre autres Ricardo et Storch. — *Traité des opérations de banque*, par Courcelle-Seneuil, in-8º. — *Du crédit et des banques*, par Coquelin, in-18. — *La mécanique de l'échange*, par Cernuschi, in-8º. — *La monnaie de banque*, par Paul Coq, in-18. — *La banque libre*, par Courcelle-Seneuil, in-8º. — *La liberté des banques*, par Horn, in-18. — *Encore la question des banques*, par Étienne Duran, in-8º. — *La question des banques*, par Wolowski, in-8º. — *Solution du problème social*, par Proudhon. — *Principes de la constitution des banques*, par Isaac Péreire, in-8º. — *La Banque de France*, in-8º, par Marqfoy. — *Les banques populaires*, par Vigano, 2 vol. in-8º. — *Les banques populaires en Allemagne*, par Seinguerlet, in-8º.   JULES MOTTU.

BANQUE DE FRANCE. — I. — Sous l'ancien régime, après la catastrophe de Law, nul essai de banque générale ne fut tenté avant 1767. A cette époque, M. de Laborde, créancier du gouvernement, obtint l'autorisation de créer la Caisse d'escompte. Formée en grande partie avec du papier d'État, elle disparut vite, sans rendre aucun service au commerce.

En 1776, Panchaud et Clonard furent autorisés, par arrêt du conseil du 24 mars, à fonder une nouvelle caisse d'escompte. Grevée par les emprunts d'État, origine des assignats, elle fut supprimée par un décret de la Convention du 4 août 1793.

Au lendemain du 9 thermidor, en vertu de la liberté du travail et du commerce intérieur, proclamée par la loi de 1791, plusieurs banques s'établirent. Malgré l'épouvantable cataclysme des assignats, elles surent inspirer confiance : le crédit se rétablit, et elles fonctionnèrent avec un succès qui fut leur perte.

Ce succès tenta le gouvernement. Le génie autoritaire de Bonaparte était offusqué de toute liberté. Il voulait conduire l'escompte comme un bataillon. — « Il faut que la Banque escompte toujours les effets de commerce à 4 pour 100, » écrivait-il au comte Mollien.

Pour lui une banque n'était qu'une fonction du gouvernement, une machine à crédit. Son capital de fondation n'était que le cautionnement du privilége de battre monnaie.

Ce furent ces doctrines qui inspirèrent la loi du 24 germinal an XII, à laquelle la Banque de France doit sa fondation. Le capital était formé de 45,000 actions de 1,000 francs chacune. Aussitôt, obéissant à son système, pour faire hausser les fonds publics, le gouvernement fit convertir une partie de ce capital en rentes sur l'État que la Banque ne pouvait revendre sans son autorisation; il s'empara de l'autre, et, en échange forcé, dónna des bons de délégation sur les receveurs généraux. En 1805, sur 97 millions de valeurs escomptées, il y avait 80 millions d'obligations ayant cette origine.

Avec ce charlatanisme, qui devait plus tard lui faire signer le fameux décret de Moscou, Napoléon, en revenant vainqueur d'Austerlitz, dit au comte Mollien : — Savez - vous ce qui me préoccupait sur le champ de bataille d'Austerlitz? Ce n'étaient pas les armées alliées, c'était ma Banque !

Il trouvait la Banque encore trop indépendante. Il y mit bon ordre. Sans même consulter ses censeurs, il promulgua la loi du 22 avril 1806, qui prolongeait son privilége de vingt-cinq ans, en sus des cinq ans établis par la loi de l'an XII. Il en profitait pour élever son capital à 60 millions. Deux ans plus tard, il devait le porter à 90 millions. Cette loi fixait le dividende annuel à 6 pour 100 du capital primitif et à une répartition égale aux deux tiers du bénéfice excédant les 6 pour 100. Il imposait à la Banque un gouverneur et deux sous-gouverneurs nommés par le gouvernement. Toute autorité reposait entre les mains de ces derniers. Les représentants des actionnaires étaient annihilés. Le gouverneur seul signait tous les traités et conventions; il présidait le conseil général et tous les comités; nulle décision n'était valable si elle n'était revêtue de sa signature; nul effet ne pouvait être escompté que sur son approbation formelle.

Qu'en résulta-t-il ? C'est qu'ainsi que le constate le rapport de M. Martin, en 1814, la Banque ne fut de nulle utilité au commerce. Napoléon avait dépassé son but : il ruina le crédit de l'établissement et ne put pas en tirer toutes les ressources qu'il espérait. Tous les capitaux de la Banque étaient employés en 5 pour 100 consolidé ou en autres effets du gouvernement, et étaient remis en dépôt pour garantie de prêts faits à trois mois de terme et forcément renouvelés. Tandis qu'elle avait 128 millions absorbés ainsi, elle n'avait pas en portefeuille 18 millions d'effets de commerce.

Lorsque, le 18 janvier 1814, la Banque limita à 500,000 francs le remboursement de ses billets, son passif exigible était de :

Billets en circulation . . . . 38,226,500 fr.
Comptes courants 6,374,000

Ensemble. . . . . . 44,600,500 fr.

Elle avait comme réserve métallique : 14,354,000 francs ; dans son portefeuille, 31,331,000 francs d'effets à courte échéance; en outre, 12,500 de ses propres actions immobilisées.

La Banque obligea les porteurs de ses billets à supporter des pertes qui s'élevèrent jusqu'à 12 pour 100. Quant à ses actionnaires, pendant le premier Empire, ils avaient réalisé 90 millions de bénéfices.

Son privilége, loin d'être utile au commerce, ne lui fut donc que nuisible. Il ne servit qu'à ses actionnaires et au gouvernement.

II. — Cet état de choses va-t-il changer, sous la Restauration, alors que la Banque sera affranchie de la main de fer qui la gouvernait?

Quelle réforme demande-t-elle tout d'abord? la suppression des comptoirs départementaux, créés par un décret de 1808. Sous l'influence des événements politiques, les comptoirs qui avaient d'abord semblé devoir être une source de profits pour la Banque, avaient subi quelques pertes. La Banque aussitôt demande à en être déchargée. Laffitte, dans son rapport, constate leur utilité. Les villes où ils sont établis en demandent la conservation. Eh bien! qu'ils se suffisent à eux-mêmes : mais, il faut « qu'ils n'aient aucun rapport entre eux. » De cette manière

la Banque s'en débarrassera et, en les isolant, n'aura pas à craindre leur concurrence.

La Banque voulait rester banque de Paris. Elle se plaignait hier des emprunts
forcés de l'Empire : en 1814, elle s'empresse de prêter 45 millions à la Restauration :
en 1815, elle escompte plus de 20 millions de bons à une échéance moyenne de
deux cents jours. M. Robillard, son rapporteur, se félicite de ses relations avec
l'État : « Ce n'est que sous un souverain légitime, dit-il, qu'on peut voir un tel
respect pour ses engagements. »

Cela l'encouragea : en 1817, elle payait les rentes de septembre; en 1818, les
rentes des deux semestres et le fonds d'amortissement. Elle faisait de plus une
avance de 100 millions au trésor. Elle négociait d'autres emprunts, et elle marchait
si bien qu'un beau jour, s'apercevant que l'encaisse et les présentations à l'escompte
n'étaient plus en rapport, qu'elle avait un passif exigible de 163 millions et une
réserve métallique de 34 millions, elle réduisit l'échéance de soixante jours à
quarante-cinq.

Une crise en résulta forcément. La Banque n'en tint nul compte. Jusqu'en 1825,
elle ne cessa de resserrer ses rapports avec le gouvernement; ce fut un grand regret,
exprimé par le duc de Gaëte, que « la privation des avantages extraordinaires que
les services de l'État avaient procuré à la Banque dans les années antérieures. »
En 1830, M. Odier n'en était pas encore consolé. Il constatait, en même temps, le
défaut de crédit qui ralentissait les affaires; mais il se bornait à cette constatation,
tandis que la Banque offrait au trésor une réduction du taux de l'escompte.

Quant à elle, elle avait fait, de 1815 à 1830, un bénéfice de 128,846,385 francs
27 centimes.

III. — La révolution de 1830 fut une bonne aubaine, en offrant à la Banque
l'occasion « de préserver le gouvernement de sérieux embarras. » Aussitôt elle
conclut un traité avec le ministre des finances. Il s'agissait de faire des avances
sur les monnaies d'or et d'argent venant d'Alger.

En 1833, la Banque s'engageait à faire au trésor des avances en compte courant,
à intérêt de 4 pour 100, garanties par des bons royaux. « La Banque doit rechercher tous les moyens d'augmenter ses rapports avec le gouvernement, disait
M. Odier. » Telle était la constante préoccupation de son conseil général et de ses
actionnaires. Ces opérations n'étaient-elles pas une source de bénéfices sans
risques? n'étaient-elles pas plus commodes que les relations commerciales?
En 1834, comme elle regrette les emprunts du bon temps de la Restauration! Bien
loin de chercher dans le développement de l'escompte une extension de ses opérations, elle demande la faculté de faire des avances sur tous les effets publics français et la fixation de la réserve à 200 francs par action.

En trente-deux ans, ses actionnaires avaient gagné 193,756,000 francs, soit
2,879 par action de mille francs.

La Banque n'avait à se plaindre que de ne pouvoir continuer ses bénéfices par
de semblables moyens. La loi du 17 mai 1834 l'autorisa à faire des avances sur
dépôt d'effets publics à échéance indéterminée. Il y avait longtemps, du reste,
qu'elle était en possession tacite de ce droit. Cette loi limita sa réserve à 10 millions,
représentés par une inscription de rentes 5 pour 100, à la valeur de son hôtel, et
autorisa de plus le conseil général à couvrir par une application d'arrérages de
rentes la différence de 1,175,528 francs 74 centimes que la Banque avait payés de
prime pour le rachat de ses actions.

La Banque avait repoussé l'établissement de ses succursales en province, quand
elle pouvait spéculer avec avantage sur les fonds d'État; elle avait cru d'abord que

nulle banque n'était possible en dehors d'elle. Lyon, Marseille, le Havre, Lille, en avaient fondé. Orléans, Amiens, Dijon, Toulouse demandaient l'approbation des statuts des leurs au conseil d'État. La Banque, privée d'une partie de ses ressources, devint jalouse de cette activité. Elle fit adopter, par le conseil d'État, cette doctrine : que toute banque locale devait rester renfermée dans sa localité, sans communication au dehors.

Pendant qu'elle paralysait ainsi leur extension, elle fondait des succursales à Reims et à Saint-Etienne. Pour justifier son activité après un si long abandon, M. d'Argout la représentait comme la providence du commerce. Il y avait une crise aux États-Unis, le numéraire était rare, il fallait que la Banque se dévouât!

Cependant les bénéfices furent médiocres, et ce sont les bénéfices qui importent aux actionnaires de la Banque. La crainte des banques locales les empêcha toutefois d'abandonner une seconde fois les comptoirs. Il eût fallu les absorber ; mais elles se réfugiaient aussi derrière leur privilège. Alors, pour les débusquer, la Banque essaya de substituer ses billets à leur circulation fiduciaire. Elles y auraient tout avantage; la Banque seule aurait le souci du remboursement. Les banques ne se rendirent pas à ces raisons. La Banque de France profita des délais qu'apportait le conseil d'État à approuver les statuts des nouveaux établissements pour les devancer. Elle avait à ce moment un intérêt supérieur à tous les autres pour faire du zèle. Son privilège expirait en 1843. Il fallait, pour obtenir un renouvellement avantageux, qu'elle vînt le réclamer devant les chambres, comme un prix Monthyon dû « à son utilité, à sa prudence, et à la stricte moralité de ses actes. »

On fit bien quelques légères observations, mais MM. Dufaure et Rossi voyaient la Banque avec les yeux de Pangloss. M. Thiers fit un petit cours sur le crédit et les banques, où il ne manqua pas d'émettre toutes les idées rétrogrades et fausses dont il a l'apanage; il s'écria, avec sa solennité de Joseph Prudhomme : « La Banque réclame des années, les années sont le seul élément de grandeur pour un établissement de cette nature : donnez-les-lui. » La Chambre n'hésita pas : par deux cent cinquante voix contre cinquante-huit, elle prolongea son privilège jusqu'en 1867.

La Banque, assurée de l'avenir, résolut de se substituer aux banques départementales en fondant des comptoirs dans les villes qui menaçaient de la prévenir, Du reste, ils rapportèrent d'assez bons bénéfices.

Leur établissement était cependant un danger pour la Banque. Ne les considérant que comme de simples comptoirs d'escompte, chargés de lui adresser le papier payable à Paris, elle ne crut pas nécessaire d'augmenter son capital. A chacun de ces comptoirs, elle constituait un capital de 2 millions ; mais, où prenait-elle ces 2 millions? Elle les enlevait à son capital central qu'elle affaiblissait ainsi, tandis que ses opérations augmentaient; bientôt, il n'était plus que de 4,40 pour 100 par rapport à ses opérations générales et de 18 pour 100 par rapport à sa circulation.

Les opérations des comptoirs augmentaient lentement. Le public de province avait plus de confiance dans les banques départementales que dans les comptoirs de la Banque centrale, qui, constitués sans capital propre, étaient à la discrétion de l'encaisse de Paris.

La Banque maintenait son escompte à 4 pour 100 et se plaignait que des escompteurs en prêtant leurs fonds à un moindre taux, lui enlevassent une partie de ses bénéfices qui atteignaient encore le chiffre raisonnable de 9 pour 100. Du reste, c'était « pour le principe » qu'elle maintenait ce taux. Elle l'établissait comme une règle invariable, à laquelle elle allait bientôt manquer « en demandant au commerce le sacrifice passager » de l'escompte, d'abord à 5, puis à 6 pour 100, pendant la crise de 1846-47.

Le chiffre de ses affaires n'avait cessé d'augmenter : c'est un fait que l'on constate avant toutes les crises, en 1811, en 1819, en 1825-26, en 1837, et enfin en 1846. La totalité de la réserve métallique de la Banque en était arrivée à n'être composée que de fonds étrangers, comptes courants du public et du Trésor, susceptibles d'être retirés au premier jour. Du 1er juillet 1846 au 1er janvier 1847, l'encaisse de la Banque diminua de 172,847,000 francs. M. d'Argout attribua ce fait à la pénurie des subsistances; or, les chiffres ne concordent pas avec les importations de grains. M. Grandin, à la chambre des députés, l'expliquait d'une manière plus précise. Le ministère, d'un côté, retirait brusquement son argent; la Banque, de son côté, laissait dans un mois sortir 110 millions de numéraire au profit de banquiers qui les employaient à soumissionner des emprunts étrangers. En même temps, l'établissement des chemins de fer, assurant un placement au public, lui faisait reprendre son argent. Voilà les trois causes de cette crise qui montrent, d'une part, le vice des opérations auxquelles se livre la Banque aux dépens du commerce, et, de l'autre, son imprévoyance. Du reste, ses actionnaires n'eurent pas à se plaindre. Si, du 1er août 1846 au 31 juillet 1847, mille cent trente-neuf faillites, avec un passif total de 68,474,803 francs, épouvantèrent le commerce de Paris, ils recueillaient un dividende de 159 francs par action : le plus élevé jusqu'alors n'avait pas dépassé le chiffre de 144 francs!

La Banque eut alors recours aux expédients : elle acheta au Trésor, moyennant une prime, 15 millions de pièces démonétisées; elle se procura sur la place 4 ou 5 millions de matières d'or et d'argent; elle emprunta 25 millions aux capitalistes anglais; elle vendit pour 50 millions de rentes au gouvernement russe; la dépréciation de toutes les valeurs ramena les espèces dans les caves de la Banque. La Banque maintint son escompte à 5 pour 100, profita de la crise qui sévissait à la Bourse pour acheter 300,000 francs de rentes à 2 francs 44 au dessous de l'émission; elle ne se décida à ramener son escompte à 4 pour 100, le 28 décembre, que lorsque le public, se retirant d'elle, ses escomptes diminuèrent de 50 pour 100; les actionnaires de la Banque sortaient de cette crise avec un dividende de 177 francs, le plus élevé que la Banque eût encore distribué à ses actionnaires!

Sous le gouvernement de Juillet, la Banque avait recueilli un bénéfice net de 135,867,900 francs, soit 2,001 francs par action de 1,000 francs.

IV. — Le 22 février 1848, la Chambre des députés s'occupait de la Banque : le billet de banque n'avait pas de coupures au-dessous de 500 francs; on avait demandé des coupures de 250 francs : la commission avait admis les coupures de 200 francs, et M. Léon Faucher soutenait qu'on pouvait, sans risques, les réduire à 100 francs. Comme compensation, il réclamait la suppression des banques départementales. La Banque n'eut pas encore satisfaction ce jour-là. On renvoya la discussion à l'année 1853.

Mais, le surlendemain, la révolution de 1848 éclatait.

La Banque avait une encaisse de 226 millions : le capital s'alarme et se retire dans les moments de crise. Chacun a besoin de son argent, c'est une fatalité qu'il est impossible d'éviter : du 26 février au 14 mars l'encaisse diminua de 140 à 70 millions; le soir du 15 mars, il ne restait plus que 59 millions.

Ici encore se montre le vice des opérations de la Banque. Dans son encaisse se trouvaient 125 millions dus au Trésor qui avait besoin de son argent. Elle restait avec un passif exigible de 305 millions, et sa plus grande ressource consistait en

1,170,000 francs de rentes sur l'État, qu'elle ne pouvait négocier sans jeter une perturbation sur le marché.

Dans la nuit du 15 mars, un décret proclama les billets de Banque monnaie légale, et dispensa la Banque de les payer en numéraire; il autorisait en même temps les coupures de 100 francs et limitait l'émission à 350 millions.

Les banques départementales demandèrent à jouir du même privilége; on le leur accorda, en déterminant la limite de l'émission, et en ne reconnaissant à leurs billets la valeur de monnaie légale que dans les départements où chacune d'elles avait son siége.

C'était condamner ces banques à mort. Toute concurrence avec la Banque de France était impossible. Ce décret n'était que la préface du décret du 27 avril, qui réunissait les banques départementales à la Banque de France.

Enfin, les vœux de la Banque de France étaient comblés : elle s'immola au bien public.

Sans faire subir de pertes à la Banque, cette mesure produisit une si profonde perturbation dans le crédit, qu'en 1853 les banques locales n'avaient pas encore repris leur importance.

En 1849, la Banque s'empressa de faire sanctionner par décrets de nouveaux établissements, afin d'empêcher par son activité le rappel du décret révolutionnaire qui l'investissait du monopole absolu de l'émission des billets. Cette multiplicité des banques locales avait augmenté la circulation des billets à ordre. Pour couvrir les frais de virement qu'ils lui causaient, la Banque décréta, le 4 juin 1850, que les preneurs de billets à ordre auraient à payer 1 pour 1,000. Le chiffre des virements fut réduit de 768 millions à 275 millions de francs.

V. — D'après l'article 2 de la loi de 1840, une loi promulguée en 1853 ou 1854 pouvait suspendre, au 31 décembre 1855, le privilége de la Banque. Un décret du 3 mars 1852 le garantit jusqu'en 1867. Ce décret est instructif : il autorise la Banque à augmenter ses avances sur dépôts d'actions et d'obligations de chemins de fer, à ne publier que tous les trois mois sa situation, au lieu de le faire toutes les semaines, comme l'exigeait le décret du 15 mars 1848. Ce n'était certainement pas au profit du public que ces mesures étaient prises.

En 1852 le conseil général de la Banque faisait une innovation importante. Il abandonnait le taux de 4 pour 100 qu'il maintenait autrefois « pour le principe. » Abaissé quelques mois à 3 pour 100, il remontait, en 1854, à 5 pour 100, plus tard à 6 pour 100. Les dividendes augmentaient en même temps ; ils atteignirent 272 francs. Cette augmentation était due, d'une part, à l'annexion des banques locales, acceptée péniblement par la Banque centrale dans un intérêt public; d'autre part, à la crise qui, comme toutes les autres, a eu le privilége de n'être avantageuse qu'aux actionnaires de la Banque.

Son privilége expirait en 1867. Avec sa prévoyance habituelle, elle se rappela les paroles de M. Thiers, et elle ne douta pas que le gouvernement ne s'empressât d'accéder à ses vœux. Elle ne se trompait pas. M. Vuitry rédigea l'exposé des motifs; M. Devinck rédigea le rapport. La prolongation du privilége était de trente ans : en 1840 il n'était que de douze ans. M. Vuitry l'expliquait dans le même sens que M. Thiers.

Dans cette chambre docile de 1857 se trouva cependant un opposant, M. Kœnigswarter. Grâce à lui, sur cette importante question se souleva une ombre de débat qui occupe deux pages du *Moniteur*. Il trouvait l'institution bonne, mais il eût admis qu'elle payât au moins son privilége. La critique était bien faible, bien insignifiante, on le voit. MM. Devinck et Vuitry la combattirent par les grands mots : « intérêt public », « intérêt du commerce », mots sonores avec lesquels le style parlementaire couvre toutes les sottises et tous les abus.

Cependant, il y avait un fait : les actions de 1,000 francs valaient à cette époque 4,500 francs ; dédoublées en 1857, moyennant un versement de 1,100 francs par chaque titre, elles atteignirent la valeur de 3,560 francs. Ces chiffres prouvent que si la Banque se sacrifie habituellement à l'intérêt public, le sacrifice se solda pour elle, ce jour-là du moins, par un bénéfice de 224 millions.

Cette loi de 1857 autorisait la Banque à élever l'escompte au-dessus de 6 pour 100, à la condition d'ajouter au fonds social les bénéfices qui en résulteraient.

Elle autorisait de plus à abaisser la coupure du billet de Banque à 50 francs.

Le gouvernement peut exiger d'elle l'établissement d'une succursale dans les départements où elle n'existe pas. Il faut remarquer que cette mesure est facultative.

Le capital de la Banque était insuffisant. La somme des escomptes et des avances effectués, qui, en 1853, était de 3,615 millions, s'était élevée, en 1857, à 6 milliards. L'encaisse était tombée, en 1856, au cinquième du montant des billets et des comptes courants, à 166 millions pour une dette de 865 millions. On dédoubla le capital ; les actions furent réservées aux actionnaires : mais, en vertu de cette fausse position qui résulte de l'union hétéroclite de la Banque et de l'État, le capital fut employé à acheter pour 100 millions de rentes au taux de 75 francs. Elle avait déjà 65 millions en rentes et 55 millions en bons du trésor. M. Devinck lui-même s'effrayait de cette position et rappelait la crise de 1846.

La loi, votée le 28 mai, le dernier jour de la session, approuvée le 8 juin, promulguée le 9 juin, avait été enlevée par la Banque en moins d'un mois.

La Banque continue son genre d'opérations : en 1859, elle fait un milliard d'avances sur effets publics.

En 1861, elle devait profiter de la faculté d'élever le taux de l'escompte au-dessus de 6 pour 100 ; elle le portait à 10 pour 100. Le dividende était de 147 francs par action dédoublée. Pourquoi encore cette contradiction entre les bénéfices des actionnaires et les souffrances du commerce ? C'est que les succursales de Marseille et de Lyon sont vides ; leur encaisse a disparu. Où est-elle passée ? Non pas entre les mains du commerce, mais entre les mains des banquiers de Gênes et de Turin qui spéculaient sur l'emprunt italien. Pourquoi la Banque avait-elle en souffrance, dans le même exercice, 27 millions d'effets d'origine grecque ? Le rapport de la Banque le dit lui-même : Constantinople emprunte ; les banquiers tirent sur Marseille ; la Banque négocie. Et un beau jour, grâce à ces opérations de haute banque, elle trouve son encaisse réduite, elle augmente le taux de son escompte, le maintient aussi élevé que possible, ruine le commerce et empoche les dividendes.

Qu'importe ? en 1862, la conversion Fould porte encore le chiffre de ces avances sur effets publics à plus d'un milliard.

En 1864, nouvelle crise ou plutôt continuation de la crise.

Le commerce était aux abois. Ses plaintes finirent par être entendues au conseil supérieur du commerce.

En même temps, la Banque de Savoie avait soulevé la question des banques départementales.

Le 4 octobre 1863, l'assemblée de ses actionnaires avait élevé son fonds social de 4 millions à 40, et pris la résolution d'étendre ses opérations au delà de la Savoie et de la Haute-Savoie. Le gouvernement s'y opposa malgré les vives protestations du commerce.

VI. — L'attention publique était tournée vers la Banque, le gouvernement l'amusa par une enquête de laquelle il n'est résulté que six gros volumes in-4° intitulés : *Enquête sur la circulation monétaire.*

Nous allons résumer les reproches faits à la Banque et les réponses qu'elle leur adresse.

« Les opérations de la Banque de France consistent :

1° A escompter des effets de commerce sur Paris ou sur les villes où elle a des succursales, ayant au plus trois mois d'échéance, à trois signatures, ou à deux signatures seulement quand il s'agit d'effets créés pour fait de marchandises, mais alors avec un transfert d'effets publics français, d'actions de la Banque ou de récépissé de marchandises ;

2° A faire des avances sur des effets publics français à échéance déterminée ; — sur des effets publics français à échéance indéterminée ; — sur actions et obligations de chemins de fer français ; — sur obligations du Crédit foncier ; — sur obligations de la ville de Paris ; — sur dépôts, d'une valeur de 12,000 francs au moins, de lingots et monnaies d'or et d'argent ;

3° A émettre des billets à vue et au porteur et des billets à ordre transmissibles par voie d'endossement ;

4° A recevoir en garde les titres, les diamants, les effets publics nationaux et étrangers, au porteur ou nominatifs, et à en percevoir les arrérages payables à Paris, moyennant un droit de garde ;

5° A recevoir en compte courant les sommes qui lui sont versées et les effets sur Paris à encaisser, et à payer les dispositions faites sur elle jusqu'à concurrence des sommes encaissées ;

6° A émettre des billets à ordre payables dans ses succursales. — Legoyt. »

La Banque de France a le privilège gratuit de l'émission sans restriction. Elle jouit de l'avantage de recevoir et d'utiliser sans intérêt les versements au compte du Trésor. Tandis qu'en Angleterre le taux de l'escompte varie selon la valeur de la signature, la Banque n'a qu'un seul taux pour tous les bordereaux qu'elle accepte.

Ceci établi, quels sont les devoirs de la Banque ? quelle est sa principale mission ? — Favoriser entre les individus les opérations de crédit, et faciliter le change au moyen de la négociation des effets de commerce.

Or, nous avons vu par l'histoire de la Banque de France qu'elle n'a jamais complétement rempli cette mission.

VII. — Pourquoi ?

C'est que, d'abord, elle a la funeste habitude de faire des avances sur dépôts d'effets publics. Nous l'avons vue depuis sa fondation se livrer constamment à ces opérations de préférence à toutes autres. Qu'en résulte-t-il ? C'est que les avances qu'elle fait aux valeurs publiques ne peuvent en même temps être faites au commerce. Quand le numéraire est abondant, elle avance largement, et alors elle fait bénéficier ses actionnaires au détriment de l'escompte. Le capital devient-il rare, la Banque, éprouvant le besoin de défendre son encaisse pour ménager ses ressources, élève le taux de son escompte.

De plus, cette manœuvre favorise l'agiotage des gros spéculateurs. Ils empruntent sur les titres qu'ils laissent en dépôt. Avec cette avance ils achètent de nouveaux titres et recommencent.

Voilà le reproche capital adressé à la Banque de France, reproche que justifient toute son histoire et toutes les crises qui se sont produites en France.

A ce reproche, les partisans de la Banque n'ont jamais eu une réponse sérieuse.

Ils prétendent tout simplement que la cessation de ces opérations causerait un préjudice à l'État. C'est fâcheux : que l'État s'arrange autrement ; il n'est même pas bon qu'il trouve trop-facilement des ressources ; c'est un enfant prodigue qu'il faut surveiller de près. Au reste, cette réponse n'est pas la vraie : ce n'est pas l'intérêt de l'État qui fait aimer à la Banque ce genre d'opérations, c'est son propre intérêt.

De même, la Banque ne doit escompter que sur l'effet de commerce sérieux et non sur le warrant, sous peine de tomber dans le même défaut qu'en prêtant sur titres.

Certains déposants ont demandé dans l'enquête la fixation d'un taux permanent. La Banque en s'y refusant a raison. Quand le taux de l'argent, en effet, s'élèverait sur le marché au-dessus de celui de la Banque, elle serait vite épuisée par les demandes d'escompte qui lui arriveraient de toutes parts; quand le taux de l'argent serait au-dessous, elle serait obligée d'arrêter ses escomptes ou de recourir au cours forcé.

On demandait aussi qu'elle accordât un intérêt aux dépôts; elle répond qu'elle attirerait à elle tout le capital du pays.

On a réclamé avec plus de persistance l'abaissement des coupures. Elles ont déjà été réduites de 500 francs à 50 francs. La Banque s'y opposait autrefois. Elle prétendait que les faibles coupures changeraient le caractère de la circulation fiduciaire qui est destinée à régler les transactions entre négociants, et qui ne doit pas descendre dans le commerce de détail. Cette objection n'a pas de valeur sérieuse.

On a réclamé aussi contre l'obligation des trois signatures. Dans une transaction ordinaire, il n'y a que deux signatures : l'acheteur et le vendeur. Il faut que ceux-ci achètent alors une troisième signature. Cette troisième signature coûte au commerce de 50 à 60 millions, chaque année. Il est vrai qu'en 1868, un décret a augmenté la facilité de l'escompte à deux signatures en autorisant la banque à accepter, en dépôt de garantie, comme équivalent de la troisième signature, non-seulement ses propres actions ou des titres de rentes sur l'État, mais toutes les valeurs sur lesquelles elle fait des avances. Cela prouve qu'on a tenu compte des observations faites dans l'enquête. Le commerce reproche surtout à la Banque ses avances sur titres. Que fait le gouvernement ? il les étend.

Enfin, elle est en possession d'un abus qui n'est rien moins que la liberté de manquer aux engagements convenus. Elle a la faculté de réduire la durée des échéances; elle ne s'est pas contentée de conserver ce droit sans s'en servir : nous avons vu qu'elle en avait usé plusieurs fois.

De plus, jugeant en souverain, sans appel, elle peut refuser le papier d'une maison sans autre motif qu'un caprice, qu'une rancune, qu'une inimitié politique.

VIII. — Tous ces vices, du reste, se réduisent à un seul, vice auquel ne peut remédier qu'un changement radical; car ce vice est inhérent à son organisation. Monopole, elle se revêt des apparences d'un service public, alors qu'elle ne saurait l'être, parce qu'en antagonisme avec l'intérêt général, se trouve l'intérêt de ses actionnaires, son intérêt propre. Établie comme instrument de crédit, elle consulte d'abord ses avantages; elle ne s'inquiète que plus tard des avantages du commerce. Elle jouit des bénéfices de sa position, et forcément, par sa nature même, elle cherche à en abuser pour mentir à sa mission.

Tout établissement, fondé sur le monopole, aura nécessairement les mêmes défauts et les mêmes vices. Il est obligé en facilitant ses opérations financières de témoigner sa reconnaissance à l'État qui le gratifie d'un privilége. Le plus grave et le premier reproche qu'on adresse à la Banque porte sur ses avances sur titres. Elle ne peut se dispenser de les faire, parce qu'elle est établissement de l'État. Les gouvernements d'Autriche et de Russie se sont servis de leurs banques pour effectuer à leur profit de vraies émissions de papier-monnaie.

En même temps, elle est établissement privé, pesant de tout son poids sur le marché, stimulant la spéculation quand les capitaux sont sans emploi, l'abandonnant quand les capitaux deviennent rares, de cette manière provoquant des crises ruineuses pour le pays.

Maîtresse du taux de l'escompte, elle peut l'élever et l'abaisser selon son intérêt; je sais qu'elle répond que ce taux ne dépend pas d'elle; qu'elle ne fait que le constater; que la concurrence des banques privées limite ses caprices. Cela est vrai, mais dans une certaine mesure. En 1847, par exemple, la Banque ne maintint-elle pas, longtemps après la crise, son escompte au taux de 5 pour 100?

L'histoire de la Banque de France démontre d'une manière péremptoire le vice de ces établissements androgynes, ni publics ni privés. L'expérience que nous en avons faite nous servira, espérons-le, à abandonner ces concessions qui ne servent qu'à créer une féodalité financière. Il faut opter entre les deux principes suivants :

Ou bien reconnaître la liberté absolue des banques, en désintéresser complétement l'État et les laisser agir sous leur entière responsabilité;

Ou bien déclarer l'escompte service public, et remettre ce service entre les mains de l'État qui ne devra en retirer nul bénéfice, tout en laissant la concurrence libre d'agir à côté de lui.

Il faut que l'on se prononce pour l'un ou pour l'autre de ces systèmes; mais, à coup sûr, il faut qu'on abandonne le régime bâtard de la Banque privilégiée qui a tous les inconvénients d'un établissement de l'État, sans avoir aucun de ses avantages.

Voir, pour la bibliographie, l'article *Banque*.   Yves Guyot.

BANQUEROUTE. — Le mot banqueroute, comme un assez grand nombre de mots de notre langue commerciale, est d'étymologie italienne. Dans les villes commerçantes d'Italie, au moyen âge, on brisait le banc où se tenait dans le marché le négociant devenu insolvable ; c'est des deux mots *banco rotto* (banc rompu) qu'on a fait banqueroute.

Il ne faut pas, comme on le fait encore trop souvent dans le langage vulgaire, confondre la banqueroute avec la faillite.

La faillite est l'état d'un commerçant qui a été obligé de suspendre ses paiements ; mais n'est banqueroutier que le failli qui a commis certaines fautes, spécialement indiquées par la loi, et constituant, suivant les cas, des délits ou des crimes.

Dans notre droit français actuel, la banqueroute se divise en *banqueroute simple* et en *banqueroute frauduleuse*.

L'article 585 du Code de commerce édicte que devra être déclaré *banqueroutier simple* tout commerçant failli qui se trouvera dans un des cas suivants :

1º Si ses dépenses personnelles ou les dépenses de sa maison sont jugées excessives ;

2º S'il a consommé de fortes sommes, soit à des opérations de pur hasard, soit à des opérations fictives de bourse ;

3º Si, dans l'intention de retarder sa faillite, il a fait des achats pour revendre au-dessous du cours ; si, dans la même intention, il s'est livré à des emprunts, circulation d'effets, ou autres moyens ruineux de se procurer des fonds ;

4º Si, après cessation de ses paiements, il a payé un créancier au préjudice de la masse.

L'article 586 indique d'autres cas dans lesquels, non plus obligatoirement mais facultativement, le failli *pourra* être considéré comme banqueroutier simple.

Citons notamment le cas d'une nouvelle faillite prononcée avant que les obligations d'un précédent concordat aient été remplies, le cas où le commerçant qui suspend ses paiements ne fait pas, dans les trois jours de la suspension, le dépôt de son bilan au greffe du tribunal de commerce, et enfin celui où le failli n'a pas tenu de livres ou les a tenus d'une façon irrégulière.

Les poursuites pour banqueroute simple sont intentées devant le tribunal correctionnel, à la requête ou du syndic, ou du procureur impérial, ou d'un créancier agissant individuellement.

En général, dans la pratique, c'est le procureur impérial qui intente la poursuite, sur le rapport que le syndic adresse au parquet, dans chaque faillite.

Il faut bien reconnaître que dans l'application règne, en cette matière comme en beaucoup d'autres, un assez grand arbitraire.

C'est ainsi qu'on voit poursuivre et condamner comme banqueroutiers simples, de petits commerçants dont les dépenses annuelles dépassaient, au dire du syndic, de 1,000 ou 2,000 francs, ce qui aurait suffi à l'entretien de leur famille et de leur maison, ou tel autre dont les livres de commerce, souvent faute d'instruction suffisante, n'étaient pas tenus avec une régularité parfaite. Au contraire, aucune poursuite n'est exercée contre tel grand industriel, dont le désastre a eu cependant pour principale cause, non pas un accident fortuit, mais le luxe avec lequel, avant sa faillite, il éblouissait ses actionnaires ou ses créanciers. Après sa chute, il continue encore à les éblouir et on n'oserait pas faire comparaître en police correctionnelle un si brillant personnage.

Les banqueroutiers simples sont punis d'un emprisonnement d'un mois au moins et de deux ans au plus ; la peine peut encore être abaissée, en cas d'admission des circonstances atténuantes.

Le banqueroutier simple n'est soumis à aucune incapacité légale, civile ou politique, autre que celles qui atteignent tous les faillis. Il peut obtenir son concordat; il peut, après le paiement de tout le passif, obtenir sa réhabilitation.

Tandis que la banqueroute simple n'est qu'un simple délit, ressortissant de la police correctionnelle, la *banqueroute frauduleuse* est un crime de la compétence de la cour d'assises.

Le ministère public peut donc seul exercer les poursuites en cette matière.

Doit être déclaré banqueroutier frauduleux, aux termes de l'article 591 du Code de commerce, « tout commerçant failli qui aura soustrait ses livres, détourné ou dissimulé une partie de son actif, ou qui, soit dans ses écritures, soit par des actes publics ou des engagements sous signature privée, soit par son bilan, se sera frauduleusement reconnu débiteur de sommes qu'il ne devait pas. »

On le voit, il s'agit ici de faits graves inspirés par le désir du failli de soustraire à ses créanciers, par des moyens frauduleux, une partie de son actif.

La loi devait se montrer sévère pour de pareils faits.

Un édit de Henri IV, de mai 1609, prononçait contre les banqueroutiers frauduleux la peine de mort. Cette disposition fut maintenue par l'ordonnance de 1673 qui conserva vigueur jusqu'à la Révolution. M. Renouard, dans son *Traité des faillites et banqueroutes*, fait remarquer que, quoique la peine capitale ait été rarement appliquée contre les banqueroutiers, il y en eut néanmoins assez d'exemples pour qu'elle n'ait pas pu être considérée comme purement comminatoire. M. Dalloz, dans son Répertoire, cite plusieurs exemples : ainsi un arrêt du parlement de Rouen, du 5 décembre 1602, condamna un courtier de change et son gendre à être pendus et étranglés. Un arrêt du parlement de Paris, du 10 février 1756, condamna un agent de change, du nom de Falque, à être pendu, et la sentence fut exécutée.

Aujourd'hui, la peine prononcée contre le crime de banqueroute frauduleuse est celle des travaux forcés à temps.

Cette peine est applicable à ceux qui se seront rendus complices de ce crime en aidant le failli à soustraire à ses créanciers une partie de l'actif qui est leur gage.

A la différence du banqueroutier simple, le banqueroutier frauduleux ne pourra pas obtenir de concordat, et ne sera pas admis au bénéfice de la réhabilitation.

Les agents de change qui font faillite sont, par le seul fait de la faillite, considérés comme banqueroutiers et condamnés aux travaux forcés à temps. En cas de banqueroute frauduleuse, la peine qui doit être prononcée contre eux est celle des travaux forcés à perpétuité.

BIBLIOGRAPHIE. — Vincens, *Exposition raisonnée de la législation commerciale.* — Renouard, *Traité des faillites et des banqueroutes.* — Pardessus, *Cours de droit commercial.* — Répertoire de Dalloz, Vᴵˢ *Faillite* et *Banqueroute.* GEORGES LE CHEVALIER.

BAPTÊME. — HISTOIRE RELIGIEUSE. — Ce mot, qui vient du grec βάπτω, *plonger, baigner,* exprime une pratique, d'abord purement hygiénique, prescrite, dès la plus haute antiquité, par la loi religieuse, dans les chauds pays de l'Orient : elle consistait, comme encore aujourd'hui, en de fréquentes ablutions. On imagina bientôt que ces bains ou lustrations du corps avaient aussi la vertu de purifier les âmes. Ovide, dans ses *Fastes* (II, 45-46), s'est moqué de cette croyance :

> Ah ! nimium faciles qui tristia crimina cædis
> Flumineâ tolli posse putatis aquâ.

Ce qu'un plaisant du XVIIIᵉ siècle, à l'âge de quatre-vingts ans, a traduit par ces deux vers comiques :

> C'est une drôle de maxime
> Qu'une lessive efface un crime.

La loi mosaïque avait aussi imprimé un caractère religieux aux purifications par elle introduites chez les Juifs. Antérieurement déjà à l'ère chrétienne, tout étranger qui se convertissait au judaïsme, après la circoncision, recevait le baptême, nommé *des prosélytes* : baptême qu'il ne faut pas confondre avec celui que Jean-Baptiste conférait aussi aux Juifs de naissance, et qui était comme le symbole de la pénitence et de la purification morale qu'il leur prêchait dans le désert. On sait que Jésus, si l'on en croit l'Évangile, se soumit à ce baptême. On croit que la plupart de ses apôtres, qui d'abord avaient été disciples de Jean, le reçurent aussi.

Jésus, à son tour, institua un baptême nouveau, dont il fit une condition essentielle pour être admis dans sa petite communauté. Jean l'Évangéliste nous apprend (IV, 2) qu'il ne baptisait pas lui-même, mais que ses disciples baptisaient en son nom.

L'Église chrétienne a fait du baptême le premier de ses sacrements. Elle lui attribue, autant qu'à nul autre, une foule de vertus magiques : administré selon le rit prescrit, il efface absolument tous les péchés, en particulier le péché originel; il délivre ainsi celui qui le reçoit de la servitude du démon; il lui confère les dons du Saint-Esprit; il imprime en lui le caractère ineffaçable d'enfant de Dieu et de l'Église; il inspire surnaturellement au nouveau-né la première des vertus théologales, la foi. C'est en un mot, selon l'expression de saint Grégoire de Nazianze, le plus beau, le plus magnifique présent de Dieu.

Telle est la pensée des chrétiens. Se fondant sur la parole de celui qu'ils appellent le Christ, fils de Dieu, ils croient aussi que ceux qui meurent n'ayant pas été baptisés sont tous, sans aucune exception, voués, dans un monde futur, à des tourments sans fin. Voilà pourquoi les chrétiens des premiers siècles, afin de préserver de l'éternelle damnation les saints de l'Ancien Testament, imaginèrent que les patriarches, les prophètes, les croyants de la loi ancienne ont été par le Christ lui-même, dans l'intervalle de sa mort à sa résurrection, baptisés dans les limbes et préparés ainsi à l'éternelle béatitude. C'est par le même motif que, dans certains cas, on baptisait aussi les morts : usage approuvé, ce semble, par saint Paul (I Cor., xv, 29), mais qui, dans la suite, a été condamné par le troisième concile de Carthage, en 397, et par celui d'Auxerre, en 578.

Le baptême, que l'Église enveloppe aujourd'hui de beaucoup de cérémonies symboliques, se pratiquait fort simplement, aux temps apostoliques. Saint Justin, surnommé le philosophe et le martyr, nous en a conservé la formule : « Trouvons-nous, dit-il, un homme persuadé de la vérité de notre doctrine et résolu à y conformer sa conduite, nous l'instruisons à prier et à demander à Dieu, par le jeûne, le pardon de ses fautes passées. Nous prions nous-mêmes et jeûnons avec lui. Nous le conduisons ensuite dans un endroit où il y a de l'eau, et là nous le régénérons comme nous avons été nous-mêmes régénérés. Il se baigne dans cette eau au nom du père de l'univers, le Dieu souverain, et de notre Sauveur Jésus-Christ et de l'Esprit-Saint. Nous tenons des apôtres l'institution de ce baptême. » (I Apol., xi, 61.)

Nul, en ce temps-là, n'était admis au baptême avant d'avoir été instruit dans la doctrine chrétienne et témoigné de sa foi en Jésus-Christ. Le Christ avait dit : « Celui qui croira sera baptisé; celui qui ne croira pas sera condamné. » La foi avant le baptême. La foi était donc une condition antérieure indispensable. Aussi, selon toute vraisemblance, et quoi qu'en dise Origène, dans son Commentaire sur l'Épître aux Romains, liv. V, c. ix, était-on bien loin alors de songer à baptiser les enfants. Quand on commença à le faire, vers la fin du IIᵉ ou au commencement du IIIᵉ siècle, Tertullien, quoique l'un des promoteurs du dogme du péché originel, s'éleva avec force contre cette pratique nouvelle. Il en donne les motifs : 1º l'importance du baptême : devait-on accorder un don aussi précieux, un don céleste, à ceux auxquels on ne confierait pas même un bien terrestre? 2º la responsabilité qui par suite pèse sur les parrains et marraines; 3º l'innocence des enfants : cet âge n'a pas encore besoin de recourir à la rémission des péchés; 4º la nécessité d'être d'abord instruit dans les choses qu'il faut croire et pratiquer; 5º l'immense responsabilité personnelle qu'encourt le baptisé. — Par ce dernier motif, le plus grave à ses yeux, Tertullien conseille aux adultes eux-mêmes, veufs ou célibataires, de différer leur baptême jusqu'à ce qu'ils aient définitivement embrassé le mariage ou le célibat. En voici la raison : alors, comme aujourd'hui sans doute, les chrétiens étaient persuadés que le baptême efface tous les péchés antérieurement commis; mais alors aussi ils croyaient, ce qu'ils semblent aujourd'hui ignorer, qu'il n'est pas de pardon pour les péchés commis après le baptême, et que l'Église, ainsi que l'affirme en particulier saint Cyprien, n'a dès lors aucun moyen de réconcilier le pécheur avec Dieu. De là vient que beaucoup de catéchumènes, désireux de ne pas rompre encore avec le monde et ses plaisirs, et voulant, en attendant les félicités du ciel, savourer les félicités de la terre, différaient jusqu'au jour de la mort à se faire baptiser. Ainsi fit Constantin : il était catéchumène, lorsqu'à l'âge de soixante-quatre ans, tout souillé des crimes les plus odieux, il reçut enfin le baptême en 337, l'année même de sa mort. Saint Ambroise, comme on sait, n'était pas encore baptisé, quand il fut élu évêque de Milan. Saint Augustin, dans ses *Confessions*, nous raconte lui-même comment sa mère, sainte Monique, différa de lui faire administrer le baptême, « parce que, dit-il, les crimes auxquels on retombe après avoir été plongé dans ce bain céleste sont beaucoup plus grands et plus périlleux que ceux que l'on a commis avant que d'être baptisé. »

L'Église, depuis lors, a changé tout cela. Le concile de Milève et celui de Trente ont prononcé anathème contre ceux qui diraient qu'on ne doit pas baptiser les enfants. Aujourd'hui, ce qui était autrefois l'exception est devenu, dans le monde chrétien, la règle universelle. Mais aussi qu'arrive-t-il aujourd'hui ?...

Qu'on nous permette, à ce propos, de reproduire ici certaines considérations que nous avons déjà présentées ailleurs [1] :

Voici un enfant nouveau-né. Son père et sa mère, à leur naissance, ont été baptisés, il est vrai, mais ils sont aujourd'hui parfaitement incrédules. Le nouveau-né n'en est pas moins à son tour porté à l'église de la paroisse et présenté au baptême. C'est l'usage. Ses parrain et marraine ne sont pas plus croyants que le père et la mère, ils sont même devenus si étrangers à la religion dont ils viennent demander pour l'enfant, au nom d'une foi qu'ils n'ont pas eux-mêmes, le signe caractéristique, que le bedeau est obligé de répondre pour eux aux questions cérémonielles que le prêtre leur adresse, et de réciter à leur place, outre le *Credo*, les prières accoutumées. Il se peut encore, et le fait a lieu en effet, peut-être même n'est-il pas très-rare, il se peut que le prêtre qui administre le baptême ait perdu la foi, lui aussi, et ne voie dans les cérémonies du sacrement que de vaines momeries.

Aujourd'hui, et depuis longtemps, l'Église, s'appuyant de l'autorité du pape Étienne, qui faillit excommunier à cette occasion, et peut-être même excommunia saint Cyprien et ses adhérents, les évêques d'Afrique, et se fondant aussi sur les décisions conformes des conciles d'Arles (314) et de Nicée (325), l'Église enseigne qu'en cas de nécessité, tout individu, homme ou femme, même hérétique, excommunié, païen, juif, musulman, peut donner validement le baptême, pourvu qu'en conférant ce sacrement il ait l'intention de faire ce que fait l'Église, et qu'il y applique la matière et la forme obligées, c'est-à-dire qu'en versant sur la tête du néophyte de l'eau naturelle il prononce *en même temps* les paroles : *Je te baptise au nom du Père, et du Fils, et du Saint-Esprit.* Autrement le sacrement serait nul et sans valeur : tant il est vrai que, dans la pensée de l'Église, les sacrements opèrent bien plutôt *ex opere operato* que *ex opere operantis*.

Or, même à ces conditions, qui peut s'assurer d'avoir reçu le baptême, et d'être chrétien ?

Quoi qu'il en soit, on nous pardonnera peut-être encore de reproduire ici, à propos du baptême des enfants, une hypothèse qui n'est pas sans quelque valeur.

Voici un enfant né d'hier, il a été baptisé aujourd'hui. Cet enfant est le mien. Qu'il meure à cette heure, et, si j'en crois l'Église, il entre immédiatement en pos-

1. Dans *la Morale de l'Église et la Morale naturelle*, 7ᵉ étude.

session de l'éternelle béatitude. S'il vit, au contraire, quelques années sur cette terre, j'ai tout à craindre pour son salut : le baptême, en effaçant le péché originel, n'en détruit pas les suites. J'ai donc à redouter pour lui les embûches du démon, les séductions du monde, la triple concupiscence, sans parler des douleurs, des chagrins, des maladies, des langueurs, des misères de toute sorte qui l'attendent sur cette terre d'exil, dans cette vallée de larmes, et que ses péchés et les miens, et tous ceux de ses pères, à dater du premier homme, ne lui ont que trop mérités. Or, je suis un chrétien fervent, plein de foi, d'espérance et de charité, et je viens de relire le sermon de Massillon sur le petit nombre des élus. Comment hésiterais-je?... Polyeucte a raison :

> Pourquoi mettre au hasard ce que la mort assure?

Conduit tout ensemble par la foi religieuse la plus vive et par le sentiment humain le plus tendre et le plus pur, je prends un couteau et j'égorge mon fils; non sans regretter de n'avoir pas reçu moi-même de mon père, à la suite de mon baptême, une marque aussi précieuse, aussi vraie, de sollicitude et d'amour. Le fait s'est produit quelquefois; récemment encore, en Suède, si je ne me trompe. On devrait s'étonner qu'il ne soit pas plus fréquent. Supposez maintenant que toute la terre, convertie à la foi de l'Église, soit peuplée à cette heure de chrétiens tous aussi fervents que moi, et que l'inconséquence ne soit plus la reine de ce monde : tous, à chaque enfant qui leur naîtra, s'empresseront comme moi d'envoyer au ciel un nouvel ange, et, en moins d'un siècle, cette terre maudite, Dieu soit loué! ne comptera plus un seul homme parmi ses habitants... C'était le vœu de saint Augustin; c'est celui de tout chrétien qui mérite ce nom.

Terminons par une dernière considération, qui domine, à notre avis, toutes les autres.

Nous n'admettons pas la double absurdité exprimée par saint Augustin et sanctionnée par l'Église pour autoriser le baptême des enfants, *Credit in altero*, *qui peccavit in altero*. Nous repoussons cette étrange substitution, en vertu de laquelle la foi des parents et des parrains tiendrait lieu au nouveau-né de celle que lui-même ne peut avoir. Nous ne voulons pas que la religion, chez nous, soit plus longtemps réduite à une question de hasard et de naissance. Avec un des premiers Pères de l'Église, nous disons qu'il s'agit ici de la liberté de conscience, et que c'est surtout dans le choix d'une religion que cette liberté est requise : *Nihil est tam voluntarium quam religio*. C'est ce droit que nous considérons avant tout dans l'enfant, droit tacite, il est vrai, mais vivant, et d'autant plus respectable, d'autant plus sacré, qu'il ne peut encore se défendre lui-même. Abuser de la faiblesse de ce petit être qui sera un jour un homme, qui l'est déjà par nature : nous ne connaissons pas d'attentat plus monstrueux à la liberté humaine, par conséquent d'acte plus immoral.

Nous nous appelons Légion, et nous croyons être en droit d'espérer que le jour approche où l'État, dont le premier, disons mieux, l'unique devoir est d'assurer la liberté de tous et de chacun, comprendra enfin qu'il lui convient de s'interposer, dans ce cas, entre le prêtre et l'enfant, de garantir celui-ci du stigmate de servitude que prétend lui imposer celui-là, et de résoudre ainsi, dans le sens de la vérité et de la justice, une question qui trop longtemps est restée, pour la solution de celles qui importent le plus au progrès de nos droits et de nos libertés, une pierre d'achoppement. Il devient plus urgent chaque jour d'écarter cette pierre.

M. L. BOUTTEVILLE.

TABLES

TABLE DES MOTS USUELS

DE **ARS** A **BAP**

qui ne figurent pas dans la nomenclature, mais qui sont ou seront traités
aux articles indiqués ci-dessous.

ARTÈRE,	Voir *Angiologie.*	ASTHME,	Voir *Voies respiratoi-res.*
ARTÉSIEN,	— *Puits.*		
ARTICHAUT,	— *Potager.*	ATHLÈTE,	— *Jeux, Lutte.*
ARTIMON,	— *Gréement.*	ATLAS,	— *Cartographie.*
AS,	— *Jeux.*	ATOUT,	— *Jeux.*
ASCENDANTS,	— *Famille.*	ATTIQUE,	— *Construction.*
ASCITE,	— *Hydropisie.*	AUBE,	— *Jour.*
ASPERGE,	— *Potager.*	AUBERGINE,	— *Potager.*
ASPHALTE,	— *Bitume.*	AUBIER,	— *Bois.*
ASPHODÈLE,	— *Liliacées.*	AUDIENCE,	— *Procédure.*
ASPIC,	— *Ophidiens.*	AUDITEUR,	— *Conseil d'État.*
ASSAISONNEMENT,	— *Condimentaires (plantes).*	AUGMENT,	— *Conjugaison.*
		AUGURE,	— *Romaine (religion)*
ASSASSIN,	— *Crimes.*	AUNE,	— *Métrique (système)*
ASSAUT,	— *Génie militaire, Escrime.*	AUTO-DA-FÉ,	— *Inquisition.*
		AUTOMNE,	— *Saisons.*
ASSIETTE,	— *Faïence, Porce-laine.*	AUTRUCHE,	— *Échassiers.*
		AVAL,	— *Lettre de change.*
ASSIGNAT,	— *Papier-monnaie.*	AVATAR,	— *Mythologie hin-doue.*
ASSIGNATION,	— *Procédure.*		
ASSIMILATION,	— *Nutrition.*	AVOINE,	— *Graminées, Cé-réales.*
ASSISES,	— *Construction.*		

AVOUÉ,	Voir *Procédure civile.*	BALLET,	Voir *Chorégraphie.*
BABORD,	— *Génie maritime.*	BALLON,	— *Aérostat.*
BABOUIN,	— *Singes.*	BALLOTTAGE,	— *Élections.*
BACCALAURÉAT,	— *Instruction publi-*	BAN,	— *Féodalité, Armées.*
	que.	BANAT,	— *Croatie.*
BAI,	— *Robes.*	BANANIER	— *Musacées*
BAIE,	— *Fruits.*	BANNIÈRE,	— *Drapeaux.*
BALIVEAU,	— *Forêts.*	BANQUISE,	— *Polaires (régions).*
BALLAST,	— *Chemin de fer.*		

TABLE ANALYTIQUE

DES ARTICLES CONTENUS DANS LE TROISIÈME VOLUME

TABLE DES MATIÈRES

DE L'IMPRIMERIE L. TOINON ET Cᵉ, A SAINT-GERMAIN